CB133636

Miguel Gualano de Godoy
Rodrigo de Oliveira Kaufmann
Bruno Meneses Lorenzetto
Andréa Letícia Carvalho Guimarães
Diego D'Avilla Cavalcante
Thiago Gomes Morani
Luiz Cláudio Allemand
Leonardo Peter
Flávio Pansieri
Juarez Freitas
Luciano de Araújo Ferraz
Marcelo Fontes Cesar de Oliveira
Manoel Carlos de Almeida Neto
Gisela Maria Bester
Paulo Lopo Saraiva
Ruy Samuel Espíndola
Jorge Octávio Lavocat Galvão
Walber de Moura Agra
Francisco Ivo Dantas Cavalcanti
Gina Gouveia Pires de Castro
Bruno Cesar Machado Torres Galindo
Carlos Alberto Pereira das Neves Bolonha
Nuria López
Igor de Lazari
Matheus Pimenta de Freitas Cardoso
Eduardo Borges Espínola Araújo
Bruna de Freitas do Amaral
Lizandra Nascimento Vicente
Kamyla Silva Teixeira

José Afonso da Silva

1ª edição – 2018

© *Copyright*
Marcus Vinicius Furtado Coêlho

CIP – Brasil. Catalogação-na-fonte.
Sindicato Nacional dos Editores de Livros, RJ.

C775

A constituição entre o direito e a política: o futuro das instituições: estudos em homenagem a José Afonso da Silva / Miguel Gualano de Godoy...[et al.]; coordenação Marcus Vinicius Furtado Coêlho. - 1. ed. - Rio de Janeiro: LMJ Mundo Jurídico, 2018.

1208 p.: il.; 24 cm.

Inclui bibliografia e índice
ISBN 978-85-9524-028-5

1. Direito constitucional. I. Coêlho, Marcus Vinicius Furtado.

17-45643

CDU: 342(81)

O titular cuja obra seja fraudulentamente reproduzida, divulgada ou de qualquer forma utilizada poderá requerer a apreensão dos exemplares reproduzidos ou a suspensão da divulgação, sem prejuízo da indenização cabível (art. 102 da Lei nº 9.610, de 19.02.1998).

Quem vender, expuser à venda, ocultar, adquirir, distribuir, tiver em depósito ou utilizar obra ou fonograma reproduzidos com fraude, com a finalidade de vender, obter ganho, vantagem, proveito, lucro direto ou indireto, para si ou para outrem, será solidariamente responsável com o contrafator, nos termos dos artigos precedentes, respondendo como contrafatores o importador e o distribuidor em caso de reprodução no exterior (art. 104 da Lei nº 9.610/98).

As reclamações devem ser feitas até noventa dias a partir da compra e venda com nota fiscal (interpretação do art. 26 da Lei nº 8.078, de 11.09.1990).

Reservados os direitos de propriedade desta edição pela
GZ EDITORA
OAB EDITORA

contato@editoragz.com.br
www.editoragz.com.br
Av. Erasmo Braga, 299 – sala 202 – 2º andar – Castelo – RJ
CEP: 20020-000 – Rio de Janeiro – RJ
Tels.: (0XX21) 2240-1406 / 2240-1416 – Fax: (0XX21) 2240-1511

Impresso no Brasil
Printed in Brazil

A CONSTITUIÇÃO ENTRE O DIREITO E A POLÍTICA:

O FUTURO DAS INSTITUIÇÕES

Estudos em homenagem a José Afonso da Silva

Marcus Vinicius Furtado Coêlho
Coordenador

Rio de Janeiro
2018

GZ EDITORA

OAB EDITORA

SUMÁRIO

SOBRE OS AUTORES

Marcus Vinicius Furtado Coêlho
Advogado. Doutor em Direito pela Universidade de Salamanca. Presidente Nacional da OAB de 2013 a 2016. Presidente da Comissão Nacional de Estudos Constitucionais de 2016 a 2018. Membro da Academia brasiliense de letras, Autor de diversos livros, dentre os quais "Garantias Constitucionais e Segurança Jurídica", Processo Civil Reformado", "Comentários ao Novo Código de Ética", Membro da Comissão do Senado que elaborou o atual Código de Processo Civil.

Marco Aurélio Mello
Ministro do Supremo Tribunal Federal. Presidente do Supremo Tribunal Federal (maio de 2001 a maio de 2003) e do Tribunal Superior Eleitoral (junho de 1996 a junho de 1997, maio de 2006 a maio de 2008 e novembro de 2013 a maio de 2014). Presidente do Supremo Tribunal Federal, no exercício do cargo da Presidência da República do Brasil, de maio a setembro de 2002, em quatro períodos intercalados.

Claudio Lamachia
Presidente Nacional da Ordem dos Advogados do Brasil, Vice-Presidente da OAB/Nacional – Gestão 2013/2016, Presidente do Conselho Seccional da OAB/Rio Grande do Sul – Gestões 2007/2009 e 2010/2012, e Advogado.

Gilmar Ferreira Mendes
Membro-permanente da Comissão Europeia para a Democracia através do Direito, docente permanente do Instituto Brasiliense de Direito Público e ministro - Supremo Tribunal Federal. Tem experiência na área de Direito, com ênfase em Direito Constitucional, atuando principalmente nos seguintes temas: direito constitucional, direito, controle de constitucionalidade, controle de constitucionalidade e jurisdição constitucional. Presidente do Tribunal Superior Eleitoral.

Ricardo Lewandowski
Ministro do Supremo Tribunal Federal, nomeado pelo Presidente Luiz Inácio Lula da Silva. Exerceu a Presidência do STF e do Conselho Nacional de Justiça (2014 a 2016). Presidiu o julgamento do impeachment no Senado Federal (agosto de 2016). Foi também Ministro do Tribunal Superior Eleitoral (2006 a 2012), havendo ocupado a Presidência daquela Corte especializada (2010 a 2012). Exerceu interinamente o cargo de Presidente da República Federativa do Brasil (de 15 a 17 de setembro de 2014).

José Antonio Dias Toffoli
Vice-Presidente do Supremo Tribunal Federal. Ministro do Supremo Tribunal Federal. Presidente do Tribunal Superior Eleitoral. Presidente da 2ª Turma do Supremo Tribunal Federal. Ministro do Tribunal Superior Eleitoral.

Luiz Fux
Ministro do Supremo Tribunal Federal. Vice-Presidente do Tribunal Superior Eleitoral. Professor Titular da Universidade do Estado do Rio de Janeiro (UERJ). Doutor em Direito Processual Civil pela Universidade do Estado do Rio de Janeiro (UERJ). Membro da Academia Brasileira de Letras Jurídicas. Membro da Academia Brasileira de Filosofia. E-mail: gabineteluizfux@stf.jus.br.

Luís Roberto Barroso
Ministro do Supremo Tribunal Federal. Professor Titular de Direito Constitucional da Universidade do Estado do Rio de Janeiro – UERJ. Professor do Centro Universitário de Brasília (UniCeub). Mestre em Direito pela Universidade de Yale. Doutor e Livre-Docente pela UERJ. Conferencista Visitante na Universidade de Poitiers, França (2010). Visiting Scholar na Universidade de Harvard (2011).

Luiz Edson Fachin
Ministro do Supremo Tribunal Federal (STF). Professor Titular de Direito Civil da Universidade Federal do Paraná (UFPR). Doutor e Mestre em Direito pela PUC-SP.

Miguel Gualano de Godoy
Doutor em Direito Constitucional pela Universidade Federal do Paraná (UFPR), com período como Pesquisador Visitante (*Visiting Researcher*) na Faculdade de Direito da Universidade de Harvard (Harvard Law School, Estados Unidos). Mestre em Direito Constitucional pela Universidade Federal do Paraná (UFPR), com período como Pesquisador Visitante (*Investigador Visitante*) na Faculdade de Direito da Universidade de Buenos Aires (UBA, Argentina). Assessor de Ministro do Supremo Tribunal Federal. E-mail:miguelggodoy@hotmail.com.

Arnoldo Wald
Advogado. Professor Catedrático da Faculdade de Direito da UERJ. Fundador do Escritório Wald e Associados Advogados.

Rodrigo de Oliveira Kaufmann
Advogado, Sócio do Escritório Wald e Associados Advogados. Professor do Instituto Brasiliense de Direito Público.

Nabor Bulhões
Advogado e Professor. Detentor da Ordem do Mérito da Advocacia Brasileira outorgada pelo Conselho Federal da OAB. Membro da Comissão de Estudos Constitucionais do Conselho Federal da OAB.

Jorge Miranda
Professor catedrático jubilado do Grupo de Ciências Jurídico-Políticas daFaculdade de Direito da Universidade de Lisboa, bem como professor catedrático da Faculdade de Direito da Universidade Católica Portuguesa.

José J. Gomes Canotilho
Licenciado e doutor em Direito pela Faculdade de Direito da Universidade de Coimbra, onde é Professor catedrático, e professor visitante da Faculdade de Direito da Universidade de Macau.

Vital Moreira
Professor da Faculdade de Direito da Universidade de Coimbra, tendo iniciado a carreira em 1968 como assistente, e tendo leccionado várias disciplinas ao longo dos anos, designadamente Direito Constitucional, Direito Administrativo, Direito Público da Economia, Direitos Humanos, Ciência Política, etc. Tarefas docentes temporárias em outras faculdades e universidades em Portugal e no estrangeiro, especialmente Brasil. Actividade de jurisconsultoria. Presidente do Cedipre - Centro de Estudos de Direito Público e Regulação desde 2000. Vice-Presidente do Ius Gentium Conimbrigae, Centro de Direitos Humanos, desde 1998. Director nacional do European Masters Degree in Human Rights.

Lorenzo M. Bujosa Vadell
Catedrático de Derecho Procesal, Universidad de Salamanca.

Humberto Martins
Ministro do Superior Tribunal de Justiça.

Ricardo Villas Bôas Cueva
Ministro do Superior Tribunal de Justiça, é mestre e doutor em Direito.

Rogerio Schietti Machado Cruz
Ministro do Superior Tribunal de Justiça – STJ. Doutor e Mestre em Direito Processual pela Universidade de São Paulo – USP.

Grace Maria Fernandes Mendonça
Advogada-Geral da União. Especialista em Direito Processual Civil. Professora da Universidade Católica de Brasília (2002-2015) nas disciplinas de Direito Constitucional, Direito Administrativo e Direito Processual Civil. Foi Secretária-Geral de Contencioso da Advocacia-Geral da União (2003-2016), Adjunta do Advogado-Geral da União (2002-2003) e Coordenadora-Geral do Gabinete do Advogado-Geral da União (2001-2002). Foi Assessora do Subprocurador-Geral da República com atuação perante o Superior Tribunal de Justiça e o Supremo Tribunal Federal (1995-2001). Foi Advogada da Companhia Imobiliária de Brasília – TERRACAP (1992-1995).

Monica Herman Caggiano
Professora Associada do Departamento de Direito do Estado, da Universidade de São Paulo. Mestre, Doutora e Livre-Docente em Direito Constitucional pela Faculdade de Direito/USP. Presidente da Comissão de Pós-Graduação da Faculdade de Direito-USP (2008-2016). Professora Titular de Direito Constitucional e Coordenadora do Curso de Especialização em Direito Empresarial da Universidade Presbiteriana Mackenzie. Procuradora Geral do Município de São Paulo (1995-1996). Secretária dos Negócios Jurídicos do Município de São Paulo (1966). Procuradora do Município de São Paulo (1972-1996).Consultora jurídica.

Ingo Wolfgang Sarlet
Doutor e Pós-Doutor em Direito (LLMU-Munique). Professor Titular da Faculdade de Direito e dos Programas de Pós-Graduação em Direito e em Ciências Criminais da PUCRS. Professor da Escola Superior da Magistratura do RS (AJURIS). Desembargador do TJRS.

Clèmerson Merlin Clève
Professor Doutor Titular de Direito Constitucional da Universidade Federal do Paraná e do Centro Universitário Autônomo do Brasil – UniBrasil.

Bruno Meneses Lorenzetto
Professor Doutor Coordenador do Mestrado do Centro Universitário Autônomo do Brasil – UniBrasil e Professor da Pontifícia Universidade Católica do Paraná.

Ana Paula de Barcellos
Professora Titular de Direito Constitucional da Faculdade de Direito da UERJ. Mestre e Doutora em Direito Público – UERJ. Pós-doutora – Harvard.

Eduardo Maneira
Professor Associado de Direito Tributário da Faculdade Nacional de Direito da Universidade Federal do Rio de Janeiro (UFRJ). Conselheiro da OAB/RJ. Advogado.

João Batista Gomes Moreira
Mestre e Doutor em Direito Administrativo pela Universidade Federal de Minas Gerais; Desembargador Federal do Tribunal Regional Federal da 1ª Região.

Antônio Souza Prudente
Graduado no Curso de Direito do Largo São Francisco (Arcadas/USP) Professor Decano do Curso de Direito da Universidade Católica de Brasília, Mestre e Doutor em Direito Público – Ambiental pela Universidade Federal de Pernambuco.

Hercules Fajoses
Desembargador Federal do Tribunal Regional Federal da 1ª Região.

Néviton Guedes
Desembargador federal do TRF da 1ª Região, professor no UNICEUB e Doutor em Direito pela Universidade de Coimbra.

Luís Cláudio da Silva Chaves
Doutorando em Direito pela Universidade Autônoma de Lisboa. Professor da Escola Superior Dom Helder Câmara. Advogado. Vice-Presidente do Conselho Federal da Ordem dos Advogados do Brasil.

Felipe Sarmento Cordeiro
Advogado. Diretor Secretário-Geral do Conselho Federal da OAB.

Andréa Letícia Carvalho Guimarães
Advogada. Mestre em Direito Constitucional da Universidade de Brasília (UnB).

José Alberto Ribeiro Simonetti Cabral
É advogado militante, pós-graduado em direito penal e processual penal pela Universidade Federal do Amazonas. Atualmente exerce o cargo de Diretor-Geral da Escola Nacional de Advocacia, Conselheiro Federal pela OAB/Amazonas compondo o Conselho Pleno, a Terceira Câmara e o Órgão Especial. Exerceu os cargos de Conselheiro Federal titular integrando a Delegação da OAB/Amazonas, no período de 1º/02/2013 a 31/03/2016, compondo o Conselho Pleno, a Segunda Câmara, a Segunda Turma da Segunda Câmara e o Órgão Especial; Membro da Comissão Especial de Transparência e Acesso à Informação, entre 1º/02/2013 e 31/01/2016; Ouvidor-Geral da OAB, entre 14/02/2013 e 31/01/2016; Membro da Comissão Especial de Acompanhamento da Instalação dos Novos Tribunais Regionais Federais, entre 20/03/2013 e 31/01/2016; Membro da Comissão Especial de Estudo de Direito Penal, entre 03/04/2014 e 31/01/2016; Presidente da Comissão Eleitoral Nacional, entre 25/02/2015 e 31/03/2016; Membro da Comissão Especial Destinada a Propor a Normalização da Prestação de Contas das Campanhas Eleitorais, entre 17/03/2015 e 31/01/2016. Na Gestão 2010/2013: Conselheiro Federal titular integrando a Delegação da OAB/Amazonas, no período de 1º/02/2010 a 31/03/2013, compondo o Conselho Pleno, a Segunda Câmara, a Segunda Turma da Segunda Câmara e o Órgão Especial; Membro da Comissão Especial de Estudo do Projeto do Novo Código de Processo Penal, entre 09/03/2010 e 31/01/2013; Corregedor-Adjunto da Corregedoria Geral do Processo Disciplinar da OAB, entre 31/03/2011 e 31/01/2013 e Vice-Presidente da Comissão Nacional de Acesso à Justiça, entre 15/07/2010 e 31/01/2013.

Diego D'Avilla Cavalcante
Advogado.

Marcos da Costa
Advogado. Presidente da OAB/SP.

Felipe Santa Cruz
Presidente da Ordem dos Advogados do Brasil - Seção do Estado do Rio de Janeiro.Mestre em Direito e Sociologia pela Universidade Federal Fluminense.

Thiago Gomes Morani
Subprocurador-Geral da Ordem dos Advogados do Brasil - Seção do Estado do Rio de Janeiro. Mestre em Direito Público pela Universidade Estácio de Sá.

Luiz Viana Queiroz
Professor de direito eleitoral da Universidade Católica do Salvador-UCSal. Mestre em Direito Público pela Universidade Federal de Pernambuco. Pós-graduado em Didática e Metodologia do Ensino Superior pela Universidade Federal de Minas Gerais. Pós-graduado em Direito Eleitoral pela Universidade Federal da Bahia.

José Horácio Halfeld Rezende Ribeiro
Advogado. Presidente do Instituto dos Advogados de São Paulo – IASP. Titular da cadeira número 5 da Academia Paulista de Letras Jurídicas. Bacharel e Mestre pela PUC/SP. Autor de artigos e coordenador de obras publicadas pela Editora Atlas, Revista dos Tribunais, Saraiva e Editora IASP. Professor-Autor da FGV-online. Conselheiro Honorário da Ordem dos Advogados do Brasil, Seção de São Paulo. Conselheiro do Conselho Superior de Assuntos Jurídicos e Legislativos da FIESP. Conselheiro do Conselho Superior.

Luiz Cláudio Allemand
Advogado em Vitória/ES, ex Conselheiro e Ouvidor do CNJ. Mestre em Direito pela Universidade Cândido Mendes – UCAM/RJ, mestrando na Universidade Steinbeis – Berlim.
Leonardo Peter Assessor Jurídico no CNJ. Ex-Secretário Geral do CSJT. MBA em Administração Estratégica de Sistema de Informação (FGV Management) e Especialista em Gestão para Profissionais da Justiça (FGV-EAESP).

Flávio Pansieri
Doutor em Direito pela Universidade Federal de Santa Catarina. Mestre em Direito pela Universidade de São Paulo. Conselheiro Federal da Ordem dos Advogados do Brasil. Vice-Presidente da Comissão de Estudos Constitucionais do Conselho Federal da Ordem dos Advogados do Brasil. Presidente do Conselho Fundador da Academia Brasileira de Direito Constitucional – ABDConst. Professor de Direito Constitucional da Pontifícia Universidade Católica do Paraná, campus de Curitiba. Advogado. E-mail: pansieri@pansierikozikoski.com.

Juarez Freitas
Professor Titular do Mestrado e Doutorado em Direito da PUCRS, Professor Associado de Direito Administrativo da UFRGS, Presidente do Conselho Científico do Instituto Brasileiro de Altos Estudos de Direito Público, Pós-Doutor na Universidade Estatal de Milão, Membro da Comissão de Estudos Constitucionais do Conselho Federal da OAB.

Luciano Ferraz
Professor Associado de Direito Administrativo na UFMG. Mestre e Doutor em Direito pela UFMG, com Pós-Doutorado pela Universidade Nova de Lisboa.

Marcelo Fontes
Advogado.

Manoel Carlos de Almeida Neto
Doutor em Direito do Estado pela USP. Mestre em Direito Público pela UFBA/UnB. Advogado. Membro Efetivo da Comissão Nacional de Estudos Constitucionais da OAB. Foi Secretário-Geral da Presidência do Supremo Tribunal Federal e do Tribunal Superior Eleitoral.

Gisela Maria Bester
Mestra (UFSC – Universidade Federal de Santa Catarina), Doutora (UFSC e Universidad Complutense de Madrid) e Pós-Doutora em Direito Público – Constitucional e Administrativo do Ambiente (FDUL – Faculdade de Direito da Universidade de Lisboa). É Professora Colaboradora Convidada Voluntária do Mestrado em Direito Empresarial e Cidadania, do UNICURITIBA, do qual foi sua Coordenadora. Atual Diretora Geral da Escola Superior de Advocacia do Tocantins (ESATO). Membro Consultora da Comissão Nacional de Estudos Constitucionais, do Conselho Federal da Ordem dos Advogados do Brasil (CFOAB). Presidente da Comissão de Estudos Constitucionais, da OAB/TO. Integrante da Comissão da Mulher Advogada, da OAB/TO. Ex-docente dos Programas de Mestrados Acadêmicos em Direito, Democracia e Sustentabilidade (da Faculdade Meridional-IMED), em Direitos Fundamentais (da Universidade do Oeste de Santa Catarina-UNOESC) e em Direito Empresarial e Cidadania (do Centro Universitário Curitiba-UNICURITIBA). Integrou o Comitê de Ética em Pesquisa da Universidade Federal do Tocantins (UFT). Foi Professora concursada do Curso de Direito da Universidade Federal do Tocantins. Ex-Conselheira Titular do Ministério da Justiça (Conselho Nacional de Política Criminal e Penitenciária). Vencedora do Prêmio Ethos-Valor Econômico de Sustentabilidade, edição de 2008, na categoria Professores. Autora de obras jurídicas e da Coluna Levando a Constituição a Sério, no Portal jurídico Empório do Direito.

Paulo Lopo Saraiva
Advogado e Professor. Pós-Doutor em Direito Constitucional pela Universidade de Coimbra. Membro da Comissão de Estudos Constitucionais do CFOAB.

Ruy Samuel Espíndola
Advogado sócio da Espíndola e Valgas A/A, com sede em Florianópolis/SC, com atuação nos Tribunais Superiores - Professor de Direito Constitucional e de Direito Eleitoral, docente de pós-graduação lato sensu - Mestre em Direito Público pela Universidade Federal de Santa Catarina - Membro Consultor da Comissão Nacional de Estudos Constitucionais do Conselho Federal da OAB e das Comissões de Direito Constitucional e de Direito Eleitoral da Seccional d e SC - Membro da Academia Catarinense de Direito Eleitoral, do Instituto Catarinense de Direito Administrativo e do Instituto dos Advogados de Santa Catarina - Acadêmico vitalício da Academia Catarinense de Letras Jurídicas - Conferencista nacional e internacional sobre temas jurídico-públicos. ruysamuel@hotmail.com, www.espindolaevalgas.com.br, www.facebook.com/ruysamuel. Fone 55 (48) 3224-6739.

Jorge Octávio Lavocat Galvão
Professor Adjunto da Faculdade de Direito da Universidade de Brasília (UnB), Procurador do Distrito Federal e Advogado. Visiting Researcher pela Yale Law School, Doutor em Direito do Estado pela Universidade de São Paulo (USP) e Mestre em Direito pela New York University School of Law.

Walber de Moura Agra
Mestre pela UFPE. Doutor pela UFPE/Università Degli Studio Di Firenze. Pós-Doutor pela Université Montesquieu Bordeaux IV. Professor da Universidade Federal do Estado de Pernambuco. Professor Visitante da Universitá degli Studio di Lecce. Membro do Conselho Científico do Doutorado de Universidade de Lecce. Visiting Research Scholar of Cardozo Law School. Diretor do Instituto Brasileiro de Estudos Constitucionais – IBEC. Membro Correspondente do Cerdradi – Centre d'Études Et de Recherches sur lês Droit Africains et sur Le Développement Institucionnel des Pays em Développemment. Procurador do Estado de Pernambuco. Membro da Comissão de Estudos Constitucionais do Conselho Federal da OAB. Advogado.

Ivo Dantas
Professor Titular da Faculdade de Direito do Recife - UFPE. Doutor em Direito Constitucional - UFMG. Livre Docente em Direito Constitucional - UERJ. Livre Docente em Teoria do Estado - UFPE. Membro da Academia Brasileira de Letras Jurídicas. Membro da Academia Brasileira de Ciências Morais e Políticas. Presidente do Instituto Pernambucano de Direito Comparado. Presidente da Academia Pernambucana de Ciências Morais e Políticas. Miembro del Instituto IberoAmericano de Derecho Constitucional México). Miembro del Consejo Asesor del Anuario IberoAmericano de Justicia Constitucional, Centro de Estudios Políticos y Constitucionales (CEPC), Madrid. Ex-Diretor da Faculdade de Direito do Recife – UFPE. Membro da Academia Pernambucana de Letras Jurídicas. Fundador da Associação Brasileira dos Constitucionalistas Democráticos. Membro Efetivo do Instituto dos Advogados de Pernambuco. Membro do Instituto Pimenta Bueno - Associação Brasileira dos Constitucionalistas. Professor Orientador Visitante do Programa de Pós-Graduação em Ciências da Saúde, Universidade Federal do Rio Grande do Norte, conforme aprovação do Colegiado, em 31 de maio de 2001. Professor do Curso de Mestrado em Direito da Universidade da Amazônia, UNAMA, Belém do Pará. Juiz Federal do Trabalho - (aposentado). Advogado e Parecerista.

Gina Gouveia Pires de Castro
Professora da Faculdade Maurício de Nassau (UniNassau), da Faculdade dos Guararapes, da Faculdade Pernambucana – FAPE/IPESU e do Instituto Federal de Pernambuco - IFPE. Parecerista da Revista de Pós-Graduação da Universidade Federal do Rio Grande do Sul (UFRGS). Membro da Comissão de Estudos Constitucionais (CEC) da OAB/PE. Bacharel em Direito pela Associação de Ensino Superior de Olinda (AESO), especialista em Direito Público pela UniNassau, Mestre em Direito Constitucional pela Universidade Federal de Pernambuco - UFPE; doutoranda em Direito Constitucional pela Universidade Federal de Pernambuco - UFPE. Advogada.

Bruno Galindo
Professor Associado da Faculdade de Direito do Recife/Universidade Federal de Pernambuco (UFPE). Doutor em Direito pela UFPE/Universidade de Coimbra-Portugal (PDEE). Conselheiro Estadual da OAB/PE.

Nuria López
Doutoranda e Mestre em Filosofia do Direito pela PUC/SP. Graduada pela mesma Universidade. Financiamento CAPES. Email: nuria.lcs@gmail.com.

Igor dee Lazari
Mestrando em Direito da Faculdade de Direito da UFRJ e Técnico Judiciário da Justiça Federal do Rio de Janeiro. Email: igorlazari@outlook.com.

Carlos Bolonha
Professor de Direito da Faculdade de Direito da UFRJ e Pesquisador Produtividade do CNPq. Email: bolonhacarlos@gmail.com.

Matheus Pimenta de Freitas Cardoso
Advogado.

Eduardo Borges Espínola Araújo
Mestre em Direito, Estado e Constituição pela Universidade de Brasília. Advogado.

Bruna de Freitas do Amaral
Advogada e Mestre em Direito, Estado e Constituição pela Universidade de Brasília. Aluna do "Centre for Socio-Legal Studies" da University of Oxford de janeiro a julho de 2014.

Lizandra Nascimento Vicente
Advogada. Pós-graduada em Direito Previdenciário pelo Instituto Nacional de Ensino Superior e Pesquisa (INESP). Graduada em Direito pela Universidade Católica de Santos. Membro da Comissão de Assuntos Constitucionais da Ordem dos Advogados do Brasil- Seccional Distrito Federal.

Kamyla Silva Teixeira
Advogada. Graduada em Direito pela Universidade Católica de Brasília.

Michel Temer
Presidente da República Federativa do Brasil.

JOSÉ AFONSO DA SILVA: O CONSTITUCIONALISTA DA NAÇÃO

MARCUS VINICIUS FURTADO COÊLHO

Da Independência, proclamada em sete de setembro de 1822, até a promulgação da Constituição Federal de 1988, a trajetória constitucional brasileira apresentou-se como "a melancólica história do desencontro de um país com sua gente e com seu destino"[1]. Sete textos constitucionais foram outorgados ou promulgados ao longo de aproximadamente duzentos anos de soberania. Foi a Constituição de 1988 que colocou termo a "quase dois séculos de ilegitimidade renitente de poder, de falta de efetividade das múltiplas constituições e de uma infindável sucessão de violações da legalidade constitucional"[2] para ingressar em uma fase de democratização do poder, de respeito à legalidade e de efetividade da constituição.

Deixou-se de encarar o texto constitucional como simples "folha de papel", tal qual definido por Ferdinand Lassale em referência às constituições em que somente reduzidas a termo os fatores reais de poder, sem pretensão de transformar a realidade social[3]. A Constituição Federal de 1988, ao consagrar dentre os objetivos da República a construção de uma sociedade livre, justa e solidária e a redução das desigualdades sociais e regionais, passou a exigir aquilo que Konrad Hesse chamara de "vontade de constituição" ao consolidar três imperativos básicos: acreditar na correção das normas constitucionais, atentar à legitimação do texto constitucional pelos fatos sociais dentro do contexto histórico e lutar pela realização dos mandamentos

---

1 BARROSO, Luís Roberto; BARCELLOS, Ana Paula de. O Começo da História: a nova Interpretação constitucional e o papel dos princípios no direito brasileiro. **Revista da EMERJ**, v. 6, n. 23, 2003. p. 25.

2 BARROSO, Luís Roberto; BARCELLOS, Ana Paula de. O Começo da História: a nova interpretação Constitucional e o Papel dos Princípios no Direito Brasileiro. p. 25.

3 Cf. LASSALE, Ferdinand. **A essência da constituição**. 6 ed. Rio de Janeiro: Editora Lúmen Juris, 2001.

constitucionais. Em resumo, "graças à pretensão de eficácia, a constituição procura imprimir ordem e conformação à realidade política e social"[4].

Com a entrada em vigência da Constituição Federal de 1988, a obra de José Afonso da Silva foi decisiva na consolidação da doutrina constitucional da efetividade, que rompesse em definitivo com a tradição histórica de constituições impotentes diante dos arbítrios estatais e das desigualdades sociais. Como escrevera o próprio José Afonso, "Uma Constituição como a de 88 institui uma nova ideia de Direito e uma nova concepção de Estado (o *Estado Democrático de Direito*, art. 1º), que se inspiram em princípios e valores que incorporam um componente de transformação da sociedade existente (...)"[5].A produção do professor José Afonso da Silva, que inclui vasto repertório de artigos e livros cujas edições já passam da trigésima, tornou-se referência na interpretação dos dispositivos constitucionais. Não por acaso, é o doutrinador mais citado pela instituição a que cabe dar a palavra final sobre o sentido da constituição: o Supremo Tribunal Federal[6]. Foram setenta e nove citações de 1988 e 2012 em decisões de ação direta de inconstitucionalidade, arguição de descumprimento de preceito fundamental e ações declaratórias de constitucionalidade. Para entender a Constituição Federal e a jurisprudência do seu Guardião, há que se ler a obra de José Afonso.

Nascido em Silva Campos, município de Minas Gerais, José Afonso da Silva é exemplo do potencial emancipador da educação na vida do cidadão e no rumo da sociedade. Antes de ingressar na tradicional Faculdade de Direito da Universidade de São Paulo, o então adolescente José Afonso da Silva trabalhou como padeiro, mecânico, garimpeiro e alfaiate. Aos vinte e oito anos, depois de concluir o ensino médio, foi aprovado no vestibular para o Largo do São Francisco. Bacharel, atuou como advogado, oficial de justiça

---

4 HESSE, Konrad. **A Força Normativa da Constituição**. Porto Alegre: Sergio Antonio Frbris Editor, 1991. p. 15.

5 SILVA, José Afonso da. **Direito constitucional:** estudos e pareceres. p. 31.

6 LORENZETTO, Bruno Meneses; KENICKE, Pedro Henrique Gallotti. *José Afonso da Silva é o doutrinador mais citado pelo STF.* **Consultor Jurídico,** 6 de julho de 2013. Disponível em: <http://www.conjur.com.br/2013-jul-06/jose-afonso-silva-doutrinador-citado-supremo-adis>. Acesso em 23 de fevereiro de 2017.

e procurador do Estado de São Paulo. Nas gestões de Hely Lopes Meirelles, um dos principais doutrinadores do direito administrativo brasileiro, foi chefe de gabinete da Secretaria do Interior, assessor da Secretaria de Segurança e chefe da Secretaria de Justiça. No campo público, atuou como Secretário de Segurança Pública durante o governo de Mário Covas, de quem foi assessor na Assembleia Constituinte de 1987.

Hoje procurador aposentado do Estado de São Paulo, José Afonso da Silva tornou-se livre-docente em Direito Constitucional pela Universidade de São Paulo e pela Universidade Federal de Minas Gerais. Entre os anos de 1975 a 1995, José Afonso foi professor titular do Departamento de Direito Econômico e Financeiro da Universidade de São Paulo. Com mais cinquenta anos dedicados ao direito, é certamente um dos principais nomes do direito constitucional na história brasileira.

Integrante da Comissão Nacional de Estudos Constitucionais do Conselho Federal da OAB há mais de vinte e cinco anos, José Afonso segue em sua colaboração inestimável nos trabalhos da Ordem dos Advogados do Brasil. Nas Conferências Nacionais dos Advogados, apresentou estudos que abordavam desde as mudanças climáticas globais até o princípio da moralidade administrativa na Constituição Federal de 1988, passando pela função do Supremo no estado de direito e da polícia na segurança pública. Seus pareceres foram fundamentais para subsidiar a atuação institucional da OAB. Com a clareza e objetividade que lhe são próprias, ofereceu análises a Presidentes Nacionais da OAB sobre as prerrogativas da advocacia, a natureza jurídica de contribuições à OAB, os limites da intervenção da União sobre os Estados diante do pacto federativo, mandado de injunção e outros. A pedido da Comissão Nacional de Estudos Constitucionais, redigiu pareceres acerca da extradição, legitimidade universal do Conselho Federal da OAB na propositura de ações diretas, auditoria da dívida externa brasileira, impossibilidade da convocação de assembleias constituintes exclusivas, demarcação de territórios indígenas, sigilo da comunicação e competência do Conselho Nacional de Justiça – para ficar apenas nos principais temas[7].

---

7 Trabalhos desenvolvidos por José Afonso da Silva junto a Ordem dos Advogados do Brasil

O Conselho Federal da Ordem dos Advogados do Brasil, acompanhado dos demais sujeitos do seleto elenco do artigo 103 da Constituição Federal de 1988, dispõe de legitimidade para acionar o controle concentrado de constitucionalidade perante o Supremo Tribunal Federal. Facultando-lhes a propositura de ações diretas de inconstitucionalidade, ações declaratórias de constitucionalidade e arguições de descumprimento de preceito fundamental face aos atos normativos que contrariam as normas constitucionais, o legislador constituinte atribui aos legitimados uma função ímpar dentro do desenho institucional instituído em 1988: a garantia do princípio da supremacia constitucional.

A importância da Ordem dos Advogados do Brasil na salvaguarda das liberdades e garantias fundamentais foi posteriormente reconhecida na Lei nº 8.906, o chamado "Estatuto da Advocacia", cujo artigo 44 estabelece serem os objetivos da OAB "defender a Constituição, a ordem jurídica do Estado democrático de direito, os direitos humanos, a justiça social, e pugnar pela boa aplicação das leis, pela rápida administração da justiça e pelo aperfeiçoamento da cultura e das instituições jurídicas". Segundo o Ministro Moreira Alves, acompanhado por unanimidade na ADI nº 03/DF, a previsão em separado do Conselho Federal frente às demais entidades consistiria em permissão para a propositura de ação direta de inconstitucionalidade contra qualquer ato normativo, "na defesa da ordem jurídica com o primado da Constituição Federal (..)".

Assim, pela defesa da supremacia constitucional, que o Conselho Federal ajuizou para além de uma centena de ações de controle abstrato de constitucionalidade. Entre as mais festejadas, está a Ação Direta de Inconstitucionalidade nº 4.650/DF, em que declarada a inconstitucionalidade do financiamento empresarial de campanhas políticas frente ao princípio republicano que animou a promulgação da Constituição Federal de 1988[8]. Sob a relatoria do Ministro Luiz Fux, o Tribunal fez registrar na ementa da

foram reunidos em obra que tive a honra de apresentar como Presidente da OAB Nacional. Cf. SILVA, José Afonso da. **Direito constitucional:** estudos e pareceres. Brasília: Fórum OAB, 2014.

8 ADI nº 4.650/DF, rel. Min. Luiz Fux, DJE 24.02.2016.

decisão que "A doação por pessoas jurídicas a campanhas eleitorais, antes de refletir eventuais preferências políticas, denota um agir estratégico destes grandes doadores, no afã de estreitar suas relações com o poder público, em pactos muitas vezes desprovidos de espírito republicano". A garantia de um processo eleitoral que não seja dependente do poder econômico foi uma vitória da cidadania brasileira proporcionada pela atuação da Ordem dos Advogados do Brasil.

Para subsidiar suas intervenções no Supremo Tribunal Federal, o Conselho Federal goza do valioso assessoramento da Comissão Nacional de Estudos Constitucionais. Segundo a Resolução nº 006/2000, que institui o regimento das Comissões Permanentes e Temporárias do CFOAB, compete à CNECO a análise das solicitações de propositura de ação direta de inconstitucionalidade junto ao Supremo Tribunal Federal e a sugestão de medidas judiciais contra violação ou ameaça a direitos resguardados na Lei Fundamental[9]. Para tanto, a Comissão é integrada por constitucionalistas da mais alta estirpe, com reconhecida atuação forense e relevante produção acadêmica. Na atual gestão, cuja atividade seguirá até janeiro de 2019, são treze membros efetivos e dez membros consultores. Neste seleto rol, há um nome em particular que merece destaque: José Afonso da Silva.

Comenda mais elevada da advocacia brasileira, a medalha Rui Barbosa foi outorgada a José Afonso da Silva pelo Conselho Federal não apenas em virtude da sua contribuição à OAB, mas sim em reconhecimento à sua importância na construção de um direito constitucional efetivo, que tenha o condão de intervir para transformar a realidade. Professor titular aposentado da Universidade de São Paulo, donde obteve livre docência após defender a revolucionária tese acerca da aplicabilidade das normas constitucionais, seus esforços na construção do Estado democrático de direito que hoje experimentamos antecedem à própria Constituição Federal de 1988. Ao lado de outros igualmente notáveis, a exemplo de Evaristo de Moraes Filho, Miguel Reale, Miguel Reale Filho, Raul Machado Horta, Sepúlveda Pertence, Paulo Brossard e Barbosa Lima Sobrinho, José Afonso tomou parte dos trabalhos

9 Artigo 3º, inciso VII, da Resolução CFOAB nº 006/2000.

da Comissão Afonso Arinos, nomeada pelo então Presidente José Sarney para elaborar o anteprojeto da constituição a ser promulgada. Ainda que não tenha sido formalmente utilizada pela Assembleia Constituinte de 1987, o anteprojeto exerceu forte influência em seu resultado final, a tal ponto que "se não houvesse a comissão Afonso Arinos talvez não teria havido a Constituinte"[10].

A jurista de inestimável valia ao constitucionalismo brasileiro, a Ordem dos Advogados do Brasil, por meio da Comissão Nacional de Estudos Constitucionais, presta sua homenagem.

São cinquenta e três artigos escritos por Ministros do Supremo Tribunal Federal e Tribunais Superiores, Desembargadores de Tribunais Regionais Federais e Tribunais de Justiça estaduais, professores das mais renomadas universidades brasileiras e estrangeiras e – como não poderia ser diferente em obra dedicada pela Ordem dos Advogados do Brasil ao seu medalhista Rui Barbosa – advogados renomeados. A relevância de José Afonso da Silva no direito constitucional brasileiro faz-se notar pela qualidade e diversidade de autores que integram esta coletânea – especialmente o Presidente da República, Michel Temer.

Em muito honram a obra com seus artigos os Ministros do Supremo Tribunal Federal Marco Aurélio, Gilmar Mendes, Ricardo Lewandowski, Dias Toffoli, Luiz Fux, Roberto Barroso e Edson Fachin.

O Ministro Marco Aurélio apresenta seu ponto de vista acerca das possibilidades de atuação do Supremo Tribunal Federal no desafio de promover os direitos fundamentais sem comprometer o princípio democrático. Para o Ministro, é dever do Poder Judiciário assegurar a aplicação de normas constitucionais em promoção aos direitos sociais necessários à proteção do mínimo existencial, sem prejuízo das reservas orçamentárias e das capacidades institucionais. A importância das decisões do Supremo Tribunal e do Tribunal Superior Eleitoral, ao lado de reformas legislativas, sobre o sistema

---

10 SILVA, José Afonso da. *Todo conservador quer uma Constituição enxuta.* **Consultor Jurídico,** 13 de outubro de 2013. Disponível em: <http://www.conjur.com.br/2013-out-13/entrevista-jose-afonso-silva-jurista-doutrinador-constitucionalista>. Acesso em 23 de fevereiro de 2017.

eleitoral adotado na Constituição Federal de 1988 é objeto de cuidadosa análise do Ministro Gilmar Mendes, que detalha as regras de eleições proporcionais e de financiamento político.

O Ministro Ricardo Lewandowski expõe a ideia de democracia no mundo contemporâneo, trabalhando seus pressupostos, deficiências e perspectivas. Em época de crise, o princípio da proibição ao retrocesso deve ser invocado quando ameaçadas as garantias fundamentais individuais e coletivos. Uma vez reconhecidos pelo Estado os direitos prestacionais, este assume a obrigação de efetivá-los e preservá-los. O Vice-Presidente do Supremo, Ministro Dias Toffoli, analisa as permanências e as rupturas em torno da figura do Poder Moderador nas constituições brasileiras – encarnado na figura do Tribunal. Outrora usurpado pelas forças armadas, o papel de intermediador de conflitos foi recuperado pelo Supremo na democracia inaugurada pela Constituição Federal de 1988, na medida em que o texto constitucional estabelece um rol extenso de direitos e uma competência superlativa do Supremo.

Professor Titular da Universidade Federal do Rio de Janeiro, Ministro Luiz Fux descortina a diversidade por detrás das experiências constitucionais mundo afora para trazer a lume uma questão imprescindível para pensar o constitucionalismo atual: a imprescindibilidade da constituição escrita. Diante da tensão entre a estrutura constitucional e a cultura política, caberá ao experimentalismo dar respostas às demandas das sociedades por mais democracia. Por sua vez, o docente da Universidade Estadual do Rio de Janeiro, Ministro Luís Roberto Barroso, defende o diálogo entre instituições e a interlocução entre Supremo Tribunal Federal e sociedade – posição compartilhada pelo professor da Universidade Federal do Paraná, Ministro Luiz Edson Fachin (em coautoria com Miguel Gualano de Godoy). Ambos os trabalhos demonstram fielmente a importância do diálogo construtivo entre o exercício do controle de constitucionalidade e o exercício legislativo na leitura da Constituição.

O Presidente Nacional da Ordem dos Advogados do Brasil, o advogado Cláudio Lamachia, elabora um diagnóstico abrangente da crise da democracia representativa no Brasil ao tempo em que ressalta o esforço histórico da

Ordem dos Advogados do Brasil para com o aperfeiçoamento das instituições. Ao tratar sobre a relevância da decisão do Supremo Tribunal Federal na ADI nº 4.650, destaca a importância do um novo marco legal para as doações para campanhas eleitorais.

Três dos mais consagrados constitucionalistas portugueses honram a Ordem dos Advogados do Brasil com aportes. Professor da Universidade de Lisboa e da Universidade Católica Portuguesa, bem como deputado constituinte, Jorge Miranda desenvolve à exaustão a profícua, mas tensa relação entre constituição e democracia, da formação do constitucionalismo moderno até a consolidação da jurisdição constitucional. Vital Moreira, professor tradicional da Universidade de Coimbra e juiz do Tribunal Constitucional entre 1983 e 1989, explora a democracia supranacional da União Europeia em seus mais diversos aspectos para avaliar o sucesso da experiência. A democracia é também alvo da atenção de Jorge Canotilho, professor da Universidade de Coimbra, cujo artigo dedica-se à crise da representação democrática. Da Universidade de Salamanca, o professor Lorenzo Bujosa Vaddel traz importante aporte ao direito brasileiro ao apresentar a perspectiva europeia sobre tutela inibitória na proteção dos consumidores e usuários.

O Presidente da República, advogado militante e exímio constitucionalista Michel Temer dá seu testemunho – como jurista e como deputado constituinte – da importância de José Afonso nos trabalhos da Assembleia Constituinte, na redação da Constituição Federal de 1988 e na formulação de um direito constitucional democrático.

Do Superior Tribunal de Justiça, o Tribunal da Cidadania, os Ministros Humberto Martins, Ricardo Villas Boas Cuêva e Rogério Schietti trazem as respectivas ponderações sobre a efetivação do direito à saúde, a proteção de dados pessoais e a democratização do processo penal.

Da Ordem dos Advogados do Brasil, a quantidade das contribuições somente é ultrapassada pela qualidade. As teorias dialógicas, a partir da judicialização da saúde, foram analisadas no artigo do Vice-Presidente da OAB Nacional, Luís Cláudio da Silva Chaves. Os diálogos institucionais são igualmente estudados pelo Secretário-Geral, Felipe Sarmento Cordeiro (em coautoria com Andréa Letícia Carvalho Guimarães), com a particularidade de sistematizar as principais teorias da questão. Na condição de Membro Honorário Vitalício do CFOAB e de Presidente da Comissão Nacional de Estudos Constitucionais, analiso a jurisprudência do Supremo Tribunal Federal sobre a liberdade de expressão. Conselheiro Federal, Vice-Presidente da CNECO e professor da Pontifícia Universidade Católica do Paraná, Flávio Pansieri trata da liberdade como fundamento do direito e da democracia ao transformar o cidadão em agente de transformação social, recorrendo à teoria de Amartya Sen. O Conselheiro Federal da OAB pelo Estado do Amazonas, José Alberto Ribeiro Simonetti Cabral (em coautoria com Diego D'Avilla Cavalcante) elabora um diagnóstico esclarecedor sobre o presente e o futuro da responsabilidade político-administrativa, em termos de improbidade administrativa e de crimes de responsabilidade.

A atuação da Ordem dos Advogados do Brasil em favor da sociedade brasileira foi analisada pelos Presidentes da OAB/RJ e da OAB/SP. Felipe Santa Cruz, Presidente da Seccional fluminense, examina a ação da OAB como entidade de *accountability* vertical não eleitoral (em coautoria com Thiago Gomes Morani). Presidente da Seccional paulistana, Marcos da Costa apresenta a crise hoje experimentada pela democracia liberal, reforçando o compromisso histórico da OAB pela reforma política. Luiz Vianna Queiroz, Presidente da Seccional baiana e professor da Universidade Católica de Salvador, discorre acerca da alistabilidade no ordenamento constitucional de 1988.

Cinco ilustres Desembargadores do Tribunal Regional Federal da 1ª Região enriquecem a presente homenagem: Souza Prudente, João Batista Moreira, Hercules Fajoses, Kássio Marques e Néviton Guedes. Cada qual, com a erudição e a didática próprias, examinam controvérsias atuais do direito constitucional brasileiro: papel do Poder Judiciário na promoção do desenvolvimento sustentável, controle jurisdicional de política pública, princípio constitucional da segurança jurídica, reserva de jurisdição à luz do princípio da separação de poderes e concretização dos direitos sociais fundamentais pelo Poder Judiciário. Há relevante artigo de Ingo Wolfgang Sarlet, Desembargador do Tribunal de Justiça do Rio Grande do Sul e professor da Pontifícia Universidade Católica do Rio Grande do Sul, em que pesquisado o fenômeno do poder constituinte reformador dentro da teoria constitucional e do direito constitucional brasileiro.

O Presidente do IASP, José Horácio Halfeld Rezende Ribeiro, explica o valor da Jurimetria como instrumento de formulação e execução produção de políticas públicas para o Poder Judiciário, aproximando o conhecimento jurídico e estatístico na identificação das normas a serem aplicadas na pacificação de conflitos. Ivo Dantas, Presidente da Comissão de Estudos Constitucional da Seção de Pernambuco da OAB e professor da Universidade Federal de Pernambuco (em coautoria com Gina Gouveia Pires de Castro) explora a contribuição do *Chief-Justice* John Marshall da Suprema Corte dos Estados Unidos na construção do controle de constitucionalidade.

Ex-Conselheiro Nacional de Justiça, o advogado Luíz Cláudio Allemand (em coautoria com Leonardo Peter) retrata as circularidades entre a tecnologia, a inovação e a advocacia sob a égide da Constituição Federal de 1988, mas não sem antes traçar um histórico sobre a evolução tecnológica e a evolução legislativa que sobreveio a reboque das inovações e, depois, apresentar previsões acerca do futuro do mercado jurídico brasileiro.

Contribuições valiosas vieram de universidades brasileiras. O mais do que nunca atual tema do *impeachment* é esquadrinhado pelo Conselheiro da OAB/PE e docente da Universidade Federal de Pernambuco Bruno Galindo. Já Eduardo Maneira, professor da Universidade Federal do Rio de Janeiro e Conselheiro da OAB/RJ, reforça a centralidade do princípio da não-surpresa na limitação ao poder de tributar. Também da UFRJ, o professor Carlos Bolonha traça uma construção sistêmica e descritiva quanto à aplicação das normas constitucionais, ao lado de Núria López e Igor de Lazari.

Colaboraram com a obra onze integrantes da Comissão Nacional de Estudos Constitucionais do Conselho Federal da OAB. A atuação política de Cortes Constitucionais é objeto de investigação de Clèmerson Merlin Clève, professor da Universidade Federal do Paraná (em coautoria com Bruno Meneses Lorenzetto). Juarez Freitas, professor da Pontifícia Universidade Católica do Rio Grandes do Sul e da Universidade Federal do Rio Grande do Sul, discorre sobre controle de juridicidade das políticas públicas – com destaque à avaliação da sua sustentabilidade. O Professor da Universidade

Federal de Minas Gerais, Luciano Ferraz, estuda a evolução da autonomia municipal no direito constitucional brasileiro ao longo da história das nossas constituições e jurisprudência do Supremo. O regime democrático é esquadrinhado pelos advogados Marcelo Fontes, Ruy Samuel Espíndola e Paulo Lopo Saraiva: o primeiro, atentando à importância da advocacia na efetivação de direitos, o segundo, à função da constituição no regime democrático de direito, e o terceiro, aos mecanismos de democracia direta. Docente da Universidade de Brasília, Jorge Octávio Lavocat Galvão enumera três argumentos para a manutenção do foro por prerrogativa de função. Professora da Universidade de São Paulo, Mônica Herman Caggiano analisa o direito ao esquecimento em face da colisão entre a transparência e a tutela da vida privada, questão que está para ser decidida pelo Supremo Tribunal Federal. Professora da Universidade Estadual do Rio de Janeiro e uma das principais referências no direito civil-constitucional, Ana Paula de Barcellos aborda o direito à informação como instrumento de enfrentamento contra a desigualdade. Manoel Carlos de Almeida Neto, Doutor em Direito do Estado pela USP, disserta à exaustão sobre a doutrina do poder regulamentar na Constituição Federal de 1988, com o devido aporte do direito comparado, e Gisela Maria Bester, professora do Centro Universitário de Curitiba, trata sobre a constitucionalidade da proibição pelos municípios da discussão sobre gênero nas escolas públicas.

Da jovem advocacia, há valiosa contribuição de Matheus Pimenta de Freitas Cardoso, quem discorre minuciosamente sobre a inconstitucionalidade do uso de gravação ambiental como meio de prova no direito processual eleitoral.

Por fim, dentre as contribuições, estão os artigos de advogados que atuam ou atuaram dentro dos quadros funcionais da Ordem dos Advogados do Brasil. Assessor do Presidente do CFOAB em 2013, Eduardo Borges Espínola Araújo alerta à possibilidade de o Supremo Tribunal Federal adotar novo posicionamento no controle preventivo de constitucionalidade. Lizandra Nascimento Vicente e Kamyla Silva Teixeira, advogadas da Procuradoria Constitucional da OAB Nacional, expõem as contribuições do Conselho Federal da OAB na defesa da Constituição Federal e da ordem jurídica.

Também da Procuradoria Constitucional, a advogada Bruna de Freitas do Amaral comenta sobre o futuro das instituições sob o paradigma do direito à vida, prestando atenção ao *hard case* do aborto.

Com estes artigos, gentilmente submetidos por juristas de diversas gerações e da mais elevada estirpe, a Comissão Nacional de Estudos Constitucionais do Conselho Federal da Ordem dos Advogados do Brasil assume o desafio de homenagear um jurista da estatura de José Afonso da Silva. Por mais singela que seja em face de toda a doutrina lapidada ao longo de sua carreira, trata-se de homenagem devida.

A Constituição da República é o elo jurídico que une a sociedade brasileira, representando autêntico projeto de nação. O legado de José Afonso da Silva, ao apresentar a extensão e o significado das normas constitucionais, contribui de modo indelével à edificação do Estado de Direito. Em tempos de descrença na democracia e no constitucionalismo, reavivar suas ideias é renovar a esperança no pleno funcionamento das instituições brasileiras.

SUPREMO E POLÍTICAS PÚBLICAS: ENTRE DIREITOS FUNDAMENTAIS E DEMOCRACIA

MARCO AURÉLIO MELLO

1. INTRODUÇÃO

O Doutor Marcus Vinicius Furtado Coêlho, Presidente da Comissão Nacional de Estudos Constitucionais, do Conselho Federal da Ordem dos Advogados do Brasil, honrou-me com o convite para participar de obra coletiva, intitulada **O Futuro das Instituições: Direito e Democracia**, em homenagem ao eminente Professor Doutor José Afonso da Silva.A colaboração deve começar por breve registro quanto ao homenageado. Decano dos constitucionalistas brasileiros, é um dos principais juristas pátrios de todos os tempos. Professor titular aposentado da Faculdade de Direito da Universidade de São Paulo, é autor de celebradas obras, principalmente, de Direito Constitucional. De especial importância para este artigo-homenagem, tem-se o clássico livro **Aplicabilidade das Normas Constitucionais**, cuja 1ª edição é de 1967, estando, hoje, na 8ª edição, do ano de 2012.

O título da coletânea é instigante: o Futuro das Instituições: Direito e democracia. Abordo prognóstico institucional, estrito, mas de relevância: qual é o futuro da atuação do Supremo considerados direitos fundamentais e democracia? Como pode o Tribunal contribuir para a efetividade das normas constitucionais que versam direitos fundamentais – tema caro ao homenageado –, sem maltratar o princípio democrático? Eis um grande desafio!

Em palestra proferida no Estado de Goiás, o então presidente do Supremo, ministro Ricardo Lewandowski, deu importante pista sobre o tema. Disse Sua Excelência que, no século XXI, a missão do Poder Judiciário é "ajudar a pensar em políticas públicas para melhorar o país: Essa era uma ideia impensável algum tempo atrás, mas hoje alguns juízes participam da formulação dessas políticas, especialmente na proteção das minorias desprotegidas".[1] Sem dúvida, a fim de dar efetividade àsnormas constitucionais sobre os direitos fundamentais e, especificamente, às relativas aos direitos sociais, o Poder Judiciário – particularmente o Supremo – tem, nos últimos anos, intervindona formulação e implementação de políticas públicas. É um ponto dramático: numa democracia, juízes podem interferir em políticas públicas, ainda que para tutelar direitos fundamentais?

Defendo que sim, observadas as seguintes diretrizes: para assegurar a aplicação das normas constitucionais sobre direitos fundamentais, notadamente na dimensão da proteção do mínimo existencial em que envolvidos os direitos sociais, sem nunca se descuidar das objeções da reserva do orçamento e das capacidades institucionais. Para justificar a tese e festejar a autoridade intelectual do homenageado, o artigo terá a seguinte estrutura: no tópico 2, constará breve síntese da tese do Professor José Afonso da Silva acerca da aplicabilidade das normas constitucionais. No 3, a abordagem da legitimação da intervenção judicial: a tutela do mínimo existencial. Nos itens 4 e 5, a discussão dos relevantes óbices teóricos, de importante repercussão prática, à intervenção judicial, quais sejamos da reserva do possível e as capacidades institucionais. Depois, no 6, a menção a dois importantes casos sobre direitos fundamentais, nos quais busquei, na condição de relator, o equilíbrio entre a garantia da efetividade das normas constitucionais sobre direitos fundamentais, legitimando a interferência judicial sobre políticas públicas, e o respeito às prerrogativas democráticas dos outros Poderes, consideradas as objeções mencionadas: o caso do fornecimento dos medicamentos de alto custo e odo sistema carcerário brasileiro. Ao final, estarão as conclusões.

2. A APLICABILIDADE DAS NORMAS CONSTITUCIONAIS SEGUNDO JOSÉ AFONSO DA SILVA

O Professor José Afonso da Silva é autor de uma das principais e mais clássicas obras do

---

1 LUCHETE, Felipe. Elaborar políticas públicas também é papel do Judiciário, defende Lewandowski. Revista Consultor Jurídico, São Paulo, 30 out. 2015. Disponível em: <https://goo.gl/R9Soru>. Acesso em 26 jan. 2016.

Direito Constitucional brasileiro, **Aplicabilidade das Normas Constitucionais**, na qual apresentou divisão tricotômica das normas, tendo como critério a eficácia e a aplicabilidade dos dispositivos: (i) normas constitucionais de eficácia plena e aplicabilidade imediata, (ii) normas constitucionais de eficácia contida e aplicabilidade imediata, porém sujeitas a restrições legislativas futuras, e (iii) normas de eficácia limitada.[2]

Para o mestre, as primeiras correspondem aos comandos constitucionais certos e definidos, com normatividade suficiente à aplicação imediata independentemente da intermediação legislativa. Nesse caso, os enunciados normativos teriam recebido, do constituinte, carga suficiente. Sendo de aplicabilidade imediata, o Judiciário, notadamente o Supremo, pode intervir em situações que violem essas normas, sem cogitar de perigo de usurpação da competência dos poderes políticos. São exemplos as que conferem competências aos entes federativos ou definem atribuições aos Poderes do Estado.

Quanto às normas constitucionais de eficácia contida e aplicabilidade imediata, sujeitas a restrições legislativas futuras, sãocomandos com normatividade suficiente à aplicação imediata, mas com a possibilidade de legislação futura vir a limitar a eficácia. Isso significa que o constituinte dotou-as de normatividade suficiente para a aplicação, abrindo margem ao legislador para, no âmbito da regulamentação, reduzir a eficácia normativa. O Judiciário pode intervir para assegurar o cumprimento dos comandos constitucionais, devendo, se impugnada a regulação legal, enfrentar a adequação e razoabilidade das restrições porventura impostas. O julgador deverá examinar se a disciplina legal, a propósito de limitar a aplicabilidade do enunciado constitucional, importou na própria negativa dos direitos previstos, avaliando se foi ou não mantido intacto o núcleo essencial dos direitos e interesses tutelados. Exemplo é a norma relativa à liberdade do exercício

2 SILVA, José Afonso da. Aplicabilidade das Normas Constitucionais. 4. ed. São Paulo: Malheiros, 2000, p. 88 et seq. Para uma sistematização das posições da doutrina sobre a eficácia das normas constitucionais, cf. SARLET, Ingo Wolfgang. A Eficácia dos Direitos Fundamentais. 7. ed. Porto Alegre: Livraria do Advogado, 2007.

de atividade profissional (artigo 5º, inciso XIII), segundo a qual "é livre o exercício de qualquer trabalho, ofício ou profissão, **atendidas as qualificações profissionais que a lei estabelecer**".

Por fim – e o que mais interessa a este artigo –, há as normas de eficácia limitada, que seriam as constitucionais de princípio institutivo e de princípio programático, sem normatividade suficiente à aplicação imediata, sendo necessária a complementação legislativa, para dar concretude ao dispositivo constitucional. Falta-lhes, de acordo com José Afonso, normatividade para a aplicação integral imediata, mostrando-se dependentes de ulterior desenvolvimento legislativo para que possam tornar-se realidade concreta.

Dentro dessa categoria encontram-se as denominadas **normas de princípio programático**, ou seja, aquelas a consistirem em objetivos do Estado. Veiculam obrigações ao Estado, sem dispor sobre os meios a serem empregados ou os resultados a serem alcançados. Em apertada síntese, tratam de programas a serem implementados por meio de políticas públicas, como ocorre, por exemplo, nos campos do direito à alimentação, à saúde, à educação. O mestre assim delineou as características básicas dessas normas:

> I – São normas que têm por objeto a disciplina dos interesses econômico-sociais, tais como: realização da justiça social e existência digna; valorização do trabalho; desenvolvimento econômico; repressão ao abuso do poder econômico; assistência social, intervenção do Estado na ordem econômica, amparo à família; combate à ignorância; estímulo à cultura, à ciência e à tecnologia.
> II – São normas que não tiveram força suficiente para se desenvolver integralmente, sendo acolhidas, em princípio, como programa a ser realizado pelo Estado, por meio de leis ordinárias ou de outras providências.
> III – São normas de eficácia reduzida, não sendo operantes relativamente aos interesses que lhes constituem objeto específico e essencial, mas produzem importantes efeitos jurídicos [...].[3]

Os direitos sociais são da espécie de normas constitucionais de eficácia que requerem a formulação e implementação de políticas públicas para a integral aplicação: surgem como de eficácia limitada. Há relação direta e funcional entre a aplicação integral das normas de eficácia limitada

3 SILVA, op. cit., p. 150-151.

relativa a direitos sociais e a implementação de políticas públicas. Ante tal quadro, é de se perguntar: pode o Judiciário intervir para assegurar a observância de normas constitucionais que, por estrutura, dependem da atuação legislativa posterior? Embora seja obrigação do Estado, é possível o Judiciário controlar a constitucionalidade dessas políticas públicas na medida em que as normas constitucionais correspondentes não versam meios nem especificam resultados? Sob quais fundamentos essa intervenção éviável ante a manifesta discricionariedade legislativa sinalizada pela natureza de eficácia limitada das normas constitucionais em jogo?

Cabível é a intervenção judicial sobre a formulação e implementação de políticas públicas, notadamente pelo Supremo, em situações excepcionais e observadas diretrizes: tutela do mínimo existencial; consideração efetiva pelas objeções da reserva do orçamento e das capacidades institucionais. Senão, vejamos.

3. O DEVER DE TUTELA DO MÍNIMO EXISTENCIAL

Ante razões vinculadas ao princípio democrático, o Supremo deve proceder de forma moderada, ao efetuar o controle de constitucionalidade dos atos dos poderes políticos.Éverdade ainda maior em se tratando da possibilidade de controle de políticas públicas, envolvidos direitos sociais. Leve-se em conta que o parâmetro desse controle são normasde eficácia limitada. Para ser legítima, a atuação do Tribunal, antes de tudo, deverá estar pautada em fundamento de alta relevância constitucional. Há de buscar-se a máxima efetividade dos direitos sociais fundamentais quando em jogo a dimensão do mínimo existencial.

A evolução dos direitos fundamentais está intimamente ligada ao progresso das Constituições, desde os modelos liberais do século XVIII, passando pelas Constituições sociais do início do século XX, e alcançando as democráticas promulgadas a partir do fim da Segunda Grande Guerra. A afirmação constitucional dos direitos sociais mostra-se etapa das mais relevantes da caminhada dos direitos.

A positivação progressiva dos direitos fundamentais está associada à evolução do papel do Estado – do Liberal ao Social, chegando ao

Democrático – perante os indivíduos e a sociedade. Busca-se modelo de organização político-constitucional no qual, em equilíbrio, a atuação do Poder Público, de um lado, deve ser contida em nome de liberdades essenciais do homem e, de outro, revela-se imprescindível para a satisfação de certas necessidades sociais. Antes, falava-se em direitos contra o Estado. Hoje, tem-sedireitos por meio do Estado.

Não se trata de escalada de rompimentos, e sim de complementações de direitos. Quando se faz referência a "gerações de direitos", não se está a afirmar que o surgimento de uma nova representou o fim da anterior. O processo é cumulativo e ruma sempre a partir de bases fundamentais: dignidade humana, liberdade, igualdade e solidariedade. Daí não ter ocorrido ruptura do Estado Liberal. Este precisou acomodar-se também como Estado Social, para dar conta de novas demandas, o que inclui realizar prestações positivas, de conteúdo social e econômico, em favor de significativa parcela da sociedade, especificamente das camadas pobres, mais frágeis e necessitadas.

Nesse contexto de reafirmação de liberdades atrelada à busca por igualdade material e justiça social, vieram à balha os direitos socioeconômicos, classificados como de segunda geração, impondo ao Estado realizar prestações positivasna área da saúde, assistência social, educação, trabalho, alimentação, moradia.

Estão reconhecidos na Constituição de 1988, inicialmente no artigo 6º:

> Art. 6º São direitos sociais a educação, a saúde, a alimentação, o trabalho, a moradia, o transporte, o lazer, a segurança, a previdência social, a proteção à maternidade e à infância, a assistência aos desamparados, na forma desta Constituição.

Nos artigos 194 a 217 da Carta da República, foram disciplinados a seguridade social – saúde, previdência social e assistência social –, a educação, cultura e desporto. A saúde pública foi tratada nos artigos 196 a 200, prevendo-se, o primeiro, ser a saúde "[...] direito de todos e dever do Estado, garantido mediante políticas sociais e econômicas que visem à redução do risco de doença e de outros agravos e ao acesso universal e igualitário às ações e serviços para sua promoção, proteção e recuperação".

Os dispositivos encerram normas constitucionais de eficácia limitada. O desenvolvimento da dimensão objetiva desses direitosfica a cargo de políticas públicas.

Consoante a clássica lição do professor Ricardo Lobo Torres, o direito ao mínimo existencial não possui positivação autônoma na Carta de 1988, mas pode ser extraído de inúmeras normas constitucionais contidas nos artigos 1º, 3º, 5º e 6º. Trata-se de direito implícito, pré-constitucional, pré-estatal, inerente à vida humana digna e fundamentado na liberdade. A observância do mínimo existencial assegura, segundo o autor, a existência da pessoa humana em condições dignas para o exercício da liberdade, da felicidade, da igualdade e dos direitos em geral. Em síntese, o direito ao mínimo existencial consiste no "[...] direito às condições mínimas de existência humana digna que não pode ser objeto de intervenção do Estado na via dos tributos (= imunidade) e que ainda exige prestações estatais positivas".[4]

Os direitos sociais, segundo o mestre da Universidade do Estado do Rio de Janeiro, são plenamente fundamentais na dimensão do mínimo existencial. Destinam-se à cobertura dos riscos da existência, como a falta de saúde, incapacidade laboral, desemprego, pobreza, miséria. Revelando-se a dificuldade de indivíduos ou de grupos de indivíduos à existência digna, estará configurada a dimensão de mínimo existencial dos direitos sociais. Os **direitos sociais máximos**, de acordo com o autor, hão de ser obtidos na via do exercício da cidadania reivindicatória e da prática orçamentária, a partir do processo democrático. Configurada ameaça ao mínimo existencial em casos individualizados, com violação da dignidade humana e ausência de condições, os direitos sociais apresentam-se como plenamente judicializáveis, merecedores de amplas garantias institucionais, independentemente de reservas orçamentárias.[5]

Como fundamento último do dever estatal relativo aos direitos

4 TORRES, Ricardo Lobo. O Direito ao Mínimo Existencial. Rio de Janeiro: Renovar, 2009, p. 35-36.

5 TORRES, op. cit., p. 53-54.

sociais, tem-se o princípio da dignidade da pessoa humana na dimensão de mínimo existencial. Nessa seara, o Judiciário, em diferentes instâncias, vem formalizando decisões sobre a execução de políticas públicas, principalmente em relação à saúde e à educação. O Supremo, presentes direitos fundamentais e democracia, tem desempenhado papel de destaque.

Faz valer o projeto constitucional de inclusão social e de vida digna sempre que constatada a omissão dos poderes políticos ou a atuação deficiente. Essa perspectiva mostra-se especialmente relevante no campo da saúde, considerados os artigos 6º e 196. Há atos em que determinado o fornecimento gratuito de medicamentos, tratamentos médicos urgentes no exterior,[6] disponibilidade de vaga de internação em UTI, mesmo em hospital não conveniado ao SUS,[7] inclusive com sequestro de verbas públicas para o custeio dessas necessidades.[8] Foi fixada a premissa de ser direito de todo cidadão carente receber medicamentos e tratamentos médicos, cabendo aos governos fornecê-los. No âmbito da realização desses direitos, assentei que "[...] o Estado deve assumir as funções que lhe são próprias, sendo certo, ainda, que problemas orçamentários não podem obstaculizar o implemento do que previsto constitucionalmente".[9]

Essa jurisprudência teve o ponto alto com as decisões mediante as quais foi determinada a distribuição gratuita de medicamentos para tratamento do vírus HIV, o que inclusive motivou políticas públicas nesse sentido. Dediquei atenção especial ao tema. Em monografia apresentada à Sociedade Brasileira de Direito Público, intitulada **O Supremo Tribunal Federal e a Política de**

6 BRASIL. Supremo Tribunal Federal. Recurso Extraordinário 368.564-DF, Primeira Turma. Relator: Min. Cezar Peluso, Brasília, 13 de abril de 2011. Diário de Justiça: 10 ago. 2011.

7 BRASIL. Supremo Tribunal Federal. Agravo de Instrumento 527.135-MG, Segunda Turma. Relator: Min. Joaquim Barbosa. Brasília, 8 de abril de 2005. Diário de Justiça: 21 jun. 2005.

8 BRASIL. Supremo Tribunal Federal. Ag. Reg. no Agravo de Instrumento 597.182-RS, Segunda Turma. Relator: Min. Cezar Peluso. Brasília, 10 de outubro de 2006. Diário de Justiça: 6 nov. 2006.

9 BRASIL. Supremo Tribunal Federal. Recurso Extraordinário 195.192-RS, Primeira Turma. Relator. Min. Marco Aurélio Mello. Brasília, 22 de fevereiro de 2000. Diário de Justiça: 31 mar. 2000.

Fornecimento de Medicamentos para Tratamento da AIDS/HIV, a pesquisadora Mariana Gracioso Barbosa identificou, em análise quantitativa da atuação do Tribunal, que funcionei como relator, com voto vencedor ou decisão monocrática, em 22,9% dos processos, até agosto de 2005, nos quais determinado o fornecimento desses remédios – o maior percentual entre os Ministros então atuantes.[10] Em diferentes pronunciamentos,[11] assentei decorrer o direito da aplicabilidade imediata do artigo 196 da Carta, considerada a dimensão do mínimo existencial, e que era:

> [...] hora de atentar-se para o objetivo maior do próprio Estado, ou seja, proporcionar vida gregária segura e com o mínimo de conforto suficiente a atender ao valor maior atinente à preservação da dignidade do homem.

O Supremo também tem atuação firme no campo da educação, confirmando decisões de instâncias inferiores que implicaram a obrigação de governos municipais disponibilizarem vagas em creches[12] e instituições de educação infantil e ensino fundamental para crianças carentes.[13] Aplicando diretamente o artigo 208, incisos I e IV, da Carta da República, o Tribunal corrigiu omissões estatais a colocarem em risco o futuro da educação de crianças carentes, negando-lhes as prestações mínimas nesse campo. Com isso, demonstrou estar atento ao caráter social do Diploma Maior,

---

10 BARBOSA, Mariana Gracioso. O Supremo Tribunal Federal e a Política de Fornecimento de Medicamentos para Tratamento da AIDS/HIV. São Paulo: SBDP, 2005, p. 31, nota de rodapé nº 48, e p. 34, gráfico 2.

11 AI 232.469/RS, decisão monocrática em 12/12/1998, DJ 23/2/1999; RE 244.087/RS, decisão monocrática em 14/9/1999, DJ 29/10/1999; RE 247.900/RS, decisão monocrática em 20/9/1999, DJ 27/10/1999; RE 247.352/RS, decisão monocrática em 21/9/1999, DJ 27/10/1999; STF – 2ª T., Ag. Rg. no AI 238.328/RS, j. 16/11/1999, DJ 18/2/2000, todos de minha relatoria.

12 BRASIL. Supremo Tribunal Federal. Ag. Reg. no Agravo de Instrumento 592.075-SP, Primeira Turma. Relator: Min. Ricardo Lewandowski. Brasília, 19 de maio de 2009. Diário de Justiça: 05 jun. 2009; BRASIL. Supremo Tribunal Federal. Ag.Rg. no Recurso Extraordinário com Agravo 639.337-SP, Segunda Turma. Relator: Min. Celso de Mello. Brasília, 23 de agosto de 2011. Diário de Justiça: 15 set. 2011.

13 BRASIL. Supremo Tribunal Federal. Recurso Extraordinário 595.595-SC, Segunda Turma. Relator: Min. Eros Grau. Brasília, 28 de abril de 2009. Diário de Justiça: 29 maio 2009.

definindo o verdadeiro responsável pelo ônus da realização do projeto constitucional: o Estado.

Paradigma de decisão mediante a qual o Tribunal interveio na ação estatal em matéria de políticas públicas foi a formalizada pela Primeira Turma no Recurso Extraordinário nº 440.028/SP, de minha relatoria. Impugnou-se acórdão do Tribunal de Justiça do Estado de São Paulo em que se negou provimento a apelação do Ministério Público, o qual buscava, por meio de ação civil pública, obrigar a Administração a realizar obras e melhorias em específico prédio público para assegurar acessibilidade aos portadores de necessidades especiais. O Tribunal de origem, apesar da relevância do pleito, entendeu não caber impor tal dever ao Estado sem prévios estudos voltados ao exame da possibilidade de as obras alcançarem toda a rede pública, não apenas determinada edificação.

No extraordinário, o Ministério Público do Estado de São Paulo arguiu violação dos artigos 227, § 2º, e 244 da Carta da República. Sustentou não se cuidar de ato discricionário do Poder Público e sim do dever de cumprir mandamento previsto na Constituição Federal. Segundo aduziu, a conveniência e a oportunidade nas ações administrativas funcionam como verdadeiras justificativas da inércia estatal.

Assentei possuir razão, a mais não poder, o recorrente. E assim concluí por estarem presentes, no caso concreto, os três requisitos a viabilizarem o controle jurisdicional: a natureza constitucional da política pública reclamada, a existência de correlação entre ela e os direitos fundamentais, bem como a prova de haver omissão ou prestação deficiente pela Administração Pública, ausente motivo razoável para tal comportamento. Votei no sentido do dever do Estado em tornar efetivo o direito subjetivo público de adequação dos edifícios e áreas públicas visando possibilitar a livre locomoção de portadores de necessidades especiais. À unanimidade, a Primeira Turma seguiu o entendimento, ficando assim resumido o julgamento:

> PRÉDIO PÚBLICO – PORTADOR DE NECESSIDADE ESPECIAL – ACESSO. A Constituição de 1988, a Convenção Internacional sobre Direitos das Pessoas com Deficiência e as Leis nº 7.853/89 – federal –, nº

> 5.500/86 e nº 9.086/95 – estas duas do Estado de São Paulo – asseguram o direito dos portadores de necessidades especiais ao acesso a prédios públicos, devendo a Administração adotar providências que o viabilizem.[14]

Em todos os casos citados, o Supremo interferiu nas políticas públicas correspondentes, determinando ao Estado o cumprimento de prestações positivas em favor dos necessitados, tendo como alicerce último o dever de tutela do mínimo existencial. Constatada a presença da fundamentalidade dos direitos nesse nível, há de reconhecer a possibilidade de intervenção judicial, não obstante envolvida norma constitucional de caráter programático. Contudo, a atuação do Supremo não deve ser levada a efeito sem quaisquer balizas.

4. A OBJEÇÃO DA RESERVA DO POSSÍVEL

É comum os Poderes Públicos, diante de demandas judiciais envolvendo a prestação de direitos sociais, argumentarem a falta de recursos disponíveis para cumprir as obrigações, afirmando serem limitados. É a evocação da reserva do possível. Confundem esta última e disponibilidade financeira, de forma que melhor seria considerar a reserva do possível como reserva do orçamento: as prestações aos direitos sociais estão limitadas não pura e simplesmente pela disponibilidade de recursos financeiros, e sim ante previsões orçamentárias. Sob essa óptica, a reserva do possível é compreendida como orçamento.

O conceito foi criado pelo Tribunal Constitucional alemão para limitar a judicialização dos direitos sociais que, segundo entendeu, não seriam fundamentais. O conceito equivale à **reserva democrática**, no sentido dos direitos sociais dependerem, para a efetivação, dos processos decisórios das maiorias parlamentares acerca das políticas públicas. Vem a significar **reserva orçamentária** se a prestação pública for incluída no orçamento. Os direitos sociais, então, dependeriam da **soberania orçamentária do legislador**, o que levaria, a princípio, a obstar a intervenção do Judiciário.

---

14 BRASIL. Supremo Tribunal Federal. Recurso Extraordinário 440.028-SP, Primeira Turma. Relator: Min. Marco Aurélio Mello. Brasília, 29 de outubro de 2013. Diário de Justiça: 26 nov.2013.

Estarem subordinados à reserva do possível significa, portanto, para os direitos sociais, que a implementação depende da previsão de políticas públicas nas leis e da reserva no orçamento. Daí ser passível de crítica a confusão feita entre pura disponibilidade financeira – algo como uma **reserva do possível fática** – e a verdadeira reserva do possível como **reserva do orçamento**, de natureza jurídica.

A reserva do possível, nesses termos, deve ser levada a sério. Contudo, o argumento cede à tutela do mínimo existencial. Mesmo na falta de previsão orçamentária, o Judiciário poderá impor que sejam tomadas medidas para a garantia do mínimo existencial, haja vista representar conjunto de direitos como condições da própria liberdade e da existência digna. Daí não poder ser oposta a discricionariedade orçamentária do Legislador e do Executivo aos deveres de tutela do mínimo existencial. O direito à moradia, por exemplo, é direito social previsto no artigo 6º da Constituição Federal, subordinado às políticas públicas e à reserva do possível. Todavia, no tocante à moradia em favor dos sem-teto e dos indigentes, constitui prestação positiva de proteção do mínimo existencial, sendo possível a judicialização da situação e a intervenção judicial para impor prestações estatais positivas.

Mesmo um autor como Ricardo Lobo Torres, que prestigia enfaticamente o processo democrático e as escolhas orçamentárias como os meios legítimos para realização dos direitos sociais, entende viável a judicialização das alocações orçamentárias, se destinada à satisfação do mínimo existencial, do núcleo essencial dos direitos sociais. A dimensão objetiva dos direitos sociais há de ser realizada por meio de políticas públicas e orçamentárias, a cargo do Legislativo e do Executivo, relativas à universalização e racionalidade das prestações estatais positivas. Todavia, revelada a dimensão do mínimo existencial, a judicialização desses serviços estatais mostra-se plenamente justificada, independentemente da existência de reserva orçamentária.

Nesse sentido, o Pleno, apreciando o Recurso Extraordinário nº 592.581/RS, da relatoria do ministro Ricardo Lewandowski, a envolver obras emergenciais em estabelecimentos prisionais, assentou, sob o ângulo da repercussão geral, não caber tomar a reserva orçamentária para afastar a intervenção judicial quando em jogo o dever de assegurar condições minimamente dignas de existência. Segundo a óptica adotada, "é lícito ao Judiciário impor à Administração Pública obrigação de fazer", "para dar efetividade ao postulado da dignidade da pessoa humana", "não sendo oponível à decisão o argumento da reserva do possível nem o princípio da separação dos Poderes".

Então, quando envolvido o mínimo existencial, como levar a sério o argumento da reserva do possível? Conforme apontei, o dever de tutela do mínimo existencial legitima a intervenção judicial sobre políticas públicas. Não obstante, o argumento da reserva do possível, ainda que não se preste a afastar o controle judicial voltado à garantia do mínimo existencial, impõecautela e rigor ao Tribunal na identificação dos casos. Em respeito ao princípio democrático da reserva do possível, o Supremo tem o ônus de apenas afastá-lo quando, de forma manifesta e bem fundamentada, conclui presente situação de proteção ao mínimo existencial. É o que propus em voto no caso do fornecimento de medicamentos de alto custo, ausente na lista oficial de dispensação.

5. A OBJEÇÃO DAS CAPACIDADES INSTITUCIONAIS

Outra importante objeção à intervenção judicial sobre políticas públicas é o das capacidades institucionais. Trata-se de investigar, sob uma perspectiva empírica, qual órgão se apresenta mais capacitado para fazer escolhas envolvendo a concretização de normas constitucionais. Não estando presente enunciados constitucionais claros e específicos ou em se tratando de normas constitucionais programáticas, juízes devem ser deferentes aos legisladores e administradores, evitando controlar atos de expertise dos outros Poderes.

A alocação de tarefas decisórias entre as diferentes instituições deve obedecer ao critério da melhor posição sobre a matéria: muitas vezes, como ocorre no caso das políticas públicas, o Legislador é que possui mais tempo, melhores informações e mestria própria para avançar as promessas da Constituição de acordo com a realidade social circundante. Em síntese: em **condições de incerteza**, geradas por enunciados normativos ambíguos e programáticos e variáveis empíricas mutantes, juízes devem adotar postura judicial modesta. Isso é particularmente importante para os casos de intervenção sobre políticas públicas voltadas a assegurar direitos sociais: envolvidas normas programáticas, nas quais os meios estão à disposição dos poderes políticos, e presentes prognósticos de caráter empírico, é o Legislador, e não o Judiciário, a instituição melhor capacitada para decidir.

O tema das capacidades institucionais, assim como o da objeção da reserva do possível, é importante balizador da intervenção judicial sobre políticas públicas. É mais uma objeção que deve ser levada a sério. Contudo, como argumentei no importante caso do sistema carcerário brasileiro, há de se atentar para as situações de vazio de políticas públicas eficientes a implicar violação de direitos na dimensão do mínimo existencial. É impertinente levar em conta formulações teóricas nos casos em que a própria atuação estatal deficiente é o fator apontado como a gerar e agravar a transgressão sistêmica e sistemática de direitos fundamentais. A intervenção judicial é reclamada ante a incapacidade demonstrada pelas instituições legislativas e administrativas.

Não obstante, mais uma vez, o argumento, embora não sirva para afastar a atuação judicial, impõe ônus: a intervenção judicial deve ser equilibrada, cabendo ao Judiciário pedir auxílio dos demais Poderes na formulação e implementação das medidas. O juiz deve buscar o diálogo, sem ser passivo, em torno da solução dos problemas de ofensa a direitos gerados pela deficiência de políticas públicas.

6. O SUPREMO E AS POLÍTICAS PÚBLICAS

O Supremo pode intervir na formulação e implementação de políticas públicas, ainda que envolvidas normas constitucionais de eficácia limitada – normas programáticas – desde que legitimado pelo dever de proteção do mínimo existencial e leve a sério as objeções da reserva do orçamento e das capacidades institucionais. Descrevo dois casos paradigmáticos – do fornecimento dos medicamentos de alto custo e do sistema carcerário brasileiro – nos quais busquei, como relatordos processos, equilibrar a efetividade dessa proteção com as prerrogativas democráticas e técnicas dos outros Poderes.

6.1. O CASO DO FORNECIMENTO DOS MEDICAMENTOS DE ALTO CUSTO

No Recurso Extraordinário nº 566.471/RN – julgamento iniciado em 27 de setembro de 2016 e interrompido em 28 de setembro seguinte –, é enfrentado, sob o ângulo da repercussão geral, o difícil tema da existência ou não do dever do Estado de fornecer medicamento de alto custo, a quem dele necessita, que esteja fora das políticas públicas de dispensação de remédios.

O Estado do Rio Grande do Norte havia recusado fornecer à paciente o medicamento Sildenafil 50 mg, destinado ao tratamento das enfermidades **miocardiopatia isquêmica** e **hipertensão arterial pulmonar**. Segundo entendeu, o alto custo e a ausência de previsão no Programa de Dispensação de Medicamentos seriam motivos suficientes para a recusa. Contra tal negativa, a cidadã prejudicada ingressou com a medida judicial.

O Tribunal de Justiça, confirmando a sentença mediante a qual proclamada a procedência do pedido, consignou a imprescindibilidade do remédio para o procedimento terapêutico, assim como a incapacidade financeira da paciente e da família para adquiri-lo. Concluiu pela afronta a direitos constitucionalmente protegidos, assentando o dever da Administração Pública de fornecer o medicamento. O acórdão foi assim resumido:

> CONSTITUCIONAL. AÇÃO DE OBRIGAÇÃO DE FAZER. TUTELA ANTECIPADA. PRELIMINAR DE NULIDADE DA SENTENÇA. LITISCONSÓRCIO PASSIVO NECESSÁRIO. TRANSFERÊNCIA PARA O MÉRITO. FORNECIMENTO DE MEDICAMENTO DE ALTO CUSTO. RECUSA DO ESTADO EM FORNECÊ-LO. IMPOSSIBILIDADE. AFRONTA A DIREITOS ASSEGURADOS PELA CONSTITUIÇÃO FEDERAL. OBRIGAÇÃO DO ESTADO APELANTE EM PROMOVER O FORNECIMENTO DE MEDICAMENTO IMPRES-

CINDÍVEL AO TRATAMENTO DE SAÚDE DA APELADA. MANUTENÇÃO DA SENTENÇA DE 1º GRAU. PRECEDENTES DESTA EGRÉGIA CORTE. RECURSO CONHECIDO E IMPROVIDO.

No extraordinário, o Estado alegou que a decisão judicial atacada, ao atender a um único indivíduo, comprometeria política de universalização do serviço de fornecimento de medicamentos, prejudicando os cidadãos em geral; debilitaria investimentos nos demais serviços de saúde e em outras áreas, como segurança e educação; violaria a reserva do possível e a legalidade orçamentária; bem como não encontraria base constitucional, ante o caráter programático das normas sobre saúde.

Os argumentos desenvolvidos no recurso revelam as objeções às quais fiz referência nos tópicos anteriores – a reserva do possível e a falta de expertise do Judiciário quanto à formulação e à implementação de políticas públicas –, assim como o caráter programático da norma constitucional reveladora do direito à saúde. Já os fundamentos do acórdão recorrido e as razões do extraordinário retratam as perplexidades decorrentes de decisões dessa natureza, que venho destacando: teria o Tribunal usurpado as competências do Executivo e do Legislativo? Ou a relevância constitucional do direito envolvido e as circunstâncias concretas legitimavam a atuação judicial interventiva? Quais os limites e as possibilidades da interferência judicial presentes os deveres positivos do Estado quanto aos direitos fundamentais de segunda geração – os direitos socioeconômicos? A circunstância de a universalização do direito à saúde depender da formulação e execução de políticas públicas exclui a competência do Poder Judiciário em casos como o da espécie? É possível a fixação de critérios objetivos capazes de racionalizar os milhares de litígios sobre a matéria espalhados por todo o país?

No voto, assim como faço neste artigo, defendi a possibilidade do Judiciário, notadamente o Supremo, intervir e obrigar o Estado a fornecer medicamento de alto custo, necessário à saúde de paciente reconhecidamente hipossuficiente. Assim fiz ver, por entender estar envolvido direito na dimensão do mínimo existencial:

As impugnações feitas pelo Estado do Rio Grande Norte devem ser analisadas levando-se em conta a fundamentalidade do mínimo existencial e a implicação desse reconhecimento com o direito à saúde.

Surge sempre a controvérsia sobre definir o nível possível de tutela judicial voltada a obrigar o Estado a realizar os serviços necessários.

A expressão literal do artigo 196 da Constituição Federal, no qual previsto o instrumento das políticas públicas como meio para assegurar o acesso universal e igualitário ao direito à saúde, tem sido utilizada pelos órgãos públicos como fundamento para contestar a atuação judicial voltada a exigir o fornecimento de medicamentos e a prestação de serviços de saúde em geral. O Estado do Rio Grande do Norte apresenta objeções de ordem organizacional, administrativa e financeira, inclusive a reserva do possível e a legalidade orçamentária, para sustentar a inviabilidade de decisões em tal sentido, porque as ações nesse campo submetem-se ao planejamento pelo Estado, dentro das limitações de financiamento próprias.

Não há dúvida de que esses serviços dependem de políticas públicas, nas quais devem constar as diretrizes para assegurar o acesso universal a medicamentos indispensáveis. Por isso, Ricardo Lobo Torres falou em "direitos sociais máximos", a serem alcançados por meio de escolhas políticas e orçamentárias materializadas na formulação e implementação de políticas públicas. Problema maior surge quando omissões ou falhas na execução do que foi formulado implicam a impossibilidade de obtenção de medicamento por paciente que não possui condição financeira de acesso, indispensável a tratamento integral de saúde, necessário à própria existência digna. Em síntese, a situação é potencializada quando configurada violação ao mínimo existencial ante a institucionalização incompleta ou deficiente do direito à saúde.

Sabe-se que há, no País, a Política Nacional de Medicamentos, com a elaboração de listas daqueles a serem distribuídos aos que necessitem, destacando-se o Programa de Medicamentos de Dispensação em Caráter Excepcional, referente aos remédios de alto custo ou excepcionais. Espera-se que essas políticas cheguem, progressivamente, à distribuição universal e ao uso racional dos medicamentos. Entretanto, não se discute o controle jurisdicional do mérito amplo dessas políticas, e sim a tutela judicial de situações especiais, quando não alcançadas por essas políticas. Não cabe ao Poder Judiciário formular políticas públicas, mas pode e deve corrigir injustiças concretas. Em casos do tipo, não se admite a alegação alusiva ao caráter puramente programático das normas constitucionais versando o direito à saúde.

Verificada transgressão ao mínimo existencial, o direito individual à saúde revela-se imponderável frente aos mais relevantes argumentos de ordem administrativa, como o do comprometimento de políticas de universalização da prestação aos demais cidadãos e de investimentos em outras áreas. Objeções de cunho administrativo, de primazia da expertise da Administração Pública, não podem subsistir ante violações ao mínimo existencial. Argumentos, genéricos, ligados ao princípio estruturante da separação de Poderes não possuem sentido prático em face de casos de inequívoca transgressão a direitos fundamentais. Não se trata – deve-se reiterar – de defender ampla intervenção judicial nas políticas públicas em matéria de direito à saúde, pois essas existem, estão em desenvolvimento, dirigidas à universalização dos serviços. Cuida-se de assentar a validade da atuação judicial subsidiária em situações concretas não alcançadas pelas políticas públicas pertinentes, mas nas quais necessária a tutela do mínimo existencial. A intervenção é mínima, casual, excepcional, mas indispensável.

Como destaquei na parte final do trecho acima, a intervenção deve ser excepcional. E por quê? Justamente porque as objeções democráticas e técnicas levantadas, embora não sejam aptas a afastar a possibilidade de intervenção judicial em favor do mínimo existencial, servem como ônus a obrigar o julgador a fixar critérios racionais e de rígida observância quanto à identificação desses momentos indispensáveis de tutela do mínimo existencial.

Por essa razão, afirmei consistir a principal utilidade do julgamento na possibilidade do Tribunal, sob a óptica da repercussão maior, definir os critérios de configuração do dever estatal de tutela do mínimo existencial – entendido como condição de fundamentalidade do direito individual de receber os medicamentos do Estado. Competiria ao Supremo densificar normativamente esses requisitos.

Buscando definir esses critérios de forma objetiva, desenvolvi a seguinte fundamentação:

> Dos pronunciamentos mencionados e dos aportes teóricos desenvolvidos sobre o tema, surge que a delimitação há de ocorrer em torno de dois elementos: a imprescindibilidade do medicamento para a concretização do direito à saúde – elemento objetivo do mínimo existencial – e a incapacidade financeira de aquisição – elemento subjetivo do dever estatal de tutela do mínimo existencial. A identificação conjunta, nos casos sob análise, desses dois elementos – um substancial quanto ao mínimo existencial, o outro relativo ao dever estatal de tutela desse mínimo

–, com as nuances próprias a serem desenvolvidas a seguir, implicará a configuração do mínimo existencial passível de tutela mediante intervenção judicial, independentemente do alto custo dos remédios ou de esses não constarem em listas elaboradas no âmbito da Política Nacional de Medicamentos ou do Programa de Medicamentos de Dispensação em Caráter Excepcional.

A imprescindibilidade estará configurada quando provado, em processo e por meio de laudo, exame ou indicação médica lícita, que o estado de saúde do paciente reclama o uso do medicamento de alto custo, ausente dos programas de dispensação do governo, para o procedimento terapêutico apontado como necessário ao aumento de sobrevida ou à melhoria da qualidade de vida, condições da existência digna do enfermo.

[...]

O outro elemento, este de caráter subjetivo, é a incapacidade financeira. O dever de tutela estatal do mínimo existencial estará definitivamente configurado se provada a ausência de capacidade financeira para aquisição de medicamento reconhecidamente adequado e necessário ao tratamento de saúde do indivíduo. Essa óptica encontra-se em conformidade com as decisões do Supremo. Não há dificuldades quanto a esse ponto. A controvérsia está em definir: "incapacidade financeira de quem"? Relativamente a isso, é preciso dar um passo além, uma contribuição a mais a ser oferecida por este julgamento.

O Tribunal de origem assentou a impossibilidade da paciente e a família arcarem com o valor do medicamento. Diante do quadro, percebe-se ser viável incluir, no tocante ao tema deste recurso, a discussão quanto aos deveres de solidariedade familiar. Pode-se cogitar de um dever subsidiário do Estado em relação aos membros da família do paciente? A resposta é afirmativa.

A realização do direito à saúde pelo Estado está incluída em um projeto mais amplo de justiça redistributiva: a sociedade como um todo, por meio do pagamento de impostos e de específicas contribuições sociais, financia serviços públicos no campo dos direitos sociais – programas de educação, moradia, alimentação, trabalho, saúde, previdência e assistência social – em benefício, principalmente, dos mais necessitados. A solidariedade social é o princípio que governa essas práticas políticas.

No entanto, na busca do equilíbrio entre as facetas liberal e social do Estado, há de se entender o dever estatal de fornecimento de medicamentos de alto custo, fora dos programas estatais de distribuição universal – mantendo-se, em atitude minimalista, restrito ao tema do recurso –, como subsidiário ao dever legal de alimentos da família. A solidariedade social, manifestada pelo custeio tributário dos serviços públicos, deve ser observada de forma sucessiva, neste caso, ao dever de solidariedade familiar, fundado na Constituição e disciplinado no Código Civil.

A ideia desenvolvida foi a de atribuir à família solidária o ônus do dever de custeio de medicamento não previsto em política pública, cabendo ao Estado essa obrigação apenas se, e na medida em que não puder suportar, financeiramente, sem prejuízo ao próprio sustento, tal encargo.

Na família contemporânea, não **há direitos sem responsabilidades**. A igualdade e a autonomia dos integrantes pressupõem a reciprocidade, a solidariedade entre si. Essa concepção fica muito clara no artigo 229 da Constituição Federal, segundo o qual "os pais têm o dever de assistir, criar e educar os filhos menores, e os filhos maiores têm o dever de ajudar e amparar os pais na velhice, carência ou enfermidade". Dessa forma, assim como o dever de todos em custear os direitos sociais mediante impostos e contribuições, a solidariedade familiar possui base constitucional. Inexiste hierarquia formal entre esses diferentes deveres de solidariedade. Cabe ao intérprete realizar uma acomodação. Por ser específico, o dever familiar precede o estatal, custeado por toda a sociedade por meio dos tributos. O Estado deve atuar subsidiariamente – exclusiva ou complementarmente, a depender do nível de capacidade financeira da família solidária. Com tais fundamentos, formulei a seguinte tese para a repercussão geral:

> O reconhecimento do direito individual ao fornecimento, pelo Estado, de medicamento de alto custo, não incluído em Política Nacional de Medicamentos ou em Programa de Medicamentos de Dispensação em Caráter Excepcional, depende da comprovação da imprescindibilidade – adequação e necessidade –, da impossibilidade de substituição do fármaco e da incapacidade financeira do enfermo e dos membros da família solidária, respeitadas as disposições sobre alimentos dos artigos 1.694 a 1.710 do Código Civil.

Com a proposta, sem enfraquecer a proteção do mínimo existencial, busquei densificaro dever estatal de tutela, levando a sério a objeção democrática da reserva do possível, colocando o dever do Estado como subsidiário, ausente política pública específica, perante a incapacidade financeira da família solidária, e não apenas em relação à do indivíduo. Trata-se de manusear direito fundamental e democracia, com preocupação com a efetividade do primeiro, mas responsabilidade com a integridade do segundo.

6.2. O CASO DO SISTEMA CARCERÁRIO NACIONAL

Na Arguição de Descumprimento de Preceito Fundamental nº 347/DF, de minha relatoria, o pedido envolveu a problemática da responsabilidade do Poder Público de realizar melhorias em penitenciárias ou construir novas com a finalidade de reduzir o déficit de vagas. Vai além: versa a interpretação e a aplicação das leis penais e processuais de modo a minimizar a crise carcerária, a implantação da forma eficiente de aproveitamento dos recursos orçamentários que compõem o Fundo Penitenciário Nacional – FUNPEN e o dever de elaboração, pela União, Estados e Distrito Federal, de planos de ação voltados a racionalizar o sistema prisional e acabar com a ofensa a direitos fundamentais dos presos sujeitos às condições de superlotação carcerária, acomodações insalubres e falta de acesso a direitos básicos, como saúde, educação, alimentação saudável, trabalho, assistência jurídica, indispensáveis a uma vida minimamente digna.

Busca-se obter do Supremo o reconhecimento do fato de o sistema prisional brasileiro caracterizar-se como o denominado **estado de coisas inconstitucional**, ante a violação massiva de direitos fundamentais dos detentos, resultante de ações e omissões dos Poderes Públicos da União, dos Estados e do Distrito Federal. Postula-se seja determinada a adoção de providências, de conteúdo e natureza diversos, para afastar lesões a preceitos fundamentais.

Na apreciação da medida cautelar, o Supremo, por maioria, deferiu-a parcialmente para determinar aos juízes e tribunais que, observados os artigos 9.3 do Pacto dos Direitos Civis e Políticos e 7.5 da Convenção Interamericana de Direitos Humanos, realizem, em até noventa dias, audiências de custódia, viabilizando o comparecimento do preso perante a autoridade judiciária no prazo máximo de vinte e quatro horas, contados do momento do recolhimento, e à União que libere o saldo acumulado do

Fundo Penitenciário Nacional para a finalidade para a qual foi criado, abstendo-se de realizar novos contingenciamentos. Contra o voto que proferi, indeferiu-se a liminar quanto ao pedido para restringir a aplicação de prisões preventivas, fator determinante para a superlotação carcerária. O acórdão foi assim resumido:

> CUSTODIADO – INTEGRIDADE FÍSICA E MORAL – SISTEMA PENITENCIÁRIO – ARGUIÇÃO DE DESCUMPRIMENTO DE PRECEITO FUNDAMENTAL – ADEQUAÇÃO. Cabível é a arguição de descumprimento de preceito fundamental considerada a situação degradante das penitenciárias no Brasil.
> SISTEMA PENITENCIÁRIO NACIONAL – SUPERLOTAÇÃO CARCERÁRIA – CONDIÇÕES DESUMANAS DE CUSTÓDIA – VIOLAÇÃO MASSIVA DE DIREITOS FUNDAMENTAIS – FALHAS ESTRUTURAIS – ESTADO DE COISAS INCONSTITUCIONAL – CONFIGURAÇÃO. Presente quadro de violação massiva e persistente de direitos fundamentais, decorrente de falhas estruturais e falência de políticas públicas e cuja modificação depende de medidas abrangentes de natureza normativa, administrativa e orçamentária, deve o sistema penitenciário nacional ser caraterizado como "estado de coisas inconstitucional".
> FUNDO PENITENCIÁRIO NACIONAL – VERBAS – CONTINGENCIAMENTO. Ante a situação precária das penitenciárias, o interesse público direciona à liberação das verbas do Fundo Penitenciário Nacional.
> AUDIÊNCIA DE CUSTÓDIA – OBSERVÂNCIA OBRIGATÓRIA. Estão obrigados juízes e tribunais, observados os artigos 9.3 do Pacto dos Direitos Civis e Políticos e 7.5 da Convenção Interamericana de Direitos Humanos, a realizarem, em até noventa dias, audiências de custódia, viabilizando o comparecimento do preso perante a autoridade judiciária no prazo máximo de 24 horas, contado do momento da prisão.

O volume e a relevância dos assuntos concernentes ao sistema prisional sempre trazidos ao Supremo demonstram a importância do tema na agenda do Tribunal. Não é por menos que o ex-ministro da Justiça José Eduardo Cardozo comparou as prisões brasileiras às masmorras medievais. A analogia não poderia ser melhor. Trata-se de um dos mais sérios problemas de direitos humanos enfrentados pelo Brasil. Há relação de causa e efeito entre atos comissivos e omissivos dos Poderes

Públicos da União, dos Estados e do Distrito Federal e o quadro de transgressão a direitos. O afastamento do estado de inconstitucionalidade só é possível mediante mudança significativa do comportamento do Poder Público, considerados atos de natureza normativa, administrativa e judicial, e o Supremo não tem ficado indiferente a essa necessidade.

Ante tal quadro, o que pode o Tribunal fazer? Cabe a ele intervir em políticas públicas atinentes a tema tão dramático, de difícil solução, que envolve aspectos técnicos e orçamentários tão estranhos ao respectivo cotidiano? Mais uma vez, respondi afirmativamente, fundado no dever de tutela do mínimo existencial. Todavia, proponho, levando bastante a sério o argumento das capacidades institucionais, que o Supremo atue em diálogo com os outros Poderes, com o objetivo de formulação e implementação das políticas públicas necessárias.

Como é público e notório, a situação do sistema penitenciário brasileiro é vexaminosa. Dados da Comissão Parlamentar de Inquérito da Câmara dos Deputados (2007-2009) e do Conselho Nacional de Justiça – CNJ revelam o cenário de horror. Segundo investigações realizadas, a população carcerária, maioria pobres e negros, alcançava, em maio de 2014, 711.463 detentos, incluídos 147.397 em regime domiciliar, para 357.219 vagas disponíveis. Sem levar em conta o número de presos em domicílio, o déficit é de 206.307, subindo para 354.244, se computado. A deficiência de vagas poderia ser muito pior não fossem os 373.991 mandados de prisão sem cumprimento. Tendo em vista o número total, até mesmo com as custódias domiciliares, o Brasil possui a terceira maior população carcerária do mundo, depois dos Estados Unidos e da China. Presentes apenas o número de detentos em presídios e delegacias, o País fica em quarto lugar, após a Rússia.

Grande parte deles está sujeita às seguintes condições: superlotação dos presídios, torturas, homicídios, violência sexual, celas sujas e insalubres, proliferação de doenças infectocontagiosas, comida imprestável, falta de água potável, de produtos higiênicos básicos, de acesso à assistência judiciária, à educação, à saúde e ao trabalho, bem como amplo domínio dos cárceres por organizações criminosas, insuficiência do controle quanto ao cumprimento das penas, discriminação social, racial, de gênero e de orientação sexual. Com o déficit prisional ultrapassando a casa das duzentas e seis mil vagas, salta aos olhos o problema da superlotação, que pode ser a origem de todos os males. No Relatório Final da Comissão Parlamentar de Inquérito da Câmara dos Deputados, formalizado em 2009, concluiu-se ser a superlotação, talvez, a mãe dos demais vícios do sistema carcerário. Cadeias abarrotadas ocasionam insalubridade, doenças, motins, rebeliões, mortes, degradação da pessoa humana. A Comissão encontrou, nos presídios e delegacias, por todo o País, homens amontoados como lixo humano, dormindo sem camas ou colchões, em redes suspensas no teto, dentro das paredes, em pé, em banheiros, corredores, pátios, barracos ou contêineres. Muitas vezes, precisam se revezar para dormir.

As penitenciárias e delegacias não oferecem espaço, muito menos condições salubres mínimas. Segundo relatórios do Conselho Nacional de Justiça, não possuem instalações adequadas à existência humana. Estruturas hidráulicas, sanitárias e elétricas precárias e celas imundas, sem iluminação e ventilação, representam perigo constante e risco à saúde, ante a exposição a agentes causadores de infecções diversas. As áreas de banho e sol dividem o espaço com esgotos abertos. Os presos não têm acesso a água, para banho e hidratação, ou a alimentação de mínima qualidade, que, muitas vezes, chega a eles estragada. Em alguns casos, comem com as mãos ou em sacos plásticos. Também não recebem material de higiene básica, como papel higiênico, escova de dentes ou, para as mulheres, absorvente íntimo. Em cadeia pública feminina em São Paulo, as detentas utilizam miolos de pão para a contenção do fluxo menstrual.

O quadro não é exclusivo desse ou daquele presídio. A situação mostra-se similar em todas as unidades da Federação, devendo ser reconhecida a falência do sistema prisional brasileiro. Diante de tais situações, a conclusão deve ser única: nas penitenciárias do País, ocorre violação generalizada de direitos fundamentais no tocante à dignidade, à higidez física e à integridade psíquica. A superlotação carcerária e a precariedade das celas, mais do que inobservância, pelo Estado, da ordem jurídica, configuram tratamento degradante, ultrajante e indigno a pessoas que se encontram sob custódia. As penas privativas de liberdade aplicadas convertem-se em penas cruéis e desumanas. Os presos tornam-se lixo, a receberem o pior tratamento possível, sendo-lhes negado todo e qualquer direito à existência minimamente segura e salubre.

Nesse contexto, diversos dispositivos, contendo normas nucleares do programa objetivo de direitos fundamentais da Constituição Federal, são ofendidos: o princípio da dignidade da pessoa humana (artigo 1º, inciso III); a proibição de tortura e tratamento desumano ou degradante (artigo 5º, inciso III); a vedação da aplicação de penas cruéis (artigo 5º, inciso XLVII, alínea "e"); o dever estatal de viabilizar o cumprimento da pena em estabelecimentos distintos, de acordo com a natureza do delito, a idade e o sexo do apenado (artigo 5º, inciso XLVIII); a garantia à integridade física e moral (artigo 5º, inciso XLIX); e os direitos a saúde, educação, alimentação, trabalho, previdência e assistência social (artigo 6º) e judiciária (artigo 5º, inciso LXXIV).

O quadro é revelador de total indignidade dos presos. Em voto, apontei que a responsabilidade pelo estágio ao qual chegamos não pode ser atribuída a um único e exclusivo Poder, mas aos três – Legislativo, Executivo e Judiciário; não só os da União, como também os dos Estados e do Distrito Federal. Há, na realidade, problemas tanto de formulação e implementação de políticas públicas quanto de interpretação e aplicação da lei penal. Falta coordenação. O quadro inconstitucional de desrespeito generalizado e contínuoaos direitos fundamentais dos presos é diariamente agravado em virtude de ações e omissões, falhas estruturais dos Poderes Públicos, sobressaindo a sistemática inércia e incapacidade das autoridades em superá-lo.

Verifica-se situação de fracasso das políticas legislativas, administrativas e orçamentárias. Há defeito generalizado e estrutural de políticas públicas e nada é feito pelo Executivo e Legislativo para transformar o quadro. A ausência de medidas legislativas, administrativas e orçamentárias eficazes representa, segundo desenvolvi em voto, falha estrutural a gerar tanto a violação sistemática dos direitos quanto a perpetuação e o agravamento da situação. A inércia não é de uma única autoridade pública do Legislativo ou do Executivo de uma particular unidade federativa e sim do funcionamento deficiente do Estado como um todo. Os Poderes, órgãos e entidades federais e estaduais, em conjunto, vêm se mantendo incapazes, manifestando verdadeira falta de vontade em buscar superar ou reduzir o quadro objetivo de inconstitucionalidade. Falta sensibilidade legislativa e motivação política do Executivo.

Diante de tais circunstâncias, revela-se, a mais não poder, não só a legitimidade, mas também a necessidade de atuação do Supremo. Qual papel pode o Tribunal desempenhar para viabilizar a correção de rumos? Qual a medida da intervenção? Eis o ponto principal!

Sem dúvida, há dificuldades quanto à perspectiva do Supremo atuar de maneira atípica, excepcional, interferindo em políticas públicas e escolhas orçamentárias. Controvérsias teóricas não são aptas a afastar o convencimento no sentido de que a verificação de estarem atendidos os pressupostos do estado de coisas inconstitucional[15] resulta na possibilidade do Tribunal tomar parte, na adequada medida, em decisões primariamente políticas, sem que se possa cogitar de afronta ao princípio democrático da separação de poderes. A violação de direitos fundamentais, alcançando a transgressão à dignidade da pessoa humana e ao próprio mínimo existencial, justifica a atuação mais assertiva do Tribunal.

Há mais: apenas o Supremo mostra-se capaz, ante a situação descrita, de superar os bloqueios políticos e institucionais que vêm impedindo o avanço. Cumpre ao Tribunal retirar os demais Poderes da estagnação, catalisar os debates e novas políticas públicas, coordenar as ações e monitorar os resultados. Isso é o que se aguarda do Supremo e não se pode pretender que se abstenha de intervir, em nome do princípio democrático, quando os canais políticos se apresentem obstruídos, sob

15 Sobre o "Estado de Coisas Inconstitucional", cf. CAMPOS, Carlos Alexandre de Azevedo. Estado de Coisas Inconstitucional. Salvador: Juspodivm, 2016. Elaborei o prefácio do aludido livro.

pena de chegar-se a um somatório de inércias injustificadas. Bloqueios da espécie traduzem-se em barreiras à efetividade da própria Constituição e dos Tratados Internacionais sobre Direitos Humanos.

Repita-se: a intervenção judicial mostra-se legítima presente padrão elevado de omissão estatal, considerada a situação de violação generalizada de direitos fundamentais. Verificada a paralisia dos poderes políticos, argumentos idealizados do princípio democrático fazem pouco sentido prático.

No caso dos presos, os bloqueios ou desacordos políticos encontram razões tanto na sub-representação parlamentar como na impopularidade desses indivíduos. A primeira decorre do fato de os condenados criminalmente ficarem impedidos de votar e serem votados. Têm os direitos políticos suspensos enquanto perdurarem os efeitos da sentença condenatória transitada em julgado (artigo 15, inciso III, da Constituição Federal). Não gozam, então, de representação política direta.

A segunda é ainda mais problemática, configurando os detentos minoria socialmente desprezada. Conforme apontou Ana Paula de Barcellos, os cidadãos livres acreditam, recusando a dimensão ontológica da dignidade humana, que o criminoso perde o direito à vida digna ou mesmo à condição humana, não sendo titular de quaisquer direitos fundamentais.[16] Com tais conceitos disseminados, a opinião pública não aceita seja dada prioridade, no tocante aos gastos públicos, à melhoria das instalações prisionais. Muitos até acreditam que as condições desumanas das penitenciárias consubstanciam retribuição aos crimes praticados.

Em síntese, o desprestígio dos presos faz com que os políticos, salvo raríssimas exceções, não reivindiquem recursos públicos a serem aplicados em um sistema carcerário voltado ao oferecimento de condições de existência digna. A opinião pública está no coração da estrutura democrático-parlamentar. Ignorá-la pode significar não só o fracasso das políticas que defendem, mas também das tentativas de reeleição a cargos no Legislativo e

16 BARCELLOS, Ana Paula de. Violência urbana, condições das prisões e dignidade humana. Revista de Direito Administrativo, Rio de Janeiro, v. 254, p. 36-65, maio/ago. 2010.

no Executivo. Essa preocupação é tanto maior quanto mais envolvida matéria a atrair a atenção especial do público. Questões criminais são capazes de gerar paixões em um patamar que outros temas e áreas do Direito não conseguem. A sociedade não tolera mais a criminalidade e a insegurança pública e isso implica ser contrária à preocupação com a tutela das condições dignas do encarceramento.

Essa rejeição tem como consequência direta bloqueios políticos, os quais permanecerão se não houver intervenção judicial. Pode-se prever a improbabilidade dos poderes políticos, por si sós, tomarem a iniciativa de enfrentar tema de tão pouca estima popular. Em casos assim, bloqueios costumam ser insuperáveis.

No tocante à alegação das capacidades institucionais superiores do Legislativo e do Executivo comparadas às do Judiciário, há de se atentar para as falhas estruturais ante o vazio de políticas públicas eficientes. É impertinente levar ao extremo, no caso examinado, tais formulações teóricas, uma vez que é a própria atuação estatal deficiente o fator apontado como a gerar e agravar a transgressão sistêmica e sistemática de direitos fundamentais. A intervenção judicial é reclamada devido à incapacidade demonstrada pelas instituições legislativas e administrativas, o que torna o argumento comparativo sem sentido empírico.

Contudo, cabe aqui a defesa de uma intervenção judicial equilibrada, inclusive quando há envolvimento de escolhas orçamentárias, sem que isso possa ser visto como fator de afronta às capacidades institucionais dos outros Poderes. O Supremo não pode substituir-se ao Legislativo e ao Executivo na consecução de tarefas próprias. O Tribunal deve superar bloqueios políticos e institucionais sem afastar esses Poderes dos processos de formulação e implementação das soluções necessárias. Precisa agir em diálogo com os outros Poderes e com a sociedade. Cumpre ao Supremo catalisar ações e políticas públicas, coordenar a atuação dos órgãos do Estado na adoção dessas medidas e monitorar a eficiência das soluções. Como fiz ver em meu voto:

> Não lhe incumbe, no entanto, definir o conteúdo próprio dessas políticas, os detalhes dos meios a serem empregados. Em vez de desprezar as capacida-

des institucionais dos outros Poderes, deve coordená-las, a fim de afastar o estado de inércia e deficiência estatal permanente. Não se trata de substituição aos demais Poderes, e sim de oferecimento de incentivos, parâmetros e objetivos indispensáveis à atuação de cada qual, deixando-lhes o estabelecimento das minúcias. Há de se alcançar o equilíbrio entre respostas efetivas ao desrespeito a direitos e as limitações institucionais versadas na Carta da República.

Ao Supremo cumpre interferir nas escolhas orçamentárias e nos ciclos de criação, implementação e avaliação de políticas públicas, mas sem detalhá-las. Deve formalizar ordens flexíveis, com margem de criação legislativa e de execução a serem esquematizadas e avançadas pelos outros Poderes, cabendo-lhe reter jurisdição para monitorar a observância da decisão e o sucesso dos meios escolhidos. Ao atuar assim, reservará aos Poderes Executivo e Legislativo o campo democrático e técnico de escolhas sobre a forma mais adequada para a superação do estado de inconstitucionalidade, vindo apenas colocar a máquina estatal em movimento e cuidar da harmonia dessas ações. Como destaca a doutrina colombiana, o Tribunal não chega a ser um elaborador de políticas públicas, e sim um coordenador institucional, produzindo um efeito desbloqueador. Esse é, enfim, o papel que deve desempenhar o Supremo em favor da superação do quadro de inconstitucionalidade do sistema prisional: retirar as autoridades públicas do estado de letargia, provocar a estruturação de novas políticas públicas, aumentar a deliberação política e social sobre a matéria e monitorar o sucesso da implementação das providências escolhidas, assegurando, assim, a efetividade prática das soluções propostas. Ordens flexíveis sob monitoramento previnem a supremacia judicial e, ao mesmo tempo, promovem a integração institucional.

Uma vez mais, coerente com as premissas que lanço neste artigo, propus a atuação firme do Tribunal na tutela do mínimo existencial, mas levando a sério objeções, como a das capacidades institucionais feitas em face do controle judicial de políticas públicas. Defendi a atuação do Supremo observados direito fundamental e democracia, assegurando o primeiro e respeitando o segundo, sempre!

7. CONCLUSÃO

Os direitos fundamentais são a parte mais importante do projeto constitucional de 1988, envolvidos os valores da liberdade, igualdade e dignidade, cuja concretização é a principal missão do Supremo, diga-se, bem cumprida até aqui. A interpretação constitucional tem-se mostrado especialmente necessária para o sucesso dos propósitos basilares da Constituição Federal: revela-se tanto completa quanto complexa, tão fiel ao texto como criativa, quando adequado e exigido, adota os elementos tradicionais, mas sem desconsiderar as particularidades contemporâneas e não ignora a relevância política e social diferenciada das matérias julgadas. Atento a tamanha amplitude de possibilidades hermenêuticas, o guardião tem estado à altura do mister que lhe foi confiado.

Sendo assim, o Tribunal não pode fechar os olhos aos casos de transgressão a direitos fundamentais, surgindo a possibilidade de controlar políticas públicas para a defesa intransigente do mínimo existencial. O Supremo deve cumprir a missão que lhe é própria para acabar com o fracasso das políticas públicas existentes, respeitando, sim,os princípios democrático e da separação de poderes, mas nunca se apequenando a ponto de fazer parte das tragédias diárias de violação de direitos fundamentais.

REFERÊNCIAS

BARBOSA, Mariana Gracioso. **O Supremo Tribunal Federal e a Política de Fornecimento de Medicamentos para Tratamento da AIDS/HIV.** São Paulo: SBDP, 2005.

BARCELLOS, Ana Paula de. Violência urbana, condições das prisões e dignidade humana. **Revista de Direito Administrativo**, Rio de Janeiro, v. 254, p. 36-65, maio/ago. 2010.

CAMPOS, Carlos Alexandre de Azevedo. **Estado de Coisas Inconstitucional**. Salvador: Juspodivm, 2016.

LUCHETE, Felipe. Elaborar políticas públicas também é papel do Judiciário, defende Lewandowski. **Revista Consultor Jurídico**, São Paulo, 30 out. 2015. Disponível em: <https://goo.gl/R9Soru>. Acesso em 26 jan. 2016.

SARLET, Ingo Wolfgang. **A Eficácia dos Direitos Fundamentais**. 7. ed. Porto Alegre: Livraria do Advogado, 2007.

SILVA, José Afonso da. **Aplicabilidade das Normas Constitucionais**.4. ed. São Paulo: Malheiros, 2000.

TORRES, Ricardo Lobo. **O Direito ao Mínimo Existencial**. Rio de Janeiro: Renovar, 2009.

CONTRIBUIÇÕES DA OAB PARA A CONFORMAÇÃO DAS INSTITUIÇÕES DO FUTURO: ADI 4650-DF E PROPOSTAS PARA REFORMA POLÍTICA

CLAUDIO LAMACHIA

SUMÁRIO: **1.** Introdução. **2.** Contexto de descrença em relação à política. **3.** A Ação Direta de Inconstitucionalidade n. 4560-DF. **4.** Em defesa de uma reforma política abrangente. **5.** Conclusão.

1. INTRODUÇÃO

A análise acerca do *futuro das instituições* comporta a premissa inicial de que, como fenômeno social, as instituições apresentam características que variam temporalmente[1]. Nesse sentido, ganham extrema relevância a abrangente discussão de ideias e o amplo debate em torno de projetos, pois constituem, efetivamente, os instrumentos de ação política que possibilitam o estabelecimento das instituições do futuro.

Essas considerações são particularmente adequadas para referir-se ao objeto de estudo privilegiado da extraordinária obra do Professor José Afonso da Silva, nomeadamente o regime de governo democrático, que é fundado sobre a decisão da coletividade. Esse aspecto é destacado por Norberto Bobbio, ao apresentar os elementos mínimos para a existência da democracia: "primariamente um conjunto de regras de procedimento para a formação de decisões, em que está prevista e facilitada a participação mais ampla possível dos interessados"[2].

Por meio dessa definição, constata-se o papel absolutamente fundamental exercido nas sociedades democráticas pelo Direito. Afinal,

1 BONAVIDES, Paulo. **Ciência política.** 10. ed. São Paulo: Malheiros, 2000.

2 BOBBIO, Norberto. **O futuro da democracia.** 13. ed. São Paulo: Paz e Terra, 2015, p. 27.

é no ordenamento jurídico que se encontra o referido "conjunto de regras de procedimento"[3].

Outrossim, conforme ressalta Denis Rosenfield, essas decisões coletivas, adotando-se o procedimento estabelecido pelo Direito, são alcançadas por meio do voto[4], que pode ser conferido a projetos e ideias diretamente pelos cidadãos ou indiretamente por meio de representantes. Em razão disso, Maurice Duverger associa Democracia ao próprio processo eleitoral, ao definir a primeira como o "regime em que os governantes são escolhidos pelos governados, por intermédio de eleições honestas e livres"[5].

É verdade, não obstante, que Pontes de Miranda é explícito ao afirmar que "[...] democracia e processo eleitoral não se confundem"[6]. De toda forma, a afirmação do jurisconsulto alagoano não reduz, em absoluto, a incontestável relevância das eleições para a efetivação plena do regime democrático.

Inclusive, é precisamente a partir dessa reflexão acerca da importância do processo eleitoral para a consolidação da democracia que se explica a situação quase paradoxal em que o Brasil se encontra atualmente. Por um lado, o País desfruta do mais longo período de normalidade político-constitucional desde 1889. Por outro, verifica-se uma crise moral e ética igualmente sem precedentes em toda a história republicana. Nesse cenário, não surpreende que a relativa estabilidade alcançada ao longo desses 32 anos da Sexta República também seja acompanhada por uma profunda descrença em relação à política.

A compreensão dessa complexa conjuntura tem suscitado a elaboração de um vasto conjunto de análises, que, embora distintas, partilham um elemento comum: a inadequação do sistema político-

---

3 Nota-se a clara semelhança com a definição de Direito proposta por Elizabeth Martin, "conjunto impositivo de leis que governa uma sociedade". MARTIN, Elizabeth. **A dictionary of law**. 5. ed. Oxford (ING): Oxford University Press, 2002, p. 280.

4 ROSENFIELD, Denis. **O que é democracia**. 5. ed. São Paulo: Brasiliense, 2003, p. 8.

5 DUVERGER, Maurice. **Os partidos políticos**. Rio de Janeiro: Zahar, 1970. p. 387.

6 MIRANDA, Pontes de. **Democracia, liberdade e igualdade**. Campinas (SP): Bookseller, 2002, p. 223.

-eleitoral brasileiro, pois falho, caro e disfuncional. A ideia de reforma política, então, tem sido defendida de maneira quase unânime, independentemente do matiz ideológico.

Não obstante, se há relativo consenso na identificação do problema, o mesmo não pode ser dito em relação às propostas de solução, poisexistem profundas divergências quanto ao modelo político que seria mais apropriado às características históricas, culturais, sociais, econômicas e institucionais do Brasil. Por conseguinte, os projetos de reforma política apresentados são tão diversos quanto díspares.

Diante desse cenário, a advocacia nacional tem atuado energicamente em favor do aprimoramento da democracia brasileira, notadamente no âmbito eleitoral. Com isso, a Ordem dos Advogados do Brasil tem contribuído, decididamente, para o debate em torno do *futuro das instituições*. É o que este artigo objetiva demonstrar, analisando o estabelecimento de um novo marco legal para as doações para campanhas eleitorais, no que a OAB teve protagonismo; e propostas defendidas pela Entidade para serem incluídas na urgente e necessária reforma política no País.

2. CONTEXTO DE DESCRENÇA EM RELAÇÃO À POLÍTICA

Como afirmado, o período contemporâneo da história do Brasil tem sido caracterizado por uma profunda descrença em relação à política. É, por exemplo, o que evidencia o Índice de Confiança Social, elaborado pelo Instituto Brasileiro de Geografia e Estatística. Assim, na edição de 2015 do ICS, "Congresso Nacional" e "Partidos Políticos" estão nos últimos lugares em termos de confiança, em uma lista de 18 instituições pesquisadas:

Confiança		Instituição
1	81%	Corpo de Bombeiros
2	71%	Igrejas
3	63%	Forças Armadas
4	59%	Meios de Comunicação
5	57%	Escolas Públicas
6	53%	Empresas
7	53%	Organizações da Sociedade Civil
8	50%	Polícia
9	49%	Bancos

10	46%	Poder Judiciário, Justiça
11	41%	Sindicatos
12	34%	Sistema Público de Saúde
13	33%	Governo da cidade onde mora
14	33%	Eleições, Sistema Eleitoral
15	30%	Governo Federal
16	22%	Presidente da República
17	22%	Congresso Nacional
18	17%	Partidos Políticos
Fonte: Adaptado de IBGE, 2015.		

Ainda que seja conhecido intuitivamente por todos, a tabela exibe um índice assustador para o sentimento da população brasileira perante os "Partidos Políticos". Estes, em uma escala de 0 a 100, receberam apenas 17 pontos em termos de confiança. Além disso, quando também se consideram as categorias "Presidente da República", "Governo Federal", "Eleições, Sistema Eleitoral" e "Governo da cidade onde mora", constata-se que todas as últimas seis colocações são ocupadas por instituições relacionadas à política.

Trata-se, indubitavelmente, de uma lamentável situação, considerando as elevadas funções que são atribuídas à atividade política. Por essa razão, a OAB tem atuado com firmeza para resgatar a credibilidade da política, conforme se exemplifica nas próximas duas seções.

3. A AÇÃO DIRETA DE INCONSTITUCIONALIDADE Nº 4.560-DF

O cenário de desconfiança perante a política pode ser explicado, pelo menos em parte, como consequência da questionável conduta financeira dos partidos políticos[8]. Corroborando essa interpretação, dados do Barômetro Global da Corrupção de 2013 – índice elaborado pela Transparência Internacional – apontam que os

7 INSTITUTO BRASILEIRO DE GEOGRAFIA E ESTATÍSTICA. Índice de Confiança Social 2015. Disponível em: <http://www.ibopeinteligencia.com/arquivos/ antigos/ics_brasil.pdf>. Acesso em: 27 jun. 2017.

8 FALGUERA, Elin; JONES, Samuel; OHMAN, Magnus (org.). **Financiamento de partidos políticos e campanhas eleitorais: um manual sobre financiamento político**. Rio de Janeiro: FGV, 2015.

partidos políticos são identificados como a instituição mais corruptapor 81% dos entrevistados brasileiros[9].

Verifica-se, portanto, a importância de se debater o modelo de financiamento das campanhas eleitorais e o próprio sistema político no País. É nesse sentido que, em 5 de setembro de 2011, o Conselho Federal da Ordem dos Advogados do Brasil ajuizou a ADI n. 4560-DF, requerendo, entre outros pedidos, a declaração de inconstitucionalidade do art. 81 da Lei n. 9.504/1997 (Lei das Eleições) e do art. 39 da Lei n. 9.096/1995 (Lei dos Partidos Políticos), que autorizavam doações por pessoas jurídicas a partidos políticos.

Essencialmente, pode-se resumir a dois os fundamentos da referida ação. O primeiro concerne ao fato de que o financiamento de campanhas eleitorais por empresas tende a afrontar os valores democráticos sobre os quais se assenta a cidadania brasileira, pois essas doações comumente promovem o desequilíbrio da disputa política. Nos termos da ADI n. 4560-DF:

> Com efeito, a excessiva infiltração do poder econômico nas eleições gera graves distorções. Em primeiro lugar, ela engendra desigualdade política, na medida em que aumenta exponencialmente a influência dos mais ricos sobre o resultado dos pleitos eleitorais, e, consequentemente, sobre a atuação do próprio Estado.
> Ela, por outro lado, prejudica a capacidade de sucesso eleitoral dos candidatos que não possuam patrimônio expressivo para suportar a própria campanha e tenham menos acesso aos financiadores privados, detentores do poder econômico. Nesta última perspectiva, tal fenômeno gera, inclusive, o afastamento da política de pessoas que desistem de se candidatar, por não contarem com os recursos necessários para uma campanha bem-sucedida, ou com os "contatos" que propiciem a obtenção destes recursos[10].

Dessa forma, a vitória na disputa eleitoral fica condicionada não a ideias e projetos, mas, sim, a obtenção de recursos para a campa-

---

9 TRANSPARÊNCIA INTERNACIONAL. **Barômetro Global da Corrupção de 2013**. Disponível em: <https://www.transparency.org/gcb2013/country/?country=brazil>. Acesso em: 27 jun. 2017.

10 BRASIL. Supremo Tribunal Federal. Ação Direta de Inconstitucionalidade 4.650-DF, Tribunal Pleno. Relator: Min. Luiz Fux. Brasília, 17 de setembro de 2015. **Diário de Justiça**: 24 fev. 2016. Disponível em: <https://goo.gl/QuNNb2>. Acesso em: 28 jun. 2017.

nha. Nesse cenário, a democracia – fundada sobre a maioria dos votos dos eleitores, que, individualmente, possuem o mesmo poder de decisão – passa a dar lugar à plutocracia – na qual o governo é exercido direta ou indiretamente pelos indivíduos com maior poder aquisitivo na sociedade.

Endossando o argumento do Conselho Federal, o desequilíbrio da disputa política nas eleições é largamente comprovado por estudos empíricos, que identificam significativa relação positiva entre arrecadação de financiamento e obtenção de votos. É o que demonstra, por exemplo, a Revista Época, ao analisar os resultados disponibilizados pelo Tribunal Superior Eleitoral referentes às eleições de 2010 para Deputado Federal, conforme se verifica abaixo:

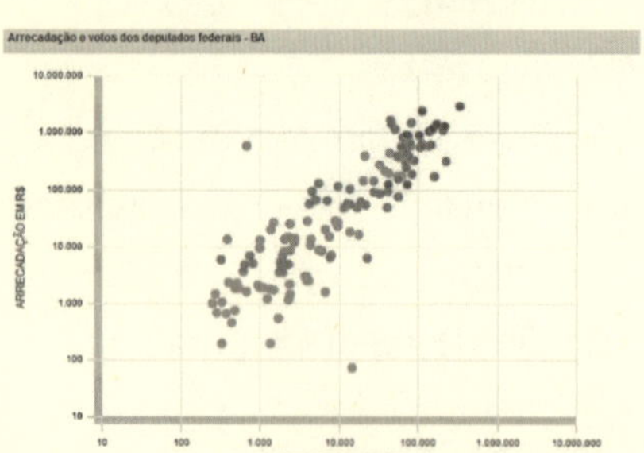

Fonte: Época, 2011[11].

O gráfico acima – que, embora seja relativo às eleições na Bahia, é representativo do quadro geral verificado nos outros Estados – evidencia que os candidatos eleitos (assinalados em vermelho) estão na parte superior da curva de arrecadação. Há de se reconhecer, no entanto, que a obtenção de grandes volumes de recursos financeiros não garante a vitória eleitoral, pois existem candidatos não eleitos (assinalados em cinza) que alcançaram expressiva arrecadação. De toda forma, a relação positiva entre quantidade de votos recebidos e financiamento eleitoral é nítida. Assim, pode-se afirmar que, para o sucesso nas eleições, uma arrecadação substancial é condição necessária (sem a qual não se é eleito), mas não suficiente (que assegura o resultado).

Outrossim, o segundo fundamento da ADI n. 4560-DF refere-se à ofensa aos valores republicanos verificada em decorrência do financiamento de eleições por pessoas jurídicas. Afinal, tem-se frequentemente constatado que o

11 MENDONÇA, Ricardo. Quanto custa ser deputado. **Época**, Rio de Janeiro, 19 ago. 2011. Diagrama. Disponível em: <https://goo.gl/dkcskK>. Acesso em: 29 jun. 2017.

aludido financiamento "cria perniciosas vinculaçõesentre os doadores de campanha e os políticos, que acabam sendo fonte defavorecimentos e de corrupção após a eleição"[12].

As características dessa "mistura tóxica" entre"política, dinheiro e o financiamento das eleições"[13] foram explicadas de maneira didática e indiscutível pelo Ministro do Supremo Tribunal Federal Luís Roberto Barroso na introdução a voto que proferiu no âmbito da Ação Penal n. 470, em que se julgava o episódio conhecido como "Mensalão". Nomeadamente:

> Tome-se um exemplo emblemático. Uma campanha para Deputado Federal em alguns Estados custa, em avaliação modesta, 4 milhões de reais. O limite máximo de remuneração no serviço público é um pouco inferior a 20 mil reais líquidos. De modo que em quatro anos de mandato (48 meses), o máximo que um Deputado pode ganhar é inferior a 1 milhão de reais. Basta fazer a conta para descobrir onde está o problema. Com esses números, não há como a política viver, estritamente, sob o signo do interesse público. Ela se transforma em um negócio, uma busca voraz por recursos públicos e privados. Nesse ambiente, proliferam as mazelas do financiamento eleitoral não contabilizado, as emendas orçamentárias para fins privados, a venda de facilidades legislativas. Vale dizer: o modelo político brasileiro produz uma ampla e quase inexorável criminalização da política[14].

Constata-se, por conseguinte, que é o próprio arranjo normativo do sistema político brasileiro que estimula a privatização e a criminalização da política. Emerge, consequentemente, a necessidade imperiosa de se promover uma profunda reestruturação desse modelo.

Trata-se de um objetivo complexo e desafiador, mas que já tem

---

12 BRASIL. Supremo Tribunal Federal. ADI 4.650-DF, op. cit.

13 Expressão que nomeia artigo de Daniel Sarmento, um dos autores da representação dirigida à Presidência do Conselho Federal da OAB que originou a propositura da ADI n. 4650-DF; e Aline Osorio, advogada da Clínica de Direitos Fundamentais da Faculdade de Direito da UERJ que atuou na qualidade de *amicus curiae* na referida ação. OSORIO, Aline; SARMENTO, Daniel. **Uma mistura tóxica**: política, dinheiro e o financiamento das eleições. Disponível em: <https://goo.gl/PdiaTN>. Acesso em: 29 jun. 2017.

14 BARROSO, Luís Roberto. **Introdução ao voto do Ministro Luís Roberto Barroso na Ação Penal 470**. Disponível em: <https://goo.gl/Q57Lk3>. Acesso em: 28 jun. 2017.

alcançado importantes vitórias. Assim, em setembro de 2015, com o deferimento parcial da ADI n. 4650-DF, corrigiu-se uma grave distorção do sistema político nacional. Afinal, considerando que "empresa não doa, investe"[15], o financiamento de campanhas eleitorais por pessoas jurídicas estimula o desrespeito aos valores democráticos e republicanos mais fundamentais do Estado brasileiro.

Houve, desse modo, um decisivo passo em direção à moralização e ao resgate da política, em decorrência do julgamento da referida ADI, ajuizada pelo Conselho Federal da OAB. Essa conquista, inclusive, foi incorporada ao ordenamento jurídico nacional em menos de um mês após a decisão do STF. Nesse sentido, a Lei n. 13.165, de 29 de setembro de 2015, ao promover uma "minirreforma eleitoral"[16], proibiu o financiamento empresarial a partidos políticos, retirando do art. 20 da Lei n. 9.504/1997 (Lei das Eleições) a previsão de doação de recursos por pessoas jurídicas.

4. EM DEFESA DE UMA REFORMA POLÍTICA ABRANGENTE

Para a Ordem dos Advogados do Brasil, a proibição do financiamento de campanhas eleitorais por pessoas jurídicas constituiu um marco relevante em prol do *futuro das instituições* nacionais. Apesar disso, ainda são necessárias muitas outras mudanças para se superar o sistema político que engendrou a profunda crise institucional do presente.

Por esse motivo, a OAB defende a realização de uma abrangente reforma política, que corrija as falhas estruturais do modelo vigente no País. A manifestação mais recente acerca do tema emitida pela Entidade nesta Gestão (2016-2019) ocorreu na Sessão Plenária de 9 de maio de 2017, quando o Conselho Pleno do

---

15 LAMACHIA, Claudio. **Entrevista concedida ao portal eletrônico Jota, no dia 30 de março de 2016**. Disponível em: <https://goo.gl/b6QBps>. Acesso em: 1 jul. 2017.

16 Conforme ressalta Waldschmidt (2015), a Lei n. 13.165/2015 é a quarta minirreforma eleitoral aprovada pelo Poder Legislativo, seguida das promovidas, respectivamente, pela Lei n. 11.300/2006, Lei n. 12.034/2009 e Lei n. 12.891/2013. WALDSCHMIDT, Hardy. **Breves notas sobre a minirreforma eleitoral de 2015**. Disponível em: <https://goo.gl/1FY6Xx>. Acesso em: 1 de jul. 2017.

Conselho Federal da OAB aprovou diversas propostas a serem incluídas na urgente e necessária reestruturação do modelo político brasileiro.

Nessa ocasião, a Ordem reiterou a importância de se instituir uma cláusula de desempenho para os partidos políticos, visando a reduzir o atual quadro de excessiva fragmentação partidária. Com isso, objetiva-se fomentar a coerência ideológica dos partidos, bem como estimular uma maior correlação entre opinião dos eleitores e conteúdo programático das agremiações políticas.

Ademais, a adoção da cláusula de *performance* eleitoral representa instrumento importante para superar a crise moral e ética que assola o sistema político-partidário brasileiro. Afinal, a utilização dos recursos do Fundo Partidário e o direito à propaganda eleitoral "gratuita" também estariam restringidos por essa cláusula de desempenho.

Dessa forma, a OAB confere apoio institucional à aprovação da Proposta de Emenda à Constituição n. 36, de 2016, do Senado Federal. Por meio desta, prevê-se que o "funcionamento parlamentar", a "participação nos recursos do fundo partidário" e o"acesso gratuito ao rádio e à TV" serão concedidos aos partidos políticos que alcançarem patamar eleitoral mínimo de "dois por cento dos votos válidos apurados nacionalmente" a partir das eleições de 2018 e de "três por centodesses votos, distribuídos em, pelo menos, quatorze unidades da Federação, com um mínimode dois por cento dos votos válidos em cada uma delas"[17]a partirdas eleições de 2022.

Outro item respaldado na referida Sessão Plenária foi a necessidade de se pôr fim às coligações partidárias nas eleições proporcionais. Para a Ordem, esse instituto representa verdadeira afronta ao princípio do sufrágio universal, uma vez que distorce a vontade do eleitor.

Da mesma forma, verifica-se que a existência dessas coligações tende a promover a precarização dos partidos políticos, que, em ra-

---

17 BRASIL. Senado Federal. **Proposta de Emenda à Constituição n. 36, de 2016,** objetiva alterar os §§ 1º, 2º e 3º, do art. 17 da Constituição Federal e a ele acrescenta os §§ 5º, 6º, 7º e 8º, para autorizar distinções entre partidos políticos, para fins de funcionamento parlamentar, com base no seu desempenho eleitoral. Disponível em: <https://www25.senado.leg.br/web/atividade/materias/-/materia/126473>.. Acesso em: 3 jul. 2017.

zão de alianças passageiras, ditadas por interesse eleitoral momentâneo ou até mesmo inidôneo, se têm divorciado de seus ideários e plataformas estatutárias, comprometendo a transparência do pleito eleitoral em relação ao votante. Assim, a OAB endossa a aprovação – com vigência imediata, respeitada a anualidade – da Proposta de Emenda à Constituição n. 151, de 2015, do Senado Federal, que "altera o art. 17 da Constituição Federal para vedar coligações partidárias nas eleições proporcionais"[18].

Outrossim, o Conselho Pleno do Conselho Federal da OAB manifestou-se favoravelmente ao fim da reeleição para chefe do Poder Executivo nos âmbitos federal, distrital, estadual e municipal. Trata-se de objetivo presente em praticamente todas as propostas de reforma política atualmente em discussão, inclusive no Congresso Nacional[19].

Tem-se, consequentemente, o reconhecimento de que não foi exitosa a adoção do instituto da reeleição, introduzido no ordenamento jurídico nacional por meio da Emenda Constitucional n. 16, de 1997. Com esta, interrompeu-se uma tradição profundamente assentada na prática política nacional – de se proscrever a reeleição para esses cargos –, constante de todas as cartas constitucionais concebidas na República brasileira.

Ao se incorporar esse estrangeirismo, ignoraram-se as especificidades sociais, políticas, culturais e históricas nacionais, a exemplo do coronelismo, fenômeno ainda bastante influente no País, notadamente no âmbito municipal. Desconsiderou-se, também, que a reeleição desequilibra significativamente a disputa eleitoral em favor do mandatário-candidato.

Ainda na aludida Plenária, defenderam-se medidas favoráveis a uma maior representatividade de gênero minoritário no parlamento em todos os níveis da Federação. Nesse sentido, houve o endosso da Entidade à aprovação da Proposta de Emenda à Constituição n. 98, de 2015, do Senado Federal, que "acrescenta artigo ao Ato das Disposições

18 BRASIL. Senado Federal. **Proposta de Emenda à Constituição n. 151, de 2015**. Disponível em: <https://www25.senado.leg.br/web/atividade/materias/-/matéria/124182>. Acesso em: 3 jul. 2017.

19 Exemplo disso é a Proposta de Emenda à Constituição n. 113, de 2015, do Senado Federal, cuja aprovação conta com o apoio institucional da OAB.

Transitórias da Constituição para reservar vagas para cada gênero na Câmara dos Deputados, nas Assembleias Legislativas, na Câmara Legislativa do Distrito Federal e nas Câmaras Municipais, nas três legislaturas subsequentes"[20].

A OAB, no entanto, defende percentuais mais adequados à composição demográfica do Brasil, cuja população apresenta participação praticamente igual em termos de gênero[21]. Por essa razão, em vez dos patamares constantes da referida PEC – nomeadamente, 10%, 12% e 16% –, a Instituição defende os percentuais mínimos de 15% das cadeiras na primeira legislatura, 20% na segunda legislatura e 30% na terceira para cada gênero.

É verdade, contudo, que ainda não se garantiria a paridade entre gêneros na política. De toda forma, esses percentuais mínimos constituiriam inquestionável avanço em comparação ao quadro atual. Contrastam, por exemplo, com o que se verificou nas eleições de 2016, em que apenas 13% (8.461) de todos os candidatos que se elegeram (63.340) eram mulheres[22].

5. CONCLUSÃO

A proibição do financiamento de campanhas eleitorais por pessoas físicas, alcançada por meio da Ação Direta de Inconstitucionalidade n. 4650-DF, ajuizada pela Ordem dos Advogados do Brasil; bem como as propostas para uma reforma política abrangente aprovadas pelo Conselho Pleno da Entidade demonstram, de maneira indiscutível, a participação da OAB no debate em torno do *futuro das instituições*.

Essa atuação atende, simultaneamente, a dois imperativos. Por um lado, contempla uma respon-

20 BRASIL. Senado Federal. **Proposta de Emenda à Constituição n. 98, de 2015**. Disponível em: <https://www25.senado.leg.br/web/atividade/materias/-/materia/122308>. Acesso em: 3 jul. 2017.

21 Segundo projeções do Instituto Brasileiro de Geografia e Estatística, dos 207.687.184 de pessoas que compõem a população do País em 03 de julho de 2017, 50,65% são mulheres e 49,35% são homens. Disponível em: <http://www.ibge.gov.br/apps/populacao/projecao/>. Acesso em: 3 jul. 2017.

22 BRASIL. Tribunal Superior Eleitoral. **Estatísticas Eleitorais 2016 – Resultados**. Disponível em: <http://www.tse.jus.br/eleicoes/estatisticas/estatisticas-eleitorais-2016/resultados>. Acesso em: 3 jul. 2017.

sabilidade histórica, pois a instituição esteve presente em todas as conquistas da democracia brasileira desde 1930. Por outro, responde a uma obrigação estatutária, uma vez que, de acordo com o art. 44, I, da Lei n. 8.906/1994 (Estatuto da Advocacia e da OAB):

> Art. 44. A Ordem dos Advogados do Brasil (OAB), serviço público, dotada de personalidade jurídica e forma federativa, tem por finalidade:
> I - defender a Constituição, a ordem jurídica do Estado democrático de direito, os direitos humanos, a justiça social, e pugnar pela boa aplicação das leis, pela rápida administração da justiça e pelo aperfeiçoamento da cultura e das instituições jurídicas[23].

Nesse sentido, a defesa dos valores democráticos e republicanos do Estado brasileiro constitui verdadeira vocação institucional da OAB. Com isso, a advocacia nacional tem contribuído decididamente para a conformação das *instituições do futuro*.

---

23 ORDEM DOS ADVOGADOS DO BRASIL. **Estatuto da Advocacia e da OAB e legislação complementar**, 15. ed. Brasília: Conselho Federal da OAB, 2016, p. 30.

REFERÊNCIAS

BARROSO, Luís Roberto. **Introdução ao voto do Ministro Luís Roberto Barroso na Ação Penal 470.** Disponível em: <https://goo.gl/Q57Lk3>. Acesso em: 28 jun. 2017.

BOBBIO, Norberto. **O futuro da democracia.** 13. ed. São Paulo: Paz e Terra, 2015.

BONAVIDES, Paulo. **Ciência política.** 10. ed. São Paulo: Malheiros, 2000.

BRASIL. Senado Federal. **Proposta de Emenda à Constituição n. 151, de 2015.** Disponível em: <https://www25.senado.leg.br/web/atividade/materias/-/matéria/124182>. Acesso em: 3 jul. 2017.

____.____. **Proposta de Emenda à Constituição n. 36, de 2016.** Disponível em: <https://www25.senado.leg.br/web/atividade/materias/-/materia/126473>. Acesso em: 3 jul. 2017.

____.____. **Proposta de Emenda à Constituição n. 98, de 2015.** Disponível em: <https://www25.senado.leg.br/web/atividade/materias/-/materia/122308>. Acesso em: 3 jul. 2017.

____.____. **Proposta de Emenda à Constituição n. 98, de 2015.** Disponível em: <https://www25.senado.leg.br/web/atividade/materias/-/materia/122308>. Acesso em: 3 jul. 2017.

________. Supremo Tribunal Federal. Ação Direta de Inconstitucionalidade

4650-DF, Tribunal Pleno. Petição Inicial. Relator: Min. Luiz Fux. Brasília, 17 de setembro de 2015. **Diário de Justiça**: 24 fev. 2016. Disponível em: <https://goo.gl/QuNNb2>. Acesso em: 28 jun. 2017.

BRASIL. Tribunal Superior Eleitoral. **Estatísticas Eleitorais 2016 – Resultados**. Disponível em: <http://www.tse.jus.br/eleicoes/estatisticas/estatisticas-eleitorais-2016/resultados>. Acesso em: 3 jul. 2017.

DUVERGER, Maurice. **Os partidos políticos**. Rio de Janeiro: Zahar, 1970.

INSTITUTO BRASILEIRO DE GEOGRAFIA E ESTATÍSTICA. **Índi-cedeConfiançaSocial2015**. Disponível em: <http://www.ibopeinteligencia.com/arquivos/ antigos/ics_brasil.pdf>. Acesso em: 27 jun. 2017.

LAMACHIA, Claudio. **Entrevista concedida ao portal eletrônico Jota, no dia 30 de março de 2016**. Disponível em: <https://goo.gl/b6QBps>. Acesso em: 1 jul. 2017.

MARTIN, Elizabeth. **A dictionary of law**. 5. ed. Oxford (ING): Oxford University, 2002.

MENDONÇA, Ricardo. Quanto custa ser deputado. **Época**, Rio de Janeiro, 19 ago. 2011. Diagrama. Disponível em: <https://goo.gl/dkcskK>. Acesso em: 29 jun. 2017.

MIRANDA, Pontes de. **Democracia, liberdade e igualdade**. Campinas: Bookseller, 2002.

OSORIO, Aline; SARMENTO, Daniel. **Uma mistura tóxica**: política, dinheiro e o financiamento das eleições. Disponível em: <https://goo.gl/PdiaTN>. Acesso em: 29 jun. 2017.

ROSENFIELD, Denis. **O que é democracia**. 5. ed. São Paulo: Brasiliense, 2003.

TRANSPARÊNCIA INTERNACIONAL. **Barômetro Global da Corrupção de 2013**. Disponível em: <https://www.transparency.org/gcb2013/country/?country=brazil>. Acesso em: 27 jun. 2017.

WALDSCHMIDT, Hardy. **Breves notas sobre a minirreforma eleitoral de 2015**. Disponível em: <https://goo.gl/1FY6Xx>. Acesso em: 1 de jul. 2017.

REFORMA ELEITORAL: PERSPECTIVAS ATUAIS

GILMAR FERREIRA MENDES

SUMÁRIO: **1.** Introdução. **2.** O Sistema Proporcional Brasileiro. **3.** O Financiamento de Partidos Políticos e Campanhas Eleitorais. **4.** Conclusões.

1. INTRODUÇÃO

A Constituição de 1998 foi um marco importante na nossa história institucional. O período de 1891 a 1988 foi marcado por sucessivas interrupções, tentativas de golpe e comprometimento da democracia. Mas, sob a Carta de 1988, estamos vivendo, com todas as suas vicissitudes e problemas, o mais longo período de normalidade institucional de nossa história republicana.

É claro que as mazelas se manifestam. E nós, que temos características ciclotímicas, passamos do entusiasmo à depressão com muita rapidez. Contudo, o modelo está em funcionamento. As respostas que damos a eventuais distorções comprovam-no. As instituições continuam exercendo seus papéis e são respeitadas. As questões polêmicas são tratadas pelas instâncias competentes. Há a possibilidade de se recorrer ao Judiciário sempre que haja violação de direitos e déficits que precisem ser superados. O quadro é de inequívoca normalidade institucional.

Porém, relativamente ao sistema político eleitoral, parece que não conseguimos de fato avançar, nem sugerir mudanças adequadas. Temos sido extremamente inventivos nas mais diversas searas, por exemplo, no que concerne ao papel do Ministério Público na nova sociedade pós-1988. É um modelo singular, certamente com problemas, os quais, porém, são detectáveis e passíveis de correção.

Percebemos as deficiências do Judiciário, cujo papel independente é determinante para uma democracia funcional. Mas, quanto às questões políticas, ficamos alheios a uma evolução. Daí a frase de Ulysses Guimarães quanto ao fácil prognóstico de que "a próxima legislatura será sempre pior que a atual". Quer dizer, temos tido um quadro de deterioração política. Os debates políticos ausentaram-se do Congresso Nacional. Temas importantes já não são discutidos. Projetos de leis relevantes acabam não sendo vistos pelas comissões temáticas. Estas deixaram de ser atrativas. São raras as pessoas de talento político.

Essas adversidades são frutos do modelo de sistema proporcional criado pelas instituições políticas brasileiras. É um sistema singular, que mereceu diversos estudos e até cumpriu uma missão importante. Foi útil para a solução de sérios problemas políticos, mas, ao que tudo indica, vem dando sinais de exaustão.

Há também uma preocupação acentuada com a fragilidade dos mecanismos de fiscalização e controle das contas de campanha. Reiterados escândalos de corrupção na nossa história constitucional têm exposto as dificuldades de se equilibrarem as relações entre poder político e econômico na realidade brasileira.

Nesse contexto, o Supremo Tribunal Federal e o Tribunal Superior Eleitoral vêm sendo chamados a apreciar questões que repercutem no cenário político do país. Inovações legislativas recentes, como as perpetradas pela Lei n. 13.165/15, também denotam uma preocupação do Congresso com as deficiências do atual modelo.

O presente texto discute como decisões paradigmáticas do STF e do TSE e reformas legislativas recentes repercutem sobre o sistema eleitoral adotado pela Constituição de 1988. O objetivo aqui é analisar especificamente o estágio atual do sistema eleitoral brasileiro quanto às regras de eleição proporcional e quanto às regras vigentes de financiamento de partidos políticos e campanhas eleitorais.

2. O SISTEMA PROPORCIONAL BRASILEIRO

É sabido que o sistema eleitoral proporcional encontra a maior justificativa, entre os seus defensores, no fato de permitir uma representação mais plural. Contrariamente ao sistema majoritário, ele viabiliza que minorias sejam representadas no Parlamento, o que proporcionaria um aumento do índice democrático, por meio da representação efetiva de variadas parcelas populacionais, tendo em vista sua forma de funcionamento baseada no modelo de alcance do quociente eleitoral pelos partidos políticos.

O sistema proporcional permite uma distribuição de vagas de acordo com o número de votos obtidos pelos candidatos e/ou partidos. Isso significa que os votos dados ao parlamentar ou ao partido serão computados para os fins de definição do quociente eleitoral e do quociente partidário. Em geral, o sistema proporcional opera-se com listas fechadas apresentadas pelos partidos, fazendo-se a distribuição de vagas consoante a votação obtida pelo partido e pela posição atribuída ao candidato na lista partidária. Semelhante sistema parece contemplar, de forma mais ampla, a igualdade do voto quanto ao resultado, pois valora, tanto quanto possível, as opções formuladas pelos eleitores.

Esse modelo gera a possibilidade de estratégias partidárias que visem a alcançar o quociente eleitoral o máximo de vezes, de forma a garantir o preenchimento do maior número possível de cadeiras no parlamento.

A Constituição brasileira definiu que as eleições dos deputados federais, dos deputados estaduais e dos vereadores efetivar-se-ão pelo critério proporcional (arts. 27, § 1º, e 45).[1]

É certo, por isso, que o legislador disporia de alguma discricionariedade na concretização de um sistema proporcional, inclusive o sistema de lista partidária fechada ou o sistema de lista com mobilidade. A legislação brasileira preservou o sistema proporcional de listas abertas e votação nominal, que corresponde à nossa prática desde 1932.[2]

Trata-se de um modelo proporcional peculiar e diferenciado do modelo proporcional tradicional, que se assenta em listas apresentadas pelos parti-

---

1 A eleição dos vereadores segue o modelo proporcional com base na tradição constitucional e em expressas disposições do Código Eleitoral (arts. 84 e 105 a 113). É verdade que o silêncio do texto constitucional poderia suscitar indagações sobre a efetiva competência da União para legislar sobre o tema.

2 A rigor, tal como anota Walter Costa Porto em palestra recente perante o IX Congresso Brasiliense de Direito Constitucional (10-11-2006), o sistema adotado em 1932 era, ainda, um sistema misto, pois ele acabava por contemplar a eleição, em segundo turno, dos mais votados que não alcançaram o quociente eleitoral. Somente em 1935 foi adotado um modelo puramente proporcional.

dos políticos. A lista aberta de candidatos existente no Brasil faz com que o mandato parlamentar, que resulta desse sistema, afigure-se também mais como fruto do desempenho e do esforço do candidato do que da atividade partidária. Trata-se, como destacado por Scott Mainwaring, de sistema que, com essa característica, somente se desenvolveu no Brasil e na Finlândia.[3] Em verdade, tal como anota Giusti Tavares, semelhante modelo é adotado também no Chile.[4]

No sentido da originalidade do sistema, anota Walter Costa Porto que o tema acabou não merecendo estudo adequado por parte dos estudiosos brasileiros, mas despertou o interesse de pesquisadores estrangeiros, como Jean Blondel. Registrem-se as observações de Walter Costa Porto:[5]

> *Tal peculiaridade foi pouco examinada pelos nossos analistas. E foi um estrangeiro que lhe deu atenção: Jean Blondel, nascido em Toulon, França, professor das universidades inglesas de Manchester e Essex, e autor, entre outros livros, de Introduction to Comparative Government, Thinking Politicaly and Voters, Parties and Leaders. Em introdução a uma pesquisa que realizou, em 1957, no Estado da Paraíba, escreveu Blondel:*
> 'A lei eleitoral brasileira é original e merece seja descrita minuciosamente. É, com efeito, uma mistura de escrutínio uninominal e de representação proporcional, da qual há poucos exemplos através do mundo [...] Quanto aos postos do Executivo... é sempre utilizado o sistema majoritário simples [...] Mas, para a Câmara Federal, para as Câmaras dos Estados e para as Câmaras Municipais, o sistema é muito mais complexo. O princípio de base é que cada eleitor vote somente num candidato, mesmo que a circunscrição comporte vários postos a prover; não se vota nunca por lista. Nisto o sistema é uninominal. No entanto, ao mesmo tempo cada partido apresenta vários candidatos, tantos quantos são os lugares de deputados, em geral, menos se estes são pequenos partidos. De algum modo, os candidatos de um mesmo partido estão relacionados, pois a divisão de cadeiras se faz por representação proporcional, pelo número de votos obtidos por todos os candidatos de um mesmo partido [...] Votando num candidato, de fato o eleitor indica, de uma vez, uma preferência e um partido. Seu voto parece dizer: 'Desejo ser representado por um tal partido e mais especifica-

---

3 MAINWARING, Scott. Políticos, partidos e sistemas eleitorais. **Estudos Eleitorais**, Brasília, n. 2, p. 335-343, maio/ago. 1997.

4 Cf. TAVARES, Giusti José Antonio. **Sistemas eleitorais nas democracias contemporâneas.** Rio de Janeiro: RelumeDumará, 1994, p. 126127.

5 Cf. PORTO, Walter Costa. **Sistema eleitoral brasileiro.** In: CONGRESSO BRASILIENSE DE DIREITO CONSTITUCIONAL, 9., 2006. **Anais...** Brasília: IDP, 2006.

mente pelo Sr. Fulano. Se este não for eleito, ou for de sobra, que disso aproveite todo o partido. O sistema é, pois, uma forma de voto preferencial, mas condições técnicas são tais que este modo de escrutínio é uma grande melhora sobre o sistema preferencial tal qual existe na França'".

Nas eleições parlamentares de 2002, apresentou-se situação que gerou enorme polêmica. O partido PRONA elegeu seis deputados. O Deputado Enéas Carneiro obteve 1.573.642 votos. Cinco outros candidatos da legenda obtiveram votação pouco expressiva (18.000 votos; 673 votos; 484 votos; 382 votos; 275 votos). Como o quociente eleitoral foi de 280.000 votos, o partido logrou preencher seis vagas, quatro delas por candidatos com menos de 1.000 votos. É certo, igualmente, que, nesse pleito, deixaram de ser eleitos 17 candidatos com mais de 70.000 votos.[6] Não se tratava de uma insensatez do sistema, mas de aplicação de sua lógica: há um primeiro movimento, que permite ao partido obter tantas cadeiras quantas vezes ele atingir o quociente eleitoral, e um segundo movimento, que define que os mais votados do partido serão eleitos, independentemente de sua votação individual.[7]

Tal como registra Walter Costa Porto, esse sistema permitia que um candidato sem nenhum voto nominal fosse eleito. Nas eleições de 2 de dezembro de 1945, o Partido Social Democrático apresentou dois candidatos a deputado federal no Território do Acre – Hugo Ribeiro Carneiro e Hermelindo de Gusmão Castelo Branco Filho. O primeiro candidato obteve 3.775 votos; o segundo, nenhum voto nominal. Não obstante, o partido alcançou o quociente eleitoral, com excedente de 1.077 votos. O critério do **maior número de votos** do partido, em caso de **sobra**, acabou por conferir mandato a candidato que não obtivera sequer um voto.[8]

Visando conter situações dessa natureza, a Lei n. 13.165/2015 acrescentou nova regra ao sistema proporcional brasileiro, criando a cláusula de votação nominal mínima no art. 108 do Código Eleitoral.

---

6 PORTO, Walter Costa. **A mentirosa urna**. São Paulo: Martins Fontes, 2004, p. 176.

7 PORTO, 2004, loc. cit.

8 Ibid. p. 157.

No regime atual, portanto, impõe-se precisar (1) o número de votos válidos; (2) o quociente eleitoral; (3) o quociente partidário; (4) a lista dos candidatos eleitos entre os mais votados que lograram obter a cláusula de votação nominal mínima referida no art. 108 do Código Eleitoral – votação igual ou superior a 10% dos votos do quociente eleitoral –; (5) a técnica de distribuição de sobras de cadeiras; (6) o critério a ser adotado na falta de obtenção do quociente eleitoral e na elaboração da lista de suplentes.

Os ***votos válidos*** são os votos conferidos à legenda partidária e ao candidato. Não são computados os votos nulos e os votos em branco.

O ***quociente eleitoral***, que traduz o índice de votos a ser obtido para a distribuição das vagas, obtém-se mediante a divisão do número de votos válidos pelos lugares a preencher na Câmara dos Deputados, nas Assembleias Legislativas ou nas Câmaras de Vereadores.

O ***quociente partidário***indica o número de vagas alcançado pelos partidos e é calculado pela divisão do número de votos conferidos ao partido, diretamente, ou a seus candidatos pelo quociente eleitoral, desprezandose a fração.

A lista dos candidatos eleitos pelo partido ou coligação é formada entre os mais votados que lograram obter a cláusula de votação nominal mínima, conforme o art. 108 do Código Eleitoral – votação igual ou superior a 10% dos votos do quociente eleitoral. É dizer, caso o partido ou coligação tenha obtido cinco vagas, mas apenas três candidatos alcançaram a cláusula de votação nominal mínima, o partido ou coligação ficará com apenas três vagas – no modelo anterior ficava com as cinco vagas – e as outras duas vagas irão para as sobras de cadeira (art. 108, parágrafo único, do Código Eleitoral).

A ***distribuição de restos ou sobras*** decorre do fato de, após a distribuição inicial, haver vagas a serem preenchidas sem que os partidos tenham votos suficientes para atingir o quociente eleitoral. Podem-se adotar diferentes critérios, como a distribuição pela maior sobra ou pela maior média.[9]

9 Cf. TEIXEIRA, J. H. Meirelles. **Curso de direito constitucional**. São Paulo: Forense Universitária, 1991, p. 525.

O Código Eleitoral adotou o critério da maior média, estabelecendo que, para obtê-la,

> dividir-se-á o número de votos válidos atribuídos a cada partido ou coligação pelo número de lugares definido para o partido pelo cálculo do quociente partidário do art. 107, mais um, cabendo ao partido ou coligação que apresentar a maior média um dos lugares a preencher, desde que tenha candidato que atenda à exigência de votação nominal mínima; repetir-se-á a operação para cada um dos lugares a preencher; quando não houver mais partidos ou coligações com candidatos que atendam às duas exigências do inciso I, as cadeiras serão distribuídas aos partidos que apresentem as maiores médias – Código Eleitoral, art. 109.

Para fins de cálculo das sobras de cadeira, verifica-se que a reforma eleitoral de 2015 alterou a redação do art. 109, I, do Código Eleitoral, passando a divisão **pelo número de lugares por ele obtido, mais um**, para **pelo número de lugares definido para o partido pelo cálculo do quociente partidário do art. 107, mais um**. A parte final do referido inciso expressamente condiciona a participação do partido ou da coligação com candidato que tenha obtido a cláusula de votação nominal mínima, mantendo, porém, a regra original que também condiciona a participação somente de partidos ou de coligações que tenham obtido o quociente eleitoral (art. 109, § 2º, do Código Eleitoral).

A aplicação do referido sistema pode ser exemplificada no seguinte modelo apresentado por José Afonso da Silva, tendo por base a eleição de determinado ano para a Câmara dos Deputados, na qual se verificaram 8.000.000 de votos válidos para 42 lugares.

Tem-se, assim, a seguinte situação:

(1) votos válidos: 8.000.000

(2) cadeiras: 42

(3) quociente eleitoral: 8.000.000 ÷ 42 = 190.476

(4) quociente partidário aferido na forma seguinte:

Partido	Votos		Quociente Eleitoral		Quociente Partidário		Sobras
A	3.000.000	÷	190.476	=	15 cadeiras	E	142.860 votos
B	2.200.000	÷	190.476	=	11 cadeiras	E	104.764 votos
C	1.600.000	÷	190.476	=	8 cadeiras	E	76.192 votos
D	800.000	÷	190.476	=	4 cadeiras	E	38.096 votos
E	300.000	÷	190.476	=	1 cadeira	E	109.524 votos
F	100.000	÷	190.476	=	nenhuma cadeira	E	não se computa

Destarte, estariam preenchidas 39 cadeiras, remanescendo três cadeiras a serem distribuídas pela técnica da maior média. Vale lembrar que o exemplo citado por José Afonso da Silva foi anterior à reforma introduzida pela Lei n. 13.165/2015. Portanto, além de as vagas serem preenchidas pelos candidatos mais votados dentro do partido ou da coligação, é necessário também que eles tenham conseguido a cláusula de votação nominal mínima (art. 108 do Código Eleitoral). É dizer, no exemplo proposto, somente seriam eleitos os candidatos que obtivessem, no mínimo, 19.047 votos – 10% dos votos do quociente eleitoral.

Quanto ao critério para a distribuição das sobras das cadeiras, há duas interpretações possíveis, considerando a modificação da redação do art. 109 do Código Eleitoral promovida pela Lei n. 13.165/2015. A primeira delas mantém o regramento jurídico anterior, condicionando, contudo, que o partido ou coligação tenha candidato que obteve a cláusula de votação nominal mínima. Eis o procedimento para a distribuição da primeira cadeira remanescente, conforme exemplo proposto por José Afonso da Silva:

Partido	Votos		Quociente Partidário + 1	Médias
A	3.000.000	÷	16 (15 + 1)	187.500
B	2.200.000	÷	12 (11 + 1)	183.333
C	1.600.000	÷	9 (8 + 1)	177.777
D	800.000	÷	5 (4 + 1)	160.000
E	300.000	÷	2 (1 + 1)	150.000
F	já está fora de quociente eleitoral		-	-

O partido A obteve a maior média e ficará com a primeira das três cadeiras remanescentes. Repete-se a operação para verificar a quem caberá a segunda cadeira:

Partido	Votos		Quociente Partidário + 1	Médias
A	3.000.000	÷	17 (16 + 1)	176.470
B	2.200.000	÷	12 (11 + 1)	183.333
C	1.600.000	÷	9 (8 + 1)	177.777
D	800.000	÷	5 (4 + 1)	160.000
E	300.000	÷	2 (1 + 1)	150.000

A segunda cadeira coube então ao Partido B. Repetida a operação para a terceira cadeira, têm-se os seguintes números: Partido A – 176.470; Partido B (2.200.000 dividido por 12 + 1 = 13) – 169.230; Partido C – 177.777 (maior média), Partido D – 160.000; e Partido E – 150.000. A última cadeira ficou com o partido C.

A distribuição dos assentos restou assim configurada:

Partido	Cadeiras
A	16
B	12
C	9
D	4
E	1
F	0
Total	42

A segunda interpretação possível parte da literalidade do art. 109, I, do Código Eleitoral, segundo o qual a divisão das sobras será "pelo número de lugares definido para o partido pelo cálculo do quociente partidário do art. 107, mais um". Dessa forma, como o quociente partidário é sempre um número fixo – 15 no exemplo citado – o Partido A ficaria com todas as três vagas das sobras, pois nos cálculos seguintes não se somaria a vaga recebida das sobras, considerando que sempre se manteria o divisor 16

– quociente partidário de 15 + 1 – razão pela qual o partido manteria, em todas as repetições, a maior média – 3.000.000 votos válidos/16 = 187.500.

Contudo, uma compreensão constitucional do sistema proporcional, que busca a diversidade de ideias, mediante o pluralismo político (art. 17, *caput*, da Constituição Federal), pode levar à conclusão de que as regras originárias de cálculo das sobras estão mantidas, agregando, contudo, a cláusula de votação nominal mínima, pois, além de permitir uma maior participação partidária, evita que o sistema proporcional, nessa fase de cálculo de sobras, seja eminentemente pautado pelo critério majoritário.

A propósito, a Procuradoria-Geral da República ajuizou Ação Direta de Inconstitucionalidade n. 5.420/DF – decisão publicada no *DJe* de 9-12-2015 – cujo pedido de medida liminar foi deferido pelo Ministro Dias Toffoli

> [...] para suspender, com efeito *ex nunc*, a eficácia da expressão 'número de lugares definido para o partido pelo cálculo do quociente partidário do art. 107', constante do inc. I do art. 109 do Código Eleitoral (com redação dada pela Lei n. 13.165/2015), mantido – nesta parte – o critério de cálculo vigente antes da edição da Lei n. 13.165/2015.

Ademais, se nenhum partido atingir o quociente eleitoral, o Código Eleitoral determina que hão de ser considerados eleitos os candidatos mais votados, independentemente de qualquer critério de proporcionalidade (art. 111 do Código Eleitoral). A solução parece questionável, como anota José Afonso da Silva, pois a Constituição prescreve, no caso, a adoção do sistema eleitoral proporcional.[10] No entanto, para fins de formação da lista de suplentes, não se exige a cláusula de votação nominal mínima (art. 112, parágrafo único, do Código Eleitoral).

Vê-se, assim, que, também no sistema proporcional, tendo em vista razões de ordem prática, os votos dos partidos que não atingiram o quociente eleitoral e os votos constantes das sobras podem não ter qualquer

---

10 Cf. SILVA, José Afonso da. **Curso de direito constitucional positivo**, 27. ed. São Paulo: Malheiros, 2006, p. 376.

aproveitamento, não havendo como conferir-lhes significado quanto ao resultado.

Mencione-se que pode ocorrer até mesmo que o candidato mais votado no pleito eleitoral não logre obter o assento em razão de a agremiação partidária não ter obtido o quociente eleitoral. Foi o que se verificou em vários casos expressivos, dentre os quais se destaca o de Dante de Oliveira, que, candidato pelo PDT a uma vaga para a Câmara dos Deputados, pelo Estado de Mato Grosso, nas eleições de 1990, obteve a maior votação (49.886 votos) e não foi eleito em razão de seu partido não ter obtido o quociente. À época, postulou a revisão do resultado, com a alegação de que a inclusão dos votos brancos para obtenção do quociente eleitoral revelava-se inconstitucional (Código Eleitoral, art. 106, parágrafo único). O Tribunal Superior Eleitoral rejeitou essa alegação com o argumento de que os votos brancos eram manifestações válidas e somente não seriam computáveis para as eleições majoritárias por força de normas constitucionais expressas (CF, arts. 28, 29, II, e 77, § 2º).[11] Também o recurso extraordinário interposto contra essa decisão não foi acolhido tendo em vista as mesmas razões.[12]

O art. 106, parágrafo único, do Código Eleitoral foi revogado pela Lei n. 9.504/97.

Desde então, não se tem mais dúvida de que o voto em branco não deve ser contemplado para os fins de cálculo do quociente eleitoral.

Outra questão relevante coloca-se tendo em vista a cláusula contida no art. 109, § 2º, do Código Eleitoral, segundo a qual "Somente poderão concorrer à distribuição dos lugares os partidos ou as coligações que tiverem obtido quociente eleitoral". Explicita-se aqui outra relativização da efetividade do voto, uma vez que somente serão contemplados os votos dos partidos que lograram obter o quociente

---

11 Cf. BRASIL. Tribunal Superior Eleitoral. Recurso Especial nº 9.277-MT. Relator: Min. Antônio Vilas Boas Teixeira de Carvalho. Brasília, 19 de dezembro de 1990. ***Diário de Justiça***: 23 abr. 1991; cf. sobre o assunto também PORTO, op. cit., p. 171-173.

12 BRASIL. Supremo Tribunal Federal. Recurso Extraordinário nº 140.386-MT, Tribunal Pleno. Relator: Min. Carlos Velloso. Brasília, 19 de maio de 1993. ***Diário de Justiça***: 20 abr. 2001.

eleitoral. Nas eleições de 2002, José Carlos Fonseca obteve 92.727 votos para deputado federal no Estado do Espírito Santo. O quociente eleitoral foi de 165.284. A sua coligação obteve 145.271 votos ou 8,78% dos votos conferidos. Preenchidas sete vagas, cuidou-se da distribuição dos restos ou sobras. O Tribunal Regional Eleitoral recusou-se a contemplar a coligação à qual estava vinculado José Carlos Fonseca no cálculo das sobras em razão do disposto no art. 109, § 2º, do Código Eleitoral. Contra essa decisão foi impetrado mandado de segurança, forte no argumento da desproporcionalidade do critério ou da adoção de um critério legal que transmudava o sistema proporcional em sistema majoritário. Enquanto a coligação que obtivera 8,78% dos votos não seria contemplada com um mandato parlamentar, as demais estariam assim representadas:[13]

Coligações	Votos	Cadeiras
Coligação Espírito Santo Forte	39,36%	50%
Frente Competência para Mudar	12,74%	10%
Frente Mudança para Valer	17,37%	20%
Frente Trabalhista	21,07%	25%

O TSE rejeitou a ação, assentando que a expressão ***sistema proporcional***, contida no art. 45 da Constituição, encontraria no Código Eleitoral critérios precisos e definidos. A discussão sobre a adequação dos critérios utilizados pelo legislador resvalava para controvérsia *delege ferenda* sem reflexo no plano da legitimidade da fórmula.[14]

O § 2º do art. 109 do Código Eleitoral foi contestado, a esse respeito, no Tribunal Superior Eleitoral. O MS 3.555, da relatoria do Ministro José Delgado, foi impetrado por ex-Deputado ao argumento de que o dispositivo eleitoral instituiu uma cláusula de exclusão e que, portanto, deve ser tido como não recepcionado pela Carta de 1988. O TSE, porém, denegou a segurança.

13 Cf. PORTO, op. cit., p. 180.

14 BRASIL. Tribunal Superior Eleitoral. Mandado de Segurança nº 3.109-ES. Relator: Min. Sálvio de Figueiredo. Brasília, 17 de dezembro de 2002. ***Diário de Justiça***: 3 mar. 2006.

Atualmente, tramita no Supremo Tribunal Federal a ADPF 161, rel. Min. Celso de Mello, na qual se questiona a constitucionalidade daquele dispositivo do Código Eleitoral. O Partido Republicano, autor da ação, alega que o referido dispositivo, ao definir o quociente eleitoral como uma verdadeira **cláusula de exclusão** – somente poderão participar do cálculo das sobras os partidos que obtiveram o quociente eleitoral – violaria o princípio da igualdade de chances, o pluralismo político, o princípio do voto como valor igual para todos e o próprio sistema proporcional. Afirma o partido requerente que, como a cláusula de exclusão não faz parte da fórmula da maior média, a distribuição das sobras não dependeria da norma do § 2º do art. 109 do Código Eleitoral. Uma vez declarada a sua não recepção, permaneceriam as regras do art. 109, I e II, e, dessa forma, na distribuição dos restos ou sobras, os partidos que não lograssem alcançar o quociente eleitoral teriam seus votos divididos por 1 (um).[15]

Com o advento da Lei n. 13.165/2015, que passou a exigir cláusula de votação nominal mínima (10% do quociente eleitoral), pode-se gerar uma situação de extrema relevância jurídica, quando, no limite exemplificativo, o partido ou coligação que tenha obtido mais votos não preencha sequer uma vaga, considerando que nenhum candidato obteve a referida cláusula – grande pulverização de votos entre os candidatos do partido ou da coligação ou número espetacular de votos de legenda – ou, ainda como exemplo, quando o partido ou coligação mais sufragada nas urnas alcance um número bem menor de lugares comparado com outros concorrentes que obtiveram votação inferior. É dizer, o modelo atual pode fomentar na própria agremiação partidária a necessidade de difundir o voto nominal, o voto em determinado candidato, e não na própria legenda, o que pode enfraquecer ainda mais o próprio sistema partidário brasileiro.

De fato, o modelo proporcional de listas abertas adotado entre nós contribui, acentuadamente, para a personalização da eleição, o que faz com que as legendas dependam, em grande medida, do desempenho de candidatos

15 O Projeto de Lei n. 602 de 1995, que tramita na Câmara dos Deputados, foi idealizado com o escopo de suprimir o § 2º do art. 109 do Código Eleitoral.

específicos. Daí o destaque que se confere às candidaturas de personalidades dos diversos setores da sociedade ou de representantes de corporação. Essa personalização do voto acaba por acentuar a dependência do partido e a determinar a sua fragilidade programática.

A legislação brasileira chegou a prever a adoção de uma forma peculiar de ***cláusula de barreira*** ou ***de desempenho*** como requisito para o pleno ***funcionamento parlamentar*** dos partidos políticos. A regra possuía fundamento no art. 17, IV, da Constituição, que assegura aos partidos políticos o funcionamento parlamentar, de acordo com a lei.

O art. 13 da Lei dos Partidos Políticos previa que somente

> tem direito a funcionamento parlamentar, em todas as Casas Legislativas para as quais tenha eleito representante, o partido que, em cada eleição para a Câmara dos Deputados obtenha o apoio de, no mínimo, cinco por cento dos votos apurados, não computados os brancos e os nulos, distribuídos em, pelo menos, um terço dos Estados, com um mínimo de dois por cento do total de cada um deles.

Assim, o partido político que não obtivesse tais percentuais de votação não teria direito ao funcionamento parlamentar, o que significaria a não formação de bancadas e de suas lideranças, com todas as repercussões que isso poderia causar, como a não participação em comissões parlamentares e o não exercício de cargos e funções nas Casas Legislativas. Além disso, o partido somente teria direito (a) a receber 1% (um por cento) do Fundo Partidário (art. 41, II); e (b) à realização de um programa em cadeia nacional, em cada semestre, com a duração de apenas 2 (dois) minutos (art. 48).

Observe-se, nesse ponto, que, diversamente dos modelos adotados no direito comparado – cito, como referência, o sistema alemão –, a fórmula adotada pela legislação brasileira restringia o funcionamento parlamentar do partido, mas não afetava a própria eleição do representante. Não haveria de se cogitar, pois, de repercussão direta sobre os mandatos dos representantes obtidos para a agremiação que não satisfizesse a referida cláusula de funcionamento parlamentar.

Nos termos de disposição transitória (art. 57), essa norma do art. 13 somente entraria em vigor para a legislatura do ano de 2007. Assim, além de definir as regras e, portanto, os contornos legais do sistema proporcional, fixando o quociente eleitoral e o quociente partidário, o sistema de distribuição de mandatos por restos ou sobras etc, o legislador criou mais essa limitação ao funcionamento da agremiação partidária.

Diante dessa regra, levantou-se questão sobre a possibilidade ou não de a lei estabelecer uma cláusula de barreira que repercutisse sobre o funcionamento parlamentar dos partidos políticos, tal como o fez o legislador brasileiro.

O Supremo Tribunal Federal, ao apreciar as Ações Diretas de Inconstitucionalidade n. 1.351-3 e 1.3548, propostas, respectivamente, pelo Partido Comunista do Brasil – PC do B e outro (PDT) e pelo Partido Social Cristão – PSC, declarou a inconstitucionalidade dos seguintes dispositivos da Lei n. 9.096/95: do art. 13; da expressão **obedecendo aos seguintes critérios**, contida no art. 41, assim como dos incisos I e II deste artigo; do art. 48; da expressão **que atenda ao disposto no art. 13**, contida no art. 49; e da expressão **no art. 13 ou**, contida no inciso II do art. 57. Ademais, decidiu que os arts. 56 e 57 devem ser interpretados no sentido de que as normas de transição neles contidas continuem em vigor até que o legislador discipline novamente a matéria, dentro dos limites esclarecidos pelo Tribunal nesse julgamento.

Considerou o Tribunal que tais normas violavam o princípio da reserva legal proporcional, da **igualdade de chances**, do pluripartidarismo, assim como os direitos de liberdade, assegurados às minorias parlamentares. Destarte, como analisado, o modelo aqui adotado diferencia-se substancialmente de outros sistemas político-eleitorais do direito comparado.

Na realidade do direito alemão, consagrase que o partido político que não obtiver 5% (cinco por cento) dos votos na votação proporcional, ou pelo menos três mandatos diretos, não obterá mandato algum também na eleição para o chamado primeiro voto. Nesse caso, desprezase a votação dada ao partido. Todavia, nunca se atribuiu consequência no que concerne àquilo que nós chamamos de **igualdade de oportunidades** ou **igualdade de chances**.

A legislação alemã tentou estabelecer um limite mais elevado para efetivar o financiamento público das campanhas. Mas a Corte Constitucional entendeu que essa cláusula era, sim, violadora do princípio da igualdade de oportunidades (*Chancengleichheit*), porque impedia que os partidos políticos com pequena expressão conseguissem um melhor desempenho, tendo em vista que eles não teriam acesso à televisão, muito menos aos recursos públicos. Daí a legislação ter fixado percentual de 0,5% dos votos para o pagamento de indenização pelo desempenho dos partidos nas eleições.

O modelo confeccionado pelo legislador brasileiro, no entanto, não deixou qualquer espaço para a atuação partidária, mas simplesmente negou, *in totum*, o funcionamento parlamentar, o que evidenciou uma clara violação ao princípio da proporcionalidade, na qualidade de ***princípio da reserva legal proporcional*** (*Vorbehalt des verhältnismässigen Gesetzes*).

Ademais, à época, o Supremo Tribunal Federal entendeu que as restrições impostas pela Lei n. 9.096/95 ao acesso gratuito pelos partidos políticos ao rádio e à televisão, assim como aos recursos do fundo partidário afrontam o princípio da **igualdade de chances**.

Por esses motivos, o Supremo Tribunal Federal, no referido julgamento, entendeu ser inconstitucional a **cláusula de barreira à brasileira**. Todavia, o modelo não pode ser tal que sirva de estímulo à criação de partidos apenas para fins de **comércio** de tempo de rádio e TV, bem como de cotas do fundo partidário. Assim, a classe política dá sinais no sentido de haver necessidade de equacionamento de alguma forma de cláusula de desempenho, de maneira que é possível que a questão seja novamente posta em debate.

Por essa razão, cumpre esclarecer que a inconstitucionalidade, declarada pelo STF, não reside na natureza desse tipo de restrição à atividade dos partidos políticos. Uma cláusula de barreira em moldes proporcionais, ao impedir a baixa representatividade de determinadas agremiações, poderia ser benéfica ao sistema partidário, especificamente, e ao sistema eleitoral, como um todo.

3. O FINANCIAMENTO DE PARTIDOS POLÍTICOS E CAMPANHAS ELEITORAIS

Outro pilar do sistema eleitoral brasileiro que recentemente passou por modificações profundas foi o regime de regras de financiamento de partidos políticos e campanhas.

No Brasil, o constituinte decidiu não disciplinar a matéria do financiamento de campanhas em âmbito constitucional, razão por que apenas inseriu no texto as diretrizes constantes do art. 17, CF/88, no que toca aos partidos políticos. Sobre o financiamento da atividade política, em especial, a Carta de 1988 apenas vedou aos partidos o recebimento de recursos financeiros de entidades ou governos estrangeiros (art. 17, II).

Evidencia-se, assim, que a Constituição de 1988 deixou para a legislação ordinária a regulação do financiamento de campanhas eleitorais e, ao não fixar balizas precisas, o constituinte atribuiu ao legislador grande liberdade de conformação do tema.

A Lei n. 4.740, de 15.7.1965, criou as primeiras regras de financiamento dos partidos políticos e instituiu o fundo especial de assistência financeira aos partidos políticos. O fundo era constituído das multas e penalidades aplicadas nos termos do Código Eleitoral e leis conexas, dos recursos financeiros que lhes fossem destinados por lei, em caráter permanente ou eventual, e de doações particulares.

Proibiu o recebimento, de forma direta ou indireta, de contribuição ou auxílio pecuniário ou estimável em dinheiro, procedente de pessoa ou entidade estrangeira; recurso de autoridades ou órgãos públicos, ressalvadas as dotações referidas nos incisos I e II do art. 60 e no art. 61; qualquer espécie de auxílio ou contribuição das sociedades de economia mista e das empresas concessionárias de serviço público. Também vedou o recebimento direto ou indireto, sob qualquer forma ou pretexto, de contribuição, auxílio ou recurso procedente de empresa privada, de finalidade lucrativa (art. 56, IV).

Essa lei foi revogada pela Lei n. 5.682, de 21.7.1971, que foi substituída pela Lei n. 9.096/95, ainda hoje em vigor. A atual Lei dos Partidos Políticos não só ampliou as fontes de financiamento partidário, como também tornou mais ampla a lista das fontes vedadas (art. 31 da Lei n. 9.096/95).

A lei em vigor cuidou de estabelecer regras para a aplicação dos recursos provenientes do Fundo Partidário (art. 44 da Lei n. 9.096/95). Além das despesas corriqueiras dos partidos com propaganda, alistamento, campanha, manutenção das sedes, pagamento de pessoal e de outros serviços, entre outros, a lei determina que, no mínimo, 20% do total recebido sejam aplicados na criação e manutenção de instituto[16] ou fundação de pesquisa, de doutrinação e educação política.

Os partidos devem prestar contas, anualmente, à Justiça Eleitoral, na forma estabelecida pela Lei n. 9.096/95 e por Resolução do TSE. A desaprovação de contas "implicará exclusivamente a sanção de devolução da importância apontada como irregular, acrescida de multa de até 20% (vinte por cento)" (art. 37 da Lei n. 9.096/95, com a redação dada pela Lei n. 13.165/2015), ao tempo que a não prestação de contas "implicará a suspensão de novas cotas do Fundo Partidário enquanto perdurar a inadimplência" (art. 37-A da Lei n. 9.096/95, incluído pela Lei n. 13.165/2015). Nesta última hipótese, o partido fica sujeito ao cancelamento de seu registro civil e de seu estatuto pelo TSE (art. 28, III, da Lei n. 9.096/95).

Alguns sistemas admitem financiamento direto, pelo menos parcial, por parte do Estado ou uma modalidade de compensação pelos gastos da campanha eleitoral, efetivada mediante recursos públicos. Também a doação de recursos por instituições privadas é largamente praticada, adotando-se, porém, algumas cautelas na forma da legislação específica, por exemplo, exigência de que, a partir de certa quantia, a doação seja efetivada de forma transparente. Controverte-se também sobre a conveniência ou não de se conceder benefício fiscal para as doações efetuadas por pessoas privadas. O modelo de financiamento público de campanha, embora apresente os inconvenientes de fazer os partidos dependentes de recursos estatais, apresenta a vantagem de tornar as agremiações partidárias menos dependentes de recursos da iniciativa privada.

Talvez o modelo mais conhecido e difundido de financiamento público dos partidos seja aquele instituído pela legislação alemã. Inicialmente, consagrou-se apenas a possibilidade de uma compensação aos partidos pelos gastos de campanha eleitoral consistente no pagamento de uma quantia por voto obtido, desde que o partido lograsse um percentual não inferior a 0,5%

---

16 Cf. BRASIL. Tribunal Superior Eleitoral. Resolução nº 22.121 de 1 de dezembro de 2005. **Diário de Justiça**: Brasília, v. 1, p. 142, 9 dez. 2005; e BRASIL. Tribunal Superior Eleitoral. Resolução nº 22.746 de 25 de março de 2008. **Diário de Justiça**: Brasília, p. 4-5, 14 maio 2008.

dos votos válidos para as eleições parlamentares federais. Esse piso é considerado compatível com a Constituição e afigurase importante para evitar abusos. A fixação de um percentual mais elevado, porém poderia impedir o natural desenvolvimento do processo político e sua renovação.[17]

Daí ter a Corte Constitucional alemã declarado, inicialmente, a inconstitucionalidade de lei que fixava em 5% o percentual de votos para que o partido pudesse gozar do benefício referido. A jurisprudência constitucional avançou, posteriormente, para admitir o financiamento estatal diretamente ao partido (*BVerfGE*, 85, 264). Quanto a benefício fiscal para doações privadas, admite-se até o limite de 6.600 Euros. Tal benefício aplicase, porém, apenas às pessoas físicas.[18]

No Brasil, adotou-se modelo de financiamento de partidos que contempla a transferência de recursos públicos e a utilização de recursos privados. Os recursos públicos são repassados mediante utilização do Fundo Especial de Assistência aos Partidos Políticos (Fundo Partidário), previsto na Lei n. 9.096/95. Referido Fundo é composto (1) de recursos provenientes de multa e penalidades pecuniárias aplicadas nos termos do Código Eleitoral e leis conexas; (2) de dotações orçamentárias da União em valor nunca inferior, cada ano, ao número de eleitores inscritos em 31 de dezembro do ano anterior ao da proposta orçamentária, multiplicados por R$ 0,35 (trinta e cinco centavos de real), em valores de agosto de 1995; (3) de doações de pessoas físicas ou jurídicas,[19] dentre outros; (4) recursos financeiros destinados por lei.

Os recursos oriundos do Fundo Partidário devem ser aplicados na manutenção das sedes e dos serviços do partido, permitido o pagamento de pessoal pelo órgão nacional, a qualquer título, este último até o limite má-

---

17 DEGENHART, Christoph. **Staatsrecht I**, 14. ed. Heidelberg: [s. n.], 1998, p. 36.

18 Ibid., p. 36.

19 No julgamento do ADI N. 4.650/DF, constou do extrato da ata que "o Tribunal, por maioria e nos termos do voto do Ministro Relator, julgou procedente em parte o pedido formulado na ação direta para declarar a inconstitucionalidade dos dispositivos legais que autorizavam as contribuições de pessoas jurídicas às campanhas eleitorais, vencidos, em menor extensão, os Ministros Teori Zavascki, Celso de Mello e Gilmar Mendes, que davam interpretação conforme, nos termos do voto ora reajustado do Ministro Teori Zavascki". Não afastou, pois, a possibilidade de pessoas jurídicas doarem diretamente ao fundo partidário.

ximo de 50% do total recebido; na propaganda doutrinária e política; no alistamento e campanhas eleitorais; na criação e manutenção de instituto ou fundação de pesquisa e de doutrinação e educação política, sendo esta aplicação de, no mínimo, 20% do total recebido; na promoção e difusão da participação das mulheres na política; "no pagamento de mensalidades, anuidades e congêneres devidos a organismos partidários internacionais que se destinem ao apoio à pesquisa, ao estudo e à doutrinação política, aos quais seja o partido político regularmente filiado"; "no pagamento de despesas com alimentação, incluindo restaurantes e lanchonetes". (Lei n. 9.096/95, art. 44, com a nova redação da Lei n. 13.165/2015).

De acordo com a Lei n. 9.096/95, art. 41, I e II, em sua redação original, os recursos do Fundo Partidário seriam distribuídos pelo Tribunal Superior Eleitoral, obedecidos os seguintes critérios:

> a) um por cento do total do Fundo Partidário será destacado para entrega, em partes iguais, a todos os partidos que tenham seus estatutos registrados no Tribunal Superior Eleitoral;
> b) noventa e nove por cento do total do Fundo Partidário será distribuído aos partidos que tenham atingido 5% dos votos válidos para a Câmara dos Deputados, distribuídos em pelo menos 1/3 dos Estados, com um mínimo de 2% do total de cada um deles, na proporção dos votos obtidos na última eleição geral para a Câmara dos Deputados.

Como se vê, a lei buscou assegurar a todos os partidos políticos um percentual mínimo de 1% dos recursos do Fundo Partidário. A parcela significativa (99%) seria distribuída segundo critério de desempenho dos partidos nas eleições parlamentares para a Câmara dos Deputados e somente dentre as agremiações partidárias que obtivessem um mínimo de 5% dos votos válidos na última eleição, conforme a regra da denominada **cláusula de barreira** ou **cláusula de desempenho**, descrita no art. 13 da mesma lei.

Como se sabe, os arts. 13 e 41, I e II, da Lei n. 9.096/95 foram declarados inconstitucionais pelo Supremo Tribunal Federal, no julgamento das ADIs 1.351-3 e 1.3548. Entendeu o Tribunal, naquela ocasião, que os condicionamentos impostos pela lei para que as agremiações partidárias obtivessem acesso aos recursos do fundo partidário violavam o princípio da igualdade de chances, além de não obedecerem a critérios de proporcionalidade. Com efeito, a regra tornava inviável a própria sobrevivência dos partidos que não conseguissem ultrapassar a **cláusula de desempenho** (5% dos votos apurados para a Câmara dos Deputados, distribuídos em pelo menos 1/3 dos Estados, com um mínimo de 2% do total de cada um deles), na medida em que destinava a todos eles apenas 1% dos recursos do Fundo, ficando os 99% restantes com os demais partidos que atingissem os referidos percentuais de votação.

O modelo legal do Fundo Partidário instituído originariamente pela Lei n. 9.096/95 era assaz restritivo para com os partidos menores e, especialmente, com as agremiações em formação.

Após a decisão do Supremo Tribunal Federal, declarando a inconstitucionalidade dos dispositivos mencionados (arts. 13 e 41, I e II), a Lei n. 11.459, de 2007, incluiu na Lei dos Partidos Políticos o art. 41-A, que traz nova regra para a distribuição dos recursos do Fundo Partidário. Em posterior alteração, passou a vigorar a regra segundo a qual5% (cinco por cento) do total do Fundo Partidário serão destacados para entrega, em partes iguais, a todos os partidos que tenham seus estatutos registrados no Tribunal Superior Eleitoral e 95% (noventa e cinco por cento) do total do Fundo Partidário serão distribuídos a eles na proporção dos votos obtidos na última eleição geral para a Câmara dos Deputados, sendo desconsideradas as mudanças de filiação partidária, nos termos da Lei n. 12.875, de 30 de outubro de 2013.

A Lei 12.875, de 30 de outubro de 2013, foi impugnada, no Supremo Tribunal Federal, por meio da ADI 5.105, Rel. Min. Luiz Fux. Neste julgamento, a Corte declarou, por maioria de votos (6x5), a inconstitucionalidade da referida lei, visto que a cláusula dela constante, que determina que as quotas do fundo partidário, bem como a divisão do tempo cabível a cada legenda no rádio e na televisão, deveriam seguir a proporcionalidade das bancadas partidárias na Câmara dos Deputados, tal como resultante das últimas eleições gerais.

Para a corrente vencedora, a Lei 12.875/2013 visava superar a interpretação conforme a Constituição emanada do STF no julgamento das ADIs 4.430 e 4.795, ocasião em que a Corte entendeu que a migração de parlamentar de sua legenda original para nova agremiação, no prazo de 30 dias contados de seu registro na Justiça Eleitoral, por ser lícita, segundo o regramento emanado do TSE, deveria implicar a chamada "portabilidade" do tempo de rádio e TV e da quota de fundo partidário, representadas pelo congressista que opta por aderir ao quadro de agremiação recém-fundada. Assim, por vislumbrar violação à Constituição e, em especial, ofensa à supremacia de sua interpretação constitucional, o STF julgou procedente a ADI 5.105. Cumpre observar que ficaram vencidos, julgando normal e até mesmo produtivo o diálogo institucional viabilizado pela atuação do Poder Legislativo em sentido contrário à decisão anterior da Corte, os ministros Edson Fachin, Teori Zavascki, Gilmar Mendes, Celso de Mello e Ricardo Lewandowski.

O modelo de financiamento dos partidos admitia também a doação privada efetivada por pessoas físicas ou jurídicas, sem que se assegure qualquer benefício fiscal. A doação deveria ser efetuada e registrada de forma nominal, independentemente do seu valor.[20] Esse regime, no entanto, teve sua constitucionalidade recentemente impugnada na ADIn n. 4.650/DF, proposta pela Ordem dos Advogados do Brasil – OAB. Na ação, pleiteava-se, entre outros pontos, a declaração de inconstitucionalidade de dispositivos da Lei n. 9.504/97 e da Lei n. 9.096/95, que autorizavam que pessoas jurídicas realizassem doações a partidos políticos e a campanhas eleitorais.

A proposição da ADI evocava um clamor público de combate à corrupção. A ação baseava-se no pressuposto de que a proibição de doações de pessoas jurídicas às campanhas seria um passo fundamental para desbaratar a troca de favores políticos entre governantes e financiadores de campanhas.

Ao analisar o caso, o STF, por maioria de votos, julgou procedente em parte a ADI 4.650, rel. Min. Luiz Fux, para declarar a inconstitucionalidade dos dispositivos legais que autorizavam as de doações de pessoas jurídicas – empresas – às campanhas eleitorais. Ficaram vencidos, no ponto, os Ministros Teori Zavascki, Celso de Mello e Gilmar Mendes.

---

20 Scott Mainwaring registra que a eleição de um deputado federal, pelo Estado de São Paulo, em 1986, teria atingido cifra próxima ou superior a US$ 1.000.000,00. Anota o autor que isso colocaria as eleições de São Paulo entre as mais caras do mundo – fato que indicaria o quanto o poder político é valorizado no Brasil (MAINWARING, op. cit., p. 335).

O Congresso Nacional emitiu sinais de que poderia aprovar emenda constitucional restabelecendo as doações de pessoas jurídicas às campanhas eleitorais, o que traria outra hipótese de diálogo institucional bastante interessante à cena jurídico-política.

O Congresso Nacional chegou a editar a nova legislação que permite a doação de pessoas jurídicas para os partidos políticos. Contudo, a Presidência da República vetou o dispositivo, justificando que "a possibilidade de doações e contribuições por pessoas jurídicas a partidos políticos e campanhas eleitorais, que seriam regulamentadas por esses dispositivos, confrontaria a igualdade política e os princípios republicano e democrático, como decidiu o Supremo Tribunal Federal na Ação Direita de Inconstitucionalidade n. 4650/DF, proposta pelo Conselho Federal da Ordem dos Advogados do Brasil. O STF determinou, inclusive, que a execução dessa decisão 'aplica-se às eleições de 2016 e seguintes, a partir da Sessão de Julgamento, independentemente da publicação do acórdão', conforme ata da 29ª sessão extraordinária de 17 de setembro de 2015".

A legislação atual, portanto, admite apenas as doações de pessoas físicas, seja para candidatos, seja para partidos políticos, nos termos das Leis 9.096/95 e 9.504/97, com as modificações promovidas pela Lei 13.165/2015.

Todavia, não nos parece crível a ideia de que a proibição de doações de pessoas jurídicas às candidaturas represente uma solução para as deficiências do atual modelo de financiamento de partidos políticos. Episódios de corrupção, como o que resultou no *impeachment* do presidente Collor, e, mais recentemente, o **mensalão** e a **lava-jato**, diagnosticam um quadro maior de vulnerabilidades do sistema eleitoral que precisa ser endereçado por reformas mais profundas do que a mera proibição de doações de pessoas jurídicas a partidos políticos.

De fato, a questão não parece estar propriamente no modelo adotado pela legislação brasileira quanto à origem das doações de campanha, mas sim historicamente na ausência de políticas institucionais que possibilitem efetivo controle dos recursos arrecadados e dos gastos durante o pleito. São notórias as limitações dos nossos mecanismos atuais de controle e de fiscalização de contas de campanha. O prazo exíguo para o exame da contabilidade e da documentação relativa à movimentação de vultosas quantias e a reduzida estrutura de servidores da Justiça Eleitoral são só alguns dos obstáculos que enfrentamos, mormente em um cenário de indesejável proliferação de partidos políticos e, consequentemente, aumento do volume de processos de prestação de contas envolvendo recursos públicos.[21]

Nesse cenário, tendo em vista que o barateamento do custo de campanhas parece ser ideia ainda longe de ser implementada com alguma efetividade, é possível dizer que a restrição das doações às pessoas físicas poderá acarretar, sem nenhuma dúvida: **i)** a clandestinidade de doações de pessoas jurídicas, por meio do caixa dois; e **ii)** estímulo à prática sistemática de crimes de falsidade, com o uso de CPFs de **laranjas**. Em outras palavras, pouco importando a origem dos recursos arrecadados – doação de pessoa física, de pessoa jurídica ou recursos do Fundo Partidário – estamos diante de um sério indício de gasto simulado nos pleitos vindouros.

Ademais, a almejada redução de gastos de campanha com a exclusão das pessoas jurídicas como potenciais doadoras no processo eleitoral desconsidera que a legislação eleitoral em vigor possui vasto leque de ferramentas de aproximação entre candidatos e eleitores, a saber: **i)** participação em entrevistas, programas e debates antes do registro de candidatura; **ii)** propaganda em bens particulares – adesivos ou papel –; **iii)** mesas para a distribuição de material de propaganda e bandeiras ao longo das vias públicas; **iv)** distribuição de folhetos, volantes e outros impressos; **v)** realização de comícios e utilização de aparelhagem de som; **vi)** realização de caminhada, de carreata, de passeata ou de carro de som que transite pela cidade divulgando *jingles* ou mensagens de candidatos; **vii)** criação e divulgação de *jingles*; **viii)** divulgação de propaganda paga na imprensa escrita, respeitados os limites fixados em lei; **ix)** realização de propaganda em rádio e em televisão; **x)** realização de propaganda na internet, entre outras inúmeras formas de propaganda.

---

21 Para demonstrar o argumento, somente em quatro meses de 2016, o Partido Novo e o Partido da Mulher Brasileira, agremiações que menos ganharam duodécimos do Fundo partidário, já receberam o valor de R$ 351.376,20. BRASIL. Tribunal Superior Eleitoral.**Distribuição de Fundo Partidário 2016** - duodécimos. Brasília, 28 jul. 2016. Disponível em: <https://goo.gl/afsxpZ>. Acesso em: 2 maio 2016.

É inquestionável que a utilização desses mecanismos de propaganda exige recursos que não são suportáveis pelo Fundo Partidário. Tampouco serão completamente pagos por doações lícitas de pessoas físicas. Isso estimula, consequentemente, que os candidatos busquem alternativas à margem da legislação eleitoral, pois os custos continuarão os mesmos, reduzindo apenas formalmente quem poderá participar do processo eleitoral na condição de doador, equação que certamente chegará à Justiça Eleitoral para solução, em milhares de processos judiciais.

Portanto, resta evidente que a consecução de uma reforma eleitoral exitosa requer muito mais do que a mera proibição de doações de pessoas jurídicas. Qualquer reforma do modelo de financiamento de campanha deve passar necessariamente por mudanças no sistema eleitoral, no sistema partidário, na legislação eleitoral e, consequentemente, pela reestruturação dos órgãos de fiscalização do processo eleitoral, em especial a Justiça Eleitoral e o Ministério Público Eleitoral.

4. CONCLUSÕES

Desde a Constituição de 1988, o Brasil tem passado por uma rica e singular experiência em termos de desenvolvimento político, dentro de paradigmas democráticos.

O Tribunal Superior Eleitoral tem sido personagem vital nesse importante período da Nação, não apenas fiscalizando o processo eleitoral, mas agindo ativamente por meio de campanhas institucionais e incentivo ao exercício da cidadania. Junto com ele, o Supremo Tribunal Federal tem também exercido papel imprescindível na manutenção da estabilidade de nosso país, proferindo relevantes decisões sobre a temática dos direitos políticos – como demonstrado ao longo deste texto.

Paralelamente, modificações recentes na legislação eleitoral também indicam, ainda que de forma tímida, um esforço de superação das fragilidades do sistema proporcional adotado no nosso contexto de pluripartidarismo exacerbado.

Contudo a despeito da relevância das reações legislativas e judiciárias, é importante frisar, na atual conjuntura política nacional, que qualquer tipo de reforma política deve ser muito bem analisada e conduzida com cuidado. Nossa Constituição Federal de 1988 marca a consolidação da democracia brasileira, da estabilidade de nossas instituições, e tem demonstrado força normativa capaz de regular, com folga, inclusive situações extremas. É preciso evitar concepções aventureiras, que podem comprometer, definitivamente, o capital institucional acumulado com muito sacrifício. É valido, todavia, incentivar inovações e experimentos institucionais que busquem responder às complexidades de uma sociedade submetida a empreitadas de risco.

REFERÊNCIAS

ESTUDOS ELEITORAIS. Brasilia: Tribunal Superior Eleitoral, v. 1, n. 2, maio/ago. 1997. 381 p. Disponível em: <https://goo.gl/6Ve76D>. Acesso em: 2 maio 2005.

DEGENHART, Christoph. **Staatsrecht I**, 14. ed. Heidelberg: [s. n.], 1998.

MAINWARING, Scott. Políticos, partidos e sistemas eleitorais. **Estudos Eleitorais**, Brasília, n. 2, p.

335-343, maio/ago. 1997.

PORTO, Walter Costa. **A mentirosa urna**. São Paulo: Martins Fontes, 2004.

______. **Dicionário do voto**. Brasília: Ed. UnB, 2000.

______. **Pinheiro Machado e seu tempo**. Brasília: INL, 1995.

______.Sistema eleitoral brasileiro. In: CONGRESSO BRASILIENSE DE DIREITO CONSTITUCIONAL, 9., 2006. **Anais...** Brasília: IDP, 2006.

SILVA, José Afonso da. **Curso de direito constitucional positivo**, 27. ed. São Paulo: Malheiros, 2006.

TAVARES, Giusti José Antonio. **Sistemas eleitorais nas democracias contemporâneas**. Rio de Janeiro: Relume-Dumará, 1994.

TEIXEIRA, J. H. Meirelles. **Curso de direito constitucional**. São Paulo: Forense Universitária, 1991.

A IDEIA DE DEMOCRACIA NO MUNDO CONTEMPORÂNEO

RICARDO LEWANDOWSKI

Não há assunto mais importante, neste difícil momento pelo qual passa o País e o mundo, em que as sociedades precisam dar um salto de qualidade para aperfeiçoar as instituições políticas, do que o tema da democracia.

O conceito, que surgiu na Grécia Antiga– ondesignificava essencialmente a arte de tomar decisões coletivas, depois de discutidas publicamente, como condição necessária para a vida da *polis*[1]-, passou por múltiplas transformações desde então, sobretudo, no concernente à sua colocação em prática.

Atualmente, em pleno século XXI, a ideia de democracia ainda se encontra de certo modo presa a concepções do século XVIII, que focava na garantia dos direitos individuais e na contenção do poder político. Mesmo aqueles que hoje ousam – mesmotimidamente – ultrapassaros lindes doutrinários estabelecidos há mais de 200 anos, limitam-se, como regra, a sugerir formas alternativas para o exercício da governança.

Alguns, ainda apegados um passado recente, no qual o mundo se dividia em dois blocos ideológicos mutuamente excludentes, resumem-se a adjetivar a democracia, batizando-a, uns, de **liberal**, outros, de **popular**, estando em voga, nos dias que correm, rotulá-la de **participativa**, expressão que sugere a superação do sistema representativo – emque mandatários eleitos representam os cidadãos – poruma presença maior e mais constante do povo na gestão da coisa pública.

Em que pese a multissecular discussão em torno da democracia, penso que três são as questões que reclamam uma discussão mais aprofundada, na esteira do que assenta o Professor Dalmo Dallari[2]. A pri-

---

1 FINLEY, Moses I. **Démocratie Antique et Démocratie Moderne**. Paris (FRA): Payot & Rivages, 2003, p. 59.

2 DALLARI, Dalmo de Abreu. **Elementos de Teoria Geral do Estado**. 6. ed. São Paulo: Saraiva, 1991, p. 253-255.

meira: como assegurar, efetivamente, a prevalência da supremacia da vontade do povo? A segunda: como resolver o clássico dilema político representado pela predominância ou da liberdade sobre a igualdade ou da igualdade sobre a liberdade? A terceira: como superar a tentação de identificar a democracia com certa forma ou sistema de governo, em que incorrem muitos pensadores e políticos?

Quanto à primeira questão, lembro que continua válida e atual a discussão sobre a necessidade de se estabelecer mecanismos eficazes para que a vontade do povo seja livremente formada e externada sem quaisquer empecilhos. De fato, não basta garantir o voto direto, secreto, universal e periódico, mas é preciso assegurar que ele seja exercido sem qualquer interferência, imunizando-o de contaminações espúrias, com a salvaguarda do sacrossanto direito de divergir. Sim, porque, embora em uma democracia a maioria deva predominar não é lícito oprimir ou cercear a minoria, que exerce papel relevante na formulação de alternativas às ações governamentais[3].

Não é preciso mergulhar mais profundamente em nossa História para recordar os lamentáveis expedientes empregados pelas oligarquias dominantes, em especial na República Velha, em que estas, para manter intacto o seu poder, não hesitavam em alterar o resultado das eleições **a bico de pena**, manter **currais eleitorais**, impedir as mulheres de exercer o sufrágio e impor o **voto aberto** – influenciável porque devassável[4] –, distorções em boa hora corrigidas, depois da Revolução de 30, pela adoção de um código eleitoral e de uma Justiça especializada para coordenar e fiscalizar os pleitos. Remanescem, evidentemente, muitos outros desvirtuamentos a superar.

Ainda quanto à primeira questão, não há como deixar de constatar que a chamada de **democracia representativa** – pelomenos no respeitante ao modelo que praticamos no Brasil - está em profunda crise, porquanto leva à sistemática distorção da vontade do eleitor, seja pelo número excessivo de agremiações

---

3 ATALIBA, Geraldo. **República e Constituição**. 2. ed. São Paulo: Malheiros, 2001, p. 99.

4 PINHEIRO, Liliana. **Sem povo e sem leis. História Viva**. São Paulo, v. 6, n. 73, p. 26-55, 2009.

partidárias em atuação – agrande maioria das quais consubstanciam meras siglas que não representam nenhuma corrente de pensamento social – sejapela nefasta prevalência do poder midiático e econômico na política – estamitigada pelo Supremo Tribunal Federal, que proibiu o financiamento de campanhas por empresas privadas[5] – seja ainda pelo déficit de legitimidade dos mandatários, escolhidos por um sistema eleitoral que combina, com resultados profundamenteperversos, o voto proporcional com coligações partidárias ideológica e programaticamente heterogêneas.

Ora, diante dessa evidente crise da democracia representativa, não só entre nós como alhures, que se funda exclusivamente em partidos políticos **tradicionais**, não raro dominados por um **coronelato** hereditário e movido por propósitos alheios àqueles que inspiraram sua criação[6], faz-se necessário pensar em canais alternativos para a expressão da vontade do povo. É preciso atribuir, com a seriedade que a questão requer, concretude aos mecanismos de participação cidadã, como o plebiscito, o referendo e a iniciativa popular, aliás, previstos em nossa Constituição, instrumentos cuja força impulsora repousa nas associações civis e sindicatos, quer dizer, em entes coletivos que logram aglutinar os distintos setores de interesses existentes na sociedade.

No tocante à segunda questão, é clássica a constatação de que tanto a liberdade ilimitada, garantida apenas para os economicamente privilegiados, conforme preconizam até hoje os neoliberais[7], assim como a igualdade levada a extremos, imposta de forma coativa, à moda do que ocorreu em alguns regimes totalitários recém-soterrados, nada tem a ver com o ideal de democracia[8]. A experiência acumulada dos povos demonstra que um aumento des-

5 BRASIL. Supremo Tribunal Federal. Ação Direta de Inconstitucionalidade 4650-DF, Tribunal Pleno. Relator: Min. Luiz Fux. Brasília, 17 de setembro de 2015. **Diário de Justiça**: 24 fev. 2016.

6 DUVERGER, Maurice. **Os Partidos Políticos**. Rio de Janeiro: Zahar, 1970, p. 459.

7 STRATERN, Paul. **Uma breve história da economia**. Rio de Janeiro: Zahar, 2003, p. 263 et seq.

8 BLAINEY, Geoffrey. **Uma breve história do Século XX**, 2. ed. São Paulo: Fundamento Educacional, 2011, p. 270 et seq.

medido da liberdade se dá em detrimento da igualdade e vice-versa.

Ademais, quando se fala em liberdade, atualmente, não se pode mais cogitar, como se fazia num passado, não tão longínquo, de um indivíduo isolado, autárquico e autossuficiente, ilhado da sociedade. Nos dias que correm, a liberdade só pode ser cogitada tendo-se em conta o **homem situado**[9], pelo que se impõe o conceito de uma **liberdade socialmente qualificada**.

Em contrapartida, é preciso repensar a noção oitocentista de isonomia, meramente formal, vista apenas como um tratamento equivalente perante a lei, fazendo-se mister encará-la como uma **igualdade de possibilidades**[10], que garanta a todos as pessoas um mesmo ponto de partida, mediante ações afirmativas, por exemplo[11].

Quanto à última questão aventada no início deste texto, é sabido que se mostra totalmente insuficiente a mera opção por determinada forma ou sistema de governo para atingir-se a democracia. Quando cogitamos de formas de governo referimo-nos a determinado modo de expressão da soberania, sendo possível identificar, em linhas gerais, de um lado, asmonarquias, em que a supremacia política concentra-se na figura do rei e, de outro, as repúblicas, nas quais a vontade dos cidadãos, auscultada, periodicamente, por meio do voto universal, direto e secreto, prevalece sobre qualquer outra. Sistemas de governo, por sua vez, dizem respeito à maneira como se organiza e atua o governo, sobretudo, no tocante ao relacionamento dos órgãos de poder entre si, falando-se, então, basicamente, em parlamentarismo e presidencialismo.

A Constituição, no art. 2º do ADCT convocou uma consulta popular, passados cinco anos de sua vigência, para que o povo decidisse sobre a forma de governo – repúblicaou monarquia constitucional – eo sistema de governo – parlamenta-

---

9 Sobre o tema, cf. o verbete *Homem*. In: ABBAGNANO, Nicola. **Dicionário de Filosofia**. 5. ed. São Paulo: Martins Fontes, 2007, p. 596-599.

10 SÁNCHES, Alfonso Ayala.**Igualdad y Consciencia**: sesgos implícitos em constructores e intérpretes del derecho. Cidade do México (MEX): Universidad Autónoma de México, 2008, p. 86 et seq.

11 SOWELL, Thomas. **Affirmative action around the world an empirical study**. New Haven (EUA); Londres (ING): Yale University Press, 2004, p. 166 et seq.

rismo ou presidencialismo – que deveria prevalecer no País. Os cidadãos, todos se lembram, optaram, majoritariamente, pela república e o presidencialismo.

Ora, formas republicanas ou monárquicas e sistemas parlamentaristas ou presidencialistas equivalem-se em virtudes e defeitos, revelando-se mais ou menos democráticos dependendo do país ou do momento histórico em que são estruturados. É que não basta simplesmente prestigiar-se o aspecto institucional – querdizer, formal – daorganização estatal, pois isso, não raras vezes, serve de conveniente biombo para camuflar as mais cruentas ditaduras, como a que vivemos no passado recente no Brasil, que funcionava sob a égide de uma constituição imposta pelo regime militar ao Parlamento, sem qualquer participação do povo.

Talvez, para esmiuçar o tema que se está a debater, seja mais conveniente trabalhar com o conceito de **regime político**, que se refere à estrutura global da realidade social, considerado todo o complexo institucional e axiológico – ou ideológico – que rege determinado Estado. Por isso é que se fala em **regime democrático**, **regime republicano**, **regime capitalista**, **regime comunista**, **regime ditatorial**, **regime de 1964** etc. Regime democrático é aquele que, antes de tudo, respeita os direitos e liberdades fundamentais dos cidadãos, regidos por leis – elaboradas por estes – àsquais os governantes se submetem[12].

Não é por outra razão que, nos tempos atuais, quem pensa em democracia, seja qual for a sua opção político-ideológica, há que ter sempre como referência incontornável a plena fruição dos direitos fundamentais, compreendidos em suas várias gerações ou dimensões.

Dessa ideia não discrepa José Afonso da Silva, para quem "a democracia não é um mero conceito político abstrata e estático, mas é um processo de afirmação do povo e de garantia dos direitos fundamentais que o povo vai conquistando no correr da historia" [13].

---

12 DALLARI, Dalmo de Abreu. **A Constituição na vida dos povos**: da Idade Média ao Século XXI. São Paulo: Saraiva, 2010, p. 219 et seq.

13 SILVA, José Afonso da.**Curso de Direito Constitucional Positivo**. 32. ed. São Paulo: Malheiros, 2008, p. 14.

Norberto Bobbio, na obra **Era dos Direitos**, divulgada pouco antes de sua morte, lembrava que estes, desenvolvidos ao longo de distintas **gerações**, de há muito, se encontram suficientemente estudados e, mais, compilados em diferentes constituições, tratados internacionais e leis ordinárias, o que representaria um sinal do progresso da humanidade, sendo agora - sublinhava ele - o momento de colocá-los efetivamente em prática[14].

Assim é que os primeiros diplomas, que surgiram a partir das ideias jusnaturalistas e contratualistas, assumiram o caráter de declarações porque se acreditava que os direitos dos indivíduos não constituíam uma criação do Estado, existindo antes do advento deste[15]. Bastava, pensava-se à época, para que fossem respeitados, arrolá-los solenemente num documento político-jurídico, depois de racionalmente deduzidos a partir da **natureza humana**. Ao Estado, portanto, ficaria absolutamente vedado intrometer-se na esfera dos direitos do indivíduo listados nas declarações, incumbindo-lhe, ao contrário, zelar por sua observância e conservação.

Dentre os direitos constantes nas principais declarações figuravam com destaque o direito à vida, à liberdade, à igualdade, à segurança e à propriedade, bem como à participação política. Esses direitos, considerados **naturais**, passaram a ser conhecidos como **direitos individuais** ou, ainda, como **direitos civis e políticos**. São os denominados direitos de primeira geração, consagrados, dentre outros documentos, na **Declaração de Direitos do Bom Povo de Virgínia, de 1776, na Declaração de Independência dos Estados Unidos da América, também de 1776**, na **Declaração dos Direitos do Homem e do Cidadão** francesa de 1789, e nas primeiras dez emendas à Constituição americana de 1787, promulgadas em 1789.

Com a Revolução Industrial dos séculos XVIII e XIX, que correspondeu a um salto tecnológico deflagrado pela aplicação da máquina a vapor aos processos produtivos, o indivíduo, embora protegido contra o arbítrio do Estado por diversos instrumentos legais, viu-se

---

14 BOBBIO, Norberto. **A Era dos Direitos**. Rio de Janeiro: Elsevier, 2014, p. 80.

15 Sobre a evolução dos direitos fundamentais, ver também Lewandowski (1984).

completamente desguarnecido em face dos efeitos perversos do novo sistema econômico.

As péssimas condições de vida dos trabalhadores do século XIX, tão bem retratadas por Dickens, desencadearam um surto de greves, agitações e rebeliões por toda a Europa. Dentre as sublevações populares, decorrentes das lutas operárias destacam-se, as revoluções na França e na Alemanha de 1848, a *Comuna de Paris*, de 1871 e, em especial, por seus desdobramentos, a *Revolução Russa* de 1917.

Essas revoltas constituíram o caldo de cultura em que se desenvolveu o **sindicalismo** de Sorel, Pouget, Labriola e Panunzio, de cunho revolucionário, o ***trade-unionismo*** de Owen, de natureza reformista, o **anarquismo** de Proudhon, Bakunin e Kropotkin, o **socialismo utópico** de Saint-Simon, Fourier e Blanki, o **socialismo científico** de Marx e Engels, cujo *Manifesto Comunista* (1848), findava com a famosa conclamação: "Proletários de todo o mundo, uni-vos". Até mesmo a Igreja, que até então se mantivera equidistante das questões sociais, engajou-se na disputa, editando a Encíclica *Rerum Novarum* (1891), subscrita pelo Papa Leão XIII.

A crescente pressão das massas forçou o Estado a abandonar a posição de mero espectador passivo dos conflitos sociais, na qual havia sido colocado pelos ideólogos liberais, obrigando-o a atuar na busca de soluções para os problemas da comunidade. Renunciando à sua postura abstencionista, o Estado passou a adotar uma atitude positiva, conferindo ao indivíduo, enquanto membro da coletividade, os denominados direitos econômicos, sociais e culturais, de segunda geração.

Na verdade, a Revolução Industrial, no plano fático, e o ideário socialista, na esfera intelectual, revelaram ao mundo um novo tipo de homem, o homem real, concreto, situado, longe daquele homem natural dos iluministas, titular de direitos eternos e imutáveis. O homem abstrato do passado, assim, cedeu lugar ao trabalhador do presente, que passou a ser o novo sujeito de direitos.

Modernamente, dentre os direitos econômicos e sociais destacam-se os seguintes: o direito ao trabalho, a um salário mínimo e a uma duração máxima para a jornada de trabalho; o amparo em caso de desemprego, doença, velhice, invalidez e morte; a proteção da mulher e do menor no trabalho; a aposentadoria; o acesso à educação e aos bens da cultura etc. Também o direito de formar sindicatos e o direito de greve se inscrevem sob essa rubrica. Como documentos pioneiros nesse campo tem-se a **Constituição Mexicana** de 1917, a **Declaração do Homem Trabalhador e Explorado soviética de 1918 e a Constituição de Weimar** de 1919, que em seu artigo 49 estabelecia que "a propriedade obriga".

A partir daí,os direitos econômicos, sociais e culturais passaram a integrar as constituições, ao lado dos direitos civis e políticos, que já faziam parte das cartas magnas surgidas no século XIX, desde o advento das duas constituições paradigmáticas do final do século XVIII: a Constituição dos Estados Unidos de 1787, que incorporou os *Ten Ammendments*, de 1789, à guisa de *Bill of Rights*, e a da França de 1791, que adotou como preâmbulo a **Declaração dos Diretos do Homem e do Cidadão** de 1789.

O reconhecimento dos direitos econômicos, sociais e culturais, ao lado dos antigos direitos individuais, todavia, não esgotou a produção legislativa no campo dos direitos fundamentais. De fato, com a explosão demográfica, as guerras mundiais, as agressões ao meio ambiente, a competição econômica internacional, em suma, com a globalização dos problemas do homem, sobretudo a partir da segunda metade do século XX, surgiu uma nova classe de direitos, que se convencionou chamar de **direitos de solidariedade ou de fraternidade**, isto é, direitos de terceira geração.

Tais direitos sucedem no tempo os direitos resultantes das revoluções liberais do século XVIII e os direitos decorrentes das agitações operárias do século XIX. Dentre eles destacam-se o direito à paz, o direito à autodeterminação dos povos, o direito ao desenvolvimento, o direito à proteção do meio ambiente e do patrimônio comum da humanidade etc. Esses valores desenvolveram-se, mais do que nos ordenamentos jurídicos internos dos Estados, sobretudo, no plano do Direito Internacional.

Atualmente, já se fala em direitos de quarta geração, decorrentes de novas carências enfrentadas pelos seres humanos, especialmente em razão do avanço da tecnologia da informaçãoe da bioengenharia. De fato, hoje, busca-se proteção contra as manipulações genéticas, antevistas por Huxley em seu livro **Admirável Mundo Novo** (1930), as quais permitem criar clones humanos e de animais, e em tese até mesmo centauros, minotauros e sátiros, além de outros seres fantásticos, imaginados pela Mitologia Grega, ou contra a invasão da privacidade, a massificação e o totalitarismo, prenunciados por Orwell em sua obra **1984**(1948), ou ainda contra a anônima e tentacular burocracia estatal e privada, prevista por Kafka em seu romance **O Processo**(1915).

Ocorre que os direitos humanos, são ontologicamente distintos, conforme a geração a que pertencem, sobretudo quanto à sua eficácia. Os direitos individuais, isto é, os direitos civis e políticos, institucionalizados há mais de trezentos anos, além de claramente exteriorizados, por meio de normas de eficácia plena e aplicabilidade imediata, encontram-se protegidos por uma série de garantias bem definidas, que pouco variam de um sistema jurídico para outro. De um modo geral, em que pesem essas diferenças, o indivíduo ofendido em seus direitos pode recorrer ao Judiciário, invocando um remédio jurídico-processual adequado que fará cessar a violação, com destaque, entre nós, para o *habeas corpus* e o mandado de segurança.

Os direitos econômicos, sociais e culturais, de elaboração mais recente em termos históricos, de seu turno, nem sempre podem ser exigidos através dos tribunais, não só porque não estão tão claramente definidos como os de primeira geração, como também porque dependem de uma ação positiva do Estado para se concretizarem. Mas amplitude conferida ao direito à saúde, à educação e à previdência, além de variar em função da vontade política dos dirigentes, depende das condições econômicas de cada país em particular.

Grande parte deles encontram expressão em certo tipo de normas, outrora conhecidas como **programáticas**, cuja principal função seria a de apontar rumos à atuação dos governantes e evitar que atuem em sentido contrário ao que elas prescrevem. Por isso, apesar de constituírem verdadeiros direitos subjetivos, na acepção técnica da palavra, a sua cobrança é mais política do que estritamente jurídico-processual.

A proteção dos direitos de terceira geração faz-se ainda mais problemática, eis que consubstanciam aquilo que os teóricos entendem por **direitos difusos** ou **de titularidade coletiva**. Com efeito, salvo no caso do direito ao meio ambiente, hoje bem ou mal protegido por normas e ações processuais específicas no plano do ordenamento jurídico dos diferentes Estados, os demais direitos, classificados como de solidariedade ou de fraternidade, também, como regra, somente podem ser defendidos eficazmente por ações políticas. Mesmo assim, convém fazer uma reflexão sobre polêmica questão do aquecimento global da Terra, causado pela liberação incontrolada na atmosfera de gases nocivos resultantes de atividades humanas, fenômeno constatado por inúmeros cientistas, porém ainda denegado por alguns céticos renitentes que ocupam posições estratégicas no plano da governança planetária.

Seja como for, em matéria de direitos fundamentais, particularmente quanto aos sociais, em que a atuação do Estado é decisiva, sobressai a regra da **proibição do retrocesso**, materializada no art. 30 da Declaração Universal dos Direitos do Homem, promulgada sob a égide da Organização das Nações Unidas, pouco depois do fim da Segunda Guerra Mundial, a qual enumera - mas não esgota - as franquias essenciais para uma convivência minimamente civilizada entre as pessoas, cuja redação é a seguinte: "Nenhuma disposição da presente Declaração pode ser interpretada como o reconhecimento a qualquer Estado, grupo ou pessoa, do direito de exercer qualquer atividade ou praticar qualquer ato destinado à destruição de quaisquer dos direitos e liberdades aqui estabelecidos."

Nas palavras do Ministro Celso de Mello, decano de nossa Suprema Corte: "O princípio da proibição do retrocesso impede, em tema de direitos fundamentais de caráter social, que sejam desconstituídas as conquistas já alcançadas pelo cidadão ou pela formação social em que ele vive. A cláusula que veda o retrocesso em matéria de direitos a prestações positivas do Estado – comoo direito à educação, o direito à saúde ou o direito à segurança pública, *v.g.* – traduz, no processo de efetivação desses direitos fundamentais individuais ou coletivos, obstáculo a que os níveis de concretização de tais prerrogativas, uma vez atingidos, venham a ser ulteriormente reduzidos ou suprimidos pelo Estado. (...) Em consequência desse princípio, o Estado, após haver reconhecido os direitos prestacionais, assume o dever não só de torná-los efetivos, mas, também, se obriga, sob pena de transgressão ao texto constitucional, a preservá-los, abstendo-se de frustrar – mediante-supressão total ou parcial – osdireitos sociais já concretizados" [16].

Em apertada síntese, pode-se afirmar, sem medo de errar, que, neste planeta conturbado no qual vivemos, andaremos bem se – no-mínimo – fizermoscoincidir a ideia de democracia com a efetivação dos direitos fundamentais da pessoa humana, sem quaisquer concessões ou recuos. A proibição do retrocesso há de ser um dos postulados básicos que deve reger este ideal multissecular, infelizmente ainda longe de ser alcançado em sua plenitude.

16 BRASIL. Supremo Tribunal Federal. Ag.reg. no Recurso Extraordinário com Agravo 639.337-SP, Segunda Turma. Relator: Min. Celso de Mello. Brasília, 23 de agosto de 2011. **Diário de Justiça**: 15 set. 2011.

REFERÊNCIAS

ABBAGNANO, Nicola. **Dicionário de Filosofia**. 5. ed. São Paulo: Martins Fontes, 2007.

ATALIBA, Geraldo. **República e Constituição**. 2. ed. São Paulo: Malheiros, 2001.

BLAINEY, Geoffrey. **Uma breve história do Século XX**. 2. ed. São Paulo: Fundamento Educacional, 2011.

BOBBIO, Norberto. **A Era dos Direitos**. Rio de Janeiro: Elsevier, 2014.

DALLARI, Dalmo de Abreu. **Elementos de Teoria Geral do Estado**. São Paulo: Saraiva, 1991.

________. **A Constituição na vida dos povos**: da Idade Média ao Século XXI. São Paulo: Saraiva, 2010.

DUVERGER, Maurice. **Os Partidos Políticos**. Rio de Janeiro: Zahar, 1970.

FINLEY, Moses I. **Démocratie antique et démocratie moderne**. Paris: Payot & Rivages, 2003.

LEWANDOWSKI, Enrique Ricardo. **Proteção dos direitos humanos na ordem interna e internacional**. Rio de Janeiro: Forense, 1984.

PINHEIRO, Liliana. Sem povo e sem leis. **História Viva**. São Paulo, v. 6, n. 73, p. 26-55, 2009.

SÁNCHES, Alfonso Ayala. **Igualdad y Consciencia**: sesgos implícitos em constructores e intérpretes del derecho. Cidade do México (MEX): Universidad Autónoma de México, 2008

SOWELL, Thomas. **Affirmative action around the world an empirical study**. New Haven (EUA) ; Londres (ING): Yale University Press, 2004.

SILVA, José Afonso da.**Curso de Direito Constitucional Positivo**. 32. ed. São Paulo: Malheiros, 2008.

STRATERN, Paul. **Uma breve História da Economia**. Rio de Janeiro: Zahar, 2003.

PODER MODERADOR NO BRASIL: OS MILITARES E O SUPREMO TRIBUNAL FEDERAL

JOSÉ ANTONIO DIAS TOFFOLI

1. INTRODUÇÃO

Em entrevista à Folha de São Paulo de 28/3/14, o General-de-Exército reformado, Leônidas Pires Gonçalves, proferiu as seguintes palavras:

> **Folha** - Passados 50 anos do golpe, por que o Exército ainda não fez uma autocrítica?
> **Leônidas Pires Gonçalves** – O Exército não é intruso da história brasileira, mas um instrumento da vontade nacional. Atendemos aos apelos veementes da sociedade. Se as coisas continuassem como eram no governo João Goulart, não teríamos democracia nem liberdade.
> [...]
> O Exército é poder moderador, garantidor da lei e da ordem. Evitamos a quebra do país.[1]

O presente ensaio tem como objetivo desenvolver uma análise de como o **Poder Militar**, no Brasil, assumiu os papéis de **garantidor da República** e de **mediador de crises**, interferindo constantemente nas estruturas de poder e intervindo direta e periodicamente na Democracia brasileira, desde a Proclamação da República até a promulgação da Constituição de 1988. Tal atuação se deu com verdadeira usurpação de competência ou por omissão de quem deveria atuar precipuamente como ator e mediador dos conflitos – o Poder Judiciário – maisespecificamente da Suprema Corte, a qual foi criada em 1891, com o intuito, entre outros, de substituir o Imperador no exercício do Poder Moderador.

Ao final, verificaremos que só após a Constituição de 1988, o Poder Judiciário e o Supremo Tribunal Federal passaram a desempenhar tão relevante função na nação brasileira.

---

1 FERRAZ, Lucas. Militares nunca foram intrusos na história brasileira, diz general. **Folha de São Paulo**, São Paulo, 28 mar. 2014. Poder. Disponível em: <https://goo.gl/bemJos>. Acesso em 24 de maio de 2017.

2. A IDEIA DE PODER MODERADOR

2.1. A FRANÇA: ONDE TUDO COMEÇOU

Montesquieu (2006) já apontava, em sua clássica obra **O Espírito das Leis**, ao fazer a divisão entre as funções de Poder, a necessidade de um **regulador.** Disse, então, ele:

> Dos três poderes dos quais falamos, o judiciário é, de algum modo, nulo. Restam dois, portanto, e como esses poderes necessitam de um poder regulador para moderá-los, a parte do corpo legislativo, que é composto de nobres, torna-se muito capaz de produzir esse efeito.[2]

Durante a revolução francesa de 1789, grande parte do debate se deu em torno da busca de um terceiro poder que pudesse preservar os limites de atuação do legislativo e do executivo[3]. A princípio, a ideia era reduzir o papel do rei a titular do Poder Executivo, como ocorreu no Reino Unido após a Revolução Gloriosa de 1680, o que terminou por influenciar profundamente a experiência constitucional norte-americana após a Revolução de 1776. O presidente americano era – e ainda o é – o equivalente republicano ao rei britânico do final do século XVIII, só que eleito e com mandato.

No caso britânico, a função moderadora descansou, desde então, no próprio parlamento, com suas moções de desconfiança e eleições antecipadas, em casos de crise de governabilidade. A precaução em relação ao Exército britânico, por seu papel na ditadura civil de Oliver Cromwell, fez com que as elites nacionais nunca consentissem em sua expansão numérica ou que ele voltasse a ter centralidade na política interna do Reino Unido. Não é sem razão que esse trauma até hoje se faz sentir: os britânicos possuem uma Marinha Real e uma Real Força Aérea. Mas, seu Exército não mereceu o adjetivo **Real**.

Voltando ao modelo francês, conforme relata Christian Edward Cyril Lynch:

> O conceito de Poder Moderador na Europa difundiu-se em setembro

---

2 MONTESQUIEU, Charles-Louis de Secondat. **Do espírito das leis**. São Paulo: Martin Claret, 2006. p. 172.

3 GAUCHET, Marcel. **La révolution des pouvoirs**. Paris (FRA): Gallimard, 1995.

de 1789 durante a discussão sobre a organização dos poderes e suas relações recíprocas na Assembléia Constituinte francesa. A questão do bicameralismo e do direito de veto suscitaram, então, vivos debates sobre a função do rei na nova ordem constitucional. Na verdade tratava-se de definir a distribuição do poder político entre as demais instituições. Duas propostas constitucionais então se enfrentaram. A primeira, tributária do republicanismo de Rousseau e Malby, e encabeçada então por Sièyes, dispensava toda a noção de equilíbrio de poderes e de sua interconexão por mecanismos de freios e contrapesos.[4]

Uma das propostas que surgiram na França naquele período foi a de uma assembleia unicameral eleita por todo o país que haveria de enfeixar, em suas mãos, todas as prerrogativas inerentes à soberania. Ao rei caberia o mero papel subordinado de executor das leis. Era um **modelo de República com rei**, talvez inspirado no que os revolucionários norte-americanos conceberam na Constituição de Filadélfia.

O contraponto a essa posição era a proposta do chamado **partido monarquiano**, o qual também defendia um Estado constitucional com a presença do legislativo, mas propondo à Coroa um papel de guardiã dos interesses nacionais. Isso se daria por meio do poder de veto e de dissolução da câmara baixa. Nesse ponto, é importante citar novamente Christian Edward Cyril Lynch (2005):

> Se o pensamento de Sièyes, nesse aspecto, remontava a Rousseau, o discurso político monarquiano remontava ao despotismo ilustrado de Helvétius e Voltaire, os quais viam em um Executivo forte encarnado na Coroa o único **Poder capaz de superar impasses da sociedade** estamental e proceder à modernização do Reino.
>
> [...]
>
> Embora derrotados pelo 'monarquismo republicano' de Sièyes, os monarquianos que sobreviveram ao Terror perseveraram em suas idéias, na legalidade e fora dela, na França e no exílio, durante o período da Revolução. Suas idéias foram se tornando mais claras à medida do desenrolar dos eventos – e foi assim que os monarquianos sobreviventes, como Mounier e Malouet, acabaram por se

4 LYNCH, Christian Edward Cyril. O discurso político monarquiano e a recepção do conceito de poder moderador no Brasil (1822-1824). **Revista de Ciências Sociais**, Fortaleza, v. 48, n. 3, p. 611-654, 2005. Disponível em: <https://goo.gl/asmiZJ>. Acesso em: 24 de maio de 2017.

acomodar com o regime bonapartista, em cuja administração passaram a colaborar. Esse regime correspondia, *grosso modo*, à demanda modernizadora que eles haviam sustentado alguns anos antes: monarca como representante primeiro da soberania nacional; administração racionalizada, legislação unificada; ordem pública; Executivo forte; Legislativo subordinado.[5]

2.2. OS ESTADOS UNIDOS

Como já mencionado na seção anterior, na América do Norte, o processo de independência das treze Colônias britânicas, que se uniram para formar os Estados Unidos da América, também envolveu, em seu seio, uma célebre disputa entre federalistas e *jeffersonianos* sobre os modelos de Estado e de Constituição e de seu controle. Thomas Jefferson defendia a soberania do povo como precedendo à sociedade e à formalização das instituições, pregando uma participação direta de seus integrantes.

Após ser derrotado por Jefferson – Democrata-Republicano – na corrida presidencial de 1800, John Adams – Federalista – antes de deixar o posto no início de 1801, indicou seu secretário de Estado para a Suprema Corte, exatamente aquele que viria a desenvolver a teoria da supremacia da Constituição e a introduzir o sistema do *judicial review*, no célebre Caso Marbury v. Madison, de 1803. O objetivo, indubitavelmente, era tentar controlar as possíveis reformas do governo Jefferson. Não por acaso, as eleições de 1800 ficaram conhecidas como a **Revolução de 1800**.

Como anota Érico de Araújo Bastos (2010)[6]:

> Em meio a este sofisticado mecanismo de controle do poder constituinte, a Suprema Corte será apresentada como a instância moderadora dos arroubos democráticos, a conferir estabilidade ao modelo burguês. Esta condição aparece com clareza ao longo dos artigos federalistas referentes ao Poder Judiciário. Hamilton aproxima-se do ideal moderador de Montesquieu ao definir a necessidade de um corpo intermediário que limite o despotismo legislativo.

5 Ibid., p. 616.

6 BASTOS, Erico Araújo. **O Oráculo do Poder Constituinte**: reminiscências do Poder Moderador na atuação do STF. 2010. Dissertação (Mestrado em Direito). Pontifícia Universidade Católica do Rio de Janeiro, Rio de Janeiro, 2010, f. 103.

Ainda segundo o autor:

> A nobreza que aparece em Montesquieu como corpo intermediário, necessário a moderar o pendor despótico do monarca e da câmara de representantes, é aqui substituída pelos tribunais de justiça que, agora, passam a cumprir o papel de moderar os demais poderes: o poder moderador transfere-se da Câmara Alta à Corte Suprema. [...] os tribunais devem proteger o povo contra si mesmo, contra violações perpetradas pela maioria via legislativo.

Ao longo da História, contudo, o poder contramajoritário da Suprema Corte, a despeito de estar pretensamente associado às minorias na defesa dos chamados direitos civis, mostrou-se, em muitos momentos, como uma manifestação do reacionarismo, a exemplo da doutrina dos separados, mas iguais – *separate but equal* – desenvolvida pela primeira vez no caso Plessy v. Ferguson, de 1896, como modo de fazer frente à aprovação da 13ª Emenda e à abolição da escravatura nos EUA.

Todavia, foi a Corte Warren que, na década de 50 e de 60, garantiu a efetivação da igualdade material entre brancos e negros nos EUA, os direitos civis e placitou a vedação de normas estaduais que restringiam a participação de minorias e de negros no cadastro eleitoral, bem como – vejam, só em 1967 – julgouinconstitucionais leis estaduais que criminalizavam o casamento interracial.

Verifica-se, portanto, que esse Judiciário não é aquele **poder nulo** de que falava Montesquieu, muito pelo contrário. Nesse sentido, destaca-se o que Hannah Arendt escreveu:

> Do ponto de vista institucional, é a falta de poder, acrescida da permanência no cargo que, na República americana, a verdadeira sede da autoridade está na Suprema Corte. E essa autoridade é exercida através de uma formulação contínua da Constituição, pois a Suprema Corte é, de fato, nas palavras de Woodrow Wilson, 'uma espécie de assembleia constitucional em sessão permanente'.[7]

Nessa passagem, Arendt vai aos romanos para fazer a distinção de noções entre poder *(potestas)* e autoridade *(auctoritas)*. Para ela, os

7 ARENDT, Hannah. **Da revolução.** Brasília: UnB, 1988. p. 160-161.

EUA fizeram a transferência da localização da autoridade do Senado Romano para a Suprema Corte. Em suas palavras: "[e]m Roma, a função da autoridade era política e consistia em oferecer aconselhamentos, enquanto que, na República americana, a função da autoridade é legal e se exerce através da interpretação"[8].

Não há dúvida de que, nos Estados Unidos, a Suprema Corte exerce um papel moderador, horizontal e vertical, mediando os grandes temas daquela sociedade e da vida política, econômica, social e cultural, como, por exemplo, os julgamentos no caso do aborto (Roe v. Wade, 1973) e das eleições (Bush v. Al Gore, 2000), além de inúmeros casos sobre questões econômicas, federativas e raciais, dentre outras.

3. O PODER MODERADOR NO BRASIL: A PRIMEIRA CONSTITUIÇÃO (1824)

Em artigo publicado na Folha de São Paulo, escrevi[9]:

O conselheiro Aires, em seu diário, no dia 25 de março, fez a seguinte anotação: "Era minha ideia hoje, aniversário da Constituição, ir cumprimentar o imperador [...]".

Personagem fictício do último romance de Machado de Assis, intitulado Memorial de Aires, o velho diplomata do Império, nessa discreta passagem, destacava o significado da Constituição de 1824 para o Brasil do século 19.

Passados 190 anos, a primeira Constituição brasileira, outorgada por um imperador da dinastia portuguesa dos Bragança e casado com uma arquiduquesa do Império austríaco, ainda hoje deixa suas marcas na vida constitucional do país.

Elaborada após o encerramento da assembleia constituinte de 1823, a Constituição imperial foi a resposta possível a um clima de impasse. De um lado, liberais escravagistas eram também defensores do federalismo com um poder central fraco. De outro, conservadores --muitos deles antiescravagistas, como José Bonifácio de Andrada-- eram favoráveis a uma monarquia centralizada, a única resposta contra os movimentos separatistas que mostrariam suas garras no período da Regência.

Um exemplo desse equilíbrio paralisante está na escravidão, que se

8 Ibid., p. 161.

9 TOFFOLI, José Antonio Dias; RODRIGUES JR., Otavio Luiz. A primeira Constituição do Brasil. **Folha de São Paulo**, São Paulo, 25 mar. 2014. Opinião. Disponível em: <https://goo.gl/MthRSu>. Acesso em 24 de maio de 2017.

manteve no Brasil a despeito de não figurar no texto constitucional.

Apesar de sua origem autocrática, foi a Constituição votada em todas as Câmaras Municipais brasileiras, como bem recorda Paulo Bonavides, e não se pode negar que foi um texto jurídico de grandes qualidades técnicas, conferindo ao Brasil a estabilidade necessária para atravessar o conturbado século 19.

A comparação entre o Brasil e o destino das demais nações latino-americanas naquele período é capaz de produzir um juízo, no mínimo, mais favorável ao texto de 1824.

A instituição do Poder Moderador --"a chave de toda a organização política" (artigo 98)-- foi um dos pontos mais originais da Constituição de 1824. Bastante criticada por historiadores e juristas, ao exemplo de Zacarias de Góis e Vasconcelos, essa fórmula terminou por atenuar os permanentes conflitos horizontais e verticais entre os diversos grupos de pressão e as forças políticas do Império.

Não é equivocado dizer que o Poder Moderador manteve-se no Brasil, ao longo do século 20, mesmo sem previsão expressa nas Constituições republicanas, exercido pelos militares (direta ou indiretamente) ou pelos presidentes civis, por meio do estado de sítio.

Após a Constituição de 1988, o Supremo Tribunal Federal, ainda que sem convicção, parece ter assumido parte dessas atribuições, que, um dia, pertenceram ao imperador e que foi uma das razões da própria criação do STF, seguindo-se o modelo norte-americano. (grifo nosso).

Eis o texto da Constituição de 1824:

> Do Imperador.
> CAPITULO I.
> Do Poder Moderador.
> Art. 98. O Poder Moderador é a chave de toda a organisação Política, e é delegado privativamente ao Imperador, como Chefe Supremo da Nação, e seu Primeiro Representante, para que incessantemente vele sobre a manutenção da Independencia, equilíbrio, e harmonia dos mais Poderes Politicos.

Ao longo do Império, foi pela autoridade do Poder Moderador, com seus amplos poderes, que se manteve a unidade nacional, as fronteiras da nação brasileira, bem como sua expansão. Eis o feixe de poderes nas mãos do Imperador:

> Art. 101. O Imperador exerce o Poder Moderador
> I. Nomeando os Senadores, na fórma do Art. 43.
> II. Convocando a Assembléa Geral extraordinariamente nos intervallos das Sessões, quando assim o pede o bem do Imperio.

III. Sanccionando os Decretos, e Resoluções da Assembléa Geral, para que tenham força de Lei: Art. 62.

IV. Approvando, e suspendendo interinamente as Resoluções dos Conselhos Provinciaes: Arts. 86, e 87.

V. Prorogando, ou adiando a Assembléa Geral, e dissolvendo a Camara dos Deputados, nos casos, em que o exigir a salvação do Estado; convocando immediatamente outra, que a substitua.

VI. Nomeando, e demittindo livremente os Ministros de Estado.

VII. Suspendendo os Magistrados nos casos do Art. 154.

VIII. Perdoando, e moderando as penas impostas e os Réos condemnados por Sentença.

IX. Concedendo Amnistia em caso urgente, e que assim aconselhem a humanidade,e bem do Estado.

Note-se que a Constituição de 1824 não instituiu, em nosso país, um modelo como o norte-americano, com sua Suprema Corte, mas sim um modelo como o francês: de um lado, uma monarquia central e um Conselho de Estado[10], de outro, a Assembleia Geral, composta de Câmara Alta, o Senado (escolhido pelo Imperador em listas tríplices), e da Câmara dos Deputados, que representaria o **povo**, na verdade, os proprietários, pois o voto era censitário.

4. O PODER MODERADOR APÓS O FIM DA MONARQUIA

O fim da Monarquia e a proclamação da República por meio do golpe realizado pelo Exército, em aliança com setores da burguesia e da classe média nacional, trouxe uma nova modelagem constitucional para o Brasil.

Segundo Emília Viotti da Costa (2006)[11]:

> Passada a convulsão política que derrubou a Monarquia e instalou o regime republicano no Brasil, o governo provisório tratou de criar instituições mais condizentes com a nova conjuntura. Na ausência da figura do imperador, era necessário definir a última instância para resolução de conflitos públicos e privados, uma vez que desaparecera com ele aquela função. O imperador, na verdade, já havia

10 José Reinaldo de Lima Lopes, a propósito desse "outro desconhecido" da História política e jurídica do Brasil, publicou um importante livro intitulado "O Oráculo de Delfos: Conselho de Estado e direito no Brasil Império", com a análise de 1.102 consultas a esse órgão central da estrutura jurídica imperial, no período de 1842 até 1889.

11 COSTA, Emília Viotti da. **O Supremo Tribunal Federal e a Construção da Cidadania**. São Paulo: Unesp, 2006. p. 24.

pensado em introduzir no Brasil uma instituição similar à Suprema Corte dos Estados Unidos da América, que assumisse muitas das responsabilidades até então atribuídas a ele (Poder Moderador) e ao Conselho de Estado. Esta idéia só vingaria após a queda da Monarquia.

Mas, a Suprema Corte que surgiu era uma nova instituição com velhos ministros. O exemplo mais eloquente disso está na nomeação para o STF, em 1890, pelo governo republicano, do Visconde de Sabará (João Evangelista de Negreiros Sayão Lobato). Consta que, mesmo na República, o ministro era tratado por visconde.

Na verdade, mesmo com as renovações ocorridas, o STF não deu concretude ao desiderato para o qual fora criado, como pode ser verificado nas várias decisões, muitas vezes ambíguas ou tímidas, ou não cumpridas, em processos de *habeas corpus*, durante as várias crises ocorridas no início da República e em suas convulsões federativas, políticas, militares e sociais, de que são exemplos: a Revolta da Armada, a Revolução Federalista (1892-1895), a expulsão da família real do Brasil (1903), a Revolta da Vacina (1905), a Guerra do Contestado (ocorrida entre os anos de 1910 e 1916, tendo por tema a disputa dos limites entre o Paraná e Santa Catarina); e os inúmeros casos de decretação de Estado de Sítio. Durante a República Velha, de treze presidentes, cinco decretaram estado de sítio.

Por outro lado, os militares – executoresdo golpe republicano – desdenhavamdo STF, como no episódio em que Floriano Peixoto nomeou um médico – Barata Ribeiro – e dois generais para a Corte. Com a não homologação desses nomes, o STF ficou por longo tempo sem quórum para suas deliberações.[12]

Por outro lado, o Exército se fazia presente em todas essas crises do início da República, seja por meio de guerras ou pelo suporte à unidade nacional, de que são exemplos a Revolução Federalista no Rio Grande do Sul, a Guerra de Canudos, a Guerra do Contestado,

---

12 Cabe registrar que o Senado Federal, durante o governo de Floriano Peixoto, ao todo, negou aprovação a cinco atos de nomeação para o cargo de Ministro do STF: (1) Barata Ribeiro (médico), (2) Innocêncio Galvão de Queiroz (general), (3) Ewerton Quadros (general), (4) Antônio Sève Navarro (Subprocurador da República) e (5) Demosthenes da Silveira Lobo (Diretor-Geral dos Correios).

a Revolta da Chibata, a Sedição de Juazeiro no Ceará e os vários suportes aos decretos de Estado de Sítio.

De **ressaca** com a República federalista, que deu poderes aos governos locais de instituírem suas próprias forças militares, e na iminência de ver-se ruir o projeto de nação centralizada, sob o domínio econômico e político de Minas Gerais e de São Paulo, caracterizou-se a década de vinte pelo movimento tenentista e por revoltas que exalçaram as tensões entre o poder central e o poder local, de que são exemplos a sublevação do forte de Copacabana (1922), a revolução gaúcha de 1923, o movimento revolucionário em São Paulo (1924), a coluna Prestes e tantos outros.

Em todos esses episódios, esteve presente o Exército e, em quase todos eles, houve desdobramentos processuais junto ao STF, o qual, raramente, confrontou o resultado fático das disputas militares e políticas do período.

5. AS FORÇAS ARMADAS COMO PODER MODERADOR

São atribuídas a Eugênio Gudin e a Jackson de Figueiredo as primeiras ideias de que as Forças Armadas no Brasil passaram a exercer o Poder Moderador[13]. Segundo Oliveiros Ferreira, no caso brasileiro, as Forças Armadas, que

> [na] teoria do Estado são vistas como instrumento do estado e executor de sua vontade, passariam a ser, no jogo constitucional brasileiro depois de 1889, a chave da organização política da Nação, velando incessantemente pela independência e harmonia dos mais poderes políticos. O que equivale dizer que o instrumento do Estado tem a incumbência precípua de velar pela harmonia dos três ramos em que se pode manifestar a vontade soberana do Estado, o que constitui aberração teórica evidente e traduz grave descompasso entre a constituição real e a constituição escrita. Ou, o que vem a dar no mesmo, traduz a existência de uma crise para a qual se deve buscar solução.[14]

Nelson Werneck Sodré (1979), por seu turno, divide o papel das Forças Armadas em três fases. A primeira, a colonial, que vai até 18 de agosto de 1831, com a criação da Guarda **Nacional**. A segunda, a autônoma, que segue dessa data até

13 FERREIRA, Oliveiros S. **Forças armadas para quê?** Rio de Janeiro: GRD, 1988. p. 69.

14 Ibid., p. 70-71.

1930. E a terceira, que chama de fase nacional, que vai de 1930 até a escrita da obra, que foi lançada em 1965, logo após o golpe de 1964. Distinguia ele o papel das Forças armadas em cada fase:

> É possível ter uma idéia nítida do longo caminho percorrido pela evolução das Forças Armadas brasileiras, e das alterações que sofreram (...) Na fase colonial, a missão delas consistia, claramente, em conquistar o território, manter as faixas ocupadas e expandir a conquista territorial. (...) Na fase autônoma, as coisas se passam de maneira bem diferente. A missão das forças armadas é manter a base física do país e assegurar nela o exercício da autoridade central. Tratava-se, em suma, de assegurar a unidade nacional e o território.[15]

Já na chamada Fase Nacional (1930 adiante), segundo o autor a tarefa das Forças Armadas passou a ser a de "assegurar as instituições democráticas e a livre expansão econômica nacional"[16]. Foi exatamente em 1930, com a vitória na Revolução, que as Forças Armadas mais uma vez tomaram o Poder Central e direcionaram o pêndulo da nação em tal direção. Como salienta Oliveiros Ferreira (1988), "[s]e não se entender a dialética dos particularismos e do centralismo, não se entenderá até hoje a história do Brasil – e não se compreenderá nela o papel das Forças Armadas"[17].

Ao analisar o histórico de participação das Forças Armadas na construção da nação brasileira desde o Império, Oliveiros Ferreira (1988) é mais enfático e incisivo do que Werneck Sodré (1979), dando um caráter de maior protagonismo ao Exército. Bem por isso diz ele:

> A imagem do Exército como exercendo, nas crises republicanas, o papel de Poder Moderador, isto é, o papel que a Coroa desempenhava no Império, resolvendo as crises políticas mais sérias, aquelas que se diriam crises de regime ou de Estado, pode ser examinada de duas perspectivas: 1. É sem dúvida alguma uma construção ideológica, como tal destinada a mascarar fatos reais. Apesar de construção ideológica, ainda assim traduz fatos que se dão na realidade; 2. É um recurso de análise que reconhece, implicitamente, que **os mecanismos de ajustamento dos diferentes**

15 SODRÉ, Nelson Werneck. **História Militar do Brasil**, 3. ed. Rio de Janeiro: Civilização brasileira, 1979. p. 404-405.

16 Ibid., p. 406.

17 FERREIRA, op. cit., p. 79.

grupos sociais – mecanismos esses sociais ou constitucionais – não funcionam.[18]

Já antes, Raymundo Faoro (2001) discorria sobre o fracasso do STF como Poder Moderador em seu clássico **Os donos do Poder**[19]:

> Para controlar o militar e evitar o estadualismo, Rui Barbosa supôs que a lei poria cobro às correntes desencontradas. A lei, não como entidade abstrata, no papel, mas garantida pelo judiciário, sob a égide do Supremo Tribunal Federal. O 'governo dos juízes', ainda em elaboração jurisprudencial e doutrinária nos Estados Unidos, seria o árbitro dos outros poderes, dos dissídios entre a União e os Estados, bem como o guarda das liberdades públicas. (...) Não foi o Supremo Tribunal o órgão que falhou à República, mas a República que falhou ao Supremo Tribunal. A missão política que ele deveria representar estava destinada a outras mãos, alimentadas de forças reais e não de papel.

A cultura política da nação, diante do fracasso da proposta do STF como poder moderador, busca nas bases e nos oficiais das Forças Armadas a captura do poder.

Curiosamente, neste período entre 1946 e 1964, uma das atuações do STF que permitiu a estabilidade democrática e a posse de Juscelino foi exatamente uma **não ação**, qual seja, postergar o julgamento de uma medida proposta por Café Filho, que, após deixar a Presidência por razões médicas, intentava o retorno ao cargo de Presidente, mas com claros propósitos de inviabilizar a posse do então presidente eleito JK. Na época, mais uma vez, o país vivia em estado de sítio e era governado por Nereu Ramos.

Infelizmente, depois, uma vez mais, nossa experiência democrática foi interrompida e passou por um período de limitações, durante o regime militar, que se iniciou em 1964 e se estendeu até 1985.

Apenas a título de metáfora, na obra de Elio Gaspari sobre o regime militar, no primeiro volume, que narra os antecedentes dos líderes do golpe, há uma cena bastante interessante. No Nordeste, Geisel encontra-se com Juarez Távora, o grande líder do tenentismo na região. Eles têm missões estraté-

---

18 Ibid., p. 85, grifo nosso.

19 FAORO, Raymundo. **Os donos do Poder**: formação do patronato político brasileiro, 3. ed. São Paulo: Globo, 2001. p. 748-749.

gicas na Revolução de 1930. Seu ideário era nacionalista e anticorrupção. Em Recife, eles são convidados para visitar a casa da família Lundgren, riquíssimos donos das *Casas Pernambucanas*, que foi uma das maiores empresas de varejo do Brasil no século XX. Eles eram o símbolo da burguesia comprometida com a República Velha. Eis que Geisel, um luterano tímido, é surpreendido com a abertura de uma champanha e com brindes amistosos de Lundgren e do tenente radical Távora. Para Geisel, a aliança burguesa-militar estava celebrada, para sua surpresa e espanto. Em 1964, essas mesmas personagens fariam idêntico brinde.

Os militares, em vez de exercerem a função de moderador das crises nacionais, caíram na tentação de assumir o Poder. Com isso, experimentaram todo o desgaste das Forças Armadas - que já conhecemos - durante esse período. Enquanto isso, "[...] o Poder Judiciário foi mantido na estufa pelo regime autoritário"[20], limitando-se à função tradicional de arbitragem e resolução de conflitos individuais.

6. O PODER MODERADOR PÓS CONSTITUIÇÃO DE 1988

Durante o período da Assembleia Nacional Constituinte de 1987-1988, Plínio Marcos foi ao Roda Viva e deu brilhante entrevista sobre os mais variados assuntos. Em uma de suas respostas, falou sobre a lei e sintetizou sua visão a respeito de quem foi no Brasil – e em grande parte ainda o é – o garantidor da lei e da legalidade. Cito:

> É a elite que está lá nos congressos; qualquer hora nos ameaçam com a invasão dos militares de novo. Eu acredito demais na cooperação espontânea, e não acredito nem um pouco nas leis. Mesmo que haja lei, você precisa de alguém para garantir que se mantenha essa lei. Esse alguém é a polícia, e a polícia esta aí para defender quem tem contra quem não tem. Portanto, eu não acredito nesta política que está aí mesmo.[21]

Foi nesse contexto, com uma imensa participação popular e da sociedade organizada - e uma sede de Constituição e de direitos -, que

20 VIANNA, Luiz Wernneck et al. **Corpo e alma da magistratura brasileira**, 3. ed. Rio de Janeiro: Revan, 1997. p. 15.

21 Programa Roda Viva. TV Cultura. Dia 15/2/88.

os principais representantes progressistas e da ala jurídica no Congresso Constituinte se depararam com uma disjuntiva: como estabelecer uma série de direitos sem ter quem os garanta! A mesma indagação de Plínio Marcos.

A perplexidade era agregada pela perspectiva, já ocorrida no passado com o início da República, de se ter uma Constituição nova com uma Corte Suprema velha. Os membros do STF eram oriundos do regime de exceção e grande parte deles ainda em idade nada provecta.

Daí surgiu a ideia de um Ministério Público, com poderes extraordinários, como não há em lugar nenhum do mundo, e uma ampliação dos meios de acesso ao STF, como o mandado de segurança coletivo, o *habeas data,* o mandado de injunção, a ação direta de inconstitucionalidade por omissão, entre outros. Também se ampliou o rol de legitimados para tais ações.

A aposta da Constituição de 1988 foi no Ministério Público e não no Judiciário como o sucessor do poder militar no exercício do poder moderador. Mas, por óbvio, tal aposta não teria como dar certo, haja vista as atribuições do Ministério Público não serem de caráter decisório, mas sim postulatório.

O fato é que as demandas políticas e sociais desaguaram em um Poder Judiciário inibido ao longo de décadas e que foi inesperadamente "[...] alçado à posição estratégica de árbitro efetivo entre os outros dois Poderes e responsável, em um certo sentido, pela inscrição na esfera pública dos novos atores sociais trazidos pelo processo de democratização"[22].

Como bem apontam Wernneck Vianna et al. (1997), na obra "Corpo e alma da magistratura brasileira":

> É em tais circunstâncias que a magistratura, preservada, no período autoritário, em sua função tradicional de arbitragem e resolução de conflitos individuais, será envolvida, no processo de transição à democracia – em plena crise mundial do *welfare state* – em uma disputa entre diferentes setores da elite brasileira (mas não apenas entre eles) sobre o tipo de relação que deveria prevalecer entre as dimensões do público e do privado. Tardio, como foi, o envolvimento desse Poder no processo da transição, seu desempenho esteve restrito, por muito tempo, ao cânon da separação entre os Poderes – à margem, portanto, da conflitualidade entre o Executivo e o Legislativo -, sendo, além disso, pouco mobilizado pelos seres sociais emergentes, com as demandas por seus direitos. Estes dois fatos talvez expliquem a sua posição praticamente

22 VIANNA, op. cit., p. 13.

ausente da agenda pública nacional, nos primeiros anos do processo de transição à democracia.

O aprofundamento do processo de transição, entretanto – em particular após a promulgação da Constituição de 1988, que redefiniu o papel republicano do Poder Judiciário – e, mais a progressiva identificação deste Poder como lugar de ampliação de direitos por parte de uma nova clientela até então distante dele, trouxeram esse "retardatário" para o primeiro plano da vida pública. Importa destacar que a ambiguidade constitutiva da Carta de 1988, adotando o presidencialismo depois de ter incorporado muitas das instituições do regime parlamentarista, também favoreceu essa nova centralidade assumida pelo Judiciário, levando-o a decidir os impasses institucionais entre o Executivo e o Legislativo.[23]

Com a escolha dos presidentes eleitos democraticamente e a alteração de composição do STF, com a saída completa dos indicados na vigência da ditadura, apenas em 2003, quinze anos após a promulgação da Constituição de 1988, o STF parece ter começado a assumir o papel originário para si previsto quando da proclamação da República.

Não por acaso, surgem, nos dias de hoje, reclamações contra um certo ativismo e contra uma suposta ingerência do Judiciário em outros poderes e sua ingerência em temas que a sociedade deveria decidir por meio dos representantes eleitos pelo voto.

Enquanto os militares estão na caserna, vejamos concretamente algumas atuações do STF que demonstram sua assunção, mesmo que inconsciente ou timidamente, do Poder Moderador.

7. JULGAMENTOS RELEVANTES DO SUPREMO TRIBUNAL FEDERAL APÓS A CONSTITUIÇÃO DE 1988

7.1. FERNANDO COLLOR DE MELLO (AP 307, Rel. Min. Ilmar Galvão, julgada em 13/12/1994; MS 21.564, Rel. p/ o ac. o Min. Carlos Velloso, julgado em 23/09/1992; MS 21.689, Rel. Min. Carlos Velloso, julgado em 16/12/1993).

Já em 1992, o Supremo absolveu Fernando Collor de Mello da prática de corrupção passiva, por suposto envolvimento no chamado Esquema PC – um esquema que teria sido montado pelo tesoureiro de sua campanha, Paulo César Farias (PC Farias). Nessa época, Collor já

23 VIANNA, op. cit. p. 11-12.

havia deixado o cargo de presidente da República – ele renunciou à presidência em dezembro de 1992, momentos antes de o Senado votar o processo de *impeachment* do **caçador de marajás**. O STF absolveu Collor por falta de provas de sua efetiva participação nos fatos narrados na denúncia apresentada pelo então procurador-geral da República, Aristides Junqueira.

O STF também permitiu que a sessão da Câmara dos Deputados, que votou pela abertura do processo de *impeachment* de Fernando Collor, fosse televisionada. O Tribunal concedeu, em parte, o MS 21.564, para garantir o prazo de dez sessões para Collor se defender perante a Câmara, e manteve a decisão do presidente da Câmara dos Deputados, que havia definido que a sessão seria aberta, e que os votos dos parlamentares não seriam secretos.

Depois que o presidente Fernando Collor apresentou sua renúncia, o Senado deixou de analisar a questão da perda do mandato, mas concluiu pela inabilitação do ex-presidente para a vida pública. Collor recorreu mais uma vez ao STF, por meio do MS 21.689, para tentar reaver seus direitos políticos. Mas a Corte manteve válida a decisão do Congresso, que aplicou a ele a pena de inabilitação para função pública por oito anos.

Uma curiosidade desse julgamento: como três ministros da Suprema Corte não participaram do julgamento – Ministros **Marco Aurélio** e **Francisco Rezek**, por suspeição, e **Sydney Sanches**, por impedimento, três ministros do STJ foram convocados: José Dantas, Torreão Braz e Willian Patterson.

7.2. PLANO DE RACIONALIZAÇÃO DE ENERGIA – CRISE DO APAGÃO

(ADC 9, Rel. p/ o ac. a Min. Ellen Gracie, julgada em 13/12/2001).

Outro julgamento histórico, agora no plano econômico, foi a ação direta de constitucionalidade (ADC) na qual se questionou o Plano de Racionalização de Energia, criado pelo governo Fernando Henrique Cardoso para enfrentar – comoficou conhecida, à época – aCrise do Apagão. A Medida Provisória nº 2152, de 2001, que criou a Câmara de Gestão da Crise de Energia Elétrica, foi a questão central discutida na ADC 9. Em dezembro daquele mesmo ano, a Corte Suprema julgou constitucional a medida do governo, que impôs enorme rigor e ônus a toda sociedade no sentido de racionalizar o consumo de energia elétrica.

Esse é considerado um dos mais importantes julgamentos da História do STF e tem despertado um impressionante interesse da academia, que já publicou centenas de textos a respeito do caso.

7.3. PUBLICAÇÃO DE LIVRO ANTISSEMITA

(HC 82.424, Rel. Min. Moreira Alves, Rel. p/ o ac. o Min, Maurício Corrêa, julgado em 17/09/2003).

Em 2003, o Supremo Tribunal Federal decidiu que a propagação de ideias discriminatórias ao povo judeu é crime de racismo, negando o pedido de habeas corpus e mantendo a condenação dada pelo Tribunal de Justiça do Rio Grande do Sul ao editor Siegfried Ellwanger por divulgar livros de conteúdo antissemita.

Conforme decidiu o STF, "escrever, editar, divulgar e comerciar livros 'fazendo apologia de ideias preconceituosas e discriminatórias' contra a comunidade judaica (Lei 7.716/89, art. 20, na redação dada pela Lei 8081/90) [,] constitui crime de racismo sujeito às cláusulas de inafiançabilidade e imprescritibilidade (CF, artigo 5º, XLII)".

7.4. POLÍTICA ENERGÉTICA NACIONAL E AS ATIVIDADES RELATIVAS AO MONOPÓLIO DO PETRÓLEO

(ADI 3.276 e ADI 3.366, Rel. Min. Eros Grau, julgadas em 16 de março de 2005).

Voltando para o plano econômico, o STF considerou constitucional a Lei 9.478/97, que dispõe sobre a política energética nacional e as atividades relativas ao monopólio do petróleo. Conforme ressaltado pelo Ministro **Eros Grau**, "a escolha sobre o modo de exploração da atividade petrolífera, que no caso se dá pela contratação de empresas estatais ou privadas, como dispõe o artigo 177 da Constituição Federal, é política, e o Poder Judiciário não poderia intervir". Ressaltou-se, ainda, que a declaração de inconstitucionalidade da norma seria desastrosa para a economia nacional, pois, inviabilizaria a Petrobrás, que recebe tratamento jurídico idêntico ao da iniciativa privada, com destaque para a advertência de que o monopólio da União sobre o petróleo continua íntegro, sendo flexibilizado o monopólio sobre o produto da exploração da lavra.

7.5. CLÁUSULA DE BARREIRA

(ADI 1.351 e ADI 1.354, Rel. Min. Marco Aurélio, julgadas em 7/12/2006).

Na seara política, em 2006, o STF declarou a inconstitucionalidade de dispositivos da Lei 9.096/95 (Lei dos Partidos Políticos) que instituíam a chamada **cláusula de barreira**. A cláusula de barreira restringia, em face da gradação de votos obtidos por partido político, o direito ao funcionamento parlamentar, o acesso ao horário gratuito de rádio e televisão e a distribuição dos recursos do Fundo Partidário.

Uma nova formulação para a chamada cláusula de desempenho tem voltado ao debate político como uma solução para conter a imensa fragmentação do nosso sistema partidário.

7.6. FIDELIDADE PARTIDÁRIA

(MS 26.602/DF; Rel. Min. Eros Grau, julgado em 4/10/2007).

Na sequência, em 2007, o Tribunal, alterando entendimentos anteriores, consagrou a regra constitucional da fidelidade partidária, entendendo que a troca de partido, sem justa causa, por parlamentar eleito por dada agremiação enseja a essa o direito de reaver o mandato perdido. Segundo o Tribunal, a troca injustificada de legenda por um parlamentar resulta na perda de seu mandato. Essa decisão foi uma resposta da Suprema Corte Brasileira à prática adotada rotineiramente por parlamentares de alterarem de partido após o pleito eleitoral.

7.7. DIREITO DE GREVE DOS SERVIDORES PÚBLICOSE POSSIBILIDADE DE DESCONTO DO PAGAMENTO

(MI 670, Rel. p/ o ac. o Min. Gilmar Mendes; MI 708, Rel. Gilmar Mendes e MI 712, Rel. Eros Grau, todos julgados em 25/10/2007; RE 693.456, Rel. Min. Dias Toffoli, julgado em 27/10/2016).

Em 2007, o STF, em mudança radical de sua jurisprudência, reconheceu, em sede de mandado de injunção, a inconstitucionalidade da omissão legislativa quanto ao dever constitucional em editar lei que regulamente o exercício do direito de greve no setor público, com a aplicação, no que couber, da Lei 7.783/89, que dispõe sobre o exercício do direito de greve na iniciativa privada.

Afastando-se da orientação inicialmente perfilhada no sentido de limitar-se à declaração da existência da mora legislativa para a edição de norma regulamentadora específica, o Tribunal passou a conferir eficácia concretizadora aos mandados de injunção, concedendo uma regulação provisória do tema pelo próprio Judiciário.

Em 2016, ainda diante da ausência de norma regulamentadora do direito de greve no serviço público, a Corte, ao julgar o RE 693.456, assentou, em sede de repercussão geral, que a Administração Pública deve proceder ao desconto dos dias de paralisação decorrentes do exercício do direito de greve pelos servidores públicos, em virtude da suspensão do vínculo funcional que dela decorre, permitida a compensação em caso de acordo. O desconto será incabível, contudo, se ficar demonstrado que a greve foi provocada por conduta ilícita do Poder Público.

7.8. PESQUISAS COM CÉLULAS-TRONCO EMBRIONÁRIAS

(ADI 3.510, Rel. Min. Ayres Britto, julgada em 29/05/2008):

A Procuradoria-Geral da República ajuizou a ação questionando o art. 5º da Lei Federal nº 11.105/2005 (a chamada Lei de Biossegurança), que permite, para fins de pesquisa e terapia, a utilização de células-tronco embrionárias obtidas de embriões humanos produzidos por fertilização in vitro não utilizados nos respectivos procedimentos. O Procurador-Geral da República sustentava que esses dispositivos ofendiam a inviolabilidade do direito à vida e o princípio da dignidade da pessoa humana.

Nessa ação, o STF inaugurou o instrumento da audiência pública na jurisdição constitucional. Participaram dos debates 22 especialistas, entre médicos, geneticistas, antropólogos e outras especialidades médicas, assim como entidades religiosas e da sociedade civil.

Em um dos julgamentos mais marcantes da história do STF, após três sessões plenárias, com intensos debates, a ação foi julgada improcedente pela maioria e o art. 5º da Lei de Biossegurança (Lei 11.105/05) declarado constitucional. Segundo o ministro Carlos Ayres Britto, a utilização de células-tronco embrionárias na pesquisa para curar doenças garante o direito à vida, à saúde, ao planejamento familiar e à pesquisa científica, destacando, ainda, o espírito de sociedade fraternal preconizado pela Constituição Federal.

7.9. IMPOSSIBILIDADE DA PRISÃO CIVIL DE DEPOSITÁRIO INFIEL DEVEDOR DE CONTRATO GARANTIDO POR ALIENAÇÃO FIDUCIÁRIA

(RE 349.703/RS, Rel. Min. **Ayres Britto,** julgado em 3/12/2008).

Sob a perspectiva da proteção internacional de direitos, o STF, em 2008, entendeu que, por haver o Brasil subscrito e ratificado o Pacto de São José da Costa Rica – querestringe a prisão civil por dívida ao descumprimento inescusável de prestação alimentícia – restavamderrogadas as normas legais definidoras da custódia do depositário infiel. Nesses casos, o STF fez prevalecer o Pacto de São José da Costa Rica – comonorma supralegal – sobrea ordem jurídica interna, proibindo, assim, a prisão civil por dívida.

7.10. VEDAÇÃO DO NEPOTISMO

(ADC nº 12, Rel. Min. Ayres Britto, julgada em 20/08/2008; Súmula Vinculante nº 13, Rel. Min. Ricardo Lewandowski, julgada em 20/8/2008):

O Tribunal declarou a constitucionalidade da Resolução nº 7 do Conselho Nacional de Justiça, que vedou o nepotismo no Poder Judiciário. Assentou-se que "os condicionamentos impostos pela Resolução nº 07/05, do CNJ, não atentam contra a liberdade de prover e desprover cargos em comissão e funções de confiança. As restrições constantes do ato resolutivo são, no rigor dos termos, as mesmas já impostas pela Constituição de 1988, dedutíveis dos republicanos princípios da impessoalidade, da eficiência, da igualdade e da moralidade".

Com base nesse julgamento, a partir de sugestão do Ministro

Ricardo Lewandowski, a Corte editou a Súmula Vinculante nº 13 que proibiu o nepotismo no âmbito dos três poderes, nas esferas federal, estadual, distrital e municipal.

7.11. DEMARCAÇÃO DA TERRA INDÍGENA RAPOSA-SERRA DO SOL

(Pet 3.388/RR, Rel. Min. **Ayres Britto**, julgado em 19/3/09).

Papel de destaque da Suprema Corte é sua atuação como árbitra da Federação. O art. 102, I, f, da Constituição brasileira confere ao Supremo Tribunal Federal, na condição de Tribunal da Federação, o poder de dirimir as controvérsias que, irrompendo no seio do Estado Federal, oponham as unidades federadas umas às outras. Desse modo, compete ao STF o dever político-institucional de velar pela intangibilidade do pacto federativo.

Sob essa óptica do conflito federativo, acrescida ainda do reconhecimento dos povos indígenas como sujeitos especiais de direito, em março de 2009, o Supremo Tribunal Federal decidiu o mérito da disputa judicial envolvendo a demarcação da Terra Indígena Raposa-Serra do Sol, afirmando a regularidade e a constitucionalidade do processo demarcatório, bem como da própria demarcação contínua que englobava todas as diversas etnias indígenas da região, possibilitando, desse modo, às comunidades indígenas "desfrutar de um espaço fundiário que lhes assegure meios dignos de subsistência econômica para mais eficazmente poderem preservar sua identidade somática, linguística e cultural". Foram impostas dezenove condições que devem ser respeitadas na ocupação da área.

7.12. LEI DE IMPRENSA

(ADPF 130, Rel. Min. **Ayres Britto**, julgada em 30/04/2009).

Ao analisar a ADPF 130, ajuizada pelo Partido Democrático Trabalhista (PDT), o Tribunal declarou, por maioria, que a Lei de Imprensa (Lei nº 5250/67) é incompatível com a Constituição Federal de 1988. Entendeu-se que a Lei de Imprensa, editada em período de exceção institucional, era incompatível com os valores e os princípios da Liberdade de Expressão abrigados na Constituição Federal de 1988.

7.13. IMPORTAÇÃO DE PNEUS USADOS

(ADPF 101, Rel. Min. **Cármen Lúcia**, julgada em 24/06/2009).

A ADPF 101 foi ajuizada pelo Presidente da República, em 21 de setembro de 2006, contra diversas decisões judiciais que permitiam a importação de pneus usados, em contrariedade à legislação que proíbe a importação de pneus usados. A Corte entendeu que a legislação que proíbe a importação de pneus usados é constitucional, em reverência ao direito à saúde e ao meio ambiente, garantidos pelos arts. 196 e 225 da CF/88.

7.14. EXTRADIÇÃO DE CESARE BATTISTI

(Ext 1.085, Rel. Min. **Cezar Peluso**, julgada em 16/12/2009).

Depois de três dias de longos debates, a Corte admitiu a Extradição do ex-ativista Cesare Battisti para a Itália, condenado naquele país por quatro homicídios acontecidos no final da década de setenta. O Tribunal decidiu, ainda, que a última palavra sobre a entrega ou não do italiano ao seu país de origem caberia ao Presidente da República.

7.15. LEI DA ANISTIA

(ADPF 153, Rel. Min. Eros Grau, julgada em 29/04/2010).

O STF julgou improcedente a ADPF 153, que questionava o alcance da Lei da Anistia (Lei nº 6.683/1979), e decidiu que a anistia foi um acordo político amplo e irrestrito. A ação foi proposta pela OAB com o intuito de anular o perdão dado aos representantes do Estado – policiais e militares – acusados de praticarem atos de tortura durante o regime militar.

7.16. UNIÃO CIVIL PARA CASAIS DO MESMO SEXO

(ADI 4.277 e ADPF 132, Rel. Min. **Ayres Britto**, julgada em 5/5/2011).

O Supremo Tribunal Federal reconheceu o direito à união civil para casais formados por pessoas do mesmo sexo, os quais passaram a ter os mesmos direitos dos casais heterossexuais. Como destacado pelo Ministro Ayres Britto, Relator desses processos, o art. 3º, inciso IV, da Constituição Federal veda qualquer discriminação em virtude de sexo, raça ou cor, não se podendo, portanto, discriminar ou diminuir quem quer que seja em função de sua preferência sexual.

7.17. PREVALÊNCIA DO DIREITO FUNDAMENTAL À INFORMAÇÃO GENÉTICA

(RE 363.889/DF, Rel. Min. Dias Toffoli, julgado em 2/6/2011).

O Tribunal reconheceu a prevalência do direito fundamental à informação genética, afastando a coisa julgada em ação de investigação de paternidade em que foi decretada a extinção do processo por insuficiência probatória para admitir a repropositura da ação e a realização de exame de DNA (RE nº 363.889/DF).

No referido julgado, assentei que "não devem ser impostos óbices de natureza processual ao exercício do direito fundamental à **busca da identidade genética**, como **natural emanação do direito de personalidade de um ser**, de forma a tornar-se igualmente efetivo o direito à igualdade entre os filhos, inclusive de qualificações, bem assim o princípio da paternidade responsável".

7.18. REALIZAÇÃO DE PLEBISCITO PARA DESMEMBRAMENTO DE ESTADOS E MUNICÍPIO – DESMEMBRAMENTO DO PARÁ

(ADI 2.650 e AC 2.961, Rel. Min. **Dias Toffoli**, julgada em 24/8/2011).

O STF julgou improcedente o pedido feito na ADI 2.650, declarando que toda a população diretamente interessada, tanto da área que se deseja desmembrar quanto da área remanescente, deve estar contida no âmbito da consulta plebiscitária prevista no art. 18, § 3º, da Constituição Federal.

O Plenáriomanteve, por unanimidade, na AC 2.961, decisão em que eu havia negado seguimento a pedido da Frente Suprapartidária. O Pará, por inteiro, requeria a suspensão do plebiscito convocado para que a população decidisse acerca do desmembramento daquele Estado em três unidades federativas distintas: Pará, Tapajós e Carajás.

Este julgamento também pode ser considerado histórico no que se refere à defesa da ideia de federação e dos limites da autodeterminação federativa. Se observarmos o caso da Criméia, da Catalunha ou da Escócia, em perspectiva, teremos a exata noção do que esse julgado representa para o futuro do país e de sua forma de encarar a federação.

7.19. GUERRA FISCAL E ICMS

(ADI 1.276, Rel. Min. **Luiz Fux**, julgada em 20/8/14; ADI 3.702,

Rel. Min. **Dias Toffoli**, julgada em 1/6/11; ADI 1.247, Rel. Min. **Dias Toffoli**, julgada em 1º/6/2011; ADI 4.481/PR, Rel. Min. **Roberto Barroso**, DJe de 19/5/15).

Ainda em relação à atuação da Corte na defesa do pacto federativo, o STF, buscando preservar o equilíbrio federativo entre os estados, consolidou o entendimento de que a concessão de isenções e benefícios fiscais relativos ao ICMS (Imposto sobre Circulação de Mercadorias e Serviços), sem a prévia aprovação em convênio celebrado no âmbito do Conselho Nacional de Política Fazendária (Confaz), afronta o art. 155, § 2º, inciso XII, g da CF/88.

A preocupação com o equilíbrio fiscal federativo, o repúdio à guerra fiscal entre os Estados e a supremacia do texto do art. 155, § 2º, XII, g, da Constituição, complementado pelo art. 1º da LC no 24/75, vêm fazendo o STF julgar inconstitucionais várias leis e instrumentos normativos estaduais que concediam benefícios fiscais, sobre as mais variadas denominações e argumentos, sem passar pela autorização unânime no CONFAZ.

7.20. LEI DA FICHA LIMPA

(ADC 29; ADC 30; ADI 4.578; RE 631.102; RE 634.250; RE 636.359; e RE 633.703).

Todas essas ações discutiram aspectos da Lei Complementar nº 135/2010, de iniciativa popular. O STF decidiu que a aplicação da Lei Complementar 135/2010 (Lei da Ficha Limpa) a fatos anteriores a sua edição não viola a garantia do direito adquirido, do ato jurídico perfeito ou da coisa julgada (art. 5º, XXXVI, da Constituição), pois se trata de hipótese de retrospectividade, em que a lei nova atribui novos efeitos a fatos já ocorridos. Entendeu-se que não se aplicam ao caso os princípios da irretroatividade da lei penal e da presunção de inocência. Afirmou-se que a lei tutela a moralidade, a probidade e a legitimidade das eleições, considerada a vida pregressa do candidato. Contudo, afastou-se sua aplicação para as eleições de 2010 e as anteriores, bem como para os mandatos em curso, em razão do art. 16 da Constituição Federal.

7.21. A INTERRUPÇÃO DA GRAVIDEZ DE FETO ANENCÉFALO

(ADPF 54, Re. Min. **Marco Aurélio**, julgada em 12/4/2012).

Na ADPF nº 54, discutiu-se, na Corte, tema dos mais complexos e controvertidos: a interrupção da gravidez de feto anencéfalo e a configuração do crime de aborto. Como bem resumiu o Ministro **Marco Aurélio**, “o tema envolve a dignidade humana, o usufruto da vida, a liberdade, a autodeterminação, a saúde e o reconhecimento pleno de direitos individuais, especificamente, os direitos sexuais e reprodutivos de milhares de mulheres”. Após a realização de audiências públicas na Corte, em que foram ouvidos especialistas com perspectivas distintas – científica, médica, ética, religiosa, política – oSupremo Tribunal Federal fez prevalecer “o direito da mulher de autodeterminar-se, de escolher, de agir de acordo com a própria vontade num caso de absoluta inviabilidade de vida extrauterina”.

O Plenário declarou inconstitucional a interpretação segundo a qual a interrupção da grávidez de fetos anencéfalos é conduta tipificada pelo Código Penal. Assim, reconheceu-se o direito da gestante de submeter-se a antecipação terapêutica de parto na hipótese de gravidez de feto anencéfalo, previamente diagnosticada por profissional habilitado, sem estar compelida a apresentar autorização judicial ou qualquer outra forma de permissão do Estado. Considerou-se que a tipificação penal dessa conduta não se coadunaria com a Constituição, especialmente com os preceitos que garantem a laicidade do Estado, a dignidade da pessoa humana, o direito à vida e a proteção da autonomia, da liberdade, da privacidade e da saúde.

7.22. CONSTITUCIONALIDADE DA UTILIZAÇÃO DE CRITÉRIOS ÉTNICO-RACIAIS NAS SELEÇÕES PARA INGRESSO NAS UNIVERSIDADES PÚBLICAS BRASILEIRAS

(ADPF 186 e RE 597.285, Rel. Min. **Ricardo Lewandowski,** julgados em 26/4/2012).

O Supremo Tribunal Federal decidiu pela constitucionalidade da política de ação afirmativa consistente na utilização de critérios étnico-raciais nas seleções para ingresso nas universidades públicas brasileiras (ADPF 186 e RE 597.285). No entendimento do Tribunal, os sistemas de cotas raciais estabelecem um ambiente acadêmico plural e diversificado e ajudam a superar distorções sociais historicamente consolidadas.

7.23. DISTRIBUIÇÃO DE TEMPO DE PROPAGANDA ELEITORAL A PARTIDO CRIADO APÓS AS ELEIÇÕES E MINIRREFORMA ELEITORAL: DEBATE E PROPAGANDA ELEITORAL

(ADI 4.430 e ADI 4.795, Rel. Min. **Dias Toffoli**, julgadas em 29/6/2012; ADI 5.423, ADI 5.488 e ADI 5.491, Rel. Min. **Dias Toffoli,** julgada em 25/8/2016; ADI 5.487, Rel. p/ o ac. o Min. **Roberto Barroso**, julgamento em 25/8/2016).

Em 2012, o STF assegurou aos partidos novos, criados após a realização de eleições para a Câmara dos Deputados, o direito de acesso proporcional ao tempo destinado à propaganda eleitoral no rádio e na televisão, considerada a representação dos deputados federais que migrarem diretamente dos partidos pelos quais foram eleitos para a nova legenda, no momento de sua criação.

Em 2016, a distribuição do tempo de propaganda eleitoral gratuita voltou a ser debatido pela Corte na ADI 5.491, ficando assentada a constitucionalidade das alterações introduzidas pela minirreforma eleitoral (Lei nº 13.165, de 29 de setembro de 2015). O Tribunal julgou, ainda, a ADI 5.423, declarando a constitucionalidade do dispositivo da Lei de Eleições, que prevê a obrigação de as emissoras de rádio e TV convidarem para participar dos debates eleitorais os candidatos dos partidos que tenham representação superior a nove deputados federais na Câmara dos Deputados.

Na mesma sessão, assentou a Corte, nas ADI 5.487 e 5.488, que as emissoras ficam facultadas para convidar outros candidatos, independentemente de concordância dos candidatos aptos, conforme critérios objetivos que atendam os princípios da imparcialidade e da isonomia e o direito à informação, a ser regulamentado pelo Tribunal Superior Eleitoral.

7.24. EMENDA DOS PRECATÓRIOS

(ADI 4.357 e 4.425, Rel. Min. **Luiz Fux**):

A Suprema Corte, em março de 2013, declarou a inconstitucionalidade de parte da EC nº 62/2009, que instituiu o regime especial de pagamento de precatórios pelos estados, pelo Distrito Federal e pelos municípios. O Tribunal considerou que o regime especial de precatórios ofende as garantias do livre e eficaz acesso ao Poder Judiciário, do devido processo legal e da duração razoável do processo, além de desrespeitar a autoridade da coisa julgada ao prolongar, compulsoriamente, o cumprimento de sentenças judiciais com trânsito em julgado. A Corte, no entanto, conferiu eficácia prospectiva à declaração de inconstitucionalidade, mantendo a vigência do regime especial por cinco exercícios financeiros, a contar de primeiro de janeiro de 2016.

7.25. FINANCIAMENTO EMPRESARIAL DE CAMPANHAS ELEITORAIS

(ADI 4.650, Rel. Min. **Luiz Fux**, julgada em 14/3/13).

O STF, julgando a ADI 4.650, ajuizada pelo Conselho Federal da Ordem dos Advogados do Brasil (CFOAB), declarou inconstitucionais as regras relativas a doações de empresas privadas para campanhas eleitorais e partidos políticos, uma grande inovação que passou a valer a partir das eleições municipais de 2016.

Conforme externei em meu voto, o financiamento empresarial da política brasileira resultava na deturpação da democracia, pois essa não pode ser financiada por atores que não têm direito a voto. Uma empresa pode até defender causas políticas, mas há uma grande distância entre isso e a existência de razões a justificar sua participação no processo político, investindo valores vultosos em campanhas.

7.26. MENSALÃO

(AP 470, Rel. Min. *Joaquim Barbosa*, julgada em 17/12/12):

Caso emblemático do papel do Supremo como Corte Criminal foi a Ação Penal 470/DF, popularmente conhecida como processo do **Mensalão**, que envolveu a prática, entre outros, de crimes financeiros e crimes contra a administração pública por empresários, membros do parlamento e do governo brasileiros.

Após o recebimento da denúncia contra 40 suspeitos de envolvimento nos crimes apontados, a AP 470 tramitou por cinco anos, tempo em que foi devidamente aparelhada para seu julgamento pelo Plenário. Trinta e sete dos denunciados, entre empresários e políticos brasileiros, foram julgados pelo Supremo Tribunal Federal.

A Corte dedicou cinquenta e três sessões plenárias ao caso, proferindo vinte e cinco condenações e doze absolvições dos crimes originariamente apontados pelo Ministério Público Federal em sua denúncia. A soma das penas impostas aos vinte e cinco condenados supera os duzentos anos de prisão.

7.27. FORNECIMENTO DE INFORMAÇÕES SOBRE MOVIMENTAÇÕES FINANCEIRAS AO FISCO SEM AUTORIZAÇÃO JUDICIAL

(ADI 2.390, ADI 2.386, ADI 2.397 e ADI 2.859, Rel. Min. **Dias Toffoli** e RE 601.314, Rel. Min. **Edson Fachin**, julgados em 24/2/16).

O STF declarou a constitucionalidade de dispositivos da Lei Complementar 105/2001 que permitem à Receita Federal receber dados bancários de contribuintes fornecidos diretamente pelos bancos, sem prévia autorização judicial. Por maioria de votos, prevaleceu o entendimento de que a norma não resulta em quebra de sigilo bancário, mas sim em transferência de sigilo da órbita bancária para a fiscal, ambas protegidas contra o acesso de terceiros. A transferência de informações é feita dos bancos ao Fisco, que tem o dever de preservar o sigilo dos dados, não havendo, portanto, ofensa à Constituição Federal.

Na ocasião, a Corte ressaltou, ainda, que os estados e municípios somente poderão obter as informações previstas no art. 6º da LC 105/2001, uma vez regulamentada a matéria, de forma análoga ao Decreto Federal 3.724/2001. Tal regulamentação deve conter as seguintes garantias: pertinência temática entre a obtenção das informações bancárias e o tributo objeto de cobrança no procedimento administrativo instaurado; a prévia notificação do contribuinte quanto à instauração do processo e a todos os demais atos; sujeição do pedido de acesso a um superior hierárquico; existência de sistemas eletrônicos de segurança que sejam certificados e com registro de acesso; e estabelecimento de instrumentos efetivos de apuração e correção de desvios.

7.28. CLASSIFICAÇÃO INDICATIVA

(ADI 2.404, Rel. Min. **Dias Toffoli**, julgada em 31/8/16).

Conferindo mais uma vez prevalência ao direito constitucional à liberdade de expressão, a Suprema Corte declarou a inconstitucionalidade de dispositivo do Estatuto da Criança e do Adolescente (ECA) que estabelecia multa e suspensão de programação às emissoras de rádio e TV que exibirem programas em horário diverso do autorizado pela classificação indicativa. O STF decidiu que a classificação indicativa, prevista no inciso XVI do art. 21 da Constituição, não pode ser confundida com um ato de licença, nem confere poder à União para determinar que a exibição da programação somente se dê nos horários determinados pelo Ministério da Justiça, de forma a caracterizar uma imposição, e não uma recomendação. Permanece, no entanto, o dever das emissoras de rádio e de televisão de exibir ao público o aviso de classificação etária, antes e no decorrer da veiculação do conteúdo.

A Corte fez um apelo aos órgãos competentes para que reforcem a exibição destacada da informação sobre a faixa etária especificada, no início e durante a exibição da programação, e em intervalos de tempo não muito distantes – a cada quinze minutos, por exemplo – inclusive, quanto às chamadas da programação, de forma que as crianças e os adolescentes não sejam estimulados a assistir programas inadequados para sua faixa etária. Deve o Estado, ainda, conferir maior publicidade aos avisos de classificação, bem como desenvolver programas educativos acerca do sistema de classificação indicativa, divulgando, para toda a sociedade, a importância de se fazer uma escolha refletida acerca da programação ofertada ao público infanto-juvenil.

7.29. IMPEACHMENT DA PRESIDENTE DA REPÚBLICA DILMA ROUSSEFF

(ADPF 378, MS 34.127; MS 34.128; ADI 5.498; MS 34.130; MS 34.131 Rel. Min. **Roberto Barroso**, julgamentos iniciados em 16/3/2016).

O Plenário do Supremo Tribunal Federal julgou questões relativas ao processo de *impeachment* da Presidente da República Dilma Rousseff. A Suprema Corte foi chamada a decidir a respeito do rito que deveria ser observado pelo Congresso Nacional no caso (ADPF 378). Ao julgar a ação, o

Supremo Tribunal Federal, em decisão por maioria, assentou que, no rito do processo de *impeachment*, cabe à Câmara dos Deputados, nos crimes de responsabilidade, autorizar ou não a instauração do processo contra o Presidente. Compete, ainda, ao Senado Federal receber, pronunciar e julgar a denúncia, somente havendo o afastamento do Presidente da República se o Senado decidir pela abertura do processo.

A Corte também indeferiu medidas cautelares que buscavam anular a tramitação do processo de *impeachment* na Câmara dos Deputados. No MS 34.127 e no MS 34.128, o STF indeferiu liminares em que parlamentares questionavam a ordem de votação definida pela Mesa Diretora da Câmara.

Na ADI 5.498, foi negada liminar para alterar a ordem de chamada dos deputados federais de modo que a votação autorizadora da abertura do processo de impeachment pela Câmara dos Deputados ocorresse alternando-se deputados de estados do Norte e do Sul.

No MS 34.130 e no MS 34.131, de igual forma, o Plenário negou liminares que impugnavam o parecer aprovado pela Comissão Especial da Câmara dos Deputados sobre a admissibilidade da denúncia da prática de crime de responsabilidade pela Presidente da República. O Tribunal afastou as alegações de que houve cerceamento de defesa ao longo do processo de elaboração do relatório e de que o texto final incluiu elementos que não estavam presentes na denúncia originalmente apresentada.

Após essas decisões da Suprema Corte, a Câmara dos Deputados autorizou a instauração do processo e, posteriormente, o Senado aprovou sua abertura, afastando a Presidente da República Dilma Rousseff do cargo pelo período máximo de 180 dias. Em 31 de agosto de 2016, o Senado aprovou o *impeachment* e a Presidente Dilma Rousseff perdeu o cargo.

Ressalte-se, ainda, que, nos termos do art. 52, parágrafo único, da Constituição Federal, compete ao Presidente do Supremo Tribunal Federal presidir o processo de *impeachment* do Presidente da República.

Esses julgamentos são exemplos claros de atuação do Supremo Tribunal Federal como Poder Moderador, atuando nas tensões entre os Poderes Executivo e

Legislativo e como mediador de crises institucionais.

7.30. AFASTAMENTO DO PRESIDENTE DA CÂMARA DOS DEPUTADOS

(AC 4.070-Ref, Rel. Min. Teori Zavascki, julgada em 5/5/2016; e MS 34.327, Rel. Min. Roberto Barroso, julgado em 8/9/2016).

O Plenário do Supremo Tribunal Federal referendou, na AC 4.070, decisão que suspendeu o deputado Eduardo Cunha do mandato de deputado federal e, por conseguinte, da presidência da Câmara dos Deputados. A corte entendeu que a presença do parlamentar na função de presidente daquela casa legislativa representaria risco para as investigações em curso.

No MS 34.327, o Tribunal denegou pedido formulado por Eduardo Cunha de suspenção da tramitação de representação que recomendava a cassação de seu mandato por quebra de decoro parlamentar. O STF entendeu que somente deve interferir em procedimentos legislativos para assegurar o cumprimento da Constituição Federal, proteger direitos fundamentais, resguardar os pressupostos de funcionamento da democracia e das instituições republicanas e preservar os direitos das minorias. Nos casos de processos de cunho acentuadamente político, o Tribunal tradicionalmente é deferente com os encaminhamentos adotados pelas casas legislativas. Além disso, ao parlamentar fora assegurado o direito de se defender durante todo o julgamento do processo disciplinar em tramitação na Câmara dos Deputados.

7.31. NATUREZA JURÍDICA DO ACORDO DE COLABORAÇÃO PREMIADA

(HC 127.483, Rel. Min. Dias Toffoli, julgado em 27/8/15).

Ao julgar habeas corpus impetrado contra a homologação do acordo de delação premiada de Alberto Youssef, a Corte assentou que a colaboração premiada, prevista na Lei 12.850/2013, é apenas meio de obtenção de prova, ou seja, é um instrumento para a colheita de documentos que poderão formar meio de prova.

Essa foi a primeira decisão do STF sobre o instituto da colaboração premiada tal como definida na Lei 12.850/2013, que versa sobre organizações criminosas.

7.32. EXECUÇÃO PROVISÓRIA DA PENA APÓS DECISÃO DE SEGUNDA INSTÂNCIA

(HC 126.292, Rel. Min. **Teori Zavascki**, julgado em 17/2/2016; ADC 43 e ADC 44, Rel. Min. **Marco Aurélio**, julgadas em 5/10/2016).

O Supremo Tribunal Federal, no julgamento do HC 126.292, decidiu, por maioria, que a execução provisória de acórdão penal condenatório proferido em julgamento de apelação, ainda que sujeito a recurso especial ou extraordinário, não compromete o princípio constitucional da presunção de inocência. Reanalisando o tema, em votação acirrada, por seis votos, a Corte indeferiu medidas cautelares na ADC 43 e na ADC 44, que pretendiam suspender a execução antecipada da pena de todos os acórdãos prolatados em segunda instância que adotaram a orientação fixada no mencionado habeas corpus, não obstante a ausência de força vinculante da decisão. O STF reiterou o entendimento anteriormente firmado e acrescentou que tal conclusão não contraria o texto do art. 283 do Código de Processo Penal, tampouco viola o princípio constitucional da presunção de inocência.

7.33. PROIBIÇÃO DA VAQUEJADA

(ADI 4.983, Rel. Min. *Marco Aurélio*, julgada em 6/10/2016).

Por maioria, o Supremo Tribunal Federal declarou a inconstitucionalidade de lei do Estado do Ceará que regulamentava a prática da vaquejada no Estado. O Tribunal entendeu que, embora seja uma manifestação cultural, tal prática submete os animais a maus-tratos e a tratamento cruel.

Essa decisão da Suprema Corte causou reações do Congresso Nacional, surgindo propostas legislativas, inclusive de emenda à Constituição, no sentido de autorizar, em todo o país, o exercício da referida prática cultural.

Em 29/11/2016, foi promulgada a Lei 13.364, que eleva o rodeio, a vaquejada, bem como as respectivas expressões artístico-culturais, à condição de manifestação cultural nacional e de patrimônio cultural imaterial. Em 1º/6/2017, o Congresso Nacional aprovou a Emenda Constitucional 96, para explicitar que não se consideram cruéis as práticas desportivas que utilizem animais, desde que sejam manifestações culturais registradas como bem de natureza imaterial integrante do patrimônio cultural brasileiro, devendo ser regulamentadas por lei específica que assegure o bem-estar dos animais envolvidos.

7.34. LINHA SUCESSÓRIA DO CARGO DE PRESIDENTE DA REPÚBLICA E RÉUS EM AÇÃO PENAL

(ADPF 402 MC-Ref, Rel. Min. **Marco Aurélio**, julgada em 7/12/2016).

A Suprema Corte deferiu parcialmente liminar proferida na ADPF 402, na qual se questiona a possibilidade de réus em ação penal no STF ocuparem cargos que estão na linha de substituição da Presidência da República. A Corte limitou-se a manter os efeitos da liminar, concedida pelo Ministro **Marco Aurélio**, para impedir que o Senador Renan Calheiros, réu em ação penal no STF, pudesse substituir o Presidente da República em seus impedimentos eventuais. A maioria dos ministros, porém, votou pela manutenção do Senador no cargo de Presidente do Senado, não referendando, nessa parte, a liminar concedida pelo Relator, que determinava o afastamento do senador da presidência daquela Casa.

8. CONCLUSÃO

À guisa de conclusão, verifica-se que o Supremo Tribunal Federal sobressai, na atualidade, por seu relevante papel de moderador dos conflitos que surgem na sociedade, atuando em diferentes searas: conflitos federativos, atividade econômica, atividade político-partidária, defesa dos direitos fundamentais, sociais e culturais e proteção das minorias.

Trata-se do fenômeno da **judicialização da política**, comumente associado à expansão da Jurisdição, em razão do crescente papel assumido pelo Poder Judiciário na solução de importantes questões de natureza política e social. Esse fenômeno não é exclusivo do Brasil.

Na verdade, há uma tendência mundial de crise de legitimidade dos parlamentos e de fortalecimento do Poder Judiciário, compreendendo tanto os países do sistema de *common law como os de civil law*.

Podemos citar, como exemplo, a França (de tradição *civil law*), que, após a reforma constitucional de 2008, passou a admitir o controle de constitucionalidade ***a posteriori***. Até então, o controle de constitucionalidade sempre fora ***a priori***, uma vez que lá vigorava a supremacia do parlamento, ainda fruto da grande Revolução Francesa.

No mesmo sentido, caminhou a Inglaterra (berço do *common law*), onde não havia Corte Constitucional e quem realizava o controle de constitucionalidade era o Comitê de Apelações da Câmara dos Lordes, sobressaindo, mais uma vez, a supremacia do parlamento. Em 2005, foi aprovada uma lei prevendo a criação da Corte Constitucional do Reino Unido. Entretanto, sob forte resistência, ela foi criada somente em 2010.

Há, de fato, uma convergência entre os sistemas, com o abandono da teoria da separação entre Poderes segundo a tradição Montesquieu-Rousseau e a aproximação com o **modelo de *checks and balances* dos federalistas americanos, terreno de onde se originaria a figura do juiz-herói – em oposição ao juiz-funcionário da *civil law*, guardião dos direitos fundamentais e não simples operador da doutrina da certeza jurídica**[24].

Todavia, nos países de tradição *civil law*, o Poder Judiciário surge como um novo protagonista no sistema político do mundo moderno e, paradoxalmente, com uma tendência de maior ativismo e intervencionismo que nos países da *common law*, manifestando-se como um **poder difuso** e sem mecanismos institucionais que lhe sirvam de contrapeso.[25]

---

24 VIANNA, op. cit., p. 37.

25 Ibid., p. 37. Nas palavras dos autores: "Convergência, porém, não implica abdicação quanto aos pressupostos históricos da matriz de origem: ao se abrirem às práticas da *common law*, como o *judicial review* e o *stare decisis* da experiência americana, os países de sistema de *civil law* preservam a constituição da magistratura como uma burocracia especial do Estado, s sistema de concurso público para o recrutamento dos seus quadros e a socialização *interna corporis*, à margem, portanto, do ambiente político, realizando uma experiência institucional ligeiramente diversa daquela dos países de *common law*, cujos magistrados são recrutados politicamente e cuja socialização no campo jurídico inclui um prévio e longo

No Brasil, a Constituição de 1988, atribuiu ao Poder Judiciário – que historicamente combinou o sistema de *civil law* com elementos de *common law* – a importante missão de ser o guardião dos direitos assegurados no texto constitucional e lhe conferiu mecanismos para limitar – pormeio de sistemas de freios e contrapesos, sob influência do modelo de *checks and balances* norte-americano – ospoderes atribuídos ao Executivo, ao Legislativo e ao próprio Poder Judiciário.

A constitucionalização abrangente trouxe para nossa Constituição inúmeras matérias que antes eram deixadas para o processo político majoritário e para a legislação ordinária. Temos um dos mais abrangentes sistemas de controle de constitucionalidade do mundo, combinando características dos dois modelos clássicos de controle de constitucionalidade – sistema norte-americano – controle difuso, exercido por todos os juízes e tribunais – e sistema austríaco – controle concentrado, exercido por meio de ações abstratas exclusivas do STF. Contamos, assim, com uma ampla variedade de instrumentos processuais por meio dos quais os cidadãos e os entes jurídicos e políticos podem exercer a fiscalização da constitucionalidade dos atos do poder público e garantir a supremacia da Constituição Federal.

Também foi ampliada significativamente a legitimação ativa para as ações de controle concentrado de constitucionalidade[26], conferindo-se, por exemplo, legitimidade aos partidos políticos com representação no Congresso Nacional, o que eleva sobremaneira a quantidade de questões de natureza política decididas no âmbito

treinamento em outras profissões legais, como a dos advogados." Ibid., p. 37.

26 CF/88: "Art. 103. Podem propor a ação direta de inconstitucionalidade e a ação declaratória de constitucionalidade:
I - o Presidente da República;
II - a Mesa do Senado Federal;
III - a Mesa da Câmara dos Deputados;
IV - a Mesa de Assembleia Legislativa ou da Câmara Legislativa do Distrito Federal;
V - o Governador de Estado ou do Distrito Federal;
VI - o Procurador-Geral da República;
VII - o Conselho Federal da Ordem dos Advogados do Brasil;
VIII - partido político com representação no Congresso Nacional;
IX - confederação sindical ou entidade de classe de âmbito nacional."

do STF, uma vez que os próprios partidos políticos, atores genuinamente políticos, judicializam questões de grande carga política.

Assim, a Constituição de 1988, ao elencar um extensivo rol de direitos e garantias e ao fixar as competências de nossa Suprema Corte, trouxe enormes desafios para o Judiciário brasileiro. Inclusive o desafio de evitar excessos e o resultado perverso, a que chama atenção Wernneck Vianna et al. (1997),"[...] **de estimular o retorno das marcas anacrônicas do iberismo ilustrado brasileiro, em que uma elite, ao se investir do papel de intérprete privilegiado da reta razão, reclama obediência da sociedade em nome dos seus ditames superiores**"[27].

Apesar de todas as dificuldades e desafios, o Supremo Tribunal Federal, como Guardião Maior do Estado Democrático de Direito, tem desempenhado papel fundamental nesse processo contínuo de construção da nossa democracia, moderando os conflitos políticos e sociais, corrigindo eventuais desvios democráticos e impedindo que contrariedades políticas conjunturais levem à ruptura do regime constitucional no Brasil.

Como já chamava atenção José Afonso da Silva, em artigo publicado em 1985 – no qual defendia a instituição, no Brasil, pela Assembleia Nacional Constituinte, de uma Corte ou Tribunal Constitucional – as Cortes Constitucionais "exercem hoje um papel de verdadeiro equilíbrio entre os demais poderes, uma espécie de poder moderador, atualizado e sem predomínio".[28] Como bem explica o professor,

> [a] jurisdição constitucional, assim compreendida, configura um dos pressupostos do Estado contemporâneo, destinada a realizar um contrapeso efetivo entre um poder executivo cada vez mais hegemônico e um poder legislativo que mantém sua estrutura e funcionamentos ambíguos por não ter-se adequado devidamente ao novo tipo de Estado. Não significa que a jurisdição constitucional se converta num poder superior aos outros poderes estatais, que menoscabe o princípio da divisão

27 VIANNA, op. cit., p. 47, grifo nosso.

28 SILVA, José Afonso. Tribunais constitucionais e jurisdição constitucional. **Revista Brasileira de Estudos Políticos**, Belo Horizonte, n. 60/61, p. 495-524, jan./jul. 1985. p. 520.

> de poderes, ao contrário, pela natureza específica de sua função será o instrumento mais apto para a garantia e a proteção dos direitos humanos e será também o melhor instrumento de controle e de tutelar para o funcionamento democrático dos demais poderes do Estado.[29]

Como ponto de equilíbrio do Estado Democrático de Direito, a Suprema Corte deve ser forte e atuante na concretização e interpretação dos comandos constitucionais. Mas a relação independente e harmoniosa entre os Poderes do Estado exige que essa atuação se dê, nas palavras de nosso ilustre homenageado, **sem predomínio**.

Nem passivismo, nem ativismo exacerbado. Com perdão pela redundância, a pedra de toque no exercício do Poder Moderador pelo Supremo Tribunal Federal é a moderação. A arte da prudência!

REFERÊNCIAS

ARENDT, Hannah. **Da revolução**. Brasília: UnB, 1988.

BASTOS, Erico Araújo. **O Oráculo do Poder Constituinte**: reminiscências do Poder Moderador na atuação do STF. 2010. 234 f. Dissertação (Mestrado). Pontifícia Universidade Católica do Rio de Janeiro, Rio de Janeiro, 2010.

COSTA, Emília Viotti da. **O Supremo Tribunal Federal e a Construção da Cidadania**. São Paulo: Unesp, 2006.

FAORO, Raymundo. **Os donos do Poder**: formação do patronato político brasileiro. 3 ed, São Paulo: Globo, 2001.

FERREIRA, Oliveiros S. **Forças armadas para quê?** Rio de Janeiro: GRD, 1988.

GAUCHET, Marcel. **La révolution des pouvoirs**. Paris: Gallimard, 1995.

LYNCH, Christian Edward Cyril. O discurso político monarquiano e a recepção do conceito de poder moderador no Brasil (1822-1824). **Revista de Ciências Sociais**, Fortaleza, v. 48, n. 3, p. 611-654, 2005. Disponível em: <https://goo.gl/asmiZJ>. Acesso em: 24 de maio de 2017.

MONTESQUIEU, Charles-Louis de Secondat. **Do espírito das leis**. São Paulo: Martin Claret, 2006.

SILVA, José Afonso. Tribunais constitucionais e jurisdição constitucional. **Revista Brasileira de Estudos Políticos**, Belo Horizonte, n. 60/61, p. 495-524, jan./jul. 1985.

SODRÉ, Nelson Werneck. **História Militar do Brasil.** 3. ed., Rio de Janeiro: Civilização brasileira, 1979.

29 Ibid., p. 522-523.

TOFFOLI, José Antonio Dias; RODRIGUES JR., Otavio Luiz. A primeira Constituição do Brasil. **Folha de São Paulo**, São Paulo, 25 mar. 2014. Opinião. Disponível em: <https://goo.gl/MthRSu>. Acesso em 24 de maio de 2017.

VIANNA, Luiz Wernneck; CARVALHO, Maria Alice Rezende de; MELO, Manuel Palacios Cunha; e BURGOS, Marcelo Baumann. **Corpo e alma da magistratura brasileira**. 3. ed., Rio de Janeiro: Revan, 1997.

CULTURA POLÍTICA, CONSTITUIÇÕES E CONSTITUCIONALISMO GLOBAL

LUIZ FUX

1. INTRODUÇÃO

Na sua acepção moderna, o constitucionalismo construiu-se como uma técnica garantística de limitação do poder político absoluto. Essa concepção consolidou-se por meio das experiências francesa e estadunidense do final do século XVIII, e migrou paulatinamente para outras nações. Parte fundamental desse projeto consistiu na instituição de uma lei básica de racionalização dos poderes estatais e de garantia de direitos fundamentais, denominada constituição.

Não obstante esse aspecto central, o exercício comparativo entre as diversas experiências constitucionais descortina que são vários os constitucionalismos. As ideias e as estruturas constitucionais que se espalharam pelo globo na segunda metade do século XX depararam-se com os elementos culturais e estruturais específicos de cada país. Essa relação tensional entre o novo e o tradicional, entre o externo e o interno, ensejou **fertilizações cruzadas** entre estruturas e culturas jurídicas, possibilitando a diferenciação entre as experiências constitucionais de cada região.

A análise comparativa desse conjunto de experiências gera uma perplexidade: textos normativos e estruturas institucionais (órgãos, cortes, poderes, funções públicas etc) não detém legitimidade originária per si – ou produzem autonomamente muito pouco da sua própria legitimidade. Pelo contrário, tais textos e estruturas recepcionam o significado simbólico que a respectiva cultura política lhes atribui.

Essa perplexidade advém, basicamente, de três evidências. Primeiro, a cultura política de cada sociedade é determinante para a efetividade e a normatividade das constituições escritas. Segundo, há diversas constituições escritas que não regulam efetivamente o processo político. Terceiro, há países sem constituição escrita que gozam de profunda estabilidade institucional e dispõem de uma cultura constitucional consolidada.

O presente artigo pretende analisar a relação entre constitucionalismo e constituição para responder a seguinte indagação: as constituições escritas seriam uma falsa necessidade do constitucionalismo global do século XXI?

Para desenvolver essa reflexão, o argumento proposto compõe-se de três partes. A primeira parte descreve como as culturas políticas são determinantes para a conformação do constitucionalismo e da legitimidade constitucional. A segunda parte analisa algumas experiências disfuncionais entre constituição e constitucionalismo. Por fim, a terceira parte conclui o trabalho, destacando os desafios que as constituições escritas devem assumir para permanecerem responsivas às realidades das experiências político-institucionais.

2. CULTURA POLÍTICA E CONSTITUCIONALISMO

A despeito das particularidades que podem ser observadas em cada sistema político, as constituições consistem em textos normativos básicos que definem os *standards* do comportamento estatal, distribuem poderes entre as estruturas institucionais que elas mesmos criam, e encartam direitos a serem assegurados aos cidadãos.

Para a doutrina tradicional, a formalização de direitos e a criação de instituições pelo texto constitucional tem dois fins precípuos. Primeiro, limitar o Estado e expandir a esfera de proteção dos indivíduos, de forma a garantir as suas liberdades – inclusive para as minorias. Segundo, garantir as bases institucionais para a sustentabilidade, a longevidade e a estabilidade do regime democrático, ainda que em face de diferenças culturais, étnicas, religiosas etc, por vezes irreconciliáveis[1].

Entretanto, o professor Cass Sunstein (1991) assevera que, para além das finalidades contramajoritárias típicas do constitucionalismo, vários dos direitos e das instituições formalizadas nas constituições derivam do próprio princípio democráti-

1 MEYERS, Marvin. **The Mind of the Founder**: Sources of the Political Thought of James Madison. Nova Inglaterra (EUA): Bobbs-Merrill, 1973, p. 230-231.

co – e não da necessidade de controle do majoritarianismo – e nele se fundamentam. Nesse sentido, constituições também se consubstanciam **estratégias de antecipação**, na medida em que criam certos direitos e instituições para remover alguns conflitos do processo político e para encerrar debates sobre determinadas questões fundamentais. Assim, o constituinte elege determinadas soluções ou consensos relativos sobre questões fundamentais e os cristaliza sob a forma de direitos fundamentais e institutos jurídicos. Para Sunstein (1991):

> [...] alguns direitos são encartados [nas constituições] em virtude de uma crença de que eles são, em algum sentido, pre- ou extra- políticos, isto é, porque indivíduos podem exercê-los independente do que as maiorias pensam. [...] Entretanto, muitos direitos constitucionalmente encartados derivam do próprio princípio democrático. A sua proteção [...] decorre do objetivo de autodeterminação através da política, e com ele não estabelece nenhuma tensão. A *estratégia de antecipação* permite que as pessoas protejam os processos democráticos contra seus próprios excessos potenciais ou erros de julgamento. O direito à liberdade de expressão e o direito de voto são ilustrações familiares. A proteção constitucional desses direitos não está em desacordo com o compromisso com a autonomia governamental, mas sim [consiste em] uma parte lógica dele"[2].

Nesse sentido, em muitos casos, a criação de instituições e o encarte de direitos nas constituições não se prestam a limitar ou a constranger a atuação estatal, mas decerto para fortalecê-la. Afinal, por meio das **estratégias de antecipação**, determinadas soluções para controvérsias sociais são cristalizadas institucionalmente. Essa operação reduz a quantidade de conflitos sociais na arena política e torna o

---

2 SUNSTEIN, Cass. Constitutionalism and Secession. **The University of Chicago Law Review**, Chicago, v. 58, n. 2, 1991, p. 638. Texto original: "*Some rights are entrenched because of a belief that they are in some sense pre- or extra-political, that is, because individuals ought to be allowed to exercise them regardless of what majorities might think. [...]But many of the rights that are constitutionally entrenched actually derive from the principle of democracy itself. Their protection from majoritarian processes follows from and creates no tension with the goal of self-determination through politics. The precommitment strategy permits the people to protect democratic processes against their own potential excesses or misjudgments. The right to freedom of speech and the right to vote are familiar illustrations. Constitutional protection of these rights is not at odds with the commitment to self-government but instead a logical part of it*".

processo político mais fluido, o que facilita a atuação estatal em relação a outros conflitos que permanecem em aberto – especialmente aqueles para os quais não se alcançou consenso relativo. Nesse ponto, a criação de certos direitos e instituições mais habilita do que constrange o Estado, uma vez que essa desidratação intencional do processo político concede maior fluidez às funções estatais. Ainda para Sunstein (1991),

> O sistema de separação de poderes, por exemplo, não apenas restringe o governo, mas também ajuda a energizá-lo e torná-lo mais eficaz, criando uma saudável divisão do trabalho. Esse foi um argumento proeminente durante o período de enquadramento na América. Um sistema no qual o Executivo não carrega o ônus da jurisdição pode muito bem fortalecer o Executivo, removendo-lhe uma tarefa que freqüentemente enseja opróbrio público. De fato, todo o arcabouço poderia permitir e não restringir a democracia, não só criando um executivo enérgico, mas, mais fundamentalmente, permitindo que o povo soberano prosseguisse uma estratégia, contra seu governo, de dividir e conquistar. Enquanto se entende que nenhum ramo do governo é realmente "o povo", um sistema de separação de poderes pode permitir que os cidadãos monitorem e restrinjam seus agentes inevitavelmente imperfeitos. Em geral, o enraizamento de arranjos institucionais estabelecidos fortifica [o Estado], em vez de meramente limitar as gerações presentes e futuras, criando um quadro estabelecido sob o qual as pessoas podem tomar decisões[3].

Por meio das **estratégias de antecipação**, retirar determinados pontos da agenda política é um mecanismo de fortalecimento da própria política, reduzindo o potencial de certos conflitos de causar instabilidade, caos e

3 Id. p. 638. Texto original: "*The system of separation of powers, for example, does not merely constrain government, but also helps to energize it, and to make it more effective, by creating a healthy division of labor. This was a prominent argument during the framing period in America. A system in which the executive does not bear the burden of adjudication may well strengthen the executive by removing from it a task that frequently produces public opprobrium. Indeed, the entire framework might enable rather than constrain democracy, not only by creating an energetic executive but, more fundamentally, by allowing the sovereign people to pursue a strategy, against their government, of divide and conquer. So long as it is understood that no branch of government is actually 'the people' a system of separation of powers can allow the citizenry to monitor and constrain their inevitably imperfect agents. In general, the entrenchment of established institutional arrangements enables rather than merely constrains present and future generations by creating a settled framework under which people may make decisions*".

hostilidade social desarrazoadamente. Ironicamente, essa desidratação da arena política é uma decisão fundamentada no princípio democrático e também o fortalece.

No entanto, é preciso admitir que estruturas constitucionais, por si sós, não necessariamente sustentam o processo político ou conduzem à democracia. Não há democracia sustentável que esteja amparada apenas em estruturas normativas que preveem direitos fundamentais, eleições, separação de poderes e *judicial review*. Deve-se analisar o constitucionalismo também sob o viés funcional, de modo a se verificar se a *rule of law* efetivamente regula o processo político, bem como se os poderes instituídos e os atores sociais mantêm firme compromisso com os valores do constitucionalismo.

Trata-se do objeto de estudo do **constitucionalismo conceitual**, o qual definir o que as constituições efetivamente são e quais funções exercem no âmbito do processo político. Essa análise, de natureza contextual, não pode desconsiderar a cultura política em que essa constituição encontra-se inserida – um conjunto de valores morais, políticos e intelectuais de uma sociedade, acoplados sobre o aspecto temporal.

A cultura política constrói-se pelo processo de distribuição de recursos escassos, a cargo de cada sociedade. Esse processo desenvolve-se paulatinamente, a partir de escolhas comuns que se cristalizam na esfera axiológica respectiva, e ancora-se em um conjunto de *standards* de justiça que são compartilhados entre os seus membros. Ao fim, esse mapa de alocação de recursos pode assumir relevância normativa, uma vez cristalizado nas normas constitucionais. Para Daniel Franklin (1994),

> Por sua própria natureza, uma sociedade apenas pode ser uma sociedade na medida em que há uma espécie de consenso – uma coleção de valores compartilhados. A chave para essa definição é a palavra *compartilhado*. Para que uma sociedade se mantenha coesa, para que um governo seja capaz de proteger os direitos de todos os seus cidadãos, devem existir certos valores compartilhados. O princípio mais básico de qualquer sociedade constitucional é a crença compartilhada pela virtude de ser cidadão de um estado, no sentido de que todas as pessoas são iguais aos olhos da lei. Além disso, nós podemos identificar o estado constitucional como sendo

aquele em que a *rule of law* prevalece. A lei nunca é arbitrariamente aplicada no estado constitucional, e a única coerção exercida pelo governo é guiada por garantias e limitações procedimentais[4].

Destarte, a chave do constitucionalismo encontra-se no caráter coletivo de certos valores inscritos em determinada comunidade. Advirta-se: não se está a afirmar que todas as pessoas devam compartilhar os mesmos valores em uma dada sociedade. Essa aspiração, além de faticamente impossível, é inclusive indesejável, na medida em que a diversidade entre os indivíduos é fator essencial para o enriquecimento e a dinamização do caráter contramajoritário do constitucionalismo. No entanto, a coesão sistêmica deriva da identidade de determinados valores compartilhados entre certos grupos. A título de exemplo, grupos A e B podem compartilhar entre si valor *x*; por sua vez, grupos B e C podem compartilhar valor *y*; por fim, grupos C e A podem compartilhar valor *z*. A sucessão de compartilhamento de distintas circunstâncias gera uma amálgama axiológica, a qual se torna vital para a sustentabilidade do regime constitucional do país em que inseridos todos aqueles grupos.

Por isso mesmo, coordenação axiológica absoluta não é requisito essencial para que uma determinada cultura política sustente o regime constitucional. Afinal, ainda em face de eventual discordância entre determinados grupos, ou de uma vitória de um determinado grupo sobre o outro, o fato de que os atores envolvidos enxerguem aquele processo decisório como legítimo e procedimentalmente justo é suficiente para que não haja fragmentação daquele regime constitucional. Destarte, a função do constitucio-

---

4 FRANKLIN, Daniel; BAUN, Michael. **Political culture and constitutionalism**: a comparative approach. Nova Iorque (EUA): Routledge, 1994. Texto original: "*By its nature, a society can only be a society as long as there is some kind of consensus – a collection of shared values. The key to this definition os the word* shared. *For a society to remain cohesive, for a government to be capable and willing to protect the rights of all its citizensm there must be certain shared values. The most basic tenet of any constitutional society is the shared belief that by virtue of being citizens of a state, all persona are equal in the eyes of the law. Thus, we can identify the constitutional state as being one in which the rule of law prevails. The law is never arbitrarily applied in the constitutional state, and the only coercion exercised by government is guided bu procedural guarantees and restraints*".

nalismo também perpassa a criação de canais efetivos de interlocução para as minorias.

Portanto, o conceito de cultura política passa a ser essencial para a análise das experiências constitucionais. Há uma retroalimentação contínua entre constituição e cultura política, cada qual introjetando conteúdos, limites e possibilidades uma na outra. É cediço que a constituição, como uma estrutura normativo-institucional que enquadra a atuação dos indivíduos e do Estado, gera-lhes incentivos e desincentivos, ao mesmo tempo lhes restringindo as possibilidades de conduta, como também lhes engajando para a consecução das aspirações encartadas em seu texto. Entretanto, nenhuma estrutura normativa institucional, por si, produz integralmente a sua própria legitimidade e os seus próprios significados e símbolos. Conforme Franklin, "uma democracia autossustentável não pode ser imposta simplesmente por meio da sobreposição de uma estrutura institucional similar àquela que existe em um sistema político maduro"[5]. Afinal, "sistema judiciário, parlamento, eleições e uma constituição escrita não constituem ou necessariamente conduzem a uma democracia"[6]. Estruturas institucionais precisam ser desenhadas de modo a serem integralmente responsivas às necessidades e à cultura política de um determinado estado.

3. CONSTITUIÇÕES SEM CONSTITUCIONALISMO?

O viés funcional assume relevância para a análise das experiências constitucionais em culturas políticas diversas do nascedouro do constitucionalismo. Embora a ideia de constitucionalismo esteja, como regra geral, interligada com a ideia de constituição escrita, uma análise comparativa permitirá encontrar países onde, a despeito da vigência de constituições escritas, há pouca aderência dos poderes instituídos aos valores tradicionais do constitucionalismo.

5 Id, p. 34. Texto original: "*[...] a self-sustaining democracy cannot be imposed simply by overlaying na institutional structure similar to that which exists in a mature political system*".

6 Id. Texto original: "A *court system, parliament, elections, and a written constitution do not, themselves, constitute or necessarily lead to a democracy*".

Essa constatação consubstancia-se em alerta: transplantes de estruturas constitucionais entre países, sem qualquer verificação crítica de acoplamento entre as respectivas instituições e a cultura política do estado receptor – como aconteceu recorrentemente a partir da segunda metade do século XIX – podem ensejar experiências desastrosas.

O professor Okoth-Ogendo[7] descreve a situação de diversos países africanos no período pós-colonial, especialmente a partir de 1957, com a independência do Gana, e posteriormente, com a independência do Zaire, da Malaui, da Zâmbia e outros. Embora quase todos eles tenham promulgado constituições escritas após os movimentos de descolonialização, percebe-se um déficit de normatividade constitucional, uma vez que as cartas políticas não apenas não conseguem, de fato, regular o exercício do poder, como também se tornaram objetos de manipulação dos grupos controladores do governo para fins de perpetuação no poder. Para o professor Ogendo, a situação africana se revela num paradoxo, na medida em que há um descompasso entre o compromisso as elites políticas com a ideia de constituição escrita e a rejeição, por parte delas, da clássica noção de constitucionalismo – técnicade regulação garantística do poder político, limitação da atuação estatal arbitrária:

> A análise do paradoxo começa com uma simples, mas importante assertiva: todo o direito, e o direito constitucional em particular, é preocupado não com normas abstratas, mas com a criação, distribuição, exercício, legitimação, efeitos e reprodução do poder [...]. Nessa perspectiva, a ideia da lei, e consequentemente da constituição como uma lei especial, demanda compromisso ou aderência à teoria de organização de poderes, como aparece evidente na experiência histórica e nas aspirações compartilhadas de todas as sociedades. O fato de que, em algumas sociedades, o exercício do poder se tornou mais previsível [...] meramente registra a complexidade da relação entre poder e direito em diferentes contextos[8].

7 OKOTH, Ogendo Hasting W. Constitutions without constitutionalism: an African political paradox, **Cent. Afri. J. Pharm.Sci.**Nairobi (QUE), v. 5, n. 3, p. 60-66, 1993.

8 OKOTH, 1993, passim. Texto original: *"The analysis of the paradox begis with a simples but importante assertion: all law, and constitutional law in particular, is concerned, not with abstract norms, but*

Nesse sentido, no período de descolonialização, a ideia de constituição, nos moldes estabelecidos pelos grupos políticos controladores, distanciava-se dos ideais de limitação do poder estatal e de garantia efetiva de direitos fundamentais que governaram a construção do constitucionalismo moderno na França e nos Estados Unidos. A cultura política até então estabelecida estava mais preocupada com **(i)** a afirmação da soberania dos Estados que surgiam, perante a comunidade internacional; **(ii)** a afirmação da hegemonia política que essas elites haviam recentemente conquistado, com a saída dos grupos colonizadores; e **(iii)** e o estabelecimento de uma lei básica de organização das instituições estatais e do processo político.

Esse primeiro ponto – afirmação da soberania estatal – revela a conveniência e a necessidade de se adotar uma constituição escrita para aqueles estados recém-instituídos. Naquele período – segunda metade do século XX –, constituição escrita e Estado de Direito consubstanciavam a linguagem comum entre os países do Ocidente, praticamente os requisitos mínimos para que uma determinada jurisdição pudesse ser aceita na comunidade internacional como um país independente e soberano. É irônico perceber que a independência desses países, como uma atitude de rejeição do poder colonial europeu, toma forma a partir da adoção de modelos institucionais copiados dessa região, tal como a ideia de constituição escrita.

No entanto, a evolução dessa experiência constitucional ocorre por meio da desfiguração da ideia de constituição como reguladora sustentável do processo político, na medida em que os grupos políticos controladores passam a manipular a própria estrutura constitucional para criar estruturas anti-democráticas de manutenção de sua própria hegemonia política. Emendas constitucionais recorrentes para ampliar os poderes discricionários do chefe do Poder Executivo, para garantir

---

with the creation, distribution, exercise, legitimiation, effects, and reproduction of power; [...]. From this perspective, therefore, the very idea of law, hence of a constitution as a special body of law, entails commitment or adherence to a theory of organized power, as appears evident in the historical experience and shared aspirations of all societies. The fact that in some societies the exercise of power become more predictable, [...] merely records the complexity of the relationship between power and law in diferente contexts".

reeleições contínuas e para imunizar autoridades políticas de acusações civis e penais são expedientes comuns em países africanos para driblar os mecanismos de controle. Nesse sentido, não é exagero concluir que, em diversos países pós-coloniais africanos, a experiência que se descortinou nas décadas de 80 e 90 fez com que a ordem constitucional deixasse de ser um árbitro do processo político para se tornar um instrumento de apropriação do poder.

Por sua vez, em continente diverso, o Japão apresenta uma relação particular entre cultura política e constituição. Para a professora Annen Junji (2002, p. 561), ao contrário do que se desenvolveu nos Estados Unidos, não há, no Japão, uma relação intrínseca entre esses dois elementos. Para ela:

> Enquanto os americanos discordem entre si sobre uma série de questões, o discurso sempre assume a validade e a vitalidade contínua da Constituição Americana. É simplesmente inimaginável que a constituição possa ser descartada em virtude de alterações econômicas ou apatia pública. De fato, constituição e identidade nacional estão tão firmemente conectadas, que abandonar a primeira seria a extinção da segunda. No entanto, essa afirmação não se confirma no Japão[9].

Dois fatores revelam as rotas dessa problemática experiência japonesa. Primeiro, o Japão tem um longo histórico de construção de identidade nacional uniforme que precede a promulgação de sua primeira constituição, em 1889. A sua família imperial data de dois mil anos, a sua infraestrutura política foi consolidada por volta do século VIII e a sua reunificação ocorreu por volta do século XVII. Segundo, as constituições japonesas não foram originadas a partir de anseios populares, mas decorreram de imposições superiores, seja por meio do imperador Meiji, em 1889, seja por meio dos Estados Unidos, em

9 JUNJI, Annen. Constitutionalism as Political Culture.**Pacific Rim Law & Policy jornal Association**, Washington, v. 11, n. 3, p. 561-576, 2002. Texto original: "*While Americans may disagree over any number of political issues, the discourse always assumes the continued validity and vitality of the United States Constitution. It is simply unthinkable that the Constitution would be discarded due to changing economic conditions or public apathy. Indeed, the Constitution and the national identity are so firmly intertwined that to abandon the former would be to extinguish the latter. Not so in Japan*".

1947, ao final da ocupação decorrente da Segunda-Guerra Mundial.

Essas circunstâncias criaram uma relação de desconfiança do povo japonês em relação à sua própria constituição, que jamais conseguiram perceber as suas estruturas normativas constitucionais como um instrumento de proteção dos direitos fundamentais e de suas liberdades. Pelo contrário, o sentido que a cultura política atribui à constituição japonesa assumiu um viés utilitarista, mais interligado à manutenção da paz social e da prosperidade econômica e à satisfação das necessidades básicas de sobrevivência dos cidadãos. Para Annen (2002):

> Japoneses [tendem a] apoiar a constituição não por que ela protege as liberdades, mas pela consciência de que ela pode continuar a trazer paz e prosperidade, respondendo as demandas dos seres humanos. Se a paz e a prosperidade decaírem como resultado de alterações econômicas e internacionais, as pessoas responderão que "não é necessário aderir à coisas inúteis como a constituição" e, certamente, ela será abandonada[10].

Por fim, as experiências constitucionais na América Latina, especialmente na Venezuela e na Colômbia, também demonstram um desvio da noção clássica de constitucionalismo, embora de modo menos acentuado do que aconteceu na África pós-colonial[11]. O professor David Landau (2013) se refere a essas situações de uso dos mecanismos de alteração constitucional – seja por meio de emenda, seja por meio de edição de novo texto constitucional – como **constitucionalismo abusivo**. Segundo ele, embora as constituições desses países contenham vários elementos estruturais semelhantes àqueles encontrados nas demais constituições liberais democráticas, há subterrânea e constante manipulação das estruturas normativas para subverter a ordem democrática.

10 JUNJI, op. cit., p. 561. Texto original: "Japanese support the Constitution not because it protects freedom, but rather the counciousness that it would continue to bring peace and prosperity by responding to the demands of "living beings". If Peace and prosperity declines as a resulto f economic and international changes, people respond that "it is not necessary to adhere to useless things like the Constitution", and frankly, it could be adandoned".

11 LANDAU, David. Abusive Constitutionalism. **UC Davis Law Review**, California, v. 47, n. 189, p. 189-260, abr. 2013.

4. CONCLUSÃO: AS CONSTITUIÇÕES ESCRITAS SÃO UMA FALSA NECESSIDADE DO CONSTITUCIONALISMO GLOBAL DO SÉCULO XXI?

A atividade de engajamento comparativo é metodologicamente contextual. Muito mais do que abstratamente cotejar textos normativos, **comparar** envolve o cuidadoso trabalho de verificar contextos, de reconstruir históricos institucionais e de analisar o modo como elementos extrajurídicos influem na conformação da cultura política de um país.

A pesquisa comparativa sobre as experiências constitucionais vivenciadas em diversas regiões do mundo evidencia que são vários os constitucionalismos. A cultura política de cada país – amálgama entre os elementos históricos, políticos, institucionais e morais, considerados temporalmente – é determinante para se definirem as funções que cada constituição escrita desempenhará em cada sistema político, bem como os significados que cada sociedade atribuirá a esse corpo de normas.

A doutrina tradicional sempre faz referências aos casos em que a experiência constitucional não é necessariamente acompanhada de constituição escrita, como na Inglaterra e em Israel, mas pouco se dedica a analisar casos em que a presença de constituição não vem acompanhada da aderência ao constitucionalismo. O presente trabalho pretendeu preencher essa lacuna, ao exemplificar situações que divergem da noção tradicional construída na França e nos Estados Unidos, especialmente os casos em que a promulgação de constituições escritas não esteve embasada em um compromisso dos grupos de controle político em seguir os valores garantísticos de limitação do poder estatal.

Somados os casos de **constitucionalismo sem constituição** e de **constituição sem constitucionalismo**, percebe-se intuitivamente que estruturas constitucionais, por si, não adquirem força normativa por geração espontânea. A cultura política é determinante para a construção da legitimidade e do simbolismo do sistema político-democrático.

Essa constatação faz lembrar que uma das funções do direito constitucional comparado é detectar as **falsas necessidades** de cada sistema político, conforme enuncia Mark Tushnet (2006)[12]. Uma reflexão se impõe: na medida em que se percebe que, em numerosos casos, as normas constitucionais têm falhado em regular efetivamente o processo político, de modo que a legitimidade respectiva depende da cultura política de cada sociedade, seriam as constituições escritas uma falsa necessidade do constitucionalismo global do século XXI?

A resposta é veementemente negativa. De fato, como afirma o professor David Landau (2013), "[...] as regras formais encartadas nas constituições são frequentemente frágeis"[13], mais ainda se não sustentadas por uma cultura política compromissada com a sua efetividade. Por outro lado, o reconhecimento de que a cultura política assume papel determinante na consolidação do constitucionalismo não implica que as constituições sejam peça estrutural descartável. Conforme explicitado nas seções anteriores, estruturas institucionais (entre elas, a constituição) e cultura política se retroalimentam constantemente. Estruturas jurídicas enquadram condutas, limitam a atuação do estado e dos indivíduos, expandem possibilidades de atuação, criam direitos, alocam poderes e distribuem recursos escassos: enfim, formalizam uma série de valores presentes e de aspirações futuras. Por sua vez, a cultura política atribui sentido e legitimidade às instituições.

Outrossim, o fato de haver fricção entre constituição e cultura política em algumas sociedades não significa que a experiência constitucional falhou. Primeiro, o transplante de estruturas constitucionais assume contornos específicos em cada país, a depender dos valores dominantes, dos jogos de poder em vigor e das aspirações de cada nação. Nesse sentido, a título de exemplo, não se pode pretender medir o constitucionalismo africano pela régua do constitucionalismo americano, sob pena de se concluir que qualquer outra experiência que não a americana consista em disfunção anômala do sentido original

---

12 TUSHNET, Mark. Some reflections on method in Comparative Constitutional Law. In: CHOUDHRY, Sujit. **The Migration of Constitutional Ideas**. Cambridge (ING): Cambridge University Press, 2006.

13 LANDAU, op. cit., p. 260.

de constituição. É preciso aceitar a premissa de que, não obstante estruturas constitucionais assumam funções relativamente semelhantes em qualquer país, são vários – e não apenas um só – os constitucionalismos, de modo que é preciso preservar as aspirações autônomas de cada um.

Segundo, eventuais atitudes de manipulação constitucional devem ser um convite não para se descartarem as constituições, mas para se problematizar como se pode preservar o constitucionalismo – e as suas legítimas aspirações – em face das cruezas da realidade política. Nesse ponto, se, por um lado, tentar alterar a cultura política pode ser uma empreitada infrutífera em curto prazo – considerada a dificuldade de se remodelarem valores em curto interregno –, por outro, experimentos de reformas estruturais que destinem aos atores políticos incentivos efetivos de aderência aos compromissos constitucionais podem ser uma estratégia útil.

Em suma, o futuro do direito constitucional e da democracia perpassa inexoravelmente por uma problematização mais realista e consequencial das estruturas constitucionais, de modo a se perceberem, efetivamente, como funcionam os arranjos institucionais e como eles se desenrolam em cada cultura política. Assim, será possível empreender experimentos mais efetivos de imaginação institucional e de reformas estruturais, de modo a tornar as constituições mais responsivas às reais necessidades de cada sociedade e, portanto, mais aptas a produzir mais democracia.

REFERÊNCIAS

ACKERMAN, Bruce. The Rise of World Constitutionalism.**Occasional Papers**, Londres, n. 4. Disponível em: <https://goo.gl/1ATk5G>. Acesso em: 19 set. 2017.

CASSELS, Jamie.Judicial Activism and Public Interest Litigation in India: Attepempting the Impossible? **Am. J. Com. L.**, Maryland, n. 37, p. 495, 1989.

CHOUDHRY, Sujit.**The Migration of Constitutional Ideas**. Cambridge (ING): Cambridge University Press, 2006.

EPP, Charles R. **The Rights Revolution**: Lawyers, Activists and Supreme Courts in Comparative Perspective. Chicago (EUA): Chicago Press, 1998. 342 p.

FALLON, Richard. The Core Of an Uneasy Case for Judicial Review, **Harv. L. Ver.**, n. 121. p. 1693, 2008.

FRANKLIN, Daniel; BAUN, Michael. Political culture and constitutionalism: a comparative approach. Nova Iorque (EUA): **Routledge**, 1994.

HIRSCHL, Ran. The Political Origins of the New Constitutionalism, **Ind. J. Global Legal Stud.**, Indiana, n. 11, p. 71, 2004.

HIRSCHL, Ran.**Towards Juristocracy**: the origins and the consequences of the new constitutionalism. Massachusetts (EUA): Harvard University Press, 2004.

JACKSON, Vicki, Constitutional Comparisons: Convergence, Resistence, Engagement. **Harvard Law Review**, Massachusetts, p. 109-119, nov. 2005.

JACKSON, Vicki; TUSHNET, Mark. **Comparative Constitutional Law**. Cambridge (ING): Foundation Press, 2014.

JUNJI, Annen. Constitutionalism as Political Culture, **Pacific Rim Law & Policy jornal Association**, v. 11, n. 3, p. 561-576, 2002. Disponível em: <https://goo.gl/8oc2Cw>. Acesso em: 19 set. 2017.

LANDAU, David. A Dynamic Theory of Judicial Role.**Boston College Law Review**, Boston, n. 55, p. 1501-1503, 2014.

LANDAU, David. Abusive Constitutionalism. **UC Davis Law Review**, California, v. 47, n. 189, p. 189-260, abr. 2013. Disponível em: <https://goo.gl/LmmZgX>. Acesso em: 18 set. 2017.

LANDAU, David.The Reality of Social Rights Enforcement, **Harvard International Law Journal**,Massachusetts, n. 53, p. 191-202,2012.

MEYERS, Marvin. **The Mind of the Founder**: Sources of the Political Thought of James Madison. Nova Inglaterra (EUA): Bobbs-Merrill, 1973, p. 230-231.

NOURSE, Victoria; SHAFFER, Gregory. Empiricism, Experimentalism, and Conditional Theory. **Legal Studies Research Paper Series**, n. 40, p. 101-111, 2014.

OKOTH, Ogendo Hasting W. Constitutions without constitutionalism: an African political paradox, Cent. **Afri. J. Pharm.Sci**., Nairobi (QUE), v. 5, n. 3, p. 60-66, 1993.

SANTOS, Pedro Felipe de Oliveira. **Beyond minimalism and usurpation**: designing judicial review to control the mis-enforcement of socio-economic rights. Massachusetts (EUA): Harvard Law School,2015, 174 p.

SCOTT, Joanne; STURM, Susan P.Courts as Catalysts: Rethinking the Judicial Role in New Governance.**Columbia Journal of European Law**, Nova Iorque, n. 13, p. 1-2, 2007.

SUNSTEIN, Cass. Constitutionalism and Secession. **The University of Chicago Law Review**, Chicago, v. 58, n. 2, 1991, p. 633-670.

TUSHNET, Mark. Reflections on Judicial Enforcement of Social and Economic Rights in the Twenty-First Century, **Nujs L. Rev.**, Kolkata (IND), n. 4, p. 177, 2011.

TUSHNET, Mark. Some reflections on method in Comparative Constitutional Law. In: CHOUDHRY, Sujit. **The Migration of Constitutional Ideas**. Cambridge (ING): Cambridge University Press, 2006.

UNGER, Roberto Mangabeira. **What Should Legal Analysis Become**. Nova Iorque (EUA): Verso, 1996.

WALDRON, Jeremy. The Core of the Case Against Judicial Review. **Yale L. J.**, New Haven, n. 115, p. 1346, 2006.

YOUNG, Katharine G. **Constituting Economic and Social Rights**. Oxford (ING): Oxford University Press, 2012. 384 p.

A RAZÃO SEM VOTO: O SUPREMO TRIBUNAL FEDERAL E O GOVERNO DA MAIORIA

LUÍS ROBERTO BARROSO

RESUMO: O presente artigo aborda três temas diversos e entrelaçados. No primeiro capítulo, discute o desenvolvimento da teoria constitucional em novas democracias, tomando como exemplo o caso do Brasil, e enfatizando a ascensão política e institucional do Poder Judiciário nas últimas décadas. No segundo capítulo, o texto procura demonstrar o grau elevado de indeterminação do direito contemporâneo e o consequente aumento da discricionariedade judicial, em um mundo complexo e plural. No terceiro e principal capítulo, o autor explora a ideia de que a democracia contemporânea é feita de votos, direitos e razões, procurando identificar os diferentes papeis das cortes supremas neste cenário. Aponta, assim, que, para além do papel contramajoritário tradicionamente identificado pela teoria constitucional, elas desempenham, também, um papel representativo e, esporadicamente, um papel iluminista. O texto conclui com a defesa do diálogo institucional e da interlocução qualificada com a sociedade como formas superadoras ou, ao menos, atenuadoras da supremacia judicial.

NOTA PRÉVIA

Não é tarefa simples escrever em homenagem a um jurista que há muito tempo já ocupa lugar de honra entre os mais notáveis e importantes constitucionalistas de nosso País. Alguém que, apesar das adversidades enfrentadas na infância e adolescência, fez de sua vida uma história de sucesso. Aquele **caipira dos sertões mineiros**, como o próprio homenageado revela como se considerava no início de sua vida em obra autobiográfica, é hoje reconhecido nacional e internacionalmente por juristas de renome e acadêmicos destacados. Sua história de vida e seu **itinerário constitucional** são inegavelmente inspiradores e emocionantes.

Na vida acadêmica, o Professor José Afonso da Silva segue cumprindo com êxito e vigor intelectual importante papel na contínua formação jurídica de várias gerações. Desde o início de suas reflexões, trata de enfrentar problemas cujas soluções servem para o avanço do direito constitucional brasileiro. Dentre seus inúmeros livros, hoje já clássicos, destaco **Aplicabilidade das Normas Constitucionais**, obra que corresponde ao trabalho exigido na inscrição para o concurso para Professor Titular de Direito Constitucional da Faculdade de Direito do Largo do São Francisco, realizado em 1969. Ainda que o homenageado não tenha se saído vencedor naquele concurso, seu trabalho o projetou nacional e internacionalmente, revelando-se de especial importância para o país nos anos seguintes, o que tornou tanto a obra como o homenageado felizes vitoriosos na história do Direito Constitucional. Fora da academia, José Afonso da Silva prestou importantes serviços para o Estado de São Paulo e para a Nação, ao atuar como Procurador do Estado de São Paulo e assessor jurídico da Assembleia Constituinte que deu origem à Constituição Federal de 1988. Sua valiosa influência no Judiciário se evidencia, por exemplo, em citações de suas obras em incontáveis votos de Ministros do Supremo Tribunal Federal, em casos envolvendo tanto questões ordinárias como aquelas quase intratáveis do direito constitucional contemporâneo.

Aqui tomo um espaço para um relato autobiográfico que o envolve. Há alguns anos atrás, por curiosidades da vida, na condição de membro da banca para o concurso de Professor Titular de Direito Constitucional, examinei seu filho, o Professor Virgílio Afonso da Silva, que se saiu vencedor na disputa. Na vida, muitos dos nossos desejos são realizados por nossos filhos, o que os torna ainda mais especiais.

1. INTRODUÇÃO

"A história é um carro alegre,
cheio de um povo contente
Que atropela indiferente
Todo aquele que a negue".
Chico Buarque

Dois professores debatiam acerca do papel do Poder Judiciário e das cortes supremas nas democracias, em uma das mais renomadas universidades do mundo. Ambos eram progressistas e tinham compromissos com o avanço social. O primeiro achava que só o Legislativo poderia consagrar direitos e conquistas. O segundo achava que o Legislativo deveria ter preferência em atuar. Mas, se não agisse, a atribuição se transferia para o Judiciário. Eis o diálogo entre ambos:

> – Professor 1: "A longo prazo as pessoas, por meio do Poder Legislativo, farão as escolhas certas, assegurando os direitos fundamentais de todos, aí incluídos o direito de uma mulher interromper a gestação que não deseja ou de casais homossexuais poderem expressar livremente o seu amor. É só uma questão de esperar a hora certa".
>
> – Professor 2: "E, até lá, o que se deve dizer a dois parceiros do mesmo sexo que desejam viver o seu afeto e seu projeto de vida em comum agora? Ou à mulher que deseja interromper uma gestação inviável que lhe causa grande sofrimento? Ou a um pai negro que deseja que seu filho tenha acesso a uma educação que ele nunca pôde ter? Desculpe, a história está um pouco atrasada; volte daqui a uma ou duas gerações?"[1].

O texto que se segue lida, precisamente, com essa dualidade de perspectivas. Nele se explora o tema do papel representativo das cortes supremas, sua função iluminista

---

1 O debate foi na Universidade de Harvard entre o Professor Mark Tushnet e o autor desse texto, realizado em 7 nov. 2011. Intitulado Politics and the Judiciary, encontra-se disponível em vídeo em: <https://www.youtube.com/watch?v=giC_vOBn-bc>. Acesso em: 22 jul. 2015. Sobre o tema, ver, de autoria de TUSHNET, Mark, **Taking the constitution away from the courts.** Nova Jersey (EUA): Princeton University Press, 1999; e TUSHNET, Mark. **Weak courts, strong rights**: judicial review and social welfare rights in comparative constitutional law. Nova Jersey (EUA): Princeton University Press, 2008. De autoria de Luís Roberto Barroso, ver também Constituição, democracia e supremacia judicial: direito e política no Brasil contemporâneo, In: __________. **O novo direito constitucional brasileiro**: contribuições para a construção teórica e prática da jurisdição constitucional no Brasil, 2012.

e as situações em que elas podem, legitimamente, **empurrar a história**. Para construir o argumento, são analisados os processos históricos que levaram à ascensão do Poder Judiciário no mundo e no Brasil, o fenômeno da indeterminação do direito e da discricionariedade judicial, bem como a extrapolação da função puramente contramajoritária das cortes constitucionais. A conclusão é bastante simples e facilmente demonstrável, apesar de contrariar em alguma medida o conhecimento convencional: em alguns cenários, em razão das múltiplas circunstâncias que paralisam o processo político majoritário, cabe ao Supremo Tribunal Federal assegurar o governo da maioria e a igual dignidade de todos os cidadãos.

A premissa subjacente a esse raciocínio tampouco é difícil de se enunciar: a política majoritária, conduzida por representantes eleitos, é um componente vital para a democracia. Mas a democracia é muito mais do que a mera expressão numérica de uma maior quantidade de votos. Para além desse aspecto puramente formal, ela possui uma dimensão substantiva, que abrange a preservação de valores e direitos fundamentais. A essas duas dimensões – formal e substantiva – soma-se, ainda, uma dimensão deliberativa, feita de debate público, argumentos e persuasão. A democracia contemporânea, portanto, exige votos, direitos e razões. Esse é o tema do presente ensaio.

2. A EVOLUÇÃO DA TEORIA CONSTITUCIONAL NO BRASIL E A ASCENSÃO DO PODER JUDICIÁRIO

2.1. O DIREITO CONSTITUCIONAL NA DITADURA: ENTRE A TEORIA CRÍTICA E O CONSTITUCIONALISMO CHAPA BRANCA[2]

O regime militar se estendeu de 1º de abril de 1964, com

2 A expressão "constitucionalismo chapa-branca" foi utilizada por Carlos Ari Sundfeld em outro contexto e com outro sentido, referindo-se ao excesso de proteção dado pela Constituição de 1988 "[...] às posições de poder de corporações e organismos estatais ou paraestatais". ver SUNDFELD, Carlos Ari. O fenômeno constitucional e suas três forças. In: SOUZA NETO, Cláudio Pereira de; SARMENTO, Daniel; BINENBOJM, Gustavo. **Vinte anos da Constituição Federal de 1988**, Rio de Janeiro: Lumen Juris, 2008, p. 14-15.

o início do golpe que destituiria o Presidente João Goulart do poder, até quinze de março de 1985, quando o General João Baptista Figueiredo saiu pela porta dos fundos do Palácio do Planalto, recusando-se a passar a faixa presidencial a seu sucessor. Foram pouco mais de vinte anos de regime de exceção, com fases de maior ou menor repressão política, que incluíram censura, prisões ilegais, tortura e mortes. Vigoraram, no período as Constituições de 1946 e de 1967, assim como a Emenda Constitucional nº 1, de 1969, considerada uma nova Constituição do ponto de vista material. Simultaneamente à ordem constitucional, já por si autoritária, foram editados diversos atos institucionais, que criavam a legalidade paralela dos governos militares, cujo símbolo maior foi o Ato Institucional nº 5, de 15.12.1968. Com base nele, era facultado ao Presidente, ao lado de outras arbitrariedades, decretar o recesso do Congresso Nacional, cassar mandatos parlamentares, suspender direitos políticos e aposentar compulsoriamente servidores públicos[3].

Ao longo desse período, a teoria e o Direito Constitucional oscilaram entre dois extremos, ambos destituídos de normatividade. De um lado, o pensamento constitucional tradicional, capturado pela ditadura, acomodava-se a uma perspectiva historicista, puramente descritiva das instituições vigentes, incapaz de reagir ao poder autoritário e ao silêncio forçado das ruas[4]. De outro lado, parte da academia e da juventude haviam migrado para a teoria crítica do direito, um misto de ciência política e sociologismo jurídico, de forte influência mar-

3 Para um rico e documentado relato do período militar, indo da deposição de João Goulart ao final do governo de Ernesto Geisel, ver também os quatro volumes escritos por Elio Gaspari: **A ditadura envergonhada**, 2002; **A ditadura escancarada**, 2002; **A ditadura derrotada**, 2003; e **A ditadura encurralada**, 2004. Sobre o processo de redemocratização, ver a obra coletiva STEPAN, Alfred (org.).**Democratizando o Brasil**. São Paulo: Paz e Terra, 1985, com textos de autores que viriam a ter papel relevante após a redemocratização, como Fernando Henrique Cardoso, Edmar Bacha, Pedro Malan e Francisco Weffort.

4 Ver também FRANCO, Afonso Arinos de Melo. **Curso de direito constitucional brasileiro.** Rio de Janeiro: Forense, 1968; e JACQUES, Paulino. **Curso de direito constitucional**. Rio de Janeiro: Forense, 1970.

xista[5]. A teoria crítica enfatizava o caráter ideológico da ordem jurídica, vista como uma superestrutura voltada para a dominação de classe, e denunciava a natureza violenta e ilegítima do poder militar no Brasil. O discurso crítico, como intuitivo, fundava-se em um propósito de **desconstrução**do sistema vigente, e não considerava o direito um espaço capaz de promover o avanço social. Disso resultou que o mundo jurídico tornou-se um feudo do pensamento conservador ou, no mínimo, tradicional. Porém, a visão crítica foi decisiva para o surgimento de uma geração menos dogmática, mais permeável a outros conhecimentos teóricos e sem os mesmos compromissos com o *status quo*. A redemocratização e a reconstitucionalização do País, no final da década de 80, impulsionaram uma volta ao direito.

5 Ver também WARAT, Luiz Alberto, A produção crítica do saber jurídico. In: PLASTINO, Carlos Alberto (org.), **Crítica do direito e do Estado**. Rio de Janeiro: Graal, 1984; COELHO, Luiz Fernando. **Teoria crítica do direito**. Porto Alegre: S. A. Fabris, 1991 (a 1a ed. é de 1986); AZEVEDO, Plauto Faraco de. **Crítica à dogmática e hermenêutica jurídica**. Porto Alegre: S. A. Fabris, 1989; e MIAILLE, Michel. **Introdução crítica ao direito.** [s. l.]: [s. n.], 1989 (a 1 ed. é de 1979).

2.2. A CONSTRUÇÃO DE UM DIREITO CONSTITUCIONAL DEMOCRÁTICO: A BUSCA PELA EFETIVIDADE DA CONSTITUIÇÃO E DE SUAS NORMAS

Na ante-véspera da convocação da constituinte de 1988, era possível identificar um dos fatores crônicos do fracasso na realização do Estado de direito no país: a falta de seriedade em relação à lei fundamental, a indiferença para com a distância entre o texto e a realidade, entre o ser e o dever-ser previsto na norma. Dois exemplos emblemáticos: a Carta de 1824 estabelecia que "a lei será igual para todos", dispositivo que conviveu, sem que se assinalassem perplexidade ou constrangimento, com os privilégios da nobreza, o voto censitário e o regime escravocrata. Outro: a Carta de 1969, outorgada pelos Ministros da Marinha de Guerra, do Exército e da Aeronáutica Militar, assegurava um amplo elenco de liberdades públicas inexistentes e prometia aos trabalhadores um pitoresco conjunto de direitos sociais não desfrutáveis, que incluíam "colônias de férias e clínicas de repouso"[6]. Além das complexidades e sutilezas inerentes à concretização de qualquer ordem jurídica, havia no país uma patologia persistente, representada pela insinceridade constitucional. A Constituição, nesse contexto, tornava-se uma mistificação, um instrumento de dominação ideológica[7], repleta de promessas que não seriam honradas. Nela se buscava, não o caminho, mas o desvio; não a verdade, mas o disfarce[8].

A disfunção mais grave do constitucionalismo brasileiro, naquele final de regime militar, encontrava-se na não aquiescência ao sentido mais profundo e conseqüente da lei maior por parte dos estamentos perenemente dominantes, que sempre construíram uma realidade própria de poder, refratária a uma real democratização da sociedade e do Estado. Com a promulgação da Constituição de 1988, teve início a luta teórica e judicial pela conquista de efetividade pelas normas constitucionais[9]. Os primeiros anos de vigência da Constituição de 1988 envolveram o esforço da teoria constitucional para que o Judiciário assumisse o seu papel e desseconcretização efetiva aos princípios, regras e direitos inscritos na Constituição. Pode parecer óbvio hoje, mas o Judiciário, mesmo o Supremo Tribunal Federal,

---

6 Sobre o tema, ver o trabalho marcante de Celso Antonio Bandeira de Mello, Eficácia das normas constitucionais sobre justiça social, tese apresentada à IX Conferência Nacional da OAB, 1982. Autores precursores no domínio da eficácia das normas constitucionais foram J.H. Meirelles Teixeira, Curso de direito constitucional, 1991 (o texto é o de anotações de aulas do início da década de 60, orgnizado por Maria Garcia); e José Afonso da Silva, Aplicabilidade das normas constitucionais, 1998 (a 1a edição é de 1968).

7 GRAU, Eros Roberto. **A constituinte e a Constituição que teremos**. São Paulo: Revista dos Tribunais, 1985, p. 44.

8 Sobre o tema da falta de efetividade, ver BARROSO, Luis Roberto. **O direito constitucional e a efetividade de suas normas**. Rio de Janeiro: Renovar, 2009. (A 1. ed. é de 1990).

9 Nessa linha, ver CLÈVE, Clemerson Merlin. A teoria constitucional e o direito alternativo (para uma dogmática constitucional emancipatória). In: ________. **Uma vida dedicada ao direito**: homenagem a Carlos Henrique de Carvalho, o editor dos juristas. São Paulo: Revista dos Tribunais, 1995.

relutava em aceitar esse papel[10]. No início dos anos 2000, essa disfunção foi sendo progressivamente superada e o STF foi se tornando, verdadeiramente, um intérprete da Constituição. A partir daí, houve demanda por maior sofisticação teórica na interpretação constitucional, superadora da visão tradicional de que se tratava apenas de mais um caso de interpretação jurídica, a ser feita com base nos elementos gramatical, histórico, sistemático e teleológico. Foi o início da superação do positivismo normativista e de sua crença de que a decisão judicial é um ato de escolha política·

2.3. NEOCONSTITUCIONALISMO, CONSTITUCIONALIZAÇÃO DO DIREITO E A ASCENSÃO DO JUDICIÁRIO

"A mente que se abre a uma nova ideia jamais voltará ao seu tamanho original".
Albert Enstein

Ao final da Segunda Guerra Mundial, países da Europa continental passaram por um importante redesenho institucional, com repercussões de curto, médio e longo prazo sobre o mundo romano-germânico em geral. O direito constitucional saiu do conflito inteiramente reconfigurado, tanto quanto ao seu objeto – novas constituições foram promulgadas –, quanto no tocante ao seu papel – centralidade da Constituição em lugar da lei –, como, ainda, com relação aos meios e modos de interpretar e aplicar as suas normas – surgimento da nova hermenêutica constitucional. Ao lado dessas transformações dogmáticas, ocorreu igualmente uma notável mudança institucional, representada pela criação de tribunais constitu-

10 De fato, no início da vigência da Constituição de 1988, o STF – cujos integrantes deviam o seu título de investidura ao regime militar –, empenhou-se em uma interpretação retrospectiva da nova ordem constitucional, fazendo-a ficar tão parecida quanto possível com a anterior. Nessa linha, tornou a figura da medida provisória quase idêntica ao velho decreto-lei; frustrou as potencialidades do mandado de injunção, que só foi ressuscitado na segunda metade dos anos 2000; e criou um conjunto de restrições ao direito de propositura de ações diretas pelas entidades de classe de âmbito nacional e confederações sindicais. Sobre o tema, ver a densa tese de doutorado apresentada à Universidade de Yale por ARGUELHES, Diego Werneck. **Old Courts, New Beginnings**: Judicial continuity and constitutional transformation in Argentina and Brazil. 2014. Tese (Doutorado em Direito)-Universidade de Yale, New Haven (EUA), 2014, p. 110-128.

cionais e uma progressiva ascensão do Poder Judiciário. No lugar do Estado legislativo de direito, que se consolidara no século XIX, surge o Estado constitucional de direito, com todas as suas implicações[11]. Esse novo modelo tem sido identificado como constitucionalismo do pós-guerra, novo direito constitucional ou neoconstitucionalismo[12].

O neoconstitucionalismo identifica uma série de transformações ocorridas no Estado e no direito constitucional, nas últimas décadas, que tem **(i)** como marco **filosófico**, o pós-positivismo, que será objeto de comentário adiante; **(ii)** como marco **histórico**, a formação do Estado constitucional de direito, após a 2ª. Guerra Mundial, e, no caso brasileiro, a redemocratização institucionalizada pela Constituição de 1988; e **(iii)** como marco **teórico**, o conjunto de novas percepções e de novas práticas, que incluem o reconhecimento de força normativa à Constituição – inclusive, e sobretudo, aos princípios constitucionais –, a expansão da jurisdição constitucional e o desenvolvimento de uma nova dogmática da interpretação constitucional, envolvendo novas categorias, como os princípios, as colisões de direitos fundamentais, a ponderação e a argumentação. O termo neoconstitucionalismo, portanto, tem um caráter **descritivo** de uma nova realidade. Mas conserva, também, uma dimensão **normativa**, isto é, há um endosso a essas transformações. Trata-se, assim, não apenas de uma forma de descrever o direito atual, mas também de desejá-lo. Um direito que deixa a sua zona de conforto tradicional, que é o da conservação de conquistas políticas relevantes, e passa a ter, também, uma função promocional,

---

11 Sobre o tema, ver FERRAJOLI Luigi, Pasado y futuro del Estado de derecho. In: CARBONELL, Miguel (coord.). **Neoconstitucionalismo(s)**. Madri (ESP): Frotta, 2003.

12 Para duas coletâneas importantes sobre o tema, em língua espanhola, ver CARBONELL, 2003, passim; e CARBONELL, Miguel. **Teoría del neoconstitucionalismo**: Ensayos escogidos.Madri (ESP): Trotta, 2007. Para uma valiosa coletânea de textos em português, ver QUARESMA, Regina; OLIVEIRA, Maria Lúcia de Paula; OLIVEIRA, Farlei Martins Riccio de. **Neoconstitucionalismo**. Rio de Janeiro: Forense, 2009. As ideias desenvolvidas nos dois parágrafos seguintes foram sistematizadas, originariamente, em BARROSO, Luís Roberto. Neoconstitucionalismo e constitucionalização do Direito, **Revista de Direito Administrativo**, Rio de Janeiro, v. 240, n. 1, 2005.

constituindo-se em instrumento de avanço social. Tão intenso foi o ímpeto das transformações, que tem sido necessário reavivar as virtudes da moderação e da mediania, em busca de equilíbrio entre valores tradicionais e novas concepções[13].

A constitucionalização do Direito, por sua vez, está associada a um efeito expansivo das normas constitucionais, cujo conteúdo material e axiológico se irradia, com força normativa, por todo o sistema jurídico. Os valores, fins públicos e os comportamentos contemplados nos princípios e regras da Constituição passam a condicionar a validade e o sentido de todas as normas do direito infraconstitucional. Nesse ambiente, a Constituição passa a ser não apenas um sistema em si – com sua ordem, unidade e harmonia –, mas também um modo de olhar e interpretar todos os ramos do Direito. A constitucionalização do direito infraconstitucional não tem como sua principal marca a inclusão na Lei Maior de normas próprias de outros domínios, mas, sobretudo, a reinterpretação de seus institutos sob uma ótica constitucional[14].

---

13 Para uma tentativa de demarcação dos espaços entre o Poder Legislativo e a deliberação democrática, de um lado, e o Poder Judiciário e a atuação criativa do juiz, de outro, ver BARROSO, Luís Roberto. **Temas de direito constitucional**. Rio de Janeiro: Renovar, 2008. t. III, p. 308-321. Sobre a contenção da "euforia dos princípios" e do voluntarismo judicial, ver BARCELLOS, Ana Paula de. **Ponderação, racionalidade e atividade jurisdicional**. Rio de Janeiro: Renovar, 2005. Para uma advertência sobre os riscos de "judiciocracia", "oba-oba constitucional" e "panconstitucionalização", ver SARMENTO, Daniel. O neoconstitucionalismo no Brasil: riscos e possibilidades. In: _______. **Filosofia e teoria constitucional contemporânea**. Rio de Janeiro: Lumen Juris, 2009, p. 132 et seq., onde se faz o registro da existência de múltiplas vertentes neoconstitucionalistas. Para uma visão divergente em relação ao tema, ver GALVÃO, Jorge Octavio Lavocat. **O neoconstitucionalismo e o fim do Estado de direito?** São Paulo: Saraiva, 2014; DIMOULIS, Dimitri. Uma visão crítica do neoconstitucionalismo. In: SALOMÃO, George Leite; SALOMÃO, Glauco Leite (coord.).**Constituição e efetividade**. Salvador: JusPodivm, 2008; e FERREIRA FILHO, Manoel Gonçalves. Notas sobre o direito constitucional pós-moderno, em particular sobre certo neoconstitucionalismo à brasileira, **Revista de Direito Administrativo**, Rio de Janeiro, v. 250, p. 151, 2009.

14 Sobre o tema, ver importante cole-tânea coligida por SOUZA NETO, Cláudio Pereira; SARMENTO, Daniel (coord.). **A constitucionalização do direito**:fundamentos teóricos e aplicações específicas. Rio de Janeiro: Lúmen Júris, 2007.

Por fim, simultaneamente a esses novos desenvolvimentos teóricos, verificou-se, também, uma vertiginosa ascensão do Poder Judiciário. O fenômeno é universal e também está conectado ao final da Segunda Grande Guerra. A partir daí o mundo deu-se conta de que a existência de um Poder Judiciário independente e forte é um importante fator de preservação das instituições democráticas e dos direitos fundamentais[15]. No Brasil, sob a vigência da Constituição de 1988, o Judiciário, paulatinamente, deixou de ser um departamento técnico especializado do governo para se tornar um verdadeiro poder político. Com a redemocratização, aumentou a demanda por justiça na sociedade e, consequentemente, juízes e tribunais foram crescentemente chamados a atuar, gerando uma judicialização ampla das relações sociais no País. Este fato é potencializado pela existência, entre nós, de uma Constituição abrangente, que cuida de uma ampla variedade de temas. No fluxo desses desenvolvimentos teóricos e alterações institucionais, e em parte como consequência deles, houve um importante incremento na subjetividade judicial. A este tema se dedica o próximo capítulo.

15 Sobre o tema da ascensão do Judiciário, ver na literatura estrangeira, em meio a muitos títulos, TATE, C. Neal; VALLINDER, Torbjörn (coord.), **The global expansion of judicial power**. Nova Iorque (EUA): New York University Press, 1995, p. 117, e SWEET, Alec Stone. **Governing with judges**: constitutional polítics in Europe. Oxford (ING): Oxford University Press, 2000, p. 35-36; p. 130. Na literatura nacional, ver o trabalho pioneiro de VIANNA, Luiz Werneck et al. **A judicialização da política e das relações sociais no Brasil**. Rio de Janeiro: Editora Revan, 1999. Ver também CITTADINO, Giselle. Judicialização da política, constitucionalismo democrático e separação de Poderes. In: VIANNA, Luiz Werneck (org.). **A democracia e os três Poderes no Brasil**. Belo Horizonte: OFMG, 2002. E, também, BARROSO, Luís Roberto. Constituição, democracia e supremacia judicial: direito e política no Brasil contemporâneo. In:_______. **O novo direito constitucional brasileiro**: contribuições para a construção teórica e prática da jurisdição constitucional no Brasil. Belo Horizonte: Fórum, 2012.

3. INDETERMINAÇÃO DO DIREITO E DISCRICIONARIEDADE JUDICIAL

3.1. AS TRANSFORMAÇÕES DO DIREITO CONTEMPORÂNEO

O constitucionalismo democrático foi a ideologia vitoriosa do século XX. Nesse arranjo institucional se condensam duas ideias que percorreram trajetórias diferentes: o **constitucionalismo**, herdeiro da tradição liberal que remonta ao final do século XVII, expressa a ideia de poder limitado pelo Direito e respeito aos direitos fundamentais. A **democracia** traduz a ideia de soberania popular, de governo da maioria, que somente se consolida, verdadeiramente, ao longo do século XX. Para arbitrar as tensões que muitas vezes existem entre ambos – entre direitos fundamentais e soberania popular –, a maior parte das democracias contemporâneas instituem tribunais constitucionais ou cortes supremas[16]. Portanto, o pano de fundo no qual se desenvolve a presente narrativa inclui: **(i)** uma Constituição que garanta direitos fundamentais, **(ii)** um regime democrático e **(iii)** a existência de uma jurisdição constitucional.

O século XX foi cenário da superação de algumas concepções do pensamento jurídico clássico, que haviam se consolidado no final do século XIX. Ideias que eram ligadas ao formalismo, ao positivismo e ao legalismo. Essas transformações chegaram ao Brasil no quarto final do século, sobretudo após a redemocratização. Novos ventos passaram a soprar por aqui, tanto na academia quanto na jurisprudência dos tribunais, especialmente do Supremo Tribunal Federal. Identifico, a seguir, três dessas transformações, que afetaram o modo como se pensa e se pratica o Direito no mundo contemporâneo, em geral, e no Brasil das últimas décadas, em particular:

1. **Superação do formalismo jurídico**. O pensamento jurídico clássico alimentava duas ficções: a) a de que o Direito, a norma jurídica, era a expressão da razão, de uma justiça imanente; e b) que o Direito se concretizava mediante uma operação lógica e dedutiva, em que o juiz fazia a subsunção dos fatos à norma, meramente pronunciando a consequência jurídica que nela já se continha. Tais premissas metodológicas – na verdade, ideológicas – não resistiram ao tempo. Ao longo do século XX, consolidou-se a convicção de que: a) o Direito é, frequentemente, não a expressão de uma justiça imanente, mas de in-

16 Este tema da tensão entre constitucionalismo e democracia é recorrente na teoria constitucional. Para uma valiosa reflexão sobre ele, ver MICHELMAN, Frank I. **Brennan and democracy**. Nova Jersey (EUA): Princeton University Press, 1999.

teresses que se tornam dominantes em um dado momento e lugar; e b) em uma grande quantidade de situações, a solução para os problemas jurídicos não se encontrará pré-pronta no ordenamento jurídico. Ela terá de ser construída argumentativamente pelo intérprete.

2. **Advento de uma cultura jurídica pós-positivista**. Nesse ambiente em que a solução dos problemas jurídicos não se encontra integralmente na norma jurídica, surge uma cultura jurídica pós-positivista. Se a solução não está toda na norma, é preciso procurá-la em outro lugar. E, assim, supera-se a separação profunda que o positivismo jurídico havia imposto entre o Direito e a Moral, entre o Direito e outros domínios do conhecimento. Para construir a solução que não está pronta na norma, o Direito precisa se aproximar da filosofia moral – em busca da justiça e de outros valores –, da filosofia política – em busca de legitimidade democrática e da realização de fins públicos que promovam o bem comum e, de certa forma, também das ciências sociais aplicadas, como a economia e a psicologia.

A doutrina pós-positivista se inspira na revalorização da razão prática[17], na teoria da justiça[18] e

17 O termo ficou indissociavelmente ligado à obra de Kant, notadamente à Fundamentação da metafísica dos costumes, de 1785 e à Crítica da razão prática, de 1788. De forma sumária e simplificadora, a razão prática cuida da fundamentação racional – mas não matemática – de princípios de moralidade e justiça, opondo-se à razão cientificista, que enxerga nesse discurso a mera formulação de opiniões pessoais insuscetíveis de controle. De forma um pouco mais analítica: trata-se de um uso da razão voltado para o estabelecimento de padrões racionais para a ação humana. A razão prática é concebida em contraste com a razão teórica. Um uso teórico da razão se caracteriza pelo conhecimento de objetos, não pela criação de normas. O positivismo só acreditava na possibilidade da razão teórica. Por isso, as teorias positivistas do direito entendiam ser papel da ciência do direito apenas descrever o direito tal qual posto pelo Estado, não justificar normas, operação que não seria passível de racionalização metodológica. É por isso que, por exemplo, para Kelsen, não caberia à ciência do direito dizer qual a melhor interpretação dentre as que são facultadas por determinado texto normativo. Tal atividade exibiria natureza eminentemente política, e sempre demandaria uma escolha não passível de justificação em termos racionais. O pós-positivismo, ao reabilitar o uso prático da razão na metodologia jurídica, propõe justamente a possibilidade de se definir racionalmente a norma do caso concreto através de artifícios racionais construtivos, que não se limitam à mera atividade de conhecer textos normativos.

18 Como assinalado por Ricardo Lobo Torres na nota seguinte, o livro de John Rawls, **A theory of justice**, de 1971, foi

na legitimação democrática. Nesse contexto, busca ir além da legalidade estrita, mas não despreza o direito posto; procura empreender uma leitura moral da Constituição e das leis, mas sem recorrer a categorias metafísicas. No conjunto de idéias ricas e heterogêneas que procuram abrigo nesse paradigma em construção, incluem-se a reentronização dos valores na interpretação jurídica, com o reconhecimento de normatividade aos princípios e de sua diferença qualitativa em relação às regras; a reabilitação da razão prática e da argumentação jurídica; a formação de uma nova hermenêutica; e o desenvolvimento de uma teoria dos direitos fundamentais edificada sobre a dignidade da pessoa humana. Nesse ambiente, promove-se uma reaproximação entre o Direito e a ética.[19]

3. **Ascensão do direito público e centralidade da Constituição.** Por fim, o século XX assiste a ascensão do direito público[20]. A teoria jurídica do século XIX havia sido construída predominantemente sobre as categorias do direito privado. O Século, que começara com o Código Civil francês, o Código Napoleão, de 1804, termina com a promulgação do Código Civil alemão, de 1900. Os protagonistas do Direito eram o contratante e o proprietário. Ao longo do século XX assiste-se a uma progressiva publicização do Direito, com a proliferação de normas de ordem pública. Não apenas em matéria de direito família, como era tradicional, mas em

emblemático para a filosofia política e para a ética, ao tratar do tema da justiça distributiva dentro do marco teórico do contrato social.

19 Ver TORRES, Ricardo Lobo. **Tratado de direito constitucional, financeiro e tributário**: valores e princípios constitucionais tributários. Rio de Janeiro: Renovar, 2005, p. 41: "De uns trinta anos para cá assiste-se ao retorno aos valores como caminho para a superação dos positivismos. A partir do que se convencionou chamar de 'virada kantiana' (*kantische Wende*), isto é, a volta à influência da filosofia de Kant, deu-se a reaproximação entre ética e direito, com a fundamentação moral dos direitos humanos e com a busca da justiça fundada no imperativo categórico. O livro *A Theory of Justice* de John Rawls, publicado em 1971, constitui a certidão do renascimento dessas idéias".

20 Sobre o tema, ver a valiosa tese de doutorado de RIBEIRO, Gonçalo de Almeida. **The decline of private law**: a philosofophic history of liberal legalism. 2012. Tese (Doutorado em Ciência Jurídica)-Universidade de Harvard, Massachusetts (EUA), 2012.

áreas tipicamente privadas como o contrato – com a proteção do polo mais fraco das relações jurídicas, como o trabalhador, o locatário, o consumidor – e a propriedade, com a previsão de sua função social[21].

Ao final do século XX, essa publicização do Direito resulta na centralidade da Constituição. Toda interpretação jurídica deve ser feita à luz da Constituição, dos seus valores e dos seus princípios. Toda interpretação jurídica é, direta ou indiretamente, interpretação constitucional. Interpreta-se a Constituição **diretamente** quando uma pretensão se baseia no texto constitucional – uma imunidade tributária, a preservação do direito de privacidade –; e interpreta-se a Constituição **indiretamente**quando se aplica o direito ordinário, porque antes de aplicá-lo é preciso verificar sua compatibilidade com a Constituição e, ademais, o sentido e o alcance das normas infraconstitucionais devem ser fixados à luz da Constituição.

3.2 .SOCIEDADES COMPLEXAS, DIVERSIDADE E PLURALISMO: OS LIMITES DA LEI NO MUNDO CONTEMPORÂNEO

A sociedade contemporânea tem a marca da complexidade. Fenômenos positivos e negativos se entrelaçam, produzindo uma globalização a um tempo do bem e do mal. De um lado, há a rede mundial de computadores, o aumento do comércio internacional e o maior acesso aos meios de transporte intercontinentais, potencializando as relações entre pessoas, empresas e países. De outro, mazelas como o tráfico de drogas e de armas, o terrorismo e a multiplicação de conflitos internos e regionais, consumindo vidas, sonhos e projetos de um mundo melhor. Uma era desencantada, em que a civilização do desperdício, do imediatismo e da superficialidade convive com outra, feita de bolsões de pobreza, fome e

21 Sobre a constitucionalização do direito civil, vejam-se, por todos, PERLINGIERI, Pietro. **Perfis do direito civil**. Rio de Janeiro: Renovar, 1997; MORAES, Maria Celina Bodin de, Perspectivas a partir do direito civil-constitucional. In: LEAL, Pastora do Socorro Teixeira (coord.). **Direito civil constitucional e outros estudos em homenagem ao Prof. Zeno Veloso**. São Paulo: GEN; Método, 2014; e TEPEDINO, Gustavo. **Temas de direito civil**. Rio de Janeiro: Renovar, 2004.

violência. Paradoxalmente, houve avanço da democracia e dos direitos humanos em muitas partes do globo, com redução da mortalidade infantil e aumento significativo da expectativa de vida. Um mundo fragmentado e heterogêneo, com dificuldade de compartilhar valores unificadores. Os próprios organismos internacionais multilaterais, surgidos após a Segunda Guerra Mundial, já não conseguem produzir consensos relevantes e impedir conflitos que proliferam pelas causas mais diversas, do expansionismo ao sectarismo religioso.

No plano doméstico, os países procuram administrar, da forma possível, a diversidade que caracteriza a sociedade contemporânea, marcada pela multiplicidade cultural, étnica e religiosa. O respeito e a valorização das diferenças encontram-se no topo da agenda dos Estados democráticos e pluralistas. Buscam-se arranjos institucionais e regimes jurídicos que permitam a convivência harmoniosa entre diferentes, fomentando a tolerância e regras que permitam que cada um viva, de maneira não excludente, as suas próprias convicções. Ainda assim, não são poucas as questões suscetíveis de gerar conflitos entre visões de mundo antagônicas. No plano internacional, elas vão de mutilações sexuais à imposição de religiões oficiais e conversões forçadas. No plano doméstico, em numerosos países, as controvérsias incluem o casamento de pessoas do mesmo sexo, a interrupção da gestação e o ensino religioso em escolas públicas. Quase tudo transmitido ao vivo, em tempo real. A vida transformada em *reality show*.

Sem surpresa, as relações institucionais, sociais e interpessoais enredam-se nos desvãos dessa sociedade complexa e plural, sem certezas plenas, verdades seguras ou consensos apaziguadores. E, num mundo em que tudo se judicializa mais cedo ou mais tarde, tribunais e cortes constitucionais defrontam-se com situações para as quais não há respostas fáceis ou eticamente simples. Alguns exemplos:

> a) pode um casal surdo-mudo utilizar a engenharia genética para gerar um filho surdo-mudo e, assim, habitar o mesmo universo existencial que os pais?
>
> b) uma pessoa que se encontrava no primeiro lugar da fila, submeteu-se a um transplante de fígado. Quando surgiu um novo fígado, destinado ao paciente seguinte, o paciente que

se submetera ao transplante anterior sofreu uma rejeição e reivindicava o novo fígado. Quem deveria recebê-lo?

c) pode um adepto da religião Testemunha de Jeová recusar terminantemente uma transfusão de sangue, mesmo que indispensável para salvar-lhe a vida, por ser tal procedimento contrário à sua convicção religiosa?

d) pode uma mulher pretender engravidar do marido que já morreu, mas deixou o seu sêmen em um banco de esperma?

e) pode uma pessoa, nascida fisiologicamente homem, mas considerando-se uma transsexual feminina, celebrar um casamento entre pessoas do mesmo sexo com outra mulher?

Nenhuma dessas questões é teórica. Todas elas correspondem a casos concretos ocorridos no Brasil e no exterior, e levados aos tribunais. Nenhuma delas tinha uma resposta pré-pronta e segura que pudesse ser colhida na legislação. A razão é simples: nem o constituinte nem o legislador são capazes de prever todas as situações da vida, formulando respostas claras e objetivas. Além do que, na moderna interpretação jurídica, a norma já não corresponde apenas ao enunciado abstrato do texto, mas é produto da interação entre texto e realidade. Daí a crescente promulgação de constituições compromissórias, com princípios que tutelam interesses contrapostos, bem como o recurso a normas de textura aberta, cujo sentido concreto somente poderá ser estabelecido em interação com os fatos subjacentes. Vale dizer: por decisão do constituinte ou do legislador, muitas questões têm a sua decisão final transferida ao juízo valorativo do julgador. Como consequência inevitável, tornou-se menos definida a fronteira entre legislação e jurisdição, entre política e direito[22].

As hipóteses referidas acima constituem **casos difíceis**[23], isto

22 Sobre o ponto, ver CAMPILONGO, Celso Fernandes. **Política, sistema jurídico e decisão judicial**. São Paulo: Saraiva, 2001, p. 48: "Se, nos chamados "casos difíceis", o juiz é obrigado a fazer escolhas politicas – muitas vezes por delegação do próprio legislador –, essa criatividade é exercida nos limites da legitimidade legal-racional. O legislador pode rever a delegação ou fixar a opção política. Entretanto, até que isso aconteça, a determinação de uma linha política por parte do juiz – desde que em conformidade com os valores fundamentais positivados pelo ordenamento – não significa, necessariamente, um comportamento antidemocrático, contrário à divisão de poderes ou ofensivo ao Estado de Direito".

23 Sobre a ideia de casos difíceis, ver, entre muitos, DWORKIN, Ronald. Hard Cases. **Harvard Law Review**, Massachusetts, v. 88, n. 6, p. 1057-1109.

é, casos para os quais não existem respostas pré-prontas à disposição do intérprete. A solução, portanto, terá de ser construída logica e argumentativamente pelo juiz, à luz dos elementos do caso concreto, dos parâmetros fixados na norma, dos precedentes e de aspectos externos ao ordenamento jurídico. Daí se fazer referência a essa atuação, por vezes, como sendo criação judicial do direito. Em rigor, porém, o que o juiz faz, de verdade, é colher no sistema jurídico o fundamento normativo que servirá de fio condutor do seu argumento. Toda decisão judicial precisa ser reconduzida a uma norma jurídica. Trata-se de um trabalho de construção de sentido, e não de invenção de um Direito novo. Casos difíceis podem resultar da vagueza da linguagem – dignidade humana, moralidade administrativa – de desacordos morais razoáveis – existência ou não de um direito à morte digna, sem prolongamentos artificiais – e colisões de normas constitucionais – livre iniciativa *versus* proteção do consumidor, liberdade de expressão *versus* direito de privacidade. Para lidar com uma sociedade complexa e plural, em cujo âmbito surgem casos difíceis, é que se criaram ou se refinaram diversas categorias jurídicas novas, como a normatividade dos princípios, a colisão de normas constitucionais, o uso da técnica da ponderação e a reabilitação da argumentação jurídica.

Não é o caso de voltar a explorar o tema, já objeto de outros estudos meus[24]. Faz-se apenas breve menção às situações de colisão entre princípios constitucionais ou de direitos fundamentais. Para lidar com elas, boa parte dos tribunais constitucionais do mundo se utiliza da técnica da ponderação[25], que envol-

abr. 1975; e BARAK, Aharon. The judge in a democracy. Nova Jersey (EUA): Princeton University Press, 2006, p. xiii et seq.

24 Ver BARROSO, Luís Roberto. **Curso de Direito Constitucional Contemporâneo.** São Paulo: Saraiva, 2013, p. 330, cap. 4 ("Novos paradigmas e categorias da interpretação constitucional").

25 Para um estudo relativamente recente e abrangente sobre a ponderação e, particularmente sobre a ideia de proporcionalidade, ver BARAK, Aharon, **Proportionality**: constitutional rights and their limitations. Cambridge (ING): Cambridge University Press, 2012. Para uma visão crítica do tema, em uma visão comparativa entre Alemanha e Brasil, ver BENVINDO, Juliano Zaiden. **On the limits of constitutional adjudication.** Nova Iorque (EUA): Springer, 2010.

ve a valoração de elementos do caso concreto com vistas à produção da solução que melhor realiza a vontade constitucional naquela situação. As diversas soluções possíveis vão disputar a escolha pelo intérprete. Como a solução não está pré-pronta na norma, a decisão judicial não se sustentará mais na fórmula tradicional da separação de Poderes, em que o juiz se limita a aplicar, ao litígio em exame, a solução que já se encontrava inscrita na norma, elaborada pelo constituinte ou pelo legislador. Como este juiz se tornou co-participante da criação do Direito, a legitimação da sua decisão passará para a argumentação jurídica, para sua capacidade de demonstrar a racionalidade, a justiça e a adequação constitucional da solução que construiu. Surge aqui o conceito interessante de **auditório**[26]. A legitimidade da decisão vai depender da capacidade do intérprete convencer o auditório a que se dirige de que aquela é a solução correta e justa[27]. O tema apresenta grande fascínio, mas não será possível fazer o desvio aqui.

3.3. DISCRICIONARIEDADE JUDICIAL E RESPOSTA CORRETA

"Creia nos que procuram a verdade.
Duvide dos que a encontram".
Andre Gide

Em relação a inúmeras questões, como ficou assentado, a solução dos problemas não se encontra pré-pronta no sistema jurídico. Ela precisará ser construída argumentativamente pelo juiz, a quem caberá formular juízos de valor e optar por uma das soluções comportadas pelo ordenamento. Não é incomum referir-se a essa maior participação subjetiva do juiz como **discricio-**

26 Ver PERELMAN, Chaim; OLBRECHTS-TYTECA, Lucie, **Tratado da argumentação**:a nova retórica. São Paulo: Martins Fontes, 1996, p. 22: "É por essa razão que, em matéria de retórica, parece preferível definir o auditório como *o conjunto daqueles que o orador quer influenciar com sua argumentação*. Cada orador pensa, de uma forma mais ou menos consciente, naqueles que procuram persuadir e que constituem o auditório ao qual se dirigem seus discursos".

27 Tribunais, em geral, e cortes constitucionais, em particular, precisam ser capazes de convencer os demais atores políticos, nos outros Poderes e na sociedade, do acerto de seus pronunciamentos. Ver MILLER, Mark C. **The view of the courts from the hill**:interactions between Congress and the Federal Judiciary. Virginia (EUA): University of Virgínia Press, 2009, p. 7.

nariedade judicial[28]. Não haverá maior problema na utilização da expressão, desde que seu sentido seja previamente convencionado. Discricionariedade judicial é um conceito que se desenvolve em um novo ambiente de interpretação jurídica, no qual se deu a superação da crença em um juiz que realizaria apenas subsunções mecânicas dos fatos às normas, lenda cultivada pelo pensamento jurídico clássico[29]. O juiz contemporâneo, sobretudo o juiz constitucional, não se ajusta a esse papel, para desalento de muitos. Mas de nada adianta quebrar o espelho por não gostar da imagem.

O fato inafastável é que a interpretação jurídica, nos dias atuais, reserva para o juiz um papel muito mais pró-ativo, que inclui a atribuição de sentido a princípios abstratos e conceitos jurídicos indeterminados, bem como a realização de ponderações. Para além de uma função puramente técnica de conhecimento, o intérprete judicial integra o ordenamento jurídico com suas próprias valorações, sempre acompanhadas do dever de justificação. Discricionariedade judicial, portanto, traduz o reconhecimento de que o juiz não é apenas a boca da lei, um mero exegeta que realiza operações formais. Existe uma dimensão subjetiva na sua atuação. Não a subjetividade da vontade política própria – que fique bem claro –, mas a que inequivocamente decorre da compreensão dos institutos jurídicos, da captação do sentimento social e do espírito de sua época.

---

28 Um dos primieros estudos abrangentes e sistemáticos nessa matéria foi do ex-Presidente da Suprema Corte de Israel. BARAK, Aharon.**Judicial discretion**. New Haven (EUA): Yale University Press, 1989.

29 O conjunto de ideias que ficou conhecido como Pensamento Jurídico Clássico, como descrito por Duncan Kennedy em uma obra magnífica, teve diferentes protagonistas ao longo do tempo e produziu um "método transnacional". De acordo com ele, o Pensamento Jurídico Clássico enxergava o direito como um sistema e tinha como características principais a distinção entre direito público e privado, individualismo e um compromisso com a lógica formal, com o abuso da dedução como método jurídico. Ver KENNEDY, Duncan.Three Globalizations of Law and Legal Thought: 1850-2000. In: TRUBEK, David; SANTOS, Alvaro. **The New Law and Development**: a critical appraisal, Cambridge (ING): Cambridge University Press, 2006, p. 23 ("O pensamento jurídico alemão foi, nesse sentido, hegemônico entre 1850 e 1900, o pensamento jurídico francês entre 1900 e meados da década de 1930, e o pensamento jurídico estadunidense após 1950").

Discricionariedade, porém, é um conceito tradicional do direito administrativo, no qual está embutido o juízo de conveniência e oportunidade a ser feito pelo agente público[30]. Nessa acepção, discricionariedade significa liberdade de escolha entre diferentes possibilidades legítimas de atuação, uma opção entre **indiferentes jurídicos**[31]. Ora bem: nesse sentido, inexiste discricionariedade judicial. O juiz não faz escolhas livres nem suas decisões são estritamente políticas. Esta é uma das distinções mais cruciais entre o positivismo e o não positivismo. Para Kelsen, principal referência do positivismo normativista romano-germânico, o ordenamento jurídico forneceria, em muitos casos, apenas uma moldura, um conjunto de possibilidades decisórias legítimas. A escolha de uma dessas possibilidades, continua ele, seria um ato político, isto é, plenamente discricionário[32]. A concepção não-positivista aqui sustentada afasta-se desse ponto de vista. Com efeito, o Direito é informado por uma pretensão de**correção moral**[33], pela busca de justiça, da solução constitucionalmente adequada. Essa ideia de justiça, em sentido amplo, é delimitada por coordenadas específicas, que incluem a jus-

30 No conceito clássico formulado por MEIRELLES, Hely Lopes. **Direito Administrativo Brasileiro**. São Paulo: Malheiros,1995, p. 143, os atos discricionários são os que "[...] a Administração pode praticar com liberdade de escolha do seu conteúdo, de seu destinatário, de sua conveniência, de sua oportunidade e do modo de sua realização". É certo que, mesmo no âmbito do direito administrativo, essa visão vem sendo significativamente atenuada. Ver BINENBOJM, Gustavo. **Uma teoria do direito administrativo**. Rio de Janeiro: Renovar, 2008, p. 38 et seq.

31 Ver GRAU, Eros Roberto. **Ensaio e discurso sobre a interpretação/aplicação do direito**. São Paulo: Malheiros, 2009, p. 283.

32 KELSEN, Hans. **Teoria pura do direito**. São Paulo: Martins Fontes, 1979, p. 466-473.

33 ALEXY, Robert. **Begriff und Geltung des Rechts**, 4. ed. Munique (ALE): Karl Alber, 2005, p. 29 et seq. A remissão a esse texto é feito pelo próprio Alexy, em artigo publicado em português, com tradução de Fernando Leal, que apresenta um excelente resumo da concepção jurídica do grande jus filósofo alemão: ver ALEXY, Robert. Principais elementos de uma teoria da dupla natureza do direito, **Revista de Direito Administrativo**, Rio de Janeiro, v. 253, n. 9,p. 18-19, 2010: "[...] [A] pretensão de correção envolve ambos os princípios [...]. O princípio da segurança jurídica exige a vinculação às leis formalmente corretas e socialmente eficazes; o da justiça reclama a correção moral das decisões".

tiça do caso concreto, a segurança jurídica[34] e a dignidade humana[35]. Vale dizer: juízes não fazem escolhas livres, pois são pautados por esses valores, todos eles com lastro constitucional.

Surge aqui uma questão interessante e complexa. Ronald Dworkin (1997), no seu estilo ousado e provocativo, sustentou, em diferentes textos, a tese da existência de uma única resposta correta, mesmo nos casos difíceis, isto é, em questões complexas de direito e moralidade política[36]. Trata-se de uma construção que se situa no âmbito de sua crítica geral ao positivismo jurídico e ao uso que dois dos seus maiores expoentes – Kelsen e Hart – deram à discricionariedade judicial. A tese sempre foi extremamente controvertida, tendo produzido um rico debate pelo mundo afora, com repercussões no Brasil[37]. Não tenho a pretensão de reeditá-lo, embora creia que a minha visão do tema ofereça uma solução na qual não há vencedores nem vencidos. A discussão em torno da existência de uma única resposta correta remete à imemorial questão acerca da **verdade**, sua existência em toda e qualquer situação e os métodos para revelá-la. Se existe uma única resposta correta – e não diferentes pretensões de resposta correta –, é

34 Para um relevante estudo sobre a segurança jurídica, ver ÁVILA, Humberto. **Segurança jurídica**:entre permanência, mudança e realização no direito tributário, São Paulo: Malheiros, 2011.

35 Sobre o tema da dignidade humana, ver SARLET, Ingo Wolfgang. **Dignidade da pessoa humana e direitos fundamentais**. Porto Alegre: Livraria do Advogado, 2010; e BARROSO, Luís Roberto. **A dignidade da pessoa humana no direito constitucional contemporâneo**:a construção de um conceito jurídico à luz da jurisprudência mundial. Belo Horizonte: Fórum, 2012.

36 Ver DWORKIN, Ronald. **Taking rights seriously**. Massachusetts (EUA): Harvard University Press, 1997, p. 279 et seq.; DWORKIN, Ronald. **A matter of principle**. Massachusetts (EUA): Harvard University Press, 2000, p. 119 et seq; e DWORKIN, Ronald. **Justice in robes**. Massachusetts (EUA): Harvard University Press, 2006, p. 41 et seq.

37 CRUZ, Álvaro Ricardo de Souza. **A resposta correta**:incursões jurídicas e filosóficas sobre as teorias da justiça. Belo Horizonte: Arraes Editores, 2011; STRECK, Lenio Luiz. **Verdade e consenso**. São Paulo: Saraiva, 2012, p. 327 et seq.; PEDRON, Flávio Quinaud. Esclarecimentos sobre a tese da única "resposta correta", de Ronald Dworkin. **Revista CEJ**, Brasília, v. 45, n. 102, 2009; e FREITAS, Juarez. A melhor interpretação constitucional *versus* a única resposta correta. In: SILVA, Virgílio Afonso da (org.).**Interpretação constitucional**. São Paulo: Malheiros Editores, 2005.

porque existiria, então, uma verdade ao alcance do intérprete. Mas quem tem o poder de validar a verdade proclamada pelo intérprete? Se houver uma força externa ao intérprete, com o poder de chancelar a verdade proclamada, será inevitável reconhecer que ela é filha da autoridade. Portanto, a questão deixa de ser acerca da efetiva existência de uma verdade ou de uma única resposta correta e passa a ser a de quem tem autoridade para proclamá-la. Cuida-se de saber, em última análise, quem é o dono da verdade[38].

Dois exemplos, um literário e outro real, exibem as dificuldades na matéria. O primeiro. Dois amigos estão sentados em um bar no Alaska, tomando uma cerveja. Começam, como previsível, conversando sobre mulheres. Depois falam de esportes diversos. E na medida em que a cerveja acumulava, passam a falar sobre religião. Um deles é ateu. O outro é um homem religioso. Passam a discutir sobre a existência de Deus. O ateu fala: "Não é que eu nunca tenha tentado acreditar, não. Eu tentei. Ainda recentemente. Eu havia me perdido em uma tempestade de neve em um lugar ermo, comecei a congelar, percebi que ia morrer ali. Aí, me ajoelhei no chão e disse, bem alto: Deus, se você existe, me tire dessa situação, salve a minha vida". Diante de tal depoimento, o religioso disse: "Bom, mas você foi salvo, você está aqui, deveria ter passado a acreditar". E o ateu responde: "Nada disso! Deus não deu nem sinal. A sorte que eu tive é que vinha passando um casal de esquimós. Eles me resgataram, me aqueceram e me mostraram o caminho de volta. É a eles que eu devo a minha vida".[39] Note-se que não há aqui qualquer

---

38 Merece registro, a esse propósito, o antológico poema de Carlos Drummond de Andrade intitulado *Verdade*: "A porta da verdade estava aberta,/mas só deixava passar/meia pessoa de cada vez./Assim não era possível atingir toda a verdade,/porque a meia pessoa que entrava/só trazia o perfil de meia verdade./E sua segunda metade/voltava igualmente com meio perfil./E os meios perfis não coincidiam./Arrebentaram a porta. Derrubaram a porta./Chegaram ao lugar luminoso/onde a verdade esplendia seus fogos./Era dividida em metades/diferentes uma da outra./Chegou-se a discutir qual a metade mais bela./Nenhuma das duas era totalmente bela./E carecia optar. Cada um optou conforme/seu capricho, sua ilusão, sua miopia".

39 Exemplo inspirado por passagem do livro de WALLACE, David Foster. **This is water**. Nova Iorque (EUA): Little, Brown and Company, 2005, p. 17-24.

dúvida quanto aos fatos, apenas sobre como interpretá-los.

O segundo exemplo envolve uma questão de largo alcance político e moral, relacionado à chamada justiça de transição. Há uma recorrente discussão acerca do tratamento a ser dado aos crimes que foram praticados por agentes do Estado durante o regime militar no Brasil, aí incluídos homicídios, tortura e sequestros. Como se sabe, a Lei de Anistia, de 1979, tornou impossível a responsabilização de todos quantos houvessem cometido crimes políticos ou conexos entre 2 de setembro de 1961 e quinze de agosto de 1979. Decisão do Supremo Tribunal Federal, tomada por sete votos a dois, considerou válida essa lei, em julgamento realizado em vinte e oito de abril de 2010[40]. Posteriormente, em dezembro de 2010, a Corte Interamericana de Direitos Humanos, ao julgar um caso envolvendo desaparecidos na guerrilha do Araguaia, considerou que a lei brasileira de anistia era incompatível com a Convenção Americana de Direitos Humanos, por impedir a apuração de graves violações de direitos humanos, a responsabilização dos culpados e a reparação às vítimas[41]. No debate público, há duas posições contrapostas em relação a essa matéria, que podem ser assim enunciadas:

A. a lei de anistia foi uma decisão política legítima, tomada pelos lados contrapostos para conduzirem uma transição pacífica para a democracia[42];

B. a lei de anistia foi uma inaceitável imposição dos que detinham a força, para imunizarem-se dos crimes que haviam cometido[43].

Nos dois exemplos, tanto no fictício como no real, pessoas es-

40 BRASIL. Supremo Tribunal Federal. Arguição de Descumprimento de Preceito Fundamental 153-DF, Tribunal Pleno. Relator: Min. Eros Grau. Brasília, 29 de abril de 2010. **Diário de Justiça**: 6 ago. 2010.

41 CORTE INTERAMERICANA DE DIREITOS HUMANOS. **Caso Gomes Lund e outros ("Guerrilha do Araguaia") vs. Brasil**. Sentença de 24 de novembro de 2010. Disponível em: <http://www.corteidh.or.cr/docs/casos/articulos/seriec_219_por.pdf.>. Acesso em: 22 jul. 2015

42 Esta foi, em linhas gerais, a linha do voto do relator, Min. Eros Grau.

43 Para uma defesa da revisão do julgado, ver SOUZA NETO, Claudio Pereira de. Não há obstáculo para rever o julgamento da lei da anistia.**Revista Consultor Jurídico**, São Paulo, 2 abr. 2014.

clarecidas e bem intencionadas podem tomar partido por um lado ou outro[44]. Qual a resposta correta? Onde está a verdade? O fato inegável é que mesmo quem se oponha ao relativismo moral e reconheça a existência de um núcleo essencial do bem, do correto e do justo, há de admitir que nem sempre a verdade se apresenta objetivamente clara, capaz de iluminar a todos indistintamente. Dependendo de onde se encontre o intérprete, do seu ponto de observação, será noite ou será dia, haverá sol ou haverá sombra. É preciso conjurar o risco do *stalinismo* jurídico, em que algum **farol dos povos** de ocasião venha a ser o portador da verdade revelada, com direito a promover o expurgo dos que pensam diferentemente.

Dito isso, porém, um intérprete judicial jamais poderá chegar ao final do exame de uma questão e afirmar que não há uma solução própria para ela. Vale dizer: não pode dizer que há empate, que tanto faz um resultado ou outro, ou que o caso pode ser decidido por cara e coroa. Assim, embora não se possa falar, em certos casos difíceis, em uma resposta objetivamente correta – única e universalmente aceita –, existe, por certo, uma resposta subjetivamente correta. Isso significa que, para um dado intérprete, existe uma única solução correta, justa e constitucionalmente adequada a ser perseguida. E esse intérprete tem deveres de integridade[45] – ele não pode ignorar o sistema jurídico, os conceitos aplicáveis e os prece-

44 Característica das sociedades abertas contemporâneas é o "fato do pluralismo" e a inevitabilidade dos "desacordos morais razoáveis", conceitos explorados em RAWLS, John. **Political liberalism**. Nova Iorque (EUA): Columbia University Press, 2005, p. 54-55 (a 1. ed. é de 1993).

45 A idéia de *direito como integridade* é um dos conceitos chave do pensamento de Ronald Dworkin, tendo sido desenvolvido no capítulo VII de sua obra *Law's empire*, 1986 (em português, O império do Direito, 1999, p. 271 et seq.). Em outra obra, intitulada *Freedom's law*, 1996, p. 10, Dworkin volta ao tema, ao afirmar que a *leitura moral da Constituição*, por ele preconizada, é limitada pela exigência de *integridade* constitucional, afirmando: "Os juízes não devem ler suas próprias convicções na Constituição. Não devem ler cláusulas morais abstratas como se expressassem algum juízo moral particular, não importa quão adequado esse juízo lhes pareça, a menos que o considerem consistente em princípio com o desenho estrutural da Constituição como um todo e também com as linhas dominantes da interpretação constitucional assentadas pelos juízes que os antecederam".

dentes na matéria – e tem deveres de coerência, no sentido de que não pode ignorar as suas próprias decisões anteriores, bem como as premissas que estabeleceu em casos precedentes. Um juiz não é livre para escolher de acordo com seu estado de espírito, suas simpatias ou suas opções estratégicas na vida. Um juiz de verdade, sobretudo um juiz constitucional, tem deveres de integridade e de coerência.

4. O STF E SUA FUNÇÃO MAJORITÁRIA E REPRESENTATIVA

4.1 A JURISDIÇÃO CONSTITUCIONAL

As múltiplas competências do Supremo Tribunal Federal, enunciadas no art. 102 da Constituição, podem ser divididas em duas grandes categorias: ordinárias e constitucionais[46]. O Tribunal presta **jurisdição ordinária** nas diferentes hipóteses em que atua como qualquer outro órgão jurisdicional, aplicando o direito infraconstitucional a situações concretas, que vão do julgamento criminal de parlamentares à solução de conflitos de competência entre tribunais. De parte isso, o Tribunal tem, como função principal, o exercício da **jurisdição constitucional**, que se traduz na interpretação e aplicação da Constituição, tanto em ações diretas como em processos subjetivos. Ao prestar jurisdição constitucional nos diferentes cenários pertinentes, cabe à Corte: **(i)** aplicar diretamente a Constituição a situações nela contempladas, como faz, por exemplo, ao assegurar ao acusado em ação penal o direito à não autoincriminação; **(ii)** declarar a inconstitucionalidade de leis ou atos normativos, como fez

46 Para um amplo levantamento estatístico e sistemático dos diferentes papéis do STF, ver FALCÃO, Joaquim; CERDEIRA, Pablo de Camargo; ARGUELHES, Diego Werneck. I Relatório Supremo em Números: O Múltiplo Supremo. **Revista de Direito Administrativo**, Rio de Janeiro, v. 262, p. 399-452, jan./abr. 2013. Para uma reflexão crítica acerca do acúmulo de competências da Corte, ver VIERA, Oscar Vilhena. Supremocracia, **Revista Direito Gv**, São Paulo, v. 4, n.2, p. 441-464, jul-dez 2008. Para uma proposta concreta de requacionamento da atuação do STF, ver BARROSO, Luís Roberto. Reflexões sobre as competências e o funcionamento do Supremo Tribunal Federal. **Revista Consultor Jurídico**, São Paulo, 26 ago. 2014 Disponível em: <https://goo.gl/6dBfVV>. Acesso em: 22 jul. 2015.

no tocante à resolução do TSE que redistribuía o número de cadeiras na Câmara do Deputados; ou **(iii)** sanar lacunas do sistema jurídico ou omissões inconstitucionais dos Poderes, como fez ao regulamentar a greve no serviço público.

Do ponto de vista político-institucional, o desempenho da jurisdição constitucional pelo Supremo Tribunal Federal – bem como por supremas cortes ou tribunais constitucionais mundo afora – envolve dois tipos de atuação: a contramajoritária e a representativa. A atuação contramajoritária é um dos temas mais analisados na teoria constitucional, que há muitas décadas discute a legitimidade democrática da invalidação de atos do Legislativo e do Executivo por órgão jurisdicional. Já a função representativa tem sido largamente ignorada pela doutrina e pelos formadores de opinião em geral. Nada obstante isso, em algumas partes do mundo, e destacadamente no Brasil, este segundo papel se tornou não apenas mais visível como, circunstancialmente, mais importante. O presente capítulo procura lançar luz sobre esse fenômeno, que tem passado curiosamente despercebido, apesar de ser, possivelmente, a mais importante transformação institucional da última década.

4.2. O PAPEL CONTRAMAJORITÁRIO DO SUPREMO TRIBUNAL FEDERAL

O Supremo Tribunal Federal, como as cortes constitucionais em geral, exerce o controle de constitucionalidade dos atos normativos, inclusive os emanados do Poder Legislativo e da chefia do Poder Executivo. No desempenho de tal atribuição, pode invalidar atos do Congresso Nacional – composto por representantes eleitos pelo povo brasileiro – e do Presidente da República, eleito com mais de meia centena de milhões de votos. Vale dizer: onze Ministros do STF – na verdade seis, pois basta a maioria absoluta – que jamais receberam um voto popular, podem sobrepor a sua interpretação da Constituição à que foi feita por agentes políticos investidos de mandato representativo e legitimidade democrática. A essa circunstância, que gera uma aparente incongruência no âmbito de um Estado democrático, a teoria constitucional deu o apelido de **dificuldade contramajoritária**[47].

A despeito de resistências teóricas pontuais[48], esse papel contramajoritário do controle judicial de constitucionalidade tornou-se quase universalmente aceito. A legitimidade democrática da jurisdição constitucional tem sido assentada com base em dois fundamentos principais: a) a proteção dos direitos fundamentais, que correspondem ao mínimo ético e à reserva de justiça de uma comunidade política[49], insuscetíveis de serem atropelados por deliberação política majoritária; e b) a proteção das regras do jogo democrático e dos canais de participação política de todos[50]. A maior parte dos países do mundo confere ao Judiciário e, mais particularmente à sua suprema corte ou corte constitucional, o *status* de sentinela contra o risco da tirania das maiorias[51]. Evita-se, assim, que possam deturpar o processo democrático ou oprimir as minorias. Há razoável consenso, nos dias atuais, de que o conceito de democracia transcende a ideia de governo da maioria, exigindo a incorporação de outros valores fundamentais.

Um desses valores fundamentais é o direito de cada indivíduo a igual respeito e consideração[52], isto é, a ser tratado com a mesma dignidade dos demais – o que inclui ter os seus interesses e opiniões levados em conta. A democracia,

47 A expressão se tornou clássica a partir da obra de BICKEL, Alexander. **The least dangerous branch**: the Supreme Court at the bar of politics. Nova Inglaterra (EUA): Bobbs-Merrill, 1986, p. 16 et seq. A 1. ed. do livro é de 1962.

48 WALDRON, Jeremy. The core of the case against judicial review. **The Yale Law Journal**, New Haven, v. 115, p. 1346, 2006; e TUSHNET, Mark. **Taking the Constitution away from the courts**. Nova Jersey (EUA): Princeton University Press, 2000.

49 A equiparação entre direitos humanos e reserva mínima de justiça é feita por Robert Alexy em diversos de seus trabalhos. Ver ALEXY, Robert. **La institucionalización de la justicia**. Granada (ESP): Editorial Cornares, 2005, p. 76.

50 Para esta visão processualista do papel da jurisdiçao constitucional, ver ELY, John Hart. **Democracy and distrust**. Massachusetts (EUA): Harvard University Press, 1980.

51 A expressão foi utilizada por MILL, John Stuart. **On Liberty**.Londres (ING): Roberts & Green, 1874, p. 13: "A tirania da maioria é agora geralmente incluída entre os males contra os quais a sociedade precisa ser protegida [...]".

52 DWORKIN, Ronald. **Taking rights seriously**.Massachusetts (EUA): Harvard University Press, 1997, p. 181. A primeira edição é de 1977.

portanto, para além da dimensão procedimental de ser o governo da maioria, possui igualmente uma dimensão substantiva, que inclui igualdade, liberdade e justiça. É isso que a transforma, verdadeiramente, em um projeto coletivo de autogoverno, em que ninguém é deliberadamente deixado para trás. Mais do que o direito de participação igualitária, democracia significa que os vencidos no processo político, assim como os segmentos minoritários em geral, não estão desamparados e entregues à própria sorte. Justamente ao contrário, conservam a sua condição de membros igualmente dignos da comunidade política[53]. Em quase todo o mundo, o guardião dessas promessas[54] é a suprema corte ou o tribunal constitucional, por sua capacidade de ser um fórum de princípios[55] – isto é, de valores constitucionais, e não de política – e de razão pública – isto é, de argumentos que possam ser aceitos por todos os envolvidos no debate[56]. Seus membros não dependem do processo eleitoral e suas decisões têm de fornecer argumentos normativos e racionais que a suportem.

Cumpre registrar que esse papel contramajoritário do Supremo Tribunal Federal tem sido exercido, como é próprio, com razoável parcimônia. De fato, nas situações em que não estejam em jogo direitos fundamentais e os pressupostos da democracia, a Corte deve ser deferente para com a liberdade de conformação do legislador e a razoável discricionariedade do administrador. Por isso mesmo, é relativamente baixo o número de dispositivos de leis federais efetivamente declarados inconstitucionais, sob a vigência da Constituição de 1988[57]. É certo que, em uma

---

53 Nas palavras de MENDONÇA, Eduardo. **A democracia das massas e a democracia das pessoas**: uma reflexão sobre a dificuldade contramajoritária. 2014. Tese (Doutorado em Direito)-Universidade do Estado do Rio de Janeiro, Rio de Janeiro, 2014, p. 84: "Os perdedores de cada processo decisório não se convertem em dominados, ostentando o direito fundamental de não serem desqualificados como membros igualmente dignos da comunidade política".

54 A expressão consta do título do livro de GARAPON, Antoine. **O juiz e a democracia**: o guardião das promessas. Rio de Janeiro: Revan, 1999.

55 DWORKIN, Ronald. The forum of principle.**New York University Law Review**, Nova Iorque, v. 56, p. 469, 1981.

56 RAWLS, 2005, passim.

57 Com base em levantamento elaborado

singularidade brasileira, existem alguns precedentes de dispositivos de emendas constitucionais cuja invalidade foi declarada pelo STF[58]. Mas, também aqui, nada de especial significação, em quantidade e qualidade. Anote-se, por relevante, que em alguns casos emblemáticos de judicialização de decisões políticas – como a ADI contra o dispositivo que autorizava as pesquisas com células-tronco embrionárias, a

pela Secretaria de Gestão Estratégica, do Supremo Tribunal Federal, foi possível identificar 93 dispositivos de lei federal declarados inconstitucionais, desde o início de vigência da Constituição de 1988 – um número pouco expressivo, ainda mais quando se considera que foram editadas, no mesmo período, nada menos que 5.379 leis ordinárias federais, somadas a outras 88 leis complementares. Na imensa maioria dos casos, teve-se o reconhecimento da invalidade de dispositivos pontuais, mantendo-se em vigor a parte mais substancial dos diplomas objeto de questionamento. Embora esse levantamento não leve em conta a abrangência e relevância dos dispositivos que tiveram a sua inconstitucionalidade declarada, confirma a percepção de que, ao menos do ponto de vista quantitativo, a imensa maioria da produção legislativa não é afetada pela atuação do STF.

58 Em ordem cronológica, é possível sistematizar da seguinte forma: (i) declaração de inconstitucionalidade da EC nº 3/93, que havia instituído o IPMF – Imposto Provisório sobre Movimentações Financeiras, sob o fundamento de não terem sido observadas determinadas limitações constitucionais ao poder de tributar, como a anterioridade e a imunidade recíproca dos entes federativos (STF, DJ 09.03.1994, ADI 939, Rel. Min. Sydney Sanches; (ii) Interpretação conforme a EC 20/98, assentando que o teto instituído para o custeio estatal de benefícios do regime geral de previdência não seria aplicável à licença-gestante, de modo a evitar que o repasse de encargos aos empregadores prejudicasse a inserção das mulheres no mercado de trabalho formal (STF, ADI 1.946, DJ 16.05.2003, Rel. Min. Sydney Sanches); (iii) declaração de inconstitucionalidade de dispositivos pontuais da EC 41/2004, apenas na parte em que se instituía variação entre União, Estados e Municípios no tocante ao cálculo da contribuição previdenciária devida pelos servidores inativos, sob o fundamento de ofensa ao princípio federativo (STF, DJ 18.02.2005, ADI 3.128, Rel. p/ o acórdão Min. Cezar Peluso); (iv) suspensão cautelar da parte central da EC 30/2000, que estabelecera um regime especial para o pagamento de precatórios vencidos, com parcelamento em dez anos, sob os argumentos de quebra da ordem de pagamentos e da isonomia, bem como de violação à autoridade das decisões judiciais (STF, DJe 19.05.2011, MC na ADI 2.356, Rel. p/ o acórdão Min. Ayres Britto);(v) declaração de inconstitucionalidade de parte substancial da EC nº 62/09, que pretendeu instituir um novo regime transitório para a regularização dos precatórios, novamente sob os argumentos centrais de quebra da ordem cronológica e da isonomia, bem como de violação ao princípio da moralidade administrativa (STF, DJe 19.12.2013, ADI 4.357 e ADI 4.425, Rel. Min. Luiz Fux).

ADPF contra a lei federal que previa ações afirmativas em favor de negros no acesso a universidades e a ação popular que questionava o decreto presidencial de demarcação contínua da Terra Indígena Raposa Serra do Sol por decreto do Presidente da República – , a posição do Tribunal, em todos eles, foi de autocontenção e de preservação da decisão tomada pelo Congresso Nacional ou pelo Presidente da República.

Até aqui procurou-se justificar a legitimidade democrática do papel contramajoritário exercido pela jurisdição constitucional, bem como demonstrar que não há superposição plena entre o conceito de democracia e o princípio majoritário. Antes de analisar o tema da função representativa do STF e concluir o presente ensaio, cabe enfrentar uma questão complexa e delicada em todo o mundo, materializada na seguinte indagação: até que ponto é possível afirmar, sem apegar-se a uma ficção ou a uma idealização desconectada dos fatos, que os atos legislativos correspondem, efetivamente, à vontade majoritária?

4.3. A CRISE DA REPRESENTAÇÃO POLÍTICA

Há muitas décadas, em todo o mundo democrático, é recorrente o discurso acerca da crise dos parlamentos e das dificuldades da representação política. Da Escandinávia à América Latina, um misto de ceticismo, indiferença e insatisfação assinala a relação da sociedade civil com a classe política. Nos países em que o voto não é obrigatório, os índices de abstenção revelam o desinteresse geral. Em países de voto obrigatório, como o Brasil, um percentual muito baixo de eleitores é capaz de se recordar em quem votou nas últimas eleições parlamentares. Disfuncionalidade, corrupção, captura por interesses privados são temas globalmente associados à atividade política. E, não obstante isso, em qualquer Estado democrático, política é um gênero de primeira necessidade. Mas as insuficiências da democracia representativa, na quadra atual, são excessivamente óbvias para serem ignoradas.

A consequência inevitável é a dificuldade de o sistema representativo expressar, efetivamente, a vontade majoritária da população. Como dito, o fenômeno é em certa medida universal. Nos Estados Unidos, cuja política interna tem visibilidade global, os desmandos do financiamento eleitoral, a indesejável infiltração da religião no espaço público e a radicalização de alguns discursos partidários deterioraram o debate público e afastaram o cidadão comum. Vicissitudes análogas acometem países da América Latina e da Europa, com populismos de esquerda, em uma, e de direita, em outra. No Brasil, por igual, vive-se uma situação delicada, em que a atividade política desprendeu-se da sociedade civil, que passou a vê-la com indiferença, desconfiança ou desprezo. Ao longo dos anos, a ampla exposição das disfunções do financiamento eleitoral, das relações oblíquas entre Executivo e parlamentares e do exercício de cargos públicos para benefício próprio revelou as mazelas de um sistema que gera muita indignação e poucos resultados[59]. Em suma: a doutrina, que antes se interessava pelo tema da dificuldade contramajoritária dos tribunais constitucionais, começa a voltar atenção para o déficit democrático da representação política[60].

59 Expressando esse desencanto, escreveu em artigo jornalístico o historiador Marco Antonio Villa (Os desiludidos da República, O Globo, 8 jul. 2014, p. 16): "O processo eleitoral reforça este quadro de hostilidade à política. A mera realização de eleições – que é importante – não desperta grande interesse. Há um notório sentimento popular de cansaço, de enfado, de identificação do voto como um ato inútil, que nada muda. De que toda eleição é sempre igual, recheada de ataques pessoais e alianças absurdas. Da ausência de discussões programáticas. De promessas que são descumpridas nos primeiros dias de governo. De políticos sabidamente corruptos e que permanecem eternamente como candidatos – e muitos deles eleitos e reeleitos. Da transformação da eleição em comércio muito rendoso, onde não há política no sentido clássico. Além da insuportável propaganda televisiva, com os jingles, a falsa alegria dos eleitores e os candidatos dissertando sobre o que não sabem".

60 GRABER, Mark A. The counter-majoritarian difficulty: from courts to Congress to constitutional order.**Annual Review of Law and Social Science**, California, v. 4, p. 361-62, 2008. Em meu texto Neoconstitucionalismo e constitucionalização do Direito: o triunfo tardio do direito constitucional no Brasil, **Revista de Direito Administrativo**,Rio de Janeiro, v. 240, n. 1, 2005, p. 41, escrevi: "Cidadão é diferente de eleitor; governo do povo não é governo do eleitorado. No geral, o processo político majoritário se move por interesses, ao passo que a lógica democrática se inspira em valores. E, muitas vezes, só restará o Judiciário para preservá-los. O *deficit* democrático do Judiciário, decorrente da dificuldade contramajoritária, não

Essa crise de legitimidade, representatividade e funcionalidade dos parlamentos gerou, como primeira consequência, em diferentes partes do mundo, um fortalecimento do Poder Executivo. Nos últimos anos, porém, e com especial expressão no Brasil, tem-se verificado uma expansão do Poder Judiciário e, notadamente, do Supremo Tribunal Federal. Em curioso paradoxo, o fato é que em muitas situações juízes e tribunais se tornaram mais representativos dos anseios e demandas sociais do que as instâncias políticas tradicionais. É estranho, mas vivemos uma quadra em que a sociedade se identifica mais com seus juízes do que com seus parlamentares. Um exemplo ilustra bem a afirmação: quando o Congresso Nacional aprovou as pesquisas com células-tronco embrionárias, o tema passou despercebido. Quando a lei foi questionada no STF, assistiu-se a um debate nacional. É imperativo procurar compreender melhor este fenômeno, explorar-lhe eventuais potencialidades positivas e remediar a distorção que ele representa. A teoria constitucional ainda não elaborou analiticamente o tema, a despeito da constatação inevitável: a democracia já não flui exclusivamente pelas instâncias políticas tradicionais.

4.4. O PAPEL REPRESENTATIVO DO SUPREMO TRIBUNAL FEDERAL[61]

> *"A grande arte em política não é ouvir os que falam, é ouvir os que se calam".*
> *Etienne Lamy*

Ao longo do texto procurou-se ressaltar a substantivação do conceito de democracia, que não apenas não se identifica integralmente

---

é necessariamente maior que o do Legislativo, cuja composição pode estar afetada por disfunções diversas, dentre as quais o uso da máquina administrativa, o abuso do poder econômico, a manipulação dos meios de comunicação".

61 O presente tópico beneficia-se da minha longa interlocução com Eduardo Mendonça, que se materializou em dois trabalhos que escrevemos em parceria e, sobretudo, na sua notável tese de doutorado, da qual fui orientador, intitulada A democracia das massas e a democracia das pessoas: uma reflexão sobre a dificuldade contramajoritária. Os trabalhos conjuntos foram publicados na revista eletrônica *Consultor Jurídico*, como resenhas da atuação do STF nos anos de 2011 e 2012, intituladas, respectivamente, Supremo foi permeável à opinião pública, sem ser subserviente e STF entre seus papéis contramajoritário e representativo.

com o princípio majoritário, como ademais, tem procurado novos mecanismos de expressão. Um deles foi a transferência de poder político – aí incluído certo grau de criação judicial do direito – para órgãos como o Supremo Tribunal Federal. O presente tópico procura explorar esse fenômeno, tanto na sua dinâmica interna quanto nas suas causas e consequências. No arranjo institucional contemporâneo, em que se dá a confluência entre a democracia representativa e a democracia deliberativa[62], o exercício do poder e da autoridade é legitimado por votos e por argumentos. É fora de dúvida que o modelo tradicional de separação de Poderes, concebido no século XIX e que sobreviveu ao século XX, já não dá conta de justificar, em toda a extensão, a estrutura e funcionamento do constitucionalismo contemporâneo. Para utilizar um lugar comum, parodiando Antonio Gramsci, vivemos um momento em que o velho já morreu e novo ainda não nasceu[63].

A doutrina da dificuldade contramajoritária, estudada anteriormente, assenta-se na premissa de que as decisões dos órgãos eletivos, como o Congresso Nacional, seriam sempre expressão da vontade majoritária. E que, ao revés, as decisões proferidas por uma corte suprema, cujos membros não são eleitos, jamais seriam. Qualquer estudo empírico desacreditaria as duas proposições. Por numerosas razões, o Legislativo nem sempre expressa o sentimento da maioria[64]. Além do já

62 A ideia de democracia deliberativa tem como precursores autores como John Rawls, com sua ênfase na razão, e Jurgen Habermas, com sua ênfase na comunicação humana. Sobre democracia deliberativa, ver, entre muitos, em língua inglesa, GUTMANN, Amy; THOMPSON, Dennis. **Why deliberative democracy?** Nova Jersey (EUA): Princeton University Press, 2004; em português,SOUZA NETO, Cláudio Pereira de. **Teoria constitucional e democracia deliberative**. Rio de Janeiro: Renovar, 2006.

63 Antonio Gramsci, **Cadernos do Cárcere**, 1926-1937. Disponível, na versão em espanhol, em: <https://goo.gl/wPY3ch>: "A crise consiste precisamente no fato de que o velho está morrendo e o novo não pode nascer. Nesse interregno, uma grande variedade de sintomas mórbidos aparecem". Ver também, entrevista do sociólogo Zigmunt Bauman, disponível em: <https://goo.gl/JgFivt>. Acesso em: 22 jul. 2015

64 Sobre o tema, ver LAIN, Corinna Barret. Upside-down judicial review. **The Georgetown Law Review**, Washington, v. 101, p. 113, jan. 2012. VertambémKLARMAN, Michael J. The majoritarian judicial review:

mencionado déficit democrático resultante das falhas do sistema eleitoral e partidário, é possível apontar algumas outras. Em primeiro lugar, minorias parlamentares podem funcionar como *veto players*[65], obstruindo o processamento da vontade da própria maioria parlamentar. Em outros casos, o autointeresse da Casa legislativa leva-a a decisões que frustram o sentimento popular. Além disso, parlamentos em todo o mundo estão sujeitos à captura eventual por interesses especiais, eufemismo que identifica o atendimento a interesses de certos agentes influentes do ponto de vista político ou econômico, ainda quando em conflito com o interesse coletivo[66].

Por outro lado, não é incomum nem surpreendente que o Judiciário, em certos contextos, seja melhor intérprete do sentimento majoritário. Inúmeras razões contribuem para isso[67]. Inicio por uma que é menos explorada pela doutrina em geral, mas particularmente significativa no Brasil. Juízes são recrutados, na primeira instância, mediante concurso público. Isso significa

the entrenchment problem. **The Georgetown Law Review**, Washington, v. 85, p. 49, 1996-1997.

65 *Veto players* são atores individuais ou coletivos com capacidade de parar o jogo ou impedir o avanço de uma agenda. Sobre o tema, ver ABRAMOVAY, Pedro. **Separação de Poderes e medidas provisórias**. São Paulo: Campus; Elsevier, 2012, p. 44 et seq.

66 Este tema tem sido objeto de estudo, nos Estados Unidos, por parte da chamada *public choice theory*, que procura desmistificar a associação entre lei e vontade da maioria. Para um resumo desses argumentos, ver BRANDÃO, Rodrigo. **Supremacia judicial versus diálogos institucionais**: a quem cabe a última palavra sobre o sentido da Constituição. Rio de Janeiro: Lúmen Júris, 2012, p. 205.

67 MELLO, Patrícia Perrone Campos. **Nos bastidores do Supremo Tribunal Federal**: Constituição, emoção, estratégia e espetáculo. 2014. 470 f. Tese (Doutorado em Direito Público)-Universidade do Estado do Rio de Janeiro, Rio de Janeiro, 2014, f. 399-411, faz uma compilação das justificativas apresentadas por diferentes autores na literatura jurídica americana para esse alinhamento das Supremas Cortes com a maioria. Os principais deles seriam: i) a indicação política dos juízes, que, por isso, seriam sensíveis ao pensamento da maioria; ii) a sujeição dos juízes aos valores da comunidade e aos mesmos movimentos sociais; iii) a interação das Supremas Cortes com a opinião pública (inclusive através do backlash); iv) a preocupação com sua credibilidade e estabilidade institucional (em face das instâncias majoritárias); v) o desejo de reconhecimento ou a preocupação com a imagem de seus integrantes junto à opinião pública.

que pessoas vindas de diferentes origens sociais, desde que tenham cursado uma Faculdade de Direito e tenham feito um estudo sistemático aplicado, podem ingressar na magistratura. Essa ordem de coisas produziu, ao longo dos anos, um drástico efeito democratizador do Judiciário. Por outro lado, o acesso a uma vaga no Congresso envolve um custo financeiro elevado, que obriga o candidato, com frequência, a buscar financiamentos e parcerias com diferentes atores econômicos e empresariais. Esse fato produz uma inevitável aliança com alguns interesses particulares. Por essa razão, em algumas circunstâncias, juízes são capazes de representar melhor – ou com mais independência – a vontade da sociedade. Poder-se-ia contrapor que este argumento não é válido para os integrantes do Supremo Tribunal Federal. Na prática, porém, a quase integralidade dos Ministros integrantes da Corte é composta por egressos de carreiras jurídicas cujo ingresso se faz por disputados concursos públicos[68].

Diversas outras razões se acrescem a esta. Em primeiro lugar, juízes possuem a garantia da vitaliciedade. Como consequência, não estão sujeitos às circunstâncias de curto prazo da política eleitoral, nem tampouco, ao menos em princípio, a tentações populistas. Uma segunda razão é que os órgãos judiciais somente podem atuar por iniciativa das partes: ações judiciais não se instauram de ofício. Ademais, juízes e tribunais não podem julgar além do que foi pedido e têm o dever de ouvir todos os interessados. No caso do Supremo Tribunal Federal, além da atuação obrigatória do Procurador-Geral da República e do Advogado-Geral da União em diversas ações, existe a possibilidade de convocação de audiências públicas e da atuação de *amicus curiae*. Por fim,

68 Na composição de julho de 2014: Celso de Mello era integrante do Ministério Público de São Paulo. Gilmar Mendes e Joaquim Barbosa vieram do Ministério Público Federal. Carmen Lúcia e Luís Roberto Barroso eram procuradores do Estado. Luiz Fux e Teori Zavascky proveem, respectivamente, da magistratura estadual e federal. Rosa Weber, da magistratura do trabalho. Os outros três Ministros, embora não concursados para ingresso nas instituições que integravam, vieram de carreiras vitoriosas: Marco Aurélio Mello (Procuradoria do Trabalho e, depois, Ministro do TST), Ricardo Lewandowski (Desembargador do Tribunal de Justiça de São Paulo, tendo ingressado na magistratura pelo quinto constitucional) e Dias Toffoli (Advogado-Geral da União).

mas não menos importante, decisões judiciais precisam ser motivadas. Isso significa que, para serem válidas, jamais poderão ser um ato de pura vontade discricionária: a ordem jurídica impõe ao juiz de qualquer grau o dever de apresentar razões, isto é, os fundamentos e argumentos do seu raciocínio e convencimento.

Convém aprofundar um pouco mais este último ponto. Em uma visão tradicional e puramente majoritária da democracia, ela se resumiria a uma **legitimação eleitoral** do poder. Por esse critério, o fascismo na Itália ou o nazismo na Alemanha poderiam ser vistos como democráticos, ao menos no momento em que se instalaram no poder e pelo período em que tiveram apoio da maioria da população. Aliás, por esse último critério, até mesmo o período Médici, no Brasil, passaria no teste. Não é uma boa tese. Além do momento da investidura, o poder se legitima, também, por suas ações e pelos fins visados[69]. Cabe aqui retomar a ideia de democracia deliberativa, que se funda, precisamente, em uma **legitimação discursiva**: as decisões políticas devem ser produzidas após debate público livre, amplo e aberto, ao fim do qual se forneçam as **razões** das opções feitas. Por isso se ter afirmado, anteriormente, que a democracia contemporânea é feita de votos e argumentos[70]. Um *insight* importante nesse domínio é fornecido pelo jusfilósofo alemão Robert Alexy, que se refere à corte constitucional como **representante argumentativo da sociedade**. Segundo ele, a única maneira de reconciliar a jurisdição constitucional com a democracia é concebê-la, também, como uma representação popular. Pessoas racionais são capazes de aceitar argumentos sólidos e corretos. O constitucionalismo democrático possui uma legitimação discursiva, que é um projeto de institucionalização da razão e da correção[71].

69 Ver MOREIRA NETO, Diogo de Figueiredo. **Teoria do poder**: parte 1. São Paulo: Revista dos Tribunais, 1992, p. 228-231, em que discorre sobre a legitimidade *originária*, *corrente* e *finalística* do poder político.

70 Para o aprofundamento dessa discussão acerca de legitimação eleitoral e discursiva, ver MENDONÇA, op. cit., f. 64-86.

71 Ver ALEXY, Robert. Balancing, constitutional review, and representation. **International Journal of Constitutional Law**, Oxford, v. 3, 2005, p. 578 et seq.

Cabe fazer algumas observações adicionais. A primeira delas de caráter terminológico. Se se admite a tese de que os órgãos representativos podem não refletir a vontade majoritária, decisão judicial que infirme um ato do Congresso pode não ser contramajoritária. O que ela será, invariavelmente, é **contrarrepresentativa**[72], entendendo-se o parlamento como o órgão por excelência de representação popular. De parte isso, cumpre fazer um contraponto à assertiva, feita parágrafos atrás, de que juízes eram menos suscetíveis a tentações populistas. Isso não significa que estejam imunes a essa disfunção. Notadamente em uma época de julgamentos televisados, cobertura da imprensa e reflexos na opinião pública, o impulso de agradar a plateia é um risco que não pode ser descartado. Mas penso que qualquer observador isento testemunhará que esta não é a regra. É pertinente advertir, ainda, para um outro risco. Juízes são aprovados em concursos árduos e competitivos, que exigem longa preparação, constituindo quadros qualificados do serviço público. Tal fato pode trazer a pretensão de sobrepor uma certa racionalidade judicial às circunstâncias dos outros Poderes, cuja lógica de atuação, muitas vezes, é mais complexa e menos cartesiana. Por evidente, a arrogância judicial é tão ruim quanto qualquer outra, e há de ser evitada.

O fato de não estarem sujeitas a certas vicissitudes que acometem os dois ramos políticos dos Poderes não é, naturalmente, garantia de que as supremas cortes se inclinarão em favor das posições majoritárias da sociedade. A verdade, no entanto, é que uma observação atenta da realidade revela que é isso mesmo o que acontece. Nos Estados Unidos, décadas de estudos empíricos demonstram o ponto[73].

---

72 Tal particularidade foi bem captada por MENDONÇA, 2014, f. 213 et seq.

73 LAIN, op. cit., p. 158. Ver também. DAHL, Robert A. Decision-making in a democracy: the Supreme Court as a national policy-maker, **Journal of Public Law**, Londres, v. 6, 1957, p. 285; e ROSEN, Jeffrey. **The most democratic branch:how the courts serve America**. Oxford (ING): Oxford University Press, 2006, p. xii: "Longe de proteger as minorias contra a tirania das maiorias ou contrabalançar a vontade do povo, os tribunais, ao longo da maior parte da história americana, têm se inclinado por refletir a visão constitucional das maiorias".

Também no Brasil tem sido assim. A decisão do Supremo Tribunal Federal na ADC nº 12[74], e a posterior edição da Súmula Vinculante nº 13, que chancelaram a proibição do nepotismo nos três Poderes, representaram um claro alinhamento com as demandas da sociedade em matéria de moralidade administrativa. A tese vencida era a de que somente o legislador poderia impor esse tipo de restrição[75]. Também ao apreciar a legitimidade da criação do Conselho Nacional de Justiça – CNJ como órgão de controle do Judiciário e ao afirmar a competência concorrente do Conselho para instaurar processos disciplinares contra magistrados, o STF atendeu ao anseio social pela reforma do Judiciário, apesar da resistência de setores da própria magistratura[76]. No tocante à fidelidade partidária, a posição do STF foi ainda mais arrojada, ao determinar a perda do mandato por parlamentar que trocasse de partido[77]. Embora tenha sofrido crítica por excesso de ativismo, é fora de dúvida que a decisão atendeu a um anseio social que não obteve resposta do Congresso. Outro exemplo: no julgamento, ainda não concluído, no qual se discute a legitimidade ou não da participação de empresas privadas no financiamento eleitoral, o STF, claramente espelhando um sentimento majoritário, sinaliza com a diminuição do peso do dinheiro no processo eleitoral[78].

74 BRASIL. Supremo Tribunal Federal. Ação Direta de Constitucionalidade nº 12-DF, Tribunal Pleno. Relator: Min. Carlos Ayres Britto. Brasília, 20 de agosto de 2008. **Diário de Justiça**: 18 dez. 2009. Disponível em: <https://goo.gl/XoiAzS>. Acesso em: 22 jul. 2015.

75 Em defesa do ponto de vista de que o CNJ não teria o poder de impor tal vedação, ver. STRECK, Lenio Luiz; SARLET, Ingo Wolfang; CLÈVE, Clemerson Merlin. **Os limites constitucionais das resoluções do Conselho Nacional de Justiça (CNJ) e Conselho Nacional do Ministério Público (CNMP)**. Disponível em: <http://www.egov.ufsc.br/portal/sites/default/files/anexos/15653-15654-1-PB.pdf>. Acesso em: 22 jul. 2015.

76 ADI nº 3367, Rel. Min. Cezar Peluso, e ADI nº 4.638, Rel. Min. Marco Aurélio. Merece registro, em relação ao segundo ponto, a atuação decisiva da então Corregedora Nacional de Justiça, Ministra Eliana Calmon, na defesa da competência concorrente – e não meramente supletiva – do CNJ.

77 BRASIL. Supremo Tribunal Federal. Mandado de Segurança nº 26.604-DF, Tribunal Pleno. Relator: Min. Cármen Lúcia. Brasília, 04 de outubro de 2017. **Diário de Justiça**: 03 out. 2008.

78 ADI nº 4.650, Rel. Min. Luiz Fux. Pesquisa conduzida pelo Datafolha, divulgada em julho de 2015, apurou que 74% da

A Corte acaba realizando, em fatias, de modo incompleto e sem possibilidade de sistematização, a reforma política que a sociedade clama.

Para além do papel puramente representativo, supremas cortes desempenham, ocasionalmente, o papel iluminista[79] de empurrar a história quando ela emperra. Trata-se de uma competência perigosa, a ser exercida com grande parcimônia, pelo risco democrático que ela representa e para que as cortes constitucionais não se transformem em instâncias hegemônicas. Mas, vez por outra, trata-se de papel imprescindível. Nos Estados Unidos, foi por impulso da Suprema Corte que se declarou a ilegitimidade da segregação racial nas escolas públicas, no julgamento de *Brown v. Board of Education*[80], bem como assegurou-se a validade do casamento entre pessoas do mesmo sexo[81]. Na África do Sul, coube ao Tribunal Constitucional abolir a pena de morte[82]. Na Alemanha, o Tribunal Constitucional Federal deu a última palavra sobre a validade da criminalização da negação do holocausto[83]. A Suprema Corte

população são contrários ao financiamento empresarial de partidos políticos. Apenas 16% dos entrevistados são favoráveis e 10% não opinaram. Ver também MACEDO, Fausto; COUTINHO, Mateus. 74% dos brasileiros são contra doações eleitorais de empresas, diz pesquisa. Estadão, São Paulo, 06 jul. 2015. Blogs Fausto Macedo Repórter. Disponível em: <https://goo.gl/WDs2vt>. Acesso em: 22 jul. 2015. Ver também SOUZA, André de. Datafolha: Três em cada quatro brasileiros são contra o financiamento de campanha por empresas privadas. O Globo, Rio de Janeiro, 06 jul. 2015. Disponível em: < https://goo.gl/E5irra>. Acesso em: 22 jul. 2015.

79 Em versões anteriores deste texto, utilizei a expressão "vanguarda iluminista" para descrever este papel. Mas há uma forma mais autocontida de expressar a mesma ideia, que é a de reconhecer que iluminista é a Constituição, cabendo ao intérprete potencializar esta sua faceta. Este *insight* surgiu do debate com Oscar Vilhena Vieira, a quem sou grato também por isso.

80 347 U.S. 483 (1954).

81 (*Obergefel v. Hodges*, 576 U.S. __, julg. em 26 jun. 2015). A decisão determina que os Estados admitam a celebração de casamento entre pessoas do mesmo sexo, bem como que reconheçam os casamentos de pessoas do mesmo sexo validamente celebrados em outros Estados.

82 *S v. Makwanyane and Another* (CCT3/94) [1995] ZACC 3. Disponível em: <http://www.constitutionalcourt.org.za/Archimages/2353.PDF>.

83 Ver BRUGGER, Winfried. Ban on Or Protection of Hate Speech? Some Observations Based on German and American Law. **Tulane European & Civil Law Forum**, Nova Orleans, n. 17, 2002, p. 1.

de Israel reafirmou a absoluta proibição da tortura, mesmo na hipótese de interrogatório de suspeitos de terrorismo, em um ambiente social conflagrado, que se tornara leniente com tal prática[84].

No Brasil, o Supremo Tribunal Federal equiparou as uniões homoafetivas às uniões estáveis convencionais, abrindo caminho para o casamento entre pessoas do mesmo sexo[85]. Talvez esta não fosse uma posição majoritária na sociedade, mas a proteção de um direito fundamental à igualdade legitimava a atuação. Semelhantemente se passou com a permissão para a interrupção da gestação de fetos anencefálicos[86]. São exemplos emblemáticos do papel iluminista da jurisdição constitucional. Nesses dois casos específicos, um fenômeno chamou a atenção. Em razão da natureza polêmica dos dois temas, uma quantidade expressiva de juristas se posicionou contrariamente às decisões – "não por serem contrários ao mérito, absolutamente não..." –, mas por entenderem se tratar de matéria da competência do legislador, e não do STF. Como havia direitos fundamentais em jogo, esta não parece ser a melhor posição. Ela contrapõe o princípio formal da democracia – as maiorias políticas é que têm legitimidade para decidir – aos princípios materiais da igualdade e da dignidade da pessoa humana, favorecendo o primeiro em ambos os casos[87]. Coloca-se o

84 PUBLIC Committee against torture in Israelvs. The State of Israel & The General Security Service. HCJ 5100/94 (1999). Disponível em: http://elyon1.court.gov.il/files_eng/94/000/051/a09/94051000.a09.pdf>.

85 Ver BRASIL. Supremo Tribunal Federal. Arguição de Descumprimento de Preceito Fundamental nº 132-RJ, Tribunal Pleno. Relator: Min. Carlos Ayres Britto. Brasília, 05 de setembro de 2011. **Diário de Justiça**: 14 out. 2011.; e BRASIL. Supremo Tribunal Federal. Ação Direta de Inconstitucionalidade nº 4277-DF, Tribunal Pleno. Relator: Min. Carlos Ayres Britto. Brasília, 05 de setembro de 2011. **Diário de Justiça**: 14 out. 2011.

86 BRASIL. Supremo Tribunal Federal. Arguição de Descumprimento de Preceito Fundamental nº 54-DF, Tribunal Pleno. Relator: Min. Marco Aurélio. Brasília, 12 de abril de 2012. **Diário de Justiça**: 30 abr. 2013.

87 Sobre princípios formais e materiais, e critérios para a ponderação entre ambos, ver ALEXY, Robert. **Princípios formais e outros aspectos da teoria discursiva.** São Paulo: GEN, 2014. Na página 20, escreveu Alexy: "Admitir uma competência do legislador democraticamente legitimado de interferir em um direito

procedimento acima do resultado, o que não parece um bom critério[88].

Também se insere nessa linha de atuação mais iluminista e menos majoritária julgados que reconheceram direitos aos transexuais. A esse propósito, decisões judiciais têm assegurado a possibilidade de alteração do nome após cirurgia de mudança de sexo[89], bem como a própria realização da cirurgia dessa natureza no âmbito do sistema público de saúde[90]. Na pauta do próprio Supremo Tribunal Federal encontram-se, com repercussão geral já reconhecida, a discussão sobre mudança de nome independentemente de cirurgia e a utilização, por transexuais, de banheiro público correspondente à sua autopercepção. Difícil imaginar essas questões sendo enfrentadas e superadas, no quadro atual, pelo processo legislativo ordinário. Deveria o Judiciário, em razão disso, silenciar ou se omitir? Também integram as minorias invisíveis os presos recolhidos ao sistema penitenciário. Sem surpresa, também aqui o caminho de superação das dramáticas violações à dignidade humana tem sido o Judiciário e o Supremo Tribunal Federal.

Às vezes, ocorre na sociedade uma reação a certos avanços propostos pela suprema corte. Nos Estados Unidos, esse fenômeno recebe o nome de *backlash*. Um caso paradigmático de reação do

---

fundamental simplesmente porque ele é democraticamente legitimado destruriria a prioridade da constituição sobre a legislação parlamentar ordinária".

88 Inúmeros autores têm posição diversa. Ver por todos, HABERMAS, Jurgen. **Between Facts and Norms**. Nova Iorque (EUA): MIT Press, 1996, p. 463 et seq.

89 O Superior Tribunal de Justiça tem autorizado a modificação do nome que consta do registro civil, após a cirurgia de alteração do sexo. O primeiro recurso sobre o tema foi julgado pela 3ª Turma do STJ em 2007 (REsp 678.933, Rel. Min. Carlos Alberto Menezes Direito, j. em 22.03.2007), que concordou com a mudança desde que o registro de alteração de sexo constasse da certidão civil. Posteriormente, em 2009, o STJ voltou a analisar o assunto e garantiu ao transexual a troca do nome e do gênero em registro, sem que constasse a anotação no documento, mas apenas nos livros cartorários (REsp 1008398, Rel. Min. Nancy Andrighi, j. em 15.10.2009).

90 A título exemplificativo, cf.: Tribunal Regional Federal da 4ª Região. AC 2001.71.00.026279-9, j. em 14.08.2007. A matéria encontra-se regulamentada pela Portaria nº 457, de agosto de 2008, do Ministério da Saúde.

Legislativo se deu contra o julgamento de *Furman v. Georgia*[91], em 1972, no qual a Suprema Corte considerou inconstitucional a pena de morte, tal como aplicada em 39 Estados da Federação[92]. O fundamento principal era o descritério nas decisões dos júris e o impacto desproporcional sobre as minorias. Em 1976, no entanto, a maioria dos Estados havia aprovado novas leis sobre pena de morte, contornando o julgado da Suprema Corte. Em *Gregg v. Georgia*[93], a Suprema Corte manteve a validade da nova versão da legislação penal daquele Estado. Também em *Roe v. Wade*[94], a célebre decisão que descriminalizou o aborto, as reações foram imensas, até hoje dividindo opiniões de maneira radical[95]. No Brasil, houve alguns poucos casos de reação normativa a decisões do Supremo Tribunal Federal, como, por exemplo, em relação ao foro por prerrogativa de função[96], às taxas municipais de iluminação pública[97], à progressividade das alíquotas do IPTU[98], à

91 408 U.S. 238 (1972).

92 Para um estudo da questão, ver LAIN, 2012, p. 12 et seq.

93 428 U.S. 153 (1976).

94 410 U.S. 113 (1973).

95 Sobre o tema, ver POST, Robert; SIEGEL, Reva. Roe Rage: democratic constitutionalism and backlash.**Faculty Scholarship Series**, New Haven, n. 169, 2007. Disponível em: <https://goo.gl/i2WgVp>. Acesso em: 22 jul. 2015.

96 No caso, a Lei nº 10.628/02 introduziu um §1º ao art. 84, do Código de Processo Penal, estabelecendo que o foro por prerrogativa de função seria mantido mesmo apos o fim da função pública, em relação aos atos praticados no exercício da função. Essa disposição significava, na prática, o restabelecimento do entendimento constante da Súmula 394, do Supremo Tribunal Federal, que havia sido cancelada pela Corte em tempo recente (Inq 687-QO, Rel. Min. Sydney Sanches). No entanto, em um caso singular de reação jurisdicional à reação legislativa, o STF declarou a inconstitucionalidade da lei, afirmando que não caberia ao Congresso rever a interpretação do texto constitucional dada pela jurisdição. V. STF, ADI 2.797, DJ 19.12.2006, Rel. Min. Sepúlveda Pertence.

97 O julgamento do RE 233.332/RJ, sob a relatoria do Ministro Ilmar Galvão, em 1999, assentou o entendimento de que "o serviço de iluminação pública não pode ser remunerado mediante taxa", dada a sua indivisibilidade. O Congresso Nacional, porém, poucos anos depois, editou a EC nº 39/02, acrescentando a contribuição de iluminação pública ao rol das espécies tributárias previstas na Constituição e, na prática, restabelecendo a cobrança desejada pelos Municípios.

98 Em diversos precedentes, o STF declarou a natureza real do IPTU e, com base nisso, a invalidade de leis municipais que pretendiam fixar alíquotas progressivas, estabelecidas segundo

cobrança de contribuição previdenciária de inativos[99] e à definição do número de vereadores[100].

dados da capacidade contributiva dos contribuintes. O entendimento da Corte foi superado pela EC nº 29/2000, que admitiu, expressamente, a progressividade.

99 Ao julgar a ADI 2010/DF, relatada pelo Ministro Celso de Mello, o STF declarou inconstitucional a incidência de contribuição previdenciária sobre os proventos dos servidores públicos inativos. Na sequência, Congresso promulgou a EC nº 41/03, que admitiu expressamente a possibilidade de incidência, a ser imposta por lei do ente responsável por cada sistema próprio. O debate foi devolvido ao Tribunal, que resolveu manter a opção política do constituinte derivado, notadamente a partir do argumento de que inexiste direito adquirido a não ser tributado (STF, DJ 18.02.2005, ADI 3.128, Rel. p/ o acórdão Min. Cezar Peluso).

100 No RE 197.917/SP, julgado sob a relatoria do Ministro Maurício Corrêa, o STF declarou a inconstitucionalidade de lei do Município de Mira Estrela/SP, que aumentara o número de vereadores de nove para onze. Segundo o entendimento firmado, não seria suficiente que os Municípios respeitassem as três amplas faixas então indicadas art. 29, IV, da Constituição – tendo em vista tais patamares, o número de vereadores deveria ser rigorosamente proporcional à população de cada Município, a ponto de o STF haver elaborado uma tabela taxativa, a partir de uma operação de regra de três. Em reação parcial à decisão do Tribunal, o Congresso promulgou a EC 58/09, que introduziu 25 novas faixas populacionais, com margens limitadas de decisão autônoma. Assim, embora não se tenha restaurado a discricionariedade ampla antes existente, o constituinte derivado atenuou a proporcionalidade rigorosa que o STF pretendera impor.

Em favor da tese que se vem sustentando ao longo do presente trabalho, acerca do importante papel democrático da jurisdição constitucional, é possível apresentar uma coleção significativa de decisões do Supremo Tribunal Federal que contribuíram para o avanço social no Brasil. Todas elas têm natureza constitucional, mas produzem impacto em um ramo específico do Direito, como enunciado abaixo:

Direito civil: proibição da prisão por dívida no caso de depositário infiel, reconhecendo a eficácia e prevalência do Pacto de San Jose da Costa Rica em relação ao direito interno.

Direito penal: declaração da inconstitucionalidade da proibição de progressão de regime, em caso de crimes hediondos e equiparáveis.

Direito administrativo: vedação do nepotismo nos três Poderes.

Direito à saúde: determinação de fornecimento de gratuito de medicamentos necessários ao tratamento da AIDS em pacientes sem recursos financeiros.

Direito à educação: direito à educação infantil, aí incluídos o atendimento em creche e o acesso à pré-escola. Dever do Poder Público de dar efetividade a esse direito.

Direitos políticos: proibição de livre mudança de partido após a eleição para cargo proporcional, sob pena de perda do mandato, por violação ao princípio democrático.

Direitos dos trabalhadores públicos: regulamentação, por via de mandado de injunção, do direito de greve dos servidores e trabalhadores do serviço público

Direito dos deficientes físicos: direito de passe livre no sistema de transporte coletivo interestadual a pessoas portadoras de deficiência, comprovadamente carentes.

Proteção das minorias:

Judeus: a liberdade de expressão não inclui manifestações de racismo, aí incluído o anti-semitismo.

Negros: validação de ações afirmativas em favor de negros, pardos e índios.

Homossexuais: equiparação das relações homoafetivas às uniões estáveis convencionais e direito ao casamento civil.

Comunidades indígenas: demarcação da reserva indígena Raposa Serra do Sol em área contínua.

Liberdade de pesquisa científica: declaração da constitucionalidade das pesquisas com células-tronco embrionárias.

Liberdade de expressão: inconstitucionalidade da exigência de autorização prévia da pessoa retratada ou de seus familiares para a divulgação de obras biográficas;

Direito das mulheres: direito à antecipação terapêutica do parto em caso de feto anencefálico; constitucionalidade da Lei Maria da Penha, que reprime a violência doméstica contra a mulher.

Três últimos comentários antes de encerrar. Primeiro: a jurisdição constitucional, como se procurou demonstrar acima, tem servido bem ao país. A preocupação com abusos por parte de juízes e tribunais não é infundada, e é preciso estar preparado para evitar que ocorram[101].

101 Em estudo denso e pioneiro, tendo como marco teórico a teoria dos sistemas, de LUHMANN, Niklas; CAMPILONGO, Celso Fernandes. **Política, sistema jurídico e decisão judicial**. São Paulo: Max Limonad, 2001, p. 63, advertiu: "O problema central do acoplamento

Porém, no mundo real, são muito limitadas as decisões do Supremo Tribunal Federal às quais se possa imputar a pecha de haverem ultrapassado a fronteira aceitável. E, nos poucos casos em que isso ocorreu, o próprio Tribunal cuidou de remediar[102]. Portanto, não se deve desprezar, por um temor imaginário, as potencialidades democráticas e civilizatórias de uma corte constitucional. A crítica à atuação do STF, desejável e legítima em uma sociedade plural e aberta, provem mais de atores insatisfeitos com alguns resultados e de um nicho acadêmico minoritário, que opera sobre premissas teóricas diversas das que vão aqui enunciadas[103]. A propósito, cabe formular uma pergunta crucial, feita por Eduardo Mendonça em sua tese de doutorado já citada[104]: o argumento de que a jurisdição constitucional tem atuado em padrões antidemocráticos não deveria vir acompanhado de uma insatisfação popular com o papel desempenhado pelo Supremo Tribunal Federal?

estrutural entre o sistema político e o sistema jurídico reside no alto risco de que cada um deles deixe de operar com base em seus próprios elementos (o Judiciário com a legalidade e a Política com a agregação de interesses e tomada de decisões coletivas) e passe a atuar com uma lógica diversa da sua e, consequentemente, incompreensível para as auto-referências do sistema. Essa corrupção de códigos resulta num Judiciário que decide com base em critérios exclusivamente políticos (politização da magistratura como a somatória dos três erros aqui referidos: parcialidade, ilegalidade e protagonismo de substituição de papéis) e de uma política judicializada ou que incorpora o ritmo, a lógica e a prática da decisão judiciária em detrimento da decisão política. A tecnocracia pode reduzir a política a um exercício de formalismo judicial".

102 No julgamento envolvendo a demarcação da Terra Indígena Raposa Serra do Sol, em embargos de declaração, foi restringido o alcance das denominadas "condicionantes" ali estabelecidas, para explicitar que não vinculavam, prospectivamente, novas demarcações. Ver Pet. 3388 – ED, Rel. Min. Luís Roberto Barroso.

103 Nos Estados Unidos, uma das críticas mais contundentes ao julgamento sobre casamento de pessoas do mesmo sexo (*Obergefel v. Hodges*, 576 U.S. __, julg. em 26 jun. 2015) veio do *Justice* Antonin Scalia, liderança proeminente do pensamento jurídico conservador, que afirmou em seu voto dissidente: "Permitir que a questão política do casamento entre pessoas do mesmo sexo seja considerada e resolvida por um seleto e aristocrático painel de nove pessoas sem representatividade é violar um princípio ainda mais fundamental que o de não se admitir a tributação sem lei ("no taxation without representation"): o de não se admitir transformação social sem representação".

104 MENDONÇA, op. cit., f. 19-20

O que dizer, então, se ocorre exatamente o contrário: no Brasil e no mundo, os índices de aprovação que ostenta a corte constitucional costumam estar bem acima dos do Legislativo[105]. Por certo não se devem extrair desse fato conclusões precipitadas nem excessivamente abrangentes. Porém, uma crítica formulada com base em uma visão formal da democracia, mas sem povo, não deve impressionar.

O segundo comentário é intuitivo. Como já se teve oportunidade de afirmar diversas vezes, decisão política, como regra geral, deve ser tomada por quem tem voto. Portanto, o Poder Legislativo e o chefe do Poder Executivo têm uma preferência geral *prima facie* para tratar de todas as matérias de interesse do Estado e da sociedade. E, quando tenham atuado, os órgãos judiciais devem ser deferentes para com as escolhas legislativas ou administrativas feitas pelos agentes públicos legitimados pelo voto popular. A jurisdição constitucional somente deve se impor, nesses casos, se a contrariedade à Constituição for evidente, se houver afronta a direito fundamental ou comprometimento dos pressupostos do Estado democrático. Porém, como o leitor terá intuído até aqui, a jurisdição constitucional desempenha um papel de maior destaque quando o Poder Legislativo não tenha atuado. É nas lacunas normativas ou nas omissões inconstitucionais que o STF assume um papel de eventual protagonismo. Como consequência, no fundo no fundo, é o próprio Congresso que detém a decisão final, inclusive sobre o nível de judicialização da vida.

Merece registro incidental, antes de encerrar o presente trabalho, um fenômeno conhecido na doutrina como **diálogo constitucional**ou **diálogo institucional**[106].

105 Segundo pesquisa do IBOPE, realizada em 2012, o índice de confiança dos brasileiros no STF é de 54 pontos (em uma escala de 0 a 100). O do Congresso é 39 pontos. Disponível em: <https://goo.gl/SnFoqq>.

106 A expressão tem origem na doutrina canadense, ao comentar disposições da Carta Canadense de Direitos que instituem um diálogo entre a Suprema Corte e o Parlamento a propósito de eventuais restrições impostas a direitos fundamentais. Na sua expressão mais radical – e incomum –, a Carta permite até mesmo que o Parlamento, presentes determinadas circunstâncias, reveja certas decisões judiciais. Sobre o tema,

Embora a corte constitucional ou corte suprema seja o intérprete final da Constituição em cada caso, três situações dignas de nota podem subverter ou atenuar esta circunstância, a saber: a) a interpretação da Corte pode ser superada por ato do Parlamento ou do Congresso, normalmente mediante emenda constitucional; b) a Corte pode devolver a matéria ao Legislativo, fixando um prazo para a deliberação ou c) a Corte pode conclamar o Legislativo a atuar, o chamado "apelo ao legislador". Na experiência brasileira existem diversos precedentes relativos à primeira hipótese, como no caso do teto remuneratório dos servidores públicos[107] e da base de cálculo para incidência de contribuição previdenciária[108], além dos já referidos anteriormente nesse mesmo tópico.

Em relação à segunda hipótese, referente à fixação de prazo para o Congresso legislar, há precedentes em relação à criação de Municípios[109] ou à reformulação dos critérios adotados no Fundo de Participações dos Estados[110], embo-

ver HOGG, Peter; BUSHELL, Allison A. The Charter dialogue between courts and legislatures (or perhaps the chart isn't such a bad thing after all), **Osgoode Hall Law Journal**, Toronto, v. 35, p. 75, 1997. Na literatura americana, ver TUSHNET, Mark. **Weak courts, strong rights**: judicial review and social welfare rights in comparative constitutional law. Nova Jersey (EUA): Princeton University Press, 2008, p. 24-33; e MILLER, Mark C. **The view of the courts from the hill**: interactions between Congress and the Federal Judiciary. Virgínia (EUA): The University of Virginia Press, 2009. Na literatura brasileira, ver BRANDÃO, 2012, p. 273 et seq.

107 BRASIL. Supremo Tribunal Federal. Ação Direta de Inconstitucionalidade nº 14-DF, Tribunal Pleno. Relator: Min. Celio Borja. Brasília, 13 de setembro de 1989. **Diário de Justiça**: 1 dez. 1989. No início da vigência da Constituição de 1988, o STF entendeu que o teto remuneratório do art. 37, XI não se aplicava às "vantagens pessoais", frustrando, na prática, a contenção dos abusos nessa matéria. Foram necessárias duas emendas constitucionais para superar tal entendimento: a de nº 19, de 1998, e a de nº 1, de 2003.

108 BRASIL. Supremo Tribunal Federal. Recurso Extraordinário nº 166.772-RS, Tribunal Pleno. Relator: Min. Marco Aurélio. Brasília, 12 de maio de 1994. **Diário de Justiça**: 16 dez. 1994.

109 BRASIL. Supremo Tribunal Federal. Ação Direta de Inconstitucionalidade nº 2.240-BA, Tribunal Pleno. Relator: Min. Eros Grau. Brasília, 9 de maio de 2007. **Diário de Justiça**: 3 ago. 2007.

110 BRASIL. Supremo Tribunal Federal. Ação Direta de Inconstitucionalidade nº 3.682-MT, Tribunal Pleno. Relator: Min. Gilmar Mendes. Brasília, 9 de maio de 2007. **Diário de Justiça**: 6 set. 2007. Neste caso, o STF fixou o prazo de 18

ra nem sempre se dê o adequado cumprimento dentro do período demarcado pela decisão. Por fim, relativamente à terceira hipótese, por muitos anos foi esse o sentido dado pela jurisprudência do STF ao mandado de injunção. Um caso muito significativo de diálogo institucional informal se deu em relação ao art. 7º, I da Constituição, que prevê a edição de lei complementar disciplinando a indenização compensatória contra a despedida arbitrária ou sem justa causa. No julgamento de mandado de injunção, o plenário do STF deliberou que iria fixar, ele próprio, o critério indenizatório, tendo em vista a omissão de mais de duas décadas do Congresso em fazê-lo[111]. Diante de tal perspectiva, o Congresso aprovou em tempo recorde a Lei nº 12.506/2011, provendo a respeito.

Mais recentemente, dois casos de diálogo institucional tiveram lugar. Ao decidir ação penal contra um Senador da República, o STF, por maioria apertada de votos, interpretou o art. 55, VI e seu § 2º no sentido de caber à Casa legislativa decretar a perda do mandato de parlamentar que sofresse condenação criminal transitada em julgado[112]. Ministros que afirmaram a posição vencedora registraram sua crítica severa à fórmula imposta pela Constituição, instando o Congresso a revisitar o tema[113]. Pouco tem-

meses para o Congresso Nacional sanar a omissão relativamente à edição da lei complementar exigida pelo art. 18, § 4º da CF, tida como indispensável para a criação de Municípios por lei estadual.

111 BRASIL. Supremo Tribunal Federal. Embargos Declaratórios no Mandado de Injunção nº 943-DF, Tribunal Pleno. Relator: Min. Gilmar Mendes. Brasília, 27 de fevereiro de 2014. **Diário de Justiça**: 23 jun. 2014.

112 BRASIL. Supremo Tribunal Federal. Embargos Declaratórios na Ação Penal nº 565-RO, Tribunal Pleno. Relator: Min. Carmen Lúcia. Brasília, 18 de setembro de 2014. **Diário de Justiça**: 04 dez. 2014. (caso Ivo Cassol).

113 Foi o meu caso. Em outra decisão, ao apreciar pedido cautelar no MS 32.326, do qual era relator, expus de forma analítica minha posição: "Este *imbroglio* relativamente à perda de mandato parlamentar, em caso de condenação criminal, deve funcionar como um chamamento ao Legislativo. O sistema constitucional na matéria é muito ruim. Aliás, o Congresso Nacional, atuando como poder constituinte reformador, já discute a aprovação de Proposta de Emenda Constitucional que torna a perda do mandato automática nas hipóteses de crimes contra a Administração e de crimes graves. Até que isso seja feito, é preciso resistir à tentação de produzir este resultado violando a Constituição.

po após o julgamento, o Senado Federal aprovou Proposta de Emenda Constitucional superadora desse tratamento deficiente da matéria. Em final de 2014, a Proposta ainda se encontrava em tramitação na Câmara. Em outro caso, um Deputado Federal foi condenado a mais de 13 anos de prisão, em regime inicial fechado[114]. Submetida a questão da perda do seu mandato à Câmara dos Deputados, a maioria deliberou não cassá-lo. Em mandado de segurança impetrado contra esta decisão, foi concedida liminar pelo relator, sob o fundamento de que em caso de prisão em regime fechado, a perda do mandato deveria se dar por declaração da Mesa e não por deliberação política do Plenário[115]. Antes do julgamento do mérito do mandado de segurança, a Câmara dos Deputados suprimiu a previsão de voto secreto na matéria e deliberou pela cassação.

O que se deduz desse registro final é que o modelo vigente não pode ser caracterizado como de supremacia judicial. O Supremo Tribunal Federal tem a prerrogativa de ser o intérprete final do direito, nos casos que são a ele submetidos, mas não é o dono da Constituição. Justamente ao contrário, o sentido e o alcance das normas constitucionais são fixados em interação com a sociedade, com os outros Poderes e com as instituições em geral. A perda de interlocução com a sociedade, a eventual incapacidade de justificar suas decisões ou de ser compreendido, retiraria o acatamento e a legitimidade do Tribunal. Por outro lado, qualquer pretensão de hegemonia sobre os outros Poderes sujeitaria o Supremo a uma mudança do seu desenho institucional ou à superação de seus precedentes por alteração no direito, competências que pertencem ao Congresso

---

O precedente abriria a porta para um tipo de hegemonia judicial que, em breve espaço de tempo, poderia produzir um curto circuito nas instituições".

114 BRASIL. Supremo Tribunal Federal. Embargos Declaratórios nos Embargos Declaratórios na Ação Penal nº 396-RO, Tribunal Pleno. Relator: Min. Carmen Lúcia. Brasília, 26 de junho de 2014. **Diário de Justiça**: 30 set. 2013. (caso Natan Donadon). Disponível em: < https://goo.gl/cdjxPe>. Acesso em: 22 jul. 2015.

115 BRASIL. Supremo Tribunal Federal. Mandado de Segurança nº 32.326, Tribunal Pleno. Relator: Min. Luís Roberto Barroso. Brasília, 2 de setembro de 2013. **Diário de Justiça**: 4 set. 2013.

Nacional. Portanto, o poder do Supremo Tribunal Federal tem limites claros. Na vida institucional, como na vida em geral, ninguém é bom demais e, sobretudo, ninguém é bom sozinho.

5. CONCLUSÃO

Circunstâncias diversas, como o final da guerra, a consolidação do ideal democrático e a centralidade dos direitos fundamentais, impulsionaram uma vertiginosa ascensão institucional do Poder Judiciário e da jurisdição constitucional em todo o mundo. Como consequência, juízes e tribunais passaram a integrar a paisagem política, ao lado do Legislativo e do Executivo. A teoria constitucional dominante, nas últimas décadas, tem desenvolvido um discurso de justificação e legitimação democrática desse processo histórico. Paralelamente a esse rearranjo institucional, a complexidade da vida moderna, potencializada pela diversidade e pelo pluralismo, levou a uma crise da lei e ao aumento da indeterminação do direito, com a transferência de maior competência decisória a juízes e tribunais, que passaram a fazer valorações próprias diante de situações concretas da vida.

Nesse novo universo, cortes como o Supremo Tribunal Federal passaram a desempenhar, simultaneamente ao papel contramajoritário tradicional, uma função representativa, pela qual atendem a demandas sociais relevantes que não foram satisfeitas pelo processo político majoritário. No desempenho de tal atribuição, o juiz constitucional não está autorizado a impor as suas próprias convicções. Pautado pelo material jurídico relevante (normas, conceitos, precedentes), pelos princípios constitucionais e pelos valores civilizatórios, cabe-lhe interpretar o sentimento social, o espírito de seu tempo e o sentido da história. Com a dose certa de prudência e de ousadia. O conjunto expressivo de decisões referidas no presente trabalho, proferidas sob a Constituição de 1988, exibem um Supremo Tribunal Federal comprometido com a promoção dos valores republicanos, o aprofundamento democrático e o avanço social. No desempenho de tal papel, a Corte tem percorrido o caminho do meio, sem timidez nem arrogância.

DIÁLOGOS INSTITUCIONAIS E UMA POSSIBILIDADE CONCRETA NO RECURSO EXTRAORDINÁRIO 635.659[1]

LUIZ EDSON FACHIN

MIGUEL GUALANO DE GODOY

NOTA PRÉVIA

A trajetória do Professor Titular Doutor José Afonso da Silva é amplamente conhecida, sendo notório o papel timoneiro que desempenhou na construção e desenvolvimento do direito constitucional brasileiro. Trata-se de empreitada digna de nota e louvor, especialmente quando experimentamos um tempo em que se vive no ápice do Poder Judiciário no Brasil um momento de **alta voltagem**, para utilizar a feliz expressão cunhada por José Rodrigo Rodriguez. Tal momento, no entanto, não se confunde com a temporalidade da política em sentido estrito, atualmente permeada por um crescente dissenso que se mostra não raro intransigente. É nosso desafio pesar e construir **o futuro das instituições**, o que pressupõe expressão de compreensão sobre a relação entre constitucionalismo e democracia. A disputabilidade de sentido da Constituição é conatural dentro dos limites normativos estabelecidos pelo texto constitucional. Vale dizer, não existe resposta prévia ou pronta. O pluralismo e o desacordo razoável são elementos inevitáveis e constitutivos desse tempo. São também o terreno fértil propiciador das

---

1 As ideias trabalhadas no presente ensaio pelos autores reverberam reflexões apresentadas em sede jurisprudencial e doutrinária, a saber, o Voto já proferido pelo Ministro Luiz Edson Fachin por ocasião do julgamento do Recurso Extraordinário 635.659 (pendente de conclusão de julgamento), bem como a obra do coautor Miguel Gualano de Godoy, "*Devolver a Constituição ao Povo*: crítica à supremacia judicial e diálogos institucionais" (Ed. Fórum, 2017). Por tal razão, a referência existente em várias passagens deste texto concerne ao Voto proferido, e uma vez que três votos já foram prolatados, aqui será mantida, com a devida licença do leitor, a menção ao voto do Ministro Vistor, o primeiro coautor desta reflexão escrita, ulterior ao voto proferido e já divulgado.

respostas de que tanto carecemos e que precisamos obrar. Eis, aí, uma dentre muitas razões pelas quais se presta justa homenagem ao Professor José Afonso da Silva. Um construtor de respostas e um inspirador de tantas outras que estão por serem arquitetadas, em prol da liberdade e da democracia.

1. DIÁLOGOS INSTITUCIONAIS: CAMINHOS E HORIZONTES

A palavra **diálogo** é expressiva e atrativa para a política, pois denota a ideia de igualdade, respeito e reciprocidade mútuos. Indivíduos dialogam entre si, em espaços formais e informais, e as decisões de instituições são, em geral, o resultado de diálogos internos que as precederam[2].

Na teoria constitucional dos últimos anos a palavra **diálogo** tem surgido como uma metáfora ubíqua, que reflete essa interação entre os Poderes Judiciário, Executivo e Legislativo na tarefa de interpretação e aplicação da constituição[3]. O pano de fundo dessa abordagem é a separação entre os Poderes e tem por objetivo mostrar como é possível pensar essa tarefa de forma dialógica e cooperativa, ao invés de encará-la como uma disputa entre adversários[4].

A metáfora dos diálogos já aparecia com Alexander Bickel (1986) na década de 1960, quando ele fazia alusão às ideias de um **colóquio contínuo**, de uma **conversa permanente**, sobre a interpretação da constituição[5]. Louis Fisher (1988) também abordou o tema e se valeu da expressão que, na década de 1980, estampou o título de seu livro **Diálogos Constitucionais: in-**

---

2 MENDES, Conrado Hübner. Direitos Fundamentais, **Separação de Poderes e Deliberação.** São Paulo: Saraiva, 2011. p. 105. Vide também: GODOY, Miguel Gualano de. **Devolver a Constituição ao Povo**: crítica à supremacia judicial e diálogos institucionais. Belo Horizonte: Fórum, 2017. p. 150.

3 BATEUP, Christine. The Dialogic Promise: assessing the normative potential of theories of constitutional dialogue. **Brooklyn Law Review**, Brooklyn, v. 71, n. 3, 2006. p. 1109. Vide também: GODOY, op. cit., p. 150.

4 MENDES, op. cit., p. 105. Vide também: GODOY, op. cit., p. 150.

5 BICKEL, Alexander. **The least dangerous branch**: the Supreme Court at the bar of politics. 2. ed. New Heaven: Yale University Press, 1986. BICKEL, Alexander M. **Supreme Court and the Idea of Progress.** New Haven: Yale University Press, 1970. Vide também: MENDES, op. cit., p. 106. Vide também: GODOY, op. cit., p. 150.

terpretação como processo político[6]. A ideia, apesar de não ser nova, tem ganhado força, desenvolvimento e maior profundidade nos últimos anos.

As teorias sobre os diálogos institucionais, em geral, se diferenciam pela abordagem que realizam – quanto ao método (ou empírica)[7] e quanto à estrutura (ou normativa)[8]. As análises empíricas tratam os diálogos como um produto, resultado, do desenho institucional e da separação entre os Poderes. Uma análise passível, portanto, de verificação prática mediante a atuação das cortes e do acatamento ou superação das decisões judiciais pelos demais Poderes. As aproximações normativas tratam os diálogos como uma demanda, exigência normativa que estabeleça essa comunicação entre o Poder Judiciário e os demais Poderes[9].

---

6 FISHER, Louis. **Constitutional Dialogues**: Interpretation as Political Process. Nova Jersey (EUA): Princeton University Press, 1988.Vide também: GODOY, op. cit., p. 150.

7 FRIEDMAN, Barry. **The Will of the People**: how public opinion has influenced the supreme court and shaped the meaning of the Constitution. New York: Farrar, Strauss and Giroux, 2009. FRIEDMAN, Barry. Constitucionalismo Popular Mediado.**Revista Jurídica de la Universidad de Palermo**, Palermo, v. 6, n. 1, 2005. p. 123-160. PICKERILL, J. Mitchell. **Constitutional Deliberation in Congress**: the impact of judicial review in a separated system. Durham: Duke University Press, 2004. WHITTINGTON, Keith. **Political Foundations of Judicial Supremacy**: The Presidency, the Supreme Court and Constitutional Leadership in U.S. history. Nova Jersey (EUA): Princeton University Press, 2007. WHITTINGTON, Keith. Legislative Sanctions and the strategic environment of judicial review. **International Journal of Constitutional Law**, Oxford, v. 1. n. 3, 2003. p. 446-474. Disponível em: <https://goo.gl/xyuCsQ>. Vide também: GODOY, op. cit., p. 150.

8 HOGG, Peter W.; BUSHELL, Alison A. The Charter Dialogue Between Courts and Legislatures (or perhaps The charter of rights isn't such a bad thing after all). **Osgoode Hall Law Journal**, Toronto, v. 35. n. 1, 1997. HOGG, Peter Wardell; THORNTON, Alison A. Bushell; WRIGTH, Wade K. *Charter* Dialogue revisited or "Much Ado abou metaphors". **Osgoode Hall Law Journal**, Toronto, v. 45. n. 1, 2007. HOGG, Peter. THORNTON, Alisson A. Reply to "Six degrees of dialogue". **Osgoode Hall Law Journal**, Toronto, v. 45. n. 1, 2007. ALEXANDER, Larry; SCHAUER, Frederick. On extrajudicial constitutional Interpretation. **Harvard Law Review**, Massachusetts, v. 110. n. 7, 1997. ALEXANDER, Larry; SCHAUER, Fredrick. Defending judicial supremacy: a reply.**Constitutional commentary**, v. 17. n. 3, 2000. GARDBAUM, Stephen. The New Commonwealth Model of Constitutionalism. **American Journal of Comparative Law**, Maryland, v. 49, n. 4, 2001. p. 707-760. TUSHNET, Mark. **Weak Courts, strong rights**: judicial review and social wealfare rights in comparative constitutional law. Nova Jersey (EUA): Princeton University Press, 2008. Vide também: GODOY, op. cit., p. 151.

9 BATEUP, op. cit., p. 1109-1110. Vide também: MENDES, op. cit., p. 107. BRANDÃO, Rodrigo. **Supremacia Judicial versus Diálogos Constitucionais**: a quem cabe a última palavra sobre o sentido da Constituição? Rio de Janeiro: Lumen Juris, 2012. p. 209. SILVA, Cecília de Almeida et al. **Diálogos Institucionais e Ativismo**. Curitiba: Juruá, 2012. p. 92. Vide também: GODOY, op. cit., p. 151.

As percepções empíricas têm a vantagem de mostrar como, na prática, o significado da constituição é construído por meio de um embate, fluxo e refluxo de ideias e concepções. No entanto, podem ser insuficientes ao deixarem de lado parâmetros normativos que favoreçam os diálogos que tanto apregoam. O tratamento normativo tem o benefício de mostrar como exigências legais promovem ou ao menos deixam em aberto a possibilidade dos diálogos. Quando há obrigatoriedade legal ou instrumentos legais que promovam o diálogo, ele torna-se mais fácil e qualquer decisão deve levar em conta uma possível resposta reativa. No entanto, o olhar exclusivamente normativo pode pecar ao se debruçar demasiadamente sobre o papel das cortes e dos juízes. Nesse sentido, se há que se promover o diálogo, focar somente no papel do Poder Judiciário, ainda mais normativamente, é minorar a importância e os deveres dos demais atores nessa relação dialógica.

Diante disso, um caminho diverso seria encarar os diálogos institucionais segundo as características que se sobressaem do próprio processo dialógico, seja ele fruto de uma atuação ou de uma exigência normativa[10]. Acreditamos, pois, na esteira de Christine Bateup (2006), numa atuação dialógica que compreenda a capacidade institucional peculiar de o Poder Judiciário interpretar a constituição e seus princípios por meio da revisão judicial das leis. Mas, não para impor suas interpretações, e sim para ser mais uma voz na definição do sentido e alcance das normas constitucionais.

As previsões legais de incentivo aos diálogos, como a admissão de *amicus curiae* (art. art. 7°, §2° e art. 18 da Lei n.° 9.868/1999; art. 138 do Código de Processo Civil) ou a realização de audiências públicas (art. art. 9°, §1° e §2°, art. 12-E, §1°, art. 20, §1° e §2°, da Lei n.° 9.868/1999 e art. 6°, §1° da Lei n.° 9.882/1999; art. 983, §1º e art. 1038, II, ambos do Código de Processo Civil), seriam exemplos de bons incentivos normativos aos diálogos. Assim, deixa-se o Poder Judiciário livre para exercer o controle judicial de constitucionalidade das leis, mas lhe impõe o dever de estar atento e aberto ao diálogo. Por sua vez, o Poder Legislativo fica ciente de que seus atos podem ser revistos e derrubados pelo Poder Judiciário. Antes que isso

10 BATEUP, op. cit., p. 1174-1175. Vide também: GODOY, op. cit., p. 158.

aconteça, um diálogo entre os Poderes e entre estes e o povo e demais instituições é bem-vindo. E após o eventual controle de constitucionalidade das leis, é importante que ainda existam canais de diálogo e redefinição da interpretação da constituição.

Dessa forma, busca-se promover um diálogo institucional que não se fundamenta sobre uma superioridade interpretativa prévia de nenhum dos Poderes. Ao contrário, reconhecem-se as diferentes competências de cada um, distintas habilidades e expertises de cada um dos intérpretes da constituição. As previsões normativas aparecem então como elementos necessários para o incentivo desse desejado diálogo. A interpretação da constituição seria, assim, o resultado do confronto de posições "separadas, mas interligadas" de cada um dos Poderes e demais atores que interpretam a constituição[11].

A proposta de Christine Bateup (2006) aqui encampada, por ela chamada de fusão dialógica, se mostra não apenas teoricamente mais adequada – porpartir de um reconhecimento das qualidades particulares de cada instituição sem que, no entanto, haja uma preferência, *a priori*, de uma sobre a outra – mas, também, pragmaticamente mais crível – por requerer uma previsão normativa para a promoção dos diálogos[12]. Ou seja, defende-se a aposta nos diálogos institucionais porque é preciso incentivar um comportamento dialógico de cada um dos Poderes na interpretação da Constituição, segundo suas competências e habilidades específicas, proporcionando-se assim a elaboração de uma decisão mais democrática.

No entanto, para que tal diálogo não fique dependente do mero voluntarismo de cada Poder ou de seus membros, previsões normativas são necessárias para incentivar e promover esse diálogo. As previsões normativas dialógicas não devem impor a primazia de um sobre o outro, mas forçar cada um a ser cuidadoso e criterioso em sua tarefa interpretativa, sempre atento e aberto às proposições vindas dos outros intérpretes e aplicadores da constituição.

A forma de diálogo particularmente aqui defendida também mostra como juízes e cortes, ao realizarem o controle judicial de constitucionali-

11 BATEUP, op. cit., p. 1175. Vide também: GODOY, op. cit., p. 158.

12 GODOY, op. cit., p. 162. Vide ainda: BATEUP, 2006, passim.

dade das leis, se envolvem ou devem se envolver em um debate dinâmico e dialógico sobre o significado das normas constitucionais. As respostas buscadas sobre o significado da constituição devem, assim, ser construídas, e não impostas. Como bem aponta Conrado Hübner Mendes (2011), a interação é um fato, não uma escolha ou possibilidade[13]. O diálogo não decorre somente da manifestação de vontade de um Poder ou apenas por exigência de algum dispositivo normativo. Ao contrário, ele deve ser o produto dessa tensão entre empirismo e normativismo, que compreendem a separação entre os Poderes como algo dinâmico, e não estanque. O diálogo nasce, assim, da conjugação entre um desenho institucional e uma cultura política, de incentivos normativos e disposição dialógica[14].

Não se está aqui a defender a adoção irrefletida dos modelos do direito comparado, pois o mero transplante de arranjos estrangeiros em geral recai no equívoco de desconsiderar demandas institucionais locais. No entanto, eles mostram como se pode estabelecer outra dinâmica institucional em nossa realidade ao invés de se insistir na disputa pela última palavra sobre o significado da constituição e na velha oposição entre supremacia judicial ou supremacia legislativa. Dessa maneira, pode-se fazer uma análise mais acurada sobre o desempenho de cada Poder na tarefa de interpretação e aplicação da Constituição, pois passamos a avaliar não somente a forma de atuação dos Poderes, mas também as diferentes concepções de legitimidade que informam sua atuação[15].

A perspectiva de diálogo interinstitucional aqui defendida, portanto, é aquela que não enxerga uma oposição entre os Poderes. O exercício do controle de constitucionalidade não se opõe e nem se sobrepõe ao exercício legislativo. O desafio é mostrar como, mesmo sendo a expertise uma variável importante no desenho institucional, a insistência sobre quem deve ter a última palavra é algo ilusório, além de improdutivo. A melhor interpretação sobre a Constituição e a melhor decisão, seja ela jurídica ou políticolegisla-

13 MENDES, op. cit., p. 161. Vide também: GODOY, op. cit., p. 162.

14 MENDES, op. cit., p. 162. Vide também: GODOY, op. cit., p. 162.

15 GODOY, op. cit., p. 163.

tiva, não decorrem somente das capacidades de uma ou outra instituição, mas sim da interação deliberativa entre elas e da busca pelas melhores razões públicas para justificar suas posturas e julgamentos[16].

Estabelecidos os contornos procedimentais do que se compreende por diálogos institucionais, tem-se então caminho a trilhar para o deslinde de sensíveis questões sociais e jurídicas como, por exemplo, a (des)criminalização do uso de drogas. Diante de tema tão controverso, mais do que uma única resposta, absoluta, é preferível e possível ao Poder Judiciário, quando tal questão se coloca diante de si, estabelecer um diálogo para a construção da melhor resposta possível.

2. O RECURSO EXTRAORDINÁRIO 635.659 E A (IN) CONSTITUCIONALIDADE DO ART. 28, *CAPUT*, DA LEI 11.343/2006: A POSSÍVEL CONSTRUÇÃO DE UM DIÁLOGO INSTITUCIONAL

O Recurso Extraordinário 635.659 (Rel. Min. Gilmar Mendes) foi interposto, com fundamento no art. 102, III, "a", da Constituição, pelo Defensor Público-Geral do Estado de São Paulo para objetar acórdão do Colégio Recursal do Juizado Especial Cível de Diadema/SP. O órgão colegiado recorrido, assentado na constitucionalidade do art. 28, *caput*, da Lei 11.343/2006[17], manteve a condenação de uma pessoa a dois meses de prestação de serviços à comunidade pelo crime de porte de drogas para o consumo pessoal.

O recurso voltou-se contra a referida decisão sob a tese de que o porte de maconha para uso pessoal, quando enquadrado no tipo penal previsto no art. 28 da lei 11.343/2006 ofende o direito fundamental à intimidade e à vida privada (art. 5º, X, CRFB), bem como, no âmbito penal, afronta

16 MENDES, op. cit., p. 169. Vide também: GODOY, op. cit., p. 163.

17 "Art. 28. Quem adquirir, guardar, tiver em depósito, transportar ou trouxer consigo, para consumo pessoal, drogas sem autorização ou em desacordo com determinação legal ou regulamentar será submetido às seguintes penas:
I - advertência sobre os efeitos das drogas;
II - prestação de serviços à comunidade;
III - medida educativa de comparecimento a programa ou curso educativo".

o princípio da lesividade. De acordo com o recurso interposto, o acórdão representaria franco atentado ao Texto Constitucional, pois uma conduta só poderia ser considerada criminosa caso lesionasse bens jurídicos alheios. Como no caso em tela a conduta permaneceu na esfera individual do autor do fato, inexistiria qualquer atividade delituosa. Dessa maneira, o recorrente requereu a declaração incidental de inconstitucionalidade do art. 28, *caput*, da Lei 11.343/06 por violação ao direito fundamental à intimidade e à vida privada (art. 5º, X, CRFB), bem como, no âmbito penal, por afronta o princípio da lesividade. Ao final pugnou pela sua absolvição com base no art. 386, III, do Código de Processo Penal em razão da atipicidade da conduta.

O Procurador-Geral da República manifestou-se pelo desprovimento do recurso e pela constitucionalidade do art. 28, *caput*, sob o argumento de que a conduta ofende a saúde pública, que seria o bem jurídico tutelado pelo art. 28 da Lei 11.343/2006. Em auxílio desse argumento, o Procurador-Geral da República sublinhou que a utilização de drogas para uso próprio contribui, por arrastamento, à propagação do vício na sociedade. Destacou que a abolição da pena de prisão ao usuário já representou um avanço na política criminal. No entanto, o legislador fez a opção por manter o ato de portar e/ou possuir entorpecentes para consumo próprio como crime, ainda que com punição diversa da privação de liberdade.

Reconhecida a repercussão geral da questão posta, o julgamento iniciou-se em 19/08/2015. Votaram os Ministros Gilmar Mendes – pelo provimento do recurso extraordinário – Luiz Edson Fachin – pelo provimento do recurso extraordinário para a conduta descrita no tipo quando a droga for a maconha – e Luís Roberto Barroso – pelo provimento do recurso extraordinário para a conduta descrita no tipo quando a droga for a maconha, estabelecidos os critérios de quantidade.

Sem fazer maiores considerações sobre os votos já proferidos, todos eles até agora deram provimento ao recurso interposto, mas com fundamentos, extensões e matizes bastante diferentes entre si. Como preito que é, este artigo tem por objetivo oferecer um aporte teórico e prático, dialógico e democrático, à questão posta. É esta, pois, nossa forma de homenagear José Afonso da Silva, um construtor de respostas fundamentais para o direito constitucional brasileiro.

2.1. ORECURSO EXTRAORDINÁRIO 635.659 E A DESCRIMINALIZAÇÃO DO USO DA MACONHA: A CONSTRUÇÃO DE UM DIÁLOGO INSTITUCIONAL

Após o voto do Ministro Relator Gilmar Mendes, que deu provimento ao recurso extraordinário, mantendo, todavia, as sanções previstas, mas não com caráter penal, e sim com natureza civil e administrativa, pediu vista o Ministro Luiz Edson Fachin. Conforme asseverado quando da devolução do pedido de vista, tal ato foi assim realizado para aprofundar a reflexão sobre este tema de caráter hipercomplexo e transdisciplinar. A solução de controvérsias dessa natureza exige diálogo. Um pedido de vista pode e deve, assim, servir também para isso. Nesse processo decisório, a construção da ponte importa tanto quanto as margens: a margem da qual se parte e aquela para onde se vai. Por essa razão, estabeleceu-se nos dias em que os autos estiveram sob exame do Ministro Luiz Edson Fachin, em que pese o exíguo período, diálogo com os demais Poderes (Executivo e Legislativo), órgãos, instituições e especialistas na área, como, por exemplo, o Dr. Dráuzio Varella e o jurista Luís Greco[18]. Foi o contido nos autos, mais o profundo voto do Ministro Gilmar Mendes, o sensível pronunciamento e voto do Ministro Luís Roberto Barroso e o debate público estabelecido sobre esse tema que erigiram a resposta aqui apresentada e explorada como possibilidade para uma experiência dialógica concreta.

2.1.1. A DELIMITAÇÃO DO CASO À DROGA OBJETO DO RECURSO: CASOS E AUTOCONTENÇÃO

A análise de um recurso extraordinário sob a sistemática da repercussão geral possibilita à Corte firmar tese acerca de tema, que para além dos interesses subjetivos da demanda, seja de inegável relevância jurídica, social, política ou econômica.

---

18 FACHIN, Luiz Edson. Voto proferido e publicado no RE 635.659. Supremo Tribunal Federal,Sessão plenária de julgamento em 10/09/2015. p. 1. Consoante já apontado em nota de rodapé anterior, esse modo de menção é mantido apenas para evitar soluções de continuidade na leitura.

Não obstante, quando se está diante de um tema de natureza penal, é prudente judiciosa autocontenção da Corte, pois a atuação fora dos limites circunstanciais do caso pode conduzir a intervenções judiciais desproporcionais, seja sob o ponto de vista do regime das liberdades, seja sob o ponto de vista da proteção social insuficiente.

Assim sendo, em virtude da complexidade inerente ao problema jurídico que está sob a análise do Supremo Tribunal Federal no Recurso Extraordinário 635.659, propôs-se estrita observância às balizas fáticas e jurídicas do caso concreto para a atuação da Corte em seara tão sensível: a definição sobre a constitucionalidade, ou não, da criminalização do porte unicamente de maconha para uso próprio em face de direitos fundamentais como a liberdade, autonomia e privacidade. Em virtude dessas razões, o voto em pauta circunscreveu-se ao caso posto em análise e à droga que dele faz parte – maconha[19].

2.1.2. A VIOLAÇÃO DA LIBERDADE E DA AUTONOMIA PRIVADA

É paradoxo desassossegador perfilhar descriminalização do uso de drogas cuja produção e comercialização tipificam, ao mesmo tempo, o crime de tráfico. Isso porque se a retirada do estigma criminal permite que se dê a devida atenção ao bem jurídico tutelado e ao tratamento do usuário, sempre conviver-se-á com o indelével gravame de vê-lo enredado no tecido criminoso de distribuição da droga. A dependência é o calabouço da liberdade mantida em cárcere privado pelo traficante[20]. É isso mesmo que se assentou no julgamento em tela.

A manutenção da proibição do tráfico simultaneamente à descriminalização, não obstante a ausência de dados indisputáveis sobre isso, apenas abona estímulo à traficância, seja pela lucratividade, seja por uma possível ampliação do mercado de consumo.

19 Id., 2015, p. 2.

20 FACHIN, op. cit., p. 03.

O debate se focaliza no dispositivo contido pelo art. 28 da Lei 11.343/2006. O tipo se refere a **adquirir, guardar, tiver em depósito, transportar ou trouxer consigo, para consumo pessoal**, condutas já julgadas como de índole criminosa pelo Supremo Tribunal Federal. Especificamente, alguns pontos são, então, aqui retomados tendo em vista aquele comando normativo.

Ali, nessa lei, espécie alguma de droga é indicada; remete-se, no artigo 66, para ato legislativo inexistente até hoje e para ato regulamentar, este sim já praticado pelo Poder Executivo por meio do Ministério da Saúde. A droga elencada, pois, é da altura jurídica de portaria. Prossigamos aqui na síntese daquelas ideias, ora sumariadas.

Essencialmente, é preciso deixar nítido que o consumo de drogas pode acarretar sérios transtornos e danos físicos e psíquicos, eventualmente até mesmo a morte de quem as consome. Além disso, também se associam muitas vezes ao consumo de drogas outros danos potenciais como o cometimento de delitos para a manutenção do eventual vício. No pronunciamento jurisdicional, assentou-se, nada obstante, que mesmo em presença disso, o tema também se coloca diante da liberdade, da autonomia privada e dos limites de interferência estatal sobre o indivíduo; conforme assevera Carlos Santiago Nino (1989), invocam-se, em geral, três argumentos independentes para punir o consumo pessoal de drogas: um argumento perfeccionista, um argumento paternalista e, por fim, um argumento de defesa da sociedade[21].

A criminalização do porte de drogas para uso pessoal, em primeiro lugar, detém-se em um argumento perfeccionista quando justifica o tratamento penal do consumo baseado na reprovabilidade moral dessa conduta. Vale dizer, o uso de drogas é considerado um comportamento moralmente reprovável e, por isso, deve ser combatido por meio de uma resposta penal do Estado. Tal perfeccionismo busca impor um padrão de conduta individual aos cidadãos, estabelecendo, assim, de forma apriorística um modelo de moral privada, individual, que se julga digno e adequado.

---

21 NINO, Carlos Santiago. **Ética y Derechos Humanos**: un ensayo de fundamentación. Buenos Aires (ARG): Ariel, 1989. p. 423. FACHIN, op. cit., p. 3.

Se as regras de um sistema moral individual que valorize a liberdade vedam que a conduta de um cidadão ofenda bens jurídicos alheios, elas, porém, não podem impor modelos de virtude pessoal exclusiva e tampouco julgar as ações de um cidadão por seus efeitos sobre o caráter do próprio agente. Ou seja, os ideais de excelência humana que integram preciso sistema moral individual não devem ser impostos pelo Estado, mas devem ser produto de escolha de cada indivíduo. Essa é a liberdade fundamental que caracteriza a autonomia privada de cada sujeito como soe acontecer nas sociedades liberais[22].

A criminalização do porte de drogas para uso pessoal, em segundo lugar, se atém em um argumento paternalista quando justifica o tratamento penal do consumo baseado nesse tipo de reprovação, no desincentivo e na prevenção geral que as respostas penais deveriam gerar. Essa tessitura não busca impor um modelo de vida – supostamente – decente como faz o perfeccionismo, e sim proteger as pessoas contra os danos que o consumo de drogas pode causar a elas. No entanto, interroga-se o papel do Estado que, ao buscar proteger seus cidadãos, singra o caminho de reprová-los penalmente. No caso do consumo de drogas, proteger o cidadão dos males causados pelo consumo de drogas necessita exigir uma resposta informativa, com campanhas educativas e de prevenção, criação e execução de políticas públicas de atenção e cuidado com a saúde daqueles que fazem uso abusivo de drogas, estabelecer medidas que desalentem o consumo de drogas, mas, segundo o autor, nunca a reprovação penal pela conduta autodestrutiva do cidadão[23]. À ilicitude se dirigem sanções, não necessariamente penais.

Por fim, a criminalização do porte de drogas para uso se calca em um argumento de defesa da sociedade quando justifica o tratamento penal do consumo baseado na proteção dos demais cidadãos – incluída aí a família como instituição – que podem sofrer os efeitos ou consequências dos atos de quem usa drogas. No entanto, objeta Santiago Nino (1989), para prevenir e reprovar as eventuais condutas excessivas dos usuários de drogas, o Direito

---

22 NINO, op. cit., p. 425. FACHIN, op. cit., p. 4.

23 NINO, op. cit., p. 431-432. FACHIN, op. cit., p. 4-5.

Penal já oferece uma série de outras sanções. O usuário de drogas que furta ou rouba para sustentar seu vício deve ser punido pelas ações delituosas de furto ou roubo, mas não pelo uso em si da droga, argumenta Santiago Nino (1989). Vale dizer, o que pode causar mal aos demais cidadãos são as condutas eventualmente derivadas do uso de drogas, contudo não o uso de drogas por si só. Essas condutas derivadas que possam causar dano já são todas elas objeto de previsão e tratamento pelo Direito Penal. Dessa forma, a diferença entre ações privadas e ações que possam ofender a moral pública por afronta aos bens de terceiros seria insustentável, pois toda e qualquer ação, seja ela privada ou pública, teria o potencial de se desdobrar em outra ação reprovável[24].

Na crítica de Carlos Santiago Nino (1989), criminalizar o porte de droga para consumo próprio representa a imposição de um padrão moral individual que significa uma proteção excessiva que, ao fim e ao cabo, não protege e nem previne que o sujeito se drogue – correspondendo a um paternalismo indevido e ineficaz – e, por fim, significa uma falsa proteção da sociedade, dado que já há respostas penais previstas para as eventuais condutas ofensivas que o consumidor de drogas possa realizar. Essas críticas não fazem despenhar-se a vereda da criminalização. E essa foi a opção do legislador brasileiro ao tomar o caminho da primazia do Estado sobre o cidadão. A tal opção de apenar agregou-se ato executivo que elencou as drogas proscritas. Esse liame foi selado pelo espancamento da dúvida quanto ao caráter de conduta criminosa, consoante assentado neste Tribunal. Legislativo, Executivo e Judiciário fundaram um tripé cuja constitucionalidade vem agora a esse patamar deliberativo, centrado no uso de droga ilícita[25].

O voto em comento adentrou à autodeterminação individual correspondente a uma esfera de privacidade, intimidade e liberdade imune à interferência do Estado, ressalvada a ocorrência de lesão a bem jurídico transindividual ou alheio, situação essa permissiva da ação repressiva estatal.

Na seara do Direito Penal, afirmam Zaffaroni e Pierangelli (2013):

---

24 NINO, op. cit., p. 436-438. FACHIN, op. cit., p. 5.

25 FACHIN, op. cit., p. 5.

> [...] todo direito quer regular a conduta humana em sociedade e comina para que os homens se adaptem a suas regulações. Portanto, também, o direito penal tem uma aspiração ética: aspira evitar o cometimento e repetição de ações que afetam de forma intolerável os bens jurídicos penalmente tutelados.
> O fim de prover à segurança tutelando bens jurídicos é o que marca um limite racional à aspiração ética do direito penal[26].

Na conceituação do que se deve entender por esfera privada, ressaltem-se as lições de Luís Greco (2010):

> O alcance da esfera privada não é fixado a partir dessa esfera mesma, mas privado é aquilo que não afeta a terceiros. [...]. Apenas num segundo momento se pode avaliar se uma conduta está ou não compreendida na esfera privada: daí porque se pode falar de um conceito secundário de privacidade. A esfera privada é, nessa perspectiva, aquilo que resta depois que se subtraem as afetações a terceiros: daí o caráter residual do conceito" (Posse de droga, privacidade, autonomia: reflexões a partir da decisão do Tribunal Constitucional argentino sobre a inconstitucionalidade do tipo penal de posse de droga com a finalidade de próprio consumo[27].

Eis aí o sumário do 'iter' percorrido pela respectiva argumentação contida no voto.

2.1.3. CRIMES DE PERIGO ABSTRATO, BEM JURÍDICO TUTELADO E DANO

O processo de constitucionalização do direito penal, quiçá ainda embrionário no Brasil, passa diretamente pelo controle de constitucionalidade das hipóteses de criminalização primária - ou seja, aquelas que tratam da criação de tipos penais e incriminação de condutas pela legislação. Como

---

26 ZAFFARONI, Eugênio Raúl; PIERANGELI, José Henrique. **Manual de Direito Penal Brasileiro**: Parte Geral. 10. ed. São Paulo: Editora Revista dos Tribunais, 2013. p. 95. FACHIN, op. cit., p. 6.

27 GRECO, Luís. Posse de droga, privacidade, autonomia: reflexões a partir da decisão do Tribunal Constitucional argentino sobre a inconstitucionalidade do tipo penal de posse de droga com a finalidade de próprio consumo. **Revista Brasileira de Ciências Criminais**, São Paulo, v. 18, n. 87, nov./dez. 2010, p. 91. FACHIN, op. cit., p. 6.

premissa para o exercício de tal controle de constitucionalidade, a tomada em conta do fundamento da dignidade da pessoa humana em sua matriz kantiana e republicana, impede, assim, que a tutela penal atue tendo por escopo a introjeção de valores morais individuais de conduta determinadas ou a imposição de comportamentos para além daqueles considerados concretamente lesivos a terceiros[28].

No caso do atual art. 28 da Lei de Drogas, pode-se dizer que há ao menos duas rotas de tensão e tendencial colisão, a partir das quais se constata que a opção pela criminalização do uso e posse de drogas ilícitas representa atitude político-criminal:

a) Confrontam-se a técnica de incriminação por meio dos **crimes de perigo abstrato** e o princípio da ofensividade;

b) Confrontam-se uma concepção perfeccionista de proteção social do Estado e o direito constitucional à intimidade e à vida privada.

A definição tradicional da incriminação do porte e posse de drogas ilícitas como crimes de perigo abstrato, sob **perigo à saúde pública** pela natureza nociva das substâncias apontadas como tais por ato administrativo do Ministério da Saúde, é uma opção político-criminal. Essa opção, pois, do Executivo é a de preencher a norma penal em branco. Cumpre iluminar esse fato: a lei, em momento algum, elenca drogas ilícitas; quem o faz é a Portaria SVS/MS nº 344, de 12 de maio de 1998, mediante lista de substâncias ilícitas a constituir o objeto material do tipo penal do art. 28. Daí porque asseverou-se tratar-se de droga na altura jurídica de uma portaria.

Diante de princípios basilares desde a reforma penal iluminista, como aquele da ofensividade, segundo o qual não se pune a autolesão, serve a pena estatal, sim, à proteção quanto à lesão de direitos de terceiros. Arazão do tratamento diferenciadoa substâncias como álcool e tabaco, por exemplo, é opção político-criminal também.

É certo que o controle de constitucionalidade do art. 28 da Lei 11.343 constitui uma análise da compatibilidade do texto em relação à opção políticocriminal. Entre as opções indicadas pelo voto do Ministro Gilmar Mendes,

---

28 FACHIN, op. cit., p. 6.

há uma modalidade de controle de constitucionalidade de norma penal que tem especial aplicação para o caso em tela. Trata-se, com efeito, do exame de legalidade proporcional com base no controle material de intensidade. Há, nessa proposição, dois níveis de análise: o de proporcionalidade e o de ofensividade. Relativamente à proporcionalidade, embora tenha matriz constitucional, não se nos afigura critério legitimador único para investigar a compatibilidade constitucional das normas que definem crimes de perigo abstrato. Perfilhamos, nesse ponto, a opinião José Francisco de Faria Costa (1992), para quem "[...] o cerne da legitimidade constitucional dos crimes de perigo abstracto não está tanto no eventual desvio ao cânone da proporcionalidade, mas antes na concreta determinação do seu sentido (ou ausência dele) violador do princípio da ofensividade"[29].

Parâmetro confiável para avaliar a constitucionalidade da incriminação da posse de drogas para uso próprio é a análise de eventual ofensividade do bem jurídico protegido. É preciso, pois, previamente ao exame do pedido veiculado neste recurso extraordinário, identificar se a ofensividade tem, de fato, matriz constitucional.

A interpretação do Direito Penal à luz da Carta da República pode ter sentido a partir de duas premissas básicas: a diferenciação entre penas e medidas de segurança, e a exigência de expressa previsão constitucional, para justificar a limitação de direitos fundamentais. A primeira premissa indica que, em situações excepcionalíssimas, é possível atribuir a qualidade de perigo a determinada pessoa. Por isso, exceto nas situações em que o desenvolvimento bio-psico-social afaste a culpabilidade, a separação entre penas e medidas de segurança jamais autorizaria fazer recair sobre a pessoa do agente o juízo de condenações.[30]

A incriminação da drogadição situa-se na tênue delimitação entre o Direito Penal do autor eo do fato. Com efeito, a posse para uso pessoal, embora tipifique a ação, incide sobre conduta que, não raro, é condição

29 COSTA, José Francisco de Faria. **O Perigo em Direito Penal**. Contributo para a sua fundamentação e compreensão dogmática. Coimbra (POR): Coimbra Editora, 1992. p. 637. FACHIN, op. cit., p. 7.

30 FACHIN, op. cit., p. 7.

essencial da pessoa, e a vetor constitucional que não autoriza a penalização da personalidade.

No que tange às limitações dos direitos fundamentais, é preciso que eventual restrição encontre fundamentação constitucional. Nessa diretriz, alberga-se o princípio da tipicidade, a exigir reserva de lei para normas penais. Considerando que a tipicidade decorre da teoria sobre os direitos fundamentais, ao legislador não compete apenas observar a reserva de lei para tipificar determinada conduta, como também deve demonstrar que pela incriminação outro direito fundamental será protegido[31].

A doutrina costuma indicar que a sede do princípio da ofensividade como parâmetro de controle de constitucionalidade reside no art. 98, I, da Constituição da República. Embora a referência tópica possa constar desse dispositivo, o conteúdo do princípio decorre, de um lado, da opção constitucional e legal por um Direito Penal orientado por fatos; e, de outro, da impossibilidade de se criminalizar condutas que não atinjam um fundamento constitucionalmente assegurado.

É correto afirmar que o princípio da ofensividade tem assento constitucional e serve de parâmetro para o controle da atividade do Legislativo. Esse controle não incide, entretanto, indistintamente sobre todas as normas penais, nem sobre os objetivos e motivações invocados para edição da norma, pois, em tais circunstâncias, seria preciso recorrer-se a argumentos consequencialistas, para afastar a prerrogativa de avaliação feita pelo Legislativo. O princípio da ofensividade permite, de fato, a limitação do próprio direito, mas não autoriza que se oponham argumentos utilitários à validade normativa.

Essa tarefa tem ainda maior importância se o reconhecimento da extensão dos bens jurídicos e da consequente proteção estatal for medida em relação à eventual restrição da liberdade. Nesse sentido, caberia à teoria do bem jurídico identificar quais bens podem justificar a restrição à liberdade[32].

Não se trata, contudo, de afastar *a priori* qualquer pretensão de permitir ao Estado perseguir fins morais. Ao contrário, inexiste um princípio

31 FACHIN, op. cit., p. 8.

32 FACHIN, op. cit., p. 9.

que delimite a esse ponto a atividade estatal regulatória. É preciso registrar, neste particular, que a possibilidade de se buscar fins morais não é descontextualizada: apenas em sociedades em que haja o respeito à autonomia dos cidadãos, garantindo-se-lhes um amplo espectro de opções valorosas, é que seria possível falar em uma larga margem de avalição para estabelecer fins morais[33]. Eis aí as esferas que se configuram como Direito e Moral, aqui apenas lembrada *quantum satis*.

O ponto de partida para se delimitar o campo de restrição à autonomia parece estar no princípio da ofensividade: somente havendo dano efetivo, porquanto haveria, por conseguinte, uma interferência na autonomia das outras pessoas, é que se pode legitimar a coerção.

A sanção penal é, assim, tão-só uma das formas de se proteger os bens jurídicos. Consubstanciando a mais grave restrição na autonomia dos cidadãos, cumpre, portanto, avaliar se ela é **adequadamente** posta. E é aqui que tem assento a proporcionalidade.

Em relação à coerção penal, poder-se-ia apontar, na linha do que indica Claus Roxin (2007), serem ilegítimas as incriminações de: motivações ideológicas; autolesão; tabus; fins extrapenais; e abstrações incapazes de constituir bens jurídicos[34].

Essas considerações parecem indicar que a ofensa a um bem individual, pode não dar ensejo à criminalização. Esse norte tem sentido especialmente para o adicto, usuário dependente de droga; impende ajudar o usuário que queira se livrar do poder criminoso da dependência. Frise-se, relativamente a esta inferência, que não se visa inviabilizar a atividade regulatória do Estado, nem mesmo a de imposição de sanções, e sim a afastar que a regulação seja feita por meio da coerção penal como primeiro antídoto[35].

---

33 RAZ, Joseph. **The Morality of Freedom**. Oxford (ING): Oxford University Press, 1986. FACHIN, op. cit., p. 9.

34 ROXIN, Claus. Es la protecion de los bienes jurídicos una finalidad del derecho penal? In: HEFENDEHL, Roland. **La teoría del bien jurídico**: fundamentos de legitimación del derecho penal o juego de laboratorios dogmáticos?. Barcelona (ESP): Marcial Pons, 2007. FACHIN, op. cit., p. 10.

35 FACHIN, op. cit., p. 11.

Relativamente ao caso, objeto deste recurso extraordinário, observe-se que a tipificação das condutas que constam da Lei 11.343 recai, à primeira vista, sobre as condutas e não em razão de um bem imediatamente designado. Em tais circunstâncias, a doutrina costuma dividir as técnicas legislativas de incriminação a partir da ofensividade a determinado bem jurídico em crimes de dano e de perigo. Nestes, é a própria conduta que é incriminada, pois, supõe-se, que do fato possa emergir dano. Naqueles, a exigência do resultado é condição para a consumação do crime.

Posta nesses termos, a definição de crimes de perigo parece exigir do intérprete que a distinção se faça pela causalidade. Enquanto nos crimes de resultado, a lesão seria decorrência do injusto praticado pelo autor, em virtude de seu conhecimento causal, nos crimes de perigo, a ofensa ser-lhe-ia imputável, por recurso a um raciocínio probabilístico. O juízo normativo de imputação, no entanto, não é exclusivo de apenas um grupo de crimes, mas constitui a essência da atribuição penal[36].

Nos crimes de resultado, mesmo recorrendo-se à teoria da equivalência dos antecedentes causais, é impossível afirmar que o dano foi causado pela conduta do agente, pois, em verdade, todos os fatos que são anteriores à conduta, inclusive seu nascimento, são condições necessárias para o resultado. O que se passa, antes, é que o agente, como obra sua, cria uma situação de risco para o bem violado. Portanto, mesmo nos crimes de resultado, há sempre a ameaça de lesão e é por colocar em risco o bem jurídico que o agente responde pelo ilícito, se o fez como obra sua.

Essa diferenciação ocorre apenas na definição legal do tipo. No plano da aplicação concreta, ela repercute de modo distinto. O juiz realiza a imputação à luz da efetiva ocorrência do resultado e, ao deixar-se interpelar por esse fato, estende o raciocínio probabilístico da causalidade à potencial configuração de resultados desvaliosos. Trata-se, assim, de estimar, para os crimes de perigo, "[...] que a probabilidade de produção do resultado desvalioso é superior à probabilidade da sua não produção"[37].

36 Ibid., p. 11.

37 COSTA, op. cit., p. 600. FACHIN, op. cit., p. 11.

Para que esse juízo se realize, é necessário, à luz da ocorrência do resultado concreto, que se examine a situação de risco. Evidentemente, tal raciocínio só poderá ser feito se o julgador adotar uma posição de um homem prudente, porquanto deverá examinar a hipótese sob a perspectiva do saber comum. A operacionalização desse cálculo exige, ainda, que a situação de perigo tenha tido uma estabilidade temporal, uma duração. O intérprete, então, ao deixar-se interpelar pela ocorrência posterior do resultado, deve colocar-se no passado para, recorrendo às regras comuns da experiência, decidir sobre a imputação.

Há, contudo, uma forma de tipificar o perigo que define *ex ante* a construção da relação considerada perigosa em abstrato. Nessas situações, o intérprete sequer precisaria presentificar o passado para realizar a imputação, pois a descrição do tipo penal identifica que, naquele momento hipotético, a situação de perigo já havia sido criada.

O voto em pauta espelhou, *en passant*, que não poderia o legislador definir *a priori* um tipo que prescinde da real criação de uma situação de perigo. A legitimidade da tipificação de condutas em abstrato não decorre, entretanto, de uma presunção ou de possibilidade futura de colocação em perigo determinado bem jurídico. Não se trata, também, de substituir o julgador pelo legislador. Ao contrário, nos crimes de perigo abstrato, conquanto seja correto afirmar que o legislador se substitui ao julgador ao reconhecer que o pôr-em-perigo foi previamente estimado, como se, sem o resultado concreto, o legislador se colocasse em um futuro-passado hipotético, o que o legislador quis expressar, ao irmanar-se com o homem comum que hipoteticamente poderia vir a estimar a imputação da situação de perigo, foi a imposição de um dever de cuidado. E é aqui que reside sua legitimidade.

Poder-se-ia, assim, seguindo José Francisco de Faria Costa, afirmar que, de fato, o dever de cuidado é fonte de justificação dos tipos de perigo abstrato, mas não é um dever presente apenas nesses tipos. O dever de cuidado está, em verdade, em todos os demais tipos; apenas, nos abstratos, aparece de modo mais puro[38].

38 FACHIN, op. cit., p. 12.

Para as condutas tipificadas pela Lei 11.343, poder-se-ia dizer que a política-criminal se limitou a fixar um dever de cuidado, pois ações ali descritas, tal como as estima o antevisto homem prudente[39], o qual servirá de padrão de senso crítico para um hipotético julgador, criam situações de perigo. Essa formulação é fundamental para se compreender que é na categoria da obrigação de cuidado que se deve pensar a concatenação entre a teoria do bem jurídico e a atividade regulatória do Estado, na esfera penal.

O juízo de adequação a que nos referimos anteriormente para avaliar a legitimidade da intervenção estatal pode ser, agora, definido como a plausibilidade da hipotética imputação feita *ex ante* pelo legislador às condutas de perigo abstrato. Essa formulação é de fundamental importância para que se reconheça como distinto o juízo acerca da imputação hipotética formulada pelo legislador daquele que é feito com base na crítica às justificativas e aos objetivos da norma incriminadora. Noutras palavras, a definição de crimes de perigo abstrato não implica uma presunção de perigo pelo legislador, mas uma imputação hipotética[40].

---

39 O conceito de homem prudente, construído como modelo para determinar lesões do dever de cuidado ou do risco permitido, é um referencial valioso para definir a natureza de comportamentos humanos. Um homem prudente é capaz de reconhecer e avaliar situações de perigo para bens jurídicos protegidos, mediante observação das condições de realização da ação e reflexão sobre os processos subjacentes de criação e de realização do perigo: por exemplo, um motorista prudente pode prever a possibilidade de crianças, pedestres desatentos ou pessoas idosas ou deficientes ingressarem, inesperadamente, na pista de rolamento das vias urbanas, e agir em conformidade com essa previsão. Esse modelo é construído perguntando-se como agiria, na situação concreta, um homem prudente pertencente ao círculo de relações do autor e dotado dos conhecimentos especiais deste (por exemplo, sobre os perigos de determinado cruzamento, ou sobre a presença de escolar na rua, em determinados locais e horários etc.): se a construída ação do modelo divergir da ação real, existe lesão do dever de cuidado ou do risco permitido" (SANTOS, Juarez Cirino dos. **A moderna teoria do fato punível**. Curitiba: Editora Fórum, 2004, p. 102-103). Não se desconhece, por óbvio, os limites que tal modelo de controle impõe ao intérprete, especialmente no que tange a imposição de um modelo único de conduta, algo que, ao menos no campo do Direito Regulatório, tem sido posto em perspectiva (JOLLS, Christine. SUNSTEIN, Cass. THALER, Richard. A Behavioral Approach to Law and Economics. **Harvard Law School**, Massachusetts, v. 50, n. 5, maio 1998, p. 1471-1550). Nos estritos limites destes autos, no entanto, o modelo proposto apenas explicita o emprego do juízo de proporcionalidade à incriminação penal. FACHIN, op. cit., p. 12.

40 FACHIN, op. cit., p. 13.

A mudança de palavras é plena de significado. Se, por meio da tipificação de conduta de perigo abstrato, quer-se, na realidade, impor um dever de cuidado, é preciso que a figura do homem médio que subjaz ao raciocínio da hipotética imputação, possa corresponder, de fato, ao padrão comum do senso crítico de imputação[41].

O controle de constitucionalidade sobre a incriminação de tipos de perigo abstrato não recai, portanto, sobre a potencialidade de ofensa a um determinado bem jurídico, nem sobre a sua potencialidade concreta. Trata-se, em verdade, de se analisar se é adequada a imposição de dever do cuidado à vista da experiência comum que se faria sobre a hipotética imputação formulada pelo legislador. Assim, se o homem prudente pressuposto pelo legislador corresponder ao que invocaria o Judiciário, a imposição do dever seria adequada.

Extrai-se daquele pronunciamento, ainda, a seguinte interrogação: de que modo se constitui a imputação hipotética formulada por esse pressuposto homem prudente? Não obstante seja o tema infrequente na formulação que aqui propomos, há um critério que já foi reconhecido pela jurisprudência deste Tribunal para balizar o juízo de imputação. Trata-se do instituto da **dúvida razoável** cuja formulação impõe um duplo dever: à acusação, especialmente nos sistemas adversariais, cumpre o ônus da prova e ao julgador, o reconhecimento de que a imputação deve ser procedente para além de qualquer dúvida razoável[42].

Não se está a tomar de empréstimo, aqui, um instituto de direito processual para erigi-lo como parâmetro material de controle de constitucionalidade. A referência ao critério da dúvida razoável é, no sentido aqui empregado, um princípio geral do direito e tem a função de controle do juízo de imputação[43]. Se, nos crimes de dano, o juízo recai sobre a criação do risco a um determinado bem jurídico como obra do autor, nos crimes de perigo

41 Ibid., p. 13.

42 FACHIN, op. cit., p. 13.

43 NEWMAN, Jon. Beyond Reasonable Doubt. **NYU Law Review**, Nova Iorque, v. 68, n. 5, p. 1002, nov. 1993. FACHIN, op. cit., p. 13.

abstrato a dúvida que afasta a incriminação exige que o dever de cuidado seja a melhor opção para a proteção do bem.

Essa diferenciação é importante porque a análise da proporcionalidade de potencial ofensividade ao bem jurídico, tal qual a argumentação até expendida sustentou, ainda não soluciona o problema de adequação à que alude Bernhard Schlink (2012) quando alerta que o critério de proporcionalidade é insuficiente para avaliar a disponibilidade de informações para as escolhas do legislativo. De acordo com o constitucionalista alemão, "[...] para resolver o problema de insuficiência ou ambiguidade de informações, é preciso estabelecer uma regra de ônus-de-prova na qual tanto o legislativo, quanto o cidadão afetado, podem provar que os meios [empregados para restringir um direito fundamental] funcionam ou não"[44].

O juízo de adequação que é feito pelo órgão de controle jurisdicional consiste, portanto, em identificar se a incriminação que se objetiva utilizar para a tutela de determinado bem jurídico, sob a ameaça de sanção penal, é, para além de uma dúvida razoável, justificada. A análise de justificativa não visa, aqui, a inverter a **prerrogativa de avaliação fática** do legislador, mas apenas avaliar se ela demonstra, para além de uma dúvida razoável, ser a melhor estratégia de proteção.

Nos estritos limites do caso dos autos, seria possível afirmar que norma penal não atinge essa barreira[45]. Estes foram os pontos nucleares até essa altura do tema. Cumpre avançar em seara distinta nesse passo da exposição.

2.1.4. O USO DE DROGAS COMO UMA QUESTÃO DE SAÚDE PÚBLICA

Chega-se aqui a um ponto nodal: o dependente é vítima. Afigura-se, nessa passada, relevante a separação de mercados e a divisão entre as espécies de drogas. Dados de suficiente crédito dão ensejo a essa ordem de ideias

---

44 SCHLINK, Bernhard. Proportionality in Constitutional Law: Why Everywhere but here? **Duke Journal of Comparative & International Law**, Carolina do Norte, v. 22, n. 2, 2012, p. 299. Disponível em: <https://goo.gl/fNJct4>. FACHIN, op. cit., p. 14.

45 FACHIN, op. cit., p. 14.

à luz do grau e da origem de encarceramento. Parte-se de uma realidade carcerária preocupante, levando em conta os conhecidos dados do Levantamento Nacional de Informações Penitenciárias Infopen- junho de 2014[46].

Quanto ao tráfico de drogas, o mesmo Levantamento[47] alvitra números sabidos e também preocupantes.

Para uma visão do que representa o tráfico de drogas especificamente em relação à maconha, a título de exemplo, compulsando dados técnicos do Estado do Paraná, em respeitável trabalho capitaneado pela Doutora Maria Tereza Uille Gomes (2015), então eminente integrante do Ministério Público paranaense, podem ser extraídos índices elevados (quase 30%) exclusivamente atinentes à droga em pauta[48]. Já em relação aos adolescentes,

---

46 FACHIN, op. cit., p. 14. Dados disponíveis em: <https://goo.gl/FX7Wz7>.

Brasil- 2014	
População prisional	607.731
Sistema penitenciário	579.423
Secretárias de Segurança/Carceragens de delegacias	27.950
Sistema Penitenciário Federal	358
Vagas	376.669
Déficit de vagas	231.062
Taxa de ocupação	161%
Taxa de aprisionamento	299,7

47 Dados disponíveis em: <https://goo.gl/aZXRfC>.

	Masculino	Feminino	Total
Grupo: Drogas (Lei 6.368/76 e Lei 11.343/06)	59.154	7.159	66.313
Tráfico de drogas (art. 12 da Lei 6.368/76 e art. 33 da Lei 11.343/06)	50.014	5.906	55.920
Associação para o tráfico (art. 14 da Lei 6.368/76 e art. 35 da Lei 11.343/06)	6.823	832	7.655
Tráfico internacional de drogas (art. 18 da Lei 6.368/76 e art. 33 e 40, inciso I da Lei 11.343/06)	2.317	421	2.738

48 FACHIN, op. cit., p. 14. Estudo Técnico para sistematização de dados sobre informações do requisito objetivo da Lei 11.343/2006 apresentado em Evento da Plataforma Brasileira de Políticas sobre Drogas nos dias 15 e 16 de junho de 2015, na Universidade de São Paulo - USP, organizado pela Escola Estadual da Defensoria Pública, Conselho Nacional de Política Criminal e Penitenciária – CNPCP e Secretaria Nacional de Políticas sobre Drogas – SENAD. (GOMES, Maria Tereza Uille, GIAMBERARDINO, Pedro Ribeiro, CARVALHO, Hellen Oliveira, OLIVEIRA, F. P., PEIXOTO, C. A. B.):

há um quadro inquietante com jovens apreendidos por ato infracional somente com a droga em tela[49].

Com base neste quadro fático, o usuário em situação de dependência deve ser encarado como doente. Ao necessitar de tratamento para a superação do vício, é estabelecida ao Estado (e mesmo à sociedade) uma obrigação de fornecer os meios necessários para tanto. Relembre-se o disposto no art. 196, do Texto Constitucional:

> Art. 196. A saúde é direito de todos e dever do Estado, garantido mediante políticas sociais e econômicas que visem à redução do risco e de outros agravos e ao acesso universal e igualitário às ações e serviços para sua promoção, proteção e recuperação.

Disso se extrai que o acesso à saúde é universal, frise-se bem, e, por conseguinte, deve abarcar todos os indivíduos que necessitarem dos seus serviços para preservação da própria integridade física e mental. Ao referir-se a **todos**, em tal significante se inclui a integralidade dos cidadãos, sem qualquer pecha discriminatória sobre a patologia acometida ou sua origem, sua raça ou sua cor que os prive de tratamento ou cuidado. Ter acesso legal à saúde é direito fundamental. Repita-se: toda droga, lícita ou

---

Total de presos por tráfico de drogas em 2014	6.027
Presos com maconha	53%
Presos apenas com maconha	29%

49 FACHIN, op. cit., p. 15-16. Socioeducação (Adolescentes em conflito com a lei) Fonte – Sistema Informatizado de Medidas Socioeducativas Departamento de Atendimento Socioeducativo – DEASE/SEJU:

Total de adolescentes apreendidos	1008	
Adolescentes apreendidos por ato infracional análogo ao tráfico	312	31%
Adolescentes apreendidos por ato infracional análogo ao tráfico – maconha e outras drogas	254	25%
Adolescentes apreendidos por ato infracional análogo ao tráfico – somente maconha	191	19%

ilícita, traz sequelas, e pode fazer mal, seja afetando o sistema de recompensa, seja gerando dependência física ou psíquica[50].

Observe-se, pois, que ao tema subjaz questão de saúde pública, e, portanto, prioritariamente de política pública de atenção e cuidado da saúde. E tal realidade é reconhecida, desde os idos dos anos 2000, pelo corpo técnico do Poder Executivo Federal, conforme estudo realizado pelo Ministério da Saúde, do qual se extrai o trecho seguinte:

> Entendemos que uma política de prevenção, tratamento e de educação para o uso consumo de álcool e outras drogas necessariamente terá que ser construída na interface de programas do Ministério da Saúde com outros Ministérios, bem como com setores da sociedade civil organizada. **Trata-se aqui, de afirmar que o consumo de álcool e outras drogas é um grave problema de saúde pública.** [...]
> **Comprometer-se com a formulação, execução e avaliação de uma política de atenção a usuários de álcool e outras drogas exige exatamente a ruptura de uma lógica binarizante que separa e detém o problema em fronteiras rigidamente delineadas, e cujo eixo principal de entendimento (e, portanto, de "tratamento") baseia-se na associação drogas-comportamento anti-social (álcool) ou criminoso (drogas ilícitas).** (grifo nosso)[51].

Mais recentemente o Governo Federal editou o Decreto 7.179/2010, o qual instituiu o Plano Integrado de Enfrentamento ao Crack e outras Drogas[52], com vistas à prevenção do uso, ao tratamento e à reinserção social

---

50 FACHIN, op. cit., p. 16.

51 A política do Ministério da Saúde para a Atenção Integral a Usuários de Álcool e Outras Drogas. Disponível em: <http://bvsms.saude.gov.br/bvs/publicacoes/pns_alcool_drogas.pdf>. p. 8. FACHIN, op. cit., p. 17.

52 Bastante elucidativo é o art. 5º, cujo teor se transcreve: "Art. 5º *O Plano Integrado de Enfrentamento ao Crack e outras Drogas será composto por ações imediatas e estruturantes. § 1º As ações Imediatas do Plano Integrado de Enfrentamento ao Crack e outras Drogas contemplam: I - ampliação do número de leitos para tratamento de usuários de crack e outras drogas; II - ampliação da rede de assistência social voltada ao acompanhamento sociofamiliar e à inclusão de crianças, adolescentes e jovens usuários de crack e outras drogas em programas de reinserção social; III - ação permanente de comunicação de âmbito nacional sobre o crack e outras drogas, envolvendo profissionais e veículos de comunicação; IV - capacitação em prevenção do uso de drogas para os diversos públicos envolvidos na prevenção do uso, tratamento, reinserção social e enfrentamento ao tráfico de crack e outras drogas ilícitas; V - ampliação das ações de prevenção, tratamento, assistência e reinserção social em regiões de grande vulnerabilidade à violência e ao*

de usuário e ao enfrentamento do tráfico de crack e outras drogas ilícitas (art. 1º). Do art. 5º, calha mencionar, dentre as ações, a

> [...] ampliação da rede de assistência social voltada ao acompanhamento sociofamiliar e à inclusão de crianças, adolescentes e jovens usuários de crack e outras drogas em programas de reinserção social; a de comunicação de âmbito nacional, envolvendo profissionais e veículos de comunicação; ampliação de operações especiais voltadas à desconstituição da rede de narcotráfico, com ênfase nas regiões de fronteira, desenvolvidas pelas Polícias Federal e Rodoviária Federal em articulação com as polícias civil e militar e com apoio das Forças Armadas; ampliação da rede de atenção à saúde e assistência social para tratamento e reinserção social de usuários de crack e outras drogas; capacitação de profissionais e lideranças

---

uso de crack e outras drogas, alcançadas por programas governamentais como o Projeto Rondon e o Projovem; VI - criação de sítio eletrônico no Portal Brasil, na rede mundial de computadores, que funcione como centro de referência das melhores práticas de prevenção ao uso do crack e outras drogas, de enfrentamento ao tráfico e de reinserção social do usuário; VII - ampliação de operações especiais voltadas à desconstituição da rede de narcotráfico, com ênfase nas regiões de fronteira, desenvolvidas pelas Polícias Federal e Rodoviária Federal em articulação com as polícias civil e militar e com apoio das Forças Armadas; e VIII - fortalecimento e articulação das polícias estaduais para o enfrentamento qualificado ao tráfico do crack em áreas de maior vulnerabilidade ao consumo. § 2º As ações estruturantes do Plano Integrado de Enfrentamento ao Crack e outras Drogas contemplam: I - ampliação da rede de atenção à saúde e assistência social para tratamento e reinserção social de usuários de crack e outras drogas; II - realização de estudos e diagnóstico para o acúmulo de informações destinadas ao aperfeiçoamento das políticas públicas de prevenção do uso, tratamento e reinserção social do usuário e enfrentamento do tráfico de crack e outras drogas ilícitas; III - implantação de ações integradas de mobilização, prevenção, tratamento e reinserção social nos Territórios de Paz do Programa Nacional de Segurança Pública com Cidadania - PRONASCI, e nos territórios de vulnerabilidade e risco; IV - formação de recursos humanos e desenvolvimento de metodologias, envolvendo a criação de programa de especialização e mestrado profissional em gestão do tratamento de usuários de crack e outras drogas; V - capacitação de profissionais e lideranças comunitárias, observando os níveis de prevenção universal, seletiva e indicada para os diferentes grupos populacionais; VI - criação e fortalecimento de centros colaboradores no âmbito de hospitais universitários, que tenham como objetivos o ensino, a pesquisa e o desenvolvimento de metodologia de tratamento e reinserção social para dependentes de crack e outras drogas; VII - criação de centro integrado de combate ao crime organizado, com ênfase no narcotráfico, em articulação com o Centro Gestor e Operacional do Sistema de Proteção da Amazônia - CENSIPAM, com apoio das Forças Armadas; VIII - capacitação permanente das polícias civis e militares com vistas ao enfrentamento do narcotráfico nas regiões de fronteira; e IX - ampliação do monitoramento das regiões de fronteira com o uso de tecnologia de aviação não tripulada. § 3º O Plano Integrado de Enfrentamento ao Crack e outras Drogas promoverá, ainda, a articulação das ações definidas neste artigo com outras ações desenvolvidas em âmbito federal, estadual, distrital e municipal.". FACHIN, op. cit., p. 17-18.

comunitárias; criação de centro integrado de combate ao crime organizado, com ênfase no narcotráfico com apoio das Forças Armadas[53].

Relevante, por conseguinte, é a resposta de informação, educação, atenção e cuidado da saúde dos usuários de drogas. Vê-se indispensável, assim, a atuação do Poder Público, da sociedade, das famílias em sua dimensão expandida, das entidades religiosas e de benemerência, no incremento das redes de atenção e cuidado à saúde das pessoas que abusam de substâncias e que causam dependência, e especialmente no campo da prevenção e proteção de crianças e adolescentes.[54]

2.1.5. O NECESSÁRIO ENFRENTAMENTO DA QUESTÃO RELATIVA À PRODUÇÃO E COMERCIALIZAÇÃO DA MACONHA NO BRASIL

Ressalte-se que se deve colocar no leiaute dos debates sobre as causas da drogadição o circuito que vai da produção ao consumo de drogas no Brasil. E isso especialmente para a hipótese dos autos. Tal vazio respectivo merece ser preenchido por ato legislativo, no catálogo de sua competência. A regulamentação de toda a sequência que liga a produção ao consumo da droga em questão não cabe, nem aqui ou agora, ao Poder Judiciário, mas sim ao poder constitucional e democraticamente responsável para levar a diante tal mister sob pena de vácuo inconstitucional e mora legislativa.

Não deve o STF preencher o vazio normativo que daí pode decorrer. Há, nesse sentido, tanto os limites da controvérsia constitucional posta – e a necessidade de adstrição a estes – quanto os confins democráticos que se põem ao Judiciário. No entanto, cabe reconhecer, sem prejuízo da nulidade constitucional adiante chancelada, que o usuário, apesar da autodeterminação que pode lhe assistir, fomenta, ainda que reflexamente, o tráfico. Este, pois, é o destinatário das causas cujos efeitos estão em pauta.

53 FACHIN, op. cit., p. 18.

54 Ibid., p. 19.

Dessa forma, sendo injurídico o uso e porte para consumo da droga objeto do presente recurso – maconha – oenfrentamento do tráfico mira, por conseguinte, ato porvindouro, ou seja, a devida regulamentação legislativa. Separar mercados contribui para a redução de danos, daí a valoração específica sobre a droga do caso concreto, diferenciando, a partir dele, o que Canaris (1996) oferta para distinguir, no pensamento sistemático, as tarefas da legiferação e as da jurisprudência[55].

Em nosso ver, aqui se está diante de hipótese que tipifica a gravidade das **escolhas trágicas**. Não há solução perfeita. O desafio ao legislador e à sociedade é definir se a autorização lícita, considerando para tanto a droga vertida no caso concreto, regulamentada e restrita, pode contribuir para principiar a solver o germe de tais questões; meias soluções são apenas remédios efêmeros para problemas graves.[56]

2.1.6. A NECESSÁRIA DIFERENCIAÇÃO ENTRE USO E TRÁFICO: DIALOGANDO PARA DEFINIR PARÂMETROS OBJETIVOS

Há, ainda, outro horizonte relevante: estabelecer parâmetros objetivos de natureza e de quantidade que possibilitem a diferenciação entre o uso e o tráfico. A distinção entre usuário e traficante atravessa a necessária diferenciação entre tráfico e uso, e parece exigir, inevitavelmente, que se adotem parâmetros objetivos de quantidade que caracterizem o uso de droga.

Também não parece inserir-se na atribuição do Poder Judiciário, entretanto, a definição desses parâmetros. Se o legislador já editou lei para tipificar como crime o tráfico de drogas, compete ao Poder Legislativo o exercício de suas atribuições, no qual defina, assim, os parâmetros objetivos de natureza e quantidade de droga que devem ser levados em conta para diferenciação, *a priori*, entre uso e tráfico de drogas.

---

55 CANARIS, Claus-Wilhem. **Pensamento sistemático e conceito de sistema na ciência do Direito**. 2. ed. Lisboa (POR): Editora Fundação Calouste Gulbenkian, 1996. FACHIN, op. cit., p. 19.

56 FACHIN, op. cit., p. 20.

Emerge como de responsabilidade, de um lado, do Poder Legislativo a fixação de tais parâmetros, e de outro, a respectiva regulamentação e execução por parte dos órgãos do Poder Executivo aos quais incumbem a elaboração e execução de políticas públicas criminais e sobre drogas – Ministério da Justiça, por meio de sua Secretaria Nacional de Políticas sobre Drogas (SENAD) e Conselho Nacional de Política Criminal e Penitenciária (CNPCP).

Até que isso se dê, e mesmo após, a adoção imperativa da audiência de apresentação em até 24horas, poderá extirpar, perante o juiz, qualquer desvio prático no emprego de tal critério, especialmente diante do tráfico.

Enquanto não houver pronunciamento do Poder Legislativo sobre tais parâmetros, é mandatório reconhecer a necessidade do preenchimento dessa lacuna; considerando ter o legislador definido em lei o tráfico, soa razoável, nesse interregno entre esta decisão e nova lei específica sobre o tema desses parâmetros, determinar aos mencionados órgãos do Poder Executivo (SENAD e CNPCP), até que sobrevenha definição legislativa, que os regulamentem, na condição *rebus sic stantibus*. Tais provisórios parâmetros devem ser considerados relativos (*iuris tantum*), sempre passíveis de verificação no caso concreto pelo Magistrado[57].

2.1.7. O PROVIMENTO PARCIAL DO RECURSO EXTRAORDINÁRIO 635.659: O FECHAMENTO DO CASO E A ABERTURA PARA UM DIÁLOGO INSTITUCIONAL

Foi com base nesses argumentos que ali votou-se por declarar a inconstitucionalidade do art. 28 da Lei 11.343, sem redução de texto, específica para situação que, tal como se deu no caso concreto do RE 635.659, apresente conduta que descrita no tipo legal tiver exclusivamente como objeto material a maconha. Manteve-se, assim, nos termos da atual legislação e regulamento, a proibição inclusive do uso e do porte para consumo pessoal de todas as demais drogas ilícitas. Mas, não sem deixar de apresentar, anteriormente, substancial fundamentação constitucional e penal sobre o uso

57 FACHIN, op. cit., p. 20.

das drogas em geral. Também votou-se por manter a tipificação criminal das condutas relacionadas à produção e à comercialização da droga objeto do presente recurso – maconha. Todavia, concomitantemente declarou a inconstitucionalidade progressiva da tipificação das condutas relacionadas à produção e à comercialização da droga objeto do recurso – maconha – até que sobrevenha a devida regulamentação legislativa, permanecendo nesse ínterim hígidas as tipificações constantes do título IV, especialmente criminais do art. 33, e dispositivos conexos da Lei 11.343/2006. Também declarou como atribuição legislativa o estabelecimento de quantidades mínimas que sirvam de parâmetro para diferenciar usuário e traficante. E determinou aos órgãos do Poder Executivo, nominados (SENAD e CNPCP), aos quais incumbem a elaboração e a execução de políticas públicas sobre drogas, que exerçam suas competências e até que sobrevenha a legislação específica, no prazo máximo de noventa dias, a contar da data do julgamento, ato com parâmetros diferenciadores indicativos para serem considerados *iuris tantum* no caso concreto. Votou-se, assim, por absolver o recorrente por atipicidade da conduta, nos termos do art. 386, III, do Código de Processo Penal. Por fim, votou ainda para, em face do interesse público relevante, por entender necessária, inclusive no âmbito do STF, a manutenção e ampliação do debate com pessoas e entidades portadoras de experiência e autoridade nesta matéria, propor ao Plenário, nos termos do inciso V do artigo 7º do RISTF, a criação de um Observatório Judicial sobre Drogas na forma de comissão temporária, a ser designada pelo Presidente do Supremo Tribunal Federal, para o fim de, à luz do inciso III do artigo 30 do RISTF, acompanhar os efeitos da deliberação do Tribunal neste caso, especialmente em relação à diferenciação entre usuário e traficante, e à necessária regulamentação, bem como auscultar instituições, estudiosos, pesquisadores, cientistas, médicos, psiquiatras, psicólogos, comunidades terapêuticas, representantes de órgãos governamentais, membros de comunidades tradicionais, entidades de todas as crenças, entre outros, e apresentar relato na forma de subsídio e sistematização[58].

---

58 FACHIN, op. cit., p. 21-22.

O que se viu com o voto proferido e acima esquadrinhado foi não apenas compreensão individual sobre o que se pode depreender da Constituição de 1988 e da legislação penal sobre o porte para consumo pessoal de maconha. Mais do que isso, intentou-se uma compreensão compartilhada, interna e externamente, com o apontamento das dificuldades que são inerentes ao tema. Sem deixar de decidir o caso, deixou-se, todavia, espaço amplo de conformação para o legislador enfrentar o tema, tanto em relação à maconha, quanto em relação às demais drogas. Foi nesse sentido que, ao particularizar a análise do caso sobre a droga em questão no recurso – maconha – possibilitou-se expressar compreensões sobre as normas constitucionais e penais relativas ao tema – porte de droga para uso pessoal. Apontou-se, assim, um caminho de compreensão possível. Mas, não se decidiu todo o percurso. Além disso, buscou-se dar um giro no tratamento da questão, deixando ela de ser vista como questão criminal para passar a ser vista como questão de saúde pública. Além disso, abriu-se outra oportunidade para dialogar com os demais Poderes sobre o tema. A necessária diferenciação entre uso e tráfico passa pela definição de quantidades objetivas que devem instruir as ações estatais na repressão ao tráfico. Ao invés de apontar discricionariamente um parâmetro objetivo, buscou-se alentar o Poder Legislativo a fazê-lo. E, até que tal atuação legislativa se concretize, que o Poder Executivo, por meio de seus órgãos de políticas públicas sobre drogas (SENAD e CNPCP), o faça em prazo razoável. Foi no quadrante da abertura desse diálogo que o voto buscou exortar ainda o Poder legislativo a enfrentar o tema da descriminalização não apenas do uso, mas também do tráfico, declarando a inconstitucionalidade progressiva das condutas relativas à produção e comercialização. E, por fim, compartilhando a responsabilidade e tomando parte dela, propôs a criação de um Observatório Judicial sobre Drogas, na forma de comissão temporária (art. 30, III, RISTF), para acompanhar os efeitos da decisão.

Decidiu-se o caso, portanto. Apontou-se um caminho. Mas, garantiu-se amplo espaço de atuação e conformação aos demais Poderes. Expuseram-se compreensões sobre o tema, sem que qualquer porta de diálogo fosse fechada. Ao contrário, buscou-se construir ponte de diálogo permanente com o Legislativo e o Executivo através da criação de Observatório específico.

3. CONCLUSÕES: UM CASO, UMA DECISÃO, UM PASSO, UMA PROPOSTA E UM HORIZONTE DE POSSIBILIDADES

Iniciamos este artigo falando sobre como a palavra diálogo é expressiva, atrativa, de como ela denota respeito e igualdade. Buscamos, no entanto, escapar do uso ordinário e retórico que se faz dela. Aprofundamos a compreensão da categoria dos diálogos institucionais para expressar como compreendemos o quadrante formal e substancial ensejador desses desejados diálogos. E mostramos, a partir da experiência e aplicação prática no RE 635.659 – descriminalização do porte para uso de maconha – a utilização da categoria dos diálogos institucionais no exercício da jurisdição constitucional. A perspectiva de diálogo institucional aqui defendida, portanto, é aquela que não enxerga uma oposição entre os Poderes.

O exercício do controle de constitucionalidade não se opõe e nem se sobrepõe ao exercício legislativo. O desafio é mostrar como, apesar da expertise ser uma variável importante no desenho institucional, a melhor interpretação sobre a Constituição e a melhor decisão, seja ela jurídica ou político-legislativa, não decorrem somente das capacidades de uma ou outra instituição, mas sim da interação deliberativa entre elas e da busca pelas melhores razões públicas para justificar suas posturas e julgamentos[59].

A teoria dos diálogos institucionais é importante porque mostra como é possível conciliar a provisoriedade das decisões judiciais com a continuidade da política democrática[60]. E foi exatamente esse o caminho trilhado pelo Ministro Luiz Edson Fachin no voto do RE 635.659 aqui explorado. Decidiu-se o caso, mas garantiu-se a continuidade da política democrática sobre o tema. As decisões judiciais são importantes, representam um ponto de chegada sobre a interpretação e aplicação da Constituição. Mas, são um ponto de chegada provisório e podem se converter em um novo ponto de partida. É preciso atentar para o caminho que a precedeu e para o caminho que a sucederá. O diálogo no longo prazo é, dessa forma, inevitável, pois as decisões são tomadas, os casos concretos resolvidos, mas os mesmos temas

59 MENDES, op. cit., p. 169. Vide também: GODOY, op. cit., p. 163.

60 MENDES, op. cit., p. 171. Vide também: GODOY, op. cit., p. 164.

são reprocessados pela comunidade e podem, assim, ressurgir e mudar as compreensões até então estabelecidas[61]. Foi essa a ponte erigida pelo voto, abrindo-se novo horizonte de possibilidades sobre o tema. É essa pois a contribuição, teórica, normativa, hipotética e concreta, que buscamos ofertar na merecida homenagem que agora se faz ao Professor Titular José Afonso da Silva.

Com essa exposição, a partir – e decalcada – do voto em tela e da respectiva fundamentação teórica, almeja-se singela contribuição para a argamassa que edifica pontes entre experiências e conhecimentos.

REFERÊNCIAS

ALEXANDER, Larry; SCHAUER, Frederick. On extrajudicial constitutional Interpretation. **Harvard Law Review**, Massachusetts, v. 110. n. 7, 1997.

___________; ___________. Defending judicial supremacy: a reply. **Constitutional commentary**,Minnesota, v. 17. n. 3, 2000.

BATEUP, Christine. The Dialogic Promise: assessing the normative potential of theories of constitutional dialogue. **Brooklyn Law Review,Brooklyn**, v. 71, n. 3, p. 1109-1180, 2006.

BICKEL, Alexander. **Supreme Court and the Idea of Progress**. New Haven (EUA): Yale University Press, 1970.

___________. **The least dangerous branch**:the Supreme Court at the bar of politics. 2. ed. New Haven (EUA): Yale University Press, 1986.

BRANDÃO, Rodrigo. **Supremacia Judicial versus Diálogos Constitucionais**: a quem cabe a última palavra sobre o sentido da Constituição? Rio de Janeiro: Lumen Juris, 2012

CANARIS, Claus-Wilhem. **Pensamento sistemático e conceito de sistema na ciência do Direito**. 2. ed. Lisboa (POR): Editora Fundação Calouste Gulbenkian, 1996.

COSTA, José Francisco de Faria. **O Perigo em Direito Penal**: contributo para a sua fundamentação e compreensão dogmática. Coimbra (POR): Coimbra Editora, 1992.

FACHIN, Luiz Edson. **Voto proferido no RE 635.659**. Supremo Tribunal Federal,Sessão plenária de julgamento em 10/09/2015.

61 MENDES, op. cit., p. 171-172. Vide também: GODOY, op. cit., p. 164.

FISHER, Louis, **Constitutional Dialogues**: Interpretation as Political Process. Nova Jersey (EUA): Princeton University Press, 1988.

FRIEDMAN, Barry. **The Will of the People**: how public opinion has influenced the supreme court and shaped the meaning of the Constitution. Nova Iorque (EUA): Farrar, Strauss and Giroux, 2009.

FRIEDMAN, Barry. Constitucionalismo Popular Mediado. **Revista Jurídica de la Universidad de Palermo**, Palermo, v. 6, n. 1, 2005.

GARDBAUM, Stephen. The New Commonwealth Model of Constitutionalism. **American Journal of Comparative Law**, Maryland, v. 49, n. 4, 2001.

GODOY, Miguel Gualano de. **Devolver a Constituição ao Povo**: crítica à supremacia judicial e diálogos institucionais. Belo Horizonte: Fórum, 2017.

GRECO, Luís. Posse de droga, privacidade, autonomia: reflexões a partir da decisão do Tribunal Constitucional argentino sobre a inconstitucionalidade do tipo penal de posse de droga com a finalidade de próprio consumo.**Revista Brasileira de Ciências Criminais**,São Paulo, v. 18, n. 87, p. 84-102, nov./dez. 2010.

HOGG, Peter W.; BUSHELL, Alison A. The Charter Dialogue Between Courts and Legislatures(or perhaps The charter of rights isn't such a bad thing after all). **Osgoode Hall Law Journal**, Toronto, v. 35. n. 1, 1997.

_____________; _____________; WRIGTH, Wade K. *Charter* Dialogue revisited or "Much Ado abou metaphors". **Osgoode Hall Law Journal**, Toronto, v. 45. n. 1, 2007.

_____________;_____________. Reply to "Six degrees of dialogue". **Osgoode Hall Law Journal**, Toronto, v. 45. n. 1, 2007.

JOLLS, Christine. SUNSTEIN, Cass. THALER, Richard. **A Behavioral Approach to Law and Economics**, Massachusetts,v. 50, n. 5, maio 1998.

MENDES, Conrado Hübner. **Direitos Fundamentais, Separação de Poderes e Deliberação**. São Paulo: Saraiva, 2011.

NEWMAN, Jon. Beyond Reasonable Doubt. **NYU Law Review**, Nova Iorque, v. 68, n. 5, p. 1002, nov. 1993.

NINO, Carlos Santiago. **Ética y Derechos Humanos**: un ensayo de fundamentación. Buenos Aires: Ariel, 1989.

PICKERILL, J. Mitchell. **Constitutional Deliberation in Congress**: the impact of judicial review in a separated system. Durham (EUA): Duke University Press, 2004.

RAZ, Joseph. **The Morality of Freedom**. Oxford (ING): Oxford University Press, 1986.

ROXIN, Claus. Es la protecion de los bienes jurídicos una finalidad del derecho penal? In:

HEFENDEHL, Roland. **La teoría del bien jurídico**: fundamentos de legitimación del derecho penal o juego de laboratorios dogmáticos? Barcelona (ESP): Marcial Pons, 2007.

SANTOS, Juarez Cirino dos. **A moderna teoria do fato punível**. Curitiba: Editora Fórum, 2004.

SCHLINK, Bernhard. Proportionality in Constitutional Law: Why Everywhere but here? **Duke Journal of Comparative & International Law**, Carolina do Norte, v. 22, n. 2, 2012, p. 299.

SILVA, Cecília de Almeidaet al..**Diálogos Institucionais e Ativismo**. Curitiba: Juruá, 2012.

TUSHNET, Mark. **Weak Courts, strong rights**: judicial review and social wealfare rights in comparative constitutional law. Nova Jersey (EUA): Princeton University Press, 2008.

ZAFFARONI, Eugênio Raúl; PIERANGELI, José Henrique. **Manual de Direito Penal Brasileiro:** Parte Geral. 10. ed. São Paulo: Editora Revista dos Tribunais, 2013.

WHITTINGTON, Keith. Legislative Sanctions and the strategic environment of judicial review. **International Journal of Constitutional Law**, Oxford, v. 1. n. 3, 2003.

____________. **Political Foundations of Judicial Supremacy**:The Presidency, the Supreme Court and Constitutional Leadership in U.S. history. Nova Jersey (EUA): Princeton University Press, 2007.

A SÚMULA Nº 405 DO STF E A SEGURANÇA JURÍDICA[1]

ARNOLDO WALD
RODRIGO DE OLIVEIRA KAUFMANN

1. A CRIAÇÃO DAS SÚMULAS NO STF

1.1. RAZÕES DE SUA CRIAÇÃO

O Supremo Tribunal Federal (STF) iniciou a década de 60 diante de um problema que se destacava e já era considerado dramático para os Ministros e advogados que atuavam perante a Corte: o excesso de processo que ameaçava o funcionamento do Tribunal e afetava a qualidade de seus julgados.

O diagnóstico do **congestionamento crônico**, na expressão de Aliomar Baleeiro quando já identificava, em trabalho de 1968, a "avalanche de processos que se derramaram no nosso mais alto Tribunal"[2], era confirmada pelos números: em 1950, o STF julgara 3.511 processos, número esse que saltou para 7.869 processos em 1964, tendo nesse mesmo ano acumulado como passivo 1.081casos.

Diante do problema colocado, o STF do início dos anos 60 estava preocupado com a sua funcionalidade, seja para diminuir a reprodução de recursos desnecessários, uma vez que traziam ao Tribunal velhos debates, seja para tornar a sua própria jurisprudência mais clara e difundida diante da percepção da confusão e incoerência de posicionamentos jurisdicionais dos tribunais *a quo*.

Essa leitura da realidade bem caracterizada pelo olhar de Victor Nunes Leal[3], passava também pela preocupação com a própria au-

1 Esse tema já foi objeto de reflexões publicadas na Revista do Tribunal Regional Federal da Primeira Região, v. 28, nº 7/8, jul./ago. 2016.

2 BALEEIRO, Aliomar. **O Supremo Tribunal Federal, esse outro desconhecido**. Rio de Janeiro: Forense, 1968, p. 121-123.

3 LEAL, Victor Nunes. A renovação de métodos do Supremo Tribunal e a súmula de sua jurisprudência predominante. In: ________. **Problemas de direito público e outros problemas**. Brasília: Ministério da Justiça, 1997. v. 2, p. 45.

toridade do Tribunal. Havia certo consenso de que essa situação processual, não contribuía para a função de uniformização na interpretação do direito federal.

Dentro de um **pacote** de providências administrativas tomadas pelo STF naquela década[4], está a adoção da **Súmula da Jurisprudência Predominante do Supremo Tribunal** por meio da aprovação, de Emenda Regimental publicada no Diário da Justiça em 30.08.1963.

O primeiro conjunto de súmulas discutidas em Plenário a partir da proposta da Comissão de Jurisprudência ou de qualquer dos Ministros se deu em 13.12.1963 com a aprovação de 370 enunciados. As Súmulas 371 a 404 foram votadas em sessão plenária de 03.04.1964, as Súmulas 405 a 438 foram apreciadas em sessão de 01.06.1964 e as Súmulas 439 a 472 foram aprovadas na sessão plenária de 01.10.1964. Outros enunciados somente voltaram a ser examinados na sessão de 03.12.1969 (até a Súmula nº 551), de 15.12.1976 (até a Súmula nº 600), de 17.10.1984 (até a Súmula nº 621), de 24.09.2003 (até a Súmula nº 721) e, finalmente, na sessão de 26.11.2003 (até a Súmula nº 736). Verifica-se, assim, que mais da maioria das Súmulas têm cerca de sessenta anos, durante os quais o Brasil e o nosso direito tiveram modificações radicais.

4 Dentre as medidas adotadas, encontravam-se algumas bastantes polêmicas. A "*providência heróica e controversa*" a que fez menção Aliomar Baleeiro, consubstanciada na Emenda Regimental que acrescentara, em 29.05.1964, o art. 309-A ao Regimento Interno do STF de 1940, consistia em uma espécie de chamamento público, por meio de editais, para que as partes dos recursos extraordinários, agravos de instrumentos e embargos parados há mais de 10 anos no Tribunal se apresentassem para manifestarem interesse na continuidade dos respectivos processos (BALEEIRO, op. cit., p. 124).

1.2. A NECESSIDADE DE REVISÃO DAS SÚMULAS

O novo **método de trabalho** do STF por meio da utilização das súmulas gerou, desde o início, bastante discussões e polêmicas, merecendo, inclusive, ampla justificativa anterior e posterior à sua adoção[5].

5 Cabia ao Ministro Victor Nunes Leal essa responsabilidade, uma vez que se atribuí-la a ele a idealização do novo formato e a redação da própria Emenda Regimental que

É importante destacar, entretanto, que, desde a sua instituição em nosso modelo de Suprema Corte, as súmulas foram imaginadas efetivamente como **método de trabalho**, "[...] um instrumento de autodisciplina do Supremo Tribunal, um elemento de racionalização da atividade judiciária, que simplifica a citação de precedentes [...]"[6], e, portanto, não pretendiam funcionar como substitutos eventuais da produção legislativa ou equipararem-se a leis e outros atos normativos.

Tanto foi assim que a própria Emenda Regimental de 1963 já fixava também a forma de revisar os enunciados (art. 7º) e possibilitava a sua revogação tácita diante de novo entendimento jurisprudencial do plenário do Tribunal (art. 8º). A preocupação com a modificabilidade dos enunciados estava presente em todos os textos justificadores do novo instituto escritos pelos seus defensores. Para esses juristas, as súmulas instauraram no sistema brasileiro um modelo semelhante ao do *stare decisis et non quieta movere* ou *restatement of the law*[7] do direito norte-americano.

o instituiu. Na resposta às críticas, destaca-se o seu texto "A *súmula do Supremo Tribunal e o restatement of the law dos norte-americanos*" (LEAL, op. cit., p. 59-64).

6 LEAL, op. cit.,p. 63.

Quando da publicação das primeiras Súmulas, em janeiro de 1964, a Comissão de Jurisprudência do STF, então formada pelos Ministros Gonçalves De Oliveira, Victor Nunes Leal e Pedro Chaves, fez incluir uma **Explicação necessária**, onde se afirmou:

> [...] O Supremo Tribunal Federal tem por predominante e firme a Jurisprudência aqui resumida, embora nem sempre tenha sido unânime a decisão dos precedentes relacionados na Súmula. Não está, porém, excluída a possibilidade de alteração do entendimento da maioria, nem pretenderia o Tribunal, com a reforma do Regimento, abdicar da prerrogativa de modificar sua própria Jurisprudência [...][8]

Também na mesma linha, advertia Luiz Gallottijá em 1978:

> [...] Repito, entretanto, a ponderação que fiz, um dia, na Suprema

7 BALEEIRO, op. cit.,p. 59.

8 MÓSCA, Hugo. **O Supremo Tribunal, ontem e hoje**. Brasília: Gráfica Gutenberg, 1986, p. 134.

> Corte: por vezes acontece que temos dúvida sobre o acerto de decisões que constam da Súmula e, porque elas estão na Súmula, deixamos de reabrir o debate. Cumpre, pois, evitar que ela conduza ao imobilismo. Lembro-me de haver concorrido, em grau modesto, para que algumas fossem revistas. E disso não me arrependo. [9]

Restava claro, dessa forma, que, desde o início, as súmulas não poderiam trazer algo como que uma presunção definitiva de acerto, ou aceitar uma interpretação que pretendesse conferir aos seus enunciados um caráter infalível e soberano.

Se isso era verdade já na sua instituição, especialmente diante das severas críticas que o novo modelo recebeu, é de se imaginar que seria também adequada e conveniente a submissão dessas linhas orientativas ao teste da constitucionalidade ou da correção diante dos novos fatos, novas legislações e novos institutos.

Nessa linha, é evidente a constatação de que as primeiras súmulas foram elaboradas e aprovadas em plenário em contexto jurídico, econômico, político e social totalmente diverso do atual, não seria fora de propósito examinar e concluir pela superação de algum desses enunciados diante dos novos tempos e dos novos fatos.

2. A SÚMULA Nº 405 DO STF

A Súmula nº 405 do STF, a primeira aprovada na sessão plenária de 01.06.1964, é um bom exemplo dos efeitos práticos da evolução do tempo e das instituições jurídicas sobre a interpretação que chegou a vigorar inquestionável na jurisprudência do STF.

Após mais de 50 anos de idade, a Súmula nº 405 conserva ainda a sua redação original:

> **Súmula 405**
> Denegado o mandado de segurança pela sentença, ou no julgamento do agravo, dela interposto, fica sem efeito a liminar concedida, retroagindo os efeitos da decisão contrária.

Seu texto parecia se coadunar com a visão jurídica tradicional que dominava o cenário das discussões no início da década de 60: sem nenhuma homenagem ao postulado

9 GALLOTTI, Luiz. Prefácio. In: MÓSCA, Hugo. **O Recurso Extraordinário e o sesquicentenário do Supremo Tribunal Federal.** Brasília: Transbrasil, 1978.

da segurança jurídica, o enunciado fixava que a liminar concedida em mandado de segurança era automaticamente cassada com a superveniência de sentença denegatória no processo, devendo os efeitos da antiga liminar desaparecerem inclusive para os fatos pretéritos.

2.1. OS PRECEDENTES DA SÚMULA Nº 405 DO STF E A INTEPRETAÇÃO DA LEI ESTADUAL Nº 1.037/51

A propositura do texto sumular baseava-se no entendimento do Tribunal fixado em três recursos em mandado de segurança, todos julgados em 1963.

O primeiro julgamento ocorreu em 10.06.1963 (RMS nº 11.412), de relatoria do Ministro Luiz Gallotti(DJ em 24.07.1963) e apresentou a seguinte ementa:

> Mandado de segurança.
> Liminar.
> Mesmo na hipótese de haver a segurança sido concedida na primeira instância e consequentemente ter sido ali mantida a liminar, a decisão do Tribunal de Justiça, negando a segurança, impediria a subsistência daquela liminar, porque seria subversiva da hierarquia a prevalência do ato do Juiz sobre a decisão do Tribunal superior.
> E dar ao recurso contra a decisão deste a força de produzir tal prevalência seria atribuir-lhe não apenas efeito suspensivo mas efeito restaurador e subversivo.
> Nem efeito suspensivo tem o recurso do art. 101, n. II, a, da Constituição.
> Não se pode conceder, com base em presunção, mandado de segurança, que supõe direito líquido e certo.
> Recurso desprovido.

O caso envolvia a discussão em torno da isenção do imposto sobre vendas e consignações (Lei nº 1.037, de 28.05.1951) nas operações comerciais de venda de café na praça de Santos.

Tratava-se de caso repetitivo e que mereceu, da parte do Ministro relator, o enfrentamento por meio da transcrição de voto prolatado em outro processo (RMS nº 11.245, relator Ministro Luiz Gallotti, julgamento em 17.04.1963). Por esse motivo, tornou-se incerto, para os leitores do acórdão, o que realmente ocorreu do ponto de vista processual.

Pressupondo que ocorrera no caso o mesmo que havia acontecido no caso paradigma, o Presidente do Tribunal de Justiça de São Paulo concedera a liminar em segunda instância, restaurando, assim, a liminar que havia sido dada e depois cassada pela sentença.

À título de *obter dictum*, o Ministro Luiz Gallotti se pôs a tratar da situação cuja narrativa acabou por se tornar a própria ementa do julgado.

Assim sendo, torna-se evidente que o caso transparecia, não um problema de vigência da liminar no tempo, mas da hierarquia judiciária, ou seja, a eventual subversão do sistema se caso a liminar, mesmo mantida pela sentença, sobrevivesse ao julgamento de segunda instância pela denegação da ordem.

O tema, portanto, era exclusivamente a interpretação do art. 101, II, "a", da então Constituição de 1946: o efeito – se suspensivo ou não – do recurso em mandado de segurança da competência do STF.

Os dois outros precedentes levantados pela Comissão de Jurisprudência a fundamentar a edição da súmula foram julgados na mesma sessão plenária (06.11.1963) e tratavam de igual temática – que inclusive foi o tema do primeiro julgamento acima tratado – qual seja, a isenção dada pela Lei Estadual de São Paulo nº 1.037, de 28.05.1951 – sea lei abrangeria as vendas do Instituto Brasileiro do Café.

Aparentemente, ocorreu no RMS nº 11.115 e no RMS nº 11.106 o mesmo que ocorreu em todos os casos de recursos de mandado de segurança que o STF enfrentou para definir a interpretação dessa legislação local.

A liminar em primeira instância se propunha a garantir a isenção de operações de venda de café nos termos da Lei Estadual nº 1.037/51 (com a redação dada pela Lei nº 2.958/55) até o julgamento final, quando se definiria se o café vendido seria destinado "[...] à formação de lotes para a exportação".

Dali se sucedia a sentença que denegava a ordem e a decisão do TJSP que confirmava a sentença, o que significava dizer que a parte interessada perdia a isenção até o julgamento final, transitado em julgado, do mandado de segurança.

Segundo o relato do Ministro Evandro Lins e Silva, o Presidente do Tribunal de Justiça, após provocação da parte, deferia requerimento de subsistência da liminar até o julgamento do recurso em mandado de segurança endereçado ao STF.

Nos casos específicos do RMS nº 11.115 e do RMS nº 11.106, o voto do MinistroEvandro Lins e Silva, acompanhado pela unanimidade dos Ministros presente em plenário, adotou as razões da Procuradoria do Estado que se insurgira contra o pedido de efeito suspensivo do recurso feito pela parte.

Assim se manifestou o ilustre Ministro relator:

> [...] Assiste inteira razão ao Dr. Procurador. Não é possível que prevaleça uma medida liminar, provisória, concedida no início da lide, sobre uma decisão final, proferida após o exame e estudo de todos os elementos informativos do processo. A liminar desaparece com a sentença de 1ª instância: quando concede o mandado passa a substituí-la; quando o nega, revoga-a automaticamente.
> Com a manifestação de 2ª instância, é a decisão do Tribunal que passa a prevalecer, seja mantendo, seja reformando a sentença. Mesmo que esta conceda a segurança, se o Tribunal a modificar, o que vigora judicialmente é o acórdão.

Com esse entendimento, a ementa do julgado ficou assim redigida na parte que interessa para o presente estudo:

> Mandado de segurança – Liminar: Como medida provisória não pode prevalecer sobre a sentença e, muito menos, sobre a decisão de segunda instância. [...].

É importante, entretanto, ter claro as circunstâncias do caso concreto: a liminar, nas situações examinadas, tinha por objeto a constituição de uma situação jurídica extrema, excepcional ao regime legal fixado pela Lei Estadual, ou seja, a criação "jurisprudencial" de estado de isenção, diante da legislação de cobrança do imposto.

É fundamental não perder esse elemento concreto de vista, uma vez que se torna óbvio que a liminar concedida não se prestava a resguardar situação jurídica diante de alegação de ameaça a direito em virtude de alteração do regime legal ou da própria mudança dessa situação jurídica por determinação da lei. Não se tratava, dessa forma, de hipótese de segurança jurídica ou de conservação de direito adquirido ou de ato jurídico que se aperfeiçoara no tempo.

De qualquer forma, a partir desses julgamentos, consolidou-se no STF - reforçado pela repetição dos casos referentes à isenção concedida pela Lei Estadual nº 1.037/51

- o enunciado que se transformaria na Súmula nº 405.

2.2. AS PREMISSAS PRESENTES NOS PRECEDENTES DA SÚMULA

A edição de uma súmula e a prática de sua aplicação ao longo do tempo revela fenômeno que talvez fosse inesperado para os Ministros do STF naqueles primeiros anos da adoção do modelo. É que o texto representativo de específica jurisprudência do Tribunal perde, aos poucos, os linhames que o amarram aos casos concretos de onde surgiu e passa a um plano abstrato, meramente normativo, impessoal e genérico. Assim sendo, de um enunciado escravo dos fatos originários, a súmula passa a ter vida própria e autônoma e, quiçá, passa a revelar novos sentidos e significados que sequer seus primeiros elaboradores imaginavam.

Essa dinâmica própria dos enunciados – que, cabe destacar, é característica de todos os atos normativos e da interpretação de leis e da própria Constituição – indica a necessidade de um cuidado maior e uma preocupação incontida que o interprete e aplicador do direito sempre deve ter ao manusear uma súmula, especialmente quando decorridos 52 anos de sua aprovação.

Nesses casos, parece ser providência de cautela e de reforço o desenvolvimento de uma verdadeira genealogia da ideia que sustentou a sua elaboração, tentando identificar o núcleo essencial da preocupação que naquele momento se tentava clarificar e delimitar pontos que não eram fundamentais ou mesmo que nem estavam ainda colocados.

Em relação à interpretação específica dos julgados que originaram a elaboração da Súmula nº 405, é fundamental identificar 4 pontos presentes naqueles processos e que, por assim dizer, formam uma rede de premissas necessárias para a boa aplicação dessa súmula no tempo presente:

> (a) a liminar concedida pelo juiz de primeira instância se prestava a conservar uma exceção à aplicação da lei ao ampliar, mesmo que provisoriamente, o âmbito de incidência da lei da isenção;
> (b) dessa forma, a parte provisoriamente beneficiada com a liminar, não constituía uma situação a ser protegida pelo princípio da segurança jurídica: sua situação já era excepcional diante da regra de que todos devem pagar impostos;

(c) tratava-se, em realidade, de casos que suscitavam o tema da hierarquia judiciária, e não propriamente da tese da vigência da liminar no tempo para garantir a segurança;

(d) tratava-se ainda de processo que discutia o tema dos efeitos de um recurso de competência do STF, instância essa extraordinária e que pela sua própria dignidade não poderia considerar as variáveis do caso concreto para realizar sua prestação jurisdicional.

Tais circunstâncias específicas e originariamente presentes no nascimento da Súmula nº 405 são plenos indicativos de que sua aplicação deveria ter espectro restrito.

Em outras palavras, parece claro supor que o nascimento da Súmula nº 405 do STF em 1964 não se alicerçou em bases inequívocas, embora para o mundo em que se vivia à época – sem as dificuldades judiciárias e complexidades jurisdicionais de hoje – era suficiente para a configuração de um traço da jurisprudência do STF.

2.3. DÚVIDAS ACERCA DA VIGÊNCIA DA SÚMULA Nº 405 DO STF

Sendo assim, a aplicação da mencionada súmula não se deu com a frequência que se poderia imaginar, uma vez que sua origem esteve sempre ligada aos casos e às circunstâncias judiciárias específicas observadas nos processos que envolviam a interpretação da Lei nº 1.037/51.

Em virtude dessa fragilidade originária, não seria de se surpreender com o posicionamento de parcela importante da doutrina que, já naquela época, colocava em dúvida a própria vigência da Súmula nº 405.

Jardel Noronha[10], por exemplo, indicava que ela deixou de ser aplicada já em 1967.

Já Roberto Rosas[11], em obra que se tornou clássica, suscitava que não mais se admitiria sua aplicação após o Código de Processo Civil de 1973, em razão da previsão do efeito suspensivo da apelação. De fato, um dos eixos mais importantes da justificativa apresentada pelo STF, nos precedentes da Súmula, estava no fato de que a ultratividade dos efeitos da liminar significaria atribuir efeito suspensivo ao recurso em

10 NORONHA, Jardel; MARTINS, Odaléa. **Referências da Súmula do Supremo Tribunal Federal**. Brasília: Senado Federal, 1969. v. 20, p. 257.

11 ROSAS, Roberto. **Direito Sumular**, 14. ed. São Paulo: Malheiros, 2012, p. 205.

mandado de segurança endereçada ao STF, o que não se admitia e não estava previsto na Constituição de 1946 (art. 101, II, "a").

Também Hugo de Brito Machado[12], Ovídio Baptista da Silva[13]e Luis Guilherme Marinoni[14] são críticos da posição extremada de entender que a denegação da segurança em sentença cassaria automaticamente a liminar anteriormente concedida.

Com o tempo, passou a se consolidar a posição que inicialmente era defendida por Hely Lopes Meirelles[15] e segundo a qual caberia ao juiz expressamente tratar da vigência da liminar em sua sentença, avaliando, segundo o caso concreto, a situação que melhor trouxesse eficácia ao provimento jurisdicional e efetividade do direito que estava sendo discutido. Assim já se manifestou:

> Ademais, afirmar-se, indistintamente, que a liminar subsiste sempre até o trânsito em julgado da sentença denegatória é retirar do juiz o poder de revogá-la quando verifique sua inconveniência ou desnecessidade. É tornar irrevogável uma decisão caracteristicamente precária e provisória. Pelo outro extremo, considerar-se sempre cassada a liminar quando a sentença denegue a segurança é tornar inane uma providência cautelar instituída precisamente para evitar lesões irreparáveis. Impõe-se, pois, distinguir as três hipóteses acima enunciadas, facultando-se ao juiz, que preside o processo, a discrição necessária para conceder ou negar, manter ou revogar a suspensão do ato, segundo as peculiaridades do caso ajuizado.[16]

No mesmo sentido, determina o art. 7º, § 3º, da Lei 12.016 de 07.08.2009 (Lei do Mandado de Segurança) que "os efeitos da medida liminar, salvo se revogada ou cassada, persistirão até a prolação da sentença". Entendemos, pois, que

---

12 MACHADO, Hugo de Brito. **Mandado de segurança em matéria tributária**, 8. ed. São Paulo: Dialética, 2009, p. 164.

13 BAPTISTA, Ovídio. **Curso de Processo Civil**. Porto Alegre: Fabris, 1993. v. 3, p. 123-124.

14 MARINONI, Luiz Guilherme. **A antecipação de tutela na reforma do processo civil**, 2. ed. São Paulo: Malheiros, 1996, p. 73-74.

15 MEIRELLES, Hely Lopes. Problemas do mandado de segurança.**Revista de Direito Administrativo**, Rio de Janeiro, n. 73, p. 50, jul./set. 1963.

16 MEIRELLES, Hely Lopes. **Mandado de segurança**, 26. ed. São Paulo: Malheiros, 2003, p. 84-85.

não deve a liminar, afinal, sempre subsistir até o trânsito em julgado da sentença denegatória, sob pena de se retirar do magistrado o poder de revogá-la quando verifique sua inconveniência ou desnecessidade, ou seja, tornar irrevogável uma decisão caracteristicamente precária e provisória. Daí por que a lei facultou ao juiz que preside o processo a discrição necessária para conceder ou negar, manter ou revogar a suspensão do ato, segundo as peculiaridades do caso ajuizado.[17]

2.4. HESITAÇÃO DO PRÓPRIO STF NA APLICAÇÃO DA SÚMULA Nº 405

A fragilidade bem identificada pela doutrina também sempre se fez presente na evolução da jurisprudência, tanto do STF quanto do STJ.

Uma pesquisa no campo de busca na página oficial do Supremo Tribunal Federal acusará pouquíssimos casos, nesses últimos 52 anos, que teriam se utilizado do Enunciado nº 405, sejam julgamentos colegiados ou monocráticos. Desse conjunto, aparentemente apenas 4 processos são julgamentos colegiados e, por isso, mereceriam uma breve avaliação.

Após a sua aprovação, a Súmula nº 405 foi aplicada pela primeira vez no AI nº 36.768, de relatoria do Ministro Hermes Lima, em julgamento de 19.08.1966 (DJ 14.12.1966) que apenas se ateve a questões processuais de não provimento de agravo.

---

17 Como consta na 36ª ed. do livro do mestre HELY, p. 104-105, que o Min. GILMAR e eu atualizamos, analisando as particularidades do caso concreto, o STJ já admitiu a concessão de medida cautelar para restabelecer liminar que fora cassada quando da denegação da segurança, dando efeito suspensivo a recurso ordinário (Pet/AgR 531-2-ES, rel. Min. Antônio de Pádua Ribeiro, *RSTJ* 99/106). No mesmo sentido: MC/AgR 3.485-RJ, rel. Min. Garcia Vieira, *DJU* 24.9.2001, p. 236; MC/AgR 5.557-RJ, rela. Min. Eliana Calmon, *DJU* 9.12.2002, p. 316; REsp 463.159-SP, rel. Min. Franciulli Netto, *DJU* 25.4.2005, p. 270. A possibilidade de o Tribunal *ad quem* revigorar os efeitos de liminar cassada por sentença denegatória de segurança parece-nos perfeitamente consentânea com as reformas da legislação processual civil, notadamente com a redação dada ao art. 558 do CPC pela Lei 9.139/1995, que dá ao relator o poder de conceder o efeito suspensivo a recursos que não o tenham. Embora não mencione a apelação em mandado de segurança, o dispositivo legal pode ser aplicado analogicamente. No STJ: REsp 422.587-RJ, rel. Min. Garcia Vieira, *DJU* 28.10.2002, p. 241; RMS 351-SP, rel. Min. Antônio de Pádua Ribeiro, *RSTJ* 96/175.

A situação concreta cingia-se à alegação de inconstitucionalidade de lei municipal que aumentara tributo após votação da lei orçamentária. Foi impetrado mandado de segurança, concedida liminar, mas denegada a ordem em decisão confirmada pelo TJSP.

Na arrecadação do tributo, a Agravante se viu cobrada em multa e juros moratórios e, para evitar essa cobrança, ajuizou ação consignatória. O agravo julgado pelo Tribunal foi a tentativa de revisar a sentença de improcedência nessa ação.

O STF, para negar provimento ao agravo, afirmou que, no caso, aplicava-se a Súmula nº 405, fazendo-se retroagir os efeitos para antes da liminar. Na prática, é como se a liminar que suspendera a incidência da lei nunca tivesse existido e, assim, natural se tornaria a cobrança da multa e juros.

Note-se que o caso também tratou de tentativa do contribuinte se evadir de pagar tributo no regime exigido por lei.

Nova utilização da Súmula nº 405 ocorreu em 26.04.1968, no julgamento do RE nº 60.339, de relatoria do Ministro Carlos Thompson Flores, caso em que se pleiteava a nomeação na regência da cadeira de Terapêutica Clínica da Faculdade Nacional de Medicina.

O Conselho Universitário – por razões não expostas no acórdão – afastou a investidura e o interessado se valeu de mandado de segurança para questionar o ato. Obteve liminar que depois veio a ser cassada. Enquanto na validade dos efeitos da liminar, o interessado obteve a expedição de nomeação e valeu-se disso para obter o exercício interino e cumulativo de cátedra. O Diretor da Faculdade negou o pedido, após consultar o juiz de 1º grau que denegara a ordem. Houve, então, novo mandado de segurança e, agora, o Tribunal Federal de Recursos concedeu a ordem sob o argumento de que a nomeação era válida, uma vez que ocorrera na vigência da liminar.

O recurso extraordinário foi contra esse acórdão do TFR e, muito embora, se tenha levantado a Súmula nº 405, uma rápida leitura do voto do relator demonstra que o caso apresentava diversas outras objeções tanto de natureza substantiva – rotatividadedas regências – quanto de natureza processual – não cabimento do segundo mandado de segurança e identificação dos efeitos da liminar.

Em outras palavras, o caso julgado não aparentava ser efetivamente sobre a discussão da aplicação da citada súmula, uma vez que evidentemente a validade da liminar no primeiro mandado de segurança não levaria à nomeação, mas simplesmente à suspensão dos efeitos da decisão do Conselho Universitário com o adiamento do exercício do magistério.

Longo tempo se passou até que o Tribunal examinasse e aplicasse novamente a Súmula nº 405 por meio de julgamento colegiado.

Tratava-se do agravo regimental em suspensão de segurança nº 984, de relatoria do Ministro Sepúlveda Pertence – na condição de Presidente do STF – julgado em 24.04.1997.

Novamente o caso tinha natureza tributária e a liminar concedida pretendida fixar a situação jurídica de exceção à lei, uma vez que tinha por objetivo liberar o impetrante do recolhimento do imposto de importação à alíquota estabelecida por determinada legislação, quando do desembaraço de veículo automotor adquirido no exterior.

A liminar requerida em mandado de segurança fora negada em 1ª instância, mas concedida pelo TRF. Posteriormente, com a notícia de extinção do mandado de segurança sem julgamento de mérito em 1º grau, caducara a liminar do TRF.

Como se percebe, não se falou nesse caso da hipótese específica do tipo de caso que sugeriu a edição sumular em 1963 e, por isso, o Ministro Relator falou em seu voto de aplicação ***mutatis mutandis*** da Súmula. Parece ser óbvio, até por consectário lógico, que perde a eficácia a liminar concedida em 2º grau quando seu objeto está atrelado a processo que deixou de existir, independentemente de súmula ou enunciado[18].

---

18 O STJ, também analisando situação parecida, firmou precedentes no sentido fixado pelo STF: Edl nos Edcl no REsp nº 750.617, relator Ministro Luiz Fux, DJe 18.06.2008; Recurso em MS nº 17.242, relator Ministro Luiz Fux, DJ 21.03.2005; Recurso em MS nº 8.303, relatora Ministra Laurita Vaz, DJ 13.05.2002; Recurso em MS nº 12.012, relator Ministro José Delgado, DJ 04.02.2002; Recurso em MS nº 10.889, relator Ministro José Delgado, DJ 09.09.2002; Recurso em MS nº 5.230, relator Ministro Cesar Asfor Rocha, DJ 15.05.1995; Recurso em MS nº 17.242, relator Ministro Luiz Fux, DJ 21.03.2005; Recurso em MS nº 1.057, relator Ministro Milton Pereira, DJ 25.10.1993. Trata-se

Finalmente, a última referência à Sumula nº 405 do STF feita em julgamento colegiado ocorreu no julgamento do RE nº 608.482, de relatoria do Ministro TEORI ZAVASCKI, que ocorreu em 07.08.2014.

O Ministro Teori Zavascki assim se pronunciou sobre especificamente a natureza precária das cautelares antecipatórias:

> **Com efeito, é decorrência natural do regime das medidas cautelares antecipatórias que a sua concessão se cumpra sob risco e responsabilidade de quem as requer, que a sua natureza é precária e que a sua revogação opera automáticos efeitos ex tunc.** Em se tratando de mandado de segurança, há até mesmo súmula do STF a respeito (Súmula 405: 'Denegado o mandado de segurança pela sentença, ou no julgamento do agravo, dela interposto, fica sem efeito a liminar concedida, retroagindo os efeitos da decisão contrária.' A matéria tem, atualmente, disciplina legal expressa, aplicável a todas as medidas antecipatórias, sujeitas que estão ao mesmo regime da execução provisória (CPC, art. 273, § 3º). Isso significa que a elas se aplicam as normas do art. 475-O do Código: o seu cumprimento corre por conta e responsabilidade do requerente (inciso I), que, portanto, tem consciência dos riscos inerentes; e, se a decisão for revogada, 'ficam sem efeito', 'restituindo-se as partes ao estado anterior' (inciso II). O mesmo ocorre em relação às medidas cautelares, cuja revogação impõe o retorno das partes ao status quo ante, ficando o requerente responsável pelos danos oriundos da indevida execução da medida (art. 811 do CPC). (grifo nosso)

A defesa do ponto, entretanto, parece estar mais endereçada ao problema específico e às consequências da decisão concreta do STF, do que da tese pontual da sobrevivência da liminar mesmo com a superveniência de sentença denegatória.

Isso porque da leitura do acórdão, percebe-se que o caso envolve a interpretação do argumento do **fato consumado**, ou seja, a manutenção dos efeitos da liminar, não por conta da segurança jurídica, mas por conta da consolidação de determinada situação inicialmente garantida pela medida cautelar.

Por outro lado, o argumento se dirige também ao julgamento final de mérito da questão e não apenas

---

de casos nos quais a liminar concedida em segunda instância perdeu o objeto em virtude de sentença denegatória no primeiro mandado de segurança ou da situação na qual se discutia o efeito suspensivo contra sentença denegatória de segurança.

em relação à sobrevivência da liminar nos limites específicos do processo em curso.

E nesse ponto, o STF tem ampla e consolidada jurisprudência no sentido de rejeitar a chamada **teoria do fato consumado**, o que bem está descrito também na fundamentação do voto do relator, com a citação de vários julgados: julgados RE nº 405.964 (relator Ministro Dias Toffoli, DJe 16.05.2012), AI nº 794.852 Agr (relatora Ministra Carmen Lúcia, DJe 13.03.2011), AI nº 813.739 Agr (relatora Ministra Carmen Lúcia, DJe 01.02.2011), AI nº 504.970 Agr (relator Ministro Cezar Peluso, DJe 29.08.2012), AI nº 504.987 Ed (relator Ministro Celso de Mello, DJe 01.07.2011), RE nº 476.783 Agr (relator Ministra Ellen Gracie, DJe 21.11.2008) e RE nº 635.739 (relator Ministro Gilmar Mendes, DJe 03.10.2014)[19].

No caso, o recurso extraordinário se insurgia contra "[...] acórdão que, com base na 'teoria do fato consumado', manteve a recorrida, de modo definitivo, no cargo de agente da polícia civil, no qual tomou posse em virtude de liminar deferida em ação cautelar, mesmo que tenha sido reprovada na segunda etapa do concurso – teste físico – e que não tenha se submetido à terceira etapa – exame psicotécnico."

Assim sendo, parece evidente que a segurança jurídica, em realidade, operava, no caso, no sentido contrário ao que pediu a recorrida e não em seu favor.

Tanto é assim que a ementa do acórdão afirma que "[...] igualmente incabível, em casos tais, invocar o princípio da segurança jurídica ou o da proteção da confiança legítima"

De fato, o argumento da segurança jurídica deve servir para garantir a conservação de situação jurídica estável no tempo e que, por isso, já conta com certa expectativa de continuidade. Porém, não poderia servir para se consolidar situação artificialmente criada a partir de cautelar antecipatória.

A defesa da natureza precária desse tipo de decisão cautelar constante do voto parece se sustentar exclusivamente nesse tipo de situa-

---

19 O STJ também já analisou caso semelhante e que tratava da adoção no Brasil da Teoria do Fato Consumado. Também nesse Tribunal a tese saiu perdedora, com a aplicação da Súmula nº 405 (AgRg no Recurso em MS nº 47.240, relator Ministro Humberto Martins, DJe 11.05.2015.

ção na qual a parte maliciosamente tenta, com a intervenção jurisdicional, construir situação ilegítima e, a princípio, postiça.

De qualquer forma, a aplicação da Súmula nº 405 do STF, além de ser evento raro na história do Tribunal, nunca pareceu totalmente alinhada com as premissas sugeridas por uma interpretação literal.

Em outras palavras, a revogação ou suspensão dos efeitos de liminar com a superveniência de sentença denegatória de recurso em mandado de segurança parece ser providência a ser adotada diante de casos tradicionais e normais nos quais a liminar tenha criado situação inovadora que se concretizaria com a confirmação da sentença final.

Modernamente, entretanto, a complexidade das situações jurídicas da vida, especialmente em casos que envolvem mudança de regime jurídico em grandes empreendimentos ou mesmo a subversão de situações subjetivas que pareciam consolidadas e albergadas pela lei, indicam que a sobrevivência dos efeitos de liminar pode demandar uma consideração acerca do caso concreta e não ser revogada de maneira natural, ou seja, automaticamente diante da publicação de sentença denegatória.

A segurança jurídica funciona nesses casos como importante premissa de interpretação, uma vez que pode identificar o ônus pior para a parte, e a solução mais justa diante também da verossimilhança da alegação e da necessidade de certeza jurisdicional do provimento final do processo.

Afirmar isso, entretanto, não significa desdizer que as cautelares antecipatórias têm natureza precária e que o seu cumprimento também envolve a assunção de riscos.

Isso porque, por conveniência jurisdicional e justiça, é possível que o juiz ou o Tribunal entenda que a liminar poderia viger enquanto não transitasse em julgado da sentença definitiva, diante das características do caso e da posição subjetiva do beneficiário da liminar.

2.5. EXCEÇÕES JURISPRUDENCIAIS À SÚMULA Nº 405 DO STF

Não há dúvida de que a mencionada Súmula foi aprovada em um tempo bastante distante, quando sequer discutia-se a incidência no ordenamento jurídico dos princípios da proteção à boa-fé e da segurança jurídica. Conceitos que se consolidaram na legislação e na jurisprudência mais recentemente.

Em realidade, a citada Súmula se baseou em normas hoje revogadas (a antiga Lei do Mandado de Segurança – Lei nº 1.533, de 31.12.1951 – e eventualmente o Código de Processo Civil de 1939) e em jurisprudência específica em relação a casos tributários nos quais o Tribunal reconheceu que, revogadas as liminares, os impostos e seus acréscimos devidos durante a vigência da liminar poderiam ser cobrados pelo fisco[20].

Não há qualquer referência nas decisões então proferidas a situações que ensejaram direitos e obrigações de partes que atuaram de boa-fé diante de uma situação que justificava a dúvida jurídica.

Mesmo a Súmula nº 473, não existia nesse período e somente viria a ser aprovada em 03.12.1969.

Por outro lado, é também evidente que a Súmula nº 405 existiu para regular as situações comezinhas, mais simples, que não oferecessem complexidades práticas, mas apenas um desconforto processual com a necessidade de fazer retroagir os seus efeitos.

Somente por essa razão a Súmula nº 405 não ofereceria maiores desafios, uma vez que a previsão antiga de seu texto não seria de incidência automática em qualquer situação analisada atualmente.

Por isso mesmo, o STF construiu várias hipóteses de não aplicação da Súmula nº 405. Em acórdão de 04.11.1977, por exemplo, no julgamento do RE nº 85.179, o Ministro Bilac Pinto sintetizou a jurisprudência do STF nos seguintes termos:

> [...] Esta Corte, sobretudo no ano de 1966, apreciou alguns casos semelhantes a este agora sob exame. Concedida a liminar, os estudantes-impetrantes puderam frequentar, provisoriamente, a Faculdade, frequência que persistiu com o deferimento da segurança. Mas cassada a segurança, no juízo de segundo grau, encontraram-se estes estudantes, to-

---

20 Os já citados casos: RMS nº 11.106, julgado em 06.11.1963, DJ 05.03.1964; RMS nº 11.115, julgado em 06.11.1963, DJ 07.05.1964; RMS nº 11.412, julgado em 01.06.1963, DJ 22.08.1963. Os precedentes fazem presumir que foi aprovada para evitar a obtenção de vantagem em virtude de obtenção de liminar em casos nos quais os impetrantes estarem de má-fé e havia certeza em relação à legitimidade dos tributos que estavam impugnados.

dos universitários, na iminência de perderem alguns anos de estudos. Nestes casos, aqui prevaleceu a situação de fato. Estas as palavras do Ministro Lafayette de Andrada: 'Sem dúvida há objeções de ordem doutrinária contra a tese da sentença que concedeu a segurança. A verdade, porém, é que se criou uma situação de fato, que o tempo já consolidou. Em casos semelhantes, a orientação do Supremo Tribunal tem sido no sentido de atender a tais situações cuja excepcionalidade aconselha encarar o problema mais sob o aspecto da finalidade social das leis do que de uma severa interpretação literal dos textos (RMS 17.144, RTJ 45/589).[21]

O STJ também já, por diversas ocasiões, atenuou os efeitos da Súmula nº 405 do STF ou mesmo afastou a sua incidência.

A 2ª Turma do Tribunal, ao apreciar o REsp nº 944.325-RS, do qual foi relator o Ministro Humberto Martins, entendeu por unanimidade já na sua ementa:

> [...] 3. A SÚMULA 405/STF. É certo que existe o enunciado do Pretório Excelso que dá eficácia retroativa à revogação superveniente de liminar em mandado de segurança. A despeito da Súmula 405/STF, é de se admitir excepcionalmente o emprego dos conceitos jurídicos indeterminados do fato consumado ou da boa-féobjetiva no recebimento de valores pagos em caráter alimentar. Essa postura tem prosperado no próprio STF, quando analisa a devolução de vantagens remuneratórias recebidas de boa-fé por servidores públicos e, posteriormente, declaradas inconstitucionais.

Tratou-se de caso emblemático, uma vez que envolvia o **caso da retinose pigmentar** e, portanto, da chamada eficácia dos direitos fundamentais sociais.

Antes do julgamento do MS nº 8.895 (relatora Ministra Eliana Calmon, julgamento em 07.06.2004), a jurisprudência do STJ era amplamente favorável à determinação judicial de custeio pelo SUS de tratamento no exterior dessa doença da retina.

Em virtude dessa expectativa de vitória jurisprudencial, vários juízes deferiram liminares em favor dos pacientes portadores retinose pigmentar que, com a mudança do entendimento do STJ, foram revogadas.

21 Também no mesmo sentido: BRASIL. Supremo Tribunal Federal. Recurso Extraordinário nº 99.128-MG, Primeira Turma. Relator: Min.Oscar Corrêa. Brasília, 14 de dezembro de 1982. **Diário de Justiça**: 11 mar. 1983.

A questão, portanto, seria saber se o cumprimento da liminar – que certamente gerou custos ao SUS – deveria reverter em ressarcimento ao sistema com a denegação da ordem.

É caso, portanto, no qual a aplicação da Súmula nº 405 do STF pareceria desarrazoada e cruel em virtude do apelo natural que questões de saúde geram no Judiciário e no jurisdicionado. O mesmo posicionamento, também pautado em **conceitos jurídicos indeterminados**, foi adotado pelo REsp nº 950.382, relator para o acórdão Ministro Hamilton Carvalhido (julgado em 14.04.2011). Transcrevo trecho da ementa:

> 3. É incabível o pedido de restituição de valores despendidos pelo erário, por força de liminar concedida em mandado de segurança posteriormente julgado improcedente, para tratamento de doença grave – retinose pigmentar – em Havana, Cuba, se a pretensão era reiteradamente acolhida no âmbito desta Corte Superior à época da concessão da tutela de urgência e se o tratamento era reputado indispensável para evitar a cegueira completa dos recorridos. Inaplicabilidade da Súmula nº 405/STF.

No RMS nº 2.438, de relatoria do Ministro Antonio de Pádua Ribeiro, o STJ já tinha se posicionado contrariamente à Súmula nº 405, conforme está na ementa do julgamento:

> II – A aplicação da Súmula nº 405 do STF enseja ressalvas, porquanto se apóia em precedentes julgados anteriormente à vigência do atual Código de Processo Civil, que deu nova sistemática e dimensão às cautelares, e não considerou a legislação superveniente relativa à matéria.
> III – A regra, a ser observada, é a de que a eficácia da liminar pode ser suspensa, revogada ou mesmo restabelecida, tendo em conta o caso concreto e os parâmetros legais de regência.

Também no mesmo sentido, está o julgamento do Recurso em MS nº 1.056, relator também o Ministro Pádua Ribeiro (julgamento em 06.09.1993) que, mais uma vez, ponderou acerca da finalidade da mencionada Súmula:

> II. A Súmula nº 405 do S.T.F., aprovada sobe a vigência do velho Código de Processo Civil, não mais se ajusta aos princípios e conceitos atinentes à cautela, cujo objetivo é assegurar a eficácia da decisão de mérito.

Ainda no campo das situações excepcionais, alimentadas por preocupações com a segurança jurídica, o STJ também já afastou a incidência da mencionada Súmula nº 405 do STF em virtude da discussão acerca da constitucionalidade de legislação tributária. Veja-se, por exemplo, o argumento acolhido no julgamento do AgRg no REsp nº 1.047.525, relator Ministro Francisco Falcão (julgamento em 03.06.2008):

> II – Tendo em vista que a própria constitucionalidade da exação vem sendo discutida no âmbito do STF, faz-se prudente a manutenção da decisão que receber a apelação com o duplo efeito apesar de ter sido denegada a segurança. Em hipóteses com a presente a manutenção da tutela de urgência deve ser viabilizada, mitigando-se o preceito contido na súmula 405 do STF [...].

Na mesma linha também se deu o julgamento do REsp nº 787.051, relator Ministra Eliana Calmon (DJ 17.08.2006).

3. A SEGURANÇA JURÍDICA E A SÚMULA Nº 405 DO STF

3.1. LIMINARES CONSERVATIVAS

A questão de se saber a eficácia de uma liminar no tempo, mesmo quando tenha sido revogada, desperta, portanto, preocupações em relação ao princípio da segurança jurídica (art. 5º, *caput*, da CF).

Isso porque o deferimento da liminar, especialmente em caso em que se conserva uma situação jurídica já existente de longa data, dá ao jurisdicionado a segurança de que as regras anteriormente vigentes continuarão a sê-las até o julgamento final do mandado de segurança.

A questão é fundamental e necessita o estabelecimento de uma clara diferenciação entre liminares constitutivas e liminares conservativas. Há liminares que criam uma situação jurídica artificial sempre com o objetivo de garantir a eficácia do futuro provimento jurisdicional. Nesses casos, a nova situação constituída é, de fato, requisito para que a sentença final obtenha o seu resultado de resguardo a um direito.

Por outro lado, há também liminares que tem o objetivo de resguardar e manter uma prévia condição jurídica do impetrante, especialmente quando sua anterior situação jurídica é surpreendida com o advento de um ato administrativo ou normativo que altera significativamente sua posição, ameaçando, portanto, direitos que já vinham sido exercidos ou contextos contratuais e/ou estatutários já estáveis e consolidados no tempo. Para esses casos, torna-se óbvio que a liminar não inova, uma vez que ela é deferida para evitar uma inovação que alegadamente coloca direitos do impetrante em risco. São liminares, portanto, de caráter conservativo.

Nesse segundo caso, o problema da segurança jurídica se coloca com evidência a ponto de comprometer o postulado de que a sentença denegatória revoga naturalmente a liminar deferida.

Para tais situações, é bastante provável que, diante das alegações do impetrante e do contexto jurídico, social, político ou econômico, seja mais razoável e equitativa do ponto de vista jurisdicional, aguardar para que somente com o trânsito em julgado do processo aquela situação conservada com a liminar se altere com a decisão final desfavorável.

Do contrário, o impetrante poderia ser submetido às idas-e-vindas processuais, com a sucessão de opiniões e decisões jurisdicionais que enfraqueceriam estruturalmente o seu direito. Em outras palavras, seriam situações nas quais a simples possibilidade de revisão em instância superior seria suficiente para justificar a manutenção da liminar mesmo diante da sentença que denega a segurança.

O jurisdicionado beneficiado com o deferimento da liminar, deve imaginar que sua futura eventual revogação desfaria os efeitos sentidos agora? Se sim, qual seria a utilidade, portanto, do deferimento da liminar? Prestar-se-ia a liminar efetivamente a proteger um direito sob a ameaça se, acaso revogada, retroagisse os efeitos da decisão revogadora?

Por óbvio, essas questões colocam em cheque a própria dignidade da atuação do Poder Judiciário e sua autoridade em resguardar direitos.

3.2. SEGURANÇA JURÍDICA DO DIREITO BRASILEIRO

Essa estabilidade jurídica, ao menos até a decisão final e definitiva do mandado de segurança, é precisamente aquilo que é protegida pelo princípio da segurança jurídica.

A Constituição Federal de 1988 prevê esse postulado normativo, no *caput* do art. 5º, quando fixa a segurança como valor fundamental dos direitos e deveres individuais e coletivos ao lado do "direito à vida", "direito à liberdade", "direito à igualdade" e "direito à propriedade".

Há, portanto, obrigação do Estado, em qualquer nível e esfera do poder público, em respeitar as justas expectativas do cidadão, a sua própria boa-fé diante de promessas dadas pelos atos das autoridades, inclusive quandose trata de atos decisórios do Poder Judiciário.

Para Gomes Canotilho, o princípio da segurança jurídica está ao lado do princípio da legalidade, da proibição de excesso e da proteção jurídica, como postulados fundamentais do próprio Estado Democrático de Direito. Destaco trecho de seu pensamento:

> Relativamente aos actos da administração, o princípio geral da segurança jurídica aponta para a idéia de **força de caso decidido dos actos administrativos**. Embora não haja um paralelismo entre sentença judicial e força de caso julgado e acto administrativo e força de caso decidido (Bestandkraft) entende-se que o acto administrativo goza de uma tendencial imutabilidade que se traduz: (1) na autovinculação da administração (Sellstbindung) na qualidade de autora do acto e como conseqüência da obrigatoriedade do acto; (2) na tendencial irrevogabilidade a fim de salvaguardar os interesses dos particulares destinatários do acto (proteção da confiança e da segurança).[22]

O próprio direito brasileiro já indicava a sua aplicação por meio de famosos institutos do direito público e do direito privado, tais como a coisa julgada[23], a preclusão[24], a irretroatividade das leis que não poderão prejudicar o direito adquirido e o ato jurídico perfeito[25], etc.

A Lei nº 9.784, de 29.01.1999, fixou explicitamente o princípio no campo do processo administrativo e do direito administrativo, especialmente nos arts. 2º, *caput* e parágrafo único, IX.

---

22 CANOTILHO, J.J. Gomes. **Direito constitucional e teoria da Constituição**, 3. ed. Coimbra (POR): Almedina, 1999, p. 260.

23 CPC - Art. 467. Denomina-se coisa julgada material a eficácia, que torna imutável e indiscutível a sentença, não mais sujeita a recurso ordinário ou extraordinário.

24 Arts. 245 e 473 do CPC.

25 CF/88 – Art. 5º. [...] XXXVI - a lei não prejudicará o direito adquirido, o ato jurídico perfeito e a coisa julgada.

Os arts. 53 e 54 da mencionada lei, ao fixar regras de autotutela da **Administração Pública** e de decadência administrativa são exemplos eloquentes da importância da noção de segurança jurídica no âmbito do processo.

Os conceitos de preclusão, prescrição e decadência são também consectários no processo civil e penal da ideia de proteção à segurança jurídica e das expectativas legitimamente criadas no cidadão.

Em realidade, a própria Súmula nº 473 do STF, aqui já considerada, é mais um exemplo valoroso da importância central da segurança jurídica a nortear as atividades do **Poder Público** evidenciando que o poder-dever da **Administração**de revogar seus próprios atos não se justifica sem que se respeite a esfera de liberdade e de direitos subjetivos do administrado.

É o que já ensinava Themístocles Cavalcanti:

> [...] Poder-se-ia trazer para aqui a teoria da coisa julgada na órbita administrativa, para mostrar que nesses casos, isto é, quando o ato já produziu os seus efeitos e criou para terceiros situações jurídicas subjetivas, não pode a administração, sem ferir direitos individuais, revogar ou modificar o seu ato, perfeito e acabado.[26]

Assim, torna-se evidente que o interesse público que sustenta o princípio da legalidade, sob o viés do Estado Democrático de Direito, também exige que a legalidade seja construída a partir do quadro de proteção do cidadão que adquiriu direitos e desenvolveu expectativas legítimas.

Os princípios da legalidade e da segurança jurídica encontram-se em uma tensão constante e acabam por definir mútuas condicionantes que flexibilizam os rigores de suas aplicações individuais.

No campo do direito administrativo onde a ideia de segurança jurídica se desenvolveu, a doutrina já se consolidou no sentido de que as prerrogativas do Estado-império não podem pres-

---

26 CAVALCANTI, Themístocles Brandão. **Curso de direito administrativo**, 4. ed. Rio de Janeiro: Freitas Bastos, 1956, p. 67-68; também na mesma linha MEDAUAR, Odete. **Direito administrativo moderno**, 5. ed. São Paulo: Revista dos Tribunais, 2001, p. 189.

cindir da consideração acerca da situação concreta e individual do cidadão[27].

Também na mesma linha, a manifestação de Almiro Couto e Silva:

> [...] caberá sempre à Administração Pública revisar seus próprios atos, desconstituindo-os de ofício, quando eivados de nulidade, do mesmo modo como sempre será possível, quando válidos, revogá-los, desde que inexista óbice legal e não tenham gerado direitos subjetivos.
>
> Aos poucos, porém, foi-se insinuando a idéia da proteção à boa-fé ou da proteção à confiança, a mesma idéia, em suma de segurança jurídica cristalizada no princípio da irretroatividade das leis[...]
>
> Otto Bachoffafirma que nenhum outro tema despertou maior interesse do que este, nos anos 50, na doutrina e na jurisprudência, para concluir que o princípio da possibilidade de anulamento foi substituído pelo da impossibilidade de anulamento, em homenagem à boa-fé e à segurança jurídica. [28]

A segurança jurídica, nesse contexto, é formada por duas ideias fundamentais que orientam o agir do Poder Público: a confiança legítima que proíbe a Administração de frustrar a justa expectativa do administrado; e a boa-fé que exige da Administração agir com lealdade e transparência com o administrado.

Canotilho destaca o seguinte ponto:

> Estes dois princípios – segurança jurídica e proteção da confiança – andam estreitamente associados a ponto de alguns autores considerarem o princípio da protecção da confiança como um subprincípio ou como uma dimensão específica da segurança jurídica. Em geral, considera-se que a **segurança jurídica** está conexionada com elementos objetivos da ordem jurídica – garantia de estabilidade jurídica, segurança de orientação e realização do direito – enquanto a

27 FIGUEIREDO, Lúcia Valle. **Curso de direito administrativo**, 6. ed. São Paulo: Malheiros, 2003, p. 240; FAGUNDES, Miguel Seabra. **O controle dos atos administrativos pelo Poder Judiciário**, 6. ed. São Paulo: Saraiva, 1984, p. 39-40; ZANCANER, Weida. **Da convalidação e da invalidação dos atos administrativos**, 2. ed. São Paulo: Editora Malheiros, 2001, p. 90.

28 SILVA, Almiro Couto e. Princípios da legalidade da Administração Pública e da segurança jurídica no Estado de Direito contemporâneo. **Revista de Direito Público**, SILVA, Almiro Couto e. Princípios da legalidade da Administração Pública e da segurança jurídica no Estado de Direito contemporâneo. **Revista de Direito Público**, São Paulo, v. 84, out./dez. 1987.

protecção da confiança se prende mais como as componentes subjectivas da segurança, designadamente a calculabilidade e previsibilidade dos indivíduos em relação aos efeitos jurídicos dos actos dos poderes públicos. A segurança e a protecção da confiança exigem, no fundo: (1) fiabilidade, clareza, racionalidade e transparência dos actos do poder; (2) de forma que em relação a eles o cidadão veja garantida a segurança nas suas disposições pessoais e nos efeitos jurídicos dos seus próprios actos. [...] **O princípio geral da segurança jurídica** em sentido amplo (...) pode formular-se do seguinte modo: o indivíduo tem do direito poder confiar em que aos seus actos ou às decisões públicas incidentes sobre os seus direitos, posições ou relações jurídicas alicerçados em normas jurídicas vigentes e validas por esses actos jurídicos deixado pelas autoridades com base nessas normas se ligam os efeitos jurídicos previstos e prescritos no ordenamento jurídico.[29]

3.3. SEGURANÇA JURÍDICA NO STF

O valor do princípio da segurança jurídica, como sustentáculo da concretização das expectativas legítimas e da boa-fé, é reafirmado por meio de já pacífica jurisprudência do STF sobre o assunto.

Para o STF, o princípio da segurança jurídica deve ser entendido como pauta interpretativa obrigatória da atuação do Poder Público em suas diversas facetas.

Veja-se o que afirmou o Ministro Gilmar Mendes:

> [...] Desde sempre a melhor doutrina destacou, especialmente a partir das experiências européias, que, em razão das exigências axiológicas antes referidas – e, também, do devido processo legal -, na anulação de ato administrativo devem ser considerados, como parte do problema jurídico a equacionar, a existência, de um lado, da 'possibilidade de haver-se como legítimo ato nulo ou anulável, em determinadas e especialíssimas circunstâncias, bem como a constituição, em tais casos, de direitos adquiridos, e, de outro lado, considerando-se exaurido o poder revisional exofficio da Administração, após um prazo razoável' (REALE, Miguel. **Revogação e anulamento do ato administrativo**, 2. ed. Rio de Janeiro:Forense. 1980. p. 67-73).
>
> [...]
>
> Em diversas oportunidades esta Corte manifestou-se pela aplicação desse princípio em atos administrativos inválidos, como subprincípio do Estado de Direito, tal como nos julgamentos do MS 24.268, DJ 17.09.04

29 CANOTILHO, op. cit., p. 252.

e do MS 22.357, DJ 05.11.04, ambos por mim relatados.[30]

O caso mais importante no uso da segurança jurídica para avaliar a atuação do **Poder Público** no campo das liberdades individuais – e também o caso que significou o ponto de inflexão da própria jurisprudência do STF – foi o MS nº 22.357[31], de relatoria do Ministro Gilmar Mendes (DJ 05.11.2004), no chamado caso INFRAERO.

O Tribunal entendeu que, apesar de servidores da INFRAERO terem sido contratados sem o devido concurso público, não era possível, na linha da decisão do TCU, a exoneração desse pessoal, uma vez que, na época das contratações não havia consenso em relação ao formato de admissão de servidores de empresa pública.

Por outro lado, um longo período já havia transcorrido desde aquela seleção de 1993 e, somente após o julgamento do MS nº 21.322[32], a tese da exigência de concurso público, mesmo para empregados públicos de empresas públicas, passou a ser definitiva.

Assim se expressou o Ministro Gilmar Mendes em seu voto condutor, ao avaliar a posição do princípio da segurança jurídica e a própria boa-fé dos servidores:

Em verdade, a segurança jurídica, como subprincípio do Estado de Direito, assume valor ímpar no sistema jurídico, cabendo-lhe papel diferenciado na realização da própria idéia de justiça material.[33]

> **[...] aqui considero, sobretudo: a boa fé dos impetrantes**; a existência de processo seletivo rigoroso e a contratação conforme o regulamento da Infraero; a existência de controvérsia, à época da contratação, quanto à existência de concurso público, nos moldes do art. 37, II, da Constituição, no âmbito das empresas públicas e sociedades de economia mista; o fato de que houve dúvida quanto à correta interpretação do art. 37, II, em face do art. 173, § 1º, no âmbito

30 BRASIL. Supremo Tribunal Federal. Ag. Reg. no Recurso Extraordinário nº 217.141-SP, Segunda Turma. Relator: Min.Gilmar Mendes. Brasília, 13 de junho de 2006. **Diário de Justiça**: 4 ago. 2006.

31 RTJ 192/620.

32 BRASIL. Supremo Tribunal Federal. Mandado de Segurança nº 21.322-DF, Tribunal Pleno. Relator: Min. Paulo Brossard. Brasília, 3 de dezembro de 1992. **Diário de Justiça:** 23 abr. 1993.

33 p. 9 do Voto.

do próprio TCU; o longo período de tempo transcorrido das contratações e **a necessidade de garantir segurança jurídica a pessoas que agiram de boa-fé.**[34]

A tese da segurança jurídica se consolidou no âmbito do STF, tendo sido outra vez reafirmado pelo plenário no julgamento do MS nº 24.268, também da relatoria do Ministro Gilmar Mendes[35], quando se anulou decisão do TCU concedida a servidora pública há 18 anos, que cancelara o pagamento de pensão especial.

Também nesse caso, os elementos concretos se destacavam ao formar um mosaico de aspectos que impressionava pelo rompimento das expectativas criadas pela servidora pública depois de extenso tempo em que acreditou estar consolidada sua situação jurídica.

Ainda na mesma linha, estão os acórdãos do RE nº 217.141 – Agr e RE nº 466.546, julgados em 14.02.2006 (ambos de relatoria do Min. Gilmar Mendes) por meio dos quais a 2ª Turma do STF entendeu que o ato de aposentadoria com fixação de proventos e o ato que homologara transposição não poderiam ser alterados com base no princípio da segurança jurídica, mesmo se o ato administrativo tivesse se baseado em lei declarada inconstitucional pelo próprio STF.

Também no julgamento do RE nº 442.683, de relatoria do Ministro Carlos Velloso (13.12.2005) a 2ª Turma do STF aplicou o princípio para reconhecer a consolidação de situação que possibilitou a progressão de servidores públicos mediante concurso interno após passados 16 anos[36].

Mesmo no controle concentrado de constitucionalidade de emendas constitucionais, o princípio da segurança jurídica se transformou em pauta recorrente, o que, inclusive, atesta o seu *locus* constitucional como norma inserida nas cláusulas pétreas (art. 60, §4º, da CF).

34 Fls. 11-12 do voto do Ministro Gilmar Mendes.

35 BRASIL. Supremo Tribunal Federal. Mandado de Segurança nº 24.268-MG, Tribunal Pleno. Relator: Min. Ellen Gracie. Brasília, 5 de fevereiro de 2004. **Diário de Justiça**: 17 set. 2004.

36 Ver também no mesmo sentido, FURTADO, Marcus Vinicius Coêlho. **Garantias constitucionais e segurança jurídica**. Belo Horizonte: Fórum, 2015, p. 121. Apresentação de Arnoldo Wald.

Foi o que ocorreu, por exemplo, da declaração parcial de inconstitucionalidade da Emenda Constitucional nº 52/06 no âmbito da ADI nº 3.685, de relatoria da Min. Ellen Gracie (22.03.2006), quando se decidiu que a norma que institucionalizava a verticalização das eleições não poderia vigorar no pleito de 2006.

Além disso, é importante destacar que desde a famosa decisão do STF no MS nº 22.357 (caso INFRAERO já citado), o princípio da segurança jurídica passou a ser argumento recorrente nas decisões do STF e mesmo nas discussões em torno dos temas da "repercussão geral da questão constitucional".

No Superior Tribunal de Justiça, a matéria foi tratada várias vezes, em importantes acórdãos, especialmente a partir de 1990, invocando-se tanto o respeito ao princípio da confiança, quanto ao devido processo legal substantivo, ou, ainda, a vedação de *venire contra factumproprium* como princípio geral do direito[37]. Todos os casos tratam, na realidade, do que se poderia denominar, com o Professor Atílio Alterini, de "[...] responsabilidade objetiva derivada da geração de confiança".[38]

No campo do direito tributário, um dos julgados se refere à modificação da alíquota de imposto em relação à exportação já autorizada e em curso de execução. No caso, a decisão foi de reconhecer que o Poder Público pode alterar a alíquota, que não deve, todavia, afetar as operações em curso[39].

Já no campo do direito administrativo, houve decisões relevantes no sentido de que também o Estado deve observar, em suas relações com os particulares, o prin-

37 Anteriormente houve um acórdão do STF que entendeu ser princípio geral do direito a vedação da parte de "venire contra factumproprium" (BRASIL. Supremo Tribunal Federal. Recurso Extraordinário nº 86.787-RS, Segunda Turma. Rel. Min. Leitão de Abreu. Brasília, 20 de outubro de 1978. **Diário de Justiça**: 4 maio 1979).

38 ALTERINI, Atílio Aníbal. Responsabilidad objetiva derivada de lageneración de confianza. Revista de Direito Civil, São Paulo, n. 73, p. 5-16, jul./set. 1995.

39 MS 4.772-DF, RSTJ 113/25, contra o Ministro da Fazenda, Rel. Min. Adhemar Maciel, decisão da 1ª Seção de 12.11.1997. Acompanharam o relator os Ministros José Delgado, Humberto Gomes de Barros, Hélio Mosimann e Milton Luiz Pereira.

cípio da boa-fé, não servindo como justificativa, para a prática de atos arbitrários, a supremacia do interesse público sobre o privado.

No ROMS nº 1.883, por exemplo, o Tribunal entendeu que a concessão do mandado de segurança não podia ter efeitos patrimoniais pretéritos, conforme a jurisprudência sumulada. E acrescentou a ementa do acórdão cujo relator foi o Ministro Edson Vidigal, acompanhado pelos Ministros Felix Fischer, Gilson Dipp e José Arnaldo da Fonseca:

> 2. Julgado que, aplicando esse entendimento, rejeita pedido diametralmente oposto a ele, está dispensado, porque o fez de forma implícita, da análise explícita da inconstitucionalidade da Lei 5.021/66, Art. 1º, embora fosse competente para tanto, na forma incidental, ademais de não poder alegar nulidade quem a ela deu causa.[40]

Por sua vez, o acórdão do REsp nº 14.1879 entendeu descabida a anulação de contrato de venda realizado por Município, se possível a sua regularização. A ementa acrescenta que:

> A teoria dos atos próprios impede que a administração pública retorne sobre os próprios passos, prejudicando os terceiros que confiaram na regularidade do seu procedimento. Recurso não conhecido.[41]

O acórdão do STJ, no mencionado REsp, adotou os fundamentos da decisão recorrida, tendo o voto do relator ressaltado que:

> Sabe-se que o princípio da boa-fé deve ser atendido também pela administração pública, e até com mais razão por ela, e o seu comportamento nas relações com os cidadãos pode ser controlado pela teoria dos atos próprios, que não lhe permite voltar sobre os próprios passos depois de estabelecer relações em cuja seriedade os cidadãos confiaram.

No Recurso Especial nº 300.116[42] da relatoria do Ministro Humberto Gomes de Barros, que foi acompanhado pelos Ministros José Delgado e Francisco Falcão, fixou-se a premissa de que o "princípio

40 Decisão unânime da 5ª Turma de 01.12.1999, relator Ministro Edson Vidigal.

41 Decisão unânime da 4ª Turma de 17.03.1998, relator Ministro Ruy Rosado.

42 J. 06.11.2001, RSTJ 154/104.

da supremacia do interesse público sobre o privado não é de ordem absoluta", não podendo servir como fundamento para atos ilegais e arbitrários, justamente pela proteção à boa-fé e à confiança:

> De início, considerou-se a administração, livre para desfazer seus próprios atos, independentemente de qualquer cautela. Bastava a alegação de que o ato malsinado padecia de nulidade.
> Mais tarde, surgiu a preocupação de se compatibilizar o princípio da autotutela da administração com aqueles outros relativos à segurança das relações jurídicas, no resguardo da boa-fé e do próprio interesse público.
> [...] Percebe-se, assim, que a supremacia do interesse público sobre o privado deixou de ser um valor absoluto.
> Tal princípio, muitas vezes prestou-se a deformações, servindo de justificativa para implantação de regimes ditatoriais, tornou-se necessário temperá-lo com velhas regras do Direito Privado, que homenageiam a boa-fé e a aparência jurídica.

O mencionado acórdão adotou os fundamentos do Parecer Ministerial proferido nos autos com os seguintes termos:[43]

> O princípio da legalidade da administração constitui apenas um dos elementos do postulado do Estado de Direito. Tal postulado contêm igualmente os princípios da segurança jurídica e da paz jurídica, dos quais decorre o respeito ao princípio da boa-fé do favorecido. Legalidade e segurança jurídica constituem dupla manifestação do Estado de Direito, tendo por isto, o mesmo valor e a mesma hierarquia.

Ainda no âmbito do direito administrativo, cumpre ressaltar o relevante acórdão relatado pelo Ministro Paulo Medina, no que foi acompanhado pelos Ministros Peçanha Martins, Eliana Calmon e Laurita Vaz que, além de ter condenado o Estado à reparação do dano patrimonial, condenou-o ainda ao pagamento de danos morais, por violação ao princípio da boa-fé e confiança:[44]

> O resultado danoso (o desfazimento do contrato e a dor psicológica imputada aos recorrentes) decorrentes do instrumento público falso (nexo causal), estão a autorizar a condenação do Estado, fundada na responsabilidade civil deste.
> Acresça-se que ao Estado incumbe a atuação fundada nos princípios da confiança e boa-fé, que devem pautar

43 O autor do citado parecer é o então Procurador da República, Dr. Gilmar Ferreira Mendes.

44 Julgamento unânime da 2ª Turma de 15.10.2002.

todas as relações travadas com os administrados. A conduta que importa violação desses deveres tem nítido caráter de ilicitude. Posto isso, provejo o recurso especial, entendendo cabível no caso a condenação do Estado do Mato Grosso do Sul ao pagamento de danos morais aos recorrentes.

4. CONCLUSÃO

A Súmula nº 405 do STF, aprovada em 1963, encerrou enunciado normativo de frágil aplicação como foi demonstrado, especialmente porque se baseava em premissas muito específicas levantadas dos casos que serviram como seus precedentes.

Tais precedentes foram coletados a partir da discussão de um tema específico apreciado pelo STF, circunscrito à interpretação da Lei Estadual nº 1.037, de 28.05.1951. Sua base, portanto, não está ligada a uma diversidade de hipóteses e de casos concretos que pudessem conferir ao enunciado eventual caráter de generalidade e abrangência. Esse fato, certamente, corrompeu a sua aplicação de forma repetitiva ao longo dos anos de produção jurisprudencial do STF. Não é, portanto, de se surpreender que a Súmula nº 405 tenha tido utilização bastante restrita, considerando o fato de que o uso da tese, já na sua origem, se mostrava como aplicação secundária e processual a resolver tópico bastante específico da competência do STF naquele ano de 1963.

Com o tempo, a aplicação da Súmula nº 405 do STF passou a exigir maior sofisticação, diante das situações concretas que pareciam ser mais complexas e difusas. A esse quadro se agrega as repetidas alterações legislativas e a criação de novos institutos processuais, o que ajudou a tornar ainda mais obsoleto o enunciado sumular.

Desde o início, entretanto, a tese da suspensão abrupta dos efeitos da liminar com a superveniência de sentença denegatória, embora parecesse processualmente a conclusão lógica e o único caminho aceitável, mostrava-se preocupante se projetada no horizonte de questões mais amplas. O STJ, por exemplo, soube demonstrar que, em matéria de direitos fundamentais sociais, a radicalidade da súmula poderia trazer problemas aos que foram inicialmente beneficiados com o provimento cautelar deferido em função de prévia e pacífica jurisprudência de momento. Também é fácil perceber que, diante de inesperadas e estruturais mudanças em regimes jurídicos até então consolidados - especialmente quando envolvem empreendimentos de alto custo financeiro e administrativos construídos e mantidos para prestação de serviços públicos - a liminar inicialmente deferida deveria se conservar até a resolução final do processo, de forma a evitar sucessões de recursos e decisões que tragam ainda mais insegurança e instabilidade à situação fática do impetrante.

Tal avaliação somente pode ser feita com profundidade à luz da ideia de segurança jurídica, tomando por base que a autoridade jurisdicional, bem como a Administração Pública, necessariamente precisa se submeter aos postulados da confiança legítima e da boa-fé perante o jurisdicionado. Assim sendo, parece razoável supor que o problema jurídico da validade ultra-ativa da liminar em mandado de segurança remete mais à análise de princípios como o da segurança jurídica e da boa-fé do que de premissas lógico-formais de natureza estritamente processual. A complexidade dos problemas modernos e o ativismo jurisdicional dos tempos atuais não permite que o juiz do século XXI examine questões como essa a partir de uma avaliação meramente processual ou com base na dogmática mais tradicional do direito do processo.

Essa preocupação, somada à fragilidade inerente do enunciado do STF, sugere que a conservação da Súmula nº 405 do STF traz mais confusão e problemas do que abre portas para melhor resolver as questões submetidas ao Poder Judiciário. É fácil perceber que se a liminar deferida em mandado de segurança não tiver caráter conservativo, a tendência é que o juiz, ao proferir sua sentença denegatória, casse sua decisãoanterior, salvo se verificar, do exame do caso concreto, indícios de que a cassação poderá trazer jurídica e processualmente mais ameaças e riscos ao impetrante. De uma forma ou de outra, a validade da liminar para além da sentença deve ser tema afeto aos dramas circunscritos do caso sob análise, exame esse que necessariamente precisa ser feito pelo juiz de forma livre e autônoma, sem se vincular a orientações normativas que, a pretexto de facilitar a vida do magistrado, podem criar problemas insolúveis ao jurisdicionado e à própria sociedade.

ASPECTOS RELEVANTES DE RECURSOS EXTRAORDINÁRIOS EM FACE DE DECISÕES DO SUPERIOR TRIBUNAL DE JUSTIÇA EM RECURSOS ESPECIAIS

NABOR BULHÕES

A denominada crise do recurso extraordinário, com a consequente inviabilização da jurisdição do Supremo Tribunal Federal, levou o legislador constituinte a criar o Superior Tribunal de Justiça para absorver parcela da competência que a Suprema Corte exercia sobre a higidez do direito federal. Nessa esteira, a Constituição Federal de 1988, a par de ter mantido a competência do STF para dizer de forma terminante o direito constitucional mediante o julgamento de recurso extraordinário (art. 102, III, da CF), instituiu o recurso especial de competência do STJ (art. 105, III, da CF), reservando a esta Corte a atribuição constitucional de dizer de forma terminante o direito federal, velando por sua inteireza positiva e unificando a sua interpretação e aplicação.

Desse sistema constitucional, introduzido pela Carta Política de 1988, que prevê o cabimento simultâneo de recurso extraordinário e de recurso especial contra o mesmo acórdão dos tribunais de segundo grau, decorre que da decisão do Superior Tribunal de Justiça, no recurso especial, só se admitirá recurso extraordinário se a questão constitucional, objeto deste último, for diversa da que já tiver sido resolvida pela instância ordinária[1].

A propósito, não há dúvida de que, no sistema difuso de controle de constitucionalidade, o STJ, a exemplo de todos os demais órgãos

---

1 Nesse sentido, v. notável aresto proferido pelo Plenário do Supremo Tribunal Federal no julgamento do Agravo Regimental no Agravo de Instrumento nº 145.589-RJ, de que foi Relator o eminente Ministro Sepúlveda Pertence (RTJ 153/684). (BRASIL. Supremo Tribunal Federal. Ag. Reg. no Agravo de Instrumento nº 145.589-RJ, Tribunal Pleno. Relator: Min. Sepúlveda Pertence. Brasília, 2 de setembro de 1993. **Diário de Justiça**: 24 jun. 1994.

jurisdicionais de qualquer instância, tem o poder de declarar incidentemente a inconstitucionalidade da lei que esteja sendo discutida em sede de recurso especial, mesmo de ofício. Contudo, como tem reiteradamente proclamado o STF, "o que não é dado àquela Corte, em recurso especial, é rever a decisão da mesma questão constitucional do tribunal inferior", sob pena de ou usurpar competência do STF (art. 102, III, da CF), se interposto paralelamente o recurso extraordinário, ou, caso contrário, de ressuscitar matéria preclusa.[2]

Essa exata compreensão encontra-se expressa no aresto com que a Corte Especial do Superior Tribunal de Justiça julgou os Embargos Declaratórios nos Embargos de Divergência em REsp nº 347.692-SP, de que foi Relator o eminente Ministro José Delgado: naquele expressivo julgamento, assentou-se que no recurso especial "não há lugar para se discutir, com carga decisória, preceitos constitucionais", pois ao STJ "compete, exclusivamente, unificar o direito ordinário federal, em consequência de determinação da Carta Magna". Conclusão: "Em sede de recurso extraordinário é que se desenvolvem a interpretação e a aplicação de princípios constantes do nosso Diploma Maior", sendo certo que "a relevância de tais questões ficou reservada, unicamente, para o colendo STF" (DJ de 16.06.2003).

Em outro importante julgamento da Corte Especial do STJ, a questão da competência do Tribunal para dizer o direito constitucional foi mais amplamente debatida, tendo-se em vista o conjunto das competências que a Constituição Federal lhe atribuiu no art. 105, I, II e III: tratava-se de Arguição de Inconstitucionalidade no Recurso Especial nº 215.881-PR[3], de que foi Relator o eminente Ministro Nilson Naves (DJ de 08.04.2002). Nesse julgamento do órgão máximo judicante do STJ, assentou-se com razão que, em sede de recurso especial, o STJ só dispõe do contencioso constitucional em se tratando de arguição incidental de inconstitucionalidade de dispositivo da legislação

2 Ibid. 1993.

3 V. arts. 200 do RISTJ, 480 a 482 do CPC e 97 da CF, bem como a Súmula Vinculante nº 10 do STF.

federal que esteja em discussão naquela sede. Fora disso, o STJ só disporia de contencioso constitucional pleno, mediante o exercício do controle difuso de constitucionalidade, nas hipóteses dos incisos I e II do art. 105 da Constituição Federal. Nestes casos, devidamente prequestionada a matéria constitucional decidida pelo STJ em ações originárias ou recursos ordinários, e observado o novo requisito especial de admissibilidade consubstanciado na repercussão geral, admitir-se-ia recurso extraordinário da questão constitucional diretamente julgada pelo Tribunal.

Esclareça-se que, no âmbito do recurso especial, o STJ não está obviamente proibido de fazer referência à Constituição Federal para dar suporte à interpretação da legislação federal que constitua o objeto do recurso em julgamento. O que não poderá fazer é decidir o recurso mediante a direta interpretação e aplicação de dispositivo constitucional, sob pena de violar, não o dispositivo constitucional indevidamente invocado, mas as regras de competência a que aludem os arts. 102, III, e 105, III, da Carta Magna. Aqui reside questão técnica da maior relevância para o exato manejo de recurso extraordinário contra decisões do STJ, proferidas com extrapolação dos limites de sua competência para o julgamento do recurso especial, como se verá mais adiante.

Nos julgamentos dos Recursos Especiais nºs 166.443-RS, Rel. Min. Ari Pargendler (DJ de 08.09.1998), e 554.864-PE, Rel. Min. Paulo Medina (DJ de 18.12.2006), o STJ decidiu que na via do especial o Tribunal pode referir-se à norma constitucional para tomá-la como "suporte da interpretação – e aplicação – de norma legal", sem com isso extrapolar os limites de sua competência inscrita no art. 105, III, da Carta Magna. O que não poderia fazer seria decidir o recurso especial mediante a aplicação direta de dispositivo constitucional. O aresto subscrito pelo Ministro Paulo Medina bem sintetizou o entendimento do Tribunal acerca da matéria, quando consignou que "os artigos da Constituição alegados não podem ser o objeto do Recurso Especial", sendo certo, contudo, ser "legítimo a esta Corte, ao fixar a interpretação da lei federal, tomar aquelas disposições da Lei Maior como parâmetro hermenêutico – interpretação conforme a Constituição".

A despeito da clareza da matéria, à luz dos citados precedentes, nem sempre o STJ e o STF têm sido fiéis à sua jurisprudência e à Constituição. A abordagem dessa vertente equivocada não pode ser feita sem que se recorde a advertência feita pelo *Justice Oliver Wendell Holmes* no sentido de que frequentemente ***hard cases make bad law***. De fato, os equívocos de ambos os Tribunais a respeito de suas competências constitucionais insculpidas nos arts. 102, III, e 105, III, da Carta Magna têm-se lavrado em casos **difíceis**, algumas vezes envolvendo o interesse da Fazenda Nacional em pleitos de elevado valor econômico-financeiro. Lamentavelmente, o discurso terrorista dos números parece influir nos julgamentos de certas causas com aquela conformação, com prejuízo, no mínimo, para o sistema de distribuição de competência recursal extraordinária estabelecido pela Constituição Federal.

A respeito do assunto, notório exemplo é o caso do chamado Crédito-Prêmio de IPI -- importante incentivo às exportações cuja vigência foi intensamente discutida nos últimos anos, sob os prismas constitucional e infraconstitucional. No que diz respeito ao aspecto infraconstitucional, o STJ, desde a sua instalação, vinha reconhecendo e declarando, mediante a interpretação de dois decretos-leis dos anos 70 e 80, a vigência daquele incentivo, sem definição de prazo – o que constituía expressivo ganho para os exportadores e para o próprio país, considerada a relevância evidentíssima da receita advinda da exportação.

Nada obstante, a partir de 2004, a Fazenda Nacional resolveu mudar a estratégia da defesa da insubsistência do Crédito-Prêmio de IPI. Retomou o tema da sua extinção a partir de junho de 1983, matéria que já havia sido terminantemente decidida por ambas as Turmas de Direito Público do STJ, integrantes de sua 1ª Seção, já agora deduzindo argumentação "*ad terrorem*" de natureza econômico-financeira: a manutenção do entendimento do Tribunal sobre a matéria redundaria na perda de bilhões e bilhões de reais para os cofres públicos.

À época, todos os recursos especiais sobre o tema existentes no Tribunal estavam relacionados exclusivamente à vigência do Crédito-Prêmio de IPI a partir de junho de 1983, por força da referida legislação infraconstitucional. Não havia, no âmbito do STJ, até pela natureza de sua competência, qualquer discussão sobre a subsistência do referido incentivo por razões constitucionais.

Ainda assim, nos julgamentos de vários recursos especiais e de embargos de divergência em recursos especiais, as duas Turmas de Direito Público do STJ e a sua respectiva 1ª Seção, por maioria de votos, decidiram a matéria infraconstitucional típica daqueles recursos favoravelmente aos contribuintes, mas, surpreendentemente, extrapolando os limites de sua competência constitucional (art. 105, III, da CF), resolveram decidir a causa aplicando de ofício o disposto no art. 41, § 1º, do Ato das Disposições Constitucionais Transitórias da Carta Magna de 88, sob a consideração de tratar-se de incentivo fiscal de natureza setorial não confirmado por lei dentro de dois anos da promulgação da Constituição[4].

Por motivos óbvios, essas decisões surpreenderam os contribuintes interessados no desfecho daqueles recursos por duas ordens de razões: a uma, porque o STJ, na linha de sua própria jurisprudência e a teor de expressa disposição constitucional, não tem competência para decidir recurso especial mediante consideração e aplicação de norma constitucional; e a duas, porque, sobremais, essa matéria constitucional invocada para decidir os recursos especiais estava ausente do debate e consubstanciava relevante questão constitucional até então não submetida nem apreciada pelo Supremo Tribunal Federal – a quem competia deslindar a matéria mediante recurso extraordinário (art. 102, III, da CF).

O desencontro verificado no Superior Tribunal de Justiça gerou grande perplexidade e a consequente adoção, por parte dos contribuintes interessados naqueles recursos, de medidas impertinentes para a so-

4 Entre os recursos decididos com essa conformação, confiram-se: REsp nº 778.581-RS, Rel. Min. Francisco Falcão, 1ª Turma; REsp nº 650.395-RS, Rel. Min. Denise Arruda, 1ª Turma; REsp nº 876.969-CE, Rel. Min. Castro Meira, 2ª Turma; e EREsp nº 677.216-RS, Rel. Min. Denise Arruda, 1ª Seção, *inter plures*.

lução da nova controvérsia criada. Muitos deles, tão logo publicados os acórdãos, ingressaram de forma açodada com recurso extraordinário perante o Supremo Tribunal Federal dando como violada a norma constitucional do art. 41, § 1º, do Ato das Disposições Constitucionais Transitórias da Carta Magna de 88. Contudo, a maioria dos recursos com essa conformação não foi conhecida porque, como assentado na melhor jurisprudência do STF, em caso dessa natureza a norma violada seria de competência, no caso a norma contida no art. 105, III, da Constituição Federal, que deveria ser prequestionada, mediante embargos declaratórios, perante o STJ, a teor da Súmula nº 356-STF, antes da interposição do extraordinário. E o curioso é que pequena parcela de recursos extraordinários com aquela conformação equivocada ainda chegou a ser admitida na origem e a ser conhecida pelo Supremo Tribunal Federal, *contra constitutionem*.

Exemplo de equívoco dessa natureza se encontra no RE nº 577.302-RS, Rel. o em. Min. Ricardo Lewandowski: o recurso foi interposto contra decisão com que a 2ª Turma do STJ, no julgamento do AgRg no REsp nº 671.454-RS, decidiu o recurso com fundamento em norma constitucional ausente e estranha ao debate. A parte, sem interposição de embargos declaratórios para prequestionar as regras de competência dos arts. 102, III, e 105, III, da CF, interpôs diretamente recurso extraordinário. E a despeito de sua completa e cabal incognoscibilidade, foi o recurso admitido pela Vice-Presidência do STJ e conhecido pelo Plenário virtual do Supremo Tribunal Federal que, sobre a matéria nele versada, estabeleceu repercussão geral, como se colhe do acórdão publicado no DJ de 02.05.2008. Tanto havia equívoco sucessivo na admissão e no conhecimento daquele recurso pela Vice-Presidência do STJ e pelo Plenário virtual do STF que, por ocasião do seu julgamento definitivo, a Suprema Corte terminou dando pelo seu não conhecimento (v. acórdão publicado no DJe de 27.11.2009).

As decisões que não conheceram daqueles recursos extraordinários estão absolutamente consentâneas com a sistemática constitucional de distribuição de competências recursais extraordinárias contemplada nos arts. 102, III, e 105, III, da Carta Magna, na linha, aliás, do paradigmático precedente do Plenário do Supremo Tribunal Federal no AgRg no AI nº 145.589, expresso em aresto da fina lavra do Ministro Sepúlveda Pertence (RTJ 153/684). Entre essas decisões, destaca-se a proferida pela Ministra Cármen Lúcia no RE nº 580.643-RS, tendo por objeto acórdão com que o STJ, em sede de recurso especial (REsp nº 766.442-RS), decidiu a causa mediante a invocação de norma constitucional. Na decisão com que negou seguimento ao recurso extraordinário, a eminente Relatora ponderou que, ao invés da empresa recorrente haver prequestionado mediante embargos declaratórios, e posteriormente arguido no RE a violação dos arts. 102, III, e 105, III, da CF, indicou por violada a norma constitucional indevidamente aplicada no REsp.

Ao verificar que no caso então examinado havia recurso extraordinário admitido e retido tendo por objeto o dispositivo constitucional considerado no REsp para a solução do recurso, advertiu a Relatora, sob a invocação do aresto proferido no AgRg no AI nº 145.589, Rel. Min. Sepúlveda Pertence, que a recorrente deveria, a par da interposição do recurso cabível – embargos de declaração e recurso extraordinário – ter ajuizado reclamação para preservar a competência constitucional recursal extraordinária do STF[5].

Em outra oportunidade, ao julgar recurso extraordinário interposto contra acórdão com que o STJ, em recurso especial, decidiu matéria submetida à sua jurisdição mediante a invocação de norma constitucional, a Suprema Corte, em aresto da lavra do Ministro Sepúlveda Pertence, deu provimento ao RE por usurpação de sua competência (art. 102, III, *a*, da Constituição Federal) "para anular o acórdão do STJ e determinar que outro seja proferido – adstrito

5 Na ementa da decisão monocrática então proferida, consignou a Relatora: "RECURSO EXTRAORDINÁRIO. IMPUGNAÇÃO DO ACÓRDÃO DO TRIBUNAL A QUO POR RECURSO EXTRAORDINÁRIO E RECURSO ESPECIAL. JULGAMENTO DA QUESTÃO CONSTITUCIONAL PELO SUPERIOR TRIBUNAL DE JUSTIÇA: USURPAÇÃO DE COMPETÊNCIA" (DJe/STF de 30.04.2008).

a eventuais questões infraconstitucionais aventadas" (RE nº 419.629-DF, DJ de 30.06.2006). É que, nos mesmos autos do REsp, havia recurso extraordinário admitido e retido, aguardando o julgamento do primeiro, em caráter prejudicial, a teor do art. 543, § 1º, do Código de Processo Civil.

Corretíssimo o entendimento expresso naquelas decisões: quando o Superior Tribunal de Justiça, no julgamento de recurso especial, decide a causa à luz de norma constitucional, de duas, uma: ou viola a regra de competência inscrita no art. 105, III, da CF, se não houver nos mesmos autos recurso extraordinário admitido e retido sobre o princípio ou norma indevidamente considerado pelo STJ para a solução do recurso especial, ou viola a regra de competência inscrita no art. 102, III, da CF, terminando por usurpar a competência da Suprema Corte, se houver nos mesmos autos recurso extraordinário admitido e retido sobre a norma indevidamente considerada pelo STJ para a solução do recurso especial.

É muito importante destacar que, nesta última hipótese, além do recurso extraordinário interposto por violação do art. 102, III, da CF, admite-se, concomitantemente, a interposição de reclamação para o Supremo Tribunal Federal. Isto porque, havendo recurso extraordinário retido nos autos do REsp versando a matéria constitucional indevidamente considerada para a solução deste pelo STJ, incide na espécie o disposto no art. 102, I, *l*, da Constituição Federal, justificando a instauração do juízo reclamatório "destinado a viabilizar, na concretização de sua dupla função de ordem político-jurídica, **a preservação da competência** e a garantia da autoridade das decisões do Supremo Tribunal Federal", conforme tem enfatizado a sua jurisprudência (RTJ 134/1033, Rel. Min. Celso de Mello)
.

Vale dizer, o recurso extraordinário interposto contra o acórdão proferido no REsp, longe de significar qualquer óbice, constitui "pressuposto negativo de admissibilidade da própria reclamação", a teor da jurisprudência sumulada da Suprema Corte, "pois a reclamação não é sucedânea de ação rescisória" (Reclamação nº 365-MG, Rel. Min. Moreira Alves, DJ de 07.08.1992). Mas, não é só. Ainda segundo a jurisprudência predominante do

STF, a recorribilidade ou a efetiva interposição de recurso da decisão reclamada não ilide o cabimento da reclamação (Reclamação nº 329-SP, Rel. Min. Sepúlveda Pertence, DJ de 29.06.1990).

No voto condutor do aresto unânime, então proferido pelo Plenário da Suprema Corte, o Ministro Sepúlveda Pertence, Relator da Reclamação em referência, ofereceu esclarecedoras razões sobre a matéria destacando que *(i)* a reclamação cabe contra decisões judiciais, quaisquer que sejam elas, se se alega que invadiram a competência ou desrespeitaram a autoridade da decisão do Supremo Tribunal, e *(ii)* a cognição mais ampla que propicia a simplicidade do rito e a eficácia mais pronta, de que está dotada, tornam, de regra, a reclamação, um remédio insubstituível pelo recurso, particularmente, pelo recurso extraordinário, de âmbito restrito de admissibilidade, procedimento mais complexo e efeitos limitados e meramente devolutivos[6].

E mais: ainda segundo o magistério jurisprudencial da Suprema Corte, "[...] o instrumento da reclamação deve ser interpretado como meio de pronta e eficaz proteção da competência originária, da competência recursal ordinária e da competência recursal extraordinária do Supremo Tribunal Federal".[7] Ou, ainda, na pertinente ponderação feita pelo eminente Ministro Moreira Alves, por ocasião do julgamento do pedido de medida liminar na Reclamação nº 337-DF, "... quando a Constituição quer preservar a competência do Supremo, quer fazê-lo de modo integral", por isso que "... desde o momento em que essa competência, hoje explicitada no ***caput*** do artigo como sendo, precipuamente, a de guardar a Constituição, pode ser invadida ou, pelo menos, impedida de ser exercitada na sua plenitude, cabe, perfeitamente, a reclamação a que alude a letra *l* do inciso I do art. 102" (RTJ 133/554).

Essa orientação jurisprudencial foi concretamente aplicada pelo

---

6 Ressalte-se que esse entendimento foi enfaticamente reiterado no aresto unânime com que o Plenário da Suprema Corte julgou a Reclamação nº 377-PR, de que foi Relator o em. Ministro Ilmar Galvão.

7 BRASIL. Supremo Tribunal Federal. AgRg na Reclamação nº 1.908-SP, Tribunal Pleno. Rel. Min. Celso de Mello. Brasília, 24 de outubro de 2001. **Diário de Justiça**: 3 dez. 2004.

eminente Ministro Celso de Mello no Agr. Reg. na Medida Cautelar na Reclamação nº 6.772-TO com invocação dos precedentes consubstanciados nas Reclamações nºs 6.162-AL, 6.288-PB e 6.581-RJ, mediante decisão do seguinte teor:

> **Assinalo**, por relevante, que o eminente Senhor Ministro-Presidente desta Corte, **ao deferir** medida cautelar em casos **rigorosamente** idênticos **ao da presente** reclamação (**Rcl 6.162/AL**, Rel. Min. EROS GRAU – **Rcl 6.288/PB**, Rel. Min. EROS GRAU), **neles proferiu** decisão **em que se registrou** o que se segue:
> '[...] **O Plenário** deste Tribunal, em 19 de abril de 2008, **reconheceu** a **existência** de repercussão geral **no RE 577.302**, rel. Ricardo Lewandowski, **cuja matéria é a mesma do recurso extraordinário retido nos autos do REsp 833.438, qual seja, a extinção**, ou não, em 4 de outubro de 1990, **do benefício** do crédito-prêmio do IPI **em razão** do disposto no art. 41, § 1º, do ADCT.
> **Trata-se**, portanto, **de matéria** de índole constitucional, **cuja orientação** será fixada por esta Corte no julgamento do mérito **do RE 577.302**.
> **Não parece difícil vislumbrar**, portanto, **que a decisão reclamada**, em verdade, **reconheceu a extinção** do crédito-prêmio do IPI em 4 de outubro de 1990 **com base** no que dispõe o § 1º do art. 41 do ADCT, **matéria** objeto do recurso extraordinário **que está retido** nos autos do REsp 682.953, o **que faz transparecer**, ao menos nesse **juízo preliminar**, a usurpação da competência deste Supremo Tribunal Federal **prevista** no art. 102, III, 'a', da Constituição Federal.
> **Ante o exposto, defiro o pedido de medida liminar**, **para suspender** os efeitos da decisão proferida pela 2ª Turma do Superior Tribunal de Justiça, **nos autos** do Recurso Especial 682.953, **até decisão final** nesta reclamação.' (**grifei**)
> **Em face** das razões expostas **e considerando**, ainda, **os fundamentos** que venho de mencionar **e** a decisão que proferi na Rcl 6.581-MC/RJ, de que sou Relator, **defiro** o pedido de medida liminar, **em ordem a suspender**, cautelarmente, **até** final julgamento **da presente** reclamação, **a eficácia** do acórdão **proferido** pela colenda 1ª Turma do E. Superior Tribunal de Justiça, **nos autos do AI 965.610-AgR/TO**, Rel. Min. DENISE ARRUDA.
> (BRASIL. Supremo Tribunal Federal. Agravo na Medida Cautelar na Reclamação nº 6.772-TO, Tribunal Pleno. Relator: Min. Celso de Mello. Brasília, 30 de abril de 2009. **Diário de Justiça**: 12 maio 2009).

Impende averbar que, no caso de julgamento de REsp com a aplicação de norma constitucional sem que haja nos autos recurso extraordinário admitido e retido sobre o tema constitucional aventado de ofício pelo STJ, a única medida cabível é o recurso extraordinário, por violação do art. 105, III, da CF – não sendo cogitável, na espécie, o ajuizamento de reclamação, por não ser a hipótese de usurpação de competência do Supremo Tribunal Federal, mas caso típico de extrapolação dos limites da competência do STJ para o julgamento de recurso especial. Esta é uma distinção de grande relevância para o manejo, ou não, de reclamação como instrumento concomitante de controle e correção da inconstitucionalidade perpetrada em concreto em julgamento portador desse grave vício.

Independentemente da consideração sobre o cabimento concomitante da reclamação numa das hipóteses de julgamento de recurso especial mediante aplicação de norma constitucional, o certo é que, nas duas hipóteses anteriormente tratadas – o STJ julga REsp aplicando norma constitucional sem que se tenha agitado na origem essa questão constitucional, incidindo em violação do art. 105, III, da CF, ou o STJ julga REsp aplicando norma constitucional que constitui objeto de recurso extraordinário admitido e retido nos mesmos autos, incidindo em violação do art. 102, III, da CF – o acesso à instância extraordinária depende da estrita observância de procedimentos técnicos incontornáveis para tanto.

Em ambos os casos acima configurados, é de rigor que sejam interpostos embargos declaratórios prequestionadores das regras constitucionais de competência violadas, a teor da Súmula nº 356 do STF. Afinal, como ressabido, o prequestionamento é tido na jurisprudência do STF como requisito de natureza constitucional. Desta forma, os embargos declaratórios têm a finalidade de cumprir essa exigência indispensável à cognoscibilidade do recurso. E faz sentido porque, como exposto anteriormente, quando o STJ decide recurso especial mediante aplicação de norma constitucional, termina por violar, não a norma indevidamente aplicada, mas, vulnera a regra de competência. Logo, a questão constitucional é nova e surge com o julgamento do recurso especial.

Sobre a natureza constitucional do prequestionamento, extraído diretamente do art. 105, III, da Carta Magna, tem aplicação na hipótese acima examinada o aresto proferido no RE nº 208.775, Rel. Min. Moreira Alves, mediante o qual a 1ª Turma do STF deu provimento a recurso extraordinário interposto contra acórdão do STJ que conheceu de recurso especial, não obstante a patente falta de prequestionamento de seu fundamento, consoante se colhe de sua expressiva ementa:

> Recurso especial. Falta de prequestionamento.
> O acórdão recorrido violou, pelo menos, o artigo 105, III, *a*, ao decidir sobre questão que não fora prequestionada, por não ter sido ventilada pelo acórdão local, nem ter sido objeto de embargos de declaração nessa instância, o que, aliás, determinou que não fosse ela invocada no recurso especial.
> (BRASIL. Superior Tribunal Federal. Recurso Extraordinário nº 208.775, Primeira Turma. Relator: Min. Moreira Alves. Brasília, 18 de abril de 2000. **Diário de Justiça**: 19 maio 2000).

Pois bem. Essa é uma das hipóteses excepcionais de cabimento de recurso extraordinário em face de decisão proferida pelo STJ em recurso especial. Outra hipótese se consubstancia no julgamento, pelo STJ, de recurso especial mediante a consideração de norma constitucional. E outra hipótese envolve o julgamento, pela Corte Especial do Tribunal, de arguição incidental de inconstitucionalidade de dispositivo de lei federal debatido em recurso especial, *ex vi* dos arts. 200 do RISTJ, 480 a 482 do CPC de 1973 (948 a 950 do NCPC), 97 da CF e da Súmula Vinculante nº 10 do STF.

Neste passo, indagar-se-ia: e se o STJ, instado a se manifestar sobre as regras de competências por ele violadas, mediante embargos declaratórios interpostos com base na Súmula nº 356 do STF, perseverar na omissão? Essa matéria já foi controvertida no Supremo Tribunal Federal por muito tempo, mas terminou resolvida de forma diversa da orientação concebida pelo próprio STJ para a solução das omissões verificadas nos julgamentos das instâncias inferiores que lhe chegam a exame em sede de recursos especiais. Aqui, a omissão é resolvida por via de violação do art. 535, I e II, do CPC. Já no recurso extraordinário, por razões técnicas, isso não seria possível, porquanto não se poderia abrir a instância extraordinária, adstrita às questões de índole constitucional, pela invocação de violação de norma infraconstitucional relativa aos pressupostos e requisitos dos embargos declaratórios.

A propósito, é muito importante observar que, a partir do julgamento do RE nº 219.934-SP, Rel. Min. Octávio Gallotti, o Plenário da Suprema Corte uniformizou o entendimento do Tribunal no sentido de que, em caso de persistente omissão dos tribunais em se manifestar sobre o tema constitucional agitado em embargos de declaração, deve prevalecer a Súmula nº 356 do STF, com a inteligência que a ela deu a 1ª Turma do STF no aresto proferido no RE nº 210.638-SP, Rel. Min. Sepúlveda Pertence, em cuja ementa se consignou:

> RE: prequestionamento: Súmula 356. O que, a teor da Súm. 356, se reputa carente de prequestionamento é o ponto que, indevidamente omitido pelo acórdão, não foi objeto de embargos de declaração; mas, opostos esses, se, não obstante, se recusa o Tribunal a suprir a omissão, por entendê-la inexistente, nada mais se pode exigir da parte, permitindo-se-lhe, de logo, interpor recurso extraordinário sobre a matéria dos embargos de declaração e não sobre a recusa, no julgamento deles, de manifestação sobre ela.
> (BRASIL. Supremo Tribunal Federal. Recurso Extraordinário nº 210.638-SP, Primeira Turma. Relator: Min. Sepúlveda Pertence. Brasília: 14 de abril de 1998. **Diário de Justiça**: 19 jun. 1998).

É conferir o debate que então se estabeleceu no julgamento Plenário do referido RE n° 219.934-2/SP.

Em tema de conhecimento do RE, o eminente Relator começou por dizer que "[...] o prequestionamento do tema referente ao art. 37, II, foi eficazmente promovido por meio de embargos declaratórios, correspondentes a uma efetiva omissão, porquanto fomentado, nas razões de apelação esse aspecto, aliás fundamental, da controvérsia (Súmula 356)".

Tendo havido questionamento por parte do eminente Ministro Marco Aurélio sobre se não seria o caso de se ter "[...] argüido o defeito de procedimento, articulando a deficiência na entrega da prestação jurisdicional, a nulidade, no que não examinada uma certa matéria de defesa [...]" nos embargos declaratórios, ao invés de se dar, desde logo, pelo prequestionamento do tema suscitado, mas omitido pelo Tribunal de origem, respondeu o eminente Ministro Octavio

Gallotti, na qualidade de Relator:

> Sr. Presidente, o que fez o Estado de São Paulo foi observar a Súmula 356, ou seja, suscitou o Estado, nas razões de apelação, a questão da exigência do concurso público. Houve uma omissão efetiva do acórdão, que não examinou esta questão, e prequestionou embargos de declaração. Isso é o que está na Súmula 356, e nunca aquele procedimento de que, ao invés de interpor o recurso extraordinário, tenha que alegar a anulação do acórdão recorrido para voltar a matéria constitucional ao exame do Tribunal.
>
> Há um voto do Ministro Sepúlveda Pertence que explica muito bem essa questão: a Súmula 356 institui esses embargos declaratórios, chamados de prequestionamento, no pressuposto de que a parte deve fazer o que está a seu alcance para levar a questão constitucional ao Tribunal de origem, mas não pode obrigar os desembargadores a fazê-lo.

Esse foi o entendimento prevalecente, com destaque para o voto proferido pelo em. Min. Sepúlveda Pertence, que bem equacionou e solucionou a controvérsia:

> Sr. Presidente, a questão do prequestionamento mediante embargos de declaração vem dividindo a doutrina e, já agora, a jurisprudência.
>
> A opinião expendida pelo eminente Ministro Marco Aurélio é hoje jurisprudência pacífica no Superior Tribunal de Justiça, que a consagrou na Súmula 211/STJ ('inadmissível recurso especial quanto à questão que, a despeito da oposição de embargos declaratórios, não foi apreciada pelo Tribunal a quo') . E, na doutrina, a mesma tese veio a receber a defesa vigorosa de excelente monografia de um jurista do Paraná (J.M. Garcia Medina, O Prequestionamento nos Recursos Extraordinário e Especial, 2 ed., RT, 1999, p. 290).
>
> Analisei a questão a partir de acórdão da Segunda Turma, da lavra do Ministro Marco Aurélio, que consagrava o entendimento agora reiterado por S.Exa.: mantive-me, no entanto, fiel aos precedentes que embasaram a Súmula 356 conforme consignei na ementa do RE 210.638, julgado em 14 de abril de 1998, publicado no DJ de 19/06/98:
>
> 'EMENTA: 1. RE: prequestionamento: Súmula 356.
>
> O que, a teor da Súm. 356, se reputa carente de prequestionamento é o ponto que, indevidamente omitido pelo acórdão, não foi objeto de embargos de declaração; mas, opostos esses, se, não obstante, se recusa o Tribunal a suprir a omissão, por entendê—la inexistente, nada mais se pode exigir da parte, permitindo-se-lhe, de logo, interpor recurso extraordinário sobre a matéria dos embargos de declaração e não sobre a recusa, no julgamento deles, de manifestação sobre ela.'

Noto que, na egrégia Segunda Turma, que chegou a perfilhar a tese do Ministro Marco Aurélio, no entanto, no RE 208.639, após voto-vista do Ministro Nelson Jobim, transcrito no Informativo 157, a maioria também se alinhou ao mesmo entendimento da Primeira, de estrita fidelidade à Súmula. **É oportuno, assim, que o Plenário esteja, neste julgamento, a reafirmar a doutrina da Súmula 356".**

Daí porque, já uniformizada a jurisprudência do Tribunal sobre a matéria, a Primeira Turma do STF, ao julgar o RE nº 231.452-PR, Rel. o em. Min. Sepúlveda Pertence, assentou:

> **Recurso extraordinário: prequestionamento e embargos de declaração.**
> O Supremo Tribunal Federal tem reafirmado a sua jurisprudência -- já assentada na Súm. 356 --, no sentido de que, reagitada a questão constitucional não enfrentada pelo acórdão, mediante embargos de declaração, se tem por prequestionada a matéria, para viabilizar o recurso extraordinário, ainda que se recuse o Tribunal a *quo* a manifestar-se a respeito (**v.g.**, RE 210.638, 1ª T, 14.04.98, **Pertence,** DJ 19.6.98; RE 219.934, Pl, 14.06.00, **Gallotti,** DJ 16.2.01)" -- DJ de 24.09.04.[8]

Em conclusão, tem-se que:

(*i*) o Superior Tribunal de Justiça dispõe do contencioso constitucional pleno no exercício das competências inscritas no art. 105, I e II, da Constituição Federal;

(*ii*) o Superior Tribunal de

8 (BRASIL. Supremo Tribunal Federal. Recurso Extraordinário nº 231.452-PR, Primeira Turma. Relator: Min. Sepúlveda Pertence. Brasília, 31 de agosto de 2004. **Diário de Justiça**: 24 set. 2004). Registre-se que, conquanto desde então a Suprema Corte tenha uniformizado a sua jurisprudência sobre a matéria, na linha dessa síntese feita pelo eminente Ministro Sepúlveda Pertence no RE em referência, ainda assim tem havido equívocos no Tribunal acerca da matéria: assim veja-se que, ao negar seguimento ao RE nº 495.903-RO, o eminente Ministro Ricardo Lewandowski fundamentou a sua decisão monocrática dizendo -- "Como tem consignado o Tribunal, por meio da Súmula 282, é inadmissível o recurso extraordinário se a questão constitucional suscitada não tiver sido apreciada no acórdão recorrido, **situação que assim persistiu após a oposição de dois embargos de declaração**". Ora, a razão invocada para a negativa de seguimento do recurso se prestava, ao contrário do que ali decidido, exatamente para dele se conhecer, a teor da Súmula nº 356 do STF. Por isso mesmo, interposto agravo regimental em face daquela equivocada decisão, o eminente Relator se retratou para dar seguimento ao recurso extraordinário.

Justiça, no exercício da competência inscrita no art. 105, III, da Constituição Federal, só dispõe do contencioso constitucional na hipótese de arguição incidental de inconstitucionalidade de dispositivo da legislação federal debatido no recurso especial;

(*iii*) julgado procedente o incidente de inconstitucionalidade referido no item anterior, a parte prejudicada poderá ingressar com recurso extraordinário, observados obviamente os pressupostos e requisitos de admissibilidade do recurso;

(*iv*) cumprida a exigência do prequestionamento de questão constitucional nova surgida com o julgamento do REsp no STJ, seja com o expresso pronunciamento do Tribunal sobre a matéria, seja com sua omissão em considerá-la nos embargos declaratórios interpostos, recurso extraordinário pode ser interposto para a Suprema Corte, devendo a parte recorrente, obviamente, preencher os outros requisitos de admissibilidade do recurso, entre eles o da repercussão geral;

(*v*) se a violação da Constituição diretamente perpetrada pelo STJ no julgamento do recurso especial se relacionar com matéria que seja objeto de recurso extraordinário já admitido e retido nos mesmos autos, além de recurso extraordinário para o STF, também se admite, concomitantemente, o ajuizamento de reclamação constitucional como instrumento mais rápido e eficiente para fazer cessar o vício de inconstitucionalidade consubstanciado na usurpação da competência da Suprema Corte; e

(*vi*) nas hipóteses dos itens *iv* e *v*, supra, quando o Superior Tribunal de Justiça decide recurso especial com fundamento em norma constitucional, o recurso extraordinário se viabiliza desde que sejam prequestionadas como infringidas as regras de competência dos arts. 102, III e 105, III, da CF, mediante embargos declaratórios, porquanto naquelas hipóteses não é cabível a irresignação derradeira com fundamento na norma constitucional indevidamente aplicada pelo STJ fora do âmbito de sua competência recursal.

Por fim, destaque-se que a instituição do regime de fungibilidade entre o recurso especial e o recurso extraordinário nos arts. 1.032 e 1.033 do Novo Código de Processo

Civil em nada interfere nas conclusões acima expostas, porquanto nenhuma modificação se operou na sistemática de competências constitucionais estabelecida nos arts. 102, III, e 105, III, da Constituição Federal. Vale dizer, o STJ continua sem competência para julgar, em recurso especial, matéria constitucional, enquanto o STF continua sem competência para julgar, em recurso extraordinário, matéria infraconstitucional.

A alteração introduzida pelo novo Código de Processo Civil objetiva preencher uma lacuna existente no sistema em ordem a garantir não apenas o princípio da primazia do julgamento do mérito das ações (arts. 4º, 6º, 139, IX, 952, parágrafo único, 938, § 1º, e 1.029, § 3º), consagrado expressamente no novo ordenamento processual, mas a efetivação da justiça com a completude da prestação jurisdicional. De feito, muitas vezes o STJ deixava de conhecer de recurso especial ao fundamento de que a matéria debatida nos autos tinha conformação constitucional, determinando, então, a remessa dos autos ao STF que, também muitas vezes, não conhecia do recurso extraordinário ao fundamento de que a matéria em verdade era infraconstitucional.

Com efeito, a fungibilidade instituída no âmbito dos recursos de natureza extraordinária, nos termos dos arts. 1.032 e 1.033 do Novo Código de Processo Civil, em boa hora vem contribuir para o aperfeiçoamento da prestação jurisdicional na órbita cível, ainda que só aplicável aos recursos interpostos após a vigência do novo diploma processual civil, segundo o entendimento sufragado recentemente pelo Supremo Tribunal Federal no julgamento de embargos de declaração em recurso extraordinário, em que se proclamou não se aplicar a nova sistemática de fungibilidade "[...] a recursos extraordinários regidos pelo Código anterior, assim entendidos os que impugnam acórdão publicado antes de 18/3/2016, quando vigia a Lei 5.869/1973".[9]

9 BRASIL. Embargos Declaratórios no Recurso Extraordinário nº. 959.489-SP, Tribunal Pleno. Relator: Min. Teori Zavascki. Brasília, 16 de setembro de 2016. **Diário de Justiça**: 30 set. 2016

CONSTITUIÇÃO E DEMOCRACIA

JORGE MIRANDA

SUMÁRIO: **1.** Constituição. **1.1.** O constitucionalismo moderno. **1.2.** Da Constituição liberal às Constituições atuais. **1.3.** A pluralidade de Constituições materiais. 2. Democracia. **2.1.** Democracia e soberania do povo. **2.2.** O princípio representativo. **2.3.** O princípio representativo e os partidos políticos. **2.4.** O princípio da responsabilidade política. **2.5.** O princípio da separação de poderes. **2.6.** Algumas compreensões político-constitucionais. **3.** Democracia e Estado de Direito. **3.1.** Democracia representativa e Estado de Direito. **3.2.** O Estado democrático de Direito. **3.3.** O princípio da maioria. **3.4.** Democracia e justiça constitucional. **3.5.** Os valores da democracia.

1. CONSTITUIÇÃO

1.1. O CONSTITUCIONALISMO MODERNO

I – As **Leis Fundamentais**das monarquias anteriores aos séculos XVIII e XIX não regulavam senão muito esparsamente a atividades dos governantes e não traçavam com rigor as suas relações com os governados; eram difusas e vagas; vindas de longe, assentavam no costume e não estavam ou poucas estavam documentadas por escrito; apareciam como uma ordem suscetível de ser moldada à medida da evolução das sociedades.Não admira, por isso, que se revelassem inadaptadas ou insuportáveis ao iluminismo, ou que este as desejasse reconverter, e que as queixas acerca do seu desconhecimento e do seu desprezo – formuladas na Declaração de 1789 ou no preâmbulo da Constituição portuguesa de 1822 – servissem apenas para sossegar espíritos inquietos perante as revoluções liberais e para criticar os excessos do absolutismo.

Diferentemente, o constitucionalismo moderno – produto da ruptura histórica ocorrida no século XVIII nas ideias e nos factos, ou apenas nas ideias – tende a disciplinar toda a atividade dos governantes e todas as suas relações com os governados; declara uma vontade autónoma de refundação da ordem jurídica; e declarando-a, pretende abarcar todo o âmbito do Estado, através de normas adequadas aos fins assumidos por governantes e governados em cada época histórica.

Como sintetiza GEORGES BURDEAU, a Constituição aparece não já como um resultado, mas como um ponto de partida; já não é descritiva, mas criadora; a sua razão de ser não se encontra na sua vetustez, mas no seu significado jurídico; a sua força obrigatória decorre não do fatalismo histórico, mas da regra de direito que exprime[1].

II – O constitucionalismo moderno adota uma atitude voluntarista perante o Direito em geral e perante a Constituição em especial.

Vontade, porém, implica poder. Vontade de fazer ou refazer a Constituição implica poder constituinte. A Constituição, como ato de vontade, é também ato de poder. E, tomada ou não como um novo contrato social, torna-se incindível da coletividade.

Todavia, a Constituição moderna aspira a ser também produto da razão e serviço da razão. Coeva, no seu início, do jus-racionalismo e do iluminismo, a Constituição vai procurar, mais do que a institucionalização, a racionalização das relações políticas. Esta marca vai atravessar todos ou quase todos os regimes políticos e tipos constitucionais – liberais, do Estado social de Direito, marxistas-leninistas, fascistas – até aos nossos dias. Só os critérios variam consoante as ideologias e as estruturas do país de que se trate.

Decretada em certo momento, voltada para o futuro, esta Constituição teria sempre de revestir a forma de lei, de lei constitucional. E registra-se, com não menor evidência, como coincidem o triunfo da lei como fonte de Direito e o aparecimento da Constituição – e Constituição escrita. Lei significa emanação do Direito por obra da autoridade, lei constitucional emanação do Direito por obra da autoridade constituinte.

Eis então como elementos caraterizadores do constitucionalismo, independentemente das conceções de sucessivos e, por vezes, contrastantes regimes políticos:

a) A Constituição como **fundação** ou **refundação do ordenamento estatal**;

b) A Constituição como **sistematização racionalizadora**das normas es-

1 LECA, Jean. GRAWITZ, Madeleine. **Traité de Science Politique**: tomo IV. 2. ed. Paris : PUF, 1969, p. 23-24.

tatutárias do poder e da comunidade;

c) A Constituição como **lei**, como conjunto de normas de fonte legal, e não consuetudinária ou jurisprudencial – mesmo se, depois, acompanhadas de normas destas origens.

III – A estes elementos importa acrescentar a supremacia que a Constituição obtém em face de todos os atos e de todas as normas que surjam nesse ordenamento. Disso tem-se logo consciência aquando das Revoluções americana e francesa, por meio de contraposição entre **poder constituintee poderes constituídos.**Vale a pena recordar Hamilton e Sieyès.

III – A estes elementos importa acrescentar a supremacia que a Constituição obtém em face de todos os atos e de todas as normas que surjam nesse ordenamento. Disso tem-se logo consciência aquando das Revoluções americana e francesa, por meio de contraposição entre **poder constituinte** e **poderes constituídos.**Vale a pena recordar Hamilton e Sieyès.

Escreve Hamilton (1984):

> Nenhum ato legislativo contrário à Constituição pode ser válido. Negar isto seria como que sustentar que o procurador é maior que o mandante, que os representantes do povo são superiores a esse mesmo povo, que aqueles que agem em virtude de poderes concedidos podem fazer não só o que o que eles autorizam mas também aquilo que proíbem. O corpo legislativo não é o juiz constitucional das suas atribuições. Torna-se mais razoável admitir os tribunais como elementos colocados entre o povo e o corpo legislativo, a fim de manterem este dentro dos limites do seu poder. Portanto, a verificar-se uma inconciliável divergência entre a Constituição e uma lei deliberada pelo órgão legislativo, entre uma lei superior e uma lei inferior, tem de prevalecer a Constituição[2].

Por seu lado, Sieyès referindo-se às leis **constitucionais,**diz que elas são **fundamentais,**não porque possam tornar-se independentes da vontade nacional, mas porque os corpos que existem e atuam com base nelas não as podem afetar. "A Constituição não é obra do poder constituído, mas sim do poder constituinte. Nenhum poder delegado pode alterar as condições da sua delegação"[3].

---

2 HAMILTON, Alexander. **O Federalista.** Brasília: Universidade de Brasília, 1984, p. 574-575.

3 SIEYES, Emmanuel Joseph. **Qu'est-ce que le tiers Etat?**Paris (FRA): Du boucher, 1789. Na edição crítica de

Levadas às últimas consequências, estas afirmações equivaleriam a considerar a Constituição não apenas como **fundação** mas também como **fundamentação** do poder público e de toda a ordem jurídica. Porque é a Constituição que estabelece os poderes do Estado e que regula a formação das normas jurídicas estatais, todos os atos e normas do Estado têm de estar em relação positiva com as normas constitucionais, para participarem também eles da sua legitimidade; têm de ser conformes com estas normas para serem válidos.

No entanto, a ideia de Constituição como fonte originária, em termos lógico-jurídicos, do ordenamento estatal, como fundamento de validade das demais normas jurídicas e como repositório de normas diretamente invocáveis pelos cidadãos, não surgiu logo ou da mesma maneira em ambas as margens do Atlântico. Uma coisa é a verificação *a posteriori* que a doutrina possa fazer, outra coisa o processo histórico de formação dos imperativos normativos e dos correspondentes instrumentos conceituais.

Nos Estados Unidos, até porque a Constituição de 1787 foi o ato constitutivo da União, muito cedo se apercebeu que ela era também, por isso mesmo, a norma **fundamentadora** de todo o sistema jurídico. Daí o passo acabado de citar de HAMILTON – assim como, de certo modo, o art. VI, n.º 2, qualificando-a de **Direito supremo do País** – e daí o corolário retirado, a partir de 1803, pelo Supremo Tribunal de uma faculdade de apreciação da constitucionalidade das leis.

Já na Europa e na América Latina – onde as vicissitudes políticas e constitucionais viriam a ser muito menos lineares e mais complexas que nos Estados Unidos – o caminho para o reconhecimento de um verdadeiro e pleno primado da Constituição foi mais longo, por três razões principais: porque, tendo em conta o absolutismo precedente, toda a preocupação se reportava à reestruturação do poder político – em especial, do poder do Rei – porque prevalecia o entendimento da lei – ordinária – como expressão ou da razão ou da vontade geral; e porque não se quis ou não se pôde instituir senão no século XX formas de fiscalização jurisdicional da constitucionalidade.

Roberto Zappeni, Genebra, 1974, p. 180-181.

1.2. DA CONSTITUIÇÃO LIBERAL ÀS CONSTITUIÇÕES ATUAIS

I – O constitucionalismo moderno desponta, como se sabe, estreitamente ligado a certa ideia de Direito – a ideia de Direito liberal, de liberdade política e de limitação do poder.

O Estado só é Estado constitucional, só é Estado racionalmente constituído, para os doutrinários e políticos do constitucionalismo liberal, desde que os indivíduos usufruam de liberdade, segurança e propriedade e desde que o poder esteja distribuído por diversos órgãos. Ou, relendo o art. 16.º da Declaração de 1789, "*Qualquer sociedade em que não esteja assegurada a garantia dos direitos, nem estabelecida a separação dos poderes não tem Constituição*".

Em vez dos indivíduos estarem à mercê do soberano, eles agora possuem **direitos**contra ele, imprescritíveis e invioláveis. Em vez de um órgão único, o Rei, passa a haver outros órgãos, tais como Assembleia ou Parlamento, Ministros e Tribunais independentes – para que, como preconiza MONTESQUIEU, o poder trave o poder. Daí a necessidade duma Constituição desenvolvida e complexa: pois quando o poder é mero atributo do Rei e os indivíduos não são cidadãos, mas sim súbditos, não há grande necessidade de estabelecer em pormenor regras do poder; mas, quando o poder é decomposto em várias funções apelidadas de **poderes do Estado**, então é mister estabelecer certas regras para dizer quais são os órgãos a que competem essas funções, quais são as relações entre esses órgãos, qual o regime dos titulares dos órgãos, etc.

A ideia de Constituição é de uma garantia e, ainda mais, de uma direção da garantia. Para o constitucionalismo, o fim está na proteção que se conquista em favor dos indivíduos, dos homens e cidadãos, e a Constituição não passa de um meio para o atingir. O Estado constitucional é o que entrega à Constituição o prosseguir a salvaguarda da liberdade e dos direitos dos cidadãos, depositando as virtualidades de melhoramento na observância dos seus preceitos, por ela ser a primeira garantia desses direitos.

Mas, o constitucionalismo liberal tem ainda de buscar uma legitimidade que se contraponha à antiga legitimidade monárquica e ela só pode ser democrática, mesmo quando na prática e nas próprias leis constitucionais não se deduzam todos os corolários. A Constituição é então a auto-organização de um povo – de uma nação, na aceção revolucionária da palavra – o ato pelo qual um povo se obriga e obriga os seus representantes, o ato mais elevado de exercício da soberania – nacional ou popular, consoante o entendimento que se perfilhe.

II – No século XX o fenômeno constitucional iria sofrer duas vicissitudes decisivas: generalizar-se-ia, universalizar-se-ia; e, simultaneamente, perderia a sua referência – ou referência necessária – a um conteúdo liberal.

Por um lado, todos os regimes adotam uma Constituição – no sentido moderno – desde aqueles que, de uma maneira ou de outra, mantêm Constituições vindas de época anterior e os que consagram evolutivamente exigências sociais – o Estado social de Direito – até aos que pretendem instaurar-se de novo – o Estado marxista-leninista, o fascista e fascizante, o de fundamentalismo islâmico. E, do mesmo modo, todos os Estados que vão acedendo à comunidade internacional se dotam de Constituições como verdadeiros símbolos de soberania.

Deixa de considerar-se como padrões fundamentais da vida coletiva as liberdades individuais e a separação de poderes para, ou acrescentar-lhes direitos econômicos, sociais e culturais – o Estado social de Direito – ou para acolher diferentes sentidos da pessoa humana e do povo e diferentes tarefas do poder político – o Estado marxista-leninista, o fascista e fascizante e o de fundamentalismo islâmico. Mas, por toda a parte, persiste ou triunfa o desígnio de uma estruturação racionalizada e exaustiva do estatuto do Estado, a vontade de fazer da Constituição uma representação de como devem ser o poder e a comunidade política.

III – O contraste de projetos e de conteúdos, sobretudo ideológicos, das Constituições permite, e recomenda mesmo, algumas classificações.

Uma das mais representativas é a alvitrada por KARL LOEWENSTEIN e toma por critério «a análise ontológica da concordância das normas constitucionais com a realidade do processo do poder» e por ponto de apoio a tese de que uma Constituição é o que os detentores do poder dela fazem na prática – o que, por seu turno, depende, em larga medida, do meio social e político em que a Constituição deve ser aplicada.

Seguindo este critério, há Constituições **normativas, nominais e semânticas**. As primeiras são aquelas cujas normas dominam o processo político, aquelas em que o processo do poder se adapta às normas constitucionais e se lhes submete. As segundas são aquelas que não conseguem adaptar as suas normas à dinâmica do processo político, pelo que ficam sem realidade existencial. As terceiras são aquelas cuja realidade ontológica não é senão a formalização da situação do poder político existente em benefício exclusivo dos detentores de facto desse poder. Ao passo que as Constituições normativas limitam, efetivamente, o poder político e as Constituições nominais, embora não o limitem, ainda têm essa finalidade, as Constituições semânticas apenas servem para estabilizar e eternizar a intervenção dos dominadores de facto na comunidade[4].

Poderá, não sem razão, observar-se que a taxonomia constitucional de Loewenstein é elaborada em face de uma Constituição ideal, e não da imbricação dialética Constituição-realidade constitucional, pelo que acaba por ser uma classificação axiológica ligada à concordância entre Constituição normativa e democracia constitucional ocidental. Mas, não sem menos razão, poderá igualmente observar-se que ela vem pôr em relevo as diferentes funções da Constituição por referência àquilo que foi o modelo inicial da Constituição moderna – a Constituição limitativa e garantista liberal; assim como vem, por outro lado, ajudar a captar os diversos graus de efetividade de normas e institutos pertencentes a determinada Constituição.

Independentemente dos juízos de valor a formular sobre a realidade política e independentemente das funções que se reconheça exercerem, duma maneira ou doutra, todas as Constituições, é irrecusável que Constituições existem que se

4 LOEWENSTEIN, Karl. Reflections on the Value of Constitutions in our Revolutionary Age. In: ZURCHER, A. **Constitutions and Constitutional Tender after World War II**. Nova Iorque (EUA): [s. n], 1951, p. 191 et seq.

revelam **fundamento** – em concreto – da autoridade dos governantes e que outras se revelam, sobretudo, **instrumento** de que eles se munem para a sua ação; Constituições que consignam direitos e liberdades **fundamentais**perante ou contra o poder e Constituições que os funcionalizam aos objetivos do poder; Constituições que valem ou se impõem por si só e Constituições meramente **simbólicas**, na expressão de Marcelo Neves (1994)[5].

1.3. A PLURALIDADE DE CONSTITUIÇÕES MATERIAIS

I – De tudo quanto acaba de se aduzir resulta que o conteúdo da Constituição se relativiza e acusa variações consoante os regimes políticos. E a cada regime – ou seja, a cada conceção básica acerca da comunidade e do poder, dos fins que este prossegue e dos meios de que se serve – vai corresponder um determinado entendimento da Constituição em sentido material.

Consequentemente, a Constituição de qualquer Estado distingue-se da Constituição de outro Estado em razão do regime político que adota; assim como a mudança de regime político que nele ocorra determina uma mudança de Constituição – do desígnio que se lhe atribui, dos termos como enquadra a vida coletiva, dos direitos que garante ou deixa de garantir, da correspondente ordem económico-social.

II – Não é, de resto, só a respeito do regime político que esta pluralidade, simultânea ou sucessiva, de Constituições se apresenta. É também, desde logo, no tocante à forma de Estado e, depois, no tocante à forma de governo, ao sistema de governo e à forma institucional:

– forma de Estado ou modo de o Estado dispor o seu poder em face de outros poderes de igual natureza – com coordenação ou com subordinação – e quanto ao povo e ao território;

– forma de governo ou forma de a comunidade política organizar o seu poder e estabelecer a diferenciação entre governantes e governados;

– regime político ou resposta aos problemas de legitimidade, de liberdade, de participação e de unidade ou divisão de poderes;

– sistema de governo ou sistema de órgãos da função política e estatuto dos governantes;

– forma institucional ou expressão institucional e simbólica da representação ou da chefia do Estado.

5 NEVES, Marcelo. **A constitucionalização simbólica**. São Paulo: WMF Martins Fontes, 1994, p. 83 et seq.

São, obviamente, diversas, por exemplo, a Constituição de um Estado unitário e a de um Estado federal; a Constituição de um governo representativo e a de um governo jacobino; a de um regime liberal democrático e a de um regime autoritário ou totalitário; a de um sistema parlamentar e a de um sistema presidencial, a de uma monarquia e a de uma república.

Assim como, evidentemente, é diversa a Constituição de um Estado como Estado soberano da Constituição desse mesmo Estado enquanto reduzido a Estado membro de uma federação ou de união real; e vice-versa.

Eis escolhas básicas que se decidem em cada momento histórico.

III – À Constituição em sentido material, estatuto jurídico ou ordenação racionalizante e sistemática do Estado, pode corresponder historicamente um só conteúdo – como acontecia, na ótica do regime político, na era liberal – ou pode corresponder uma pluralidade de conteúdos – como vem sucedendo depois. E esse conteúdo em cada Estado e em cada tempo plasma-se em princípios jurídicos específicos, explícita ou implicitamente – os princípios que, abrangendo também a forma de Estado, a forma de governo, o sistema de governo e a forma institucional, no seu conjunto dão corpo a uma **Constituição material.**

Uma Constituição não se reduz, por certo, a esses princípios, a esses princípios fundamentais. Ela surge, aparentemente, como um somatório de preceitos. Porém, são esses princípios e outros com eles conexos que lhe conferem unidade, identidade e durabilidade, de acordo com um postulado elementar de coerência. Voltaremos a este tema adiante.

IV – **Constituição material** é, pois, o acervo de princípios fundamentais estruturantes e caraterizantes de cada Constituição em sentido material positivo; aquilo que lhe confere substância e identidade; a manifestação direta e imediata de uma ideia de Direito que prevalece em certo tempo e lugar – seja pelo consentimento, seja pela adesão passiva – a resultante primária do exercício do poder constituinte material; e, em democracia, a expressão máxima da vontade popular livremente formada.

Sem se fechar no seu instante inicial ou numa conformação estrita, a Constituição material vem a ser aquilo que permanece enquanto mudam os preceitos ou as regras através de sucessivas revisões ou por outras formas ou vicissitudes. Em dialética constante com as situações e os factos da vida política, econômica, social e cultural – com aquilo a que se vai chamando **realidade constitucional** – a necessidade da sua permanência torna-se requisito de segurança jurídica.

Os preceitos ou as regras mudam; os princípios – mesmo se não imunes à evolução e a variações de sentido dentro do seu âmbito imanente – não podem ser afetados. Passar de uns princípios a outros – dos princípios respeitantes à forma de Estado, ou ao regime, ou à forma de governo, ou ao sistema de governo, ou à forma institucional – significaria passar de uma Constituição a outra.

Por isso, tem sido frequente as próprias Constituições, logo no início dos seus textos ou, quando existem, em cláusulas pétreas de limites materiais de revisão, sintetizarem os princípios que dão o seu cerne material. É o que se verifica na atual Constituição portuguesa nos seus arts. 1º, 2º e no art. 288 ou na Constituição brasileira, no art. 1º e no art. 60º, § 4º.

2. DEMOCRACIA

2.1. DEMOCRACIA E SOBERANIA DO POVO

I – Por democracia entende-se a forma de governo em que o poder é atribuído ao povo, à totalidade dos cidadãos – quer dizer dos membros da comunidade política – e em que é exercido de harmonia com a vontade expressa pelo povo, nos termos constitucionalmente prescritos.

Não é simples titularidade do poder no povo ou reconhecimento ao povo da origem ou da base da soberania. Não basta declarar que o poder em abstrato pertence ao povo ou que já lhe pertenceu num momento pretérito e que ele o exerceu de uma vez para sempre – donde uma legitimidade de tipo democrático. Nem que o poder constituinte, a aprovação da Constituição positiva, compete ao povo, ficando os poderes constituídos para os governantes.

Democracia exige exercício do poder pelo povo, pelos cidadãos, em conjunto com os governantes e esse exercício deve ser atual, e não potencial, deve traduzir a capacidade dos cidadãos de formarem uma vontade política autónoma. Mais:

democracia significa que a vontade do povo, quando manifestada nas formas constitucionais, deve ser o critério de ação dos governantes[6].

II – Numa análise puramente normativa, sem dúvida o poder, a soberania não pode ser senão um poder do Estado, tal como – mas por maioria de razão – o povo e o território só são povo e território dentro do Estado. O poder não se identifica com o Estado, mas somente o Estado tem poder ou soberania – soberania pessoal e soberania territorial.

A doutrina clássica alemã da soberania do Estado continua válida, desde que assim entendida: a soberania é do Estado como entidade jurídica global e complexa, e não dos órgãos do Estado, nem dos titulares dos órgãos, nem do povo, porque ligá-la aos órgãos – meros centros institucionalizados de formação da vontade – ou aos governantes ou aos governados – indivíduos atomisticamente considerados – significaria fracioná-la em visão unilateral.

Se se conceber o Estado como sujeito de direito, como pessoa coletiva de Direito interno e de Direito internacional, melhor se apreenderá ainda esta inserção da soberania na sua estrutura.

Olhando para o Direito interno, a soberania surge como um feixe de faculdades ou direitos que o Estado exerce relativamente a todos os indivíduos e a todas as pessoas coletivas de Direito público e privado existentes dentro do seu ordenamento jurídico. A definição das condições dessas pessoas, a atribuição da capacidade de direitos, a imposição de deveres e de sujeições, eis então algumas das manifestações do poder político.

O povo não é, porém, objeto da soberania. Configurado o Estado como pessoa coletiva, o povo ou coletividade de cidadãos tem de ser, antes, o substrato de tal pessoa jurídica. Apenas cada indivíduo ou cada uma das instituições em que os indivíduos se incorporam podem ser objeto de direitos compreendidos na soberania ou, mais rigorosamente, sujeitos de relações jurídicas com o Estado.

Algo de análogo se passa na ordem externa. Soberania aqui

---

6 Sobre toda esta matéria, ver MIRANDA, Jorge. **Manual de Direito Constitucional**. Coimbra (POR): Coimbra Editora, 2007. v. VII, p. 59 et seq. e Autores citados.

equivale à própria subjetividade ou personalidade de Direito Internacional do Estado ou à capacidade plena de gozo e de exercícios dos direitos conferidos pelas normas internacionais. Um Estado diz-se soberano, como se sabe, quando pode manter relações jurídico-internacionais ou, em sentido mais restrito, quando tem a totalidade daqueles direitos e, assim, participa em igualdade com os demais Estados na comunidade internacional.

III – O que acaba de ser recordado não esgota o exame do poder no Estado, porquanto logo se vê que é imprescindível definir as posições relativas dos governantes e do povo perante ele.

O ponto de clivagem fundamental de todas as formas de governo está nisto – ouos governantes – certo ou certos indivíduos – governam em nome próprio, por virtude de um direito que a Constituição lhes reserva, sem nenhuma interferência dos restantes cidadãos na sua escolha ou nos seus atos de governantes, ou os governantes governam em nome do povo, por virtude de uma investidura que a Constituição estabelece a partir do povo, e o povo tem a possibilidade de manifestar uma vontade jurídica e politicamente eficaz sobre eles e sobre a atividade que conduzem.

No primeiro caso, estamos diante de autocracia – com diferentes concretizações históricas, a que correspondem também diversas formas de governo. No segundo caso, diante da democracia.

Poderá talvez atalhar-se que esta distinção não deixa de ser excessivamente formal. A objeção, porém, não procede, pois para qualificar qualquer regime político não basta ler as proclamações constitucionais, importa confrontá-las com as consequências que o Direito, decretado e vivido, extrai das mesmas; e, se se recorrer a uma investigação interdisciplinar para se procurar o suporte real do poder – Chefe do Estado, Parlamento, Executivo, órgãos formais ou partidos, governantes ou classes dominantes etc – haverá sempre aí que concluir pela coincidência ou não do efetivo exercício do poder com o título jurídico da sua atribuição ou não ao povo.

IV – Para designar o princípio democrático, a Revolução Francesa cunhou as locuções "soberania do povo" e "soberania nacional", as quais persistem ainda em numerosas

Constituições, na linguagem doutrinal e no contraditório político.

Trata-se de uma réplica ou de uma importação do conceito desoberania do príncipe ostentado pelas monarquias absolutas. A ideia de que os reis eram soberanos nos seus Estados, de que não deviam obediência a ninguém, de que eram até superiores a todas as leis, substituiu-se a ideia de que o povo era o único soberano, de que toda a autoridade dele dimanava e que a lei devia ser a expressão da sua vontade. Ao direito divino dos reis sucederia o direito divino dos povos.

Com efeito, se a certa altura, no moderno Estado europeu, se pôde afirmar que os reis eram soberanos foi apenas porque eram os órgãos únicos ou supremos de Estados, que já não dependiam do Papa ou do Sacro Império, nem se compadeciam com autoridades feudais. É sabido que, aproveitando a identificação entre poder central e poder real, os teóricos do absolutismo dos séculos XVI a XVIII quiseram ir mais além e afirmar uma soberania sem limites jurídicos. Mas, isso não era mais que um desvio, de que nem sempre se aperceberam os políticos e juristas quando supuseram transferir a soberania dos governantes para o povo.

Por isso, não pode entender-se, apesar da apontada transposição, que a soberania do povo deva ser ilimitada, sob pena de se abrir a porta à democracia absoluta. Pois esta, nas suas principais concretizações conhecidas – jacobina, cesarista e soviética – encontra-se nos antípodas dos princípios enformadores da democracia representativa por ser tão negadora como a monarquia absoluta das liberdades individuais e institucionais e tão contrária como ela aos processos jurídicos de limitação do poder político que o constitucionalismo se esforçou por instituir.

Por outro lado, tomar a soberania do povo no sentido de supremacia do povo no Estado tem de ser entendido em termos hábeis. Se tal supremacia significa a necessidade dos governantes serem da confiança política do povo que os elege e se significa mesmo que ao povo incumbe – ou deve incumbir – o poder de tomar certas decisões através de eleição ou referendo, nenhuma objeção há a fazer. Se soberania ou supremacia do povo significa, porém, superintendência sobre os governantes e continua subordinação destes às injunções dos eleitores, então ela é desmentida pelas instituições e pela prática da democracia representativa que, rejeitando o mandato imperativo e procurando assegurar um mínimo de estabilidade governativa, impede os cidadãos de determinar – salvo em caso de referendo – atos em concreto dos governantes.

2.2. O PRINCÍPIO REPRESENTATIVO

I – Não há representação política, quando – para empregar uma expressão de Carl Schmitt[7] – se verifica identidade – seja em monarquia – pura – seja em democracia direta – entre os titulares do poder e os governantes, quando os governados tendem a ser, simultaneamente, governantes ou quando a divisão entre governantes e governados se põe ao nível da distinção dos destinatários de normas jurídicas e não ao nível de uma distinção funcional.

Pelo contrário, representação postula inidentidade e, depois, relação. Ela redunda num fenómeno de relação e de comunicação: para que os governantes apareçam como representantes dos governados tem de haver essa distinção e essa relação.

Para se analisar o seu conceito há que distinguir entre representação do Estado e representação do povo; entre representação de grupos existentes por si e representação de toda a coletividade; entre representação gerada por um ato de vontade e representação decorrente de um facto jurídico ou *ope legis*. Só é representação política em sentido restrito e próprio a representação do povo, e do povo todo, fundada num ato de vontade – a eleição – e destinada a institucionalizar, com variável amplitude, a sua participação no poder.

II – Em primeiro lugar, na representação política não se cuida da representação do Estado:

> *a*) Nem como expressão ou símbolo da unidade do Estado – pois nesse sentido todo o governante representa o Estado e haveria tanto mais representação quanto menor fosse a participação do povo e maior a concentração de poderes num único governante;
>
> *b*) Nem como essência dos seus órgãos – pois o órgão não representa o Estado, é um elemento do Estado,

7 SCHMITT, Carl. **Teoria de la Constitución**. Alianza (PER): Alianza Universidad Textos, 1996, p. 236 et seq.

e os atos que pratica são-lhe diretamente imputados sem distinção de esferas jurídicas;

c) Nem como função ou competência cometida pelo Direito positivo a certos órgãos em relações jurídicas em que o Estado intervenha – como o *jus raepresentationis omnimodae* conferido pelo Direito internacional comum – aos Reis e aos Presidentes da República.

Cuida-se, sim, da representação do povo enquanto modo de tornar o povo – ou o conjunto dos governados – presente no exercício do poder através de quem ele escolha ou de quem tenha a sua confiança. A representação política é o modo do povo, titular do poder, agir ou reagir relativamente aos governantes.

III – Em segundo lugar, representação política implica consideração unitária do povo e realização de fins e interesses públicos – com relevância ou não de outros interesses que realmente existam na sociedade, muitas vezes em conflito. As pessoas nela investidas representam toda a coletividade e não apenas quem as tenha designado – é o princípio explicitado, em Portugal, no art. 152.º, n.º 2, da Constituição.

Mais ainda: não é só cada parlamentar que representa todo o povo, nem são todos os parlamentares que representam cada cidadão; são *todos* os parlamentares que representam todo o *povo* (e daí o art. 147.º, ainda da Constituição portuguesa, ao definir a Assembleia da República como a assembleia representativa de todos os cidadãos portugueses). Se assim não fosse, eles não poderiam deliberar sobre os assuntos do Estado.

Compreende-se, deste jeito, que tenha de se excluir do seu âmbito a representação estamental ou de **estados**, vestígio da desagregação medieval da sociedade política; que a doutrina da soberania popular ou fracionada de Rousseau não se compadeça com o sistema representativo; que seja proibido o mandato imperativo; e que a mera representação de interesses, à imagem de uma noção orgânica ou corporativa de povo, só possa aproveitar-se para a constituição de órgãos consultivos, e não para a de órgãos deliberativos do Estado.

Ora, não serão contraditórios com esta ideia de unidade a divisão do território eleitoral em círculos ou distritos, as eleições parciais a meio da legislatura em sistemas de círculos uninominais – previstos em alguns países – e os sistemas de representação proporcional? Não: os círculos ou distritos eleitorais, para lá de expedientes de ordem técnica, servem para personalizar as escolhas dos eleitores e neles existe – ou deve existir, por imperativo da igualdade – uma proporção entre o número de eleitores inscritos e o número de representantes a eleger; as eleições parciais destinam-se a completar a composição efetiva dos Parlamentos em caso de vagas; e a representação proporcional se espelha a divisão de posições partidárias, assume, do mesmo passo, um papel integrador dentro do contraditório político.

IV – Em terceiro lugar, não há representação política sem eleição, ato jurídico ou feixe de atos jurídicos. Contudo, a inversa não é verdadeira: *v. g.*, além das monarquias eletivas, a eleição de juízes de Tribunais Constitucionais ou de titulares de outros órgãos independentes pelo Parlamento (arts. 163, alíneas **h** e **i**, e 222, n.º 1, da Constituição portuguesa).

O elemento volitivo patente na eleição habilita então a falar num mandato, na medida em que são os eleitores que, escolhendo este e não aquele candidato, aderindo a este e não àquele programa, constituindo esta e não aquela maioria de governo, dinamizam a competência constitucional dos órgãos e dão sentido à atividade dos seus titulares – apesar de não lhes poderem definir o objeto.

Um mandato, porém, de Direito público, inassimilável ao mandato de Direito privado. Pois a representação política é uma espécie de representação necessária imposta por lei, ao passo que o mandato representativo civil pressupõe representação voluntária. Nem há transferência de poderes: os representantes eleitos são simples titulares de órgão com competências constitucionalmente prescritas – se bem que uma Constituição democrática seja, direta ou indiretamente, obra do povo e, assim, os poderes dos representantes provenham do povo.

Como escreve Giovanni Sartori (1976), é verdade que na representação política não há *contemplatio domini*, mas há uma *contemplatio electionis* que faz as suas vezes. É verdade que o mandato de deputado não é revogável à vontade pelos seus representados, mas a sua irrevogabilidade não é inamovibilidade e deve considerar-se que, para efeito prático, eleições periódicas correspondem – na expressão de Carré de Malberg – a uma **faculdade intermitente de revogação**. É verdade que não há modo de obrigar o representante a ajustar-se ao cargo recebido, mas seria mais exato dizer que a diferença vale *pro tempore* e que a ausência de obrigação direta e formal consegue tão somente impedir a instauração de uma submissão indireta e substancial[8].

Diferente da representação política é a **representação institucional**, em que a investidura nos cargos políticos se faria mediante índices reveladores da capacidade de captar a vontade e os interesses da coletividade; por inerência, por cooptação ou por sucessão hereditária – assim, o art. 11º da Constituição imperial brasileira der 1824, o art. 12.º da Carta Constitucional portuguesa de 1826 ao declararem o Imperador e o Rei **representante da Nação**.

Mas a representação institucional, se pode ser adequado meio de expressão de determinadas instituições – *v. g.*, a família, as confissões religiosas, certas instituições culturais, as Forças Armadas – e se pode bem articular-se com a **representação de interesses**, nunca cobre toda a riqueza da vida política, nem sequer a das instituições sociais; e revela-se completamente inidónea para a formação de tendências e aspirações gerais e para a tomada de qualquer decisão obrigatória para toda a coletividade. Um Estado corporativo – como pretendeu ser, sem nunca conseguir – o da Constituição portuguesa de 1933 – seria antagónico de um Estado democrático representativo.

8 SARTORI, Giovanni. **Parties and Party systems**. Cambridge (ING): Cambridge University Press, 1976, p. 84.

2.3. O PRINCÍPIO REPRESENTATIVO E OS PARTIDOS POLÍTICOS

I – O peso dos partidos na vida pública reflete-se necessariamente sobre os mecanismos representativos.

Uma tese radical tenderia a afirmar que a representação política se converteu em representação partidária, que o mandato verdadeiramente é conferido aos partidos e não aos parlamentares e que os sujeitos da ação parlamentar acabam por ser não os parlamentares, mas os partidos ou quem aja em nome destes. Por conseguinte, deveriam ser os órgãos dos partidos a estabelecer as posições a adotar pelos deputados, sujeitos estes a uma obrigação de fidelidade.

Esta concessão levada às últimas consequências – com os diretórios, as comissões políticas ou os secretariados exteriores ao Parlamento a impor aos deputados e aos senadores o sentido do voto ou, no limite, a impor a suspensão ou a cessação do seu mandato – transformaria a assembleia política em câmara corporativa de partidos e retirar-lhe-ia a própria qualidade de órgão de soberania, por afinal deixar de ter capacidade de livre decisão. Se a democracia assenta na liberdade política e na participação, como admitir que em seus órgãos mais expressivos, os Parlamentos, os deputados e senadores ficassem privados de uma e outra coisa?

Estaria ainda bem patente a preterição da igualdade política dos cidadãos. Pois só os que fossem filiados em partidos poderiam – admitindo democraticidade interna – interferir, através dos respetivos órgãos, na condução das atividades parlamentares. Os outros cidadãos teriam o sufrágio reduzido a uma espécie de contrato de adesão.

O entendimento mais correto, dentro do espírito do sistema, parece dever ser outro. A representação política hoje não pode deixar de estar ligada aos partidos, mas não converte os deputados e senadores em meros porta-vozes dos seus aparelhos. Pode-se dizer que o mandato parlamentar é – salvo em situações marginais – conferido tanto aos deputados e como aos senadores como aos partidos.Não é aceitável substituir a representação dos eleitores através dos eleitos pela representação através dos dirigentes partidários, seja qual for o modo por que estes sejam escolhidos.

Dando como certo o carácter bivalente da representação política, importa procurar o enlace, o ponto de encontro específico de partidos e parlamentares. E esse enlace não pode ser senão o que oferecem os grupos parlamentares como conjuntos dos deputados e senadores eleitos pelos diversos partidos. São os grupos parlamentares ou bancadas que exercem as faculdades de que depende a atuação dos partidos nas assembleias políticas e só eles têm legitimidade democrática para deliberar sobre o sentido do seu exercício, não quaisquer outras instâncias ou centros de decisão extraparlamentares. E por aqui se afastam quer uma pura conceção individualista, vendo o deputado ou o senador isolado ou desinserido de uma estrutura coletiva, quer uma pura conceção partitocrática em que os aparelhos ou **as bases** se sobrepusessem aos parlamentares e aos seus eleitores.

Nem se excluem, assim, os corolários mais importantes do regime de eleição mediatizada pelos partidos, designadamente quanto à disciplina de voto ou à perda de mandato do deputado ou senador que mudar de partido. Pelo contrário, eles ficam vistos à sua verdadeira luz, a qual, em sistema democrático, só pode ser a da liberdade e da responsabilidade políticas. Pois, se os grupos parlamentares ou as bancadas implicam uma avançada institucionalização dos partidos, são, ao mesmo tempo um anteparo ou um reduto da autonomia individual e coletiva dos deputados e senadores – dos deputados e senadores que, por serem eles a deliberar, mais obrigados ficam a votar, pelo menos nas questões políticas principais – subsistência do Governo, orçamento, leis e tratados mais importantes – conforme a maioria se pronunciou e a objeção de consciência só se justifica no limite.

Daí também a mais que duvidosa validade jurídica do voto de deputados e senadores seguindo o seu partido e fazendo, ao mesmo tempo, declarações de voto, oral ou escrita, a justificar a posição diferente que prefeririam ter assumido.

2.4. O PRINCÍPIO DA RESPONSABILIDADE POLÍTICA

I – A representação política implica a responsabilidade política, ou seja, o dever de prestar contas por parte dos governantes, a sujeição a um juízo de mérito sobre os seus atos e atividades por parte dos governados e a possibilidade da sua substituição por ato destes.

Na democracia direta não existe este mecanismo. Por outro lado, a diferença entre a eleição em sistema representativo e a eleição à sua margem está em que, nesta, os eleitos são independentes dos eleitores e até lhes podem ser considerados ou ficar superiores – como sucedia nas antigas monarquias eletivas e sucede com o Papa em relação ao colégio dos cardeais.

II – Trata-se, antes de mais nada, de uma responsabilidade **difusa**. O Presidente da República, os senadores e os deputados representam todo o povo; logo, respondem perante todo o povo, e não apenas perante quem neles votou ou perante quem os elegeu, nos diferentes círculos ou distritos.

Nisto se distingue da outra forma de responsabilidade política, a responsabilidade **inter-orgânica** ou responsabilidade-fiscalização, que é aquela que se verifica do Governo perante o Parlamento ou perante o Presidente da República, conforme os diferentes sistemas políticos, e que tem como consequência, se efetivada, a demissão ou a cessação de funções.

Responsabilidade difusa, aliás, porque realizada:

a) Através da crítica dos cidadãos no exercício das liberdades fundamentais – em especial, de expressão e de manifestação – o que pressupõe o direito de eles serem esclarecidos objetivamente sobre os atos do Estado e demais entidades públicas e de serem informados pelo Governo e outras autoridades acerca da gestão dos assuntos públicos – art. 48.º, n.º 2, da Constituição portuguesa;

b) Através das eleições no final dos mandatos, *maxime* através de não reeleição ou não recondução ou da não eleição de candidatos que apareçam identificados com os titulares cessantes;

c) Através de eleições para outros órgãos – *v. g.*, de municípios – com significado político relevante.

E, como sublinha Antonio d'Atena (1996), o intervalo entre os atos eleitorais introduz um elemento de racionalização. Limitar a decisão do povo às escolhas periódicas dos representantes significa criar condições para a apreciação dos seus atos menos emotivamente e para que o juízo popular tenha por objeto não tanto cada uma das decisões quanto a complexa atividade por eles desenvolvida ao longo do tempo[9].

Por isso, a revogação popular do mandato adotada em alguns Estados e Municípios dos Estados Unidos (*recall*), em alguns cantões suíços ou nas Constituições de Weimar, da Áustria e da Venezuela deve ter-se por excecional; só o não era, porventura, em Constituições marxistas-leninistas estranhas ao

9 D'Atena, Antonio. Il principio democratico nel sistema dei principi costituzionali. In: MIRANDA, Jorge (org.). **Perspectivas constitucionais**: nos anos da Constituição de 1976. Coimbra (POR): Coimbra Editora, 1996, v. I, p. 443.

princípio representativo – como no art. 65.º da atual Constituição cubana.

III – A responsabilidade política dos titulares de cargos políticos, especialmente dos titulares de cargos políticos executivos, pode assumir contornos de responsabilidade objetiva, na medida em que eles devem igualmente ser considerados solidariamente responsáveis por ações ou omissões graves dos seus subordinados imediatos que afetem o interesse público.

Então, por um princípio de ética, pode vir a impor-se a sua demissão, a sua destituição ou a sua renúncia, consoante os casos.

IV – Mas a responsabilidade política é também uma responsabilidade institucional, quando manifestada através dos poderes e direitos da Oposição, decorrente do exercício coletivo ou em comum daquelas liberdades fundamentais e exigida pela necessidade de se formularem alternativas e alternâncias.

A livre atividade da Oposição individualiza os sistemas políticos pluralistas: aqui, a maioria deve governar e a minoria deve estar na oposição – entendida como fiscalização pública dos atos dos governantes – e, portanto, a Oposição não é de cidadãos individualmente considerados, mas sim a de aglutinados em partidos políticos.

V – Em última análise, responsabilidade política não se destina apenas a corrigir ou sancionar, em nome de princípios e fins prévia e imutavelmente aceites, a atividade governativa desenvolvida até certo momento. Todos os meios de efetivar a responsabilidade, *maxime* as eleições gerais, servem tanto para o povo avaliar o exercício do mandato dos governantes cessantes como para traçar um novo rumo para o futuro.

Também o povo é livre na responsabilização dos governantes.

2.5. O PRINCÍPIO DA SEPARAÇÃO DE PODERES

I – O governo representativo está, por natureza, vinculado ao princípio da separação de poderes. Em primeiro lugar, pela separação entre o exercício do poder pelo povo através das eleições e o exercício do poder pelos governantes – disso tiveram consciência logo os autores liberais, preocupados com a garantia das liberdades. Depois, pela necessidade de equilíbrio entre os órgãos eletivos.

Justifica-se recordar as implicações básicas do princípio:

> *a*) Pluralidade de órgãos de função política, cada qual com competência própria – incluindo de auto-organização – e não podendo nenhum ter outra competência além da fixada pela norma jurídica;
>
> *b*) Primado de competência legislativa do Parlamento enquanto assembleia representativa, de composição pluralista e com procedimento contraditório e público;
>
> *c*) Independência dos tribunais, com reserva de jurisdição;
>
> *d*) Criação de mecanismos de fiscalização ou de controlo interorgânico – e intraorgânico – sejam de mérito ou de legalidade e constitucionalidade;
>
> *e*) Divisão pessoal de poder, através de incompatibilidades de cargos públicos;
>
> *f*) Divisão temporal, através da fixação do tempo de exercício dos cargos e de limitações à sua renovação, e divisão político-temporal, por meio da previsão de durações diferentes dos mandatos e de não acumulação das datas das eleições dos titulares de órgãos representativos;
>
> *g*) Divisão territorial ou vertical, através do federalismo ou do regionalismo político e da descentralização administrativa local;
>
> *h*) Divisão funcional através da descentralização administrativa institucional (associações e fundações públicas, institutos públicos, universidades públicas).

Por outro lado, está aí uma dimensão **positiva** e uma dimensão **negativa**, de controle e limitação de poder, no fundo em correspondência com a *faculté de statuer* e a *faculté d'empêcher* de Montesquieu[10]. Donde, a necessidade de um núcleo essencial de competência de cada órgão, apurado a partir da adequação da sua estrutura ao tipo ou à natureza de competência de que se cuida.

II – Ainda na perspectiva da separação de poderes, cabe considerar a relação entre partidos políticos e referendo[11].

O referendo apenas faz sentido – tomado como instituto de propulsão, de correção ou de legitimação de decisões parlamentares – quando nele os cidadãos se sintam plenamente livres de opções e constrangimentos partidários, quando votem só motivados pela sua maneira individual de pensar, integra-

10 Recorde-se sempre e releia-se sempre o capítulo VI do livro XI de De l'esprit des lois, 1748.

11 Sobre o referendo em geral, ver MIRANDA, op. cit., p. 26 et seq.

dos ou não em movimentos cívicos de intervenção. Se o resultado referendário tivesse de redundar em mera reprodução das maiorias parlamentares, perderia autenticidade ou sentido.

Em contrapartida, pela mesma razão, o referendo não deveria incidir sobre questões inerentes a um programa de Governo ou de cuja resolução dependesse a subsistência do Governo. Senão, a não ser assim, um Governo derrotado em votação popular teria de pedir a demissão ou o Parlamento teria de ser dissolvido.

O Direito português assegura a grupos de cidadãos a participação nas campanhas referendárias com os adequados direitos de propaganda. Os partidos não ficam excluídos, mas deveriam aceitar autocontenção e, em nenhum caso, deveriam instrumentalizar esses grupos.

III – Negado em tese e, sobretudo, na prática pelo regime da Constituição de 1933, o princípio da separação de poderes ressurge na Constituição de 1976 com toda a nitidez e com as particularidades decorrentes quer da evolução dos tempos quer das exigências da realidade portuguesa. Não se fala, ao contrário do que sucedia nas Constituições liberais, em **Poderes do Estado**. Fala-se em **separação e interdependência dos órgãos de soberania**(arts. 111, nº 1, e 288, alínea j ou em **separação e interdependência de poderes** (no art. 2º, após 1997).

Já no Brasil, continua a distinguir-se o Poder Legislativo, o Poder Executivo e o Poder Judiciário. Todavia, também não numa postura como a do século XIX.

2.6. ALGUMAS COMPREENSÕES POLÍTICO-CONSTITUCIONAIS

Importa referir – só referir – algumas das visões explicativas, e também prescritivas, do cerne da democracia moderna à luz das respetivas compreensões filosóficas e teóricas: as de Kelsen, Rudolph Laun, Joseph Schumper, Friedrich A. Hayek, Alf Ross, Robert A. Dahl, Karl Popper, Norberto Bobbio, Jürgen Habermas e Gustavo Zagrebelsky[12].

Para Kelsen (1920), a ideia de liberdade é o núcleo da democracia.

---

12 Ver outros Autores indicados em MIRANDA, op. cit., p. 92-93, nota.

A igualdade entra também, mas de maneira negativa, formal e secundária: cada um deve ser o mais livre possível, logo todos devem-no ser igualmente; cada um deve participar na formação da vontade geral, logo todos devem participar de forma igual. E existe uma relação entre a posição metafísico-absolutista do mundo e a autocracia e entre a posição crítico-relativista e a democracia[13].

Laun (1933),define a democracia como o Estado cuja Constituição positiva não repousa sobre direitos suprapositivos que possuam determinadas pessoas ou determinados grupos de pessoas à competência da soberania ou a uma parte da competência da soberania. A democracia é um Estado livre de direitos dogmáticos de domínio[14].

Segundo Schumpeter (1972), o método democrático é o sistema institucional conducente a decisões políticas, no qual os indivíduos adquirem o poder de estatuir sobre essas decisões na sequência de uma luta concorrencial tendo por objeto os votos do povo[15].

Para Hayek (1978), a democracia é um meio mais do que um fim – um meio de mudança pacífica de poder e de salvaguarda da liberdade individual. E a sua vantagem principal não radica no método de selecionar os governantes, mas em que, com a participação ativa de uma grande parte da população na formação da opinião, se amplia o número de pessoas com capacidade para serem eleitas[16].

Para Alf Ross (1952), o tipo ideal de democracia corresponde à forma de governo em que as funções políticas são exercidas pelo povo com um máximo de intensidade, efetividade e latitude, de acordo com os métodos parlamentares[17].

Robert A. Dahl (1989),liga a democracia às ideias de igualdade,

---

13 KELSEN, Hans. **La démocratie**: sa nature, sa valeur. Paris (FRA): Dalloz, 2004, p. 104, 111.

14 LAUN, Rodolphe. **La démocratie**: essai sociologique, juridique e de politique morale. Paris (FRA): Delagrave, 1933, p. 133.

15 SCHUMPETER, Joseph. **Capitalisme, Socialiesme et Démocratie.** Paris (FRA): Payot, 1972, p. 354 et seq.

16 HAYEK, F.A. **La Constitución de la Libertad**, 3. ed. Madri (ESP): Editorial Union, 1978, p. 144 et seq.

17 ROSS, Alf. **Why Democracy?** Massachussets (EUA): Harvard University Press, 1952, p. 96.

autodeterminação, racionalidade e maximização das vantagens para os elementos de comunidade política. A democracia atual, de larga escala, surge como poliarquia ou conjunto de instituições indissociáveis da extensão da cidadania e da capacidade de os cidadãos se oporem aos titulares dos cargos políticos e de os afastarem pelo voto[18].

Por sua vez, Karl Popper (1990), contrapõe àquilo a que chama a teoria clássica da democracia uma teoria realista. Ela há-de ser o sistema em que os governantes podem ser afastados do poder sem violência, pacificamente, através do voto da maioria[19].

Bobbio (1990),sustenta que a democracia é a forma de governo em que vigoram regras gerais – as chamadas regras de jogo – que permitem aos cidadãos – como jogadores – resolver, sem recorrer à violência, os conflitos que nascem inevitavelmente numa sociedade em que se formam grupos cujos valores e interesses são contrastantes[20].

Habermas (1997),entende que a democracia há-de ser discursiva e deliberativa. Ela é sinónimo de auto-organização política da sociedade no seu conjunto, implicando, pois, a institucionalização de procedimentos e condições apropriadas de comunicação e o jogo combinado das deliberações institucionalizadas e das opiniões públicas[21].

Por fim – entre os autores indicados – é uma democracia crítica a que Gustavo Zagrebelsky (2004) preconiza, assente num espírito de possibilidade e na abertura ao tempo, mediante procedimentos em que o povo não se feche sobre si mesmo; uma democracia em que a decisãopopular nada tenha de preconstituído, nem seja irrevisível ou irreversível[22].

---

18 DAHL, Robert A. **Democracy and its critics.**New Haven (EUA): Yale University Press, 1989, p. 96.

19 POPPER, Karl. Alguns problemas práticos da democracia. In: ________. **Balanço do século.** Lisboa (POR): [s. n.], 1990, p. 79-80.

20 BOBBIO, Noberto. Democracia e Paz. In: ________. **Balanço do século.** Lisboa (POR): [s. n.], 1990, p. 28.

21 HABERMAS, Jürgen. **Droit et démocratie**: entre faits et normes. Paris (FRA): NRF Essais; Gallimard, 1997, p. 320-321 e 323.

22 ZAGREBELSKY, Gustavo. **A Crucificação e a Democracia.** Coimbra (POR): Coimbra Editora, 2004, p. 112 et seq.

3. DEMOCRACIA E ESTADO DE DIREITO

3.1. DEMOCRACIA REPRESENTATIVA E ESTADO DE DIREITO

Mas a democracia representativa postula Estado de Direito. Postula-o pela sua complexidade organizatória e procedimental, traduzida na separação de poderes e no princípio da competência. Postula-o pela exigência de garantia dos direitos fundamentais: o direito de sufrágio e os demais direitos políticos se valem em si mesmos pelo valor da participação, valem, sobretudo, enquanto postos ao serviço da autonomia e da realização das pessoas.

Não basta proclamar o princípio democrático e procurar a coincidência entre a vontade política manifestada pelos órgãos de soberania e a vontade popular manifestada por eleições. É necessário estabelecer um quadro institucional em que esta vontade se forme em liberdade e em que cada pessoa tenha a segurança da previsibilidade do futuro. É necessário que não sejam incompatíveis o elemento objetivo e o elemento subjetivo da Constituição e que, pelo contrário, eles se desenvolvam simultaneamente.

Há um enlace de dois princípios substantivos – o da soberania do povo e o dos direitos fundamentais – e a mediatização dos princípios adjetivos da constitucionalidade e da legalidade. Numa postura extrema de irrestrito domínio da maioria, o princípio democrático poderia acarretar a violação do conteúdo essencial de direitos fundamentais; assim como, levado aos últimos corolários, o princípio da liberdade poderia recusar qualquer decisão política sobre a sua modelação; o equilíbrio obtém-se através do esforço de conjugação, constantemente renovado e atualizado, de princípios, valores e interesses, bem como através de uma complexa articulação de órgãos políticos e jurisdicionais, com gradações conhecidas.

Como salienta Jürgen Habermas (2000), princípio democrático e princípio do Estado de Direito são princípios co-originários. Um não é possível sem o outro, sem que, por isso, se imponham restrições ao outro. E pode-se exprimir esta intuição de **co-originariedade**, dizendo que a autonomia privada e a autonomia pública se postulam uma à outra. São conceitos interdependentes e de implicação material. Para fazer um uso **apropriado** da sua autonomia pública, garantida por direito político, é preciso que os cidadãos sejam suficientemente independentes, graças a uma autonomia privada igualmente assegurada a todos. No mesmo sentido, os membros da sociedade não desfrutarão igualmente de uma igual autonomia privada – as liberdades de ação subjetiva não terão para eles o **mesmo valor** – senão na medida em que, como cidadãos, façam um uso apropriado da sua autonomia pública[23].

Ou, segundo Castanheira Neves (1998), com o **Estado de Direito Democrático** vê-se o Estado democrático a culminar no Estado de Direito, tal como o princípio democrático a realizar-se plenamente no princípio do direito – "só o direito é útil ao povo"[24].

23 HABERMAS, Jürgen. Le paradoxe de l'État de droit démocratique. **Revue Les Temps Modernes**, Paris, n. 610, set./out./nov. 2000, p. 78.

24 NEVES, Antônio Castanheiras. Da "jurisdição" no actual Estado de Direito. In: VARELA, Antunes et al. (org.) **Ab Uno Ad Omnes**. Coimbra (POR): Coimbra Editora, 1998, p. 226-227.

3.2. O ESTADO DEMOCRÁTICO DE DIREITO

É, justamente, aqui que a Constituição aparece como fundamento e não como instrumento de poder. É justamente aqui que se fala em Estado de Direito democrático (art. 1º da Constituição portuguesa) ou em Estado democrático de Direito (art. 1º da Constituição brasileira). As fórmulas não são iguais, a ideia é a mesma.

Os princípios do Estado de Direito democrático ou do Estado democrático de Direito encontram-se, depois, explícita ou implicitamente, consagrados em diversos lugares: princípios da proporcionalidade, da proteção da confiança, da aplicação imediata das normas constitucionais sobre direitos fundamentais, da tutela da justiça, da responsabilidade civil das entidades públicas por danos aos particulares.

Portugal está integrado na União Europeia, a qual elabora normas jurídicas que vigoram na ordem interna. Mas a Constituição precisa que os princípios fundamentais do Estado de Direito Democrático, em caso algum podem deixar de ser respeitados pelos tratados da União Europeia e pelas normas dimanadas das suas instituições (art. 8.º, n.º 4).

3.3. O PRINCÍPIO DA MAIORIA

I – Se o sufrágio é o modo específico de participação política dos cidadãos, a maioria é o critério de decisão – de decisão quer do conjunto dos cidadãos nas eleições e no referendo, quer dos órgãos do Estado de natureza colegial. Governo representativo é **governo de maioria.**[25]

Contrapostos aos sistemas eleitorais maioritários, nem por isso os sistemas proporcionais deixam de observar o princípio: *primo*, porque apenas as candidaturas que atinjam determinado montante ou cifra – em razão do número de parlamentares a eleger por círculo ou distrito eleitoral – obtêm mandatos; *secundo*, porque são as que obtêm **mais votos** que obtêm mais mandatos.

Observe-se, no entanto, que as técnicas maioritárias não são privativas da democracia, nem se esgotam na seara da política. O Direito romano conheceu-as, o Direito canónico deu-lhes expressão e na Idade Média elas tiveram particularíssimas aplicações no âmbito das ordens religiosas e dos municípios. Assim como hoje se encontram nas associações, nas sociedades e em quaisquer entidades coletivas, com mais ou menos adaptações.

II – Por que motivo deve a maioria ser o critério da democracia? Por que devem governar os candidatos que recebem mais votos? Por que deve a lei ter o sentido querido pela maioria?

Está longe de ser pacífica a resposta.

Há quem sustente que se trata de simples ficção ou convenção, de mera regra instrumental ou de preferência. Ou quem, pelo contrário, identifique maioria com manifestação de racionalidade. Mas há ainda quem afirme que lhe subjaz um conteúdo axiológico, seja o princípio da igualdade, seja o princípio da liberdade, seja, porventura, outro.

De harmonia com a ideia de igualdade – que remonta a Aristóteles e que Rousseau levaria às últimas consequências – é porque todos os cidadãos têm os mesmos direitos e devem ter o mesmo grau de participação na vida coletiva que deve prevalecer a maioria; a vontade do maior número entre iguais converte-se em vontade geral; e esta fica sendo a vontade do Estado.

25 Ver também MIRANDA, op. cit., p. 85 et seq.

De harmonia com a ideia de liberdade – especialmente enfatizada por Kelsen – a maioria resulta da autodeterminação dos membros da comunidade política; qualquer decisão imposta deve ser reduzida ao mínimo; tendo de haver uma ordem social, esta não pode estar em contradição senão com a vontade do menor número possível de indivíduos.

Aderimos à necessidade de um fundamento axiológico. Sem este não se explicam nem o consentimento, nem a própria obrigatoriedade da decisão decorrente do voto.

E entendemos que ele se encontra na conexão de igualdade e liberdade. Não numa presunção puramente negativa, de que ninguém conta mais do que os outros, mas no reconhecimento da dignidade cívica de todas as pessoas. Não numa liberdade com separação de uns dos outros, mas numa liberdade com integração numa sociedade de todos. Em suma, na exigência de uma igualdade livre ou de uma liberdade igual para todos.

III – A maioria não é fonte de verdade ou de justiça; é apenas forma de exercício de poder, ou meio de ação.

Não há, nem deixa de haver verdade nesta ou naquela opção política; há só – ou tem de se pressupor que haja – referência ao bem comum. Naturalmente, quando se suscitem problemas de verdade, sejam quais forem – religiosos, morais, filosóficos, científicos ou técnicos – não cabe decisão de maioria.

Por outro lado, a decisão de maioria implica publicidade, não pode ter por objeto questões do foro privado. Tudo está, na prática, em saber deslindá-las.

IV – Tão pouco se admitem decisões de maioria que afetem o conteúdo essencial dos direitos fundamentais ou o conteúdo essencial da própria democracia representativa – mais especificamente, o pluralismo, os direitos das minorias e a possibilidade de alternâncias e de alternativas.

Democracia representativa não é só governo de maioria. Envolve uma dialética necessária de maioria e minoria, sendo a maioria de hoje a minoria de amanhã e a minoria de hoje a maioria de amanhã.

V – As minorias políticas são sempre contingentes e variáveis. Diversas, porque permanentes, são as minorias étnicas nacionais, linguísticas e religiosas – que existem em não poucos Estados e que se repercutem nas respetivas estruturas constitucionais.

Sobre os direitos dos membros destas minorias à proteção contra quaisquer discriminações e à preservação da sua identidade não pode ainda incidir a decisão de maioria.

VI – A decisão da maioria pressupõe a competência para decidir, seja em diferentes escalões de poder – do Estado aos municípios e a entidades infra e supramunicipais – por referência ou não a um princípio de subsidiariedade; seja dentro do mesmo escalão entre os seus órgãos.

Por outro lado, não vale qualquer vontade maioritária, somente vale a que se forme no respeito das normas – constitucionais, legais, estatutárias, regimentais – que a estruturam e regulam. Donde, limites formais ou procedimentais a acrescer aos materiais e aos orgânicos.

Requisitos de regularidade do procedimento hão-de ser, nomeadamente, a convocação da eleição ou da deliberação nos termos previamente estabelecidos com carácter geral, a igualdade de todos os participantes, a liberdade de discussão e de voto, a pessoalidade do voto, a simultaneidade da votação e o rigor no apuramento dos resultados. E, quando se trate de órgãos colegiais, a reunião no tempo e no local próprios e a presença de mais de metade dos respetivos membros – *quorum*.

3.4. DEMOCRACIA E JUSTIÇA CONSTITUCIONAL

I – Instrumento de controle da maioria é a justiça constitucional: controle dos limites materiais e do procedimento; controle indispensável, sobretudo, para garantia dos direitos fundamentais.

À legitimidade democrática corresponde a legitimidade do controlo jurisdicional como legitimidade das minorias frente à maioria. Nem se verifica aqui contradição, mas sim complementaridade. A justiça constitucional só se afigura contramaioritária ao inviabilizar esta ou aquela pretensão da maioria, não no contexto global do sistema[26].

26 Sob o problema, ver MIRANDA, Jorge. **Manual de Direito Constitucional**: tomo VI : Inconstitucionalidade e Garantia da Constituição. 4. ed. Coimbra (POR): Coimbra Editora, 2013, p. 142 et seq., e autores citados.

II – Os Tribunais Constitucionais aparecem, na generalidade dos países, com estrutura arredada da estrutura dos demais tribunais, com juízes escolhidos pelos Parlamentos e (ou) pelos Presidentes da República sem atinência – ou atinência necessária – às carreiras judiciárias – e algo de semelhante sucede, como se sabe, com os Supremos Tribunais no modelo judicialista norte-americano.

Ora, pergunta-se como pode um tribunal com juízes designados desta maneira vir a sindicar os atos daqueles órgãos; como pode a criatura fiscalizar o criador; como pode um tribunal assim composto não reproduzir a composição do Parlamento ou a orientação do Presidente da República. Essa a aporia do Tribunal Constitucional: se lhe falta a fonte de designação por órgãos representativos carece de legitimidade; se a recebe, dir-se-ia ficar desprovido de eficácia ou utilidade o exercício da sua competência.

Mas não. É, justamente, por os juízes constitucionais serem escolhidos por órgãos democraticamente legitimados – em coerência, por todos quantos a Constituição preveja, correspondentes ao sistema de governo consagrado – que eles podem declarar a invalidade de atos com a força de lei. E por eles, embora por via indireta, provirem da mesma origem dos titulares de órgãos políticos que por estes conseguem fazer-se acatar.

Os membros do Tribunal Constitucional não se tomam representantes dos órgãos que os elegem ou nomeiam, não estão sujeitos a nenhum vínculo representativo. Muito pelo contrário, uma vez designados são completamente independentes e beneficiam de garantias e incompatibilidades idênticas às dos demais juízes; para garantia dessa independência, os seus mandatos não coincidem com os dos titulares do órgão de designação, são mais longos e, por princípio, insuscetíveis de renovação; e, quando de eleição parlamentar, de ordinário requer-se maioria qualificada – o que obriga a compromissos.

Num Tribunal Constitucional como o português ou em órgão homólogo – como o Supremo Tribunal Federal no Brasil – podem e devem coexistir diversas correntes jurídicas e jurídico-políticas; e, mesmo se, em órgão parlamentar, se dá a interferência dos partidos nas candidaturas, essas correntes atenuam-se e, aparentemente, diluem-se, em virtude dos fatores objetivos da interpretação jurídica e, sobretudo, em virtude do fenómeno de institucionalização que cria dinâmica e autonomia do órgão.

Nisto tudo – insista-se – reside a especificidade da figura – ou, se se preferir, a sua ambivalência: uma legitimidade de título assimilável à dos titulares dos órgãos de função política do Estado, uma legitimidade de exercício equiparável à dos juízes dos tribunais comuns; uma legitimidade de título, inerente ao Estado democrático, uma legitimidade de exercício, expressão de Estado de Direito. Donde, mais uma vez, Estado de Direito democrático ou Estado democrático de Direito.

3.5. OS VALORES DA DEMOCRACIA

I – Qualquer forma de governo e qualquer regime político fundam-se em certos valores que, conferindo-lhe sentido, vêm, por um lado, alicerçar o consentimento dos governados e o projeto dos governantes e, por outro lado, construir o referente ideal de todos quantos por ela se batem. Qualquer forma de governo e qualquer regime político liga-se a uma certa Constituição material no sentido atrás indicado.

Assim, por detrás da diversidade de conceções e formulações teóricas, avultam valores políticos sem os quais a democracia aparece desprovida de razão de ser. E eles são – imporia frisar de novo – a liberdade e a igualdade, tal como constam da Declaração de Direitos da Virgínia, da Declaração de 1789, e da maior parte das Constituições de Estado de Direito democrático.

É porque todos os seres humanos são livres e iguais que devem ser titulares de direitos políticos e, assim, interferir conjuntamente, uns com os outros, na definição dos rumos do Estado e da sociedade em que têm de viver. É porque todos são dotados de razão e de consciência – como proclama, por seu lado, a Declaração Universal – que eles são igualmente chamados à participação cívica, capazes de resolver os seus problemas não pela força, mas pelo confronto de ideias e pelo seu sufrágio pessoal e livre.

A liberdade revela-se, portanto, do mesmo passo, fundamento

e limite de democracia. Revela-se fundamento, visto que a participação na condução dos destinos comuns pressupõe a liberdade. E revela-se limite, visto que a democracia não pode pôr em causa a liberdade, e a maioria é sempre maioria de conjuntura, não maioria definitiva, pronta a esmagar os direitos da minoria.

II – É ainda em virtude de uma opção pela liberdade, e não, simplesmente, por impossibilidade da democracia direta – de um qualquer seu sucedâneo – que se justifica a democracia representativa, porquanto:

> – apenas na democracia representativa se distinguem – sem se cortarem pontes – espaço público e espaço privado, a esfera do Estado e a esfera da sociedade;
> – do mesmo modo, apenas na democracia representativa, se distinguem o cidadão e a pessoa na sua vida própria, não deixando esta ser absolvida pelo cidadão total – caso da Atenas antiga e, sobretudo, dos regimes totalitários do século XX;
> – apenas a democracia representativa assegura a separação de poderes e a responsabilidade política dos governantes perante os governados;
> – somente a democracia representativa propicia o pluralismo e o contraditório – sem prejuízo do compromisso – no âmbito das assembleias representativas.

Não por acaso têm-se dito muitas vezes, que ela não constitui um *minus* no confronto com a democracia direta. Constitui um *majus*.

A CRISE DA REPRESENTAÇÃO DEMOCRÁTICA: ABDICAÇÃO DE PARADIGMA NORMATIVO NO DIREITO CONSTITUCIONAL?

JOSÉ J. GOMES CANOTILHO

1. PERGUNTAS E RESPOSTAS

Ando cercado de livros com muitas perguntas e poucas respostas. Isto significa, para alguns, o desaparecimento de filosofias fortes na abordagem fenomenológica dos temas e dos problemas. Saber perguntar – a questão como ponto de partida – é condição incontornável para uma resposta razoavelmente sustentada. Saber não responder, dizem alguns, transporta sabedoria e já é uma boa resposta. Não vamos por aqui. Preferimos transcrever algumas interrogações porque elas indiciam com mais ou menos clareza os tópicos problemáticos centrais na transição para aquilo que aqui designarei de **fenomenologia e metamorfose da quarta fase da modernidade**.

Passemos às perguntas: Será adequado dizer-se que o projeto democrático está esgotado dentro de algum tempo? Será acertado afirmar que a democracia perdeu o seu carácter progressista, tornando-se mesmo reacionária? Poderá asseverar-se que a palavra de ordem **mais democracia** perdeu a sua atractividade, ganhando até o eco tanático dos sinos que dobram por alguém?[1]

Num livro recente, sugestivamente intitulado *Democracy for Realists. WhyElections Do NotProduceResponsiveGovernment*[2], dois autores americanos recortam a **pergunta** da seguinte forma: "Quais são as noções convencionais de democracia que nós consideramos terem sobrevivido ao seu tempo"? Um

1 Vide BLÜHDORN, Ingolfur. **Simulative Demokratie**: Neue Politiknach der Postdemokratischen Wende. Berlim (ALE): Ed Suhrkamp, 2013, p. 9, tradução nossa.

2 Cf. ACHEN, Christopher H.; BARTELS, Larry M. **Democracy For Realists**: Why Elections Do Not Produce Responsive Government. Nova Jersey (EUA): Princeton University Press, 2016, p. 2.

dos autores deste livro – LarryBartels – havia já escrito uma outra obra – *UnequalDemocracy. ThePoliticalEconomyofthe New GildedAge*. Ocapítulo 9 desta obra[3] é dedicado à desigualdade econômica e respectivas refrações no problema da representação política. Vale a pena, em jeito de **abertura**, sumariar o esquema articulado por este autor: desigualdade econômica e representação política, representação ideológica, responsividade desigual, *responsivenesse* consequências sociais – ex: caso do aborto – **diferenças partidárias na representação, porque é que os pobres estão subrepresentados** (BARTELS, 2008, p. 252-275).

No que diz respeito ao problema da representação política e da **justa representação**, alguns constitucionalistas rompem com as saturadas repetições acadêmicas sobre a representação, escrevendo em termos provocatórios e criticando as debilidades metodológicas, semânticas, simbólicas e políticas que ainda hoje caracterizam o fenômeno representativo. Citarei apenas um autor francês – Jean-Marie Denquin (2010) – que regista este título sugestivonum trabalho recentemente publicado: *Pour em finiravec la crise de la representation*[4]. Em termos discursivos, a partitura deste professor francês ecoa com grande incisividade critica:

> Na vulgata político-jornalística que hoje tem um lugar tão considerável no seio do que se chama tradicionalmente 'Direito Constitucional' poucas fórmulas encontraram um sucesso igual às de 'crise da representação'. O fenómeno, embora lamentado há decénios, é geralmente apresentado como característica do tempo presente. Observado ora como causa, ora como sintoma, ele manifestar-se-ia, em primeiro lugar, por um crescimento sensivel da *abstenção*. Traduziria,ainda mais profundamente, uma *desafecção* crescente relativamente ao sistema político, medida pelas sondagens e expressas pela denúncia, na internet, de frustrações colectivas e de opiniões dissidentes. Os cidadãos teriam o sentimento de estar *mal representados*. Todas estas palavras parecem bem escolhidas para exprimir um *mal-estar*. Para a *doença* assim diagnosticada existiriam remédios: uma *melhor representatividade* ou o desenvolvimento de uma *democracia participativa*.

---

3 Cf. BARTELS, Larry M. **Unequal Democracy**: The political Economy of the New Gilded Age. Nova Jersey (EUA): Princeton University Press, 2008.

4 DENQUIN, Jean-Marie. Pour em finir avec la crise de la representation. **Jus Politicum Revue de Droit Politique**, Paris (FRA), n. 4, 2010, p. 1 et seq.

Por sua vez, o discurso, que se presume sábio,aproxima-se também desta problemática. Não se poderá opor, de modo simples,'um direito constitucional' da política e dos jornalistas ao 'direito constitucional da doutrina'. Isto porque, para além das diferenças evidentes, mais marcadas, por vezes, pela tecnicidade do vocabulário do que pela elevação do propósito –, é claro que existe clara influência de um sobre o outro. A crise da representação é, assim, erguida ao nível de temas de colóquios e de lições, sustentadas, na verdade, com sortes diferentes[5].

Os enredos que perturbam a chamada **crise da representação** obrigam-nos a alargar o perímetro do nossodiálogo. As perguntas talvez auxiliem a colocação problemática e agilizem as dimensões dialógicas deste encontro.

1. O que é que está em crise: a representação ou a democracia?

2. As crises da representação e da democracia envolvem crises de legitimação?

3. Em que medida estas crises estão ligadas a outras crises como a **crise climática**, a **crise da dívida**, a **crise do euro**, a **crise do terrorismo**, a **crise do emprego**, a **crise geracional**?

4. Terá utilidade a convocação de **novos conceitos** – **pós-democracia, pós-política**?

5. Qual é o "*instrumentarium*" apropriado para nos aproximarmos dos novos problemas?[6]

2. REPRESENTAÇÃO E REPRESENTATIVIDADE

Se a **crise da representação** está no centro dos desassossegos políticos, parece avisado subir as escadas e analisar, em termos aproximativos, os problemas semânticos, metodológicos e simbólicos escondidos na crise.

Em primeiro lugar, basta articular os étimos de representação e representatividade reiteradamente invocados no jogo da representação e demonstrativos do circulo vicioso do binário conceitual em referência. Outrora os **representados aceitavam a representação porque os representantes eram**

5 Id, 2010, p. 12 et seq.

6 BLÜHDORN, op. cit., p. 9 et seq.

representativos.Nos dias de hoje, não é assim: a comunhão de representantes e de representados desapareceu. Deixaram de **querer pela Nação** e deixaram de ter o **mandato representativo**. O emaranhamento de conceitos obriga-nos a outros desenvolvimentos.

3. REPRESENTAÇÃO PÓS-DEMOCRÁTICA

Estritamente associado à pós-democracia está o problema da **representação pós-democrática**. Permitir-me-ei indicar quatro filões explicativos para a chamada **representação pós-democrática**, ela mesma representativa da crise de representação.

3.1. A "TRADIÇÃO DA ESQUERDA" E OS "DIKTATS" TRANSNACIONAIS

Não é novidade que as **teorias** ligadas às várias correntes políticas da **esquerda** insistiram e insistem em considerar como núcleo da **crise de representação** e da emergência da **representação pós-democrática** a **ditadura económica** dos actores globais e transnacionais dinamizada pelos respectivos representantes – ondese incluiria a União Europeia, o Fundo Monetário Internacional, o Banco Central Europeu. A essa crise andariam associados outros agentes, designadamente os ***lobbies*** econômicos e financeiros. O *right to lobby* é invocado como esquema eficaz na influência na tomada das decisões políticas. Onde esse **direito ao lobismo** prevalece sem freios e controlos **acontece** a crise da representação e a violação de direitos e interesses dos cidadãos normais.

3.2. AS TESES POPULISTAS

As **teses populistas** arrancam, em primeiro lugar, da derrocada dos valores morais impostos pela **classe política corrompida**. Ainda longe dos atuaisfenômenos corruptivos, já o ex-Presidente da República Federal da Alemanha Richard VonWeisäcker (1992) dirigia as suas críticas às classes políticas que, em vez de **representar** os cidadãos e defender as suas expectativas, aspirações e direitos, prosseguem, sobretudo, os interesses clientelares das pessoas individuais ou colectivas. Mais recentemente, ColinCrouch (2008)[7] desloca o **eixo de criticidade política** para as **firmas** que, na disputa de maiorias eleitorais, pretendem sobretudo afiançar a vitória dos **representantes** da sua **imagem** e das suas **marcas**. Os partidos deixam de ser instituições veiculadoras de uma articulação *bottom-up* transparente e defensora de interesses comuns para estearem esquemas organizativos anônimos e invisíveis onde se escondem os fluxos corruptivos. Através de um esquema sistêmico de *top-down* e com o auxílio de agentes profissionalizados estrutura-se um **esquema comunicativo de representantes** e de **representados** fabricadores de sistemas autopoiéticos – ou autor referenciais – não raras vezes escondidos em *off-shores*.

Esta ideia de populismo ligada à reprovação ética e moral dos actores políticos tem, porém, outros sentidos. Em livro recenteum autor alemão Jan-Werner Müller (2006) – *WhatisPopulism?*[8] – procura aprofundar o tema e salientar outras dimensões de atualíssima relevância. Começa por lembrar, na esteira de Richard Ofstadter, que "*Everyoneistalkingaboutpopulism, but no one can define it*". Tentemos então acompanhar Jan-Werner Müller e lançar para a nossa suspensão reflexiva os seguintes tópicos:

1. Os populistas falam em nome do povo – *in thenameofthepeople* – e reclamam que a legitimação através do povo – *fromthepeople* – sobreleva todas as outras fontes de legitimação de autoridade política, seja ela o Tribunal Constitucional, o Parlamento, o Governo ou o Poder Local. A fórmula linguística agitada por DonaldTrump – "*I amyourvoice*" – sugere o populismo contemporâneo.
2. O Populismo legitima a ultrapassagem de linhas vermelhas colocadas ao poder eleitoralmente exercido. O exemplo típico é a reação do Primeiro-Ministro turco em resposta à crítica da União Europeia incidente sobre as restrições impostas pelo governo à liberdade de imprensa. Estas restrições teriam ultrapassado a **linha vermelha** da restrição às liberdades. A resposta populista é clara e inequívoca: "*Thepeopledrawtheredlines*"!

---

7 Cf. CROUCH, Colin. **Post Democracy**. Cambridge (ING): Polity, 2008.

8 Cf. MÜLLER, Jan-Werner. **What is populism?**Pensilvânia (EUA): University of Pennsylvania Press, 2016.

3. O populismo referendário sobrepõe-se às formas clássicas de legitimação. A imposição pelo Supremo Tribunal da Inglaterra acerca da indispensabilidade de mediação parlamentar quanto ao ***Brexit*** deu azo à reação do *Daily Mail* com palavras sonoras chamadas para a primeira página: ***Thejudges are enemiesofthepeople***.

4. O regresso do soberano – ***Thesovereign*** – na língua dos nacionalistas polacos é justificado para **neutralizar a neutralidade** e esconjurar a imparcialidade do Tribunal Constitucional Polaco.

5. O populismo serve também para identificar ***ThePeople***, o verdadeiro povo. Esta pulsão identitária transporta vertigens excludentes e discriminatórias. Trump insinua perfeitamente a ideia de **unificação** do povo, excluindo outra parte do povo: "*Theonly importante thingistheunificationofthepeople, becausetheotherpeopledon'tmeana nything*".

6. Na mesma linha identitária navega Nigel Farage (UKIPs).Ao saudar a pronúncia popular a favor do *Brexit*, o senhor Farage considera que se tratou, no fundo, de uma vitória do ***ordinarypeople***, ***decent people***, ***real people***. Os 48% dos que votaram a favor da permanência na EU congregam pessoas que não são nada. Nem ***ordinarypeople***, nem ***real people***. Talvez não seja incorreto dizer que o populismo ganha de novo dimensões perigosamente fraturantes.

7. Não se trata apenas de tentativa unicitária de um povo dividido quase em partes iguais. Perante o fenômeno trágico da emigração e dos refugiados, o populismo combate o **outro povo** qualquer que ele seja: mexicanos e islamistas nos EUA, curdos na Turquia, muçulmanos e judeus em toda a Europa. Na vertigem excludente, a anunciar tragicamente a **banalidade do mal**, estão, além dos refugiados e emigrantes, pessoas com deficiência, os indivíduos de raça negra, as mulheres, os cosmopolitas, os homossexuais.

8. O populismo tem ódio aos **Terreiros do Paço**. O **Trumpismo** deu claridade a esta raiva contra Washington DC – peritos, elites, *mainstream media*.

9. O populismo é inimigo do pluralismo e da democracia liberal. Consequentemente, é contra algumas estruturas do Estado de direito democrático: o sistema de ***checksand balances***, que estabelece limites à tirania da maioria, salvaguarda os direitos individuais e as liberdades, garante a diversidade dos meios de comunicação, legitima o recurso aos tribunais.

10. O populismo pretende esconder-se atrás da chamada **democracia iliberal**. Viktor Orban, na Hungria, insiste na defesa de uma **Autêntica democracia** que não tem de temer qualquer ***Takeoverofthe media*** nem qualquer oposição ao desmantelamento, através do governo, dos princípios estruturantes da própria democracia.

O populismo, como vemos, obriga-nos a um outro tipo de análise. Isso justifica os desenvolvimentos seguintes.

3.2.1. A CRISE DA REPRESENTAÇÃO E A PÓS-REPRESENTAÇÃO DEMOCRÁTICA NAS TESES DE DIFERENCIAÇÃO E COMPLEXIDADE[9]

A crise de representação entronca aqui em mudanças sociais pré-políticas – mudançasde estruturas, mudança de valores, individualização – evolutivamente conducentes a movimentos autonômos e incontrolados. Estes movimentos, iniciados na década de sessenta do século XX, não deixaram de perder atualidade. A modernidade, modernização, **modernisticização** introduziram rupturasnas tradicionais organizações societárias provocando também a perda de sustentabilidade socio-estrutural aos partidos políticos. Perante os fenômenos de diferenciação de estruturas sociais, de esquemas existenciais e orientações valorativas, a política perdeu progressivamente capacidade de entendimento da realidade social e tornou-se incapaz de captar os interesses dos cidadãos que lhes competia representar. A isto acresce que, perante a diferenciação destas sociedades plurais, perderam-se as alavancas tradicionais da política: (i) erosão da formação unitária de vontades dos eleitores; (ii) incapacidade de definição do bem comum carecido de representação; (iii) transmutação da democracia e representação em política de clientelas e de interesses; (iv) direção de escolhas eleitorais, não pelos **candidatos a representantes**, mas por peritos de sondagens e especialistas de comunicação social.

Diferentemente, porém, das teorias críticas, as teorias da diferenciação e da complexidade insistem na responsabilidade da **própria política** pela crise de representação. Por outras palavras: a política é vítima dos processos de mudança que não pode dirigir e aos quais dificilmente sabe reagir.

3.2.2. A REVOLUÇÃO PARTICIPATIVA E AS SUAS REFRACÇÕES NA CRISE DE REPRESENTAÇÃO

A quarta tese, partindo da tese da complexidade e do criticismo antielitista, releva a influência dos movimentos sociais emancipatórios na crise

9 O texto e as ideias nele desenvolvidas acompanha a retórica argumentativa de BLÜHDORN, op. cit.., p. 203 et seq.

da representação. A revolução participativa contribuiu, não apenas para o reforço da pluralização e diferenciação social, mas também para o afivelamento da máscara do **cidadão autoconsciente**. Este cidadãoautoconsciente, crítico e capaz de articulações reticulares, substitui os representantes e os partidos, optando, em primeira linha, pelas várias possibilidades de participação direta. Isto significa que os movimentos emancipatórios reduzem ou tendem a reduzir a representação e a democracia representativa a um sucedâneo de segunda classe desadequado para justificar a ideia de representação popular. Tanto menos os representantes estão em condições de expressar à **vontade coletiva** e desempenhar as suas tarefas, tanto mais se reforça a luta destinada a assegurar que os cidadãos tomem nas suas mãos a defesa das seus direitos e interesses. Alguns autores salientam a proximidade, em certos aspectos, da teoria participativa com a teoria crítica. Isto porque ateoria crítica das elites procura demonstrar que estes movimentos de desfiguração da representação política não se circunscrevem a grupos da sociedade subpolítica – ***subpolitisheBürgergesellschaft***. Alguns grupos privilegiados das classes médias tentam reforçar a sua representação ao mesmo tempo que o peso representativo de **camadas** desfavorecidas tende a tornar-se cada vez **menos representativo**.

3.2.3. A TESE DA EXCLUSÃO

A tese da exclusão parte dos seguintes pressupostos: **(i)** a crise da representação é indissociável das reformas liberais dos anos oitenta do século passado (Tatcher e Reagan); **(ii)** o acumular das desigualdades sociais é provocado pelo desmantelamento total ou parcial dos sistemas de segurança social e pela implantação de políticas laborais de baixo salário; **(iii)** o aumento das desigualdades produz simultaneamente mais desigualdades políticas. Neste contexto, a marginalização econômica e social implica a marginalização política. A representação dos pobres – desempregados, migrantes, precários – converteu-se em **ausência** dos estratos sociais supérfluos. As teses teóricas acabadas de referir chamam a atenção para importantes aspectos de políticas pós-democráticas. Impõe-se, pois, uma primeira suspensão reflexiva.

4. SUSPENSÃO REFLEXIVA

A anterior exposiçãodedicada às **teorias da crise** talvez tenha sugerido que é cada vez mais urgente convocar para o diálogo crítico o estudojá referido de Achen e Bartels expressivamente intitulado *Democracy for Realists. WhyElections do notProduceResponsiveGovernment*. Perguntar-nos-emos, em primeiro lugar, se as tentativas de manter e melhorar a representação democrática nos seus modelos clássicos não deverá ser submetida a um escrutínio crítico mais realista. Com efeito, as actuais **democracias de consumidores** irritam decisivamente as premissas em que assentavam os modelos clássicos da representação. De forma sincopada, registam-se de novo essas premissas **(i)** a representação autêntica dos interesses dos cidadãos através de delegados com mandato imperativo – ateoria do mandato –; **(ii)** a representação de interesses gerais através de agentes fiduciários – representantes – com mandato livre – teoria da representação –; **(iii)** processo de negociação discursivo-participativo dentro de grupos sociais identitários. Todos estes fundamentos representativos – o sujeito individual, o sujeito colectivo – nação, bem comum – grupos – discursivo-participativos – têm em comum a ideia de representar algo preexistente. Ora, o problema não é o da re-representação, mas o de captar a **dimensão constitutiva de representação** entendida como processo **ativo** e **criativo**. Se vemos bem o problema, a representação como processo **ativo** e **crítico** e não como processo passivo de recepção de sinais a partir de baixo, coloca de novo o problema de saber como é que este processo erguido a **gerador** de representação se articula com a **modernização reflexiva da legitimação política**. A este tópico dedicaremos os desenvolvimentos seguintes, começando pela discussão em torno da legitimação pós-democrática.

5. A LEGITIMAÇÃO PÓS-DEMOCRÁTICA

O problema da modernização da representação surge imbricado, como acabamos de afirmar, com o chamado deficite de **legitimidade** das modernas formas de governo e com a **crise de legitimação da política**.Três eixos reflexivos marcam as perspectivas mais actuais: **(i)** a **internacionalização** da política, ou seja, a deslocação para planos supranacionais de relações sociais e deactores a elas associados, acentua a erosão de influência directa dos cidadãos e dos controlos democráticos; **(ii)** a **desparlamentarizaçãoimplica** o desvio do processo de discussão e de decisão das chamadas **instituições democráticas nacionais** para instâncias supranacionais com a consequente; **(iii)ativação de mecanismos**objetivadores de *governance*. Neste contexto, as comissões de peritos, as rondas de conversação, as entidades reguladoras e os tribunais arbitrais acentuam a emergência da legitimação pós-democrática. A chamada legitimação pós-democrática implica assim que, no actual processo de modernização, os tradicionais **poderes** *e* **normas**legitimatóriosse deparam progressivamente com irritações sistémicas em todos momentos relevantes da legitimação democrática. Desta forma:

a) O princípio da participação e o principio da representação política de cidadãos livres e iguais transmutam-se em *input* do procedimento;
b) A dimensão procedural-procedimental converte-se em legitimidade-legitimação através do processo – **legitimaçãoprocedural, legitimação através do procedimento** – namedida em que apela para a conformação transparente da política e da responsabilidade política;
c) As decisões ou resultados apresentam-se como *output* que coloca sob escrutínio os princípios da efetividade e eficiência da atividade política.

Mesmo que o **velho cidadão** participe ainda em toda a cascata legitimatória – *input, processo, output* – a pergunta fundamental tem de ser esta: em condições de alta complexidade e de notória fluidez das normas de subjectividade e de identidade ainda poderá trabalhar-se com a categoria de legitimidade política? A esta interrogação segue-se uma outra: como é que podem ser satisfeitas as pretensões radicalizadas de legitimação segundo o esquema de *input*-processo-*output* quando os padrões de participação política sofreram radicais alterações? Em terceiro lugar, como é que uma legitimação centrada no momento de *input* pode manter a sua centralidade legitimatória se as políticas multinível apontam para a **desdemocratização da legitimação política** e para a **simulação legitimatória** através do processo e dos resultados?Em quarto lugar, pergunta-se se a **democracia sem** *demos*, com a inerente **deslegitimação** da decisão, pode continuar a fingir que basta o voto do representante quando, de forma ostensiva, o acento enfático de aceitabilidade se desloca para a produção de resultados políticos racionais? Ainda vale a pena estruturar a legitimação e a representação democráticas na velha teoria dos representantes do povo? A nosso ver, ainda é cedo para falar de morte de *input* democrático. Por várias razões. Perante os recentes movimentos de protesto e os recentíssimos referendos-plesbiscitários subversivamente perturbadores de equilíbrios políticos nacionais, internacionais e supranacionais, talvez seja apressado neutralizar a tradicional dimensão de legitimação democrática subjacente ao momento de *input*. Em segundo lugar, a legitimidade dos resultados e das decisões – *output* – permanece indispensável no quadro da desconstrução do estado social e revela-se de radical força imperativa quando estão em causa os esteios de justiça e a cultura moral de comunidades democráticas de direito. Numa palavra: trate-se ou não da **dessubjetivação** ou da **objetivação**dos padrões de legitimação algumas destas raízes objetivantes podem detectar-se nas origens da democracia grega, pois como a filosofia aristotélica defendia,a política deveria orientar-se para a prossecução do bem comum, neutralizando-se a *idiotia* – *idiotes* – própria das irracionalidades e dos interesses particulares dos indivíduos. Significa isto que, ao lado do individuo, sempre existiu o **momento coletivo** de grupos sociais como ponto de referência normativo.

De qualquer modo, convém testar este paradigma e aprofundar a mudança dos *modi* de subjetivação e objetivação no contexto dos imperativos sistémicos.

a) Input

O impulso político, designadamente, o *input* legiferante da teoria clássica, transfere-se, desde logo, para os atores internacionais definidores da agenda nos vários espectros políticos. Por outro lado, cabe às formas de *governance*atuais reguladas e dirigidas por peritos, descobrir e monitorizar os problemas. Todavia, já não se trata de *inputs*subjetivos, mas de imperativos político-sistémicos fundados na ciência e em propostas políticas baseadas na evidência – *Evidence-basedPolitics*.

b) Processo / Procedimento

Afasta-se a lógica de procedimento canalizado para as soluções concretas subjectivamente pautadas. Em vez disso, desenvolve-se o modelo de *newpublic management* baseado em regulação / regulamentação objectivamente definidos.

c) Output

Os **resultados** da política e das **decisões políticas** orientam-se pela observância de medidas abstratas de **eficiência** sistêmica – desenvolvimento econômico, inovação, estabilidade monetária, consolidação orçamental, mercado bolsista, valorações de agência de *rating*. Isto não significa que esta **objetivação** neutralize o paradigma da subjectividade. Os produtos de *output* confrontam-se com desigualdades sociais, empobrecimento e exclusão. Os quadros seguintes fornecem-nos uma visão global das dimensões subjetivantes da legitimidade e dos critérios da legitimidade democrática.

Quadro 1: Critérios e Dimensões da Legitimidade Democrática[10]

Métodos de formação da legitimidade	Espécies de legitimidade e de legitimação	Norma referencial primária
-Participação direta -Representação através de representantes autodeterminados	-Legitimidade de *input* -Legitimação através de participação	-Liberdade -Autodeterminação do sujeito
-Deliberação -Aplicação transparente de procedimentos vinculativamente codificados	-Legitimidade procedural -Legitimidade através do procedimento	-Igualdade e justiça entre todos os membros do sujeito colectivo
-Optimização da efetividade e -Eficiência através de decisões políticas e transformação prática	-Legitimidade de *output* -Legitimidade através dos resultados	-Vontade e Bem-estar do soberano

Fonte: BLÜHDORN, 2013, passim.

10 Este quadro, bem como todos os outros inseridos neste trabalho, aparece em BLÜHDORN, 2013, passim. A tradução é bastante livre e serve apenas para orientar o leitor de língua portuguesa.

Quadro 2: Desubjectivação tridimensional da legitimidade politica

	Modo de Subjectivização	Modo de objectivização
Legitimidade de *input*	-Articulação direta ou representativa de subjetividade individual, coletiva e ideal (Povo / Nação) -Subjetividade autonomia	-Imposição de esquemas materiais obrigatórios -Consideração de dados empíricos -Utilização de conhecimentos científicos
Legitimidade procedural / procedimental	-Deliberação -Justificação pública -Atualização da razão colectiva	_Codificação procedimental vinculativa -Apartidarismo -Procedimento de administração pública materialmente fundado
Legitimidade de *output*	-Efetividade e eficiência na transposição da vontade soberana	-Efetividade e eficiência na trasnposição de necessidades objetivas -Politicamente não negociável

Fonte: BLÜHDORN, 2013, passim.

Quadro 3: Legitimação Democrática e Pós-Democrática

	Modernidade burguesa	**Constelações pós-democráticas**	
	Legitimação no modo de subjetivação	**Legitimação abstrativamente objetivada**	**Legitimação subjetivamente simulada**
Legitimidade de *input*	-Participação direta e representativa	-Objetividade científica -Peritocracia	-Utilização de forma mínima de participação
Legitimidade procedural / procedimental	-Deliberação -Atualização da razão colectiva	-Procedimento estritamente formalizado	-Transparência -Dever de informação -Dever de prestar contas
Legitimidade de *output*	-Efetividade e eficiência referente ao sujeito	-Efetividade e eficiência refrente ao sistema	-Prestação de serviços -Imagem -Orientação para clientes e serviços

Fonte: BLÜHDORN, 2013, passim.

6. O PARADOXO DEMOCRÁTICO

O paradoxo democrático que perturba a maior parte dos estudos e análises sobre a saúde democrática das democracias reconduz-se a uma relação de tensão. Por um lado, insiste-se nos dogmas clássicos do princípio democrático – legitimação, representação e participação – e no juízo reiterado de que a democracia não está em crise[11]. Por outro lado, capta-se, por vários modos, a desilusão da prática política. Em abono da verdade, o paradoxo democrático presta-se a várias declinações. Assim, por exemplo, um dos cientistas políticos mais requisitados – Robert Dahl – publicava no ano 2000 um sugestivo estudo intitulado A *democraticparadox*[12] salientando a convocação concorrente e, por vezes, colidente, da perda de confiança nas instituições e, em sentido inverso, da resiliência institucional a favor dos valores democráticos. Em rigor, não está aqui em causa um paradoxo, mas observações diferenciadas sobre as bondades ou maldades da prática e do sistema democrático. O que verdadeiramente caracteriza o **paradoxo democrático** reside no seguinte: (i) confiança no processo modernizador da individualização, emancipação e subjectivação das aspirações e pretensões de realização da liberdade, autodeterminação e autorrealização; (ii) e, ao mesmo tempo, a emergência de uma **modernização reflexiva** que fomenta a erosão dos pressupostos da democracia, tornando mesmo impraticável e contraprodutivo o procedimento democrático. Assim, por exemplo, do lado da política, a transnacionalização e a diferenciação que reforçariam a capacidade de ação, a eficiência e eficácia do procedimento democrático acabam por se transformar, na dimensão de *output* – decisão, deliberação – em processo de exclusão. Daí que a "modernização reflexiva" implique, desde logo, estratégia de despolitização, bem ilustrada pelas comissões de peritos, autoridades independentes de regulação e litígios arbitrais judiciais. Mas não só: o conflito crescente entre os ideais da liberdade e da igualdade coletiva impõe-nos uma nova suspensão reflexiva em torno da mudança democrática.

---

11 STIFTUNG, Bertelsmann. **Politische Partizipation in Deutschland**. Berlim (ALE): BPB, 2004, p. 16; SHELL (org.). **Jugendstudie 2010**. Berlim (ALE): Fischer Taschenbuch, 2010, p. 136.

12 DAHL, Robert. A democratic paradox. **Political Science Quarter**, Nova Iorque,v. 115, n. 1, p. 33-40, 2000.

7. A MUDANÇA DEMOCRÁTICA

7.1. PÓS-DEMOCRACIA COMO CONCEITO DE LUTA

Em termos neutros, a mudança pós-democrática pretende basicamente um **repensamento** e **re-análise** dos princípios e procedimentos democráticos. Uma das propostas que ainda na década de noventa do século passado desafiou o optimismo democrático conferia centralidade à pós-democracia mas para a converter num **conceito de luta** – Rancière – contra o desencantamento provocado pela democracia formal[13]. No bojo desta democracia formal criou-se o **mito povo**, quando, na realidade, o que estava em causa era conformar a dinâmica política precisamente ao contrário, ou seja, uma democracia sem povo. Em vez do poder do povo, assiste-se ao desenvolvimento fenomênico de uma pós-democracia reconduzível infraestruturalmente a uma forma de **administração social objetivada**. Registre-se esta formulação linguística: **pós-democracia como forma de administração social objectivada**. Em termos mais analíticos: a pós-democracia é a política aprisionada pelo conhecimento científico, pela dominância dos esquemas de economia e gestão privados e pela erosão dos ordenamentos jurídicos provocada pelos esquemas regulatórios (Wolin, 2008)[14]. Mais do que isso: a pós-democracia implica a **transmutação da soberania do povo** em **sabedoria de consumidores** que não só impõe uma nova narrativa com base em sondagens e inquéritos de satisfação em **conformidade com o mercado** como neutraliza a cultura da participação política. Esta é substituída pela cultura do privado e do isolamento dos sujeitos qualquer que seja a máscara que eles afivelem (WOLIN, 2009).

Pertence a um investigador, já atrás citado, ColinCrouch (2008) o mérito de analisar com mais profundidade a entropia da democracia: por um lado, as instituições democráticas permanecem formalmente intactas, com

---

13 Confira o debate entre Jacques Rancière e Axel Honneth em RANCIÈRE, Jacques; HONNETH, Axel. **Recognition or Disagreement.** Nova Iorque (EUA): Columbia University Press, 2016.

14 WOLIN, Sheldon. **Democracy incorporated**: managed democracy and the spectre of inverted totalitarianism. Nova Jersey (EUA): Princeton University Press, 2009.

partidos, com eleições periódicas, com governos legitimados. Por outro lado, vai aumentando a maioria dos cidadãos **passivos, silenciosos e até apáticos**. A isto acresce ***Theriseofthefirm*** que, para Crouch (2008), é o fator decisivo da **pós-democracia** e do **domínio das empresas globais**. O quadro estende-se a âmbitos sociais como a educação, formação, saúde, espalhando a sua atractividade a setores desdesempre representativos do poder do estado – segurança pública, estabelecimentos prisionais, execução de penas. Os partidos políticos e a concorrência política funcionam eles própriossegundo as regras e lógicas dos mercados.

O esquiço acabado de traçar sugere a ideia básica de ColinCrouch (2008): a pós-democracia entrou no debate político da actualidade e não poderia deixar de ser assim. A crítica destas posições – tributárias das teorias marxistas e pós-marxistas e das teorias críticas – aponta fundamentalmente para a redução da pós-democracia a conceito de luta e a uma litania saudosa da época de ouro da democracia. Mas que democracia? Que representação? Que legitimação?

As interrogações exigem outras abordagens. No já longínquo ano de 1957, Anthony Downs (1968) apontava já para um problema crucial da democracia: "o governo não tem de se acomodar aconceitos políticos anteriores, mas formular conceitos políticos para chegar ao governo"[15]. Reduzida a **palavra de luta**, a pós-democracia é falha de sustentabilidade, porque não oferece qualquer estratégia para a **vitalização da democracia** nem estrutura dados possibilitadores de uma nova praxis democrática. De qualquer modo, é incontornável um teste final de ***recognition*** ou ***disagreement***[16].

8. REPRESENTAÇÃO NA DEMOCRACIA E NA PÓS-DEMOCRACIA

A **representação** encontra também dificuldade com a modernística reconfiguração do sujeito autónomo e do sujeito identitário. Para as institui-

15 Cf. DOWNS, Anthony. **Okonomische Theorie der Demokratie**. Berlin (ALE): Tübingen, 1968.

16 Cf. RANCIÈRE; HONNETH, op. cit., p. 23 et seq.

ções democráticas – partidos, programas, eleições, representantes – é cada vez mais difícil contar com o cidadão **moderno** crescentemente fragmentado. Tornam-se menos responsivos como o demonstra o decréscimo dos membros – filiados, militantes, simpatizantes – dos partidosse a crescente abstenção nos momentos eleitorais. Pior do que isso. O funcionamento das estruturas democráticas, quando comparado com a agilidade do ***management*** existencial e com a sociedade de consumo e de concorrência, revela-se pouco eficiente, gerando mesmo **um novo sentimento antidemocrático**. Se ao funcionamento democrático associarmos os custos dos sistemas, sobretudo nos esquemas orientados para políticas sociais reconhecidamente consumidoras de recursos, forçoso será concluir que as instituições democráticas já não dão respostas à autocompreensão e interesses dos cidadãos modernos. É neste contexto que surge o conceito da mudança pós-democrática.

Esta mudança não beneficia da evidência nem pode furtar-se a uma nova suspensão reflexiva. Ela transporta profundas implicações políticas que carecem de explicação. Devemos perguntar-nos, em primeiro lugar, se o **indivíduo moderno** abdicou da sua identidade a favor da sua flexibilidade e desejos ou se reforçou a interpretação das novas vinculações sociais, convocando valores como amizade, confiança, colaboração e família. Se o sujeito autonômo e identitário é, sempre foi, um conceito ideal e não uma realidade empírica, o que temos é de procurar as constelações normativas dominantes que informam os desafios políticos da mudança democrática. Como exemplo da nova agenda emancipatória poderíamos individualizar a ética social da responsabilidade e do dever de prossecução do bem comum como imperativo ecológico.Julgamos não cair no idealismo metanarrativo do sujeito, que já criticámos, se ousarmos avançar com a tese de que os novos movimentos sociais, mesmo cercados por objectivações, não deixam de recuperar a **razão autêntica** do domínio, invocando os imperativos da sociedade civil e da sustentabilidade democrática. Hoje como ontem, o ponto de referência dominante no âmbito político e social deveria recuperar as dimensões da participação, representação e legitimidade. Não é por acaso que alguns institutos de investigação tentam recortar as várias categorias de *milieus politiques*, desde o *milieu do performer*, o ***milieu*** **do adaptativo-pragmático**, o ***mi-***

lieu*hedonista**, o ***milieu* estabelecido conservador**, o ***milieu* tradicionalista**. Estes estudos demonstram, porém, que se os ***milieus não expulsam valores tradicionais – lealdade, camaradagem, família – outros fatores relacionados com o mercado de trabalho e sua mobilidade, exigências de adaptação, disponibilidade para inovações, aprendizagem ao longo da vida, exigem que o estilo de vivência privada se converta em mobilidade permanente e apressada que dificilmente se pode incluir no mundo modernístico de novos **ideais de subjetividade**. Se acrescentarmos a tendência para a precarização e a dissolução da segurança torna-se difícil contestar a mudança formal da democracia para a pós-democracia. No livro a**Mudança estrutural da opinião pública**, Jürgen Habermas (2000) intuiu, logo na década de sessenta do século XX, que a consciência cívica e política era abafada pela criação de um sistema de hábitos heteronomamente comandados. Luhmann (2001) daria consistência definitiva à estruturação de sistemas comunicativos autonômos onde se dilui o sujeito identitário autonômo. A pergunta é agora esta: Como **reencontrar** o político, ou mesmo, o seu **renascimento**? Mais concretamente: como estruturar os critérios de *performance democrática*– qualidade da democracia – e as expectativas de *performance sistêmica* – capacidade de solução de problemas empíricos ou práticos? – Como encarar o tom culturalmente pessimista da melancolia política?

9. EMANCIPAÇÃO DE PRIMEIRA ORDEM E EMANCIPAÇÃO DE SEGUNDA ORDEM

É tempo de dar transparência aos desafios que neste foro de cidadania têm sido problematizados. Se vemos bem as coisas, as pretensas **emancipações** que se cruzam e combatem podem recortar-se da seguinte forma: (i) emancipação de **primeira ordem** ainda situada na narrativa do sujeito; (ii) emancipação de **segunda ordem** orientada para a mudança social de valores e sua influência no processo de modernização de democracia. O quadro que estas emancipações densificam inclui o modelo da actual **revolução silenciosa**.

Avancemos um pouco mais a caminho da mudança pós-democrática e tentemos diferenciar os vários momentos relacionais do cidadão moderno com a democracia. Em síntese, e acompanhando o autor de referência deste trabalho Blühdorn (2013):

Os recursos da maior parte das pessoas tendem cada vez mais a ser objecto de um *management* pessoal e, na sua luta contra a insegurança, pouco tempo e meios restam aos cidadãos para além do circulo pessoal. Não há lugar para o político e para a política.

Muitos dos problemas sociais parecem ser melhor solucionados de forma não democrática ou, então, de um modo que pode não ser reconduzido ao processo democrático – **salvar o euro**, **desenvolver a economia**, **criar postos de trabalho**, disponibilizar bens de consumo ao alcance das bolsas de consumidores, proteger o clima, combater o terrorismo, resolver os problemas do déficite e da dívida.

Saber como lidar e atuar nos casos de limites ao desenvolvimento e como responder imediatamente aos visíveis retrocessos no bem-estar.

Se os governos dispõem hoje de maior intervenção e de liberdade de escolha e se as iniciativas dos cidadãos implicam responsabilidade autónoma e compromisso activo da sociedade civil, parece que a tensão de **revolução silenciosa** só pode resolver-se através de lógicas sistémicas combinatórias.

Na constelação pós-democrática colocam-se problemas importantes e diretamente relacionados com os próprios cidadãos e com o estado. Para aqueles que caíram na nova **subclasse** que abrange, desde logo, o **precariado dependente**, a democracia não é um projecto e poucas possibilidades tem para melhorar a sua posição. Para a **classe média** em erosão constante também a democracia deixou de ter força de atração e inclusividade. Esperamos que os auditóriosdo discurso não se verguem a posturas melancólicas.

Quadro 4: Revolução Silenciosa[17]

Revolução Participativa	Mudança pós-democrática
Politicização do cidadão impolítico e de temas e problemas	Despoliticização do cidadão politicizado e dos temas e problemas
Sujeito autónomo e auto-compreensão identitária convertida em norma social	Consumidor autonômo e a auto-compreensão complexa e flexível transforma-se em norma social

17 Quadro adaptado do livro de BLÜHDORN, op. cit., p. 157 et seq.

O padrão não conformista, alternativo, provocatório de identidade e autorrealização	Padrão de identidade e de autorrealização é um padrão em conformidade com o sistema
Activismo do cidadão contra o poder da elite Pretensão de autogoverno civil e social	Ativação do cidadão através do poder das elites e Autoresponsabilidade individualizada
Compromisso com decisão autodeterminada *Do ityourselfpolitik*	Delegação de poder de decisão aos prestadores profissionais de serviços
Deliberação de base democrática	Direção pós-democrática
Argumento de complexidade através da politicização	*Management* da complexidade e redução através da despoliticização
Política informal / extraparlamento da rede social e civil	Política extaparlamento (informal) dos grupos lobistas, comissões de peritos, autoridade de regulação, tribunais)
Iniciativas de cidadãos como campo de experimentação para alternativas referentes ao *mainstream* social	Iniciativas de cidadãos com recursos para aumentar a eficiência e estabilização do sistema
Eficiência social como norma de referência	Eficiência sistémica como norma de referência

BLÜHDORN, 2013, passim

"A VONTADE DOS CIDADÃOS DA UNIÃO": A DEMOCRACIA SUPRANACIONAL NA UNIÃO EUROPEIA

VITAL MOREIRA[1]

1. INTRODUÇÃO

Tradicionalmente a noção de democracia, como **governo do povo**, vinha associada às noções de soberania e de cidadania, pelo que só tinha aplicação à relação entre o Estado e os seus cidadãos ou às declinações territoriais infranacionais – democracialocal, democracia regional. Em todo caso, não fazia sentido aplicá-la à esfera transnacional, onde não há cidadãos, mas apenas relações entre Estados e organizações de Estados. Como noção constitucional, privativa do Estado, a democracia estava por definição fora de consideração no âmbito das relações trans-estatais, reguladas pelo direito internacional.

Todavia, este entendimento tem vindo a ser desafiado pela criação e pelo avanço da integração política supranacional da União Europeia, que veio perturbar as referidas noções tradicionais. Não sendo um Estado, a UE apresenta, porém, inequívocos traços paraestatais – poderes legislativos, separação de poderes, poder judicial, poder de criação direta de direitos e obrigações não somente *vis a vis* os Estados membros, mas também sobre os particulares submetidos à sua jurisdição etc.[2] Não sendo uma federação, a União apresenta, no entanto, incontornáveis aspetos federais – **governo em dois níveis**, atribuições próprias, cidadania da União, dupla representação política dos cidadãos da União e dos Estados membros, aplicação direta

1 Universidade de Coimbra. O presente texto constitui uma versão ampliada e atualizada de uma conferência proferida na Universidade de Sevilha em 2013 e nunca publicada. As citações biliográficas remetem para a lista inserida no final do texto.

2 Sobre os aspetos paraestatais da UE ver por todos, Hix, 1999; Lock, 2009; Moreira, 2014.

e primazia do direito da União etc[3] – Não tendo constituição, a União não pode, todavia, ser corretamente lida e percebida se não numa **chave** constitucional – *rule of law*, *bill of rights*, independência dos tribunais, justiça constitucional etc.[4]

Além disso, não tendo por substrato um **povo europeu**, mas sim uma associação de povos nacionais que constituem o substrato pessoal dos seus Estados membros, a União assenta na noção de **cidadãos europeus**, constituído pelo conjunto dos cidadãos dos seus Estados membros. Ou seja, tal como nos Estados, os cidadãos da União são também os destinatários das suas normas e os beneficiários da sua jurisdição.

A UE constitui uma forma inovadora de organização política, uma *new kind of polity*, nas palavras de Bogdandy (2012). Qualquer que seja, porém, a qualificação que dermos à UE como entidade política – **organização internacional atípica, confederação reforçada, federação de Estados soberanos**, ou **federação supranacional** etc – é indiscutível que ela é um **sistema político** a título pleno, apresentando todos os elementos deste conceito desenvolvido pela ciência política norte-americana na década de 70 do século XX – Easton e Almond.[5] A questão que se coloca aqui é a seguinte: **pode o sistema político da UE qualificar-se como democrático?**

Apesar de não ser um Estado, a União foi dotada pelos Estadosmembros com atribuições próprias e poderes soberanos – que só lhe podem ser retirados por alteração dos Tratados, por decisão unânime -, incluindo poderes legislativos, administrativos e judiciais, que são diretamente aplicáveis aos cidadãos e a outras pessoas coletivas dos Estados membros. Neste sentido, a União exerce autoridade política e jurídica sobre os particulares, a par dos seus Estadosmembros. Uma segunda questão que se coloca a este respeito é a seguinte: de onde deriva a legitimidade para este **po-**

3 Sobre a compreensão federal da UE, ver, por todos, Weiler, 1999; Von Bogndady, 2012, Moreira, 2014.

4 Sobre a compreensão constitucional da UE ver, por todos; Maduro, 2001; Häberle, 2006; Bogdandy, 2009; Moreira, 2014: Rosas; Armatti, 2010; Weiler, 1999.

5 Para a análise da política da UE como um sistema político ver em especial Hix, 2005.

der político sobre os particulares? O poder político da União compartilha da mesma legitimidade política democrática do poder político dos Estados membros?

Há uma terceira questão importante: sendo a UE um sistema político baseado numa comunidade de Estados, estabelecendo um sistema de governo em dois níveis *(two level government)*, de tipo federal, **será que a União satisfaz os requisitos de uma democracia federal**, quer na sua configuração, quer no seu funcionamento? Há lugar para conceber a noção de **democracia supranacional**?[6]

2. FONTES CONSTITUCIONAIS DA DEMOCRACIA DA EU

2.1. AS CONSTITUIÇÕES NACIONAIS

Como veremos abaixo, a organização e o funcionamento democrático da União constituem hoje em dia uma **garantia institucional** dos próprios Tratados da União Europeia. Logo o art. 2º TUE, sobre os princípios constitucionais da União, enuncia expressamente o princípio democrático, a par de outros princípios de óbvia ressonância estatal e constitucional (Estado de direito, direitos fundamentais, etc).

Mas, a exigência democrática decorre antes de mais do direito constitucional dos Estadosmembros. Sendo uma união de Estados democráticos – e sendo a democracia um dos requisitos essenciais de adesão à União[7] – a democracia da União também é uma condição da adesão e permanência daqueles na União.

A União resulta da vontade dos Estadosmembros que lhe conferiram as necessárias atribuições e poderes. Algumas das constituições nacionais são explícitas em condicionar a sua pertença à União pelo respeito dos princípios democráti-

6 A excpressão "democracia supranacional" é hoje corrente na literatura sobre a UE. Ver por exemplo, McCormick, 2006. Mas há quem prefrira falar em "democracia pós-nacional" (Duff, 2011) ou "democracia compósita" (Fabrini, 2007). Sobre a democracia europeia em geral ver, entre muitos, Auel; Benz, 2006; Bevir; Phillips, 2017; Bogdandy, 2007; Lord, 1998; van Parijs, 1998; Schmidt, 2006; Weiler, 1995.

7 Os requisitos de adesão à União encontram-se hoje explicitamente enunciados no art. 49º TUE, mas foram pela primeira vez explicitados nos chamados "critérios de Copenhaga", por terem sido adotados numa resolução do Conselho Europeu de 1993, realizado na capital dinamarquesa.

cos. Este é o caso, por exemplo, da Alemanha e de Portugal.

> **Artigo 23º da *Grundgesetz* alemã**
> [União Europeia - Proteção dos direitos fundamentais - Princípio da subsidiariedade]
> (1) Com vista ao estabelecimento de uma Europa unida, a República Federal da Alemanha participa no desenvolvimento da União Europeia, que está **comprometida com os princípios democrático**, social e federal, com o Estado de direito e com o princípio da subsidiariedade e que garante um nível de proteção dos direitos fundamentais essencialmente comparável à que é garantida pela presente Lei Básica. Para este efeito a Federação pode transferir poderes soberanos por uma lei com o consentimento do Conselho Federal. O estabelecimento da União Europeia, bem como as alterações nos seus tratados fundamentais e regulamentos equiparáveis que alterem ou complementem a presente Lei Básica, ou que admitam fazer tais alterações ou aditamentos, ficarão sujeitas ao disposto nos nºs 2 e 3 do artigo 79º *[preceitos sobre alterações à Constituição]*.
> [...] (grifo nosso).

Da mesma forma a **cláusula da UE** da Constituição da República Portuguesa (CRP) estabelece o seguinte:

> **Artigo 7º (Relações internacionais)**
> [...]
> 6. *Portugal pode, em condições de reciprocidade, com* ***respeito pelos princípios fundamentais de um Estado de direito democrático*** *e pelo princípio da subsidiariedade e tendo em vista a realização da coesão económica, social e territorial, de um espaço de liberdade, de segurança e de justiça e a definição e execução de uma política externa, de segurança e de defesa comuns, convencionar o exercício em comum, em cooperação ou pelas instituições da União, dos poderes necessários à construção e aprofundamento da união europeia.* (grifo nosso).

Por conseguinte, precisamos de responder a esta pergunta chave: **a UE satisfaz efetivamente a exigência democrática estabelecida por essas (e outras) constituições nacionais como uma condição para a participação nacional na União?**

Se a resposta a esta questão for positiva, há um outro tópico que necessita de ser abordado. Como qualificar a democracia da UE, de acordo com a tipologia tradicional de sistemas de governo? Dado que quase todos Estados membros da UE são democracias parlamentares - sendo exceções Chipre – presidencialismo – e a França – semipresidencialismo – o sistema de governo da UE segue o mesmo padrão parlamentar ou apresenta peculiaridades que tornam impossível juntá-lo à família parlamentar?

O objetivo deste trabalho é responder a estas duas perguntas do**ponto de vista do direito constitucional da União**, i. é., de acordo com os Tratados da União, tal como revistos pelo Tratado de Lisboa (2007, entrado em vigor em 2009). Isto não significa que se vá ignorar a abordagem da ciência política, que pode ajudar a interpretar a configuração constitucional. No entanto, a fim de manter uma abordagem coerente, vamos manter um discurso essencialmente jurídico-institucional[8].

2.2. OS "PRINCÍPIOS DEMOCRÁTICOS" DO TRATADO DE LISBOA

Na versão do Tratado de Lisboa (2007), o Tratado da União Europeia (TUE) inclui um conjunto de preceitos dedicados à qualificação democrática da União. Depois de afirmar no art. 2º que a União se baseia, entre outros, nos princípios da democracia, do Estado de direito e do respeito pelos direitos humanos – ou seja, no princípio do Estado de direito democrático –, o título II do TUE estabelece diretamente os **princípios democráticos** da União.

Vale a pena transcrevê-los.

Título II

Disposições relativas aos princípios democráticos

Artigo 9º [Cidadania da União]

Em todas as suas atividades, a União respeita o princípio da igualdade dos seus cidadãos, que beneficiam de igual atenção por parte das suas instituições, órgãos e organismos. É cidadão da União qualquer pessoa que tenha a nacionalidade de um Estado-membro. A cidadania da União acresce à cidadania nacional e não a substitui.

Artigo 10º [Democracia representativa]

1. O funcionamento da União baseia-se na democracia representativa.

2. Os cidadãos estão diretamente representados, ao nível da União, no Parlamento Europeu.

Os Estadosmembros estão representados no Conselho Europeu pelo respetivo Chefe de Estado ou de Governo e no Conselho pelos respeti-

8 O "direito primário" da UE compreende principalmente o Tratado da União Europeia (TUE) (com origem no Tratado de Maastricht de 1992), o Tratado de Funcionamento da União Europeia (TFUE) (originado no Tratado de Roma de 1957), a Carta de Direitos Fundamentais da União Europeia (CDFUE) e os divesos protocolos anexos aos dois referidos Tratados.

vos Governos, eles próprios democraticamente responsáveis, quer perante os respetivos Parlamentos nacionais, quer perante os seus cidadãos.

3. Todos os cidadãos têm o direito de participar na vida democrática da União. As decisões são tomadas de forma tão aberta e tão próxima dos cidadãos quanto possível.

4. Os partidos políticos ao nível europeu contribuem para a criação de uma consciência política europeia e para a expressão da vontade dos cidadãos da União.

Artigo 11º [democracia participativa]

1. As instituições, recorrendo aos meios adequados, dão aos cidadãos e às associações representativas a possibilidade de expressarem e partilharem publicamente os seus pontos de vista sobre todos os domínios de ação da União.

2. As instituições estabelecem um diálogo aberto, transparente e regular com as associações representativas e com a sociedade civil.

3. A fim de assegurar a coerência e a transparência das ações da União, a Comissão Europeia procede a amplas consultas às partes interessadas.

4. Um milhão, pelo menos, de cidadãos da União, nacionais de um número significativo de Estados Membros, pode tomar a iniciativa de convidar a Comissão Europeia a, no âmbito das suas atribuições, apresentar uma proposta adequada em matérias sobre as quais esses cidadãos considerem necessário um ato jurídico da União para aplicar os Tratados.

Os procedimentos e condições para a apresentação de tal iniciativa são estabelecidos nos termos do primeiro parágrafo do artigo 24º do Tratado sobre o Funcionamento da União Europeia.

Artigo 12º [Papel dos parlamentos nacionais]

Os Parlamentos nacionais contribuem ativamente para o bom funcionamento da União:

a) Sendo informados pelas instituições da União e notificados dos projetos de atos legislativos da União, de acordo com o Protocolo relativo ao papel dos Parlamentos nacionais na União Europeia;

b) Garantindo o respeito pelo princípio da subsidiariedade, de acordo com os procedimentos previstos no Protocolo relativo à aplicação dos princípios da subsidiariedade e da proporcionalidade;

c) Participando, no âmbito do espaço de liberdade, segurança e justiça, nos mecanismos de avaliação da execução das políticas da União dentro desse mesmo espaço, nos termos do artigo 70º do Tratado sobre o Funcionamento da União Europeia, e sendo associados ao controlo político da Europol e à avaliação das atividades da Eurojust, nos termos dos artigos 88º e 85º do referido Tratado;

d) Participando nos processos de revisão dos Tratados, nos termos do artigo 48º do presente Tratado;

e) Sendo informados dos pedidos de adesão à União, nos termos do artigo 49º do presente Tratado;

f) Participando na cooperação interparlamentar entre os Parlamentos nacionais e com o Parlamento Europeu, nos termos do Protocolo relativo ao papel dos Parlamentos nacionais na União Europeia.

Importa sublinhar à partida os principais aspetos destes preceitos inovadores do Tratado de Lisboa (salvo o primeiro). São eles:

- a instituição da cidadania europeia (art. 9º);
- a primazia da democracia representativa e a natureza dual desta (art. 10º);
- o relevo dado à democracia participativa (art. 11º);
- o destaque conferido ao papel dos parlamentos nacionais (art. 12º).

Importa desenvolver estes tópicos.

3. CONDIÇÕES PARA A DEMOCRACIA DA UE

3.1. A INTEGRAÇÃO TRANSNACIONAL PLURIFUNCIONAL

A história da UE não é somente a história do seu alargamento geográfico (de seis países para os atuais 28) mas, sobretudo, a história da **ampliação do âmbito funcional da integração europeia**, desde a Comunidade Económica do Carvão e do Aço (CECA), de 1951, até à União Europeia, de 1992, passando pela Comunidade Económica Europeia (CEE), de 1957.

O grande salto quantitativo e qualitativo na ampliação funcional da integração europeia – de uma integração monossetorial, de natureza exclusivamente económica – **mercado comum** e união aduaneira – para uma integração plurifuncional de natureza caraterizadamente política – édado pelo Tratado de Maastricht de 1992, que acrescentou às atribuições da União não somente a união económica e monetária (UEM), incluindo a moeda comum – que haveria de ser o euro – mas, também um conjunto de atribuições extraeconómicas, nomeadamente a política externa e de segurança comum (PESC), incluindo uma política de defesa, a política de liberdade, segurança e justiça, a que a acrescem outras áreas, tanto no domínio interno – política social, educação, saúde, defesa dos consumidores, investigação científica, ambiente, energia, proteção civil etc – como no domínio externo – cooperação para o desenvolvimento, ajuda humanitária etc.

Sem ser dotada de fins gerais,

como os Estados, a UE tornou-se uma **entidade supranacional de fins múltiplos**, onde figuram atribuições de sensibilidade política suprema, como a política de relações externas e de defesa e a política de liberdade, segurança e justiça, que reclamam uma legitimidade política muito superior à da integração económica.

3.2. O "GOVERNO EM DOIS NÍVEIS"

A UE é um tipo original de **poder político em vários níveis**. Sem ser um Estado federal – desde logo porque não é um Estado – aUE mostra várias características federais, nomeadamente a existência de dois níveis de governo, o nível nacional, dos Estadosmembros, e o nível supranacional, da União[9].

Além disso, a União Europeia tem as suas próprias instituições, dedicadas ao desempenho das funções tradicionais do Estado: função legislativa, executiva e judicial, assim como outras instituições paraestatais, como o banco central etc. Embora algumas das instituições da União sejam constituídas por representantes das instituições dos Estados membros – nomeadamenteo Conselho da União e o Conselho Europeu – outrassão independentes das instituições nacionais; isto aplica-se particularmente ao Parlamento Europeu, após 1979 – ano em que passou a ser diretamente eleito – e à Comissão Europeia.

Por último, existem dois níveis de ordem jurídica – a dos Estados membros e a da UE – e as normas e as decisões da União Europeia são diretamente vinculativas não só para os Estados membros e as suas instituições, mas também para os seus cidadãos, que também são ao mesmo tempo cidadãos da União. Ao contrário do direito internacional, que precisa de ser **internalizado** na ordem jurídica doméstica, o direito da União cria diretamente direitos e obrigações na ordem jurídica dos Estados membros, sem sequer precisar de ser publicado no jornal oficial nacional. Como é próprio dos Estados federais, o direito da União impõe-se efetivamente aos Estadosmembros, sob pena de sanções da União, prevalece sobre

9 Sobre o "governo em dois níveis" da UE ver, por todos: Pagoulatos; Tsoukalis, 2012.

o direito nacional e goza em princípio de imunidade constitucional na ordem jurídica interna, não podendo os Estadosmembros invocar a sua ordem constitucional para não cumprir as suas obrigações decorrentes do direito da União. Além disso, os Estadosmembros são responsáveis perante a União pela efetiva aplicação do direito desta na sua ordem interna, responsabilidade que existe mesmo quando o incumprimento do direito da União se deve aos tribunais do Estado.

Nestas circunstâncias, por ser uma fonte de direito e de autoridade autônoma, se a União Europeia quiser ser um sistema democrático não é suficiente que os seus Estadosmembros sejam democráticos. A própria União Europeia deve preencher as exigências democráticas. Se a autoridade político-jurídica da União Europeia afeta diretamente os seus cidadãos, sem qualquer mediação dos Estadosmembros, assim criando direitos e obrigações para aqueles, o princípio democrático exige que os próprios cidadãos, e não somente os Estadosmembros, tenham uma palavra a dizer no governo da União, particularmente na aprovação da sua legislação e na designação e escrutínio do seu executivo.

A democracia ao nível da UE significa necessariamente autogoverno dos cidadãos da UE, tal como a democracia ao nível estadual significa o autogoverno dos cidadãos nacionais. Pela mesma razão que existe uma cidadania da UE acima da cidadania nacional, também não deve haver **uma democracia da UE acima das democracias nacionais**.

3.3. A CIDADANIA EUROPEIA

Um dos traços tipicamente federais da União Europeia é a noção de cidadania europeia, que se encontra hoje prevista no art. 9º TUE, acima transcrito. A Parte II do Tratado de Funcionamento da UE (TFUE) desenvolve essa noção e define os direitos de cidadania (arts. 18º-25º), entre os quais a liberdade de circulação e de residência em qualquer Esatdo-membro e o direito de eleger e de ser eleito nas eleições para o Parlamento Europeu no Estado-membro de residência. Os mesmos direitos são reproduzidos no capitulo V ("Cidadania", arts. 39º -46)) da Carta de Direitos Fundamentais da União (CDFUE), que o Tratado de Lisboa incluiu no **direito primário** – constitucional – da União (TUE, art. 6º).

Não é por acaso que o capítulo dos princípios fundamentais da TUE começa com a cidadania europeia e que o art. 10º-3 acrescenta que "todos os cidadãos têm o direito de participar na vida democrática da União", evocando o conhecido art. 21º-1 da Declaração Universal dos Direitos Humanos.

Com efeito, a noção de democracia da União só é possível porque há duas décadas e meia, no primeiro avanço para a integração política europeia, o Tratado de Maastricht (1992) criou a noção de cidadania da União, sendo cidadãos europeus por definição todos os nacionais dos Estadosmembros. A União Europeia tornou-se então uma **união dos seus Estados membros e dos seus cidadãos**. Ao criar a noção de cidadãos da UE e ao reconhecer um conjunto de direitos de cidadania - acima de tudo, o direito de estabelecer residência em qualquer Estado-membro e o direito de votar e ser eleito para o Parlamento Europeu, independentemente do país de residência dentro da União -, o Tratado de Maastricht criou também uma **comunidade política autónoma, diferente e separada das comunidades políticas nacionais**, com as suas próprias instituições e mecanismos democráticos[10].

Enquanto cidadãos nacionais, os cidadãos dos Estadosmembros da União participam na vida democrática do seu país. Enquanto cidadãos europeus, participam na vida política da União.

3.4. A QUESTÃO DA LEGITIMIDADE DO PODER POLÍTICO DA UE

De acordo com o entendimento generalizado da noção desde Max Weber, **legitimidade** é o ingrediente que torna legítimo o poder, ou aceito como legítimo, isto é, válido e vinculativo, por aqueles que a ele se encontram submetidos. O poder democrático é legítimo porque os governados estão eles mesmos ao comando do poder político, ou pelo menos são chamados a selecionar os governantes e a escolher as orientações políticas da governação. O po-

10 Sobre a cidadania europeia, ver, por todos, Bauböck, 2007; Moccia, 2012; Moreira, 2014; Schneider, 2008; Schonberger, 2007.

der democrático é legítimo porque é baseado na vontade dos cidadãos e porque é responsável perante os cidadãos.

Como veremos, a questão da democracia na UE foi levantada quando a legitimidade da União começou a ser posta em causa. No início da integração europeia, quando as suas competências eram limitadas à criação de um **mercado comum** e as decisões eram tomadas por unanimidade dos Estados membros, foi alegado que a sua legitimidade era assegurada pela vontade comum dos Estados membros e pela legitimidade dos seus governos democráticos que decidiam por unanimidade regras comuns a aplicar e a ser implementados por todos eles. Como não havia verdadeiramente perda de soberania, dada a regra da unanimidade, a questão da legitimidade do poder da União não se colocava.

As coisas começaram a tornar-se menos claras quando as competências da União foram aumentadas, quando a unanimidade no Conselho foi substituída pela regra da maioria qualificada num certo número de áreas e quando se observou que a cadeia de legitimidade desde os cidadãos às instituições da União era demasiado extensa e com muitos elos: cidadãos →parlamentos nacionais àgovernos nacionais →Conselho da União →Comissão Europeia. A legitimidade das decisões da União já não era assegurada pela democracia nacional na base, tanto assim que essas decisões, agora tomadas por maioria, criavam diretamente novos direitos e obrigações para os próprios cidadãos em todos os Estados membros, independentemente da oposição destes.

Como assinalou P. Magnette (2000), a integração europeia traduziu-se numa **compressão da soberania nacional e, por consequência, numa constrição da democracia nacional.** Logo, a transferência de poderes de soberania para a União tinha de ser acompanhada de uma **compensação** democrática ao nível da União, sob pena de criação de uma situação de **soberania supranacional sem democracia supranacional.**

Havia um **elo ausente** na cadeia de legitimação do poder da União Europeia, um elo que poderia fornecer a legitimidade vinda diretamente dos próprios cidadãos, através de mecanismos adequados, nomeadamente a representação e a responsabilização ao nível da UE. Este argumento é a verdadeira fonte da democracia da UE[11].

4. O "DÉFICE DEMOCRÁTICO" E A CONSTRUÇÃO DA DEMOCRACIA NA EU

4.1. DIMENSÕES DO "DÉFICE DEMOCRÁTICO"

O desenvolvimento da democracia na União Europeia deve muito ao debate sobre o **défice democrático**, que surgiu nos anos oitenta do século passado e que foi um reflexo da sensação de legitimidade política insuficiente da integração europeia.

O discurso sobre o défice democrático da UE foi baseado numa série de temas, designadamente as seguintes[12]:

a) **Défice democrático da própria integração europeia**

Para os**eurocéticos**, ou seja, os opositores da integração europeia, situados tanto na direita nacionalista como na esquerda soberanista, o défice democrático da UE começa com a própria integração europeia, ou pelo menos com a sua contínua expansão e aprofundamento, através de novos tratados, alegadamente negociados e ratificados pelas elites políticas sem verdadeiro debate político e sem procurar um explícito consentimento popular.

Para consubstanciar esse alegado défice, algumas acusações falam mesmo de uma **integração furtiva**, nas costas dos povos europeus.

b) **"Governamentalização" dos poderes legislativos conferidos à UE**

No início da integração europeia, a legislação relativa às áreas atribuídas à União deixava obviamente de ser adotada pelos parlamentos nacionais, no âmbito de um debate público, passando a ser a aprovada pelo Conselho por acordo intergovernamental e sem qualquer debate público, visto que o Parlamento Europeu não tinha nessa altura poderes legislativos.

---

11 Sobre a questão da legitimidade democrática da UE ver, entre muitos: Kohler-Koch; Rittenberger, 2007; Lenaerts; Cambian, 2009; Schmidt, 2012.

12 Sobre o défice democrático europeu ver, entre muitos: Bowman, 2006; Crombez, 2003; Höreth, 2013; Neubüser, 2002;

Integração significava **desparlamentarização da função legislativa e de aprovação de acordos internacionais**, que passavam a ser exercidas pelso governos, sem mandato específico dos parlamentos nacionais. A expropriação dos poderes legislativos dos parlamentos nacionais foi durante muito temo o principal argumento sobre o défice democrático da União.

c) **Défice de participação política a nível da UE**

Nas primeiras décadas da integração europeia, havia um contraste marcado entre os tradicionais meios de envolvimento de interesses organizados e outras organizações e grupos da sociedade civil no processo político nacional e a sua ausência no processo político da União.

Por conseguinte, a dimensão de democracia participativa, que tem um papel importante nas democracias modernas, também estava ausente no que diz respeito à tomada de decisão política a nível da UE.

d) **Falta de poderes legislativos parlamentares a nível da UE**

Para tornar as coisas piores, durante muito tempo a perda do poder dos parlamentos nacionais não foi compensado por um correspondente *empowerment* legislativo do Parlamento Europeu, que foi estabelecido pelo Tratado de Roma, mas que não foi diretamente eleito antes de 1979, tendo continuado sem poderes legislativos significativos até uma fase muito tardia.

Por conseguinte, faltava a peça fundamental de qualquer democracia representativa, que é uma assembleia legislativa eleita por sufrágio universal.

e) **Falta de accountabilitiy da Comissão Europeia**

A Comissão Europeia foi inicialmente concebida como um órgão técnico, neutral e independente, **não-maoritário**, livremente nomeado pelo Conselho por unanimidade, e que não era responsável nem perante o Conselho nem perante o Parlamento Europeu.

Por conseguinte, o braço executivo da União não era responsável perante nenhum dos órgãos com legitimidade democrática da União.

4.2. RESPOSTAS E SOLUÇÕES

Estas acusações levaram a grandes mudanças ao longo do

tempo, tanto no quadro institucional da União como nos seus procedimentos. Todas estas alterações convergem em trazer mais participação política, mais debate público, mais transparência e *accountabilitiy*, mais poder do Parlamento Europeu, em suma, mais democracia para a União Europeia.

a) **Democratização das alterações ao Tratados**

No que diz respeito ao primeiro défice –**integraçãofurtiva**– elepouco depende da própria União Europeia. Compete aos Estados Membros decidir quando e como alargar e aprofundar a integração europeia com novos Tratados e como a ratificá-los internamente.

No entanto, deve ser mencionada a adoção do **método da convenção** para a aprovação da Carta de Direitos Fundamentais da UE (2000) e do falhado **Tratado Constitucional** (2004), que permitiu o envolvimento direto não só dos governos dos Estados membros, mas também das instituições da UE (PE e Comissão), e por último, mas não menos importante, dos parlamentos nacionais.

O método da convenção foi introduzido no Tratado de Lisboa como um procedimento permanente de futuras revisões ordinárias dos Tratados, como mostra o art. 48º-3 TUE. Em todo o caso, antes de iniciar o procedimento de revisão, o Conselho deve consultar o Parlamento Europeu e as alterações que vierem a ser aprovadas têm de passar pelo processo de ratificação interna em todos os Estados membros.

O procedimento de revisão dos Tratados tornou-se, portanto, muito mais transparente e participado, que pelo PE quer pelos parlamentos nacionais.

b) **Reforço do papel dos parlamentos nacionais**

Também o segundo défice democrático – expropriaçãodos parlamentos nacionais nos domínios de competência da UE – sópodia ser colmatado no nível nacional. Cabe aos parlamentos e constituições nacionais decidir em que medida os governos nacionais devem envolver os parlamentos nacionais na definição das posições a adotar pelos governos no Conselho em matéria de competência da UE e até que ponto é que os parlamentos nacionais intervêm nas tarefas legislativas da União[13].

No entanto, do lado da UE foram tomadas várias medidas a fim de melhorar a informação disponibilizada aos parlamentos nacionais. De facto, o Tratado de Lisboa assegurou uma informação geral e pronta dos parlamentos nacionais sobre todas as iniciativas lançadas a nível da UE, permitindo-lhes interagir com os seus governos e apresentar as suas posições e contribuições diretamente às instituições europeias (TUE, art. 12º).

Além disso, o TUE estipula agora que as reuniões do Conselho, quando no exercício de poderes legislativos, são públicas (art. 16º-8), o que, além do escrutínio público, permite também aos parlamentos nacionais inteirarem-se sobre as posições assumidas pelos respetivos governos.

Por último, o TUE tornou um certo número de decisões importantes da União dependentes da sua aprovação pelos parlamentos nacionais, o que reforça a sua posição em relação a esses atos legislativos.

c) O Parlamento Europeu como colegislador

A principal resposta ao défice democrático da União foi, indubitavelmente, a atribuição de poderes legislativos ao Parlamento Europeu, em codecisão com o Conselho. Iniciado com o Ato Único Europeu (1986), esse processo foi sendo progressivamente ampliado com os sucessivos tratados, até culminar com o Tratado de Lisboa, ao considerar como "processo legislativo comum" a partilha de poder legislativo entre o Parlamento e o Conselho.

Doravante, e com ressalva dos procedimentos legislativos especiais, **o poder legislativo da União passa em egral pelo Parlamento Europeu**, tendo os parlamentos nacionais vários instrumentos para contribuir para o exercício da função legislativa da União.

d) Ampliar a transparência e a participação

Todas as alterações desde o Tratado de Maastricht têm vindo a melhorar os mecanismos de transparência dos procedimentos e das

13 Aqui o mecanismo e os procedimentos são muito diferentes entre os parlamentos nacionais. Nos casos mais exigentes, como na Dinamarca, os governos têm de obedecer às indicações aprovadas pelo parlamento. Quanto ao caso português, ver Moreira, 2016.

decisões das instituições da União bem como os espaços de participação de cidadãos e organizações nesses procedimentos.

Como se viu, o Tratado de Lisboa dedicou um preceito específico à democracia participativa na União (TUE, art. 11º), a que abaixo se voltará.

4.3. DESTAQUES DO PROCESSO DE DEMOCRATIZAÇÃO DA UE

No longo processo de democratização da União Europeia, são de assinalar alguns passos singulares de especial importância.

O primeiro deles foi a decisão de fazer eleger diretamente os deputados ao Parlamento Europeu, que estava prevista desde o Tratado de Roma, mas que durante mais de duas décadas foi substituída pela representação de delegações dos parlamentos nacionais. Começavam aí os alicerces da democracia representativa da União Europeia.

O segundo grande avanço foi protagonizado pelo Tratado de Maastricht, que, além da criação da cidadania europeia e dos direitos de cidadania, iniciou a atribuição de poderes de codecisão legislativa ao Parlamento Europeu, começando a reduzir o monopólio legislativo do Conselho, iniciando a construção das bases de uma verdadeira democracia parafederal.

O terceiro passo foi a aprovação da Carta de Direitos Fundamentais da União, a qual, embora inicialmente sem força vinculativa – que só veio a adquirir com o Tratado de Lisboa -, reiterou os direitos políticos dos cidadãos europeus.

Por último, há assinalar destacadamente o Tratado de Lisboa (2007), que, além dos preceitos sobre os princípios democráticos acima vistos, submeteu o poder legislativo da União, com poucas exceções, ao processo de codecisão entre o Conselho e o Parlamento Europeu e conferiu ao Parlamento Europeu poderes reforçados na eleição e no controlo da Comissão Europeia.

5.DIMENSÕES DA DEMOCRACIA NA UE

5.1. DEMOCRACIA PARAFEDERAL

5.1.1. A REPARTIÇÃO VERTICAL DE FUNÇÕES

À imagem da repartição vertical de funções nos Estados federais, entre a federação e as unidades federadas, assim também os Tratados da União procedem à delimitação de "competências" entre a União e os Estados membros.

A primeira regra, estabelecida no art. 5º-2 TUE, é de que a União só pode atuar na área das atribuições que lhe sejam conferidas nos Tratados, que abrangem nomeadamente as políticas internas (parte III do TFUE) e as às políticas de ação externa (Título V TUE e parte V TFUE). Tudo o resto é competência dos Estados membros.

A segunda regra é a distinção entre as competências exclusivas da União, em que só esta pode tomar decisões jurídicas vinculativas, e as competências concorrentes ou partilhadas, em que tanto a União como os Estados membros são competentes. As primeiras estão previstas no art. 3º TFUE e as segundas no art. 4º. Todavia, os Estados membros só podem exercer a sua competência se e na medida em que a União não tenha exercido a sua, perdendo-a quando a segunda a tenha exercido, **princípio da prevenção** (TFUE, art. 2º-2).

5.1.2. A DUPLA REPRESENTAÇÃO

A UE não é um Estado federal, por não ser um Estado, mas o sistema político da UE só pode ser entendido com uma **chave** federal: governo em dois níveis; repartição de atribuições entre o a União e os Estados membros, incluindo competências exclusivas daquela; cidadania europeia; efeito direto e primado da ordem jurídica da União; dupla de órgãos representativos, um para os cidadãos da UE e o outro para os Estados membros.

Na definição do TUE (art. 10º-2 e 14º-2), depois do Tratado de Lisboa, *o Parlamento Europeu não representa os diferentes povos da União, mas sim os cidadãos da União, indiferenciadamente*. De resto, embora os deputados ao PE sejam eleitos por país, os eleitores são todos os cidadãos eleitores residentes em cada país e não somente os nacionais; o mesmo se passa com os candidatos, pelo que pode haver deputados que não sejam nacionais dos países onde foram eleitos.

A reapresentação de cada país no PE, que tem um máximo de 751 lugares (TUE, art. 14º-2), não é exatamente proporcional à população de cada um. Por um lado, seguindo o exemplo do Brasil, todos os países, por mais pequenos que sejam, têm direito a seis lugares – o que beneficia países como Luxemburgo, Chipre e Malta – enquanto nenhum país pode ter mais de noventa e seis lugares – o que limita a representação da Alemanha – por outro lado, a reapresentação dos demaispaíses obedece a uma regra de **proporcionalidade degressiva**, beneficiando os pequenos e médios países à custa dos maiores.

O tempo de mandato do PE é de cinco anos e não pode ser encurtado por dissolução parlamentar, não havendo, portanto, eleições antecipadas. Os deputados não se agrupam por delegações nacionais, mas sim em grupos parlamentares correspondentes aos partidos europeus.

Tanto o Conselho da União – que reúne os ministros dos governos dos Estadosmembros, conforme as diversas **formações** setoriais – como o Conselho Europeu – que é formado pelos chefes de Estado ou chefes de Governo dos Estados membros, conforme o seu próprio sistema de governo – representam os governos dos respetivos Estados membros, pelo que os seus membros são substituídos quando cessam funções governamentais nos seus países.

Ao contrário do que ocorre com o Senado no modelo federal típico dos Estados Unidos e de outros países que seguem esse modelo – Brasil etc – que são compostos por Senadores diretamente eleitos, que não respondem perante ninguém -, no caso da União Europeia **a representação dos Estados membros está a cargo dos respetivos governos**, que naturalmente são responsáveis perante os respetivos parlamentos a nível nacional, permitindo um controle democrático **doméstico** das políticas europeias dos respetivos países. A União segue aqui o modelo de federalismo alemão, onde também o Conselho Federal é composto por membros não eleitores, representando os governos regionais.

5.1.3. O MÉTODO FEDERAL DE DECISÃO

Depois do Tratado de Lisboa, existem dois métodos distintos de decisão dos dois órgãos representativos da União.

A regra geral é o agora chamado **processo legislativo ordinário** regulado no art. 294º TFUE. O procedimento começa pela iniciativa legislativa da Comissão junto do PE e do Conselho. O PE é o primeiro a definir a sua posição, seguindo-se o Conselho. Na falta de acordo nessa **primeira leitura**, há uma **segunda leitura** e, na falta de acordo, há ainda uma **terceira leitura**, protagonizada por um comitê de conciliação. Todavia, na generalidade dos casos, logo após a primeira leitura tem lugar um processo de negociações entre as duas instituições com a participação da Comissão – os chamados **trílogos**.

Os procedimentos legislativos especiais afastam-se desse modelo, porque as decisões cabem a um dos órgãos representativos, com participação do outro (TFUE, art. 289º), mas não através de codecisão.

Tanto no Conselho da União como no Conselho Europeu, as decisões são tomadas por maioria qualificada, salvo quando os Tratados exigem unanimidade, caso em que todos os Estados membros têm um poder de veto. Cada país tem um voto, independente da sua dimensão, o que em princípio respeita a regra geral da igualdade de representação na **câmara alta** dos Estados federais. A maioria qualificada consiste numa maioria de cinquenta e cinco por cento dos Estadosmembros, mas desde que representem sessenta e cinco por cento da população, o que exclui maiorias compostas somente por pequenos Estados. Mas a exigência de uma **minoria de bloqueio** de quatro países impede um poder de veto dos três maiores Estados só por efeito do seu peso populacional.

5.1.4. PAPEL DAS INSTITUIÇÕES NACIONAIS

Uma das características peculiares da democracia parafederal da UE, quando comparada como o modelo federal clássico dos Estados Unidos, é a participação das instituições nacionais – dosparlamentos nacionais e dos governos – navida política, legislativa e administrativa da União, desde a elaboração da legislação da União até à sua execução.

Este sistema de **federalismo cooperativo** contrasta com o **federalismo dual** dos Estados Unidos, em que cada nível de governo elabora e executa separadamente a sua própria legislação dentro da esfera das suas atribuições. A **separação vertical de poderes** entre a União e os Estados membros é menos nítida na UE do que nos Estados federais; e a União depende mais dos Estados membros (e vice-versa) do que nos Estados federais.

A participação dos parlamentos nacionais na vida da UE tem lugar a vários títulos[14].

Primeiro, os parlamentos nacionais podem escrutinar a política europeia dos seus governos e a sua ação no Conselho e no Conselho Europeu, de acordo com as suas normas constitucionais internas, sendo de observar que a maior parte dos países europeus possuem sistemas de governo parlamentar, pelo que os governos dependem da confiança política dos parlamentos. Alguns Estadosmembros, como a Dinamarca e a Alemanha, condicionam as posições dos seus governos nas instituições representativas da União a uma prévia aprovação parlamentar interna, quando se trate de áreas politicamente mais sensíveis.

Segundo, como já se viu, nos termos dos Tratados, os parlamentos nacionais tem o poder de vetar certas decisões da União, cuja eficácia necessita de aprovação dos Estadosmembros, como por exemplo a legislação eleitoral da União (TFUE, art. 223º-2).

Terceiro, depois do Tratado de Lisboa os parlamentos nacionais têm direito a conhecer desde o início todas a iniciativas legislativas apresentadas ao PE e podem tomar posição sobre as mesmas. Embora sem força vinculativa, essas posições dos parlamentos nacionais podem influenciar as decisões do PE.

Quarto, os parlamentos nacionais têm o poder de monitorizar o respeito pelo princípio da subsidiariedade no exercício dos poderes da União, segundo o qual, na esfera das atribuições concorrentes, a União só deve legislar se se mostrar que essas atribuições não podem ser mais bem desempenhadas pelos Estadosmembros (TUE, art. 5º-3). Para esse efeito, existe um mecanismo de alerta, regulado num Protocolo anexo aos Tratados. Em última instância, os parlamentos nacionais podem impugnar esses atos junto do TJUE.

14 Sobre o pael dos parlementos nacionais na UE ver, entre muitos: Pernice, 2001; Rosenberg, 2017.

Quinto, uma parte das leis da União, as **diretivas**, não são normas exequíveis por si mesmas, consistindo em normas-quadro a serem desenvolvidas pelos legisladores nacionais, com alguma margem de liberdade de decisão quanto aos meios e a forma de obter o resultado pretendido (TFUE, art. 202º), permitindo, portanto, alguma diferenciação de país para país. As leis finais acabam por ser as leis nacionais que **transpõem** as diretivas da União.

Por último, os parlamentos sancionais são decisivos na aprovação de alterações aos Tratados (TUE, art. 48º), quer na **revisão simplificada** – que é decidida pelas instituições representativas da União, mas que carece da aprovação subsequente dos parlamentos nacionais –, quer da **revisão ordinária**, que é feita por via de uma **convenção**, em que participam os parlamentos nacionais e que depois têm de ser aprovada pelos parlamentos nacionais no âmbito do processo de ratificação de convenções internacionais, ao abrigo das normas constitucionais internas.

Quanto aos governos nacionais, além da sua intervenção direta no Conselho Europeu e no Conselho da União, eles têm um papel decisivo na execução das leis, decisões e políticas da União.

Com efeito, outra das caraterísticas peculiares do federalismo europeu, particularmente do modelo alemão, é o facto de a execução das leis e políticas da União não caber por via de regra às próprias instituições da União, mas sim aos governos e administrações dos Estados membros. Desse ponto de vista, os governos e as administrações nacionais são **órgãos executivos da União**, cabendo aos tribunais nacionais fazer cumprir o direito da União na ordem interna, pelo que também eles se tornam um braço judicial de *enforcement* do direito da União. O TFUE verifica não somente a essa obrigação de execução dos Estadosmembros (art. 291º), mas, também, aplica as sanções em caso de incumprimento dessas obrigações.

Nos casos especiais em que é a própria União a executar as suas próprias leis e políticas, através da Comissão Europeia, os governos dos Estadosmembros acompanham essa execução através da chamada "comitologia", que consiste na criação de comités de representantes dos governos ou das administrações dos Estadosmembros com a missão de controlar a execução de cada diploma da União, podendo em certos casos ter um poder de veto sobre os projetos de atos executivos da Comissão (cfr. TFUE, art. 291º-2 e 3).

5.2. DEMOCRACIA REPRESENTATIVA

5.2.1. SOLUÇÃO BIRREPRESENTATIVA

Como estabelece explicitamente o art. 10º TUE, "o funcionamento da União baseia-se na democracia representativa".

Como é próprio de uma democracia de tipo federal, trata-se de uma democracia birrepresentativa, visto que existem duas câmaras representativas, uma que representa os Estados membros e outra que representa os cidadãos, respetivamente o Conselho e o Parlamento Europeu. Como se viu, só a segunda é diretamente eleita, sendo a primeira composta por representantes diretos dos governos dos Estadosmembros. Para além de **poupar**a eleição direta da **câmara alta**, esta solução de incorporação dos governos dos Estadosmembros no Conselho da União tem a vantagem de os vincular à execução das suas decisões, visto que, como vimos acima, o federalismo da União Europeia assenta na descentralização da função executiva nos Estadosmembros. Daí que o art. 16º TUE refira, expressamente, que o Conselho é composto por um representante de cada Estado-membro **com poderes para vincular o Governo do respetivo Estadomembro**.

5.2.2. DEMOCRACIA PROPORCIONAL

De acordo com a habitual distinção entre democracia proporcional e democracia maioritária, a democracia da UE pertence indiscutivelmente à segunda categoria. Isto não está estabelecido diretamente nos Tratados, sendo uma consequência do modo de composição do Conselho e da lei eleitoral da União para a eleição do Parlamento Europeu.

Por definição, a composição do Conselho depende da distribuição do poder político nos numerosos Estadosmembros da União. Por isso, o Conselho é uma representação das famílias políticas governantes na Europa, nomeadamente os conservadores, os cristãos-democratas, os liberais, os social-democratas e os verdes. Por conseguinte, a câmara representativa dos Estadosmembros será sempre aproximadamente proporcional das diferentes famílias políticas europeias. Na ausência habitual de uma expressiva maioria, o processo de tomada de decisão será baseado em coligações, permanentes ou ocasionais, ou até no consenso, como se verá. Para isso contribui a circunstância de, em muitos casos, os governos nacionais serem eles próprios governos de coligação.

Os eurodeputados são eleitos de acordo com um processo uniforme ou com respeito de princípios comuns estabelecidos na legislação da União (TFUE, art. 223º-1). Mas, até agora não foi possível adotar um processo comum. Por isso, a lei eleitoral da União limita-se a estabelecer alguns princípios comuns, entre os quais se conta o sistema proporcional, mas cada país goza de uma margem de liberdade legislativa, permitindo por exemplo escolher a sua própria fórmula de sufrágio e de sistema proporcional. Assim, muitos países adotam fórmulas de sufrágio de lista, enquanto outros optaram pelo sistema de **voto único transferível**– Irlanda e Malta. Quanto aos primeiros, uns adotam a fórmula do quociente eleitoral – como a Holanda – outras optam por fórmulas de divisor, nomeadamente o método de Hondt – Portugal, Espanha etc[15].

Em alguns países que adotam o sufrágio de lista é possível exercer um **voto preferencial**, podendo os eleitores selecionar um – ou mais – dos candidatos da lista partidária em que votam. Há uma recomendação do Parlamento Europeu para a adoção geral do sufrágio preferencial, mas essa recomendação não teve seguimento em muitos países, nomeadamente aqueles, como Portugal e Espanha, em que não existe voto preferencial nas eleições nacionais.

A democracia proporcional, que exclui, em princípio, a existência de maiorias monopartidárias e obriga à formação de coligações parlamentares, tem como consequência o reforço do papel do Paramento Europeu como câmara

15 Sobre o sistema eleitoral do Parlamento Europeu nos diversos países, ver em especial Lehman, 2014.

legislativa e orçamental e como câmara de escrutínio e controle político do executivo.

5.2.3. DEMOCRACIA DE PARTIDOS

Nos termos do art. 10º-4 do TUE, "os partidos políticos a nível europeu contribuem para a criação de uma consciência política europeia e para a expressão da vontade dos cidadãos da União". Com efeito, um dos traços da integração política Europa é o papel dos partidos políticos europeus, quer nas eleições e no funcionamento do Parlamento Europeu, quer na articulação da atividade do Conselho da União, quer na nomeação da Comissão Europeia. Os partidos políticos europeus e as suas fundações gozam de financiamento do orçamento da União.

Sendo, em geral, federações dos partidos políticos nacionais da mesma família politica, alguns partidos europeus admitem também filiação individual transnacional.

Apesar de eleitos nos seus países sob proposta dos partidos políticos nacionais, os eurodeputados agrupam-se depois no Parlamento Europeu de acordo com os respetivos partidos políticos europeus, em linha com as tradicionais famílias políticas europeias, nomeadamente extrema-esquerda, socialistas / social-democratas, verdes, liberais, centro direita (conservadores / democratas-cristãos) e nacionalistas.

Dado o sistema proporcional e a fragmentação da paisagem política europeia, nenhuma **bancada** fica próxima da maioria absoluta; os dois maiores agrupamentos são usualmente o do Partido Popular Europeu (PPE) e o dos Sociais-Democratas (S&D). Além das normais clivagens político-doutrinais na esfera econômica e social, há ainda a clivagem entre os partidos políticos hostis à integração europeia – extrema-esquerda e direita nacionalista – e todos os demais.

5.2.4. DEMOCRACIA CONSENSUAL

Tanto no Conselho como no Parlamento prevalece tradicionalmente uma atitude de busca de abrangência e de consenso político.

No Conselho, a preocupação é não exacerbar as divergências entre Estadosmembros e obter compromissos que tenham em conta o máximo dos diferentes interesses nacionais, tanto mais que na generalidade dos casos incumbe aos Estadosmembros implementar as leis e decisões da União, pelo que há vantagem em manter **toda a gente a bordo**, sem exclusões desnecessárias e contraproducentes. Como escreve Dann "behind the formal majority rule there is an informal consensus method".

No PE, dada a inexistência de maiorias monopartidárias, torna-se necessária a busca de coligações tão abrangentes quanto possível, quer na aprovação e apoio à Comissão, quer para o exercício das funções legislativa e orçamental da União. No Parlamento, como se referiu já, há duas divisórias políticas mais frequentes: por um lado, a posição entre os partidários da integração europeia, largamente maioritários, e os opositores – extrema-esquerda soberanista e direita nacionalista – por outro lado, existe a tradicional oposição entre esquerda e direita, me termos económicos e sociais. Se a primeira não admite pontes, já a segunda é muitas vezes superada por coligações abrangentes, nomeadamente a chamada **grande coligação** entre o centro-direita do PPE e o centro-esquerda social-democrata, a que se junta quase sempre o grupo liberal, que pode funcionar como fiel da correlação de forças políticas.

5.3. DEMOCRACIA PARTICIPATIVA

5.3.1. OS INSTRUMENTOS DA PARTICIPAÇÃO DOS CIDADÃOS

O art. 11º do TUE consagra a vertente da democracia participativa de que são protagonistas tanto os cidadãos individualmente considerados como as suas organizações, através dos instrumentos que a liberdade de expressão, de reunião e de manifestação proporcionam.

Todos os grupos de interesse minimamente relevantes – associações empresariais, sindicatos, ONGs etc – têm uma sede ou representação em Bruxelas e muitas delas utilizam serviços profissionais de representação e defesa dos seus interesses junto das instituições da União. Para conferir transparência a essas relações e prevenir práticas menos corretas, existe uma regulação explícita dessas atividades de *lobbying*.

Em segundo lugar, o nº 3 do referido preceito estipula que a Comissão procede a amplas consultas às partes interessadas – *stakeholders* – em todas as suas funções – preparação de iniciativas legislativas, negociação de acordos internacionais, execução da legislação europeia etc. As audições públicas aos grupos interessados tornaram-se também uma prática corrente na atividade do Parlamento Europeu.

Por último, existem dois órgãos consultivos permanentes de representação de interesses, previstos nos Tratados (TUE, art. 13º-4) – o Conselho Econômico e Social e o Comitê das Regiões. O primeiro representa os interesses econômicos e sociais organizados ao nível nacional; o segundo representa as entidades do poder regional e local nos Estados membros. Esses conselhos funcionam por iniciativa própria ou a pedido das instituições da União[16].

5.3.2. A "INICIATIVA DOS CIDADÃOS EUROPEUS"

Uma das inovações do Tratado de Lisboa em prol da democracia participativa na UE foi a chamada iniciativa dos cidadãos europeus (legalmente chamada de "Iniciativa de Cidadania Europeia", ICE), prevista no art. 11º-4 do TUE, cujo texto é o seguinte.

> Um milhão, pelo menos, de cidadãos da União, nacionais de um número significativo de EstadosMembros, pode tomar a iniciativa de convidar a Comissão Europeia a, no âmbito das suas atribuições, apresentar uma proposta adequada em matérias sobre as quais esses cidadãos considerem necessário um ato jurídico da União para aplicar os Tratados.

Ao contrário do que, por vezes, se lê, não se trata de um mecanismo de democracia direta – vistoque a ECI não tem efeito jurídico vinculativo – mas, sim de uma instância de democracia participativa, na medida em que visa instar a Comissão Europeia, que dispõe do poder de iniciativa legislativa na União, a exercer esse poder para apresentar uma proposta de ato jurídico – legislação, regulamento, ato administrativo etc – considerado necessário **para aplicar os Tratados.**

A iniciativa dos cidadãos foi regulada pelo Regulamento n.º 211/2011 do Parlamento Europeu

16 Sobre a democracia participativa na UE ver em especial Cuesta López, 2010.

e do Conselho, de 16 de fevereiro de 2011. Desde então, várias iniciativas foram organizadas e apresentadas à Comissão. A Comissão é obrigada tomar posição sobre cada ICE, tendo de justificar a sua decisão.

Este instrumento tornou-se um meio privilegiado de organizar os cidadãos para além das fronteiras nacionais – visto que ela exige a assinatura de cidadãos de vários Estados membros, pelo menos sete – e de ajuda à construção de uma consciência política na União[17].

5.4. DEMOCRACIA PARLAMENTAR

5.4.1. AS FUNÇÕES DO PE

Sendo o único órgão da União dotado do de legitimidade eleitoral direta, o PE é o fulcro da legitimidade política da União[18]. Nas palavras de Raunio (2012: 365), das instituições da UE, "o PE é indubitavelmente a que mudou mais ao longo destas décadas". Mudou o modo de eleição, a sua composição e sobretudo os seus poderes[19].

Nos termos do art. 14º TUE, o Parlamento europeu exerce, junto com o Conselho, a função legislativa e orçamental da União. O mesmo vale para a conclusão de acordos internacionais da União. Quando for caso disso, o PE pode delegar poderes de legislação secundária à Comissão– **regulamentos delegados**.

Além disso, o PE elege o presidente da Comissão Europeia, sob proposta do Conselho e aprova a composição global da Comissão. Ao longo da legislatura controla o exercício de funções pela Comissão Europeia, tendo o poder de deliberar a criação de comissões parlamentares de inquérito. Em última instância, o PE pode votar moções de censura, as quais, se aprovadas

17 Sobre a ICE ver, por todos, Clerck-Sachsse, 2012.

18 Como se verá, esta tese é contrariada pela jurisprudência do Tribunal Constitucional Alemão, que contesta a representatividade do PE, por a repartição dos assentos pelos Estados membros não respeitar proporcionalmente a respetiva população, e faz recair a legitimidade democráica da União no Conselho e indiretamente nos parlamentos nacionais.

19 Sobre o Parlamento Europeu ver, por todos, Judge; Earnshaw, 2008; Moreira, 2012; Raunio, 2012.

por maioria de 2/3, implicam a demissão da Comissão.

Entre os seus poderes de nomeação e conexos são de registar o poder de designação do *Ombudsman* da União, bem como o poder de aprovar a nomeação de vários outros cargos de outras instituições e órgãos da União, como por exemplo os membros das agências reguladoras.

Dada a inexistência de maiorias monopartidárias, torna-se necessário constituir coligações parlamentares para legislar e para eleger o Presidente da Comissão e votar a Comissão.

Por fim, através de pareceres, resoluções e recomendações, o PE influencia, consideravelmente, a definição das políticas da União nos mais variados domínios. Nas palavras de Dann (2002), o PE constitui *a strong and policy-shaping legislature*.

5.4.2. A DEMOCRACIA PARLAMENTAR EM GERAL

O parlamentarismo é o sistema de governo prevalecente nos Estados membros da UE (sendo exceção Chipre e, em certa medida, a França). Quais são as características do sistema de governo parlamentar?

Podem mencionar-se as seguintes caraterísticas principais:

- o papel crucial das eleições parlamentares, não só para a eleição dos deputados mas também para a escolha do executivo e das políticas de governo;
- a posição central do Parlamento no sistema de governo e o papel limitado do chefe de Estado, independentemente de ser um monarca (monarquia parlamentar) ou um presidente da república (república parlamentar);
- a escolha do executivo de acordo com as eleições parlamentares e a composição do parlamento;
- a necessidade de o executivo ter o apoio de uma maioria no parlamento (ou pelo menos não ter uma maioria hostil);
- a responsabilidade política do executivo perante o parlamento e a possibilidade de sua demissão por meio de um voto de censura;
- simetricamente, a possibilidade de o executivo fazer dissolver o parlamento e antecipar as eleições parlamentares.

Estes traços valem tanto para estados unitários como para estados federais. Em federações parlamentares, como Alemanha ou a Bélgica, a chave do sistema são as eleições para a câmara baixa (câmara representativa dos cidadãos), e o executivo é apenas responsável perante ela, não perante a câmara alta (câmara representativa dos territórios federados)[20].

5.4.3. A PROGRESSIVA EDIFICAÇÃO DE UMA DEMOCRACIA PARLAMENTAR NA UE

Inicialmente, o sistema de governo da UE estava muito longe de qualquer coisa como parlamentarismo. Com efeito:

- a Comissão era considerada como um organismo não político, neutro e técnico;

- a designação do presidente da Comissão e dos comissários era feita pelo Conselho independentemente das eleições parlamentares e da composição do Parlamento;

- o parlamento não dispunha de quaisquer poderes decisórios nem na área legislativa ou orçamental nem na nomeação ou aprovação da Comissão.

20 Sobre a democracia parlamentar em geral ver, por todos: Auel; Benz, 2006; Bassett, 1964; Strom; Müller; Bergman, 2006.

Todavia, existia já no Tratado de Roma um dos principais recursos de qualquer sistema parlamentar, nomeadamente a possibilidade de voto de censura à Comissão, embora por uma maioria de dois terços, com a consequência de extinguir o mandato da Comissão.

Todos a evolução posterior foi no sentido de acumular novos aspetos do sistema parlamentar:

- poder de escrutínio da Parlamento sobre a Comissão;

- confirmação parlamentar do presidente da Comissão nomeado pelo Conselho e votação parlamentar sobre o colégio de comissários.

O Tratado de Lisboa concluiu esta evolução com importantes alterações:

- o candidato a presidente da Comissão é nomeado pelo Conselho "tendo em conta" os resultados das eleições para o Parlamento;

- o presidente da Comissão é eleito pelo Parlamento, o que se traduz numa revolução conceitual, porque significa que ele será designado pelo Parlamento e não mais pelo Conselho.

O Parlamento é agora uma **instituição central do sistema político da UE**, com todos os poderes típicos de todos os parlamentose sitema de governo parlamentar: poderes legislativos, poderes orçamentais, poderes de controle político. As eleições para o Parlamento Europeu são agora determinantes para a escolha do Presidente da Comissão. A Comissão é plenamente responsável perante o Parlamento e pode ser demitida por um voto de censura.

Por sua vez, o Conselho tem uma escolha muito limitada na nomeação do candidato da presidência da Comissão e não tem poder de controle sobre a Comissão, nem o poder para terminar o seu mandato.

A crescente parlamentarização da democracia da UE teve duas consequências importantes sobre o sistema político da União: *(i)* o surgimento de coligações formais no Parlamento para efeito de seleção do Presidente da Comissão; *(ii)* a **politização** da Comissão, que passa a ser expressão da maioria parlamentar que a elege[21].

21 Sobre a democracia parlamentar da UE ver, em especial, Duff, 2011; Jakab, 2012; Judge; Earnshsaw, 2008; Petrovas, 2011; Rittenberger, 2005 e 2007.

5.4.4. EXPLORAR AS POTENCIALIDADES DO TRATADO DE LISBOA

Escrevendo em 2002, muito antes do Tratado de Lisboa, Dann adiantava a caraterização do sistema de governo da UE como **sistema semiparlamentar**. Mas as mudanças do Tratado de Lisboa vieram sem dúvida acentuar os traços parlamentaristas.

Há duas grandes mudanças no Tratado de Lisboa relativamente à designação do presidente da Comissão Europeia, que poderão significar uma revolução no sistema político da UE, nomeadamente *(i)* a eleição do Presidente da Comissão pelo PE, embora sob proposta da Conselho e *(ii)* a ideia de que a partir de agora os resultados das eleições parlamentares são um elemento chave na nomeação do presidente da Comissão.

Isso pode levar à apresentação dos candidatos para esse cargo pelos partidos políticos europeus, bem como de plataformas políticas, assim tornando as eleições parlamentares na escolha do líder do executivo, seguindo a regra dos sistemas parlamentares estatais. Adicionalmente, este desenvolvimento vai dar visibilidade aos partidos políticos europeus e, acima de tudo, vai ajudar a **europeizar** as eleições europeias.

Neste sentido, antes das eleições de 2014 – asprimeiras depois da entrada em vigor do Tratado de Lisboa – aComissão emitiu uma recomendação aos partidos políticos europeus para apresentarem os seus candidatos a presidente da Comissão. E o Parlamento adotou igualmente uma resolução com o mesmo objetivo. Como se sabe, os principais partidos europeus apresentarem efetivamente os seus candidatos a presidente da Comissão, e o candidato do partido vencedor (Claude Juncker, do PPE), veio ser proposto pelo Conselho e eleito pelo Parlamento Europeu como presidente da atual Comissão. Se este precedente vingar, as eleições parlamentares europeias de 2014 tornaram-se as primeiras eleições de um sistema de governo parlamentar maduro.

6. UMA AVALIAÇÃO CONTROVERSA

6.1 DÉFICE OU EXCESSO DE DEMOCRACIA DA UE?

Apesar dos decisivos avanços da democracia da UE nas suas diversas dimensões, antes e depois do Tratado de Lisboa, deram lugar a duas avaliações assaz assimétricas. Por um lado, apesar disso, continuam a ser invocadas diversas objeções e reservas a esse respeito; por outro lado, há quem já sugira um excesso de democracia.

a) A tese da democracia imperfeita

Entre as deficiências do sistema parlamentar da UE podem mencionar-se as seguintes:

- limitações da competência legislativa do Parlamento (PESC, alguns poderes legislativos exclusivos do Conselho);

- falta do poder de iniciativa legislativa do Parlamento e no Conselho, estando aquela reservada à Comissão;

- necessidade da maioria de dois terços para a aprovação de uma moção de censura à Comissão;

- inexistência do poder de dissolução parlamentar;

- deficiente separação de poderes entre o Conselho e a Comissão;

- **declinação** nacional das eleições europeias, ainda travadas pelos partidos políticos nacionais e segundo agendas políticas predominantemente nacionais;

- incipiência dos partidos políticos europeus;

- baixa participação eleitoral nas eleições europeias.

As limitações respeitantes à falta de poderes legislativos do PE quanto à PESC têm a ver com a natureza intergovernamental desta, em que as decisões são tomadas por unanimidade e não existe em princípio adoção de legislação.

A falta de iniciativa legislativa dos deputados e dos membros do Conselho, salvo os casos previstos nos Tratados, deve-se ao monopólio de iniciativa legislativa da Comissão. Todavia, tanto o PE como o Conselho podem requerer à Comissão que exerça os seus poderes de iniciativa legislativa, cuja recusa terá de ser justificada pela Comissão.

A necessidade de 2/3 para aprovar moções de censura constitui uma importante limitação da responsabilidade política do Comissão perante o PE. Todavia, se aprovada sem essa maioria, a moção de censura não deixa de ter um enorme impacto político.

Mais comprometedor é a deficiente separação de poderes entre o Conselho e a Comissão. De fato, o Conselho desempenha não somente a função legislativa e orçamental em conjunto com o PE mas também tem competência para definir as principais políticas da União, expropriando a Comissão dessa função, limitando esta à função de iniciativa política e legislativa e de implementação das políticas decididas pelo Conselho. Existe, portanto, uma espécie de **poder executivo dualista** na UE, composto pelo Conselho e pela Comissão. Ora, como o Conselho não é politicamente responsável perante o PE – embora deva reportar as suas decisões ao PE – isso limita, efetivamente, os poderes parlamentares de controle da função governativa da União[22].

Quanto às três últimas limitações práticas da democracia da UE, elas não dizem respeito a défices constitucionais, mas sim à insuficiente **europeização** das eleições europeias, que somente o tempo e o aprofundamento da consciência política europeia fará reduzir. Dessa perspetiva, **a democacia europeia ainda está em construção.**

22 Sobre este argumento ver em especial Dann, 2002.

b) **O excesso de democracia**

Em contraponto desta visão **deficitarista** da democracia europeia não falta quem aponte o **superavit democrático** na UE[23]. A favor desta visão podem aduzir-se vários argumentos, desde a exigência de unanimidade no Conselho para a tomada de decisão em várias áreas – o que confere a todos um poder de veto – até à duplicação dos mecanismos democráticos no plano da União e no plano nacional, imposta pelo **federalismo cooperativo** atrás assinalado (*supra*, 5.1.4.).

Quanto à legislação da União, aprovada pelos dois órgãos representativos supranacionais (o PE e o Conselho), precisa depois da confirmação de todos os parlamentos nacionais para ganhar eficácia, como ocorre em certos casos, ou quando os acordos internacionais da União, depois de obtido o assentimento dos dois referidos órgãos, ainda têm de ser aprovados por todos os Estadosmembros, com sucede, por exemplo, com o acordo de adesão da UE à Convenção Europeia de Direitos Humanos (TFUE, art. 218º-6), torna-se evidente que o antigo **défice democrático** dá lugar a um "excesso democrático".

Importa sublinhar a este propósito que tanto o procedimento legislativo parlamentar como o procedimento de aprovação de acordo internacionais da UE nada ficam a dever, democraticamente, aos mesmos procedimentos quando ocorridos a nível nacional, pelo contrário, sobretudo em termos de debate político e de participação de ***stakeholders***.

O caso do procedimento de negociação e de aprovação dos acordos internacionais é particularmente expressivo dessa mais-valia democrática da União (TFUE, arts. 216º-219). Antes do início de qualquer negociação externa, a Comissão deve obter um mandato negocial do Conselho, que é normalmente precedido de um debate e de uma resolução parlamentar. A negociação é seguida *pari passu* pela comissão parlamentar competente e pelo Conselho, devendo a Comissão informar regularmente os dois órgãos representativos sobre o andamento das negociações. Enquanto dura a negociação de cada acordo, o PE organiza debates públicos com especialistas e *stakeholders* e

23 Ver neste sentido Maduro, 2001.

faz aprovar resoluções e recomendações dirigidas à Comissão. No final, o Conselho só pode concluir os acordos com prévio assentimento do PE. Sempre que se trate **acordos mistos** – ou seja, que versem simultaneamente questões da competência da União e dos Estadosmembros – ainda é necessária a aprovação de todos os parlamentos nacionais, no âmbito dos procedimentos **domésticos** de ratificação de acordos internacionais.

6.2. DEMOCRACIA SEM POVO?

Etimologicamente, democra-cia significa **governo do / pelo povo**, contrapondo-se à autocracia, em qualquer das suas formas. Isso significa **autogoverno do povo**, nomeadamente no que se refere à elaboração de normas, seja diretamente, através de assembleias populares ou de referendos e plebiscitos – democracia direta – seja indiretamente, através de representantes eleitos – democracia representativa. Democracia significa antes de mais **autonomia**, segundo a qual os governados definem as normas que regem a comunidade política.

O problema com esta definição-padrão da democracia – governo do / pelo povo - é que em comunidades politicas multinacionais não existe um só povo, mas vários povos. Uma teoria conceptualista simplista concluiria que a democracia é impossível em comunidades políticas plurinacionais, pela simples razão de que **não há um povo, um demos**. No entanto, a história e a experiência mostram que os mecanismos e os procedimentos democráticos podem funcionar em comunidades políticas multinacionais.

A dificuldade pode ser superada se, em vez de se falar em "governo do povo", falarmos do autogoverno **da comunidade política**, através dos seus **cidadãos**. De facto, se separarmos a noção de democracia da noção de povo, continuamos a ter a mesma ideia de autogoverno coletivo da comunidade política, que constitui o cerne da definição de democracia.

A compreensão tradicional da democracia foi desenvolvida tendo em vista o **estado-nação** – uma nação – umestado – que emergiu na Europa desde o século XVII e alcançou o seu ápice entre a segunda metade do século XIX – com a unificação de Itália e Alemanha – e o final do I Guerra Mundial – com a independência das nações que constituíam o antigo império Austro-Húngaro. Este foi também o tempo da identificação romântica do conceito de **povo** com a **nação**, no sentido de uma herança histórica, cultural, linguística e étnica comum.

No entanto, a moderna democracia constitucional não é baseada em agregados sociais (povos, nações) mas sobre os **cidadãos individuais**, que só precisam pertencer à mesma *polity* e compartilharem a mesma comunidade política, no sentido de organização política estatal. É por esta razão que a democracia é possível em comunidades políticas multinacionais, mesmo se profundamente divididas. Os cidadãos não precisam de pertencer à mesma nação ou povo; só precisam de pertencer como cidadãos à mesma comunidade política ou sistema político.

Além disso, nas últimas décadas temos vindo a assistir ao crescente **reconhecimento de direitos de cidadania a não nacionais**, nomeadamente aos residentes estrangeiros, direitos de voto e de elegibilidade. Os direitos eleitorais de residentes estrangeiros não estão limitados aos níveis de governo infraestaduais – municípios, etc – abrangendo também o próprio governo do Estado, nomeadamente as eleições para o parlamento nacional.

Estamos a passar por uma **separação entre democracia e Estado-nação**. Há uma mudança da noção de democracia baseada no *demos* para uma noção de democracia **para além do povo**, onde os participantes no governo da comunidade não pertencem necessariamente ao mesmo **povo** nem sequer são nacionais daquela comunidade política. A história e a política comparada mostram que existem numerosas democracias plurinacionais, muitas delas organizadas em estados federais – Bélgica, Canadá, Índia – ou como estados protofederais – Espanha e Reino Unido. Em algumas comunidades políticas profundamente divididas – Líbano, por exemplo, Chipre antes da secessão da parte turca – existe uma representação democrática separada das diferentes secções da comunidade. A maior parte dos novos Estados africanos têm uma base multiétnica e plurilinguística, estando ainda em processo de *nation building*, e isso não impede o funcionamento em alguns deles de mecanismos e procedimentos democráticos.

No caso da UE, poucas pessoas defendem que existe um *demos* subjacente, no tradicional sentido da palavra, ou que isso vai mudar num futuro previsível. Por conseguinte, quando os Tratados dizem que a União é uma comunidade política democrática, a noção de democracia não é mais uma noção baseada num **povo europeu**, mas sim uma noção que compartilha os mesmos objetivos e valores da democracia, nomeadamente o governo dos membros da União, ou seja, os **cidadãos da União**.

A UE é uma união de diferentes povos. Os Tratados são muito claros neste aspeto: o processo de integração europeia é um processo de "união cada vez mais estreita entre os **povos da Europa**" (TUE, artigo 1º). Neste sentido, nas palavras de von Parijs (1999), a UE não é uma **demos-cracia**,mas sim uma**demoi-cracia**[24].

Mas se não há um ***demos* europeu**, há uma **cidadania europeia** comum a todos. Os cidadãos da UE pertencem a diferentes Estados / nacionalidades / povos, mas eles compartilham uma cidadania transnacional comum. Na ausência de um**povo europeu**, a democracia europeia não é baseada numa**vontade popular**, mas sim na "vontade dos cidadãos da União" (cfr. TUE, art. 10º-4).[25]

Decididamente, a UE é apenas um novel exercício da democracia sem *demos*. O que importa, para além da comum cidadania europeia, é a criação e aprofundamento de uma **consciência política europeia**, como refere expressamente ao art. 10º-4 do TUE, a propósito do papel dos partidos políticos europeus[26].

Tendo por base uma pluralidade de Estados constitucionalmente muito diversos – grandes países e micro-Estados, monarquias e repúblicas, Estados unitários e Estados

24 Sobre o conceito de "demoicracia" aplicado à UE ver também Nicolaidis, 2013.

25 A expressão "dos cidadãos" foi introduzida nos Tratados pelo Tratado de Maastricht na cláusula dos partidos políticos europeus.

26 Para a crítica do argumento da democracia sem *demos*, ver por todos, Innenaraty, 2014

federais, sistemas de governo parlamentares e presidencialistas etc – a construção da unidade política europeia, que se iniciou na esfera econômica, é muito mais árdua do que nos Estados federais em geral.

Como não tem substrato sociológico num **povo europeu**, mas sim uma pluralidade de povos com historias, línguas e religiões diferentes, a União encontra a sua coesão social e política em dispositivos constitucionalmente estabelecidos, como comunidade de valores (TUE, art. 2º), a cidadania europeia (TUE, art. 9º) e a comunidade de direito e de direitos (TUE, art. 6º). Em grande medida, a história da integração europeia é uma história de *comunity building* através da sua juridificação e constitucionalização.

A história jurídica da integração europeia é a história da criação de uma nova ordem jurídica autónoma em relação às ordens jurídicas nacionais, que substitui não somente o Direito Internacional Público e o Direito Internacional Privado nas relações entre os Estadosmembros e entre os nacionais de cada um deles, mas também vai ocupando crescentemente o espaço outrora ocupado pelo direito nacional. Além do nascimento dos diferentes ramos do direito supranacional da União – Direito Constitucional, Direito Administrativo, Direito da Concorrência, Direito Financeiro, Direito do Ambiente, Direito do Consumo, Direito Penal etc – a expansão dessa ordem jurídica supranacional vai sendo acompanhada de uma crescente **europeização** dos direitos nacionais, traduzida na sua convergência e na adoção de institutos e soluções jurídicas comuns.

6.3. A "SENTENÇA LISBOA" DO BVG

Embora sem pôr em causa a natureza democrática da União, a *Lissabon Urteil* do Tribunal Constitucional alemão (BVG) contesta o papel do Parlamento Europeu nessa qualificação, focando-a no papel do Conselho da União e indiretamente nos parlamentos nacionais.

Partindo de uma visão **estatocêntrica** da UE, essencialmente assente nos Estados membros, a desvalorização do Parlamento Europeu recorre essencialmente a dois argumentos: **(i)** que os eurodeputados são eleitos numa base nacional e não como representantes dos cidadãos europeus em geral; **(ii)** que a falta de representatividade proporcional de cada país, de acordo com sua população no PE, lhe retira legitimidade democrática.

Nenhum destes argumentos procede, porém. Primeiro, é certo que os eurodeputados são eleitos em circunscrições eleitorais correspondentes aos Estados membros ou subdivisões destes; mas o mesmo sucede em qualquer Estado Federal, onde os representantes da câmara dos deputados são eleitos em circunscrições das unidades federadas (USA, Brasil, Alemanha etc). Em segundo lugar, os eurodeputados ao PE não são representantes dos respetivos países nem dos seus nacionais, pois, como já se referiu, são eleitores todos os cidadãos europeus residentes em cada país, qualquer que seja a sua nacionalidade, o mesmo podendo suceder com os candidatos e os deputados eleitos. O TUE diz hoje explicitamente que o PE representa os cidadãos europeus (art. 10º-2), substituindo a definição anterior, em que ele representava os **povos** das União, o que é bastante diferente. Por último, é certo que os limites mínimo e máximo de lugares no PE por país, bem como o princípio da **proporcionalidade degressiva** estabelecem uma falta de correspondência proporcional exata entre a população de cada Estado-membro e os deputados por ele eleitos; todavia o mesmo sucede em vários outros países, como, por exemplo, o Canadá ou o Brasil, sem que se ponha em causa a sua natureza democrática[27].

7. A UE COMO "ESTADO DE DIREITO DEMOCRÁTICO"

7.1. O PRINCÍPIO DO RULE OF LAW

Resta responder à questão colocada no início deste artigo, sobre saber se a UE cumpre os requisitos do Estado de direito democrático inscritos nas **cláusulas europeias** de algumas constituições nacionais, nomeadamente, no caso alemão e português.

Como se defendeu em texto anterior (Moreira, 2016), depois do Tratado de Lisboa, a resposta, é globalmente positiva.

27 Para uma apreciação crítica da *Lissabon Urteil* ver, por todos, Lock, 2009; Höreth, 2013; Moreira, 2016.

Desde cedo, por ação determinante do Tribunal de Justiça do Luxemburgo, a integração europeia prestou tributo incondicional ao princípio da *rule of law*, nas duas diferentes vertentes. Primeiro, a União só pode atuar no âmbito das atribuições e dos poderes que lhe são conferidos pelos Tratados. Segundo, na sua atividade política e legislativa as decisões da União estão sujeitas ao **direito primário** dos Tratados – princípio da constitucionalidade – e na sua função executiva estão vinculadas às leis e acordos internacionais da União – princípio da legalidade – sob pena de invalidade das suas normas e dos seus atos. Por último, os Estados membros estão vinculados ao direito da União – direto primário e derivado – e devem fazer cumpri-lo na sua ordem interna, sob pena de punição pela União, por iniciativa da Comissão e por decisão do Tribunal de Justiça. Nas palavras de Von Bogadandy (2012: 762), o *rule of law*"foi o primeiro princípio clássico de direito constitucional a ser reclamada para o direito da União".

A adoção da Carta de Direitos Fundamentais em 2000, a que o Tratado de Lisboa conferiu força constitucional, veio culminar a construção da União como **comunidade de direito**, vinculando as instituições e autoridades da União e dos Estados membros quando atuam ao abrigo do direito da União[28].

Através do *rule of law*, as instituições da União (e os Estados membros ao aplicarem o direito da União) só podem atuar de acordo com o direito da União (direito primário e direito derivado). Além de serem sujeitos e atores da sua própria ordem jurídica nacional, os cidadãos europeus passam a ser também sujeitos e atores da ordem jurídica supranacional da União.

7.2. A UE COMO "ESTADO DE DIREITO DEMOCRÁTICO"

Se a UE foi um Estado de direito antes de ser democrático, a construção da democracia supranacional veio a ser progressivamente erigida desde o Tratado de Maastricht até ao Tratado de Lisboa. Embora com algumas limitações, atrás assinaladas, a União preenche substancialmente os requisitos de uma democracia re-

28 Sobre o *rule of law* na UE ver por todos Von Bodgadany, 2012.

presentativa de modelo federal e de orientação parlamentar.

Ao contrário da tese sufragada pelo Tribunal Constitucional alemão, a legitimidade democrática da União não decorre somente dos parlamentos nacionais, por intermédio da presença dos governos nacionais no Conselho da União e no Conselho Europeu. Pelo contrário, ela assenta na centralidade do Parlamento Europeu, como único órgão diretamente eleito pelos cidadãos europeus, como cotitular, junto com o Conselho, da função legislativa e orçamental da União.

O princípio do Estado de direito tem imbricação com princípio democrático a dois títulos. Primeiro, o direito em causa é o direito da União, quer o direito **primário** ratificado democraticamente por todos os Estados membros, quer o direito **derivado** (leis e regulamentos, acordos internacionais), aprovado pelas instituições representativas da União (PE e Conselho). Segundo, é **o direito da União que constitui o principal cimento da coesão da comunidade jurídica que a União constitui** e que, através do vínculo jurídico-constitucional da cidadania europeia, funciona como sucedâneo da comunidade histórica que a União – ainda – não é.

O preceito do Tratado da União Europeia, na redação do Tratado de Lisboa, que conferiu às eleições parlamentares e ao Parlamento Europeu um papel fundamental na nomeação do presidente da Comissão Europeia e na composição desta culmina essa longa viagem para uma **democracia supranacional de índole parlamentar**.

REFERÊNCIAS

AUEL, Katrin; BENZ, Arthur. **The Europeanisation of Parliamentary Democracy**. Milton Park (ING): Routledge, 2006.

BASSETT, Reginald G. **Essentials of Parliamentary Democracy**. Milton Park (ING): Routledge, 1964.

BAUBÖCK, Rainer. Why European Citizenship? Normative Approaches to Supranational Union. **Theoretical Inquiries into Law**, Tel Aviv (ISR), v. 8, n. 2, p. 453-488, jul. 2007.

BEVIR, Mark; PHILLIPS, Ryan. EU democracy and the Treaty of Lisbon. **Comparative European Politics**, v. 15, n. 5, p. 705-728, out. 2017.

BOWMAN, J. Federalists, Skeptics, and Revisionists. **European Journal of Political Theory**, California. 5, abr. 2006, p. 191-212.

CORBETT, Richard; JACOBS, Francis; SHACKLETON, Michael. **The European Parliament**, 7. ed.Londres (ING): John Harper Publishing, 2007.

CLERCK-SACHSSE, Julia De.Civil Society and Democracy in the EU: The Paradox of the European Citizens' Initiative.**Perspectives on European Politics and Society**, Oxford, v. 13, n. 3, p. 299-311, out. 2012.

CROMBEZ, C. Much Ado about Nothing? **European Union Politics**, California, n.4, p. 101-120,mar 2003.

CUESTA LOPEZ, V. The Lisbon treaty's provisions on democratic principles: A legal framework for participatory democracy. **European Public Law**,Amsterdã (HOL), v. 16, n. 1, p. 123-138, 2010.

DANN, Philipp.Looking through the Federal Lens: The Semi-Parliamentary Democracy of the EU,**Jean Monnet Working Paper**, Nova Iorque, v. 5, n. 2, p. 1-50, 2002. Disponível em:<https://goo.gl/wkxrrL>. Acesso em 21 set. 2017.

DUFF, Andrew. **Post-national Democracy and the Reform of the European Parliament**. Bruxelas (BEL): Notre Europe, 2011.

FABRINI, Sergio.**Compound Democracies**: Why the Unites States and Europe are becoming Similar. Oxford (ING): OUP, 2007.

HÄBERLE, Peter.**Europäische Vefassunslehre**, Baden-Baden (ALE): Nomos, 2006.

HIX, Simon.**The Political System of the European Union**, 2. ed.Londres (ING): Palgrave, 2005.

HÖRETH, Markus. Die Demokratieverflechtungsfalle: Warum die EU nach dem Lissabon-Urteil demokratisch defizitär bleiben muss. In:LHOTTA, Roland;KETELHUT, Jörn;SCHÖNE, Helmar (coord.). **Das Lissabon-Urteil**: Staat, Demokratie und europäische Integration im "verfassten politischen Primärraum. Nova Iorque (EUA): Springer, 2013, p. 37-66.

INNERARITY, Daniel.Does Europe Need a Demos to Be Truly Democratic? **LEQS Paper**,Londres, n. 77, p. 1-36, jul. 2014. Disponível em:<https://goo.gl/ZRmhcu>. Acesso em: 21 set. 2017.

JAKAB, András.**Full Parliamentarization of the EU without changing the Treaties**.Nova Iorque (EUA):NYU School of Law, 2012.

JUDGE, Davis; EARNSHAW, David. **The Europena Parliament**, 2. ed. Houndills (ING): Palgrave, 2008.

KOHLER-KOCH, Beate; RITTENBERGER, Berthold.(coord.). **Debating Democratic Legitimacy of the European Union**. Lanham, MA (EUA): Rowman and Littlefield, 2007.

LEHMANN, Wilhlem. **The European Elections**: EU legislation, national provisions and civic participation. Bruxelas (BEL): Parlamento Europeu, 2014.

LENAERTS, Koen;CAMBIEN, Nathan. The democratic Legitimacy of the EU after the Treaty of Lisbon. In: WOUTERS,Jan;VERHEY,Luc; KIIVER, Philip (coord.). **European Constitutionalism beyond Lisbon**. Antuérpia (BEL): Intersentia, 2009, p. 185-208.

LOCK,Tobias. Why the European Union is Not a State: Some Critical Remarks, **European Constitutional Law Review**,Cambridge,n. 5, p. 407–420, 2009.

LORD, Christopher.**Democracy in the European Union**. Sheffield (ING): Sheffield Academic Press, 1998.

MOCCIA, Luigi. Union's Citizenship as the Basis for European Democracy. In: GARZÓN CLARIANA, Gregorio. **Ciudania Europea y Democracia**. Madrid (ESP): Marcial Pons, 2012, p. 121-136.

MCCORMICK, John P. Habermas, Supranational Democracy and the European Constitution. **European Constitutional Law Review**, Cam-bridge, v. 2, n. 3, p. 398-423, 2006.

MADURO, Miguel Poiares.O *superavit* democrático europeu, **Análise Social**, Lisboa, v. 36, n. 158-159, 2001, p. 119-152. Disponível em: <https://goo.gl/EaLZWx>. Acesso em: 21 set. 2017.

MAGNETTE, Paul. **L'Europe**: l'État et la démocratie. Bruxelas (BEL): Editions Complexe, 2000.

MOREIRA, Vital. A "constitucionalização" dos direitos fundamentais na União Europeia. In: AA. VV.**Estudos em homenagem ao Conselheiro Cardoso da Costa**. Coimbra (POR): Coimbra Editora, 2003, p. 697-735.

_________. Anotação ao art. 14º do TUE [Parlamento Europeu], In: PORTO, Manuel Lopes; ANASTÁCIO, Gonçalo (coord.).**Tratado de Lisboa Amotado e Comentado**. Coimbra (POR): Almedina, 2012.

_________. Constitucionalismo supranacional: A União Europeia depois do Tratado de Lisboa.In: AA. VV.**Estudos de homenagem ao Prof. J. J. Gomes Canotilho**. Coimbra (POR): FDUC ; Coimbra Editora, 2013,v. 1.

_________. Cidadania para além do Estado: A cidadania europeia depois do Tratado de Lisboa. In: AA. VV.**Estudos em homenagem a António Barbosa de Melo**. Coimbra (POR): Almedina, 2013.

_________. A CRP e a União Europeia. In: AA.VV.**Estudos em homenagem ao Conselheiro Presidente Rui Moura Ramos**. Coimbra (POR): Almedina, p. 869-926, v. 1.

NEUBÜSER, Felix. **The Europäische Parlament und das Demokratiedefizit der EU**: das legitimationspotential des Europäischen Parlaments.Grin Verlag (ALE): Norderstedt, 2002.

NICOLAIDIS, Kalypso. European Demoicracy and Its Crisis.**Journal**

of Common Market Studies, Massachusetts, v. 51, n. 2, p. 351–369, 2013.

PAGOULATOS, George; TSOUKALIS, Loukas. Multilevel Governance. In:JONES, Erik; MENON, Anand;WEATHERHILL, Stephen(coord.). **The Oxford Handbook of the European Union**, Oxford (ING): OUP, 2012, p. 62-75.

PARIJS, Philippe van. Should the European Union become more democratic? In: FOLLESDAL, Andreas; KOSLOWSKI, Peter (coord.). **Democracy and the European Union**. Nova Iorque (EUA): Springer, 1998.

PERNICE, Ingolf. The Role of National Parliaments in the EU. **Working Paper Walter-Hallstein Institut**,Berlim, n. 5, 2001.

PETROVAS, Sotirios. **Parliamentary Democracy in the Lisbon Treaty**. Flórida (EUA): Boca Raton, 2011.

RAUNIO, Tapio. The European Parlaiment, In: JONES, Erik; MENON, Anand; WEATHERHILL, Stephen (coord.). **The Oxford Handbook of the European Union**, Oxford (ING): OUP, 2012, p. 365-379.

RITTBERGER, Berthold.**Building Europe's Parliament**: Democratic Representation beyond the Nation State. Oxford (ING): OUP, 2005.

________. Constructing Parliamentary Democracy in the European Union: How did it happen? In: KOHLER-KOCH, Beate; RITTENBERGER, Berthold (coord.). **Debating Democratic Legitimacy of the European Union**. Lanham, MA (EUA): Rowman and Littlefield, 2007, p. 111-138.

ROSAS, Allan; ARMATTI, Lorna. **EU Constituttional Law**: An IntrodutionOxford (ING): Hart, 2010.

ROZENBERG, Olivier. **The Role of National Parliaments in the EU after Lisbon**: Potentialities and Challenges.Bruxelas (BEL): Parlamento Europeu, 2017.

SCHMIDT, Vivien A. **Democracy in Europe**: The EU and National Polities. Oxford (ING): OUP, 2006.

________. Democracy and Legitimacy in the European Union.In: JONES, Erik; MENON, Anand;

WEATHERHILL, Stephen. (coord.). **The Oxford Handbook of the European Union**, Oxford (ING): OUP, 2012,

SCHNEIDER, Daniel. **Demokatrie und Bürgerscahft in der Europäische Union**. Nordstedt (SUE): Grin, 2008.

SCHÖNBERGER, Ch. European Citizenship as Federal Citizenship: Some Citizenship Lessons of Comparative Federalism.**European Review of Public Law**,Atenas (GRE), n. 19, n. 1, p. 63, 2007.

STRØM, Kaare; MÜLLER,Wolfgang C. BERGMAN, Torbjörn. Parliamentary Democracy: Promise and Problems.

In:________. **Delegation and Accountability in Parliamentary Democracies**. Oxford (ING): OUP, 2006.

VON BOGDANDY, Armin. A Disputed Ideia becomes Law: Remarks on the European Democracy as a Legal Principle. In: KOHLER-KOCH, Beate; RITTENBERGER, Berthold. (coord.). **Debating Democratic Legitimacy of the European Union.** Lanham, MA (EUA): Rowman and Littlefield, 2007, p. 33-44.

________. Neither an International Organization nor a Nation State: The EU as a Supranational Federation. In: JONES, Erik; MENON,Anand. WEATHERHILL,Stephen (coord.).**The Oxford Handbook of the European Union**. Oxford (ING): OUP, 2012, p. 761-776.

________. BAST, Jürgen. **Principles of European Constitutional Law**, Oxford (ING): Harts, 2009.

WEILER, J. H. H.**The Constitution of Europe**, Cambridge (ING): Cambridge University Press, 1999.

________; Haltern, Ulrich R.; Mayer,Franz C. European Democracy and its Critique.**West European Politics**, Nova Iorque, v. 18, n. 3, p. 4-39, 1995.

LA TUTELA INHIBITORIA. PERSPECTIVA EUROPEA SOBRE LA PROTECCIÓN DE LOS CONSUMIDORES Y USUARIOS

LORENZO M. BUJOSA VADELL

SUMARIO: 1. Introducción. 2. La tutela inhibitoria. 2.1. Concepto y clases. 2.2. Perspectiva desde la teoría del objeto del proceso. 2.3. Diferencia con la tutela cautelar. 3. La tutela inhibitoria de los derechos de los consumidores en Europa. 3.1. La protección de los consumidores en la Unión Europea. 3.2. Las pretensiones de cesación en la Unión Europea. 3.3. La transposición en el ámbito español de las pretensiones de cesación: estado de la cuestión. 3.3.1. El olvido de la tutela inhibitoria en la LEC del 2000. 3.3.2. La reforma de 2002. 3.3.3. La legitimación plural. 3.3.4. Las pretensiones heterogéneas. 3.3.5. La acumulación de pretensiones. 3.3.6. Las medidas cautelares específicas. 3.3.7. Los efectos de la sentencia.

1. INTRODUCCIÓN

Cuando nos referimos a obligaciones con un contenido sustancialmente distinto a la reparación de un daño ya causado, no estamos considerando supuestos de una radical novedad. En realidad, la protección de situaciones jurídico-materiales de ventaja, antes de que se produzca una lesión y surja la necesidad de reclamar una compensación concreta y determinada, aparece incluso en la Antigüedad en contextos jurídicos meramente patrimoniales, individualistas y personales, cuyo ejemplo más evidente quizás puedan ser el conjunto de facultades que ostentaba el propietario de un fundo determinado para defender su derecho[1]. Entrarían también en esta amplia categoría algunos me-

1 Como afirmaba el profesor salmantino IGLESIAS, J. **Derecho Romano**: Instituciones de Derecho Privado, 8. ed., Barcelona, 1983, p. 311: "Frente a ataques de terceros que sin título alguno se arrogan la condición que la ley otorga al propietario, concédese una acción típica y fundamental: la *rei vindicatio*. A las perturbaciones que menoscaban el pleno y libre ejercicio de las facultades que encierra el dominio, se oponen la *actio negatoria*, la *operis novi nunctiatio*, la *cautio damni infecti*, el *interdictum quod vi aut clam*. Súmase a estas acciones las relativas a las relaciones de vecindad [...]".

dios de protección procesal aún más sutiles, y no por ello de escasa utilización todavía en nuestro propio foro: nos referimos a la tutela interdictal sumaria de la posesión que sigue siendo objeto de una previsión específica en nuestra legislación procesal civil contemporánea[2].

Ciertamente, las obligaciones de hacer o de no hacer no son nuevas en la historia del Derecho, pero sí que es nuevo el contexto en el que se suscita en la actualidad la necesidad del ejercicio procesal de pretensiones dirigidas a obtener una declaración judicial de condena a la observación obligada de una conducta, ya sea en sentido positivo (un hacer), ya sea en sentido negativo (un no hacer). No en vano, como bien sabemos, nuestra sociedad cada vez más desigualmente globalizada ya hace algún tiempo fue calificada de manera gráfica y oportuna como "sociedad de riesgo"[3]. Es obvio que el riesgo ha existido siempre, pero tal vez sea cierto que la generalización del riesgo en unos ámbitos sociales en que ni siquiera se pudieron alcanzar plenamente las mieles del Estado de bienestar, cuando ya se emprendió el camino

2 En la Ley de Enjuiciamiento Civil española (en adelante, LEC) se contemplan como modalidades del juicio verbal los procedimientos por los que se pretenda la tutela sumaria de la tenencia o de la posesión de una cosa o derecho por quien haya sido despojado de ellas o perturbado en su disfrute; la suspensión de una obra nueva o, más claro todavía: la demolición o derribo de obra, edificio, árbol, columna o cualquier otro objeto análogo en estado de ruina y que amenace causar daños a quien demande (art. 250.1.4º, 5º y 6º).

3 Un estudio general como es este es el mejor lugar para entrar en los pormenores de la discusión sociológica en torno al alcance de este paradigma. Es necesario, sin embargo, citar al autor que encabezó este planteamiento y que sigue siendo su principal referente: Ulrich Beck, y algunas de sus obras como BECK, U. **Risikogesellschaft**: Auf dem Weg in eine andere Moderne. Frankfurt (ALE): Frankfurt am Main, 1986; BECK, U. **Welt Risk Society**. Cambridge (ING): UK/ Malden, MA, 1999. Hay, por supuesto, traducciones de su obra al español: **La sociedad del riesgo global**, Madri, 2000 o **La sociedad del riesgo**: En camino hacia otra sociedad moderna, Barcelona, 2006. Como resume BECK, op. cit.,p. 22: "Las fuerzas productivas han perdido su inocencia en la reflexividad de los procesos de modernización. La ganancia de poder del 'progreso' técnico-económico se ve eclipsada cada vez más por la producción de riesgos. Éstos se pueden legitimar como 'efectos segundarios latentes' sólo en un estadio temprano. Con su universalización, crítica pública e investigación (anti) científica, se quitan el velo de la latencia y ganan un significado nuevo y central en las discusiones sociales y políticas".

de su deconstrucción, produce masivas situaciones de amenaza y cambia cualitativamente la necesidad de protección procesal inmediata.

Las transformaciones sociales nos muestran, además, que muchas de las actividades lesivas actuales pueden tener la dura consecuencia de su irreversibilidad. Muchos de los daños que se producen en el tráfico jurídico de esta sociedad de riesgo tienen la característica importante de la insuficiencia de una protección que trate de compensar el daño producido. Por mucho que se haya flexibilizado este fundamental concepto tradicional[4] con visiones más expansivas, es inevitable en numerosas ocasiones la insatisfacción del justiciable ante una protección meramente resarcitoria. En realidad, hay situaciones jurídicas que pueden protegerse sólo *ex ante*, pues una protección tras la producción del evento dañoso no puede ser en tales casos más que limitadamente paliativa, sin que haya posibilidad de restituir las cosas de manera adecuada al momento previo de la producción del siniestro.

Uno de los ejemplos más claros de lo que estamos exponiendo es la protección del medio ambiente, que ha dado lugar a la formulación del llamado principio de precaución[5] La Carta Mundial de la Naturaleza aprobada por la Asamblea General de las Naciones Unidas en 1982 ya proclamó este principio, recogido con posterioridad en varios convenios internacionales sobre la protección del medio ambiente, y consagrado en la Declaración de Río, de 1992, en la Conferencia de Río sobre el medio ambiente y el desarrollo, cuyo principio 15 estableció: "Con el fin de proteger el medio ambiente, los Estados deben aplicar ampliamente las medidas de precaución conforme a sus capacidades. Cuando haya peligro de daño grave o irreversible, la falta de certeza científica absoluta no debe utilizarse como razón para postergar la adopción de medidas efectivas para impedir la degradación del medio ambiente".

4 Por ejemplo con fundamentadas construcciones relativas al daño moral. *Vid.* al respecto las consideraciones todavía vigentes de BARRIENTOS ZAMORANO, M., **El resarcimiento por daño moral en España y Europa**, Salamanca (ESP): Ratio Legis, 2007.

5 En la Unión Europea *vid.* la *Comunicación de la Comisión sobre el recurso al principio de precaución* [COM/2000/0001 final].

Como era de esperar, este principio preventivo fue pronto extendido a otras áreas como la política de los consumidores, la legislación relativa a los alimentos, a la salud humana, animal y vegetal, etc. De este modo, puede afirmarse que las situaciones jurídico-materiales necesitadas de una protección anticipada son variadas y de naturaleza heterogénea, con la característica común de la necesidad, o por lo menos la conveniencia, de afrontar directamente el riesgo antes de que se produzca la lesión. Se exige por tanto una actuación, voluntaria o en último término reforzada por la coerción derivada de las decisiones de los tribunales, para poner fin a la amenaza o, más genéricamente, a la situación de riesgo.

Conviene apuntar, por otro lado, para evitar innecesarios malentendidos, que no debe confundirse la protección de los intereses difusos y colectivos con la tutela inhibitoria, por mucho que tengan amplios ámbitos coincidentes, como círculos secantes. Como es sabido, muchas de las amenazas que se ciernen sobre algunas colectividades precisan de decisiones preventivas y rápidas que hagan cesar la posibilidad de que se produzca una lesión. Pero el criterio que se aplica a la distinción entre pretensiones colectivas o populares –para utilizar adjetivos genéricos y pretendidamente válidos para distintos ordenamentos – yotro tipo de pretensiones es distinto de aquel que nos sirve para diferenciar la tutela inhibitoria de la tutela resarcitoria. Así pues, los procesos colectivos se formulan, tanto teórica como normativamente, como técnicas más o menos complejas de facilitación de la protección procesal de situaciones jurídico-subjetivas de carácter colectivo y de difícil individualización o también de situaciones individuales con graves dificultades de acceso a la justicia por sí solas. Otra cosa es que la forma más útil de tutela de muchos de los derechos colectivos suele ser la cesación del peligro, amenaza o riesgo, antes de que se produzca la vulneración o el daño[6].

---

6 Pero, naturalmente, el artículo 6 de la Ley 472 de 1998 (agosto 5) por la cual se desarrolla el artículo 88 de la Constitución Política de Colombia en relación con el ejercicio de las acciones populares y de grupo y se dictan otras disposiciones, al determinar la procedencia de las acciones populares se refiere no sólo a toda acción

La amplitud de la materia planteada es evidente, y sobrepasa con mucho los límites impuestos a este estudio, por ello tras unas breves consideraciones conceptuales, adoptaremos una perspectiva acotada a los avances que desde el Consejo de Europa y desde la Unión Europea pueden destacarse, así como a sus reflejos en el ordenamiento español, que tal vez puedan ser de utilidad para un auditorio en su gran mayoría latinoamericano.

u omisión de las autoridades públicas o de los particulares que amenace con violar los derechos e intereses colectivos, sino también a aquellas que los hayan vulnerado ya, de ahí que al regularse el contenido de la sentencia estimatoria en el artículo 34 las opciones posibles son variadas: una orden de hacer o de no hacer, la condena al pago de perjuicios cuando se haya causado daño a un derecho o interés colectivo en favor de la entidad pública no culpable que los tenga a su cargo o la exigencia de la realización de conductas necesarias para volver las cosas al estado anterior a la vulneración del derecho o del interés colectivo, cuando fuere físicamente posible. No contradice lo que se acaba de recordar, la Sentencia de la Corte Constitucional C-215/99, pues aunque afirmó por un lado que "otra característica esencial de las acciones populares es su naturaleza preventiva, lo que significa que no es ni puede ser requisito para su ejercicio, el que exista un daño o perjuicio de los derechos o intereses que se busca amparar, sino que basta que exista la amenaza o riesgo de que se produzca, en razón de los fines públicos que las inspiran. Desde su remoto origen en el derecho romano, fueron concebidas para precaver la lesión de bienes y derechos que comprenden intereses superiores de carácter público y que por lo tanto no pueden esperar hasta la ocurrencia del daño.". Poco después añade: "De igual manera, dichos mecanismos buscan el restablecimiento del uso y goce de tales derechos e intereses colectivos, por lo que también tienen un carácter restitutorio, que se debe resaltar".

2. LA TUTELA INHIBITORIA

2.1. CONCEPTO Y CLASES

No está de más empezar con una precisión terminológica desde el Derecho procesal español, pues tradicionalmente en nuestro ordenamiento se usa el término "inhibitoria" como forma de proponer una cuestión de competencia que no tendría nada que ver con nuestro objeto de estudio. La denominación se debe a que una de las partes presenta una petición a un órgano jurisdiccional determinado por entender que es territorialmente competente, pero que no está conociendo de un determinado asunto, y lo hace para que en consecuencia este órgano "requiera de inhibición" al órgano que está conociendo indebidamente. La inhibición implicaría pues una cesación de la cognición del órgano incompetente, ante el requerimiento del órgano al que la parte solicitante y el propio Juzgado o Tribunal al que se ha presentado la solicitud entienden que es el realmente competente. Es obvio que el órgano requerido puede entender aplicables otros criterios y no aceptar el requerimiento de inhibición, con lo cual en ese caso debería resolver el desacuerdo el órgano jurisdiccional superior común[7].

Cuando hablamos de tutela inhibitoria no nos referimos, en cambio, a problema alguno de competencia, aunque tenga en común con el trámite que acabamos de describir esa finalidad de cesación. Pero así como la "inhibitoria española" se dirige a la cesación del ejercicio de la actividad jurisdiccional, en la tutela "inhibitoria" lo que se pretende es lo contrario. Se da por supuesto que el órgano es competente y se le pide una actividad declarativa con un determinado contenido, que ciertamente no es el más común en los procesos civiles "clásicos"[8].

Sobre qué características específicas debe tener ese contenido hablaremos de inmediato al referirnos al objeto de estos procesos, pero consideramos oportuno resaltar esta faceta genérica de "abstenerse" o "dejar de actuar"[9], aunque si utilizáramos tales términos podrían llevarnos también a otra confusión con una de las vías específicas para asegurar la imparcialidad de los tribunales. Acepción que tampoco sería aplicable a nuestra materia, pues el juez al que se impetra esta tutela inhibitoria no sólo debe

7 Es necesario añadir que, mientras la Ley de Enjuiciamiento Criminal española mantiene esta posibilidad, como se expone con claridad en su artículo 26 ("El Ministerio Fiscal y las partes promoverán las competencias por inhibitoria o por declinatoria. El uso de estos medios excluye absolutamente el otro, así durante la sustanciación de la competencia, como una vez que ésta se halle terminada. La inhibitoria se propondrá ante el Juez o Tribunal que se repute competente. La declinatoria, antes el Juez que se repute incompetente"), la LEC ha mantenido sólo ésta última en los artículos 63, 64 y 65.

8 Esta es la denominación que utiliza uno de los máximos especialistas en esta materia al aludir a la usual ausencia de tutela jurisdiccional preventiva en los procesos tradicionales y en las formulaciones doctrinales de nuestros maestros de Derecho Procesal. *Vid.* MARINONI, L.G., **Tutela inhibitoria**.Madri (ESP): Marcial Pons, 2014, p. 17-20.

9 Esta es la cuarta acepción del verbo "inhibir", según el Diccionario de la Real Academia Española.

ser un juez competente, sino también un juez imparcial, o dicho de otra manera, un juez que no tiene necesidad alguna de abstenerse de la cognición pues no hay motivo alguno que haga dudar de un ejercicio recto y objetivo de la potestad jurisdiccional[10]. Aquí la cesación se dirige, no propiamente al órgano jurisdiccional como tal, sino al propio juez o magistrado, por su relación con algunos de los demás sujetos o con el objeto del proceso. Una vez más debemos destacar que la tutela inhibitoria no se dirige a la cesación de la actividad del juez, sino a pedir que esta actividad jurisdiccional tenga un contenido más específico y ajustado a las necesidades de la protección procesal conforme a las circunstancias concretas del caso que se le ha planteado.

Como antes veíamos, al hablar del contexto de riesgo y amenaza en el que cobra sentido este tipo de protección procesal, es normal que la tutela que se solicita se concrete en una prevención, es decir, en una actitud ordenada por el juez de manera en último término coercitiva que implique la cesación del peligro de vulneración de un determinado derecho o interés legítimo. Se previene la lesión y se evita, por tanto, que se produzca, con lo que si funciona este tipo de protección el beneficio sistémico es evidente.

Pero el abanico de posibilidades de la tutela inhibitoria es más amplio, sin salirnos todavía de la misma idea conceptual esencial que hemos intentado trazar. Pues la cesación puede también procurarse ante situaciones en que se está produciendo en ese mismo momento la vulneración, y lo que se pide es justamente que se detenga para evitar males mayores. No estamos, pues, propiamente ante una evitación del daño, pero sí ante una prevención parcial, con el fin de asegurar de alguna manera efectiva que la lesión sea más grave o más amplia. En las dos situaciones descritas subyace, por supuesto, una necesidad

10 Según nos enseñó CALVO SÁNCHEZ, M.C., "La recusación de los Jueces y Magistrados (I)". **Revista Universitaria de Derecho Procesal**, Madri, n. 1, p. 73-74, 1988: "La doctrina mayoritaria ve en la independencia una nota esencial de la Jurisdicción, si ésta no es independiente y los Jueces y Magistrados no son imparciales, no puede decirse que se administre verdadera justicia, consustancial con el Estado de Derecho que exige la tutela judicial efectiva por un órgano imparcial a través del debido proceso".

de protección urgente que si no se satisface con rapidez puede convertir en inútil todo intento de tutela jurisdiccional.

No se acaban aquí, sin embargo, las necesidades que las situaciones susceptibles de tutela inhibitoria nos plantean. Pues aún producido el daño, puede persistir el riesgo de nuevas vulneraciones al mismo u a otros derechos. Por tanto, se hace en ocasiones imprescindible la expresa prohibición de reiteración de la conducta lesiva. Pues la verdadera prevención quedaría burlada si la protección procesal solamente se hubiera limitado a detener una amenaza concreta. En el tráfico jurídico actual todos conocemos conductas que se producen de manera reiterada y casi automatizada, por lo tanto si una de ellas resulta riesgosa, lo más probable es que las demás también puedan resultar lesivas, aunque puedan ser otros distintos los sujetos protegibles.

Junto a ello nos podemos encontrar con otras exigencias de tutela, relacionadas de algún modo que las situaciones anteriores. Como acabamos de recordar, la tutela inhibitoria no es incompatible con que la lesión se haya producido, y por tanto, al mismo tiempo que se pide la cesación, puede ser muy razonable solicitar también la reposición del derecho o interés vulnerado, en la medida de lo posible, al estado previo al momento de la vulneración. Sin embargo, a nuestro entender, conceptualmente esto nos situaría ya en otra tesitura, más cercana a ideas de compensación, o más propiamente, de tutela resarcitoria, si entendemos, como hace nuestro Código Penal que una forma de resarcir el daño producido es la restitución de las cosas[11]. Aunque

11 Como establece el artículo 111.1 del Código Penal español: "Deberá restituirse, siempre que sea posible, el mismo bien, con abono de los deterioros y menoscabos que el juez o tribunal determinen. La restitución tendrá lugar aunque el bien se halle en poder de tercero y éste lo haya adquirido legalmente y de buena fe, dejando a salvo su derecho de repetición contra quien corresponda y, en su caso, el de ser indemnizado por el responsable civil del delito". Esta es la redacción que ha introducido el número cincuenta y seis del artículo único de la Ley Orgánica (LO) 1/2015, de 30 de marzo, por la que se modifica la L.O. 10/1995, de 23 de noviembre, del Código Penal (BOE de 31 de marzo). Más específicamente, el artículo 339 del Código Penal, dentro del título sobre "los delitos relativos a la ordenación del territorio y el urbanismo, la protección del patrimonio histórico y el medio ambiente" dispone que "Los jueces o tribunales ordenarán la adopción, a

entendemos que ello es así, estas matizaciones no deben impedir, por lo menos desde el punto de vista genérico y al margen de regulaciones positivas, un posible ejercicio acumulado de ambos tipos de tutela. Además, conviene tener en cuenta que si ya se han producido daños será pertinente la reclamación de la reparación correspondiente.

2.2. PERSPECTIVA DESDE LA TEORÍA DEL OBJETO DEL PROCESO

Es necesario conectar el problema de la tutela inhibitoria con la perspectiva del objeto del proceso[12]. De hecho lo venimos haciendo desde el principio, pero probablemente ayudará a aclarar más las cuestiones planteadas si destacamos este punto de vista, relacionado de manera directa con la heterogeneidad de contenido de la tutela inhibitoria a la que acabamos de aludir.

Si partimos de la idea de "pretensión" como declaración de voluntad de contenido petitorio[13] será posible sistematizar científicamente las cuestiones a las que nos estamos refiriendo, dándoles un entronque clásico que a su vez nos permitirá discernir los elementos novedosos de la tutela inhibitoria. Así pues, partiendo de los conceptos tradicionales es posible afirmar que nos encontramos ante pretensiones de-

cargo del autor del hecho, de las medidas necesarias encaminadas a restaurar el equilibrio ecológico perturbado, así como de cualquier otra medida cautelar necesaria para la protección de los bienes tutelados en este Título", en la redacción introducida por el apartado centésimo del artículo único de la LO 5/2010, de 22 de junio, por la que se modifica la LO 10/1995, de 23 de noviembre, del Código Penal (BOE de 23 de junio).

12 Como, con claridad meridiana, nos decía GUASP DELGADO, J.**La pretensión procesal**, 2. ed. Madri (ESP): Editorial Civitas, 1985, p. 61: "¿Cuál será, pues, el núcleo objetivo central de un proceso, el ente de realidad ideal al que se reconduzcan las distintas actividades de los diversos sujetos procesales? No hay más que un posible elemento objetivo básico del proceso: la reclamación que una parte dirige frente a otra y ante el Juez. En torno a esta reclamación giran todas y cada una de las vicisitudes procesales".

13 Cf. GUASP DELGADO, op. cit.,p. 75: "Característico de la pretensión procesal es, pues, en primer término, el no ser una declaración de voluntad cualquiera, sino una declaración petitoria, una declaración en que la voluntad exteriorizada agota su sentido en la solicitud dirigida a algún otro elemento externo para la realización de un cierto contenido".

clarativas, pero dirigidas a la obtención de una condena. El contenido de tal condena es lo específicamente característico del tipo de protección que se persigue a través de estos procesos, pues no consiste en "un dar", como es lo tradicional, sino básicamente en "un no hacer", es decir, el objeto de la declaración condenatoria que se pide al Juez consiste en una conducta omisiva, que es la que según convicción del demandante es la que permitirá proteger su derecho, evitando la lesión o por lo menos la continuación de la vulneración de la situación jurídica protegida.

Como avanzábamos en un punto anterior es la cesación lo que caracteriza principalmente este tipo de tutela solicitada: debe cesar una conducta que es considerada ilícita porque produce, o puede producir eventualmente, la consecuencia de vulnerar un derecho o interés legítimo. Así entendido, para una mayor claridad, podríamos proponer hablar del ejercicio de pretensiones procesales de cesación o, más ampliamente, de la protección procesal de cesación, para obviar más fácilmente la coincidencia terminológica respecto a conceptos radicalmente distintos a los que antes nos hemos referido.

Pero de inmediato se nos plantea una pregunta que tiene que ver con el posible contenido de la pretensión ejercitada. Si al fin y al cabo de lo que se trata es de evitar el daño o su continuación, ¿no habrá ocasiones en que la precaución necesaria no se verá satisfecha con un mero "no hacer", sino que será imprescindible pedir al juez que ordene un "hacer" que frene la vulneración que está a punto de producirse o que se está produciendo ya? Parece claro que sí. Con frecuencia evitar el daño supone cesar la conducta dañosa, pero no es difícil imaginar supuestos en que sea necesario ordenar una determinada conducta al legitimado pasivo para asegurar la incolumidad del bien jurídico protegido. Así pues, no es equivalente la tutela inhibitoria a la tutela de cesación en sentido estricto, pues habrá casos en que la finalidad inhibitoria vendrá dada con un "hacer": un ejemplo podría ser la necesidad de poner un filtro a un foco contaminante; el Derecho ambiental es rico en supuestos en que la finalidad preventiva exigirá una conducta positiva, y así tal vez no sea descabellado hablar de "tutela inhibitoria positiva"[14].

En definitiva, la pretensión declarativa de naturaleza condenatoria en procesos de tutela inhibitoria puede conllevar tanto obligaciones de hacer como obligaciones de no hacer, que suscitarán problemas particulares si son estimadas en la sentencia y no son voluntariamente cumplidas por el condenado, debiendo iniciarse un proceso de ejecución que se aparta también de las características del proceso tradicional y cuya efectividad presenta retos a los que nuestros ordenamientos han tenido que enfrentarse desde no hace demasiado tiempo[15]. Ejemplos de los avances normativos en este sentido serían los artículos 705 a 711 de la LEC, 426 y 427 del Código colombiano General del Proceso o 368 y 369 del Código Orgánico General de Procesos del Ecuador.

2.3. DIFERENCIA CON LA TUTELA CAUTELAR

Se ha destacado el carácter preventivo, aunque sea para evitar mayores males, que caracteriza la tutela inhibitoria. Este rasgo hace recordar la tutela cautelar. En realidad la verdadera efectividad de la tutela inhibitoria exige una correcta regulación y un buen funcionamiento de las medidas cautelares, también las de carácter positivo. Pero es necesario distinguir la protección cautelar de la protección inhibitoria pues la finalidad de cada una de ellas es distinta.

Cuando se plantea ante el Juez una petición de naturaleza cautelar, se quiere asegurar anticipadamente la efectiva ejecución de una eventual sentencia de condena. Pero se trata de una resolución judicial

14 Así MARINONI,op. cit.,p. 70: "No hay ninguna razón para circunscribir la inhibitoria al no hacer. Se debe admitir, en nombre de la efectividad de la tutela de los derechos, la inhibitoria negativa y la inhibitoria positiva. En los casos en los que se constata una omisión del Estado-Administración, como la relativa a la falta de acción en el tratamiento de vertidos, no hay motivo para no admitir una inhibitoria positiva".

15 Como afirma RAMOS MÉNDEZ, F., en su prólogo a la monografía de CATALÁ COMAS, C., **Ejecución de condenas de hacer y no hacer**. Barcelona (ESP): Bosch, 1998, p. 11: "Doblegar la conducta de un ciudadano, obligarle a hacer o no hacer, es un pequeño rompecabezas que la cultura jurídica ha tardado algunos siglos en resolver y aun con evidentes limitaciones.".

provisional, sujeta al transcurso del proceso principal, y con la finalidad específica de que la sentencia no quede en papel mojado. En la tutela inhibitoria anticipada la pretensión tiene también un carácter preventivo, pero se trata de una petición de fondo que enmarca los límites objetivos sobre los que deberá pronunciarse la sentencia, sea estimatoria o sea desestimatoria[16]. No cabe confundir por tanto la protección cautelar con este tipo de pretensiones inhibitorias, por mucho que el contenido del mandato jurisdiccional pueda ser en apariencia idéntico; de hecho estamos ante la necesaria homogeneidad de las medidas cautelares, que impiden aplicar de manera provisional medidas de naturaleza radicalmente distinta a las que se piden en la pretensión objeto del proceso principal y es necesaria, por tanto una correlación[17].

Así pues, respecto a la tutela anticipada, la respuesta no puede ser idéntica a la cautelar pues ya no existe este carácter previo respecto a un proceso principal, sino una autonomía de la pretensión ejercitada con esta finalidad preventiva. Por otro lado, como ya hemos observado, no puede ser consustancial la tutela inhibitoria en su sentido amplio con la mera tutela anticipada dirigida a que el ilícito no se produzca, pues ya hemos visto que las preten-

16 Como afirma MARINONI, L.G., op. cit.,p. 114, por la que "La tutela que se presta de forma anticipada en la acción inhibitoria no es más que una tutela inhibitoria anticipada, que no puede confundirse con la tutela dirigida a asegurar el resultado útil del proceso. En realidad, cuando se sabe que hay una acción destinada a impedir la comisión, la repetición o la continuación del ilícito, se confirma, con absoluta claridad, que la tutela anticipada que cumple esta función da al actor *el único resultado útil que él esperaba obtener del proceso, esto es, la prevención del ilícito*". Por su parte, añade MITIDIERO, D.**Anticipación de tutela**:De la tutela cautelar a la técnica anticipatoria, Madri (ESP): Marcial Pons, 2013, p. 55: "Mientras que el derecho a la tutela del derecho (derecho a la satisfacción del derecho) y el derecho a la seguridad de la tutela del derecho (derecho a la cautela del derecho) constituyen posiciones jurídicas oriundas del plano del derecho material, la técnica anticipatoria se consustancia en una posición jurídica inherente al proceso justo. Es un asunto del legislador constitucional y del legislador infraconstitucional del proceso. Como corolario del derecho de acción, el derecho a la técnica anticipatoria incuestionablemente tiene raíz constitucional, lo cual no elimina, sin embargo, su naturaleza procesal".

17 *Vid.* desde su perspectiva particular, MITIDIERO, op. cit.,p. 101-102.

siones que a través de esta técnica se ejercitan no son sólo las que tienden a evitar el daño, sino también a impedir su prolongación, o incluso su reiteración. Cabe impetrar el "no hacer" o incluso el "hacer" también cuando se ha producido ya la vulneración al derecho.

3. LA TUTELA INHIBITORIA DE LOS DERECHOS DE LOS CONSUMIDORES EN LA UNIÓN EUROPEA

3.1. LA PROTECCIÓN DE LOS CONSUMIDORES EN LA UNIÓN EUROPEA

El movimiento internacional a favor de la protección de los consumidores y usuarios también ha tenido importantes reflejos en el Derecho europeo. En muchos documentos europeos sobre esta materia se parte de la premisa de la necesidad del acceso a la justicia como condición de la eficacia del ordenamiento jurídico[18]. Las numerosas iniciativas procedentes de instancias comunitarias dirigidas a estimular las reformas que favorecieran el acceso a la justicia de los consumidores tuvieron inicialmente un carácter meramente programático y una efectividad limitada, aunque esa tendencia logró cristalizar con el tiempo en regulaciones más concretas con relevancia procesal, como las Directivas referidas a materias diversas la publicidad engañosa, a la responsabilidad por los daños causados por productos defectuosos o a la comercialización a distancia de servicios financieros o, muy especialmente, a las pretensiones de cesación.

En la reunión de París, en 1972, los Jefes de Estado y de Gobierno se plantearon la realización de un primer programa destinado a acrecentar y coordinar debidamente las medidas de protección de los consumidores, que tomó forma en

18 Téngase en cuenta que en el lenguaje jurídico-comunitario usual la mencionada expresión «acceso a la justicia» no se utiliza con exclusiva referencia a los problemas de acceso a los órganos jurisdiccionales, sino que puede acoger también el acceso a otros medios que permitan a los consumidores y usuarios el ejercicio eficaz de sus derechos a través de vías extrajurisdiccionales, como los procedimientos de conciliación, mediación o arbitraje, o incluso la intervención de órganos administrativos encargados de tutelar los intereses de los consumidores.

el Programa preliminar de la CEE para una política de protección e información de los consumidores[19]. El mismo año se celebró en Montpellier un coloquio sobre protección judicial y extrajudicial de los consumidores, organizado por la Comisión Europea, en donde se empezaron a estudiar detenidamente los problemas de los consumidores en su acceso a la justicia y las distintas soluciones aplicables al respecto. Allí fue donde se proclamaron las cinco categorías de derechos básicos que formaron la base de la legislación comunitaria en esta materia: el derecho a la protección de la salud y la seguridad, el derecho a la protección de los intereses económicos, el derecho a la indemnización de los daños, el derecho a la información y a la educación y el derecho a la representación.

En 1981 se aprobaba el Segundo programa para una política de protección e información a los consumidores[20], en el que se establecieron unas acciones prioritarias, «especialmente en lo que se refiere al derecho de las organizaciones de consumidores a comparecer en juicio, la simplificación de los procedimientos de recurso y de examen de las demandas individuales, el desarrollo de los procedimientos amistosos, el reconocimiento de los recursos de los consumidores contra empresas de Derecho público administradas según criterios comerciales», favoreciéndose, además, "la realización de experiencias nacionales o locales en lo que se refiere al acceso de los consumidores a la justicia y el tratamiento de los litigios más corrientes o de pequeña importância". Se recoge el derecho a la reparación de los daños entre los cinco derechos del consumidor.

En 1985 se presentó un detallado Memorándum sobre el acceso de los consumidores a la justicia en los Estados miembros[21], en el que, a partir de los documentos anteriores, se pasaba examen a la situación de la Comunidad y de los Estados miembros en cuanto al acceso a la justicia y, en concreto, a la reparación de daños; para ello la Comisión

19 Aprobado por Resolución del Consejo de 14 de abril de 1975 [DO núm. C 92, de 25 de abril].

20 Resolución del Consejo de 19 de mayo de 1981 [DO nº C 133, de 3 de junio].

21 *Bulletin des Communautés européenes*. Supp. 2/85

debía promocionar acciones adaptadas a cada Estado miembro con el objetivo final de asegurar que los consumidores pudieran beneficiarse de un mismo nivel de protección en toda la Comunidad.

El Plan Trienal de acción sobre política de los consumidores en la Comunidad Europea (1990-1992), de 3 de mayo de 1990[22], sin ofrecer grandes novedades, se propuso analizar los medios para mejorar el acceso de los consumidores a la justicia y al resarcimiento de daños, dando lugar a la elaboración de diversas propuestas de Directiva en materias específicas. El Segundo Plan Trienal de acción para la política de protección de los consumidores en la Comunidad Europea (1993-1995)[23], entre otras medidas, instaba a la Comisión la elaboración de un Libro Verde sobre esta materia, el cual fue presentado finalmente en Bruselas el 16 de noviembre de 1993[24]. En este documento se realizó un análisis de los procedimientos existentes en los Estados miembros y de las dificultades de aplicación de los mismos en los litigios transfronterizos, planteando asimismo algunas reflexiones e iniciativas sobre la libre circulación de las pretensiones de cesación, la ayuda y asesoramiento jurídico y el beneficio de justicia gratuita, la simplificación de la solución de litigios transfronterizos[25], etc.

Como consecuencia del estudio realizado en el mencionado Libro Verde y de las consultas realizadas sobre el mismo, se elaboró un Plan de acción sobre el acceso de los consumidores a la justicia y la solución de litigios en materia de consumo en el mercado interior[26], en el cual se propone la creación de un contexto favorable a la soluci-

22 COM (90) 98 final, de 3 de mayo de 1990.

23 COM (93) 378 final, 28 de julio de 1993.

24 COM (93) 576 final, de 16 de noviembre de 1993.

25 Como se señala en el propio Libro Verde, se utiliza la expresión "litigio transfronterizo" para aquellos casos en que la parte demandante (persona física) está domiciliada en otro país distinto de aquél en el que la parte demandada (profesional) está legalmente establecida, o la parte demandante (profesional) está legalmente establecida en un país distinto de aquel en el que está domiciliada la parte demandada (persona física). Todo ello complica la solución del conflicto pues supone una serie de dificultades añadidas.

26 COM (96) 13 final, de 14 de febrero de 1996.

ón de conflictos intracomunitarios a través de políticas coordinadas. Para ello se examinan los procedimientos extrajudiciales en los Estados miembros y las iniciativas nacionales en materia de acceso a los procedimientos judiciales, observando la necesidad de dirimir rápidamente, a un coste razonable y de forma equitativa los conflictos transfronterizos como condición indispensable para la buena marcha de las transacciones intracomunitarias y, en definitiva, para el éxito del Mercado interior.

El Plan de acción sobre política de los consumidores (1999-2001), de 3 de diciembre de 1998, se planteó, entre otros fines importantes, la existencia de asociaciones de consumidores más eficaces, la consecución de un diálogo eficaz entre los consumidores y las empresas y la perfección del acceso a la justicia de las quejas de los consumidores, todo ello enmarcado en el objetivo fijado expresamente en el Tratado de Maastricht de la consecución de un elevado nivel de protección de los consumidores[27].

En los últimos años cabe destacar el enorme esfuerzo comunitario por aumentar la cooperación jurídica en el ámbito de una paulatina construcción de un Espacio judicial europeo, con el hito importante de la proclamación en el Consejo Europeo de Tampere (Finlandia) (15 y 16 de octubre de 1999) del principio de reconocimiento mutuo de resoluciones judiciales como piedra angular de la cooperación judicial en materia civil y penal en la Unión Europea, basado en el principio de confianza mutua entre los Estados miembros y en el criterio de equivalencia entre los ordenamientos. Este destacado impulso estaba llamado a tener influencia directa respecto a la problemática del acceso a la justicia y a la armonización jurídica entre los Estados miembros en materia de protección jurisdiccional y extrajurisdic-

27 Siguiendo este criterio, la Decisión nº 283/1999/CE del Parlamento Europeo y del Consejo, de 25 de enero de 1999 (DO L 34 de 9 de febrero de 1999), estableció, a escala comunitaria, un marco general para las actividades a favor de los consumidores, entre las que se preveían acciones de apoyo a las organizaciones europeas de consumidores, y entre los sectores que selecciona se encuentra la protección jurídica y de los intereses de los consumidores, incluido el acceso a la solución de litigios.

cional de los consumidores. Así la conclusión núm. 34 del Consejo de Tampere indicaba que el primer paso debía consistir en suprimir los procedimientos intermedios para los expedientes relativos a demandas de consumidores o de índole mercantil de menor cuantía y para determinadas sentencias en el ámbito de los litigios familiares: "De ese modo, dichas resoluciones se reconocerían automáticamente en toda la Unión sin que se interpusieran procedimientos intermedios o motivos para denegar la ejecución. Ello podría ir acompañado del establecimiento de normas mínimas sobre aspectos concretos de Derecho procesal civil".

El Libro Verde sobre la protección de los consumidores en la Unión Europea, presentado por la Comisión en Bruselas el 2 de octubre de 2001 [COM(2001) 531 final], en una amplia consulta pública sobre la futura orientación de la protección de los consumidores en el ámbito territorial europeo, destacó la función esencial de los consumidores y sus asociaciones en lo que se refiere al cumplimiento a través de los tribunales de la normativa aplicable, aunque se muestra pesimista respecto a la generalización en la práctica diaria de las pretensiones de cesación en otras jurisdicciones. Pero aparece la ineludible vertiente de la cooperación internacional por cuanto "Un mercado interior necesita una vigilancia coordinada del mercado", pues su pleno funcionamiento "dependerá también de que las autoridades públicas competentes actúen en cooperación como "la última instancia ejecutiva". En este sentido, cubrió esta sentida necesidad el Reglamento (CE) N° 2006/2004 del Parlamento Europeo y del Consejo, de 27 de octubre de 2004, sobre la cooperación entre las autoridades nacionales encargadas de la aplicación de la legislación de protección de los consumidores[28]. Por su parte, la Comunicación de la Comisión al Parlamento Europeo, al Consejo, al Comité Económico y Social y al Comité de las Regiones ("Estrategia en materia de política

28 "Reglamento sobre la cooperación en materia de protección de los consumidores»" [DO nº L 364, de 9 de diciembre de 2004]. Conviene señalar que este Reglamento fue actualizado por el Reglamento (UE) Nº 954/2011 del Parlamento Europeo y del Consejo, de 14 de septiembre de 2011 (DO nº L 259, de 4 de octubre de 2011).

de los consumidores 2002-2006")[29] fijó como objetivo a medio plazo la "Aplicación eficaz de las normas sobre protección de los consumidores", para cuya consecución, entre otras acciones, "debe mejorarse y facilitarse el acceso de los consumidores a la justicia, esto es, a los tribunales y los mecanismos extrajudiciales de resolución de litigios transfronterizos".

Es necesario tener en cuenta el Reglamento (CE) nº 861/2007 del Parlamento Europeo y del Consejo, de 11 de julio de 2007, por el que se establece un proceso europeo de escasa cuantía[30], que introdujo un procedimiento para simplificar y acelerar los litigios de escasa cuantía en asuntos transfronterizos en materia civil y mercantil y reducir los costes, cuando el valor de una demanda, excluidos los intereses, gastos y costas, no rebase los 2000 EUR en el momento en que el órgano jurisdiccional competente reciba el formulario de demanda[31].

Es asimismo pertinente hacer referencia a los trabajos que se están llevando a cabo para la configuración de un recurso colectivo europeo, entre los que cabe destacar el Libro Verde de la Comisión, de 27 de noviembre de 2008, sobre recurso colectivo de los consumidores[32] y la Resolución del Parlamento Europeo, de 2 de febrero de 2012, sobre "Hacia un planteamiento europeo coherente del recurso colectivo"[33], donde se considera -con buen criterio pero con un retraso llamativo-, que "cuando un número de ciudadanos son víctimas de una misma infracción, las acciones individuales pueden no constituir un medio eficaz para poner fin a las prácticas ilegales de que se trate u obtener una indemnización, especialmente cuando la pérdida individual es pequeña en comparación con los costes del litigio" y además, "el funcionamiento general de los instrumentos existentes de indemnización y tutela para el consumidor concebidos a escala

29 Bruselas, 7 de mayo de 2002. COM (2002) 208 final.

30 DO nº L 199, de 31 de julio de 2007.

31 Aunque no era estrictamente necesario por la naturaleza de la norma jurídica utilizada, la Ley 4/2011, de 24 de marzo, introdujo en la LEC una disposición final vigésima cuarta, en la que se establecen diez apartados con medidas para facilitar la aplicación del mencionado Reglamento en el Derecho español.

32 COM (2008) 794, de 27 de noviembre.

33 2011/2089(INI)

de la UE no se considera satisfactorio, o que tales mecanismos no son suficientemente conocidos, lo que conlleva que sean poco utilizados", la Comunicación de la Comisión al Parlamento Europeo, al Consejo, al Comité Económico y Social Europeo y al Comité de las Regiones sobre "Hacia un marco horizontal europeo del recurso colectivo"[34] de 11 de junio de 2013 y, de la misma fecha, la Recomendación de la Comisión sobre los principios comunes aplicables a los mecanismos de recurso colectivo de cesación o de indemnización en los Estados miembros en caso de violación de los derechos reconocidos por el Derecho de la Unión[35].

3.2. LAS PRETENSIONES DE CESACIÓN EN LA UNIÓN EUROPEA

El ámbito de la protección de los consumidores es especialmente propicio para constatar que la solución óptima que proporcionaría una adecuada tutela judicial efectiva del derecho o interés afectado, no es la compensación mediante indemnización de daños y perjuicios, sino más bien la prevención frente a las amenazas de lesión[36]. La variedad de las relaciones jurídicas en materia de consumo conlleva que nos encontremos también, desde

34 COM (2013) 401 final, de 11de junio.

35 DO nº L 201, de 26 de julio de 2013. *Vid.* al respecto COROMINAS BACH, S. Hacia una futura regulación de las acciones colectivas en la Unión Europea (La Recomendación de 11 de junio de 2013).**Revista General de Derecho Europeo**, Madri, n. 34, out. 2014.

36 Pero, incluso en los casos en que ya es demasiado tarde para tomar una medida preventiva, es frecuente que no compense acudir a los tribunales sobre todo porque en estos casos la reclamación es con frecuencia relativamente pequeña. La Comunicación de la Comisión "Plan de Acción sobre el acceso de los consumidores a la justicia y la solución de litigios en materia de consumo en el Mercado interior", [COM (96) 13 final], de 14 de febrero de 1996, señalaba que "por lo general, un litigio medio en materia de consumo se caracteriza por la desproporción entre el volumen económico del asunto y el coste de su solución judicial". En el mismo sentido se pronunció la Comunicación de la Comisión sobre la solución extrajudicial de conflictos en materia de consumo de 30 de marzo de 1998 [COM (98) 198 final]. En otros casos no es tanto la pequeña entidad económica de la reclamación de los consumidores y usuarios, sino más bien la imposibilidad de acreditar un perjuicio directo en sus derechos subjetivos o intereses legítimos, lo que ha obligado a arbitrar nuevos mecanismos de protección que conllevan la flexibilización de antiguas rigideces en la aplicación de los presupuestos que permiten el acceso al proceso.

la perspectiva objetiva del proceso, con múltiples posibilidades petitorias, todavía mayores si se contempla la exigencia de complementar la tutela individual con el ejercicio de pretensiones en que aparece la trascendencia colectiva de las reclamaciones de los consumidores. Es muy habitual, en los procesos jurisdiccionales de consumo que el contenido de la pretensión se refiera a la obtención de una condena a una determinada prestación de dar una cantidad de dinero en concepto de reparación de daños y perjuicios. Pero la mayor efectividad de la protección de los derechos y de los intereses legítimos de los consumidores se ha comprobado que se obtiene con una tutela preventiva, mediante el ejercicio de pretensiones, también condenatorias, pero dirigidas a un hacer, o más habitualmente, a un no hacer, es decir, a una cesación o abstención de actividades potencialmente peligrosas.

La Directiva 98/27/CE, de 11 de junio de 1998, del Parlamento Europeo y del Consejo relativa a las acciones de cesación en materia de protección de los intereses de los consumidores[37] pretendió concretar los objetivos del mencionado Libro Verde, coordinando las disposiciones nacionales en materia de pretensiones inhibitorias que pueden entablarse de forma colectiva contra prácticas comerciales ilícitas, así como propiciando su reconocimiento mutuo para facilitar, por un lado, los litigios transfronterizos y, por otro, el buen funcionamiento de mercado interior. En concreto, esta Directiva complementó las Directivas 84/450/CEE sobre publicidad engañosa; 85/577/CEE sobre contratos negociados fuera de los establecimientos comerciales; 87/102/CEE sobre crédito al consumo; 89/552/CEE sobre ejercicio de actividades de radiodifusión televisiva; 90/314/CEE sobre viajes, vacaciones y circuitos combinados; 92/28/CEE sobre publicidad de los medicamentos; 93/13/CEE sobre cláusulas abusivas en los contratos; 94/47/CE sobre adquisición de inmuebles en régimen de tiempo compartido y 97/7/CEE sobre contratos a distancia[38].

37 DO nº L 166, de 11 de junio de 1998.

38 Posteriormente han sido añadidas a este elenco las siguientes Directivas: 99/44/CE sobre determinados aspectos de la venta y la garantía de los bienes de consumo; 2000/31/CE sobre determinados aspectos

Esta norma tuvo la importancia de proceder a la armonización europea de las disposiciones relativas a la ordenación del cese, o prohibición -incluso a través de procedimientos de urgencia-, de cualquier acto contrario a las Directivas mencionadas; a la adopción de las medidas necesarias para eliminar los efectos de la infracción, como sería la publicación de la decisión; a condenar, finalmente, al infractor al pago de una multa coercitiva en caso de que no cumpla la decisión en el plazo fijado (art. 2); así como la virtud de reconocer como habilitado para ejercitar tales pretensiones (art. 3) a cualquier organismo u organización, correctamente constituido con arreglo a la legislación de un Estado miembro, que alegue un interés legítimo en hacer que se respeten las Directivas antes mencionadas, y en particular (a) uno o más organismos públicos independientes específicamente encargados de la protección de los intereses colectivos de los consumidores en los Estados miembros en los que existan tales organismos y (b) las organizaciones cuya finalidad consista en la protección de los intereses colectivos de los consumidores según los criterios establecidos en la legislación nacional. Se prevé asimismo la articulación de las medidas necesarias para que las entidades habilitadas de otros Estados miembros puedan defender los intereses de los consumidores interponiendo una demanda o una reclamación administrativa ante las autoridades del Estado donde se ha producido la infracción (art. 4.1).

La Directiva 2009/22/CE del Parlamento Europeo y del Consejo, de 23 de abril de 2009, relativa a las acciones de cesación en materia de protección de los intereses de los consumidores[39] derogó su antecesora de 1998 y procedió a una ordenación normativa “en aras de mayor claridad y racionalidad”. Esta nueva regulación se ocupa expresamente de

jurídicos de los servicios de la sociedad de la información, en particular el comercio electrónico, en el mercado interior y 2002/65/CE sobre la comercialización a distancia de servicios financieros destinados a los consumidores.

39 DO nº L 110, de 1 de mayo de 2009.

prever que uno o más organismos públicos independientes, específicamente encargados de la protección de los intereses colectivos de los consumidores, ejerciten los derechos a entablar las pretensiones dispuestas en ella y, además, pretende estimular el ejercicio de estos derechos por organizaciones cuyo objeto consista en proteger los intereses colectivos de los consumidores.

Es importante señalar que la técnica normativa de las directivas en el Derecho europeo se dirige a armonizar unos mínimos jurídicos en los Estados miembros, pero respetando los procedimientos y los medios a través de los que cada uno de ellos introducirá en su ordenamiento interno el contenido esencial ordenado en la correspondiente directiva en un plazo temporal determinado. Son normas, por tanto, no dirigidas directamente a los individuos o grupos sino al legislador de cada uno de los países integrantes. Es conveniente, por tanto, completar estas consideraciones con algunas otras sobre cómo el legislador español ha ido concretando estas reglas de alcance europeo.

3.3. LA TRASPOSICIÓN EN EL ÁMBITO ESPAÑOL DE LAS PRETENSIONES DE CESACIÓN: ESTADO DE LA CUESTIÓN

3.3.1. EL OLVIDO DE LA TUTELA INHIBITORIA EN LA LEC DEL 2000

En España fue la Ley 39/2002, por la que se transpusieron al ordenamiento jurídico español diversas directivas comunitarias en materia de protección de los intereses de los consumidores y usuarios, modificó, entre otras, la LEC, aprobada poco tiempo antes, evidenciando así que en el texto originario de los artículos dedicados a las partes el legislador había olvidado una norma de Derecho comunitario de obligatoria transposición en todos los países del ámbito de la Unión Europea: la anteriormente mencionada Directiva 98/27/CE del Parlamento Europeo y del Consejo de 19 de mayo de 1998, relativa a las acciones de cesación en materia de protección de los intereses de los consumidores, derogada luego, como ya se ha dicho, por la Directiva 2009/22/CE del Parlamento Europeo y del Consejo de 23 de abril de 2009 relativa a las acciones de cesación en materia de protección de los intereses de los consumidores. Había quedado pendiente, por tanto, proteger mejor los derechos e intereses de los consumidores incorporando los criterios de esa Directiva europea, a través de la llamada "acción de cesación" o "acción inhibitoria", como instrumento efectivo.

La Directiva 2009/22/CE, al igual que su antecedente directo de 1998, establece que a efectos del ejercicio de las acciones de cesación debe entenderse como "entidad habilitada" cualquier organismo u organización, correctamente constituido con arreglo a la legislación de un Estado miembro, que posea un interés legítimo en hacer que se respeten las disposiciones relativas a la protección de los intereses colectivos de los consumidores aparte de las entidades públicas y las organizaciones cuya finalidad consista en la protección de esos intereses, según los criterios establecidos por su legislación nacional[40]. Las disposiciones por las que se ha canalizado la transposición de esta Directiva reconocen también, en consecuencia, supuestos de legitimación colectiva o supraindividual.

3.3.2. LA REFORMA DE 2002

Así pues, como consecuencia de la Ley 39/2002, se introdujo un nuevo punto 8º en el apartado 1 del artículo 6 de la LEC, por el que se reconoce capacidad para ser parte expresamente a "Las entidades habilitadas conforme a la normativa comunitaria europea para el ejercicio de la acción de cesación en defensa de los intereses colectivos y de los intereses difusos de los consumidores y usuarios"[41]. En lógica cor-

40 Un ejemplo reciente de esta habilitación lo tenemos en la Comunicación de la Comisión conforme al artículo 4, apartado 3, de la Directiva 2009/22/CE del Parlamento Europeo y del Consejo, relativa a las acciones de cesación en materia de protección de los intereses de los consumidores, que codifica la Directiva 98/27/CE, en la que se da a conocer la lista de entidades habilitadas para ejercitar una acción con arreglo al artículo 2 de dicha Directiva (2015/C 105/01).

41 En cuanto a las entidades españolas habilitadas para el ejercicio de la pretensión de cesación en otros Estados miembros se establece una doble regulación: Toda entidad pública competente en materia de consumo que desee estar habilitada ante la Comisión Europea para el ejercicio de dichas

respondencia, se añadió al artículo 11 un apartado 4 por el que se establece que las entidades habilitadas a las que se refiere el artículo 6.1.8º estarán legitimadas para el ejercicio de la acción de cesación en defensa de los intereses de los consumidores y usuarios, tanto colectivos como difusos. Se adicionó también un nuevo apartado al artículo 15 por el cual se exceptúan de las reglas especiales sobre publicidad e intervención en materia de consumidores y usuarios, los procesos iniciados mediante el ejercicio de estas acciones de cesación. Por tanto, en los procesos dirigidos a la cesación no habrá un llamamiento público masivo a los eventuales perjudicados individuales. Para lo que aquí nos interesa, también se introdujo un nuevo apartado al art. 221 relativo a los efectos de las sentencias dictadas en procesos promovidos por asociaciones de consumidores y usuarios cuando se ha estimado una acción de cesación, en tal caso, el tribunal, si lo estima procedente y con cargo al demandado, podrá acordar la publicación total o parcial de la sentencia o, cuando los efectos de la infracción puedan mantenerse a lo largo del tiempo, una declaración rectificadora.

La finalidad de estos procesos de puede ser doble: la obtención de una condena judicial a cesar en el comportamiento lesivo y el de la prohibición judicial de reiteración futura de ese comportamiento, pudiéndose ejercitar asimismo cuando la conducta haya ya finalizado, si existen indicios suficientes que hagan temer su reiteración; se asimila también en materia de cláusulas abusivas la recomendación de utilización de cláusulas abusivas conforme al artículo 53.1 del Texto Refundido de la Ley General para la Defensa de los Consumidores y Usuarios y otras leyes complementarias (LGDCU)[42]. Estas preten-

pretensiones mediante su inclusión en la lista publicada a tal fin en el "Diario Oficial de las Comunidades Europeas" lo hará saber al Ministerio de Justicia, a través del Instituto Nacional del Consumo, que lo notificará a la Comisión. Pero a las asociaciones de consumidores y usuarios, además de esa solicitud expresa se exige que estén presentes en el Consejo de Consumidores y Usuarios.

42 Tenemos un ejemplo práctico respecto a las conocidas como "cláusulas suelo" (de límites a la variación del tipo de interés variable) en la SAP Madri, 26 julio 2013: "El control abstracto que pone en marcha la acción colectiva de cesación, en este caso la del artículo 12 de la LCGC, permite

siones se tramitarán por el juicio verbal (art. 250.1.12º LEC) con la finalidad de propiciar una rápida obtención de la tutela judicial.

depurar del tráfico mercantil condiciones generales ilícitas. Su utilidad se revela para detener comportamientos ilícitos, pero también para impedir el riesgo de repetición de los mismos. El ejercicio de la misma conlleva, como presupuesto de la orden de cesación, el control de la posible nulidad de las condiciones objeto de la acción (control de legalidad, de incorporación y de abusividad de las mismas), por lo que también cabe que el juez realice el pronunciamiento correspondiente al respecto. Además, en este ámbito de las acciones colectivas la regla "contra proferentem" cobra un significado distinto, pues ya no se trata de interpretar un condicionado en el sentido más perjudicial para el predisponente y favorable al consumidor (como podría resultar lo procedente en un litigio individual), sino que si la condición general, por su redacción ambigua o dudosa, admitiese significados que podrían dar lugar a abusividad, lo procedente es expulsarla del tráfico mercantil para que no pueda producir tal efecto. Los artículos 5 y 7 de la Directiva 93/13/CEE del Consejo, de 5 de abril de 1993, persiguen impedir la circulación de cláusulas dudosas que en alguno de sus significados pueda dar lugar a abusividad, por lo que en sede de un control abstracto de las mismas debe inclinarse el juez por apreciar su nulidad (de ahí la previsión del artículo 6.2 de la LCGC). Así lo ha apuntado también el Tribunal de Justicia (UE) en su sentencia de 9 de septiembre de 2004".

3.3.3. LA LEGITIMACIÓN PLURAL

Los legitimados para el ejercicio de dichas pretensiones son, con carácter general: los órganos o entidades públicas competentes en materia de defensa de los consumidores, las asociaciones de consumidores y usuarios que reúnan los requisitos establecidos en la LGDCU y disposiciones de desarrollo, el Ministerio Fiscal así como las entidades de otros Estados miembros de la Comunidad Europea constituidas para la protección de los intereses de los consumidores y usuarios[43].

43 En todo caso, es importante señalar que opera en todos estos casos la *perpetuatio legitimationis*, como recordó la Sentencia del Tribunal Supremo (STS) (Sala 1.ª, de lo Civil) de 13 octubre 2014, respecto a la asociación AUSBANC, que ejercitó una pretensión colectiva de cesación de condiciones generales de la contratación en defensa de los derechos e intereses de los consumidores y usuarios. La Sala entiende que estaba legitimada para ello en el momento de presentar la demanda por estar suspendida la eficacia del acuerdo administrativo por el que se le excluía del Registro Estatal de Asociaciones de Consumidores. Más en concreto la STS (Sala 1.ª) de 9 de mayo de 2013, afirmó que "La pérdida sobrevenida de las condiciones legales precisas para litigar, como consecuencia de una sanción afecta al principio *pro actione*

La LEC, en su artículo 6.1.6º, reconoce la capacidad para ser parte al Ministerio Fiscal –de manera totalmente superflua pues nadie dudaba de ella –, perola limita a los procesos en que, conforme a la ley, haya de intervenir como parte, lo cual ya es una cuestión no de capacidad, sino de legitimación. Hasta hace poco, ninguna ley especial protectora de los intereses de los consumidores reconocía la actuación del Ministerio público, ni siquiera parece que pudiera entenderse incluido en la expresión "órganos administrativos competentes" a los que se refiere la Ley General de Publicidad. La Ley de Condiciones Generales de la Contratación (LCGC) vino a modificar la situación al prever entre las entidades que pueden ejercitar las acciones colectivas de cesación, retractación y declarativa de condiciones generales de la contratación al Ministerio Fiscal (art. 16), en un ejemplo de combinación de instancias públicas y colectivas para asegurar la protección de un interés de grupo[44]. De manera mucho más amplia ahora la LEC, en su artículo 11.5, redactado conforme a la disposición adicional segunda de la Ley 3/2014, de 27 de marzo, dispone que el Ministerio Fiscal estará legitimado para ejercitar cualquier acción en defensa de los intereses de los consumidores y usuarios[45].

---

y debe ser objeto de una interpretación restrictiva. Esta interpretación restrictiva es especialmente intensa cuando la demandante no tiene una legitimación ordinaria ni litiga en defensa de un interés particular y propio, sino una legitimación extraordinaria para la defensa de intereses ajenos, ya que las consecuencias de la sanción se proyectan sobre terceros, máxime cuando se trata de intereses colectivos de los consumidores que los tribunales tienen el indeclinable deber de tutelar".

44 Como se ve, tanto en la legislación española como en la comunitaria se sigue, la opción correcta de complementar vías públicas y colectivas para la protección de intereses de grupo, combinando poderes e instrumentos que se sometan a compensaciones, suplencias y controles mutuos en la actividad procesal civil (CAPPELLETTI, M.; GARTH, B. The protection of diffuse, fragmented and colletive interests in civil litigation. In: AA. VV. Effektiver Rechtschutz und Verfassungmäßige Ordnung,In: CONGRESO INTERNACIONAL DE DERECHO PROCESAL, 7., 1983. **Anais...** Bielefeld, 1983, p. 129-151).

45 Podría discutirse tal amplitud, pues puede haber pretensiones individuales de consumidores y usuarios que deberían permanecer bajo el poder de disposición de sus titulares y no estar sometidas a la decisión del Ministerio Fiscal, sobre todo si se tiene en cuenta que en nuestro ordenamiento no hay previsto

Conviene también resaltar la alusión de la Directiva 2009/22/CE, en particular, a uno o más organismos públicos independientes específicamente encargados de la protección de los intereses colectivos de los consumidores, en los Estados miembros en que existan tales organismos (art. 3). Entre las disposiciones que han transpuesto esta norma comunitaria hay que tener en cuenta el artículo 54.1.a) LGDCU; el artículo 16 de la LCGC**; el artículo 105.1.a) de la Ley de Marcas; el artículo 33.3.a) de la Ley de Competencia Desleal; el artículo 6.2 de la Ley General de Publicidad** y el art. 31.e) de la Ley de Servicios de la Sociedad de la Información y del Comercio Electrónico. Todas estas disposiciones legitiman, entre otras, al Instituto Nacional del Consumo y los órganos o entidades correspondientes de las Comunidades Autónomas y de las Corporaciones locales competentes en materia de defensa de los consumidores, al Ministerio Fiscal y a las entidades de otros Estados miembros de la Comunidad Europea constituidas para la protección de los intereses colectivos y de los intereses difusos de los consumidores que estén habilitadas, además la LCGC mantiene la legitimación de las Cámaras y Colegios profesionales[46]. Por su parte, la Ley 17/2001, de Marcas, en el artículo 59, referido a las acciones declarativas de nulidad o de caducidad del registro de una marca, en los casos previstos en los artículos 51 y 55 c), d), e) y f), se prevé, entre otras, la legitimación de la Oficina Española de Patentes y Marcas.

La Ley de Competencia Desleal, junto a la legitimación pública e individual, prevé también en el art. 33.3.b) la legitimación de asociaciones de consumidores y usuarios en defensa de un interés de grupo en sentido estricto, es decir, ejercitando pretensiones de cesación o, en su caso, rectificación de la competencia desleal, incluida la

un mecanismo por el cual el individuo interesado pueda excluirse del proceso colectivo, y en particular de sus efectos adversos.

46 Es significativa la Ley General de Publicidad que alude expresamente a la Delegación del Gobierno para la Violencia de Género y al Instituto de la Mujer o su equivalente en el ámbito autonómico.

publicidad ilícita[47]. Además se recoge la legitimación de asociaciones o corporaciones profesionales o representativas de intereses económicos, exigiéndose en la lesión de los intereses de alguno de sus miembros. En ambos casos podrán ejercitar sólo pretensiones de carácter meramente declarativo o de cesación, prohibición o remoción de los efectos producidos, o por último, de rectificación. Asimismo, la LCGC prevé en su artículo 16 el ejercicio de prestaciones de cesación, de retractación y meramente declarativas de condiciones generales, entre otras entidades, a través de asociaciones o corporaciones de empresarios, profesionales y agricultores que estatutariamente tengan encomendada la defensa de los intereses de sus miembros y, además, a las asociaciones de consumidores y usuarios legalmente constituidas y que tengan estatutariamente encomendada la defensa de éstos.

47 Vid., por ejemplo, la STS 3 febrero 1995, por la que la Unión de Consumidores de España demandaba a una empresa por la ilicitud de una campaña publicitaria destinada a promover la venta de coches.

3.3.4. LAS PRETENSIONES HETEROGÉNEAS

La variedad de las relaciones jurídicas en materia de consumo conlleva que nos encontremos también, desde la perspectiva objetiva del proceso, con múltiples posibilidades petitorias, todavía mayores si se contempla la exigencia, ya mencionada anteriormente, de complementar la tutela resarcitoria con el ejercicio de pretensiones en que aparece la trascendencia preventiva de las reclamaciones de los consumidores. Es muy habitual, en los procesos jurisdiccionales de consumo que el contenido de la pretensión se refiera a la obtención de una condena a una determinada prestación de dar una cantidad de dinero en concepto de reparación de daños y perjuicios. Pero la mayor efectividad de la protección de los derechos y de los intereses legítimos de los consumidores se ha comprobado que se obtiene mediante el ejercicio de pretensiones, también condenatorias, pero dirigidas a un hacer, o más habitualmente, a un no hacer, es decir, a una cesación o abstención de actividades potencialmente peligrosas. Por otro lado, no son extrañas tampoco a esta materia del

Derecho de consumo, las pretensiones de carácter meramente declarativo, por ejemplo, para que se reconozca una cláusula como condición general de la contratación, o que se declare la nulidad de una cláusula abusiva, contribuyendo así a satisfacer la necesidad práctica de certeza frente a una situación jurídica incierta y controvertida. Más complicado es, en cambio, encontrar en los procesos civiles de consumo pretensiones constitutivas, sobre todo si entendemos que la nulidad no se constituye por medio de la sentencia, sino que ésta se limita a declararla y por ello surtirá efectos desde el momento en que se inició la situación ilegítima preexistente.

Como puede observarse, la pretensión ejercitable normalmente será distinta según la naturaleza del interés en juego y dependiendo de quién pueda sostener la declaración de voluntad que se constituye en objeto del proceso. En los casos en que se defiendan individualmente intereses legítimos del sujeto afectado, por ejemplo por un daño causado por un producto defectuoso, el individuo podrá reclamar a los fabricantes e importadores por los daños y perjuicios producidos, por tanto se trataría del ejercicio de una pretensión declarativa de condena a indemnizar. El Libro Verde sobre La Responsabilidad Civil por Productos Defectuosos[48] al plantearse específicamente, entre otras cuestiones, la necesidad de establecer vías concretas para facilitar el acceso de las víctimas a la justicia, previó en concreto dos tipos de medidas: las acciones de cesación y las acciones conjuntas. Los más recientes trabajos prelegislativos sobre la creación de un marco horizontal para un llamado "recurso colectivo"[49] se refieren tanto a pretensiones de cesación como a pretensiones por daños y perjuicios en caso de producirse perjuicios masivos, tanto de cuantías altas como de cuantías reducidas.

---

48 COM (1999) 396 final. Bruselas, de 28 de julio de 1999.

49 Comunicación de la Comisión al Parlamento Europeo, al Consejo, al Comité Económico y Social Europeo y al Comité de las Regiones de 11 de junio de 2013 COM(2013) 401 final y, de la misma fecha, la Recomendación de la Comisión sobre los principios comunes aplicables a los mecanismos de recurso colectivo de cesación o de indemnización en los Estados miembros en caso de violación de los derechos reconocidos por el Derecho de la Unión (DO nº L 201).

Puede ocurrir que los intereses que se pretenden proteger se refieran a un bien no susceptible de apropiación exclusiva, respecto al cual el disfrute de un individuo o grupo no está limitado por el goce concurrente de otros miembros de la colectividad[50], por ejemplo el disfrute de una publicidad lícita o de una competencia correcta y leal. Entonces la pretensión, aunque también de naturaleza condenatoria, tendrá sin embargo un carácter distinto. En estos supuestos es destacable la importancia práctica de las pretensiones condenatorias de cesación de actividades lesivas de los intereses generales de los consumidores, articulando esquemas de tutela preventiva a través de pretensiones condenatorias de no hacer[51].

En otras ocasiones, la protección se produce a través del ejercicio de pretensiones reparadoras de hacer, es decir, pretensiones de rectificación de publicidad ilícita, de publicaciones de sentencias condenatorias en medios de comunicación, de remoción de efectos de la competencia desleal, de retractación de la recomendación de condiciones generales abusivas, etc.

Tienen naturalmente una especial importancia las pretensiones dirigidas a bloquear la producción de efectos nocivos para los intereses de los consumidores y usuarios, pues así se previenen daños concretos que exigirían pretensiones indemnizatorias, siempre de mayor complejidad procesal. En este sentido, es obligado destacar en este punto la Directiva 2009/22/CE, relativa a las acciones de cesación en materia de protección de los intereses de los consumidores, por la que pueda ob-

---

50 Son importantes palabras de DENTI, V., Interessi Diffusi. **Novissimo Digesto Italiano**, v. 4, 1982-1983, p. 307.

51 El Código francés prevé, en este sentido, las acciones civiles (arts. L 421-1 y ss) por las que las asociaciones de defensa de los consumidores pueden comparecer en juicio en caso de perjuicios directos o indirectos al interés colectivo de los consumidores, ejercitando pretensiones de cesación o, incluso, más concretamente, de supresión de cláusulas ilícitas. El art. 102 del Código de Defensa del Consumidor de Brasil permite el ejercicio de pretensiones dirigidas a compeler al Poder Público competente a prohibir la producción, divulgación, distribución o venta o a determinar la alteración en la composición, estructura, fórmula o acondicionamiento de productos cuyo uso o consumo regular se revele nocivo o peligroso para la salud pública y la integridad personal.

tenerse: a) que se ordene, con toda la diligencia debida, en su caso mediante procedimiento de urgencia, la cesación o la prohibición de toda infracción; b) que se adopten, en su caso, medidas como la publicación, total o parcial, y en la forma que se estime conveniente, de la resolución, o que se publique una declaración rectificativa con vistas a suprimir los efectos duraderos derivados de la infracción; c) que en la medida en que el ordenamiento jurídico del Estado miembro interesado lo permita, se condene a la parte demandada perdedora a abonar al Tesoro público o al beneficiario designado por la legislación nacional, o en virtud de la misma, en caso de inejecución de la resolución en el plazo establecido por las autoridades judiciales o administrativas, una cantidad fija por cada día de retraso o cualquier otra cantidad prevista en la legislación nacional, al objeto de garantizar el cumplimiento de las resoluciones (art. 2.1). Estas medidas preventivas son las que pueden observarse en diversas leyes especiales españolas que ya hemos citado antes, como la Ley General de Publicidad (pretensiones de cesación o de prohibición de la publicidad ilícita), Ley de Competencia Desleal (pretensiones de cesación o de prohibición del acto de competencia desleal) o la LCGC (pretensiones de cesación de la utilización de condiciones generales que se reputen nulas y de abstención a utilizarlas de nuevo).

3.3.5. LA EVENTUAL ACUMULACIÓN DE PRETENSIONES

Es necesario preguntarnos por la posibilidad de acumulación entre pretensiones colectivas y pretensiones individuales. La LCGC diferenció entre ambas, e incluso impidió inicialmente la acumulación de unas y otras. Pero la entrada en vigor de la LEC supuso la derogación de esta prohibición e introdujo una alusión expresa a esa posibilidad: "A la acción de cesación podrá acumularse, como accesoria, la de devolución de cantidades que se hubiesen cobrado en virtud de las condiciones a que afecte la sentencia y la de indemnización de daños y perjuicios que hubiere causado la aplicación de dichas condiciones". Ahora de manera más general, los párrafos II y III del artículo 53 LGDCU permiten con amplitud estas acumulaciones: A cualquier acción de cesación podrá acumularse siempre que se solicite la de nulidad y anulabilidad, la de incumplimiento de obligaciones, la de resolución o rescisión contractual y la de restitución de cantidades que se hubiesen cobrado en virtud de la realización de las conductas o estipulaciones o condiciones generales declaradas abusivas o no transparentes, así como la de indemnización de daños y perjuicios que hubiere causado la aplicación de tales cláusulas o prácticas. De dicha acción acumulada accesoria conocerá el mismo juzgado encargado de la acción principal, la de cesación por la vía prevista en la ley procesal. Además, se establece que serán acumulables a cualquier acción de cesación interpuesta por asociaciones de consumidores y usuarios la de nulidad y anulabilidad, de incumplimiento de obligaciones, la de resolución o rescisión contractual y la de restitución de cantidades que se hubiesen cobrado en virtud de la realización de las conductas o estipulaciones o condiciones generales declaradas abusivas o no transparentes, así como la de indemnización de daños y perjuicios que hubiere causado la aplicación de tales cláusulas o prácticas.

3.3.6. LAS MEDIDAS CAUTELARES ESPECÍFICAS

Conviene añadir, además, algunas referencias sobre medidas cautelares que específicamente puedan coadyuvar a la finalidad de la tutela inhibitoria. Junto a medidas como la tradicional del embargo preventivo para el caso de reclamaciones de daños y perjuicios, para la protección cautelar de los consumidores en nuestro ordenamiento se tuvo en cuenta la vía del artículo 1428 de la derogada LEC, que permitía solicitar la adopción, antes o después de la interposición de la demanda, de alguna de las llamadas "medidas cautelares innominadas" o "indeterminadas", previa prestación de una fianza proporcionada. Se habló, frente a esta opción, sin embargo, de dudas razonables por la escasa disposición de los jueces a abrir las posibilidades que concedía esa norma. A pesar de ello, el legislador español en algunas leyes especiales con trascendencia para la protección de los consumidores, tales como la Ley General de Publicidad o la Ley de Competencia Desleal se remitían al mencionado precepto.

Ahora la LEC contempla entre las medidas cautelares específicas enumeradas en el artículo 727, algunas directamente dirigidas a reforzar la tutela inhibitoria: "7.ª La orden judicial de cesar provisionalmente en una actividad; la de abstenerse temporalmente de llevar a cabo una conducta; o la prohibición temporal de interrumpir o de cesar en la realización de una prestación que viniera llevándose a cabo" y "8.ª La intervención y depósito de ingresos obtenidos mediante una actividad que se considere ilícita y cuya prohibición o cesación se pretenda en la demanda (...)", sin perjuicio de las posibilidades que ofrece la cláusula abierta del núm. 11 de este mismo artículo: "Aquellas otras medidas que, para la protección de ciertos derechos, prevean expresamente las leyes, o que se estimen necesarias para asegurar la efectividad de la tutela judicial que pudiere otorgarse en la sentencia estimatoria que recayere en el juicio". A su vez, el párrafo segundo del art. 732 LEC, referido precisamente a las medidas cautelares solicitadas en procesos en que se ejerciten pretensiones dirigidas a la prohibición o cesación de actividades ilícitas, permite proponer al tribunal que, con carácter urgente y sin dar traslado de la solicitud, requiera los informes u ordene las investigaciones que el solicitante no pueda aportar o llevar a cabo y que resulten necesarias para resolver sobre la solicitud. Y último ejemplo de la tutela cautelar en el proceso civil en materia de consumo prevista en leyes especiales, la LCGC prevé en su art. 11.3, al regular precisamente el Registro de Condiciones Generales de Contratación como instrumento de apoyo del sistema de control de estas condiciones, que serán objeto de anotación preventiva la interposición de demandas ordinarias de nulidad o de declaración de no incorporación de cláusulas generales, así como las acciones colectivas de cesación, de retractación y declarativa, así como las resoluciones judiciales que acuerden la suspensión cautelar de la eficacia de una condición general[52].

52 En el Auto de la Audiencia Provincial de las Islas Baleares de 31 de octubre de 2002, en un caso de ejercicio por la asociación AUSBANC de una

3.3.6. LOS EFECTOS DE LA SENTENCIA

Por último, debemos considerar, desde el punto de vista de la legislación vigente, que ciertas leyes especiales han previsto algunos efectos concretos para la sentencia que estime la pretensión ejercitada. Así la Ley de Competencia Desleal, en la regulación introducida por la Ley 29/2009, de 30 de diciembre, prevé, en su art. 32, un posible contenido específico para la sentencia estimatoria de pretensiones declarativas de deslealtad, de cesación de la conducta desleal o de prohibición de su reiteración futura, de prohibición, si la conducta todavía no se ha puesto en práctica, de remoción de los efectos producidos por la conducta desleal, de rectificación de las informaciones engañosas, incorrectas o falsas: el tribunal, si lo estima procedente, y con cargo al demandado, podrá acordar la publicación total o parcial de la sentencia o, cuando los efectos de la infracción puedan mantenerse a lo largo del tiempo, una declaración rectificadora[53].

pretensión colectiva de cesación de una condición general de contratación contra una entidad bancaria, se destaca que la caución debe ser, en su caso, decretada de oficio, dado el carácter imperativo de la regulación sectorial aplicable frente a la normativa general de la LEC.

53 En cumplimiento de la anterior regulación contenida en la Ley General de Publicidad el Juzgado de lo Mercantil núm. 9 Córdoba, 23 de junio de 2006 resolvió condenar a una entidad bancaria por publicidad ilícita a la publicación total del texto de la sentencia en el periódico de difusión nacional Mercado de Dinero, "con carácter tipográficos que supongan un cuerpo o tamaño de letra superior a 10 en sistema informático *Word* y tipo de letra *Times New Roman*, para lo cual se le dará un plazo de 15 días desde la notificación de la firmeza de la sentencia", y además a la difusión de publicidad correctora mediante la remisión fehaciente de la sentencia estimatoria firme a todos los contratantes de determinado producto bancario, o alternativamente a elección de la entidad condenada, a la inclusión de dicha sentencia en los tablones de anuncios de todas las sucursales de la entidad bancaria durante un periodo no inferior a tres meses.

O DIREITO À SAÚDE E O SUPERIOR TRIBUNAL DE JUSTIÇA: CONSIDERAÇÕES SOBRE A TRAJETÓRIA DE JOSÉ AFONSO DA SILVA

HUMBERTO MARTINS

1. A AFIRMAÇÃO CONSTITUCIONAL DO DIREITO SOCIAL À SAÚDE

A Constituição da República Federativa do Brasil, de 1988, foi inovadora ao prever os direitos sociais, no *caput* do seu artigo 6º, em paralelo a diversos outros bens públicos que devem ser outorgados pelo Estado em atenção ao bem-estar da sociedade brasileira. Esse quadro normativo é muito diferente daquele existente na Constituição Federal de 1967, no qual o tema jurídico da saúde estava adstrito às competências da União como ponto central do planejamento para esse setor e para a área educacional (art. 8º, incisos XIV e XVII, e sua alínea "c"). O quadro constitucional de 1988, inclusive, afirma a existência de um novo tipo de exercício da cidadania, entendido como um conceito amplo, o qual é formado pelos direitos individuais e pelos direitos coletivos. Os direitos individuais – relacionados à cidadania – são conhecidos e afirmados no Brasil desde a Constituição de 1824, a qual os nomeou como direitos civis e políticos, listando-os nos incisos do artigo 179. Aliás, cabe anotar que esse era o último dispositivo daquela Constituição. A Carta Política de 1891, por meio da qual se construiu a estrutura normativa que deveria vigorar no sistema político republicano, manteve a mesma lógica da Constituição Imperial, listando os direitos civis e políticos nos parágrafos do seu artigo 72. O aparecimento constitucional dos direitos coletivos da cidadania somente ocorreu em nossa Constituição Federal de 1988. Ainda mais, o direito à saúde, como um direito fundamental, é uma construção da nova ordem constitucional, como constata José Afonso da Silva (2008):

> É espantoso como um bem extraordinariamente relevante à vida humana só na atual Constituição de 1988 tenha sido elevado à condição de direito fundamental do homem. E há de informar-se pelo princípio de que o direito à vida de todos os seres humanos significa também que, nos casos de doença, cada um tem o direito a um tratamento condigno no acordo com o estado atual da Ciência Médica, independentemente de sua situação econômica, sob pena de não ter muito valor sua consignação em normas constitucionais[1].

A literatura jurídica já identificava a existência de direitos coletivos, que deveriam possuir previsibilidade de concretização bem antes. Um exemplo sempre bem-vindo é aquele trazido por José Joaquim Gomes Canotilho, que, em sua obra mais conhecida – Direito Constitucional e Teoria da Constituição – já afirmava a essencialidade do direito à saúde:

> Ao contrário do que geralmente se afirma, um direito económico, social e cultural não se dissolve numa mera norma programática ou numa imposição constitucional. Exemplifique-se: o direito à saúde é um direito social, independentemente das imposições constitucionais destinadas a assegurar a sua eficácia (ex.: a criação de um serviço nacional de saúde, geral e tendencialmente gratuito [...] e das prestações fornecidas pelo Estado para assegurar o mesmo direito (por exemplo, cuidados de medicina preventiva, curativa e de reabilitação [...][2].

O ponto de vista doutrinário do catedrático português é condizente com a Carta Republicana daquele país, de 1976, a qual – no seu artigo 64 – afirmou o direito à saúde como um direito social, por colocá-lo no âmago do Capítulo II – **direitose deveres sociais** – do Título III – **direito e deveres económicos, sociais e culturais**. A Constituição Portuguesa figura como uma carta republicana de nova geração e, no mesmo sentido, foi construída a Constituição da República Federativa do Brasil de 1988. Ainda

---

1 SILVA, José Afonso. **Comentário contextual à Constituição**, 5. ed. São Paulo: Malheiros, 2008, p. 185. No mesmo sentido, cf. VERONESE, Alexandre. Artigo 6º. In: BONAVIDES, Paulo; MIRANDA, Jorge; MOURA AGRA, Walber (org.). **Comentários à Constituição Federal de 1988**. Rio de Janeiro: Editora Forense; GEN, 2009, p. 353-369.

2 CANOTILHO, José Joaquim Gomes. **Direito Constitucional e Teoria da Constituição**, 4. ed. Coimbra (POR): Livraria Almedina, 1997, p. 467.

seguindo o magistério de José Joaquim Gomes Canotilho, é possível listar uma evolução do próprio conceito de direitos sociais. A sua doutrina sobre esse conceito pode ser sintetizada em uma evolução de quatro tipos de **direitos sociais**, que evolui de normas constitucionais dependentes de ações ulteriores dos legisladores e dos gestores para um modelo contemporâneo no qual se identifica um direito subjetivo público dos cidadãos que é oponível ao Estado. A sistematização de Canotilho permite a clara compreensão dos dilemas experimentados contemporaneamente em relação do Poder Judiciário brasileiro. Após se firmar a existência de um direito social à saúde, oponível ao Estado, mesmo individualmente, foi aberta a possibilidade de que os cidadãos ajuízem ações em prol de sua fruição. Toda a evidência de que dispomos é que os cidadãos não ficaram inertes. Após a consolidação de sistema constitucional que lhes abriu a possibilidade de lutar judicialmente em prol do direito à saúde, a população acorreu ao Poder Judiciário e isto se traduziu em um elevado aumento do movimento processual sobre o referido tema.

O Superior Tribunal de Justiça é uma Corte recente e possui a sua origem na Constituição Federal de 1988. Ele foi criado como uma solução para resolver a **crise do recurso extraordinário**, que era o nome pelo qual a comunidade jurídica diagnosticava o aumento do movimento recursal do Supremo Tribunal Federal. Dentre as vozes que examinaram o problema, figura como central a participação de José Afonso da Silva, como relata o Ministro Carlos Mário da Silva Velloso[3]. O texto deriva de uma palestra na qual o autor indica que José Afonso da Silva havia publicado um artigo na Revista dos Tribunais, em 1963, no qual aventava a possibilidade de ser erigido um novo tribunal, cuja missão seria examinar as alegações de violação ao direito federal, nos moldes do que foi definido na Constituição Federal de 1988. A mesma ideia de José Afonso da Silva foi examinada, com distintas formulações por outros grandes juristas, até que

3 VELLOSO, Carlos Mário da Silva. O Superior Tribunal de Justiça na Constituição. **Informação Jurídica Biblioteca Min. Oscar Saraiva**, Brasília, v. 1, n. 2, p. 91-117, jul./dez. 1989.

os debates da constituinte pudessem definir uma forma específica ao recurso especial e ao Superior Tribunal de Justiça. É certo que o debate era marcado pela quantidade de recursos. Porém, também é certo que a discussão envolvia a necessidade de melhorar substantivamente a análise dos processos.

Assim, com o advento da Constituição Federal de 1988, o recurso extraordinário foi cindido em um meio recursal para apreciar uma potencial violação de normas constitucionais e em outro meio recursal, que seria utilizado para examinar a potencial violação à legislação federal, denominado de recurso especial. Assim, as questões referentes ao direito à saúde, tão evidentemente fixadas na Constituição Federal de 1988, começaram a ser avaliadas pela nova jurisdição, atribuída pela carta republicana ao Superior Tribunal de Justiça.

2. OS CONFLITOS EM PROL DA PRESTAÇÃO DO DIREITO À SAÚDE EM ESPÉCIE.

É importante trazer exemplos de postulações positivas em relação ao direito à saúde. A jurisprudência do Superior Tribunal de Justiça demonstra que o direito à saúde evoluiu para ser reconhecido como passível de ser exigido em prestações positivas. No tópico anterior, foi indicado que o ordenamento constitucional brasileiro, após o advento da Constituição Federal de 1988, houve por firmar o direito social à saúde como uma base para a postulação de uma prestação subjetiva dos cidadãos contra os Estados. A análise de dois tipos de casos judiciais elucidará essa análise. De plano, é possível indicar que essa construção jurídica acabou por fazer acorrer ao Poder Judiciário um número muito grande de demandas de caráter complexo e que isso tem sido objeto de grande preocupação entre os gestores públicos e os magistrados. Na última parte desse artigo, será indicada a necessidade de que haja imaginação institucional para que sejam criadas novas formas jurídicas e institucionais para lidar com tais desafios.

2.1. FORNECIMENTO DE TRATAMENTO E DE MEDICAMENTOS

O primeiro tipo de ação judicial está relacionado à postulação de cidadãos em prol do fornecimento de medicamentos por órgãos públicos para o tratamento de graves doenças. Uma das maiores polêmicas administrativas em questão diz respeito à possibilidade de que a rede pública forneça remédios que não constem da lista homologada pelo Sistema Único de Saúde (SUS), existente em uma portaria do Ministério da Saúde. Trago para debate um precedente da Primeira Turma do STJ, no qual o Ministro Sérgio Kukina deu provimento ao recurso especial para retornar a vigência de uma liminar que determinava a obrigação do Estado de São Paulo em prover medicamentos não existentes na lista do SUS para uma idosa que havia sido diagnosticada por médicos da rede municipal. O Tribunal de Justiça do Estado havia dado provimento ao recurso da Fazenda Pública Estadual e frisado que não seria possível obrigar a unidade da federação ao fornecimento de medicamentos que estejam fora do padrão[4].Todavia, a Primeira Turma do Superior Tribunal de Justiça acolheu o ponto de vista do relator, Ministro Sérgio Kukina, para determinar que "o fato de os medicamentos não constarem da lista do SUS não exime a parte recorrida do dever constitucionalmente previsto". Dessa forma, foi mantida uma longa jurisprudência do STJ, na qual se frisa que a simples inexistência do medicamento na lista do SUS não serve para vedar a obrigação do Estado ao seu fornecimento. Esse ponto de vista já havia prevalecido nos entendimentos do Tribunal da Cidadania há muito tempo, como se infere do estudo de sua jurisprudência. Em 2000, já havia sido publicado acórdão que tratava da temática do fornecimento de medicamentos. O caso foi relatado pelo Ministro José Delgado e a leitura da ementa do seu acórdão é elucidativa do argumento em debate:

> [...] 1 - A existência, a validade, a eficácia e a efetividade da Democracia está na prática dos atos administrativos do Estado voltados para o homem. A eventual ausência de cumprimento de uma formalidade burocrática exigida não pode ser óbice suficiente para impedir a concessão da medida porque não retira, de forma alguma,

4 BRASIL. Superior Tribunal de Justiça. Agravo Interno no Recurso Especial nº 1.111.581-SP, Primeira Turma. Relator: Min. Sérgio Kukina. Brasília, 22 de setembro de 2016. **Diário de Justiça**: 4 out. 2016.

a gravidade e a urgência da situação da recorrente: a busca para garantia do maior de todos os bens, que é a própria vida. 2 - É dever do Estado assegurar a todos os cidadãos, indistintamente, o direito à saúde, que é fundamental e está consagrado na Constituição da República nos artigos 6º e 196. 3 - Diante da negativa/omissão do Estado em prestar atendimento à população carente, que não possui meios para a compra de medicamentos necessários à sua sobrevivência, a jurisprudência vem se fortalecendo no sentido de emitir preceitos pelos quais os necessitados podem alcançar o benefício almejado [...]. 4 - Despicienda de quaisquer comentários à discussão a respeito de ser ou não a regra dos arts. 6º e 196 da CF/88, normas programáticas ou de eficácia imediata. Nenhuma regra hermenêutica pode sobrepor-se ao princípio maior estabelecido, em 1988, na Constituição Brasileira, de que "a saúde é direito de todos e dever do Estado" (art. 196). 5 - Tendo em vista as particularidades do caso concreto, faz-se imprescindível interpretar a lei de forma mais humana, teleológica, em que princípios de ordem ético-jurídica conduzam ao único desfecho justo: decidir pela preservação da vida. 6 - Não se pode apegar, de forma rígida, à letra fria da lei, e, sim, considerá-la com temperamentos, tendo-se em vista a intenção do legislador, mormente perante preceitos maiores insculpidos na Carta Magna garantidores do direito à saúde, à vida e à dignidade humana, devendo-se ressaltar o atendimento das necessidades básicas dos cidadãos. 7 - Recurso ordinário provido para o fim de compelir o ente público (Estado do Paraná) a fornecer o medicamento Riluzol (Rilutek) indicado para o tratamento da enfermidade da recorrente[5].

O ponto nodal para o tema é a afirmação de que o Direito Constitucional à saúde não pode ser limitado por considerações formais de menor graduação jurídica. Essa questão tem enfeixado uma tensão muito grande no âmbito da interpretação desse direito. O Ministro Luís Roberto Barroso lista cinco críticas à judicialização excessiva no caso do fornecimento de medicamentos[6]. Na primeira crítica, o ministro demonstra a existência de doutrinadores que alegam que o artigo 196 da Constituição Federal

5 BRASIL. Superior Tribunal de Justiça. Recurso Ordinário em Mandado de Segurança nº 11.183-PR, Primeira Turma. Relator: Min. José Delgado. Brasília, 22 de agosto de 2000. **Diário da Justiça**: 4 set. 2000, p. 121.

6 BARROSO, Luís Roberto. Da falta de efetividade à judicialização excessiva: direito à saúde, fornecimento gratuito de medicamentos e parâmetros para a atuação judicial. **Jurisprudência Mineira**, Belo Horizonte, v. 60, n. 188, jan./mar. 2009, p. 44-45.

deveria ser entendido como norma programática e, assim, defendem que não deveria haver interveniência judicial nas políticas públicas de saúde. Ou, ainda, caso isso fosse impossível, que tal atuação judicial deveria ser excepcional. O Ministro Barroso menciona também que há críticas jurídicas mais refinadas do que a primeira. Para alguns autores, a Constituição Federal teria consolidado um desenho institucional no qual a entrega de medicamentos seria reservada à gestão administrativa e a intervenção judicial seria uma forma de alterar a Carta Política. A terceira crítica possui caráter político e, na exposição do ministro, existem autores que alegam ser a atuação judicial uma subversão democrática, pois a alocação do orçamento seria opção do Poder Legislativo e do Poder Executivo, não sendo razoável que o Poder Judiciário determine, de forma reiterada, a alocação de verbas para o fornecimento de medicamentos em detrimento de outros programas de saúde ou mesmo para outras áreas. A quarta crítica seria a limitação do orçamento para atender a todos os pedidos. Ela está relacionada com o argumento da reserva do possível que, inclusive, já foi rechaçado em votos do Ministro Herman Benjamin, no Superior Tribunal de Justiça. Por fim, a quinta crítica é relacionada com a gestão administrativa. O Ministro Barroso informa que existem autores cuja argumentação reside na organização administrativa da área de saúde e que a intervenção judicial acaba por determinar compras emergenciais que aumentam os gastos e esbarram na eficiência, a qual está firmada como um princípio da Administração Pública no artigo 37 da Constituição Federal. Os argumentos trazidos pelo Ministro Luís Barroso – ao relatar o debate doutrinário – são muito importantes para que haja uma reflexão sobre o tema. Todavia, o grande drama dos julgadores está relacionado com pleitos de urgência por medicamentos e tratamentos. Nesses casos, o pedido jurídico vem instruído com informações relacionadas ao risco de agravamento da condição médica do cidadão ou, até mesmo, de possibilidade de óbito. O próximo caso é exemplar, pois trata da possibilidade de o Poder Judiciário determinar o bloqueio de verbas públicas para a entrega do medicamento.

2.2. BLOQUEIO DE VERBA PÚBLICA PARA CUSTEAR MEDICAMENTOS

Como exposto no tópico anterior, a questão do fornecimento de medicamentos e de tratamentos médicos é de grande complexidade. Existe consenso na jurisprudência do Superior Tribunal de Justiça em relação ao fornecimento de medicamentos, ou seja, de que não pode ser brandida uma limitação administrativa pelo Estado que acabe por negar o direito à saúde, tal como consagrado na Constituição Federal de 1988. Todavia, o Superior Tribunal de Justiça, ao longo dos anos, sempre se deparou com processos nos quais os magistrados determinavam o bloqueio de verbas públicas para efetivar a entrega dos medicamentos que haviam sido demandados judicialmente. A Fazenda Pública, de outro lado, usualmente replicava que isso não seria possível, uma vez que esvaziaria o conteúdo da demanda. Por tal argumento, uma vez que o medicamento fosse entregue, não haveria mais por que continuar o debate judicial. De outra parte, os cidadãos argumentavam que o advento de um dano maior à saúde – talvez até a morte do paciente – poderia advir pelo retardo. O que seria razoável fazer em tais casos?

A questão acabou por ser pacificada no âmbito de um recurso especial, julgado sob o rito processual dos repetitivos. Esse sistema processual foi criado para que o Superior Tribunal de Justiça possa firmar teses que sejam aplicadas de forma genérica em relação à jurisprudência dos tribunais. O objetivo é estabilizar precedentes generalizáveis e claros que possam ser utilizados de forma a acelerar os processos judiciais em todas as instâncias. No caso concreto, o que se debate é se a impenhorabilidade dos bens públicos poderia, ou não, servir de óbice contra uma tutela judicial que determinasse o sequestro de recursos para o custeio de medicamentos. No acórdão acordado pela Primeira Seção do Superior Tribunal de Justiça, o relator do feito, Ministro Napoleão Nunes Maia Filho, lavrou o entendimento de que:

> [...] É lícito ao Julgador, diante das circunstâncias do caso concreto, aferir o modo mais adequado para tornar efetiva a tutela, tendo em vista o fim da norma e a impossibilidade de previsão legal de todas as hipóteses fáticas. Mormente no caso em apre-

ço, no qual a desídia do ente estatal frente ao comando judicial emitido pode resultar em grave lesão à saúde ou mesmo por em risco a vida da parte demandante. [...] Ressalte-se, por fim, que a medida necessária à efetivação da tutela específica ou à obtenção do resultado prático equivalente, deve ser concedida apenas em caráter excepcional, onde haja nos autos comprovação de que o Estado não esteja cumprindo a obrigação de fornecer os medicamentos pleiteados e a demora no recebimento acarrete risco à saúde e à vida do demandante[7].

O ponto nodal do processo foi indicar que os magistrados de primeira instância podem utilizar o bloqueio de verbas públicas, a depender das condições fáticas do processo. Assim, seria lícito o bloqueio se houve a indicação de que a demora poderia trazer risco de vida à parte. Deve ser verificado que a questão não é mais a existência, ou não, de um direito à saúde. A questão central é aferir como deve se dar a sua efetivação. Vale conhecer um trecho da ementa do acórdão:

[...] Tratando-se de fornecimento de medicamentos, cabe ao Juiz adotar medidas eficazes à efetivação de suas decisões, podendo, se necessário, determinar até mesmo o sequestro de valores do devedor (bloqueio), segundo o seu prudente arbítrio, e sempre com adequada fundamentação[8].

A questão é complexa e exige bastante atenção. De um lado, existe o risco fático, informado pela parte, de potenciais danos ao cidadão. E, do outro, há uma medida muito forte contra o orçamento público. O bloqueio de verba pública, do ponto de vista constitucional, é medida excepcional, que chegou a ser admitido somente após o advento da Emenda Constitucional nº 62/2009 para o caso de precatórios nos quais havia o descumprimento do prazo de pagamento pelo Estado, cominado com a necessidade urgente do credor. Um exemplo de finalidade humanitária era a comprovada necessidade de custeio de tratamento médico ou, ainda, a idade avançada do credor, nos termos do § 2º do artigo 100 da Constituição Federal, com a redação criada pelo poder constituinte derivado. Cabe

7 BRASIL. Superior Tribunal de Justiça. Recurso Especial nº 1.069.810-RS, Primeira Seção. Relator: Min. Napoleão Nunes Maia Filho. Brasília, 23 de outubro de 2013. **Diário da Justiça**: 6 nov. 2013.

8 Id., 2013.

anotar que essa hipótese extrema, prevista na Emenda Constitucional nº 62/2009, acabou por ser declarada inconstitucional pelo Supremo Tribunal Federal. O dito bloqueio de verbas para fins humanitários não mais poderia ser aplicado, como entendi em processo julgado pela Segunda Turma do STJ:

> [...] 1. No julgamento da ADI n. 4.357/DF, a Corte Excelsa declarou "a inconstitucionalidade do § 15 do art. 100 da Constituição Federal e de todo o art. 97 do Ato das Disposições Constitucionais Transitórias - especificamente o caput e os §§ 1º, 2º, 4º, 6º, 8º, 9º, 14 e 15, sendo os demais por arrastamento ou reverberação normativa". 2. Assim, ficou prejudicada qualquer discussão referente à aplicação imediata da Emenda Constitucional n. 62 de 2009, a qual inseriu no ADCT o art. 97, uma vez em que não há mais como determinar a aplicação de norma, em razão da inconstitucionalidade declarada pela Suprema Corte. [...][9]

Tais casos demonstram questões jurídicas e sociais complexas, pois enfeixam situações nas quais não poderia ser negada efetividade à proteção jurídica do direito fundamental à vida do cidadão. É certo que a situação do direito à saúde já motivou audiências públicas no Supremo Tribunal Federal e é assunto que continua a ensejar grande preocupação aos magistrados. A necessidade de propor soluções para o tema tem envolvido o Conselho Nacional de Justiça (CNJ), os tribunais estaduais e toda a comunidade jurídica brasileira.

3. CONSIDERAÇÕES FINAIS

É um imperativo ao desenvolvimento do Brasil buscar a imaginação institucional em prol de soluções para temas tão complexos como a coordenação entre o elevado movimento judiciário e a garantia do direito à saúde pela prestação jurisdicional. É certo que existem vários pesquisadores e instituições dedicados ao exame desse tema[10].

9 BRASIL. Superior Tribunal de Justiça. Agravo Regimental no Recurso Ordinário em Mandado de Segurança nº 39.932-SP, Segunda Turma. Relator: Min. Humberto Martins, Brasília, 18 de março de 2014. **Diário da Justiça**: 24 mar. 2014.

10 SARLET, Ingo Wolfgang; FIGUEIREDO, Mariana Filchtiner. Reserva do possível, mínimo existencial e direito à saúde: algumas aproximações. In: SARLET, Ingo Wolfgang; TIMM, Luciano Benetti (org.). **Direitos fundamentais**: orçamento e reserva do possível. Porto Alegre: Livraria do Advogado, 2008, p. 11-53.

O Conselho Nacional de Justiça (CNJ) e diversos órgãos do Poder Judiciário estão preocupados com a questão. No entanto, é importante frisar que a questão não possui uma solução simples e, assim, merece estudos aprofundados para que sejam buscadas decisões judiciais que auxiliem a formação de parâmetros. A boa construção desses parâmetros, derivados de bons julgamentos, deve ser atenta à doutrina e ao papel de juristas como José Afonso da Silva. Em obra magistral, ele bem diagnosticou a aplicabilidade direta das normas constitucionais, que vem a ser a estrutura institucional da interpretação do direito contemporâneo no Brasil. Como ele bem apontou em suas conclusões:

As normas constitucionais, sem distinção, são dotadas, enfim, de uma eficácia superior a todas as demais normas que compõem a ordem jurídica nacional. Trata-se de uma eficácia ab-rogativa das normas inferiores incompatíveis, e construtiva da ordem jurídica sucessiva[11].

A boa doutrina não traz respostas simples e modelos didáticos, de simples aplicação pelo Poder Judiciário. A doutrina desafia o pensamento dos juristas em prol de estimular o repensar das instituições. Em suma, ela fornece o suporte para que toda comunidade jurídica possa interpretar o direito em prol de construir soluções ajustadas aos tempos nos quais vivemos. Ela serve à produção de uma imaginação institucional, dedicada ao desenvolvimento democrático e jurídico de nosso país. A imaginação institucional ultrapassa os limites da boa ciência do direito e converge para um debate social mais amplo, em prol da realização da dignidade da pessoa humana, bem definida por José Afonso da Silva:

A dignidade da pessoa humana constitui um valor que atrai a rea-

11 SILVA, José Afonso. **Aplicabilidade das normas constitucionais**, 8. ed. São Paulo: Malheiros, 2015, p. 261. No mesmo sentido, porém pugnando por uma mais aplicabilidade direta: BARROSO, Luís Roberto. A efetividade das normas constitucionais: por que não uma constituição para valer? In. ________. **O novo direito constitucional brasileiro**: contribuições para a construção teórica e prática da jurisdição constitucional no Brasil. Belo Horizonte: Editora Fórum, 2013, p. 57-97; SOUZA NETO, Cláudio Pereira; SARMENTO, Daniel. **Direito Constitucional**: teoria, história e métodos de trabalho, 2. ed. Belo Horizonte: Editora Fórum, 2014, p. 374.

lização dos direitos fundamentais do homem, em todas as suas dimensões, e, como a democracia é o único regime político capaz de propiciar a efetividade desses direitos, o que significa dignificar o homem, é ela que se revela como o seu valor supremo, o valor que a dimensiona e humaniza[12].

Afinal, a partir da boa doutrina e do debate judicial é que será possível compreender um papel evolutivo e progressista das disputas junto do Poder Judiciário. As soluções judiciais servem como elementos discursivos muito relevantes para que o Estado e a sociedade possam construir – de forma contínua – uma melhor aplicação das demandas sociais, em prol da concretização de direitos sociais tão relevantes, como aqueles referentes à saúde.

REFERÊNCIAS

BARROSO, Luís Roberto. A efetividade das normas constitucionais: por que não uma constituição para valer? In: ________. **O novo direito constitucional brasileiro**: contribuições para a construção teórica e prática da jurisdição constitucional no Brasil. Belo Horizonte: Editora Fórum, 2013, p. 57-97.

________. Da falta de efetividade à judicialização excessiva: direito à saúde, fornecimento gratuito de medicamentos e parâmetros para a atuação judicial. **Jurisprudência Mineira**, v. 60, n. 188, p. 29-60, jan./mar. 2009.

BRASIL. Superior Tribunal de Justiça. Agravo Interno no Recurso Especial nº 1.111.581-SP, Primeira Turma. Relator: Min. Sérgio Kukina. Brasília, 22 de setembro de 2016. **Diário de Justiça**: 4 out. 2016.

____.____. Agravo Regimentalno Recurso Ordinário em Mandado de Segurança nº 39.932-SP, Segunda Turma. Relator: Min. Humberto Martins, Brasília, 18 de março de 2014. **Diário da Justiça**: 24 mar. 2014.

____.____. Recurso Especial nº 1.069.810-RS, Primeira Seção. Relator: Min. Napoleão Nunes Maia Filho. Brasília, 23 de outubro de 2013. **Diário da Justiça**: 6 nov. 2013.

____.____. Recurso Ordinário em Mandado de Segurança nº 11.183-PR, Primeira Turma. Relator: Min. José Delgado. Brasília, 22 de agosto de 2000. **Diário da Justiça**: 4 set. 2000, p. 121.

CANOTILHO, José Joaquim Gomes. **Direito Constitucional e Teoria**

12 SILVA, José Afonso. A dignidade da pessoa humana como valor supremo da democracia. In: _______. **Direito constitucional**: estudos e pareceres. Brasília: Conselho Federal da Ordem dos Advogados do Brasil; Editora Fórum, 2014, p. 52.

da Constituição, 4. ed. Coimbra (POR): Livraria Almedina, 1997.

SARLET, Ingo Wolfgang; FIGUEIREDO, Mariana Filchtiner. Reserva do possível, mínimo existencial e direito à saúde: algumas aproximações. In: SARLET, Ingo Wolfgang; TIMM, Luciano Benetti (org.). **Direitos fundamentais**: orçamento e reserva do possível. Porto Alegre: Livraria do Advogado, 2008, p. 11-53.

SILVA, José Afonso. A dignidade da pessoa humana como valor supremo da democracia. In: ________.**Direito constitucional**: estudos e pareceres. Brasília: Conselho Federal da Ordem dos Advogados do Brasil; Editora Fórum, 2014, p. 45-52.

________. **Aplicabilidade das normas constitucionais**, 8. ed. São Paulo: Malheiros, 2015.

________.**Comentário contextual à Constituição**, 5. ed. São Paulo: Malheiros, 2008, p. 185.

VERONESE, Alexandre. Artigo 6º. In: BONAVIDES, Paulo; MIRANDA, Jorge; MOURA AGRA, Walber (org.). **Comentários à Constituição Federal de 1988**. Rio de Janeiro: Editora Forense ; GEN, 2009, p. 353-369.

SOUZA NETO, Cláudio Pereira; SARMENTO, Daniel. **Direito constitucional: teoria, história e métodos de trabalho**, 2. ed. Belo Horizonte: Editora Fórum, 2014.

VELLOSO, Carlos Mário da Silva. O Superior Tribunal de Justiça na Constituição. **Informação Jurídica Biblioteca Min. Oscar Saraiva**, v. 1, n. 2, p. 91-117, jul./dez. 1989.

A INSUFICIENTE PROTEÇÃO DE DADOS PESSOAIS NO BRASIL

RICARDO VILLAS BÔAS CUEVA

1. INTRODUÇÃO

A coleta, o processamento e a utilização de dados pessoais tendem hoje a alcançar todos os aspectos da vida, graças ao barateamento incessante da informática e do armazenamento de dados. Governos e empresas criam rotineiramente perfis de personalidade que permitem classificar e discriminar os indivíduos consoante seus hábitos, características biológicas, preferências e convicções, em flagrante ameaça não só à privacidade, mas também à própria dignidade humana.

Ampliou-se, por isso, em quase todo o mundo, o campo de proteção dos dados pessoais, mediante legislação específica e o reconhecimento, em muitos países, do direito fundamental à autodeterminação informativa, que faculta ao indivíduo decidir por si só sobre a exibição e o uso de seus dados pessoais. A União Europeia reconheceu-o como direito fundamental em 2000, após países como Portugal e Alemanha terem-no feito nas décadas de 1970 e 1980, respectivamente.

No Brasil, a Constituição Federal protege a intimidade e a vida privada, assim como o sigilo da comunicação de dados. Há também regras legais específicas para a proteção de dados pessoais de consumidores em bancos de dados. Mas não há legislação que discipline toda a matéria de forma unificada e consentânea com os princípios internacionalmente aceitos. Antes de discutirmos a necessidade de um novo marco legal, examinaremos a evolução do conceito de privacidade.

2. DA PRIVACIDADE À AUTODETERMINAÇÃO INFORMATIVA

O direito à privacidade foi pioneiramente delineado em artigo publicado em 1890 por Samuel Warren e Louis Brandeis, no qual se identificou o direito a ser deixado só – *right to be let alone* – oponível a terceiros, tendo em vista as crescentes ameaças à personalidade humana decorrentes da então incipiente massificação da mídia e do abuso da imagem e de informações pessoais. Com base em precedentes da *common law* sobre ilícitos contra a honra e sobre violações ao direito de propriedade, os autores enunciaram os elementos constitutivos do direito à privacidade, que foi reconhecido na Declaração Universal dos Direitos do Homem (art. 12) e nos ordenamentos jurídicos da maioria dos países.[1]

O rápido desenvolvimento da informática, contudo, multiplicou as possibilidades de invasão da intimidade. A ubiquidade dos meios eletrônicos de coleta e troca de informações permite que se recolham informações sobre virtualmente todas as atividades cotidianas, a fim de organizá-las em categorias de comportamento, de preferências, de crenças, de consumo, entre outras, e assim traçar perfis de personalidade voltados para o exercício de alguma modalidade de controle social, político, econômico ou mesmo existencial sobre os indivíduos. A obtenção e a disseminação massificada e praticamente instantânea dessas informações, cujo conteúdo nem sempre constitui um segredo nem caracteriza uma invasão de privacidade, no sentido clássico que se atribui a este direito, põem em xeque a efetividade da tutela jurídica da vida privada, pois os indivíduos são despojados do direito de participar e de algum modo controlar as informações que sobre eles são produzidas e divulgadas, e evidenciam uma crise na própria noção de intimidade.[2]

Na década de 1970, surgem as normas de proteção de dados pessoais de primeira geração, como a lei do *Land* alemão de Hessen (1970), a lei de dados da Suécia (1973), o estatuto de proteção de dados do *Land* alemão de Rheinland-Pfalz (1974) e lei federal de proteção de dados da Alemanha (1977). Nos EUA, foi edi-

1 WARREN, Samuel; BRANDEIS, Louis, The right to privacy. **Harvard Law Review**, Massachusetts, v. 4, n. 5, dez. 1890, p. 193 et seq.

2 HASSEMER, Winfried; SANCHÉZ, Alfredo Chirino.**El Derecho a la Autodeterminación Informativa y los Retos del Procesamiento Automatizado de Datos Personales.** Buenos Aires (ARG): Editores del Puerto, 1997.

tado em 1970 o *Fair Credit Reporting Act* e em 1974 o *Privacy Act*. Em 1976, Portugal foi o primeiro país a estabelecer em sua constituição o direito fundamental à autodeterminação informativa (art. 35).

Em 1983, a Corte Constitucional da República Federal da Alemanha, em julgamento de reclamação acerca da inconstitucionalidade da lei do recenseamento – *Volkszählungsgesetz* – reconheceu a existência de um direito fundamental à autodeterminação informativa a partir dos direitos fundamentais à dignidade humana e ao livre desenvolvimento da personalidade (arts. 1 I e 2 I da lei fundamental alemã). A partir dessa decisão passou-se a compreender a proteção à autodeterminação informativa como fenômeno não apenas privado, mas também coletivo, já que, em certas circunstâncias, os danos decorrentes da violação desse direito podem ser caracterizados como difusos, a exigir mecanismos jurídicos de tutela coletiva. Além disso, o direito à privacidade deixa de ter conteúdo apenas negativo – a capacidade de excluir terceiros de informações pessoais – e ganha conteúdo positivo – a liberdade de o indivíduo decidir como, quando e onde seus dados pessoais podem circular. Por fim, em virtude do desenvolvimento tecnológico, que enseja inúmeras oportunidades de discriminação do indivíduo pelo Estado e por agentes econômicos, o novo conceito de privacidade passa a associar-se também ao direito fundamental à igualdade.[3]

Por outro lado, como os direitos fundamentais irradiam efeitos mediatos, ou horizontais, para as relações interpessoais entre entes privados, pode haver conflito ou colisão com outros direitos fundamentais, como o direito à propriedade, a liberdade de contratar ou a liberdade de exercício de trabalho ou profissão. Em um juízo de ponderação, seria possível concluir que os empregadores e os bancos, por exemplo, são legitimados a conhecer informações detalhadas, respectivamente, sobre candidatos a empregos ou empréstimos. Se, contudo, as relações entre os entes privados forem de tal modo assimétricas que tornem impossível o uso da ponderação, cabe ao legislador

3 MENDES, Laura Schertel. O direito fundamental à proteção de dados pessoais. **Revista de Direito do Consumidor**, São Paulo, v. 79, jul. 2011, p. 45 et seq.

desenhar modelos de regras aptos a solucionar adequadamente o conflito de interesses.[4]

Em 2000, a Carta dos Direitos Fundamentais da União Europeia definiu, em seu art. 8º, que "todas as pessoas têm direito à proteção dos dados de caráter pessoal que lhes digam respeito". Além disso, tais dados "devem ser objeto de um tratamento leal, para fins específicos e com consentimento da pessoa interessada ou com outro fundamento legítimo previsto por lei", sendo certo que "todas as pessoas têm o direito de aceder aos dados coligidos que lhes digam respeito e de obter a respectiva retificação". Por fim, o cumprimento dessas regras "fica sujeito a fiscalização por parte de uma autoridade independente".

Na União Europeia, particularmente relevante para a consolidação da tutela dos dados pessoais foi a Diretiva 95/46, hoje substituída pelo Novo Regulamento Geral de Proteção de Dados, publicado em quatro de maio de 2016, que unifica o direito europeu sobre a matéria, aplicando-se diretamente a todos os Estadosmembros. Entre várias inovações, o regulamento impõe multas que podem chegar a quatro por cento do faturamento das empresas ou a €20 milhões e introduz o dever de *accountability*, a realização de análises de impacto sobre a privacidade e a notificação obrigatória às autoridades de proteção de dados em caso de vazamento. O diploma define, ainda, novos direitos, como a portabilidade de dados, o direito ao esquecimento e o direito de se opor à criação de perfil informacional.

Relevantes, ainda, são as diretrizes da Organização para a Cooperação e Desenvolvimento Econômico (OCDE), as quais definem como princípios básicos da proteção de dados pessoais: a) o princípio da limitação da coleta, que impõe seja ele feita por meios lícitos e, sempre que possível, com o conhecimento ou o consentimento do titular dos dados; b) o princípio da qualidade dos dados, que exige sejam os dados pessoais relevantes para as finalidades para as quais são usados, e que sejam precisos, completos e atualizados; c) o princípio da finalidade, que pressupõe cor-

4 TINNEFELD, Marie-Thres. **Einführung in das Datenschutzrecht**. Munique (ALE): Ed. R. Oldenbourg, 1994, p. 37.

relação entre o uso dos dados e a finalidade especificada quando de sua coleta; d) o princípio da limitação do uso, que veda a divulgação ou utilização de dados pessoais para finalidade diversa daquela especificada quando da coleta, exceto se houver anuência do titular ou autorização legal; e) o princípio da segurança, que impõe a adoção dos mecanismos necessários a impedir a perda, a destruição, a modificação, a divulgação ou o acesso não autorizado de dados pessoais; f) o princípio da transparência, que supõe a publicidade da existência do banco de dados, de sua natureza e de seu propósito, bem como da identidade e da localização de seu controlador; g) o princípio da participação individual, que confere ao indivíduo o direito de ser informado sobre a existência de dados a seu respeito, bem como de contestá-los perante o controlador do banco de dados e, sendo tal pretensão acolhida, eliminá-los, retificá-los, completá-los ou emendá-los e h) o princípio da responsabilidade do controlador do banco de dados pelo respeito aos princípios precedentes.[5]

Para Canotilho (2007), o direito ao conhecimento dos dados pessoais informatizados desdobra-se em vários direitos: "(a) o direito de acesso, ou seja, o direito de conhecer os dados constantes de registros informáticos, quaisquer que eles sejam – públicos ou privados –; (b) o direito ao conhecimento da identidade dos responsáveis, bem como o direito aos esclarecimentos sobre a finalidade dos dados; (c) o direito de contestação, ou seja, direito à rectificação dos dados e sobre identidade e endereço do responsável; (d) o direito de actualização – cujo escopo fundamental é a correcção do conteúdo dos dados em caso de desactualização –; (e) finalmente, o direito à eliminação dos dados cujo registro é interdito".[6]

O direito à proteção dos dados pessoais, que nasce como direito de defesa perante o Estado, hoje tem alcance muito maior. Os milhares de registros eletrônicos gerados em

5 OECD. **Guidelines on the Protection of Privacy and Transborder Flows of Personal Data**. 2012. Disponível em: <http://www.oecd.org/>. Acesso em: 16 fev. 2012.

6 CANOTILHO, J.J. Gomes.**Constituição da República Portuguesa anotada**. São Paulo: RT, 2007, v. 1, p. 550 et seq.

catracas automatizadas, pedágios eletrônicos, câmeras, aparelhos de GPS, eletrodomésticos – a ***internet* das coisas** – bem como inúmeras outras transações diariamente mediadas pela informática com técnicas avançadas de análise – ***big* data**, por exemplo – deixam claro que o tratamento desarrazoado de dados pessoais pode fomentar a criação de pequenos Leviatãs, cujo potencial ofensivo à vida privada e à dignidade humana pode se igualar ou até mesmo exceder aquele representado pelo Estado.

3. A PROTEÇÃO DOS DADOS PESSOAIS NO BRASIL

O *habeas data* foi saudado, em 1988, como importante inovação. Em 1991, ao julgar o Recurso Ordinário em Habeas Data, decidiu o Supremo Tribunal Federal que "o *habeas data* configura remédio jurídico-processual, de natureza constitucional, que se destina a garantir, em favor da pessoa interessada, o exercício de pretensão jurídica discernível em seu tríplice aspecto: (a) direito de acesso aos registros; (b) direito de retificação dos registros e (c) direito de complementação dos registros" (RHD 22-8/DF, rel. para o acórdão Min. Celso de Mello). Ficou assentado que o *habeas data* destina-se a proteger direitos materialmente assegurados na Constituição. Mas, tanto esse entendimento como a disciplina legal do instituto, que só veio à luz em 1997, são invariavelmente criticados em doutrina por seu viés formalista e por sua ineficácia. Luis Alberto Barroso, por exemplo, atribui-lhe valia "essencialmente simbólica", enquanto Dalmo Dallari refere-se a "uma ação voltada para o passado".[7]

Outra relevante inovação da Constituição de 1988 foi a tutela do sigilo de dados, cujo restrito âmbito de aplicação também tem sido objeto de polêmica. O STF, ao julgar o HC 83.168-1, rel. Min. Sepúlveda Pertence, reafirmou seu entendimento de que o inciso XII do art. 5º da Constituição protege a comuni-

---

7 Cf., respectivamente, BARROSO, Luis Alberto. Viagem redonda: habeas data, direitos constitucionais e provas ilícitas. In: WAMBIER, Teresa Arruda Alvim (coord.).*Habeas data*. São Paulo: RT, 1998, p. 212; e DALLARI, Dalmo de Abreu. O habeas data no sistema jurídico brasileiro. **Revista de La Facultad de Derecho de La Pontifícia Universidad Católica del Perú**, Lima, n. 51, 1997, p. 100.

cação de dados, e não os dados em si mesmos. Tal interpretação tem sido criticada por dificultar o reconhecimento do direito fundamental à proteção de dados pessoais.[8]

Por outro lado, o Superior Tribunal de Justiça, ao apreciar a proteção de dados pessoais sob a ótica legislação consumerista, tem se orientado no sentido do reconhecimento de um amplo direito à privacidade. No REsp nº 22.337/RS, rel. Min. Ruy Rosado de Aguiar, no qual se pacificou o entendimento de que sobre os cadastros negativos de devedores incide o disposto no art. 43, § 1º, do CDC, seja no que toca à limitação temporal dos registros negativos, seja no que tange à verdade da informação registrada, houve expressa remissão à matriz constitucional da proteção da intimidade e da vida privada (art. 5º, X, da CF). No REsp nº 1.168.547/RJ, rel. Min. Luiz Felipe Salomão, foi reconhecida a existência de um novo conceito de privacidade, bem como a necessidade de consentimento do interessado para a divulgação de informação pessoal a seu respeito. No REsp 306.570, rel. Min. Eliana Calmon, reconheceu-se que "o contribuinte ou o titular da conta bancária tem direito à privacidade em relação aos seus dados pessoais". Por fim, no REsp 1.419.697, rel. Min. Paulo Sanseverino, sobre as demandas nas quais se postulava danos morais em decorrência da utilização de sistemas de avaliação de crédito (*credit scoring*), decidiu-se, em caráter repetitivo, que "na avaliação do risco de crédito, devem ser respeitados os limites estabelecidos pelo sistema de proteção do consumidor no sentido da tutela da privacidade e da máxima transparência nas relações negociais, conforme previsão do CDC e da Lei nº 12.414/2011".

A Lei nº 12.414, de 9 de junho de 2011, que trata do cadastro positivo, ampliou o alcance das normas atinentes aos bancos de dados e aos cadastros de consumidores, pois além do direito de acesso e do direito à correção da informação, já previstos no art. 43 do CDC, expressamente incluiu entre os direitos do cadastrado: o direito a obter o cancelamento do cadastro quando solicitado (art. 5º, I); o direito a

8 DONEDA, Danilo. A proteção dos dados pessoais como um direito fundamental. **Espaço Jurídico**, Goiás, v. 12, n. 2, jul/dez. 2011, p. 91-108.

conhecer os principais elementos e critérios considerados para a análise de risco (art. 5º, IV); o direito a ser informado previamente sobre o armazenamento, a identidade do gestor do banco de dados, o objetivo do tratamento dos dados pessoais e os destinatários dos dados em caso de compartilhamento (art. 5º, V); o direito de solicitar ao consulente a revisão de decisão realizada exclusivamente por meios automatizado (art. 5º, VI) e o direito a ter os seus dados pessoais utilizados somente de acordo com a finalidade para a qual eles foram coletados (art. 5º, VII). Com isso, nosso ordenamento passou a contar com proteção de dados pessoais - ainda que somente para efeito de cadastro positivo de crédito – mais afinada com os princípios internacionalmente aceitos.

A Lei nº 12.527/2011, ao disciplinar o acesso a informações públicas, inclusive as de caráter pessoal, sob a égide de princípios aplicáveis internacionalmente ao tratamento de informações, prevê a designação de responsável pelo cumprimento da lei de acesso a informações, o que pode ser o primeiro estágio no sentido da criação de um tipo de autoridade independente encarregada de supervisionar não somente o acesso a informações públicas (e privadas), como, num futuro que se espera não muito distante, toda a atividade de proteção dos dados pessoais e da autodeterminação informativa.

4. NECESSIDADE DE UM MARCO LEGAL DA PROTEÇÃO DE DADOS PESSOAIS

Como se viu, a Constituição Federal tutela a intimidade e a vida privada, o sigilo da correspondência e das comunicações telegráficas, de dados e das comunicações telefônicas (art. 5º, X e XII) e assegura a concessão de *habeas data* (art. 5º, LXIX e LXXII). Além disso, o Código de Defesa do Consumidor contém regras específicas sobre bancos de dados e cadastros de consumidores, a Lei nº 12.414/2011 disciplina o cadastro positivo e a Lei nº 12.527/2011 regula o acesso a informações públicas. Há, portanto, alguma proteção aos dados pessoais. Mas a limitada aplicabilidade da lei consumerista, neste aspecto, a jurisprudência restritiva do Supremo Tribunal Federal acerca do *habeas data* e do sigilo de dados, bem como a ausência de princípios claros a nortear a proteção de dados pessoais indicam que ainda há muito a fazer nos planos doutrinário, legislativo e jurisprudencial para que a proteção de dados pessoais se torne efetiva no Brasil.

A edição de lei nacional de proteção dos dados pessoais é essencial para suprir as omissões hoje existentes e garantir um nível adequado de proteção. Já se encontra em tramitação na Câmara dos Deputados o Projeto de Lei nº 5.276/2016, do Executivo, que resultou de consulta pública realizada no Ministério da Justiça, no qual são definidos os dados pessoais passíveis de proteção, os princípios aplicáveis a seu tratamento, bem como os direitos básicos de seus titulares (ARCO: acesso, retificação, cancelamento e oposição). O projeto define também os agentes responsáveis pelo tratamento de dados, as medidas de segurança exigíveis, além de fixar as sanções administrativas a serem aplicadas pelo órgão competente pela fiscalização da lei, o qual não é indicado expressamente, embora tenha suas competências definidas. Além disso, cria-se o Conselho Nacional de Proteção de Dados Pessoais e da Privacidade. Paralelamente, tramita no Senado o Projeto de Lei nº 330/ 2013, com características muito semelhantes. Seu autor, o Senador Aloysio Nunes Ferreira, aponta a necessidade de previsão de uma autoridade central de proteção de dados pessoais. É imperioso que o Congresso se disponha a apreciar com presteza quaisquer dos dois projetos de lei.

REFERÊNCIAS

BARROSO, Luis Alberto. Viagem redonda: habeas data, direitos constitucionais e provas ilícitas. In: WAMBIER, Teresa Arruda Alvim (coord.).**Habeas data**. São Paulo: RT, 1998.

DALLARI, Dalmo de Abreu. O habeas data no sistema jurídico brasileiro. **Revista de La Facultad de Derecho de La Pontifícia Universidad Católica del Perú**, Lima, n. 51, 1997.

DONEDA, Danilo. A proteção dos dados pessoais como um direito fundamental. **Espaço Jurídico**, Goiás, v. 12, n. 2, jul/dez. 2011, p. 91-108.

CANOTILHO, J.J. Gomes, **Constituição da República Portuguesa anotada**. São Paulo: RT, 2007. v. 1.

HASSEMER, Winfried; Sanchéz, Alfredo Chirino, **El Derecho a la Autodeterminación Informativa y los Retos del Procesamiento**

Automatizado de Datos Personales. Buenos Aires (ARG): Editores del Puerto, 1997.

MENDES, Laura Schertel. O direito fundamental à proteção de dados pessoais. **Revista de Direito do Consumidor**, São Paulo, v. 79, jul. 2011.

OECD. **Guidelines on the Protection of Privacy and Transborder Flows of Personal Data.** 2012. Disponível em: <http://www.oecd.org/>. Acesso em: 16 fev. 2012.

TINNEFELD, Marie-Thres, **Einführung in das Datenschutzrecht**, Munique (ALE): Ed. R. Oldenbourg, 1994, p. 37.

WARREN, Samuel; BRANDEIS, Louis, The right to privacy. **Harvard Law Review**, Massachusetts, v. 4, n. 5, dez. 1890.

RUMO A UM PROCESSO PENAL DEMOCRÁTICO

ROGERIO SCHIETTI MACHADO CRUZ

RESUMO: Todos os sistemas processuais penais modernos se afirmam democráticos, mas nem todos cumprem requisitos mínimos para serem assim qualificados. O que significa dizer que um dado processo penal é democrático? O processo penal brasileiro, em particular, passou por sucessivas reformas, sobretudo após a Constituição de 1988, que o modernizaram e o tornaram mais racional, concentrado e célere, porém, ainda com alternâncias entre um agir democrático e um agir autoritário. O artigo propõe-se a identificar algumas características do processo penal brasileiro, com destaque para sua formação autoritária, verificar, no plano normativo e no plano prático, momentos ou situações da persecução penal nas quais se percebe mais claramente o distanciamento daquilo que se poderia chamar de um modelo idealmente democrático, e indicar os sinais de uma crescente democratização de nossa justiça criminal.

Palavras-chave: Processo penal. Democracia. Autoritarismo. Reformas processuais penais.

ABSTRACT: All modern criminal procedural systems claim to be democratic, but not all meet minimum requirements to be well qualified. What does it mean that a given criminal case is democratic? The Brazilian criminal process in particular has undergone successive reforms, especially after the Constitution of 1988, which modernized and become more rational, focused and swift, still with alternations between a democratic and an authoritarian act. The paper seeks to identify some characteristics of the Brazilian criminal process, particularly its authoritarian training, verify, in legislative terms and in practical terms, moments or situations in which the criminal prosecution is perceived more clearly the gap of what might be called ideally a democratic model, and indicate the signs of a growing democratization of our criminal justice system.

Keywords: Criminal Procedure. Democracy. Authoritarianism. Criminal procedure reform.

democrática. **10.** Sinais de um processo penal crescentemente democrático. **11.** Outros avanços. **12.** Modernização legislativa. **13.** A contribuição dos sujeitos processuais: o juiz em especial. **14.** O homem como protagonista no processo penal. **15.** Por uma nova mentalidade. **16.** Conclusão.

1. INTRODUÇÃO

É quase uma obviedade dizer que no mundo contemporâneo a democracia, como regime de governo, está presente, em maior ou menor grau, em quase todos os países do Ocidente; também é corrente a afirmação de que os sistemas de justiça dos países de formação romano-germânica e anglo-americana se apresentam como sistemas permeados por valores e princípios inerentes à democracia. Nem sempre, entretanto, existe uma correspondência razoável entre os postulados democráticos que informam o ordenamento jurídico de um dado país e a prática viva desses postulados no funcionamento das instituições e no comportamento dos cidadãos e, sobretudo, dos agentes públicos.

Decerto que variações podem existir entre o grau de democracia praticada no terreno político e social de uma dada nação e sua correspondência no plano jurídico e, mais ainda, no plano das práticas judiciais e dos agentes da persecução penal, mas, em geral, é correto afirmar que um sistema de justiça criminal em regimes autoritários provavelmente será marcado pela arbitrariedade, pelo segredo e pela brutalidade de suas práticas; ao contrário, um sistema criminal democrático tende a contrapor o exercício da autoridade estatal com estímulos à participação cívica na justiça e com maior sujeição dos agentes públicos à lei e não ao governo (SUNG, 2006, p. 312).

Além disso, o curso da história, sobretudo a mais recente, indica uma tendência irreversível – ainda que desmentida em alguns países, por razões que não cabe aqui incursionar[1] – de substituir modelos de

---

1 Não há como deixar de pensar nos Estados Unidos da América, que, muito embora possa merecer o título de berço da democracia moderna, ostenta dados assustadores no campo da punição criminal. Esse paradoxo, bem explorado, *inter alia*, por Loïc WACQUANT (1999 e 2000) não se estende, a nosso ver, ao processo penal praticado em suas cortes, onde se costumam assegurar ao acusado direitos que em outros povos centrais ainda se mostram reticentes (de que são exemplos o direito a não se autoincriminar e o direito à exclusão da prova ilícita). É dizer, se o Direito Penal estadunidense é extremamente invasivo e rigoroso, o Direito Processual Penal concretizado

justiça criminal em que a preocupação maior do aparato repressivo não seja tanto o rígido controle social pelo Direito Penal, mas antes a proteção do indivíduo contra os abusos e os excessos punitivos do Estado (SUNG, 2006, p. 314).

Em verdade, dificilmente se poderá atribuir o adjetivo de democrático a um processo penal que sirva a propósitos exclusivamente repressores, porquanto:

> [...] en la tradición liberal-democrática, el derecho y el proceso penal son instrumentos o condiciones de "democracia" sólo si en la medida en que sirvan para minimizar la violencia punitiva del Estado, y constituyen por tanto – antes que un conjunto de preceptos destinados a los ciudadanos y de limitaciones impuestas a su *libertas* – un conjunto de preceptos destinados a los poderes públicos y de limitaciones impuestas a su potestade punitiva: en otras palavras un conjunto de garantias destinadas a asegurar los derechos fundamentales del ciudadano frente al arbítrio y el abuso de la fuerza por parte del Estado (FERRAJOLI, 1988, p. 3).

pelos tribunais e, em particular, por sua Suprema Corte – notadamente a partir da *Warren's Court* – tem servido de parâmetro para a sedimentação de certos direitos e garantias do acusado no mundo todo.

Há, sem dúvida, em qualquer processo penal o qual se possa adjetivar de democrático, um conjunto mínimo de princípios e regras, com pequenas variações, voltadas predominantemente para a proteção do indivíduo, porquanto, em uma democracia substancial, avessa ao expansionismo do Direito Penal e às tentações do uso simbólico e midiático desse ramo do Direito, a liberdade é maximizada e o poder de punir minimizado (MEDEIROS; SILVA NETO, 2010).

Assim, em quase todos os atuais códigos de processo penal e/ou constituições dos países centrais será possível inferir que: (a) a acusação contra alguém não pode ser feita pelo mesmo órgão que irá julgar o acusado; (b) o órgão julgador deve ter sua competência previamente definida em lei e deverá cercar-se de garantias que assegurem sua imparcialidade e sua independência jurídica e política; (c) o acusado deve ser tratado como inocente até sentença em sentido contrário; (d) ao acusado, ao longo do processo penal, devem assegurar-se iguais oportunidades em relação ao acusador; (e) o acusado deve ser prontamente comunicado sobre o conteúdo da acusação formulada contra ele; (f) ao acusado deve ser garantido o direito de exercer sua defesa, tanto pessoalmente quanto por meio de advogado, sem limitações ou restrições irrazoáveis; (g) ao acusado deve assegurar-se o direito de recorrer a outro órgão judicial das decisões finais que lhes sejam desfavoráveis e das decisões que afetem sua liberdade; (h) tanto o acusado quanto o órgão de acusação têm o direito de ser informados sobre petições ou documentos juntados pela parte contrária, de reagir em igualdade de condições, bem assim têm o direito de influir nas decisões judiciais, apresentando argumentos e provas que considerem relevantes para a demonstração de suas teses e de seus direitos; (i) os atos processuais devem ser praticados, em regra, sem restrições à publicidade interna e externa; (j) as decisões judiciais devem ser suficientemente motivadas.

A essas se poderiam somar outras regras e garantias que, a depender das opções de política criminal de cada país, integram o rol mínimo de um devido processo legal, tanto em sua faceta procedimental – *procedural due process* – quanto em sua configuração material – *substantive due process* – esta última a denotar a razoabilidade – *reasonableness* – e a racionalidade – *rationality* – dos atos estatais (SIQUEIRA CASTRO, 1989, p. 383).

Esse conjunto de regras e princípios consubstanciam o sistema cognitivo judicial de um dado país, com graus diferentes de asseguramento dos direitos e das garantias individuais frente ao Estado, a depender do nível de sua vinculação no plano normativo e de sua efetividade no plano prático (FERRAJOLI, 2002, p. 56).

Diante desse quadro de características que permitem atribuir o qualificativo de democrático ao processo penal de um determinado país, cremos ser possível, com certas reservas, afirmar que o processo penal brasileiro atual, com as conquistas ocorridas após a Constituição de 1988, contrastadas com a tradição autoritária que predominou ao longo de nossa história, caminha para firmar-se como um processo penal democrático, como mais adiante veremos.

2. EM TORNO DA IDEIA DE DEMOCRACIA

A democracia, em sua acepção mais geral, pode ter sua compreensão estendida para qualquer área ou esfera de poder em que alguns governem outros, desde que, porém, tal governança não se dê por mera vontade ou arbítrio do(s) governante(s). É, portanto, na voz de Norberto Bobbio (1984, p. 171) , o "[...] governo das leis por excelência [...]", caracterizado "[...] por um conjunto de regras (primárias ou fundamentais) que estabelecem quem está autorizado a tomar as decisões coletivas e com quais procedimentos [...]" (BOBBIO, 1984, p. 18), sob a condição de que o façam em um Estado de Direito, ou seja, em um Estado "[...] que não apenas exerce o poder *sub lege*, mas o exerce dentro de limites derivados do reconhecimento constitucional dos direitos 'invioláveis' do indivíduo" (BOBBIO, 1984, p. 20).

O mesmo jusfilósofo, já em obra coletiva mais celebrada, pontua que esse **conjunto de regras** estabelece a maneira ou o procedimento para chegar-se a determinadas decisões, mas em nenhum momento indica o conteúdo delas. Daí conclui que, por ser impossível a um dado regime observar inteiramente o ditado de todas as regras, "[...] é lícito falar de regimes mais ou menos democráticos [...]", assim como também é correto inferir que "[...] não é possível estabelecer quantas regras devem ser observadas para que um regime possa dizer-se democrático" (BOBBIO; MATTEUCCI; PASQUINO, 1983, p. 327).

A transposição desse pensamento para o sistema de justiça criminal – cenário onde as mais agudas regras do jogo democrático são definidas, expressadas e questionadas (SICA, 2009, p. 291) – carrega a ideia de que os diversos países possuem processos penais mais democráticos ou menos democráticos, a depender da quantidade de regras estabelecidas e, talvez o mais importante, de quantas delas são efetivamente observadas na prática. É dizer, um certo sistema processual penal poderá afirmar-se democrático se estiver apoiado em regras previamente definidas – evidentemente dotadas de um mínimo de racionalidade – e se essas regras forem suficientemente realizadas no plano prático, de modo a ter-se um devido processo penal[2].

3. A CRESCENTE DEMOCRATIZAÇÃO DO PROCESSO PENAL

A história das civilizações mostra uma crescente racionalização do poder punitivo do Estado, retirado progressivamente das mãos da vítima ou da comunidade afetada pelo crime – vingança privada e/ou social – com o propósito de substituir o sentido de vingança pelo sentido de retribuição ou de resposta punitiva do Estado ao desvio de comportamento. Em verdade, "[...] o direito penal nasce não como desenvolvimento, mas, sim, como **negação da vingança**" (FERRAJOLI, 2002, p. 269).

É a partir da Inquisição Medieval e das monarquias absolutistas presentes na Idade Moderna que se estabelece certo padrão na resposta punitiva, até então marcado pela crueldade das sanções e pelo autoritarismo, pessoal e institucional, na condução das investigações, dos processos e dos julgamentos.

Enquanto mero suspeito de um desvio de conduta, o indivíduo encontrava-se totalmente à mercê das autoridades oficiais – ou mesmo de particulares – e gozava do *status* de simples objeto de investigação e de punição. Felizmente, esse modelo agonizava e, "no fim do século XVIII e começo do XIX, a despeito de algumas grandes fogueiras, a melancólica festa de punição vai-se extinguindo" (FOUCAULT, 1996, p. 14).

Foi preciso chegar à maré das ideias iluministas para inaugurar-se uma nova era do Direito Criminal, em que a atividade punitiva do Estado passa a vincular-se a valores como a liberdade, a igualdade e a fraternidade, motes da Revolução Francesa, no final do século XVIII. A liberdade jurídica assume lugar de destaque na pauta das nações centrais, sujeitando-se a sacrifício

2 O dilema, que remonta à Antiguidade Clássica, opõe o primado da lei, que protege o cidadão do arbítrio do mau governante, ao primado do homem, que o protege da aplicação indiscriminada da norma geral. Fique claro que não se pretende, ao identificar-se a democracia com o governo das leis, afastar a importância do homem na interpretação e aplicação das normas, mas apenas indicar a importância – máxime na concretização do poder punitivo, por meio do processo penal – de que o respeito às regras do jogo seja o norte da atuação estatal.

apenas em casos expressamente previstos, e mediante a obediência a regras forjadas pelas progressivas conquistas civilizatórias.

Progressivamente, portanto, a persecução penal passa a alinhar-se aos postulados inerentes a um Estado Democrático de Direito e se configura não mais como "[...] um mero instrumento de efetivação do Direito Penal, mas, verdadeiramente, um instrumento de satisfação de direitos humanos fundamentais e, sobretudo, uma garantia contra o arbítrio do Estado" (ANDRADE MOREIRA, 2010, p. 312; GRINOVER, 1982, p. 52).

A despeito do novo *status* conquistado pelo indivíduo em face do Estado – de súdito ou vassalo, adquire a condição de cidadão, titular de direitos e de deveres – ainda há muito a avançar para que se alcance o modelo ideal de um Estado verdadeiramente promotor dos direitos individuais, sociais e políticos de seus nacionais. Em verdade, ainda que quase todos, senão todos, os povos do ocidente se afirmem democráticos – afinal, é simpático assim qualificar-se (SICA, 2009, p. 292) – amiúde se verificam, no tocante aos sistemas de justiça criminal, alguns *gaps* entre a estrutura normativa, de viés democrático, e a realidade praticada nos tribunais e nos escaninhos das agências de persecução penal, onde grassam procedimentos divorciados do paradigma estabelecido nas respectivas constituições e leis de cada país.

No processo penal brasileiro, por exemplo, todos concordam que dispomos de uma Carta Política progressista, que incorpora praticamente todos os princípios, direitos e garantias que configuram um processo penal moderno e democrático, como veremos mais adiante. Porém, no plano infraconstitucional e, mais ainda, no terreno da praxe judiciária e da investigação criminal, ainda não refletimos o modelo projetado pelo constituinte de 1988.

4. A FORÇA DA TRADIÇÃO AUTORITÁRIA

O pensamento jurídico dominante na Justiça Criminal brasileira – tanto no mundo das normas e da Academia – *law on the books* – quanto no mundo dos fatos e do Fórum – *law in action* – ainda se prende a valores, costumes, rotinas e normas características de uma formação jurídica de origem lusitana. Estamos a falar, portanto, de "permanências histórico-culturais do direito ibérico de um modo geral e do direito português, de modo particular" (NEDER, 2000, p.13), as quais deixaram muitas marcas em nosso Código de Processo Penal, principalmente na divisão dos papéis desempenhados pelos sujeitos processuais responsáveis pela persecução penal, ao longo dos 300 anos de regime colonial, quase 70 de regime monárquico – imperial – e 100 anos de regime republicano, até o advento da Constituição de 1988.

Em verdade, do Brasil, por tudo o que ocorreu em seus três séculos de domínio português, pouco se podia esperar. Colonização predatória, ausência de brasilidade dos que transitaram ou se instalaram em nosso território, aversão ao trabalho por parte dos detentores do capital e das terras, sacralização da educação dos habitantes, inexistência de investimento na cultura e nas ciências são alguns dos fatores que atrasaram a inclusão do país no concerto das nações contemporâneas.

No que diz respeito à Justiça Criminal, não poderíamos haver trilhado pior começo: dividido o território nacional em grandes latifúndios aos quais se deu o nome de Capitanias Hereditárias, aos seus donatários o Rei de Portugal outorgou plenos poderes jurisdicionais, por meio das "cartas de doação", as quais concediam ao capitão e ao seu ouvidor – e eventualmente ao Provedor da Fazenda – jurisdição conjunta "[...] com alçada até pena de morte inclusive, em escravos, peões, gentios e cristãos e homens livres" (THOMPSON, 1976, p. 76).

Tal poder absoluto dado aos donatários das capitanias certamente forjou, em conjunto com a prática escravagista que perduraria até quase o início da República, uma apropriação do espaço e do poder público pelos grandes senhores de terras, no âmbito das quais não entravam "[...] em tempo algum, nem corregedor, nem alçada, nem alguma outra espécie de justiça para exercitar jurisdição de qualquer modo em nome d'El-Rei" (THOMPSON, op. cit., p. 76, nota 151).

Era uma justiça sustentada sobre a burocracia e as relações pessoais, a favorecerem a excessiva formalização e cartorializaçãodas funções jurisdicionais, bem como o desenvolvimento de uma cultura jurídica calcada em "relações de parentesco, amizade, apadrinhamento e suborno" (WOLKMER, 1988, p. 66).

Também em sede normativa grassavam dispositivos que materializavam a diferença de tratamento dispensado aos estamentos sociais. Veja-se, para exemplificar, o item 38 do Livro V das Ordenações Filipinas – **Do que matou sua mulher pô-la achar em adultério**– que permitia ao homem casado, encontrando sua mulher em adultério, "matar assim a ela como o adúltero, salvo se o marido for peão e o adúltero fidalgo ou nosso desembargador, ou pessoa de maior qualidade".

Semelhante tratamento diferenciado era, aliás, uma constante nas Ordenações, até mesmo para autorizar, ou não, o uso dos **tormentos**, i.e., a tortura, regulados no item 133 do Livro V, o qual, após elencar as hipóteses em que a tortura poderia repetir-se, ressalvava que

> [...] 3. E os fidalgos, cavaleiros, doutores em cânones ou em leis, ou medicina, feitos em universidade por exame, juízes e vereadores de alguma cidade não serão metidos a tormento, mas em lugar dele lhes será dada outra pena que seja em arbítrio do julgador, salvo em crime de lesa-majestade, aleivosia, falsidade, moeda falsa, testemunho falso, feitiçaria, sodomia, alcovitaria, furto, porque, segundo o direito, nestes casos não gozam de privilégio de fidalguia, cavalaria ou doutorado, mas serão atormentados e punidos como cada um outro do povo.

Embora não se possa afirmar que esse tipo de norma fosse privilégio do reino de Portugal – e por extensão, de suas colônias –, não há como negar que as condições culturais e as circunstâncias que permearam nossa tímida ruptura com o *Ancien Régime* não eram das mais favoráveis ao florescimento e à consolidação das ideias da Ilustração.

5. O OBSCURO BRASIL DAS LUZES

Éramos, ao cabo do século XVIII e na primeira metade do século XIX, um país ainda rudimentar, longe, ao menos culturalmente, dos padrões vigentes em outros povos colonizados precipuamente por ingleses e até mesmo dos povos ocupados por espanhóis.

Para que se tenha uma ideia do isolamento e atraso cultural e acadêmico brasileiro, basta dizer que somente em 1792 foi criada a primeira faculdade superior, a Real Academia Militar (nomenclatura posterior), enquanto, desde meados do século XVI, várias universidades já funcionavam regularmente nas Américas: Universidade de Santo Domingo (1538), na atual República Dominicana; Universidade de Michoacán (1540), no México; Universidade de São Marcos de Lima, no Peru, fundada em 1551, a primeira da América do Sul, além das tradicionais Universidades de Harvard (1636), William and Mary (1693) e Yale (1701), nos EUA.

Portugal, contrastando essa realidade, proibia qualquer iniciativa que desse ao Brasil alguma autonomia cultural, econômica ou política. Não havia liberdade de empreender; era vedado estabelecer tipografias e importar livros e não havia ensino superior. Além disso, o comércio de livros foi severamente controlado ao longo dos três séculos de colonização portuguesa. Ainda no final do século XVIII, d. Maria I, num alvará de 1791, possivelmente sob o impacto das insurreições e do pânico causado pelo **efeito das perniciosas ideias francesas**, reafirmou o propósito de manter sob vigilância o comércio de livros e punir os infratores ao autorizar o inquisidor-geral a:

> [...] proceder contra os que comprarem, venderem, tiverem, lerem ou conservarem os livros ou escritos perniciosos de quaisquer hereges, ou infectos de qualquer heresia, ou erro, de seguidores de qualquer danada seita, de dogmatistas, e de apostadas da Santa Fé, como também de autores supostos de heresias [...] sendo certo que os que compram, vendem, leem, têm e conservam com dolo os livros e escritos sobreditos, são julgados segundo as circunstâncias, suspeitos na Santa Fé (CAVALCANTE, 2001, p. 22).

Em um tal ambiente cultural hostil à assimilação dos novos ares respirados no Hemisfério Norte, a formação de letrados em Direito se restringia a uma pequena minoria de jovens integrantes da elite econômica e política brasileira, os quais, antes que se instalassem as Faculdades de Direito de São Paulo e de Olinda, em 1827, quase invariavelmente se graduavam na Universidade de Coimbra. Dali retornavam com o título de bacharéis, para ocupar cargos públicos ou simplesmente o espaço social destinado aos que exibiam tão rara qualificação profissional. Eram doutores em um país de ignorantes, em meio a uma "sociedade liberal de fachada [...] e antidemocrática em seu âmago" (FREITAS, 2002, p. 237).

Com toda a carga cognitiva e cultural lusitana, formada, saliente-se, nos traços característicos da "pedagogia jesuítica" (HOLANDA, 1995, p. 38), em que se dava "demasiada ênfase à retórica" (KOZIMA, 2010, p. 425), pouco se poderia esperar do magistrado brasileiro formado na Metrópole,alheia à realidade e às necessidades dos habitantes da Colônia. Forjou-se, assim, uma classe de profissionais marcada pela estéril erudição, pela prepotência nas relações de poder, unida por um sentimento comum de corporativismo e superioridade intelectual, distante da população, preparada, mais do que para fazer justiça, "para servir aos interesses da administração colonial" (WOLKMER, 1998, p. 91).

Mesmo hoje, passados quase duas centenas de anos, alguns setores da magistratura ainda resistem a mudanças em suas rotinas forenses. Na voz crítica de Dalmo Dallari (1996, p. 5),

> [...] a organização, o modo de executar suas tarefas, a solenidade dos ritos, a linguagem rebuscada e até os trajes dos julgadores dos tribunais praticamente permanecem os mesmos há mais de um século. Mas, o que é de maior gravidade, a mentalidade do Judiciário permaneceu a mesma, tendo começado a ocorrer, recentemente, um movimento de mudança, nascido dentro da própria *magistratura*.

Eram férteis, a seu turno, as disposições que concediam poderes decisórios com base em classificações étnicas e sociais. Assim é que podiam os Ouvidores das Capitanias, nos crimes cometidos por escravos e índios, impingir-lhes quaisquer penas, sobretudo degredo e açoite, sendo-lhes outorgado, ainda, o poder de, conjuntamente com o Governador e o Provedor da Fazenda, aplicar pena de morte, "[...] executando-a, sem apelação, nem agravo [...]" (NEQUETE, 2000, p. 100). Na escala social intermediária encontravam-se os "peões brancos livres", para os quais se tomava o cuidado – em caso de "[...] pena vil, com açoites ou baraço e pregão, ou em pena de morte natural ou civil, ou cortamento de membro [...]" – de buscar junto às referidas autoridades administrativo-judicantes a unanimidade da decisão, de modo a evitar recurso, haja vista que, dissentindo um dos três, "[...] poderiam as partes apelar, o que, não ocorrendo, por não haver parte, recorreria o Ouvidor de ofício" (NEQUETE, op. cit., p. 100).

A agravar esse quadro e ainda manchar a nação se colocava a escravidão. Essa chaga social que nos acompanhou até o fim do governo imperial – fomos o último país das Américas a abolir a escravatura – bem se adaptou a uma elite que sempre identificou o trabalho manual como uma atividade indigna para as mãos de um nobre, algo explicável, em parte, pela tradição do ensino jesuítico apoiado sobre Aristóteles, sabidamente avesso à concepção do trabalho manual como atividade do homem elevado espiritualmente (NEQUETE, 2000, p. 100).

Não surpreende, aliás, que para ingressar na magistratura, após cursar a Universidade de Coimbra, o candidato necessitava ser aprovado em um exame denominado "leitura do bacharel", que previa uma "fase de habilitação", destinada a verificar se o postulante exibia os requisitos indispensáveis para ingressar na seleta carreira da magistratura. Entre tais requisitos constava a origem social do candidato e sua formação religiosa, não sendo admitidos os que tivessem parentes que vivessem de trabalhos mecânicos (CACCIA, 2006, p. 162).

Essa elitização do "trabalho mental" não significava necessariamente amor ao pensamento especulativo, "[...] mas amor à frase sonora, ao verbo espontâneo e abundante, à erudição ostentosa, à expressão rara [...]" (HOLANDA, 1995, p. 83), comportamento que contrastava com o que se percebia entre os povos protestantes, para quem o esforço manual era dignificante ao homem (HOLANDA, op. cit., p. 38).[3]

6. PRIMEIROS ARES DEMOCRÁTICOS

Mesmo sob esse cenário adverso, ventos renovadores provenientes da Europa começaram a soprar em terras brasileiras a partir da Independência, com a outorga da

3 Na acurada observação de Sérgio Buarque de Holanda (1995, p. 38), "enquanto povos protestantes preconizam e exaltam o esforço manual, as nações ibéricas colocam-se ainda largamente no ponto de vista da Antiguidade Clássica".

Constituição de 1824, cujo artigo 179 simboliza a mudança de rumos de nossa justiça criminal, ao menos no âmbito normativo, ao prever, entre outros dispositivos, que:

> [...] 11- Ninguém será sentenciado sendo pela autoridade competente, por virtude de lei anterior, e na forma por ela prescrita. [...] 19 - Desde já ficam abolidos os açoites, a tortura, a marca de ferro quente, e todas as penas cruéis. 20 - Nenhuma pena passará da pessoa do delinquente. Portanto, não haverá, em caso algum, confiscação de bens; nem a infâmia do réu se transmitirá aos parentes em qualquer grau que seja. 21 - As cadeias serão seguras, limpas e bem arejadas, havendo diversas casas para separação dos réus, conforme suas circunstâncias e natureza de seus crimes [...].

Ainda antes da independência política, o Brasil acolheu o ideário iluminista, sobretudo por jovens estudantes que se formavam em Direito na Universidade de Coimbra, onde, mesmo premidos pelo espírito conservador português, certamente tomaram contato com os novos ares, principalmente os insuflados pela seminal obra de Beccaria, **Dos Delitos e das Penas**, publicada na Itália em 1764.

A independência jurídica tardou alguns anos e veio com a substituição do então bicentenário Livro V das Ordenações Filipinas por dois códigos nacionais, o Código Criminal, de 1830, e o Código de Processo Criminal de Primeira Instância, de 1832. Aquele buscou referências nos códigos criminais da França, da Louisiana e da Baviera, e inspirou, por sua vez, a feitura de outros diplomas penais, entre os quais os códigos da Rússia, da Espanha e de vários países da América Latina, tendo sido considerado até mesmo superior ao diploma punitivo republicano, que se produziria 59 anos depois. À sua vez, o Código de Processo Criminal do Império, também fortemente influenciado pelo pensamento iluminista, apresentou-se como um código liberal, deixando-se permear por institutos ingleses como o Tribunal do Júri, o Juiz de Paz e o Habeas Corpus.

No entanto, as mudanças no terreno das leis não significaram igual ruptura nas irracionais práticas punitivas e na mentalidade da elite que governava e conduzia os destinos do novo país.

De fato, conquanto se professasse um liberalismo nas relações de poder, continuava a elite dominante, no século XIX, a comportar-se com os mesmos ranços do mandonismo, do patrimonialismo e do clientelismo cultivados no período colonial.

Desse modo, se para um grupo minoritário "[...] a bandeira liberal deveria implicar melhores condições de vida para a população, democratização do acesso aos cargos públicos, extinção da escravidão e dos privilégios segundo o status social das pessoas, e outras medidas progressistas", para a grande maioria dos políticos e da elite intelectual e econômica brasileira, cuja hegemonia perdurou por todo o Império, o significado do liberalismo era bem mais restrito, voltado a "garantir fundamentalmente a manutenção das estruturas tradicionais de produção cujas bases eram o sistema de trabalho escravo e a grande propriedade" (FREITAS, 2002, p. 228).

7. OS NOVOS INQUISIDORES

A edição do Código de Processo Criminal do Império inegavelmente trouxe, ao lado do Código Criminal, modernidade à nossa persecução penal daquele período, até então regida pelo já anacrônico Livro V das Ordenações Filipinas.

Sem embargo, as práticas jurídicas que se consolidaram entre a Baixa Idade Média e o fim da Era Moderna acabaram por engendrar um sistema chamado misto – ou reformado – inaugurado em 1808 com o Código de Instrução Criminal da França napoleônica e espargido por toda a Europa Continental e por toda a América Latina.

Na verdade, enquanto nos países da Europa Continental, com a forte influência do direito francês, as características do sistema de cariz inquisitorial – tanto o eclesiástico quanto o secular – se fizeram determinantes na perpetuação de um modelo de colheita individual da prova por um funcionário do Estado, ou da Igreja, que dava origem a um processo escrito, composto por diversas provas que iam sendo colhidas até que se considerasse provada a hipótese acusatória, nos países anglo-saxões, seguidores do modelo adversarial, optou-se pela formação coletiva da prova, perante um corpo de jurados, sob a presidência de um juiz, regulador do debate e da admissão e produção da prova (LIMA LOPES, 1998, p. 478).

Fácil, portanto, compreender a dificuldade de identificar, no recém-nascido direito brasileiro, características importadas apenas de outro Estado. Em verdade, as ligações políticas e comerciais que se estabeleceram principalmente no Primeiro Reinado entre o Brasil e a Inglaterra, reforçadas por toda a herança social, cultural e jurídica recebida ao longo de três séculos de dominação portuguesa, deram origem a um sistema criminal bem peculiar, no qual passaram a conviver normas e institutos usuais em Portugal e na Inglaterra, mas também em outros povos que construíram o ordenamento jurídico norteados pelo Código Napoleônico de 1808.

De todo modo, o Brasil optou, com o Código de Instrução Criminal do Império (1832), por manter práticas inquisitoriais que nos colocavam mais próximos do sistema francês do Juizado de Instrução – modelo reformado ou misto – do que do modelo adversarial inglês.

Essa falta de identidade própria de nosso sistema gerou nefasta confusão normativa e funcional dos papéis que juízes, promotores e policiais desempenhavam na persecução penal, com interferências recíprocas em atribuições e competências que deveriam possuir demarcação mais nítida. Nada a estranhar, portanto, que, em semelhante **policialismo judiciário**, a juízes se desse atribuição para investigar e a policiais se outorgasse a função de acusar e julgar.[4]

Tal estrutura sofre algumas pequenas alterações até a entrada em vigor da Lei 2.033, de 20/9/1871, diploma de grande amplitude, cujo objetivo-mor foi o de instituir o

---

4 Ver, como exemplo, os textos normativos: Lei nº 261, de 3/12/1841: "[...] Art. 2º Os Chefes de Polícia serão escolhidos d'entre os Desembargadores e Juízes de Direito: os Delegados e Subdelegados d'entre quaisquer juízes e cidadãos: serão todos amovíveis e obrigados a aceitar. Art. 3º Os Chefes de Polícia, além do ordenado que lhes competir como Desembargadores ou Juízes de Direito, poderão ter uma gratificação proporcional ao Trabalho, ainda quando não acumulem o exercício de um e outro [...]"; Regulamento nº 120, de 31/01/1842: "[...] Art. 58. Aos Chefes de Polícia na Corte e em toda a Província, a quem pertencerem, compete as seguintes atribuições policiais: [...] § 6º Julgar as contravenções às Posturas das Câmaras Municipais e os crimes a que não seja imposta pena maior que [...] prisão, degredo ou desterro até seis meses [...] Art. 64. Aos Juízes Municipais, como auctoridades policiais, competem as mesmas atribuições que pertencem aos Delegados [...]".

Inquérito Policial, conferindo à polícia enormes poderes e reforçando sua atividade essencialmente cartorária, o que resultou na consolidação do modelo burocrático e cartorialista até hoje existente (LIMA LOPES, 1998, p. 494).[5]

8. NOVO GOVERNO, VELHAS PRÁTICAS

A nova ordem política iniciada com a mudança da forma de governo, à mercê da proclamação da República, no final do século XIX, não alterou substancialmente a situação da prática judiciária brasileira. Antes, trouxe até uma invencível dificuldade de realizar-se um diagnóstico do processo penal praticado nestas terras, haja vista a opção por um federalismo à moda norte-americana, em que cada estado-membro tinha autonomia para legislar também em matéria processual, do que resultou a edição de vários Códigos de Processo – Civil e Penal – pelo Brasil afora.[6]

Passávamos, na República Velha, por um momento de adaptação, imersos ainda em "[...] estruturas de dominação tradicional, como o mandonismo, o coronelismo e outros" (BOTELHO & SCHWARCZ, 2012, p. 20).

A agravar o quadro normativo, o primeiro quartel do século XX, com a profusão mundial de governos e líderes políticos de viés autoritário, incrementou a sedimentação de ideias centradas no predomínio do Estado, ou, sob outra angulação, da anulação do indivíduo em prol do bem-estar da maioria.

---

5 Enquanto se escrevia este ensaio, tramitava, na Câmara dos Deputados, proposta de Emenda Constitucional (PEC 37) com o objetivo de atribuir às polícias federal e civil a exclusividade do poder de investigar práticas criminosas. Com a aprovação dessa PEC, o Ministério Público – incumbido da "defesa da ordem jurídica, do regime democrático e dos interesses sociais e individuais indisponíveis" (art. 127 da CF) – estaria proibido de, por investigação própria, com independência e sem peias, exercer suas funções institucionais elencadas na Constituição, entre as quais a de "promover, privativamente, a ação penal pública, na forma da lei" e a de "zelar pelo efetivo respeito dos Poderes Públicos e dos serviços de relevância pública aos direitos assegurados nesta Constituição, promovendo as medidas necessárias a sua garantia;". No dia 26 de junho de 2013, sob forte pressão de manifestações populares e de parte dos meios de comunicação, a PEC 37 foi rejeitada pela Câmara de Deputados, por ampla maioria.

6 Cabe observar, contudo, que algumas unidades da Federação, como São Paulo, Mato Grosso, Alagoas, Pará e Goiás não abandonaram o Código Imperial, e mesmo aqueles que editaram códigos próprios não destoaram do modelo de persecução penal até então utilizado.

Não é preciso muito para perceber onde desaguaram esses sentimentos nacionalistas, que dominaram praticamente todo o cenário geopolítico da Europa Continental – de onde, sempre é relevante enfatizar, herdamos nosso Direito e boa parte de nossa cultura. Leia-se Socialismo/Comunismo dos povos do leste, liderados pela antiga União das Repúblicas Socialistas Soviéticas (URSS); Nazismo da Alemanha e Fascismo da Itália; Franquismo da Espanha e Salazarismo de Portugal.

Vivia-se, naqueles tempos, uma *Era de Extremos* (HOBSBAWM, 1996), estereotipada no Brasil especialmente pela bipolarização política que marcou a década de 30 do Século XX: de um lado, a Ação Integralista Brasileira, de influência fascista; de outro lado, a Aliança Nacional Libertadora, orientada pelos dogmas e pela doutrina política da Internacional Comunista, importada por Luís Carlos Prestes.

Na trilha do movimento europeu, a ditadura de Getúlio Vargas construiu um Estado corporativo, baseado numa concepção hierárquica, orgânica, da sociedade (SKIDMORE, 1998, p. 138), mas, de outra banda, rompeu com o fracassado modelo federalista e retomou a unidade da legislação processual. Nessa ambiência política, infensa a ares democráticos – somente retomados, por breve período, após o término da II Guerra Mundial – foi outorgado o Código de Processo Penal de 1941, inspirado no homólogo código italiano.[7]

Outro dado importante a sublinhar dessa quadra histórica brasileira foi o fortalecimento do aparato policial do Estado Novo getulista, sobretudo após a criação do Departamento de Ordem Política e Social (DOPS), incumbido, entre outras atribuições, de preservar e reprimir os crimes contrários à es-

7 Nas palavras do Ministro da Justiça italiano e responsável pelo código, Alfredo Rocco, o direito de punir no fascismo se diferenciava da cultura penal iluminista e da Escola Clássica, não sendo "[...] uma graciosa concessão feita pelos indivíduos ao Estado, por si sempre mutável e revogável, tendo como próprio limite a barreira insuperável do direito natural de liberdade do indivíduo [...]", mas "[...] um direito de conservação e de defesa do Estado, que nasce com o próprio, análogo ao direito de defesa do indivíduo, embora possua em relação a estas substanciais diferenças, e com escopo de assegurar e garantir as condições fundamentais e indispensáveis da vida em comum" (apud DAL RI JR, 2006, p. 231).

trutura e segurança do Estado e à ordem social. Nesse clima autoritário, "[...] os homens de Vargas, contrários às mudanças sociais, impuseram regras à sociedade em nome da justiça, da ordem e da segurança nacional [...]", estabelecendo um controle sobre quaisquer ideias rotuladas de potencialmente perigosas, um autêntico "saneamento ideológico" (SILVA, 2006, p. 94).

Um quarto de século depois, com a Ditadura Militar implantada em 1964, renovaram-se práticas autoritárias, como a censura política, ideológica e cultural, a intolerância com ideias e minorias contrárias aos interesses do regime de exceção, as restrições à liberdade de ir e vir, à liberdade de opinião e de reunião, o uso corrente de ações policialescas e de métodos de investigação contrários à dignidade do homem, tratado como mero componente do corpo social.

Na seara do que nos interessa anotar, a justiça penal assume seu viés unicamente repressivo, sem qualquer preocupação em proteger o indivíduo contra os abusos e arbítrios do Estado. Reafirmava-se, assim, a ideologia totalitária que inspirara o fautor do Código de Processo Penal de 1941, o Ministro da Justiça Francisco Campos, a então dizer que "o interesse da administração da justiça não pode continuar a ser sacrificado por obsoletos escrúpulos formalísticos [...]", sendo mister forjar-se um procedimento apto a permitir "maior eficiência e energia da ação repressiva do Estado contra os que delinquem" – Exposição de Motivos ao Código de Processo Penal de 1941.

9. A SEDIMENTAÇÃO DEMOCRÁTICA

Se não se discutem os avanços significativos alcançados em relação aos direitos sociais e políticos desde a Era Vargas, os direitos civis e as liberdades públicas somente lograram afirmação concreta com a Constituição de 1988, momento em que, definitivamente e com um século de atraso, o nacional deixa de ser súdito – "simples sujeito de deveres e destinatário passivo de comandos" (BOTELHO; SCHWARCZ, 2012, p. 19) – e passa a ostentar o título de cidadão, com uma miríade de direitos individuais reconhecidos no *Bill of Rights* (art. 5º) da Carta de 1988, não por acaso conhecida, desde a referência feita por um de seus próceres, o Deputado Constituinte Ulisses Guimarães, como a **Constituição Cidadã**.

Em verdade, a década de 80 do século XX marcou o movimento de (re)conquista da democracia no Brasil, com a transição política gestada no último governo militar, do General João Figueiredo, e a eleição de Tancredo Neves pelo Colégio Eleitoral protagonizado pelos dois partidos de então, MDB e ARENA. A partir de então, inicia-se uma sedimentação democrática que irá culminar na formação da Constituinte e na promulgação, em cinco de outubro de 1988, da Constituição da República, documento que, como já destacado, coloca o país no concerto das nações que preservam e proclamam os direitos sociais, coletivos e, sobretudo, os direitos individuais, tão menosprezados em períodos pretéritos de nossa história.

Tal é a extensão dos direitos e garantias individuais que compõem o artigo 5º da Carta Política de 1988 que, passados vinte e cinco anos –, ainda se ouvem vozes a criticar algumas opções feitas pelo Constituinte, máxime no trato dos acusados em processos criminais.

Seria ilusão, no entanto, acreditar que essa pletora de direitos positivados nos setenta e oito incisos do art. 5º da Constituição da República de 1988 – boa parte dos quais endereçados a quem é sujeito passivo da persecução penal – encontrasse plena ressonância no plano prático, conforme palavras do quotidiano forense. Mas não é otimismo ingênuo acrescer que ao longo dos últimos vinte e cinco anos a Carta de Direitos da Constituição da República tem avançado em efetividade, sobretudo na jurisprudência dos tribunais superiores.

De fato, não há como negar o imenso hiato entre o mundo normativo concebido em 1988 e a realidade das práticas sociais e culturais vivenciadas pelo povo e também pelas instituições e agentes públicos, a favorecer a edição de algumas leis que traduziram maior intervencionismo penal, quais, a Lei da Prisão Temporária (1989), a Lei dos Crimes Hediondos (1990), a Lei de Combate ao Crime Organizado (1995), a Lei de Combate às Drogas (2003), para citar algumas.

Em direção oposta, sobrevieram leis que consolidaram o modelo liberal-progressista pós-1988, a exemplo do Estatuto da Criança e do Adolescente (1990), da Lei dos Juizados Especiais Cíveis e Criminais (1995) e de inúmeras outras que, seja por reformas no Código de Processo Penal, seja por instrumentos normativos autônomos, modificaram sobremodo os procedimentos e o funcionamento da justiça criminal brasileira, modernizando-a e dotando-a de maior racionalidade punitiva, como veremos adiante.

10. SINAIS DE UM PROCESSO PENAL CRESCENTEMENTE DEMOCRÁTICO

A democracia no Brasil e, por tabela, nossa persecução penal, ainda é um processo em construção, mas os ganhos são perceptíveis e substanciais.

Com efeito, até 1988, tínhamos uma estrutura e um funcionamento da Justiça Criminal que passava longe de um modelo compatível com o que se deveria esperar de qualquer nação que batia às portas do século XXI.

A ação penal, ainda que predominantemente pública, podia, em hipóteses que a lei indicava, ser iniciada por simples portaria da autoridade policial ou do juiz, ou ainda pelo próprio Auto de Prisão em Flagrante do suspeito, algo que, à evidência, subvertia a ideia da imparcialidade judicial ou, quando menos, da necessária existência de uma acusação formalizada pelo titular da ação penal. Esses processos, chamados judicialiformes, refletiam bem a tradição brasileira de privilegiar a Polícia e o Judiciário como protagonistas da persecução penal, como salientado linhas atrás.[8]

A prisão processual ou cautelar, por sua vez, não era caracterizada pela marca da excepcionalidade, porquanto, ainda que já revogado, desde 1967, o permissivo legal que impunha a prisão pela simples natureza mais grave do crime, a praxe judiciária era tímida na concessão de liberdade provisória a investigados e réus em processos criminais. Uma

---

8 Essa promiscuidade de funções judiciais e policiais já merecera severa crítica em 1866 pelo então Ministro da Justiça José Thomaz Nabuco de Araújo, que, em proposta legislativa apresentada ao Parlamento, afirmava ser "[...] incontestável a necessidade da supressão do procedimento oficial: sabeis que não se podem combinar bem os dois caracteres de autor e juiz do mesmo processo" (NABUCO, 1997, p. 641).

das razões para tanto era a ausência de percepção clara de que a liberdade deveria ser a regra enquanto pendia o processo penal. Uma possível justificativa para tal comportamento se poderia creditar ao fato de que a presunção de inocência – ou de não culpabilidade, na expressão utilizada pelo Constituinte – até então não era positivada em nossa história constitucional, o que dificultava sua incorporação ao agir judicial.

Sobre o acesso à justiça criminal por parte da grande clientela do sistema punitivo – a população economicamente pobre – pode-se dizer que era ele muito limitado, não tanto por ausência de instrumentos legais, mas, sobretudo, por absoluta falta de investimento estatal na criação e na manutenção de serviços de assistência judiciária gratuita, o que somente começou a ser corrigido com a criação da Defensoria Pública e sua elevação a órgão essencial ao funcionamento da justiça pela Constituição de 1988.

Ainda que bem assistido, o réu enfrentava obstáculos e dificuldades que oneravam em demasia o trabalho da defesa técnica. Com efeito, já na largada do processo via-se o acusado impotente diante da autorização legal – e jurisprudencial – de ser recebida a acusação mediante simples despacho, despido de qualquer motivação. Em seguida, sujeitava-se o réu a ser interrogado pelo magistrado tal qual uma entrevista pessoal, sem a necessária assistência de advogado e sem a observância de certas garantias processuais, entre as quais a de poder permanecer silente, sem que tal comportamento implicasse confissão tácita, e a de ter conhecimento prévio da acusação, ao menos nos casos em que se encontrava preso, quando era requisitado junto ao estabelecimento prisional no dia do interrogatório judicial sem ter sido anteriormente citado. Ademais, se não encontrado e citado por edital, seguia-se o fluxo do processo até final condenação do réu, à sua revelia.

Mesmo nos primeiros anos de vigência da Constituição de 1988 ainda era corrente a desvalia dos direitos do acusado em processo penal, notadamente o direito a uma defesa técnica efetiva. Adauto Suannes (1999, p. 349) anotava:

> Se a Constituição considera a presença do Advogado indispensável para que tenhamos um *fair trial*, para que essa conquista duramente bata-

> lhada ao longo da conceituação da *due process clause* não seja algo meramente formal, como aceitar-se que seu trabalho seja considerado algo absolutamente despiciendo? De fato, segundo a jurisprudência, a presença do defensor no interrogatório judicial é dispensável, a defesa prévia é dispensável, a intimação do defensor da data da audiência que se realizará no juízo deprecado é dispensável, as alegações finais são dispensáveis, a interposição de recurso contra a sentença condenatória é dispensável, as razões de recurso são dispensáveis, as contrarrazões do recurso são dispensáveis, os embargos infringentes são dispensáveis, a atuação em revisão criminal é dispensável.

E concluía, com um certo sarcasmo: "E isso porque a Constituição diz que o Advogado é indispensável. Imagine-se se ela dissesse ser ele dispensável!"

Sem embargo, as aguardadas mudanças chegaram. Em alguns casos, em sede legislativa; em outras, pelas mãos dos julgadores, como foi no trato das interceptações telefônicas, em que somente se apressou o Congresso Nacional em ajustar a legislação ordinária – por meio da Lei 9.296/96 – à Constituição da República após o Supremo Tribunal Federal anular processos em que a condenação tomara como prova do crime interceptações telefônicas autorizadas judicialmente com apoio no antigo Código das Comunicações, em desalinho com o comando maior que estabelecia as condições e as hipóteses em que o direito ao sigilo das comunicações telefônicas poderia ser quebrado por decisão judicial, consoante o disposto no artigo 5º, inciso XII, da CF.

Outro exemplo a lembrar – dentre tantos outros possíveis de enumerar – foi o que ocorreu com a interpretação dada ao artigo 594 do Código de Processo Penal e a alguns outros dispositivos similares, como o artigo 408, § 1º, do CPP, na versão original, os quais estabeleciam uma espécie de presunção de necessidade da prisão – decretada *ope legis* – ao velado argumento de que o acusado condenado em primeiro grau ou pronunciado apresentava um risco muito grande de fuga. Nessa toada, também se dizia ser possível a execução provisória do acórdão condenatório, proferido no julgamento de Apelação, *vis-à-vis* a interpretação literal do art. 27,§ 2ª, da Lei n. 8.038/90, que atribui aos recursos especial e extraordinário apenas o efeito devolutivo.

Tardaram alguns anos até que, premido pela doutrina mais crítica, o Supremo Tribunal Federal e o Superior Tribunal de Justiça, paulatinamente, começaram a rever seus posicionamentos a esse respeito, antes mesmo da revogação do malsinado artigo 594 do CPP pela Lei nº 11.719, de 20 de junho de 2008. No STJ, após alguns julgados, expediu-se até Súmula (verbete nº 347) para assentar que "[...] o conhecimento de recurso de apelação do réu independe de sua prisão." Na Corte Suprema, alguns arestos sinalizaram a mudança de rumos, como no julgamento, em 5 de fevereiro de 2009, do Habeas Corpus nº 84078/MG, de que foi Relator o Ministro Eros Grau, que pontuou, já na ementa do julgado, que

> [...] 3. A prisão antes do trânsito em julgado da condenação somente pode ser decretada a título cautelar. 4. A ampla defesa, não se a pode visualizar de modo restrito. Engloba todas as fases processuais, inclusive as recursais de natureza extraordinária. Por isso a execução da sentença após o julgamento do recurso de apelação significa, também, restrição do direito de defesa, caracterizando desequilíbrio entre a pretensão estatal de aplicar a pena e o direito, do acusado, de elidir essa pretensão [...].

11. OUTROS AVANÇOS

Também merece lembrança, na tendente modernização do sistema de justiça criminal, o crucial passo dado com a criação, por meio da Emenda Constitucional n. 45, de 2004, do Conselho Nacional de Justiça e do Conselho Nacional do Ministério Público, previstos, respectivamente, nos artigos 103-B e 130-A da Constituição de 1988. O surgimento desses órgãos no cenário da República representou verdadeiro marco no relacionamento do Poder Judiciário e do Ministério Público com a sociedade brasileira, à mercê de uma atuação mais transparente e sujeita a controles mais eficazes da legalidade e da qualidade dos serviços prestados à população por magistrados e membros do Ministério Público.

Efetivamente, o CNJ e o CNMP têm sido responsáveis por diversas iniciativas voltadas a obter melhores resultados na atuação dos respectivos órgãos de execução pelo Brasil afora, quer por meio de inspeção e fiscalização das atividades de cada Tribunal e de cada Ministério Público, quer por meio de campanhas e projetos, alguns com a parceria do Ministério da Justiça, como a Estratégia Nacional de Justiça e Segurança Pública (ENASP), responsável por articular os órgãos ligados à segurança pública, reunir e coordenar as ações de combate à violência e traçar políticas nacionais na área. Aliás, percebe-se uma maior preocupação do Poder Executivo em desenvolver projetos que permitam tornar o sistema judicial mais acessível, democrático, rápido e eficiente (FOLEY, 2012, p. 88).

12. MODERNIZAÇÃO LEGISLATIVA

Por sua vez, o Estado brasileiro, sobretudo o Poder Legislativo, é sempre cobrado por não ser capaz de aprovar um Código de Processo Penal alinhado com a nova ordem constitucional. Como muito bem observado por Choukr (2005, p. 2), "[...] conhecemos uma história legislativa republicana sem que tenhamos um Código de Processo Penal integralmente nascido da atividade democrática parlamentar".

Deveras, as dificuldades legislativas para a aprovação de um novo diploma processual penal – mencione-se o fracasso das tentativas nesse sentido, entre as quais as relativas aos projetos de Hélio Tornaghi, em 1963 e de Frederico Marques, em 1981[9] – induziram os últimos governos a lançar mão do pragmático expediente de promover reformas pontuais do Código de Processo Penal.[10]

Iniciadas na última década do século XX, essas reformas inegavelmente trouxeram alguns importantes avanços no trato de certos institutos processuais, em que pese

---

9 Tramita atualmente na Câmara dos Deputados, a passos lentos, o Projeto de novo Código de Processo Penal (PL 8045/10, originário do PLS 156/09, votado no Senado Federal), sem perspectivas de aprovação.

10 Como já propusemos (CRUZ, 2011, p. 39), se essas dificuldades políticas impedem que se aprove um novo Código de Processo Penal, pelos mecanismos legislativos ordinariamente utilizados para a edição de leis, já é hora de pensar-se na possibilidade de adotar estratégia igual à empregada na Itália. Nesse país, dominado por similares dificuldades, o governo valeu-se do instrumento da Lei Delegada, por meio da qual uma resolução do Congresso Nacional especifica o conteúdo da futura lei e os termos de seu exercício, podendo fixar os princípios e as diretrizes a serem seguidas pelo Poder Executivo na elaboração do diploma legal, o que funcionou perfeitamente para a edição do Código de Processo Penal italiano de 1988. Entretanto, não se cogita, entre nós, do uso de Lei Delegada para a edição de um novo Código de Processo Penal, ao argumento de que se incorreria na vedação do artigo 68, § 1º, inciso II, da Constituição Federal, haja vista que um Código de Processo Penal implica regular o exercício de direitos individuais.

transformar o diploma vigente em uma colcha de retalhos normativos, a prejudicar sua unidade conceitual e sistêmica.

Em 1995, veio a lume a mais importante modificação sistêmica na persecução penal pátria, com a Lei nº 9.099/95, que, na linha do que já determinara a Constituição da República (art. 98, inc. I), instituiu os Juizados Especiais Cíveis e Criminais e passou a permitir a aplicação imediata de pena, mais conhecida como transação penal, para crimes de menor potencial ofensivo, algo até então desconhecido em nossa tradição. A mesma lei, outrossim, aportou ao sistema outro instituto de natureza consensual, a suspensão condicional do processo, também de caráter despenalizador.

Ambos os institutos, a par de facilitar o acesso do jurisdicionado, tanto o autor do fato quanto a vítima, à justiça penal – nos casos que engrossavam as estatísticas da criminalidade oculta ou, o que era pior, atolavam as prateleiras e as gavetas de delegacias de polícia e cartórios judiciais – obrigou os profissionais do direito a praticar um novo modelo de justiça, consensual, não litigioso, prioritariamente voltado, na dicção da própria lei, à reparação dos danos sofridos pela vítima e a aplicação de pena não privativa de liberdade (art. 62). Demais disso, o mesmo dispositivo legal expressamente orientou a aplicação do novel procedimento aos critérios (ou princípios) da oralidade, informalidade, economia processual e celeridade, o que importou em uma mudança de postura dos profissionais do Direito, máxime dos juízes e promotores de justiça, tão enraizados no modelo tradicional, predominantemente escrito, excessivamente formal e irritantemente lento.

Um ano após a Lei dos Juizados Especiais Cíveis e Criminais veio a Lei nº 9.271/96, que também causou fortes reações no meio jurídico, reticente em aceitar que, a partir de então, não mais se poderia processar à revelia e condenar o acusado que, citado por edital, não comparecesse ao interrogatório. Vale recordar que os procedimentos ordinário e sumário do Código de Processo Penal estabeleciam que o interrogatório era o primeiro ato de instrução, ao qual se seguiam as alegações preliminares, as audiências para a oitiva das testemunhas de acusação e de defesa e, por último, a apresentação sucessiva de alegações finais e a sentença.

A inovação legislativa não se resumiu a essa alteração. Em verdade, a reforma de 1996 deu novo tratamento jurídico às comunicações dos atos processuais, com a introdução das seguintes inovações: (a) suspensão do processo e do prazo prescricional na hipótese de o réu, citado por edital, não comparecer ou não constituir advogado, possibilitando-se, todavia, a produção de provas urgentes e decretação de prisão preventiva do acusado (art. 366); (b) nova definição das hipóteses de revelia, não havendo mais impedimento a que o réu se ausente, temporariamente, da comarca onde está sendo processado, independentemente de comunicação à autoridade processante (art. 367); (c) eliminação da distinção, para fins de citação do réu residente no estrangeiro, da inafiançabilidade ou afiançabilidade da infração a ele imputada, estabelecendo-se que, conhecido o endereço do acusado, sua citação se dará por carta rogatória, suspendendo-se o curso do prazo de prescrição até o seu cumprimento (art. 368); (d) melhor disciplinamento das intimações e permissão para o uso de meios alternativos de comunicação dos atos processuais (art. 370, §§ 1º e 2º).

O próximo passo para a racionalização e modernização do nosso Código de Processo Penal foi dado pela Lei nº 10.792, de 1º de dezembro de 2003, que, no âmbito processual, conferiu novo trato jurídico ao interrogatório judicial, por meio da otimização dos instrumentos de proteção do acusado, nomeadamente com o expresso reconhecimento de seu direito ao silêncio e o estímulo ao contraditório das partes. Passa-se então a estabelecer que o acusado deverá ser interrogado "[...] na presença de seu defensor, constituído ou nomeado [...]" (art. 185, *caput*), com o qual o interrogando terá assegurado o "[...] direito de entrevista reservada [...]" (art. 185, § 2º), exigindo-se, ainda, uma defesa técnica, quer por defensor público ou dativo, "[...] exercida através de manifestação fundamentada [...]" (art. 261, parágrafo único); por sua vez, a nova redação dada ao art. 186 expressamente reconhece o direito ao silêncio do qual "o acusado será informado pelo juiz", antes de iniciar o interrogatório, não podendo seu exercício "ser interpretado em prejuízo da defesa" (art. 186, parágrafo único).

Outrossim, inova-se no art. 188 do Código de Processo Penal para permitir a ativa participação da acusação e da defesa no interrogatório judicial, por meio de perguntas filtradas pelo juiz, tendo em vista a relevância e a pertinência do fato que objetivem esclarecer. Registre-se, ainda, importante inovação consistente em exigir, em relação ao acusado que se encontre preso, sua citação pessoal – vale dizer, mediante mandado cumprido por oficial de justiça – conforme disposto na nova redação dada ao artigo 360.

Um lustro se passou até que sobreviesse a mais ampla reforma do Código de Processo Penal, com a aprovação de três leis, relativas ao Tribunal do Júri (Lei 11.689/08), às Provas (Lei 11.690/08) e aos Procedimentos (Lei 11.900/08).

Por meio desta última lei, introduziram-se no sistema processual pátrio novos procedimentos, com significativas mudanças que, de fato, tornaram o rito processual mais ágil, graças à concentração dos atos processuais de natureza instrutória. Além disso, a reforma incrementou o arranjo de direitos dos sujeitos processuais, nomeadamente os do acusado, na medida que: (a) passou a exigir que a decisão de –recebimento da denúncia e de rejeição também, obviamente – seja fundamentada e tomada apenas após a manifestação do denunciado, que, citado, tem a oportunidade de apresentar uma resposta à acusação (art. 396); (b) antecipou para esse momento inicial do procedimento a possibilidade – antes adstrita ao procedimento do Tribunal do Júri, no encerramento do *iudicium accusationis* – de absolvição sumária do acusado (art. 397); (c) transferiu para o encerramento da instrução criminal o interrogatório do acusado, permitindo-lhe melhor exercer sua autodefesa e sua defesa técnica (art. 400, *in fine*); (d) concentrou todos os atos de instrução, os debates e a decisão final em uma única audiência, que não deverá tardar mais de 60 dias após o recebimento da denúncia ou queixa (art. 400 *usque* 405). Além dessas alterações, merecem menção, entre tantas outras que a Lei 11.719/08 introduziu em nosso sistema a possibilidade de citação por hora certa, quando o acusado se oculta para não ser citado (art. 362); o melhor tratamento jurídico das hipóteses de *emendatio-libelli* e *mutatio libelli* (artigos 383 e 384, respectivamente), exigindo a iniciativa do Ministério Público, na última hipótese, em forma de aditamento à denúncia; e a positivação do princípio da identidade física do juiz (art. 399, § 4º), regra antes inexplicavelmente adstrita somente ao processo civil.

Igualmente inovadora foi a Lei nº 11.690/08, ao aportar importantes mudanças ao Código de Processo Penal, no capítulo relativo às provas, cuja produção passa a contar com uma participação mais ativa e direta das partes. Entre elas, destacamos: (a) a vedação explícita, no novo texto do artigo 155 do CPP, da utilização exclusiva, em decisão judicial, dos elementos informativos colhidos na investigação criminal, ressalvadas as provas cautelares, não repetíveis e antecipadas; (b) a proibição, na linha do que apregoa o art. 5º, inciso XII, da Constituição da República, do uso de provas ilícitas, com determinação de desentranhamento da prova assim qualificada (bem como a dela derivada), ressalvados os casos em que não restar evidenciado o nexo de causalidade entre a prova original ilícita e a contaminada, ou quando esta última puder ser obtida por fonte independente daquela (art. 157); (c) abandono do sistema indireto – ou presidencial – de colheita da prova oral, que passa a não mais depender da intermediação judicial, porquanto, com a nova redação conferida ao artigo 212, as perguntas das partes são formuladas diretamente à testemunha – exame direto e cruzado – podendo o juiz complementar a inquirição.

Digna de especial referência, nesse espectro de inovações no capítulo das provas, foi a maximização da proteção à vítima do crime objeto da persecução, tanto para atenuar os riscos de uma vitimização secundária quanto para salvaguardá-la de novas ações delitivas do acusado. Assim, com o novo teor do artigo 201 do CPP, o ofendido passa a ser comunicado, no endereço por ele indicado – inclusive eletrônico – dosatos processuais relativos ao ingresso e à saída do acusado da prisão, designação de data para audiência, sentença, decisões e acórdãos que mantenham ou modifiquem a prisão do réu (§§ 2º e 3º). Outrossim, o ofendido deverá dispor de espaço separado "[...] antes do início da audiência e durante a sua realização [...]" (§ 4º), cabendo ao juiz adotar todas as providências necessárias "[...] à preservação da intimidade, vida privada, honra e imagem do ofendido, podendo, inclusive, determinar o segredo de justiça em relação aos dados, depoimentos e outras informações constantes dos autos a seu respeito para evitar sua exposição aos meios de comunicação [...]" (§ 6º). Por sua vez, o artigo 217 prevê que o juiz, se verificar "[...] que a presença do réu poderá causar humilhação, temor, ou sério constrangimento à testemunha ou ao ofendido, de modo que prejudique a verdade do depoimento [...]", deverá colher a prova oral por meio de videoconferência, assegurada a presença do réu, salvo impossibilidade do uso de tal tecnologia, quando, então, o acusado será retirado da audiência durante o depoimento.

O terceiro diploma legislativo que compôs a reforma de 2008, primeiro na ordem cronológica a ser publicado (Lei 11.689/08), buscou aperfeiçoar o Tribunal do Júri, esse órgão do Poder Judiciário tão criticado e ao mesmo tempo tão aclamado como o mais democrático entre os que compõem o aparato judicial do sistema criminal.

Na primeira fase do procedimento, voltada à formação do juízo de acusação, a nova disciplina harmoniza-se com as modificações introduzidas pela Lei dos Procedimentos (Lei 11.719/08), com maior atividade processual, sob o contraditório das partes, já no início da persecução penal. Concentrados os atos instrutórios em uma única audiência, e realizados os debates orais (art. 411), continua o juiz, se competente, adstrito a optar por uma das seguintes decisões: pronúncia (art. 413), impronúncia (art. 414) ou absolvição sumária do réu (art. 415), podendo, também, decidir pela desclassificação da infração penal, declinando sua competência para outro juízo criminal (art. 419).

As mais importantes alterações, em verdade, se deram na segunda fase do procedimento do Tribunal do Júri, o *iudicium causae*, a começar pela eliminação do libelo acusatório e de sua contrariedade, peças desnecessárias ante os limites da acusação fixados na decisão de pronúncia. Outro avanço, voltado a tornar mais efetivo o processo perante o Júri Popular, foi a permissão de intimação da pronúncia por edital e consequente possibilidade de julgar-se o réu não localizado e que esteja em liberdade, não sendo mais cogente seu comparecimento à sessão de julgamento (art. 457). Também se destacam, entre as mudanças levadas a cabo nesse procedimento especial, a simplificação dos quesitos, com a previsão de três questionamentos básicos, formulados por meio de "[...] proposições afirmativas [...]" (art. 482, parágrafo único): o primeiro, sobre a materialidade dos fatos; o segundo, sobre autoria ou participação e, por último, o terceiro quesito, que indaga aos jurados "[...] se o acusado deve ser absolvido" (art. 483, caput).

Destaque-se, ainda, como das mais importantes modificações no procedimento do Tribunal Popular, a extinção do Protesto por Novo Júri, recurso que, a par de seu anacronismo – foi concebido no Código de Processo Criminal do Império como garantia do acusado a novo julgamento, quando condenado à pena de morte ou de galés perpétuas, já há muito extintas de nosso ordenamento – retardava demasiadamente a prestação jurisdicional.

Inovação importante, de cunho tecnológico, foi introduzida pela Lei nº 11.900/09, que permitiu a realização de interrogatório e outros atos processuais por sistema de videoconferência, suprindo, assim, lacuna legislativa que a jurisprudência dos tribunais superiores invocava para invalidar interrogatórios feitos sem a presença física do acusado perante o juiz. Destarte, passa o réu a ser interrogado pelo juiz da causa não apenas no foro, como se dá em relação aos acusados em geral, mas também em sala própria do estabelecimento em que estiver recolhido, assegurada a presença de seu defensor (art. 185, § 1º), ou, excepcionalmente – e aqui residem as críticas de alguns doutrinadores, que alegam ofensa ao direito do réu a ser interrogado na presença do juiz – por meio de sistema de videoconferência. O recurso a essa última forma de interrogatório se justifica quando houver risco à segurança pública – suspeita de participação do réu em organização criminosa ou possibilidade de fuga durante o deslocamento do presídio ao foro –, quando a participação no referido ato enfrentar alguma dificuldade relativa ao próprio réu – enfermidade, por exemplo – quando se antevir influência do réu no ânimo de testemunha ou da vítima ou, ainda, quando razões de ordem pública justificarem o uso de tal tecnologia eletrônica (artigo 185, § 2º, incisos I a IV).

A última reforma pontual do Código Processual Penal e que implicou profunda alteração do sistema de medidas cautelares pessoais veio com a Lei nº 12.403/11, a qual, a despeito de algumas falhas técnicas e defeitos conceituais – como de hábito em nossas leis – conferiu maior racionalidade ao processo penal cautelar brasileiro, que se fincava em uma matriz jurídico-ideológica totalmente superada, em face das profundas transformações ocorridas na sociedade brasileira ao longo dos 70 anos de vigência do Código de 1941. Pretendeu-se, seguindo a tendência mundial de tratar a prisão provisória como a última e extrema medida para acautelar o processo – e, excepcionalmente, proteger a ordem social – impor ao juiz a obrigação de verificar a possibilidade de utilizar medidas alternativas à prisão preventiva, levando sempre em consideração a adequação da medida à gravidade do crime, às circunstâncias do fato e às condições pessoais do indiciado ou acusado (art. 282, II).

A mola-mestra da lei é o rompimento da anterior lógica bipolar, pela qual o juiz ou mantinha o réu preso, ou lhe concedia a liberdade, sob o único ônus de comparecer aos atos processuais e, eventualmente, pagar fiança e sujeitar-se a pequenas obrigações dela decorrentes. Com o novo sistema, passa o juiz a dispor de um leque de alternativas, ajustáveis a cada situação concreta, com possibilidade de imposição de mais de uma entre as medidas cautelares alternativas à prisão que a lei elenca (artigos 319 e 321). Valem menção outras modificações importantes: (a) possibilidade de imposição ao investigado ou réu de uma ou mais das medidas cautelares alternativas à prisão, mesmo que esteja ele respondendo a inquérito policial ou ao processo em liberdade (art. 282); (b) vedação a que o juiz decrete, sem provocação, prisão preventiva ou outra medida cautelar antes de iniciada a ação penal (artigos 282, § 2º e 311); (c) permissão para arbitramento de fiança a autores de quaisquer crimes, independentemente da pena prevista, desde que não vedada a cautela pela Constituição Federal (artigos 322, 323 e 324); (d) valorização da fiança, cujos valores podem chegar, em casos excepcionais, à astronômica cifra de 135 milhões de reais (art. 325); (e) revogação do artigo 595 do CPP, que previa a deserção do recurso de apelação na hipótese de fuga do réu.

Fácil concluir, portanto, que esse conjunto de leis ineludivelmente deu nova cara ao processo penal brasileiro, o qual, em uma vintena de anos, se modernizou e, a despeito da falta de unidade sistêmica e de cientificidade, permitiu ao sujeito passivo da persecução penal em terras brasileiras enfrentar uma acusação criminal em condições muito similares ao que se pratica em qualquer outro país do ocidente.

13. A CONTRIBUIÇÃO DOS SUJEITOS PROCESSUAIS: O JUIZ EM ESPECIAL

Uma das questões ainda pendentes de melhor definição no processo penal brasileiro diz respeito ao papel que cada um dos atores da persecução penal deve desempenhar para que se tenha um sistema de justiça criminal efetivamente moderno e democrático.

Decerto que, a despeito de ainda termos vestígios de um arraigado inquisitorialismo em nossa tradição jurídica, adotamos, nessa configuração pós-1988, uma estrutura processual de cariz acusatório. Daí se explica a titularidade exclusiva da ação penal pública ao Ministério Público (art. 129, inc. I, da CF), com a consequente não recepção – ou inconstitucionalidade, a depender do caso – de diversos dispositivos do Código de Processo Penal e de leis extravagantes em dissintonia com essa legitimação ministerial.

Assim é que não mais vigem normas que outrora permitiam, v.g., ao magistrado, ou até mesmo à autoridade policial, dar início ao processo criminal, instaurando os assim chamados processos *judicialiformes*, tais quais os que se aplicavam às hipóteses positivadas nos artigos 26 c/c 531 do CPP e 1º da Lei 4.611/65. Ademais, alguns enunciados normativos de nossa legislação já foram reconhecidos como inconstitucionais, a exemplo do que ocorreu em relação ao art. 3º da Lei 9.034/95 (STF, ADI-1570-DF), que deferiu ao juiz a tarefa de assumir funções quase iguais às de um delegado de polícia, investigando e colhendo pessoalmente provas de crimes decorrentes de organização criminosa.

Outros dispositivos legais, acredita-se, provavelmente não tardarão a alcançar igual destino pelo Supremo Tribunal Federal, de modo parcial ou total, como o artigo 3º da Lei 9.296/96, e o artigo 5º, inc. II, 10, § 1º, e outros materializados no CPP (como, v.g., os artigos 156, inc. I, 311 e 574, parte final).

Conforme já mencionado, essa pletora de normas desconformes à Carta Política de 1988 deriva de uma tradição radicada em períodos de nossa história notabilizados por verdadeira confusão de papéis entre juízes, promotores e policiais.

Por conta dessa tradição, ainda se toleram práticas não mais compatíveis com o regime acusatório reclamado para nosso sistema, a exemplo da previsão do art. 33 da LOMAN, que atribui a um desembargador ou ministro a função de investigar e colher prova, inquisitorialmente, antes mesmo de ser proposta ação penal contra magistrado a quem se atribui a prática de crime.[11]

Espera-se, sim, do magistrado, já no momento inicial da persecução penal, um comportamento que não interfira na inarredável imparcialidade que todo julgador necessita possuir para bem julgar. Em um sistema como o nosso – no qual o juiz que oficia na fase inquisitorial da persecução penal é o mesmo que irá julgar a futura pretensão punitiva – é fundamental para a manutenção não somente do princípio acusató-

11 Ver como exemplo o seguinte julgado do STJ na APN 460: "I - PENAL E PROCESSO PENAL – CONEXÃO (ART. 76, II, DO CPP) – PRISÃO DE DEPUTADO ESTADUAL (ART. 53, § 2º, DA CF/88) – SEPARAÇÃO: [...] 6. Nos termos da Lei 8.038/90 (art. 1º, § 1º) e do Regimento Interno desta Corte (art. 217, §§ 1º e 2º), cabe ao relator, como juiz da instrução, ordenar diligências complementares, da mesma forma como atua o juiz de 1º grau na fase pré-processual das investigações (precedentes do STF e do STJ). 7. A oitiva dos investigados na fase pré-processual pelo relator não viola os princípios do devido processo legal e da imparcialidade. Ao contrário, permite que o relator forme seu convencimento para fins de recebimento da denúncia. Precedentes do STJ e do STF (RHC 84.903/RN) [...]". (BRASIL. Supremo Tribunal Federal. Ação Penal nº 460-RO, Tribunal Pleno. Relator: Min. Eliana Calmon. Brasília, 6 de junho de 2007. **Diário de Justiça**: 25 jun. 2007). (grifo nosso).

rio, mas, sobretudo, da imparcialidade do juiz, que não seja o órgão judicial a definir em que momento da investigação criminal já dispõe o órgão de acusação de elementos suficientes para oferecer denúncia e muito menos qual deve ser a imputação a formalizar-se na denúncia ou queixa. Em uma palavra, quem há de definir se existem elementos ou não para acusar, e qual imputação a fazer, é o titular da ação penal, restando ao magistrado, *de lege lata*, unicamente dissentir, ante a promoção de arquivamento, das razões invocadas para tanto, sem incursão de mérito e sem juízo de valor sobre o que já se apurou no caderno investigatório.

Essa postura há de acompanhar o magistrado ao longo de toda a persecução penal, máxime naqueles momentos em que, já na colheita da prova, já na adoção de medidas cautelares, ocasiões em que deverá zelar para não descurar-se de seu dever de manter-se imparcial.

A seu turno, também o Ministério Público, conquanto se apresente na qualidade de parte acusadora na relação processual, há de pautar-se por critérios de objetividade em sua atuação, a lhe impor verdadeiro compromisso com a verdade (COMOGLIO; ZAGREBELSKY, 1993, p. 484). Logo, ao mesmo tempo em que formalmente acusa, cumpre-lhe preservar os direitos e garantias do réu, enquanto sujeito da relação processual. É que

> [...] interessando à comunidade jurídica não só a punição de todos os culpados mas também – e sobretudo dentro de um verdadeiro Estado de Direito – a punição só dos que sejam culpados, segue-se daí que ao Ministério Público, como órgão de administração de justiça, há de competir trazer à luz não só tudo aquilo que possa demonstrar a culpa do arguido, mas também todos os indícios de sua inocência ou da sua menor culpa (FIGUEIREDO DIAS, 1984, p. 369).

No que diz respeito à função jurisdicional típica, está ciente todo juiz que a solução legislativa nem sempre satisfaz no caso concreto examinado, porque a lei é, por natureza, abstrata, fria e não se modifica senão por outra lei. Daí por que se reclama do julgador manejar a lei com o auxílio dos vários métodos de hermenêutica que a ciência do Direito disponibiliza – certo de que a interpretação é fruto de uma

"[...] escolha prática a respeito de hipóteses interpretativas alternativas [...]" (FERRAJOLI, 2002, p. 33) – de modo tal a lhe permitir extrair o sentido concreto, atual e justo para o caso julgado, em verdadeiro processo de densificação de normas e princípios constitucionais (CANOTILHO, 1989, p. 144). Isso por levar-se em conta que a lei é um "produto semi-acabado", e que, portanto, o juiz "[...] atualiza a obra do constituinte e torna-se um co-legislador permanente" (GARAPON, 1996, p. 41).

Nessa tarefa, o juiz há, por conseguinte, de efetuar uma "[...] dinámica interpretación, evolutiva y decididamente creadora, que, atenuando los elementos de una sociedad superada, amplie los elementos de una sociedad nueva, basada em líneas programáticas trazadas por la Constitución" (CAPPELLETTI, 1974, p. 114). Essa é a transformação do papel do juiz, ciente de que não é mera **boca da lei**, porquanto o Direito não se reduz ao texto literal das leis.

Um juiz que se paute pelo agir democrático não se curva, assim, a quem o critica por assumir um papel mais ativo na atuação jurisdicional – comportamento pejorativamente alcunhado de **ativismo judiciário** – pois sabe que nada mais faz do que exercer o controle incidental de constitucionalidade das leis que o Parlamento edita e que ele interpreta e aplica.

Sob esse aspecto da legitimação judicial, é refutável semelhante tentativa de intimidação da soberana função de julgar, porquanto "[...] uma instituição não é democrática unicamente porque não provenha de eleição popular [...] uma instituição é democrática quando seja funcional para o sistema democrático, quer dizer, quando seja necessária para sua continuidade, como ocorre com o judiciário" (ZAFFARONI, 1995, p. 43).

Sob outra angulação, cumprirá ao juiz enfrentar a crescente demanda por novas prestações jurisdicionais, certo de que "[...] a transferência irracional de todas as frustrações modernas para a justiça [...]" – o que a converteu "[...] no lugar eleito das paixões democráticas, e o tribunal, no último teatro da disputa política [...]" – pode voltar-se contra a própria justiça (GARAPON, 1996, p. 27).

Sobre isso e ante o ingresso, no sistema de justiça criminal brasileiro, de pessoas detentoras de cargos e prestígio político que até há alguns anos as afastavam do risco de punição penal, tivemos oportunidade de observar (CRUZ, 2011, p. 27) que ultimamente se passou a ver, com maior frequência, cenas de conhecidos políticos e grandes empresários algemados e conduzidos ao cárcere preventivo, a engendrar a percepção, pela população em geral, de uma espécie de **democratização** na aplicação da prisão cautelar.

Sem embargo, o risco que tal fenômeno social produz, impõe ressalvar, é o de violação do imperativo categórico kantiano, se essas prisões não se apoiarem em concretas exigências cautelares, mas, antes, servirem à utilização de pessoas política ou economicamente melhor situadas como instrumento de ações estatais moralizadoras do aparato judicial. Em outras palavras, soa irracional, a pretexto de combater a generalizada impunidade em relação a certos setores da sociedade, institucionalizar-se uma repressão abusiva contra todos, jogando no ralo a custosa construção dos valores e princípios do direito penal moderno (GOMES, 1995, p. 166).

Daí a importância de se ter, não apenas o juiz, mas também o responsável pela persecução penal, uma preocupação permanente de buscar o equilíbrio entre, de um lado, o dever de manter a ordem e a segurança sociais, de que resulta o interesse punitivo do Estado – e, antes, da sociedade – e, de outro lado, o interesse de proteção da liberdade do indivíduo – que também é de interesse de todos –. Em verdade, como paralelo ao dever estatal de assegurar a liberdade humana, o dever de garantir segurança, como imperativo constitucional (artigo 144, *caput*, CF), "[...] não está em apenas evitar condutas criminosas que atinjam direitos fundamentais de terceiros, mas também na devida apuração, com respeito aos direitos dos investigados ou processados, do ato ilícito e, em sendo o caso, da punição do responsável (FISCHER, 2010, p. 36).

Compartilhamos da visão de Scarance Fernandes (2009, p. 85), de que:

> [...] inexiste antagonismo entre eficiência e garantismo, considerando-se eficiente o processo que, como instrumento para realização dos fins do direito processual penal, consiga

ao mesmo tempo atender aos interesses da defesa social e assegurar ao acusado a atuação de suas garantias individuais.

Essa é a lição de ROXIN (1993, p. 76), para quem:

> [...] o direito penal serve simultaneamente para limitar o poder de intervenção do Estado e para combater o crime. Protege, portanto, o indivíduo de uma repressão desmesurada do Estado, mas protege igualmente a sociedade e os seus membros dos abusos do indivíduo.

Por consequência, ao Estado-juiz, como órgão responsável pela jurisdição penal, caberá apreciar qual dos interesses aparentemente contrapostos, o poder punitivo ou o poder de coerção, de um lado, e o direito à liberdade, de outro, há de prevalecer na situação concreta que lhe é colocada a decidir. Particularmente no que se refere à prisão cautelar, esse dilema se resolverá a favor da proteção do direito subjetivo do acusado, fundamental à liberdade, ou a favor do dever fundamental de prestar segurança à vítima, a terceira pessoa ou à comunidade como um todo, eventualmente ameaçadas pelo comportamento do acusado. Assim, será tanto ilegítima a omissão estatal do dever de proteção da sociedade, por atuação insuficiente dos seus órgãos repressivos, quanto o excesso eventualmente cometido em desfavor do imputado, ao argumento de ser devida a proteção penal efetiva de toda a coletividade.

14. O HOMEM COMO PROTAGONISTA NO PROCESSO PENAL

"Diz-me como tratas o arguido, dir-te-ei o processo penal que tens e o Estado que o instituiu [...]" é um slogan que, segundo Jorge de Figueiredo Dias (1984, p. 428), confere a dimensão do tema relativo ao papel do acusado no processo penal.

Sem dúvida alguma, falar de democracia no processo penal reclama a elevação do acusado à condição de protagonista da atividade processual; sua "personalização" é condição para que, tratado como um sujeito processual com voz ativa perante o órgão julgador (BIDART, 1996, p. 25), participe da produção de seu caso (HASSEMER, 1984, p. 173).

O acusado é, portanto, sempre um "sujeito" do processo penal, e não mero objeto de uma "inquisição" oficial. Ser sujeito e não objeto do processo significa assegurar ao acusado "[...] posição jurídica que lhe permita uma participação constitutiva na declaração do direito do caso concreto, por meio da concessão de autônomos direitos processuais, legalmente definidos, que hão de ser respeitados por todos os intervenientes no processo penal" (DIAS, 1984, p. 428).

Em verdade, jamais poderá o julgador desconsiderar que, se o processo é para ele mero *assunto quotidiano*, para o acusado é um *assunto vital*, pois nele estão sempre em jogo valores pessoais fundamentais, como a vida, a liberdade, a honra etc. (BERTOLINO, 1986, p. 110).

Sob tal perspectiva, é impositiva a adoção de uma postura judicial em que os direitos individuais do acusado saiam do plano formal e se realizem na prática judiciária, ainda que isso traga maiores custos e consuma um tempo maior para a realização do juízo.

O processo deve, então, ser conduzido pelo juiz com estilo humano, interpretando-se as normas de modo a valorizar não o homem abstrato, mas o homem real, de carne e osso (RIVERO SANCHEZ, 1997, p. 75).

Ao interpretar e aplicar a lei ao caso submetido ao seu julgamento, o juiz há de "compreender todas as circunstâncias [...] que fazem do caso um fato distinto de todos os demais e que, de qualquer forma, têm relevância para a valoração de sua gravidade específica e a consequente determinação da medida da pena [...]" (FERRAJOLI, 2002, p. 129). Essa atividade interpretativa decorre do esforço do juiz "[...] dirigido a prescindir o mais possível de suas ideologias pessoais, seus preconceitos e de suas inclinações para 'compreender' ou participar das ideologias, inclinações e condicionamentos do sujeito em julgamento".

15. POR UMA NOVA MENTALIDADE

Os novos ares democráticos que sopram no Brasil após a Constituição da República de 1988, aliados à modernização de vários institutos do Direito Processual Penal e das instituições que compõem o sistema de justiça criminal nada significarão, na tarefa de oferecer ao jurisdicionado todas as condições necessárias e suficientes para exercer sua cidadania frente ao Estado punitivo, se os que interpretam e aplicam o direito também não se atualizarem e abrirem suas mentes para esses novos tempos.

De fato, mesmo se tivéssemos o melhor Código de Processo Penal do mundo e as melhores e mais aparelhadas instituições, nenhum resultado concreto e efetivo se alcançaria sem a necessária mudança de mentalidade por parte dos operadores do Direito. Afinal, "não se pode reformar a instituição sem uma prévia reforma das mentes, mas não se podem reformar as mentes sem uma prévia reforma das instituições." (MORIN, 2000, p. 99).

Como já observamos (CRUZ, 2004), a Ciência do Direito é, quiçá, a que ostenta maior lentidão no seu processo de atualização e modernização. Enquanto a Medicina, a Engenharia, a Física e outras ciências avançam a passos largos, renovando seus postulados e aperfeiçoando suas técnicas, em um ritmo compatível com a flexibilidade da sociedade pós-industrial, o Direito do século XXI ainda é, na sua essência, muito similar ao que se ensinava e praticava nas primeiras décadas do século XX. Nossa formação acadêmica e profissional dificulta-nos pensar criticamente o Direito e acompanhar o seu processo de evolução, bastando olhar o abismo ideológico e semântico que separa o Código de Processo Penal da Constituição Federal, o que já bastaria para impelir os intérpretes e aplicadores do Direito a uma releitura atualizadora de certos dogmas e institutos jurídicos mantidos intactos no percurso de nossa história colonial, imperial e republicana.

Ao invés, portanto, de adaptarmos antigas leis aos novos tempos, densificando e extraindo a máxima efetividade das normas e princípios constitucionais, por meio de uma interpretação "juridicamente produtiva ou criadora" (CANOTILHO, 1989, p. 144), fazemos o contrário e cultuamos as leis qual um fetiche, esquecendo-nos de que elas não foram criadas para ter um fim em si mesmas, mas para servir à felicidade e ao bem-estar do ser humano.

Confunde-se, amiúde, a lei com o Direito, o que acaba por isentar-nos de desenvolver um processo interpretativo que vá além da letra da norma, cegando-nos a examinar, no seu conteúdo, valores e princípios inerentes à natureza humana e geralmente materializados em um documento de regência supralegal. Até mesmo positivistas de escol, como, v.g., MIRANDA (1974, p. 290), admitem que "[...] o princípio de que o juiz está sujeito à lei é, ainda onde o meteram nas Constituições, algo de 'guia de viajantes', de itinerário, que muito serve, mas nem sempre basta".

Esse hábito produz certas práticas judiciais há tempos acusadas, por segmentos mais arejados da doutrina, de estar em desacordo com o paradigma constitucional, e somente são abandonadas quando o legislador reescreve a lei de modo a tornar evidente e inquestionável aquilo que, até então, era comodamente negado como existente no mundo jurídico.

Tome-se, como exemplo dessa afirmação – e diversos outros exemplos poderiam ser lembrados – o que acontecia, antes do advento da Lei 10.792/03, com a tolerância judicial quanto à substituição da citação pessoal do réu preso por uma simples requisição ao diretor do estabelecimento prisional onde aquele está recolhido. O art. 360 do CPP, na sua versão anterior à lei de 2003, não dizia que a requisição do réu preso era mais uma dentre as modalidades de citação, mas apenas indicava uma providência de cunho funcional para autorizar o deslocamento do acusado ao Fórum, a fim de que pudesse ter o seu *day in Court*.

Sem embargo, juízes comodamente citavam réus presos por mera requisição ao diretor do estabelecimento onde se encontravam recolhidos, e os tribunais invariavelmente invocavam o disposto no art. 570 do Código de Processo Penal para refutar a alegação de nulidade do interrogatório que se seguia à requisição, ao argumento de que o comparecimento do acusado supria tal atipicidade processual. Aduziam, outrossim, que a lei não previa prazo mínimo entre a citação e o interrogatório (este ato ainda era realizado logo no início da instrução), e que o réu preso já conhecia a acusação, resumida na nota de culpa ou no mandado de prisão (HC nº 69350-SP, STF, 1ª T., j. 9/6/92, RTJ 146/220 e RT 693/423 ss; HC nº 71839-MG, STF, 1ª T., j. 4/10/94, DJU 25/11/94, p. 32302).

Em um dos julgados, da lavra do Superior Tribunal de Justiça, chegou-se a afirmar, em resposta à alegação de que a citação por requisição ofendia não apenas a Constituição Federal mas, especificamente, a Convenção Americana sobre Direitos Humanos, que "[...] as recomendações do Pacto de São Jose da Costa Rica se dirigem, obviamente, ao Legislativo e não ao Poder Judiciário, que tem de aplicar as normas vigentes e não aquelas simplesmente recomendadas" (RESP 65.037-SP, 6ª T., j. 9/12/97, DJU 9/3/98, p. 136), sendo certo que, ao tempo da decisão, cinco anos já havia transcorrido desde que tal recomendação passara a integrar o nosso ordenamento positivo, com a promulgação do Decreto nº 678/92.

De nada adiantaram as minoritárias percepções encontradas em alguns arestos, como, v.g., nos julgamentos dos Recursos Especiais nº 65.037-SP – retrocitado – 79.510-SP e 44.153-SP (DJU de 09/03/98, 13/10/97 e 27/4/98, respectivamente), nos quais se invocou, como fundamento principal para a decretação da nulidade da citação por requisição e do interrogatório imediato do preso, o princípio da igualdade entre réus soltos e presos, de modo a assegurar também a este último o tempo razoável para preparação de sua defesa, mediante prévio contato com advogado de sua confiança. Fez-se necessário vir a Lei 10.792/03, para dizer o que já se poderia ser deduzido se realizada uma interpretação mais criativa da norma anterior e, com isso, impelir juízes e tribunais a adotar diferente rotina, determinando a citação do réu preso por mandado cumprido por oficial de justiça.

Exemplos como esse nos levam a questionar se para a modernização dos institutos, para a democratização e a racionalização dos procedimentos penais e para a concretização dos valores e princípios incorporados em nossa Carta Maior, faz-se necessário aguardar a edição de leis que contenham normas positivas mais explícitas e vinculantes ou se, em um "[...] horizonte axiológico y deontológico de la práctica judicial" (FERRAJOLI, 1988, p. 8) se pode esperar uma atuação judicial eficaz na tarefa de evitar que o programa constitucional relativo aos direitos fundamentais não seja um mero jogo de palavras.

16. CONCLUSÃO

Vivemos, desde o fim do último regime de exceção, o maior período de democracia ininterrupta na história da nação. Pode-se afirmar que estamos em pleno processo de amadurecimento de nossas instituições e, também, de nossa percepção do que a ideia de democracia implica no quotidiano das relações intersubjetivas e, mais ainda, das relações entre o Estado – por seus agentes – e os indivíduos.

Com toda a carga autoritária de nosso passado, permeado por uma formação bacharelesca pouco arejada, e por práticas típicas de um povo dado a relações de mandonismo, de patrimonialismo e de clientelismo, nada mais inevitável do que forjar-se um Poder Judiciário burocratizado e inclinado à formalização e cartorialização das funções jurisdicionais.

Nada obstante, as duas últimas décadas aportaram significativas alterações nesse quadro – ainda longe do ideal –, quer pela mudança de algumas estruturas, com a criação de órgãos e mecanismos que otimizaram o controle das instituições, quer pela intensa reforma das leis processuais.

No âmbito do sistema criminal, são inegáveis os avanços normativos e funcionais, com as reformas promovidas no Código de Processo Penal e com as constantes exigências de uma atuação, por parte sobretudo de juízes e membros do Ministério Público, cada vez mais transparente, objetiva e racional, em que pese a forte pressão da sociedade e de alguns setores da mídia por uma aplicação mais rigorosa e inflexível das leis penais.

O fato é que, ao ver-se na condição de sujeito passivo da persecução penal, o investigado/réu, desde o início das investigações, até o trânsito em julgado da sentença definitiva, usufrui de inúmeros direitos e goza de diversas garantias positivadas na Constituição da República, no Código de Processo Penal e em leis extravagantes, de modo tal a lhe permitir opor-se ao poder punitivo sob a regência de um devido processo legal.

Cada vez mais se consolida a ideia de que uma justiça criminal democrática reclama o equilíbrio entre, de um lado, os justos anseios da sociedade por um grau maior de eficiência do sistema punitivo, com a diminuição do nível de morosidade dos processos e de impunidade dos autores de condutas criminosas e, de outro, a não menos cara aspiração de que a atividade repressora do Estado jamais se afaste das conquistas civilizatórias que qualificam e condicionam aquela atividade como formal e substancialmente legítima.

E, na perspectiva de um otimista racional (RIDLEY, 2010), é de esperar-se que, da mesma forma que nos espantamos ao olhar para o passado e perceber o quanto se avançou até o presente, creiamos na crescente qualificação da justiça criminal, como consequência natural do aperfeiçoamento do homem e de suas instituições.

"Porque a ideia do direito será eternamente um movimento progressivo de transformação" (IHERING, 1998, p. 7).

REFERÊNCIAS

________. A lei nº 10.792/03, o contraditório e o conservadorismo. **Boletim do IBCCRIM**,ano 11, n. 135, fev/2004.

________. *Justicia penal y democracia.* **Jueces para la Democracia,** *Madrid,n. 4. set. 1988.*

________. **Punir os pobres:** a nova gestão da miséria nos Estados Unidos. Rio de Janeiro: Freitas Bastos, 2000.

BERTOLINO, Pedro. **El debido proceso penal.** La Plata: LEP, 1986.

BIDART, Adolfo Gelsi. **Proceso penal:** aproximacion a los fundamentos. MonteVero: FCU, 1996.

BOBBIO, Norberto; MATTEUCCI, Nicola; PASQUINO, Gianfranco. **Dicionário de Política**. Brasília: Universidade de Brasília, 1986.

BOTELHO, André & SCHWARCZ, Lilia Moritz. **Cidadania, um projeto emconstrução. Minorias, justiça e direitos**. São Paulo: Claro Enigma, 2012.

CACCIA, Natasha Schmitt. Os juristas e o poder político monárquico português. In: MOTA, Carlos Guilherme. (coord.). **Os juristas na formação do Estado-Naçãobrasileiro**. v. 1. São Paulo: Quartier Latin, 2006.

CANOTILHO, J. J. Gomes. **Direito Constitucional**. 4. ed. Coimbra: Almedina, 1989.

CAPPELLETTI, Mauro. **Proceso, ideologias, sociedad.** Buenos Aires: EJEA, 1974.

CASTRO, Carlos Roberto de Siqueira. **O devido processo legal e a razoabilidadedas leis na nova Constituição do Brasil**, 2. ed. Rio de Janeiro: Forense, 1989.

CAVALCANTE, Berenice. **José Bonifácio:**Razão e sensibilidade: Uma história emtrês tempos. Rio de Janeiro: FGV, 2001.

CHOUKR, Fauzi Hassan. **Código de processo penal**: Comentários consolidados ecrítica jurisprudencial. Rio de Janeiro: Lumen Juris, 2005.

CRUZ, Rogerio Schietti M.**Prisão Cautelar**: dramas, princípios, alternativas. 2. ed. Rio de Janeiro: Lumen Juris, 2011.

DAL RI JÚNIOR, Arno. **O Estado e seus inimigos**: A repressão política na história dodireito penal. Rio de Janeiro: Revan, 2006.

DALLARI, Dalmo. **O poder dos juízes**. São Paulo: Saraiva, 1996.

DIAS. Jorge de Figueiredo. **Direito processual penal.** Coimbra (POR): Coimbra Editora, 1984. v. 1.

FERRAJOLI, Luigi. Direito e razão: **Teoria do garantismo penal.***São Paulo: Revista dos Tribunais, 2002.*

FISCHER, Douglas. O que é o garantismo penal (integral)? In: CALABRICH, Bruno; FISCHER, Douglas; PERELLA, Eduardo. (org.). **Garantismo penalintegral**. Salvador: JusPodium, 2010.

FOLEY, Conor (coord.). **Outro sistema é possível**:a reforma do Judiciário no Brasil. International Bar Association: Brasília, 2012.

FOUCAULT, Michel. **Vigiar e punir**: história da violência nas prisões. 13. ed. Petrópolis: Vozes, 1996.

FREITAS, Ricardo de Brito A. P. **As raízes do Positivismo Penal no Brasil**. Rio de Janeiro: Lumen Juris, 2002.

GARAPON, Antoine. **O juiz e a democracia**:o guardião das promessas. Rio de Janeiro: Revan, 1996.

GOMES, Luiz Flávio. Sobre a impunidade da macro-delinquência econômica desde a perspectiva criminológica da teoria da aprendizagem. **Revista Brasileira de CiênciasCriminais**, v. 3, n. 11, jul./set. 1995.

GRINOVER, Ada Pelegrini. **Liberdades públicas e processo penal**. 2. ed. São Paulo: Revista dos Tribunais, 1982.

HASSEMER, Winfried. **Fundamentos del derecho penal**. Barcelona: Bosch, 1984.

HOBSBAWN, Eric. **A era dos extremos**: o breve século XX. 1941-1991. São Paulo: Companhia das Letras, 1995.

HOLANDA. Sérgio Buarque de.**Raízes do Brasil**. São Paulo: Companhia das Letras, 1995.

IHERING, Rudolf von. **A luta pelo Direito**. 16. ed. Rio de Janeiro: Forense, 1998.

KOZIMA, José Wanderley. Instituição, retórica e o bacharelismo no Brasil. In: WOLKMER, Antonio Carlos (org.). **Fundamentos de História do Direito**. Belo Horizonte: Del Rey, 2010.

LOPES, José Reinaldo Lima. Uma introdução à história social e política do processo. In: WOLKMER, Antonio Carlos. **História do Direito no Brasil**. Rio de Janeiro: Forense, 1998.

MEDEIROS, Josineide Gadelha Pamplona; SILVA NETO, Nirson Medeiros da.

Democratização da justiça penal: A política criminal no estado democrático dedireito. In: ENCONTRO NACIONAL DO CONPEDI, 19., Fortaleza. **Anais...**, Fortaleza, 2010.

MIRANDA, F.C.P. de, **Comentários ao Código de Processo Civil.**São Paulo: Forense, 1974. v. 6.

MOREIRA, Rômulo de Andrade. **Curso temático de Direito Processual Penal**. 2. ed. Curitiba: Juruá, 2010.

MORIN, Edgard. **A cabeça bem feita:** repensar a reforma, reformar o pensamento. 2. ed. Rio de Janeiro: Bertrand Brasil, 2000.

NABUCO, Joaquim. **Um estadista do Império**. 5. ed. Rio de Janeiro: Topbooks, 1997, v. 1.

NEDER, Gizlene. **Iluminismo jurídico-penal luso-brasileiro**. Obediência esubmissão. Coleção Pensamento Criminológico. 4. ed. Rio de Janeiro: Freitas Bastos, 2000.

NEQUETE, Lenine. **O Poder Judiciário no Brasil. Crônica dos Tempos Coloniais**. Brasília: STF, 2000. v. 2

RIDLEY, Matt. **The rational optimist**:sow presperity evolves. New York: HarperCollins Publishers, 2010.

RIVERO SANCHEZ, Juan Marcos. Proceso, democracia y humanización. **Revista deCiências Penales de Costa Rica**, San José, v. 9, n. 13, ago 1997.

ROXIN, Claus. **Problemas fundamentais de direito penal**. 2. ed. Lisboa (POR): Vega, 1993.

SCARANCE FERNANDES, Antonio. Vinte anos de Constituição e o processo penal. In: **Processo penal e democracia**. Rio de Janeiro: Lumen Juris, 2009, p. 85-123.

SICA, Leonardo. Mediação, processo penal e democracia. In: **Processo penal edemocracia**. Rio de Janeiro: Lumen Juris, 2009.

SILVA, Marco Antonio Marques da. **Acesso à justiça penal e Estado Democrático de Direito**. São Paulo: Juarez de Oliveira, 2001.

SKIDMORE, Thomas E. **Uma História do Brasil**. Rio de Janeiro: Paz e Terra, 1998.

SUANNES, Adauto. **Os fundamentos éticos do devido processo penal**. São Paulo: Revista dos Tribunais, 1999.

SUNG, Hung-En. Democracy and Criminal Justice in Cross-National Perspective:From Crime Control to Due Process. **The Annals of the Amercian Academy of Political and Social Science**. Disponível em: <://ann.sagepub.com/content/605/1/311.refs.html.>. Acesso em: 1º fev. 2013.

THOMPSON, Augusto. **Escorço histórico do direito criminal luso-brasileiro**. São Paulo: Revista dos Tribunais, 1976.

WACQUANT, Loïc. **As prisões da miséria**. Rio de Janeiro: Zahar, 1999.

WOLKMER, Antonio Carlos. **História do Direito no Brasil.** Rio de Janeiro: Forense, 1998.

ZAFFARONI. Eugenio Raúl. **Poder Judiciário. Crise, acertos e desacertos.** São Paulo: Revista dos Tribunais, 1995.

ZAGREBELSKY, Vladimiro; COMOGLIO, Luigi P. Modelo accusatorio e deontologia dei comportamenti processuali nella prospettiva comparatistica. **Rivista Italiana di Diritto e Procedura Penale,** Milan, v. 36, n. 2, abr./jun. 1993, p. 435-492.

ADVOCACIA-GERAL DA UNIÃO: CONCRETIZAÇÃO COMO FUNÇÃO ESSENCIAL À JUSTIÇA

GRACE MARIA FERNANDES MENDONÇA

1. INTRODUÇÃO

Em 2016, a Advocacia-Geral da União registrou aproximadamente 65.3 bilhões de reais como resultado direto de sua atuação em favor do erário. São 8.600 advogados públicos promovendo a defesa dos interesses da União, das autarquias e fundações públicas federais em cerca de 20 milhões de processos ao ano, perante todas as instâncias e tribunais. São 228 unidades instaladas em todo o território federal, com capilaridade suficiente para viabilizar a defesa dos interesses do ente central nas mais remotas localidades.

Ações que envolvem questionamentos às mais diversificadas políticas públicas nas múltiplas áreas de atuação do Estado – desde demandas relacionados à saúde, ao meio ambiente, ao transporte, à educação, à infraestrutura, a benefícios previdenciários, entre outras, até questões atinentes à atividade arrecadatória da União –, contam hoje com a presença certa do advogado público.

Pretensões de afastamento da presunção de constitucionalidade de incontáveis políticas públicas são constantemente elididas mediante o trabalho desempenhado pelo advogado público federal, seja no âmbito do controle difuso de constitucionalidade, seja em sede de controle abstrato de normas instaurado perante a Suprema Corte do país.

Atos emanados da Câmara dos Deputados, do Senado Federal, do acervo de órgãos integrantes da Administração Pública direta e indireta, do Conselho Nacional de Justiça, do Conselho da Justiça Federal, do Conselho Nacional do Ministério Público, dos Tribunais Federais etc, são ordinariamente defendidos em juízo pelos membros da Advocacia-Geral da União.

A fim de conferir segurança jurídica aos atos praticados pelo Poder Executivo, os advogados públicos exaram ainda pareceres, orientações e instruções nos mais variados assuntos, compondo a vertente consultiva da Instituição.

Conflitos instalados entre os entes federados, muitos deles em andamento no âmbito do Poder Judiciário, contam atualmente com espaço continuamente aberto ao diálogo e à conciliação firmemente estabelecido na Advocacia-Geral da União. O ambiente de solução consensual de conflitos tem sido ampliado pelo trabalho de advogados públicos engajados na Câmara de Conciliação e Arbitragem da Administração Pública Federal.

Questionamentos acerca da atuação da República Federativa do Brasil perante o Sistema Interamericano de Direitos Humanos e outros organismos internacionais são atualmente enfrentados pelos advogados públicos em atuação integrada com o Ministério das Relações Exteriores.

Nesse cabedal de competências, a Advocacia-Geral da União esteve presente, no ano de 2016, na discussão relacionada ao sigilo das comunicações *on-line*; na validade do marco civil da *internet*; na defesa dos atos normativos relacionados à repatriação de recursos; na mediação de conflitos entre entes federativos, tal como ocorreu no refinanciamento das dívidas dos Estados; na defesa das cotas raciais nos concursos públicos; na constitucionalidade da lei que obrigou instituições particulares de ensino a receberem pessoas com deficiência e a promoverem as correspondentes adaptações em aulas, processos seletivos e instalações, entre tantos outros assuntos.

No mesmo ano, firmou acordo com valor estimado de 20 bilhões de reais para assegurar a recuperação dos danos ambientais e socioeconômicos oriundos do rompimento da barragem de Fundão, em Mariana (MG); realizou mais de 100 audiências para celebração de acordos de desapropriação para obras de duplicação da BR-290, com êxito em aproximadamente 90% dos processos; ajuizou mais de 1,9 mil ações em matéria de combate à corrupção, com expectativa de ressarcimento em torno de 24 bilhões de reais; realizou 116 bloqueios e 151 penhoras de bens de autores de irregularidades, alcançando o montante de 3,98 bilhões de reais. Celebrou 5,3 mil acordos judiciais, com economia para o ente central da ordem de 3,2 bilhões de reais.

A Instituição recebeu do Conselho Nacional de Justiça o prêmio "Conciliar é legal" pelo projeto – **Equipesde Trabalho Remoto – Benefícios por Incapacidade (ETR-BI)** – que realizou mais de 15 mil acordos, os quais culminaram com economia de cerca de 45 milhões de reais para os cofres públicos entre maio e dezembro de 2016. O projeto ganhou natureza permanente na Advocacia-Geral da União.

Essas são apenas algumas realizações da Advocacia-Geral da União em 2016 que atestam o retorno que a Instituição tem dado ao Estado brasileiro.

Enfim, quase 30 anos após a promulgação da Constituição da República Federativa do Brasil de 1988 (CR/88), a qual deu origem à Instituição vocacionada a promover a representação judicial e extrajudicial da União e a prestar assessoramento jurídico ao Poder Executivo, a Advocacia-Geral da União tem revelado, por meio dos resultados de sua atuação, que a sociedade brasileira conta com uma Advocacia de Estado, cuja essencialidade idealizada pelo legislador constituinte originário de 1988 já se encontra justificada.

Esse texto procura abordar o regime constitucional responsável pela inserção da Advocacia-Geral da União no ordenamento jurídico nacional, não sem antes aludir ao antecedente histórico, adentrando na estrutura e no funcionamento da Instituição, bem com nos avanços e resultados recentes, capazes de revelar que a Advocacia-Geral da União está em franco avanço rumo à consolidação do papel que o legislador constituinte originário lhe conferiu.

2. ANTECEDENTE HISTÓRICO E ATUAL REGIME CONSTITUCIONAL

Sob a égide do regime constitucional anterior, o Ministério Público era a instituição revestida de competência para promover a representação judicial da União (seção VII, Capítulo VII, CF/69).

Topograficamente situado no capítulo que dispunha sobre o Poder Executivo, o Ministério Público acumulava a competência de representação dos interesses da União em juízo com as demais atribuições próprias do *parquet*.

Por sua vez, à então Advocacia Consultiva da União, cujo órgão máximo era a Consultoria-Geral da República, competia as atividades de consultoria e assessoramento jurídico do Poder Executivo[1].

Além da Consultoria-Geral da República, a Advocacia Consultiva da União era formada **(i)** pela Procuradoria-Geral da Fazenda Nacional no Ministério da Fazenda, **(ii)** pelas Consultorias Jurídicas dos demais Ministérios, Estado-Maior das Forças Armadas, da Secretaria de Planejamento da Presidência da República e da Secretaria de Administração da Presidência da República; **(iii)** pelas Procuradorias-Gerais ou os Departamentos Jurídicos das autarquias; **(iv)** pelos órgãos das empresas públicas, sociedades de economia mista, das fundações sob supervisão ministerial e demais entidades controladas, direta ou indiretamente, pela União (art. 3º, incisos I a IV, do Decreto nº 93.237/1986). Embora sujeitos a disciplina normativa própria, faziam parte da Advocacia Consultiva da União os órgãos jurídicos dos Gabinetes Militar e Civil da Presidência da República, da Secretaria-Geral do Conselho de Segurança Nacional e do Serviço Nacional de Informações (art. 3º, § 1º, doDecreto nº 93.237/1986).

Portanto, no desenho constitucional anterior, ao Ministério Público era confiada a representação em juízo dos interesses da União, enquanto à Advocacia Consultiva da União competia o desempenho das atividades de consultoria e assessoramento jurídico no âmbito da Administração Federal (art. 1º, inciso I, do Decreto nº 93.237/1986).

Esse modelo, todavia, comumente posicionava o Ministério Público em linha de enfrentamento com um dilema institucional: como desenvolver a melhor defesa judicial dos interesses da União quando tais interesses não correspondiam àqueles difusos e coletivos que também mereciam a proteção do órgão?

A dualidade de competência conduzia a esse impasse institucional, já que, em incontáveis ações, os interesses da União não mantinham relação de compatibilidade com aqueles também próprios da atuação do Ministério Público, circunstância que desestabilizava a defesa de um dos lados. O histórico de

1 BRASIL. Decreto nº 93.237, de 08 de setembro de 1986. **Diário Oficial [da] República Federativa do Brasil**, Poder Executivo, Brasília, DF, 9 set. 1997.

ações dessa natureza foi revelando, por conseguinte, que o modelo precisava ser aprimorado.

Atento a esse conflito de identidade encarado repetidamente pelo Ministério Público, o legislador constituinte originário de 1988 inaugurou um novo formato, optando claramente pela disjunção de competências. A cargo do Ministério Público ficou a incumbência de defender a ordem jurídica, o regime democrático e os interesses sociais e individuais indisponíveis (art. 129), sendo-lhe vedadas a representação judicial e a consultoria jurídica de entidades públicas (art. 129, inciso IX). A representação judicial da União e o assessoramento jurídico do Poder Executivo foi confiado a uma nova instituição: a Advocacia-Geral da União.

O espectro de competências do Ministério Público foi, assim, remodelado, não lhe sendo mais possível promover a representação judicial dos interesses da União.

Portanto, com a promulgação da Constituição Republicana de 1988, o legislador constituinte originário outorgou à Advocacia-Geral da União a missão de representar oente central da Federação em juízo ou fora dele e de prestar consultoria e assessoramento jurídico ao Poder Executivo federal. O encargo veio retratado no artigo 131 da Constituição da República[2].

Contudo, até a efetivação da nova Instituição, o legislador constituinte determinou que a representação judicial da União, nas causas de natureza fiscal, ficasse sob a responsabilidade da Procuradoria-Geral da Fazenda Nacional (art. 29, § 5º, do Ato das Disposições Constitucionais Transitórias), permanecendo o Ministério Público da União com o encargo de representar judicialmente o Ente nas demais matérias.

Determinou, ainda, no âmbito das disposições de natureza transitória, que, enquanto não fossem aprovadas as leis complementares relativas ao Ministério Público e à Advocacia-Geral da União, a Procuradoria-Geral da Fazenda Nacional, as Consultorias Jurídicas dos Ministérios, as Procuradorias e Departamentos Jurídicos de autarquias federais com representação própria e os membros das Procuradorias das Universidades

2 BULOS, Uadi Lammêgo. **Constituição Federal Anotada**. 6. ed. São Paulo: Saraiva, 2005, p. 1145.

fundacionais públicas continuassem a exercer suas atividades na área das respectivas atribuições (art. 29, *caput*, ADCT).

De acordo com o novo regime constitucional, a Advocacia-Geral da União constitui-se Função Essencial à Justiça, situada topograficamente no Título IV, que dispõe sobre a Organização dos Poderes,no Capítulo IV, reservado às Funções Essenciais à Justiça.

Na Seção II, destinada à Advocacia Pública, o legislador introduziu dispositivo específico, traçando as premissas fundamentais da Advocacia-Geral da União. Interessante observar a precisão técnica do legislador constituinte ao situar a nova Instituição dentro do título relativo à Organização dos Poderes, todavia fora dos capítulos referentes aos três Poderes.

A Constituição de 1988 "[...] apresentou um quarto capítulo, criando um sistema integrado das funções essenciais à justiça, e institucionalizando os órgãos de sua atuação, com garantia para que fossem independentes."[3] Dentro do capítulo reservado às Funções Essenciais à Justiça, a Advocacia-Geral da União encontra-se inserida na seção designada à Advocacia Pública, ao lado do Ministério Público e da Defensoria Pública, compondo as procuraturas constitucionais, na expressão cunhada por Diogo de Figueiredo Moreira Neto[4].

A Advocacia-Geral da União, tal como o Ministério Público e a Defensoria Pública, não compõe qualquer dos Poderes da República. Encontra-se disposta entre as Funções Essenciais à Justiça, com competência exclusiva para representação judicial e extrajudicial dos três Poderes da República (Executivo, Legislativo e Judiciário), e para o desempenho das atividades de consultoria e assessoramento jurídico do Poder Executivo. Eis a descrição das bali-

3 QUINTÃO, Geraldo Magela da Cruz. Unções essenciais à Justiça: da Advocacia do Estado. In: MONTEIRO, Meire Lúcia Gomes (coord.). **Introdução ao Direito Previdenciário**. São Paulo: LTR, 1998, p. 226.

4 MOREIRA NETO, Diogo de Figueiredo. As funções essenciais à justiça e as procuraturas constitucionais. **R. Inf. Legisl.**,Brasília, v. 29, n. 116, out./dez., 1992. Neste capítulo, há mais uma seção, composta pela advocacia privada, mas que, na visão do doutrinador, não integra as procuraturas constitucionais.

zas da nova Instituição, estabelecida pelo vigente regime constitucional:

> A Advocacia-Geral da União é a instituição que, diretamente ou através de órgão vinculado, representa a União, judicial e extrajudicialmente, cabendo-lhe, nos termos da lei complementar que dispuser sobre sua organização e funcionamento, as atividades de consultoria e assessoramento jurídico do Poder Executivo (art. 131, CR/88).

O dispositivo constitucional estabelece dois pilares precisos de atuação da Advocacia-Geral da União: **i)** a representação judicial e extrajudicial do Ente Central; **ii)** a atividade de consultoria e assessoramento jurídico do Poder Executivo.

No âmbito do primeiro, como a União desenvolve suas competências por intermédio da ação dos Poderes Executivo, Legislativo e Judiciário, cabe à sua Advocacia-Geral promover a defesa dos interesses dos três Poderes da República em juízo e fora dele. Já no segundo, compete-lhe prestar a consultoria e o assessoramento jurídico ao Poder Executivo. Não realiza, por conseguinte, o assessoramento jurídico dos Poderes Legislativo e Judiciário, apesar de representar, com exclusividade, em juízo os interesses dos três Poderes da República.

A efetiva implementação da Advocacia-Geral da União ocorreu por intermédio da edição da Lei Complementar nº 73, de 10 de fevereiro de 1993, que instituiu a Lei Orgânica da Advocacia-Geral da União, dispondo acerca de sua organização, estrutura, funcionamento e carreiras.

Esse foi o contexto que permeou as atividades relacionadas ao exercício da Advocacia Pública Federal no período que antecedeu à promulgação da Constituição da República de 1988 e nos primeiros anos do novo regime constitucional.

Desde o ano de 1993, com o advento da lei que constituiu a Advocacia-Geral da União, até os dias atuais, a busca obstinada pela consolidação do ideal estabelecido pelo legislador constituinte originário tem sido uma constante na história da Instituição. Muitos avanços foram alcançados. Resultados concretos devidamente apresentados à sociedade brasileira, por intermédio de uma atuação contenciosa responsável e operativa, assim como de um diligente trabalho consultivo.

Nesse contexto, a Advocacia-Geral da União tem procurado se firmar como Função Essencial à Justiça. O esforço institucional concentra-se na obtenção da estrutura adequada e ferramentas cada vez mais eficientescomo forma de contribuir diretamente para o alcancedos objetivos fundamentais da República Federativa do Brasil.

3. ATUAÇÃO DA ADVOCACIA-GERAL DA UNIÃO

A Advocacia-Geral da União tem duas marcantes linhas de atuação: a consultiva e a contenciosa.

Na sua atividade consultiva, é possível afirmar que a Advocacia-Geral da União está presente em todas as pastas ministeriais, bem como em todas as autarquias e fundações públicas, com o escopo de dar segurança jurídica aos atos administrativos praticados pelos gestores nos mais diversificados temas.

As múltiplas políticas públicas são formuladas em matéria de saúde, educação, meio ambiente, infraestrutura, transporte, agricultura, previdência e assistência social, tributos etc, mediante orientação direta e prévia da Advocacia-Geral da União. Os procedimentos licitatórios e os contratos celebrados pela Administração Pública direta e indireta são objeto de orientação jurídica pela Instituição, com o objetivo de conferir a segurança jurídica tão necessária para o gestor público.

O braço consultivo da Instituição tem aptidão para examinar previamente minutas de projetos de lei, de medidas provisórias, de decretos e demais atos normativos, minimizando ou até eliminando espaços de fragilidade, propícios a eventual questionamento judicial.

Também se enquadram no âmbito da atuação consultiva da Advocacia-Geral da União as atividades desenvolvidas pela Câmara de Conciliação e Arbitragem da Administração Pública Federal, unidade com competência para dirimir, por meio da conciliação, as controvérsias entre órgãos e entidades da Administração Pública Federal, bem como entre esses e a Administração Pública dos Estados, do Distrito Federal e dos Municípios.

Igualmente compete-lhe, entre outras medidas, buscar a solução de conflitos judicializados, nos casos remetidos pelos Ministros dos Tribunais

Superiores e demais membros do Judiciário, ou por proposta dos órgãos de contencioso da Instituição[5]. Sobre esse ponto, aliás, cabe registrar que atualmente, no âmbito da AGU, sedimentou-se entendimento no sentido de que, como regra geral, a primeira via para a resolução de conflitos envolvendo a União, suas autarquias e fundações seria a consensual[6]. Tal concepção foi incorporada recentemente na Lei de Mediação (Lei nº 13.140/215), numa perspectiva mais ampla: "a propositura de ação judicial em que figurem concomitantemente nos polos ativo e passivo órgãos ou entidades de direito público que integrem a administração pública federal deverá ser previamente autorizada pelo Advogado-Geral da União" (art. 39).

5 BRASIL. Art. 18 do Decreto nº 7.392, de 13 de dezembro de 2010. **Diário Oficial [da] República Federativa do Brasil**, Poder Executivo, Brasília, DF, 14 dez. 2010.

6 Há regra interna de órgão da AGU determinando que, para o ajuizamento de ação judicial, nesses casos, é necessária autorização expressa: Portaria do Procurador-Geral Federal nº 530, de 13 de julho de 2007: "Art. 9º Estabelecida controvérsia de natureza jurídica entre entidades da Administração indireta, ou entre tais entes e a União, a adoção de qualquer providência em juízo deve ser precedida de consulta à Procuradoria-Geral Federal".

Como próximo passo, a AGU vem se preparando para o adequado tratamento interno a ser conferido aos conflitos envolvendo particulares e União, conforme previsto na Lei de Mediação(Lei nº 13.140/215), após sua indispensável regulamentação por meio de decreto presidencial[7], fundamental para a definição de premissas claras que possam subsidiar e conferir segurança jurídica para disciplinar essa situação.

Ainda na vertente consultiva, a Advocacia-Geral da União promove a defesa extrajudicial dos interesses da União (aqui inseridos os três Poderes da República), por exemplo, perante o Tribunal de Contas da União e os Conselhos Nacionais de Justiça e do Ministério Público.

Quando, apesar das orientações, dos pareceres e de toda a instrução jurídica dada pela área consultiva da Advocacia-Geral da União, ainda assim as ações praticadas pelos gestores públicos são

7 Em conformidade com BRASIL. Art. 32 e Art. 43 da Lei Federal nº 13.140, de 26 de junho de 2015.**Diário Oficial [da] República Federativa do Brasil**, Poder Executivo, Brasília, DF, 29 jun. 2015.

questionadas judicialmente, entra em cena outro braço firme da Instituição: o contencioso.

No âmbito da atuação contenciosa, a Advocacia-Geral da União tem competência exclusiva para estar em juízo em defesa dos atos praticados pelos Poderes Legislativo, Executivo e Judiciário. Defende judicialmente os atos emanados da Presidência da República, dos Ministérios, da Câmara dos Deputados, do Senado Federal, dos Tribunais Federais, do Conselho Nacional de Justiça, do Ministério Público da União, do Conselho Nacional do Ministério Público, enfim, de todos os órgãos que compõe o Ente Central.

A representação é realizada perante qualquer instância ou tribunal, contando a Advocacia-Geral da União com unidades especializadas, a exemplo das atividades desempenhadas junto ao Supremo Tribunal Federal, ao Superior Tribunal de Justiça, ao Tribunal Superior do Trabalho e ao Tribunal Superior Eleitoral.

Insere-se, ainda, no escopo do contencioso institucional, a defesa de atos praticados por titulares e membros dos Poderes da República, bem como dos titulares dos Ministérios e órgãos da Presidência da República, de autarquias e fundações públicas federais, e de cargos de natureza especial, de direção e assessoramento superiores e de cargos efetivos, inclusive para a promoção de ação penal privada ou de representação perante o Ministério Público, quando vítimas de crime, quanto a atos praticados no exercício de suas atribuições constitucionais, legais ou regulamentares, no interesse público[8].

Em síntese, os dois grandes pilares de atuação (contencioso e consultivo), além de firmarem a Advocacia-Geral da União como instituição de Estado, revelam a essencialidade de seu trabalho no contexto do Estado Democrático de Direito.

4. ORGANIZAÇÃO E ATRIBUIÇÕES SETORIAIS

Segundo dispõe o artigo 2º, § 1º, da Lei Orgânica da Advocacia-Geral da União, vinculam-se diretamente ao Advogado-Geral

8 BRASIL. Art. 22 da Lei nº 9.028, de 12 de abril de 1995. **Diário Oficial [da] República Federativa do Brasil**, Poder Executivo, Brasília, DF, 13 abr. 1995.

da União, além de seu gabinete, a Procuradoria-Geral da União, a Consultoria-Geral da União, a Corregedoria-Geral da Advocacia-Geral da União, a Secretaria de Controle Interno e, técnica e juridicamente, a Procuradoria-Geral da Fazenda Nacional.

São atribuições do Advogado-Geral da União, entre outras[9]:

I - dirigir a Advocacia-Geral da União, superintender e coordenar suas atividades e orientar-lhe a atuação;

II - despachar com o Presidente da República;

III - representar a União junto ao Supremo Tribunal Federal;

IV - defender, nas ações diretas de inconstitucionalidade, a norma legal ou ato normativo, objeto de impugnação;

V - apresentar as informações a serem prestadas pelo Presidente da República, relativas a medidas impugnadoras de ato ou omissão presidencial;

VI - desistir, transigir, acordar e firmar compromisso nas ações de interesse da União, nos termos da legislação vigente;

VII - assessorar o Presidente da República em assuntos de natureza jurídica, elaborando pareceres e estudos ou propondo normas, medidas e diretrizes;

VIII - assistir o Presidente da República no controle interno da legalidade dos atos da Administração;

IX - sugerir ao Presidente da República medidas de caráter jurídico reclamadas pelo interesse público;

X - fixar a interpretação da Constituição, das leis, dos tratados e demais atos normativos, a ser uniformemente seguida pelos órgãos e entidades da Administração Federal;

XI - unificar a jurisprudência administrativa, garantir a correta aplicação das leis, prevenir e dirimir as controvérsias entre os órgãos jurídicos da Administração Federal;

XII - editar enunciados de súmula administrativa, resultantes de jurisprudência iterativa dos Tribunais;

XIII - exercer orientação normativa e supervisão técnica quanto aos órgãos jurídicos das entidades a que alude o Capítulo IX do Título II desta Lei Complementar;

---

9 BRASIL. Art. 4º e incisos da Lei Complementar nº 73, de 10 de fevereiro de 1993. **Diário Oficial [da] República Federativa do Brasil**, Poder Executivo, Brasília, DF, 11 fev. 1993.

XIV - baixar o Regimento Interno da Advocacia-Geral da União;

XV - proferir decisão nas sindicâncias e nos processos administrativos disciplinares promovidos pela Corregedoria-Geral e aplicar penalidades, salvo a de demissão;

XVI - homologar os concursos públicos de ingresso nas Carreiras da Advocacia-Geral da União;

XVII - promover a lotação e a distribuição dos Membros e servidores, no âmbito da Advocacia-Geral da União;

XVIII - editar e praticar os atos normativos ou não, inerentes a suas atribuições;

XIX - propor, ao Presidente da República, as alterações a esta Lei Complementar.

O Advogado-Geral da União pode representar a União perante qualquer juízo ou Tribunal e pode avocar quaisquer matérias jurídicas de interesse desta, inclusive no que concerne à sua representação extrajudicial[10].

A Procuradoria-Geral da União é a unidade da Advocacia-Geral que representa judicialmente a União perante o Superior Tribunal de Justiça, o Superior Tribunal Militar, o Tribunal Superior Eleitoral, o Tribunal Superior do Trabalho e a Turma Nacional de Uniformização de Jurisprudência dos Juizados Especiais. Coordena e controla as atividades desenvolvidas pelas Procuradorias-Regionais da União que estão organizadas em cada Estado e no Distrito Federal, as quais são competentes para representar o Ente Central perante os demais Tribunais. Às Procuradorias da União, por sua vez, organizadas em cada Estado e no Distrito Federal, foi conferida a missão de representar a União perante a primeira instância da Justiça Federal, comum e especializada.

A Consultoria-Geral da União, em outra perspectiva, é o órgão de direção superior que colabora com o Advogado-Geral da União no assessoramento jurídico prestado ao Chefe do Poder Executivo, mediante a produção de pareceres, informações e demais trabalhos jurídicos[11].

10 BRASIL. Art. 4º, §§ 1º e 2º da Lei Complementar nº 73, de 10 de fevereiro de 1993. **Diário Oficial [da] República Federativa do Brasil**, Poder Executivo, Brasília, DF, 11 fev. 1993.

11 BRASIL. Art. 10 da Lei Complementar nº 73, de 10 de fevereiro de 1993. **Diário Oficial [da] República Federativa do Brasil**, Poder Executivo, Brasília, DF, 11 fev. 1993.

Também é responsável por coordenar os trabalhos desenvolvidos pelas Consultorias Jurídicas estabelecidas no âmbito dos Ministérios e das Secretarias dos órgãos do Poder Executivo, assim como nos órgãos da Administração direta situados nos Estados, por intermédio das Consultorias Jurídicas da União nos Estados. Ainda na estrutura da Consultoria-Geral da União encontra-se a Câmara de Conciliação e Arbitragem da Administração Pública Federal, cuja atuação foi objeto de destaque acima.

A Corregedoria-Geral da Advocacia-Geral da União tem a missão de fiscalizar as atividades funcionais dos membros das carreiras jurídicas da Instituição. Também é responsável pela realização de correição nos órgãos integrantes da entidade para fins de aferição da regularidade e da eficácia dos serviços jurídicos prestados, bem como de proposição de medidas e providências necessárias ao aprimoramento[12]. A Corregedoria-Geral supervisiona e promove correições nos órgãos vinculados à Advocacia-Geral da União. Tem atuação, dessa forma, preventiva e repressiva.

A Procuradoria-Geral da Fazenda Nacional, embora vinculada administrativamente ao Ministério da Fazenda, é unidade técnica e juridicamente vinculada ao Advogado-Geral da União. Tem a missão de apurar a liquidez e certeza da dívida ativa da União de natureza tributária, inscrevendo-a para fins de cobrança, amigável ou judicial. Também representa privativamente a União na execução de sua dívida ativa de caráter tributário.

A unidade, igualmente, examina previamente a legalidade dos contratos, acordos, ajustes e convênios de interesse do Ministério da Fazenda, inclusive no que concerne àqueles relativos à dívida pública externa, com o encargo de promover a respectiva rescisão por via administrativa ou judicial[13].

---

12 BRASIL. Art. 5º da Lei Complementar nº 73, de 10 de fevereiro de 1993. **Diário Oficial [da] República Federativa do Brasil**, Poder Executivo, Brasília, DF, 11 fev. 1993.

13 Conforme BRASIL. Art. 12 da Lei Complementar nº 73, de 10 de fevereiro de 1993. **Diário Oficial [da] República Federativa do Brasil**, Poder Executivo, Brasília, DF, 11 fev. 1993.

A Procuradoria-Geral da Fazenda Nacional desempenha, ainda, as atividades de consultoria e assessoramento jurídico no âmbito do Ministério da Fazenda e de seus órgãos autônomos e entes tutelados.

A Secretaria-Geral de Consultoria é a unidade da Advocacia-Geral responsável pela supervisão, coordenação e articulação com os órgãos de direção superior, de execução e vinculados à Instituição. Tem por missão, igualmente, assistir o Advogado-Geral da União em assuntos internos, prestando-lhe o correspondente assessoramento jurídico. O Secretário-Geral de Consultoria é o substituto do Advogado-Geral da União em seus afastamentos e impedimentos legais.[14]

A Secretaria-Geral de Contencioso é encarregada de coordenar os trabalhos de defesa da União perante o Supremo Tribunal Federal, mediante a elaboração de peças processuais no âmbito de processos inerentes aos controles difuso e concentrado de constitucionalidade, assistindo diretamente o Advogado-Geral da União. Tem a incumbência de controlar as ações em curso perante a Corte Suprema, com especial atenção à pauta de julgamentos das turmas e do plenário.

Compete também à Secretaria-Geral de Contencioso sugerir ao Advogado-Geral da União a edição de enunciados de súmula, por meio dos quais os advogados públicos ficam desobrigados de recorrer em face de decisões desfavoráveis à União. A premissa para a edição de aludidos enunciados é, segundo a legislação de regência[15], a existência de jurisprudência reiterada dos Tribunais Superiores em sentido contrário à tese defendida pela União. Assim, evita-se, com a medida, a ampliação do acervo de processos a cargo do Poder Judiciário brasileiro. Merece destaque ainda o caráter obrigatório da súmula[16], característica que reforça sua efe-

14 BRASIL. Art. 37, parágrafo único, do Decreto nº 7.392, de 13 de dezembro de 2010. **Diário Oficial [da] República Federativa do Brasil**, Poder Executivo, Brasília, DF, 14 dez. 2010.

15 BRASIL. Art. 2º do Decreto nº 2.346, de 10 de outubro de 1997. **Diário Oficial [da] República Federativa do Brasil**, Poder Executivo, Brasília, DF, 13 out. 1997.

16 BRASIL. Art. 43 da Lei Complementar nº 73, de 10 de fevereiro de 1993. **Diário Oficial [da] República Federativa do Brasil**, Poder Executivo, Brasília, DF, 11 fev. 1993.

tividade na busca da redução da litigância.

Como a representação judicial da União compreende a defesa dos atos praticados pelos três Poderes da República, a Advocacia-Geral da União passou a firmar termos de cooperação com diversos órgãos do Poder Público Federal, com o propósito de obter maior eficiência em sua atuação. Com fundamento em tais termos de cooperação, a AGU tem instalado Escritórios Avançados junto aos respectivos órgãos, os quais são coordenados pela Secretaria-Geral de Contencioso. Foram firmados acordos dessa natureza com a Câmara dos Deputados, o Conselho Nacional de Justiça, o Conselho da Justiça Federal, o Tribunal de Contas da União, o Tribunal Superior Eleitoral, o Tribunal Superior do Trabalho, o Superior Tribunal de Justiça, entre outros.

Considerando a necessidade de imprimir maior eficiência e integração no que se refere à defesa dos interesses da Administração direta e indireta, a Lei nº 10.480, de 02 de julho de 2002, criou a Procuradoria-Geral Federal, vinculada à Advocacia-Geral da União. Em consequência, compete à Advocacia-Geral da União a supervisão da Procuradoria-Geral Federal, que é encarregada de representar judicial e extrajudicialmente as 159 (cento e cinquenta e nove) autarquias e fundações públicas federais, bem como de desempenhar as respectivas atividades de consultoria e assessoramento jurídico. Também é responsável pela apuração da liquidez e certeza dos créditos, de qualquer natureza, inerentes às suas atividades, inscrevendo-os em dívida ativa, para fins de cobrança amigável ou judicial[17].

Com a edição da referida lei, passaram a integrar a Procuradoria-Geral Federal as Procuradorias, Departamentos Jurídicos, Consultorias Jurídicas ou Assessorias Jurídicas das autarquias e fundações públicas federais, como órgãos de execução desta. Como Procuradorias Federais especializadas, foram mantidos os órgãos jurídicos de autarquias e fundações públicas de âmbito nacional[18].

---

17 BRASIL. Arts. 9º e 10 da Lei nº 10.480 de 2 de julho de 2002. **Diário Oficial [da] República Federativa do Brasil**, Poder Executivo, Brasília, DF, 3 jul. 2002.

18 BRASIL. Art. 10, §§ 2º e 3º, da 10.480 de 2 de julho de 2002. **Diário Oficial**

A Procuradoria-Geral do Banco Central é unidade administrativamente integrada ao Banco Central e subordinada diretamente ao Presidente do Banco Central do Brasil, porém, considerando sua natureza autárquica, está sujeita à supervisão técnica e jurídica do Advogado-Geral da União. Dessa forma, representa em juízo e fora dele os interesses do Banco Central, prestando-lhe o assessoramento jurídico correspondente. É responsável pela apuração da liquidez e certeza dos créditos para fins de inscrição em dívida ativa e cobrança.

A Advocacia-Geral da União tem atuação no contexto internacional. Defende o Estado Brasileiro segundo diretrizes e orientações do Ministério das Relações Exteriores, numa profícua integração institucional. No âmbito do denominado Sistema Interamericano de Direitos Humanos, que abrange procedimentos em curso na Comissão e na Corte Interamericana de Direitos Humanos, a Advocacia-Geral da União tem defendido o Estado em questões de natureza social, trabalhista etc.

[da] **República Federativa do Brasil**, Poder Executivo, Brasília, DF, 3 jul. 2002

Esse é o esboço das principais unidades integrantes desse corpo maior que é a Advocacia-Geral da União, bem como das atribuições precípuas de cada área.

5. CASOS EMBLEMÁTICOS

Em todos esses anos de criação da Advocacia-Geral da União, foram muitas as vitórias e resultados alcançados em suas múltiplas searas de atuação. Hoje a União pode contar com uma advocacia forte e preparada para defender as diversas políticas públicas federais cuja constitucionalidade ou legalidade venha a ser objeto de questionamento.

No âmbito da Suprema Corte do país, é possível citar, apenas a título exemplificativo, alguns casos em que a Advocacia-Geral da União, por meio de um trabalho minucioso, obteve êxito na tese defendida. Nesse sentido, cabe mencionar a manutenção do decreto presidencial que instituiu a Reserva Biológica das Araucárias e previu a criação do Refúgio da Vida Silvestre; o entendimento de que a lei disciplinadora da aposentadoria especial do servidor policial foi recepcionada pela atual Constituição;

a possibilidade de fiscalização pelo Ministério da Transparência e Controladoria-Geral da União de recursos federais repassados aos municípios; a necessidade de realização de concurso público de provas e títulos para ingresso na atividade notarial e de registro.

São ainda dignas de registro algumas decisões emanadas do Supremo Tribunal Federal em casos que contaram com a atuação direta da AGU, como a orientação no sentido de que o preenchimento de cargos vagos deve contemplar os candidatos mais votados de acordo com a coligação, e não com o partido aos quais são filiados; a exigência prévia de realização do exame da Ordem dos Advogados do Brasil para que bacharéis em direito possam exercer a advocacia; a constitucionalidade da Lei Maria da Penha; a impossibilidade de permanência no cargo público de servidor investido por força de decisão judicial liminar, afastando-se a aplicação da teoria do fato consumado; a possibilidade de a Defensoria Pública propor ação civil pública; a constitucionalidade do recebimento pela Receita Federal de dados bancários de contribuintes fornecidos diretamente pelos bancos, como forma de transferência de sigilo da órbita bancária para a fiscal.

Mais recentemente, outros casos ganharam destaque na atuação da Advocacia-Geral da União perante o Supremo Tribunal Federal, como a obrigatoriedade de as escolas privadas promoverem a inserção de pessoas com deficiência no ensino regular e prover as medidas de adaptação necessárias sem que ônus financeiro seja repassado às mensalidades, anuidades e matrículas; a constitucionalidadeda penhora de bens de sociedade de economia mista ocorrida anteriormente à sucessão pela União; a validade da Lei nº 12.990/2014 (Lei de Cotas), que reserva 20% das vagas oferecidas em concursos públicos para provimento de cargos efetivos e empregos públicos da administração pública federal direta e indireta, no âmbito dos Três Poderes.

6. CONSIDERAÇÕES FINAIS

Hoje, transcorridos 29 anos da promulgação da Constituição republicana, a Advocacia-Geral da União apresenta uma organização bem definida, com estrutura e competências aptas a fielmente desempenhar a missão constitucional que lhe foi atribuída pelo legislador constituinte originário. A defesa do interesse público pela AGU, especificamente no que concerne aos Poderes, órgãos e autoridades que representa judicial e extrajudicialmente, e também diante da presença de unidades em todo o território nacional, exige uma estrutura abrangente e integrada, refletida nos mencionados números de membros, servidores e instalações físicas.

Com efeito, o relevante mister da Instituição requereu o seu aprimoramento ao longo das duas últimas décadas. E os desafios de ordem social, econômico e político – sempre presentes na perspectiva do permanente crescimento do país – continuarão a exigir o aperfeiçoamento do órgão nos aspectos humano e logístico, com observância dos novos paradigmas de administração pública eficiente e de custos racionais.

Os casos citados ilustrativamente neste artigo de êxito na atuação da Instituição revelam o seu efetivo comprometimento com a causa pública. Notório, portanto, o incessante empenho da Advocacia-Geral da União em promover com qualidade a defesa do interesse público, que consiste, em última análise, em dar suporte jurídico à União, dotando-a de soluções eficientes que proporcionem a implementação de relevantes políticas públicas. O objetivo maior e o norte da sua atuação é, sem dúvida, a salvaguarda dos Fundamentos e Objetivos Fundamentais da República Federativa do Brasil[19].

---

19 Art. 1º A República Federativa do Brasil, formada pela união indissolúvel dos Estados e Municípios e do Distrito Federal, constitui-se em Estado Democrático de Direito e tem como fundamentos:
I - a soberania;
II - a cidadania;
III - a dignidade da pessoa humana;
IV - os valores sociais do trabalho e da livre iniciativa;
V - o pluralismo político.
Parágrafo único. Todo o poder emana do povo, que o exerce por meio de representantes eleitos ou diretamente, nos termos desta Constituição.
[...]
Art. 3º Constituem objetivos fundamentais da República Federativa do Brasil:
I - construir uma sociedade livre, justa e solidária;
II - garantir o desenvolvimento nacional;
III - erradicar a pobreza e a marginalização e reduzir as desigualdades sociais e regionais;
IV - promover o bem de todos, sem preconceitos de origem, raça, sexo, cor, idade e quaisquer outras formas de discriminação.

Nessa perspectiva, a Advocacia-Geral da União trabalha diariamente para bem desempenhar o amplo rol de competências que o ordenamento jurídico vigente lhe confiou, subsumindo-se à identidade que lhe foi conferida pelo legislador constituinte originário, isto é, como Função Essencial à Justiça, porquanto dedicada a assegurar o pleno exercício dos valores supremos da sociedade[20].

REFERÊNCIAS

BASTOS, Celso Ribeiro. **Curso de Direito Constitucional**. 20. ed. São Paulo: Saraiva, 1999.

BONAVIDES, Paulo. **Curso de Direito Constitucional**.29. ed. São Paulo: Malheiros, 2014.

BRASIL. Decreto nº 7.392, de 13 de dezembro de 2010. **Diário Oficial [da] República Federativa do Brasil**, Poder Executivo, Brasília, DF, 14 dez. 2010.

BRASIL. Decreto nº 93.237, de 08 de setembro de 1986. **Diário Oficial [da] República Federativa do Brasil**, Poder Executivo, Brasília, DF, 9 set. 1997.

BRASIL. Lei Complementar nº 73, de 10 de fevereiro de 1993. **Diário Oficial [da] República Federativa do Brasil**, Poder Executivo, Brasília, DF, 11 fev. 1993.

BRASIL. Lei Federal nº 13.140, de 26 de junho de 2015, **Diário Oficial [da] República Federativa do Brasil**, Poder Executivo, Brasília, DF, 29 jun. 2015.

BRASIL. Lei nº 10.480 de 2 de julho de 2002. **Diário Oficial [da] República Federativa do Brasil**, Poder Executivo, Brasília, DF, 3 jul. 2002.

BRASIL. Lei nº 9.028, de 12 de abril de 1995. **Diário Oficial [da] República Federativa do Brasil**, Poder Executivo, Brasília, DF, 13 abr. 1995.

BULOS, Uadi Lammêgo. **Constituição Federal Anotada**. 6. ed. São Paulo: Saraiva, 2005.

________. **Curso de Direito Constitucional**. São Paulo: Saraiva, 2007.

CANOTILHO, J. J. Gomes. **Direito Constitucional**. 6. ed. Coimbra (POR): Livraria Almedina, 1993.

________. **Direito Constitucional e Teoria da Constituição**. 7. ed. Coimbra (POR): Almedina,2003.

FERREIRA FILHO, Manoel Gonçalves. **Curso de Direito Constitucional**. São Paulo: Saraiva, 2012.

MOREIRA NETO, Diogo de Figueiredo. As funções Essenciais à Justiça e as Procuraturas Constitucionais. **Revista de Informação Legislativa**, Brasília, v. 29, n. 116, out./dez., 1992.

20 Preâmbulo da Constituição da República Federativa do Brasil de 1988.

QUINTÃO, Geraldo Magela da Cruz. **Funções essenciais à Justiça**: da Advocacia do Estado. In: MONTEIRO, Meire Lúcia Gomes (coord.). Introdução ao Direito Previdenciário. São Paulo: LTR, 1998.

RICCITELLI, Antonio. **Direito Constitucional**: Teoria do Estado e da Constituição. 4.ed. São Paulo: Manole, 2007.

SILVA, José Afonso da. **Curso de Direito Constitucional Positivo**. 40. ed. São Paulo: Malheiros, 2017.

TRANSPARÊNCIA: ELEMENTO ESTRUTURANTE DAS DEMOCRACIAS. O DIREITO AO ESQUECIMENTO E SUA APLICABILIDADE ENTRE NÓS?

MONICA HERMAN CAGGIANO

RESUMO: A Democracia, hoje, apresenta elevados níveis de prestígio. Emerge na condição de única fórmula de organização do poder a salvaguardar a liberdade individual e a tutelar adequadamente os direitos fundamentais e, na sua trajetória, assume a **postura de categoria histórico-social**. Reflexo da sua base fundante e dos elementos que conformam a estrutura democrática, avulta a aspiração à concreta e efetiva participação política. Os indivíduos, como remarcado em trabalhos anteriores, já não se contentam em participar do processo político pelo voto; impõem e exigem outros meios de participação que lhes autorizem o acompanhamento *paripassu* da atividade dos detentores do Poder. Como funcionam as democracias nesse ambiente comandado pela perspectiva de grupos, de setores e de indivíduos, no sentido de concretamente serem parte da tomada da decisão política? Resulta desse quadro a **preocupação crescente com a transparência**, porque as democracias, nos moldes em que as sociedadesde hoje querem pratica-las, só funcionam mediante a presença da transparência e a garantia de sua tutela. A doutrina que se pretende edificar, resguardando **o direito ao esquecimento**, visa à possibilidade de retirada – dos arquivos das esferas pública, jornalística e privada, notadamente, das ferramentas de busca na *web* e das redes virtuais de compartilhamento – dos registros desabonadores existentes acerca do indivíduo. A ideia surge em ambiente de forte polêmica, em particular no Brasil, em razão do acolhimento do **fator transparência como indexador da qualidade democrática, encontrando no direito de informação um importante pilar de sustentação.** À luz desses axiomas, conquanto meritória a finalidade exposta na defesa do direito a olvidar, consistente na viabilidade de ressocialização da pessoa que, em determinado momento, se envolveu em situações obscuras, na verdade extremamente difícil se afigura sua convivência com a impositiva condição democrática da transparência. Assegurar a todos o conhecimento dos fatos e condutas das pessoas que integram a comunidade social, a preservação da memória para integrar o curso da história e para que as futuras gerações possam ter acesso ao passado e às preciosas lições que dele são extraídas, fragilizam e relativizam as probabilidades de êxito da pretendida tese. Até porque, pela sua própria natureza, o ser humano pode perdoar; esquecer, ele não esquece.

Palavras-chave: Democracia. Transparência, condição de funcionamento democrático. Direito de informação, princípio de sustentação do fator transparência. Direito ao esquecimento, fragilização e relativização do interesse de olvidar.

ABSTRACT: Democracy, nowadays, has high levels of prestige. It emerges as the only form of organization of Power that safeguards individual freedoms and to adequately protect fundamental rights and, in its historical course, assumes the position of an autonomous social-historical category. Reflecting its founding base and the elements that make up the democratic structure, we see the aspiration for a concrete and effective political participation. Individuals, as remarked on earlier works, are no longer content with a participation in the political process that comes down only to the act of voting; they impose and require other means of participation that authorize them to follow *paripassu* every activity of the ones on office duty at that particular moment. How do democracies work in this environment, witch is driven by the perspective of groups, sectors, and individuals, in the sense that they are actually part of policy making? As a result of this situation, there is **growing concern about transparency**, because democracies, in the way societies today want to practice it, only function through the presence of transparency and the guarantee of its tutelage. The doctrine that is intended to be built, protects the **right to be forgotten**, while aims at the possibility of withdrawing - from the archives of the public, journalistic and private spheres, especially the web search tools and virtual networks of sharing - of the dissonant records about that individual. This idea arises in an environment of strong controversy, particularly in Brazil, due to the **reception of the transparency factor as an index of democratic quality, finding in the right of information an important pillar of support**. In the light of these axioms, even seeing a strong value at the purpose backing the right to be forgotten, consisting in the viability of resocialization of the person who, at a certain moment, was involved in obscure situations, in fact it seems extremely difficult to make possible a coexistence of this right with the imposing democratic demand for transparency. Ensuring that everyone is aware of the facts and behaviours of the people who are part of the social community, the preservation of memory to integrate the course of history, and allow future generations to have full access to the past to draw all the valuable lessons that can be taken from it, all of it reduces the probability of success of the right to be forgotten thesis. Even because, by its very nature, the human being can forgive; but when it comes to forgetting, he does not.

SUMÁRIO: **1.** Introdução. **2.** Democracia e seus elementos. **3.** A Transparência: condição de funcionamento democrático. **4.** Tratamento constitucional brasileiro.**5.** A Transparência X Tutela da Vida Privada. **6.** Conclusões.

1. INTRODUÇÃO

O século XXI, como uma avalanche – eventualmente anunciada – brindou a todos com novos desafios, notadamente na plataforma da democracia, uma fórmula de organização do poder político que tem por fim assegurar a liberdade. A liberdade no que concerne à atuação dos indivíduos, a liberdade em relação a grupos e aos mais diferenciados setores que compõem a comunidade social.

A democracia é o reino da liberdade, proclamava Sartori. De fato, por se consubstanciar em receita única a resguardar a liberdade, o padrão democrático foi se expandindo, conquistando o século XX e, a partir dos anos 90 e da primeira década deste novo século XXI, se apresentou como verdadeira febre – a **febre democrática.** É que o fim da cortina de ferro, a queda do murro de Berlim, a independência dos estados africanos e a adoção de uma economia de mercado no mundo asiático, **inauguraram uma era onde resta evidente a tendência de o modelo democrático se transformar em regime político universal.**

Este reino da liberdade, contudo, progrediu inserindo em seu cenário avançadas tecnologias de *marketing* e de comunicação. E mais, se de um lado a ideia emergente busca garantir aos indivíduos **a perspectiva de tomar parte na tomada de decisões coletivas** – a participação política efetiva – até- por intermédio de medidas de controle, que transportam para o Poder Judiciário a decisão de cunho político, alimentando o fenômeno do ativismo judicial, de outro, o compartilhamento das informações, a vastidão da *Internet* e o mundo que a *web* descortina, suscitaram novas inquietações, evidenciando o fato de que o universo democrático apresenta-se complexo e, por que não assinalar, frágil e sensível.

Pois bem, neste ambiente é que desponta e vem sendo desenvolvida a teoria do direito ao esquecimento. Olvidar, apagar o passado, introduzir limites à livre circulação das informações – que certamente encontram na *web* atmosfera propícia à preservação e à divulgação – passou a refletir tema reiteradamente presente em Mesas de Debate, Simpósios e Colóquios[1].

Como tratar esta perspectiva estreante? Como alinhá-la à estrutura democrática? Como aceitar a convivência pacífica da faculdade de olvidar com a exigência da transparência, um dos elementos de maior valor na prática cotidiana da democracia?

2. DEMOCRACIA E SEUS ELEMENTOS

Em verdade, a democracia – como na atualidade é visualizada – se consolida no século XX. É neste momento que emerge o ideal democrático na condição de única fórmula de organização do poder a salvaguardar a liberdade individual e a tutelar adequadamente os direitos fundamentais. Eclode, na realidade, sob a inspiração e influência da cosmovisão liberal e, na sua trajetória, assume a **postura de categoria histórico-social**. Ajusta-se, porém, de forma constante, às nuanças e condições de cada povo, às peculiaridades de cada uma das comunidades. Dai, **a vasta gama tipológica**, as mais variadas espécies de democracia que o seu alargado quadro produziu. De tons e nuanças diferenciados, em razão da amálgama empregada, despontam as mais sofisticadas modelagens, a esse passo inexpulsáveis da plataforma política[2].

Resta clara, pois, a dificuldade em se definir precisamente a democracia. Retrato desta nebulosidade conceitual é o tom de perplexidade de Sartori ao rotular uma de suas obras: *Democrazia. Cosa É*[3]. Daí, ainda, a observação do ilustre cientista, no sentido de que à democracia podem ser acoplados **diversos significados, relacionados com contextos históricos e ideais**

1 Veja-se, nesta linha, artigo produzido por MORATO, Antonio Carlos; CICCO, Maria Cristina de. Direito ao esquecimento: luzes e sombras. In: SILVEIRA, Renato de Mello Jorge; GOMES, Mariângela Gama de Magalhães (org.). **Estudos em homenagem a Ivette Senise Ferreira**, 1. ed.São Paulo: LiberArs, 2015, p. 77-102.

2 Neste sentido ver CAGGIANO, Monica Herman.**Oposição na política**. São Paulo: Angelotti, 1995.

3 SARTORI, Giovanni. **Democrazia**: cosa è. Milão (ITA): Rizzoli, 1993.

diferenciados[4]. Daí a nossa opção em definir a democracia por meio da apresentação de seus elementos estruturantes, todos girando em torno da liberdade: **pluralismo político; liberdade de associação; liberdade de reunião; livre e espontânea expressão e formalização das preferências política; liberdade de informação; livre concorrência; liberdade de competição; liberdade de comunicação – enfim a ampla garantia de tutela dos direitos fundamentais.**

Fato é que a democracia se desenvolve sustentada em **dois pilares, seus princípios de organização, consubstanciados na liberdade e na igualdade**, *standards* que emanam do próprio conceito que vem sendo oferecido a esta formula de exercício do poder político, **fundamentada na autodeterminação do povo**, excluído todo e qualquer poder violento e arbitrário[5].

Mais que isto, reflexo da sua base fundante e dos elementos que conformam a estrutura democrática, emerge como natural a aspiração geral a níveis mais elevados e concretos de participação política. Os indivíduosjá não se contentam em participar do processo político pelo voto; impõem e exigem outros meios de participação que lhes autorizem o acompanhamento *pari passu* da atividade dos detentores do Poder. Quem decide? E como funcionam as democracias nesse ambiente comandado pela perspectiva de grupos, de setores e de indivíduos, no sentido de concretamente serem parte da tomada da decisão política? Resulta desse quadro a **preocupação crescente com a transparência**, porque as democracias, nos moldes que as sociedades hoje querem pratica-las, só funcionam mediante a presença da transparência e a garantia de sua tutela.

3. A TRANSPARÊNCIA: CONDIÇÃO DE FUNCIONAMENTO DEMOCRÁTICO. TRATAMENTO CONSTITUCIONAL BRASILEIRO

A transparência, a ampla visibilidade quanto à atuação do Poder, traduz, na atualidade, tema objeto de extensa pesquisa no âmbito aca-

---

4 SARTORI, Giovanni.**Teoria de la democracia**. Madri (ESP): Alianza Universidad, 1987.

5 Conceito retirado de definição do *standard* democrático, fixada pela Corte Constitucional alemã, por força de decisão datada de 23 de outubro de 1952.

dêmico, jurídico, sociológico e político. Isto se justifica porque somente tendo acesso pleno à informação, poderá ser exercida a cidadania, realizando o eleitor livremente sua opção por candidatura e, uma vez eleitos os governantes, acompanhando e fiscalizando sua atuação.

Discorrendo sobrea matéria, renomados administrativistas erigem a transparência a princípio norteador da Administração Pública. Desse sentir, Odete Medauar assinala que a transparência da "atuação administrativa – no sentido de atuação manifesta, visível, não como propaganda nos meios de comunicação – encontra-se ligada à reivindicação geral de **democracia administrativa**". (grifo de origem) E complementa o pensamento, registrando: "A visibilidade na atuação administrativa contribui para garantir direitos dos administrados".[6]Nessa mesma direção, os trabalhos produzidos por Thiago Marrara[7] e, em texto especialmente dedicado à questão, Renata Nadalin M. Schirato[8] associa, ademais, a garantia da transparência ao atendimento de outros cânones como a participação popular, à eficiência e ao controle social.

Em verdade, **a transparência da atividade pública** transborda os contornos do princípio da publicidade, que integra o regime jurídico da Administração Pública preordenado pelo "caput", do art. 37, da Constituição Federal brasileira. **Emerge como macro-princípio do modelo democrático** acolhido pelo Texto Fundamental de 1988, a Constituição cidadã, como passou a ser conhecido. E deflui – com naturalidade – dos fundamentos do modelo entre nós adotado, Estado Democrático de Direito, fundamentos estes elencados no art. 1°, do documento constitucional, principalmente os atinentes à sobe-

6 MEDAUAR, Odete. **O Direito Administrativo em evolução**, 3. ed. Brasília, DF: Gazeta Jurídica 2017, p. 304.

7 MARRARA, Thiago.**Princípios de Direito Administrativo**: legalidade, segurança jurídica, impessoalidade, publicidade, motivação, eficiência, moralidade, razoabilidade, interesse público. São Paulo: Atlas, 2012.

8 SCHIRATO, Renata Nadalin Meireles. Transparência Administrativa, Participação, Eficiência e Controle Social. In: ALMEIDA, Fernando Dias Menezes de. (coord.).**Direito Público em evolução**. Belo Horizonte: Forum, 2013.

rania, à cidadania e ao pluralismo político. Isto, independentemente, do preceito do parágrafo único do mencionado artigo que estatui taxativamente:

> Todo o poder emana do povo, que o exerce por meio de representantes eleitos ou *diretamente, nos termos desta Constituição* (grifo nosso).

Depreende-se, pois, que o documento constitucional brasileiro buscou prestigiar o cidadão e o exercício da cidadania. E, para tanto, previu instrumentos que autorizassem a sociedade a participar do polo da tomada das decisões políticas, quer de **forma direta** (referendo, plebiscito, iniciativa popular – art. 14, incisos I,II e III), quer **pelo voto**, elegendo representantes, quer pela **via do controle**, consagrando o direito de petição, a ação popular, a ADI, a ADcon, o mandado de injunção, o habeas-data etc., enfim, instrumentos que viabilizam a fiscalização popular incidente sobre os atos e condutas adotadas pelo Poder.

No entanto, para bem cumprir a sua missão constitucional, o cidadão tem necessidade de ser bem informado. E, sob este peculiar aspecto, por mais uma vez, magnânimo se mostrou o Poder Constituinte ao assegurar na postura de direitos públicos subjetivos, o direito de informação (art. 5º, XIV) e o direito de receber informações de órgãos públicos (art. 5º, XXXIII); vedou terminantemente qualquer medida que pudesse restringir o direito à informação (art. 220); e mais, aniquilou a censura, utilizando-se de duas diferentes normas proibitivas. A primeira, posicionada logo no início do catálogo albergado no mencionado art. 5º, no seu inciso IX, e a segunda – de modo peremptório e explícito – no § 2º, do art. 220, vedando "[...] toda e qualquer censura de natureza política, ideológica e artística".

Dúvidas não restam, destarte, quanto à perspectiva do texto constitucional em garantir o acesso à informação, quanto à amplitude desse direito e no tocante à exigência de visibilidade em relação à atividade pública. Reflexo direto desse quadro, surge a consagração da **transparência como condição de funcionamento da democracia no século XXI e fator indicativo de sua respectiva qualidade.** Desde o processo eleitoral, fato registrado em dissertação de mestrado por Rafael José de Oliveira Silva, amparado em voto proferido pelo Ministro do Supremo Tribunal Federal[9], Dr. Teori Zavascki (ADI 5. 394), que anota "É necessário conferir transparência ao processo eleitoral. A mensagem normativa do ordenamento jurídico brasileiro em favor da transparência é tão contundente que transcende a vida pública", **a transparência se consolida na posição de indexador da qualidade democrática.**

A tanto, de se registrar, vem se alinhando a recente edição da Lei n. 12.527, de 18 de novembro de 2011, a denominada **lei da transparência**[10], que disciplina o acesso à informação. E, comentando a relevância deste elemento, acentua Edmir Netto de Araújo a notoriedade que a transparência assume para o controle da legalidade da atuação do Poder e, destarte, para **a defesa de direitos ou de interesses dos administrados**[11]. Oportuno anotar, aliás, que o próprio texto legal proclama de modo categórico:

> Art. 21. Não poderá ser negado acesso à informação necessária à tutela judicial ou administrativa de direitos fundamentais.
> Parágrafo único. As informações ou documentos que versem sobre condutas que impliquem violação dos direitos humanos praticada por agentes públicos ou a mando de autoridades públicas não poderão ser objeto de restrição de acesso.

No entanto, o problema passa a oferecer maior complexidade, na medida em que se busca examinar esta largueza do direito à informação defronte de outros direitos, a seu turno, tutelados pela Lei Maior, a exemplo do direito à intimidade, à vida privada, à imagem das pessoas, todos, objeto do disposto no inciso

---

9 SILVA, Rafael José de Oliveira, **O Financiamento da Política no Brasil**: As pessoas jurídicas e sua participação. 2016. 251 f. Dissertação (Mestradoem Direito) - Universidade de São Paulo, São Paulo, 2016.

10 Sobre o reforço e a exigência de transparência da atividade do Poder Público, no Brasil, consultar também o Portal da Transparência, inaugurado com a edição da Lei complementar federal n. 131, de 27 de maio de 2009, que alterou a lei da Responsabilidade Fiscal, determinando a disponibilização, em tempo real, de informações sobre a execução financeira e orçamentária da União, Estados membros e Municípios.

11 ARAÚJO, Edmir Netto de. **Curso de Direito Administrativo**, 7. ed. São Paulo: Saraiva, 2015.

X, do mencionado rol estabelecido no art. 5º, da Constituição Federal.

4. A TRANSPARÊNCIA X TUTELA DA VIDA PRIVADA

Certo é que a transparência ou a visibilidade da atuação do Poder – ou melhor explicitando: dos detentores do poder político/ os governantes – evoluiu conjuntamente com a democracia, conquistando o padrão de macro-princípio exatamente por se alinhar às aspirações das sociedades democráticas do ocidente, em cujo seio a cidadania passou a reivindicar participação mais efetiva em sede de tomada das decisões políticas. Jogar o seu voto na urna, já não mais satisfaz o cidadão. Alcança-se, assim, a ideia de **democracia administrativa**, a que se refere Medauar, correspondendo à visão de uma atividade administrativa cristalina, amplamente visível, possibilitando à cidadania o conhecimento integral das ações e dos agentes que as desempenham.

Com efeito, na esfera pública é que as práticas democráticas obrigam a se dar ciência aos cidadãos de projetos, de planos e ações, bem assim dos indivíduos investidos nas funções públicas e que, em razão das competências do cargo que ocupam, agem em nome do Poder. E, sob este particular ângulo, **restrito o círculo da intimidade e da vida privada dos denominados agentes públicos que permanece impenetrável.** É que a qualidade democrática encontra-se diretamente proporcional ao grau de visibilidade da atividade administrativa e de quem a executa.

Porém, vislumbra-se a sensível polêmica resultante dessa questão no momento em que se avança para a **esfera privada**, enfrentando-se a tríade **intimidade, honra e imagem**, que no entender de Cláudio Lembo[12]"[...] aponta para elementos integrantes e substanciais à individualidade de cada pessoa". E, ainda, de acordo com Lembo, "[...] quando ocorre violação de qualquer dos elementos citados, a dignidade da pessoa é a destinatária da agressão".

Com efeito, neste peculiar cenário há extrema dificuldade em se detectar exatamente a dimensão do círculo merecedor da tutela, fazen-

12 LEMBO, Cláudio. **A Pessoa**. Seus Direitos, Barueri, SP: Manole, 2007, p. 178.

do jus à designação de esfera da vida privada ou da intimidade, podendo variar de indivíduo a indivíduo, conforme o grau de exposição a que o mesmo se submete, por vontade própria ou em razão de exigências profissionais.

Em verdade este espectro é o que vem sendo atingido de forma aguda pela evolução da tecnologia, pela propagação das redes de relacionamentos, pela tendência a compartilhamento, forte característica da sociedade moderna. Paradoxalmente, se o direito a vida privada, à intimidade, à honra, à imagem refletiu, no passado, reivindicação no sentido de obstar ingerência, lesão ou ameaça de violação por parte do Poder Público, hoje os reclamos se destinam a assegurar a proteção e a defesa desta área de individualidade contra as intromissões ou supostos excessos das redes socias, das ferramentas de busca utilizados pela Internet, enfim contra **a tecnologia que derrubou as fronteiras dessa delicada zona de individualidade.**

O **Direito ao esquecimento**, cuja evolução – principalmente pelo esforço jurisprudencial – se processou no mundo europeu, detém íntima interface com a vida privada e este campo de individualidade que se procura defender de intromissões indesejadas. Esbarra, todavia, na transparência que define a qualidade democrática.

Cuida-se neste escaninho do interesse – que se pretende erigir a direito – de apagar da memória e dos registros fatos passados, eventualmente desabonadores, que prejudiquem a visão ou a imagem do indivíduo. Constitui um campo delicado, até porque, afirma Jean Rivero,[13] há "[...] o direito que pertence à sociedade de conhecer a vida dos que a compõem e que se apresenta como uma necessidade para as relações sociais". É certo, anota Rivero, que esta imposição "[...] se apresenta variável, de acordo com as situações objetivas", conduzindo a **relativizar a delimitação do círculo** da vida privada e da intimidade imune a quaisquer investidas externas ou à divulgação. Contudo, certo é também que os fatos e acontecimentos pertencem à história. Não somente a comunidade, na sua

13 RIVERO, Jean.**Les Libertés Publiques.** Tome 2. Le régime des principales libertés. Paris (FRA): Press Universitaire de France, 1977.

composição atual, é detentora do direito de conhecer fatos e ações atribuídos a seus integrantes, mas a história, a seu turno, reclama pela preservação da memória. E a transparência vem robustecer esses direitos que, na realidade, se alojam na esfera de tutela dos direitos das novas gerações, gerações vindouras que devem ter assegurado o conhecimento do que se passou.

No Brasil, reduzida se oferece a receptividade a essa prerrogativa, consubstanciada em apagar da *Internet* os registros que associem o nome de um indivíduo a fatos ou condutas condenáveis. A proposta de reconhecimento do direito ao esquecimento não se apresenta bem sucedida nem nos Tribunais estaduais, onde pesquisa, realizada pelo jornal O Estado de S. Paulo, aponta tão só 1/3 de deferimentos do total de pedidos apresentados,[14] e muito menos junto à mais alta Corte do país, o Supremo Tribunal Federal, onde há uma ação tramitando, contendo solicitação formulada pela família de famosa vítima de homicídio, pleiteando a retirada de sua história e de dados que a ela possam estar vinculados dos *sites* da web. E, neste caso, a Procuradoria Geral da República já se posicionou de forma contrária.

O quadro normativo, a seu turno, se mostra tímido quanto à tutelar o esquecimento em detrimento da memória. **O Marco Civil da *Internet*, Lei n. 12.965, de 23 de abril de 2014, preocupa–se em isentar de responsabilidade o provedor,** quanto a informações trazidas por terceiros. E o **disposto no seu artigo 21 tem por meta tutelar a mais reduzida das esferas de privacidade individual, referente a cenas de nudez e de sexo transitando na web independentemente da autorização dos envolvidos.** Nada a ver com a memória, com a vida pregressa ou o envolvimento em escândalos ou, ainda, com episódios que se tornaram públicos e que a toda sociedade - em todos os tempos - interessa conhecer.

Por derradeiro, vale lembrar a presença, na Constituição brasileira, de **ferramenta apta a reparar informações incorretas**, constantes

14 Ver a respeito matéria publicada pelo jornal O Estado de S. Paulo, edição de 24.07.2016, p. A8. Interessantes, a respeito, os números encontrados, sendo que, de um total de 94 processos que buscavam o esquecimento, 67 tiveram o indeferimento como desfecho final.

de registros públicos ou de caráter público. É o *habeas data*, preconizado no catálogo do art. 5º, inciso LXXII, que estabelece:

> LXXII - conceder-se-á *habeas data:*
> a) para assegurar o conhecimento de informações relativas à pessoa do impetrante, constantes de registros ou bancos de dados de entidades governamentais ou de caráter público;
> b) para a retificação de dados, quando não se prefira fazê-lo por processo sigiloso, judicial ou administrativo;

5. CONCLUSÕES

No Brasil, o documento constitucional (Constituição Federal de 1988) buscou prestigiar o cidadão e o exercício da cidadania. Reflexo do generoso tratamento constitucional conferido à participação da cidadania no polo decisório, principalmente por via do controle da atividade administrativa, **a transparência emerge na condição de macro-princípio, requisito quanto ao funcionamento da democracia e verdadeiro indicador da qualidade democrática.** Na realidade, as democracias, nos moldes que as sociedades hoje querem pratica-las, só funcionam mediante a presença da transparência e a garantia de sua tutela.

Dessume-se, de outra parte, o fato de que **o direito de informação foi largamente privilegiado, obstando-se medidas direcionadas a sua restrição**, exceção feita apenas às questões visando segurança nacional ou, ainda, ao sigilo determinado em razãode investigações ou ações judiciais em tramitação.

A doutrina que se pretende edificar, resguardando o **direito ao esquecimento**, visa a possibilidade de retirada – dos arquivos das esferas pública, jornalística e privada, notadamente das ferramentas de busca na *web* e das redes virtuais de compartilhamento – dos registros desabonadores existentes acerca do indivíduo.

A ideia emerge em ambiente de forte polêmica, em particular no Brasil, em razão do acolhimento do **fator transparência como indexador da qualidade democrática, encontrando no direito de informação um importante pilar de sustentação.** À luz desses axiomas, conquanto meritória a finalidade exposta na defesa do direito a olvidar, consistente na viabilidade de ressocialização da pessoa que, em determinado momento, se envolveu em situações obscuras, na verdade extremamente difícil se afigura sua convivência com a impositiva condição democrática da transparência.

Assegurar a todos o conhecimento dos fatos e condutas das pessoas que integram a comunidade social, a preservação da memória para integrar o curso da história e para que as futuras gerações possam ter acesso ao passado e às preciosas lições que do passado são extraídas, fragilizam e relativizam as probabilidades de êxito da pretendida tese. Até porque, pela sua própria natureza, o ser humano pode perdoar; esquecer, ele não esquece.

REFERÊNCIAS

ARAÚJO, Edmir Netto de. **Curso de Direito Administrativo**, 7. ed. São Paulo: Saraiva, 2015.

CAGGIANO, Monica Herman.**Oposição na política**. São Paulo: Angelotti, 1995.

MARRARA, Thiago.**Princípios de Direito Administrativo**: legalidade, segurança jurídica, impessoalidade, publicidade, motivação, eficiência, moralidade, razoabilidade, interesse público. São Paulo: Atlas, 2012.

MEDAUAR, Odete.**O Direito Administrativo em evolução**, 3. ed. Brasília, DF: Gazeta Jurídica 2017.

LEMBO, Cláudio.**A Pessoa**: seus direitos, Barueri, SP: Manole, 2007.

RIVERO, Jean.**Les Libertés Publiques**. Tome 2. Le régime des principales libertés. Paris (FRA): Press Universitaire de France, 1977.

SARTORI, Giovanni. **Democrazia**: cosa è. Milão (ITA): Rizzoli, 1993.

________. **Teoria de la democracia**. Madri (ESP): Alianza Universidad, 1987.

SCHIRATO, Renata Nadalin Meireles. Transparência Administrativa, Participação, Eficiência e Controle Social. In: ALMEIDA, Fernando Dias Menezes de. (coord.).**Direito Público em evolução**. Belo Horizonte: Forum, 2013.

SILVA, Rafael José de Oliveira, **O Financiamento da Política no Brasil**: As pessoas jurídicas e sua participação. 2016. 251 f. Dissertação (Mestrado em Direito)-Universidade de São Paulo, São Paulo, 2016.

A LIBERDADE DE EXPRESSÃO NA ORDEM CONSTITUCIONAL BRASILEIRA

MARCUS VINICIUS FURTADO COÊLHO

1. INTRODUÇÃO

A Constituição Federal de 1988, em seu artigo 5º, elevou à condição de direito fundamental do indivíduo a liberdade de expressão nas suas mais diversas facetas. Seu inciso IV consagra a livre manifestação de pensamento, contanto que identificado seu autor[1], ao passo que o inciso IX tutela a liberdade de expressão de atividade intelectual, artística, científica e de comunicação, prescindindo de qualquer censura ou licença[2]. O inciso XIV da Lei Fundamental, por sua vez, garante o acesso à informação, "[...] e resguardado o sigilo da fonte, quando necessário ao exercício profissional".

Por ser um princípio, a liberdade de expressão manifesta-se sob um enunciado genérico, que comporta as mais diversas interpretações. No exercício da Guarda da Constituição Federal de 1988, competiu ao Supremo Tribunal Federal estabelecer os contornos da livre manifestação de ideias. No presente artigo, serão analisados três julgados paradigmáticos sobre a controvérsia. Primeiro, o HC nº 82.424/RS, melhor conhecido como *Caso Ellwanger*. Segundo, a ADPF nº 130, manejada contra a Lei de Imprensa. Em terceiro e último lugar, ADI nº 4.451, ajuizada em face da proibição legal à realização de manifestações humorísticas durante as eleições. Ao fim, espera-se esquadrinhar quais as formulações teóricas que embasaram a jurisprudência do Supremo sobre liberdade de expressão.

---

1 Art. 5º Todos são iguais perante a lei, sem distinção de qualquer natureza, garantindo-se aos brasileiros e aos estrangeiros residentes no País a inviolabilidade do direito à vida, à liberdade, à igualdade, à segurança e à propriedade, nos termos seguintes:
[...]
IV - É livre a manifestação do pensamento, sendo vedado o anonimato [...];

2 IX - É livre a expressão da atividade intelectual, artística, científica e de comunicação, independentemente de censura ou licença.

2. O HC Nº 82.424/RS: A LIBERDADE DE EXPRESSÃO ANTE A DIGNIDADE DA PESSOA HUMANA

No Habeas Corpus n° 82.424/RS[3], o Supremo Tribunal Federal foi chamado a decidir sobre a condenação à pena de dois anos de reclusão de indivíduo como incurso no tipo penal previsto pelo artigo 20 da Lei n° 7.716/89[4]. À primeira vista, o que parecia ser mais um entre os milhares dos *habeas corpus* impetrados contra ato constritivo à liberdade de locomoção, revelou-se um autêntico *hard case*. Ao decidir sobre a prisão de um editor de livros cuja obra foi considerada antissemita, o Supremo estabeleceu limites à liberdade de expressão diante da dignidade da pessoa humana.

A controvérsia girava em torno de dois pontos. Primeiro, questionava-se a possibilidade de enquadrar o preconceito com judeus no tipo penal do racismo, ou seja, a abrangência do dispositivo legal quando da interpretação do conteúdo de livros revisionistas escritos por Sigfried Ellwanger. Para os impetrantes, a punição do crime estaria prescrita porque o julgamento pela primeira instância aconteceu quase doze meses após o recebimento da denúncia, na forma do artigo 109 e 110 do Código Penal[5]. A solução seria defender a natureza comum do crime para afastar a imprescritibilidade do racismo, como estipula o artigo 5°, inciso XLII, da Constituição[6],

3 BRASIL. Supremo Tribunal Federal. *Habeas-corpus* nº 82.424-RS, Tribunal Pleno. Relator: Min. Moreira Alves. Brasília, 17 de setembro de 2003. **Diário de Justiça**: 19 mar. 2004. Disponível em: <https://goo.gl/cznVAk>. Acesso em: 18 set. 2017.

4 Art. 20. Praticar, induzir ou incitar a discriminação ou preconceito de raça, cor, etnia, religião ou procedência nacional. (Redação dada pela Lei n° 9.459, de 15/05/97)
Pena: reclusão de um a três anos e multa.

5 Art. 109 - A prescrição, antes de transitar em julgado a sentença final, salvo o disposto nos §§ 1º e 2º do art. 110 deste Código, regula-se pelo máximo da pena privativa de liberdade cominada ao crime, verificando-se:
[...]
V - em quatro anos, se o máximo da pena é igual a um ano ou, sendo superior, não excede a dois;
...]
Art. 110 - A prescrição depois de transitar em julgado a sentença condenatória regula-se pela pena aplicada e verifica-se nos prazos fixados no artigo anterior, os quais se aumentam de um terço, se o condenado é reincidente.

6 Art. 5° Todos são iguais perante a lei, sem distinção de qualquer natureza, garantindo-se aos brasileiros e aos estrangeiros residentes no País a

ao argumento de que não existiria uma "raça judaica", apenas a raça humana.

Em segundo lugar, defendia-se a prevalência da liberdade de expressão, que o artigo 5°, incisos IV e IX, da Constituição Federal de 1988 elege como um direito fundamental do indivíduo. Entretanto, este mesmo texto constitucional estabelece não só a dignidade da pessoa humana como um dos fundamentos da República brasileira[7], como também institui a igualdade entre todos os cidadãos. Instalava-se, assim, o *hard case*, na medida em que a controvérsia não encontra solução óbvia na ordem jurídica. É nesse momento, para Ronald Dworkin, que o intérprete da lei depara-se com a árdua tarefa de analisar o problema à luz dos partícipes, do contexto e das consequências[8].

O Procurador Geral da República ofertou parecer pelo indeferimento do *habeas corpus*, por entender que o crime de racismo previsto na Constituição Federal de 1988, tal como fora regulamentado pela Lei 7.716/89, deveria ser interpretado não só como preconceito fundado em "raça", mas também por cor, etnia, religião e procedência nacional. Idêntico foi o posicionamento apresentado por Celso Lafer como *amicus curiae*. Deveria o inciso XLII do artigo 5° da Carta ser lido do modo mais aberto possível "[...] dada a relevância que a Constituição atribui a direitos e garantias fundamentais, entre as quais se inclui a rigorosa inaceitabilidade da prática do racismo".

O julgamento do HC n° 82.424 estendeu-se por três sessões e levou mais de nove meses para ser concluído. Por um placar de oito votos a três, os Ministros negaram o pedido.

Saíram vencidos os Ministros Moreira Alves, Marco Aurélio e

inviolabilidade do direito à vida, à liberdade, à igualdade, à segurança e à propriedade, nos termos seguintes:

[...]

XLII - a prática do racismo constitui crime inafiançável e imprescritível, sujeito à pena de reclusão, nos termos da lei.

7 Art. 1° A República Federativa do Brasil, formada pela união indissolúvel dos Estados e Municípios e do Distrito Federal, constitui-se em Estado Democrático de Direito e tem como fundamentos:

[...]

III - a dignidade da pessoa humana.

8 DWORKIN, Ronald. **Uma questão de princípio**. 2. ed. São Paulo: Martins Fontes, 2005.

Ayres Britto. O primeiro entendeu que não só ocorrera a prescrição, por se tratar de crime comum, como também não se poderia cogitar do racismo porque judeus não seriam considerados uma raça. Em sentido semelhante, o Ministro Marco Aurélio entendeu não haver crime de racismo, na medida em que a intenção do autor era apenas promover uma revisão histórica dos fatos e que sua manifestação individual deveria ser resguardada pelo direito. Além, foi do seu entendimento que a Constituição Federal de 1988, ao dispor sobre o crime de racismo e determinar sua imprescritibilidade, referia-se ao preconceito contra negros, não contra o povo judeu. Sendo o crime praticado por Ellwanger comum, estaria já prescrito. Para o Ministro, o instituto da imprescritibilidade tornaria o cidadão refém eterno de seus atos e suas manifestações, "[...] como se não fosse possível e desejável a evolução, a mudança de opiniões e de atitudes, alijando-se a esperança, essa força motriz da humanidade". O Ministro Ayres Britto, terceiro e último voto vencido, concedia a ordem, uma vez que o crime teria sido praticado antes da entrada em vigência da lei que tipifica o racismo por meio de comunicação.

Acerca da questão de fundo, os limites à liberdade de expressão, posicionaram-se Ayres Britto e Marco Aurélio. Para o primeiro, o paciente do *habeas corpus* possuía apenas os intuitos científico e histórico na publicação das obras considerados revisionistas. Diante de um "estudioso tendencioso", deveria ser dado espaço ao senso crítico dos leitores. Já o Ministro Marco Aurélio seria indispensável resguardar a liberdade de expressão como proteção contra a tirania de pensamento politicamente correto. Estaria o editor a relatar sua versão dos fatos e as pessoas não seriam obrigadas a compartilhar de igual ponto de vista.

A divergência que se consagrou vencedora foi aberta pelo Ministro Maurício de Corrêa, que indeferiu a ordem a partir do argumento de que a segregação dos seres humanos em diversas raças nada mais seria do que um processo político decorrente da intolerância da sociedade. Após ilustrar as origens bíblicas do povo judeu e as estigmatizações sofridas por ele, defendeu a exegese teleológica e harmônica do inciso XLII do artigo 5° face ao texto da Constituição Federal de 1988, não podendo a categoria "raça" ser interpretada isoladamente como expressão simplesmente biológica, mas de acordo com suas diversas conceituações.

> O que vale não é o que pensamos, nós ou a comunidade judaica, se se trata ou não de uma raça, mas efetivamente se quem promove preconceito ou tem discriminado como uma raça e, exatamente com base nessa compreensão, promove e incita a sua segregação, o que ocorre no caso concreto.

O voto do Ministro Maurício Corrêa foi ainda taxativo quanto à inexistência de violação aos princípios constitucionais garantidores da liberdade de expressão e de pensamento. A colisão entre direitos fundamentais não seria mais que aparente, na medida em que o texto constitucional não ampara atos discriminatórios de qualquer natureza. Um direito individual não pode ser utilizado como salvaguarda para conduta ilícita. O direito à livre expressão apenas será exercido legitimamente acaso atendidos os limites que o próprio texto constitucional lhe impõe. Para delineá-los, "[...] há necessidade de proceder-se a uma ponderação jurídico-constitucional, a fim de que se tutele o prevalente". No caso do HC nº 82.424, preponderariam os direitos de toda a parcela da sociedade prejudicada com as obras publicadas pelo paciente.

Para o Ministro Gilmar Mendes, a controvérsia também girava em torno da extensão do crime de racismo. Seria inegável o caráter racista do antissemitismo, independentemente se adotado o critério antropológico, histórico ou biológico. Valendo-se do princípio da proporcionalidade na composição entre direitos fundamentais em divergência, entendeu que deveria sobressair naquele caso a dignidade da pessoa humana, uma vez que a discriminação racial travestida de liberdade de expressão comprometeria a ideia de igualdade, um dos fundamentos do Estado democrático. Nesse sentido votaram Carlos Velloso, Nelson Jobim, Ellen Gracie e Cezar Peluzo.

Ao cabo de três sessões e nove meses, o Supremo Tribunal Federal denegou a ordem no *habeas corpus* a partir do entendimento de que o antissemitismo está abarcado pelo tipo penal do racismo, sendo, portanto, imprescritível e inafiançável. Embora não exista uma divisão de raças humanas na biologia, ela existe nas mentes preconceituosas. No direito, deve preponderar não os conceitos científicos, mas a realidade social do impacto que tal preconceito causa a fim de privilegiar o objetivo final do dispositivo constitucional.

Privilegiou-se a própria Constituição Federal de 1988, cujo texto elegeu como objetivo da República Federativa do Brasil a construção de uma sociedade livre, justa e solidária, bem como a promoção do bem de todos, sem preconceitos de raça[9]. A legislação e a jurisprudência alinham-se à adesão do Brasil às convenções internacionais que versam sobre a matéria, a exemplo da Convenção Internacional sobre a Eliminação de Todas as Formas de Discriminação Racial. Ratificada no ano de 1969, o diploma veda e enquadra na prática de racismo qualquer ato que induza ou incite, pelos meios de comunicação social ou por publicação de qualquer natureza, a discriminação ou preconceito de raça, cor, religião, etnia ou procedência nacional.

9 Art. 3º Constituem objetivos fundamentais da República Federativa do Brasil:
I - construir uma sociedade livre, justa e solidária;
II - garantir o desenvolvimento nacional;
III - erradicar a pobreza e a marginalização e reduzir as desigualdades sociais e regionais;
IV - promover o bem de todos, sem preconceitos de origem, raça, sexo, cor, idade e quaisquer outras formas de discriminação.

3. A ADPF Nº 130: A LIBERDADE DE EXPRESSÃO ANTE A IMAGEM, A HONRA E A INTIMIDADE

Por ocasião do ajuizamento da Arguição de Descumprimento de Preceito Fundamental n° 130 pelo Partido Democrático Trabalhista contra a Lei n° 5.250, de 9 de fevereiro de 1967, o Supremo Tribunal Federal foi instado a arbitrar um novo conflito envolvendo o princípio constitucional da liberdade de expressão e pensamento. Nesse caso, opunham-se ao inciso IX do artigo 5° e artigos 220 a 223[10] da Constituição Federal de 1988 os incisos V e X do artigo 5º, que versam sobre os direitos a imagem, honra,

10 Cuidam-se dos artigos integrantes do Capítulo V da Constituição de 1988, que versa sobre a comunicação social.

intimidade e vida privada. Superar a aparente colisão apenas fez-se possível mediante a ponderação dos valores constitucionais diante o confronto entre as características da Lei de Imprensa e as normas da nova ordem constitucional.

Editada pelo regime militar ainda na presidência do General Humberto Castelo Branco a pretexto de regular a "liberdade de manifestação do pensamento e de informação", a lei nada mais fez do que institucionalizar a censura junto aos meios de comunicação a fim de coibir eventuais manifestações contrárias ao governo recém-instalado. Nesse sentido, seu artigo primeiro vedava "propaganda de guerra, de processos de subversão da ordem política e social ou de preconceitos de raça ou classe" e excluía da proteção à liberdade os espetáculos e as diversões públicas[11]. A Lei de Imprensa ainda proibia publicações clandestinas e atentatórias à moral e aos bons costumes – a serem definidos segundo os interesses políticos do governo. "No auge do militarismo, estimular um movimento de trabalhadores na justa luta por melhores salários, pelo recurso da greve, era motivo para classificar o gesto de subversão da ordem"[12].

De acordo com o Partido Democrático Trabalhista, a Lei nº 5.250 tal como promulgada pelo regime militar afrontava os preceitos fundamentais cristalizados nos incisos IV, V, IX, X, XIII e XIV do artigo 5º e nos artigos 220 a 223 da Constituição Federal de 1988. Por ser "incompatível com os tempos democráticos", requereu a invalidação jurídica dalei na totalidade e, alternativamente, o reconheci-

11 Art. 1º É livre a manifestação do pensamento e a procura, o recebimento e a difusão de informações ou ideias, por qualquer meio, e sem dependência de censura, respondendo cada um, nos termos da lei, pelos abusos que cometer. §1º Não será tolerada a propaganda de guerra, de processos de subversão da ordem política e social ou de preconceitos de raça ou classe. §2º O disposto neste artigo não se aplica a espetáculos e diversões públicas, que ficarão sujeitos à censura, na forma da lei, nem na vigência do estado de sítio, quando o Governo poderá exercer a censura sobre os jornais ou periódicos e empresas de radiodifusão e agências noticiosas nas matérias atinentes aos motivos que o determinaram, como também em relação aos executores daquela medida.

12 MIRANDA, Darci. **Comentários à Lei de Imprensa**. 3. ed. São Paulo: Revista dos Tribunais, 1995, p. 87.

mento da não recepção de determinados dispositivos e a interpretação conforme a Constituição de outros. Para o requerente, tais dispositivos, se mantidos no ordenamento, poderiam justificar violações à liberdade de expressão e pensamento.

O parecer do Procurador-Geral da República na ADPF nº 130 deu-se pela procedência apenas parcial da arguição, considerando a impossibilidade de ser conhecida em relação a matérias que não foram expressamente trazidas pelo autor na petição inicial, na forma do artigo 102, § 1º, da Constituição[13] e do artigo 3º da Lei nº 9.882/99[14]. No mérito, entendeu que a invalidação da lei na íntegra fomentaria "[...] grave insegurança jurídica devido ao constante estado de ameaça à intimidade e dignidade das pessoas [...]", pelo que deveriam ser preservadas as normas sancionadoras do abuso no exercício da liberdade de manifestação – artigos 20, 21 e 22 da Lei. Em suma, opinou que o pedido deveria ser julgado procedente parcialmente.

Preliminarmente, antes de adentrar o mérito da controvérsia, entenderam os Ministros ser a ADPF o instrumento jurídico cabível à impugnação de normas pré-constitucionais, com base no princípio da subsidiariedade, previsto no artigo 4º, §1º, da Lei nº 9.882[15] e firmado no julgamento da ADPF n° 33[16]. A constitucionalidade da Lei n° 5.250 fora questionada no bojo da Ação Direta de Inconstitucionalidade n° 521, que não foi conhecida pelo Tribunal em virtude da impossibilidade jurídica do pedido: "Lei an-

13 § 1.º A arguição de descumprimento de preceito fundamental, decorrente desta Constituição, será apreciada pelo Supremo Tribunal Federal, na forma da lei.

14 Art. 3º A petição inicial deverá conter:
I - a indicação do preceito fundamental que se considera violado;
II - a indicação do ato questionado;
III - a prova da violação do preceito fundamental;
IV - o pedido, com suas especificações;
V - se for o caso, a comprovação da existência de controvérsia judicial relevante sobre a aplicação do preceito fundamental que se considera violado.

15 § 1º Não será admitida arguição de descumprimento de preceito fundamental quando houver qualquer outro meio eficaz de sanar a lesividade.

16 BRASIL. Supremo Tribunal Federal. Arguição de Descumprimento de Preceito Fundamental33-PA, Tribunal Pleno. Relator: Min. Gilmar Mendes. Brasília, 7 de dezembro de 2005. **Diário de Justiça**: 27 out. 2006. Disponível em: <https://goo.gl/AGhxSJ>. Acesso em: 18 set. 2017.

terior não pode ser inconstitucional em relação a Constituição superveniente; nem o legislador poderia infringir Constituição futura. A Constituição sobrevinda não torna inconstitucionais leis anteriores com ela conflitantes: revoga-as"[17].

No mérito, por maioria, os Ministros julgaram procedente a arguição para declarar a não recepção da Lei nº 5.250 por meio de uma "ponderação diretamente constitucional entre blocos de bens de personalidade: o bloco dos direitos que dão conteúdo à liberdade de imprensa e o bloco de direitos à imagem, honra, intimidade e vida privada"[18]. A cabo dessa operação, decidiu o Supremo que o "bloco de constitucionalidade" – lido como o conjunto das normas do ordenamento jurídico que versam sobre a mesma matéria e que detém natureza constitucional – da liberdade de expressão é procedente ao bloco da intimidade, que incidiria tão somente *a posteriori* para assegurar o direito de respostas e responsabilizar os possíveis abusos.

Nessa oportunidade, os Ministros vencidos posicionaram-se pela improcedência parcial ou total da ação. A divergência parcial foi inaugurada pelo Ministro Joaquim Barbosa e seguida pela Ministra Ellen Gracie, para os quais deveriam ser mantidos os artigos 1º, § 1º, 2°, *caput*, 14, 16, inciso I, 20, 21 e 22 da Lei n° 5.250/67 ao entendimento de que a ação do Estado na área das garantias fundamentais não seria necessariamente negativa. No campo da liberdade de expressão e de pensamento, a ação seria benéfica ao impor à imprensa a observância de interesses outros que os de seus produtores. Para ambos, nem todos os dispositivos da Lei de Imprensa seriam incompatíveis com a nova ordem, uma vez que serviriam como dispositivos de proteção ao direito de intimidade e de punição a abusos não tolerados pelo sistema jurídico.

---

17 BRASIL. Supremo Tribunal Federal. Ação Direta de Inconstitucionalidade 521-MT, Tribunal Pleno. Relator: Min. Paulo Brossard. Brasília, 7 de fevereiro de 1992. **Diário de Justiça**: 24 abr. 1992. Disponível em: <https://goo.gl/XTGnE6>. Acesso em: 18 set. 2017.

18 BRASIL. Supremo Tribunal Federal. Arguição de Descumprimento de Preceito Fundamental 130-DF, Tribunal Pleno. Relator: Min. Carlos Britto. Brasília, 30 de abril de 2009. **Diário de Justiça**: 06 nov. 2009. Disponível em: <https://goo.gl/7Z8Gyt>. Acesso em: 18 set. 2017.

O Ministro Gilmar Mendes foi além para defender a recepção dos artigos 29 a 36 da Lei de Imprensa, que entendia ser exigência constitucional em virtude da dimensão objetiva ou institucional da liberdade de imprensa. Em seu voto, defende ser dever do legislador equacionar, nos termos exigidos pela Constituição Federal, a liberdade de imprensa e os demais valores fundamentais carentes de proteção, uma vez que não fora concebida pelo legislador constituinte de 1988 nenhum direito absoluto, insuscetível de restrição diante dos casos concretos. Assim, seriam relevantes os procedimentos estipulados pela Lei de Imprensa em seus artigos 29 a 36, cujo afastamento poderia instalar quadro de extrema insegurança jurídica e de risco.

O Ministro Marco Aurélio votou pela improcedência total dos pedidos da arguição, em atenção à necessidade de um diploma normativo específico para disciplinar as variantes da liberdade de informação. Para o Ministro, a vigência da Lei de Imprensa por mais de vinte anos sob a égide da Constituição Federal de 1988 terminou por purificar eventuais vicissitudes, no que aplicada pelo Poder Judiciário aos litígios, restando em pleno vigor apenas as normas que protegiam a intimidade dos cidadãos e a liberdade de informação.

A maioria dos Ministros, composta por Carlos Britto, Eros Grau, Cezar Peluso, Ricardo Lewandowski, Carmem Lúcia e Menezes Direito decidiu pela incompatibilidade frente à Constituição de 1988 da Lei nº 5.250, na medida em que seu propósito era justamente cercear o livre funcionamento da imprensa – base do sistema representativo. Ao possuir tal finalidade, a lei desnaturalizaria a própria existência da imprensa.

Relator, o Ministro Carlos Ayres Britto considerou ser a Lei de Imprensa integralmente materialmente aos princípios da Constituição Federal de 1988, devendo ser subtraída na íntegra da ordem jurídica. A liberdade de imprensa seria a irmã siamesa da democracia, pelo que desfrutaria de um campo de atuação maior do que a liberdade de pensamento e de expressão dos cidadãos. Estes mesmos direitos individuais seriam melhor exercidos diante de uma imprensa livre e plena, cuja fidedignidade deveria ser fiscalizada somente pelo pensamento crítico da sociedade. Desta forma, o Ministro rejeitava toda e qualquer interferência do Estado em questões essencialmente relacionadas à imprensa, admitindo a disciplina de temas secundários ao trabalho jornalístico, como a resposta e a indenização, mas não a liberdade de manifestação e o acesso a informação.

Em seu voto, o Ministro Menezes Direito valeu-se da obra do professor da Universidade de Yale, Owen Fiss, ao enfatizar a importância democrática da imprensa em informar os cidadãos dos posicionamentos de candidatos a cargos eletivos e em analisar as políticas de governo[19]. Em idêntico sentido, a Ministra Carmem Lúcia frisou a importância da liberdade de imprensa como a liberdade de pensamento para informar, informar-se e ser informado, contribuindo assim com a realização da dignidade da pessoa humana. Para a hoje Presidente do Supremo, o sistema jurídico já disporia de mecanismos à coibição dd abusos praticados em nome da liberdade de imprensa. Ambos os direitos fundamentais seriam complementares porquanto quanto menor a possibilidade de liberdade de ser expressar que o ser humano possui, menos sua dignidade em relação aos outros.

Entendeu pela desarmonia da Lei de Imprensa com os princípios do novo ordenamento constitucional o Ministro Ricardo Lewandowski, que reputava a legislação supérflua, na medida em que a matéria estaria já disciplinada no próprio texto da Constituição Federal de 1988. De igual modo, o decano do Tribunal, Celso de Mello, reconhece que a Carta repudia o exercício abusivo do direito de informar, reconhecendo ao indivíduo lesado o direito a ser indenizado por danos.

Ao final do julgamento, a maioria dos Ministros do Supremo Tribunal Federal julgaram procedente a ADPF nº 130/DF, privilegiando a liberdade da imprensa frente ao direito a imagem, honra e intimidade. Ao tempo em que era proibida a censura prévia, permitia-se ao cidadão ofendido por eventual matéria jornalística pleitear judicialmente resposta e indenização por danos.

19 FISS, Owen. **A Ironia da liberdade de expressão**: estado, regulação e diversidade na esfera pública. Rio de Janeiro: Editora Renovar, 2005, p. 99.

4. A ADI Nº 4.451/DF: A LIBERDADE DE EXPRESSÃO ANTE O HUMOR, A IMPRENSA E A DEMOCRACIA

Às vésperas das eleições gerais de 2010, a Associação Brasileira de Emissoras de Rádio e Televisão ajuizou a Ação Direta de Inconstitucionalidade nº 4.451/DF[20], instando o Supremo Tribunal Federal a pronunciar-se novamente quanto à abrangência da proteção dada pela Constituição Federal de 1988 à liberdade de imprensa, à livre manifestação e ao direito à informação. Ao questionar os incisos II e III do artigo 45 da Lei nº 9.504[21] frente dos incisos IV, IX e XIV do artigo 5º da Carta, pôs-se em debate a possibilidade de manifestações humorísticas serem lidas como atividades de imprensa e, como tais, serem resguardadas contra censura prévia.

A inconstitucionalidade dos incisos II e III do artigo 45 foi levantada mais de doze anos após a entrada em vigência da Lei das Eleições muito provavelmente devido à edição da Lei nº 12.304 em 2009[22]. Mais um diploma normativo a promover **reforma política**, a Lei nº 12.304 introduziu diversas alterações não só na Lei das Eleições, como também na Lei dos Partidos Políticos e no próprio Código Eleitoral, reproduzindo jurisprudência sedimentada do Tribunal Superior Eleitoral nas áreas de propaganda eleitoral, pesquisa e arrecadação de recursos. A fim de melhor controlar a **companha 'suja' na TV**, como dispunha a justificativa do Projeto de Lei que originaria a Lei nº 12.304, acrescentou-se

---

20 BRASIL. Supremo Tribunal Federal. Referendo na Medida Cautelar na Ação Direta de Inconstitucionalidade 4.451-DF, Tribunal Pleno. Relator: Min. Carlos Britto. Brasília, 2 de setembro de 2010. **Diário de Justiça**: 01 jul. 2011. Disponível em: <https://goo.gl/ZDKiKL>. Acesso em: 18 set. 2017.

21 Art. 45. Encerrado o prazo para a realização das convenções no ano das eleições, é vedado às emissoras de rádio e televisão, em sua programação normal e em seu noticiário:

[...]

I I - usar trucagem, montagem ou outro recurso de áudio ou vídeo que, de qualquer forma, degradem ou ridicularizem candidato, partido ou coligação, ou produzir ou veicular programa com esse efeito;

III - veicular propaganda política ou difundir opinião favorável ou contrária a candidato, partido, coligação, a seus órgãos ou representantes;

22 OSÓRIO, Aline. **Direito eleitoral e liberdade de expressão.** Belo Horizonte: Fórum, 2017, p. 275.

ao artigo 45 da Lei nº 9.504/97 os parágrafos quarto e quinto[23] para melhor esclarecer as definições de truncagem e de montagem.

De acordo com a Associação Brasileira de Emissoras de Rádio e Televisão, os incisos II e III do artigo 45 da Lei das Eleições provocariam um perigoso efeito silenciador sobre as emissoras de rádio e de televisão, que seriam obrigadas a não tratar de temas políticos controvertidos. Do contrário, seriam acusadas de favorecer ou desmerecer determinado candidato ou partido. Ademais, sustentava-se na exordial que esses dispositivos teriam o condão de inviabilizar a veiculação de conteúdo humorístico envolvendo personalidades da política durante o período eleitoral, o que configuraria violação aos incisos IV, IX e XIV do artigo 5º e ao artigo 220 da Constituição Federal de 1988[24]. Para a requerente, proteger a higidez do pleito não deveria exigir o sacrifício da liberdade da manifestação de pensamento e comunicação ou da atividade intelectual, artística e científica, que *per se* constituiriam "garantias tão caras à democracia quanto o próprio sufrágio".

A equivalência entre liberdade de expressão e sufrágio desimpedido dar-se-ia na medida em que um procedimento de eleição justo pressuporia a livre existência de informações e de ideias, observando-se restrições proporcionais à liberdade de expressão se levadas a cabo para aperfeiçoar o processo de debate acerca das preferências eleitorais. A relação intrínseca entre democracia e expressão foi bem delineada por Owen Fiss, professor da

---

23 § 4º Entende-se por trucagem todo e qualquer efeito realizado em áudio ou vídeo que degradar ou ridicularizar candidato, partido político ou coligação, ou que desvirtuar a realidade e beneficiar ou prejudicar qualquer candidato, partido político ou coligação.
§ 5º Entende-se por montagem toda e qualquer junção de registros de áudio ou vídeo que degradar ou ridicularizar candidato, partido político ou coligação, ou que desvirtuar a realidade e beneficiar ou prejudicar qualquer candidato, partido político ou coligação.

24 Art. 220. A manifestação do pensamento, a criação, a expressão e a informação, sob qualquer forma, processo ou veículo não sofrerão qualquer restrição, observado o disposto nesta Constituição.
§ 1º Nenhuma lei conterá dispositivo que possa constituir embaraço à plena liberdade de informação jornalística em qualquer veículo de comunicação social, observado o disposto no art. 5º, IV, V, X, XIII e XIV.
§ 2º É vedada toda e qualquer censura de natureza política, ideológica e artística.

Universidade de Yale, para quem o fim da liberdade de expressão não é proporcionar ao indivíduo realização individual, mas sim preservar a democracia e o direito do povo de, enquanto entidade coletiva, decidir qual vida deseja viver[25]. *In casu*, os incisos II e III do artigo 45 da Lei nº 9.504 haveriam extrapolado os limites do sistema constitucional ao criar limitações excessivas e desproporcionais ao proibir a produção e a veiculação de conteúdo humorístico envolvendo candidatos e agremiações e ao vedar a veiculação de propagando política e a difusão de opiniões favoráveis ou contrárias.

A medida cautelar formulada pela Associação foi parcialmente deferida pelo Relator da ADI nº 4.451/DF, Ministro Carlos Ayres Britto. Suspendeu-se a eficácia do inciso II do artigo 45 e deu-se interpretação conforme ao inciso III para impedir censura prévia, mas permitindo ao Judiciário aferir posteriormente se a conduta desequilibraria a paridade de armas na eleição ao valer-se da liberdade de imprensa para veicular propaganda em prol de uma das partes em disputa. O Relator entendeu haver no pleito tanto urgência, devido à proximidade do período eleitoral, quanto *fumus boni iuris*, considerando a necessária plenitude da liberdade de imprensa, sobretudo na eleição de representantes políticos. No Plenário, o Relator submeteu aos pares voto inicialmente idêntico à decisão monocrática na cautelar: mantinha a suspensão da eficácia do inciso II e conferia ao inciso III leitura adequada à constituição para chancelar, "[...] entre vários sentidos a priori configuráveis da norma infraconstitucional, aquele que lhe seja conforme ou mais conforme"[26].

A ADI nº 4.451 ainda não foi apreciada em seu mérito devido à reiterada substituição de Relatoria, primeiro com as aposentadorias dos Ministros Ayres Britto e Cezar Peluso e, depois, com o falecimento do Ministro Teori Zavascki.

De início, instalou-se uma divergência em relação ao final do voto do Ministro Relator, particu-

---

25 FISS, Owen. Free Speech and Social Structure. **Iowa Law Review**, Iowa, v. 71, n. 1405, p. 1409-1410, 1986.

26 MIRANDA, Jorge. Os tipos de decisão na fiscalização da constitucionalidade. **Interesse Público**, Belo Horizonte, v. 5, n. 18, p. 42, mar./abr. 2003. (grifo nosso).

larmente na autorização para que o Judiciário analisasse *a posteriori* a ocorrência de condutas vedadas. Ainda que proibisse a censura prévia, tomou cuidado o Relator em destacar a relevância de responsabilizar emissora ***a posteriori*** por matéria jornalística que nada mais fosse do que propaganda política travestida em exercício da liberdade de imprensa. Para a Ministra Carmem Lúcia, que foi acompanhada pelos Ministros Cezar Peluso e Gilmar Mendes, o inciso XXXV do artigo 5º da Constituição impõe ao Poder Judiciário a análise de toda e qualquer lesão e ameaça a direito, pelo que essa leitura do inciso III do artigo 45 permaneceria inconstitucional. Em virtude de tais ponderações, o voto do Relator foi alterado para suspender também a eficácia do inciso III do artigo 45 da Lei nº 9.504.

Assim, a maioria do Supremo, integrada pelos Ministros Carlos Ayres Britto, Carmem Lúcia, Gilmar Mendes, Ellen Gracie, Celso de Mello e Cezar Peluso, entendeu pela suspensão integral do inciso II e parcial do inciso III da Lei das Eleições, suspendendo por arrastamento a eficácia do parágrafo quarto e quinto, na medida em que a liberdade de imprensa livre não deve sofrer constrições durante o pleito, sendo defesa a invocação de afronta à isonomia na disputa por veiculação de mensagens humorísticas desde que não houvesse abuso de poder.

Sendo permitido à emissora de rádio e de televisão veicular charges, sátiras e programas humorísticos em relação a um partido, candidato ou autoridade, entendeu o Relator que também deverá sê-lo durante o período eleitoral. Portanto, seria indispensável suspender a eficácia do inciso II do artigo. 45 da Lei 9.504, que visaria reprimir um estilo peculiar de fazer imprensa. Já o inciso III teve sua eficácia suspende no que dizia respeito a "[...] ou difundir opinião favorável ou contrária a candidato, partido, coligação, a seus órgãos ou representantes" (grifo nosso). A conduta será vedada apenas se a matéria jornalística descambasse em propaganda que favorecesse abertamente uma das partes.

Acerca do *periculum in* mora, os Ministros Gilmar Mendes e Ellen Gracie agregaram ao raciocínio do Ministro Relator a renovação diária do risco de o provimento final da ação tornar-se ineficaz, vez que, quando da ratificação da medida liminar, falta apenas um mês para a realização das eleições de 2010, em que seriam eleitos presidente, senadores, deputados federais, governadores de Estado e deputados estaduais.

Por sua vez, a Ministra Carmem Lúcia precisou que a vedação antecipada de truncagem, montagem ou outro recurso de áudio e de vídeo que "[...] de qualquer forma, degradem ou ridicularizem candidato, partido ou coligação[...]"constituiria cerceamento prévio à livre imprensa, na contramão do artigo 220, *caput*, parágrafo primeiro e segundo da Carta. Quanto ao inciso III, a Ministra votou por suspender parcialmente sua eficácia a fim de proibir "[...] veiculação, por emissora de rádio e televisão, de crítica ou matéria jornalística que venham a descambar para a propaganda política, passando, nitidamente, a favorecer uma das partes na disputa eleitoral, de modo a desequilibrar o 'princípio da paridade de armas'" (grifo nosso).

Os Ministros vencidos posicionaram-se pela declaração da inconstitucionalidade parcial dos dispositivos questionados. Inaugurada pelo Ministro Dias Toffoli, a divergência foi acompanhada pelos Ministros Ricardo Lewandowski e Marco Aurélio, para os quais a interpretação conforme do inciso II, a fim de excluir da sua incidência as atividades de humor, asseguraria resultado igualmente eficaz ao obtido com o deferimento da liminar. Contudo, manteve-se a norma plenamente válida para fins da aplicação do artigo 55 da Lei nº 9.504[27]. O inciso III também deveria ser interpretado em conformidade à Carta, para erradicar dúvidas sobre a constitucionalidade de "[...] crítica jornalística, favorável ou contrária, a candidatos, partidos, coligações, seus órgãos ou representantes, inclusive em seus editoriais" (grifo nosso). Logo, votaram por referendar a liminar em relação ao inciso II, mas indeferi-la integralmente em relação ao inciso III, sob o fundamento de que o inciso V do artigo 45 permite de antemão críticas em programas jornalísticos e debates políticos.

Com propriedade, decidiu o Supremo que o humor encontra

27 Art. 55. Na propaganda eleitoral no horário gratuito, são aplicáveis ao partido, coligação ou candidato as vedações indicadas nos incisos I e II do art. 45.

guarida na Constituição Federal de 1988, permitindo o uso do humor no questionamento a partidos, candidatos e autoridades no geral. Ao suspender a eficácia do inciso II e III do artigo 45 da Lei 9.504 e, por arrastamento, a eficácia dos parágrafos 4º e 5º, o Poder Judiciário garantiu aos brasileiros "o direito de expender críticas a qualquer pessoa, ainda que em tom áspero, contundente, sarcástico, irônico ou irreverente, especialmente contra as autoridades e aparelhos de Estado", como registrou o ministro Ayres Britto.

5. CONCLUSÃO

A colisão entre princípios constitucionais deve ser resolvida caso a caso mediante processo dialético de complementação e limitação[28] – em outros termos, mediante uma ponderação. Assim, no *Caso Ellwanger*, o Supremo Tribunal Federal não admitiu a publicação de obras que ofendessem a dignidade da comunidade judaica com suposto amparo na liberdade de expressão. Prevaleceu, no Habeas Corpus nº 82.424/RS, o direito da coletividade em ser respeitada. Na ADPF n° 130/DF e na ADI n° 4.185/DF vislumbra-se a tendência de privilegiar a liberdade de expressão, criação artística e produção científica em detrimento a intimidade, privacidade, honra e imagem, sob o entendimento de que o cidadão possui o direito de tomar conhecimento acerca dos fatos relativos não só às condutas do governo e das autoridades, mas também à vida das personagens públicas.

Em um regime democrático, a liberdade de expressão é importante mecanismo de proteção da exteriorização de pensamentos diferentes, que possam vir a criticar agente públicos e privados e transformar opiniões. Cuida-se de prerrogativa imprescindível para que uma sociedade pluralista possa questionar consensos e conceber novas ideais.

Os contornos da livre manifestação de ideias foram fixados pelo Superior Tribunal Federal nestes três casos emblemáticos a partir da verificação de compatibilidade entre as manifestações e os dispositivos constitucionais, de maneira que a prevalência de um não exclua

28 CANARIS, Wihelm. **Direitos fundamentais e direito privado**. São Paulo: Almedina, 2009.

o outro e que haja o equilíbrio por meio de critérios de classificação de discursos como ofensivos à dignidade. Embora o Estado de Direito consagre a liberdade de expressão enquanto valor fundamental, as liberdades encontram limitações a fim de respeitar os demais valores constitucionais caso entrem em conflito.

REFERÊNCIAS

BRASIL. Lei nº 7.716, de 5 de janeiro de 1989. Define os crimes resultantes de preconceito de raça ou de cor.**Diário Oficial [da] República Federativa do Brasil**,Poder Executivo, Brasília, DF, 6jan. 1989. Disponível em: <http://www.planalto.gov.br/ccivil_03/leis/L7716.htm>. Acesso em: 18 set. 2017.

BRASIL. Supremo Tribunal Federal. Arguição de Descumprimento de Preceito Fundamental130-DF, Tribunal Pleno.Relator: Min. Carlos Britto. Brasília, 30 de abril de 2009. **Diário de Justiça**: 06 nov. 2009. Disponível em: <https://goo.gl/7Z8Gyt>. Acesso em: 18 set. 2017.

BRASIL. Supremo Tribunal Federal. Referendo na Medida Cautelar na Ação Direta de Inconstitucionalidade 4.451-DF, Tribunal Pleno. Relator: Min. Carlos Britto. Brasília, 2 de setembro de 2010. **Diário de Justiça**: 01 jul. 2011. Disponível em: <https://goo.gl/ZDKiKL>. Acesso em: 18 set. 2017.

BRASIL. Supremo Tribunal Federal. Habeas Corpus82.424-RS, Tribunal Pleno. Relator: Min. Moreira Alves. Brasília, 17 de setembro de 2003. **Diário de Justiça**: 19 mar. 2004. Disponível em: <https://goo.gl/cznVAk>. Acesso em: 18 set. 2017.

CANARIS, Wihelm. **Direitos fundamentais e direito privado.** São Paulo: Almedina, 2009.

DWORKIN, Ronald. **Uma questão de princípio.** 2. ed. São Paulo: Martins Fontes, 2005.

FISS, Owen. **A Ironia da liberdade de expressão**: estado, regulação e diversidade na esfera pública. Rio de Janeiro: Editora Renovar, 2005.

FISS, Owen. Free Speech and Social Structure. **Iowa Law Review**, Iowa, v. 71, n. 1405, p. 1409-1410, 1986.

MIRANDA, Darci. **Comentários à Lei de Imprensa.** 3. ed. São Paulo: Revista dos Tribunais, 1995.

MIRANDA, Jorge. Os tipos de decisão na fiscalização da constitucionalidade. **Interesse Público**, Belo Horizonte, v. 5, n. 18, p. 42, mar./abr. 2003

OSÓRIO, Aline. **Direito eleitoral e liberdade de expressão.** Belo Horizonte: Fórum, 2017.

DIREITOS FUNDAMENTAIS, DEMOCRACIA E REFORMA CONSTITUCIONAL NO BRASIL

INGO WOLFGANG SARLET

1. CONSIDERAÇÕES PRELIMINARES

A história constitucional moderna, pelo menos desde o surgimento das primeiras constituições escritas, segue comprometida, em termos gerais, com a distinção traçada pelo Abade Emmanuel Sieyès – considerado o descobridor científico da noção de poder constituinte[1] – entre as noções de um poder constituinte – o poder de elaborar uma nova constituição – e os assim chamados poderes constituídos, no sentido de instituídos, regulados e limitados, em maior ou menor medida, pelo primeiro[2]. Assim sendo, diversamente do poder constituinte, o poder de reforma – e/ou revisão – constitucional, compreendido como poder de alterar o texto da constituição, é, por definição, um poder constituído, integrando a noção daquilo que muitos designam de um poder constituinte derivado ou instituído.

Por outro lado, é preciso relembrar que tal distinção, que constitui um dos pilares do constitucionalismo moderno, arranca da premissa de que a Constituição, ao contrário do que ocorre com as normas infraconstitucionais, não extrai o seu fundamento de validade de uma ordem jurídica – formal – superior, mas se estabelece e alcança autoridade jurídica superior – em relação às demais esferas normativas internas do Estado – em função da **vontade** das forças determinantes e representativas da sociedade na qual surge a constituição[3]. É nes-

---

1 Assim a referência de STERN, Klaus. **Derecho del Estado de la Republica Federal Alemana.** Madri (ESP): Centro de Estudios Constitucionales, 1987, p. 314-315.

2 Cf., por todos, MAURER, Hartmut. **Staatsrecht I**,5. ed. München: C.H. Beck, 2007, p. 733 et seq.

3 BÖCKENFÖRDE, Ernst-Wolfgang. **Staat, Verfassung, Demokratie**: Studien zur Verfassungstheorie und zum Verfassungsrecht. Frankfurt am Main (ALE): Suhrkamp, 1991, p. 90-91.

te sentido que o poder constituinte acaba assumindo a feição de uma categoria pré-constitucional, capaz de, por força de seu poder e de sua autoridade, elaborar e fazer valer uma nova constituição[4]. O processo constituinte – de fundação de uma nova ordem constitucional – é, portanto, sempre – e de certa forma – umnovo começo, visto que não se encontra na dependência, pelo menos não no sentido jurídico-formal, no plano de uma hierarquia normativa, das regras constitucionais anteriores, ou mesmo de outra fonte normativa superior e externa, razão pela qual à expressão poder constituinte se costuma agregar o qualificativo originário[5]. Neste contexto, quando se indaga sobre a natureza do poder constituinte – originário – prevalece a tese de que não se trata propriamente de um poder jurídico, mas sim, especialmente considerando a relação entre soberania e poder constituinte, de um poder político, portanto, pré-jurídico e mesmo extrajurídico[6].

O poder constituinte pode, portanto, ser definido como sendo uma potência, no sentido de uma força em virtude da qual uma determinada sociedade política se dá uma nova constituição e, com isso, cria, recria e/ou modifica a estrutura jurídica e política de um Estado. Nessa perspectiva, como já lecionava Carl Schmitt, o poder constituinte é a vontade política cujo poder ou autoridade é capaz de tomar a decisão concreta sobre o tipo e a forma da própria existência política, ou seja, de determinar, na sua integralidade, a existência da unidade política[7]. Nessa perspectiva, como bem averba Ernst-Wolfgang Böckenförde, do ponto de vista da teoria e da dogmática constitucional, o poder constituinte não pode ser reduzido - como pretendem alguns – ànoção de uma norma hipotética fundamental – como no caso da teorização de Hans Kelsen – ou

4 Cf. MAURER, op. cit., p. 733.

5 Cf., dentre tantos, Id., p. 733.

6 Cf., BONAVIDES, Paulo. **Curso de Direito Constitucional**. 16. ed. São Paulo: Malheiros, 2005, p. 125.

7 Cf. SCHMITT, Carl. **Verfassungslehre**, 9. ed. Berlin (ALE): Duncker & Humblot, 2003, p. 75-76, tradução livre do original alemão: "Verfassungsgebende Gewalt ist der politische Wille, dessen Macht oder Autorität imstande ist, die konkrete Gesamtentscheidung über Art und Form der eigenen politischen Existenz zu treffen, also die Existenz der politischen Einheit im ganzen zu bestimmen".

mesmo reconduzido a um fundamento de direito natural, já que o poder constituinte há de ser compreendido – pelo menos também! – como uma grandeza política real, que fundamenta a força normativa – jurídica – da constituição, razão pela qual o poder constituinte não pode existir no interior ou mesmo com base numa constituição, como se fosse um órgão criado pela constituição, mas preexiste, cria e limita a própria constituição e os poderes constituídos[8].

O que se percebe, todavia, é que a distinção entre poder constituinte e poderes constituídos guarda relação com as funções da própria constituição. Neste contexto, assume relevo a noção de que as constituições, ainda que de modo bastante diversificado entre si, regulam as garantias de sua própria estabilidade e permanência – contemplando aquilo que José Afonso da Silva designa de **regras de estabilização constitucional**[9] - mas também reservam espaço para a possibilidade de mudança de seu próprio texto, e, portanto, de seu próprio conteúdo.

Por outro lado, para que a constituição permaneça em vigor, não apenas simbolicamente, como uma mera "folha de papel" (Ferdinand Lassale[10]), e cumpra sua função estabilizadora, é preciso que ela seja sempre também um projeto em permanente reconstrução, aberto ao tempo e ao câmbio da realidade, de tal sorte que permanência, estabilidade e mudança, não são incompatíveis entre si, mas, pelo contrário, constituem exigências recíprocas e que se retroalimentam, desde que guardado o necessário equilíbrio.

Outrossim, no que diz com a sua função de assegurar um nível adequado de estabilidade às instituições políticas e jurídicas, a rigidez constitucional, traduzida pela dificuldade maior de alteração do texto constitucional em relação ao processo legislativo ordinário, serve ao propósito de garantir a permanência e a estabilidade, embora não a imutabilidade da constituição. Tal estabilidade, todavia, por

8 Cf. BÖCKENFÖRDE, op. cit., p. 93-94.

9 Cf. SILVA, José Afonso da. **Teoria do Conhecimento Constitucional**. São Paulo: Malheiros, 2014, p. 268.

10 LASSALE, Ferdinand. **Que é uma Constituição?** 2. ed. São Paulo: Kairós Livraria e Editora, 1985.

si só não garante o rompimento da identidade constitucional – das decisões fundamentais do constituinte – pelo mecanismo da reforma constitucional, de modo que significativo número de constituições prevê também garantias contra a supressão de determinados conteúdos da constituição, blindados até mesmo contra a ação do poder de reforma constitucional, que, na condição de poder constituído – ou instituído – opera por delegação do poder constituinte, mas é por este limitado e condicionado. Tais conteúdos passaram a ser conhecidos também como "cláusulas pétreas" ou "garantias de eternidade" (do alemão *Ewigkeitsklauseln*) e serão analisadas mais adiante.

O que importa, nessa quadra, é destacar que tanto o problema da legitimidade do poder constituinte e do processo formal de elaboração de uma constituição é também e em primeira linha uma questão democrática, quanto o é a reforma constitucional, seja no que concerne aos assim chamados limites formais, que dizem respeito ao procedimento de alteração do texto da constituição, quanto no que diz com os limites materiais, ou seja, as assim denominadas **cláusulas pétreas**, que operam como limites materiais ao poder reformador, especialmente por se cuidar de mecanismos de controle e limitação das maiorias parlamentares qualificadas, além de estar em causa a afirmação – para o futuro – dos pactos constituintes em torno de determinados princípios e valores que nem sempre correspondem, pelo menos não em toda a sua extensão, à noção de Direito e Justiça dominantes entre as novas gerações.

Além disso, é de se levar em conta a circunstância de que a prática da reforma constitucional no Brasil é, especialmente se tomarmos como parâmetro as principais ordens constitucionais estrangeiras, muito intensa, assim como são frequentes os casos em que, por conta dos limites materiais à reforma, emendas constitucionais são submetidas ao escrutínio do Poder Judiciário, não raras vezes resultando em declaração de sua inconstitucionalidade, o que novamente guarda conexão com o princípio democrático e sua conformação na ordem constitucional brasileira.

Mas a reforma constitucional via emendas à constituição – ou mesmo, nos casos em que admitida, via revisão constitucional – não é, como se sabe, a única modalidade de mudança constitucional, que abarca também as assim chamadas mudanças informações, também designadas de mutações constitucionais, que, aliás, também se verificam no cenário brasileiro e que igualmente guardam relação com o conteúdo e alcance do princípio democrático, inclusive e em particular na seara dos direitos fundamentais, como dão conta exemplos da jurisprudência do STF nos últimos anos, o que, contudo, não será objeto de desenvolvimento no presente texto.

Assim, quanto ao itinerário a ser percorrido, iniciaremos com uma revisão de alguns aspectos conceituais ligados ao poder constituinte e ao poder de reforma constitucional, para, na sequencia, adentrar o espinhoso terreno da reforma constitucional e dos seus limites, em especial no que toca aos limites materiais e à posição dos direitos fundamentais nesse contexto, assim como algumas notas em torno das relações com o princípio democrático. Antes, contudo, de seguir em frente, importa destacar que o presente trabalho é oferecido para integrar coletânea destinada a render justa e merecida homenagem a um dos maiores juristas brasileiros de todos os tempos, professor de todos nós, José Afonso da Silva.

2. CARACTERÍSTICAS, FUNÇÕES E LIMITES DO PODER DE REFORMA CONSTITUCIONAL, COM DESTAQUE PARA OS LIMITES MATERIAIS

2.1. CONSIDERAÇÕES DE CARÁTER GERAL

Diversamente do Poder Constituinte, que, precisamente em virtude de sua natureza pré ou mesmo meta-jurídica – por ser, como visto acima, um poder de natureza fática e política, expressão da soberania – costuma ser emblematicamente caracterizado, na esteira de Carl Schmitt, como uma **potência**, o Poder Reformador assume a feição de uma competência, já que juridicamente vinculado às normas de competência, organização e procedimento ditadas pelo primeiro – a potência.[11] É justamente a existên-

11 Cf. a clássica lição de SCHMITT, op. cit., p. 10, "[...] quando o procedimento de alteração de uma constituição é

cia de normas limitativas da reforma constitucional que demonstra o fato de que mesmo após a entrada em vigor da Constituição o Poder Constituinte segue presente e, portanto, **ativo**, já que, do contrário, poderia vir a depender dos órgãos legislativos instituídos – e limitados – pelo Constituinte, o que implicaria contradição insuperável, pelo menos, em se levando a sério a tradição constitucional ainda vigente.[12] Importa ter sempre presente, de outra parte, a noção de que também no Direito Constitucional brasileiro o Legislador, ao proceder à reforma da Constituição, não dispõe de liberdade de conformação irrestrita, encontrando-se sujeito a um sistema de limitações que objetiva não apenas a manutenção da identidade da Constituição, mas também a preservação da sua posição hierárquica decorrente de sua supremacia no âmbito da ordem jurídica, de modo especial para evitar a elaboração de uma nova Constituição pela via da reforma constitucional.[13]

A natureza e configuração concreta dos limites à reforma constitucional, embora se possa observar certa uniformidade, pelo menos no que diz com alguns elementos essenciais, comuns às principais técnicas de limitação do exercício do poder de reforma, há de ser analisada sempre à luz do Direito Constitucional positivo de cada Estado, pois é na constituição de cada País que são definidos os limites ao poder de reforma e qual o seu alcance. Por tal razão, sem prejuízo de referências ao direito comparado, é no âmbito da reforma constitucional no sistema constitucional brasileiro, logo abaixo, que serão apresentados e analisados os limites à reforma constitucional.

No que diz com as funções do poder de reforma, é preciso destacar que embora a reforma constitucional seja também fonte de Direito Constitucional, ela constitui uma fonte peculiar – distinta, por defi-

---

constitucionalmente regulado, daí resulta uma competência" ("wenn das Verfahren einer Verfassungsänderung verfassungsgesetzlich geregelt ist, so wird damit eine Zuständigkeit {Kompetenz}".

---

12 Cf., paradigmaticamente, Id., p. 99 et seq.

13 Neste sentido, ver a lição de ROCHA, Carmen Lúcia Antunes. **Constituição e Mudança Constitucional**: limites ao exercício do poder de reforma constitucional. Revista de Informação Legislativa, nº 120, 1993, p. 168 et seq.

nição, do poder constituinte – que assume uma natureza dúplice, visto que ao mesmo tempo em que as leis de reforma – no caso brasileiro, as emendas – estão submetidas, quando de sua elaboração, aos requisitos estabelecidos pelo constituinte, uma vez incorporadas ao texto constitucional, elas passam a ser parte integrante – com a mesma hierarquia normativa – desta mesma constituição, portanto, tornam-se constituição[14].

Também a controvérsia em torno dos limites à reforma da constituição radica na distinção acima traçada entre o poder constituinte e o poder de reforma constitucional. Com efeito, sendo o poder reformador por definição um poder juridicamente limitado, distinguindo-se pelo seu caráter derivado e condicionado, sujeito, portanto, aos limites estabelecidos pelo próprio constituinte, a identificação de quais são os limites à reforma constitucional e qual o seu sentido e alcance depende, a despeito de uma série de elementos comuns e que correspondem, consoante igualmente já se teve oportunidade de sinalar, em maior ou menor medida, à tradição já enraizada no âmbito do constitucionalismo contemporâneo, do direito constitucional positivo de cada Estado, visto que a opção poderá ser por um sistema mais ou menos complexo e diferenciado de limitações.

No caso do sistema constitucional brasileiro, a previsão de limites à reforma constitucional se faz presente desde a Constituição Imperial de 1824, que, ainda que enquadrada na categoria de uma constituição semirrígida, estipulava um quórum qualificado para a alteração de algumas matérias específicas da Constituição, designadamente a que se referia aos limites e atribuições dos poderes políticos, assim como a garantia dos direitos individuais dos cidadãos (art. 178, da Constituição do Império). A primeira Constituição Republicana, de 1891, além de limitações formais, consagrava como elemento material imutável a forma republicano-federativa, ou a igualdade de representação dos Estados no Senado Federal (art. 90, § 4º). A Constituição de 1934 dispunha como **cláusulas de eternidade**, além da forma repu-

14 Cf. bem o explicita CALLEJÓN, Francisco Balaguer. La Constitución. In: ________. (coord.). **Manual de Derecho Constitucional**, 1. ed..Madri (ESP): Tecnos, 2005, v. 1, p. 116.

blicana e federativa de Estado, "a organização ou a competência dos poderes da soberania", incluindo a coordenação dos poderes na organização federal, a declaração de direitos e a autorização do Poder Legislativo para declarar estado de sítio, além do próprio artigo que dispunha sobre a Emenda e a Revisão constitucional (art. 178, caput). No que diz com os limites formais, a iniciativa do projeto de emenda era reservada a pelo menos um quarto dos membros da Câmara ou do Senado Federal, ou de mais da metade dos Estados, manifestando-se cada uma das unidades federativas pela maioria da respectiva Assembleia. A aprovação se dava pela maioria absoluta dos membros da Câmara dos Deputados e do Senado Federal, em dois turnos de discussão. A Constituição de 1946 manteve tanto o quórum qualificado para a alteração da Constituição, como a impossibilidade de projeto de Emenda tendente a abolir a Federação e a República (art. 217, § 6º). A Carta de 1967, com redação amplamente reformada pela Emenda Constitucional nº 1 de 1969, previa tão somente a República e a Federação como limites materiais à Reforma Constitucional.

A CF de 1988, por sua vez, pode ser considerada, pelo menos no contexto da evolução brasileira, a que instituiu um leque de limites mais amplo e exigente, especialmente no plano dos assim chamados limites materiais, que serão objeto de exame mais detido logo adiante. Com efeito, além dos já referidos limites materiais – convencionalmente designados de**cláusulas pétreas** – existem os limites de ordem formal – de caráter precipuamente procedimental – bem como os limites circunstanciais e os chamados limites temporais, que, contudo, aqui não serão objeto de nossa atenção.

Os assim chamados limites materiais à reforma da constituição objetivam assegurar a permanência de determinados conteúdos da Constituição, em virtude de sua relevância para a própria identidade da ordem constitucional, conteúdos que, na formulação de John Rawls, constituem os **elementos constitucionais essenciais.**[15] Nesse sentido,

15 Cf. RAWLS, John. **O Liberalismo Político**, 2. ed. São Paulo: Ática, 2000, p. 277 et seq., onde, a despeito de não formular propriamente uma teoria

já se observou que, em virtude da ausência de uma fonte jurídico-positiva – em suma, de uma norma superior que lhe sirva de fundamento de validade – a vedação de certas alterações da Constituição tem os seus olhos sempre voltados para o futuro, já que o núcleo da Constituição atual, de certa forma – adquirindo permanência – passa a ser vigente também no futuro.[16] Neste contexto e tomando-se o sistema jurídico – como uma rede hierarquizada de princípios e regras em cujo centro encontra-se a Constituição, verifica-se, na esteira do magistério de Alexandre Pasqualini, que todo o sistema jurídico – sem prejuízo de sua simultânea abertura material e estabilidade – "[...] reclama um núcleo de constante fixidez (cláusulas pétreas), capaz de governar os rumos legislativos e hermenêuticos não apenas dos poderes constituídos, mas da própria sociedade como um todo".[17]

Invocando o magistério de José Néri da Silveira, a existência de limites materiais justifica-se, portanto, em face da necessidade de preservar as decisões fundamentais do Constituinte, evitando que uma reforma ampla e ilimitada possa desembocar na destruição da ordem constitucional, de tal sorte que por detrás da previsão destes limites materiais se encontra a tensão dialética e dinâmica que caracteriza a relação entre a necessidade de preservação da Constituição e os reclamos no sentido de sua alteração.[18]

Em termos gerais, portanto, o reconhecimento de limitações de cunho material significa que o conteúdo da Constituição não se encontra à disposição plena do legislador, mesmo que este atue por meio de uma maioria qualificada, sendo ne-

constitucional, lança uma série de considerações a respeito da função e dos limites da reforma constitucional.

16 Esta a pertinente observação de KIRCHHOF, Paul. Die Identität der Verfassung in ihren unabänderlichen Inhalten. In: ________. **Handbuch des Staatsrechts der Bundesrepublik Deutschland**. Heidelberg (ALE): C. F. Müller, 1987.v. 1, p. 779.

17 Cf. PASQUALINI, Alexandre. **Hermenêutica e Sistema Jurídico**: uma introdução à Interpretação Sistemática do Direito. Porto Alegre: Livraria do Advogado, 2000, p. 80.

18 Cf. SILVEIRA, José Néri da. A Reforma Constitucional e o Controle de sua Constitucionalidade, **Revista da AJURIS**, Porto Alegre, n. 64, jul. 1995, p. 207. Em sentido similar, ver também ROCHA, op. cit., p. 176.

cessário, por um lado, que se impeça uma vinculação inexorável e definitiva das futuras gerações às concepções do Constituinte, ao mesmo tempo em que se garanta às Constituições a realização de seus fins.[19]

Tal constatação, aliás, não representa nenhuma novidade e já era sustentada ao tempo do surgimento das primeiras Constituições e das teorias a respeito do Poder Constituinte. Nos Estados Unidos da América, Thomas Jefferson e Thomas Paine já pregavam a impossibilidade de os mortos, por intermédio da Constituição, imporem sua vontade aos vivos. Na França, o art. 28 da efêmera, mas, mesmo assim, paradigmática Constituição de 1793 estabelecia que "um povo sempre tem o direito de revisar, reformar e alterar sua Constituição. Uma geração não pode submeter as gerações futuras às suas leis".[20] Que dessas assertivas não há como deduzir que a Constituição possa ser suprimida pelas legislaturas ordinárias – mesmo mediante o procedimento agravado da reforma – nos parece elementar. De acordo com a lição sempre atual de Konrad Hesse, se é certo que uma ordem constitucional não pode continuar em vigor por meio da vedação de determinadas reformas, caso ela já tiver perdido a sua força normativa, também é verdade que ela não poderá alcançar as suas metas caso estiver à disposição plena dos poderes constituídos.[21] Verifica-se, portanto, que o problema dos limites materiais à reforma constitucional passa inexoravelmente pelo equacionamento de duas variáveis, quais sejam, a permanência e a mudança da Constituição.

Se a imutabilidade da Constituição acarreta o risco de uma ruptura da ordem constitucional, em virtude do inevitável aprofundamento do descompasso em relação à realidade social, econômica, política e cultural, a garantia de certos conteúdos essenciais protege a Constituição contra os casu-

19 Cf., por todos, CANOTILHO, José Joaquim Gomes. **Direito constitucional**, 5. ed. Coimbra (POR): Livraria Almedina, 1992, p. 1135.

20 Cf. lição de VEGA, Pedro de. **La Reforma Constitucional y la Problemática del Poder Constituyente**. Madri (ESP): Tecnos, 1995, p. 58-59.

21 Cf. HESSE, Konrad. **Grundzüge des Verfassungsrechts der Bundesrepublik Deutschland**,20. ed. Heidelberg (ALE): Müller Verlag, 1995, p. 292.

ísmos da política e o absolutismo das maiorias – mesmo qualificadas – parlamentares. Nesse contexto, verifica-se que já estas sumárias considerações evidenciam o quanto o problema dos limites à reforma constitucional, mas especialmente a questão da existência, conteúdo e alcance – eficácia – dos assim designados limites materiais – cláusulas pétreas – guardaíntima conexão e implica uma forte tensão relativamente ao princípio democrático, o que, todavia, aqui não será objeto de desenvolvimento, mas nem por isso deixa de ser absolutamente relevante.[22] Os limites à reforma constitucional de modo especial, os de cunho material, traçam, neste sentido, a distinção entre o desenvolvimento constitucional e a ruptura da ordem constitucional por métodos ilegítimos, não tendo, porém, o condão de impedir, mas evitar, a frustração da vontade da Constituição, nem o de proibir o recurso à revolução, podendo, em todo caso, retirar-lhe – à revolução – a máscara da legalidade.[23]

Neste contexto, sustenta-se, também no âmbito da doutrina brasileira, que uma reforma constitucional não poderá jamais ameaçar a identidade e continuidade da Constituição, de tal sorte que a existência de limites materiais expressos exerce função de proteção, obstaculizando não apenas a destruição da ordem constitucional, mas, além disso, vedando também a reforma de seus elementos essenciais.[24] A prova da íntima relação entre os limites materiais à reforma constitucional e a identidade[25] da

22 Sobre o tema, no âmbito da literatura nacional, destaca-se, seja pela profundidade da análise, seja pela riqueza e relevância da revisão bibliográfica efetuada, a contribuição de BRANDÃO, Rodrigo. **Direitos Fundamentais, Democracia e Cláusulas Pétreas**. Rio de Janeiro: Renovar, 2008, especialmente a primeira parte da obra.

23 Cf. KIRCHHOF, op. cit. p. 790.

24 Cf. MENDES, Gilmar Ferreira. Limites da Revisão: Cláusulas Pétreas ou Garantias de Eternidade. Possibilidade Jurídica de sua Superação. **Revista da AJURIS**,Porto Alegre, n. 60, 1994, p. 250.

25 A respeito da identidade constitucional e do problema de sua permanente construção e reconstrução, v. o contributo instigante de ROSENFELD, Michel. **A identidade do sujeito constitucional.** Belo Horizonte: Mandamentos, 2003, muito embora a análise do autor, efetuada especialmente a partir de referenciais da filosofia de Hegel e da psicanálise de Lacan e Freud, transcenda os aspectos vinculados à problemática da reforma constitucional.

Constituição reside no fato de que, de regra, os princípios fundamentais, os direitos fundamentais, bem como a forma de Estado e de governo se encontram sob o manto desta especial proteção contra sua alteração e esvaziamento por parte do Poder Constituinte Reformador,[26] o que também ocorre na CF de 1988.[27] De acordo com Gilmar Mendes, o fato de o constituinte – Poder Constituinte Originário – ter considerado certos conteúdos tão relevantes a ponto de colocá-los sob a proteção das **cláusulas pétreas**, leva à constatação de que justamente nestes dispositivos se encontram ancorados os elementos e princípios essenciais da ordem constitucional.[28] Daí a razão de se distinguir entre limites expressos – explícitos – à reforma constitucional e limites implícitos, ponto a ser examinado logo a seguir.

2.2. ESPÉCIES DE LIMITAÇÕES MATERIAIS AO PODER DE REFORMA

Quanto à abrangência do rol dos limites materiais explícitos (art. 60, § 4º, da CF), verifica-se, como já ressaltado, um avanço relativamente ao Direito Constitucional pátrio anterior, já que significativo o número de princípios e decisões fundamentais protegidos – princípio federativo, democrático, separação de poderes e direitos e garantias fundamentais. Note-se, neste contexto, a ausência de uma hierar-

26 De acordo com a pertinente observação de MENDES, op. cit., p. 251, quando o Constituinte considerou determinados conteúdos da Constituição tão relevantes a ponto de colocá-los sob a proteção das assim denominadas "cláusulas pétreas", é possível partir-se do pressuposto de que justamente nestes dispositivos se encontram ancorados os elementos e princípios essenciais da ordem constitucional.

27 Registre-se que a nossa Constituição vigente contém o catálogo mais abrangente de limites materiais expressos à reforma constitucional no âmbito de nossa evolução constitucional. Com efeito, enquanto a Constituição de 1891 (art. 90, § 4º) continha a proibição de abolição da República, a Federação e a igual representação dos Estados no Senado Federal, a Constituição de 1934 (art. 178, § 5º) previa como limites materiais expressos apenas a República e a Federação. Já a Constituição de 1937, a exemplo do que já ocorrera com a Carta de 1824, não continha nenhum limite material expresso. No art. 217, § 6º, da Constituição de 1946, por sua vez, foram novamente protegidas a República e a Federação, o que veio a ser mantido pela Constituição de 1967-69 (art. 47, § 1º).

28 Cf. MENDES, op. cit., p. 251.

quia predeterminada entre estes valores essenciais da nossa ordem constitucional, o que não afasta a possibilidade de concorrências e colisões, que, à luz do caso concreto, deverão ser solvidas mediante as regras aplicáveis nestas hipóteses, buscando-se sempre um equilíbrio entre os valores em pauta.[29] Por outro lado, a existência de limites materiais expressamente previstos na Constituição – habitualmente denominados de **cláusulas pétreas** ou **garantias de eternidade** – não exclui, por sua vez, pelo menos não necessariamente,outras limitações desta natureza, que, por não consagradas no texto constitucional, costumam ser qualificadas como limites materiais implícitos, tópico que, pela sua relevância, será objeto de exame em segmento distinto, logo na sequência.[30]

Os limites materiais expressos, no sentido daqueles dispositivos e conteúdos que, por decisão expressamente inscrita no texto constitucional originário, não podem ser objeto de supressão pelo poder de reforma, correspondem, como já frisado, a uma decisão prévia e vinculante por parte do constituinte, no sentido de demarcar a identidade constitucional, estabelecendo em seu favor uma garantia de permanência, enquanto viger a ordem constitucional. No caso da CF, os limites materiais expressos foram enunciados no artigo 60, § 4º, incisos I a IV, quais sejam: a) a forma federativa de Estado; b) o voto direto, secreto, universal e periódico; c) a separação de poderes; d) os direitos e garantias individuais;

A simples leitura dos incisos do artigo 60, §, 4º, CF, já revela que cada uma das **cláusulas pétreas**, ainda que individualmente considerada, diz respeito a um conjunto mais abrangente de dispositivos e normas da constituição, o que resulta ainda mais evidente quando se está em face de uma emenda constitucional concreta, que, ao alterar o texto da constituição, poderá afetar, mesmo sem referência direta a uma das **cláusulas pétreas**, algum – ou alguns – dos limites materiais. Levando em conta que quanto ao

29 Esta a oportuna referência de KIRCHHOF, op. cit., p. 803.

30 Neste sentido já se posicionava o nosso clássico SAMPAIO, Nelson de Souza. **O Poder de Reforma Constitucional.** Bahia: Livraria Progresso, 1954, p. 92 et seq.

seu conceito e conteúdo, os conteúdos blindados por conta dos limites materiais já foram e/ou serão objeto de explicitação ao longo deste curso, o que aqui importa enfatizar é precisamente o fato de que os limites materiais protegem, tomando como exemplo a forma federativa de Estado, não apenas o dispositivo constitucional que enuncia a Federação (artigo 1º, CF) mas todo o complexo de dispositivos e normas correspondentes que dão à forma federativa de Estado os seus contornos nucleares. Assim deixaremos aqui de adentrar o plano conceitual, até mesmo pelo fato de os aspectos mais polêmicos serem tratados no plano da amplitude da proteção efetivamente assegurada por conta dos limites materiais, aspecto a ser enfrentado logo adiante. Antes, todavia, algumas notas sobre os limites materiais implícitos.

Para além dos limites direta e explicitamente positivados na Constituição, doutrina e mesmo a jurisprudência do STF, ainda que não de modo unânime – seja quanto ao reconhecimento em si, seja no que diz com o alcance de tal reconhecimento, ou seja, de quais são tais limites – reconhecem a existência de limites materiais implícitos à reforma constitucional[31]. Nessa perspectiva, Manoel Gonçalves Ferreira Filho refere as lições dos constitucionalistas norte-americanos Joseph Story e Thomas Cooley, ambos do Século XIX, salientando que o primeiro sustentava que a Federação não poderia ser abolida por meio de uma reforma constitucional, ao passo que o segundo, além de desenvolver esta mesma ideia, advogava o ponto de vista de acordo com o qual o espírito da Constituição traçava certos limites implícitos às alterações da Constituição.[32]

A elaboração doutrinária dos limites implícitos costuma também ser reconduzida ao pensamento de

31 Em sentido favorável aos limites materiais implícitos, ver, por todos, MENDES, Gilmar Ferreira; BRANCO, Paulo Gustavo G. **Curso de Direito Constitucional**, 6. ed. São Paulo: Saraiva, 2011, p. 137 et seq., assim como BARROSO, Luís Roberto. Curso de Direito Constitucional Contemporâneo. São Paulo: Saraiva, 2009, p. 165. Em sentido contrário, cf., por todos, FERREIRA FILHO, Manuel Gonçalves. Significação e Alcance das Cláusulas Pétreas. **Revista de Direito Administrativo**, Rio de Janeiro, v. 202, 1995, p. 14.

32 Cf. a lembrança FERREIRA FILHO, Manoel Gonçalves. **O Poder Constituinte**. 4. ed. São Paulo: Saraiva, 2005, p. 111.

Carl Schmitt, já que este entendia ser desnecessária a declaração expressa da inalterabilidade de determinados princípios, na medida em que a identidade da Constituição jamais poderia vir a ser destruída por uma reforma constitucional.[33] Outro argumento em favor do reconhecimento dos limites implícitos é esgrimido por Gomes Canotilho, que chama a atenção para o risco de as Constituições, especialmente as que não contêm limitações expressas – cláusulas pétreas – se transformarem em Constituições provisórias, verdadeiras Constituições em branco, à mercê da discricionariedade do poder reformador.[34]

Todavia, se as razões em favor da existência de limites implícitos devem prevalecer, também há que dar razão aos que sustentam que a construção de uma teoria dos limites implícitos à reforma constitucional apenas pode ser efetuada à luz de determinada ordem constitucional, isto é, do Direito Constitucional positivo, no sentido de que as limitações implícitas deveriam ser deduzidas diretamente da Constituição, considerando-se especialmente os princípios cuja abolição ou restrição poderia implicar a ruptura da própria ordem constitucional.[35] Nessa perspectiva, Karl Loewenstein – que neste mesmo contexto prefere falar em limites tácitos ou imanentes – destaca que nessas hipóteses a proibição da reforma decorre do **espírito**, do *telos* da Constituição,

33 Com efeito, segundo SCHMITT, op. cit., p. 102 et seq., a competência para a reforma é sempre limitada, não implicando o poder de destruição da ordem constitucional, de tal sorte que a identidade constitucional encontra-se blindada contra os avanços do poder de reforma da constituição. Entre nós, acompanhando tal entendimento, v., por todos, MENDES, op. cit., p. 250. Em sentido similar, ver, por último, a contribuição de NETTO, Luísa Cristina Pinto e. **Os Direitos Sociais como Limites Materiais à Revisão Constitucional.** Salvador: Jus Podium, 2009, p. 90 et seq. Por último, embora seguindo orientação já advogada há mais tempo, ver também SILVA, op. cit., p. 274.

34 Cf. CANOTILHO, op. cit., p. 1136-1137.

35 Neste sentido a lição de BASTOS, Celso Ribeiro. **Curso de Direito Constitucional**, 11. ed. São Paulo: Saraiva, 1989, p. 36. Também CANOTILHO, op. cit., p. 1136, parece comungar deste entendimento, sustentando que "[...] a idéia de limitação do poder de revisão, no sentido apontado, não pode divorciar-se das conexões de sentido captadas no texto constitucional. Desta forma, os limites materiais devem encontrar um mínimo de recepção no texto constitucional, ou seja, devem ser limites textuais implícitos."

independentemente de uma proclamação expressa.[36] Por outro lado, importa sublinhar, pelo fato de serem diretamente extraídos de uma Constituição concreta, que aos limites materiais implícitos, pode ser atribuída a mesma força jurídica dos limites expressos, razão pela qual asseguram à Constituição, ao menos em princípio, o mesmo nível de proteção.[37]

Dentre os limites implícitos que harmonizam com o Direito Constitucional positivo brasileiro, há que destacar, em primeiro plano, a impossibilidade de proceder-se a uma reforma total ou, pelo menos, que tenha por objeto a supressão dos princípios fundamentais de nossa ordem constitucional.[38] Aliás, aplicando-se efetivamente este princípio – inalterabilidade da identidade da Constituição – até mesmo a existência de limites expressos parece dispensável, já que os princípios e direitos fundamentais, assim como as decisões essenciais sobre a forma de Estado e de governo, fatalmente, não poderiam ser objeto de abolição ou esvaziamento.

Poder-se-á sustentar, na esteira deste entendimento, que os princípios fundamentais do Título I da nossa Constituição integram, pelo menos em parte, o elenco dos limites materiais implícitos, ressaltando-se, todavia, que boa parte deles já foi contemplada no rol das **cláusulas pétreas** do art. 60, § 4º, da CF. Com efeito, não se afigura razoável o entendimento de que a Federação e o princípio da separação dos poderes encontram-se protegidos contra o Poder Reformador, mas que o princípio da dignidade da pessoa humana não tenha sido subtraído à disposição do legislador. Com efeito, a inclusão do princípio da dignidade da pessoa humana no rol dos limites materiais à reforma constitucional não apenas constitui exigência de seu lugar privilegiado no âmbito dos princípios fundamentais e estruturantes do Estado Democrático de Direito, mas também se justifica em virtude de sua relação com os direitos e garantias fundamen-

---

36 Cf. LOEWENSTEIN, Karl. **Teoría de la Constitución**, 2. ed. Barcelona (ESP): Editorial Ariel 1976, p. 189.

37 Esta a oportuna consideração de ROCHA, op. cit., p. 178.

38 Cf., dentre outros, BONAVIDES, op. cit., p. 178, que ainda refere a impossibilidade de vir o Poder Constituinte Reformador a substituir o Poder Constituinte originário.

tais, aspecto que ainda será objeto de atenção adicional. Também a tese, amplamente aceita, em favor da impossibilidade de supressão ou esvaziamento da forma republicana de governo e mesmo do sistema presidencialista, é de ser levada a sério e merece acolhida, de modo especial no que diz com a República. Neste sentido, argumenta-se que a partir da consulta popular efetuada em abril de 1993, a República e o Presidencialismo – mas especialmente a primeira – passaram a corresponder à vontade expressa e diretamente manifestada do titular do Poder Constituinte, não se encontrando, portanto, à disposição do poder de reforma da Constituição.[39] Ressalte-se, neste contexto, que a decisão, tomada pelo Constituinte, no sentido de não enquadrar estas decisões fundamentais no rol das **cláusulas pétreas** (art. 60, § 4º), somada à previsão de um plebiscito sobre esta matéria, autoriza a conclusão de que se pretendeu conscientemente deixar para o povo – titular do Poder Constituinte – esta opção.[40]

Já no que diz com os direitos e garantias fundamentais, que atualmente constituem limite material expresso (art. 60, § 4º, inciso IV, da CF), não subsistem, em princípio, razões para continuar a considerá-los – pelo menos não em toda a sua extensão - limites implícitos, a exemplo do que ocorria no constitucionalismo pretérito.[41] Isto não afasta, todavia, a controvérsia – relativamente acirrada entre nós, notadamente na esfera doutrinária – em torno do fato de se todos os direitos fundamentais ou apenas uma parte desses direitos são limites materiais – expressos ou mesmo implícitos – à reforma, destacando-se aqui o problema dos direitos sociais, que, de acordo com parte da doutrina, não comungam de tal

39 Cf. a posição de HORTA, Raul Machado. Natureza, Limitações e Tendências da Revisão Constitucional. **Revista Brasileira de Estudos Políticos**, Belo Horizonte, n. 78/79, 1994, p. 15-16.

40 Cumpre lembrar que desde a Constituição de 1891 (até a Constituição de 1967-69) o princípio republicano marcou presença dentre os limites expressos à reforma constitucional.

41 Dentre os que consideravam, já sob a égide do constitucionalismo pretérito, os direitos fundamentais limites materiais implícitos, destaca-se SAMPAIO, op. cit., p. 93.

condição, não integrando nem os limites expressos – direitos e garantias individuais – nem podendo ser enquadrados na condição de limites implícitos. Todavia, para evitar repetições desnecessárias e considerando a relevância da controvérsia, em termos teóricos e práticos, o problema de até que ponto os direitos fundamentais constituem limites materiais à reforma constitucional será versado em apartado, logo adiante.

3. O PROBLEMA DOS DIREITOS FUNDAMENTAIS NA CONDIÇÃO DE LIMITES MATERIAIS AO PODER DE REFORMA

O fato de o art. 60, § 4º, IV, da CF, ter feito referência – expressa – aos direitos e garantias individuais, deu ensejo a uma considerável controvérsia no seio da doutrina constitucional brasileira. Com efeito, discute-se, por exemplo, se os direitos sociais foram, ou não, contemplados com a proteção inerente às **cláusulas pétreas**, debate que abrange também os direitos dos trabalhadores. Mas também outros direitos, a depender da definição adotada de **direitos e garantias individuais** poderiam, em tese, ser excluídos, por exemplo, no campo da nacionalidade, dos direitos políticos – à exceção do direito de voto, já coberto pelos limites materiais expressos – ou mesmo dos direitos dispersos pelo texto constitucional, ainda que nem todas as hipóteses de exclusão guardem relação direta com a expressão utilizada pelo constituinte quando da redação citado dispositivo constitucional. Por outro lado, considerando o impacto da controvérsia em sede doutrinária, a discussão no âmbito do STF não tem revelado a mesma intensidade, não existindo posição conclusiva – no sentido de uma doutrina sedimentada – que possa ser referida, muito embora salvo alguma controvérsia que pode ser extraída dos votos de alguns Ministros[42], o

42 Sobre a evolução e o "estado da arte" da jurisprudência do STF na matéria, embora adiantando que não se comunga, em toda a sua extensão, das posições do autor, ver, por último, BRANDÃO, Rodrigo. A proteção dos direitos e garantias individuais em face das emendas constitucionais à luz da jurisprudência do STF. In: SARMENTO, Daniel; SARLET, Ingo Wolfgang (coord.). **Direitos Fundamentais no Supremo Tribunal Federal**: Balanço e Crítica, Rio de Janeiro: Lumen Juris, 2011, p. 207-252.

que voltará a ser objeto de atenção logo adiante.

Antes de adentrarmos com maior ênfase o tema da abrangência das **cláusulas pétreas** em matéria de direitos fundamentais, é possível registrar, ao menos de acordo com a evolução doutrinária e jurisprudencial dominante no Brasil, que em princípio não apenas os direitos fundamentais expressamente elencados no Título II da CF, mas também direitos dispersos pelo texto constitucional encontram-se blindados em face do poder de reforma constitucional, como dá conta o paradigmático julgamento proferido pelo STF quando da impugnação da constitucionalidade do artigo 2º da Emenda Constitucional n° 3/1993, ocasião na qual, além do reconhecimento de que as limitações ao poder de tributar estabelecidas no artigo 150, III, CF, correspondem, no plano subjetivo, a direitos e garantias fundamentais do contribuinte, também foi reconhecido que tais direitos e garantias não poderiam ser pura e simplesmente abolidas ou desconsideradas pelo poder reformador[43].

A despeito da orientação noticiada, que em princípio aponta para uma exegese extensiva do conceito de direitos e garantias fundamentais, segue indispensável o enfrentamento de um problema que tem chamado ao debate segmentos expressivos da doutrina constitucional brasileira. Já numa primeira aproximação, resulta problemático saber se a noção de direitos e garantias individuais pode ser compreendida como equivalente à noção de direitos e garantias fundamentais, de tal sorte que todos os direitos fundamentais estariam cobertos já no âmbito dos limites materiais expressamente fixados pelo constituinte, ou se os demais direitos fundamentais – que não se enquadram na noção de direitos individuais – poderiam ser contemplados pela proteção reforçada das **cláusulas pétreas** na condição de limites materiais implícitos. Além disso, como já adiantado, segue sendo necessário discutir se todos os direitos

43 Cf. BRASIL. Supremo Tribunal Federal. Ação Direta de Inconstitcionalidade nº 939-DF, Tribunal Pleno. Relator: Min. Sydney Sanches. Brasília, 15 de dezembro de 1993. **Diário de Justiça**: 18 mar. 1994. No âmbito da literatura, ver, por todos, BARROSO, op. cit., p. 176-77.

fundamentais – seja por conta de uma compreensão elástica da noção de direitos individuais, seja na condição de limites implícitos – ou apenas uma parte, integram o elenco dos limites materiais à reforma constitucional.

Desde logo, em se tomando como ponto de partida o enunciado literal do art. 60, § 4º, IV, CF, poder-se-ia afirmar – e, de fato, há quem sustente tal ponto de vista – que apenas os direitos e garantias individuais (art. 5º da CF) se encontram incluídos no rol das **cláusulas pétreas** de nossa Constituição. Tal exegese restritiva, caso levada ao extremo, implicaria a exclusão – do rol de limites materiais - não apenas os direitos sociais, mas também os direitos de nacionalidade, bem como de parte dos direitos políticos, incluindo a liberdade de associação partidária, à exceção, todavia, do direito – dever – do voto secreto, universal e periódico (art. 60, § 4º, III). Aliás, por uma questão de coerência, até mesmo os direitos coletivos – de expressão coletiva – constantes no rol do art. 5º não seriam merecedores desta proteção, de tal sorte que já esta simples constatação indica que tal interpretação dificilmente poderá prevalecer. Caso assim fosse, os direitos essenciais de participação política (art. 14), a liberdade sindical (art. 8º) e o direito de greve (art. 9º), apenas para citar alguns exemplos, encontrar-se-iam em condição inferior à dos demais direitos fundamentais, não compartilhando o mesmo regime jurídico reforçado, ao menos não na sua plenitude. Neste contexto, sustentou-se que a expressão **direitos e garantias individuais**, utilizada no art. 60, § 4º, IV, CF, não se encontra reproduzida em nenhum outro dispositivo da Constituição, razão pela qual mesmo com base numa interpretação literal não se poderia confundir esses direitos individuais com os direitos individuais e coletivos do art. 5º da CF.[44]

Para os que advogam uma interpretação restritiva do art. 60, § 4º, IV, da CF, abre-se uma alternativa argumentativa. Com efeito, é possível sustentar que a expressão **direitos e garantias individuais** deve ser interpretada no sentido de que apenas os direitos fundamentais

44 Cf. LOPES, Maurício Antonio Ribeiro. **Poder Constituinte Reformador**: limites e possibilidades da revisão constitucional brasileira, São Paulo: RT, 1993, p. 182.

equiparáveis aos direitos individuais do art. 5º sejam considerados **cláusulas pétreas**. A viabilidade desta concepção esbarra na difícil tarefa de traçar as distinções entre os direitos individuais e os não-individuais. Caso considerássemos como individuais apenas os direitos fundamentais que se caracterizam por sua função defensiva – especialmente os direitos de liberdade, na acepção de direitos a não intervenção no seu âmbito de proteção – teríamos de identificar, nos outros capítulos do Título II, os direitos e garantias passíveis de serem equiparados aos direitos de defesa, de tal sorte que as liberdades sociais – direitos sociais de caráter negativo, como é o caso do direito de greve e da liberdade de associação sindical – também se encontrariam ao abrigo das **cláusulas pétreas**. Solução semelhante foi adotada no constitucionalismo português, no qual há disposição expressa estabelecendo que os direitos análogos aos direitos, liberdades e garantias se encontram sujeitos ao mesmo regime jurídico (art. 17 da CRP), destacando-se, neste particular, a sua condição de limites materiais ao poder de revisão da Constituição (art. 288 da CRP). No Brasil, à míngua de um regime jurídico diferenciado expressamente previsto na Constituição, tal entendimento não poderá prevalecer, já que não encontramos – pelo menos esta a posição adotada – justificativa sólida para uma distinção entre os direitos fundamentais no que diz com seu regime jurídico.

Todavia, há quem sustente, também no direito brasileiro, que os direitos sociais não podem integrar as **cláusulas pétreas** da Constituição pelo fato de não poderem – ao menos na condição de direitos a prestações – ser equiparados aos direitos de liberdade do art. 5º. Além disso, argumenta-se que, se o constituinte efetivamente tivesse tido a intenção de gravar os direitos sociais com a cláusula da intangibilidade, ele o teria feito, ou nominando expressamente esta categoria de direitos no art. 60, § 4º, IV, CF, ou referindo-se de forma genérica a todos os direitos e garantias fundamentais, mas não apenas aos direitos e garantias individuais.[45]

---

45 Cf. MAGANO, Otávio Bueno. Revisão Constitucional. **Cadernos de Direito Constitucional e Ciência Política**, São Paulo, n. 7, 1994, p. 110-111, chegando até mesmo a sustentar não apenas a

Tal concepção e todas aquelas que lhe podem ser equiparadas esbarram, contudo, nos seguintes argumentos: a) a Constituição brasileira não contempla diferença substancial entre os direitos de liberdade – defesa – e os direitos sociais, inclusive no que diz com eventual primazia dos primeiros sobre os segundos; b) os partidários de uma exegese restritiva, em regra partem da premissa de que todos os direitos sociais podem ser conceituados como direitos a prestações estatais, quando, como já lembrado, boa parte dos direitos sociais são, no que diz com sua função precípua e estrutura jurídica, equiparáveis aos direitos de defesa; c) além disso, relembramos que uma interpretação que limita o alcance das **cláusulas pétreas** aos direitos fundamentais elencados no art. 5º da CF acaba por excluir também os direitos de nacionalidade e os direitos políticos, que igualmente não foram expressamente previstos no art. 60, § 4º, inc. IV, de nossa lei Fundamental.[46]

Todas estas considerações revelam que apenas por meio de uma interpretação sistemática se poderá encontrar uma resposta satisfatória no que concerne ao problema da abrangência do art. 60, § 4º, IV, da CF. Que uma exegese restritiva, notadamente quando cingida à expressão literal do referido dispositivo constitucional, não pode prevalecer, parece ser evidente, ainda mais quando consideradas as distorções já apontadas. Como a inclusão dos direitos sociais – e demais direitos fundamentais – no rol das **cláusulas pétreas** pode ser justificada à luz do Direito Constitucional positivo é questão que merece análise um pouco mais detida. Já no Preâmbulo da CF encontramos referência expressa no sentido de que a garantia dos direitos individuais

possibilidade, mas inclusive a necessidade de se excluirem os direitos sociais da Constituição.

46 Convém não esquecer, como oportunamente averbou LAFER, Celso. **A Reconstrução dos Direitos Humanos**, São Paulo: Companhia das Letras, 1991, p. 146 et seq., que o direito à nacionalidade e o direito à cidadania – por sua vez, umbilicalmente ligado ao primeiro, como verdadeiro direito a ter direitos –, fundamentam o vínculo entre o indivíduo e determinado Estado, colocando o primeiro sob a proteção do segundo e de seu ordenamento jurídico, razão pela qual não nos parece aceitável que posição jurídica fundamental de tal relevância venha a ser excluída do âmbito de proteção das "cláusulas pétreas."

e sociais, da igualdade e da justiça constitui objetivo permanente de nosso Estado. Além disso, não há como negligenciar o fato de que nossa Constituição consagra a idéia de que constituímos um Estado democrático e social de Direito, o que transparece claramente em boa parte dos princípios fundamentais, com destaque para os artigos 1º, I a III, e 3º, I, III e IV.

Com base nestas breves considerações, verifica-se, desde já, a íntima vinculação dos direitos fundamentais sociais com a concepção de Estado da nossa Constituição. Não resta, portanto, qualquer dúvida de que o princípio do Estado Social – ou da socialidade – e os direitos fundamentais sociais integram os elementos essenciais, isto é, a identidade de nossa Constituição, razão pela qual já se sustentou que os direitos sociais – assim como os princípios fundamentais – poderiam ser considerados – mesmo não estando expressamente previstos no rol das **cláusulas pétreas** – autênticos limites materiais implícitos à reforma constitucional.[47]

47 Esta a pertinente lição de HORTA, op. cit., p. 14-15.

Poder-se-á argumentar, ainda, que a expressa previsão de um extenso rol de direitos sociais no título dos direitos fundamentais seria, na verdade, destituída de sentido, caso o Constituinte tivesse outorgado a tais direitos proteção diminuída, transformando-os em direito de **segunda classe**.

Além do exposto, verifica-se que todos os direitos fundamentais consagrados na CF – mesmo os que não integram o Título II – são, em última análise, direitos de titularidade individual, ainda que alguns sejam de expressão coletiva e sem prejuízo de uma correlata dimensão transindividual, mais ou mesmo relevante a depender do direito em causa. É o indivíduo que tem assegurado o direito de voto, assim como é o indivíduo que tem direito à saúde, assistência social, aposentadoria, etc. Até mesmo o direito a um meio ambiente saudável e equilibrado (art. 225 da CF), em que pese seu habitual enquadramento entre os direitos da terceira dimensão, pode ser reconduzido a uma dimensão individual, pois mesmo um dano ambiental que venha a atingir um grupo dificilmente quantificável e delimitável de pessoas – indivíduos – gera um direito à reparação para cada prejudicado, inclusive viabilizando execução individualizada ainda que no bojo de uma ação coletiva. Ainda que não se queira compartilhar tal entendimento, não há como negar que, nesses casos – de direitos coletivos propriamente ditos – nos encontramos diante de uma situação de cunho notoriamente excepcional, que em hipótese alguma afasta a regra geral da titularidade individual da absoluta maioria dos direitos fundamentais. Os direitos e garantias individuais referidos no art. 60, § 4º, inc. IV, da nossa Lei Fundamental incluem, portanto, os direitos sociais e os direitos da nacionalidade e cidadania – direitos políticos.

Contestando essa linha argumentativa, Gustavo Costa e Silva, sustenta que a "dualidade entre direitos 'individuais' e 'sociais' nada tem a ver com a titularidade, remetendo, em verdade, à vinculação de uns e outros a diferentes estágios da formação do ethos do Estado constitucional", no caso, na circunstância de que os direitos individuais estão vinculados ao paradigma do estado liberal individualista, e não ao estado social, de cunho solidário.[48] Todavia, ainda que se reconheça a inteligência da crítica, parece-nos que a resposta já foi fornecida, designadamente quando apontamos para o fato de que não é possível extrair da CF um regime diferenciado – no sentido de um regime jurídico próprio – entre os direitos de liberdade – direitos individuais – e os direitos sociais, mesmo que entre ambos os grupos de direitos, especialmente entre a sua dimensão negativa e positiva, existam diferenças no que diz com o seu objeto e função desempenhada na ordem jurídico-constitucional. Além disso, o argumento da titularidade individual de todos os direitos, como fundamento de uma compreensão ampliada das **cláusulas pétreas**, tal como aqui sustentada, é apenas mais um argumento entre outros.

Outro argumento utilizado pelos que advogam uma interpretação restritiva das **cláusulas pétreas** diz com a existência de diversas posições jurídicas constantes no Título II da CF que não são merecedoras

---

48 Cf. SILVA, Gustavo Justo da Costa e. **Os Limites da Reforma Constitucional.** Rio de Janeiro: Renovar, 2000, p. 124 et seq. (citação extraída da p. 129).

do *status*peculiar aos **verdadeiros** direitos fundamentais, razão pela qual há quem admita até mesmo a sua supressão por meio de uma emenda constitucional.[49] Muito embora não de modo igual, Oscar Vilhena Vieira, prefere trilhar caminho similar, ao sustentar, em síntese, que apenas as cláusulas superconstitucionais – isto é, os princípios e direitos fundamentais que constituem a reserva de justiça constitucional de um sistema – encontram-se imunes à supressão pelo poder reformador, não advogando, de tal sorte, a exclusão prévia de qualquer direito ou princípio do elenco dos limites materiais, mas admitindo que nem todos os direitos fundamentais, sejam individuais ou não, estão abrangidos.[50]

Argumentação similar tem sido adotada, aliás, por outros autores que têm produzido contribuições monográficas importantes sobre o tema no âmbito da doutrina nacional. É o caso, por exemplo, de Rodrigo Brandão[51] e Luísa Cristina Pinto e Netto,[52] que, ressalvadas importantes distinções entre o enfoque das respectivas abordagens e

49 Este o entendimento de FERREIRA FILHO, op. cit., p. 16, que, no entanto, reconhece que o art. 60, § 4º, inc. IV, da nossa Constituição abrange todos os direitos fundamentais, e não apenas os direitos individuais e coletivos do art. 5º.

50 Cf. VIEIRA, Oscar Vilhena. **A Constituição e sua Reserva de Justiça**: um ensaio sobre os limites materiais ao poder de reforma. São Paulo: Malheiros, 1999, p. 222 et seq., onde desenvolve seu pensamento, que aqui vai reproduzido em apertadíssima síntese. Registre-se, contudo, que o ilustre jurista não exclui os direitos sociais da proteção contra eventuais reformas, notadamente quando estiverem em causa os direitos sociais básicos, tais como os direitos à alimentação, moradia e educação, já que "[...] são essenciais à realização da igualdade e da dignidade entre os cidadãos." (Id., p. 321).

51 Cf. amplamente desenvolvido em BRANDÃO, Rodrigo. **Direitos Fundamentais, Democracia e Cláusulas Pétreas.** Rio de Janeiro: Renovar, 2008.

52 Cf. NETTO, op. cit. p. 189, em passagem que sintetiza sua posição a respeito, refere que os direitos sociais, embora protegidos em face do poder de reforma constitucional, "não são total e irrestritamente imunes à sua atuação, mas, na medida em que sua supressão ou alteração comprometa a identidade constitucional, desconfigurando o sistema de direitos fundamentais, comprometa a promoção da dignidade da pessoa humana, a socialidade, a igualdade material, estes direitos, como limites materiais à revisão constitucional, repelem-na, expressando, com a sua resistência, com a sua natureza de trunfos contra a maioria, uma tendência contramajoritária".

embora não tenham adotado na sua integralidade a tese advogada por Oscar Vilhena Vieira, privilegiam o que se poderia dizer de uma concepção intermediária e fortemente vinculada a uma concepção material de direitos fundamentais. Com efeito, ambos os autores, ao sustentarem – neste ponto com razão – que a função dos limites materiais é a proteção da identidade constitucional, e, portanto, do sistema dos direitos fundamentais e seu núcleo essencial como um todo, proteção esta que, em termos gerais, abrange os direitos fundamentais sociais, admitem, todavia, que direitos sociais assegurados por dispositivos constitucionais isolados possam ser eventualmente não apenas restringidos – com o que se concorda, já que, em princípio, direitos fundamentais são passíveis de restrição mesmo por lei ordinária e até em hipóteses onde sequer há autorização constitucional expressa para tanto – mas até suprimidos, designadamente quando não guardam relação direta com a dignidade da pessoa humana e outros valores materialmente fundamentais, como a igualdade, a liberdade, a democracia, entre outros.

Em que pese o cunho sedutor de tal linha argumentativa, tal tese apenas poderia prevalecer caso partíssemos da premissa de que existem direitos apenas formalmente fundamentais, de modo que os últimos – justamente por serem fundamentais em sentido meramente formal – poderiam ser suprimidos mediante emenda constitucional, o que não corresponde, consoante já assinalado, à concepção de acordo com a qual todos os direitos fundamentais são fundamentais tanto no sentido formal, quanto no material, tal como desenvolvido no capítulo da parte geral dos direitos fundamentais. De qualquer modo, é no mínimo necessário questionar a possibilidade de qualquer um dos poderes – constituídos – decidir qual direito é – ou não – formal e materialmente fundamental, decisão esta que, em última análise, poderia importar em afronta à vontade do Poder Constituinte, que, salvo melhor juízo, detém o privilégio de deliberar sobre tal matéria e que expressamente incluiu todas as categorias de direitos no Título II da CF.

Além disso, correr-se-ia o sério risco de supressão de direitos **au-**

tenticamente fundamentais, inclusive de direitos previstos no art. 5º da Constituição, visto que com base em determinados critérios materiais – substanciais – sempre seria possível argumentar – e sempre poderia ser formada uma maioria simpática a tal entendimento no STF – que a propriedade intelectual não constitui direito fundamental em sentido material, ou mesmo a função social da propriedade ou proteção do consumidor, o que, salvo melhor juízo, já deveria inibir a adoção desse ponto de vista.

Reforçando a argumentação aqui privilegiada, é preciso levar em conta que a circunstância de que os limites materiais à reforma constitucional têm por função principal a preservação da identidade da ordem constitucional não pode levar à confusão com a noção de que cada direito fundamental expressa e implicitamente positivado tem o que se costuma designar de um núcleo essencial que, embora não se confunda necessariamente com um conteúdo em dignidade da pessoa humana – visto ser diferenciada a relação entre a dignidade e os direitos fundamentais – se encontra necessariamente protegido contra uma afetação pelos poderes constituídos. De outra parte, cada direito fundamental, por ser fundamental precisamente em função da opção neste sentido tomada pelo Constituinte e não necessariamente – ou mesmo exclusivamente – pelasua vinculação direta com a dignidade da pessoa humana, acaba, portanto, sendo parte integrante da identidade do sistema constitucional, o que, reitera-se, não impede ajustes e restrições, mas impede a supressão de direitos fundamentais como tais consagrados pelo Constituinte.

Assim, muito embora a correta percepção, tal qual advogada também por Luís Roberto Barroso, de que o vínculo com a dignidade da pessoa humana é relevante para a determinação da fundamentalidade em sentido material, e, portanto, também opera como argumento privilegiado para justificar a inclusão de direitos fundamentais não contemplados no artigo 5º, CF, no elenco dos limites materiais à reforma[53], não se poderá, exclusivamente por tal razão – visto que por mais que pontifique entre os valores e princípios constitucionais, a identi-

53 Cf. BARROSO, op. cit., p. 178 et seq.

dade material da constituição e dos direitos fundamentais nela não se esgota -, negar a outros direitos fundamentais uma proteção privilegiada, até mesmo pelo fato de com isso se estar, por via oblíqua, consagrando uma hierarquia entre direitos fundamentais que não foi, salvo melhor juízo, prevista pelo constituinte. Além disso, o argumento da dignidade da pessoa humana, por mais relevante que seja e por mais que possa, em grande parte dos casos, ser manejado de forma adequada, não afasta – pelo contrário, de certo modo potencializa – os riscos de uma arbitrária e não menos perigosa manipulação da noção de fundamentalidade em sentido material para eventualmente justificar a supressão de determinados direitos do texto constitucional, tal como, aliás, já registrado.

Tudo isso aponta para a circunstância de que os direitos fundamentais, expressa e/ou implicitamente reconhecidos pelo Constituinte de 1988, estejam situados no Título II ou em outras partes do texto constitucional, constituem sempre limites materiais expressos ou implícitos à reforma constitucional. O argumento da titularidade individual, de acordo com o qual todos os direitos fundamentais, por serem sempre também individuais, integram o elenco dos limites materiais à reforma constitucional, não implica divergência substancial em relação aos que sustentam a tese de que os direitos sociais – ou mesmo outros não constantes do artigo 5º da Constituição – representam, em verdade, limites implícitos ao poder de reforma constitucional. Convém recordar, nesta quadra, que os próprios direitos designados como individuais, vinham sendo reconhecidos como **cláusulas pétreas** no sistema constitucional anterior, onde não integravam – tal como a República, por exemplo, na atual CF – o elenco dos limites materiais expressos, até mesmo pelo fato de prevalecer o entendimento de que não há diferença, no que diz com a qualidade da proteção – em ambos os casos é vedada uma supressão efetiva ou tendencial – entre os bens constitucionais implícita e expressamente protegidos pelo manto das **cláusulas pétreas**.

Por certo, não há como negar que uma interpretação restritiva das **cláusulas pétreas** tem por objetivo impedir uma petrificação de toda a Constituição, o que não pode prevalecer diante de uma exegese sistemática, que tenha sempre presente a necessidade de preservar os seus elementos essenciais, insuscetíveis de supressão ou esvaziamento – hipóteses que se equivalem – pela atuação do poder de reforma constitucional.[54] Constituindo os direitos sociais – assim como os políticos – valores basilares de um Estado social e democrático de Direito, sua abolição acabaria por redundar na própria destruição da identidade da nossa ordem constitucional, o que, por evidente, se encontra em flagrante contradição com a finalidade precípua das **cláusulas pétreas**. Quanto ao risco de uma indesejável galvanização da Constituição, é preciso considerar que apenas uma efetiva ou tendencial abolição das decisões fundamentais tomadas pelo Constituinte está vedada ao poder de reforma constitucional, não se vislumbrando, portanto, obstáculo significativo no que diz com sua eventual adaptação às exigências de um mundo em constante transformação. Mas tal tópico, vinculado ao problema da intensidade da proteção com base nas **cláusulas pétreas**, será objeto de análise mais detida logo adiante.

Ainda no contexto da definição de quais são os direitos fundamentais que integram o elenco das **cláusulas pétreas** há que fazer referência a duas situações que, por conta de suas peculiaridades, merecem um tratamento com algum destaque, a despeito da impossibilidade de maior desenvolvimento do tópico. O primeiro caso diz respeito aos direitos fundamentais inseridos no catálogo constitucional de direitos mediante emenda constitucional, o que, no caso da CF de 1988, ocorreu em diversas ocasiões, designadamente com o direito à moradia, o direito à razoável duração do processo e o direito à alimentação. A segunda hipótese guarda relação com os direitos constantes dos tratados internacionais de direitos humanos ratificados

54 Bem sustentando uma exegese extensiva, notadamente no que diz com a abrangência do elenco dos limites materiais à reforma (já que tal modo de interpretação fortalece a proteção dos direitos fundamentais contra a atuação do poder constituinte reformador, além de afirmar o princípio da estabilidade ínsito a cada Constituição), ver a contribuição de BRITTO, Carlos Ayres. A Constituição Federal e o Monitoramento de suas Emendas. In: MODESTO, Paulo; MENDONÇA, Oscar (coord.). **Direito do Estado**: Novos Rumos, tomo 1. São Paulo: Max Limonad, 2001, p. 66.

pelo Brasil, ainda mais após a inserção, no artigo 5º, de um parágrafo 3º, dispondo que em sendo atendidos determinados requisitos formais, os tratados de direitos humanos assim incorporados ao direito interno serão considerados como equivalentes às emendas constitucionais.

Quanto ao primeiro caso, de direitos inseridos mediante emenda constitucional, é de registrar que para expressivos setores da doutrina, considerando que apenas o poder constituinte originário está em condições de limitar o poder de reforma constitucional – na condição de competência reformadora – e não o contrário, mesmo em se tratando de direitos fundamentais, tais direitos, caso incorporados mediante emendas à constituição, não poderiam integrar os limites materiais à reforma, pois se trata sempre de limites postos – ainda que implicitamente – pelo poder constituinte, ressalvando-se, contudo, as hipóteses nas quais o direito, ainda que não previsto no texto constitucional de modo explícito, já estava consagrado no sistema constitucional[55].

55 Cf., por todos, MENDES; BRANCO, op. cit., p. 146-147.

O quanto tal linha argumentativa, a despeito de sua força, de fato inviabiliza uma equiparação – também para efeitos de proteção contrarreformas constitucionais – entre direitos expressamente previstos pelo poder constituinte e direitos inseridos mediante reforma constitucional, é no mínimo carente de maior reflexão. Considerando que a abertura material do catálogo constitucional de direitos (artigo 5º, § 2º, CF) corresponde ela própria a uma decisão fundamental do constituinte – de igualmente protegida contra uma supressão por ação do poder reformador – a inclusão de direitos originariamente não previstos não poderia resultar, salvo melhor juízo, em proteção diminuída, no sentido de que mediante apenas a observância dos requisitos formais, o direito à moradia – apenas para ilustrar – pudesse ser pura e simplesmente suprimido do texto da constituição.

De outra parte, se admitida – como, de resto, corresponde ao entendimento majoritário no Brasil – a existência de limites implícitos ao poder de reforma constitucional, a inserção de direitos fundamentais por via de emenda constitucional, especialmente quando se trata de guindar à condição de direitos expressamente positivados direitos que já poderiam – e mesmo já o vinham sendo – ser considerados como implicitamente consagrados pela ordem constitucional, não poderia, por sua vez, resultar em desprestígio a tais direitos no que diz com o seu regime jurídico-constitucional em termos de proteção. Aliás, a expressa consagração, apenas reforçaria – e teria ainda a vantagem de bloquear entendimentos em sentido contrário ao reconhecimento de tais direitos – o status de tais direitos como direitos fundamentais, que, mesmo sem expressa previsão, já estavam implicitamente tutelados[56].

À vista do exposto, verifica-se que pelo menos nos exemplos colacionados – moradia, alimentação e razoável duração do processo – manifesta a umbilical ligação de tais direitos não apenas – e isto já seria suficiente – com a dignidade da pessoa humana, mas, também, no que diz com a sintonia com o sistema internacional de direitos humanos, para além de um crescente reconhecimento na esfera doutrinária e jurisprudencial. Para complementar o elenco – ainda que sumariamente exposto – de razões em prol da condição de **cláusulas pétreas**, importa enfatizar que a distinção entre direitos fundamentais originários e direitos criados por emenda constitucional acaba por consagrar uma no mínimo questionável divisão dos direitos em duas classes, uma sujeita a um regime de proteção reforçado, a outra disponível ao poder de reforma constitucional[57].

Tópico que, consoante já sinalizado, passou a ser mais discutido, especialmente a partir da inserção, mediante a EC nº 45/2004, do § 3º no artigo 5º da CF, diz com o fato de os direitos fundamentais sediados

56 Sublinhe-se que mesmo se posicionando, em termos gerais, de forma contrária à tese de que direitos fundamentais incorporados por emenda constitucional sejam também blindados contra novas reformas constitucionais, importante doutrina frisa que nos casos em que tais direitos, ainda que implicitamente, já estavam consagrados, seria possível reconhecer a condição de "cláusula pétrea". Nesse sentido, v., por todos, MENDES; BRANCO, op. cit., p. 147.

57 Cf. argumenta, por exemplo, FERNANDES, Bernardo Gonçalves. **Curso de Direito Constitucional**, 2. ed. Rio de Janeiro: Lumen Juris, 2010, p. 117.

em tratados de direitos humanos ratificados pelo Brasil serem, ou não, cobertos pela proteção das **cláusulas pétreas**. Muito embora se possa concordar com a tese que reconhece hierarquia constitucional a todos os tratados em matéria de direitos humanos regularmente incorporados ao direito interno (independentemente do previsto no § 3ª no artigo 5º da CF), já por força do disposto no artigo 5º, § 2º, da CF, que aqui não será objeto de análise mais detida, o fato é que a controvérsia sobre serem tais tratados, notadamente os direitos humanos e fundamentais neles consagrados, objeto de proteção por conta dos limites materiais à reforma constitucional, depende de outros fatores para um adequado equacionamento.

Em primeiro lugar, há que considerar que enquanto não incorporados ao texto constitucional – como é o caso dos tratados não aprovados mediante o rito qualificado estabelecido no artigo 5º, § 3º, os direitos neles consagrados, muito embora integrem a ordem jurídico-constitucional interna, não constituem Direito Constitucional em sentido formal, já que consagrados, de acordo com a tradição brasileira, por Decreto Legislativo. Assim, quando muito – e apenas para os que reconhecem a hierarquia constitucional, como é o nosso caso – é possível falar em Direito Constitucional material, numa perspectiva ampliada de bloco de constitucionalidade. A partir disso, já se verifica uma primeira dificuldade a ser levada a sério, qual seja, a de que a emenda – e mesmo a revisão – constitucional constitui mecanismo de mudança formal da constituição, ou seja, implica sempre alteração do texto constitucional. Formulado de outro modo, isso quer dizer que a emenda constitucional não será instrumento próprio para uma alteração de tratado internacional. Por outro lado, se, todavia, o direito consagrado em nível internacional estiver também – como ocorre na grande maioria dos casos, embora não em todos! – previsto no texto constitucional, no caso de reforma constitucional que venha a afetar – suprimir ou restringir – o direito, incidirá a proteção decorrente da condição de **cláusula pétrea**, mas não por força do Direito Internacional, mas sim, em virtude de se tratar de direito fundamental contemplado na constituição formal.

Todavia, como o entendimento dominante no STF é no sentido da hierarquia – apenas – supralegal dos tratados de direitos humanos, os mesmos – pelo menos para o STF – não integram a constituição. Mesmo nas hipóteses em que a aprovação do tratado se der em conformidade com o disposto no artigo 5º, § 3º, CF, é preciso levar em conta que tal tratado será considerado equivalente a uma emenda constitucional, embora de fato não o seja, visto que também aqui não estará alterando diretamente o texto constitucional, mas apenas agregando-se à constituição formal compreendida num sentido ampliado, visto que a constituição formal poderá ser veiculada por mais de um documento constitucional. A circunstância de que um tratado seja aprovado pelo Congresso Nacional observado rito do artigo 5º, § 3º, CF, não significa que a aprovação tenha ocorrido por emenda constitucional, como, aliás, dá conta o Decreto Legislativo n. 186/2008, que aprovou a convenção internacional sobre os direitos das pessoas com deficiência. Por outro lado, se efetivamente aprovado por emenda constitucional e integrado à constituição formal, é possível admitir – no plano do direito interno e de acordo com o ponto de vista adotado e já exposto mais acima – a proteção com base na condição de **cláusula pétrea**.

Soma-se a isso, o fato de os tratados estarem sujeitos, de acordo com as regras do direito internacional público, a uma denúncia por parte dos países pactuantes, de tal sorte que, pelo menos de acordo com importante argumento, a não ser nos casos em que a possibilidade de denúncia fosse expressamente ressalvada quando da aprovação do tratado pelo Congresso Nacional, não haveria como impedi-la nem mesmo com base na condição de **cláusula pétrea** dos direitos – ou do direito – consagrado no tratado internacional e incorporado ao direito interno[58]. De qualquer sorte, a despeito das observações precedentes, há quem sustente que os direitos sediados em tratados de direitos

58 Cf. as ponderações de RAMOS, André de Carvalho. O Supremo Tribunal Federal e o Direito Internacional dos Direitos Humanos. In: SARMENTO, Daniel; SARLET, Ingo Wolfgang (coord.). **Direitos Fundamentais no Supremo Tribunal Federal**: Balanço e Crítica, Rio de Janeiro: Lumen Juris, 2011, p. 12 et seq.

humanos ratificados pelo Brasil são sempre beneficiários da proteção reforçada inerente às **cláusulas pétreas**, não podendo ser suprimidos mediante reforma constitucional[59]. As dificuldades apontadas acima, contudo, não desaparecem à vista de tal afirmação peremptória, nem mesmo invocando o artigo 5º, § 2º, como, aliás, já referido.

Uma linha argumentativa que, todavia, deve ser considerada é a de que, no caso de o tratado vir a ser aprovado pelo rito do artigo 5º, § 3º, CF, ele não mais poderia ser objeto de denúncia, proteção que seria – em sendo adotado tal entendimento - similar àquela outorgada pelos limites materiais ao poder de reforma[60]. Também aqui se trata de questão controversa, que aguarda manifestação do STF e que também na esfera doutrinária segue discutida.

À vista do exposto, verifica-se que uma proteção por via dos limites materiais à reforma constitucional esbarra em algumas perplexidades, especialmente quando se trata de tratados não incorporados pelo rito do artigo 5º, § 3º, CF, o que não significa que os direitos consagrados em tais tratados não possam ser protegidos em sintonia com a privilegiada posição dos direitos fundamentais na arquitetura constitucional. A vedação de denúncia – tal como sustentada por vários autores – ou mesmo a aplicação, à hipótese, no que for cabível, da lógica inerente ao assim denominado princípio da proibição de regressividade – ou de retrocesso – como conhecido no âmbito do direito internacional, poderão ser formas – entre outras - de retirar aos poderes constituídos – inclusive ao poder de

59 Cf., por todos, PIOVESAN, Flávia. **Direitos Humanos e o Direito Constitucional Internacional**, 7. ed. São Paulo: Saraiva, 2006, p. 75.

60 Neste sentido, entre outros, ver as contribuições de GALINDO, George Rodrigo Bandeira. **Tratados Internacionais de Direitos Humanos e Constituição Brasileira**. Belo Horizonte: Del Rey, 2003, p. 303 et seq.; PAGLIARINI, Alexandre Coutinho. Constituição e Direito Internacional: cedências possíveis, Rio de Janeiro: Forense, 2003, p. 211, bem como MAZZUOLI, Valério de Oliveira. **Curso de Direito Internacional Público**. São Paulo: Revista dos Tribunais, 2006, p. 503, destacando que após aprovado mediante emenda constitucional (ou pelo rito do artigo 5º, § 3º, CF) os tratados internacionais de direitos humanos não poderiam mais ser denunciados, nem mesmo com prévia autorização do Congresso Nacional.

reforma constitucional – a possibilidade de livremente dispor sobre os direitos humanos e fundamentais consagrados nos tratados de direitos humanos já ratificados pelo Brasil.

4. ALCANCE DA PROTEÇÃO DOS DIREITOS E GARANTIAS FUNDAMENTAIS COM BASE NAS "CLÁUSULAS PÉTREAS"

Voltando-nos, agora, ao problema do alcance da proteção outorgada pelos limites materiais – expressos e implícitos! – à reforma constitucional, há que atentar, desde logo, para o fato de que o enunciado da norma contida no art. 60, § 4º, da nossa Constituição "... não serão objeto de deliberação propostas de emenda tendentes a abolir...", deixa antever duas diretrizes: a) não apenas as alterações da Constituição que objetivam a supressão dos princípios guindados à condição de **cláusula pétrea**, mas também as que revelam uma tendência à sua supressão se encontram vedadas; b) os projetos de emenda que atentam contra esses mandamentos sequer poderão ser apreciados e votados pelo Congresso, de tal sorte que mesmo antes de sua promulgação se viabiliza o controle jurisdicional de sua constitucionalidade.[61]

O que importa ressaltar, à vista dos elementos normativos referidos, é que também no Direito Constitucional brasileiro as **cláusulas pétreas** não implicam absoluta imutabilidade dos conteúdos por elas assegurados. Por outro lado, não é de fácil determinação o momento no qual determinada emenda à Constituição efetivamente tende a abolir o conteúdo protegido. Tal aferição apenas poderá ocorrer à luz do caso concreto, cotejando-se o conteúdo da emenda com a

61 A respeito da possibilidade de controlar-se a constitucionalidade de uma emenda à Constituição mesmo no decorrer de sua apreciação pelo Congresso, já encontramos posição firmada pelo Supremo Tribunal Federal. Neste sentido, ver especialmente o voto prolatado pelo Ministro Moreira Alves, por ocasião do julgamento ocorrido em 08-10-1980 (RTJ nº 99 [1980], p. 1040). Mais recentemente, já sob a égide da Constituição vigente, a possibilidade de controle prévio da constitucionalidade das Emendas à Constituição foi reiterada por ocasião do julgamento da ADIN nº 466-2/DF, ocorrido em 03-04-1991, quando, apesar de rechaçar-se a viabilidade do controle abstrato preventivo, não se excluiu eventual controle concreto, no caso, mediante a impetração de mandado de segurança, a exemplo do que ocorreu com a decisão anterior citada.

decisão fundamental integrante do rol das **cláusulas pétreas**, o que igualmente – vale enfatizar - se impõe na hipótese de incidir alguma limitação material implícita. Além disso, verifica-se que uma abolição efetiva, para efeitos do controle da constitucionalidade da reforma, pode ser equiparada a uma abolição **tendencial**, já que ambas as hipóteses foram expressamente vedadas pelo Constituinte.

A garantia de determinados conteúdos da Constituição por meio da previsão das assim denominadas **cláusulas pétreas** assume, desde logo, uma dúplice função, visto que protege os conteúdos que compõem a identidade – a essência – da Constituição, embora tal proteção tenha o condão apenas de assegurar esses conteúdos quanto aos seus elementos nucleares, não excluindo desenvolvimentos ou modificações, desde que preservem os princípios naqueles contidos.[62]

De acordo com a lição da doutrina majoritária, as **cláusulas pétreas** de uma Constituição não objetivam a proteção dos dispositivos constitucionais em si, mas, sim, dos princípios – e regras – neles plasmados, não podendo os mesmos ser esvaziados por uma reforma constitucional.[63] Nesse sentido, é possível sustentar que as **cláusulas pétreas** contêm, em regra, uma proibição de ruptura de determinados princípios constitucionais.[64] Mera modificação no enunciado do dispositivo não conduz, portanto, necessariamente a uma inconstitucionalidade, desde que preservado o sentido do preceito e não afetada a essência do princípio objeto da proteção.[65] De qualquer modo, é possível comungar do entendimento de que a proteção imprimida pelas "cláusulas pétreas" não implica a absoluta intangibilidade do bem constitucional protegido.[66]

62 Cf. KIRCHHOF, op. cit., p. 802. Entre nós, ver desenvolvendo o tópico e trilhando esta linha argumentativa, NETTO, op. cit., p. 169 et seq.

63 Esta a lição de MIRANDA, op. cit., p. 155.

64 Cf. a oportuna ponderação de MENDES, op. cit. p. 251, arrimado na doutrina de Bryde. No mesmo sentido, ver a posição de ESPÍNDOLA, Ruy Samuel. **Conceito de Princípios Constitucionais**. São Paulo: Revista dos Tribunais, p. 214.

65 Neste sentido, ver, MENDES, Gilmar Ferreira. Plebiscito – EC 2/92 (Parecer). **Revista Trimestral de Direito Público**,São Paulo, n. 7, 1994, p. 120.

66 Este já era o entendimento de SAMPAIO, op. cit. p. 89.

Na linha do exposto, situa-se a lição de Flávio Novelli, no sentido de que as **cláusulas pétreas**, estando a serviço da proteção do "cerne constitucional intangível" (Pontes de Miranda), isto é, do "âmbito nuclear da estatalidade constitucional" (Klaus Stern), repelem toda e qualquer emenda que intente a supressão ou a alteração substancial dos direitos fundamentais ou dos princípios fundamentais da Constituição incluídos no rol dos limites materiais à reforma da Constituição.[67] Por núcleo essencial dos direitos e dos princípios fundamentais estruturantes poderá considerar-se, de acordo com o entendimento de Klaus Stern, recolhido por Flávio Novelli, os elementos que constituem "a própria substância, os fundamentos, os elementos ou componentes deles inseparáveis, eles verdadeiramente inerentes, por isso que integrantes de sua estrutura e do seu tipo, conforme os define a Constituição", isto é, seus elementos essenciais, e não meramente acidentais.[68] Constata-se, portanto, que não apenas uma emenda constitucional que efetivamente venha a abolir – suprimir – um direito fundamental, mas também alguma que venha a atingi-lo de forma equivalente, tendendo à abolição, isto é, ferindo o seu conteúdo essencial, se encontra inequivocamente vedada pela nossa Constituição. O núcleo do bem constitucional protegido é, de acordo com este ponto de vista, constituído pela essência do princípio ou direito, não por seus elementos circunstanciais, cuidando-se, neste sentido, daqueles elementos que não podem ser suprimidos sem acarretar alteração substancial no seu conteúdo e estrutura.[69]

Ainda nesse contexto, afirmou-se que a constatação de uma efetiva agressão ao núcleo essencial do princípio protegido depende de uma ponderação tópica, mediante a qual se deverá verificar se a alteração constitucional afeta apenas aspectos ou posições marginais da norma, ou se, pelo contrário, investe contra o próprio núcleo do princí-

67 Cf. NOVELLI, Flávio Bauer. Norma Constitucional Inconstitucional? A Propósito do Art. 2º.§2º, da EC nº3/93. **Revista Forense**, Rio de Janeiro, n. 330, p. 79-81, 1995.

68 Cf. NOVELLI, op. cit., p. 82.

69 Assim também Id., p. 82.

pio em questão,[70] o que remete, por sua vez, à complexa e controversa relação entre a categoria do núcleo essencial a o princípio da proporcionalidade, que, todavia, aqui não será explorada, remetendo-se à parte geral dos direitos fundamentais – capítulo sobre limites e restrições.

Assim, em sintonia com tal entendimento e tomando como parâmetro o Direito Constitucional brasileiro, o problema do alcance da proteção com base nas cláusulas pétreas pode ser perfeitamente ilustrado mediante recurso a alguns dos princípios integrantes do rol do art. 60, § 4º, de nossa Constituição. Com efeito, quando o constituinte incluiu a forma federativa de Estado – e o correlato princípio federativo – no elenco dos limites materiais à reforma (art. 60, § 4º, inc. I, da CF), tal proteção não se limitou ao art. 1º da Constituição – de acordo com o qual o Estado Federal brasileiro se compõe da união indissolúvel da União, dos Estados, do Distrito Federal e dos Municípios – mas, estendeu-se a todos os elementos essenciais da Federação. Em se levando em conta que o princípio federativo se manifesta em diversos outros dispositivos da Constituição, verifica-se que também estes se encontram ao abrigo da proteção das **cláusulas pétreas**.[71]

Calha sublinhar que as normas versando sobre a distribuição de competência entre os diversos entes da Federação (artigos 21 a 24 da CF), a auto-organização e autonomia dos Estados (artigos 25 a 28 da CF) e dos Municípios (artigos 29 e 30 da CF) constituem apenas alguns exemplos inequívocos no sentido de que também estas normas, dada a sua particular relevância para a caracterização de uma efetiva Federação, se encontram imunes à atuação erosiva de uma reforma constitucional. Com efeito, não restam dúvidas de que, no caso da supressão da competência legislativa privativa dos Estados e Municípios, o Estado Federal ficaria atingido em um de seus elementos essenciais. Raciocínio semelhante pode ser aplicado ao princípio da separação dos poderes, que igualmente se encontra ao abrigo das **cláusulas pétreas**(art. 60, § 4º, inc.

70 Cf. MENDES, op. cit. p. 120, que, neste sentido, se posiciona favoravelmente à aplicação, no contexto do controle das reformas constitucionais, da garantia do núcleo essencial.

71 Cf. HORTA, op. cit. p. 17.

IV, da CF). Caso a autonomia e independência do Poder Judiciário viessem a ser restringidas de tal forma que ficassem virtualmente inoperantes, poder-se-ia sustentar uma inequívoca afronta ao princípio da separação dos Poderes.[72]

Tal orientação, pelo menos assim o revela a evolução mais recente, encontra-se afinada com a jurisprudência do nosso Supremo Tribunal Federal, que, em julgamento ocorrido no dia 08.10.1980, mesmo tendo julgado improcedente a ação, entendeu que a mera ampliação do mandato dos prefeitos por mais de dois anos não poderia ser considerada uma abolição – nem mesmo tendencial – da nossa República, já que o postulado republicano da limitação temporal dos mandatos políticos ficou preservado, de tal sorte que também aqui transparece a ideia de que o objeto da proteção, portanto, da intangibilidade, é o conteúdo essencial do direito – princípio – fundamental.[73] No mesmo sentido, já na vigência da CF 1988, o STF, manifestando-se sobre a constitucionalidade de emenda versando sobre a reforma previdenciária, entendeu que a forma federativa de Estado, elevada à condição de princípio intangível por todas as constituições brasileiras, não pode ser conceituada a partir de um modelo ideal de Federação, mas sim, aquele concretamente adotado pelo constituinte originário.

Além disso, ainda de acordo com o STF, as limitações materiais ao poder de reforma constitucional, não significam uma intangibilidade literal, mas apenas a proteção do núcleo essencial dos princípios e institutos cuja preservação é assegurada pelas **cláusulas pétreas**.[74] Não foi outro, aliás,

72 Sobre a reforma constitucional, o princípio da separação dos Poderes e a garantia da independência e autonomia do Poder Judiciário, ver especialmente, SILVEIRA, op. cit., p. 210 et seq.

73 Cf. voto do Ministro Moreira Alves, na Revista Trimestral de Jurisprudência nº 99 (1980), p. 1040-1, consignando-se que com isso não se está a adentrar no mérito (sem dúvida controversa) das motivações subjacentes à decisão colacionada.

74 Cf. julgamento na ADI – 2024/DF, relatado pelo Ministro Sepúlveda Pertence. Neste sentido, ver também, a contribuição de SARMENTO, Daniel. Direito Adquirido, Emenda Constitucional, Democracia e a Reforma Previdenciária. In: TAVARES, Marcelo Leonardo (coord.). **A Reforma da Previdência Social**. Rio de Janeiro: Lumen Juris, 2004, p. 36 et seq., comungando da posição aqui sustentada. Mais recentemente, ver PEDRA, Adriano Sant'Ana. A Constituição Viva. Poder Constituinte Permanente

o entendimento vitorioso quando do julgamento do MS 23.047-MC, publicado no DJ de 14.11.2003, relatado pelo Ministro Sepúlveda Pertence, para quem "as limitações materiais ao poder constituinte de reforma, que o art. 60, § 4º, da Lei Fundamental enumera, não significam a intangibilidade literal da respectiva disciplina na Constituição originária, mas apenas a proteção do núcleo essencial dos princípios e institutos cuja preservação nelas se protege".

A despeito da existência de outras decisões, que aqui não se pretende inventariar, a concepção de que intocável é apenas o núcleo essencial dos direitos e/ou princípios protegidos por conta das **cláusulas pétreas**, lembre-se apenas a relativamente recente decisão do STF quando promulgada a assim chamada "PEC da Bengala", ocasião na qual o STF, provocado pela Associação dos Magistrados do Brasil, entendeu que a imposição de uma nova sabatina aos Ministros nomeados quando completassem 70 anos viola o núcleo essencial do princípio da separação dos poderes, visto afetar e comprometer diretamente a independência do Poder Judiciário e de seus integrantes.

Para fechar o tópico, importa colacionar um argumento adicional, qual seja, o de que não parece plausível extrair da constituição uma proteção contra o poder de reforma constitucional que sequer em face do legislador ordinário está assegurada. Ora, se um direito fundamental – especialmente na ordem jurídico-constitucional brasileira - pode ser objeto de restrições por lei e mesmo com base em lei – por Decreto ou mesmo outros atos normativos – resulta difícil aceitar a tese de que o legislador reformador – munido de maior legitimidade democrática, à vista dos limites formais – não possa, mediante emenda à constituição, impor alguma restrição a direitos fundamentais. Do contrário, estar-se-ia assegurando maior força à lei do que à própria emenda constitucional, algo que definitivamente não

---

e Cláusulas Pétreas, Belo Horizonte: Mandamentos, 2005, p. 115, em alentada obra sobre o tema do Poder Constituinte e sobre a reforma constitucional, assim como FREITAS, Luiz Fernando Calil de. **Direitos Fundamentais**: limites e restrições, Porto Alegre: Livraria do Advogado, 2006, p. 193. Vale conferir, ainda, a análise das principais decisões do STF elaborada por SILVEIRA, op. cit., p. 141 et seq., bem como, bem explorando a discussão da jurisprudência do STF no marco dos limites aos limites dos direitos fundamentais, ver BRANDÃO, op. cit., p. 285 et seq.

parece estar consagrado pelo artigo 60, § 4º, da CF, tal como suficientemente demonstrado.

5. A TÍTULO DE ENCERRAMENTO: ALGUMAS NOTAS ADICIONAIS SOBRE A RELAÇÃO ENTRE REFORMA CONSTITUCIONAL, OS DIREITOS FUNDAMENTAIS E O PRINCÍPIO DEMOCRÁTICO

Sem que se tenha a pretensão de articular um conjunto de conclusões, o que se busca ressaltar a esta altura, uma vez tomada posição em favor de uma interpretação reforçada dos limites materiais à reforma constitucional no que tocante ao fato de que todos os direitos fundamentais são assegurados contra uma supressão e esvaziamento por parte do poder de reforma constitucional, sem prejuízo da necessária abertura a restrições que não afetem o núcleo essencial dos conteúdos protegidos, é que a maior ou menor permanência da ordem constitucional, por mais sólidas que sejam as garantias formais estabelecidas pela própria constituição, depende da legitimidade – procedimental e substancial – das instituições políticas e de uma efetiva vontade de – e para a – constituição (Konrad Hesse).

Nessa perspectiva, especialmente considerando a posição aqui adotada, afinada com uma interpretação não restritiva do elenco dos limites materiais à reforma constitucional, especialmente em se tratando de direitos e garantias fundamentais, é preciso enfatizar que embora, por um lado, se possa objetar que se cuida de posição mais restritiva da democracia, essa não é a única e, no nosso sentir, a melhor resposta, especialmente no contexto peculiar da ordem constitucional brasileira vigente. Em primeiro lugar, impende recordar que uma ampla proteção dos direitos fundamentais precisamente constitui pressuposto e objetivo de uma ordem democrática, pois, a despeito de seu viés contramajoritário, os direitos fundamentais, ainda mais quando consagrados por um poder constituinte democraticamente constituído e exercido, são também garantes da democracia.

Aliás, é na garantia de direitos fundamentais, que operam também como limites jurídicos ao exercício do poder, ainda que mediante processos democráticos, que reside um dos aspectos nucleares de outro princípio estruturante, que assume a mesma dignidade constitucional do princípio democrático, qual seja, o do Estado de Direito. Por outro lado, superada a noção de que uma democracia se realiza apenas mediante procedimento e que o voto representa a quase que única e exclusiva fórmula de efetivar tais processos democráticos, a proteção reforçada dos direitos fundamentais representa precisamente um meio de emprestar à democracia um conteúdo mais amplo, de matriz substantiva.

Além disso, uma vez que no sistema constitucional pátrio se assegurou aos órgãos do poder judiciário a possibilidade de fulminar emendas constitucionais aprovadas por maioria democrática qualificada, o risco para a própria democracia se revela possivelmente bem maior quando, a pretexto de preservar o regime democrático, se compreende de modo mais restrito a fundamentalidade dos direitos, viabilizando que pautas valorativas nem sempre compartilhadas pelo conjunto da sociedade, sejam utilizadas como critério para justificar a superação, por meio do controle judicial, de direitos consagrados pelo constituinte democraticamente legitimado.

Em suma, o que se pretende sustentar, é que o reconhecimento de que todos os direitos fundamentais, especialmente todos os previstos no Título II, da CF, são **cláusulas pétreas** – ainda mais quando se reconhece, ao mesmo tempo, que, em regra, não se trata de direitos infensos a limites e restrições, que podem ser veiculados por emenda constitucional – não implica necessariamente compressão desproporcional do princípio democrático e muito menos lhe afeta o seu próprio núcleo essencial, desde que preservado o necessário equilíbrio.

No caso das emendas constitucionais, o fato de se tratar de leis aprovadas mediante maioria qualificada e procedimento mais rigoroso em diversos sentidos, lhes assegura maior legitimidade democrática e impõe ao Poder Judiciário maior cautela, consistente tanto numa maior contenção (*self restraint*), quanto redobrado ônus argumentativo, ademais do caráter excepcional de tal controle. De todo modo, ainda que se deva partir dessa premissa, é no caso concreto, quando do eventual controle de constitucionalidade de uma emenda em particular – no todo ou em parte – que se haverá de avaliar o alcance – limites – do controle judicial e do seu impacto sobre as assim chamadas **cláusulas pétreas** e o princípio democrático.

A ATUAÇÃO POLÍTICA DAS CORTES: COALIZÃO, ESTRATÉGIA E INTERPRETAÇÃO

CLÈMERSON MERLIN CLÈVE
BRUNO MENESES LORENZETTO

SUMÁRIO: 1. Introdução. 2. Marbury e a posição de um juiz em uma democracia. 3. Tribunais constitucionais e a formulação de políticas públicas. 4. A Corte como um ator político estratégico. 5. Institucionalismo e interpretação. 6. Considerações finais.

1. INTRODUÇÃO

O presente texto analisa três vertentes que buscam explicar a forma de atuação dos Tribunais em sua relação interna e com os outros Poderes: a da coalizão, a estratégica e a interpretativa. Trata, inicialmente, do caso Marbury v. Madison (1803) e visa apreender a interação entre os poderes no momento da formulação da histórica decisão. Na sequência, revisita a questão do papel dos Tribunais na formulação de políticas públicas e, com o auxílio da teoria de Robert Dahl, discorre sobre a formação de uma coalizão, de uma sintonia entre os poderes, diante de manobras políticas para a definição dos membros da Corte.

Em seu prosseguimento, estuda a crítica elaborada pela teoria da escolha racional à formulação de Robert Dahl e encadeia uma exposição concisa da perspectiva estratégica das Cortes em sua interação com os outros atores políticos na composição de políticas públicas. No tópico final, o artigo apresenta os questionamentos que a teoria institucional interpretativa realizou à tese da separação dos poderes como um jogo estratégico e argumenta sobre os limites das teorias anteriores. Tanto no que tange à análise do processo decisório, quanto sobre eventuais omissões atinente são papel das instituições e de motivações que se colocam para além do radar conceitual da coalizão ou da teoria da escolha racional.

2. MARBURY E A POSIÇÃO DE UM JUIZ EM UMA DEMOCRACIA

O caso *Marbury v. Madison* (1803) é um ponto de referência

inicial recorrente para tratar da jurisdição constitucional. No caso, o *Chief Justice Marshall* formulou importantes questionamentos sobre a forma de governo e a Constituição. Dentre as questões apresentadas está a de se a Suprema Corte poderia determinar que o Poder Executivo cumprisse a lei, se a Suprema Corte deveria garantir a eficácia de leis incompatíveis com a Constituição e qual a relação entre o Estado de Direito e a democracia constitucional.

Outro aspecto importante está na afirmação de Marshall de que a Constituição é escrita e que os poderes da legislatura são limitados, de modo que uma coisa levaria à outra, ou seja, ter uma Constituição escrita limitaria o escopo legislativo e a distinção entre um governo com poderes limitados ou ilimitados seria abolida se a Constituição não fosse respeitada. Disso decorre o problema subsequente: quem, então, teria o poder de decidir qual é a lei? Assim, Marshall apresenta a famosa afirmação de que "é competência e dever do Judiciário dizer o que é o direito".[1] Aqueles que aplicam o direito ao caso concreto, prossegue Marshall, devem explicar e interpretar a lei e, se duas leis entrarem em conflito, as cortes devem decidir sobre a validade de cada uma delas.

O contexto por trás do caso envolve uma série de turbulências políticas que marcaram o início da história dos Estados Unidos. Nas eleições presidenciais de 1800 três candidatos disputavam o cargo de Chefe do Executivo. O federalista John Adams, segundo Presidente do país que buscava a reeleição, Thomas Jefferson – anti-federalista – e Aaron Burr. Em termos gerais, a distinção entre federalistas e anti-federalistas se dava no que dizia respeito à defesa da concentração de poderes no governo nacional – federalistas – ou a maior autonomia para os Estadosmembros – anti-federalistas.

John Adams foi derrotado. Porém, houve um impasse no colégio eleitoral entre Jefferson e Burr. Isso levou à Câmara de deputados decidir que Jefferson seria o próximo Presidente. Em 27 de Fevereiro de 1801, o Congresso autorizou a nomeação de quarenta e dois novos juízes de paz para o Distrito de Colúmbia – juízes municipais. Além

1 Marbury v. Madison (1803).

disso, o Congresso aprovou a criação de dezesseis novos cargos de juiz federal com o *Judiciary Act* de 1801.[2]

Em 2 de Março de 1801, a dois dias do fim de seu governo, John Adams nomeou os juízes, cuja a maioria era federalista. O Senado, controlado pelos federalistas, confirmou os juízes no dia seguinte. Por coincidência, a pessoa responsável pela selagem e envio das autorizações – *comissions* – para os novos juízes era John Marshall, que ocupava ao mesmo tempo os cargos de Secretário de Estado e *Chief Justice* da Suprema Corte dos Estados Unidos.

Algumas das autorizações contendo o ato de nomeação acabaram por não ser entregues. O republicano Thomas Jefferson assumiu a presidência e determinou que seu Secretário de Estado, James Madison, não desse continuidade às nomeações. William Marbury, interpôs um *writ of mandamus* na Suprema Corte dos Estados Unidos em face de Madison para que as autorizações remanescentes fossem entregues.O caso enfureceu Jefferson que determinou que seus procuradores ficassem calados durante a fase oral do processo. Entende-se que isso teria sido interpretado como um sinal de Jefferson para Marshall, o qual, por sua vez,haveria pensando que uma decisão desfavorável ao novo Presidente poderia levar a uma crise constitucional.[3]

A referida narrativa é uma contribuição para a compreensão do inafastável agir político por parte das Cortes Constitucionais. Com isso, não se quer dizer que, necessariamente, todas as decisões constitucionais tomadas por Cortes possuam densidade política para modificar estruturas governamentais ou suas ações. Trata-se apenas da identificação, em um de seus marcos de origem, da inafastabilida-

2 O caso ficou conhecido como os juízes da meia-noite.

3 Na decisão do caso, ficou estabelecido que a Suprema Corte não teria poder para determinar que o Presidente (Jefferson) entregasse a autorização a Marbury. Esta conclusão permitiu que a Corte evitasse problemas políticos e também o constrangimento de que Jefferson não viesse a cumprir a determinação do Tribunal. Não deixa de ser paradoxal que a o controle de constitucionalidade tenha sido estabelecido em um caso no qual a Corte chegou à conclusão que ela não poderia fazer nada para remediar a ilegalidade oficial. STONE, Geoffrey, et. al. **Constitutional Law**, 5. ed. Nova Iorque (EUA): Aspen, 2005. p. 37.

de da conexão entre a dimensão política e a jurisdição constitucional.

Outro aspecto que precisa ser considerado é a distinção entre Supremacia Constitucional e Supremacia Judicial. Embora o caso *Marbury* tenha sido utilizado para justificar argumentativamente a construção, em decisões posteriores, da Supremacia Judicial nos Estados Unidos,[4] originariamente não há muito na decisão de Marshall, vista em seu contexto e momento histórico, que pudesse justificar a posição mais ativa do Judiciário em relação aos outros Poderes ou mesmo a afirmação de que este possua a palavra final sobre o sentido da Constituição. Aquilo que, de fato, é considerado um **divisor de águas** para o Judiciário está no ato de a Suprema Corte conferir a si própria o poder de realizar o controle de constitucionalidade, ainda que, em termos práticos, seu exercício viesse a ser retomado após um considerável lapso temporal, na trágica decisão do caso *Dred Scott v. Sandford* em 1857.[5]

Para além das turbulências políticas desenvolvidas como pano de fundo para o caso, deve-se observar que, ao mesmo tempo em que a Corte Constitucional afirmava a independência do Judiciário, em razão da sua capacidade de realizar o controle de constitucionalidade e sob o manto do Estado de Direito (*Rule of Law*), ela também evidenciava que a realização da fiscalização constitucional não poderia ser feita prescindindo da política, ou seja, a Corte não poderia tomar decisões desconsiderando fatores políticos envolvidos em seus resultados.

A ambivalência da famosa decisão está no fato de que, ao mesmo tempo em que Marshall negou o pedido de Marbury, com base na alegação de que a Suprema Corte

4 Ver: *Cooper v. Aaron* (1958)

5 "Com a decisão proferida em *Marbury v. Madison*, iniciou-se a trajetória histórica da Suprema Corte em torno da interpretação constitucional. É importante notar que a afirmação da jurisdição constitucional referente às normas aprovadas pelo Congresso Nacional norte-americano se deu lentamente. Após Marbury, apenas em 1857 uma outra norma de âmbito federal foi declarada inconstitucional, no famoso caso *Dred Scott v. Sandford* [...]". (PAIXÃO, Cristiano; BIGLIAZZI, Renato. **História constitucional inglesa e norte-americana**: do surgimento à estabilização da forma constitucional. Brasília: Editora UnB: Finatec, 2011. p. 169-170).

não poderia estender sua jurisdição para além do que estava disposto no Artigo III da Constituição, afirmou que era dever da Suprema Corte dizer o que era o Direito. Isso, aliás, permitiu que o controle de constitucionalidade fosse realizado em relação ao *Judiciary Act* de 1789. Logo,o fundamento legal que Marbury embasava a demanda era inconstitucional, por procurar estender a jurisdição original da Corte, mas a própria Suprema Corte poderia, então, declarar leis inconstitucionais.

A deferência em relação ao Executivo igualmente pode ser evidenciada em outras passagens da decisão, é o caso quando Marshall argumenta ser dever da Corte decidir sobre os direitos dos indivíduos, não lhe caberia o ofício de questionar como o Executivo desempenha suas funções, uma vez que estas seriam definidas de acordo com a discricionariedade da Administração. Isso está conectado com a lembrança de que se tem uma Constituição escrita e que os poderes são definidos e limitados, ou seja, trata-se de uma limitação vinculada ao próprio ato de escrever a Constituição, sob pena de abolição da distinção entre poderes limitados e ilimitados.

Se, como já mencionado, os argumentos para a Supremacia do Judiciário precisaram ser fabricados e usaram Marbury como referência primeira, de outra sorte, a defesa da Supremacia Constitucional é expressa. Marshall pontua que ou a Constituição é considerada uma lei superior – *superior paramount law* – que não pode ser alterada por meios legislativos ordinários, ou está disposta no mesmo nível das outras leis e pode ser alterada quando a legislatura quiser.

Uma vez que a Constituição é considerada a Lei Superior, atos repugnantes às normas constitucionais devem ser considerados nulos. Por isso, aqueles que aplicam leis a casos particulares devem explicar e interpretar tais leis. É dever do Judiciário decidir eventuais conflitos que possam surgir entre leis. A Supremacia Judicial, para além da ambiguidade intrínseca da decisão, precisa, ademais, lidar com os termos finais da decisão na qual Marshall reafirma a Supremacia da Constituição e a necessidade dos outros Poderes respeitarem – e guardarem – a Constituição.

Casos anteriores a Marbury, e até mesmo os escritos de Alexander

Hamilton no Federalista, são usados como evidências de que o controle de constitucionalidade já era uma prática anterior à famosa decisão. Em *Cooper v. Telfair* (1800) e *Ware v. Hylton* (1796), o poder de controle de constitucionalidade já havia sido afirmado pela Suprema Corte de maneira expressa.[6] A possível resposta para a maior atenção conferida para *Marbury* estaria no "departamentalismo", em que, cada ramo do poder é capaz de se autodeterminar, definir suas próprias funções.

Apesar disso, em razão de suas origens políticas e da ampla controvérsia que a decisão promoveu, *Marbury* acaba por ser muitas vezes utilizado como referência do início do controle de constitucionalidade. A decisão, ademais, reforçou o papel da Suprema Corte como a responsável pela definição da constitucionalidade das leis em um momento em que as disputas entre os defensores de Jefferson e os Federalistas ameaçavam a independência do Judiciário.[7] Além disso, concomitantemente com o julgado definindo que o *writ of mandamus* de William Marbury não era o instrumento hábil para realizar a demanda que ele postulava, pode-se observar que a longa discussão dos méritos do caso realizada pela decisão.

As falhas interpretativas que, com o tempo, acabaram por reproduzir percepções equivocadas sobre as origens do controle de constitucionalidade e o papel da Suprema Corte[8] não estão em um vácuo histórico. Exemplo disso está na forma como a população percebia os juízes na sociedade, pois, se no período colonial os magistrados possuíam pouco prestígio, após a Independência dos Estados Unidos, lentamente foi alterada a compreensão de seu papel.

De acordo com Samuel Olken, com a revitalização do conceito de separação de poderes, que enfatizava as virtudes da alocação tripartite da autoridade governamental, os juízes passaram a funcionar como

---

6 "The Supreme Court itself had measured a state law against a state constitution in Cooper v. Telfair and had struck down another under the supremacy clause in Ware v. Hylton; in both cases the power of judicial review was expressly affirmed." (CURRIE, David P. Constitution in the Supreme Court: The Powers of the Federal Courts, 1801-1835. The University of **Chicago Law Review**, Chicago, n. 646, 1982. p. 655).

7 OLKEN, Samuel. The Ironies of Marbury v. Madison and John Marshall's Judicial Statesmanship. **The John Marshall Law Review**, Chicago, v. 37, n. 2, 2004. p. 395.

8 Ibid.. p. 403.

intermediários entre o povo e os legisladores, de modo que, o controle de constitucionalidade começou a ser percebido em termos políticos como um ato dos juízes em favor do povo, ao invés de uma parte do processo regular de adjudicação.[9]

Outro fator importante está na percepção de Marshall do valor do funcionamento da Corte como uma instituição unificada. Para tanto, ele convenceu seus colegas de evitar o uso do modelo de decisões *seriatim*, uma prática que fomentava as incompreensões a respeito das decisões da Suprema Corte e que poderiam fragilizar sua autoridade constitucional. As decisões *seriatim* foram percebidas como contraproducentes por disseminar diferentes fundamentos para a decisão e diminuir o prestígio da Corte. Preocupado com a imagem da Suprema Corte, Marshall procurou convencer os outros magistrados do Tribunal de que os interesses institucionais deveriam ter prioridade em relação a opiniões individuais, privilegiando as decisões *per curiam*.[10]

Marbury é, seguramente, uma decisão significativa por diferentes razões. Tanto pelo simbolismo de marco fundador do controle de constitucionalidade, que precisa ser mitigado, mas também, por ser um caso de (re)afirmação da possibilidade de interpretação da Constituição pelo Judiciário e pela forma como os *justices* se comportaram em meio a um confronto político travado pelo domínio do Executivo, não afetando o Judiciário de forma relevante. Contudo, uma das principais razões de *Marbury* ainda ser importante está em sua dimensão sistêmica, pois o caso auxilia na reflexão sobre qual é o papel de uma Corte Constitucional em uma democracia, alcançando as discussões contemporâneas sobre o ativismo judicial e as posições autolimitadas dos Tribunais.

3. TRIBUNAIS CONSTITUCIONAIS E A FORMULAÇÃO DE POLÍTICAS PÚBLICAS

Não há dúvidas de que as Cortes Constitucionais em Estados democráticos possam tomar decisões que venham a afetar ao mesmo tempo o funcionamento dos outros Poderes e a sociedade civil. As polêmicas não se colocam no que diz

9 Ibid. p. 404-405.

10 Ibid. p. 414-415.

respeito à capacidade, por exemplo, do Supremo Tribunal Federal tomar decisões que promovam mudanças sociais. Tratam, antes, do problema a respeito da legitimação do STF para tomar tais decisões e o alcance de tais políticas, de qual seria o tempo necessário para que elas possam realmente produzir efeitos e da existência de condições institucionais suficientes para que tais mudanças possam vir a ser produzidas.[11]

Nesse quesito, deve-se levar em consideração que a separação de poderes não pode ser compreendida como um incentivo para a atuação isolada dos órgãos constitucionais. Pelo contrário, a ideia de freios e contrapesos pressupõe a fiscalização recíproca entre os poderes, mas não impede que, eventualmente, venham a ser adotadas medidas colaborativas entre eles. É nesse sentido que podem ser observadas políticas que passam a ter maior legitimação e que, por consequência, acabam por ser mais perenes.

Quando os poderes trabalham de modo cooperativo, dialogando na construção de determinada política, é mais provável que a iniciativa encontre maior resistência para ser modificada no futuro, levando em consideração a possibilidade da uma convergência entre a vontade popular mediada institucionalmente e as próprias decisões institucionais na preservação da medida. Em termos simples, quando há amplo apoio da população e a constitucionalidade de uma política é testada por todos os poderes, é mais provável que esta venha a ser mantida por gerações subsequentes.

Em tal panorama, no qual se passa a reconhecer que o Judiciário pode ser um formulador de políticas, ainda que isso seja percebido como manifestação de uma função atípica, surge a questão a respeito de se o Judiciário teria legitimidade para participar do processo decisório a propósito da adequação de políticas públicas em uma democracia.

A resposta fornecida por Alexander Bickel é a de que o controle de constitucionalidade poderia criar, em razão disso, o problema contramajoritário.[12] Navegando no sentido contrário, Robert Dahl procurou

11 CLÈVE, Clèmerson Merlin; LORENZETTO, Bruno Meneses. **Governo Democrático e Jurisdição Constitucional.** Belo Horizonte: Fórum, 2016.

12 BICKEL, Alexander. **The Least Dangerous Branch**: The Supreme Court at the Bar of Politics. New Haven (EUA): Yale University Press, 1986.

desmitificar a intensidade do **problema**, ao afirmar que a Suprema Corte é uma instituição política destinada a tomar decisões polêmicas,[13] e que o fundamental seria a medida na qual um tribunal decide sobre políticas públicas sem o respaldo de critérios previamente estabelecidos na gramática jurídica como a Constituição, as leis e a jurisprudência.[14]

Outro ponto sobre o qual Dahl procura mudar a perspectiva teórica dominante é o atinente à legitimidade da Suprema Corte. Ao invés de afirmar que a legitimidade do controle de constitucionalidade se fundaria na ficção de que são tomadas decisões de caráter exclusivamente jurídico,apregoa a aceitação de que a Suprema Corte é uma instituição com feição política e, nesse aspecto, com poder para auxiliar na resolução de diversos problemas da sociedade.[15]

A questão, em sentido mais amplo, se torna a seguinte: partindo do reconhecimento de que os Tribunais formulam políticas nacionais, como justificar o seu papel em um sistema político democrático? O desafio subjacente de tal questão está na definição da função distributiva de recompensas e sanções pelo Judiciário em uma sociedade que garante para si própria o autogoverno.

Dahl procura salientar outra indagação no que diz respeito à dificuldade contramajoritária, qual seja: qual critério para definir a própria noção de maioria? Assim, qualquer tipo de divergência existente na sociedade pode suscitar a sua divisão entre uma maioria e uma – ou várias – minorias. O tema é relevante, eis que, Dahl está a assinalar a dificuldade em se afirmar com precisão se os julgamentos da Suprema Corte são, de fato, contrários à vontade de uma maioria nacional. Ou seja, a depender de como se define uma maioria, pode-se falar ou não que as decisões da Corte são contramajoritárias.[16]

Sabe-se que a discussão sobre o conceito de minorias[17] precisa ser qualificada substancialmente,

13 DAHL, Robert A. Tomada de decisões em uma democracia: a Suprema Corte como uma entidade formuladora de políticas nacionais. **Revista de Direito Administrativo**, Rio de Janeiro, v. 252, 2009, p. 25.

14 DAHL, op. cit., p. 26.

15 Ibid., p. 27.

16 Ibid., p. 28-29.

17 Ver sobre o tema: DAHL, Robert A. **A democracia e seus críticos**. São Paulo: Martins Fontes, 2012.

não podendo se limitar a uma armadilha de contagem numérica de seus integrantes.[18] Dahl trata do tema da indeterminação da vontade majoritária do povo, eis que, em eleições democráticas é difícil saber com nitidez se a vontade soberana está se manifestando em um sentido ou outro, no que tange à divisão daqueles que formulam as políticas públicas. Mesmo com a ocorrência de demonstrações dirigidas diretamente contra a decisão da Corte, no caso do *backlash*,[19] pode ser que a preferência das pessoas nas urnas não represente exatamente o apoio a um dos lados da decisão tomada pelo Tribunal.

A noção elementar de maioria esposada é aquela mediada democraticamente pelos parlamentares, fator que acaba por colocar mais uma indeterminação na definição de vontade majoritária, tendo em vista que, nem sempre, as decisões políticas dos legisladores corresponderão àquilo que parcela da população venha a protestar nas ruas.

Ademais, a tese que Dahl apresenta é a de que tanto os questionamentos sobre a possibilidade de formulação de políticas pelo Judiciário,quanto a dificuldade relacionada à sua legitimação, poderiam vir a ser superados pelo fato de que os presidentes nomeiam *justices* que irão seguir suas convicções sobre políticas os quais, via de regra,apresentam envolvimento anterior em grandes questões cotidianas da vida pública.[20]Não fosse

18 A armadilha numérica está relacionada a parcelas da populacão que não são numericamente minoritárias, mas que, não possuem representatividade política correspondente como é o caso das mulheres no Brasil. Outra faceta da armadilha está no esquecimento de que uma minoria pode ser detentora de grandes poderes, como é o caso de oligarquias.

19 KLARMAN, Michael J. How *Brown* changed race relations: the backlash thesis. **The Journal of American History**, Indiana, v. 81, n. 1, 1994. De acordo com Linda Greenhouse e Reva Siegel: "The backlash narrative conventionally identifies the Supreme Court's decision as the cause of polarizing conflict and imagines backlash as arising in response to the Court repressing politics. In contrast to this Court-centered account of backlash, the history that we examine show conflict over abortion escalated through the interaction of other institutions before the Court ruled." (GREENHOUSE, Linda; SIEGEL, Reva B. Before (and After) Roe v. Wade: new questions about backlash. **The Yale Law Journal**, New Haven, v. 120, 2011. p. 2032).

20 DAHL, op. cit., p. 31.

assim, asCortes constitucionais que seguem o referido modelo de composição não teriam condições de desenvolver outras atividades que não aquelas estritamente jurídicas e vir a possuir um papel influente no cenário político nacional, visão que, como exposto, desde de suas formas rudimentares, não é adequada sobre as funções dos Tribunais.

Em conexão com a indicação dos juízes pelo Presidente da República está a própria questão atinente à sua atuação contramajoritária.[21] Para Dahl, a Suprema Corte está diretamente conectada, pelas razões institucionais expostas, à aliança nacional dominante e, por ser elemento componente da referida coalizão, acaba por apoiar suas principais políticas. Tanto que, na hipótese de não serem criados acordos sobre as iniciativas dentro da própria aliança, as tentativas independentes de avanço da agenda pela Suprema Corte terão grandes chances de fracassar.[22]

Por isso, na compreensão de Dahl, a Suprema Corte teria por objetivo conferir legitimidade para as políticas da coalizão vencedora e, em casos excepcionais, poderia encampar outras, diantedo cenário de instabilidades da aliança nacional com a consequente incapacidade em sua definição. Porém, para que as decisões da Corte possam ter sucesso, elas não podem substanciar um tiro isolado no escuro, reclamando respaldo dos legisladores para que tenham continuidade e possam promover mudanças na sociedade.

Na esteira de tais formulações, Lee Epstein, Jack Knight e Andrew

21 "Mais uma vez, entretanto, mesmo sem analisar os casos reais na esfera política, parece um tanto irreal supor que a Suprema Corte, cujos integrantes são recrutados da mesma forma que seus juízes, favoreça por muito tempo as normas de direito ou justiça, contrariando substancialmente os interesses do restante da elite política." (DAHL, op. cit., p. 39).

22 Ibid., p. 41. "The fact that the courts' policy-making role is fundamentally tied to relationships within and between the elected branches should not be surprising. The judicial branch was constitutionally designed to be dependent on the elected branches in numerous ways—for the appointment and removal of its members, for its staffing, for its budgets, for the scope of its appellate jurisdiction, and, most importantly, for the enforcement of its decisions." (CLAYTON, Cornell W. The supply and demand sides of judicial policy-making or, why be so positive about the judicialization of politics). **Law and Contemporary Problems**, Durham, v. 65, n. 3, 2002. p. 76).

D. Martin, argumentam que Dahl estava certo ao afirmar que a dificuldade contramajoritária – levando em consideração o cenário político de formulação da Suprema Corte, em razão da indicação pelo Presidente dos *justices* e da sua respectiva confirmação pelo Senado –, não seria um problema tão significativo, em razão da sintonia entre as políticas desenvolvidas em diferentes ramos do Poder. Porém, segundo os autores referidos esta não seria a principal razão da sintonia, ou seja, da correspondência de preferências entre os ramos do Poder, mas, os efeitos da separação dos poderes na criação de limites institucionais na atuação do Judiciário.[23]

Os autores dão continuidade às razões de Dahl ao afirmarem que os poderes precisam possuir algum grau de coordenação na formulação de políticas, todavia, os mesmos são observados na condição de atores estratégicos que precisam considerar tanto os objetivos como as ações dos membros dos diferentes poderes.[24] Há, aqui, uma mudança importante na forma de compreender a interação entre os três poderes, que passam de uma sintonia derivada do desenho institucional, para uma relação construída continuamente por agentes autointeressados na promoção de suas agendas políticas.

Outro problema na teoria de Dahl estaria na ideia de que, pelo fato de a Corte ser moldada politicamente pela nomeação dos *justices*, ela tomaria suas decisões sem a interação de outros atores políticos e manifestaria suas **reais intenções** a respeito dos casos. Tal perspectiva desconsidera que o processo de interação entre os poderes é contínuo e não se limita apenas à etapa de nomeação dos magistrados. A forma fácil de perceber isso é quando a Corte leva em consideração a posição do Congresso sobre o caso, e **calcula** a possibilidade de sua decisão vir a ser reformada pelo Parlamento.[25]

---

23 EPSTEIN, Lee; KNIGHT, Jack; MARTIN, Andrew D. The Supreme Court as a *Strategic* National Policymaker. **Emory Law Review**, Atlanta, v. 50, 2001. p. 584-585.

24 Ibid., p. 585.

25 No mesmo sentido ver: EPSTEIN, Lee; KNIGHT, Jack. **The Choices Justices Make**. Washington, DC (EUA): Congressional Quarterly, 1998; EPSTEIN, Lee; KNIGHT, Jack; MARTIN, Andrew D. The Political (Science) Context of Judging. **Saint Louis University of Law Journal**, Saint Louis, v. 47, 2003.

Por isso, para buscar compreender como os juízes interpretam as leis em geral ou, em especial, como interpretam a Constituição, os outros ramos do Poder não podem ser negligenciados.[26]

Igualmente, pode-se asseverar que a formulação de políticas, em sociedades democráticas, emana de diferentes instituições, mas, sua execução e sua resiliência dependem da interação entre os poderes.[27] A referida perspectiva auxilia na compreensão da complexidade envolvida na produção e desenvolvimento de políticas públicas e, de igual modo, na crítica das teorias que buscam reduzir a importância das formulações políticas advindas do Judiciário.

A afirmação de que as Cortes podem agir de forma estratégica não implica desconsiderar o fato de que as decisões podem ser tomadas levando em consideração tanto seus aspectos sistêmicos e consequenciais como podem refletir as reais compreensões dos juízes.[28]Além

---

26 "We reject this attitudinal vision and propose a strategic one instead. The strategic approach, as we set it out, starts off with the same premise as that of the attitudinal school: Justices are 'single-minded seekers of legal policy.' From there, however, the two approaches diverge dramatically. The strategic approach assumes that if the Justices truly care about the ultimate state of the law, then they must – as Charles Fairman once put it – 'keep [their] watch in the halls of Congress' and, occasionally, in the oval office of the White Houser. Additionally, they must pay heed to the various institutions structuring their interactions with these external actors. They cannot, as the atitudinalists and Dahl suggest, simply vote their own ideological preferences as if they are operating in a vacuum; they must instead be attentive to the preferences of the other institutions and the actions they expect them to take if they want to generate enduring policy." (EPSTEIN; KNIGHT; MARTIN, op. cit., p. 592).

27 "On our account, which we call a strategic account, which we call a strategic account, justice may be primarily seekers of legal policy, but they are not unsophisticated characters who make choices based merely on their own political preferences. Instead, justices are strategic actors who realize that their ability to achieve their goals depends on a consideration of the preferences of others, of the choices they expect others to make, and of the institutional context in which they act. In other words, the choices of justices can best be explained as strategic behavior, not solely as responses to either personal ideology or apolitical jurisprudence." (EPSTEIN; KNIGHT, op. cit., p. xviii).

28 A respeito da perspectiva atitudinal: "O modelo atitudinal de explicação do comportamento judicial apresenta uma formulação aparentemente muito simples, que pode ser resumida da seguinte forma: os juízes decidem de acordo com seus

disso, um processo decisório que assuma a dimensão estratégica de seu resultado terá maiores chances de vir a ser mantido no futuro, mesmo ante respostas posteriores advindas do Legislativo, do Executivo e de configurações posteriores dos magistrados na Corte.

Por isso, deve-se compreender que quando questões polêmicas apreciadas pelos Tribunais, os juízes podem assumir uma postura sofisticada no processo decisório, tanto com uma mirada retrospectiva, ao levar em consideração as decisões já tomadas pelos outros poderes, quanto com o olhar para o futuro, considerando as possíveis respostas que serão formuladas em razão da decisão judicial.

4. A CORTE COMO UM ATOR POLÍTICO ESTRATÉGICO

O processo de tomada de decisões que vinculam os membros de um determinado grupo é um fenômeno bastante recorrente. Quando os membros de uma sociedade precisam regular condutas de interesse comum, tomam decisões que irão vincular no futuro seus componentes e que servirão, igualmente, de parâmetro para suas ações no mundo social. Diante de tal cenário, o processo coletivo de tomada de decisão passa a ter uma dimensão necessariamente política, ao passo que demanda a definição de um conjunto de preferências dos membros do grupo, as quais, por sua vez, serão agregadas e conduzirão a um resultado final.

Jon Elster explica que a agregação pode conduzir à transformação e à deturpação das preferências políticas e, em muitos casos, um pequeno grupo toma decisões que vinculam grupos maiores. Além disso, anota que os mecanismos de agregação devem ser considerados de acordo com os procedimentos da argumentação, da barganha e da votação,pois, as decisões políticas, sejam formuladas por uma assembleia ou pela própria população, acabam por envolver os três tipos de procedimentos.[29]

valores ideológicos sinceros ("atitudes") vis-à-vis os estímulos apresentados pelos casos em discussão". (RIBEIRO, Leandro Molhano; ARGUELHES, Diego Werneck. Preferências, Estratégias e Motivações: Pressupostos institucionais de teorias sobre comportamento judicial e sua transposição para o caso brasileiro. **Revista Direito e Práxis**, Rio de Janeiro, v. 4, n. 7, 2013. p. 93).

29 ELSTER, Jon. **Eplaining Social Behavior**: more nuts and bolts for the social sciences. Cambridge (ING): Cambridge University Press, 2007.p. 402-404.

A argumentação é caracterizada pela apresentação de razões pelas partes envolvidas no processo decisório com vistas à persuasão daqueles que potencialmente serão atingidos pelo seu resultado bem como pelas partes contrárias. Assim, para que se convença um número maior de pessoas, os argumentos apresentados em público se apresentam como manifestações imparciais que, não poucas vezes, utilizam o bem comum ou o interesse público como base de apoio. Para Elster, o processo de argumentação é complexo, eis que, por mais que uma pessoa possua interesses individuais puros, este ator político não poderá dizer: "– Eu decido, pois isto é vantajoso para mim". Ele precisará disfarçar suas preferências pessoais sob o manto de preferências políticas, fenômeno ao qual Elster dá o nome de **força civilizatória da hipocrisia.**[30]

Em termos ideais, a argumentação teria como finalidade a promoção da deliberação entre as partes envolvidas no processo decisório e, se os atores políticos possuem o interesse sincero de promover o bem comum, a argumentação pode auxiliar no convencimento e na mudança de preferências. Outro fator relevante diz respeito à exposição ou não dos atores políticos perante um público. Há, por óbvio, significativa diferença entre argumentar publicamente perante eleitores e deliberar em espaços fechados com votação anônima. Em espaços fechados à participação pública, a exposição de interesses privados pode surgir mais facilmente.

A votação é um procedimento importante quando a argumentação não é capaz de produzir um consenso entre os atores políticos a respeito de determinada questão. Os procedimentos de votação podem variar muito: o quórum para a de-

30 "In many societies, property has been used as a criterion for suffrage. One may, to be sure, offer impartial arguments for this principle. At the Federal Convention, Madison argued that the stringent property qualifications for the Senate, rather than protecting the privileged against the people, were a device for protecting the people against itself. But as noted, there is something inherently suspicious about such arguments, which coincide too well with the self-interest of the rich. It may then be useful to turn to literacy, as an impartial criterion that is *highly but imperfectly* correlated with property. At various stages in American history literacy has also served as a legitimizing proxy for other unavowable goals, such as the desire to keep blacks or Catholics out of politics." (ELSTER, op. cit., p. 406).

finição da maioria, procedimentos fechados ou abertos para participação popular, a votação aberta ou secreta, bicameralismo ou unicameralismo, todos estes fatores podem interferir no processo de votação. Um problema básico na votação está na agregação.

Qual deve ser o critério para promover a agregação dos votantes? Deve-se analisar as premissas e os fundamentos dos votantes ou apenas o resultado final da votação? O paradoxo de Poisson demonstra que as preferências da maioria podem ser indeterminadas. Afinal, mesmo nas situações em que se conhece a posição individual dos votantes é possível perceber que a agregação dos votos da maioria não funciona de maneira adequada.[31]

Como apontam Lewis Kornhauser e Lawrence Sager, em casos polêmicos, uma Corte pode chegar a uma determinada decisão como o resultado de uma forma ou de outra: ou pela soma dos votos individuais dos juízes, definindo o pelo resultado do todo, ou pela soma dos votos em cada um dos tópicos, com o resultado auferido pela combinação final destes. Os dois métodos de tomada de decisão levam a resultados diferentes, sendo o referido paradoxo percebido como prejudicial à atividade das Cortes, eis que, os casos deveriam ser decididos pelo seu mérito e não apenas pela organização de um protocolo de votação em detrimento de outro.[32]

A barganha, por sua vez, é o processo pelo qual se produzem acordos por meio de promessas e ameaças qualificadas. Um exemplo de barganha está na prática da troca de favores – *logrolling* – na qual uma pessoa vota em determinado tema com a promessa de que, em um momento vindouro, a matéria de seu interesse receberá os votos que precisa da outra parte. O resultado da barganha depende da credibilidade das ameaças e das promessas.Assim,

---

31 NOVAK, Stéphanie; ELSTER, Jon. **Majority Decisions**: principles and practices. Cambridge (ING): Cambridge University Press, 2014. p. 6. Ver também: LORENZETTO, Bruno Meneses; KOZICKI, Katya. Constituindo a constituição: entre paradoxos, razões e resultados. **Revista Direito GV**, São Paulo, v. 11, n. 2, 2015.

32 KORNHAUSER, Lewis A.; SAGER, Lawrence G. The One and the Many: Adjudication in Collegial Courts. **California Law Review**, California, v. 81, 1993.

uma ameaça é qualificada se aquele que a realiza pode realmente fazer cumprir as consequências em razão da não cooperação da outra parte.[33]

Nos termos estratégicos da barganha, na troca de favores, cada um dos lados tenderá a exagerar a importância daquilo que está sendo pedido em um momento inicial, para que possa usar tal concessão no futuro como **moeda de troca**. Além disso, os atores políticos envolvidos na barganha podem procurar fundamentar suas demandas em princípios. Tal espécie de barganha tende a aumentar o valor da concessão, eis que, princípios tendem a possuir maior peso do que puros interesses, sendo certo que, se os dois lados utilizam a estratégia da barganha com base em princípios, esta pode vir a não funcionar.[34]

Reconhecer que os membros do Judiciário podem e, efetivamente, adotam tais medidas no processo decisório se coloca em consonância com o entendimento de que as Cortes podem agir como atores políticos estratégicos, indo além da perspectiva de que o papel dos Tribunais seria o de apenas implementar as leis. Isso permite reconhecer uma série de variáveis distintas, dentre elas, a de que a Corte pode servir como um agente capaz de tutelar os direitos de grupos que não são representados devidamente por outras esferas institucionais.

Se, de um lado, não constitui grande novidade a afirmação de que as Cortes desempenham papel político no processo de tomada de decisão.[35] Por outro lado, a mesma assertiva pode ser verificada a partir de um prisma diverso, qual seja, o da teoria política positiva. Esta, além de utilizar os instrumentais da teoria dos jogos e da escolha racional, procurou descentralizar os estudos focados estritamente no Legislativo, os quais desconsideravam a interação entre poderes e o papel que distintas instituições poderiam exercer na produção, alteração e aplicação das leis.[36]

33 ELSTER, op. cit., p. 419.

34 Ibid., p. 423.

35 Basta levar em consideração a teoria do realismo jurídico. Ver: KENNEDY, Duncan. **A Critique of Adjudication**: fin de siècle. Massachusetts (EUA): Harvard University Press, 1997.

36 FEREJOHN, John. Law, legislation, and positive political theory. In: BANKS, Jeffrey S.; HANUSHEK, Eric A. **Modern Political Economy**: old topics, new

Por isso, tem-se que, procurar abranger a ação de atores políticos demanda considerar o fato de que estes, muitas vezes, estão envolvidos em discussões normativas fator que faz com que sejam considerados os aspectos substantivos que permeiam tais discursos.Desse modo, aoanalisar as opiniões e os objetivos dos parlamentares, juízes e burocratas em geral –os quais possuem como dever a definição do uso das atividades estatais para atingir finalidades públicas – deve-seesperar que tais ações e decisões serão guiadas por vetores normativos, ou seja, por aquilo que os atores políticos compreendem como justo ou certo.[37]

Um dos pressupostos da teoria da escolha racional é o de que as pessoas não se limitam a agir aleatoriamente no mundo, elas adotam estratégias para alcançar seus objetivos e aprimorar seus intercâmbios pessoais. Tal proposta, originalmente cunhada na economia e na matemática,[38] avançou para buscar o sentido das interações entre os poderes.

No caso das Cortes, ressalta John Ferejohn, os limites internos de tais instituições estariam em sua incapacidade de comprometimento futuro, motivo pelo qual as Cortes acabam por realizar interpretações principiológicas que, por sua vez, garantiriam a publicidade das linhas de atuação dos tribunais e aumentariam sua previsibilidade, tanto para os outros atores políticos como para os cidadãos comuns.[39] Há limites, porém para a referida estratégia, pois, mesmo que a decisão possa buscar limitar o espectro interpretativo do Tribunal no futuro, os precedentes precisam ser (re)interpretados, manifestando-se, eventualmente, hipótese de *distinguishing*.[40]

Nesse sentido, a perspectiva estratégica entende que os atores sociais tomam decisões visando determinados resultados, porém, os julgamentos são balizados tanto

---

directions. Cambridge (ING): Cambridge University Press, 1995. p. 191

37 FEREJOHN, op. cit., p. 192.

38 NEUMANN, John Von; MORGENSTERN, Oskar. **Theory of games and economic behavior**. Princeton (EUA): Princeton University Press, 1953.

39 FEREJOHN, op. cit., p. 206.

40 "By explaining when the locus of policy making is in the courts – relatively deliberative institutions in which reason and argument are central aspects of policy making – we can help to understand the changing quality of public political discourse." (FEREJOHN, op. cit., p. 211).

pelas escolhas de outros atores políticos, quanto por dispositivos institucionais que restringem o alcance das escolhas. A mirada pode se dar sobre as relações entre os ramos do Poder, no que tange, portanto, aos limites interinstitucionais, assim como sobre os limites internos, no que se refere ao processo de tomada de decisão intrainstitucional.

De acordo com Epstein e Knight, a explicação estratégica auxilia na formulação das questões a respeito da interação entre os poderes, e, também,no diagnóstico do alcance das escolhas que contribuem para o desenvolvimento do Direito. Desde a perspectiva interna ou de sua relação com os outros ramos do poder, a análise estratégica contribuiria para compreender como a interação interdependente é um traço fundamental do processo de tomada de decisão pelos juristas.[41]

Para tanto, a perspectiva estratégica procura produzir uma imagem geral das decisões judiciais, sublinhando os mecanismos de comportamento que caracterizam o processo decisório dos Tribunais. Procura identificar, assim, as formas como estes se manifestam e compreender a maneira pela qual a ação estratégica influencia resultados de decisões coletivas.[42]

Pode-se, ademais, nas sendas de William Eskridge, afirmar que a Corte participa de um **jogo da separação de poderes**, no qual esta presta atenção nas preferências do Congresso ao realizar a interpretação de leis. De modo que, sua atividade hermenêutica pode ser compreendida como o resultado de esforços políticos do Judiciário para acomodar as preferências do Legislativo ou para persuadir o Congresso para que este mude de opinião.[43]

---

41 EPSTEIN, Lee; KNIGHT, Jack. Toward a Strategic Revolution in Judicial Politics: A Look Back, A Look Ahead. **Political Research Quarterly**, California, v. 53, n. 3, 2000. p. 638-639.

42 EPSTEIN; KNIGHT, op. cit., p. 644. "[...] construiu-se o chamado *modelo estratégico*, que assume a premissa de que os juízes são motivados pela maximização de suas preferências por *policies*, mas inclui no modelo restrições a esse processo maximizador. Estas restrições são representadas pela (re) ação possível de outros atores, que teriam como objetivos a maximização de outras *policies*. (RIBEIRO; ARGUELHES, op. cit., p. 100).

43 ESKRIDGE JR, William N. Renegin on History? Playing the Court/ Congress/President Civil Rights Game. **California Law Review**, California, v. 79, 1991. p. 666.

Se as Cortes estão interagindo, consciente ou inconscientemente, com o Congresso nesse tipo de **jogo,** cumpre repensar como o Judiciário atua na interpretação das leis, o significado do ativismo judicial e o papel das Cortes na formulação e implementação de políticas públicas.

Ademais, diante das diferentes funções tradicionalmente exercidas pelo Judiciário e pelo Legislativo, se a Corte for considerada como um ator em um jogo que formula políticas públicas, ela terá de prestar atenção nas escolhas políticas do Congresso, com vistas a informar suas próprias decisões e evitar, na medida do possível, mais uma rodada deliberativa no Legislativo, com desnecessárias edições de normas que procurem desfazer a decisão judicial.[44]

No que tange ao ativismo judicial, para além da já consolidada e necessária distinção da judicialização da política,[45] a sua combinação com a tese dos jogos pode produzir frutos interessantes. A razão disso está no fato de sua proposta de uma nova maneira de pensar sobre o problema, eis que, propõe a superação do antagonismo entre Cortes progressistas ativistas e conservadoras deferentes, já que se sabe que não é o viés ideológico o único fator que define o posicionamento dos Tribunais.

A partir disso, pode-se pensar como se estrutura a interação dos Poderes na interpretação das normas. Em uma primeira hipótese, a Corte adotaria postura ativista ao interpretar dispositivos legais e levaria o sentido destas para além da intenção original do legislador e do seu sentido textual literal, colocando-se para além das expectativas do Legislativo. Na continuidade, o ativismo pode ou não ser proveitoso, eis que, eventualmente, cumprirá o papel de preencher lacunas de sentidos legados pelo legislador, podendo contribuir para a fixação da compreensão da norma pela sociedade.[46]

Contudo, nem sempre o ativismo será bem recepcionado pelas outras instâncias de poder, especialmente se a Corte apresentar exclusivamente suas próprias preferências, sem considerar os argumentos estabelecidos no processo legislativo. Em tais circunstâncias, não há incremento nas informações normati-

44 Ibid., p. 669.

45 Cf. CLÈVE; LORENZETTO, 2016.

46 ESKRIDGE JR., op. cit., p. 672.

vas e tais posturas acabam por ser mais frágeis e, portanto, vulneráveis a uma retaliação pelo Parlamento.

Ainda, pode-se retomar a moldura apresentada por Dahl para ressaltar que os jogos entre os poderes são mais complexos do que a definição dos *justices* pelo Presidente e a concordância deles com as políticas de governo. O ativismo judicial, por exemplo, pode ser um ponto de afastamento das políticas estabelecidas na agenda da coalizão majoritária, ou mesmo, representar a busca por um protagonismo em face de omissões dos outros poderes.[47]Sendo certo que o ativismo pode vir a ser aproveitado para a construção de diálogos institucionais ou para trazer à tona disputas pela definição do funcionamento das instituições do Estado.

Uma Corte que interprete as normas para além das expectativas originais do legislador poderia ser chamada de ativista, porém, não será necessariamente contrária às expectativas do Parlamento. Para Eskridge, a Corte Warren seguiu este modelo e suas decisões podem ser consideradas de um ativismo moderado, eis que, nenhuma de suas decisões foi objeto de nova rodada deliberativa pelo Congresso da época. Desse modo, o ativismo de Warren não poderia ser tratado como contramajoritário e, além disso, serve como exemplo de uma atuação bem sucedida do Judiciário no jogo entre os poderes.[48]

De outra sorte, o ativismo de uma Corte também pode ser considerado improdutivo. Isso se deve a diversos motivos, um deles, pode ser a não atuação adequada do Judiciário no jogo em questão. A Corte Burger foi politicamente improdutiva, eis que, suas decisões não estavam em consonância com as preferências do Legislativo e os argumentos manejados para funda-

---

47 Para George Marmelstein Lima: "Sempre que a pretensão normativa da constituição é frustrada por uma inação estatal tem-se um caso de omissão inconstitucional. Logo, o parâmetro normativo para verificar se há ou não uma inconstitucionalidade por omissão são as normas constitucionais que impõem deveres de ação, inclusive as assim denominadas normas de eficácia plena ou contida." (LIMA, George Marmelstein. A eficácia incompleta das normas constitucionais: desfazendo um mal-entendido sobre o parâmetro normativo das omissões inconstitucionais. **Revista Direitos Fundamentais e Democracia**, Curitiba, v. 20, n. 20, 2016. p. 189).

48 ESKRIDGE JR, op. cit., p. 672-673.

mentar as decisões foram, em geral, considerados frágeis. Em razão disso, a Corte Burger acabou por ter seus julgamentos revistos por um Congresso ultrajado. Assim, a Corte Burger, para Eskridge, foi muito menos hábil que a de Warren no jogo entre os poderes e na definição daquilo que seria politicamente aceitável por aqueles com os quais precisava interagir.[49]

A consequência da análise das Cortes como atores políticos que também formulam políticas públicas está na consideração de sua sintonia ou não com os demais poderes. Se, no início, a perspectiva de Dahl serviu como um importante aporte, na continuidade a teoria dos jogos auxilia na leitura com maior complexidade fenomênica da interação entre os poderes, embora não possa este instrumental teórico ser tratado como a única forma de compreender as movimentações interinstitucionais. Por isso, sem dúvida, as Cortes podem obstruir ou incentivar a efetivação das políticas provenientes dos outros poderes, disso, podendo decorrer diferentes resultados, desde uma interação harmônica entre os ramos do Poder, como já enunciava Dahl, ou, uma série de conflitos institucionais, nos quais os poderes disputarão os espaços estatais.

5. INSTITUCIONALISMO E INTERPRETAÇÃO

As instituições não servem apenas para limitar ou canalizar as ações de indivíduos autointeressados; elas prescrevem condutas, definem motivos e estabelecem critérios para legitimidade. Tais são algumas maneiras pelas quais as instituições acabam por perpetuar, para além dos indivíduos que as compõem, seus valores, objetivos e propostas definidas em seu momento de fundação, e é esse um dos fatores primordiais para a manutenção de seu poder.

O modelo da teoria dos jogos relacionado com a separação de poderes constitui uma dentre várias possibilidades de análise da interação entre os poderes. Permite, de maneira formal e limitada, observar as composições e rupturas, os diálogos e os conflitos entre as instituições estatais. Em tal cenário, as decisões formuladas por juízes constitucionais não são edificadas apenas com fulcro

49 Ibid., p. 674-675.

em suas preferências políticas, podendo incluir – ou não – estratégias considerando as respostas da interação entre os outros poderes.

Deve-se ter em mente, para além da lógica do jogo, que os poderes são invariavelmente algum grau de independência institucional e podem assumir o risco de tomarem decisões insuladas de uma agenda específica, desconhecendo quais serão as consequências políticas. Se as Cortes porventura perceberem suas atividades como independentes dos outros poderes – aqueles que são fiscalizados pelo eleitorado não conseguirem limitar adequadamente a atuação da Corte em razão de crises institucionais internas –, elas poderão buscar ocupar o espaço dos outros atores políticos sem temer retaliações imediatas.

Cuida-se de uma parte da fotografia, ou seja, da percepção de que as Cortes irão atuar com maior liberdade quando os outros poderes não forem capazes de colocar limites às suas decisões. O ponto de vista mais amplo leva em consideração que as Cortes, antes de tudo, são instituições que precisam ser provocadas,[50] elas reagem a disputas políticas quando demandas. Trata-se, por isso, da judicialização da política, ou da insuficiência da coalizão política em pacificar os conflitos nas rodadas deliberativas estabelecidas para o processo legislativo regular, conduzindo a mobilização política para outras arenas argumentativas.

O alcance da teoria dos jogos para elucidar o comportamento real da atividade judicial depende de uma leitura empírica ou teórica. No que diz respeito ao aspecto empírico, há certa dificuldade de ser comprovado o uso efetivo da teoria dos jogos na atuação das Cortes.[51]Outro

50 CLAYTON, op. cit., p. 77.

51 Uma crítica à teoria estratégica, em defesa do modelo atitudinal foi feita por Jeffrey Segal, em que este argumenta que os juízes votam de acordo com suas preferências políticas sinceras e que mudam seus comportamentos de acordo com as variações do ambiente político: SEGAL, Jeffrey A. Separation-of-Powers games in the positive theory of Congress and Courts. **American Political Science Review**, Cambridge, v. 91, n. 1, 1997. "Segal e Spaeth rejeitam a incorporação de quaisquer considerações estratégicas em seu modelo por entenderem que os juízes da Corte estão sujeitos a regras do jogo que não oferecem nenhum tipo de restrição a que decidam sinceramente, levando em conta apenas suas preferências políticas. Proponentes de modelos estratégicos, porém, sustentarão sua leitura a partir de interpretações das

problema está na definição de uma teoria que procura reduzir os aspectos do processo decisório a um conjunto de elementos estritamente racionais, desconsiderando variáveis subjetivas que são difíceis de rastrear pelo radar da teoria dos jogos, como uma eventual tomada de decisão em razão da amizade ou afinidade ideológica. Sob a lente da teoria dos jogos, tais condutas seriam vistas como uma troca dos votos – *logrolling* – desviando a atenção de decisões fundadas em sentimentos mais elementares e não necessariamente autointeressadas.

Como observa Amartya Sen, há cerceamentos na assunção do conceito de ser humano pelos modelos econômicos, pois, este tende a ser necessariamente alguém que se preocupa apenas com seus próprios interesses.[52] Definem-se os interesses de uma pessoa de modo que, tudo aquilo que ela vier a fazer passa a ser rotulado como uma decisão que procura promover seus próprios objetivos.

Contudo, tal redução das pessoas a animais egoístas demanda uma definição cuidadosa, pois, se alguém toma uma decisão em que defina sua preferência de x sobre y, a perspectiva racional entende que está sendo atribuída uma utilidade maior para a alternativa escolhida.[53] Aquilo que se poderia esperar seria, portanto, a busca pela maximização da utilidade e a provável repetição das escolhas anteriores, ou seja, a consistência. Se a pessoa continuar a escolher x, poderá ser buscado um padrão decisório, contudo, se aleatoriamente ela passar a escolher y ou alternar entre as opções, surge um problema para o teórico das preferências, no qual ele precisará determinar se o agente que realiza escolhas é inconsistente ou se suas preferências estão mudando.

Sem explicar que mesmo no cenário de uma consistência deci-

regras do jogo nas quais outros atores podem reagir, de maneira minimamente eficaz, a posições adotadas pelos Ministros da Corte – por exemplo, aprovando novas leis ou emendas à constituição que mitiguem ou anulem o efeito das posições de *policy* preferidas dos juízes sobre o direito vigente." (RIBEIRO; ARGUELHES, op. cit., p. 101).

52 SEN, Amartya. Rational Fools: A Critique of the Behavioral Foundations of Economic Theory. **Philosophy & Public Affairs**, Nova Jersey, v. 6, n. 4, 1977. p. 322.

53 Ibid., p. 322.

sória, o teórico da preferência não irá se importar com os fundamentos da decisão, se a pessoa decide por causa de uma razão egoísta, por altruísmo, ou com base em sua consciência de classe, a decisão sempre aparecerá como a maximização da utilidade neste **mundo encantando das definições.**[54]

Logo, as escolhas das pessoas podem ser consideradas racionais, sob tal óptica, se elas puderem ser explicadas nos termos de uma relação de preferência consistente com a definição anterior das preferências, ou seja, seria como se todas as escolhas pudessem ser explicadas como a opção – racional – das alternativas favoritas em relação às preferências existentes. O fundamento de tal abordagem está pautado na ideia de que o único modo de compreender as escolhas de uma pessoa é o de examinar as preferências atuais de alguém, não havendo outros modos de compreender as ações das pessoas em relação às suas decisões.[55]

A teoria dos jogos também acredita que, ao atuar como atores estratégicos, os magistrados procuram maximizar suas preferências, nem que para isso tenham que adotar medidas como a decisão possível nas circunstâncias estabelecidas – *second best*. O efeito deletério de tal perspectiva está, como anota Cornell Clayton, em uma instrumentalização das normas, sejam leis infraconstitucionais ou dispositivos da Constituição, relegados à condição de meros **recipientes** para atuação finalística dos juízes.[56]

Desconsidera, por isso, como os juristas podem se relacionar com as normas no processo interpretativo, eis que, elas se tornam instrumentos ou limites que deverão ser utilizados de maneira estratégica com o fim de alcançar um determinado objetivo. Uma das questões que se coloca é a da generalização das subjetividades envolvidas no processo hermenêutico, ou, o pressuposto de que todos aqueles que interpretam as normas o fazem como se estivessem em um campo de batalha no qual devem ser necessariamente definidos ganhadores e perdedores.

Além disso, a teoria dos jogos dissocia os valores ideológicos da coalizão dominante e as preferên-

54 Ibid., p. 323.
55 SEN, loc. cit.
56 CLAYTON, op. cit., p. 83.

cias individuais dos juízes, tratando-as como independentes – como se estas não pudessem ter pontos de convergência ou não sofressem restrições no próprio processo interpretativo. Ainda, não são considerados outros elementos, como o genuíno convencimento por meio da deliberação.

Clayton está certo, portanto, ao afirmar que os valores dominantes da coalizão podem moldar o processo decisório das Cortes. Porém, ao contrário de Dahl, esta influência não precisa ser tão direta, como sugere a teoria dos jogos.[57] Os valores políticos podem influenciar as decisões de forma indireta e por meio de um processo longo de modificação da percepção dos magistrados.Desse modo, tais políticas não são percebidas como uma imposição dos outros poderes ou uma jogada estratégica de um grupo de juízes, substanciando, antes a interpretação adequada do Direito.

Tome-se como exemplo a introdução da vasta gramática dos direitos fundamentais como fundamento para as decisões de casos polêmicos. Independentemente do resultado dos julgamentos, da atuação estratégica ou não dos magistrados e das pessoas que estejam a ocupar o governo e a formar a coalizão política, não há mais como evitar o debate a respeito do tema ou fazer vistas grossas para a questão.

Após uma série de discussões, mudanças governamentais e de composição de membros do Supremo Tribunal Federal, pode-se afirmar que há um consenso não completamente teorizado entre os constitucionalistas a respeito do tema. Trata-se de consenso principiológico sobre o papel indiscutível dos direitos fundamentais na agenda da interpretação da Constituição. Não, por óbvio, dos vários sentidos que estes possuem e das diferentes ideologias que podem ser utilizadas para a fixação de seus sentidos.

Assim, tais aspectos institucionais mais profundos indicam que há uma variável a respeito da atuação dos juízes em relação aos poderes que precisam prestar contas no processo eleitoral. Se, em certos cenários, as Cortes atuam com maior independência, também é verdadeiro afirmar que estas podem, dadas certas circunstâncias, espelhar as expectativas dos outros

57 Ibid., p. 84.

ramos de poder e dar continuidade à produção de políticas públicas de acordo com a pauta estabelecida externamente.

No mesmo sentido, Howard Gillman lembra que o processo de formação da convicção de um juiz não depende apenas das características pessoais dos magistrados, eis que, as instituições possuem o condão de afetar as características de seus próprios membros.[58]Reafirme-se, se a análise da escolha racional auxilia na ampliação da perspectiva a respeito do processo decisório das Cortes, tal mirada não é suficiente para explicar outra vasta gama de aspectos institucionais como a possibilidade das instituições incentivarem seus membros a perseguir objetivos políticos substantivos, ou mesmo, perseguir fins que não possam ser traduzidos nos termos do autointeresse ou, ainda, a criação de rotinas decisórias protocolares, que não passam pelas deliberações e tensões nos quais os argumentos poderiam ser utilizados de maneira integral.[59]

Ao aceitar as instituições políticas como estruturas que definem cálculos estratégicos, há a tendência de considerar que as decisões são planejadas para um período temporal limitado. Porém, basta lembrar que mudanças institucionais significativas dificilmente são realizadas por agentes isolados, isso se dá por diferentes motivos, dentre os quais está o próprio desenho institucional e os limites que um ator político precisa enfrentar para transformar suas convicções em opiniões de todos. Precisam da interação exógena e, por mais que se possa calcular as respostas dos outros poderes, não é possível saber, com antecipada precisão, se a atuação da Corte será recepcionada como mais uma rodada deliberativa produtiva ou como

58 "It is too early to declare that we have arrived at a 'post-attitudinal' moment in public-law scholarship, but the accumulated evidence dos suggest that there is an increasing consensus about the advantages of exploring how judicial decision-making is shaped by institutional contexts rather than viewing the Court primarily as a safe platform for the display of exogenous attitudes." (GILLMAN, Howard. The Court as an Idea, Not a Building (or a Game): Interpretive Institutionalism and the Analysis of Supreme Court Decision-Making. In: CLAYTON, Cornell W.; GILLMAN, Howard. **Supreme Court decision-making**: new institutionalist approaches. Chicago (EUA): The University of Chicago Press, 1999. p. 66).

59 Ibid., p. 67.

uma provocação em uma disputa acirrada pelo domínio político.

Há, ademais, outro entrave na perspectiva estratégica. Além da dificuldade de precisar, em termos empíricos, quando a decisão é estratégica, principiológica ou fruto das intenções **sinceras** do magistrado, também é intricado afirmar quando uma transformação de uma em outra ocorre,por exemplo, quais são os casos em que os juízes, conscientes do jogo da separação de poderes, abriram mão das razões substantivas para defender um resultado **menos pior**. Para além de uma infrutífera dicotomia entre opinião sincera e decisão estratégica, podem existir fundamentos principiológicos que levam os juízes a tomar suas decisões que não refletem as opiniões pessoais do magistrado e que necessariamente não serão bem recepcionados pelos outros ramos do Poder.[60]

60 "While the strategic approach is often sold as a more sophisticated version of the attitudinal model [...], it is important to note that there is nothing about the definition of strategic behavior that requires strategic decision makers to adjust their preferences when faced with pressure or uncertainty." (GILLMAN, op. cit., p. 71).

Por isso, ao menos dois aspectos precisam ser considerados. Primeiro: o desenho institucional e as expectativas que são depositadas a respeito do funcionamento da Corte. Eis que, o desenvolvimento da reputação de um Tribunal como apenas um ator político estratégico que promove barganhas e que declara leis inconstitucionais com o simples propósito de dominar os outros ramos do Poder e ter seus interesses atendidos pode produzir um efeito negativo perante a sociedade e desmoralizar a Corte. Segundo: o funcionamento interno da Corte também precisa ser considerado. Se os julgamentos são feitos *per curiam*, haverá menor espaço para manobras individualistas, ao passo que o poder de argumentação de um magistrado deverá ser muito forte para que ele consiga convencer uma audiência maior a respeito de uma decisão radicalmente contramajoritária, distante da percepção social e dos demais poderes.

Logo, a robustez institucional da Corte pode ser testada tanto por seus membros internos como pelas ruas e pelos outros poderes. No longo prazo, parecerá mais aceitável que a Corte tenha tomado decisões fundadas em princípios e no posicionamento técnico de seus juízes do que no fato mais explícito de que ela estava participando de um jogo de disputa pelo Poder e que seus fundamentos foram basicamente estratégicos.[61]

Outro problema está na questão de se estabelecer os critérios para definir qual seria uma decisão estratégica e qual seria pautada nas opiniões sinceras dos membros da Corte. Dependendo do olhar, qualquer conduta poderia passar a ser considerada estratégica.[62] Outrossim, também demanda atenção a ideia de que a própria instituição seja capaz de influenciar a autocompreensão daqueles que ocupam o papel decisório e seu senso de dever que pode, por exemplo, ser o de justamente limitar a entrada de argumentos puramente políticos nos espaços deliberativos do Judiciário.

Adverte Gillman que, como em qualquer espaço institucional, pode-se esperar que os membros da Corte deliberem sobre como proteger sua legitimidade institucional e como adaptar esta a mudanças de contexto e perante ações de outros atores políticos,[63] em suma, os magistrados tomam decisões que precisam considerar a manutenção institucional e sua mudança diante da dinâmica social e, possivelmente, tais questões não tenham muito sentido para indivíduos atuando de maneira isolada com olhos focados no autointeresse.

6. CONSIDERAÇÕES FINAIS

Ao considerar o papel das Cortes na interpretação das normas, buscou-se expor as teorias que tratavam da interação entre os Poderes e suas respectivas limitações. Por isso, foram analisadas as teorias da coalizão, da estratégia e da interpretação. Todas possuem aspectos que podem contribuir para

61 Ibid., p. 72.

62 "The strategic approach is not well designed to help us understand (for example): whether justices acquire distinctive preferences, goals, or conceptions of duty by virtue of their understandings of the role of the Supreme Court in the political system; how internal norms relating to proper judicial conduct may regulate, or even severely constrict, the opportunities for bargaining or the tactics employed by the justices to influence each other; [...]" (Ibid., p. 76).

63 GILLMAN, op. cit., p. 81.

o aprimoramento dos diagnósticos das decisões tomadas pelas Cortes, desde que estas sejam recepcionadas com as devidas mediações, sem a pretensão de apresentar a explicação derradeira sobre a forma como as Cortes deliberam.

A teoria da coalizão não consegue responder de maneira adequada a situações em que há maior tensão entre os poderes. Ainda que seja possível traçar paralelos, em um contínuo temporal mais longo, entre a indicação dos membros da Corte e a ideologia do governo, nem sempre a teoria funcionará para explicar situações em que a Corte decide assumir uma postura mais agressiva ou contrária aos outros poderes, mesmo tendo esta um corte ideológico similar ao dos ramos do Poder.

A teoria da estratégia coloca a Corte em uma moldura política na qual os juízes passam a ser considerados como atores políticos egoístas em um jogo no qual cada um precisa avançar o máximo possível suas preferências. A teoria dos jogos, ainda que possa ser considerada um avanço a respeito da teoria anterior, pode opacar ou negligenciar os casos nos quais os atores políticos não se percebem em uma relação de competição ou quando membros da Corte tomam decisões principiológicas, as quais não refletem um movimento estratégico nem sua opinião pessoal, mas, a perspectiva institucional. Por isso, sem abandonar por completo as perspectivas anteriores, defende-se que as Cortes precisam ser compreendidas a partir de um número maior de variáveis, em um conjunto de relações políticas mais complexo e multifacetado, podendo assumir configurações ideológicas cambiáveis.

Por fim, não se pode fazer tábula rasa das diferentes formas de interação interinstitucional e intrainsitucional. Enquanto, de fato, os Poderes acabam por assumir uma postura adversarial em certas circunstâncias, a disputa entre instituições ostentou variáveis que não são necessariamente as mesmas dos embates entre membros da instituição. Considerar que o mundo dos juízes é composto por vários elementos como normas, jurisprudência, doutrina, relações de poder, mídia, etc. e que não necessariamente a preocupação destes está na eventual resposta que o Legislativo irá fornecer para a declaração de inconstitucionalidade de uma lei, auxilia na valorização do contexto, mas, acima de tudo, do próprio Direito, que deixa de ser um simples instrumento disponível para usos estratégicos e passa a ser considerado como a base para o muitas vezes desafiador ofício decisório, com o processo de fixação de sentido para as normas que organizam a vida da comunidade política.

REFERÊNCIAS

BICKEL, Alexander. **The Least Dangerous Branch**: The Supreme Court at the Bar of Politics. New Haven: Yale University Press, 1986.

CURRIE, David P. Constitution in the Supreme Court: The Powers of the Federal Courts, 1801-1835. **The University of Chicago Law Review**, Chicago, n. 646, 1982.

CLAYTON, Cornell W. The supply and demand sides of judicial policy-making (or, why be so positive about the judicialization of politics). **Law and Contemporary Problems**, Durham, v. 65, n. 3, 2002.

CLÈVE, Clèmerson Merlin; LORENZETTO, Bruno Meneses. **Governo Democrático e Jurisdição Constitucional.** Belo Horizonte: Fórum, 2016.

DAHL, Robert A. **A democracia e seus críticos**. São Paulo: Martins Fontes, 2012.

________. Tomada de decisões em uma democracia: a Suprema Corte como uma entidade formuladora de políticas nacionais. **Revista de Direito Administrativo**, Rio de Janeiro, v. 252, 2009.

ELSTER, Jon. **Explaining Social Behavior**: more nuts and bolts for the social sciences. Cambridge (ING): Cambridge University Press, 2007.

EPSTEIN, Lee; KNIGHT, Jack. **The Choices Justices Make**. Washington, DC (EUA): Congressional Quarterly, 1998.

________.; ________. Toward a Strategic Revolution in Judicial Politics: A Look Back, A Look Ahead, **Political Research Quarterly**, California, v. 53, n. 3, 2000.

________;________; MARTIN, Andrew D. The Political (Science) Context of Judging. **Saint Louis University of Law Journal**, Saint Louis, v. 47, 2003.

________; ________; ________. The Supreme Court as a *Strategic* National Policymaker. **Emory Law Review**, Atlanta, v. 50, 2001.

ESKRIDGE JR, William N. Renegin on History? Playing the Court/Congress/President Civil Rights Game. **California Law Review**, California, v. 79, 1991.

FEREJOHN, John. Law, legislation, and positive political theory. In: BANKS, Jeffrey S.; HANUSHEK, Eric A. **Modern Political Economy**: old topics, new directions. Cambridge (ING): Cambridge University Press, 1995.

GILLMAN, Howard. The Court as an Idea, Not a Building (or a Game): Interpretive Institutionalism and the Analysis of Supreme Court Decision-Making. CLAYTON, Cornell W.; GILLMAN, Howard. **Supreme Court decision-making**: new institutionalist approaches. Chicago: The University of Chicago Press, 1999.

GREENHOUSE, Linda; SIEGEL, Reva B. Before (and After) Roe v. Wade: new questions about backlash. **The Yale Law Journal**, New Haven, v. 120, 2011.

KENNEDY, Duncan. **A Critique of Adjudication**: fin de siècle. Massachusetts (EUA): Harvard University Press, 1997.

KLARMAN, Michael J. How *Brown* changed race relations: the backlash thesis. **The Journal of American History**, Indiana, v. 81, n. 1, 1994.

KORNHAUSER, Lewis A.; SAGER, Lawrence G. The One and the Many: Adjudication in Collegial Courts. **California Law Review**, California, v. 81, 1993.

LIMA, George Marmelstein. A eficácia incompleta das normas constitucionais: desfazendo um mal-entendido sobre o parâmetro normativo das omissões inconstitucionais. **Revista Direitos Fundamentais e Democracia**, Curitiba, v. 20, n. 20, 2016.

LORENZETTO, Bruno Meneses; KOZICKI, Katya. **Constituindo a constituição:** entre paradoxos, razões e resultados. **Revista Direito GV**, São Paulo, v. 11, n. 2, 2015.

NEUMANN, John Von; MORGENSTERN, Oskar. **Theory of games and economic behavior**. Nova Jersey (EUA): Princeton University Press, 1953.

NOVAK, Stéphanie; ELSTER, Jon. **Majority Decisions**: principles and practices. Cambridge (ING): Cambridge University Press, 2014.

OLKEN, Samuel. The Ironies of Marbury v. Madison and John Marshall's Judicial Statesmanship. **The John Marshall Law Review**, Chicago, v. 37, n. 2, 2004.

PAIXÃO, Cristiano; BIGLIAZZI, Renato. **História constitucional inglesa e norte-americana**: do surgimento à estabilização da forma constitucional. Brasília: Editora UnB: Finatec, 2011.

RIBEIRO, Leandro Molhano; ARGUELHES, Diego Werneck. Preferências, Estratégias e Motivações: Pressupostos institucionais de teorias sobre comportamento judicial e sua transposição para o caso brasileiro. **Revista Direito e Práxis**, Rio de Janeiro, v. 4, n. 7, 2013.

SEGAL, Jeffrey A. Separation-of-Powers games in the positive theory of Congress and Courts. **American Political Science Review**, Cambridge, v. 91, n. 1, 1997.

SEN, Amartya. Rational Fools: A Critique of the Behavioral Foundations of Economic Theory. **Philosophy & Public Affairs**, Nova Jersey, v. 6, n. 4, 1977.

STONE, Geoffrey, et. all. **Constitutional Law**. 5. ed. Nova Iorque (EUA): Aspen, 2005.

CONSTITUIÇÃO, DESIGUALDADE E DIREITO À INFORMAÇÃO

ANA PAULA DE BARCELLOS

O Professor José Afonso da Silva dispensa apresentações e toda tentativa de qualificação ou elogio parece ficar tão constrangedoramente aquém de quem ele realmente é que sequer vale a pena tentar. Seu pensamento tem impactado o Direito Constitucional brasileiro ao longo dos últimos 50 anos, seus livros têm instruído gerações e sua personalidade tem encantado todo aquele que teve o privilégio de ter um contato mais próximo com ele: considero-me realmente privilegiada. A oportunidade de agradecer e honrar o Professor José Afonso da Silva por meio desta singela homenagem é um presente e sou grata por isso.

A desigualdade é um dos temas que sempre preocupou o Professor José Afonso da Silva em sua reflexão e escritos. Este pequeno texto, em homenagem ao Professor, procura tratar da desigualdade, sua relativa invisibilidade, e como o direito à informação pode contribuir para seu enfrentamento.

A Constituição de 1988 veiculou o compromisso do novo Estado brasileiro, reorganizado naquele momento, com a promoção dos direitos fundamentais. É certo que isso não significa que haja consenso acerca do que esse compromisso significa em todas as suas possibilidades, e mesmo a definição do sentido e alcance de muitos direitos envolve diferentes visões de mundo, concepções políticas, filosóficas, religiosas e ideológicas. Sem prejuízo dessas diversidade e complexidade próprias do pluralismo, parece correto afirmar que a Constituição de 1988 explicitou uma decisão majoritária no sentido do respeito, da garantia e da promoção dos direitos fundamentais.

Desde então, muitos esforços têm sido empreendidos – oriundos, *e.g.*, da esfera normativa, da doutrina e da jurisprudência – com fundamento nessa decisão constitucional e/ou com o propósito de desenvolvê-la. Cerca de dois anos após a promulgação da Constituição de 1988, foi editada a Lei nº 8.080/90, que organizou a estrutura básica do Sistema Único de Saúde, previsto constitucionalmente. Várias alterações foram introduzidas nessa lei ao longo do tempo para adaptar o sistema a novas necessidades e realidades. No plano infralegal, normas são constantemente editadas dispondo sobre os serviços prestados pelo SUS, o relacionamento entre os entes federativos e com os parceiros privados, dentre muitos outros temas. Atos concretos são praticados igualmente a fim de dar execução a esse conjunto normativo.

Percurso similar é observado, por exemplo, em relação ao direito à educação, igualmente previsto pelo texto constitucional de forma bastante analítica. Em 1996 foi editada a Lei nº 9.394, a chamada Lei de Diretrizes e Bases da Educação Nacional, que também tem sido objeto de reformas e atualizações ao longo do tempo. Outras leis foram editadas sobre o tema da educação, como, *e.g.*, a que criou o Programa Universidade para Todos - PROUNI (Lei nº 11.096/05) e o Programa Nacional de Acesso ao Ensino Técnico e Emprego – PRONATEC (Lei nº 12.513/11). Do mesmo modo, atos infra legais têm sido expedidos e atos concretos praticados com o propósito de dar execução a tais normas, com maior ou menor sucesso.

Vários outros exemplos poderiam ser dados da produção normativa do Estado brasileiro em relação a direitos fundamentais desde a edição da Constituição de 1988. O Programa Bolsa Família (Lei nº 10.836/04), independentemente das controvérsias políticas que o envolvem, se ocupa, não há dúvida, de direitos fundamentais. O Estatuto da Cidade (Lei nº 10.257/01) é considerado um documento da maior importância, inclusive no plano internacional, para o direito à moradia e demais direitos relacionados com o fenômeno da cidade. A Lei nº 13.146/15 instituiu o Estatuto da Pessoa com Deficiência, atualizando a legislação sobre a matéria no país.

Paralelamente às normas, a doutrina jurídica brasileira dedicou-se nas últimas décadas a desenvolver uma dogmática voltada para a expansão da eficácia jurídica e da efetividade da Constituição como um todo e dos direitos fundamentais de forma específica. O esforço doutrinário é notável e deve ser registrado, mesmo quando seu impacto efetivo na compreensão e aplicação do direito leve algum tempo para se verificar. A jurisprudência tem seguido na mesma linha, em todos os ramos do Poder Judiciário e graus de jurisdição, e sequer há necessidade de enumerar exemplos de decisões nesse sentido. O Supremo Tribunal Federal em múltiplas ocasiões tem destacado a centralidade dos direitos fundamentais e da dignidade humana no sistema jurídico-constitucional brasileiro[1].

Todos esses esforços – normativos, doutrinários e jurisprudenciais – pretendem, em última análise, garantir, proteger e promover os direitos fundamentais. E parece certo de que eles são efetivamente necessários para a realização dos direitos nos Estados contemporâneos, embora não sejam suficientes. A edição de normas, a produção doutrinária e mesmo a prolação de decisões judiciais não garantem, por si, a realização de direitos.

O fato de existirem múltiplas normas disciplinando o direito à saúde, doutrina tratando de sua fundamentalidade e eficácia, e decisões judiciais impondo obrigações nesse sentido, não significa que as normas estejam sendo efetivamente executadas e, mesmo que sua execução esteja acontecendo, isso não garante, nos termos do art. 196 da Constituição, que os riscos de doença e agravos estejam sendo reduzidos ou que a promoção, proteção e recuperação da saúde estejam se verificando. Mesmo quando se trata de decisões judiciais, nem sempre seu cumprimento se dá de forma tão rápida ou equitativa. Sobretudo quando se trate de ações coletivas, como se verá mais adiante.

Paralelamente, portanto, à edição normativa e aos desenvolvimentos doutrinários e jurisprudenciais que visam a promoção dos direitos, eu gostaria de propor duas outras dimensões para o compromisso constitucional com os di-

---

1 Apenas para que se tenha uma ideia, a expressão "direitos fundamentais" "dignidade humana" ou "dignidade da pessoa humana" aparece 166 vezes na publicação "A Constituição e o Supremo", disponível no site do Supremo Tribunal Federal (Disponível em: <http://www.stf.jus.br/portal/constituicao/constituicao.asp>. Acesso em: 2 out. 2015), que apresenta uma seleção da jurisprudência da Corte organizada por artigo da Constituição a que se refere cada decisão. A expressão "direitos fundamentais" aparece 81 vezes na mesma publicação.

reitos fundamentais que, para fins didáticos, seguem denominadas de **dimensões da realidade e da realidade desagregada**. Inicie-se pela dimensão da realidade.

A decisão majoritária constitucional em relação aos direitos fundamentais apenas faz sentido se a pretensão for compreendida no sentido de que os direitos sejam de fato, isto é, no mundo da realidade, garantidos às pessoas. O direito em geral e o Direito Constitucional em particular têm como objetivo transformar o mundo real, de tal modo que ele se conforme a suas prescrições. Ocorre que entre a norma, e mesmo entre a decisão judicial, e a transformação da realidade haverá sempre um processo, por vezes longo, complexo e acidentado. Alguns exemplos ilustram o ponto.

As normas constitucionais que tratam do direito à educação, por exemplo, pretendem que o serviço educacional produza, na existência individual, "pleno desenvolvimento da pessoa, seu preparo para o exercício da cidadania e sua qualificação para o trabalho" (art. 205). Não é difícil perceber, em primeiro lugar, que essa previsão normativa em si, ou as leis e atos infralegais que tratam do assunto, não produzirão esse resultado por sua simples existência. Infelizmente não existe um efeito mágico associado à edição de uma norma – mesmo de uma norma constitucional! – pelo qual a realidade automaticamente se transforma para conformar-se a suas previsões. Muitíssimos atos terão que ser praticados ao longo do tempo para conduzir a norma constitucional a sua realização concreta.

Em primeiro lugar, será preciso que o serviço educacional exista e que suas condições de oferta – quantidade, localização, acessibilidade etc – sejam adequadas ao público. A Constituição garante, *e.g.*, o serviço educacional em horário diferenciado para adultos que não tiveram acesso ao ensino regular na idade própria. Se esse serviço não existe no horário adequado, ou se só existe em locais distantes do público a que se destinariam – inviabilizando o acesso – a realização do direito já restará inviabilizada. O mesmo se diga para o serviço de creche e pré-escola: se não há vagas suficientes ou se a localização é inacessível, a realização do direito já encontra um óbice desde logo.

Além disso, atos terão que ser praticados quanto ao como esse serviço será prestado. Que conteúdos, habilidades, capacidades promoverão, por exemplo, a qualificação para o trabalho? Ou o preparo para o exercício da cidadania? Ou o desenvolvimento humano? Essas avaliações estão longe de ser singelas, mas serão indispensáveis. E como esses conteúdos, habilidades, capacidades, etc., serão desenvolvidos junto aos alunos, dependendo da faixa etária e das diferentes características do público? São decisões que terão de ser tomadas e, provavelmente, será necessário revisá-las periodicamente.

E isso porque não basta existir o serviço educacional para o que direito seja realizado. O direito à educação não se realiza propriamente, ou apenas, pela frequência a um local chamado escola. Se os alunos frequentam a escola pelo tempo planejado, mas os fins constitucionais não se realizam minimamente – isto é: se não houve um desenvolvimento ao menos razoável da pessoa, se ela não está preparada para o exercício da cidadania e nem qualificada para o trabalho –, alguma coisa está errada: afirmar que o direito à educação dessas pessoas foi garantido simplesmente não é real. O serviço deve ser desenvolvido de tal modo que, ao menos em tese, ele seja capaz de produzir os resultados desejados pela Constituição e pela legislação para os diferentes públicos. Não sendo assim, não se terá a realização do direito na vida das pessoas.

De outra parte, será indispensável avaliar se os usuários do serviço estão efetivamente obtendo dele o que se imagina. Isto é: se os resultados esperados estão efetivamente se produzindo, até para que seja possível reavaliar e promover os ajustes capazes de reconduzir o processo para a produção dos resultados esperados. Eventualmente, a escola pode existir em local adequado, com vagas suficientes, os conteúdos e métodos foram desenvolvidos com o propósito de produzir os resultados constitucionais, mas por razões que não puderam ser antecipadas, esses resultados não estão se verificando.

Esse é um ponto importante pois a realidade é muito mais complexa do que se pode antecipar e reavaliações e ajustes serão frequentemente necessários nas políticas públicas em geral, e em matéria de direitos em particular. Não se trata propriamente de erros ou incompetências – embora eles também possam existir – mas dos limites do conhecimento humano e da nossa capacidade de prognóstico. Assim, não é incomum que os meios pelos quais se imaginou promover determinado resultado se revelem afinal infrutíferos, seja de forma geral, seja para determinados grupos ou situações.

Imagine-se, assim, que um dos resultados esperados do sistema educacional é que o indivíduo seja capaz de ler materiais jornalísticos e compreendê-los, bem como expressar ideias por escrito, após determinado número de anos no sistema. Se, a despeito da passagem do tempo se observa que o sistema educacional não conseguiu conduzir crianças/adolescentes de determinadas comunidades a tais resultados, será preciso avaliar o que precisa ser feito para que eles sejam afinal produzidos, sob pena de, para esse conjunto de crianças, o direito à educação não estar sendo garantido. O garantia do direito, portanto, não se verifica apenas pela existência de um serviço que, em tese, foi concebido com o objetivo de promovê-lo, mas pela fruição real desse direito pelos indivíduos.

Os exemplos apresentados acima estão longe de percorrer a complexidade inerente à realização do direito à educação. O ponto que se quer destacar aqui é o de que a edição de normas sobre direitos fundamentais é apenas um ponto de partida. A realização dos direitos dependerá de muitos outros atos subsequentes que não podem ser ignorados, não apenas por outros ramos do conhecimento, mas também pelo Direito Constitucional.

O mesmo pode acontecer com decisões judiciais. Nas últimas décadas multiplicaram-se decisões judiciais, ao redor do mundo e no Brasil, com o objetivo de promover a realização de direitos fundamentais. Os exemplos envolvendo direitos sociais são provavelmente os mais emblemáticos, mas não são únicos: demandas envolvendo direito à água, à alimentação, a prestações de saúde, à habitação, a saneamento básico, etc. Mas, o que aconteceu efetivamente com essas decisões? Elas foram executadas? Elas incrementaram a realização dos direitos fundamentais no mundo dos fatos? Esse é um tema que tem suscitado amplo debate entre acadêmicos e ativistas ao redor do mundo[2].

A conclusão preliminar a que já se chegou, não apenas no Brasil, mas também em outros países, é a de que as decisões judiciais são executadas de forma razoável quando se trate de bens privados postulados em demandas individuais, como, *e.g.*, a entrega de medicamentos. Entretanto, quando se cuida de ações coletivas e/ou de demandas que envolvem bens públicos, como a alteração, correção ou implantação de uma política pública, a execução das decisões judiciais pode demorar décadas ou eventualmente nunca acontecer. O exemplo do saneamento no Brasil ilustra o ponto[3].

Desde o início da década de 1990 dezenas de ações foram ajuizadas pelo Ministério Público postulando a instalação ou a ampliação de sistemas de coleta e tratamento de esgoto em cidades pelo país afora, e muitas decisões judiciais atenderam tais pedidos. A execução dessas decisões, porém, têm levado um tempo considerável. E, a rigor, não é difícil imaginar as principais etapas necessárias à execução dessas decisões. Em primeiro lugar, será preciso fazer um plano de saneamento que leve em conta as características da cidade, tanto em termos hídricos quanto populacionais, dentre outros aspectos. Muitas vezes o Município não terá pessoal técnico, de modo que precisará socorrer-se da cooperação da União ou do Estado para elaborar seu plano, que, de todo modo, terá que harmonizar-se com os planos dos municípios vizinhos e com o do Estado.

Definido o plano de saneamento e os sistemas que deverão ser construídos, será o momento de decidir quem executará essas obras e qual será o modelo adotado para a posterior prestação do serviço, já que as duas decisões podem repercutir uma sobre a outra. Haverá uma concessão do serviço e licitação das obras em conjunto? Ou apenas serão licitadas as obras

2 Ver discutindo a questão os textos reunidos na coletânea de GAURI, Varun; BRINKS, Daniel M. **Courting social justice**: Judicial enforcement of social and economic rights in the developing world. Cambridge (ING): Cambridge University Press, 2008.

3 As informações sobre o tema do saneamento utilizadas no texto podem ser conferidas em BARCELLOS, Ana Paula de. Sanitation Rights, Public law Litigation and Inequality: A Case Study from Brazil. **Health and Human Rights**, Massachusetts, v. 16, n. 2, p. 35-46, 2014.

e o Município prestará o serviço? Se houver dispêndio do Município, terá que haver previsão orçamentária, e nesse ponto o Legislativo será chamado a participar da execução da decisão judicial.

Ultrapassada essa segunda etapa, terá lugar a licitação para o que quer que tenha sido decidido pelo Município. Encerrado o certame, o vencedor iniciará as obras, e provavelmente o primeiro item de sua lista será obter as licenças ambientais necessárias, além das outras licenças eventualmente pertinentes. Vencida essa fase, as estruturas começarão a ser construídas, o que poderá levar vários anos dependendo da dimensão dos sistemas. Depois chegará a parte de testes para, enfim, a promoção do direito fundamental das pessoas efetivamente acontecer.

Pois bem. Se o compromisso constitucional com os direitos fundamentais tem essa dimensão de realidade – isto é: que as pessoas efetivamente tenham seus direitos garantidos, protegidos e promovidos no dia a dia –, e se as normas e as decisões judiciais sozinhas não têm o condão de transformar magicamente a realidade, a que ponto somos conduzidos? A consequência dessas duas premissas é a de que o compromisso constitucional com os direitos fundamentais não é um compromisso propriamente com a existência de normas sobre o assunto, de políticas públicas de direitos fundamentais ou mesmo de decisões judiciais que determinem sua execução. Todos esses mecanismos serão meios para atingir um fim: a garantia efetiva, no dia a dia das pessoas, dos direitos fundamentais.

Essa primeira dimensão, portanto, significa de forma bastante simples que a promoção dos direitos fundamentais não se esgota na elaboração, interpretação e aplicação de normas sobre direitos fundamentais. Ela precisará envolver também o que acontece no mundo real com as normas editadas e com as decisões proferidas.

Alguém poderia suscitar que essa dimensão da realidade – embora importante – estaria fora do escopo do Direito Constitucional e não seria relevante para seu estudo, formando o objeto próprio de outros ramos do conhecimento. Elaborada a norma de direito fundamental pelas autoridades competentes, definido seu sentido, alcance e eficácia pela doutrina, e aplicada pelo Poder Judiciário, o Direito Constitucional teria encerrado seu ofício. A efetiva execução das normas ou das decisões judiciais estaria a cargo do Direito Administrativo e do Direito Processual. Ouso discordar.

Não é o caso de o Direito Constitucional adotar uma autocompreensão megalomaníaca e pretender tratar de temas tradicionalmente afetos a outros ramos do Direito ou de assuntos próprios de outras espécies de conhecimento. Bem ao contrário, é o caso de o Direito Constitucional adotar uma autocompreensão mais humilde, no sentido de abrir-se para aprender com outros campos do conhecimento acerca da realidade – complexa, variada e mutável ao longo do tempo – que se pretende regular e transformar.

Para utilizar os exemplos acima, não é o Direito Constitucional que vai apurar ou definir onde as escolas devem ser instaladas, qual a quantidade de vagas necessárias, qual será o conteúdo do serviço educacional, como ele será prestado, como se vai apurar se o serviço está promovendo o direito à educação das pessoas, como se deve alterar o sistema, caso se conclua que determinados públicos não estão tendo seu direito à educação realizado etc. O Direito Constitucional não tem nada a dizer sobre como as diferentes pessoas, em diferentes circunstâncias, aprendem ou não, como a melhor forma de desenvolver determinadas capacidades cognitivas, dentre tantos outros temas. Entretanto, esses elementos e esses dados não podem ser irrelevantes para o Direito Constitucional.

Parece realmente um equívoco lógico que o Direito Constitucional tenha a pretensão de transformar a realidade e, simultaneamente, ignore essa mesma realidade e até mesmo resista em conhecê-la. A circunstância de não caber necessariamente ao Direito Constitucional a produção de determinados conhecimentos, não significa que não lhe caiba se relacionar com eles para incorporá-los e levá-los em consideração no desenvolvimento teórico de seu próprio instrumental, de modo a ser capaz de contribuir melhor para que os resultados pretendidos pela Constituição sejam efetivamente realizados.

A segunda dimensão do compromisso constitucional com os

direitos fundamentais é o que se denominou aqui de **dimensão da realidade desagregada**. Trata-se de um desdobramento da dimensão da realidade discutida acima, mas que, por sua importância, merece um destaque específico. E isso porque, quando se trata de direitos, a realidade do mundo, e do Brasil em particular, é profundamente desigual. A conhecida frase sobre estatística – e realisticamente cruel – ilustra o ponto: se A come um frango por dia e B passa fome, na média cada um comeu meio frango. A desagregação de dados é o mecanismo pelo qual as desigualdades podem ser explicitadas e tornadas visíveis.

Alguns dados brasileiros deixam clara a relevância de se apurar a realidade dos direitos fundamentais não apenas de forma genérica, mas também, e particularmente, de forma desagregada, considerando elementos de desigualdade tradicionalmente observados no país como renda, cor, gênero e as diferentes regiões, dentre outros[4].

A mortalidade infantil sofreu uma redução considerável nos últimos anos: em 2000, estimava-se 29 mortes por 1000 nascidos, e em 2013 a estimativa é de 15 mortes. Esse número, porém, não reflete as desigualdades regionais que continuam a existir. Os números das Regiões Nordeste (19,4), Norte (19,2) e Centro-Oeste (15,6) são maiores que os da média nacional, enquanto Sudeste (11,6) e Sul (10,4) apresentam valores inferiores. Os valores extremos na estimativa da taxa de mortalidade infantil foram observados no Maranhão (24,7 mortes por 1.000 nascidos vivos) e em Santa Catarina (10,1).

Em 2004, 53,7% das crianças com até quatorze anos de idade residiam em domicílios em que o esgotamento sanitário era inadequado, ou seja, não se dava via rede geral ou fossa séptica ligada à rede coletora. Em 2013, esse indicador passou a 44,5%, o que revela simultaneamente uma melhora e uma necessidade alarmante. Nas Regiões Norte e Nordeste o percentual de domicílios urbanos com

4 Os dados expostos no texto constam de INSTITUTO BRASILEIRO DE GEOGRAFIA E ESTATÍSTICA. **Síntese de Indicadores Sociais**: Uma análise das condições de vida da população brasileira. 2014. Rio de Janeiro: Instituto Brasileiro de Geografia e Estatística – IBGE, 2014.

acesso simultâneo a serviços de saneamento, foi de 21,2% e 51,1% respectivamente. No Sudeste, este mesmo indicador alcançou 91,1% dos domicílios urbanos, enquanto as Regiões Sul e Centro-Oeste, respectivamente, registraram 67,0% e 51,8% no indicador. No outro extremo, 97,6% dos domicílios urbanos no Amapá e 95,2% no Piauí não tinham saneamento adequado em 2013. Proporções menores, mas ainda significativas, ocorreram em Rondônia (86,1%), Pará (85,0%) e Maranhão (80,6%).

Quanto ao direito à educação – os dados são de 2013 – o acesso à escola estava próximo da universalização (93,1%) para as crianças de quatro a cinco anos do quinto mais rico da população –os 20% com maiores rendimentos – ao passo que apenas 75,2% das crianças nessa faixa etária são escolarizadas quando se examina o quinto mais pobre – os 20% com menores rendimentos. Paralelamente às desigualdades sociais, há também desigualdades regionais e entre áreas urbanas e rurais. No mesmo ano de 2013, o Norte possuía a menor proporção de crianças de quatro e cinco anos na escola (67,9%), contra 87,0% no Nordeste e 85,0% no Sudeste. Além disso, 27,2% das crianças dessa faixa etária que viviam na área rural não frequentavam a escola.

Os dados registram um aumento da frequência escolar, mas os níveis de atraso escolar continuam altos. Mais de 25% dos jovens de quinze a dezessete anos estavam no ensino fundamental em 2013, e as Regiões Norte e Nordeste apresentaram as maiores taxas de distorção idade/série (55,2% e 52,2%, respectivamente). A proporção desses estudantes com atraso no ensino fundamental era mais elevada entre aqueles da rede de ensino pública, homens, residentes em área rural e de cor preta ou parda. Além disso, os 20% mais pobres possuíam taxa de distorção idade/série 3,3 vezes maior do que aquela observada entre os estudantes pertencentes aos 20% mais ricos (5° quinto), fazendo com que o atraso escolar afetasse mais da metade desses estudantes (54,0%). O abandono escolar também é alto no Brasil e vem crescendo. Em 2013, 31,0% dos jovens de dezoito a vinte e quatro anos de idade não haviam concluído o ensino médio e não estavam estudando. Pior, o abandono escolar precoce atingia cerca de metade dos jovens de dezoito a vinte e quatro anos de idade pertencentes ao quinto mais pobre (50,9%) enquanto no quinto mais rico essa proporção era de apenas 9,8%.

A realização dos direitos fundamentais, mesmo quando se observa ao longo do tempo, varia muitíssimo em um país desigual como o Brasil. Ora, o compromisso da Constituição é com a efetiva realização dos direitos de todos e de cada um, e não apenas com uma média global que pode esconder, como na história do meio frango per capita, obesos e esfomeados. A desigualdade não pode ser ignorada quando se trata da promoção de direitos. É preciso saber não apenas **quantos** têm efetivamente determinado direito garantido no país, mas quem são de fato esses **quantos**, onde vivem, sua identificação racial, gênero, renda, etc., já que o que se observa é que a promoção dos direitos não se distribui de maneira uniforme pela população. Daí a importância da dimensão da realidade desagregada.

Ou seja: do ponto de vista do Direito Constitucional, a realidade desagregada é indispensável porque ela revela os grupos que estão sendo deixados para trás no esforço de garantia dos direitos. Há mais que isso, porém. A própria Constituição previu de forma explícita que a redução das desigualdades é um dos objetivos fundamentais da República (art. 3º, III). Trata-se, portanto, de uma prioridade constitucional no contexto dos múltiplos esforços de realização dos direitos previstos pela própria Constituição. Mas se essas desigualdades sequer são explicitadas, como serão conhecidas? E se não são conhecidas, como serão discutidas? E se não forem discutidas, como se conseguirá reduzi-las?

A pergunta final que cabe fazer é a seguinte: quais as consequências que essas duas dimensões – da realidade e da realidade desagregada – têm sobre o Direito Constitucional especificamente? Aqui se tratará de apenas uma delas: o direito de acesso à informação sobre a realidade desagregada dos direitos fundamentais.

Como é corrente, a Constituição de 1988 consagrou de forma expressa o direito de acesso à informação (art. 5º, XIV e XXXIII), ao lado dos correspondentes deveres de publicidade e de prestação de contas, impostos aos agentes públicos em geral (art 37, *caput*, § 3º, II e § 8º, II; art. 49, IX; art. 84, XI e XXIV; art. 74, I e II). Nos termos da Constituição, a publicidade será sempre a regra, e o sigilo dos atos do Poder Público apenas é admitido para preservação da intimidade e quando seja necessária à segurança da sociedade e do Estado. Além disso, a Constituição faz menção expressa a planos de governo, à avaliação do cumprimento das metas previstas e à execução dos programas de governo.

O direito de acesso à informação desdobra-se em duas direções. Em primeiro lugar, cada indivíduo tem o direito de ter acesso a informações acerca de si próprio, mas que estejam sob poder do Estado. Esse primeiro aspecto do tema se vincula a interesses como a privacidade, o poder do indivíduo de controlar suas informações pessoais e, eventualmente, a proteção contra discriminações. Em segundo lugar, o acesso à informação diz respeito ao direito de todos, e de cada um, de ter acesso em caráter permanente a informações sobre os atos públicos de interesse geral: esse é o ponto que interessa de forma direta aqui. O art. 5°, XXXIII, identifica como objeto desse aspecto do direito "informação de interesse coletivo ou geral". O art. 37, § 3°, II, de forma mais específica, menciona o direito de ter acesso a registros administrativos e a informações sobre atos de governo[5]

O direito de acesso à informação de interesse geral desencadeia ao menos dois efeitos. Em primeiro lugar, caso o Poder Público não dê publicidade a informações existentes de interesse público, surge para os indivíduos a pretensão de exigi-las. É possível identificar manifestações individuais, coletivas e difusas desse direito. Com efeito, após uma solicitação administrativa infrutífera, um indivíduo poderá ingressar com uma demanda postulando determinada informação. Também uma associação de moradores pode pretender obter informação, *e.g.*, sobre os níveis de salubridade da água distribuída no

---

5 A Lei n° 12.527/11, chamada Lei de acesso à informação, trata deste segundo aspecto do direito à informação de forma específica, e seus arts. 7° e 8° indicam, exemplificativamente, o conteúdo do direito à informação.

bairro e as ações estatais planejadas para garantir sua potabilidade.

Além dessa dimensão coletiva, não é difícil visualizar uma dimensão difusa desse direito. A coletividade tem o direito de exigir informações, por exemplo, sobre gastos públicos em geral, ou sobre a quantidade de mortos em decorrência da dengue, caso eles não sejam fornecidos. Em resumo, existe um direito de exigir que a informação de interesse geral existente seja fornecida.

Mas o que dizer de uma informação que não esteja disponível, seja porque não foi coletada, seja porque não foi processada? É neste ponto que se manifesta um segundo efeito do direito de acesso à informação de interesse geral: é preciso que exista a informação de interesse geral, **existir** entendido no sentido de ter sido coletada e estar disponível. É certo que não existe um direito de ter acesso a qualquer informação que se deseje. Informações astronômicas são de interesse geral, mas dificilmente se poderá sustentar que o Estado está obrigado a produzi-las e difundi-las, a não ser que haja uma conexão de alguma delas com alguma espécie de ação estatal. Coletar informação, processá-la e colocá-la à disposição do público é uma atividade complexa, por vezes demorada e custosa. Por isso mesmo, o Estado não estará obrigado a produzir e colocar à disposição informações não relacionadas com sua atividade, ainda que se possa considerar uma determinada informação desse tipo de interesse geral.

O mesmo não se pode dizer, porém, sobre informações diretamente com a realidade da garantia e da fruição dos direitos na vida das pessoas, bem como com o impacto das políticas públicas em matéria de direitos fundamentais sobre essa realidade. Respeitar, proteger e promover os direitos fundamentais é o compromisso fundamental do Estado brasileiro e há, portanto, um direito constitucional à informação sobre se é como os direitos estão sendo garantidos – a dimensão da realidade – para os diferentes grupos, nas diferentes regiões do país – a dimensão da realidade desagregada. Até porque, será impossível avaliar a execução das políticas públicas e dos programas de governo em geral, como exigido pela própria Constituição, se o Poder Público não monitorar ao longo do tempo suas ações e seus resultados, a fim de coletar, processar e divulgar tais informações.

Veja-se bem, pouco sentido haveria em se garantir acesso à informação de interesse geral relacionada com a atuação estatal se o Estado pudesse negar a informação sobre o argumento de que não a possui, ainda que o argumento fosse verdadeiro. A ausência da informação, no caso, não afasta o direito difuso da coletividade de obtê-la, mas, o contrário, gera para o Poder Público o dever-meio de tomar providências de modo a ser capaz de produzir e divulgar essa informação.

A questão é tão relevante que a Constituição comete de forma específica à União a coleta e divulgação de informações estatísticas de caráter nacional, particularmente dados geográficos, geológicos e cartográficos, dados que serão necessários para a compreensão da realidade brasileira de forma ampla e indispensáveis para a concepção de qualquer política pública por qualquer ente federativo.

O direito de acesso à informação acerca da realidade – desagregada – da promoção dos direitos fundamentais é, portanto, um tema profundamente constitucional. Em primeiro lugar, porque ele é indispensável para a promoção em si dos direitos. Em segundo lugar, por conta do tratamento que o constituinte deu ao tema da informação. E, por fim, também por seu caráter potencialmente contramajoritário, a exigir o manejo do Direito Constitucional. Coletar informação, processá-la e colocá-la a disposição do público é uma atividade complexa, por vezes demorada e custosa, e provavelmente com pouco retorno eleitoral. Além disso, não seria contrafático assumir como premissa que o Poder Público preferiria, do ponto de vista político, gerar e divulgar apenas a informação que revele seus avanços e sucessos.

Para concluir, cabe enfrentar uma crítica possível ao que se acaba de registrar sobre o direito de acesso à informação e suas consequências. Alguém poderia perguntar: faria sentido, em um país com tantas necessidades em matéria de direitos, o Poder Público investir tempo e recursos no desenvolvimento de sistemas de informação sobre a realidade – desagregada – da promoção dos direitos fundamentais? Não seria melhor concentrar os esforços diretamente na realização desses direitos, ao invés de dispersar energia nessas atividades meio?

Há três questões a considerar muito rapidamente neste ponto. Em primeiro lugar, os esforços direcionados à realização dos direitos não são sinônimo de real promoção desses direitos. Como já referido, é frequente que as políticas necessitem de ajustes e correções ao longo do tempo; se não há informações sobre a realidade acerca da garantia dos direitos simplesmente não será possível promover correção ou ajuste algum. Ou seja: é possível que em muitos casos esforços e recursos estejam sendo disperdiçados, ou ao menos gastos com pouca eficiência, já que a promoção real dos direitos não está acontecendo, mas sequer se sabe disso.

Além disso, e como também se observou, a desigualdade na promoção dos direitos é muitas vezes invisível ou pouco perceptível. Sem informação sobre a realidade capaz de desagregar os dados e apresentá-los considerando não apenas a população como um todo, mas os diferentes grupos dentro dela, a tendência é que tais desigualdades persistam. A informação tem o potencial de trazer o problema para a luz.

Em segundo lugar, os recursos supostamente **economizados** pela inexistência de um sistema de informações não serão necessariamente transferidos e investidos na efetiva promoção de direitos fundamentais. Em primeiro lugar, pelas razões acima e, ademais, porque o Poder Público poderá simplesmente eleger outras prioridades. Não há qualquer garantia nesse sentido.

Por fim, em terceiro lugar, não se pode perder de vista que o direito de acesso à informação é um direito fundamental em si, que além de estabelecer uma série de relações com os demais direitos, como discutido ao longo deste texto, tem um papel fundamental nas repúblicas democráticas. Se em uma república democrática todos são iguais e responsáveis como cidadãos por deliberar e levar a cabo as escolhas coletivas, o acesso à informação acerca de um tema tão fundamental quanto o da realidade desagregada de respeito ou desrespeito aos direitos fundamentais será indispensável para que essas escolhas possam ser feitas de forma minimamente consciente.

ATIVISMO JUDICIAL E OS SEUS REFLEXOS EM MATÉRIA TRIBUTÁRIA

EDUARDO MANEIRA

1. CONSIDERAÇÕES INICIAIS: DO ATIVISMO JUDICIAL

O princípio da separação dos poderes vive um momento de grave crise e é neste contexto que devemos examinar o chamado ativismo judicial e a sua repercussão em matéria tributária.

A expansão do Poder Judiciário é fato incontestável na vida institucional brasileira. O Supremo Tribunal Federal – STF, em especial, tem decidido questões de larga repercussão social e política.

O protagonismo institucional e político dos tribunais nas democracias contemporâneas, ao menos nas sociedades ocidentais, é relativamente recente e a este fenômeno dá-se o nome de judicialização.

Pode-se dizer que a judicialização no Brasil tomou vulto com a redemocratização do país, e se tivermos que escolher um marco, certamente este seria a Assembleia Nacional Constituinte, que culminou com a Constituição de 1988.

A Constituição de 1988 despertou o sentimento de cidadania que estava adormecido, e o povo descobriu – ou redescobriu – o Judiciário. Lembro-me dos meus tempos de estagiário, nos meados da década de 80, em que a Justiça Federal era foro frequentado por poucos advogados e de poucas demandas. Na esteira da nova Constituição e dos planos econômicos heterodoxos, a Justiça Federal ficou sobrecarregada de processos que discutiam índices de correção de poupança e fundo de garantia, bloqueio de cruzados novos, benefícios previdenciários, etc.

Contribuiu para esta expansão do judiciário o nosso modelo de Constituição analítica que trouxe para dentro do texto constitucional muitos temas que eram até então tratados no plano da legislação ordinária. Ora, a partir do momento que matérias são constitucionalizadas, amplia-se o papel político do STF.

Pode-se apontar ainda como causa decisiva da judicialização o fato do Brasil adotar simultaneamente dois sistemas de controle de constitucionalidade das leis. O controle difuso e o concentrado. O primeiro, permitindo que qualquer juiz declare a inconstitucionalidade de uma lei e o segundo autorizando o julgamento em abstrato da norma.

Sabe-se ainda que a Constituição de 1988, não bastando ter ampliado significativamente o rol das pessoas legitimadas para ajuizar as ações diretas de inconstitucionalidade, também criou novas modalidades de controle concentrado, como a ação direta de inconstitucionalidade por omissão, a ação declaratória de constitucionalidade e a ação por descumprimento de preceito fundamental.

Foi neste ambiente que despontou o ativismo judicial, decorrente de uma visão predominantemente neoconstitucionalista, que levou o judiciário a adotar um comportamento mais pró-ativo de interpretar a Constituição.

O neoconstitucionalismo é mencionado pela doutrina jurídica em diferentes sentidos. O vocábulo é utilizado como sinônimo para o Constitucionalismo Contemporâneo, Constitucionalismo Principialista, Constitucionalismo do Segundo Pós-Guerra, dentre outros. Todavia, independentemente do rótulo atribuído, tem-se que o termo é comumente empregado para destacar as transformações metodológicas, teóricas e ideológicas ocorridas no âmbito do Direito Constitucional, especialmente nos países ibéricos e latino-americanos, no período posterior à 2ª Guerra.

Em linhas gerais, o neoconstitucionalismo trabalhacom os seguintes fundamentos doutrinários:

a) O reconhecimento da força normativa da Constituição e, consequentemente, da possibilidade de aplicação direta das normas constitucionais. Toda norma constitucional é norma jurídica e, portanto, dotada de imperatividade e suscetível de produzir, em diferentes graus, efeitos jurídicos imediatos;

b) As leis devem ser interpretadas conforme a Constituição, de onde buscam sua validade jurídica;

c) Os conflitos de natureza eminentemente política ou temas morais profundamente controversos podem e devem ser resolvidos pelo Poder Judiciário com fundamento em normas constitucionais de conteúdo principiológico.

Eis os insumos doutrinários do ativismo judicial, que é percebido como uma postura do magistrado de revisar temas e questões *prima facie* de competência de outros poderes.

A doutrina classifica o ativismo judicial em sentido forte, *hard activism*, e em sentido fraco, *soft activism*.

O *hard activism* seria exercitado sem a utilização de parâmetros jurídico-normativos, por meio da aplicação direta ao caso de argumentos filosóficos e ou pragmáticos sem a mediação de norma jurídica legal ou constitucional.

O ativismo judicial em sentido fraco, por sua vez, recorre à Constituição para regular uma política pública ou regulamentar uma norma constitucional diante da omissão injustificada do legislador ordinário ou do Poder Executivo.

O ativismo judicial pode ser identificado basicamente nas seguintes situações:

a) pela frequência com que o judiciário invalida as ações – normas e atos normativos – de outros Poderes do Estado, especialmente o Legislativo;

b) quando os magistrados ou tribunais procuram, com suas decisões, suprir omissões dos demais poderes do Estado, no que se refere à definição ou concretização de políticas públicas, exercendo o papel de legislador positivo.

O Poder Judiciário, fácil perceber, exerce cada vez com mais desenvoltura o ativismo judicial, criando uma forte linha de tensão no desejado equilíbrio entre os poderes.

Uma das razões deste embate entre os poderes reside no fato da incessante produção de normas inconstitucionais no País,o que acaba demandando constante invocação do Judiciário para afastá-las do ordenamento jurídico, gerando nos jurisdicionados a sensação de instabilidade das regras jurídicas.

Além disso, as decisões judiciais têm produzido eficácia muito além das partes envolvidas no processo, em razão dos efeitos vinculantes de seus julgados, tanto no controle difuso quanto no concentrado. Com isso, as decisões dos tribunais superiores passam a ter aplicação generalizada, que até há pouco tempo era – a generalização – atributo exclusivo da norma emanada do poder legislativo.

Mais grave, as decisõesjudiciaiscomefeito amplíssimo não têm se mantido estáveis, emrazão das mudanças jurisprudenciais. Os Tribunais Superiores que julgam matéria tributária têm revisto sua própria jurisprudência com incomum frequência.

O PoderExecutivo, de suavez, se serve abusivamente das Medidas Provisórias, Decretos e outrosinstrumentos normativos invadindo a competência do Legislativo. Cuida do contencioso administrativo, julgando legitimamente, diga-se de passagem, com a mesmaeficácia do Poder Judiciário, matéria tributária, quando as decisões são favoráveis ao contribuinte.

Exerce, porém, ilegitimamente, funções típicas do Judiciário ao decidir, por meio de ato normativo baixado por autoridade fazendária, que legislações de outrosestados da federação são inconstitucionais, anulando seus efeitosdentro do seu território, em um ambiente de guerra fiscal.

E o Poder Legislativo, cada vez mais atrofiado no seu papel de criar o direito positivo, apenas dá legitimidade às normas emanadas do Poder Executivo, convertendo Medidas Provisórias em lei, tomando poucas vezes a iniciativa de um projeto de sua autoria.

Em suma, o Poder Judiciário e o Poder Executivo legislam cada vez mais e o Poder Legislativo é cada vez menos poder.

Não se questiona que o princípio da separação dos poderes possa ser objeto de releitura ou de ser reinterpretado de modo a flexibilizar o campo de atuação de cada um dos três clássicos poderes, mas não há dúvidas de que o respeito ao princípio está intimamente vinculado à eficácia do regime democrático.

2. EXEMPLOS DE ATIVISMO JUDICIAL NO ÂMBITO DO STF

Cabe lembrar, sucintamente, pelo menos três casos difíceis, de matéria não tributária, que foram, recentemente, decididos pelo Supremo Tribunal Federal, tendo por insumo doutrinário as bases do ativismo judicial.

2.1. FIDELIDADE PARTIDÁRIA

O primeiro caso que vale a pena registrar foi o que tratou do tema da fidelidade partidária no qual o STF (MS 26.602[1] e 26.604[2]) entendeu que a troca de partido pelo parlamentar eleito por meio do sistema de voto proporcional deveria ser tratada como infidelidade partidária, com consequente perda do mandato.

Este é um exemplo de ativismo judicial forte por excelência, pois não consta do art. 55[3] da Constituição Federal, que trata de modo expresso e exaustivo das causas de perda de mandato, a eventual troca de partido – infidelidade. Ou seja, com base em princípios, o STF entendeu que a troca de partido implicaria perda de mandato mesmo não estando tal hipótese contemplada no art. 55 da Constituição.

Neste particular, a minha posição pessoal seria a mesma do Ministro Eros Grau, vencido na matéria. Na oportunidade, o Min. assim se manifestou: "[...]consta que o Poder Legislativo vem atuando em direção à implantação de uma reforma política, no bojo da qual o item da fidelidade partidária compõe-se entre os temas prioritários". Por isso mesmo, diz o Ministro, "[...] a usurpação, pelo Poder Judiciário, de função do Poder constituinte derivado já em si consubstancia 'quebra constitucional'".

Este exemplo demonstra a sensibilidade do tema, pois trata dos limites do poder de criação do Judiciário ou dos limites do seu ativismo. Alterar o texto constitucional é tarefa do poder constituinte derivado; ao Judiciário compete a sua aplicação.

---

1 BRASIL. Supremo Tribunal Federal. Mandado de Segurança nº 26.602-DF, Tribunal Pleno. Relator: Min. Eros Grau. Brasília, 4 de outubro de 2007. Diário de Justiça: 16 out. 2008.

2 BRASIL. Supremo Tribunal Federal. Mandado de Segurança nº 26.604-DF, Tribunal Pleno. Relator: Min. Cármen Lúcia. Brasília, 4 de outubro de 2007. Diário de Justiça: 2 out. 2008.

3 CF/88: "Art. 55. Perderá o mandato o Deputado ou Senador:
I - que infringir qualquer das proibições estabelecidas no artigo anterior;
II - cujo procedimento for declarado incompatível com o decoro parlamentar;
III - que deixar de comparecer, em cada sessão legislativa, à terça parte das sessões ordinárias da Casa a que pertencer, salvo licença ou missão por esta autorizada;
IV - que perder ou tiver suspensos os direitos políticos;
V - quando o decretar a Justiça Eleitoral, nos casos previstos nesta Constituição;
VI - que sofrer condenação criminal em sentença transitada em julgado.
§ 1º - É incompatível com o decoro parlamentar, além dos casos definidos no regimento interno, o abuso das prerrogativas asseguradas a membro do Congresso Nacional ou a percepção de vantagens indevidas"

Há possibilidades concretas de risco institucional no país quando o Judiciário, por meio de seu principal tribunal, outorga a si próprio poderes de constituinte derivado. O STF, na condição de guardião da Constituição, tem o dever de se impor limites e talvez esta seja a sua missão mais relevante. Isto porque, se o Judiciário tem competência para controlar os outros poderes, nenhum outro poder controla o Judiciário, especialmente, o STF, titular da última palavra, ou da prerrogativa de em determinados casos "errar por último".

2.2. DECLARAÇÃO DE NULIDADE DA LEI QUE CRIOU O MUNICÍPIO LUÍS EDUARDO MAGALHÃES

O segundo caso importantíssimo foi o da ADI 2240-7[4], na qual o Partido dos Trabalhadores – PT pedia a declaração de nulidade da lei que criou o Município de Luís Eduardo Magalhães, na Bahia, em 2002, quando ainda se encontrava pendente a promulgação da lei complementar federal prevista no §4º, do art. 18 da CF/88[5], que viria a definir o período em que poderiam ser criados os municípios.

Conforme acentuou o Ministro Relator, a interpretação literal e a aplicação automática do dispositivo legal, mediante simples exercício de subsunção, conduziriam à automática declaração de inconstitucionalidade da lei que criou o município, mas que tal conduta geraria consequências perniciosas.

---

4 BRASIL. Supremo Tribunal Federal. Ação Direta de Inconstitucionalidade nº 2.240-BA, Tribunal Pleno. Relator: Min. Eros Grau. Brasília, 9 de maio de 2007. Diário de Justiça: 2 ago. 2007.
CF/88: "Art. 18. [...] § 4º A criação, a incorporação, a fusão e o desmembramento de Municípios, far-se-ão por lei estadual, dentro do período determinado por Lei Complementar Federal, e dependerão de consulta prévia, mediante plebiscito, às populações dos Municípios envolvidos, após divulgação dos Estudos de Viabilidade Municipal, apresentados e publicados na forma da lei (Redação dada pela Emenda Constitucional nº 15, de 1996."

5 CF/88: "Art. 18. [...] § 4º A criação, a incorporação, a fusão e o desmembramento de Municípios, far-se-ão por lei estadual, dentro do período determinado por Lei Complementar Federal, e dependerão de consulta prévia, mediante plebiscito, às populações dos Municípios envolvidos, após divulgação dos Estudos de Viabilidade Municipal, apresentados e publicados na forma da lei (Redação dada pela Emenda Constitucional nº 15, de 1996."

É que havia um fato consumado, qual seja, a criação de um município há mais de seis anos da data do julgamento, onde ocorreram eleições, arrecadaram-se tributos, serviços foram prestados, o poder de política foi exercido, casamentos realizados, nascimentos e óbitos foram registrados.

Neste caso, portanto, a Corte estaria diante de uma situação excepcional não prevista pelo Direito positivo, porém instalada pela **força normativa dos fatos**, que justificava atuar como legislador positivo. Se o Direito se afasta da realidade dos fatos, os fatos se afastam do Direito.

Assim, em respeito à segurança jurídica, o STF julgou procedente a ação direta, mas decidiu não pronunciar a nulidade da lei inconstitucional, mantendo sua vigência pelo prazo de vinte e quatro meses até que a Assembléia Legislativa da Bahia editasse novo ato legislativo.

Vale destacar que pouco depois do julgamento da ADI 2240-7 foi promulgada a Emenda Constitucional nº 57/2008, que incluiu no corpo do ADCT[6] norma convalidando os municípios inconstitucionalmente criados até 31.12.2006, no mesmo sentido do que decidiu o STF.

2.3. A UTILIZAÇÃO DE CÉLULAS TRONCO EMBRIONÁRIAS PARA FINS DE PESQUISA E TERAPIA

Por fim, o julgamento da ADI 3.510-DF[7], que tinha por objetivo declarar inconstitucional o art. 5º, da Lei nº 11.105/2005[8], que per-

6 ADCT: "Art. 96. Ficam convalidados os atos de criação, fusão, incorporação e desmembramento de Municípios, cuja lei tenha sido publicada até 31 de dezembro de 2006, atendidos os requisitos estabelecidos na legislação do respectivo Estado à época de sua criação. (Incluído pela Emenda Constitucional nº 57, de 2008)."

7 BRASIL. Supremo Tribunal Federal. Ação Direta de Inconstitucionalidade nº 3.510-DF, Tribunal Pleno. Relator: Min. Ayres Britto. Brasília: 29 de maio de 2008. Diário de Justiça: 27 maio 2010.

8 Lei n. 11.105/2005: "Art. 5o É permitida, para fins de pesquisa e terapia, a utilização de células-tronco embrionárias obtidas de embriões humanos produzidos por fertilização in vitro e não utilizados no respectivo procedimento, atendidas as seguintes condições:
I – sejam embriões inviáveis; ou
II – sejam embriões congelados há 3 (três) anos ou mais, na data da publicação desta Lei, ou que, já congelados na data da publicação desta Lei, depois de completarem 3 (três) anos, contados a partir da data de congelamento".

mite, para fins de pesquisa e terapia, a utilização de células tronco embrionárias.

Os arroubos de ativismo judicial neste caso foram evidentes. O Ministro Gilmar Mendes, por exemplo, estabeleceu como requisito de constitucionalidade da lei, a criação de um órgão vinculado ao Ministério da Saúde, que tratasse das questões éticas que envolvem a pesquisa com células tronco[9]. Apesar de vencido, o voto do Ministro Gilmar Mendes criava uma obrigação para o Poder Executivo de criação de órgãos, cargos, etc.

9 É conferir o trecho abaixo do voto do Min. Gilmar Mendes (fls. 630): "O art. 5º da Lei nº 11.105/2005 deve ser interpretado no sentido de que a permissão da pesquisa e terapia com células-tronco embrionárias, obtidas de embriões humanos produzidos por fertilização in vitro, que deve ser condicionada à prévia aprovação e autorização por Comitê (Órgão) central de Ética e Pesquisa, vinculado ao Ministério as Saúde. [...] Assim, julgo improcedente a ação, para declarar a constitucionalidade do art. 5º, seus incisos e parágrafos, da Lei nº 11.1045/2005, desde que seja interpretado no sentido de que a permissão da pesquisa e terapia com células-tronco embrionárias, obtidas de embriões humanos produzidos por fertilização in vitro, deve ser condicionada à prévia autorização e aprovação por Comitê (Órgão) Central de Ética e Pesquisa, vinculado ao Ministério da Saúde". (grifo nosso).

3. ATIVISMO JUDICIAL EM MATÉRIA TRIBUTÁRIA

O Sistema Tributário Nacional contemplado na Constituição tem a função primordial de impor limites ao poder estatal. No cumprimento desta função, estabelece regras de repartição de competência e trata dos princípios constitucionais que irão balizar/limitar o exercício desta competência. Todos os princípios de índole tributária são, por um lado, garantias do cidadão-contribuinte, e por outro, limites ao poder de tributar.

Os princípios da legalidade e da igualdade refletem o aspecto formal e o aspecto material do Estado de Direito, respectivamente. O Estado de Direito, no aspecto formal, tem por objetivo garantir segurança jurídica aos cidadãos e, em matéria de tributação, segurança se traduz especialmente no mandamento de instituição de tributo mediante lei. Materialmente, o Estado de Direito existe para realizar justiça, que, no campo tributário, significa, antes de mais nada, tratamento isonômico ou simplesmente igualdade.

Os fundamentos teleológicos do princípio da legalidade sempre estiveram ligados à ideia de segurança jurídica. "O Direito é o domínio da 'máxima segurança' e do 'mínimo arbítrio'"[10]. Garantir segurança jurídica à coletividade é papel fundamental do Estado e é o que permite adjetivá-lo de Estado de Direito. O primeiro passo em direção à segurança jurídica deve ser sempre dado pelo Estado de Direito ao submeter ou restringir o exercício do poder ao Direito, bem como na lealdade com que deve agir o Estado-legislador e o Estado-administrador para com os seus cidadãos.

Cabe esclarecer que a Constituição não institui tributo; ela autoriza as pessoas políticas a instituírem aqueles tributos nela previstos, de acordo com os princípios por ela consagrados e de acordo com as normas gerais estabelecidas pela lei complementar.

A norma jurídica que impõe a obrigação de pagar tributo é fruto de três ordens normativas densificadoras da obrigação, iniciada pela Constituição, complementada pela lei complementar e concluída pela lei ordinária. A Constituição traça as linhas gerais dos tributos, revelando, quase sempre, aquilo que lhes é essencial, ou seja, o núcleo da hipótese de incidência e, em decorrência, a base de cálculo, o sujeito passivo e o sujeito ativo.

Depois, a lei complementar trata de definir aqueles aspectos fundamentais da hipótese de incidência do tributo, que será posteriormente instituído por lei ordinária. Assim, a norma impositiva de obrigação tributária é veiculada pela lei ordinária, salvo as exceções em que a Constituição determina que alguns tributos, como o empréstimo compulsório e o imposto decorrente de competência residual, sejam instituídos diretamente por lei complementar.

Tal processo é chamado por Alberto Xavier[11] de processo de tipificação em graus. Isto é, uma tipificação de primeiro grau, efetuada pela Constituição, ao descrever o núcleo essencial dos tributos; uma tipificação de segundo grau, efetuada pela lei complementar, ao definir, por conceitos determinados, os

10 CAMPOS, Carlos. **Sociologia e filosofia do Direito**, 2. ed. Belo Horizonte: Cardal, 1961, p. 365.

11 XAVIER, Alberto.Tipicidade da tributação, simulação e norma antielisiva. São Paulo: Dialética, 2001, p. 24.

fatos geradores, bases de cálculo e contribuintes; e uma tipificação de terceiro grau, efetuada pela lei ordinária ao abrigo da sua liberdade de conformação dos tipos aquém dos limites, mas sempre dentro dos parâmetros da lei complementar.

São de todo apropriadas as críticas que se faz, em termos genéricos, ao princípio da legalidade como dogma do pensamento liberal e de um Estado de Direito, visto, exclusivamente, por este prisma, qual seja, o de um Estado legalista com nítida separação entre o público e o privado, entre o Estado e a sociedade civil, etc., onde a lei é instrumento de manutenção do *status quo*, e o que importa é a lei em sentido formal e não o seu conteúdo.

No entanto, a legalidade deve ser compreendida como a possibilidade da efetivação dos direitos e garantias individuais e como o instrumento mais eficaz na realização do valor segurança jurídica.

Neste sentido, a Constituição outorga poderes a União, Estados, Distrito Federal e Municípios para instituírem tributo por lei, ou seja, o exercício da competência tributária é privativo das pessoas políticas que receberam tal poder e jamais poderá ser exercido pelo Poder Judiciário. Além do mais, num sistema em que o princípio da estrita legalidade deve imperar, não há margem para o julgador legislar.

Nesta perspectiva, seria inimaginável que o Judiciário pudesse instituir tributos por meio de seus julgados. Por outras palavras, o Judiciário não pode exercer competência tributária, por mais ativo que pretenda ser.

Ora, o ativismo judicial poderia ser aventado em matéria tributária somente nas hipóteses de necessidade de ampliação dos direitos do cidadão contribuinte, mas tal situação, se existente, é remotíssima. Isto porque, os direitos e garantias do cidadão contribuinte são assegurados pelo Judiciário no exercício do seu papel clássico de legislador negativo, quando declara a ilegitimidade de leis e medidas provisórias que afrontam normas constitucionais.

Uma das raras hipóteses em que seria legítimo o ativismo seria a de se dar, por exemplo, plenitude ao princípio da nãocumulatividade. Isto é, com base no princípio da não cumulatividade, o Judiciário poderia suprir as omissões dos Estados que resistem em legislar regulando a forma de aproveitamento de créditos acumulados do ICMS.

Seria possível também imaginá-lo para se dar eficácia a imunidades tributárias que dependessem de regulamentação infraconstitucional.

Nestes exemplos, há uma sinalização de algo que deveria ser observado: se o Judiciário tiver que legislar positivamente, que seja em favor dos direitos e garantias dos contribuintes.

Apesar de soar estranho ativismo judicial em matéria tributária, além das possibilidades acima mencionadas, há casos concretos que podem ser citados.

Por exemplo, o Tribunal de Justiça do Rio de Janeiro – TJRJ – declarouinconstitucional, com base na seletividade, a alíquota do ICMS aplicável às operações com energia elétrica e na prestação de serviços de telecomunicações, fixadas em 30%. Questiona-se: declarada inconstitucional a alíquota de 30%, qual alíquota deveria ser aplicada?

O Tribunal decidiu então que a alíquota aplicável seria a de 18%. Ao fixar em decisão judicial a alíquota aplicável legislou positivamente, ou, por outras palavras, exerceu o ativismo judicial. Vale conferir o julgado abaixo:

MANDADO DE SEGURANÇA. ICMS. ENERGIA E SERVIÇOS DE TELECOMUNICAÇÕES. ARGÜIÇÕES DE INCONSTITUCIONALIDADE 27/2005 e 21/2008.

[...]

5. O ICMS é uma derivação do antigo ICM, que por sua vez é fruto do velho IVC (Imposto sobre Vendas e Consignações), existente até a Emenda 18 de 65. Com esta Emenda foi criado o ICM, e com a CRFB de 88, o ICMS.

6. A CRFB de 88 criou imposto sobre mercadorias e prestação de serviço de comunicação e transporte interestadual e intermunicipal, que a rigor eram serviços pertencentes não ao Município e sim à União. Com a criação do ICMS, passam à esfera do Estado.

7. O ICMS não incide apenas sobre a circulação de mercadorias, na verdade há cinco incidências: circulação de mercadorias; prestação de serviços de comunicação; prestação de serviços de transporte intermunicipal; prestação de serviços não incluídos na competência municipal, desde que em conjunto com o fornecimento de mercadoria; e importação de bem (independentemente deste bem ser mercadoria, trata-se de incidência que possui regra matriz própria, no art. 155, § 2º, IX.)

8. Da leitura do art. 155, § 2º, X, b, e § 3º, da Constituição da República, infere-se que a produção, a importação, a circulação, a distribuição ou o

consumo de energia elétrica também podem suscitar a tributação por via de ICMS.
9. Ressalte-se que um dos princípios observados para a fixação da alíquota do ICMS é o da seletividade e este, por sua vez, se subordina ao princípio maior da capacidade contributiva e significa que deve atender à essencialidade das mercadorias ou dos serviços, ou seja, quanto menor a essencialidade destes, maior deverá ser a alíquota e, quanto maior a essencialidade, menor deverá ser sua alíquota.
10. A energia elétrica é um produto essencial e deve ser tributada pelo ICMS com alíquota menor em relação a outras mercadorias consideradas não essenciais.
11. Assim, verifica-se que a fixação da alíquota de 25%, a mais elevada do Estado, não é razoável, diante da essencialidade do produto.
12. Ademais, tendo em vista as decisões do Órgão Especial deste Tribunal de Justiça nas Argüições de Inconstitucionalidade nº 27/2005 e 21/2008, não cabe mais qualquer discussão acerca do art. 14, inciso VI, item 2, e inciso VIII, item 7, do Decreto nº 27.427/2000, e art. 14, inciso VI, "b", da Lei 2657/96, ambos do Estado do Rio de Janeiro, que fixou a alíquota de 25% sobre os serviços de energia elétrica e telecomunicações.
13. Concessão parcial da ordem para que a cobrança do ICMS sobre a energia elétrica e telecomunicações no que concerne aos impetrantes se dê com a alíquota de 18% (mais os 5% do Fundo de Combate à Pobreza, totalizando 23%), com condenação do Estado ao pagamento das custas. Sem honorários, ao teor dos verbetes 105 e 512, do STJ e STF, respectivamente.
(BRASIL. Tribunal de Justiça do Estado do Rio de Janeiro.Mandado de Segurança nº 2007.004.01522, Relator: José Carlos Paes. Brasília, 29 de outubro de 2008)

Do mesmo modo, a partir do momento em que o Judiciário declara inconstitucional, por ferir o princípio do nãoconfisco, multas confiscatórias de cem porcento e as substitui por multas de trinta por cento, está evidentemente exercendo o papel de legislador positivo.

Foi exatamente o que fez o STF no julgamento do RE 81.550/MG, como se verifica do voto-condutor.

> [...] Conheço do recurso e lhe dou parcial provimento para julgar procedente o executivo fiscal, salvo quanto à multa moratória que, fixada em nada menos que 100% do imposto devido, assume feição confiscatória. Reduzo-a para 30% (trinta por cento), base que reputo razoável para a reparação da impontualidade do contribuinte. (BRASIL. Supremo Tribunal Federal. Recurso Extraordinário nº 81.550-MG,

Segunda Turma. Relator: Min. Xavier de Albuquerque. Brasília, 20 de maio de 1975. **Diário de Justiça**: 13 jun. 1975).

Recentemente o Tribunal Regional Federal da 4ª Região se pronunciou no mesmo sentido:

> TRIBUTÁRIO. EXECUÇÃO FISCAL. SALÁRIO-EDUCAÇÃO. MULTA.
> [...] 3. Multa simplesmente moratória de 60% mostra-se excessivamente onerosa, desproporcional e abusiva, assumindo inadmissível caráter confiscatório, sendo cabível sua redução para 30%, prevista na própria legislação para o caso de inadimplemento superior a 15 dias. (BRASIL. Tribunal Regional Federal(4ª Região). Ação Civil nº 2000.04.01.032749-6, Primeira Turma.Relator: Leandro Paulsen. Brasília, outubro de 2001)

Por fim, o Judiciário também exerce claramente o ativismo judicial quando atribui efeitos prospectivos às suas decisões. Foi o que fez o STF quandodeclarou a inconstitucionalidade dos arts. 45 e 46 da Lei 8.212/1991[12], que estabeleciam o prazo decadencial de dez anos para a cobrança das contribuições previdenciárias – a despeito do art. 146 da CF/88[13], que expressamente exige lei complementar para versar sobre o crédito tributário.

Apesar da manifesta inconstitucionalidade do dispositivo, o STF conferiu efeitos prospectivos à decisão impedindo que os contribuintes pleiteassem a restituição de tributos pagos mesmo quando já operada a decadência, salvo para as ações ajuizadas antes do julgamento:

> DIREITO TRIBUTÁRIO. CONSTITUCIONALIDADE FORMAL DOS ARTIGOS 45 E 46 DA LEI N. 8.212/1991. ARTIGO 146, INCISO III, ALÍNEA B, DA CONSTITUIÇÃO DA REPÚBLICA. PRESCRIÇÃO E DECADÊNCIA TRIBUTÁRIAS. MATÉRIA RESERVADA À LEI COMPLEMENTAR. ARTIGOS 173 E 174 DO CÓDIGO TRIBUTÁRIO NACIONAL. RECURSO EXTRA-

---

12 Lei n. 8.212/1991: "Art. 45. O direito da Seguridade Social apurar e constituir seus créditos extingue-se após 10 (dez) anos contados: [...]" "Art. 46. O direito de cobrar os créditos da Seguridade Social, constituídos na forma do artigo anterior, prescreve em 10 (dez) anos."

13 CF/88: "Art. 146. Cabe à lei complementar: [...] III - estabelecer normas gerais em matéria de legislação tributária, especialmente sobre: [...] b) obrigação, lançamento, crédito, prescrição e decadência tributários".

ORDINÁRIO AO QUAL SE NEGA PROVIMENTO.
1. A Constituição da República de 1988 reserva à lei complementar o estabelecimento de normas gerais em matéria de legislação tributária, especialmente sobre prescrição e decadência, nos termos do art. 146, inciso III, alínea b, in fine, da Constituição da República. Análise histórica da doutrina e da evolução do tema desde a Constituição de 1946.
2. Declaração de inconstitucionalidade dos artigos 45 e 46 da Lei n. 8.212/1991, por disporem sobre matéria reservada à lei complementar.
3. Recepcionados pela Constituição da República de 1988 como disposições de lei complementar, subsistem os prazos prescricional e decadencial previstos nos artigos 173 e 174 do Código Tributário Nacional.
4. **Declaração de inconstitucionalidade, com efeito ex nunc, salvo para as ações judiciais propostas até 11.6.2008, data em que o Supremo Tribunal Federal declarou a inconstitucionalidade dos artigos 45 e 46 da Lei n. 8.212/1991.**
5. Recurso extraordinário ao qual se nega provimento.
(BRASIL. Supremo Tribunal Federal. Recurso Extraordinário nº 559.943-RS, Tribunal Pleno. Relator: Min. Cármen Lúcia. Brasília, 12 de junho de 2008. **Diário de Justiça**: 25 set. 2008).

E aqui vale lançar as sementes de uma nova discussão. Se o Judiciário pode, dentro de um ambiente de ativismo judicial, modular os efeitos das suas decisões, tratando-se de matéria tributária, esta modulação seria legítima somente nas hipóteses em que os efeitos *ex nunc* da decisão fossem para proteger o contribuinte e não para beneficiar a Fazenda Pública legitimando as chamadas **inconstitucionalidades úteis**, quais sejam, normas que desde a sua origem todos sabem ser inconstitucionais, mas que produzem efeitos até que haja pronunciamento do Judiciário. Inconstitucionalidade útil porque, enquanto foi eficaz, teve a sua utilidade arrecadatória.

4. CONCLUSÕES

Em tempos de ativismo judicial, no qual o Poder Judiciário com freqüência cada vez maior invalida as ações de outros poderes, bem como efetivamente exerce o papel de legislador positivo, devemos ampliar o raio de ação dos princípios que visam garantir segurança jurídica à coletividade.

A positivação da segurança jurídica em matéria tributária mereceu grande atenção nas Constituições pátrias, sendo que na Constituição de 1988 podemos identificá-la nos princípios da legalidade, anterioridade e irretroatividade. Tais princípios, em conjunto, representam o que denominamos de princípio da não-surpresa do contribuinte.

Assim, com o ativismo judicial, o princípio da nãosurpresa deve ter uma dimensão ampliada. Como expressão da segurança jurídica, resultado da aplicação articulada da legalidade, anterioridade e irretroatividade, deve ser aplicada não somente à lei, mas às decisões do Poder Judiciário de amplo alcance, ou seja, àquelas cujos efeitos extrapolam os autos dos processos em que são proferidas, bem como àquelas em que o Judiciário atua como legislador positivo.

Por exemplo, quando se atribui ao Supremo Tribunal Federal o poder de modular os efeitos temporais de suas decisões, que, sem sombra de dúvidas, é uma manifestação de ativismo judicial, o princípio da não-surpresa deve ser o guia a conduzir esta modulação em matéria tributária.

Com efeito, se a modulação decorrer de uma mudança na jurisprudência até então favorável ao contribuinte, a aplicação da não-surpresa é uma exigência que se impõe à nova orientação jurisprudencial, no sentido de se atribuir efeitos *ex nunc* ao novo entendimento do STF, para que o contribuinte que seguia a orientação jurisprudencial antiga e consolidada não seja surpreendido.

Dito de outro modo, deve ser conferido efeito *ex nunc*, em obediência ao princípio da não-surpresa, a eventual modificação de jurisprudência em detrimento dos contribuintes.

Pelas mesmas razões, deve-se inverter a orientação quando a decisão é em desfavor das Fazendas Públicas, pois estas devem necessariamente ter efeito *ex tunc*. Não se pode alegar que o Estado possa ser surpreendido, com eventual declaração de inconstitucionalidade de lei tributária.

A não-surpresa, bem como todos os princípios constitucionais tributários, repita-se, são limitações ao poder de tributar e não podem ser invocados por quem é titular deste poder.

Deve-se ainda aplicar o princípio da não-surpresa em decisões proferidas em desfavor do contribuinte em sede de ação rescisória, bem como nas que cassam liminares e outras formas de tutela de urgência que dispensavam o contribuinte do pagamento do tributo. Isto porque, todos estes exemplos são de casos em que a obrigação de pagar tributo volta a existir a partir de uma decisão judicial.

Desta forma, a partir do momento em que a lei oriunda do Poder Legislativo deixa de ser a única fonte de obrigação tributária, a segurança jurídica fica abalada. Tal afirmativa não será confirmada, todavia, se os princípios e regras constitucionais que agem para dar eficácia à segurança jurídica e que são conexos e interligados com a legalidade tributária passem também a atuar em face das decisões judiciais e dos atos do Executivo.

Assim, a não-surpresa, que ora se propõe, amplia o raio de ação desses princípios e regras para que eles sejam aplicados em face de "atos normativos" emanados do Poder Judiciário e do Poder Executivo (nos casos de guerra fiscal, por exemplo), do mesmo modo em que são aplicados em relação à lei nova que cria ou aumenta tributo.

Em suma, o princípio da não-surpresa, em sentido amplo, deve também atuar como instrumento constitucional de limitação ao poder judicial de tributar, fenômeno do século XXI.

REFERÊNCIAS

BARROSO, Luís Roberto. **Judicialização, Ativismo Judicial e Legitimidade Democrática in Constituição e Ativismo Judicial**. Rio de Janeiro: Lumen Juris, 2011.

BRASIL. Supremo Tribunal Federal. Ação Direta de Inconstitucionalidade nº 3.510-DF, Tribunal Pleno. Relator: Min. Ayres Britto. Brasília: 29 de maio de 2008. **Diário de Justiça**: 27 maio 2010.

________. ________. Ação Direta de Inconstitucionalidade nº 2.240-BA, Tribunal Pleno. Relator: Min. Eros Grau. Brasília, 9 de maio de 2007. **Diário de Justiça**: 2 ago. 2007.

________. ________. Mandado de Segurança nº 26.602-DF, Tribunal Pleno. Relator: Min. Eros Grau. Brasília, 4 de outubro de 2007. **Diário de Justiça**: 16 out. 2008.

________. ________. Mandado de Segurança nº 26.604-DF, Tribunal Pleno. Relator: Min. Cármen Lúcia. Brasília, 4 de outubro de 2007. **Diário de Justiça**: 2 out. 2008.

________. ________. Recurso Extraordinário nº 559.943-RS, Tribunal Pleno. Relator: Min. Cármen Lúcia. Brasília, 12 de junho de 2008. **Diário de Justiça**: 25 set. 2008.

________. ________. Recurso Extraordinário nº 81.550-MG, Segunda Turma. Relator: Min. Xavier de Albuquerque. Brasília, 20 de maio de 1975. **Diário de Justiça**: 13 jun. 1975.

________. Tribunal de Justiça do Estado do Rio de Janeiro. Mandado de Segurança nº 2007.004.01522, Relator: José Carlos Paes. Brasília, 29 de outubro de 2008.

________. Tribunal Regional Federal (4ª Região). Ação Civil nº 2000.04.01.032749-6, Primeira Turma. Relator: Leandro Paulsen. Brasília, outubro de 2001.

CAMPOS, Carlos. **Sociologia e filosofia do Direito**. 2. ed. Belo Horizonte: Cardal, 1961

COELHO, Sacha Calmon Navarro. **Curso de Direito Tributário Brasileiro**. 6. ed. Rio de Janeiro: Forense, 2001.

MANEIRA, Eduardo. **O princípio da não-surpresa**.Belo Horizonte: Del Rey, 1994.

XAVIER, Alberto. **Tipicidade da tributação, simulação e norma antielisiva**. São Paulo: Dialética, 2001.

DO ATO ADMINISTRATIVO ÀS POLÍTICAS PÚBLICAS – CONTROLE JURISDICIONAL

JOÃO BATISTA GOMES MOREIRA

Talvez a nenhuma outra disciplina jurídica o racionalismo cartesiano tenha imprimido sua peculiar orientação – a dicotomia, a fragmentação e o reducionismo – quanto no moderno direito administrativo, cuja origem, não por acaso, deu-se no século XVIII, portanto, no auge daquele paradigma científico. Também no direito administrativo, em razão de sua maior intersecção com o direito ambiental, são mais fortes que em qualquer outra disciplina os efeitos da transição para a concepção sistêmica, na qual, em oposição ao racionalismo, as partes ou elementos da realidade estão intrinsecamente interligadas.[1]

A autonomia disciplinar do direito administrativo foi construída em torno do **ato administrativo**, que, com a tripartição das funções estatais, tornou-se o produto típico da função executiva, assim como a **lei** e a **sentença** surgiram como produtos finais das funções legislativa e jurisdicional. Os repertórios jurídicos anteriores à Revolução

1 Em contraste com o mecanicismo cartesiano, a percepção do mundo que ora surge a partir da Física é orgânica, holística e ecológica. É também denominada visão sistêmica: "[...] o universo deixa de ser visto como uma máquina, composta de uma infinidade de objetos, para ser descrito como um todo dinâmico, indivisível, cujas partes estão essencialmente interligadas" (CAPRA, Fritjof. **O Ponto de Mutação:** a Ciência, a Sociedade e a Cultura Emergente. São Paulo: Cultrix, 1996, p. 72). A mentalidade do século XIX foi essencialmente analítica (micrométrica) e reducionista, enquanto em nossa época prevalece o sentido de totalidade, integração e síntese (REALE, Miguel. **Teoria Tridimensional do Direito**, 4. ed. São Paulo: Saraiva, 1986, p. 10). Em sentido filosófico, sistema é uma "[...] ordem complexa, dotada de estrutura interna e cujos elementos se diferenciam entre si mas se unificam pelos objetivos comuns" (FERRAZ JÚNIOR, apud DINAMARCO, Cândido Rangel. **A Instrumentalidade do Processo**, 9. ed. São Paulo: Malheiros, 2001, p. 62); é uma ordem teleológica (CANARIS, apudFREITAS, Juarez. **A Interpretação Sistemática do Direito**, 3. ed. rev. e ampl. São Paulo: Malheiros, 2002, p. 116).

Francesa empregam a palavra **ato** relativamente apenas ao direito civil. Instituído o Estado de Direito, com a separação das funções estatais, despontaram como produto final de cada função, respectivamente, a **lei**, o **ato administrativo** e a **sentença**, ainda que o segundo tenha surgido com muito menos ruído e esplendor.[2] O **ato administrativo**, nessa concepção originária, desempenhou, como o átomo na Física, o papel de estrutura básica do novo ramo da ciência jurídica.

O aprofundamento da orientação analítica e reducionista levou, ainda mais, à decomposição do ato administrativo em elementos, pressupostos ou requisitos – competência, forma, motivo, objeto e finalidade –suscetíveis de ser tratados isoladamente, conforme a orientação cartesiana. Por outro lado, cuida-se apenas do ato positivo; a omissão – ato negativo – é desprezada ou passa despercebida.

Mas, como em toda revolução, tão logo instaurado o paradigma racionalista, inicia-se, dialeticamente, em sentido oposto, movimento para a concepção – sistêmica – do mundo como totalidade.

No direito administrativo, a reação começou com a ideia de que, na verdade, não há elementos ou requisitos do ato e sim, aspectos ou dimensões.[3] O ato administrativo é visualizado por diversos ângulos – competência, forma, motivo, objeto e finalidade, mas como um todo indivisível. Mesmo nessa visão integrada, todavia, manteve-se uma linha divisória entre o mérito e a legalidade e a percepção do ato como estrutura estática, por influência do positivismo jurídico. É ainda incipiente a noção de processo, atividade, gestão e política pública. O direito administrativo é um **direito em migalhas**, para utilizar a expressão de Morand.[4]

Não havia comunicação do direito administrativo com as demais disciplinas jurídicas. Pureza, neutralidade e especialização são dogmas

2 MAYER, Otto. **Derecho Administrativo Alemán**. Tomo I. Buenos Aires (ARG): Depalma, 1949, p. 76.

3 É interessante observar que evolução semelhante aconteceu na concepção dos direitos fundamentais, ao substituir-se por *dimensões* a noção de *gerações*.

4 Apud BUCCI, Maria Paula Dallari. **Direito Administrativo e Políticas Públicas**. São Paulo: Saraiva, 2002, p. 247.

da doutrina, então predominante, do positivismo jurídico. A autonomia – na verdade, isolamento – disciplinar, com princípios próprios, constituía a maioridade de qualquer ramo jurídico.

Se na concepção de ato, isolado do contexto, o controle não alcança a totalidade do processo, da atividade, da gestão e da política, a dicotomia **mérito** e **legalidade** deixa fora do controle jurisdicional os aspectos classificados como discricionários – **motivo, objeto** e **finalidade**. O controle jurisdicional – de controle social nem se fala – é somente da **competência** e da **forma** do ato administrativo, como aspectos básicos da legalidade.

A evolução acontece em duas frentes: ao mesmo tempo que se busca sujeitar a controle também a discricionariedade, caminha-se para uma visão total da atividade administrativa: não mais atos isolados e estáticos, mas processos dinâmicos, destinados à realização de programas finalísticos.

O primeiro abalo na barreira, até então intransponível, entre **mérito** e **legalidade** acontece com a abertura do aspecto **finalidade** ao controle jurisdicional, mediante aplicação do princípio da moralidade administrativa. Vicejou na doutrina e na jurisprudência francesas a teoria do desvio de finalidade ou desvio de poder. O motivo e o objeto do ato administrativo ainda continuaram, por um tempo, como cidadela da discricionariedade, a qual, entretanto, em novo avanço, também começou a ruir quando se entendeu admitir que a inexistência ou insuficiência dos motivos – fático-jurídicos e jurídico-fáticos – em relação ao objeto da ação administrativa – conceito mais amplo que o de simples ato – extrapolava o mérito administrativo. Na atualidade, predomina a tese de que a discricionariedade significa, na verdade, vinculação aos princípios constitucionais, os quais demarcam a ação administrativa mesmo na ausência, abertura ou ambiguidade da lei.

Já não há mais aspecto da ação administrativa isento do controle jurisdicional, o que busca atender à disposição constitucional de que a lei não excluirá da apreciação judicial lesão ou ameaça a direito **ou interesse legítimo perante a competência discricionária, pode ser explicitado**, orientação de que não foge nem mesmo a discricionariedade técnica, a qual, aliás, considera-se uma discricionariedade mais fraca, na concepção da doutrina italiana.

A evolução para a percepção ampliada da atividade administrativa e das políticas públicas é assinalada por Fábio Konder Comparato (2002) quando diz que "[...] o conceito de **política**, no sentido de programa de ação, só recentemente passou a fazer parte das cogitações da teoria jurídica". A política "[...] não é uma norma nem um ato, ou seja, ela se distingue nitidamente dos elementos da relação jurídica, sobre os quais os juristas desenvolveram a maior parte de suas reflexões, desde os primórdios da ***iurisprudentia* romana**". Mas – acrescenta –,

> [...] se a política deve ser claramente distinguida das normas e dos atos, é preciso reconhecer que ela acaba por englobá-los como seus componentes. É que a política aparece, antes de tudo, como uma atividade, isto é, um conjunto organizado de normas e atos tendentes à realização de um objetivo determinado. O conceito de atividade, que é também recente na ciência jurídica, encontra-se hoje no centro da teoria do direito empresarial (em substituição ao superado 'ato de comércio') e constitui o cerne da moderna noção de serviço público, de procedimento administrativo e de direção estatal da economia.[5]

As políticas públicas corporificam-se em planos, programas, diretrizes ou orientações destinadas a alcançar determinados fins. Os atos e omissões administrativos deixam de ser simples somatório de providências ou exercício mecânico de tarefas ou competências para seguir orientações sinérgicas e prioridades democraticamente estabelecidos em planos ou programas finalísticos. Planos estratégicos ou de longo prazo – políticas de Estado, em vez de políticas de governo – são desdobrados em planos intermediários, cuja realização se sujeita a permanente controle para efeito de ajustamento às circunstâncias evolutivas, numa visão prospectiva e de resultados. De outra parte, deve haver conexão entre as políticas estabelecidas para as diversas áreas, contra a mentalidade de especialização, compartimentação e sigilo, que antes prevalecia na administração burocrática.

5 COMPARATO, Fábio Konder. Ensaio sobre o juízo de constitucionalidade de políticas públicas. **Interesse Público**, Belo Horizonte, v. 4, n. 16, out./dez. 2002, p. 57.

Em lugar da visão, antes fragmentada, de atos isolados, colocam-se a política ambiental, a política externa, a política de servidores públicos, a política do Poder Judiciário, cuja fixação é atribuição do Conselho Nacional de Justiça, a política econômica, a política de reforma agrária etc. O ato administrativo é apenas um ponto na curva evolutiva da respectiva política pública.

Em sentido específico, a designação políticas públicas é empregada para rotular os objetivos estabelecidos e a direção a ser seguida pelo Estado no campo dos direitos fundamentais sociais. Estão, nesse campo, essencialmente, os direitos a educação, saúde, trabalho, moradia, lazer, segurança, previdência, proteção à maternidade e à infância e assistência aos desamparados (art. 6º da Constituição), além do direito de acesso à justiça, que propicia o **direito a ter direitos**.

No Estado liberal, coincidente com aquela concepção original do direito administrativo, o valor mais importante é a liberdade individual – direitode **primeira geração**; o indivíduo também um átomo, daí a designação da sociedade da época como **poeira atômica de indivíduos**[6], no sentido negativo de anteparo à arbitrariedade e à intervenção estatal na economia. Em complemento a tal orientação, a igualdade é concebida no aspecto meramente formal, de igual tratamento perante a lei. No Estado social, em contrapartida, a liberdade assume caráter positivo de participação democrática, formal e material, na política e na economia. Não basta evitar que o Estado restrinja ou perturbe o exercício da liberdade. As pessoas devem participar do processo de decisão e ser providas de meios materiais, como educação, saúde, previdência, habitação e outros serviços públicos, distribuídos, se for o caso, de forma diferenciada, ações afirmativas, para efeito de exercer materialmente a liberdade.

No Estado liberal a preocupação é com a garantia do sigilo da correspondência, o que leva Carlos Ayres Britto (2003) a questionar a validade desse direito se a pessoa, morando debaixo da ponte, não tem endereço postal.[7] A proteção da li-

6 BONAVIDES, Paulo. **Do Estado Liberal ao Estado Social**, 6. ed. São Paulo: Malheiros, 1996, p. 40.

7 BRITTO, Carlos Ayres. **Teoria da Constituição**. Rio de Janeiro: Forense, 2003, p. 190-191.

berdade significa garantia contra prisões arbitrárias, enquanto que, no Estado social, o direito de ir e vir motiva a instituição do transporte coletivo de passageiros, sujeito aos princípios dos serviços públicos, entre os quais, ao menos teoricamente, a modicidade e a universalidade.

A resistência liberal não admite verdadeiro direito a prestações estatais – fáticase normativas – nas áreas sociais. Haveria na Constituição, a propósito, meras promessas programáticas e, portanto, discricionárias. Contra tal resistência levanta-se a doutrina dos direitos fundamentais, a concepção dos princípios constitucionais como normas diretamente aplicáveis e a admissão do controle jurisdicional da discricionariedade administrativa, esta manifestada já não só na prática de atos isolados ou no exercício de competências, mas também e principalmente na realização de processos, atividades, gestão e políticas públicas. Essas bandeiras significam, pelo menos em tese, a garantia de prestações sociais como efetivos direitos ou, no mínimo, interesses qualificados perante a competência discricionária, suscetíveis de proteção jurisdicional. Se não há direito, no sentido da concepção clássica de direito subjetivo, há pelo menos o dever – obrigaçãode comportamento – do Estado de instituir e executar políticas, atividade suscetível de proteção judicial, essencialmente, por meio das ações coletivas, graças à correspondente evolução do direito processual.

No planejamento – estabelecimentode políticas públicas – edistribuição dos meios materiais e respectivo controle o Estado-administrador e o Estado-juiz trabalham com dois parâmetros: de um lado, o **mínimo existencial**, que deve ser garantido a todos, ainda que se exijam profundas reformas econômicas e sociais; do lado oposto, a **reserva do possível**, a qual deve ser tratada com reservas[8]. Demandada, é da Administração o ônus de demonstrar a impossibilidade da prestação – normativaou fática.

Não há um mínimo existencial absoluto, mas apenas relativo, consideradas as condições de cada país, em cada momento.[9] De qualquer

---

8 FREITAS, Juarez. **A Interpretação Sistemática do Direito**, 3. ed. rev. e ampl. São Paulo: Malheiros, 2002, p. 211.

9 ALEXY, Robert. **Teoria dos Direitos Fundamentais**. São Paulo: Malheiros, 2008, p. 427-428.

modo, é o mínimo necessário para tirar a pessoa da miséria, indigência ou penúria – situaçõesinferiores à linha da pobreza. Não significa, porém, atendimento limitado ao mínimo fisiológico ou vital; é a distribuição de alimentação, abrigo, vestimenta e tratamento de saúde a quem, de outra forma, só pela caridade poderia sobreviver, mas também de apoio psicológico e social destinado a restabelecer-lhe a dignidade.

Em sentido negativo, o mínimo existencial é anteparo à tributação confiscatória de recursos básicos para a subsistência, ao passo que, em caráter positivo, determina a instituição do **benefício**[10] de assistência social e dos programas de bolsa-família e fornecimento de cesta básica, independentemente de contribuição. A regra de impenhorabilidade do bem de família é, por outro lado, exemplo típico de eficácia horizontal do direito ao mínimo existencial.

A reserva do possível também é um conceito de difícil determinação. Na tentativa de concretizá-lo a doutrina incorre em outra incerteza ao conceituá-lo como "[...] aquilo que o indivíduo pode razoavelmente exigir da sociedade".[11] É sempre citada decisão do Ministro Celso de Mello na ADPF nº 45 MC/DF, segundo a qual a realização dos direitos econômicos, sociais e culturais – além de caracterizar-se pela gradualidade de seu processo de concretização – depende das possibilidades orçamentárias do Estado. Ultrapassada a promoção de condições mínimas de existência (mínimo existencial), os benefícios remanescentes estão sujeitos à **reserva do possível**. Cita Anna Paula de Barcellos (2002): "[...] a limitação de recursos existe e é uma contingência que não se pode ignorar. O intérprete deverá levá-la em conta ao afirmar que algum bem pode ser exigido judicialmente, assim

10 A designação "benefício" (ex.: benefício previdenciário), em vez de "direito" (direito previdenciário) transmite a ideia de que não seria verdadeiro direito, mas simples benemerência, um "direito de segunda" e não, de segunda geração ou dimensão, conforme a tradicional classificação histórica. Conquanto empregada pela própria Constituição, em face dessa conotação discriminatória, deve ser evitada.

11 ALEXY, op. cit., p. 439 e 515, referindo-se a jurisprudência do Tribunal Constitucional Alemão.

como o magistrado, ao determinar seu fornecimento pelo Estado".[12] Acrescenta o mesmo Ministro que

> [...] os condicionamentos impostos, pela cláusula da reserva do possível, ao processo de concretização dos direitos de segunda geração – de implementação sempre onerosa – traduzem-se em um binômio que compreende, de um lado, (1) a razoabilidade da pretensão individual/social deduzida em face do Poder Público e, de outro, (2) a existência de disponibilidade financeira do Estado para tornar efetivas as prestações positivas dele reclamadas. Desnecessário acentuar-se, considerando o encargo governamental de tornar efetiva a aplicação dos direitos econômicos, sociais e culturais, que os elementos componentes do mencionado binômio (razoabilidade da prestação + disponibilidade financeira do Estado) devem configurar-se de modo afirmativo e em situação de cumulativa ocorrência, pois, ausente qualquer desses elementos, descaracterizar-se-á a possibilidade estatal de realização prática de tais direitos.

A doutrina propõe que a reserva do possível, ao contrário de servir de barreira à efetivação dos direitos fundamentais, sirva de mandado de otimização desses mesmos direitos e à proibição do retrocesso, particularmente quando se trata de preservar o mínimo existencial.

Nesse contexto, deve ser desmitificada a ideia veiculada pela resistência liberal – e neoliberal – de que os direitos clássicos de liberdade, propriedade e igualdade formal, dado seu caráter negativo, não têm custos, ao contrário dos direitos sociais, que seriam sempre dispendiosos. O véu ideológico, aí, é levantado por Cass R. Sustein (2006), segundo o qual

> até os tradicionais direitos individuais, como o direito à liberdade de expressão e à propriedade privada, necessitam de ações governamentais. Propriedade privada não pode existir sem um aparato governamental pronto e apto a assegurar a propriedade das pessoas como tal. Os assim chamados direitos negativos são enfaticamente direitos positivos. Na verdade, todos os direitos, até os mais tradicionais, têm custos. Direitos de propriedade e liberdade contratual, tanto como os de liberdade de expressão e de liberdade religiosa, necessitam de significativo suporte por parte dos contribuintes.[13]

---

12 BARCELLOS, Anna Paula. **A Eficácia Jurídica dos Princípios Constitucionais.** Rio de Janeiro: Renovar, 2002, p. 245-246.

13 SUSTEIN, Cass R. Direitos Sociais e Econômicos? Lições da África do Sul. In: SARLET, Ingo Wolfgang (org.).

A neutralidade econômico-financeira dos direitos de defesa e o maior custo do assistencialismo é apenas meia verdade: "[...] *no hay solicitantes más persistentes y exitosos de la ayuda pública que los orgullosos gigantes del sistema de la empresa privada*".[14] Tal realidade foi constatada na economia norte-americana por volta de 2008 - "Na hora da crise, apela-se ao Estado como boia de salvamento na forma de U$700 bilhões – 5% do PIB dos EUA ou o custo de todo o petróleo consumido em um ano naquele país – a serem injetados para anabolizar o sistema financeiro"[15] – e é constatada há décadas, de forma ilícita e escandalosa, na economia brasileira, conforme recentes revelações.

A reserva do possível não afasta "[...] o imediato reconhecimento do mínimo nuclear de realização, assertiva válida igualmente para os direitos sociais".[16] Depois de dizer que o problema está em querer implementar o Estado do bem-estar social com os meios do Estado liberal, Maria Maura M. M. Tayer (2002) considera que aquele "[...] exige novos instrumentos de defesa dos interesses para além das situações subjetivas que têm titulares certos e determinados".[17] O controle judicial das políticas públicas esbarra, é verdade, na questão orçamentária, reserva do possível, mas esta pode ser vencida com os seguintes argumentos: a) o atendimento aos direitos individuais também demandam gastos, sendo apenas de grau, e às vezes nem isto, a distinção entre as duas situações; b) não é totalmente livre a destinação de recursos orçamentários, admitindo-se o controle das prioridades estabelecidas pela Constituição ou das escolhas feitas; c) certas decisões judiciais – como

Jurisdição e Direitos Fundamentais. Porto Alegre: AJURIS, 2006, p. 13.

14 MILIBAND, Ralf apud MORENO, Fernando Diez. **El Estado Social**. Madri (ESP): Centro de Estúdios Políticos y Constitucionales, 2004, p. 73; CASTRO, Carlos Roberto Siqueira. **A Constituição Aberta e os Direitos Fundamentais**. Rio de Janeiro: Forense, 2005, p. 257.

15 FREI BETTO. O Abalo dos Muros. **Folha de S. Paulo**, São Paulo, 06 out.2008, Opinião.

16 FREITAS, op. cit., p. 211.

17 TAYER, Maria Maura Martins Moraes. **Efetivação Judicial das Normas Constitucionais sobre Reforma Agrária**. 2002. Dissertação (Mestrado em Direito) – Faculdade de Direito da Universidade Federal de Goiás, Goiânia, 2002, f. 117.

o reconhecimento de inconstitucionalidade de norma que institua tributo – repercutem sobre o orçamento tão gravemente quanto a que determine a reorientação de uma política pública em matéria de direitos sociais; d) o legislador consegue criar novas receitas quanto se trata de atender a situações como a da reposição dos expurgos inflacionários do Fundo de Garantia do Tempo de Serviço[18] ou a do socorro a instituições financeiras em crise.

Cabe, finalmente, advertência contra distorção suscetível de acontecer no campo do controle das políticas públicas - a substituição da Administração e, às vezes, até do Legislativo, pelo Judiciário.

A função administrativa é constituída, em caráter principal, pelas atividades-meio de todos os poderes ou funções do Estado e de três atividades-fim concentradas essencialmente no Executivo – polícia administrativa, serviço público e social e intervenção na economia –, a que, atualmente, acrescenta-se a regulação. Se a Administração falha na execução de suas atividades-fim – ex.: prestação de serviços públicos e sociais -, o Poder Judiciário não é chamado para suprir a omissão, executando diretamente a atividade, mas para impor à Administração e controlar o devido exercício de sua competência. Por isso, nesse caso, invariavelmente, a pessoa jurídica competente deve figurar no polo passivo da ação. O exercício direto da atividade pelo Poder Judiciário, quando indispensável para preservar direitos fundamentais, só é permitido se previsível a ineficácia de uma ordem para que a Administração cumpra seu dever – ex.: quando seja notório o desmantelo da Administração naquele setor – e, ainda assim, somente enquanto permaneça a omissão administrativa, portanto, em caráter provisório.

A conclusão é que, a princípio, não cabe ao Poder Judiciário prestar serviço público ou social, exercer atividade de polícia administrativa ou efetuar a regulação de um setor. Se uma agência reguladora deixa de exercer a atribuição de harmonizar os interesses de determinado setor, não cabe ao Poder Judiciário, senão excepcional e provisoriamente – hi-

18 TAYER, op. cit., f. 134-138. Cf. também SARLET, Ingo Wolfgang. **A Eficácia dos Direitos Fundamentais.** Porto Alegre: Livraria do Advogado, 2005, p. 225.

pótese já citada – substituiraquela entidade. A ação judicial suscetível, em regra, de ser intentada nesse caso é para que a Justiça ordene à Administração o exercício de sua – dela, Administração – competência. Nem é conveniente, uma vez que não dispõe imediatamente de estrutura e condições técnicas, senão naquela situação excepcional, que a Justiça substitua a entidade administrativa no cumprimento de seu dever.

Sirva de exemplo de tal situação a insistente tentativa do Ministério Público Federal, apesar dos inegáveis bons propósitos, de indevidamente substituir, pelo Poder Judiciário, a Administração e o próprio Legislativo na atividade repressiva ao tráfego com excesso de carga nas rodovias brasileiras:

> TRANSPORTE DE CARGA EM RODOVIAS FEDERAIS. EXCESSO DE PESO. PENAS ADMINISTRATIVAS LEGISLATIVAMENTE COMINADAS. OMISSÃO DA ADMINISTRAÇÃO. AÇÃO CI-VIL PÚBLICA, DO **MPF**, COM A FINALIDADE DE COMINAR PENA DE MULTA MAIS ELEVADA E RESPONSABILIZAR DETERMINADA EMPRESA POR DANOS MATERIAIS E MORAIS. SUBSTITUIÇÃO DAS FUNÇÕES LEGISLATIVA E ADMINISTRATIVA PELO PODER JUDICIÁRIO. AUSÊN-CIA DE NECESSIDADE. IM-POSSIBILIDADE JURÍDICA. INÉPCIA DA INICIAL QUANTO À ESPECIFICAÇÃO DOS DANOS E IMPRATICABILIDADE DESSA ESPECIFICAÇÃO.
>
> 1. O tráfego de veículo com excesso de peso pelas rodovias já conta com penas administrativas legislativamente previstas, as quais se presumem suficientes para inibir a referida conduta ilícita. Se de gravidade insuficiente ou não aplicadas, é caso de provocar o Poder Legislativo, para sua agravação, ou o Poder Executivo, para sua eficiente aplicação, incluída a medida mais eficiente de todas, a apreensão do veículo.
>
> 2. Não é necessário, nem possível, ação civil pública destinada a fixar pena substitutiva ou paralela às que são previstas em lei para a referida conduta. Nem tem o Poder Judiciário estrutura adequada para substituir o legislador e o administrador em casos dessa natureza. Teria, no mínimo, que se valer da Administração para a verificação das condutas suscetíveis de aplicação da multa cominada.
>
> 3. A atuação do Poder Judiciário é excepcional e subsidiária, nessa hipótese.
>
> 4. Se omissa a Administração em sua atividade de polícia, a ação do Ministério Público deve ser contra

a entidade administrativa, para que cumpra seu dever.

5. Quanto à indenização, a petição inicial não individualiza, nem oferece elementos para a individualização dos danos. Aliás, é impraticável perícia para determinar a contribuição de empresa(s) específica(s) para os alegados danos.

6. Extinto o processo, sem resolução do mérito, com base no art. 267, I e VI, do Código de Processo Civil. Prejudicada a apelação.

(BRASIL. Tribunal Regional Federal (1ª Região). Ação Civil nº 0032113-07.2012.4.01.3400-DF, Quinta Turma. Relator: Des. Federal João Batista Moreira. Brasília, 27 de janeiro de 2016.**Diário de Justiça Federal 1. Região**: 15 fev. 2016).

ADMINISTRATIVO. AÇÃO CIVIL PÚBLICA. VEÍCULOS QUE TRANSITAM COM EXCESSO DE PESO. PROIBIÇÃO JUDICIAL PARA TRAFEGAR NAS RODOVIAS FEDERAIS. IMPOSSIBILIDADE. DANOS MATERIAL E MORAL COLETIVO. INEXISTÊNCIA.

1. Ação Civil Pública ajuizada pelo Ministério Público Federal com o fito de que a ré, empresa particular, seja condenada a se abster de trafegar em qualquer rodovia federal com excesso de peso, fixando, de modo permanente e automático, multa no percentual de 100% sobre o valor total da carga transportada, bem como condená-la ao pagamento do dano material causado ao patrimônio público federal consubstanciado na rodovia federal, no valor de, no mínimo, R$ 200.000,00, e ao pagamento do dano moral coletivo causado aos cidadãos-usuários das rodovias públicas federais e ao meio ambiente, no valor de, no mínimo, R$ 20.000,00.

2. O Código de Trânsito Brasileiro estabelece várias medidas repressoras com o objetivo de se fazer cumprir a regulamentação sobre o transporte de cargas nas rodovias nacionais. A própria Polícia Rodoviária Federal, em razão do poder de polícia que lhe cabe, é competente para fiscalizar e aplicar as medidas administrativas cabíveis no que diz respeito às infrações por excesso de peso.

3. Encargo que não pode ser transferido ao Poder Judiciário, uma vez que não pode atuar supletivamente, cabendo ao órgão responsável pela fiscalização das rodovias estruturar-se adequadamente para a prestação do serviço que lhe cabe. A atuação judicial somente é legítima em situações excepcionais, em que demonstrada a imprescindibilidade de sua intervenção diante das peculiaridades do caso concreto, que não restou justificada na espécie.

4. Ausência de fundamentação concreta no pedido de indenização por danos materiais. Impossibilidade de se aferir o dano, tendo em vista que a Apelada não é a única a utilizar as rodovias federais.

5. Pedido de indenização por dano moral coletivo que não merece

acolhimento, pois não houve demonstração de ofensa concreta aos interesses extrapatrimoniais da coletividade, sendo insuficiente, para a caracterização do dano apontado, a simples alegação de inobservância às normas de trânsito. Precedente desta Terceira Turma (AC565424/CE, DJe 02/06/2014). Apelação improvida. (BRASIL. Tribunal Regional Federal (5ª Região). AC 08006523420144058401, Terceira Turma. Relator: Des. Federal Élio Wanderley de Siqueira Filho. Brasília, 11 de junho de 2015. **Diário de Justiça Federal 5. Região**: 30 jun. 2015.).

CONSIDERAÇÕES FINAIS

O autor não é professor de Direito Constitucional. Dedica-se aos afazeres jurisdicionais do Direito Administrativo. Não se trata este, por essa razão, de um trabalho à altura de homenagear o mestre José Afonso da Silva. Mas seria inexplicável omissão deixar de atender ao honroso convite formulado pelo ilustre ex-Presidente do Conselho Federal da Ordem dos Advogados do Brasil, Dr. Marcus Vinicius Furtado Coêlho, atual Presidente da Comissão Nacional de Estudos Constitucionais. O Professor José Afonso da Silva é, sem dúvida, o maior e o mais atual constitucionalista brasileiro. Fica aqui registrada, entre outras tantas, a grande contribuição que o mestre trouxe à geração deste seu discípulo com o livro – por ele intitulado **monografia – Aplicabilidade das Normas Constitucionais**, portal de entrada de todos aqueles que queiram se dedicar ao estudo das transformações ocorridas nesse tormentoso campo da teoria constitucional.

REFERÊNCIAS

ALEXY, Robert. **Teoria dos Direitos Fundamentais**. São Paulo: Malheiros, 2008.

BARCELLOS, Anna Paula. **A Eficácia Jurídica dos Princípios Constitucionais**. Rio de Janeiro: Renovar, 2002.

BONAVIDES, Paulo. **Do Estado Liberal ao Estado Social**. 6. ed. São Paulo: Malheiros, 1996.

BRASIL. Tribunal Regional Federal (1ª Região). Ação Civil nº 0032113-07.2012.4.01.3400-DF, Quinta Turma. Relator: Des. Federal João Batista Moreira. Brasília, 27 de janeiro de 2016. **Diário de Justiça Federal1. Região**: 15 fev. 2016.

________. Tribunal Regional Federal (5ª Região). Ação Civil nº 0800652-34.2014.4.05.8401, Terceira Turma. Relator: Des. Federal Élio Wanderley de Siqueira Filho. Brasília, 11 de junho de 2015.**Diário de Justiça Federal5. Região**: 30 jun. 2015.

BRITTO, Carlos Ayres. **Teoria da Constituição**. Rio de Janeiro: Forense, 2003.

BUCCI, Maria Paula Dallari. **Direito Administrativo e Políticas Públicas**. São Paulo: Saraiva, 2002.

CAPRA, Fritjof. **O Ponto de Mutação**: a Ciência, a Sociedade e a Cultura Emergente. São Paulo: Cultrix, 1996.

COMPARATO, Fábio Konder. Ensaio sobre o juízo de constitucionalidade de políticas públicas. **Interesse Público**,Belo Horizonte, v. 4, n. 16, out./dez. 2002, p. 57

DINAMARCO, Cândido Rangel. **A Instrumentalidade do Processo**, 9. ed. São Paulo: Malheiros, 2001.

FREITAS, Juarez. **A Interpretação Sistemática do Direito**, 3. ed. rev. e ampl. São Paulo: Malheiros, 2002.

MAYER, Otto. **Derecho Administrativo Alemán**. Tomo I. Buenos Aires (ARG): Depalma, 1949.

REALE, Miguel. **Teoria Tridimensional do Direito**, 4. ed. São Paulo: Saraiva, 1986.

SARLET, Ingo Wolfgang. **A Eficácia dos Direitos Fundamentais**. Porto Alegre: Livraria do Advogado, 2005.

SUSTEIN, Cass R. Direitos Sociais e Econômicos? Lições da África do Sul. In: SARLET, Ingo Wolfgang (org.). **Jurisdição e Direitos Fundamentais**. Porto Alegre: AJURIS, 2006.

TAYER, Maria Maura Martins Moraes. **Efetivação Judicial das Normas Constitucionais sobre Reforma Agrária**. 2002. Dissertação (Mestrado em Direito) – Faculdade de Direito da Universidade Federal de Goiás, Goiânia, 2002.

A MISSÃO CONSTITUCIONAL DO PODER JUDICIÁRIO REPUBLICANO NA DEFESA DO MEIO AMBIENTE E DO DESENVOLVIMENTO SUSTENTÁVEL

ANTÔNIO SOUZA PRUDENTE

RESUMO: O presente artigo jurídico versa sobre a missão constitucional do Poder Judiciário Republicano em defesa do meio ambiente e do desenvolvimento sustentável.Visualiza-se, inicialmente, a proteção do meio ambiente e do desenvolvimento sustentável, no plano internacional da Carta da Terra e da Carta Ambiental da França em harmonia com a tutela material do meio ambiente ecologicamente equilibrado expressamente revelada no ordenamento jurídico brasileiro.Destaca-se, com prioridade, a tutela processual de urgência na instrumentalidade da ação popular e da ação civil pública, apontando-se, contudo, nesse contexto processual, a odiosa contratutela de urgência e consequente anulação das Varas ambientais pelo abuso procedimental da suspensão de segurança nos Tribunais Federais do Brasil.Analisa-se, por último, a histórica tutela processual de urgência e inibitória do risco ambiental no processo cautelar dos transgênicos no Brasil, com destaque para o fenômeno da irrevogabilidade das decisões judiciais por medida provisória ou lei congressual ante a proibição do retrocesso ecológico e do risco ambiental, com enfoque especial sobre o perfil constitucional do juiz republicano na sistemática do novo CPC.Aporta-se na conclusão de que a tutela jurisdicional de urgência e inibitória do risco ambiental resulta dos comandos normativos da Constituição da Republica Federativa do Brasil, visando garantir a inviolabilidade do direito fundamental à sadia qualidade de vida, bem assim a defesa e preservação do meio ambiente ecologicamente equilibrado, em busca do desenvolvimento sustentável das presentes e futuras gerações, em dimensão cósmico-difusa, planetária e global.

Palavras-chave: Tutela processual. Urgência. Meio ambiente ecologicamente equilibrado. Precaução. Prevenção. Risco ambiental. Retrocesso ecológico. Desenvolvimento sustentável. Progresso ecológico. Sadia qualidade de vida. Presentes e futuras gerações. Poder Judiciário Republicano. Missão Constitucional.

ABSTRACT: The present article refers about the jurisdictional protection done by the Judiciary of the Republic of Brazil against environmental risk and also about the sustainable development. Initially, will be seem that the environmental protection and sustainable development are set in the "Earth Charter" and in the "Environmental Charter of the France" in harmony with the protection ecologically balanced environment present in the Brazilian legal system. Priority, will be noted that the jurisdictional protection constant of the popular action and civil action. In this procedural context, stands out to the no technical instrument named reverse protection of urgency which causes the cancellation of Brazilian's federal environmental court by the suspension of the court order. Finally, it is analyzed the history of the juridical inhibitory protection against environmental risk in the production of the Genetic Modified Organism - GM in Brazil, especially the phenomenon that forbid the revocation of judicial decisions by laws, in a way to ensure the prohibition of reverse ecological, with specific focus on the constitutional profile of the Republican Judge according with the new systematic of Brazilian civil procedural law. This paper supports the conclusion that jurisdictional and preventive protection against environmental risk derives from rules set forth in the Brazilian Federal Constitution, so as to guarantee the inviolability of the fundamental right to a healthy life quality, as well as the defense and preservation of an ecologically balanced environment, aiming to archive sustainable development of the present and future generations, throughout the whole cosmic-diffuse, planetary and global dimension.

Keywords: Jurisdictionalprotection. Urgency. Environmental risk. Ecologically balanced environment. Precaution. Reverse ecological.Sustainable development. Ecological progress. Healthy quality of life. Present and future generations. Republican Judiciary. Constitutional mission.

SUMÁRIO: 1. Introdução. **2.** A proteção do meio ambiente e do desenvolvimento sustentável, no plano internacional da Carta da Terra e da Carta Ambiental da França. **3.** Tutela material do meio ambiente ecologicamente equilibrado no ordenamento jurídico brasileiro, em busca do desenvolvimento sustentável das presentes e futuras gerações. **4.** Tutela processual de urgência em defesa do meio ambiente e do desenvolvimento sustentável. **5.** Tutela processual de urgência na instrumentalidade da ação popular e da ação civil pública para a proteção jurídica do meio ambiente sadio. **6.** Principio da máxima prioridade da tutela processual de urgência em defesa do meio ambiente ecologicamente equilibrado. **7.** Contratutela de urgência e consequente anulação das varas ambientais pelo abuso procedimental da suspensão de segurança nos Tribunais Federais do Brasil. **8.** Tutela processual de urgência e inibitória do risco ambiental no processo cautelar dos transgênicos, no Brasil. **9.** Irrevogabilidade das decisões judiciais por medida provisória ou lei congressual ante a proibição do retrocesso ecológico e do risco ambiental. **10.** O Perfil Constitucional do Juiz Republicano na sistemática do Novo CPC. **11.** Conclusão.

1. INTRODUÇÃO

A Constituição da República Federativa do Brasil, em vigor, trata do **meio ambiente ecologicamente equilibrado**, como **direito fundamental de todos (bem difuso), essencial à sadia qualidade de vida, impondo ao poder público** – Legislativo, Executivo e Judiciário – e à coletividade o dever de defendê-lo e preservá-lo para as presentes e futuras gerações. (CF, art. 225, **caput**).

O texto constitucional brasileiro, ao estabelecer novos instrumentos e paradigmas de sustentabilidade, na melhor expressão do que, hoje, se denomina de **neoconstitucionalismo moderno**, resolveu exigir de todos, expressamente – **poder público** e **coletividade** – **posturas de governabilidade afirmativa**, no que resulta a imposição de deveres constitucionais **positivos** – ***faccere***: ação – e **negativos** – ***non faccere***: abstenção – **em defesa do meio ambiente ecologicamente equilibrado e do desenvolvimento sustentável,** com **aplicação imediata dos princípios dirigentes da informação e educação ambiental, da participação democrática, da oficialidade ecológica, da precaução e da prevenção, da prevalência dos direitos humanos, da cooperação entre os povos para o progresso da humanidade e da proibição do retrocesso ecológico**, dentre outros.

Nesse contexto, destaca-se a missão constitucional do Poder Judiciário Republicano, legitimada **pela soberania popular,** no perfil de coragem e independência, traçado na Carta Política Federal, **como figura indispensável à concessão das tutelas de urgência, estruturadas nas vertentes do moderno processo coletivo, em defesa do meio ambiente ecologicamente equilibrado e do desenvolvimento sustentável, como garantia fundamental das presentes e futuras gerações.**

2. A PROTEÇÃO DO MEIO AMBIENTE E DO DESENVOLVIMENTO SUSTENTÁVEL, NO PLANO INTERNACIONAL DA CARTA DA TERRA E DA CARTA AMBIENTAL DA FRANÇA.

Na Conferencia das Nações Unidas sobre o Meio Ambiente e Desenvolvimento – CNUMAD –, realizada no Rio de Janeiro, em

1992, onde representantes de cento e setenta e cinco países se reuniram para diminuir a degradação ambiental e preservar a existência das presentes e futuras gerações, a tônica do **desenvolvimento sustentável** dominou os quarenta capítulos de sua agenda 21, cuja lista de prioridades foi agrupada pela professora Edith Brown Weiss, nas seguintes categorias:

> 1 – atingir um crescimento sustentável, pela integração do meio ambiente e desenvolvimento aos processos decisórios; 2- fortalecimento de um mundo de equidade, pelo combate à pobreza e pela proteção da saúde humana; 3- tornar o mundo habitável pelo trato das questões de suprimento de água às cidades, da administração de rejeitos sólidos e poluição urbana; 4 – encorajar um eficiente uso de recursos, como categoria que inclui o gerenciamento de recursos energéticos, cuidado de uso de água doce, desenvolvimento florestal, administração de ecossistemas frágeis, conservação da biodiversidade e administração dos recursos da terra; 5 – proteger os recursos regionais e globais, incluindo-se a atmosfera, os oceanos, os mares e os recursos vivos marinhos e 6 – o gerenciamento dos resíduos químicos, perigosos e nucleares.[1]

Na fala preambular dessa Conferência, a Agenda 21 está voltada para os problemas prementes de hoje e tem o objetivo, ainda, de preparar o mundo para os desafios deste século, refletindo um consenso mundial e um compromisso político no nível mais alto no que diz respeito ao desenvolvimento e à cooperação ambiental.

Neste propósito mundial de sustentabilidade, foi aprovada pela UNESCO, em 14 de março de 2000, a Carta da Terra, alertando-nos de que "[...] **para seguir adiante, devemos reconhecer que, no meio de uma magnífica diversidade de culturas e formas de vida, somos umafamília humana e uma comunidade terrestre com um destino comum. Devemos somar forças para gerar uma sociedade sustentável global, baseada no respeito pela natureza, nos direitos humanos universais, na justiça econômica e numa cultura de paz. Para chegar a este propósito, é imperativo que nós, os povos da terra,**

1 WEISS, Edith Brown apud SOARES, Guido Fernado Silva. Direito Ambiental Internacional. In: PHILIPPI JÚNIOR, Arlindo; ALVES, Alaôr Caffé. (org.). **Curso Interdisciplinar de Direito Ambiental**. Barueri (SP): Manole, 2005, p. 706.

declaremos nossa responsabilidade uns para com os outros, com a grande comunidade da vida e com as futuras gerações".[2]

No olhar guardião da Carta da Terra, assim, nesta dimensão, visando um modo de vida sustentável como critério comum, através do qual a conduta de todos os indivíduos, organizações, empresas, governos, e instituições transnacionais, será guiada e avaliada, necessitamos, com urgência, construir sociedades democráticas, que sejam justas, participativas, sustentáveis, assegurando, assim, que as comunidades em todos os níveis garantam os direitos humanos e as liberdades fundamentais e proporcionem a cada um a oportunidade de realizar seu pleno potencial; promover a justiça econômica e social, propiciando a todos a consecução de uma subsistência significativa e segura, que seja ecologicamente responsável; proteger e restaurar a integralidade dos sistemas ecológicos da terra, com especial preocupação pela diversidade biológica e pelos processos naturais que sustentam a vida e prevenir o dano ao ambiente como o melhor método de proteção ambiental e, quando o conhecimento for limitado, assumir uma postura de precaução, orientando ações para evitar a possibilidade de sérios ou irreversíveis danos ambientais, mesmo quando a informação científica for incompleta ou não conclusiva, impondo o ônus da prova àqueles que afirmarem que a atividade proposta não causará dano significativo e fazer com que os grupos sejam responsabilizados pelo dano ambiental, principalmente, na cobrança precautica do poluidor-pagador, que, antes, deve investir em técnicas e programas eficazes para não poluir, garantindo, enfim, que a decisão a ser tomada se oriente pelas conseqüências humanas globais, cumulativas, de longo prazo, indiretas e de longo alcance.

Na perspectiva do **neoconstitucionalismo afirmativo dos direitos fundamentais**, que a Carta Política Federal consagrou no pacto fundante de 1988 "[...] **os direitos e garantias expressos nesta Constituição não excluem outros decorrentes do regime e**

2 UNESCO. Carta da Terra. **Em aberto**, Brasília, v. 27, n. 91, p. 173-180, jan./jun. 2014. Disponível em: <https://goo.gl/hfaCYm>. Acesso em: 22 set. 2014.

dos princípios por ela adotados, ou dos tratados internacionais em que a República Federativa do Brasil seja parte" (CF, art. 5º, § 2º).

Nesta visão de uma sociedade sustentável e global, baseada no respeito pela natureza, nos direitos humanos universais, na justiça econômica e numa cultura de paz, com responsabilidades pela grande comunidade da vida, numa perspectiva intergeracional, promulgou-se a **Carta Ambiental da França** (02.03.2005), estabelecendo que "o futuro e a própria existência da humanidade são indissociáveis de seu meio natural e, por isso, o **meio ambiente é considerado um patrimônio comum dos seres humanos**, devendo sua preservação ser buscada, sob o mesmo título que os demais interesses fundamentais da nação, pois a diversidade biológica, o desenvolvimento da pessoa humana e o progresso das sociedades estão sendo afetados por certas modalidades de produção e consumo e pela exploração excessiva dos recursos naturais, **a se exigir das autoridades públicas a aplicação do princípio da precaução nos limites de suas atribuições, em busca de um desenvolvimento durável.**[3]

3 A "Charte de L'environnement" da França estabelece em seus considerandos: *Que les ressources et les équilibres naturels ont conditionné l'émergence de l'humanité / Que l'avenir et l'existence même de l'humanité sont indissociables de son milieu naturel / Que l'environnement est le patrimoine commun des êtres humains / Que l'homme exerce une influence croissante sur les conditions de la vie et sur sa propre évolution / Que la diversité biologique, l'épanouissement de la personne et le progrés des sociétés humaines sont affectés par certains modes de consommation ou de production et par l'exploitation excessive des ressources naturelles / Que la préservation de l'environnement doit être recherchée au même titre que les autres intérêts fondamentaux de la Nation / Qu'afin d'assurer un développement durable, les choix destinés à repondré aux besoins du présent ne doivent pas compromettre la capacité des générations futures et des autres peuples à satisfaire leurs propres besoins.*
E, em seus artigos 5º e 6º, taxativamente, proclama:
Art. 5º - *Lorsque la réalisation d'un dommage, bien qu'incertaine en l'état des connaissances scientifiques, pourrait affecter de manière grave et irreversible l'environnement, les autorités publiques veillent, par application du principe de précaution et dans leurs domaines d'attributions, à la mise en oeuvre de procédures d'évaluation des risques et à l'adoption de mesures provisoires et proportionnées, afin de parer à la réalisation du dommage.*
Art. 6º - *Les politiques publiques doivent promouvoir un développement durable. A cet effet, elles concilient la protection et la mise en valeur de l'environnement, le développement économique et le progrès social.*

Em comentários à Carta Ambiental da França, Machado (2005) manifestou-se nestas letras:

> A França, na Carta do Meio Ambiente, introduz o princípio da precaução, que é o mais discutido em todo o planeta neste momento. É a primeira Constituição no mundo a inserir expressamente esse princípio. Os franceses não faltaram à sua hora: em 1789, assentaram os alicerces da liberdade individual; em 1946, fizeram do asilo aos refugiados políticos uma bandeira. A Carta ambiental diz que, quando a ocorrência de um dano, ainda que incerto diante do estado dos conhecimentos científicos, puder afetar de modo grave e irreversível o meio ambiente, as autoridades públicas providenciarão, através da aplicação do princípio da precaução, a implementação de procedimentos de avaliação de riscos e a adoção de medidas provisórias e proporcionais, com a finalidade de evitar a realização do dano.
>
> O princípio passou a ser vinculado a uma avaliação prévia dos riscos, quando houver a probabilidade de danos graves e irreversíveis. Essa avaliação evitará medidas arbitrárias ou a omissão nas ações devidas. A Carta Constitucional francesa ao tratar da precaução não poderia ser, evidentemente, imprudente e, por isso, as medidas deverão ser proporcionais, para que haja adequação entre os meios utilizados e os fins desejados.[4]

3. TUTELA MATERIAL DO MEIO AMBIENTE ECOLOGICAMENTE EQUILIBRADO NO ORDENAMENTO JURÍDICO BRASILEIRO, EM BUSCA DO DESENVOLVIMENTO SUSTENTÁVEL DAS PRESENTES E FUTURAS GERAÇÕES

Antes da publicação oficial do importante estudo da CNUMAD, em 1987, sob o titulo ***Our Common Future*** – nossofuturo comum, internacionalmente, conhecido como **Relatório Brundtland**, em que se definiu o **desenvolvimento sustentável** como "aquele capaz de satisfazer as necessidades presentes, sem comprometer a capacidade das gerações futuras de suprir suas próprias necessidades",revelando-se a incompatibilidade entre o desenvolvimento sustentável e os padrões vigentes de produção e consumo, a exigir critérios éticos de uma imperiosa relação homem-natureza, instalou-se, aqui, no Brasil, com a edição da Lei nº 6.938, de 31 de agosto de 1981, a**Política Nacional do Meio Ambiente,** tendo por objetivo a preservação, melhoria e re-

4 MACHADO, Paulo Afonso Leme. A Carta Constitucional do Meio Ambiente da França e o Brasil. **Revista Bimestral de Direito Público**, Belo Horizonte, v. 6, n. 30, 2005.

cuperação da qualidade ambiental, propícia à vida, visando assegurar, no País, condições ao desenvolvimento socioeconômico, aos interesses da segurança nacional e à proteção da dignidade da vida humana, na compatibilização do desenvolvimento econômico e social com a preservação da qualidade do meio ambiente e do equilíbrio ecológico.

Numa visão holística, que harmoniza os postulados da lógica antropocêntrica com os da teoria biocêntrica, a Lei nacional 6938, de 1981, definiu **o meio ambiente** como "[...] o conjunto de condições, leis, influências e interações de ordem física, química e biológica, que permite, abriga e rege a vida em todas as suas formas[...]", art.3º, estabelecendo como um de seus princípios fundamentais "[...] a educação ambiental em todos os níveis de ensino, inclusive a educação da comunidade, objetivando capacitá-la para participação ativa na defesa do meio ambiente [...]", destacando-se no rol de seus objetivos

> "[...] o estabelecimento de critérios e padrões da qualidade ambiental e de normas relativas ao uso e manejo de recursos ambientais, com a difusão de tecnologias de manejo do meio ambiente, a divulgação de dados e informações ambientais e a formação de uma consciência pública sobre a necessidade de preservação da qualidade ambiental e do equilíbrio ecológico [...]","[...] buscando a preservação e restauração dos recursos ambientais com vistas à sua utilização racional e disponibilidade permanente, para a manutenção do equilíbrio ecológico propício à vida".

Nesta perspectiva, a Constituição Federal, de 5 de outubro de 1988, achou inspiração efetiva no perfil de sustentabilidade traçado pela Lei da Política Nacional de Meio Ambiente (Lei 6938/81) e nas diretrizes da Convenção Internacional de Estocolmo (1972), ao conferir, expressamente, **competência material-comum e executiva** às entidades políticas (União, Estados, Distrito Federal e Municípios) para **proteger o meio ambiente e combater a poluição em qualquer de suas formas; preservar as florestas, a fauna e a flora; conservar o patrimônio público; impedir a evasão, a destruição e a descaracterização de obras de arte e de outros bens de valor histórico, artístico ou cultural, proporcionar os meios de**

acesso à cultura, à educação e à ciência; proteger os documentos, as obras e outros bens de valor histórico, artístico e cultural, os monumentos, as paisagens naturais notáveis e os sítios arqueológicos; registrar,acompanhar e **fiscalizar as concessões de direitos de pesquisa e exploração de recursos hídricos e minerais em seus territórios; estabelecer e implantar política de educação para segurança do trânsito; promover programas de construção de moradias e a melhoria das condições habitacionais** e **de saneamento básico** e **combater as causas da pobreza e os fatores de marginalização, promovendo a integração social dos setores desfavorecidos,** estabelecendo que "leis complementares fixarão normas para a cooperação entre a União e os Estados, o Distrito Federal e os Municípios, tendo em vista o equilíbrio do desenvolvimento e do bem-estar no âmbito nacional" (CF, art. 23, I a XII e respectivo parágrafo único).

A Carta Política Federal, em vigor, ao determinar que a República Federativa do Brasil "deve constituir-se em Estado Democrático de Direito, tendo como fundamento a soberania, o pluralismo político, os valores sociais do trabalho e da livre iniciativa, **a dignidade da pessoa humana e a cidadania**" (CF, art. 1º, I a V) e como objetivos fundamentais**construir uma sociedade solidária, justa e livre; garantir** o **desenvolvimento nacional; erradicar a pobreza e a marginalização, reduzindo as desigualdades sociais e regionais, promovendo o bem de todos, sem preconceitos de origem, raça, sexo, cor, idade e quaisquer outras formas de discriminação, regendo-se em suas relações internacionais pelos princípios da independência nacional; da prevalência dos direitos humanos; da autodeterminação dos povos; da não-intervenção; da igualdade entre os Estados; da defesa da paz; da concessão de asilo político, da solução pacífica dos conflitos; do repúdio ao terrorismo e ao racismo e da cooperação entre os povos para o progresso da humanidade** (CF, arts. 3º, I a IV e 4º, I a X), **garantindo, difusamente, a todos os brasileiros e estrangeiros residentes no País a inviolabilidade do direito fundamental à vida, à liberdade, à igualdade, à segurança, à propriedade,**

à educação, à cultura, à saúde, à previdência social, à moradia, ao lazer, com especial proteção à família e assistência aos desamparados, (CF, arts. 5º, caput, 6º e 226 a 230), destacou o **direito humano fundamental de todos ao meio ambiente ecologicamente equilibrado, como bem de uso comum do povo e essencial à sadia qualidade de vida, impondo-se ao poder público e à coletividade o dever de defendê-lo e preservá-lo para as presentes e futuras gerações** (CF, art. 225, **caput**), **como direito difuso e intertemporal de aplicação imediata"**(CF, art. 5º, §1º), **a romper as barreiras do tempo, em dimensão intergeracional.**

Para assegurar a efetividade desse direito fundamental ao meio ambiente ecologicamente equilibrado, como bem de uso comum do povo e essencial à sadia qualidade de vida, a **Constituição da República Federativa do Brasil impõe ao Poder Público**, na força determinante dos **princípios da oficialidade ecológica** e **do progresso ecológico**, o dever de (I) **preservar e restaurar os processos ecológicos essenciais e prover o manejo ecológico das espécies e ecossistemas;** (II) **preservar a diversidade e a integridade do patrimônio genético do País e fiscalizar as entidades dedicadas à pesquisa e manipulação de material genético;** (III) **definir,em todas as unidades da Federação, espaços territoriais e seus componentes a serem especialmente protegidos, sendo a alteração e a supressão permitidas somente através de lei, vedada qualquer utilização que comprometa a integridade dos atributos que justifiquem sua proteção;** (IV) **exigir, na forma da lei, para instalação de obra ou atividade potencialmente causadora de significativa degradação do meio ambiente, estudo prévio de impacto ambiental, a que se dará publicidade;** (V) **controlar a produção, a comercialização e o emprego de técnicas, métodos e substâncias que comportem risco para a vida, a qualidade de vida e o meio ambiente;** (VI) **promover a educação ambiental em todos os níveis de ensino e a conscientização pública para a preservação do meio ambiente;** (VII) **proteger a fauna e a flora, vedadas, na forma da lei, as práticas que coloquem em risco sua função ecológica,**

provoquem a extinção de espécies ou submetam os animais à crueldade (CF, art. 225, § 1º, incisos I a VII), dispensando **proteção especial aos biomas destacados em seu texto magno**, como a **Floresta Amazônica brasileira, a Mata Atlântica, a Serra do Mar, o Pantanal Mato-Grossense** e a **Zona Costeira**, rotulados como **patrimônio nacional, ordenando que sua utilização far-se-á, na forma da lei, dentro de condições que assegurem a preservação do meio ambiente, inclusive quanto ao uso dos recursos naturais**, sendo indisponíveis as terras devolutas ou arrecadadas pelos Estados, por ações discriminatórias, necessárias à proteção dos ecossistemas naturais (CF, art.225, §§ 4º e 5º), "determinando, ainda, que aquele que explorar recursos minerais fica obrigado a recuperar o meio ambiente degradado, de acordo com solução técnica exigida pelo órgão público competente, na forma da lei, e as condutas e atividades consideradas lesivas ao meio ambiente sujeitarão os infratores, pessoas físicas ou jurídicas, a sanções penais e administrativas, independentemente da obrigação de reparar os danos causados" (CF, art. 225, §§ 2º e 3º).

Em face desse contexto constitucional, considera Celso Fiorillo (2010) que

> [...] **o principio do desenvolvimento sustentável tem por conteúdo a manutenção das bases vitais da produção e reprodução do homem e de suas atividades, garantindo igualmente uma relação satisfatória entre os homens e destes com o seu ambiente, para que as futuras gerações também tenham oportunidade de desfrutar os mesmos recursos à nossa disposição.**
>
> [...] A preservação do meio ambiente passou a ser palavra de ordem, porquanto sua contínua degradação implicará diminuição da capacidade econômica do País, e não será possível à nossa geração e principalmente às futuras desfrutar uma vida com qualidade. Assim, a livre iniciativa, que rege as atividades econômicas, começou a ter outro significado. A liberdade de agir e dispor tratada pelo Texto Constitucional (a livre iniciativa) passou a ser compreendida de forma mais restritiva, o que significa dizer que não existe a liberdade, a livre iniciativa, voltada à disposição de um meio ambiente ecologicamente equilibrado. Este deve ser o objetivo. Busca-se, na verdade, a coexistência de ambos sem que a ordem econômica inviabilize um meio ambiente ecologicamente equilibrado e sem que este obste o desenvolvimento eco-

nômico. Tanto isso é verdade que a Constituição Federal estabelece que a ordem econômica, fundada na **livre iniciativa** (sistema de produção capitalista) e na **valorização do trabalho humano** (limite ao capitalismo selvagem), deverá regrar-se pelos ditames da justiça social, respeitando o princípio da **defesa do meio ambiente**, contido no inciso VI do art. 170, a fim de que a ordem econômica esteja voltada à justiça social.[5]

No rumo dessa inteligência, o Supremo Tribunal Federal do Brasil já decidiu que

> [...] a incolumidade do meio ambiente não pode ser comprometida por interesses empresariais nem ficar dependente de motivações de índole meramente econômica, ainda mais se tiver presente que a atividade econômica, considerada a disciplina constitucional que a rege, está subordinada, dentre outros princípios gerais, àquele que privilegia a "**defesa do meio ambiente**" (CF, art. 170, VI), que traduz conceito amplo e abrangente das noções de meio ambiente natural, de meio ambiente cultural, de meio ambiente artificial (espaço urbano) e de meio ambiente laboral [...] O **princípio do desenvolvimento sustentável**, além de impregnado de caráter eminentemente constitucional, encontra suporte legitimador em compromissos internacionais assumidos pelo Estado brasileiro e representa fator de obtenção do justo equilíbrio entre as exigências da economia e as da ecologia, subordinada, no entanto, a invocação desse postulado, quando ocorrente situação de conflito entre valores constitucionais relevantes, a uma condição inafastável, cuja observância não comprometa nem esvazie o conteúdo essencial de um dos mais significativos direitos fundamentais: **o direito à preservação do meio ambiente, que traduz bem de uso comum da generalidade das pessoas, a ser resguardado em favor das presentes e futuras gerações**[6].

4. TUTELA PROCESSUAL DE URGÊNCIA EM DEFESA DO MEIO AMBIENTE E DO DESENVOLVIMENTO SUSTENTÁVEL

Assegurando aos brasileiros e estrangeiros residentes no país o direito à vida em todas as suas formas

5 FIORILLO, Celso Antonio Pacheco. **Curso de Direito Ambiental Brasileiro**, 11. ed. São Paulo: Saraiva, 2010, p.79-86. (grifo nosso).

6 BRASIL. Supremo Tribunal Federal. Medida Cautelar na Ação Direta de Inconstitucionalidade nº 3540-DF, Tribunal Pleno. Relaor: Min. Celso de Mello. Brasília, 1º de setembro de 2005. **Diário de Justiça**: 3 fev. 2006.

(CF, art. 5º, caput), dentro de uma estrutura **ecologicamente equilibrada** (CF, art. 225, **caput**), a Carta Magna estabeleceu uma expressa imposição ao Poder Público (legislativo, Executivo e Judiciário) e a toda coletividade, no sentido de defender e preservar o meio ambiente equilibrado, como bem essencial à sadia qualidade de vida de todos.

Na conjuntura atual de uma globalização econômica cada vez mais insensível em seus projetos de acumulação de riqueza material em poder dos mais fortes e dominadores, numa ação gananciosa e aniquiladora dos valores fundamentais da pessoa humana e dos bens da natureza, há de se exigir, por imperativos de ordem pública, uma ação diligente e corajosa de uma magistratura independente, na defesa de uma ordem jurídica justa para todos, em termos de tutela jurisdicional oportuna e efetiva, visivelmente comprometida com a defesa dos direitos e garantias tutelados pela Constituição da República Federativa do Brasil.

Nesse contexto, reclama-se para uma adequada tutela processual do meio ambiente equilibrado, devendo o juiz orientar-se pelos princípios norteadores do moderno processo coletivo, adotando, com presteza, as técnicas processuais necessárias à inibição e remoção imediata do ilícito ambiental, sem as amarras fetichistas de uma processualística ortodoxa, em prol de uma justiça afirmativa dos valores do ativismo judicial, constitucionalmente vocacionado a garantir melhor qualidade de vida para as presentes e futuras gerações, pois, na lição autorizada de Nalini (2009),

> O desafio do Direito Ambiental tão bem contemplado na Carta Política de 1988 é de formar juízes corajosos, com destemor suficiente para o enfrentamento de temas candentes e que não se esgotam com o proferir de uma simples decisão, posto que os frutos de um julgamento errado em matéria ambiental serão sentidos no decorrer da historia e talvez constitua empecilho a que a humanidade se prolongue nesta aventura terrena por outros séculos vindouros.[7]

Destaca, assim, Edis Milaré (2011), que "[...] o magistrado, segundo anota José Renato Nalini,

7 NALINI, José Renato. A Evolução do Direito Ambiental nos 20 anos de vigência da CF/88. In: MORAES, Alexandre de. (coord.). **Os 20 anos da Constituição da Republica Federativa do Brasil**. São Paulo: Atlas, 2009, p. 306.

coroa seu trabalho se, além de decisão acertada e sentença justa, ainda se vale da posição e do momento para exercer uma ação pedagógica", nos termos seguintes:

> O Direito ambiental abre área inimaginável para o juiz moderno. Mais do que um solucionador de conflitos interindividuais, é ele um administrador de situação controvertida. É um construtor da cidadania, um impulsionador da democracia participativa e estimulador do crescimento da dignidade humana até a plenitude possível. E, acentuando essa **tarefa docente** presente em cada processo, conclui: " A sentença é também uma lição. Queira ou não o juiz educa [...]. Disposto a educar a comunidade, enquanto encaminha soluções para lides ambientais, poderá o juiz conscientizá-la da tarefa de tutelar o patrimônio natural [...] Dispõe cada juiz brasileiro de uma eficiente cátedra para disseminar conhecimentos sobre a biodiversidade, sobre a estratégia da proteção ambiental, sobre suas dimensões emergentes de caráter geoeconômico e geopolítico. Depende exclusivamente da atenção e interesse conferido a cada lide ambiental conscientizar a cidadania da importância da sustentabilidade, em cujo conceito reside o tema da equidade, tão caro aos juízes.[8]

8 NALINI, 1998, p. 81-86 apud MILARÉ, Édis. **Direito do Ambiente**: A gestão ambiental em foco, 7. ed. São Paulo: Revista dos Tribunais, 2011, p. 1324-1325.

Neste visor, há de se observar a importância do juiz republicano, como agente da soberania popular, no processo de conscientização pública para a defesa e preservação do meio ambiente sadio, ao ser convocado para o exercício da nobre função constitucional de solucionador de lides ambientais.

Nessa inteligência, já advertia Pimenta Bueno (1978), nos idos de 1857, com estas letras:

> Tirai a independência do Poder Judiciário e vós lhes tirareis sua grandeza, sua força moral, sua dignidade; não tereis mais magistrados, e sim, comissários, instrumentos ou escravos de um outro poder [...]. Não é, pois no amor ou no interesse dos juízes, que o principio vital de sua independência deva ser observado como um dogma, e, sim, por amor dos grandes interesses sociais.[9]

Cândido Rangel Dinamarco (1996), ao distinguir os conceitos de tutela e atividade jurisdicional, afirma que

> A tutela jurisdicional, assim enquadrada no sistema de proteção aos

9 BUENO, José Antônio Pimenta. **Direito Público Brasileiro e análise da constituição do Império**. Brasília: Senado Federal, 1978, p. 324.

valores do homem, não se confunde com o próprio serviço realizado pelos juízes no exercício da função jurisdicional, pois entende que a tutela é o resultado do processo em que essa função se exerce e o serviço jurisdicional, que vem a culminar na tutela, é o fator que, pela sua própria natureza e pela concreta positivação do poder em que se resolve, confere o caráter de dinamismo à tutela jurisdicional, em confronto com a tutela estática residente nas normas abstratas.[10]

A garantia constitucional da inafastabilidade da jurisdição e do pleno acesso à justiça (CF, art. 5º, incisos XXXIV, XXV e LXXVIII) se bem instrumentalizada, **naprocedimentalidade do processo justo** e na força determinante de sua auto-aplicabilidade protetora e de eficácia imediata (CF, art. 5º, § 1º), com a técnica processual moderna da tutela mandamental-inibitória negativa ou positiva, antecipatória ou final, reprimirá o abuso, em tempo de evitar, em muitos casos, que a prática do ilícito ambiental aconteça (CPC, arts. 273, § 7º e 461, § § 3º, 4º e 5º), livrando, assim, o cidadão e a coletividade de correr atrás do prejuízo, em busca de uma indenização quase sempre injusta, ainda que materialmente possível.

Nesse contexto, afigura-se oportuna a lição de Marinoni (2004), nas letras seguintes:

> Para que o direito fundamental ao meio ambiente e as normas que lhe conferem proteção possam ser efetivamente respeitados, é necessária uma ação que I) ordene um não-fazer ao particular para impedir a violação da norma de proteção e ao direito fundamental ambiental; II) ordene um fazer ao particular quando a norma de proteção lhe exige uma conduta positiva; III) ordene um fazer ao Poder Público quando a norma de proteção dirigida contra o particular requer uma ação concreta; IV) ordene um fazer ao Poder Público para que a prestação que lhe foi imposta pela norma seja cumprida; V) ordene ao particular um não-fazer quando o estudo de impacto ambiental, apesar de necessário, não foi exigido; VI) ordene ao particular um não-fazer quando o licenciamento contraria o estudo de impacto ambiental sem a devida fundamentação, ressentindo-se de vício de desvio de poder; VII) ordene ao particular um não-fazer quando o licenciamento se fundou em estudo de impacto ambiental incompleto, contraditório ou ancorado em informações ou fatos falsos ou inadequadamente explicitados.

10 DINAMARCO, Cândido Rangel. Tutela jurisdicional. **Revista de Processo**, São Paulo, v. 21, n. 81, jan./mar. 1996, p. 11-12.

> A ação adequada, em todos esses casos, é a inibitória, pois voltada, mediante um não-fazer, a impedir a prática ou a continuação do ilícito, ou dirigida, por meio de um fazer, a realizar o desejo preventivo da norma de proteção. Contudo, no caso de ilícito de eficácia continuada – ou seja, na hipótese de um agir já exaurido, mas cujos efeitos ilícitos ainda se propagam, abrindo oportunidade a danos –, é necessária apenas a remoção do ilícito, vale dizer, a ação de remoção do ilícito.[11]

E, noutra passagem, no que tange à natureza propriamente inibitória da tutela mandamental, com sua peculiar clarividência, observa que:

> A tutela inibitória poderá ordenar um fazer ou um não fazer, conforme a conduta seja de caráter omissivo ou comissivo. A tutela inibitória pode ser classificada como uma tutela preventiva e específica. Preventiva porque voltada para o futuro; específica porque destinada a garantir o exercício integral do direito, segundo as modalidades originariamente fixadas pelo direito material.
>
> A técnica da tutela inibitória, como se vê, é voltada para o futuro e não para o passado. A tutela inibitória demonstra a superação do princípio de derivação romana, pelo qual o ressarcimento do dano é a verdadeira forma de tutelar contra o ilícito, independentemente da natureza específica do próprio ilícito e da situação jurídica violada.
>
> Ninguém prefere o dano à prevenção. Negar o direito à prevenção do dano é admitir que o cidadão é obrigado a suportar o dano, tendo apenas direito à indenização. Ou o que é pior, é criar um sistema de tutelas onde impera a 'monetização' dos direitos, incompatível, como é óbvio, com os direitos com conteúdo não patrimonial. O artigo 5º, XXXV, da Constituição da República, garante o direito à tutela inibitória, pois o direito de acesso à justiça tem como corolário o direito à adequada tutela jurisdicional, e esse, por sua vez, o direito à tutela preventiva, direito ineliminável em um ordenamento jurídico que pretenda tutelar de forma efetiva os direitos.[12]

A dimensão da tutela jurisdicional assim prevista no ordenamento jurídicoprocessual brasileiro, com natureza mandamental e específica ilumina-se nos ensinamentos de Dinamarco (1995), nos enfoques a seguir transcritos:

11 MARINONI, Luiz Guilherme. **Técnica Processual e Tutela de Direitos**. São Paulo: Revista dos Tribunais, 2004, p. 375.

12 MARINONI, Luiz Guilherme. **Questão do Novo Direito Processual Civil Brasileiro**. Curitiba: Juruá, 1999, p. 163; 195.

A Reforma pretendeu armar o juiz de poderes muito intensos, destinados a combater a resistência do obrigado em todos esses casos. Transpondo para o Código de Processo Civil o que consta no de Defesa do Consumidor (art. 84), o legislador dispensou inclusive o processo de execução das sentenças que condenem a uma ação ou abstenção. Mitigou sensivelmente a regra de que a competência se exaure com a publicação da sentença de mérito (art. 463), para incumbir o juiz, no processo de conhecimento mesmo, a desencadear todas as medidas necessárias a induzir o demandado a cumprir. Compete-lhe, com vista a esse objetivo, impor *astreintes* ainda que não pedidas na demanda inicial (art. 461, § 4º), além de determinar a remoção ou busca-e-apreensão de pessoas ou coisas, desfazimento de obras, impedimento (até mesmo material e forçado) de atividades nocivas, etc. Inclusive o emprego de força policial é expressamente autorizado – sabido que a coerção racional e proporcionada não é incompatível com as garantias liberais do Estado-de-Direito. Enfim, são imensos os poderes que o juiz deve exercer com o objetivo de motivar o obrigado a cumprir a própria obrigação que causara a condenação ou a produzir o resultado equivalente que venha a ser determinado. Bem exercidos, esses poderes serão capazes de produzir resultados melhores que os do processo de execução, e mais rapidamente. Inexiste tutela jurisdicional enquanto o comando enunciado na sentença permanecer só na sentença e não se fizer sentir de modo eficaz na realidade prática da vida dos litigantes. Agora, tudo depende da tomada de consciência dos juízes e da energia com que venham a exercer esses poderes, a bem da efetividade da tutela jurisdicional e da própria respeitabilidade de sua função e dos seus comandos.[13]

No sistema processual em vigor possibilita-se, assim, a aplicação da tutela específica, com natureza mandamental-inibitória, em qualquer processo, onde figure uma ameaça concreta ao meio ambiente, impondo-se ao Poder Público – tambémao Judiciário, que é um dos três Poderes da República – odever constitucional de protegê-lo e preservá-lo para as presentes e futuras gerações (CF, art. 225, *caput*), adotando, com presteza, as técnicas processuais necessárias à inibição ou remoção do ilícito ambiental, que se anuncie, concretamente, nas entranhas dos autos do processo judicial.

Diante da impotência do sistema jurídico ortodoxo, que sempre se mostrou incapaz de proteger, em tempo oportuno, os bens essenciais à sadia qualidade de vida,

13 DINAMARCO, Cândido Rangel. **A Reforma do Código de Processo Civil**. São Paulo: Malheiros, 1995, v. 2, p. 143-144.

o princípio da precaução, fixado constitucionalmente no plano do direito ambiental, tanto em seu aspecto material (CF, art. 225, caput), quanto instrumental (CF, art. 5º, XXXV), impede que a vida seja tratada como simples mercadoria a ser convertida em dinheiro, na ganância voraz dos mercados globalizados, firmando-se, assim, uma nova visão processual, destinada ao cumprimento de obrigações de fazer ou não fazer, determinadas, **cautelarmente, a título de urgência, na instrumentalidade plena dos princípios da precaução e da prevenção, pelos órgãos e agentes do Poder Judiciário, de ofício, ou a requerimento dos legitimados ativos, mas, sempre endereçadas àqueles que, por ação ou omissão, ameaçam e agridem o meio ambiente vocacionado naturalmente a manter-se equilibrado.**

A preservação dos bens ambientais, por imperativo constitucional, na força determinante do progresso ecológico, ordena a aplicação imediata, por atuação diligente dos Poderes Públicos e de toda coletividade, dos princípios da precaução e da prevenção, visando a proteção integral da vida como valor fundamental do nosso ordenamento jurídico-ambiental.

Para assim agir, na **edição de tutelas de urgência**, o Poder Judiciário encontra-se, agora, melhor aparelhado pelo comando instrumental do novo Código de Processo Civil, na determinação de que **sendo relevante o fundamento da demanda e havendo justificado receio de ineficácia do provimento fiscal, é licito ao juiz conceder a tutela liminarmente ou mediante justificação previa, citado o réu**. Nessa hipótese, o juiz poderá impor multa diária ao réu, independentemente do pedido do autor, se for suficiente ou compatível com a obrigação, fixando-lhe prazo razoável para o cumprimento do preceito. E para a efetivação da tutela específica ou a obtenção do resultado prático equivalente, poderá o juiz, de oficio ou a requerimento, determinar as medidas necessárias, tais como a imposição de multa por tempo de atraso, busca e apreensão, remoção de pessoas e coisas, desfazimento de obras e impedimento de atividade nociva, se necessário com requisição de força policial. O juiz poderá, ainda, de ofício, modificar o valor ou a periodicidade da multa, caso verifique que se tornou insuficiente ou excessiva.

5. TUTELA PROCESSUAL DE URGÊNCIA NA INSTRUMENTALIDADE DA AÇÃO POPULAR E DA AÇÃO CIVIL PÚBLICA PARA A PROTEÇÃO JURÍDICA DO MEIO AMBIENTE SADIO

5.1. DA AÇÃO POPULAR AMBIENTAL

No cenário dos vários instrumentos processuais do nosso ordenamento jurídico, a possibilitarem a proteção do meio ambiente sadio e do desenvolvimento sustentável, destacam-se a ação popular e a ação civil pública, com as técnicas modernas da tutela inibitória do risco ambiental, a emprestar valiosos subsídios ao legislador da reforma processual em vigor.

A ação popular ambiental está prevista no art. 5º, inciso LXXIII, da Carta Magna, nos termos seguintes:

> Qualquer cidadão é parte legítima para propor ação popular, que vise anular ato lesivo ao patrimônio público ou de entidade que o Estado participe, à moralidade administrativa, ao meio ambiente e ao patrimônio histórico e cultural, ficando o autor, salvo comprovada má-fé, isento de custas judiciais e do ônus da sucumbência.

Observe-se, assim, que o texto constitucional incluiu, expressamente, o meio ambiente dentre os bens jurídicos protegidos pela ação popular, destacando, também, nessa tutela, o patrimônio histórico e cultural – meio ambiente cultural.

O autor popular, cidadão brasileiro, no gozo de seus direitos políticos, está legitimado ativamente, para agir em defesa do bem difuso – meio ambiente ecologicamente equilibrado – e do desenvolvimento sustentável, em nome de toda coletividade, na afirmação do princípio da participação democrática (CF, art. 225, caput).

No pólo passivo da demanda popular poderá figurar qualquer pessoa física ou jurídica, responsável pelo ato agressor e lesivo ao meio ambiente.

A Lei nº 4.717, de 29 de junho de 1965, que regula a ação popular, estabelece quenadefesa do patrimônio público caberá a suspensão liminar do ato lesivo impugnado (art. 5º, § 4º). Esse provimento judicial, de natureza mandamental e precautiva, na força determinante da tutela cautelar do meio ambiente, que impõe ao Poder Público o dever de defendê-lo e preservá-lo para as presentes e futuras gerações (CF, art. 225, **caput**), deve ser adotado, de ofício, ou a requerimento da parte, pelo juízo competente, como órgão integrante de um dos Poderes da República, que é o Poder Judiciário.

5.2. DA AÇÃO CIVIL PÚBLICA AMBIENTAL

A ação civil pública ambiental era prevista na Lei da Política Nacional do Meio Ambiente, que outorga legitimação ao Ministério Público para ação de responsabilidade civil contra o poluidor por danos causados ao meio ambiente – Lei nº 6.938/81, art. 14, § 1º.

Se a ação civil pública ambiental tem suas origens atreladas ao texto material da Lei nº 6.938/81, seu perfil processual encontra-se definitivamente traçado no tecido instrumental da Lei nº 7.347, de 24 de julho de 1985, visando, sem prejuízo da ação popular, as ações de responsabilidade por danos morais e patrimoniais causados ao meio ambiente, ao consumidor, a bens e direitos de valor artístico, estético, histórico, turístico e paisagístico, a qualquer outro interesse difuso ou coletivo e à ordem urbanística (art. 1º, incisos I a VI).

A Lei nº 7.347/85, que regula a ação civil pública ambiental, possibilita, também, ao juiz conceder a antecipação de tutela cautelar em defesa dos bens ambientais, com ou sem justificação prévia, na redação de seus arts. 4º, 11 e 12, nos termos seguintes:

> Art. 4º - Poderá ser ajuizada ação cautelar para fins desta lei, objetivando, inclusive, evitar o dano ao meio ambiente, ao consumidor, à ordem urbanística ou aos bens e direitos de valor artístico, estético, histórico, turístico e paisagístico.
> [...]
> Art. 11 – Na ação que tenha por objeto o cumprimento de obrigação de fazer ou não fazer, o juiz determinará o cumprimento da prestação da atividade devida ou a cessação da atividade nociva, sob pena de execução específica, ou de cominação de multa diária, se esta for suficiente ou compatível, independentemente de requerimento do autor.
> Art. 12. Poderá o juiz conceder mandado liminar, com ou sem justificação prévia, em decisão sujeita a agravo.
> § 1º A requerimento de pessoa jurídica de direito público interessada,

> e para evitar grave lesão à ordem, à saúde, à segurança e à economia pública, poderá o Presidente do Tribunal a que competir o conhecimento do respectivo recurso suspender a execução da liminar, em decisão fundamentada, da qual caberá agravo para uma das turmas julgadoras, no prazo de 5 (cinco) dias a partir da publicação do ato.
> § 2º A multa cominada liminarmente só será exigível do réu após o trânsito em julgado da decisão favorável ao autor, mas será devida desde o dia em que se houver configurado o descumprimento.

De ver-se, ainda, que se aplicam à ação civil pública, subsidiariamente, as disposições do Código de Processo Civil (Lei nº 5.869, de 11/01/73) e do Código de Defesa do Consumidor (Lei nº 8.078, de 11/09/90), por força do que dispõem os arts. 19 e 21 da referida Lei nº 7.347/85.

Observe-se, também, que a **garantia constitucional da razoável duração do processo ambiental** (CF, art. 5º, LXXVIII) recomenda a aplicação, na espécie, da norma do parágrafo 7º do artigo 273 do CPC, na determinação de que "[...] **se o autor, a titulo de antecipação de tutela, requerer providência de natureza cautelar, poderá o juiz, quando presentes os respectivos pressupostos, deferir a medida cautelar incidental do processo ajuizado** [...]", a fim de evitar, precautivamente, o risco de dano ao meio ambiente, na perspectiva de um desenvolvimento sustentável para todos (grifo nosso).

Estão legitimados a propor, judicialmente, a ação civil pública ambiental, o Ministério Público, a União, os Estados, o Distrito Federal e os Municípios, suas autarquias, empresas públicas, fundações e sociedades de economia mista e, ainda, qualquer associação, que esteja constituída há pelo menos um ano, nos termos da lei civil e inclua entre suas finalidades institucionais a proteção ao meio ambiente, ao consumidor, à ordem econômica, à livre concorrência, ou ao patrimônio artístico, estético, histórico, turístico e paisagístico (Lei nº 7.347/85, art. 5º, incisos I e II), sendo que o Ministério Público, se não intervier no processo como parte, atuará obrigatoriamente como fiscal da Lei (art. 5º, § 1º).

A sentença proferida nos autos da ação civil pública ambiental, visando a tutela dos interesses transindividuais de natureza indivisível, projeta seus efeitos em relação a todos os interessados indeterminados, sem limitações de ordem temporal ou espacial.

Há de se observar, assim, que a limitação espacial dos efeitos da coisa julgada formal e material, na ação coletiva, pelo acréscimo introduzido pela Lei nº 9.494, de 10/09/97, com a redação da Medida Provisória nº 2.180-35, de 24/08/2001, alterando o texto do art. 16 da Lei da Ação Civil Pública (Lei nº 7.347, de 24/07/85), não se aplica às ações coletivas de interesses difusos ou transindividuais, de natureza ambiental, mas, tão-somente àquelas de interesse coletivo *stricto sensu*, que fazem coisa julgada **ultra partes**, cujos efeitos são limitados a grupo, categoria ou classe de pessoas ligadas entre si com a parte contrária por uma relação jurídica base (CDC, arts. 81, II e 103, II), como resulta das letras do art. 2º-A da referida Lei nº 9.494/97, assim redigido: "a sentença civil prolatada em ação de caráter coletivo proposta por entidade associativa na defesa dos interesses e direitos dos seus associados, abrangerá apenas os substituídos que tenham, na data da propositura da ação, domicílio no âmbito da competência territorial do órgão prolator". Essa disposição legal, de duvidosa constitucionalidade, não alcança a abrangência espacial dos interesses ou direitos difusos, de natureza indivisível, de que sejam titulares pessoas indeterminadas e ligadas por circunstâncias de fato, como assim caracterizados nas ações coletivas ambientais, cuja tutela mandamental tende a irradiar seus efeitos *erga omnes* por todos os espaços em que se tenham de produzir em defesa do meio ambiente ecologicamente equilibrado, feito bem de uso comum do povo e essencial à sadia qualidade de vida das presentes e futuras gerações (CF, art. 225, caput).

6. PRINCÍPIO DA MÁXIMA PRIORIDADE DA TUTELA PROCESSUAL DE URGÊNCIA EM DEFESA DO MEIO AMBIENTE ECOLOGICAMENTE EQUILIBRADO

A preservação oportuna dos bens ambientais determinará o atendimento por atuação diligente do Poder Público e de toda coletividade de um dos princípios mais importantes do Direito Ambiental, o princípio da precaução, na medida em que, na maioria das vezes, a existência de danos aos bens ambientais será quando muito reparada por meio de indenização em dinheiro, que em nada auxilia na proteção da vida, como valor fundamental do nosso ordenamento jurídico-ambiental.

Com razão, pois, o ilustre Professor Gregório Assagra de Almeida (2003), na afirmação do **princípio da máxima prioridade da tutela jurisdicional coletiva**, apregoando que

> O direito processual coletivo comum é instrumento de tutela dos direitos coletivos fundamentais da sociedade. Por seu intermédio resolve-se um grande conflito social e se evita a proliferação, não muito desejada, de demandas individuais, bem como o surgimento de decisões conflitantes. Portanto, sempre existirá interesse social na tutela jurisdicional coletiva, razão pela qual, valendo-se da regra interpretativa do sopesamento, conclui-se que os processos coletivos devem ser analisados com a máxima prioridade, até porque o interesse social prevalece sobre o individual.
>
> O princípio da máxima prioridade da tutela jurisdicional coletiva é conseqüência dessa supremacia do interesse social sobre o individual, e também decorre do art. 5º, § 1º, da CF, que determina a aplicabilidade imediata das normas definidoras de direitos e garantias fundamentais. O Poder Judiciário, assim como os operadores do direito, deve atuar para priorizar a tramitação e o julgamento do processo coletivo.[14]

Visando, assim, assegurar a vida em todas as suas formas e não, apenas, o ressarcimento pecuniário, depois de ser lesada ou destruída, é que o comando do art. 5º, inciso XXXV, da Constituição Federal, garante a todos os titulares difusos desse direito fundamental ao meio ambiente ecologicamente equilibrado e essencial à sadia qualidade de vida, a apreciação e tutela oportuna do Poder Judiciário, buscando afastar, de logo, qualquer ameaça de dano a esse direito essencial, oportunizando-nos as modernas técnicas processuais de antecipação de tutelas inibitórias do ilícito ambiental (CPC, arts. 300/301).

Nesse contexto processual de tutelas de urgência, há de ver-se que o Juiz do terceiro milênio está autorizado pela consciência da cidada-

14 ALMEIDA, Gregório Assagra. **Direito Processual Coletivo Brasileiro**. São Paulo: Saraiva, 2003, p. 572-573.

nia plena e pela ordem jurídica justa a decidir, com total independência, em juízo sumário, com base na verossimilhança das alegações e probabilidades da vontade da lei, já não mais aceitando a condição passiva de locutor impotente e amordaçado pela norma legal, como assim o quis Montesquieu, no passado, e assim o querem, no presente, os condutores da globalização econômica e do capitalismo financeiro e colonialista, no mercado internacional.

Estamos vivendo, hoje, sem dúvida, na plenitude do poder geral de cautela do juiz, que de há muito rompera as mordaças da doutrina liberal, para garantir o retorno do cidadão, neste novo século, capaz de reedificar o mundo pela consciência dos homens, no exercício de uma comunhão difusa de sentimentos e de solidariedade, que se ilumina na inteligência criativa e serviente à aventura da vida, no processo de construção de uma democracia plenamente participativa, na defesa oportuna e inadiável do meio ambiente ecologicamente equilibrado, como bem de uso comum de todos e essencial à sadia qualidade de vida das presentes e futuras gerações (CF, art. 225, caput).

7. CONTRATUTELA DE URGÊNCIA E CONSEQUENTE ANULAÇÃO DAS VARAS AMBIENTAIS PELO ABUSO PROCEDIMENTAL DA SUSPENSÃO DE SEGURANÇA NOS TRIBUNAIS FEDERAIS DO BRASIL

A instalação de Varas ambientais, no âmbito de competência da Justiça Federal, no território nacional, possui papel relevante no sistema de proteção do meio ambiente. Contudo, o procedimento que vem sendo adotado na localização dessas Varas, na escolha dos Juízes condutores dessa peculiar jurisdição e na postura dos Presidentes dos Tribunais Federais na apreciação dos incidentes de suspensão de segurança, cassando, sistematicamente e com razões padronizadas e contraditórias, as corajosas decisões de juízes singulares, nessas Varas Especializadas na defesa do meio ambiente, praticamente esvaziam seus objetivos institucionais.

De notar-se que medidas administrativas e **decisões judiciais também podem atentar contra o sistema de segurança ambiental**, as quais, além de estarem incumbidas, constitucionalmente, de um dever permanente de desenvolvimento e concretização eficiente dos direitos fundamentais – demodo particular da defesa e proteção do meio ambiente ecologicamente equilibrado – (CF, art. 225, **caput**), não podem, em qualquer hipótese suprimir pura e simplesmente, por ação ou omissão, o sistema de proteção constitucional do meio ambiente essencial à sadia qualidade de vida das presentes e futuras gerações, posto que estamos todos vinculados pelo Texto Magno ao fiel cumprimento dos **princípios do progresso ecológico e da proibição do retrocesso ecológico**, como **garantias fundamentais de um desenvolvimento sustentável para todos.**

Nas Varas ambientais já instaladas no espaço territorial da 1ª Região, abrangendo os maiores estados da Federação, tais como os do Amazonas, Pará, Rondônia, Acre, Amapá, Mato Grosso e Piauí, dentre outros, esse fenômeno procedimental-distorsivo é bastante visível. Destacam-se, como exemplos de jurisdição negativa dos interesses público-ambientais, as decisões tomadas pela Presidência do Tribunal Federal da 1ª Região, contra meu voto vencido perante a Corte Especial desse egrégio Tribunal, nos autos da Suspensão de Segurança dos efeitos da antecipação de tutela inibitória das licenças prévia e de instalação do empreendimento hidrelétrico Belo Monte, na região amazônica e da Usina Termoelétrica de São Luis do Maranhão, ***inter plures***.

Há de ver-se, ainda, que **a Carta Política Federal ao traçar, em sua norma-matriz (art. 225, *caput*), a proteção constitucional do meio ambiente ecologicamente equilibrado, exige um novo perfil de juiz, com postura republicana, para o exercício da jurisdição ambiental, guiado pelo comando cogente dos princípios da oficialidade e do progresso ecológico, a fim de garantir o pleno acesso à justiça ambiental a todos.**

Afigura-se, assim, inaceitável a postura incoerente e abusivamente autoritária de Presidentes de Tribunais que cassam, reiteradamente, em nível de Suspensão de Segurança, com argumentos surrados e sem razoável base jurídica, contrariando a supremacia do interesse público ambiental, as bem fundamentadas decisões de Juízes lotados e desestimulados nas Varas ambientais, por aquelas mesmas contraditórias Presidências.

A **proliferação abusiva dos incidentes procedimentais de suspensão de segurança, como instrumento fóssil dos tempos do regime de exceção**, a cassar, reiteradamente, as oportunas e precautivas decisões tomadas em Varas ambientais, neste País, **atenta contra osprincípios regentes da Política Nacional do Meio Ambiente** (Lei nº 6.938/81), **prestigiada internacionalmente pelo Projeto REDD PLUS – Protocolo de Kyoto, COPs 15 e 16 – Copenhague e Cancún – e a garantia fundamental do progresso ecológico e do desenvolvimento sustentável,** agredindo, ainda, os acordos internacionais, de que o Brasil é signatário, num esforço mundialmente concentrado, para o combate às causas determinantes do desequilíbrio climático e do processo crescente e ameaçador da vida planetária pelo fenômeno trágico do aquecimento global.

A experiência forense nos tem revelado, com manifesta freqüência, que o tempo médio de validade de uma decisão judicial, proferida por um juízo singular de Vara ambiental, amparada pela supremacia do interesse público em defesa do meio ambiente ecologicamente equilibrado, equivale, apenas, ao tempo de que dispõe o Presidente de um Tribunal de Apelação para anular os seus efeitos, através do autoritário procedimento de suspensão de segurança, sob o pretexto de preservar o mesmo interesse público, que serviu de fundamento para aquela decisão monocrática, cercada de precaução e abusivamente cassada. Sem a urgente correção desses desvios procedimentais, as Varas ambientais não cumprirão sua nobre missão constitucional, nem poderão atingir seus objetivos legalmente previstos, em busca do progresso ecológico e do desenvolvimento sustentável, neste país, com reflexos difusos na vida do planeta.

8. TUTELA PROCESSUAL INIBITÓRIA DO RISCO AMBIENTAL, NO PROCESSO CAUTELAR DOS TRANSGÊNICOS, NO BRASIL

O Juízo da Sexta Vara Federal da Seção Judiciária do Distrito Federal proferiu sentença, de minha lavra, com data de 10 de agosto de 1999, nos autos do Processo Cautelar nº

98.34.00.027681-8, ajuizado pelo Instituto de Defesa do Consumidor - IDEC, em litisconsórcio com a Associação Civil Greenpeace e o Instituto do Meio Ambiente e dos Recursos Naturais Renováveis - IBAMA contra a União e empresas multinacionais ordenando que essas empresas apresentassem Estudo Prévio de Impacto Ambiental, na forma preconizada pelo art. 225, § 1º, IV, da Constituição Federal, mediante a formação de equipe multidisciplinar, competente e imparcial, pelo Poder Público, via IBAMA, observando-se os trâmites regulamentares da Resolução nº 001/96 - CONAMA, como condição indispensável para o plantio, em escala comercial, da soja transgênica *(round up ready)*, no Brasil.

A referida decisão judicial impedira, ainda, as aludidas empresas, de comercializarem as sementes da soja geneticamente modificada, já produzidas, até que seja regulamentada e definida, pelo Poder Público competente, as normas de biossegurança e de rotulagem de organismos geneticamente modificados, no País.

Ordenara, finalmente, a suspensão do cultivo, em escala comercial do referido produto, sem que sejam suficientemente esclarecidas, no curso da instrução processual, as questões técnicas suscitadas por pesquisadores de renome, a respeito das possíveis falhas apresentadas pela CNTBio em relação ao exame do pedido de desregulamentação da soja *round up ready*, o que, certamente, ocorreria, com a apresentação do estudo conclusivo de Impacto Ambiental, já referido. Enquanto se realizaria tal estudo, o plantio da soja transgênica ficaria restrito ao necessário, para realização de testes e do próprio EIA/RIMA, em regime monitorado e em área de contenção, delimitada e demarcada, com a proibição de serem comercializados os frutos obtidos com os aludidos testes, nas diversas fases que integram a feitura do EIA/RIMA.

Estabeleceu a sentença, também, a aplicação de multa pecuniária, no valor de 10 (dez) salários-mínimos, por dia, a partir da data do descumprimento de qualquer das medidas por ela adotadas, aos agentes infratores públicos ou privados (Lei nº 7.347/85, art. 11), emitindo, assim, ordem mandamental-inibitória aos Srs. Ministros da Agricultura, da Ciência e Tecnologia, do Meio Ambiente e da Saúde, para que não expeçam qualquer autorização às empresas referidas, antes de serem cumpridas as determinações judiciais, ali, contidas, ficando suspensas as autorizações que, porventura, tenham sido expendidas, nesse sentido.

O Juízo da sentença, que fora a primeira a ser prolatada, nessa matéria, no mundo globalizado, entendeu, com base nos fundamentos, aqui expostos, que o Poder Público não cumpriu a ordem constitucional, no caso em exame, quanto à exigência de Estudo Prévio de Impacto Ambiental, para liberação do plantio, com fins comerciais, da soja transgênica – *roundupready*. Apresentou-se o Poder Público, nesse contexto, em posição assumida de interesses privados, com um simples parecer técnico da CTNBio, visando atender ao pleito monopolista e ganancioso daquelas multinacionais, sem atentar para a gravidade do princípio da precaução, garantidor do direito fundamental de todos ao meio ambiente ecologicamente equilibrado, como bem de uso comum do povo e essencial à sadia qualidade de vida.

Por isso que, na aludida sentença, restou-lhe a imposição judicial, em nome de toda a sociedade, do dever constitucional de defender o meio ambiente e preservá-lo para as presentes e futuras gerações (CF, art. 225, *caput*), sem as interferências do abuso do poder econômico, dominador de mercados, repudiadas pela Constituição (CF, art. 173, § 4º).

No eco de tantas vozes autorizadas, no mundo da biotecnologia, a exigir prudência e segurança no trato de organismos geneticamente modificados (OGM), com vistas a proteger a vida e a saúde do homem, dos animais, das plantas, dos seres vivos em geral e de todo o meio ambiente, impõe-se a observância rigorosa do princípio da precaução, na espécie.

A apresentação cientificamente fundamentada do Estudo Prévio de Impacto Ambiental, na forma preconizada pelo art. 225, § 1º, IV, da Constituição da República Federativa do Brasil,como condição indispensável ao plantio, em escala comercial, da soja*roundupready*, resulta, em termos vinculativos, dos direitos fundamentais – vida, liberdade, segurança e meio ambiente ecologicamente equilibrado – dequarta dimensão, com respaldo, inclusive, no Protocolo de Cartagena sobre Biossegurança (Montreal, janeiro de 2000) e nas disposições da Resolução nº 305-IBAMA, de 12/06/2002, avalizadas pelo artigo 1º da nova Lei de Biossegurança (Lei nº 11.105, de 24/03/2005).

No mundo atual, a hipertrofia do Poder Executivo, em muitos países, como no Brasil, tende a desconsiderar o valor e o significado da ordem constitucional legítima, a fim de que determinado plano de governo, gerenciador de interesses alienígenas, se sobreponha à intangibilidade do sistema constitucional vigente.

Nas vias desse contexto, os juízes devem exercer função relevante de cidadania, na defesa do Estado Democrático de Direito e de Justiça Social, pondo freios aos constantes abusos do Executivo arrogante e gerenciador de interesses estranhos à vontade soberana do povo, que assegura a Lei Suprema.

Assim o fora na liberação do plantio da soja transgênica, para fins comerciais, aqui, no Brasil, sem a observância da exigência constitucional do Estudo Prévio de Impacto Ambiental (EIA/RIMA), a ser constatada pela ação diligente do IDEC e do Ministério Público Federal perante meu Juízo, avaliado por sólida e inquebrantável decisão do Tribunal Regional Federal da 1ª Região, com a consciência constitucional de que todos temos direito ao meio ambiente ecologicamente equilibrado, bem de uso comum do povo e essencial à sadia qualidade de vida, impondo-se ao poder público e à coletividade o dever de defendê-lo e preservá-lo para as presentes e futuras gerações (CF, art. 225, *caput*), nos termos seguintes:

> CONSTITUCIONAL E PROCESSUAL CIVIL - AÇÃO CAUTELAR - LIBERAÇÃO DO PLANTIO E COMERCIALIZAÇÃO DE SOJA GENETICAMENTE MODIFICADA (SOJA ROUND UP READY), SEM O PRÉVIO ESTUDO DE IMPACTO AMBIENTAL - ART. 225, § 1°, IV, DA CF/88 C/C ARTS. 8°, 9° E 10°, § 4°, DA LEI N° 6.938/81 E ARTS. 1°, 2°, CAPUT E §§ 1°, 3°, 4° E ANEXO I, DA RESOLUÇÃO CONAMA N° 237/97 - INEXISTÊNCIA DE NORMAS REGULAMENTADORAS QUANTO À LIBERAÇÃO E DESCARTE, NO MEIO AMBIENTE, DE OGM - PRINCÍPIOS DA PRECAUÇÃO E DA INSTRUMENTALIDADE DO PROCESSO CAUTELAR -PRESENÇA DO FUMUS BONI IURIS E DO PERICULUM IN MORA -PODER GERAL DE CAUTELA DO MAGISTRADO - INEXISTÊNCIA DE JULGAMENTO EXTRA

PETITA - ART. 808, III, DO CPC - INTELIGÊNCIA.

I - Improcedência da alegação de julgamento extra petita, mesmo porque, na ação cautelar, no exercício do poder geral de cautela, pode o magistrado adotar providência não requerida e que lhe pareça idônea para a conservação do estado de fato e de direito envolvido na lide.

II - A sentença de procedência da ação principal não prejudica ou faz cessar a eficácia da ação cautelar, que conserva a sua eficácia na pendência do processo principal - e não apenas até a sentença - mesmo porque os feitos cautelares e principal têm natureza e objetivos distintos. Inteligência do art. 808, III, do CPC.

III - Se os autores só reconhecem ao IBAMA a prerrogativa de licenciar atividades potencialmente carecedoras de degradação ambiental, não há suporte à conclusão de que a mera expedição de parecer pela CTNBio, autorizando o plantio e a comercialização de soja transgênica, sem o prévio estudo de impacto ambiental, possa tornar sem objeto a ação cautelar, na qual os autores se insurgem, exatamente, contra o aludido parecer.

IV - O art. 225 da CF/88 erigiu o meio ambiente ecologicamente equilibrado "a bem de uso comum do povo e essencial à sadia qualidade de vida, impondo-se ao Poder Público e à coletividade o dever de defendê-lo e preservá-lo para as presentes e futuras gerações", incumbindo ao Poder Público, para assegurar a efetividade desse direito, "exigir, na forma da lei, para instalação de obra ou atividade potencialmente causadora de significativa degradação do meio ambiente, estudo prévio de impacto ambiental, a que se dará publicidade" (art. 225, § 1°, IV, da CF/88).

V - A existência do fumus boni iuris ou da probabilidade de tutela, no processo principal, do direito material invocado, encontra-se demonstrada especialmente: a) pelas disposições dos arts. 8°, 9° e 10°, § 4°, da Lei n° 6.938, de 31/08/81 -recepcionada pela CF/88 - e dos arts. 1°, 2°, caput e § 1°, 3°, 4° e Anexo I da Resolução CONAMA n° 237/97, à luz das quais se infere que a definição de "obra ou atividade potencialmente causadora de significativa degradação do meio ambiente", a que se refere o art. 225, § 1°, IV, da CF/88, compreende "a introdução de espécies exóticas e/ou geneticamente modificadas", tal como consta do Anexo I da aludida Resolução CONAMA n° 237/97, para a qual, por via de conseqüência, necessário o estudo prévio de impacto ambiental; b) pela relevância da tese de que o parecer conclusivo da CTNBio não tem o condão de dispensar o prévio estudo de impacto ambiental, para o plantio, em escala comercial, e a comercialização de sementes de soja geneticamente modificadas, especialmente ante séria dúvida quanto à constitucionalidade do art. 2°, XIV, do Decreto n° 1.752/95, que permite à CTNBio dispensar o prévio estudo de impacto ambiental - de competência do LBAMA - em se tratando de liberação de organismos geneticamente modificados, no meio ambiente, em face do veto presidencial à disposição constante do projeto da Lei n° 8.974/95, que veiculava idêntica faculdade outorgada à CTNBio. Precedente do STF (ADin n° 1.086-7/SC, Rei. Min. limar Galvão, in DJU de 16/09/94, pág. 24.279); c) pela vedação contida no art. 8°, VI, da Lei n° 8.974/95, diante da qual se conclui que a CTNBio deve expedir, previamente, a regulamentação relativa à liberação e descarte, no meio ambiente, de organismos geneticamente modificados, sob pena de se tornarem ineficazes outras disposições daquele diploma legal, pelo que, à míngua de normas regulamentadoras a respeito do assunto, até o momento presente, juridicamente relevante é a tese de impossibilidade de autorização de qualquer atividade relativa à introdução de OGM no meio ambiente; d) pelas disposições dos arts. 8°, VI, e 13, V, da Lei n° 8.974/95, que sinalizam a potencialidade lesiva de atividade cujo descarte ou liberação de OGM, no meio ambiente, sem a observância das devidas cautelas regulamentares, pode causar, desde incapacidade para as ocupações habituais por mais de 30 dias e lesão corporal grave, até a morte, lesão ao meio ambiente e lesão grave ao meio ambiente, tal como previsto no art. 13, §§ 1° a 3°, da Lei n° 8.974/95, tipificando-se tais condutas como crimes e impondo-lhes severas penas.

VI - A existência de uma situação de perigo recomenda a tutela cautelar, no intuito de se evitar - em homenagem aos princípios da precaução e da instrumentalidade do processo cautelar -, até o deslinde da ação principal, o risco de dano irreversível e irreparável ao meio ambiente e à saúde pública, pela utilização de engenharia genética no meio ambiente e em produtos alimentícios, sem a adoção de rigorosos critérios de segurança.

VII - Homologação do pedido de desistência do IBAMA para figurar no polo ativo da lide, em face da superveniência da Medida Provisória n° 1.984-18, de 01/06/2000.

VIII - Preliminares rejeitadas. Apelações e remessa oficial, tida como interposta, improvidas.

(BRASIL. Tribunal Regional Federal (1ª Região). Apelação Civil nº 2000.01.00.014661-1-DF. Relator: Des. Assusete Magalhães. Brasília, 23 de agosto de 2006. **Diário de Justiça Federal**: 18 set. 2006)

Tal decisão, de eficácia mandamental – inibitória, tem força de lei entre as partes, em dimensão difusa, já com a autoridade de ato jurídico perfeito e de coisa julgada formal, não devendo ser afrontada como o fora por Medida Provisória ou Decreto Presidencial, que não se prestam a funcionar, validamente, no plano normativo, como instrumentos reformadores de decisões judiciais, sob pena de seus agressores responderem, em tese, por crime de responsabilidade, perante o Senado Federal (CF, arts. 52, I e II e 85, VII) e de prevaricação junto ao Supremo Tribunal Federal (CF, art. 102, inciso I, alíneas **b** e **c**), sem prejuízo das sanções pecuniárias nela previstas.

9. IRREVOGABILIDADE DAS DECISÕES JUDICIAIS POR MEDIDA PROVISÓRIA OU LEI CONGRESSUAL ANTE A PROIBIÇÃO DO RETROCESSO ECOLÓGICO E DO RISCO AMBIENTAL

A Medida Provisória nº 131, de 25 de setembro de 2003, totalmente possuida por interesses econômicos alienígenas e dominadores do mercado global, seguindo as pegadas da Medida Provisória nº 113, de 26 de março de 2003, convertida na Lei nº 10.688, de 13 de junho de 2003, afrontou, expressamente, sentença da Justiça Federal, que, proíbiu o plantio, em escala comercial, da soja transgênica – *roundup ready* – emtodo o território nacional, até que se apresente Estudo Prévio de Impacto Ambiental, na forma preconizada pelo art. 225, § 1º, IV, da Constituição Federal, em manifesta agressão aos princípios da proibição do retrocesso ecológico e do risco ambiental.

A malsinada Medida Provisória nº 131, de 2003, ao liberar o plantio e a comercialização da soja geneticamente modificada, em algumas regiões do país, sem o indispensável Estudo Prévio de Impacto Ambiental (EIA/RIMA) incitou nossos agricultores à prática do crime de desobediência à ordem judicial, agredindo, expressamente, direitos fundamentais – vida, liberdade, segurança e meio ambiente ecologicamente equilibrado – em afronta às garantias constitucionais da inafastabilidade da jurisdição (CF, art. 5º, XXXV), da segurança jurídica (CF, art. 5º, XXXVI), da independência e harmonia entre os Poderes da União (CF, art. 2º) e do próprio Estado Democrático de Direito (CF, art. 1º, *caput*).

Se antes da vigência da Emenda Constitucional nº 32, de 2001, o abuso na edição e reedição de medidas provisórias caracterizava flagrante atentado ao Estado Democrático de Direito, por ato arrogante do Presidente da República ante a omissão agressora do Congresso Nacional, agora, esse abuso normativo se qualifica, já não mais pelo excesso editorial das medidas provisórias, feito exceção derrogatória do postulado da divisão funcional do poder, mas pela tipificação criminal do atentado expresso contra a Constituição Federal, especialmente quando o Presidente da República edita ato normativo contra o cumprimento das decisões judiciais.

Nesse contexto, não se deve ignorar que o princípio da responsabilidade dos governantes, nos governos democráticos, fora adotado, em plenitude, pela Constituição da República Federativa do Brasil, em termos graves e expressos (CF, arts. 85 e 86).

As decisões judiciais que proíbem a liberação dos transgênicos, no Brasil, até que se apresente o Estudo Prévio de Impacto Ambiental, caracterizam-se como atos jurídicos perfeitos, que preenchem todos os requisitos legais para sua validade e foram concluídos na forma da lei processual em vigor e da Constituição Federal, gerando uma situação jurídica própria de coisa julgada formal, na consciência coletiva e difusa de que todos temos direito ao meio ambiente ecologicamente equilibrado, como bem de uso comum do povo e essencial à sadia qualidade de vida, impondo-se ao poder público e à coletividade o dever de defendê-lo e preservá-lo, para as presentes e futuras gerações (CF, art. 225, **caput**).

Essas decisões judiciais têm força de lei entre as partes e efeitos difusos *erga omnes*, em matéria ambiental, e só podem ser reformadas pelo próprio Poder Judiciário, através das vias recursais adequadas, e nunca mediante atos normativos do Executivo ou do Legislativo, pois a lei não prejudicará o ato jurídico perfeito e a coisa julgada (CF, art. 5º, XXXV), sob pena de quebra do princípio da independência e harmonia entre os Poderes da República e o total aniquilamento do Estado Democrático de Direito.

Se não for assim, sempre que as decisões do Poder Judiciário contrariem interesses do Poder Executivo ou mesmo os gerenciados pelas multinacionais, editar-se-á medida provisória, a tempo e gosto desses interesses, para anular-se as decisões da Justiça brasileira. E, a partir daí, já não teremos mais o Estado de Direito, nem segurança jurídica, nem mesmo paz e tranqüilidade social. Instaurar-se-á o total arbítrio e a truculência do Poder Executivo, no País, com o absolutismo das forças gananciosas do mercado internacional sem qualquer compromisso com o desenvolvimento sustentável das presentes e futuras gerações.

10. O PERFIL CONSTITUCIONAL DO JUIZ REPUBLICANO NA SISTEMÁTICA DO NOVO CPC

No ideário de instalação de um Estado Democrático de Direito e de Justiça, as Constituições modernas, que consagram a divisão tripartite de Poderes, apontam **os juízes** como **legítimos representantes da soberania popular**, resgatando-os do perfil fossilizante de seres inanimados, que, apenas, anunciam as palavras da lei, sem poder algum para lhe controlar o arbítrio e o rigor. Nesse sentido, advertia João Barbalho Cavalcanti (1906), em comentários à primeira Constituição Republicana do Brasil, nas letras seguintes:

> **A magistratura que agora se instala no País, graças ao regime republicano, não é um instrumento cego ou mero intérprete na execução dos atos do Poder Legislativo. Antes de aplicar a lei, cabe-lhe o direito de exame, podendo dar-lhe ou recusar-lhe sanção se ela lhe parecer conforme a lei orgânica. [...] Aí está posta a profunda diversidade de índole que existe entre o Poder Judiciário, tal como se achava instituído no regime decaído, e aquele que agora se inaugura, calcado sobre os moldes democráticos do sistema federal. De poder subordinado, qual era, transforma-se em poder soberano, apto, na elevada esfera de sua autoridade, para interpor a benéfica influência de seu critério decisivo, a fim de manter o equilíbrio, a regularidade e a própria independência dos outros poderes, assegurando ao mesmo tempo o livre exercício dos direitos do cidadão.**[15]

Neste visor, merece destaque, aqui, a sábia reflexão do ministro Sálvio de Figueiredo Teixeira, ainda na qualidade de Presidente da Escola Nacional da Magistratura, em prol de "[...] **um novo proces-**

---

15 CAVALCANTI, João Barbalho de Uchoa. **Constituição da República Federativa do Brasil**. Brasília: Senado Federal, 1906, p. 302. (grifo nosso).

so, uma nova Justiça[...]", nestes termos:

> O Estado Democrático de Direito não se contenta mais com uma ação passiva. O Judiciário não mais é visto como mero Poder eqüidistante, mas como efetivo participante dos destinos da Nação e responsável pelo bem comum. Os direitos fundamentais sociais, ao contrário dos direitos fundamentais clássicos, exigem a atuação do Estado, proibindo-lhe a omissão. Essa nova postura repudia as normas constitucionais como meros preceitos programáticos, vendo-as sempre dotadas de eficácia em temas como dignidade humana, redução das desigualdades sociais, erradicação da miséria e da marginalização, valorização do trabalho e da livre iniciativa, defesa do meio ambiente e construção de uma sociedade mais livre, justa e solidária". Foi-se o tempo do Judiciário dependente, encastelado e inerte. O Povo, espoliado e desencantado, está nele a confiar e reclama sua efetiva atuação através dessa garantia democrática que é o processo, instrumento da jurisdição. É de convir-se, todavia, que somente procedimentos rápidos e eficazes têm o condão de realizar o verdadeiro escopo do processo. Daí a imprescindibilidade de um processo: ágil, seguro e moderno, sem as amarras fetichistas do passado e do presente, apto a servir de instrumento à realização da Justiça, à defesa da cidadania, a viabilizar a convivência humana e a própria arte de viver.[16]

Com essa inteligência, a sistemática da Lei nº 13.105/2015 (novo CPC) busca resgatar, no ordenamento jurídico nacional, **o perfil republicano do juiz brasileiro, como garantia fundamental do processo justo e do acesso pleno à Justiça,** na determinação de que o processo civil será ordenado, disciplinado e interpretado conforme os valores e os princípios fundamentais estabelecidos na Constituição da República Federativa do Brasil, não se excluindo da apreciação jurisdicional ameaça ou lesão a direito, ressalvados os litígios voluntariamente submetidos à solução arbitral, na forma da lei; que as partes têm direito de obter em prazo razoável a solução integral da lide, incluída a atividade satisfativa, como também têm direito de participar ativamente do processo, cooperando com o juiz e fornecendo-lhe subsídios para que

---

16 TEIXEIRA, Sálvio de Figueiredo. **Estatuto da Magistratura e Reforma do Processo Civil.** Belo Horizonte: Del Rey, 1993, p. 26-27. (grifo nosso).

profira decisões, realize atos executivos ou determine a prática de medidas de urgência; que, ao aplicar a lei, o juiz atenderá aos fins sociais a que ela se dirige e às exigências do bem comum, observando sempre os princípios da dignidade da pessoa humana, da razoabilidade, da legalidade, da impessoalidade, da moralidade, da publicidade e da eficácia, assegurando-se às partes paridade de tratamento em relação ao exercício de direitos e faculdades processuais, aos meios de defesa, aos ônus, aos deveres e à aplicação de sanções processuais, competindo ao juiz velar pelo efetivo contraditório; que as partes e seus procuradores têm o dever de contribuir para rápida solução da lide, colaborando com o juiz para a identificação das questões de fato e de direito, abstendo-se de provocar incidentes desnecessários e procrastinatórios; que não se proferirá sentença ou decisão contra uma das partes sem que esta seja previamente ouvida, salvo se se tratar de medida de urgência ou concedida a fim de evitar o perecimento de direito e que o juiz não pode decidir, em grau algum de jurisdição, com base em fundamento a respeito do qual não se tenha dado às partes oportunidade de se manifestar, ainda que se trate de matéria sobre a qual tenha que decidir de ofício, ressalvadas as hipóteses de tutelas de urgência e as questões de direito já definitivamente solucionadas nas instâncias derradeiras.

No contexto dessas garantias constitucionais expressas, não há mais como se admitir a figura do juiz medroso, covarde e formalista, comprometido apenas com seus projetos egoístas de auto-promoção política, a esconder-se em todo tempo, nas técnicas embaraçosas dos procedimentos tradicionais, sem o vigor psicológico e intelectual do **juiz republicano, legitimado pela soberania popular,** no perfil de coragem e independência, traçado na Carta Política Federal, **como figura indispensável à concessão das tutelas de urgência, estruturadas nas vertentes do moderno processo civil brasileiro.**

Não se cuida, assim, na sistemática do processo civil moderno, da implantação de um **ativismo judicial irresponsável**, como fator determinante de uma **ditadura do Judiciário**, a ferir postulados históricos de uma míope exegese privatista do direito, sob a luminosidade restrita dos tempos de Napoleão, mas, de um sistema de normas processuais, revelador do autêntico perfil constitucional do **Juiz, como agente da soberania nacional, no exercício pleno de seu poder geral de cautela**, que de há muito rompera as mordaças da doutrina liberal, para garantir os direitos do cidadão, neste novo século, no exercício de uma comunhão difusa de sentimentos e de solidariedade, que se ilumina na inteligência criativa e serviente à aventura da vida, no processo de construção de uma democracia plenamente participativa.

Destacam-se, nesse contexto de afirmação das garantias fundamentais do **processo justo,** dentre outras, as normas supressoras do duplo juízo de admissibilidade recursal, as que autorizam a tutela cautelar de urgência, na determinação judicial do efeito suspensivo dos recursos, bem assim as que visam afastar riscos ao direito das partes, garantindo o resultado útil do processo, como também aquelas que determinam a concessão da tutela de evidência, independentemente da demonstração de risco de dano irreparável ou de difícil reparação, quando ficar caracterizado o abuso do direito de defesa ou o manifesto propósito protelatório da parte requerida, bem assim quando um ou mais dos pedidos cumulados ou parcelas deles mostrar-se incontroverso, a exigir, de logo, solução definitiva da lide, ou, ainda, quando a matéria for unicamente de direito e houver tese firmada em julgamento de recursos repetitivos ou resultar de enunciado de súmula vinculante.

Na conjuntura atual de uma globalização econômica cada vez mais insensível em seus projetos de acumulação de riqueza material em poder dos mais fortes e dominadores, numa ação gananciosa e aniquiladora dos valores fundamentais da pessoa humana e dos bens da natureza, há de se exigir, por imperativos de ordem pública, na instrumentalidade do processo civil, atualizado aos reclamos dos novos tempos, uma ação diligente e corajosa de um **Judiciário republicano e independente, na defesa de uma ordem jurídica justa para todos**, no exercício e uma tutela jurisdicional oportuna e efetiva, visivelmente comprometida com a defesa dos direitos e garantias tutelados pela Constituição da República Federativa do Brasil.

11. CONCLUSÃO

No Estado Democrático de Direito, o Poder Judiciário está sendo permanentemente convocado, com os demais Poderes Públicos e toda coletividade, a defender e preservar o meio ambiental ecologicamente equilibrado, para as presentes e futuras gerações (CF, art. 225, caput), adotando técnicas e procedimentos processuais mais rápidos e eficazes (CF, art. 5º, incisos XXXV e LXXVIII), que repudiem qualquer postura de inércia ou omissão, ante os desafios dos novos direitos, em temas emergentes e difusos, como dignidade da pessoa humana, redução das desigualdades sociais, erradicação da miséria e da marginalização, defesa do meio ambiente natural, artificial, do trabalho e cultural, visando a construção de uma sociedade mais livre, justa e solidária.

A tutela constitucional, que impõe ao Poder Público e a toda coletividade o dever de defender e preservar, para as presentes e futuras gerações, o meio ambiente ecologicamente equilibrado, essencial à sadia qualidade de vida, como direito difuso e fundamental, feito bem de uso comum do povo (CF, art. 225, *caput*), já instrumentaliza, em seus comandos normativos, o princípio da **precaução**– quandohouver dúvida sobre o potencial deletério de uma determinada ação sobre o ambiente, toma-se a decisão mais conservadora, evitando-se a ação –, e a conseqüente **prevenção** – pois uma vez que se possa prever que uma certa atividade possa ser danosa, ela deve ser evitada –, exigindo-se, assim, na forma da lei, para instalação de obra ou atividade potencialmente causadora de significativa degradação do meio ambiente, estudo prévio de impacto ambiental, a que se dará publicidade (CF, art. 225, §1º, IV).

Essa tutela cautelar do Meio Ambiente, constitucionalmente estabelecida (CF, art. 225, caput) viabiliza a garantia fundamental e difusa do direito à vida, à liberdade e à segurança de todos (CF, art. 1º, *caput*) na instrumentalidade do fenômeno jurídico da Biossegurança, caracterizada pelo conjunto de normas legais e regulamentares, que estabelecem critérios e técnicas para a manipulação genética, com a finalidade de evitar danos ao Meio Ambiente e à saúde humana, no contexto amplo da diversidade biológica.

A Lei de Política Nacional do Meio Ambiente, no Brasil (Lei nº 6.938, de 31.08.81) inseriu como objetivos essenciais dessa política pública "[...] a compatibilização do desenvolvimento econômico e social com a preservação da qualidade do meio ambiente e do equilíbrio ecológico [...]" e "[...] a preservação e restauração dos recursos ambientais com vistas à sua utilização racional e disponibilidade permanente, concorrendo para a manutenção do equilíbrio ecológico propício à vida [...]" (art. 4º, incisos I e VI).

Dentre os instrumentos da Política Nacional do Meio Ambiente, exigem-se "[...] a avaliação de impactos ambientais [...]" e "[...] o licenciamento e a revisão de atividades efetiva ou potencialmente poluidoras [...]" (art.9º, III e IV), estabelecendo-se, ainda, que "

> [...] a construção, instalação, ampliação e funcionamento de estabelecimentos e atividades utilizadoras de recursos ambientais, considerados efetiva e potencialmente poluidoras, bem como os capazes sob qualquer forma, de causar degradação ambiental, dependerão de prévio licenciamento de órgão estadual competente e do IBAMA, no caso de atividades e obras com significativo impacto ambiental, de âmbito nacional ou regional [...](BRASIL. Art. 10, § 4º da Lei nº 6.938, de 31 de agosto de 1981. **Diário Oficial [da] República Federativa do Brasil**, Poder Executivo, Brasília, DF, 2 set. 1981.

A imposição de medidas de precaução já fora recomendada, em junho de 1972, pela Declaração de Estocolmo sobre o Ambiente Humano, com a advertência de que "atingiu-se um ponto da História em que devemos moldar nossas ações no mundo inteiro com a maior prudência, em atenção às suas conseqüências ambientais" e, ainda, encontra abrigo na Declaração do Rio de Janeiro, decorrente da Conferência das Nações Unidas para o Meio Ambiente e o Desenvolvimento, realizada em 1992, que, nas letras de seu princípio 15, assim proclamou: "De modo a proteger o meio ambiente, o princípio da precaução deve ser amplamente observado pelos Estados, de acordo com suas capacidades. Quando houver ameaça de danos sérios ou irreversíveis, a ausência de absoluta certeza científica não deve ser utilizada como razão para postergar medidas eficazes e economicamente viáveis para prevenir a degradação ambiental".

No mesmo sentido, a Convenção Internacional de Diversidade Biológica, realizada em 1998, também ordenou que "[...] quando exista ameaça de sensível redução ou perda de diversidade biológica, a falta de plena certeza científica não deve ser usada como razão para postergar medidas para evitar ou minimizar esta ameaça", o que restou consagrado expressamente na Carta ambiental da França, promulgada em março de 2005.

A tutela jurisdicional inibitória do risco ambiental, como instrumento de eficácia do princípio da precaução, resulta, assim, dos comandos normativos do artigo 5º, *caput* e incisos XXXV e LXXVIII e respectivo parágrafo 1º c/c o art. 225, *caput*, da Constituição da República Federativa do Brasil, visando garantir a inviolabilidade do direito fundamental à sadia qualidade de vida, bem assim a defesa e preservação do meio ambiente ecologicamente equilibrado, em busca do desenvolvimento sustentável e da minimização de riscos para as presentes e futuras gerações, em toda sua dimensão cósmico-difusa, planetária e global.

REFERÊNCIAS

ALMEIDA, Gregório Assagra. **Direito Processual Coletivo Brasileiro**. São Paulo: Saraiva, 2003.

BRASIL. Supremo Tribunal Federal. Medida Cautelar na Ação Direta de Inconstitucionalidade nº 3540-DF, Tribunal Pleno. Relaor: Min. Celso de Mello. Brasília, 1º de setembro de 2005. **Diário de Justiça**: 3 fev. 2006.

BUENO, José Antônio Pimenta, **Direito Público Brasileiro e análise da constituição do Império**. Brasília: Senado Federal, 1978.

CAVALCANTI, João Barbalho de Uchoa. **Constituição da República Federativa do Brasil**. Brasília: Senado Federal, 1906.

DINAMARCO, Cândido Rangel. **A Reforma do Código de Processo Civil**.São Paulo: Malheiros, 1995. v. 2.

________. Tutela jurisdicional. **Revista de Processo**, São Paulo, v. 21, n. 81, p. 54-81, jan./mar. 1996.

FIORILLO, Celso Antonio Pacheco. **Curso de Direito Ambiental Brasileiro**. 11. ed. São Paulo: Saraiva, 2010.

FRANCE. **Charte de l'environnement de 2004**. Republique Française, 2 mar. 2005. Disponible en: <https://www.legifrance.gouv.fr/Droit-francais/Constitution/Charte-de-l-environnement-de-2004>. Acesse on: 22 set. 17.

MACHADO, Paulo Afonso Leme. A Carta Constitucional do Meio Ambiente da

França e o Brasil. **Revista Bimestral de Direito Público**, Belo Horizonte, v. 6, n. 30, 2005.

MARINONI, Luiz Guilherme. **Questão do Novo Direito Processual Civil Brasileiro**. Curitiba: Juruá, 1999.

________.**Técnica Processual e Tutela de Direitos**.São Paulo: Revista dos Tribunais, 2004.

NALINI, José Renato. A Evolução do Direito Ambiental nos 20 anos de vigência da CF/88. In: MORAES, Alexandre de. (coord.). **Os 20 anos da Constituição da Republica Federativa do Brasil**. São Paulo: Atlas, 2009.

MILARÉ, Édis. Direito do Ambiente: **A gestão ambiental em foco**. 7. ed. São Paulo: Revista dos Tribunais, 2011.

UNESCO. Carta da Terra. **Em aberto**, Brasília, v. 27, n. 91, p. 173-180, jan./jun. 2014. Disponível em: <https://goo.gl/hfaCYm>. Acesso em: 22 set. 2014.

TEIXEIRA, Sálvio de Figueiredo. **Estatuto da Magistratura e Reforma do Processo Civil**,Belo Horizonte: Del Rey, 1993.

WEISS, Edith Brown apud SOARES, Guido Fernado Silva. Direito Ambiental Internacional. In: PHILIPPI JÚNIOR, Arlindo; ALVES, Alaôr Caffé. (org.). **Curso Interdisciplinar de Direito Ambiental**. Barueri (SP): Manole, 2005.

RESERVA DE JURISDIÇÃO: SENTIDO DOGMÁTICO E JURISPRUDENCIAL NO ESTADO DEMOCRÁTICO DE DIREITO

KASSIO NUNES MARQUES

SUMÁRIO: 1. Introdução. 2. Sentido dogmático de Reserva de Jurisdição. 2.1. Reserva Máxima de Jurisdição. 2.2. Reserva Média de Jurisdição. 2.3. Reserva Mínima de Jurisdição. 3. Conclusões.

1. INTRODUÇÃO

O presente texto tem por objetivo estudar o sentido dogmático e jurisprudencial de um conceito jurídico fundamental para a compreensão do princípio da separação de poderes e também dos limites dos conceitos jurídicos decorrentes deste princípio fundamental. Assim, o objetivo principal é responder a pergunta: o que é reserva de jurisdição?

Nesse rumo, inicia-se o artigo buscando dar sentido dogmático ao enunciado reserva de jurisdição, diferenciando-se reserva máxima de jurisdição, reserva média de jurisdição e reserva mínima de jurisdição.

Para a solução das questões postas, procura-se tomar por base os fundamentos da teoria geral do direito e os fundamentos da teoria geral do Direito Constitucional. Destaca-se igualmente que o tema da reserva de jurisdição apresenta inúmeros aspectos importantes que sugerem pesquisas detalhadas e aprofundadas.

2. SENTIDO DOGMÁTICO DE RESERVA DE JURISDIÇÃO

De início, impende dissertar que segundo doutrina abalizada, a "[...] dogmática jurídica é um conjunto de raciocínios destinados a organizar sistematicamente, com a utilização de conceitos, institutos e princípios jurídicos, as leis e os casos julgados em um determinado ordenamento jurídico, nacional ou transnacional, tendo em vista a solução de casos concretos por meio de organismos com natureza jurisdicional" [1].

---

1 RODRIGUEZ, José Rodrigo. Dogmática jurídica (verbete). In: **Working Papers**. São Paulo: FGV, p. 4. (Coleção de Artigos Direito GV ; 36).

Nesse rumo, o sentido dogmático do postulado normativo[2] da reserva de jurisdição é problemático, pois, como salienta Paulo Castro Rangel (1997)[3], não se pode incidir com tranquilidade o juízo assertivode Wittgenstein, conforme o qual a proposição mostra o seu sentido, e, na verdade, se há alguma certeza neste enunciado é de que ele não evidencia precisamente o seu sentido.

Na doutrina nacional, Guilherme Newton do Monte Pinto (2009) ressalta que, se, por um lado, a cláusula de reserva de jurisdição encontra seu fundamento no princípio da inafastabilidade do controle jurisdicional, por outro, não se confunde com ele[4].

Na doutrina estrangeira, por exemplo, elencam-se diversas nomenclaturas para o enunciado reserva de jurisdição como reserva de juiz, reserva de tribunal, reserva de poder judicial, reserva de função jurisdicional[5], reserva invulnerável de jurisdição, monopólio do juiz, monopólio da última palavra, monopólio da primeira palavra, monopólio de jurisdição, entre outras.

Para além de Rangel (1997), a doutrina portuguesa, de forma destacada, tem contribuído para o esclarecimento da relevância de uma conceituação clara da cláusula de reserva de jurisdição e das suas implicações face ao princípio da separação dos poderes. Canotilho parte da diferenciação entre monopólio da palavra e monopólio da primeira palavra para diferenciar as

---

2 Postulado normativo é um comando dirigido a todo aquele que pretende exercer uma atividade interpretativa, precedendo a interpretação e a própria norma jurídica. Nas palavras de Celso Ribeiro Bastos, os postulados normativos são "[...] parte de uma etapa anterior à natureza interpretativa, que tem de ser considerada enquanto fornecedora de elementos que se aplicam à Constituição, e que significam, sinteticamente, o seguinte: não poderás interpretar a Constituição devidamente sem antes atentares para estes elementos. Trata-se de uma condição, repita-se, da interpretação". BASTOS, Celso Ribeiro. Hermenêutica e interpretação constitucional, 3. ed. São Paulo: Celso Bastos Editor, 2002, p. 165-166.

3 RANGEL, Paulo Castro. **Reserva de jurisdição**: sentido dogmático e sentido jurisprudencial. Porto (POR): Universidade Católica Portuguesa, 1997, p. 11.

4 PINTO, Guilherme Newton do Monte. **A reserva de jurisdição**. 2009. Dissertação (Mestrado em Direito Político e Econômico) – Universidade Presbiteriana Mackenzie, São Paulo, 2009, f. 228-229.

5 Ibidem., p. 13.

situações em que o Poder Judiciário é o órgão do Estado incumbido de decidir de forma definitiva sobre uma determinada questão jurídica das situações nas quais há um monopólio de deliberação por parte do Poder Judiciário – isto é, compete a ele, exclusivamente, proferir tanto a última quanto a primeira palavra a respeito de determinadas questões jurídicas – daí se falar em monopólio das duas palavras[6].

Para Canotilho (2002), a cláusula de reserva de jurisdição desempenha uma função limitadora ao conteúdo do princípio da separação de poderes, que, em um contexto institucional complexo, em que os diversos órgãos dos Estados desempenham as funções uns dos outros de forma típica e atípica, assume um significado distinto do outrora proposto pela Ciência Política tradicional e pelos teóricos clássicos de teoria do Estado.

O mestre lusitano explica que, com o evolver da compreensão do referido princípio, seu conteúdo assumiu e superou conceitos que se mostraram insuficientes ou inadequados para, por si sós, lidar com os problemas hodiernos, levando ao desenvolvimento de modelos que, em maior ou menor medida, correspondiam a mesclagens de aspectos de uns e de outros modelos. Assim, a princípio, passou-se de uma concepção da separação dos poderes como *checks and balances* – segundo a qual o poder controlaria o poder por meio da distribuição das funções do Estado com o fito de se evitar abusos por parte de um órgão politicamente hegemônico – para uma compreensão do princípio como justiça funcional – isto é, não só se visa a evitar abusos, mas a distribuição das funções estatais tem como razão de ser as diferentes arquiteturas institucionais de cada órgão do Estado, que os torna mais adequados ao desempenho de uma ou outra função –, até que Canotilho propusesse uma compreensão da separação dos poderes como uma doutrina do núcleo essencial[7].

Segundo o insigne mestre português, a doutrina do núcleo essencial consiste na compreensão de que

6 CANOTILHO, J. J. Gomes. **Direito Constitucional e Teoria da Constituição**, 5. ed. Coimbra (POR): Almedina, 2002, p. 668.

7 CANOTILHO, apud PINTO, op. cit., f. 241-242.

existem funções materialmente diferenciadas de que se ocupam cada um dos órgãos do Estado. Embora uns e outros desempenhem umas e outras funções de forma típica ou atípica, há um núcleo essencial de cada uma dessas funções que justifica a abstenção dos demais órgãos em relação ao seu desempenho, de tal modo que, assim, o princípio da separação de poderes aceita a interpenetração de funções, desde que seja respeitado o núcleo essencial de cada uma das funções do Estado, que os demais órgãos não poderão usurpar, sob pena de violação do postulado da separação dos poderes [8].

Nesse sentido, Pinto (2009) esclarece que:

> [d]essa forma, é no contexto de compreensão do princípio da separação e interdependência dos órgãos de soberania a partir dos critérios de ordenação das funções do Estado – balanceamento, justeza funcional e núcleo essencial –, os quais, articulados e harmonizados, não afastam a ideia de certa *caracterização material das funções o Estado* nem a abraçam em formato que possa representar a própria negação desses critérios, mas, ao contrário, fazem emanar o sentido e a compreensão da *separação* como princípio que pressupõe e ao mesmo tempo conduz a uma relativa adequação entre órgão e função, ao equilíbrio dos poderes e à teoria do núcleo essencial, que se situa a concepção de Canotilho acerca da Reserva de Jurisdição.

E arremata:

> É aí que a reserva de Jurisdição aflora, não como afirmação – como poderíamos pensar em um primeiro e inadvertido momento – mas como negação de uma Separação rígida que indevidamente pudéssemos caracterizar como a atribuição de certas funções a determinados órgãos de forma exclusiva e absoluta, ainda que, evidentemente, não abandone nem deixe de perseguir a justeza funcional, a adequação entre órgão e função que, sem desprezar a interdependência e a interpenetração funcional necessárias ao equilíbrio político, conduz a um campo de tarefas típico de cada órgão e, portanto, em raciocínio mais específico, reserva ao órgão titular do exercício da jurisdição um conteúdo material típico, ainda que mínimo, dessa função.

É nesse pressuposto que se assenta a concepção da cláusula de reserva de jurisdição como um monopólio da última – reserva de jurisdição relativa – ou das duas palavras – reserva de jurisdição absoluta.

8 Id., 2009.

Por outro lado, salienta-se que no discurso jurídico atual existe um aumento exacerbado da categoria dogmática chamada de reserva e se afirma que há inúmeras reservas por todo sistema jurídico, ocorrendo uma verdadeira multiplicação e difusão de reservas.

Vale destacar que, além daquela classificação – que divide reserva de jurisdição absoluta e relativa segundo o critério do momento em que se afere a exclusividade de deliberação da questão jurídica – existem outras. Dentre essas, destaca-se a classificação entre cláusula de reserva geral de jurisdição e cláusula de reserva específica de jurisdição.

Essa classificação se opera mediante o critério da taxatividade, ou não, das hipóteses em que haverá reserva de deliberação de determinada questão jurídica ao Poder Judiciário em caráter exclusivo. Para Canotilho, havendo um núcleo essencial de cada função, a cláusula de reserva de jurisdição haverá de ser geral, pois sua configuração dependerá da pertinência, ou não, de uma determinada atividade ao bojo da função jurisdicional[9].

Tal compreensão, no entanto, não é a que tem prevalecido na doutrina e na jurisprudência brasileiras. Como explica Pinto, a partir da discussão a respeito dos limites dos poderes investigatórios próprios do magistrado conferidos às Comissões Parlamentares de Inquérito (CPIs), embora o STF tenha reconhecido, mesmo que de forma implícita, que existem poderes ínsitos á atividade jurisdicional que não podem ser empregados por aquelas entidades – *e.g.*, quando se afirmou, no MS 23446-DF, que as CPIs não dispõem do poder geral de cutela, próprio do magistrado, e, portanto, não podem decretar a indisponibilidade de bens do investigado – o entendimento prevalecente é o de que a cláusula de reserva de jurisdição abrange tão somente as reservas específicas previstas no texto constitucional[10].

Exemplos deste instituto são os seguintes, a saber: reserva de lei (art. 5º, inc. II c/c art. 150, I, da CF/88), reserva de competência municipal (art. 30, inc. I, da CF/88), reserva de licitação pública (art. 37, inc. XXI), reserva senatorial (art. 52, incs. I e II, da CF/88), reserva de regulamen-

9 CANOTILHO, op. cit., p. 668.

10 PINTO, op. cit., f. 229 et seq.

to administrativo (art. 84, inc. VI, alíneas "a" e "b", da CF/88), reserva do STF (art. 102, incs. I, II e III, da CF/88) ou competência da competência jurídico-constitucional do STF (art. 102, *caput*, da CF/88[11]), reserva sumular (art. 103-A, *caput*), reserva de autonomia universitária (art. 207, *caput*, da CF/88), reserva de justiça desportiva (art. 217, §§1º e 2º, da CF/88), reserva de administração, reserva da Constituição, dentre outras reservas.

Nessa senda, compreende-se que a CF/88 andou bem ao não estabelecer o instituto da reserva de jurisdição – pelo menos não de forma expressa – podendo-se afirmar que tal vocábulo decorre da interpretação sistemática de diversas normas constitucionais.

Portanto, constata-se uma vez mais que não se deve interpretar a norma constitucional separadamente, mas sim no seu conjunto. A Constituição não deve ser interpretada em tiras, aos pedaços, no clássico dizer de Eros Grau[12], uma vez que a interpretação isolada é um entrave à concretização plena do objetivo visado pelo sistema normativo. Vale aqui transcrever também a seguinte lição de Alfredo Augusto Becker, quando escreve sobre o cânone hermenêutico da totalidade do sistema jurídico [13]:

> Da fenomenologia jurídica acima indicada decorre o seguinte: uma definição, qualquer que seja a lei que a tenha enunciado, deve valer para todo o direito; salvo se o legislador expressamente limitou, estendeu ou alterou aquela definição, ou excluiu sua aplicação num determinado setor do direito; mas para que tal alteração ou limitação ou exclusão aconteça é indispensável a existência de regra jurídica que tenha disciplinado tal limitação, extensão, alteração ou exclusão.

Com efeito, adota-se o entendimento que reserva de jurisdição, numa acepção ampla, significa a possibilidade do Poder Judiciário decidir acerca de determinada questão jurídica e não que é o espaço único

---

11 "Art. 102. Compete ao Supremo Tribunal Federal, precipuamente, a guarda da Constituição, cabendo-lhe: [...]"

12 GRAU, Eros Roberto. **A ordem econômica na Constitucional de 1988**, 8. ed. rev. e atual. São Paulo: Malheiros, 2003, p. 145.

13 BECKER, Alfredo Augusto. **Teoria geral do direito tributário**, 3. ed. São Paulo: Lejus, 2002, p. 123.

de decisão do Poder Judiciário, o que já ocorre no contorno específico de determinado tipo de reserva de jurisdição.

Decerto, citam-se os seguintes incisos do art. 5º como exemplos elementares de reserva de jurisdição, *in verbis*:

> XI - a casa é asilo inviolável do indivíduo, ninguém nela podendo penetrar sem consentimento do morador, salvo em caso de flagrante delito ou desastre, ou para prestar socorro, **ou, durante o dia,por determinação judicial**;
> XII - é inviolável o sigilo da correspondência e das comunicações telegráficas, de dados e das comunicações telefônicas, salvo, **no último caso, porordem judicial**, nas hipóteses e na forma que a lei estabelecer para fins de investigação criminal ou instrução processual penal;
> [...]
> XIX - as associações só poderão ser compulsoriamente dissolvidas ou ter suas atividades suspensas **por decisão judicial**, exigindo-se, no primeiro caso, o trânsito em julgado;
> [...]
> XXXV - a lei **não excluíra da apreciação do Poder Judiciário lesão ou ameaça a direito**;
> [...]
> LVII - ninguém será considerado culpado até o **trânsito em julgado de sentença penal condenatória**. (grifo nosso).

Assim sendo, no que concerne a interpretação jurídica da reserva de jurisdição estabelecida implicitamente no ordenamento constitucional brasileiro, entende-se de forma extremamente necessária distinguir os seus planos de instrumentalidade ou dimensões de reserva, que se referem a graduar o desenho dinâmico dos diversos domínios de sua atuação, isto é, a concretização ou níveis de intensidade e alcance da aplicação do postulado da reserva de jurisdição no mundo dos fatos.

Nesse rumo, interpretando de forma constitucionalmente legítima o postulado da reserva de jurisdição, na esfera de aplicação dos direitos e garantias fundamentais dispostos na CF/88, aponta-se os seguintes domínios de atuação: **(i)reserva máxima de jurisdição; (ii)reserva média de jurisdição;(ii)reserva mínima de jurisdição.** Essa classificação, por sua vez, se dá segundo o critério do grau de permissividade que a Constituição atribui ao legislador para estabelecer hipóteses de reserva de jurisdição.

Nas hipóteses de reserva máxima de jurisdição e reserva média de jurisdição, há o denominado espaço único de decisão do Poder

Judiciário, denotando que, em certos litígios, cabe ao magistrado não só a última e decisiva palavra, mas também a primeira palavra concernente à fixação do direito aplicável na respectiva questão jurídica, acarretando o designado monopólio jurisdicional.

Então, a diferença básica e fundamental entre reserva máxima de jurisdição e reserva média de jurisdição é de que nesta última o ordenamento constitucional admite várias propostas interpretativas e o legislador infraconstitucional pode criar ou não o monopólio jurisdicional, enquanto na reserva máxima de jurisdição o legislador constituinte inequivocamente dispõe a respeito da necessidade de decisão judicial, excluindo qualquer outra espécie de manifestação.

Nessa senda, a distinção é relevante para a aplicação do Direito Constitucional e do direito em geral, pois, no caso da reserva máxima de jurisdição, não existe qualquer tipo de espaço de decisão para a atuação conformadora do legislador ordinário, adotando-se a premissa fundamental da hierarquia superior da CF/88 e sua consequente característica de ser rígida, sendo que as demais normas legislativas infraconstitucionais não podem subsistir validamente sem obedecer ao disposto sistematicamente no texto constitucional.

2.1. RESERVA MÁXIMA DE JURISDIÇÃO

A reserva máxima de jurisdição é o nível de reserva de jurisdição mais forte e intenso, uma vez que a própria Constituição não abre qualquer tipo de brecha para que outra autoridade possa resolver determinado conflito jurídico, ou seja, o texto constitucional em seu conjunto exclui peremptoriamente o exercício da competência por outro poder, sobretudo o Executivo e o Legislativo.

Neste caso, é incontestável que qualquer tipo de solução da questão jurídica discutida deve ser decidido pelo Poder Judiciário, não podendo o legislador ordinário dispor, em nenhuma hipótese, de forma diversa. Logo, quaisquer intervenções não judiciais, no domínio constitucional exclusivamente reservado ao Poder Judiciário, são inconstitucionais.

Um exemplo de reserva máxima de jurisdição ocorre quando o art. 5º, inc. XIX, da CF/88, estabelece que as associações só poderão ser compulsoriamente dissolvidas ou ter suas atividades suspensas por decisão judicial, exigindo-se, no caso de dissolução compulsória, o trânsito em julgado, ou seja, em qualquer hipótese, é necessário uma decisão judicial seja definitiva – dissolução compulsória – ou provisória – suspensão da atividade.

Neste sentido, o STF já decidiu queas normas inscritas na atual Constituição Federal "[...] protegem as associações, inclusive as sociedades, da atuação eventualmente arbitrária do legislador e do administrador, eis que somente o Poder Judiciário, por meio de processo regular, poderá decretar a suspensão ou a dissolução compulsória das associações. Mesmo a atuação judicial encontra uma limitação constitucional: apenas as associações que persigam fins ilícitos poderão ser compulsoriamente dissolvidas ou suspensas. Atos emanados do Executivo ou do Legislativo, que provoquem a compulsória suspensão ou dissolução de associações, mesmo as que possuam fins ilícitos, serão inconstitucionais."[14]

Portanto, conclui-se que na reserva máxima jurisdição a aplicação e interpretação do texto constitucional deve ser realizada somente pelo Poder Judiciário e não existe espaço para atuação dos demais poderes da República. Deste modo, neste caso, por exemplo, não há espaço interpretativo para utilização da técnica de interpretação conforme à Constituição no sentido doaplicador do Direito conferir ao texto legislativo interpretação que não seja a do poder conferido exclusivamente ao Poder Judiciário de decidir a **questão** posta em exame, eis que a expressão literal do texto demonstra manifestadamente a vontade do legislador constitucional.

2.2. RESERVA MÉDIA DE JURISDIÇÃO

No que diz respeito à reserva média de jurisdição, pode existir o monopólio do juiz ou não, bastando para tanto que ocorra a reserva da vontade do legislador ordinário de conceder exclusivamente ao magistrado o poder de resolver específica controvérsia jurídica.

Neste caso, verifica-se que a existência de normas plurissignifi-

14 BRASIL. Supremo Tribunal Federal. Ação Direta de Inconstitucionalidade nº 3.045-DF, Tribunal Pleno. Brasília, 10 de agosto de 2005. **Diário de Justiça**: 1 jun. 2007. Voto do Min. Celso de Mello.

cativas ou polissêmicas na CF/88 possibilita ao legislador ordinário um espaço de atuação para dispor acerca do tema e, por conseguinte, a faculdade de harmonizar os espaços de tensão existentes entre as normas constitucionais.

Aqui se pode dar valor a obra mais tradicional de Hans Kelsen (1999) quando se disserta sobre interpretação jurídica[15], defendendo-se de forma lógica e concatenada que na aplicação do Direito por um órgão jurídico, a interpretação jurídica cognoscitiva combina-se com um ato de vontade em que o órgão aplicador efetua uma escolha entre as possibilidades existentes e reveladas através da mesma interpretação cognoscitiva e com este ato, ou é produzida uma norma de escalão inferior, ou é executado um ato de coerção estabelecido na aplicação da própria norma jurídica, sendo que esta interpretação é sempre autêntica, criando o Direito. Por sua vez, a interpretação científica para Kelsen é pura determinação cognoscitiva do sentido das normas jurídicas, não sendo criação jurídica, mas podendo estabelecer as possíveis significações de uma norma jurídica, buscando evitar a ficção de que uma norma jurídica somente permite uma única interpretação jurídica correta, sendo que esta ficção serve a jurisprudência tradicional para consolidar o ideal da segurança jurídica, que apenas é realizável aproximadamente, tendo em vista a plurissiginificação da maioria ou da grande parte das normas jurídicas.

Nessa senda, o regime jurídico da reserva média de jurisdição permite um grau de intensidade menos exigente, uma vez que a não atuação do legislador ordinário para regular dada situação delineada no ordenamento pode tornar possível mais de uma resposta jurídica adequada para determinar o conteúdo semântico dos enunciados linguísticos postos no exame do texto constitucional.

Decerto, o aplicador do direito tem o poder de fundamentar racionalmente mais de uma resposta para o problema jurídico posto pela Constituição. Isto é, na reserva média de jurisdição, a Constituição apresenta um conflito de interesses jurídicos e existe a possibilidade de

15 KELSEN, Hans. A interpretação. In: ________. **Teoria pura do direito**. 6. ed. São Paulo: Martins Fontes, 1999, p. 387-397. cap. 8.

não ser competente somente o juiz para a função de decidir a controvérsia jurídica no que se refere à primeira palavra. Assim, não há uma área constitucionalmente precisa e delimitada para a atuação exclusiva do juiz, permitindo-se certa liberdade conformadora ao legislador infraconstitucional.

Exemplo de reserva média de jurisdição, em nossa opinião, é o disposto no art. 5º, inc. XI, do texto constitucional, dispondo que a "casa é asilo inviolável do indivíduo, ninguém nela podendo penetrar sem consentimento do morador, salvo em caso de flagrante delito ou desastre, ou para prestar socorro, ou, durante o dia, por determinação judicial".Deste modo, sem o consentimento do morador, ressalvadas as situações de prestação de socorro, flagrante delito ou desastre, em princípio, este dispositivo constitucional dispõe que só poderá haver ingresso na "casa" por determinação judicial e durante o dia.

Assim, em regra, buscas e apreensões de documentos só são legítimas se autorizadas pelo Poder Judiciário. Todavia, o art. 58, §3°, da CF/88, prescreve que as CPIs terão "poderes de investigação próprios das autoridades judiciais" e não de autoridade policial como sustentam alguns doutrinadores.

Com efeito, não se pode tornar nula determinada norma constitucional, mitigando totalmente os poderes das CPIs, quando estas atuarem conforme poderes instrutórios dos magistrados. Por outro lado, não resta dúvida também que existe um espaço de decisão ou de liberdade para a atuação conformadora do legislador ordinário, uma vez que há um evidente conflito de interesses jurídicos entre as normas jurídicas constitucionais previstas no art. 5º, inc. XI, e art. 58, §3º, que deve ser solucionado pela aplicação direta do poder de realização de busca e apreensão domiciliar pelas CPIs ou pela proibição expressa deste poder instrutório em lei ordinária com a consequente fixação da exclusiva autoridade do Poder Judiciário para decidir acerca desta controvérsia jurídica (*vide* item 3).

Neste quadrante, compreende-se que na reserva média de jurisdição o legislador ordinário pode atuar definindo o sentido do texto constitucional.

2.3. RESERVA MÍNIMA DE JURISDIÇÃO

O postulado da reserva mínima de jurisdição significa que o juiz é competente constitucionalmente para proferir a última palavra, ou seja, juridicamente a Constituição reservou à última e decisiva palavra aos magistrados, assegurando que nenhuma outra autoridade estatal ou não exerça tal competência designada em norma de *status* constitucional ao Poder Judiciário.

Exemplo desta situação é o artigo 5º, inciso LVII, da CF/88 prevendo que nenhum indivíduo será considerado culpado até o trânsito em julgado de sentença penal condenatória, ou seja, somente por decisão judicial definitiva o réu pode ter o seu nome lançado no rol dos culpados.

Nesse rumo, o STF pacificou o importante entendimento de que a execução da pena privativa de liberdade, antes do trânsito em julgado da sentença condenatória, contraria o artigo 5º, inciso LVII, da Constituição, afirmando que contraria o princípio da não culpabilidade a execução da pena privativa de liberdade antes do trânsito em julgado da sentença condenatória, ressalvada a hipótese de prisão cautelar do réu, desde que presentes os requisitos autorizadores previstos no art. 312 do CPP.[16] Assim, o STF compreende que a prisão sem fundamento cautelar, antes de transitada em julgado a condenação, consubstancia execução antecipada da pena, violando a norma disposta no artigo 5º, inciso LVII, da CF/88[17].

O exemplo acima foi tomado apenas para melhor ilustrar o conceito, sem embargo da posterior mitigação ao princípio da presunção de inocência levada a feito pelo próprio STF.

3. CONCLUSÕES

Observou-se, com a exposição acima, que o conceito de

---

16 HC 84.078, Rel. Min. Eros Grau, julgamento em 5-2-09, Informativo 534. No mesmo sentido: HC 91.676, HC 92.578, HC 92.691 e HC 92.933, Rel. Min. Ricardo Lewandowski, julgamento em 12-2-09, Informativo 535; RHC 93.172, Rel. Min. Cármen Lúcia, julgamento em 12-2-09, Informativo 535.

17 BRASIL. Supremo Tribunal Federal. *Habeaus Corpus* nº 88.174, Segunda Turma. Relator: Min. Joaquim Barbosa. Brasília, 12 de dezembro de 2006. **Diário de Justiça**: 31 ago. 2007.

reserva de jurisdição é compreendido – sobretudo na doutrina estrangeira, tendo Canotilho como um de seus mais robustos expoentes – não só não se confunde com o conceito de inafastabilidade do controle jurisdicional, mas é tido como uma blindagem posta em torno do âmbito de deliberação do Poder Judiciário a respeito de determinadas matérias, tornando-o órgão com competência exclusiva para decidir certas questões jurídicas. À luz dessa mesma doutrina, a cláusula de reserva de jurisdição decorre de um desenvolvimento dogmático do princípio da separação de Poderes obtido com a doutrina do núcleo essencial das funções do Estado – o que, por consequência, implica o reconhecimento da existência de uma cláusula de reserva geral de jurisdição, uma vez que a exclusividade com que o Poder Judiciário deve deliberar a respeito de determinadas matérias decorre da sua arquitetura institucional, e não do que se encontra posto em lei. Apesar da compreensão doutrinária de que a referida implicação é inevitável, o Supremo Tribunal Federal, até então, tem sido refratário ao reconhecimento de uma reserva geral de jurisdição. A referida cláusula, nesse sentido, tem sido analisada sob óticas outras, adequadas ao estado da arte institucional em que se encontra em trânsito o Direito brasileiro.

Entende-se, portanto, que a reserva de jurisdição significa a possibilidade do Poder Judiciário decidir acerca de determinada questão jurídica e não que é o espaço único de decisão do Poder Judiciário. Nesse sentido, são três os sentidos propostos: (i) **reserva máxima de jurisdição**; (ii) **reserva média de jurisdição** (ii) **reserva mínima de jurisdição**. Na reserva máxima de jurisdição a aplicação e interpretação do texto constitucional devem ser realizadas somente pelo Poder Judiciário. Na reserva média de jurisdição o monopólio do juiz depende da vontade do legislador ordinário de conceder exclusivamente ao magistrado o poder de resolver específica controvérsia jurídica. Por fim, o postulado da reserva mínima de jurisdição significa que o juiz é competente constitucionalmente para proferir apenas a última palavra.

REFERÊNCIAS

BECKER, Alfredo Augusto. **Teoria geral do direito tributário**, 3. ed. São Paulo: Lejus, 2002.

BRANCO, Paulo Gustavo Gonet; COELHO, Inocêncio Mártires; MENDES, Gilmar Ferreira. **Curso de Direito constitucional**. São Paulo: Saraiva, 2007.

CANOTILHO, José Joaquim Gomes. **Direito constitucional e Teoria da Constituição**, 5. ed. Coimbra (POR): Almedina, 2002.

CASSEB, Paulo Adib. **Processo legislativo**: atuação das comissões permanentes e temporárias. São Paulo: Revista dos Tribunais, 2008.

COELHO, Inocêncio Mártires. Processo Legislativo: entre o Congresso Nacional e o Poder Executivo na Constituição de 1988.**Revista de Informação Legislativa**. Brasília, n. 112, p. 55-69, 1991.

________. **Interpretação constitucional**. 3. ed. São Paulo: Saraiva, 2007.

FERRAR JR., Tercio Sampaio. **Introdução ao estudo do direito**: técnica, decisão, dominação, 4. ed. São Paulo: Atlas, 2003.

GONÇALVES, Luiz Carlos dos Santos. **Comissões parlamentares de inquérito**: poderes de investigação. São Paulo: Juarez de Oliveira, 2001.

GRAU, Eros Roberto. **A ordem econômica na Constitucional de 1988**, 8. ed. rev. e atual. São Paulo: Malheiros, 2003.

KELSEN, Hans. A interpretação. In: ________. **Teoria pura do direito**, 6. ed. São Paulo: Martins Fontes, 1999, p. 387-397. cap. 8.

MIRANDA, Pontes de. **Comentários à Constituição de 1967**. São Paulo: Revista dos Tribunais, 1967. t. 3.

PIÇARRA, Nuno. **O inquérito parlamentar e os seus modelos constitucionais**: o caso português. Coimbra (POR): Almedina, 2004.

PINTO, Guilherme Newton do Monte. **A reserva de jurisdição**. 2009. 308 f. Dissertação (Mestrado em Direito Político e Econômico) – Universidade Presbiteriana Mackenzie, São Paulo, 2009.

RANGEL, Paulo Castro. **Reserva de jurisdição**: sentido dogmático e sentido jurisprudencial. Porto (POR): Universidade Católica Portuguesa, 1997.

REALE, Miguel. A organização dos poderes Executivo e Legislativo – olvido do plebiscito pró-presidencialismo. In: ________. **Questões de direito público**. São Paulo: Saraiva, 1997,p. 85-94.

SAMPAIO, Nelson de Sousa. **Do inquérito parlamentar**. Rio de Janeiro: Fundação Getúlio Vargas, 1964.

SANDOVAL, Ovídio Rocha Barros. **CPI ao pé da letra**. São Paulo: Millennium, 2001.

SANTI, Marcos Evandro Cardoso. **Criação de comissões parlamentares de inquérito**: tensão entre o direito constitucional de minorias e os interesses políticos da maioria. Porto Alegre: Safe, 2007.

SILVA FILHO, Derly Barreto e. **Controle dos atos parlamentares pelo Poder Judiciário**. São Paulo: Malheiros, 2003.

VILANOVA, Lourival. Fundamentos do Estado de Direito. In: ________. **Escritos jurídicos e filosóficos**. São Paulo: Axis Mundi, Instituto Brasileiro de Estudos Tributários,2003, p. 413-430.v. 1.

O PRINCÍPIO CONSTITUCIONAL DA SEGURANÇA JURÍDICA COMO ELEMENTO DE CONCRETIZAÇÃO DA DEMOCRACIA

HERCULES FAJOSES

1. INTRODUÇÃO

Não é raro escutar-se nas ruas, em reuniões de negócios ou em qualquer conversa informal, que **vivemos em uma democracia**, ou melhor, **vivemos em um Estado Democrático de Direito**. Mas o que vem a ser democracia? Como se realiza a democracia, ou seja, qual é o elemento fundamental que serve de supedâneo para o pleno exercício da democracia e quais são os atores legitimados a tal exercício? O conceito de democracia *lato sensu* é um conceito fluido, aberto, ou pode ser delimitado a depender do objeto de seu estudo? O presente texto tem por escopo dar uma visão geral da democracia, incluindo o conceito de **mercado político** de Bobbio, buscando, no princípio constitucional da segurança jurídica, o pilar de sustentação dessa forma de governo como verdadeiro elemento responsável por sua concretização nos tempos atuais.

2. ETIMOLOGIA DA PALAVRA "DEMOCRACIA"

A etimologia da palavra **democracia** tem origem no grego e deriva da palavra **demokratía**, que é a união da palavra **demos**, que significa povo, e **kratos**, cujo significado é poder. Assim, em última análise, democracia significa o **poder exercido pelo povo**.

3. OS MODELOS DE DEMOCRACIA

O modelo descrito por Heródoto instituiu três arquétipos

diversos para a definição das formas de governo: a monarquia – governo de um só – a aristocracia – governo de alguns – e a democracia – governo de todos. Tal modelo está presente em Platão e Montesquieu, entre outros. Esses dois grandes filósofos partiram das três formas de governo de Heródoto. Destaca-se aqui Platão, por inaugurar a teoria cíclica das formas de governo, em que a sucessão de regimes representa, na verdade, a decadência das formas de governo. Para o filósofo ateniense, a aristocracia seria a melhor de todas, embora degenerasse em timocracia, que, por sua vez, degeneraria em oligarquia, para, em mais um processo de degeneração, chegar à democracia e, por fim, à tirania. Observa-se,por conseguinte, que a democracia, no pensamento de Platão, é uma das piores formas de governo, figurando como apenas melhor do que a tirania.

No entanto, é Aristóteles[1]quem nos dá, pela primeira vez, um conceito objetivo de democracia, como também afirma que existem somente duas formas de governo: a oligarquia e a democracia. As demais seriam apenas espécies do gênero. Veja-se:

> Admitem-se duas espécies principais de governos, como se admitem duas espécies de ventos, aqueles do norte e os do sul; os outros não passam de alterações desses. Assim, há duas formas de governo – a democracia e a oligarquia. Pois se considera a aristocracia uma espécie de oligarquia, o que se denomina república não passa de uma democracia.

E prossegue:

> Não se deve acreditar, como hoje é costume fazer, que a democracia exista totalmente em todo o Estado onde a multidão é soberana, pois nas oligarquias e em toda parte é sempre a maioria que tem a força suprema; nem acreditar que haja oligarquia sempre que o poder esteja nas mãos da minoria. Porque, supondo-se que de uma população de mil e trezentos cidadãos, mil fossem ricos, os quais não concedem parte alguma na administração aos outros trezentos pobres que sãolivrese iguais aos ricos sob todos os outros aspectos, ninguém poderá afirmar que essa população viva sob um regime democrático. Do mesmo modo, se os pobres, embora em minoria, fossem mais fortes que os ricos, apesar de serem mais numerosos, ninguém denominaria esse governo de oligarquia, no caso em que

1 ARISTÓTELES. **A política**. São Paulo: Ícone, 2007, p. 173.

o resto dos cidadãos, que possuíssem riquezas, não participasse dos cargos. Assim, é melhor dizer que existe democracia quando o poder soberano está nas mãos dos homens livres, e que existe oligarquia quando está nas mãos dos ricos. Mas acontece geralmente que uns, isto é, os homens livres são maioria; e os outros, ou os ricos são pouco numerosos [...]
No entanto, essas condições não bastam para determinar com precisão as diferentes formas de governo. Mas como a democracia e a oligarquia se compõem de várias partes, é preciso ainda distinguir e admitir que, no caso de homens livres, em minoria, terem autoridade sobre a maioria dos cidadãos que, no entanto, não seriam livres, essa não seria uma democracia.[2]

4. A DEMOCRACIA ANTIGA

Na antiguidade, percebe-se a democracia tão somente na Grécia, especialmente em Atenas, cujos doutrinadores classificavam como a **democracia para poucos**, uma vez queatendia apenas aos interesses dos cidadãos numa sociedade de maioria escrava. Aristóteles e Platão, ao pensar a democracia, fizeram-no tomando por objeto a democracia ateniense, em que se governava praticamente de forma direta, tendo por órgão máximo a **assembleia popular**, na qual as decisões eram tomadas pela maioria dos cidadãos presentes, com quórum mínimo e com a fixação de jetons em benefício dos pobres e a fixação de multa em prejuízo dos mais afortunados.

Decerto que a democracia na Grécia antiga era praticada por poucos e dentro de um limite territorial diminuto comparado aos limites territoriais nos Estados modernos. Dessa forma, havia a possibilidade de ser exercida de maneira direta, em que a coleta de votos se dava em praça pública, local onde ocorria a **assembleia popular**, cujo significado passa longe do que hoje entendemos por **popular**.

5. A DEMOCRACIA MODERNA

Logo após a Idade Média, nos primórdios do Iluminismo, renasce o ideal democrático fundamentado na República, com a substituição da **democracia direta**– o próprio cidadão, reunido em assembleia popular, deliberava diretamente e proferia o seu voto – em favor da **democracia**

2 Ibid., p. 174.

representativa – o povo era representado e não mais deliberava diretamente nas assembleias populares. É o fim, então, da democracia direta. Entretanto, cumpre ressaltar que o conceito político de representação de todo difere do conceito jurídico. Neste, prevalece a imperatividade, sendoo ato de apresentar-se em determinada situação, local ou pessoa, por meio de procurador. Naquele, o que se dá é a autorização do povo para que determinada pessoa fale em seu nome.

José Fernando Ehlers de Moura (2007)[3] traz-nos brilhante esclarecimentosobre a questão, ao explicitar o pensamento de Hobbes a respeito:

> Hobbesreformula o entendimento de representação na política, se o compararmos com o anterior professado pela teologia política medieval. Para esta, representar consistia, primacialmente, em ser autorizado a ter poder, tendo-o recebido da fonte originária de todo o poder, que é Deus, por obra e graça ou por um favor. Assim, representar é receber o poder de Deus para ser seu representante entre os homens. Nessa concepção medieval, o governante não atuava em nome dos *governados*, nem falavam em nome deles, já que não os representava, mas agia e falava em nome de Deus, que detinha o Poder. O representante ocupava o lugar de Deus na terra, na condição de seu vigário, concepção que alimentou as repetidas e infindáveis guerras entre imperadores e papas para definir quem havia sido investido como vigário divino. Contrariamente, para Hobbes, a instituição do Estado resulta da concordância e do pacto de uma multidão de homens de autorizar todos os atos e decisões do homem ou da assembleia de homens a quem seja conferido pela maioria o direito de representar a pessoa de todos eles, devendo tal autorização ser dada por todos, sem exceção, tanto pelos que votaram a favor dele como pelos que votaram contra ele, tal como se fossem seus próprios atos ou decisões, a fim de viverem em paz uns com os outros e serem protegidos dos restantes dos homens.

Nasce, assim, a representação política que tem em Montesquieu seu grande expoente. Afora a ideia da divisão tripartite do Poder – Executivo, Legislativo e Judiciário –existe, entre tantas outras, uma grande contribuição dada pelo filósofo francês e que certamente delineou o que se conhece hoje por democracia representativa.

3 HOBBES, 1979 apud MOURA, José Fernando Ehlers de. **Condições da democracia**. Porto Alegre: Sergio Antonio Fabris Editor, 2007, p. 27.

Foi Montesquieu quem adotou uma nova ideia de representação política, dando maior espectro de atuação ao representante, que, por sua vez, não estaria limitado a atuar como porta-voz do representado, tampouco adstrito à vontade preexistente do mandante, não mais adotando a ideia de que a representação política nada mais era do que um contrato de direito privado.

A mudança de entendimento de Montesquieu, com relação à representação política,fundamenta-se na hipótese de que o representante é alguém mais sábio e preparado do que o representado – o povo – e, portanto, mais livre para decidir os rumos da política, considerando a sua própria manifestação de vontade. Em última análise, a representação política moderna outorga maior amplitude de ação do que o simples instrumento de mandato do direito privado.

A modificação de entendimento sobre a representação política iniciada por Montesquieu servirá, mais adiante, para o nascimento de uma nova ideia de democracia participativa gerada no seio do liberalismo.

6. A DEMOCRACIA NO NEOLIBERALISMO E O"MERCADO POLÍTICO"

Com o neoliberalismo, uma nova concepção de democracia começa a ser construída. A ideia do livre mercado impregna os ideais democráticos e faz surgir o Estado mínimo, fazendo com que a própria forma de governo transmude suas finalidades, criando o chamado **mercado político.**

É Bobbio (2011)[4] quem nos apresenta o significado claro do que vem a ser o mercado político, pois entende o filósofo italiano que o neoliberalismo, ao buscar um Estado que atenda não somente a faceta econômica como também a faceta política, culmina por utilizar a mesma lógica econômica existente no liberalismo, para então criar uma lógica política com os mesmos fundamentos utilizados pela lógica do livre mercado. Cria-se, assim, ao lado do mercado econômico – velho conhecido do liberalismo – o mercado político – produto da democracia – fruto de um Estado as-

---

4 BOBBIO, Norberto. **O futuro da democracia.** São Paulo: Paz e Terra, 2011, p. 137-138.

sistencialista, decorrente da social democracia, que, por sua vez, seria a responsável pela hipertrofia do Estado. Escreve o filósofo:

> Quando os titulares dos direitos políticos eram apenas os proprietários, era natural que a maior solicitação fosse a de proteger a liberdade da propriedade e dos contratos. A partir do momento em que os direitos políticos foram estendidos aos que nada têm e aos analfabetos, tornou-se igualmente natural que aos governantes, que acima de tudo se proclamavam e num certo sentido eram representantes do povo, passassem a ser solicitados empregos, medidas previdenciárias para os impossibilitados de trabalhar, escolas gratuitas e – por que não? – casas populares, tratamentos médicos, etc.

E continua Bobbio:

> A conclusão não muda se se observa este nexo entre processo de democratização e crescimento do Estado assistencial do ponto de vista não apenas dos governados, ou seja, dos que apresentam as demandas dos Estados, mas também da parte dos governantes, ou seja, dos que devem dar as respostas.

Mais adiante, com o brilhantismo que lhe é característico, conclui:

> [...] o líder político pode ser comparado a um empresário cujo lucro é o poder, cujo poder se mede por votos, cujos votos dependem de sua capacidade de satisfazer interesses de eleitores e cuja capacidade de responder às solicitações dos eleitores depende dos recursos públicos de que pode dispor. Ao interesse do cidadão eleitor de obter favores do Estado corresponde o interesse do político eleito ou a ser eleito de concedê-lo.

Ora, a princípio, não há nada de equivocado ou ilícito no quanto acima discorrido, na medida em que se tenham claras as regras do jogo e em que os políticos observem as regras e os limites estabelecidos em lei para chegar ao fim colimado, qual seja, o poder. As distorções e as anomalias que porventura possam vir a acontecer no sistema se dão exatamente no momento em que a corrida pelo poder extrapola os balizamentos constitucionais, abrindo-se então um verdadeiro **vale-tudo**, incompatível com o Estado de Direito.

Destarte, como se verá a seguir, é por meio da aplicabilidade do princípio da segurança jurídica que se determinarão os limites objetivos que garantirão o pleno exercício da democracia como forma de governo.

7. A SEGURANÇA JURÍDICA COMO GARANTIA CONSTITUCIONAL DA DEMOCRACIA

Sem dúvida alguma, de todas, a Constituição Federal de 1988 foi a que trouxeo maior rol de garantias fundamentais da história do Brasil e, como leciona Konrad Hesse (2009), deve-se partir do "reconhecimento de que a constituição de uma comunidade política concreta, seu conteúdo, a singularidade de suas normas e seus problemas há de ser compreendida de uma perspectiva histórica".[5]

Desta forma, a Constituição Federal de 1988 foi outorgada em clima de ruptura do regime totalitário, permeada de receios quanto à sua própria aplicabilidade e à perenidade de um Estado Democrático de Direito. As incertezas quanto ao futuro do Brasil não eram poucas e a criação de uma nova constituição era elemento crucial para estabelecer a democracia como forma de governo.

Dentre vários dos eminentes constitucionalistas brasileiros que sempre pregaram a liberdade e as garantias individuais, o Mestre Paulo Bonavides (2010) se destaca, em obra escrita à época dos fatos,[6] quanto à necessidade de que o poder constituinte fizesse surgir uma constituição forte e garantidora dos princípios democráticos, a saber:

> Todo sistema político quando funciona normalmente pressupõe uma ordem de valores sobre a qual repousam as instituições. Em se tratando de um sistema democrático do modelo que cultivamos no ocidente, essa ordem é representada pela Constituição, cujos princípios guiam a vida pública e garantem a liberdade dos cidadãos. Nas formas democráticas a Constituição é tudo: fundamento do Direito, ergue-se perante a Sociedade e o Estado como o valor mais alto, pois, de sua observância deriva o exercício permanente da autoridade legítima e consentida. Num certo sentido a Constituição aí se equipara ao povo cuja soberania ela institucionaliza de modo inviolável. E o povo, em sua potencialidade, numa acepção política mais genérica, deixa de ser unicamente o elemento

5 HESSE, Konrad. A força normativa da Constituição. In: HESSE, Konrad. **Temas fundamentais do direito constitucional**. São Paulo: Saraiva, 2009.

6 BONAVIDES, Paulo. **Constituinte e constituição**: a democracia, o federalismo, a crise contemporânea, 3. ed. São Paulo: Malheiros, 2010, p. 91-92.

ativo e militante que faz nas urnas, de modo direto, e nos parlamentos, pelas vias representativas, a vontade estatal, para incluir no seu raio de abrangência toda a nação como um corpo de idéias, sentimento, opiniões e valores [...].
De uma tal Constituição a nação prescinde. Por esse aspecto o Estado Novo foi experiência mais feliz de autoritarismo: tirante a outorga do dia 10 de novembro, data histórica do golpe de 1937, nunca mais se ouviu falar da Constituição do Dr. Francisco Campos.[7] Hoje a abertura democrática brasileira fez livre o debate, reformulou os partidos, restituiu ao povo algumas franquias fundamentais, mas tem pela frente, com a máxima urgência, o problema básico de fundar uma estrutura constitucional legítima.

E já alertava o eminente jurista:

> A Constituição será, por esse aspecto, o denominador comum da ideologia democrática, convertida em compromisso inviolável que a legitimidade do sistema elevaria ao grau de valor supremo.

Decerto que o exercício da democracia pressupõe a existência de uma constituição forte, calcada em garantias fundamentais que assegurem as liberdades individuais. Assim, não é equivocado dizer que o elemento catalizador das garantias fundamentais e do próprio Estado de Direito é, sem dúvida alguma, a segurança jurídica.

Segundo o mestre Canotilho (2000)[8]:

> O princípio geral da segurança jurídica em sentido amplo (abrangendo, pois, a ideia de proteção da confiança) pode formular-se do seguinte modo: o indivíduo temde odireito poder confiar em que aos seus actos ou às decisões públicas incidentes sob seus direitos, posições ou relações jurídicas alicerçadas em normas jurídicas vigentes e válidas por esses actos jurídicos deixado pelas autoridades com base nessas normas se ligam os efeitos jurídicos previstos e prescritos no ordenamento jurídico. As refracções mais importantes do princípio da segurança jurídica são as seguintes: (1) relativamente a actos normativos – proibição denormas retroactivasrestritas de direitos ou interesses juridicamente protegidos; (2) relativamente a actos jurisdicionais – inalterabilidade do caso julgado; (3) em relação a actos da administração

7 Francisco Campos foi advogado, jurista e político, além de redator da Constituição de 1937.

8 CANOTILHO, José Joaquim Gomes. **Direito constitucional e teoria da constituição**, 7. ed. Coimbra (POR): Almedina, 2000, p. 257.

– tendencial estabilidade dos casos decididos através de actos administrativos constitutivos de direitos.

Verifica-se que o princípio da segurança jurídica espraia seus efeitos entre os três Poderes: o Legislativo, o Judiciário e o Executivo, ficando impostergável a sua aplicação em sua totalidade. Assim, não há que se falar em exceção a afastar a sua observância no exercício pleno da democracia.

8. O PRINCÍPIO DA SEGURANÇA JURÍDICA NA CONSTITUIÇÃO FEDERAL DE 1988

Conforme já aqui destacado, havia uma preocupação grande e, sob todos os aspectos, real e motivada de que a Constituição Federal de 1988 não trouxesse em seu conteúdo normativo o arcabouço jurídico necessário ao exercício da democracia. No entanto, tal receio tornou-se infundado, e a Constituição Cidadã, em seu artigo 5º, ao estabelecer o princípio da legalidade (inciso II) e a estabilidade nas relações sociais a proteger o direito adquirido, o ato jurídico perfeito e a coisa julgada (inciso XXXVI), garantiu, com eficácia plena,[9] o princípio da segurança jurídica.

9. CONSIDERAÇÕES FINAIS

Não há duvidas de que a democracia como forma de governo se dá em favor da sociedade pluralista, na medida em que garante a participação do maior número de pessoas nas deliberações que afetam grande parte da população de determinado Estado. Também é certo que a democracia é fundamental para o bom funcionamento de qualquer Estado de Direito, especialmente no Ocidente.

Mas também é certo afirmar que, na atualidade, a democracia representativa traz consigo o **mercado político** de Bobbio, em que o lucro reside no acúmulo de poder pela classe política – incluídos os partidos políticos – e faz com que a estabilidade, não somente das relações sociais como também das próprias instituições, se dê por meio de um ordenamento jurídico claro e bem definido a estabelecer as de-

9 SILVA, José Afonso da. **Aplicabilidade das normas constitucionais**, 7. ed. São Paulo: Malheiros, 2009, p. 171.

nominadas **regras do jogo político.** Daí a necessidade de observância diuturna do princípio da segurança jurídica, verdadeiro elemento que dá concretude à democracia e estabelece os limites da licitude, sem os quais não há que se falar em garantias ou liberdades individuais ou até mesmo em Estado Democrático de Direito.

REFERÊNCIAS

ARISTÓTELES. **A política.** São Paulo: Ícone, 2007.

BOBBIO, Norberto.**O futuro da democracia.** São Paulo: Paz e Terra, 2011.

BONAVIDES, Paulo. **Constituinte e constituição**: a democracia, o federalismo, a crise contemporânea. 3. ed. São Paulo: Malheiros, 2010.

CANOTILHO, José Joaquim Gomes. **Direito constitucional e teoria da constituição**, 7. ed. Coimbra (POR): Almedina, 2000.

HESSE, Konrad. A força normativa da constituição.In:________.**Temas fundamentais do direito constitucional**. São Paulo: Saraiva, 2009.

HOBBES, Thomas. Leviatã ou matéria, forma e poder de um estado eclesiástico e civil. São Paulo: Abril Cultural, 1979 (Os Pensadores). In:MOURA, José Fernando Ehlers de. **Condições da democracia.** Porto Alegre: Sergio Antonio Fabris Editor, 2007.

MONTESQUIEU, Charles. **O espírito das leis**. São Paulo: Martins Fontes, 2005.

MOURA, José Fernando Ehlers de. **Condições da democracia**. Porto Alegre: Sergio Antonio Fabris Editor, 2007.

PLATÃO. **A república**. Lisboa: Calouste, 2001.

SILVA, José Afonso da. **Aplicabilidade das normas constitucionais**, 7. ed.São Paulo: Malheiros, 2009.

A CONCRETIZAÇÃO DOS DIREITOS FUNDAMENTAIS SOCIAIS PELO JUDICIÁRIO[1]

NÉVITON GUEDES

SUMÁRIO: **1.** Introdução. **2.** Da vinculação dos poderes públicos aos direitos fundamentais sociais. **3.** Colisões dos direitos sociais com outros bens (e normas) constitucionais. **3.1.** Colisão de natureza formal (problema de competência). **3.2.** Colisão de natureza substancial. **4.** A dupla face do princípio da proporcionalidade. **4.1.** O princípio da proibição da insuficiência.

1. INTRODUÇÃO

Desde a sua inserção dos textos constitucionais, como se sabe, **os direitos fundamentais sociais** – saúde, educação, trabalho e moradia, para ficar nos exemplos mais conhecidos – têm sido alvo de sérias e numerosas objeções, que têm origem nos mais variados territórios da teoria e da prática jurídica.[2]

1 Artigo originariamente publicado na Revista Consultor Jurídico, de 15 de outubro de 2012; aqui publicado com acréscimos e alterações.

2 ALEXY, Robert. **Theorie der Grundrechte**. Frankfurt am Main (ALE): Suhrkamp, 1996, p. 461.

Em primeiro lugar, lembra Robert Alexy, critica-se nos direitos fundamentais sociais o fato de não se alcançar – a partir do próprio Direito – fornecer com suficiência critérios racionais para a determinação da extensão e do seu conteúdo – em que consiste e qual a extensão, por exemplo, de direitos como saúde, educação, trabalho e moradia? – Como consequência, afirmam os críticos, a decisão sobre o âmbito de proteção dos direitos fundamentais sociais seria nitidamente uma matéria reservada à Política.[3]

Além disso, já agora no âmbito das competências constitucionais, como objeção de ordem formal, afirma-se, **grosso modo**, que a exigência de uma concretização judicial dos direitos fundamentais sociais implicaria a assunção pelo Poder Judiciário – especialmente, a jurisdição constitucional – de parte essencial da política orçamentária

3 Ibid., p. 462.

do Estado, tarefa, como se sabe, da mesma forma, eminentemente política.

Essa indevida transposição de planos e de competências, aliás, como facilmente se percebe, acabaria se concretizando em relevante colisão de normas constitucionais, travadas, de um lado, por normas de direitos fundamentais sociais, e, de outro, pela afirmação do **princípio da separação de poderes** e da **legalidade orçamentária**.

Em outros termos, os direitos fundamentais sociais exigiriam para a sua concretização por via judicial a desconsideração pelo Poder Judiciário, de forma tópica ou abstrata, do princípio da separação de poderes, já que, em primeiro lugar, cumpre ao Poder Legislativo e ao Executivo a implementação de políticas públicas. Além disso, a concretização direta pelo Poder Judiciário implicaria óbvia preterição do **princípio da legalidade orçamentária**, ao se consentir com decisões judiciais que podem adjudicar prestações materiais[4] ao indivíduo – por exemplo, no âmbito da saúde pú-

4 ARANGO, Rodolfo. **Der Begriff der sozialen Grundrechte**. Baden-Baden (ALE): Nomos, 2001, p. 95 ss, onde se defende a tese de que os direitos fundamentais sociais correspondem a atuações positivas do Estado em favor do indivíduo (p. 26). Mais especificamente, o autor defende a tese de que, diante da presença de um *Tatbestand* de uma norma de direito fundamental social, surge um dever jurídico para o Estado de promover uma ação positiva em favor do indivíduo (p. 103). Quase na mesma direção, entendendo que os direitos fundamentais consistem em um dever de proteção e prestação do Estado em favor do indivíduo é a posição da autora portuguesa Cristina Queiroz (cito): "Assim, e no que concerne especificamente aos direitos fundamentais sociais (direitos fundamentais a prestações em sentido estrito), a pretensão não corresponde a uma omissão, mas a uma ação. Na terminologia de Georg Jellinek, os direitos fundamentais sociais correspondem essencialmente ao *status positivus*, isto é, reclamam por uma ação, um *facere*, por parte dos poderes públicos. Traduzem pretensão de cuidado e proteção com ajuda da actividade público-estadual em ordem à realização dos respectivos interesses", cf. QUEIROZ, Cristina. **Direitos Fundamentais Sociais**: funções, âmbito, conteúdo, questões interpretativas e problemas de justicialidade. Coimbra (POR): Coimbra Editora, 2006, p. 32. Como se verá adiante, a tese aqui sustentada é algo um pouco diversa, no sentido de que, não obstante os direitos fundamentais sociais revelem de fato, por seu âmbito de proteção, mais uma função (positiva) de proteção e de prestação em favor do indivíduo, mais contemporaneamente, vem-se mostrando possível visualizar em todos os direitos fundamentais uma multiplicidade de funções, sendo que a identidade e a individualização de cada direito

blica, a outorga de medicamentos e ou intervenções cirúrgicas de alto custo – sem previsão orçamentária.

Do **ponto de vista substancial**, ainda segundo os críticos, a objeção que se pode lançar contra os direitos fundamentais sociais é a de que esses direitos não conseguem se realizar sem manifestarem **colisão** com outras normas constitucionais garantidoras de direitos e liberdades fundamentais – propriedade, liberdade de iniciativa, liberdade de mercado. Portanto, só com acentuada restrição à propriedade, à livre iniciativa e à liberdade contratual, por exemplo, é que se pode dar concretização a direitos sociais como saúde, educação e trabalho.

Assim, a tese central deste artigo é a de sugerir **oprincípio da proibição da insuficiência** como um instrumento de racionalização do discurso de afirmação e concretização dos direitos fundamentais sociais, de tal ordem que a sua implementação direta não arraste o Poder Judiciário a uma luta essencialmente irracional que se trava no âmbito da arena política.

fundamental se concretizariam mais no realçar de uma dessas funções do que em uma exclusiva funcionalidade normativa. Assim, no caso dos direitos fundamentais sociais, certamente, ninguém o haverá de negar, prepondera uma função (positiva) de proteção e prestação do Estado em favor do indivíduo, sem que se possa, contudo, negar-se de uma vez por todas, em algum momento, se visualizar no interior de um desses direitos, por exemplo, a função (negativa) de defesa frente à ação do Estado.

2. DA VINCULAÇÃO DOS PODERES PÚBLICOS AOS DIREITOS FUNDAMENTAIS SOCIAIS

Como se sabe, da qualidade jurídico-objetiva dos direitos fundamentais deve-se **deduzir** não apenas, como parece óbvio, a obrigação de o Estado omitir-se de indevidas intervenções e restrições diretas nos bens e liberdades protegidas pelas normas de direitos fundamentais, mas, mais do que isso, dela derivam o dever de se proteger os bens e liberdades jusfundamentais diante de intervenções ilícitas por parte de pessoas e organizações não estatais,[5] assim como resultaria da conformação mesma de alguns direitos fundamentais o dever do Estado a

5 DIETLEIN, Johannes. **Die Lehre von den grundrechtlichen Schutzpflichten.** Berlin (ALE): Duncker & Humblot, 2005., p. 17.

prestações fáticas aos titulares desses direitos. Nomeadamente no caso dos direitos fundamentais sociais derivariam verdadeiros direitos subjetivos à proteção e a prestações fáticas por parte do Estado. As **consequências jurídicas** daqui resultantes são consideráveis.

Em primeiro lugar, dessa localização no âmbito dos direitos fundamentais sociais do dever de **proteção e prestação** por parte do Estado resultam vinculados, ante o princípio da **supremacia da Constituição**, todos os poderes do Estado, isto é, não apenas o legislador pela lei que produz, como também o Poder Executivo e Judiciário, quando, no exercício de suas funções precípuas, editam, respectivamente, atos administrativos ou jurisdicionais.[6]

A **vinculação do legislador** a esse dever de proteção e prestação tem o inafastável significado de uma considerável restrição ao seu espaço e à sua liberdade de conformação legislativa, especialmente onde cuidar-se de proteger e assegurar os bens e liberdades fundamentais diante da intervenção de terceiros.[7]

A **vinculação da Administração** – Poder Executivo – significa uma limitação à sua eventual discricionariedade quando do atendimento e execução de normas garantidoras de direitos fundamentais ou pode obrigá-la a prestar socorro e proteção diante dos casos concretos.

No caso do Poder Judiciário, essa vinculação aos direitos fundamentais inclui, além de zelar pela obediência às tarefas de proteção[8] por parte dos demais poderes estatais, o dever de, quando provocado – princípio dispositivo –, não permitir que fique ao mero arbítrio dos demais órgãos estatais decidir quando se revela suficientemente preenchida a tarefa de proteção e de prestação dos direitos fundamentais. Mas, aqui apenas começam os problemas. De um lado, se há um Poder que deve respeitar limites, com certeza, é o Poder Judiciário e, contudo, os direitos fundamentais sociais caracterizam-se comumente por sua indeterminabilidade e uma ausência clara de limites na sua extensão

6 Na Alemanha, como se sabe, existe dispositivo constitucional expresso (art. 1, 3 GG) a submeter os três poderes às normas de direitos fundamentais. Ver DIETLEIN, loc. cit.

7 DIETLEIN, op. cit., p. 18.

8 DIETLEIN, 2005, loc. cit.

e profundidade; de outro, como se disse anteriormente, não se pode negar que, em qualquer quadrante em que se manifestem **os direitos fundamentais sociais** – saúde, educação, trabalho e moradia, para ficar nos exemplos mais conhecidos – dificilmente, alcançarão realização sem colidir com outros direitos, princípios e bens com igual proteção constitucional. Isso explica porque a concretização direta dos direitos fundamentais pelo Poder Judiciário acaba por atrair numerosas objeções, que têm origem nos mais variados territórios da teoria e da prática jurídica. Dessas numerosas objeções, as principiais permitem-se enfeixar em duas espécies de **argumentos complexos**: um de natureza formal, outro de natureza material.

3. COLISÕES DOS DIREITOS SOCIAIS COM OUTROS BENS – E NORMAS– CONSTITUCIONAIS

3.1. COLISÃO DE NATUREZA FORMAL – PROBLEMA DE COMPETÊNCIA –

Do ponto de vista formal, as objeções aos direitos fundamentais sociais, segundo correta advertência de Alexy (1996),[9] acabam nos conduzindo a um verdadeiro dilema, pois, **se e quando**se afirma que esses direitos sociais são, à semelhança de qualquer outro direito fundamental, **juridicamente vinculantes**, os diretos fundamentais sociais deslocam a competência do legislador em implementá-los para a órbita da jurisdição – especialmente a jurisdição constitucional –; contudo, de forma diversa, **se** se nega o caráter vinculante dos direitos fundamentais sociais, no sentido de que não sejam eles vinculantes e *ipso facto* aplicáveis diretamente pelo Poder Judiciário, então, seria o mesmo que afirmar que os direitos fundamentais sociais representam uma clara violação ao princípio geral de que os direitos fundamentais, mais do que vinculantes, são aplicáveis imediatamente (art. 5º, §1º, da Constituição Federal), mesmo que para tanto seja necessária a intervenção do Poder Judiciário (art. 5º, XXXV, da Constituição Federal).

Contudo, não obstante a expressa dicção constitucional,[10] tam-

9 ALEXY, op. cit., p. 461.

10 Entre os dispositivos expressos em nossa Constituição, a demonstrar que o caráter diretamente vinculante dos direitos

bém no Brasil, vê-se com frequência divulgar a objeção formal ao caráter juridicamente vinculante dos direitos fundamentais, o que se sustenta, aqui como na Alemanha de Alexy, ao argumento nada desprezível de que os direitos fundamentais sociais – por sua própria estrutura – não são justiciáveis – *justitiabel* – ou o são apenas em medida muito pequena, tudo porque o seu **conteúdo se mostra acentuadamente indeterminado.**[11] De fato, perguntam com alguma razão os críticos, concretamente, qual o conteúdo, por exemplo, de um direito fundamental à moradia, à educação, ou à saúde?

Referindo-se especificamente ao direito social ao trabalho, Robert Alexy nos dá a exata medida da dificuldade de se determinar a extensão e a essência de seu âmbito de proteção. Pergunta-se o célebre pensador alemão:

> O que é, p. ex., o conteúdo de um direito fundamental ao trabalho? A escala de interpretações imagináveis estende-se de um direito utópico de qualquer indivíduo a qualquer trabalho que ele queira, em qualquer lugar e a qualquer tempo, até a um direito compensatório a um auxílio-desemprego. Mas qual valor isso deve ter? Os problemas para os outros direitos fundamentais sociais não se apresentam de forma muito diferente. Mesmo para o mais simples direito fundamental social, o direito a um mínimo existencial, a determinação do exato conteúdo prepara algumas dificuldades.[12]

Portanto, a objeção de ordem formal à **justiciabilidade** dos direitos fundamentais sociais baseia-se, em primeiro lugar, em um argumento de ordem semântica – dificuldade de determinação do conteúdo do direito – ao afirmar a impossibilidade estrutural de se alcançar juridicamente o conteúdo e a extensão dessa espécie de direitos. Por outro lado, como o próprio Direito não forneceria critérios suficientes

fundamentais em nosso País, não se pode desconsiderar que a Constituição Federal, art. 5º, XXXV, impõe a submissão ao Poder Judiciário de qualquer demanda jurídica, ao estabelecer expressamente que nem mesmo *a lei não excluirá da apreciação do Poder Judiciário lesão ou ameaça a direito*, acrescentando-se a isso o fato de que, no § 1º, do mesmo art. 5 º, prescreve também expressamente que *as normas definidoras dos direitos e garantias fundamentais têm aplicação imediata.*

11 ALEXY, 1996, loc. cit.

12 ALEXY, op. cit., p. 461-462.

para determinação da extensão e conteúdo dos direitos fundamentais sociais, a decisão sobre o âmbito de proteção dos direitos fundamentais sociais, segundo essa forma de ver, seria nitidamente uma matéria reservada à Política.[13]

Em outros termos, a estar correta essa tese, a decisão sobre a extensão e a velocidade da implementação dos direitos fundamentais sociais seria função reservada ao legislador democraticamente eleito, não do Judiciário. Os tribunais, segundo essa visão, resumem Alexy, "só poderiam decidir no âmbito dos direitos fundamentais sociais quando o legislador já tivesse decidido".[14]

Além disso, por demandarem consideráveis custos financeiros, a ideia de direitos fundamentais sociais diretamente exigíveis judicialmente, sobretudo quando tão generosamente previstos em uma Constituição como a nossa, conduziria a uma outra consequência indesejável, que é a assunção pelo Poder Judiciário – especialmente, a jurisdição constitucional – de parte essencial da política orçamentária do Estado, tarefa como se sabe eminentemente política.Por isso que Alexy chega à conclusão de que, se a objeção formal for consistente, os direitos fundamentais sociais acabariam reféns de um dilema: **ou deslocam inconstitucionalmente a política orçamentária para a esfera do Judiciário, ou perdem sua força vinculante.**[15] Como se vê, esse dilema nada mais é do que uma **óbvia colisão de outros princípios constitucionais de ordem formal com os direitos fundamentais sociais**. De fato, **colocam-se em colisão**,de um lado, os direitos fundamentais sociais, a exigirem aplicação direta pelo Poder Judiciário; de outro, a afirmação do princípio – formal – da **separação de poderes** bem como do **princípio democrático** – no caso, concretizado na exigência de reserva legal orçamentária. Como tentaremos demonstrar mais abaixo, também aqui é apropriado supor que a **ponderação de bens**, ou seja, a proporcionalidade em estrito sentido,[16] último nível

13 Ibid., p. 462.

14 ALEXY, 1996, loc. cit.

15 Ibid., p. 463.

16 ALEXY, op. cit., p. 100, onde o autor expressamente afirma a identidade do princípio da proporcionalidade em

do princípio da proporcionalidade – aqui, princípio da proibição da insuficiência –, apresente-se como elemento essencial de racionalização do discurso jurídico quando envolvido em colisão de direitos e princípios constitucionais.

3.2. COLISÃO DE NATUREZA SUBSTANCIAL

Do ponto de vista substancial, sob a lição de Alexy, a objeção que se lança contra os direitos fundamentais sociais é a de que esses direitos são incompatíveis com outras normas constitucionais.[17] Com efeito, a afirmação de direitos fundamentais sociais, confronta-se necessariamente com normas constitucionais que afirmam em essência os direitos e liberdades constitucionais clássicas – propriedade, liberdade de iniciativa, liberdade de mercado. Com efeito, só com acentuada restrição à propriedade, à livre iniciativa e à liberdade contratual, por exemplo, é que se pode dar concretização a direitos sociais como saúde, educação e trabalho.

Por exemplo, se o Estado entendesse que o âmbito de proteção do direito fundamental ao trabalho consiste no oferecimento de vaga de trabalho a todos os desempregados, como lembra Alexy, ou bem impõe às empresas privadas um número mínimo de contratações ou bem eleva os impostos de ordem a poder oferecer ele mesmo, Estado, em seus quadros vagas e salários suficientes a todos os necessitados. De um jeito ou de outro, restrições a outros direitos fundamentais. Se de outro lado, se entende que o direito fundamental ao trabalho confere tão somente, no limite, um auxílio desemprego, ainda assim, a determinação de seu valor mínimo, como também do tempo máximo de proteção ao trabalhador desempregado, irá sempre depender de intervenções que o Estado implemente no âmbito de proteção de direitos fundamentais de outros cidadãos – por exemplo, intervenção na propriedade, por meio de limitações decorrentes de tributos, ou de restrições por meio de legisla-

estrito sentido com o mandamento da ponderação, ao concluir que a máxima da proporcionalidade em estrito sentido, ou seja, o mandamento da ponderação, decorre da relativização surgida das diversas possibilidades jurídicas do caso.

17 Ibid., p. 463.

ção trabalhista, de meio ambiente, saúdeetc.[18]

Além disso, não é difícil imaginar uma outra espécie de colisão de princípios ordem material, muito frequente, desta feita entre direitos fundamentais sociais e outros direitos fundamentais sociais, ou outros interesses coletivos também protegidos constitucionalmente,[19] como seria o caso da colisão autêntica de direito fundamental à saúde de alguém com o direito à saúde de outras pessoas, concretizado, por exemplo, na exigência judicial de entrega de medicamentos, ou de intervenção cirúrgica, ou tratamento hospitalar, o que, de um jeito ou de outro, só possa ser realizado, entretanto, à custa da suspensão da entrega da mesma prestação a outrem – na circunstância nada incomum do medicamento ou do tratamento não existir em suficiência para todos, ou demandar recursos que impeçam a entrega da mesma prestação aos outros. Além disso, o exemplo sugerido também demonstra uma clara colisão, também nada incomum, do direito fundamental social com o princípio da igualdade.

Seja por se envolverem em colisão com princípios de ordem formal – problema de competência, separação de poderes e princípio democrático –, seja pela colisão com princípios de ordem material – colisão com outros direitos fundamentais –, os direitos fundamentais sociais, por serem princípios, isto é, mandados de otimização, devem, através da utilização da regra[20] ou máxima da proporcionalidade – no caso, princípio da proibição da insuficiência –, quando for o caso, justificar a sua primazia sobre outros bens constitucionais.[21]

Obviamente, como todo resultado de ponderação de bens, **nem sempre a balança penderá para o lado dos direitos fundamentais sociais**. O resultado de toda ponderação de bens é uma primazia condicionada às **possibilidades do caso concreto**, que podem falar, em de-

18 Ibid., p. 462-464.

19 Ibid., p. 465.

20 ALEXY, op. cit., p. 100, onde na nota de rodapé de número 84, o autor explica que, à luz de sua teoria, o princípio da proporcionalidade é na verdade uma regra. Nada, obstante, como se sabe, no Brasil, é amplamente designado como princípio e não como regra.

21 Ibid., p. 79 et seq., p. 84 et seq., p. 143 et seq., p. 423 et seq.

terminadas circunstâncias, a favor de um dos lados, isto é, de um dos princípios, como podem, em outras circunstâncias, falar a favor do outro princípio. Em termos mais diretos, nem sempre no confronto com aqueles princípios – separação de poderes, princípio democrático, ou outros direitos fundamentais –, uma concreta ponderação de bens falará a favor dos direitos fundamentais sociais.

O importante aqui, entretanto, é saber que, precisamente, por tomar a sério todos os demais princípios constitucionais envolvidos na sua concretização, isto é, no momento em que se deseja exigir diretamente do Judiciário a implementação de direitos sociais, como se dizia, o importante é que, ao se valer do princípio, da máxima, **ou regra da proibição da insuficiência**, o operador do direito, sobretudo o magistrado, poderá afirmar racionalmente a primazia de um ou de outro princípio constitucional, à luz do caso concreto, demonstrando-se porque, por exemplo, no confronto com outras normas constitucionais, no caso específico, o direito fundamental social deve, ou não, merecer primazia.

4. A DUPLA FACE DO PRINCÍPIO DA PROPORCIONALIDADE

Para avaliar a racionalidade do **princípio da proibição da insuficiência**, é necessário que se responda analiticamente, ou seja, em consideração aos seus vários aspectos, em que consistiria do ponto de vista hermenêutico, o seu conteúdo normativo.

O princípio da proporcionalidade, na sua forma mais tradicional, revelada como **proibição do excesso** – *Übermassverbot* –por parte do Estado, obviamente, está mais vocacionado à proteção do cidadão quando se cuida de garantir direitos que veiculam em seu **âmbito de proteção** obrigação ou dever de abstenção por parte do Estado – **liberdade designadas negativas**. Diversamente, quando se cuida de direitos fundamentais garantidores de **prestações concretas** aos cidadãos, como os direitos sociais, em que o seu âmbito de proteção revela mais especificamente **liberdades por assim dizer positivas**, a exigirem do Estado um **dever de atuação positiva**, o princípio da proporcionalidade só pode ser invocado na forma de **princípio da proibição da insuficiência** – *Untermassverbot.*

Não obstante a similitude, é fácil perceber, analiticamente, contudo, a distinção entre a **proibição do excesso**e a **proibição da insuficiência**, pelo menos quanto aos vetores que seus diversos aspectos visam atender.

Assim, de seu lado, a **proibição do excesso** visa sempre uma restrição em sentido negativo, indicando para o Estado o que ele não deve fazer – proibição de conduta inadequada/inidônea – ou, pelos menos, quando adequado atuar, impondo-lhe o dever de agir na menor medida possível – proibição de conduta desnecessária – a **proibição da insuficiência**, em sentido oposto, ou seja, no sentido positivo, indica ao Estado o que ele tem a obrigação de fazer – obrigação de agir, ou proibição de inércia/ineficiência – e, quando agir, impondo-lhe que o faça na maior medida possível – proibição de conduta insuficiente. Por fim, em ambos os princípios – proibição do excesso, ou proibição da insuficiência –, no terceiro nível, pode ser demandado um teste de ponderação – proporcionalidade em estrito sentido.

Em termos analíticos, portanto, enquanto, por seu lado, **o princípio da proibição do excesso** se divide em (a) adequação, (b) necessidade e (c) proporcionalidade em estrito sentido; por outro lado, a **proibição da insuficiência**divide-se nas seguintes exigências – positivas – de comportamento: (a)comportamento eficiente ou eficaz – atendendo, numa feição positiva, a exigência de um comportamento idôneo/adequado/útil –, (b) comportamento suficiente – exigência, de feição também positiva, de um comportamento necessário/suficiente – e (c) proporcionalidade em estrito sentido, ou mandamento de ponderação.

4.1. O PRINCÍPIO DA PROIBIÇÃO DA INSUFICIÊNCIA

Assim, em similitude com o que ocorre com o a proibição do excesso, pode-se dizer que a **máxima da proibição da insuficiência** – *Untermassverbot* – é infringida nas seguintes hipóteses:[22]

(1) **Eficiência ou eficácia** – adequação positiva – no âmbito da proibição da insuficiência, a máxima da eficá-

22 Matthias Mayer. **Untermaβ, Übermaβ und Wesensgehaltgarantie**. Baden-Baden (ALE): Nomos, 2005, p. 68-69.

cia/eficiência/efetividade é violada em relação aos direitos fundamentais sociais, quando, muito embora **existam meios à sua disposição, o Estado, mantendo-se inerte, não adota nenhuma medida apta à garantia do bem jurídico protegido pela norma de direito fundamental.** Em outros termos, o Estado permanece inerte, muito embora pudesse agir para entregar a prestação fática devida, ou proteger o indivíduo. Nesse caso, e só por isso, há violação à máxima da proibição da insuficiência – inadequação ou inidoneidade da ausência de comportamento.

(2) **Suficiência** – existindo, contudo, mais de uma medida a ser adotada, sendo que uma dessas medidas assegura maior proteção ao bem jurídico-fundamental, sem agredir com maior intensidade outros bens constitucionais – uma medida mais eficiente com mesma ou menor intensidade de restrição a outros princípios constitucionais –, há violação a essa máxima – da suficiência – quando, nestas condições, o Estado opta pela medida menos eficiente – atuação insuficiente.

(3) **Proporcionalidade em estrito sentido** – ponderação – existemsituações, contudo, em que a colisão entre direitos fundamentais não se permite solucionar apenas com o respeito às duas primeiras fases do princípio da proibição da insuficiência – eficiência e suficiência. Há situações em que a realização de um direito fundamental social apenas se pode concretizar à conta de um sacrifício excessivamente elevado de outros direitos fundamentais, fazendo-se necessário avançar para a análise da terceira fase do princípio da proibição da insuficiência – proporcionalidade em estrito sentido.

A admissão e a demonstração por parte do Estado de que a concretização de um direito fundamental social pode colocar em perigo, ou ameaça, em grau de elevada intensidade, outros bens constitucionalmente protegidos, fazendo persistir o estado de dúvida sobre a primazia que se possa ou deva conferir a um direito sobre o outro, mesmo respeitados os dois primeiros aspectos da proibição da insuficiência – eficiência e suficiência – tais condições justificariam a verificação, caso a caso, mediante o método da **ponderação de bens**, sobre qual dos princípios, isto é, qual dos direitos fundamentais envolvidos na colisão, deve merecer primazia.

Assim, por intermédio de uma **ponderação de bens, onde o jogo dos argumentos e contra-argumentos, à luz das condições fáticas e jurídicas do caso concreto,** é que se poderá solucionar o problema, alcançando uma **prima-**

zia condicionada a um dos princípios envolvidos na colisão. **Em outras palavras**,pode ser que mesmo comprovando-se o meio **eficaz** emesmo sendo ele **suficiente** para a proteção do direito social – mais eficiente e menos gravoso a outro direito fundamental – no confronto com o outro direito fundamental ou princípio constitucional atingido, mesmo assim, continue duvidosa a razoabilidade, isto é, a conveniência e a justa adequação da utilização desse meio. Nesse quadro, far-se-ia necessário um juízo de ponderação, onde se colocam em confronto os argumentos prós e contras ambos os princípios, tendo em consideração as circunstâncias concretas e jurídicas do caso.

Em conclusão, em situações excepcionais, quando a prestação material em que se concretiza o direito fundamental social não estiver prevista em lei e, por isso, não for concretizada pela própria Administração, **somente** quando o direito fundamental social puder, em cada caso concreto de colisão com outros direitos e princípios constitucionais, afirmar em seu favor a **eficácia, a suficiência e a proporcionalidade em estrito sentido** – ponderação de bens – da medida a ser imposta pelo Estado-Juiz, é que se poderia considerar constitucional a sua aplicação e concretização direta pelo Poder Judiciário.

REFERÊNCIAS

ALEXY, Robert. **Theorie der Grundrechte**. Frankfurt am Main (ALE): Suhrkamp, 1996.

ARANGO, Rodolfo. **Der Begriff der sozialen Grundrechte**. Baden-Baden (ALE): Nomos, 2001.

DIETLEIN, Johannes. **Die Lehre von den grundrechtlichen Schutzpflichten**. Berlin (ALE): Duncker & Humblot, 2005.

MAYER, Matthias. **Untermaß, Übermaß undWesensgehaltgarantie**. Baden-Baden (ALE): Nomos, 2005, 213 p.

QUEIROZ, Cristina. **Direitos Fundamentais Sociais**: funções, âmbito, conteúdo, questões interpretativas e problemas de justicialidade. Coimbra (POR): Coimbra Editora, 2006.

JUDICIALIZAÇÃO DA POLÍTICA, DIREITO À SAÚDE E DIÁLOGOS INSTITUCIONAIS: A AUDIÊNCIA PÚBLICA Nº 04/2009

LUÍS CLÁUDIO DA SILVA CHAVES

SUMÁRIO: 1 Introdução.2 Judicialização da política e garantia dos direitos sociais: o conflito entre mínimo existencial e reserva do possível. 3 Audiência Pública nº 4: os argumentos. 4 Apreciação dos argumentos à luz das teorias dialógicas: o papel do Judiciário no contexto de judicialização dos direitos sociais. 5 Conclusão.

1 INTRODUÇÃO

A recente expansão da esfera de atuação do Poder Judiciário, característica mais notável do Direito Constitucional contemporâneo, tem dividido opiniões entre juristas, sociólogos, politólogos e atores institucionais. Há aqueles que exaltam o caráter emancipatório da judicialização da política, a qual seria capaz de fortalecer o respeito à Constituição, aos direitos fundamentais e às minorias. De outro lado, há aqueles que superestimam o potencial antidemocrático da judicialização da política, a qual interferiria de maneira arbitrária e incontrolável no esquema clássico de separação de poderes do Estado de direito. Há, no entanto, uma terceira via de análise possível: a judicialização não é um mal em si, porém não deve ser encarada como palco exclusivo de afirmação de direitos em detrimento dos espaços políticos, ocupados pelos representantes eleitos da soberania popular. Judicializar, mais do que simplesmente alijar uma questão do campo da política, seria uma estratégica catalisadora de diálogos interinstitucionais em prol da mais adequada e mais democrática solução de uma questão controversa.

Neste artigo, demonstrar-se-á, a partir da análise da judicialização do direito à saúde no Brasil, durante as duas primeiras décadas do século XXI, que o fenômeno da judicialização da política é capaz de desencadear relações dialógicas proveitosas entre legisladores, administradores e juízes. A judicialização da saúde no Brasil tem sido uma experiência bem-sucedida que deve ser tomada como exemplo no que concerne à pesquisa acerca de arranjos institucionais nas democracias da modernidade tardia. Para tanto, procederemos a uma análise da Audiência Pública nº 4/2009, convocada pelo Supremo Tribunal Federal, e dos respectivos argumentos favoráveis e contrários nela expostas, bem como das soluções apresentadas para contornar os problemas inerentes à judicialização de políticas públicas – **Capítulo 2**. Anteriormente, far-se-á uma breve contextualização da judicialização da política e de sua repercussão no âmbito do direito à saúde, em que ganharam proeminência os argumentos do mínimo existencial e da reserva do possível como fundamentos da garantia ou da recusa judicial de direitos sociais – **Capítulo 1**. Finalmente, discutiremos como as teorias dialógicas das relações entre os Poderes republicanos podem contribuir para iluminar o controverso fenômeno da judicializacão de políticas públicas, em especial das políticas de saúde – **Capítulo 3**.

2. JUDICIALIZAÇÃO DA POLÍTICA E GARANTIA DOS DIREITOS SOCIAIS: O CONFLITO ENTRE MÍNIMO EXISTENCIAL E RESERVA DO POSSÍVEL

Atravessamos, nas últimas décadas, um momento em que há uma expansão global das competências do Poder Judiciário. A este fenômeno convencionou-se atribuir o nome **judicialização da política**. Em magistral e pioneira obra sobre o tema, Tate e Vallinder (1997) oferecem o seguinte conceito: "Quando falamos da expansão global do poder judicial, referimo-nos à inserção dos procedimentos judiciais de decisão e afins – *judicial decision-making and courtlike procedures* – nas arenas políticas de onde eles previamente estavam ausentes".[1] Se, nas democracias modernas, onde vigora o princípio da supremacia do parlamento, as decisões políticas – isto é, as decisões que serão tomadas com caráter de obrigatoriedade ge-

---

1 TATE, C. Neal; VALLINDER, Torbjörn. When the Courts go marching in. In: ________.; ________; **The global expansion of judicial power**. Nova Iorque (EUA): New York University Press, 1997, p. 13. (Tradução nossa).

ral – emanam tradicionalmente do Poder Legislativo, com o fenômeno da judicialização introduz-se um fator de complexidade nas estruturas constitucionais decisórias: áreas de competência anteriormente reservadas aos legisladores recaem sobre a esfera de atuação dos juízes. Levando em consideração o clássico arranjo de tripartição dos poderes, o comportamento **legislativo** – logo, político – do Judiciário[2] criou um problema de difícil solução para os teóricos do direito, bem como para os agentes públicos do Estado democrático de direito.

Indubitavelmente, a judicialização se alimentou de uma correlata expansão da jurisdição constitucional dos Estados contemporâneos. A possibilidade de controlar a constitucionalidade das leis, confirmando-as ou revogando-as com base no exame de compatibilidade com a Constituição, certamente influenciou diretamente o quadro em descrição. Dois modelos de controle de constitucionalidade ganharam amplitude mundial: o modelo difuso e o modelo concentrado. No Brasil, curiosamente adotamos um híbrido em que convivem, mais ou menos harmoniosamente, os dois modelos.[3]

---

2 Cf.: ARANTES, Rogério Bastos. Judiciário: entre a política e a justiça. In: AVELAR, Lúcia; CINTRA, Antônio Octávio (org.). **Sistema político brasileiro**: uma introdução. Rio de Janeiro ; São Paulo: Fundação Konrad Adenauer ; Editora Unesp, 2007, p. 82.

3 De um lado, o modelo difuso, derivado da experiência norte-americana inaugurada pela decisão paradigmática do caso *Marbury vs. Madison*, de 1803, autoriza a quaisquer órgãos do Poder Judiciário negar a aplicação de uma lei, em um caso concreto, alegando-se sua contrariedade à Constituição, até que a Suprema Corte decida a controvérsia em caráter geral e, na prática, com a força gravitacional de precedente, típica dos países de *common law*. Com a idealização da *judicial review*, instituto não previsto explicitamente no texto constitucional, a Suprema Corte dos Estados Unidos assume a responsabilidade de atualizar a interpretação constitucional no tempo e no espaço, de acordo com as expectativas sociais sobre a correção do direito, haja vista a textura aberta dos dispositivos constitucionais. Vale ressaltar que os precedentes jurisprudenciais – sobretudo os concebidos pelos tribunais superiores – notabilizam-se como a principal fonte (de certeza) do direito nos sistemas de inspiração anglo-saxônica que adotam o direito consuetudinário. De outro lado, o modelo concentrado, projetado por Hans Kelsen para a Constituição austríaca de 1920 e amplamente copiado na Europa continental, confere ao Tribunal Constitucional o monopólio da guarda da Constituição, na medida em que esse tribunal profere a "última palavra" sobre o significado do texto constitucional com efeitos vinculantes *erga omnes*.

Não obstante a judicialização da política enquanto fenômeno social pareça ser irreversível, esforços em âmbito teórico têm sido empreendidos para problematizar, criticar, ou, se for o caso, justificar, aprimorar, limitar ou rechaçar por completo essa prática. De um modo ou de outro, não é possível passar imune à realidade da judicialização quando se discute o Direito Constitucional contemporâneo e várias das questões que lhe são pertinentes. Com efeito, a mais séria delas diz ao respeito ao risco antidemocrático que pode significar uma desmedida dilatação dos poderes judiciais. Autores de grande relevância – juristas, cientistas políticos e sociólogos – têm-se dedicado ao estudo mais aprofundado dos efeitos – perniciosos ou não – da judicialização. Muito embora cada qual possua matizes em seu posicionamento, grosso modo podemos agrupá-los em duas categorias: autores **céticos**[4] e autores **entusiastas**[5] quanto à judicialização.

Podemos observar a interferência do Poder Judiciário nas políticas

Cf.: SILVA, Virgílio Afonso da. O STF e o controle de constitucionalidade: deliberação, diálogo e razão pública. **Revista de Direito Administrativo**, Rio de Janeiro, v. 250, p. 197-227, 2009. Ver também: SILVA, José Afonso da. **Curso de Direito Constitucional Positivo**. 32. ed. São Paulo: Malheiros Editores, 2009, p. 50-52.; PIRES, Alex Sander Xavier. Igualdade de raça e de cor: escorço analítico sobre o domínio da justiça constitucional nos termos da Décima Quarta Emenda da Constituição Federal estadunidense acerca das cláusulas restritivas sobre os direitos de propriedade e de posse, nos limites do caso Shelley v. Kraemer. **Revista Crítica do Direito**, São Paulo, v. 36, p. 1, 2012.

4 Cf.: DWORKIN, Ronald. **Freedom's law**: a moral Reading of the American Constitution. Massachusetts (EUA): Harvard University Press, 1996. Ver também: DWORKIN, Ronald. **A Matter of Principle**. Massachusetts (EUA): Harvard University Press, 1986.; RAWLS, John. A ideia de razão pública. In: ________. **O liberalismo político**. São Paulo: Editora Ática, 2000. p. 286; FEREJOHN, John; PASQUINO, Pasquale. Tribunais constitucionais como instituições deliberativas. In: BIGONHA, Antonio Carlos Alpino; MOREIRA, Luiz (org.). **Limites do controle de constitucionalidade**. Editora Lumen Juris: Rio de Janeiro, 2009, p. 41-63.; ALEXY, Robert. Ponderación, control de constitucionalidad y representación. In: ________. **Teoría del discurso y derechos constitucionales**. Cidade do México (MEX): Distribuciones Fontamara, 2005. p. 101. (Tradução nossa).

5 Cf., por todos: WALDRON, Jeremy. **Law and disagreement**. Oxford (EUA): Oxford University Press, 2001. WALDRON, Jeremy. **The dignity of legislation**. Cambridge (ING): Cambridge University Press, 1999.

públicas do Estado no que se refere à concretização de direitos sociais, em especial do direito à saúde. Com a promulgação da Constituição Federal de 1988 e a consequente instituição do Estado democrático de direito, os arranjos institucionais se modificaram. O fortalecimento do Poder Judiciário notabilizou-se como importante inovação, na medida em que ele deixou de ser visto como um departamento técnico-especializado para atuar como um poder cuja função primordial passou a ser exigir a efetivação dos direitos consagrados constitucionalmente. Doravante, reconhece-se a força normativa da Constituição, como consta da observação de Konrad Hesse (1991)[6], em que a normas constitucionais são vistas como verdadeiras normas jurídicas e não mais como meros programas políticos, coordenando de fato as relações entre os cidadãos e o Estado. O Poder Judiciário torna-se um espaço de luta dos movimentos sociais, os quais, desacreditados da atuação dos poderes democraticamente eleitos, buscam, por meio do processo judicial, a efetivação dos direitos fundamentais. Tal situação é notória nos casos relativos ao direito à saúde, em que se pleiteia judicialmente a concessão de tratamentos médicos quando o indivíduo não consegue a efetivação desse direito pelo Estado. Diante das deficiências do sistema público de saúde, as pessoas acreditam que suas demandas serão realizadas de forma mais rápida e eficiente pelo Judiciário, ainda mais quando se tratam de questões de vida ou morte.

Nada obstante, quando esse fenômeno ultrapassa os limites viáveis da política, acaba por desestabilizar a construção das políticas públicas de saúde e, portanto, a realização do direito em nível **macro**, pois, com o deferimento dos pedidos pelos juízes, os entes federados – seja União, Estados ou Municípios – têm de deslocar as verbas públicas, já previamente organizadas no orçamento, para conseguir cumprir as sentenças judicias e, neste ponto, surge o debate sobre quais seriam os limites da judicialização: se ela seria benéfica ou se estaria violando princípios fundamentais. Este questionamento se traduz em duas

6 HESSE, Konrad. **A força normativa da Constituição.** Porto Alegre: Sergio Antonio Fabris, 1991.

premissas principais, usualmente conflitantes: **o direito ao mínimo existencial e a cláusula da reserva do possível.**

A teoria do mínimo existencial[7] considera que, no âmbito de tais direitos, existe um **conteúdo mínimo existencial** que representa um conjunto indispensável de condições prévias para o exercício da liberdade e para uma vida com dignidade, a exemplo dos direitos à alimentação, à saúde e à educação. Esse mínimo existencial extrapola uma noção mais restritiva de mínimo vital necessário à sobrevivência, porquanto contempla o complexo de condições materiais, psicológicas e morais pressupostos a uma vida munida de bem-estar. Em contrapartida, os direitos sociais, por via de regra, exigem do Estado uma prestação material. Afinal, a concretização de todo direito positivado gera um custo econômico – mais evidente no caso da materialização de direitos que se realizam em sua plenitude através de uma prestação positiva. Consequentemente, a sua concretização esbarra em questões como as de planejamento e orçamento. A partir da década de 1970, o Tribunal Constitucional alemão passou a invocar a tese da **reserva do possível** com o afã de negar a aplicação de direitos sociais com base no argumento de que os cofres públicos careciam de recursos financeiros suficientes. Doutrina nesse diapasão aduz que as decisões sobre a aplicação de recursos, longe de ser judicializadas, deveriam recair somente dentro do espaço de discricionariedade do órgão governamental ou legislativo. Posições contrárias ressaltam que o Estado deve obrigar-se a fornecer aquilo que minimamente se lhe seria razoável exigir. O critério da razoabilidade da universalização da prestação exigida, considerando os recursos existentes, seria um teste adequado.[8] Com base no princípio da iso-

7 O direito a condições mínimas de existência digna foi reconhecido pela primeira vez em um julgado de 1951 na Alemanha, sendo sublinhado explicitamente em aresto de 1975 prolatado pelo Tribunal Constitucional alemão. Entre nós brasileiros, o princípio é afirmado de vez por todas no julgamento da ADPF nº 45, pelo Supremo Tribunal Federal, em decisão monocrática do Min. Celso de Mello em que se entendeu pela possibilidade de controle judicial das políticas públicas em situações de omissão dos demais Poderes constituídos.

8 FERNANDES, Bernardo Gonçalves.

nomia, deveria haver um exame de universalização pelo qual se perquire se o mesmo direito poderia ser estendido igualmente a todos os requerentes, sem prejuízo. Uma vez que o Estado deve tratar a todos com igual respeito e consideração, não seria defensável que se fornecesse uma medicação ou um benefício a um indivíduo e não se fizesse o mesmo em prol de outro indivíduo em situação similar.

Na verdade, o alegado conflito entre mínimo existencial e reserva do possível apenas mascara o problema da escolha política quanto à alocação de recursos dos diversos ramos governamentais. O uso de argumentos de racionalidade econômica obscurece os argumentos jurídicos e os argumentos morais de justiça. Mas a finitude dos recursos públicos não deve ser considerada como argumento por si só bastante e independente: deve-se resolver o conflito com base na proporcionalidade, indagando-se quais são os direitos em jogo e qual o grau de essencialidade desses direitos para a promoção do mínimo existencial, e qual o grau de reversibilidade do déficit orçamentário que justificaria – ou não – a supressão de uma política pública.

Ao mesmo tempo que o Judiciário não detém aincontestável capacidade de deferir os pleitos por tecnologias sanitárias, ele tem sido mais eficiente, em alguns casos, do que a própria Administração Pública para a realização do mínimo existencial. Dadas a complexidade e a amplitude do tema, em que vários atores, institucionais ou não, são afetados pelas decisões judiciais que buscam a efetivação do direito à saúde, a judicialização do complexo normativo que compõe a saúde ganha imensa importância prática, porque envolve não só os operadores do direito, como também os gestores públicos, os profissionais da área e a sociedade civil na sua totalidade.

3. AUDIÊNCIA PÚBLICA Nº 4: ANÁLISE DOS ARGUMENTOS EXPOSTOS

O Sistema Único de Saúde (SUS) é criação constitucional

Curso de Direito Constitucional. Salvador: Editora Juspodivm, 2015, p. 595.

(art. 198),[9] regida pelos princípios da universalidade, da igualdade, da descentralização, do atendimento integral e da participação da comunidade. Exarando entendimento de que a integralidade pressupõe o direito a qualquer tecnologia que vise à promoção, prevenção, recuperação ou manutenção da saúde de um indivíduo, um grande número de ações judiciais tem sido responsável por conceder medicamentos. Entre 2009 e 2011, houve um aumento de quase 300% no gasto com as tecnologias de saúde concedidas judicialmente (de 83,1 milhões para 243,9 milhões).[10]

No regime democrático, vivemos em uma sociedade aberta a intérpretes em que todo cidadão é potencialmente um intérprete do texto constitucional, participante ativo de seu processo de compreensão.[11] A realização de audiências públicas busca dar concreção a essa exigência republicana. Nas audiências, podem ser colhidos depoimentos de autoridades, especialistas, representantes da sociedade civil e do governo e de demais cidadãos interessados, com experiência e vinculação à matéria de sistema público de saúde. Esses depoimentos podem contribuir para iluminar complexas questões técnicas, científicas, administrativas, políticas, econômicas e jurídicas relativas às ações de prestação de saúde, sobre as quais os juízes não detêm conhecimento especializado suficiente para decidir uma lide.

Respaldado em previsão das leis 9.868/99 (Lei da ADI e da ADC) e 9.882/99 (Lei da ADPF), o STF tem adotado, desde 2008, audiências públicas com o intuito de reunir subsídios para suas decisões que en-

9 " Art. 198. As ações e serviços públicos de saúde integram uma rede regionalizada e hierarquizada e constituem um sistema único, organizado de acordo com as seguintes diretrizes:
I - descentralização, com direção única em cada esfera de governo;
II - atendimento integral, com prioridade para as atividades preventivas, sem prejuízo dos serviços assistenciais;
III - participação da comunidade".

10 GOMES, Dalila F. et al. Judicialização da saúde a audiência pública convocada pelo Supremo Tribunal Federal em 2009: o que mudou de lá pra cá? **Saúde Debate**, Salvador, v. 38, n. 100, jan./mar. 2014, p. 140.

11 HÄBERLE, Peter. **Hermenêutica constitucional**: a sociedade aberta dos intérpretes da Constituição: contribuição para a interpretação pluralista e "procedimental" da Constituição. Porto Alegre: Sergio Antonio Fabris, 1997.

volvam temas de grande repercussão e de relevante interesse público. A audiência pública destaca-se enquanto forma de controle social da Administração Pública, pela qual se abre um diálogo informativo entre os particulares e os administradores, de tal sorte que se aprimora o exercício da cidadania em momentos em que estiverem em jogo direitos coletivos. São marcadas pela lógica deliberativa, com ênfase no princípio da oralidade.[12] Vejamos mais detalhes da Audiência Pública nº 4, de 2009, convocada pelo Supremo Tribunal Federal no intuito de obter-se elementos informativos para a tomada de decisões que envolvem complexas e controversas questões acerca do direito à saúde.

A) **A Audiência Pública nº 4/2009 e os sujeitos participantes**. Dadas a complexidade e a multiplicidade de perspectivas que um tema como o do sistema público de saúde engendra, o Ministro Gilmar Mendes, à época presidente do Supremo Tribunal Federal, convocou a Audiência Pública nº 4, nos termos do art. 13, XVII, do Regimento Interno do Supremo Tribunal Federal, realizada entre abril e maio de 2009, destinada a estabelecer critérios e diretrizes para o Poder Judiciário, por meio do fomento de diálogos contributivos entre os principais atores da saúde pública, ligados ora à Administração Pública, ora à sociedade civil.

B) **Argumentos favoráveis e contrários à judicialização da saúde**. Podemos dividir as cento e sete intervenções e cinqüenta e uma palestras realizadas, quanto à pertinência da judicialização das questões atinentes ao direito à saúde, em **(*i*)**quarenta e umfavoráveis (38%) e **(*ii*)**sessenta e seis (62%) contrárias[13]. Foram esboçadas pelo menos três teses controversas acerca do direito à saúde estampado no art. 196 da Constituição:[14]*a*) em

12 SANTOS, Alethele de Oliveira; DELDUQUE, Maria Célia. Da audiência pública da saúde e seus fundamentos para os atuais debates no STF e CNJ. In: SANTOS, Lenir; TERRAZAS, Fernanda (org.) **Judicialização da saúde no Brasil**. Campinas (SP): Editora Saberes, 2014, p. 397.

13 BRASIL. Supremo Tribunal Federal. **Notas taquigráficas**. Brasília, 5 mar. 2009. Disponível: <https://goo.gl/pmkt4x>. Acesso em: 13 jun. 2016.

14 "Art. 196. A saúde é direito de todos e dever do Estado, garantido mediante políticas sociais e econômicas que visem à redução do risco de doença e de outros

favor da absoluta judicialização: mesmo na ausência de quaisquer políticas públicas o Judiciário deve efetivá-lo; *b*) em desfavor absoluto da judicialização: o Judiciário deve sempre obedecer à regulação estabelecida pelas políticas públicas; e *c*), enquanto opinião matizada, o Judiciário deve respeitar as políticas públicas e fundamentar adequadamente eventuais exceções.[15]

Notamos uma heterogeneidade satisfatória na composição dos sujeitos participantes. Dos cinquenta e um palestrantes, constaram: quinze gestores públicos (dez federais, três estaduais e dois municipais), quatorze operadores do direito, representantes de oito instituições de ensino e pesquisa, sete usuários do sistema público, representantes de cinco associações de profissionais de saúde, um representante da assistência privada de saúde e um representante da indústria farmacêutica. Analisando-se o conteúdo de seus discursos, destacamos a prevalência de posições contrárias por parte dos gestores públicos (onze de quinze), de posições favoráveis por parte dos usuários (todos se mostraram essencialmente favoráveis), e de um equilíbrio nos discursos dos operadores do direito e dos acadêmicos, embora haja uma tendência de que estes, analisados em conjunto, sejam essencialmente favoráveis à judicialização.[16]

No que concerne às temáticas apresentadas, podemos agrupá-las em quatro eixos: *a*) segurança e eficácia das ações e serviços de saúde; *b*) disponibilidade de recursos financeiros; *c*) princípios que regem o SUS; e *d*) papel do Poder Judiciário no âmbito da saúde. Vejamos uma esquematização dos principais argumentos (*i*) favoráveis e (*ii*) contrários trazidos a lume.

(i) Favoráveis: a) Relativos à segurança e eficácia das ações e serviços de saúde: utilizou-se unicamente o argumento de que, quando houver omissão do Estado na disponibilização de tecnologias **já incorporadas** ao SUS, é preciso que haja intervenção judicial, partindo-se do princípio de que a incorporação prévia serve de atestado de segurança e

agravos e ao acesso universal e igualitário às ações e serviços para sua promoção, proteção e recuperação".

15 SANTOS; DELDUQUE, op. cit., p. 400.

16 GOMES, op. cit., p. 144-145.

efetividade da tecnologia em questão; b) Relativos à disponibilidade de recursos financeiros: os gestores não podem se eximir de suas competências definidas legalmente sob o pretexto de indisponibilidade de recursos, pois estes são suficientes e devem ser otimizados de forma mais eficiente; c) Relativos aos princípios que regem o SUS: a atuação judiciária garante o princípio constitucional da universalidade, ao ampliar o escopo das políticas de saúde e seu alcance de beneficiários; d) Relativos ao papel do Judiciário no âmbito da saúde: é competência e obrigação do Judiciário garantir o direito à saúde, sobretudo na iminência de risco de morte do pleiteante, e principalmente quando o Estado se omite na implementação de políticas públicas para as populações geralmente excluídas.[17] Afinal, a própria razão de existir do Estado repousa na efetivação dos direitos (incluindo-se os direitos sociais), os quais são dotados de eficácia e aplicabilidade imediatas (art. 5º, §1º - CF),[18] aptos a serem exigidos judicialmente. O papel do Judiciário na condução de políticas públicas resulta do fato de que elas não são imunes ao exame de compatibilidade constitucional.[19]

(ii) Contrários:a) Relativos à segurança e eficácia das ações e serviços de saúde: o juiz costuma conceder tecnologias de saúde – inclusive em fase experimental – que supostamente trariam benefícios para a parte sem, porém, o devido embasamento em evidência científica disponível no registro da Anvisa – Agência Nacional de Vigilância Sanitária. Ademais, predomina a concessão por via judicial de medicamentos cuja eficácia terapêutica é inferior aos já ofertados pelo sistema público. Em boa parte das situações, a judicialização está associada à compra de medicamentos de custo exorbitante, não obstante existam no mercado farmacêutico opções de menor custo e de mesma eficácia e segurança, fato que viola os princípios da eficiência – menor custo para atingir o melhor resultado – e da razoabilidade – mais exata proporção entre meios utilizados e fins a ser atingidos – que devem re-

17 Ibid., p. 145-148.

18 "Art. 5° § 1º As normas definidoras dos direitos e garantias fundamentais têm aplicação imediata."

19 SANTOS; DELDUQUE, op. cit. p. 401.

ger as atividades da Administração Pública. Há, por exemplo, excessivo índice de concessão de tratamentos no exterior, geralmente experimentais ou já disponíveis em território nacional; b) Relativos à disponibilidade de recursos financeiros: a judicialização compromete a previsibilidade na gestão dos recursos destinados às políticas públicas, o que pode levar a uma escassez dos recursos disponíveis para os serviços de saúde ora disponibilizados. Até porque devido ao curto tempo disponível para que o gestor cumpra a ação judicial, as compras em regra são efetivadas sem processo de licitação e, consequentemente, causam maior ônus ao sistema. Além disso, as demandas judiciais são fomentadas pelos interesses corporativos de empresas que, visando somente ao lucro, fazem *lobby* e estimulam o uso de tecnologias de alto custo; c) Relativos aos princípios que regem o SUS: a concessão judicial de tecnologias privilegia o direito **individual** à saúde em detrimento do coletivo, além do que fere a lista de espera do SUS. Afeta, pois, o princípio da igualdade. Ao intervir na gestão da saúde, o Judiciário interfere indevidamente na estrutura do SUS, concedendo um benefício a uma pessoa e ao mesmo tempo o retirando de outra, sem que ele seja órgão competente para realizar esse exame de conveniência; *d)* Relativos ao papel do Judiciário no âmbito da saúde: o Judiciário não possui conhecimento técnico – expertise – adequado para decidir questões atinentes à saúde.[20]

C) Soluções para o problema da judicializaçãoda saúde e os produtos da Audiência. Foram apontadas vinte e nove sugestões para contornar o problema da judicialização do direito à saúde. Elas se referiram: a) ao aumento da segurança e da eficiência das tecnologias de saúde concedidas pelo Judiciário, b) à minimização do problema da escassez de recursos que a judicialização pode vir a agravar, e c) à implementação de efetivos diálogos institucionais entre Judiciário e Executivo.

a) As duas propostas mais citadas relacionam-se aos papeis desempenhados pelos órgãos federais de regulação da saúde – Anvisa e Ministério da Saúde – e pelo Judiciário.A primeira refere-se à defesa do aprimoramento das instân-

20 GOMES, op. cit., p. 145-148.

cias regulatórias no Brasil, quer no quetocaa concessão de registro de medicamento para acesso ao mercado brasileiro pela Anvisa, quer pela incorporação de tecnologias no âmbito do SUS. A segunda trata da necessidade de o Judiciário levar em consideração os Protocolos Clínicos e as Diretrizes Terapêuticas (PCDT) do Ministério da Saúde antes de deferir um medicamento ou tratamentos de saúde – os quais devem ser atualizados periodicamente e com maior participação de outras instituições. Outro ponto levantado com frequência foi a sugestão de **fornecimento de assessoria técnica ao Judiciário**, por meio da criação de Núcleos de Assessoria Técnica (NAT) encarregados de assessorar e oferecer consultoria técnica, mediante pareceres elaborados por equipe multidisciplinar, aos magistrados quando da feitura de suas sentenças. Dever-se-ia aprimorar, também, a prática de oitiva de gestores na instrução processual, capaz de oferecer ao magistrado condições para o julgamento do caso concreto e de evitar fraudes – Recomendação 31 do CNJ e Enunciado Interpretativo nº 13. A Recomendação 43 do CNJ dispõe, inclusive, sobre a criação de varas especializadas em direito sanitário, ocupadas por magistrados com especial formação na área.[21]

b) Em relação à escassez de recursos financeiros na saúde pública, a regulamentação da Emenda Constitucional n° 29 de 2000 (EC29/00) foi apontada como essencial para garantir a vinculação mínima de recursos ao SUS. Em 2012, foi publicada a Lei Complementar nº 141, que ratificou a vinculação mínima de recursos para a saúde estabelecida na EC29/00. Assim, foi decidido que os municípios devem aplicar pelo menos 15% da arrecadação dos impostos a que se refere o art. 156 e dos recursos de que tratam os arts. 158 e 159, I, *b*, §3º, da CF/88, em ações e serviços públicos de saúde. Os Estados, por sua vez, devem aplicar pelo menos 12% da arrecadação dos impostos referentes ao art. 155 e dos recursos de que tratam os artigos 157 e 159, I, *a*, II, da CF/88. À União, cabe o montante correspondente ao valor empenhado no exercício financeiro anterior, acrescido de no mínimo

21 Cf.: GOMES, op. cit., p. 150. Também: SANTOS; DELDUQUE, op. cit., p. 401.

o percentual correspondente à variação nominal do Produto Interno Bruto (PIB) ocorrida no ano anterior ao da lei orçamentária anual. Na Audiência também se questionou a necessidade de definição do que se entende por gasto em saúde, evitando-se, assim, que outros gastos sejam indevidamente imputados à conta da saúde. Para tanto, foi proposto o **uso de evidência científica na tomada de decisão de políticas públicas.** Nessa área houve avanços significativos, pois, no final de 2009, publicou-se a Política Nacional de Gestão de Tecnologias em Saúde, que recomenda o emprego de evidências científicas na tomada de decisão sobre uso e incorporação de novas tecnologias nos serviços de saúde. Outra conquista está na Lei 12.401/2011, que estabelece que o parecer dos membros da Comissão Nacional de Incorporações de Tecnologias no SUS (Conitec), do Ministério da Saúde, deve levar em consideração, necessariamente, estudos sobre eficácia, acurácia, efetividade e segurança, custo-efetividade e impacto orçamentário. Tal lei estabelece que são vedados, em todas as esferas de gestão do SUS: I) o pagamento, o ressarcimento ou o reembolso de medicamento, produto e procedimento clínico ou cirúrgico experimental, ou de uso não autorizado pela Anvisa; II) a dispensação, o pagamento, o ressarcimento ou o reembolso de medicamento e produto, nacional ou importado, sem registro na Anvisa. Essa determinação vai ao encontro da proposta de fornecer cobertura apenas aos medicamentos registrados pela Anvisa, sobejamente defendidana Audiência Pública.

c) Como possível solução para mitigar o problema da judicialização de políticas públicas – não apenas de saúde –, foi apresentada a enriquecedora proposta de diálogos institucionais entre os poderes Judiciário e Executivo. Nesse propósito, em 2010 instituiu-se o Fórum Nacional do Judiciário para Monitoramento e Resolução das Demandas de Assistência à Saúde, por meio da Resolução nº 107 do CNJ,[22] que

22 "Art. 1º Fica instituído, no âmbito do Conselho Nacional de Justiça, o Fórum Nacional para o monitoramento e resolução das demandas de assistência à saúde, com a atribuição de elaborar estudos e propor medidas concretas e normativas para o aperfeiçoamento de procedimentos, o reforço à efetividade

tem por objetivo a "elaboração de estudos, medidas e normas para aprimoramento de procedimentos e prevenção de novos conflitos judiciais em saúde", buscando "criar ainda medidas concretas voltadas à otimização de rotinas processuais, bem como a estruturação e organização de unidades judiciárias especializadas", entre outros aspectos. Nesta, são fornecidas diretrizes para os trabalhos dos magistrados nas análises dos pedidos em saúde, além

dos processos judiciais e à prevenção de novos conflitos.

Art. 2º Caberá ao Fórum Nacional:

I - o monitoramento das ações judiciais que envolvam prestações de assistência à saúde, como o fornecimento de medicamentos, produtos ou insumos em geral, tratamentos e disponibilização de leitos hospitalares;

II - o monitoramento das ações judiciais relativas ao Sistema Único de Saúde;

III - a proposição de medidas concretas e normativas voltadas à otimização de rotinas processuais, à organização e estruturação de unidades judiciárias especializadas;

IV - a proposição de medidas concretas e normativas voltadas à prevenção de conflitos judiciais e à definição de estratégias nas questões de direito sanitário;

V - o estudo e a proposição de outras medidas consideradas pertinentes ao cumprimento do objetivo do Fórum Nacional.

Art. 3º No âmbito do Fórum Nacional serão instituídos comitês executivos, sob a coordenação de magistrados indicados pela Presidência e/ou pela Corregedoria Nacional de Justiça, para coordenar e executar as ações de natureza específica, que forem consideradas relevantes, a partir dos objetivos do artigo anterior.

Parágrafo único. Os relatórios de atividades do Fórum deverão ser apresentados ao Plenário do CNJ semestralmente.

Art. 4º O Fórum Nacional será integrado por magistrados atuantes em unidades jurisdicionais, especializadas ou não, que tratem de temas relacionados ao objeto de sua atuação, podendo contar com o auxílio de autoridades e especialistas com atuação nas áreas correlatas, especialmente do Conselho Nacional do Ministério Público, do Ministério Público Federal, dos Estados e do Distrito Federal, das Defensorias Públicas, da Ordem dos Advogados do Brasil, de universidades e outras instituições de pesquisa.

Art. 5º Para dotar o Fórum Nacional dos meios necessários ao fiel desempenho de suas atribuições, o Conselho Nacional de Justiça poderá firmar termos de acordo de cooperação técnica ou convênios com órgãos e entidades públicas e privadas, cuja atuação institucional esteja voltada à busca de solução dos conflitos já mencionados precedentemente.

Art. 6º O Fórum Nacional será coordenado pelos Conselheiros integrantes da Comissão de Relacionamento Institucional e Comunicação.

Art. 7º Caberá ao Fórum Nacional, em sua primeira reunião, a elaboração de seu programa de trabalho e cronograma de atividades.

Art. 8º As reuniões periódicas dos integrantes do Fórum Nacional poderão adotar o sistema de videoconferência, prioritariamente.

Art. 9º Esta Resolução entra em vigor na data de sua publicação.

de recomendações de que os gestores sejam chamados para esclarecer suas decisões, principalmente quando há recusa na ação judicial.

Das inúmeras diretrizes apresentadas na Audiência nº 4, podemos citar expressamente a edição da Recomendação nº 31 pelo Presidente do Conselho Nacional de Justiça (CNJ), em 30 de março de 2010, que sugere ao Poder Judiciário como um todo diretrizes e medidas profícuas para assegurar maior eficiência na solução das demandas envolvendo a efetivação do direito à saúde:

> b.1) procurem instruir as ações, tanto quanto possível, com relatórios médicos, com descrição da doença, inclusive CID, contendo prescrição de medicamentos, com denominação genérica ou princípio ativo, produtos, órteses, próteses e insumos em geral, com posologia exata; b.2) evitem autorizar o fornecimento de medicamentos ainda não registrados pela ANVISA, ou em fase experimental, ressalvadas as exceções expressamente previstas em lei; b.3) ouçam, quando possível, preferencialmente por meio eletrônico, os gestores, antes da apreciação de medidas de urgência; b.4) verifiquem, junto à Comissão Nacional de Ética em Pesquisas (CONEP), se os requerentes fazem parte de programas de pesquisa experimental dos laboratórios, caso em que estes devem assumir a continuidade do tratamento; b.5) determinem, no momento da concessão de medida abrangida por política pública existente, a inscrição do beneficiário nos respectivos programas[23].

Diante de tais orientações, percebe-se, objetivamente, que os debates realizados na Audiência Pública nº 4/2009 foram extremamente proveitosos para uma reflexão mais profunda sobre a efetivação do direito à saúde no Brasil. A partir das diretrizes apresentadas pela Audiência e sedimentadas pela recomendação do CNJ, é possível afirmar que o direito à saúde é um direito subjetivo plenamente exigível quando tratar de medicamento ou procedimento constante dos protocolos oficiais.Mas não há de ser objeto de concessão o pedido de fornecimento, pelo sistema público, de medicamentos ou procedimentos experimentais ou não regulados pela Anvisa. Restou clara a impossibilidade de se exigir judicialmente determinados medicamentos ou procedimentos quando o sistema

23 Recomendação do Conselho Nacional de Justiça n. 31/2010.

público disponibilizar produtos semelhantes, menos dispendiosos e de eficácia equivalente.

4. APRECIAÇÃO DOS ARGUMENTOS À LUZ DAS TEORIAS DIALÓGICAS: O PAPEL DO JUDICIÁRIO NO CONTEXTO DA JUDICIALIZAÇÃO DOS DIREITOS SOCIAIS

Uma posição intermediária – nem totalmente cética nem completamente entusiástica – parece o caminho mais apropriado para compreender um fenômeno tão complexo quanto a judicialização da política. Judicializar uma questão não a resolve de uma vez por todas, mas o revestimento de procedimento jurídico conferido a ela pode deflagrar um diálogo cooperativo entre as instituições do Estado, entre juízes, legisladores e administradores, e entre estes e a sociedade civil, com o objetivo de chegar-se, dialogicamente, à mais adequada e mais democrática solução. Algumas teorias buscam acentuar o caráter deliberativo da judicialização, para além de uma supremacia exclusivamente judicial ou legislativa: as chamadas **teorias dialógicas**.[24] A judicialização do direito à saúde, na experiência jurídica brasileira, tem sido prolífica para a discussão sobre a extensão desse direito, sobre sua natureza e os casos de sua aplicação. É um exemplo ilustrativo de como a judicialização da política pode proporcionar uma deliberação institucional e uma ampliação do debate social em torno de determinada questão problemática.

Estudos comprovam uma maior eficácia dos resultados da judicialização quando há participação cooperativa dos outros órgãos do Estado e da sociedade civil. Em sua pesquisa a respeito da atuação dos tribunais nos Estados Unidos, Gerald N. Rosenberg (2008) conclui que as cortes podem produzir mudança social significativa **tão somente** quando condições políticas, sociais e econômicas são favoráveis e atuam como suporte

24 Cf.: SILVA, 2009, passim. CARVALHO, Flávia Martins; VIEIRA, José Ribas; RÉ, Mônica Campos de. As teorias dialógicas e a democracia deliberativa diante da representação argumentativa do Supremo Tribunal Federal.**Revista Internacional de Direito e Cidadania**, Erechim, n. 5, p. 81-92, out. 2009. Disponível em: <https://goo.gl/TSf7hz>. Acesso em: 20 ago. 2016.

das reformas sociais. Dentre essas condições, destaca-se o comportamento colaborativo dos Poderes Executivo e Legislativo, da opinião pública e das elites.[25] Luiz Werneck Vianna (1999) atribui à litigância promovida pela agenda igualitária dos movimentos sociais o impulso deflagrador da judicialização. Mediante a propositura de ações judiciais, os grupos politicamente mobilizados têm reivindicado a legitimidade de suas demandas e sua conversão na forma de leis ou políticas públicas.[26]Ou seja, o processo de judicialização não necessariamente deve ser um fórum fechado à representatividade social; pelo contrário, é possível que ele venha a deflagrar uma dimensão politicamente representativa embutida na cidadania.

Essa postura deliberativa depende tanto da estrutura derivada do modelo de arranjo institucional adotado quanto da concepção de decisão judicial subjacente exprimida por cada juiz, ao analisar uma questão complexa de natureza política. Em contraponto a um modelo perfeccionista, um modelo **minimalista** compreende a interpretação dos direitos como um processo dialógico atravessado por efetiva participação democrática da sociedade civil. Ao admitir sua própria carência de *expertise* em teoria política, ética ou moral e em formação científica, o juiz minimalista endossa implicitamente a falibilidade judicial, sobretudo no enfrentamento de questões difíceis – *hard cases*. Ao decidir de modo circunscrito, reduz os riscos de uma intervenção em questões sociais, políticas, econômicas, ambientais e científicas com as quais não teria condição de lidar de forma solipsista, uma vez que uma decisão inconsequente pode causar efeitos danosos em grande escala.[27]

25 Rosenberg considera mudanças sociais significativas aquelas que afetam vários grupos de pessoas e alteram práticas institucionais e burocráticas em nível nacional. O objetivo da moderna judicialização nas áreas dos direitos civis, direitos das mulheres e outros seria produzir mudança social significativa. Cf.: ROSENBERG, Gerald N. **The hollow hope**: can courts bring about social change? 2. ed. Chicago (EUA) ; Londres (ING): The University of Chicago Press, 2008.

26 VIANNA, Luiz Werneck. et al. **A judicialização da política e das relações sociais no Brasil**. Rio de Janeiro: Revan, 1999, p. 150.

27 GARRIDO, Alexandre. Modelos de decisão judicial, direitos humanos e acesso

Desde uma perspectiva política, o minimalismo tende a facilitar a promoção do debate democrático, da participação e da mobilização dos atores sociais e dos atores políticos democraticamente eleitos, ao compactuar de um experimentalismo democrático tendente a delegar questões não exclusivamente jurídicas à participação de agentes não judiciais capacitados. O minimalismo se ajusta à democracia e à ideia republicana de soberania do povo, pois o acesso à justiça também compreende a efetiva participação processual e a contribuição argumentativa dos grupos sociais e das organizações não-governamentais no processo de tomada de decisão do Poder Judiciário. A autocontenção dos magistrados é mais apta a promover o diálogo institucional e, por conseguinte, a evitar a usurpação das competências definidas constitucionalmente, pois implica uma compreensão da interpretação constitucional como produto de um processo dialógico construído em ambientes deliberativos a partir de diversas contribuições e perspectivas teóricas, provenientes das instituições democráticas, da sociedade civil e de órgãos técnicos especializados.[28]Em regra, observa-se que juízes minimalistas são mais deferentes às decisões dos órgãos legitimados por seu conhecimento especializado e das instituições legitimadas pelo voto popular.[29]

A análise da Audiência Pública nº 4 nos mostrou que a democracia brasileira tem condições de aprimorar suas instituições com base na adoção de uma concepção dialógica de políticas públicas, pela qual todos os órgãos do Estado e toda a sociedade civil atuarão conjuntamente em prol da concretização dos direitos. E a postura minimalista, por sua vez, é a mais recomendável aos juízes quando for forçoso reconhecer que não possuem conhecimento técnico necessário – expertise – para

à justiça. In: ENCONTRO ANUAL DA ANDHEP - DIREITOS HUMANOS, DEMOCRACIA E DIVERSIDADE, 5., 2009, Belém. **Anais...** Belém: UFPA, 2009, p. 6-7. Disponível em: <https://goo.gl/f936PK>. Acesso em: 20 ago 2016.

28 SUNSTEIN, Cass. **One case at a time**: judicial minimalism on the Supreme Court. Massachusetts (EUA): Harvard University Press, 2001.

29 Conferir: GARRIDO, 2009, passim. Ver também: CARVALHO; VIEIRA; RÉ, 2009, passim.

decidir uma questão tão complexa, que envolve perspectivas interdisciplinares, como o acesso à saúde pública. Os diálogos institucionais foram proveitosos na medida em que enriqueceram a qualidade do debate e o tornaram mais democrático, por meio de cento e sete intervenções e cinqüenta e uma palestras conduzidas por públicos bastante heterogêneos: gestores públicos de todas as esferas da federação, operadores do direito, pesquisadores e acadêmicos, usuários do sistema público de saúde, associações de profissionais da saúde, e representantes da indústria farmacêutica e das associações privadas de saúde.

A pluralidade de perspectivas – aspecto essencial ao regime democrático – pôde ser sentida nos resultados das intervenções: 62% das manifestações foram contrárias e 38% foram favoráveis a judicializar-se as políticas públicas da saúde. Muitos argumentos, todavia, combinaram o equilíbrio entre as duas posições, como foi o caso das atuações dos acadêmicos e dos juristas. A eficácia da Audiência restou comprovada pelo fato de ter desencadeado vinte e nove sugestões para contornar o problema da judicialização do direito à saúde, referentes ao aumento da segurança e da eficiência das tecnologias de saúde concedidas pelo Judiciário, à minimização do problema da escassez de recursos que a judicialização pode vir a agravar, e à implementação de efetivos diálogos institucionais entre Judiciário e Executivo. Sobre este último aspecto, foi providencial a instituição do Fórum Nacional do Judiciário para Monitoramento e Resolução das Demandas de Assistência à Saúde, por meio da retromencionada Resolução nº 107 do CNJ.

5. CONCLUSÃO

A judicialização da política é um fator irreversível nos atuais Estados democráticos de direito, pois deriva dos arranjos institucionais vigentes nas democracias contemporâneas e, sobretudo, das exigências dos cidadãos pela efetivação dos direitos fundamentais. Para que seja minimizado o risco antidemocrático de uma invasão das competências dos Poderes Executivo e Legislativo por parte do Judiciário, é recomendável a adoção de um sistema dialógico de tomada de decisões em matérias de políticas públicas, centrado em deliberações entre as várias instituições estatais, órgãos técnicos especializados e a sociedade civil organizada. A Audiência Pública nº 4/2009, convocada pelo STF com o desiderato de discutir os problemas e as inquietações advindos da judicialização das políticas de saúde, gerou resultados bastante profícuos quanto ao mais adequado, preciso e democrático tratamento da questão.

A Audiência Pública nos preleciona, pois, que o futuro da gestão em políticas públicas passa necessariamente pela intensa disposição ao diálogo, pela cooperação interinstitucional e interestatal e pelo amplo debate democrático, a fim de que problemas como a falta de expertise ou a falta de legitimidade política do Poder Judiciário possam vir a ser contornados de modo que gerem resultados mais justos e mais benéficos para toda a sociedade. Afinal, a razão de ser do Estado reside na mais ampla garantia dos direitos fundamentais dos indivíduos e na mais abrangente promoção do bem-estar social.

REFERÊNCIAS

ALEXY, Robert. Ponderación, control de constitucionalidad y representación. In: ________.**Teoría del discurso y derechos constitucionales**. Cidade do México (MEX): Distribuciones Fontamara, 2005.

ARANTES, Rogério Bastos. Judiciário: entre a política e a justiça. In: AVELAR, Lúcia; CINTRA, Antônio Octávio (org.). **Sistema político brasileiro**: uma introdução. Rio de Janeiro ; São Paulo: Fundação Konrad Adenauer ; Editora Unesp, 2007.

BRASIL. Supremo Tribunal Federal. Notas taquigráficas. Brasília, 5 mar. 2009. Disponível: <https://goo.gl/pmkt4x>. Acesso em: 13 jun. 2016.

CARVALHO, Flávia Martins; VIEIRA, José Ribas; RÉ, Mônica Campos de. As teorias dialógicas e a democracia deliberativa diante da representação argumentativa do Supremo Tribunal Federal. **Revista Internacional de Direito e Cidadania,**Erechim, n. 5, p. 81-92, out. 2009. Disponível em: <https://goo.gl/TSf7hz>. Acesso em: 20 ago. 2016.

DWORKIN, Ronald. **A Matter of Principle**. Massachusetts (EUA): Harvard University Press, 1986.

________.**Freedom's law**: a moral Reading of the American Constitution. Massachusetts (EUA): Harvard University Press, 1996.

FEREJOHN, John; PASQUINO, Pasquale. Tribunais constitucionais como instituições deliberativas. In: BIGONHA, Antonio Carlos Alpino; MOREIRA, Luiz (org.). **Limites do controle de constitucionalidade**. Editora Lumen Juris: Rio de Janeiro, 2009.

FERNANDES, Bernardo Gonçalves.

Curso de Direito Constitucional. Salvador: Editora Juspodivm, 2015.

GARRIDO, Alexandre. Modelos de decisão judicial, direitos humanos e acesso à justiça. In: ENCONTRO ANUAL DA ANDHEP – DIREITOS HUMANOS, DEMOCRACIA E DIVERSIDADE, 5., 2009, Belém. **Anais...** Belém: UFPA, 2009, p. 6-7. Disponível em: <https://goo.gl/f936PK>. Acesso em: 20 ago 2016.

GOMES, Dalila F. et al. Judicialização da saúde a audiência pública convocada pelo Supremo Tribunal Federal em 2009: o que mudou de lá pra cá? **Saúde Debate**, Rio de Janeiro, v. 38, n. 100, p. 139-156, jan-mar 2014.

HÄBERLE, Peter. **Hermenêutica constitucional**: a sociedade aberta dos intérpretes da Constituição: contribuição para a interpretação pluralista e "procedimental" da Constituição. Porto Alegre: Sergio Antonio Fabris, 1997.

HESSE, Konrad. **A força normativa da Constituição**. Porto Alegre: Sergio Antonio Fabris, 1991.

PIRES, Alex Sander Xavier. Igualdade de raça e de cor: escorço analítico sobre o domínio da justiça constitucional nos termos da Décima Quarta Emenda da Constituição Federal estadunidense acerca das cláusulas restritivas sobre os direitos de propriedade e de posse, nos limites do caso Shelley v. Kraemer. **Revista Crítica do Direito**, São Paulo, v. 36, p. 1, 2012.

RAWLS, John. "A ideia de razão pública". In: ________.**O liberalismo político**. São Paulo: Editora Ática, 2000.

ROSENBERG, Gerald N.**The hollow hope: can courts bring about social change?**2. ed.Chicago ;London: The University of Chicago Press, 2008.

SANTOS, Alethele de Oliveira; DELDUQUE, Maria Célia. Da audiência pública da saúde e seus fundamentos para os atuais debates no STF e CNJ. In: SANTOS, Lenir; TERRAZAS, Fernanda (org.) **Judicialização da saúde no Brasil**. Campinas (SP): Editora Saberes, 2014.

SILVA, José Afonso da. **Curso de Direito Constitucional Positivo**, 32. ed. São Paulo: Malheiros Editores, 2009.

SILVA, Virgílio Afonso da. O STF e o controle de constitucionalidade: deliberação, diálogo e razão pública. **Revista de Direito Administrativo**, Rio de Janeiro, v. 250, p. 197-227, 2009.

SUNSTEIN, Cass. **One case at a time**: Judicial Minimalism on the Supreme Court. Massachusetts (EUA): Harvard University Press, 2001.

TATE, C. Neal; VALLINDER, Torbjörn. When the Courts go marching in. In: ________.; ________.**The global expansion of judicial power**. Nova Iorque (EUA): New York University Press, 1997.

VIANNA, Luiz Werneck et al. **A judicialização da política e das relações sociais no Brasil**. Rio de Janeiro: Revan, 1999.

WALDRON, Jeremy. **The dignity of legislation**. Cambridge (ING): Cambridge University Press, 1999.

AS TEORIAS DO DIÁLOGO INSTITUCIONAL: UMA RESPOSTA AO PROBLEMA DA *ÚLTIMA PALAVRA*.

FELIPE SARMENTO CORDEIRO

ANDRÉA LETÍCIA CARVALHO GUIMARÃES

RESUMO: o presente trabalho pretende analisar a expansão do poder decisório do Judiciário, principalmente, no contexto brasileiro após a promulgação da Constituição da República de 1988. Em razão de vários fenômenos sociais, políticos e econômicos esse Poder torna-se um ator estratégico importante para a concretização das normas constitucionais, transformando-se em um **guardião de promessas** (GUARAPON,1999), responsável pela efetivação dos direitos fundamentais nos casos concretos e pela última palavra na jurisdição constitucional, o que gera intensos debates sobre a legitimidade das suas decisões, a independência entre os poderes e os limites para a atuação judicial. Como resposta a esses questionamentos, surgem as teorias do diálogo institucional com o propósito de refletir sobre uma nova formulação para o sistema da separação de poderes que proporcione equilíbrio à relação entre eles, defendendo, conforme Conrado Hübner Mendes, o diálogo permanente entre as instituições e a defesa da **última palavra provisória e relativa** (MENDES, 2011). Portanto, esse trabalho objetiva analisar os fenômenos da judicialização da política e do ativismo judicial – que surgem nesse contexto de ampliação dos efeitos decisórios do judiciário, bem como realizar uma sistematização das principais teorias dialógicas que revitalizam a estrutura da separação dos poderes e da própria dinâmica constitucional.

Palavras-chave: Constitucionalismo contemporâneo. Judicialização da Política. Ativismo Judicial. Teorias do diálogo institucional.

1. INTRODUÇÃO

O constitucionalismo contemporâneo passou por inúmeras mudanças a partir do final da Segunda Guerra Mundial e no Brasil a partir da redemocratização do País, especificamente, com a promulgação da Constituição da República de 1988. Pode-se citar como principal transformação consagrado nesse período foi o reconhecimento da força normativa do texto constitucional.

Nesse contexto, os fundamentos do Estado de Direito, como a supremacia da lei, a teoria clássica da separação dos poderes – divisão rígida e estática das funções institucionais – e os direitos fundamentais como meros direitos subjetivos sem aplicabilidade imediata dão lugar ao Estado Democrático de Direito, o qual constitui-se pela supremacia das normas constitucionais e, por consequência, confere dimensão objetiva aos direitos fundamentais, exigindo que sejam aplicados de forma imediata.

Além disso, as funções desempenhadas pelos Poderes tornam-se cada vez mais complexas, exigindo que todas as suas ações sejam pautadas em conformidade com as normas constitucionais, o que fortalece em grande medida a jurisdição constitucional. O Poder Judiciário, assim, assume um papel relevante de garantidor dos direitos fundamentais e de controle do Poder Público. Antes, cabia-lhe a função de julgar, que se restringia apenas em dizer o direito descrito na lei, ficando o magistrado adstrito a uma interpretação praticamente gramatical da norma elaborada pelo legislador.

Assim, a intervenção judicial, que inicialmente era prevista apenas para resolução de conflitos de interesse nos termos e limites preestabelecidos pela lei, expandiu-se também para a proteção dos direitos fundamentais, o controle de constitucionalidade das leis e a interação harmônica entre os poderes públicos.

Nesse contexto, o Poder Judiciário, como guardião da Constituição e protetor dos direitos fundamentais, passa a ser interveniente importante do processo democrático. Paralelamente, os Poderes Legislativo e Executivo passam por um processo de descrédito perante a sociedade que está cada vez mais descrente das instituições políticas, ganha ainda mais destaque a atuação do Judiciário na resolução das questões sociais (MORAIS, 2010).

Em razão disso, surgem os fenômenos da judicialização da política e do ativismo judicial e, ao mesmo tempo, de reação legislativa ou ativismo congressual, exigindo que a teoria clássica da separação dos poderes seja ressignificada para a construção de novos arranjos institucionais, que possibilitem um equilíbrio entre os poderes ao mesmo tempo em que potencialize a capacidade da democracia em produzir melhores respostas para a efetivação dos direitos fundamentais.

Desta forma, o presente artigo pretende analisar esse contexto de expansão do Poder Judiciário no Brasil, observando as causas da judicialização da política e as suas consequências para a estrutura normativa e institucional brasileira. E, as teorias dialógicas, buscando sistematizá-las a partir dos seguintes referenciais teóricos de Conrado Hübner Mendes (2011) e Christine Bateup (2006), como respostas ao problema da ultima palavra.

2. A JUDICIALIZAÇÃO DA POLÍTICA E O ATIVISMO JUDICIAL: O PODER JUDICIÁRIO COMO 'GUARDIÃO DE PROMESSAS'.

O reconhecimento da força normativa da Constituição repercute na forma de efetivação dos direitos, pois os indivíduos passam a exigi-los do poder público, seja na elaboração de políticas públicas eficientes, seja na regulamentação dos direitos fundamentais – aqueles que tem eficácia limitada. Contudo, nem sempre esses poderes conseguem dar respostas satisfatórias aos cidadãos, que buscam no Poder Judiciário a satisfação das suas pretensões não correspondidas pelos Poderes Executivo e Legislativo. Desse cenário, surgem dois fenômenos importantes: a judicialização da política e o ativismo judicial.

A judicialização da políticapode ser conceituada como um movimento em que o Poder Judiciário começa a decidir questões de larga repercussão política ou social, que antes eram resolvidas pelo Poder Legislativo e pelo Poder Executivo. É um fenômeno bastante complexo e possui diferentes dimensões, podendo ser compreendido de diversos pontos de vista. Neste aspecto, insta ressaltar o entendimento de Vieira, Camargo e Silva (2009) acerca desse fenômeno:

> De um ponto de vista institucional, a judicialização da política define-se como um processo de transferência decisória dos Poderes Executivo e Legislativo para os magistrados e tribunais, que passam, dentre outros temas controversos, a revisar e programar políticas públicas e rever as regras do jogo democrático. A partir de um enfoque mais sociológico, a judicialização das relações sociais ressalta o surgimento do Judiciário

como uma "alternativa para a resolução de conflitos coletivos, para a agregação do tecido social e mesmo para a adjudicação da cidadania". Por último, segundo uma perspectiva lógico-argumentativa, a judicialização também significa a difusão das formas de argumentação e decisão tipicamente jurídicas para fóruns políticos, institucionais ou não, representando, assim, a completa domesticação da política e das relações sociais pela "linguagem dos direitos" e, sobretudo, pelo discurso constitucional.

A primeira grande causa da judicialização foi a promulgação da Constituição da República de 1988, que positivou extenso rol de direitos fundamentais, conferindo-lhes aplicabilidade imediata; bem como positivou diversos instrumentos de garantia para tutela dos direitos dos cidadãos, embora alguns já presentes em outras Cartas, como a previsão do direito de petição; *habeas corpus*; mandado de segurança e mandado de injunção.

Além disso, conforme leciona o Ministro Luís Roberto Barroso (2005) a competência do Ministério Público foi ampliada, com aumento da relevância de sua atuação fora da área estritamente penal, podendo atuar no campo civil, como curador do meio ambiente, da criança e do adolescente, dos idosos, e do consumidor. Além da concessão de autonomia à Defensoria Pública, que se torna um órgão essencial à efetivação da justiça, possibilitando aos hipossuficientes o acesso ao Poder Judiciário. E, ainda, a Constituição Federal em seu art. 133, reconheceu a advocacia como função essencial à justiça e o Conselho Federal da Ordem dos Advogados do Brasil como legitimado para as ações de controle de constitucionalidade.

A segunda causa da judicialização que pode ser apontada foi a constitucionalização do direito, ou seja, quase toda matéria jurídica, que antes era destinada ao legislador ordinário já está pré-regulada pela Constituição, há um pequeno espaço para atuação do legislador (BARROSO, 2005).Desse modo, na medida em que uma questão – seja um direito individual, uma prestação estatal ou um fim público – é disciplinada em uma norma constitucional, ela se transforma, potencialmente, em uma pretensão jurídica, que pode ser formulada sob a forma de ação judicial. Como por exemplo, o STF foi instado a se manifestar sobre a regulamentação do direito de greve dos servidores públicos em Mandados de Injunção como os de n.670, 708 e 712, diante da mora do Legislador.

A judicialização da política, portanto, como afirma o Ministro Luís Roberto Barroso (2005), é um fato, enquanto o ativismo judicial é uma atitude, ou seja, é um modo especifico e proativo de interpretar a Constituição definido pelo magistrado. A postura ativista se manifesta por meio de diferentes condutas, como a aplicação direta da Constituição a situações não expressamente contempladas em seu texto e independentemente de manifestação do legislador ordinário; a declaração de inconstitucionalidade de atos normativos emanados do legislador, com base em critérios menos rígidos que os de patente e ostensiva violação da Constituição; a imposição de condutas ou de abstenções ao Poder Público, notadamente em matéria de políticas públicas – como por exemplo, no caso do direito à saúde e do direito à creche.

De acordo com o Ministro Luís Roberto Barroso (2005), o ativismo judicial deriva do alargamento do escopo jurisdicional para causas relacionadas a políticas públicas e cidadania. Nessas lides, o Poder Judiciário assume uma atitude pro-ativa, determinando medidas concretas a serem observadas pelos agentes públicos e pela sociedade, em um juízo substancialmente político, mas juridicamente fundamentado. Pode-se citar, como exemplo de casos paradigmas de ativismo judicial no Brasil, o julgamento pelo STF da descriminalização do aborto de fetos anencéfalos e a declaração de constitucionalidade das uniões homoafetivas.

Nesse contexto, André Ramos Tavares (2017) ressalta que a expressão **ativismo judicial** vem sofrendo conotação negativa, pois há quem acredita que esse modo pró-ativo significa invasão de competência e arbitrariedade judicial. Contudo, para o autor essa visão negativa deve ser desconstruída, haja vista que a fundamentalidade dos direitos consagrados constitucionalmente exige uma postura mais ativa do Judiciário e essa atitude é uma decorrência do seu papel contramajoritário de defesa dos interesses minoritários. Considera-se, assim, o ativismo judicial institucionalmente relevante e adequado. Porém, também pondera que toda decisão deve apresentar fundamentos constitucionais e legais, demonstrando que não se trata da opinião pura e simples do juiz, mas sim uma decisão fundamentada no ordenamento jurídico constitucional.

Por isso, o Poder Judiciário pode obrigar a Administração Pública a manter estoque mínimo de determinado medicamento utilizado no combate a certa doença grave, de modo a evitar novas interrupções de tratamento. Conforme decisão do Superior Tribunal de Justiça, não há violação ao princípio da separação dos poderes. Pois, com essa decisão o Judiciário não está determinando metas nem prioridades do Estado, nem tampouco interferindo na gestão das suas verbas. O que se está fazendo é controlar os atos e serviços da Administração Pública que, neste caso, se mostraram ilegais ou abusivos já que, mesmo o Poder Público se comprometendo a adquirir os medicamentos, há falta em seu estoque, ocasionando graves prejuízos aos pacientes. Assim, não tendo o Estado adquirido o medicamento em tempo hábil a dar continuidade ao tratamento dos pacientes, atuou de forma ilegítima, violando o direito à saúde daqueles pacientes, o que autoriza a ingerência do Poder Judiciário[1].

Contudo, apesar da necessária intervenção do Poder Judiciário em algumas situações, como as que envolvem a concessão de medicamentos, ainda assim é importante refletir sobre a interferência das decisões judiciais nas políticas públicas. De acordo com Luiz Werneck Vianna, essa situação se agrava em sociedades marcadas por um Estado social que não conseguiu cumprir com as suas **promessas**, estimulou-se o acesso aos tribunais como última garantia para a obtenção das prestações positivas previstas pela Constituição. Assim, haveria uma relação entre "[...] o ocaso das pretensões transformadoras do Estado social e o aumento da judicialização das relações sociais, transformando cidadãos em clientes de prestações estatais individualizadas" (VIANNA, 1999, p. 23-24, grifo nosso).

Além disso, em que pese à importância do ajuizamento de ações

1 BRASIL. Supremo Tribunal Federal. Recurso Extraordinário nº 429.903-RJ, Primeira Turma. Relator: Min. Ricardo Lewandowski. Brasília, 25 de junho de 2014. **Diário de Justiça**: 14 ago. 2014.

para exigir a efetividade dos direitos fundamentais, a atuação judicial tem o efeito de pulverizar os pleitos por direitos. Na medida em que o juiz não está vinculado à lógica da disponibilidade dos meios, como está o Poder Executivo, as consequências de uma decisão judicial são imprevisíveis, pois o Poder Judiciário não é uma instituição designada para visualizar as necessidades globais da política e alocar os recursos públicos em consonância com as demandas sociais. Em regra, conforme explica Daniel Sarmento, o Poder Judiciário cuida do **micro justiça**, ou seja, a justiça centrada no caso concreto tendo em vista as partes que integram a relação processual, e não a denominada **macro justiça**, responsável pela alocação de bens e recursos tendo em vista a generalidade dos cidadãos (SARMENTO, 2010).

Ademais, na maioria dos casos, os efeitos econômicos e sociais de uma decisão judicial, não são devidamente ponderados pelos magistrados, construindo-se, assim, uma visão excessivamente casuística sobre a exigibilidade dos direitos. Deste modo, a repercussão dos recursos necessários para a implementação de uma decisão nesta seara é desconsiderada em nome de uma aplicação direta, imediata e moral dos princípios constitucionais que disciplinam os direitos fundamentais sociais (SARMENTO, 2010).

O efeito indesejado que pode decorrer desse fato é o deslocamento do processo de seleção de prioridades e reserva de meios, cerne da construção de qualquer política pública, momento em que se elabora o planejamento e se define o orçamento público segundo uma ótica global das necessidades sociais, para o contexto isolado de cada demanda judicial, cuja perspectiva, mesmo nas ações coletivas, é do indivíduo ou de um grupo de indivíduos.

A judicialização de questões políticas, econômicas ou sociais polêmicas pode reduzir ou, ainda, obstaculizar a abertura de um debate sobre políticas públicas ou reformas políticas à participação do Poder Legislativo e da sociedade civil, por exemplo. Observa-se que a judicialização promove o "entrincheiramento constitucional de direitos" (HIRSCHL, 2004) e, neste sentido, tanto o Poder Executivo quanto o próprio Poder Legislativo podem, mediante o apoio (deliberado) a esta estratégia de transferência de poderes, retirar temas controvertidos do debate público, em que dificilmente seriam decididos em sentido favorável, seja porque não há consenso possível, seja porque a decisão pelo Judiciário é politicamente menos difícil (HIRSCHL, 2004).

Assim, a definição do Judiciário como único intérprete da Constituição e o responsável pela última palavra empobrece a democracia e reduz o espaço de deliberação na esfera pública, que poderia ser um rico espaço de produção de cidadania. E, ainda, reduz o papel dos demais poderes, pondo em risco a independência entre eles e reduzindo a cooperação e o diálogo que deve ser estabelecido para concretização dos direitos.

Nesse sentido, surgem como uma 'solução' a esse cenário de supremacia judicial as teorias do diálogo institucional, que apresentam uma nova abordagem da revisão judicial e do processo legislativo, procurando amenizar a preocupação com a **dificuldade contramajoritária** e refletindo sobre a estrutura institucional dos poderes dentro de um Estado que se propõe ser Democrático e de Direito.

3. AS TEORIAS DIALÓGICAS COMO RESPOSTA *A ÚLTIMA PALAVRA*

As teorias dialógicas possibilitam uma releitura da separação dos poderes, reafirmando que os Poderes não são adversários, mas responsável pela efetivação de direitos fundamentais e, por isso, deve-se estabelecer uma relação de cooperação.

A proposta de diálogo institucional, ou de **separação de poderes deliberativa** propõe-se a dar vitalidade às instituições. Compreende que a **revisão judicial não corresponde à última palavra**, e o legislador sempre terá condições de responder, com maior ou menor amplitude, em maior ou menor espaço de tempo, dependendo de arranjos específicos (MENDES, 2011, p.238).

Nesse sentido, o estudo das teorias do diálogo institucionaltraz uma série de contribuições tanto de ordem teórica, nova compreensão da separação dos poderes, como prática, ao possibilitar o encontro de boas respostas para os dilemas constitucionais. Como ponderado por Conrado Hübner Mendes (2011, p. 31):

> "*teorias do diálogo institucional*" [...] defendem que não deve haver com-

petição ou conflito pela última palavra, mas um diálogo permanente e cooperativo entre instituições que, por meio de suas singulares *expertises* e contextos decisórios, são parceiros na busca do melhor significado constitucional.

Conrado Hübner Mendes (2011) apresenta uma tese sobre o debate teórico a respeito da legitimidade democrática do modelo brasileiro de jurisdição constitucional. Em seu trabalho, apresenta o debate entre autores que defendem a supremacia judicial, como Ronald Dworkin, que compreende a defesa de direitos fundamentais como a tarefa central das cortes- **o fórum do princípio**, e autores que defendem a supremacia legislativa, como Jeremy Waldron, que trabalha com a ideia de que o dissenso e a persistência do desacordo são características essenciais da democracia, e critica o constitucionalismo, considerado um arranjo institucional de viés **antidemocrático**.

E, em contraponto, a esse debate apresenta as teorias do diálogo institucional[2]. **Diálogo institucional** é uma expressão que remete a certa forma de enxergar o processo constitucional, relembra que independentemente de qual instituição tenha a última palavra, não há nada que impeça que a outra instituição responda. "Pensar em termos de diálogo não perde de vista a continuidade da política, a circularidade da separação de poderes. Trata-se de uma percepção da política ao longo prazo" (MENDES, 2011, p.240).

Conforme leitura do constitucionalista Bernardo Gonçalves Fernandes, a teoria de Conrado Hübner defende a tese da **última palavra provisória** como uma ruptura com a perspectiva clássica (FERNANDES, 2017, p.1601). Nesse sentido, critica o debate teórico clássico "[...] que se preocupa com a pergunta de quem deve ter a última palavra está preso, a um código binário: a) alguns defendem que a última palavra deveria ser da corte; b) outros defendem que deveria ser do parlamento". (FERNANDES, 2017, p. 1601).

2 As teorias do diálogo institucional apresentam uma vasta literatura e inúmeros autores, há diversas nuances e versões diferentes das teorias. Podem ser citados como referência dessa teoria Alexandrer Bickel, Cass Sustein, Barry Friedman, Kent Roach.

Para Conrado Hübner Mendes (2011), o mais saudável democraticamente seria não a fixação da última palavra, mas determinar um ponto de equilíbrio entre a perspectiva do Judiciário e a do Parlamento. Assim, depois da **última palavra** a história continua.

Há várias teorias e autores que podem ser enquadrados na noção de diálogo. Alexander Bickel que trabalha com as virtudes passivas e a missão educativa da corte. Segundo o autor, não seria saudável que a Corte decidisse todo o tempo, pois ao evitar decidir, estimularia um diálogo com os outros Poderes e a sociedade.

Cass Sunstein (1999), por sua vez, preocupa-se com os riscos da decisão judicial errada e com os efeitos contraproducentes da decisão certa, ao ser, em regra, muito ambiciosa. Segundo o autor, o juiz, ao decidir, deve deixar questões fundamentais não decididas. Desse modo, a decisão minimalista deixa pontos em aberto para discussões posteriores, favorecendo novos debates e enriquecendo a democracia deliberativa.

Kent Roach (2006) destaca a importância de uma teoria alternativa de **diálogo institucional** entre cortes e órgãos legislativos como um meio para reconciliação entre a democracia e o sistema de *judicial review*.

Apesar das diversas nuances, as teorias do diálogo possuem como denominador comum, a compreensão de que não se deve existir a supremacia judicial na interpretação da Constituição, que esta deve ser exercida pelos demais Poderes; acredita-se em uma teoria da decisão judicial que leve em conta a interação com o legislador e que o diálogo é um produto necessário da separação de poderes, uma decorrência do desenho institucional (MENDES, 2011, p.107).

A justificação da prática dos diálogos possui ao menos três importantes vetores: 1) permite restabelecer o reequilíbrio entre os poderes e a busca de uma legitimidade democrática; 2) articula a defesa de um minimalismo judicial como contraponto aos riscos de um ativismo judicial e ainda; 3) assegura a concretização de direitos fundamentais, notadamente em favor de segmentos minoritários (MENDES, 2011).

Diante dessa diversidade de contornos que possuem as teorias do diálogo, Christine A. Bateup

(2006) propõe interessante tentativa de sistematização dessa pluralidade, classificando-as em dois grandes grupos: teorias dialógicas quanto ao método judicial, e teorias estruturais. As primeiras englobariam as teorias do aconselhamento e as centradas no processo e as últimas, as teorias de princípios jurídicos, teoria do equilíbrio, de parceria e fusão dialógica.

3.1. AS TEORIAS DIALÓGICAS QUANTO AO MÉTODO JUDICIAL

As teorias que se enquadram nessa classificação compreendem que o diálogo ocorre a partir do uso consciente, pelo Judiciário, de técnicas que permitem ao julgador estimular e encorajar um mais amplo debate. Existem dois tipos: as teorias de 'aconselhamento' judicial e as teorias centradas no processo.

A primeira refere-se aquelas teorias dialógicas em que o Judiciário realiza a tomada de decisão de forma proativa e faz recomendações ao poder público. Como as decisões em que o juiz pronuncia a inconstitucionalidade e aponta os caminhos para corrigir a matéria (SILVA et al., 2010).

Enquanto, a segunda, além de se preocupar com o aspecto formal das regras referentes à deliberação legislativa, também consideram como o Legislativo preocupa-se com temas como direitos fundamentais, ou seja, o juiz ao declarar a inconstitucionalidade da lei, permite que o Poder Legislativo debata, aguardando a resposta do legislador e, logo após, o julgador aprecia a nova solução legislativa.

Cass Sustein, expoente do minimalismo judicial, se enquadra nessa classificação, por compreender a necessidade de uma atividade jurisdicional de contenção por parte do Judiciário ao analisar as questões, permitindo aos outros Poderes pronunciamento.

Algumas críticas são apontadas às teorias relacionadas ao método judicial, como por exemplo, a questão de que essas teorias acreditam na existência de uma vontade por parte do Poder Judiciário de cooperar e permitir o diálogo, questão que representar em certa medida uma ingenuidade por parte dos teóricos (SILVAetal., 2010).

Além do que, ao posicionar a questão do diálogo a partir do Judiciário, demonstra-se na verdade certa preferência a este Poder, como se a sua avaliação fosse mais privilegiada do que a dos demais poderes, então, pode-se dizer que não haveria um diálogo, mas um direcionamento do Judiciário de dizer o que é certo ou errado, estabelecendo as medidas para apreciação da questão pelo Legislativo.

3.2. TEORIAS ESTRUTURAIS DE DIÁLOGO

As teorias encaixadas nessa modalidade apresentam um debate mais estrutural a respeito do diálogo, ou seja, não remetem a uma questão processual exatamente, em que o Judiciário direcionará o diálogo, mas uma análise dos instrumentos institucionais e políticos existentes. Encaixam nessa classificação as seguintes teorias: as teorias de construção coordenada; as teorias de princípios jurídicos; teorias de equilíbrio e teorias de parceria.

Apresentam-se na categoria de teorias de construção coordenada aquelas que a atribuição de sentido constitucional ao processo de tomada de decisão envolve todos os Poderes, não somente ao Judiciário, ou seja, todos os poderes interpretam a Constituição, podendo, inclusive, apreender o sentido elaborado por um Poder no momento em que venha decidir uma questão (SILVA etal., 2010).

As teorias de princípios jurídicos reconhecem que o Poder Judiciário tem uma competência institucional de interpretar questão envolvendo princípios jurídicos, sendo que uma parte busca o dialogo no controle político sobre o Judiciário e, outra, analisa a contribuição substantiva que o Legislativo pode oferecer, principalmente na elaboração de políticas públicas.

A perspectiva de considerar que o Judiciário pode errar e que o outro Poder tem a função de fiscalizá-lo, constituindo, neste momento, o diálogo, é uma ideia de Bickel e que é acolhido no dispositivo canadense da **cláusula do não obstante**.

Em outro sentido, quando o Legislativo pode contribuir com o Judiciário no momento de lidar com a elaboração de políticas públicas. O diálogo surge quando o Legislativo articula uma questão de princípio decidida pelo julgador, com uma visão mais ampla da política. No entanto, a teoria falha ao reconhecer no Judiciário uma capacidade de lidar com questões de direito, sendo a função do Legislativo apenas reativa.

De outro lado, as **teorias do equilíbrio** não reconhecem ao Poder Judiciário nenhuma capacidade superior para lidar com questões de direito, o que fazem delas do ponto de vista normativo melhores do que as demais, de acordo com Bateup (2006). Todavia, do ponto de vista descritivo, não conseguem explicar a prática constitucional, pois como se preocupam com os atores judiciais ou não judiciais na maneira como aprendem, debatem, modificam seus entendimentos, não conseguiria ser analisada na realidade, pois a participação dos cidadãos é bem inferior.

A outra face da teoria do equilíbrio consiste na **teoria da 'parceria'** que enxerga nos mecanismos institucionais uma forma efetiva de se realizar o diálogo constitucional, pois diante das capacidades institucionais de cada Poder se buscaria conciliá-las para fortalecer os direitos fundamentais.

No entanto, não há garantia de que o diálogo funcionará na forma prevista, por depender da vontade do legislador e do juiz. Ainda, de acordo com Bateup (2006), do ponto de vista normativo a teoria ignora a dimensão social do diálogo em detrimento de aspectos institucionais, apenas.

3.3. FUSÃO DIALÓGICA

Esta teoria é elaborada por Cristine Bateup (2006) em que é proposta uma união entre a **teoria do equilíbrio** e a **teoria da parceria**, de modo a reunir as preocupações sociais e institucionais de ambas e formar uma teoria completa.

Nesse sentido, a teoria busca reconciliar as preocupações com a legitimidade **contramajoritária** das decisões judiciais e possibilita a participação de outros atores institucionais no processo de tomada de decisão (SILVA etal., 2010).

A fusão dialógica acrescenta que o Poder Judiciário exercitaria um papel de facilitador da discussão na sociedade sobre os temas centrais do constitucionalismo.

Portanto, a sua importância justifica-se pela reformulação que propõe, no campo teórico, de noções clássicas como a separação de poderes e do Poder Judiciário como detentor da última palavra na interpretação constitucional, bem como, no campo prático, que, ao reconhecer a existência de atores igualmente qualificados para a interpretação da constituição, busca oferecer soluções mais efetivas e democráticas a jurisdição constitucional.

4. CONCLUSÃO

A separação dos poderes é um princípio geral do Direito Constitucional, que precisa ser atendido para que se reconheça o Estado Democrático de Direito. É, portanto, imprescindível que seja esse princípio observado, como forma de atender ao constitucionalismo e à manutenção do Estado.

A doutrina da Separação dos Poderes existe para que haja um controle de um poder sobre o outro, a fim de que a ordem constitucional seja alcançada em sua plenitude.

De fato, os Poderes que compõem a estruturação estatal brasileira são, *a priori*, independentes, por isso não devem se submeter uns aos outros, devendo, portanto, terem autonomia. Devem, também, serem harmônicos, comprometendo-se os poderes a obedecerem a parâmetros adotados, possibilitando, assim, a co-existência entre eles. Além de cada um, respeitar as funções que lhe foram atribuídas pela Constituição.

No entanto, como descrito no artigo, há um cenário de supremacia judicial, em que as principais decisões são levadas à Corte Constitucional. Desse modo, compreende-se que a teoria clássica da separação de poderes também precisa ser revitalizada para acompanhar esse processo de complexidade, em que se encontram as instituições e a sociedade contemporânea.

Assim, é a partir da percepção do desacordo moral existentes nas sociedades cada vez mais complexas que se opta por uma concepção de constitucionalismo, que estimula uma deliberação de qualidade dentro e fora das cortes. "A Constituição não é, portanto, monopólio das instituições judiciais" (MENDES, 2011, p. 137).

Desse modo, pode-se dizer que as teorias dialógicas possibilitariam, em alguma medida, uma perspectiva mais aberta para a organização dos poderes, pois a partir dessa perspectiva compreende-se que o importante é a proteção da Constituição e dos direitos fundamentais. Para tanto, a qualidade da interação entre os Poderes é, provavelmente, tão ou mais importante do que a escolha do detentor da última palavra.

Nesse sentido, conforme enuncia o Professor Bernardo Gonçalves Fernandes (2017), no caso brasileiro, o STF detém a última palavra na interpretação da Constituição, entretanto, mesmo depois da declaração de inconstitucionalidade de uma lei, nada impede que o parlamento responda. Com isso, o legislador pode produzir uma lei de conteúdo idêntico a que o STF declarou inconstitucional, conforme ocorreu com a questão da vaquejada, em que o Legislativo publicou a EC 96/2017, que acrescenta o § 7º ao art. 225 da CF/88 "[...] para determinar que práticas desportivas que utilizem animais não são consideradas cruéis". O verdadeiro objetivo dessa emenda foi o de superar a decisão[3] do STF proferida em 2016 na qual o Tribunal declarou que a atividade conhecida como **vaquejada** era inconstitucional em virtude de gerar tratamento cruel aos bovinos.

É importante mencionar que as reflexões sobre os diálogos institucionais estão sendo objeto de reconhecimento pelo próprio STF, como na recente decisão da ADI 5105, em 01.10.2015, que concluiu que o legislador poderia, por emenda constitucional ou lei ordinária superar a jurisprudência, reclamando entendimentos diferentes da corte, o que a doutrina denomina de reação legislativa, ou também denominada, superação legislativa ou *override*.

Observa-se, desse modo, que o mais "saudável" para a consolidação de um Estado Democrático de Direito é não estabelecer uma relação de competição ou conflito pela última palavra, mas um diálogo permanente e cooperativo entre instituições que, por meio de suas singulares *expertises* e contextos decisórios, são parceiras na busca do melhor significado constitucional (MENDES, 2011, p. 31).

3 Até o momento da escrita do artigo, está pendente o julgamento dos embargos de declaração.

REFERÊNCIAS

ARISTÓTELES. Política. **Os Pensadores**. São Paulo: Nova Cultural, 2000.

BARROSO, Luiz Roberto. Neoconstitucionalismo e constitucionalização do direito (o triunfo tardio do direito constitucional no Brasil). **Revista de Direito Administrativo**, Rio de Janeiro, v. 240, p. 1-42, abr. 2005. Disponível em: <https://goo.gl/Xh4eD8>. Acesso em: 27 jan. 2010.

BATEUP, Christine A., The Dialogic Promise: Assessing the Normative Potential of Theories of Constitutional Dialogue. **Brooklyn Law Review, Brooklyn**, v. 71, n. 3, p. 1109-1180, 2006. Disponível em: <https://goo.gl/dTrM7B>. Acesso em: 1º dez. 2011.

BONAVIDES, Paulo. **Ciência Política**. São Paulo: Malheiros, 1996.

MOTA,Myriam Becho; BRAICK,Patricia Ramos.**História das cavernas ao terceiro milênio**. São Paulo: Moderna, 1997.

CORTIS, C. ABRAMOVICH, V. **Los derechos sociales como derechos exigibles**. Madrid (ESP): Trotta, 2002.

DWORKIN, Ronald. **Uma questão de princípio**. São Paulo: Martins Fontes, 2001.

EISENBERG, J. Pragmatismo, direito reflexivo e judicialização da política. In: VIANNA, L. W. (org.). **A democracia e os três poderes no Brasil**. Belo Horizonte ; Rio de Janeiro: Editora UFMG ; IUPERJ/FAPERJ, 2002, p. 43-61.

FERNANDES, Bernardo Gonçalves. **Curso de Direito Constitucional**, 9. ed. rev. Salvador: JusPodivm, 2017.

GARAPON, Antoine. **O juiz e a democracia**: o guardião das promessas. Rio de Janeiro: Revan, 1999.

GARGARELLA, R. **La justicia frente al gobierno:** sobre el caracter contramayoritario del poder judicial. Barcelona: Editorial Ariel, 1996.

________. La dificultad de defender el control judicial de las leyes. In: VÁZQUÉZ, R. (org.). **Interpretación y decisión judicial**. Cidade do Mexico (MEX): Distribuciones Fontamara, 1998. p. 215-233.

HAMILTON, Alexander; JAY, John; MADISON, James. O Federalista. In:________.; ________.; ________. **Os Pensadores.**São Paulo: Victor Civita Editor, 1979.

HIRSCHL, Ran. **Towards juristocracy:** the origins and consequences of the new constitutionalism. Massachusetts (EUA): Harvard University Press, 2004.

HOLMES, S. SUNSTEIN, C. **The cost of rights**: why liberty depends on taxes. Nova Iorque (EUA): W. W. Norton, 1999.

LINARES, Sebastían. El diálogo democrático entre las Cortes y el Congreso. **Revista Mexicana de Sociología,**Cidade do México, v. 3, n. 70, p. 487-539, jul./set. 2008.

MENDES, Conrado Hubner. **Direitos fundamentais, separação de poderes e deliberação**. São Paulo: Saraiva, 2011.

MONTESQUIEU, Charles de Secondat, Baron de. **Do Espírito das Leis.** São Paulo: Saraiva, 2000.

MOREIRA NETO, Diogo de Figueiredo. Interferências entre Poderes do Estado. **Revista de Informação Legislativa**, Brasília, nº 103, p. 13, 1989.

PIÇARRA, Nuno. **A Separação dos Poderes como doutrina e Princípio Constitucional:** um contributo para o estudo das suas origens e evolução. Coimbra (POR): Coimbra Editora, 1989.

ROACH, K. Dialogue or defiance: Legislative reversals of Supreme Court decisions in Canada and the United States. **International Journal of Constitutional Law**, Oxford, v. 4, n. 2, p. 347-370, abr. 2006.

SARMENTO, Daniel. **Por Um Constitucionalismo Inclusivo:** História constitucional, Teoria da Constituição e Direitos Fundamentais. Rio de Janeiro: Lumen Juris,2010.

SARMENTO, Daniel.; SARLET, Ingo Wolfgang (coord.). **Direitos fundamentais no Supremo Tribunal Federal:** balanço e crítica. Rio de Janeiro: Lumen Juris, 2011.

SILVA, C. A. et al. **Diálogos institucionais e ativismo**. Curitiba: Juruá, 2010.

TAVARES, André Ramos. **Curso de Direito Constitucional**,15. ed. São Paulo: Saraiva, 2017.

VIANNA, Luiz Werneck et al. **A judicialização da política e das relações sociais no Brasil**. Rio de Janeiro: Revan, 1999.

VIEIRA, José Ribas; CAMARGO, Margarida Maria Lacombe; SILVA, Alexandre Garrido da. O Supremo Tribunal Federal como arquiteto institucional: a judicialização da política e o ativismo judicial. **Revista de Ciências Sociais Aplicadas do CCJE**, Rio de Janeiro, v. 02, p. 01-10, 2009.

WALDRON, Jeremy. A essência da oposição ao judicial review.In:Bigonha, A. C.A.; MOREIRA, L. **Legitimidade da jurisdição constitucional.** Rio de Janeiro: Lumen Juris, 2010.

WERLE, Denilson Luis; MELO, Rúrion Soares (org.).**Democracia deliberativa**. São Paulo: Editora Singular, Esfera Pública, 2007.

IMPROBIDADE ADMINISTRATIVA: PANORAMA ATUAL, RISCOS OCULTOS E PROJEÇÕES FUTURAS.

JOSÉ ALBERTO RIBEIRO SIMONETTI CABRAL

DIEGO D'AVILLA CAVALCANTE

1. INTRODUÇÃO

Os acontecimentos recentes na política nacional trouxeram não apenas uma grande repercussão no campo político e econômico, mas também causaram um abalo na credibilidade de todas as instituições. Não obstante, a maior oportunidade, e também o maior perigo, não se revelaram naquilo que foi trazido abundantemente à luz, mas sim no que somente pode se ver num rápido relance, um vislumbre. Os rumos da Ciência Jurídica no Brasil ou, sendo realista, daquilo que deveria ser a Ciência Jurídica, mas é, se muito, um compêndio de interesses e crenças bem organizado e impostos à força.

Esse tema sequer é algo que precisa ser relembrado, mas efetivamente aprendido, pois, nitidamente, nunca o soubemos. E essa lição é fundamental se quisermos deixar de pendular entre a selvageria e a incompetência: temos que finalmente entender o que efetivamente é o Direito.

Talvez poucos cenários sejam mais férteis para este aprendizado que aqueles relacionados à Responsabilidade Político-Administrativa, que pode ser exposta em termos de Improbidade Administrativa e Crimes de Responsabilidade.

A fecundidade desse campo se dá pelo fato de que é ele hoje o centro de toda a especulação dos meios de comunicação, do mercado, dos partidos, da população e das instituições. E foi a patente incompetência em lidar com isto que nos levou ao cenário inexorável de convulsão social iniciado em 2013, época na qual a antes dispersa e frágil insatisfação da sociedade com todas as incorreções do Estado, finalmente, tomou corpo.

Algo que era não apenas previsível, mas inevitável, considerando que temos em todos os âmbitos do Poder Público uma estrutura extremamente dispendiosa, sustentada por uma altíssima carga tributária, mas que não apresenta sequer resultados mínimos de eficiência.

Cenários como estes, de patente comoção social e descrédito com o Poder Público, como tem se repetido na história, é terreno fértil para o florescimento de heróis populistas que ao invés de cumprir com seus deveres institucionais, proclamar-se-ão como vingadores do povo, tomando para si, os louros do combate ao mal da vez. Nada novo, afinal, **como de boas intenções o inferno está cheio**, jamais houve um vilão que em sua mente, até mesmo com alguma pertinência, não fosse para si mesmo um herói.

O problema é que não precisamos de heróis, mas de instituições.

A bem da verdade, ao menos desde o Iluminismo, e mais ainda num Estado Moderno, os heróis e vingadores, personagens comuns do Direito Primitivo, podem vir-a-ser mais danosos que os vilões, pois, ao contrário da maldade, os males que o heroísmo sempre causa, mesmo que os heróis queiram o bem, se escondem sob o manto de boas e veneráveis intenções.

E, o que é ainda pior, reconhece-lo exige uma capacidade técnica que não é comum a um país que há muito tem abandonado o Direito e a Razão em prol de soluções milagrosas e fáceis, as quais, como todo emplasto, por fim, agravam o problema.

Palavras duras, certamente, mas necessárias. E para demonstrar sua veracidade nada melhor que um estudo sobre a responsabilidade político-administrativa, porquanto é a questão que envolve a maior paixão, mais altivos heróis e os piores vilões, cenário perfeito para ocorrência de arbítrios em nome de um bem maior.

2. RESPONSABILIDADE PÚBLICA E OS DANOS CAUSADOS PELO AFASTAMENTO DA CIÊNCIA JURÍDICA

Em que pese a maior repercussão do processo de impedimento da Excelentíssima Senhora Presidente da República, fato é que os **crimes de responsabilidade** são uma parte muitíssimo menor das questões que envolvem a **Responsabilidade Político-Administrativa**, contudo, servem de um bom exemplo introdutório ao tema.

Inicia-se pela nomenclatura jurídica do **delito** em questão. **Crime de responsabilidade**, à despeito do nome, não são **crimes**, porquanto somente o Direito Penal se ocupa dessa espécie de delito, da mesma maneira que também somente no Direito Penal as sanções são denominadas **penas.**

Uma confusão simples que não demandaria maiores problemas, tendo em vista que é de se supor que um jurista, um **Cientista do Direito**, não se deixasse levar somente pelo nome e fosse capaz de identificar os objetos de sua ciência.

Ledo engano. A necessidade de lidar – e não pela primeira vez! – com a **Lei 1.079/1950** demonstrou a gigantesca incapacidade técnica de diversas segmentos jurídicos que ao invés de tentar investigar o tipo de delito, o bem jurídico, a forma de julgamento, a espécie de responsabilização e os outros critérios elementares de Teoria Geral do Direito, preferiram se ater ao *nomen juris* do instituto, de maneira que, em avesso ao dever de formação e informação para com os leigos, passou-se não apenas a desinformá-los, mas também a se inventar em todas as instituições espécies de **Direito Sancionador** simplesmente inexistentes.

Tal desarranjo teórico também foi enfrentado por décadas em relação à **Improbidade Administrativa**, até que finalmente, se chegou ao óbvio entendimento de que não se tratava de matéria penal, mas sim de outra espécie do mesmo gênero, o Direito Sancionador.

Ocorre que a mesma incapacidade técnica que levou a esta confusão sobre a utilização do processo penal em casos que, nitidamente, não são penais, continua tendo que ser enfrentada. Se finalmente não se duvida mais que é o Código de Processo Civil a reger estes processos, tem-se a luta diuturna para que este estatuto processual seja aplicado de forma razoável, levando em consideração o tipo de processo em trâmite. Busca-se evitar que seja esquecido que, em que pese a utilização do Processo Civil, não se está diante de questões de meramente indenizatórias, mas da aplicação de uma das espécies do Direito Sancionador, de modo que a processualística civil deverá ser acrescida das garantias e direitos inerentes a todos os acusados.

Alguns exemplos elucidam a questão com maior clareza, sendo estes, corriqueiros na atuação no campo da Improbidade Administrativa, dos Crimes de Responsabilidade, na Prestação de Contas e na lida especializada em Ações Civis Públicas sancionatórias.

Primeiramente, destaca-se que o grande número de Autores de Ações Civis Públicas de Improbidade Administrativa clara e nitidamente não tem qualquer pretensão de esclarecimento dos fatos e da investigação sobre a ocorrência de ilícitos, mas somente de impor suas pretensões, sejam elas legítimas ou não. De maneira que quase sempre se percebe uma estratégia peculiar, a de não requerer o **depoimento pessoal** do acusado ou de qualquer outra pessoa que tenha conhecimento do fato e, quando isto é feito pelo acusado, opõe as mais variadas objeções, arrogando-se como seu o direito de fazê-lo.

Perceba-se o plano de fundo desta situação: ainda que não se tivesse dado ao trabalho de ler a Constituição da República ou mesmo qualquer doutrina no intento de se tomar conhecimento que no Estado Brasileiro a responsabilidade objetiva é uma raríssima exceção, tem-se o costume judiciário suficientemente estabelecido de que **há necessidade de averiguação do elemento subjetivo,** razão pela qual é inconcebível sequer falar na existência de um ato de improbidade sem a avaliação do elemento subjetivo.

A bem da verdade, não há como fazê-lo em face de absolutamente nenhum delito, pois, em todas as ocasiões, é necessário ao menos permitir ao acusado que, em complemento a sua defesa técnica, se assim o quiser, faça sua defesa pessoal, expondo pessoalmente diante do julgador a sua versão dos fatos, o que, além de estar contido no conceito de ampla defesa, um direito fundamental, é também uma dos principais Direitos Humanos, presente em todos os tratados e pactos internacionais que abordem as garantias judiciárias mínimas.

Todavia, no caso da Improbidade Administrativa tal procedimento toma um tom ainda mais sinistro, pois, como não ocorre com **nenhuma espécie de delito** a Improbidade Administrativa **não é** equivalente ou análoga a mera ilicitude. Não basta que tenha havido uma conduta ilícita para que se possa ter um Ato Ímprobo, mas sim uma ilicitude qualificada pelo **elemento subjetivo** específico, a devassidão com a coisa pública, pois o erro e a incompetência, ainda que puníveis, não são Atos de Improbidade Administrativa. De tal maneira, para além do dolo e da culpa, é imprescindível que haja a indicação do desvio de finalidade, da devassidão com a coisa pública, uma vez que sem isso não há sequer tipicidade.

Por ser assim um critério tão fundamental, pode-se concluir que os Autores que se portam de maneira a desprezar até a construção do Tipo Sancionador, sejam eles públicos ou privados, nitidamente não tem qualquer intenção de promover a probidade da administração, mas somente de prejudicar quem quer que seja ou de arrogar-se como herói, afinal de contas, o caminho adotado é o do arbítrio. Novas palavras para o discurso de que os fins justificam os meios. E, quando isto é permitido pelo órgão julgador, feita está mais uma violação de direitos fundamentais mascarada como bondade pública.

Outro exemplo de descaso não apenas com a legislação, mas também com os Direitos Fundamentais se encontra na patente desobediência ao **art. 17, §8º, parte final da Lei 8.429/92**, que seja, a patente improcedência da ação e a inexistência do ato de improbidade, a causa de pedir da condenação. Veja-se a norma:

> § 8º Recebida a manifestação, o juiz, no prazo de trinta dias, em decisão fundamentada, rejeitará a ação, se convencido da inexistência do ato de improbidade, da improcedência da ação ou da inadequação da via eleita.

Primeiramente, cumpre informar que tal dispositivo não se encontrava previsto na redação inicial da Lei 8.429/92, sendo acrescido posteriormente pela **Medida Provisória nº 2.225-45/01**, no afã de evitar os insofismáveis abusos e excessos relacionados às Ações de Improbidade, razão pela qual, criou-se um procedimento específico para esta Ação Civil Pública no intento de resguardar os direitos individuais que vinham sendo veementemente desrespeitados até aquele momento.

Novamente vê-se que tal problema e os métodos para sua solução eram similares àqueles já utilizados na espécie mais comum de Direito Sancionador, o Direito Penal, razão pela qual a **Medida Provisória nº 2.225-45/01** incluiu no rito da Improbidade Administrativa uma análise prévia do conteúdo das acusações, **antes de ser recebido o processo,** para demonstração do paralelo comum a todas espécies do **gênero** Direito Sancionador, veja-se a exposição de Nogueira (2002) que, mesmo sendo realizada no âmbito do processo penal, se adequa com perfeição ao caso da Improbidade Administrativa[1].

> Houve época em que se recebiam denúncias e queixas desacompanhadas de qualquer elemento de convicção: bastavam as acusações contidas na petição inicial para que esta, desde que presentes os requisitos legais, pudesse ser recebida. Baseava-se esse entendimento na teoria da asserção, segundo a qual é suficiente a afirmação dos fatos pelo autor, na inicial, para que a justa causa seja reconhecida e possa prosperar a ação. Com o tempo, a doutrina e a jurisprudência criminais brasileiras foram verificando que esse entendimento acarretava a propositura de ações penais temerárias, desprovidas de qualquer fundamento tático, muitas vezes propostas por sentimento de vingança ou de perseguição. Passou-se, então, a exigir que o MinistérioPúblico ou o querelante demonstrasse desde logo, ao oferecer sua petição inicial, ser a acusação baseada em uma fundada suspeita contra o acusado ou, em outros termos, ser uma acusaçãoviável. Tornou-se usual a existência de que o autor juntasse à petição inicial elementos de convicção, começos de prova que evidenciassem a existência de fumus boni iuris, sob pena de rejeição liminar da denúncia ou da queixa por falta de justa causa para a ação penal.

De tal maneira, se a lei não possui palavras inúteis, maior é a impositiva observância das modificações e reformas nos textos legais, tendo em vista que se trata da intenção do legislador de plasmar ou condicionar a ação e a interpretação das mesmas, diante de cenários nos quais a legislação anterior não estava sendo idoneamente utilizada.

Frise-se: tal obrigatoriedade **já era implícita** em nosso ordenamento, mas desobedecida pelos órgãos de acusação e julgamento, razão pela qual o legislador se viu obrigado a expressá-la, supondo, como supôs no processo penal, que tal medida seria suficiente para forçar a obediência da Constituição da República e da Teoria Geral do Direito.

Outro engano. Tão logo foi possível os Tribunais passaram a decidir que a Legislação e a Teoria Geral do Direito não lhe eram imposições ou comandos, mas simplesmente recomendações, as quais poderiam ou não admitir que influíssem na, aparentemente soberana e ilimitada, capacida-

---

1 NOGUEIRA, Carlos Frederico Coelho. **Comentários ao Código de Processo Penal.** Bauru (SP): Edipro, 2002, p. 646, v. 1.

de decisória, formando-se assim o **costume judiciário** de que a análise da **Manifestação Escrita** seria somente superficial.

Por conseguinte, de um lado tem-se uma **regra legal**, fundada na Constituição da República e no poder que foi atribuído ao Congresso Nacional para **criar** normas, do outro, o conjunto de decisões no mesmo sentido feitas por aqueles que têm a função de **aplicar** – função cognoscente – e não de **criar** o Direito. Ou seja, temos uma análise dos limites de atuação das Normas Gerais e da **Jurisprudência** – que à despeito de assim denominarmos no Brasil, não se confunde com Ciência do Direito[2].

Curiosamente, a legislação, que tem sua imposição geral estabelecida na Constituição da República é afastada e desobedecida por algo que tem a natureza jurídica de mero **costume judiciário,** e que tem, para fins técnicos, a mesma relevância para Teoria Geral do Direito do costume administrativo, social, comercial, etc. razão pela qual, **técnica e cientificamente**, jamais poderia contrariar a legislação num Estado que adotou como regra, o Direito Estatutário – *Civil Law* – detalhe este *relembrado* por Dimitri Dimoulis (2006)[3]:

> [...] o aplicador do direito deve se submeter à vontade que foi manifestada nas normas aplicáveis. Se não se ativer a essa vontade, compromete a certeza do direito, tornando-se ele mesmo legislador. Essa visão indica a necessidade de o intérprete permanecer vinculado aos conteúdos normativos, respeitando a vontade expressa no texto da norma.

Não obstante, como se verifica na prática dos Tribunais é que o a Função Judiciária, buscando a redução da análise dos casos – jurisprudência **defensiva**– entendeu por bem não apenas criar um costume *contra legem,* como também, por alguma sorte de poder implícito desconhecido, afastar o entendimento que a inclusão legislativa posterior, da fase preliminar, motivada pelo excesso de ações sem propósito que era causado pela falta de crivo dos julgadores, deveria receber um exame superficial, análogo àquele exposto no Código de Processo Civil quanto a validade da petição inicial de ma-

2 Nota do autor: Jurisprudence.

3 DIMOULIS, Dimitri. **Positivismo Jurídico**. São Paulo: Método, 2006, p. 220.

neira que, não havendo qualquer espécie de responsabilização daqueles que se colocarem acima do Direito posto no exercício de suas funções públicas, a fase preliminar da Improbidade Administrativa possui a mesma eficácia da fase preliminar do processo criminal, praticamente nula.

Sobre a utilização da decisão judicial para substituição, *concessa maxima venia*, ilícita do conteúdo das normas criadas pela Função Legislativa, importa ainda relembrar a lição de Noberto Bobbio (2006)[4]:

> Na atividade relativa ao direito podemos distinguir dois momentos: o momento ativo ou criativo do direito e o momento teórico ou cognoscitivo do próprio direito; o primeiro momento encontra sua manifestação mais típica na legislação, o segundo na ciência jurídica ou (para usar um termo menos comprometedor) na jurisprudência. Esta pode ser definida como a atividade cognoscitiva do direito visando à sua aplicação.

Porém, talvez a mais assustadora e grave violação dos Direitos Humanos e Fundamentais causada pela assunção do poder judiciário das funções legislativas se encontre nas **medidas cautelares** da ação de responsabilidade político-administrativa, em especial, na indisponibilidade de bens.

Esta investigação inicia-se pelo exame da finalidade de qualquer medida cautelar, em absolutamente qualquer sistema jurídico existente, que terá como resposta: a garantia do resultado final do processo. Tratam-se de medidas de proteção do bem jurídico tutelado em litígio, para que se evitem maiores danos, razão pela qual, seus pressupostos inexoráveis de existência são o **perigo**– *periculumin mora* – e a **probabilidade da tutela** – *fumus boni juris*.

Não no Brasil. Não na Improbidade Administrativa.

Dessa vez, não é mais o legislador que teve seu entendimento contrariado pelo costume judiciário, mas o próprio **Constituinte Originário**, pois os Tribunais passaram a entender que os Direitos Fundamentais poderiam ser afastados em nome do **bem comum** ou da **felicidade geral**[5] ou qualquer outra concepção coletivista do Direito.

---

4 BOBBIO, Noberto. **O Positivismo Jurídico**. São Paulo: Editora Ícone, 2006, p. 211.

5 Em homenagem a Mills e Bentham.

Note-se a ilusão do Constituinte Originário que acreditou que havia estabelecido na Constituição da República uma estrutura generosamente protetora dos cidadãos: um Estado Liberal, ou seja, contramajoritário, firmado assim, de maneira implícita pelo seu subtipo **Estado Constitucional** e de maneira explicita pelas espécies **Estado de Direito** e **Estado Democrático.**

De tal forma, pelo ordenamento jurídico criado no art. 1º da Constituição da República, imaginou o Constituinte Originário, que teria ali fundado alguns pressupostos inexoráveis da **criação, interpretação e validade** do conteúdo de todas as normas jurídicas e quaisquer atos públicos, pois, com o **Postulado do Estado de Direito**[6]havia estabelecido:

> Os elementos do Estado de Direito seriam, para Lucas Verdu, os seguintes: 1) a primazia da lei em sentido formal); 2) um sistema hierárquico de normas que proporciona a segurança jurídica; 3) a legalidade da administração, com o estabelecimento de um sistema de recursos em favor dos possíveis atingidos por seus atos; 4) separação de poderes (passível de diferentes formas de interpretação); **5) reconhecimento e garantia dos direitos fundamentais incorporados à ordem constitucional** e 6) em alguns casos, controle da constitucionalidade das leis, como garantia face ao eventual despotismo do Legislativo, controle esse que pode ser exercido de maneiras distintas, de acordo com o sistema de cada país (grifo nosso).

Fundamento este que, por cautela, não foi não foi insculpido como base da Ordem Jurídica de forma isolada, mas sim ombreado ao **Postulado do-Estado Democrático**[7]o qual deveria condicionar o ordenamento jurídico dessa forma:

> O Estado Democrático de Direito, caracterizador do Estado Constitucional, significa que o Estado se rege por normas democráticas, com eleições livres, periódicas e pelo povo, **bem como o respeito das autoridades públicas aos direitos e garantias fundamentais.**
>
> [...]

6 TORRES, Ricardo; GALDINO, Flavio; KATAOKA, Eduardo. **Dicionário de Princípios Jurídicos**. Forense, 2014, p.461.

7 MORAES, Alexandre de. **Direito constitucional**, 23. ed. São Paulo: Atlas. 2008, p. 6.

Assim, o Estado Constitucional, portanto, é mais do que o Estado de Direito, é também o Estado Democrático, **introduzido pelo constitucionalismo como garantia de legitimação e limitação do poder** (grifo nosso).

Contudo, além de criar postulados que supunha instransponíveis, o Constituinte Originário, em sua preocupação com a proteção dos cidadãos, adotou uma festejável prudência, indo além do estabelecimento de postulados gerais (como é suficiente em grande parte da Constituições), afinal, saído de uma Ditadura Totalitária tinha conhecimento do risco sempre presente dos discursos coletivistas e a sedução proposta por seus atalhos, de forma que resolveu utilizar-se da técnica denominada **Cartas ou Estatutos de Direitos**, incluindo em nosso ordenamento mais uma tecnologia de limitação do poder, os Direitos Fundamentais, conforme explica Manoel Gonçalves Ferreira Filho (2012)[8]:

> Para limitar o poder várias são as técnicas adotadas. Uma é a da divisão territorial do poder, que inspira as descentralizações e não raro o próprio federalismo.
> **Outra consiste em circunscrever o campo de ação do Estado, reconhecendo-se em favor do indivíduo uma esfera autônoma, onde a liberdade não pode sofrer interferências do Estado. É isso que se busca obter pela Declaração dos Direitos e Garantias do Homem.**
> A terceira é a divisão funcional do poder, tão conhecida na forma clássica da separação dos poderes. É esta o objeto do presente capítulo, que é complementado pelos seguintes, em que se apontam as linhas mestras de cada um dos poderes identificados pela velha doutrina: o Legislativo, o Executivo e o Judiciário. (grifo nosso).

No mesmo sentido leciona Gilmar Mendes (2014)[9]:

> Na sua concepção tradicional, os direitos fundamentais são direitos de defesa (Abwehrrechte), **destinados a proteger determinadas posições subjetivas contra a intervenção do Poder Público**, seja pelo (a) não impedimento da prática de determinado ato, seja pela (b) não intervenção em situações subjetivas, seja pela (c) não eliminação de posições jurídica.

---

8 FERREIRA FILHO, Manoel Gonçalves. **Curso de Direito Constitucional**, 38.ed. São Paulo: Saraiva, 2012, p. 134-135.

9 MENDES, Gilmar Ferreira; BRANCO, Paulo Gustavo Gonet. **Curso de Direito Constitucional**. São Paulo: Saraiva, 2014, p. 777-778.

> [...]
> Essa definição de direitos fundamentais – apesar de ser pacífico na doutrina o reconhecimento de diversas outras – ainda continua ocupando lugar de destaque na aplicação dos direitos fundamentais. Essa ideia, sobretudo, objetiva a limitação do poder estatal a fim de assegurar ao indivíduo uma esfera de liberdade. **Para tanto, outorga ao indivíduo um direito subjetivo que lhe permite evitar interferências indevidas no âmbito de proteção do direito fundamental ou mesmo a eliminação de agressões que esteja sofrendo em sua esfera de autonomia pessoal.** (grifo nosso).

Desse modo, para proteger os cidadãos e os direitos individuais, o Constituinte Originário utilizou-se de todas as formas disponíveis para garantir o respeito aos indivíduos. Tudo que foi possível de ser feito nesse sentido, o foi, não obstante que tal cenário dependa de uma condição a obediência ao Estado de Direito, a submissão do Legislativo, Executivo e Judiciário à Ciência Jurídica e à Ordem Constitucional.

Diante desse conjunto de proteções, portanto, seria de todos impossível que o Direito Fundamental à propriedade privada, que é protegido por diversas vezes na Constituição da República, fosse indevidamente extirpado.

Todavia, em dado momento os Tribunais passaram a entender que, **no caso da Improbidade Administrativa,** por algum arcano ainda indefectível, a **Ordem Constitucional** e a **Teoria Geral do Direito** teriam sido suspensas, de modo que, bastaria que fosse formulada uma acusação de ato de improbidade para que os Direitos Fundamentais à **Propriedade Privada**, à **Presunção de Inocência**e ao **Devido Processo Legal**, fossem, de pronto, extintos, instaurando-se, assim, no seio de um Ordenamento Jurídico liberal e democrático, uma medida coletivista ou, com maior clareza e precisão técnicas, Totalitária, conforme explica Plácido:

> **TOTALITÁRIO.** De total, exprime geralmente o que encerra a totalidade de partes ou de atributos, sem nada lhe faltar.
> Totalitário. Mas, no sentido político, entende-se o regime em que o Estado absorve e subordina os interesses dos indivíduos aos interesses da coletividade, adotando como forma de governo a ditadura pessoal ou de grupo. No regime totalitário, o Estado é que dirige todas as atividades da vida social do país, nele somente se admitindo a existência do partido ou do grupo de onde saem seus dirigentes ou administradores.

Sob o argumento de que haveria um Interesse Público implícito, abriu-se mão do formalismo ou mesmo da Teoria Geral do Direito, que se tivesse sido consultada, informaria ser conceitualmente impossível existir qualquer parcela de Interesse Público – Primário ou Secundário – contra Direitos Fundamentais, pois eles **são o principal Interesse Público.**

Desse modo, entenderam os Tribunais queao bel prazer do acusador e do julgador, sem qualquer espécie de ato do acusado que dê a entender que há efetivo perigo ao processo, um Direito Fundamental, poderia ser suspenso ou, o que é ainda mais assustador, poder-se-ia supor sua não incidência.

Certo é que esta postura jurídica dos Tribunais poderia existir, porquanto, de forma técnica, se coaduna com o Direito Totalitário adotado em um Estado Absoluto ou mesmo em um Estado de Justiça – EstadoSocial – contudo, não poderia ser sequer sustentada, quiçá aplicada, em nosso ordenamento jurídico, pois é com nosso Ordenamento Jurídico conceitualmente incompatível, uma vez que não é possível defender interpretações Totalitárias no âmbito de Estado Liberal – ou Formal.

E, além da incongruência atual, uma consulta à Teoria Geral do Estado pode ainda demonstrar qual o fundamento para o entendimento mantido pelos Tribunais e o futuro de nosso ordenamento jurídico, no caso de prevalência do entendimento hoje esposado em prol do coletivismo e em detrimento dos indivíduos, conforme a lição de Thomas Fleiner-Gerster (2006)[10]

> Em uma comunidade totalitária não há igualmente lugar para divisão das forças. Aquele que defende interesses econômicos privados lesa o interesse global da comunidade. Esta não pode tolerar que interesses coletivos privados sejam representados e defendidos, por exemplo, por associações privadas, pois isto prejudicara os interesses comunitários. No interesse da comunidade, os interesses privados devem desaparecer. A propriedade de bens privados é igualmente inadmissível, uma vez que por meio da propriedade privada perde-se a propriedade comum. Assim, a propriedade privada não é senão um fruto em detrimento da sociedade.
>
> Uma vez que o exercício privado do poder é proibido e reprimido, a comunidade adquire um poder total e incontrolável sobre cada indivíduo. No entanto, mesmo no

10 FLEINER-GERSTER. Thomas. **Teoria Geral do Estado**. São Paulo: WMF Martins Fontes, 2006, p. 515.

interior de uma sociedade completamente integrada, haverá sempre o fenômeno da dominação de um pequeno número de indivíduos ou de uma única pessoa. Visto que os governantes desta comunidade podem exercer sua dominação total sobre os membros da coletividade, eles possuem um poder ilimitado, do qual podem abusar a todo momento para seus próprios interesses pessoais. Já que pessoa alguma terá condições de restringir o seu poder ou controlar o seu exercício, a sua dominação degenerará forçosamente em uma tirania totalitária.

3. A TÉCNICA JURÍDICA COMO OBSTÁCULO PARA RESPONSABILIDADE SELETIVA

A base não apenas de nosso ordenamento jurídico, mas de toda e qualquer autorização de responsabilização repousa no art. 1º da Constituição da República[11]. Este dispositivo, em conjunto com outros três que o seguem, são postulados e limites de Ordem Jurídica possível de ser estabelecida enquanto viger a atual Constituição, cabendo-nos, ao tratar da responsabilidade pública, iniciar uma análise por um de seus conceitos: a República.

Em verdade, a simples leitura do nome do Estado brasileiro já seria suficiente para isso, afinal, a Constituição da República Federativa do Brasil[12] somente poderia criar elementos coerentes com uma **República Federativa**, porém, além da sintaxe nos sirvamos da Lógica Formal: há necessidade – ou dever – de **coerência.**

Noutros termos, se o objeto de trabalho é da matéria X, seja lá qual for a forma a ele imposta, seu produto **somente** pode ser um derivado da matéria X, do contrário, não se está diante de um procedimento racional, pois, rompendo-se este liame, haveria a violação dos fundamentos lógicos denominados **Princípio da Identidade** e **Princípio da Não-Contradição,** que são pressupostos lógico-formais inexoráveis para o reconhecimento de um argumento como racional.

---

11 Art. 1º A República Federativa do Brasil, formada pela união indissolúvel dos Estados e Municípios e do Distrito Federal, constitui-se em Estado Democrático de Direito e tem como fundamentos

12 Perceba-se que nossa incapacidade técnica é tão aguda que sequer o nome correto de nossa lei suprema, A Constituição da República, conseguimos identificar, utilizando-nos da expressão "Constituição Federal" ou seja, a Constituição da União Federal.

Analisando-se a Doutrina Jurídica, em especial de Teoria Geral do Estado, ter-se-á a concepção que a principal característica da República é a transferência dos bens e do próprio Estado para os cidadãos, razão pela qual os bens mais importantes e razões de existir, numa República, do próprio Estado, são os Direitos Individuais

De fato, mais importante distinção entre República e Monarquia, relaciona-se a isto: a Responsabilidade dos Direitos Fundamentais. Enquanto na Monarquia esta responsabilidade é imposta ao Monarca, razão pela qual este também não pode feri-la, sendo assim, juridicamente irresponsável, na República, tal responsabilidade é dos cidadãos, de maneira que cada cidadão é responsável pelos Direitos Fundamentais de seus concidadãos, conforme explica Karl Doehring (2008)[13]:

> Ele [República] enuncia que a coisa pública se transfere ao povo. O Estado pertence ao povo que com isso não só é o titular de direitos, como também assume compromissos. Na república todo cidadão é responsável pelo bem comum. Dessa forma, a obrigatoriedade à prestação do serviço militar [...] é uma manifestação de responsabilidade republicana do cidadão, pois é assunto de todos a defesa do – seu – Estado.

Esta peculiaridade fundamental tem implicações em todo o ordenamento jurídico, sendo desta a possibilidade de criação de obrigações públicas, isto é, das obrigações que não decorrem diretamente dos direitos individuais de nossos concidadãos, como é o caso do Serviço Militar e do Voto Obrigatório.

Também se origina do **Postulado Republicano** a concepção de **Responsabilidade Pública**, isto é, a responsabilidade com a utilização dos recursos e poderes públicos, sendo a República, de todos os conceitos relacionados à Responsabilidade Pública, o de maior abrangência.

Tal fato permite um parêntese interessante para que se demonstre o potencial danoso da incapacidade técnica. Recentemente tem-se passado a defender nos meios jurídicos o conceito de **Prestação de Contas** – *accountability* – como sinônimo de evolução na fiscalização dos negócios públicos, de maneira que, com a utilização de um conceito e teorias importadas, aparen-

13 DOEHRING. Karl. **Teoria do Estado.** Belo Horizonte: Del Rey, 2008, p. 240.

temente ter-se-ia uma maior quantidade de obrigações geradas pela atuação dos agentes públicos.

Porém, um estudo rápido da matéria demonstra que, mais uma vez, a pretensão de se importar conceitos jurídicos sem qualquer análise é em verdade causadora de problemas, pois, caso no Brasil passássemos a utilizar o conceito de prestação de contas – o qual já utilizamos, à proposito – teríamos uma **redução** nas obrigações públicas, pois, não apenas a República é um conceito mais abrangente em termos de Responsabilidade Pública, como também é estabelecido em nosso ordenamento jurídico como fundamento da Ordem Jurídica, de maneira que, toda nossa ordem jurídica **já é** construída sobre o postulado da responsabilidade por **toda e qualquer atuação em nome público.**

De tal modo, o **avanço** proposto é, em verdade, um retrocesso, o qual somente tirará da Ordem Jurídica a possibilidade de análise do **conteúdo** decisório dos atos públicos, fazendo com que sejam analisados somente elementos formais.

Observe-se que tal caminhar nos tolherá de possibilidades que sequer temos desenvolvidas em nosso ordenamento jurídico, mas se encontram facultadas pela nossa Constituição, a do exame do **mérito administrativo, legislativo e judicial.**

Criou-se no Brasil a ideia de que os poderes públicos se sujeitam às decisões ou entendimentos de seus ocupantes, o que, se pode ser coerente com o conceito de Prestação de Contas, não o é em relação à República e ao Estado de Direito, pois, nestes dois últimos os **motivos** e **forma de análise** que resultam no procedimento decisório também podem ser examinadas, em consonância com as lições de Jacques Chevallier (2013)[14]:

> No coração da teoria do Estado de Direito, há, então, o princípio segundo o qual os diversos órgãos do Estado somente podem agir em virtude de uma habilitação jurídica: todo uso da força material deve estar fundamentado numa norma jurídica; o exercício do poder se transforma em uma competência, instituída e enquadrada pelo direito. Na medida em que os órgãos do Estado estão assim limitados, pelo respeito às

---

14 CHEVALLIER. Jacques. **O Estado de Direito.** Belo Horizonte: Forum, 2013. p. 14.

normas jurídicas superiores, o Estado de Direito tende a se apresentar sob o aspecto formal da hierarquia de normas.

Eis então um indício dos interesses por trás da importação de um conceito de Responsabilidade Pública nitidamente inferior em sua abrangência àquele que já temos. Ao invés de ser uma forma de maior controle dos agentes públicos, o que se pretendeu é criar uma aparência de inovação e **retirar a possibilidade de responsabilização** dos Agentes Públicos por seus atos, colocando-os numa espécie de **casta** que, cumprindo as formalidades exigidas pelo modelo de Prestação de Contas, estaria livre para se utilizar das instituições jurídicas ao seu bel prazer.

4. RISCOS DOS DESVIOS TÉCNICOS E DO AFASTAMENTO DAS INSTITUIÇÕES: O HEROÍSMO PÚBLICO

Como dito anteriormente, nenhum Estado Moderno depende ou mesmo é compatível com a ideia de heróis ou salvadores, sendo estes até mais danosos que os próprios vilões, porquanto, com base num ideal, que até mesmo pode ser legítimo, acabam por personalizar as causas públicas, transformando-as em verdadeiras cruzadas pessoais, ao invés de atuações republicanas.

A maior prova disso é a verdadeira guerra que foi travada nos bastidores de dois projetos de lei recentes, o **PLS 85/2017 (Abuso de Autoridade)** e o **PL 4850/2016 (Dez Medidas)**, em ambos os casos o que se viu foi uma determinada parcela do serviço público, arrogando-se como os verdadeiros heróis do povo, buscando uma maior responsabilização dos agentes públicos do Legislativo e do Executivo, com um vultoso acréscimo de poderes para suas categorias, mas com verdadeira ojeriza ao aumento respectivo de suas responsabilidades e a possibilidade de exame de suas próprias ações.

Em suma, seguimentos que, supostamente, deveriam ser técnicos e apolíticos passaram a pretender, literalmente, invadir o campo de atuação daqueles agentes públicos que são, pela Constituição, necessariamente políticos, de maneira que, por terem o apoio popular, passaram a tentar impor aos legisladores, muitas vezes de formas, digamos, de questionáveis uma ampliação de seus poderes e a demonização de suas responsabilidades.

Antes, contudo, de se analisar estes casos, cumpre indicar alguns acontecimentos que podem indicar o início dessa forma de atuação, a tramitação da **PEC 37/2011.**

A **PEC 37/2011,** que passou a ser chamada pelos membros dessas instituições como **PEC da Mordaça**ou **PEC da Ilegalidade,** a qual, supostamente, tolheria poderes do Ministério Público na realização de Inquéritos Criminais, poder este que, inclusive, havia sido reconhecido pelo Supremo Tribunal Federal com base na Teoria dos Poderes Implícitos.

Sem que se adentre nas críticas à forma como tal teoria foi **aplicada,** fato, não especulação ou entendimento, mas **FATO**, é que o Ministério Público **jamais** recebeu tais poderes do Constituinte, tendo logrado construir no Supremo Tribunal Federal uma teoria que **negou a Constituição** e lhe entregou poderes que nunca lhe foram outorgados. A demonstração disso pode ser analisada numa simples consulta aos anais da Constituinte, disponíveis no site do Senado Federal e da Câmara dos Deputados, bastando para isso procurar os documentos indicados por José Afonso da Silva:

> Ora, se o Ministério Público estava interessado na investigação criminal direta seria de esperar que constasse desse Anteprojeto algo nesse sentido, já que o relator era um Constituinte afinado com a instituição. As únicas disposições aproximadas a isso vieramno Anteprojeto da Comissão da Organização dos Poderes e Sistema de Governo (junho de 1987), de que foi relator o Constituinte Egídio Ferreira Lima. O art. 137, inc. V, incluía entre as funções institucionais do Ministério Público, além da competência para 'requisitar atos investigatórios', também exercer a supervisão da investigação criminal", assim como a faculdade de 'promover ou requisitar a autoridade competente a instauração de inquéritos necessários às ações públicas que lhe incumbem, podendo avocá-los para suprir omissões". Isso se manteve no Projeto de Constituição (Comissão de Sistematização, julho de 1987, art. 233, § 3º). **Já no Primeiro Substitutivo do Relator Bernardo Cabral (Comissão de Sistematização, agosto de 1987), essas normas sofreram alguma transformação importante, excluindo-se a possibilidade de "promover ... a instauração de inquérito necessários às ações públicas", bem como se eliminou a possibilidade de "avocá-los para suprir omissões". Ou seja, suprimiu aquilo que o Ministério Público hoje ainda pretende: o poder de investigação subsidiário** (grifo nosso).

Trata-se, por conseguinte, de **clara supressão de poderes,** ainda assim, nada impediu que servidores públicos divulgassem aos quatro cantos e para toda população que algo lhe estava sendo tirado, como bem demonstram todas as matérias da época. Acaso haja alguma dúvida sobre quão elementar foi essa apropriação de poder Constitucional, vale citar Hans Kelsen (2005)[15] sobre a distribuição de poderes:

> Deve-se anotar o seguinte fato: os órgãos do poderes legislativo, executivo e judiciário são incapazes de funcionar sem estarem autorizados por uma norma geral [...]
> **Um indivíduo atua como órgão do Estado apenas na medida em que atua baseado na autorização conferida por alguma norma válida.** Esta é a diferença entre o indivíduo e o Estado como pessoas atuantes, ou seja, entre o indivíduo que não atua como órgão do Estado e o indivíduo que atua como órgão do Estado. Um indivíduo que não funciona como órgão do Estado tem permissão para fazer qualquer coisa que a ordem jurídica não o tenha proibido de fazer, ao passo que o Estado, isto é, um indivíduo que funciona como órgão do Estado, só pode fazer o que a ordem jurídica autoriza a fazer. É, portanto, supérfluo, do ponto de vista da técnica jurídica, proibir alguma coisa a um órgão do Estado. Basta não autorizá-lo. (grifo nosso).

Contudo a Ciência Jurídica e a Constituição da República já estavam sendo desrespeitadas há décadas, com a prática de atos públicos sem autorização legal, ou seja, atos ilícios por vício de competência, nos termos do **art. 2º, *a* da Lei 4.717/65,** o vício de competência, não contente, o Supremo Tribunal Federal entendeu por bem interpretar a Constituição em **contrariedade à documentada vontade do Constituinte,** razão pela qual o Congresso Nacional se viu forçado a apresentar uma Emenda Constitucional, que, não fosse a insistência na atuação ilícita e a conivência com isto, seria desnecessária. Não obstante, é claro que os argumentos técnicos não foram expostos à população, de maneira que essa, confiando nas suas instituições, foi levada a crer que se estava ferindo, ao invés de proteger, a Constituição da República.

Tal episódio poderia ser um fato isolado, contudo, conforme acima exposto, há reincidência na mesma conduta das mesmas instituições, fa-

15 KELSEN, Hans. **Teoria Geral do Direito e do Estado.** São Paulo: WMF Martins Fontes, 2005, p. 376.

tos estes também fartamente documentados. O Ministério Público Federal desenvolveu uma campanha para a implementação do projeto legislativo denominado de **10 Medidas de Combate à Corrupção** cujo conteúdo, por si só, e a patente demonstração da intenção de enveredar pela ilegalidade, porquanto **apenas** propõe a autorização para o banditismo Estatal, à medida que pretende suprimir a proibição das provas obtidas por meios ilícitos.

Porém, abstraindo-se este e outros conteúdos de Constitucionalidade, Humanidade e Legalidade, no mínimo, duvidosas, tem-se que a instituição resolveu realizar uma campanha de marketing, tendo inclusive criado um site sobre o assunto para melhor **esclarecimento** da população. O conteúdo técnico das **informações** é bastante questionável à luz da Ciência do Direito, não obstante, o que chama a atenção é novamente e uma imagem completamente distanciada da prática, à título de exemplo, caso o cidadão busque as **Perguntas Frequentes**[16] encontrará uma declaração de estrito respeito à Constituição:

> O MPF está contatando parlamentares para angariar apoio à Campanha?
> As assinaturas foram colhidas e entregues ao Congresso Nacional pela sociedade, sendo esta a legítima protagonista para dialogar com o Congresso Nacional, pleiteando apoio para a aprovação do projeto de iniciativa popular, na melhor dinâmica de uma democracia participativa. **Institucionalmente, não cabe interferência do Ministério Público Federal no processo legislativo, cuja competência é do Congresso Nacional. O Poder Legislativo tem plena autonomia para debater com profundidade e responsabilidade as propostas legislativas.** (grifo nosso).

E tal declaração está corretíssima, não cabe a nenhuma função pública imiscuir-se nas funções de outra, contudo, a realidade dos fatos demonstra que, nos bastidores, longe do olhar do público, não se tem um apreço assim tão grande pela Constituição, bastando para tanto consultar outro banco de dados público, dessa vez da **Câmara dos Deputados**[17].

---

16 BRASIL. Procuradoria-Geral da República. **10 medidas contra a corrupção**: perguntas frequentes. [201?]. Disponível em: <https://goo.gl/bXTTLT>. Acesso em: 19 jul. 2017.

17 BRASIL. Câmara dos Deputados. **Projeto de Lei nº 4.850, de 29 de março de 2016.** Estabelece medidas contra a corrupção e demais crimes contra o patrimônio público e combate

Analisando-se o trâmite da matéria se tem uma constatação bastante clara: as dezenas de juristas que compareceram à Comissão, indicaram as patentes inconstitucionalidades e violações de Direitos Humanos na proposta realizada pelo Ministério Público, ao mesmo tempo que indicaram que, **o acréscimo de poderes deveria ser acompanhado de um proporcional acréscimo de responsabilidades.**

Ocorre que, ao tratar com a população, o Ministério Público e suas instituições, já contradizendo seu discurso de não influência indevida no Congresso Nacional, asseveraram que todos os juristas estavam equivocados e que não seria cabível a criação de normas de responsabilização por arbítrios.

Tal fato poderia ser uma discussão doutrinária ou técnica, não obstante, há um pequeno problema. Como foi exposto pelo Ministério Público o projeto das Dez Medidas se baseia numa norma internacional, a saber A **Convenção das Nações Unidas Contra a Corrupção (2013),** promulgada pelo Decreto 5.687/2006, ocorre que essa mesma convenção **traz em seu texto as medidas de responsabilização dos Magistrados e dos membros do Ministério Público** e, ainda que não o fizesse, a Constituição, a Lei Orgânica da Magistratura, a Lei Orgânica do Ministério Público, o Decreto 1.171/94, etc. o fazem.

A bem da verdade, quando o Direito é utilizado como Ciência e não como forma de justificação de privilégios, tem-se como postulado inafastável o instituto do Estado de Direito, segundo o qual **toda função pública deve ser responsabilizada por seus ilícitos,**não sendo o Ministério Público ou o Judiciário exceções.

À despeito disso, a leitura dos votos dissidentes de alguns deputados deixa claro que o relator da matéria foi pressionado pelas mesmas instituições para retirar do texto que seria apresentado em plenário a proposta que responsabilizaria os membros do Ministério Público e do Poder Judiciário. Noutros termos, para estas carreiras não haveria de se falar em igualdade, muito menos responsabilidade.

---

o enriquecimento ilícito de agentes públicos. Disponível em: <https://goo.gl/Xpw7tA>. Acesso em: 19 jul. 2017.

O mais interessante foi perceber, conforme comentou Miguel Reale Júnior[18], a existência de alguns rompantes revoltados sobre o tema, aduzindo nos meios de comunicação que haviam sido criadas novas proibições e responsabilidades em retaliação.

Os revoltosos, contudo, olvidaram-se do fato que a responsabilização imposta aos eventuais desmandos já era em sua totalidade proibida em nosso ordenamento jurídico, tendo sido apoiada pela imensa maioria do corpo técnico consultado e somente retirado do relatório final por pressão feita por estas entidades ao relator do **PL 4850/2016**. Assim, não foram criadas novas proibições, mas sim atribuídas responsabilidades para **atos que já são considerados ilícitos,** de modo que somente se pode concluir que as entidades revoltosas buscavam evitar a regulação da responsabilidade para seus membros quando estes cometessem atos ilícitos.

Para evitar maiores debates sobre o tema e demonstrar de forma cabal o argumento, seguem abaixo as normas que há algumas décadas classificam as condutas como ilícitas:

Quadro 1: Atos ilícitos para Magistrados, segundo proposição da PL 4.850/2016

Magistrados	
PL 4850/2016	Onde já é considerado ilícito?
Art. 8º Constitui crime de abuso de autoridade dos magistrados:	
I - proferir julgamento, quando, por lei, seja impedido;	Código de Processo Civil de 1973, art. 144
II - atuar, no exercício de sua jurisdição, com motivação político-partidária;	Constituição, art. 95, parágrafo único, inciso III
III - ser patentemente desidioso no cumprimento dos deveres do cargo;	Art. 35, I da Lei Complementar 35/79
IV - proceder de modo incompatível com a honra, dignidade e decoro de suas funções;	Art. 35, VIII da Lei Complementar 35/79

18 "Achei uma reação desproporcional, muito emocional. De dizer que, se vier a ser sancionado, eles abandonariam a força tarefa. Se existe uma proposta legislativa, está sujeita a ser aprovada ou não. Votar essa lei de abuso de autoridade, transformar em infrações disciplinares em crime, não é nada que gere ou possa gerar essa reação tão violenta", afirmou. "Criminalizar o exercício da advocacia pelo procurador, ou uma atividade político-partidária, ou uma atividade social: o que isso interfere na Lava Jato?"

V - exercer, ainda que em disponibilidade, outro cargo ou função, salvo de magistério;	Constituição, art. 95, parágrafo único, inciso I
VI - exercer atividade empresarial ou participar de sociedade empresária, inclusive de economia mista, exceto como acionista ou quotista;	Art. 36, I da Lei Complementar 35/79
VII - exercer cargo de direção ou técnico de sociedade simples, associação ou fundação, de qualquer natureza ou finalidade, salvo de associação de classe e sem remuneração;	Art. 36, II da Lei Complementar 35/79
VIII - receber, a qualquer título ou pretexto, custas ou participação em processo;	Constituição, art. 95, parágrafo único, inciso II
IX - expressar, por qualquer meio de comunicação, opinião sobre processo pendente de julgamento, seu ou de outrem, ou juízo depreciativo sobre despachos, votos ou sentenças de órgãos judiciais, ressalvada a crítica nos autos e em obras técnicas ou no exercício do magistério.	Art. 36, III da Lei Complementar 35/79

Fonte: O autor.

Quadro 2: Atos ilícitos para membros do Ministério Público, segundo proposição da PL 4.850/2016

Membros do Ministério Público	
PL 4850/2016	Onde já era Considerado Ilícito?
Art. 9º São crimes de abuso de autoridade dos membros do Ministério Público:	
I - emitir parecer, quando, por lei, seja impedido;	Art. 236, V da Lei Complementar 75/93
II - recusar-se à prática de ato que lhe incumba;	Art. 236, I e IX da Lei Complementar 75/93
III - promover a instauração de procedimento, civil ou administrativo, em desfavor de alguém, sem que existam indícios mínimos de prática de algum delito;	Constituição, 129, VIII ; CPP 564, IV e 572
IV - ser patentemente desidioso no cumprimento de suas atribuições;	Art. 236, I da Lei Complementar 75/93
V - proceder de modo incompatível com a dignidade e o decoro do cargo;	Art. 236, X da Lei Complementar 75/93
VI - receber, a qualquer título e sob qualquer pretexto, honorários, percentagens ou custas processuais;	Art. 237, I da Lei Complementar 75/93

VII - exercer a advocacia;	
VIII - participar de sociedade empresária na forma vedada pela lei;	Art. 237, III da Lei Complementar 75/93
IX - exercer, ainda que em disponibilidade, qualquer outra função pública, salvo de magistério;	Art. 237, IV da Lei Complementar 75/93
X - atuar, no exercício de sua atribuição, com motivação político-partidária;	Art. 237, V da Lei Complementar 75/93
XI - receber, a qualquer título ou pretexto, auxílios ou contribuições de pessoas físicas, entidades públicas ou privadas, ressalvadas as exceções previstas em lei;	Art. 237, I da Lei Complementar 75/93
XII - expressar, por qualquer meio de comunicação, opinião sobre processo pendente de atuação do Ministério Público ou juízo depreciativo sobre manifestações funcionais, em juízo ou fora dele, ressalvada a crítica nos autos e em obras técnicas ou no exercício do magistério.	Art. 236, II da Lei Complementar 75/93

Fonte: O autor.

De tal modo, nitidamente se conclui que não há uma discussão sobre a ilegalidade, **tais condutas já são ilícitas**, mas sim que com o advento da reforma legislativa aqueles que cometerem atos ilícitos receberam reprimendas legais e não somente disciplinares.

As modificações legais são, em verdade, o fluxo natural de todo e qualquer país que busca acabar com os desmandos do poder público, pois criam um cenário de clara responsabilidade com a coisa pública, impondo a responsabilidade no lugar do heroísmo. Justamente por isso, talvez a questão mais paradigmática seja a do **PLS 85/2017.**

Inicialmente, alguns setores públicos tentaram defender a impossibilidade de alteração da **Lei de Abuso de Autoridade,** contudo esta posição é completamente desprovida de qualquer nexo com a existência dos próprios Estados Modernos.

A posição de completa irresponsabilidade dos agentes públicos somente era conhecida nas Monarquias Absolutistas ou nas Ditaduras Totalitárias, de maneira que os agentes públicos se viram bastante fragilizados na pretensão de defender a manutenção da Lei de Abuso de Autoridade existente, a saber a Lei 4.898/1965, criada durante o Governo Militar com a clara intenção de somente identificar os descontentes com o Regime Militar, permitindo assim uma melhor perseguição.

Dessa feita, passou-se então a fazer, novamente de uma forma questionável, campanhas sobre o que se denominou de forma pejorativa de **crime de hermenêutica**. Ou seja, a possibilidade de punição daqueles que atuassem de forma irracional.

Aos meios de comunicação e a população apresentou-se a ideia de que tais responsabilidades serviriam somente para repreender membros do Ministério Público ou do Poder Judiciário, novamente criando uma narrativa sobre poderes que estes, e quaisquer outros servidores, jamais tiveram, qual seja, a Liberdade de Deliberação.

Em verdade, a retirada disso do texto do projeto de lei pode ser considerada uma das maiores se não a maior oposição ao desenvolvimento da Ciência do Direito e da Responsabilidade Pública da História do Brasil.

Perceba-se que juristas tendem a propalar a ideia de que o Direito, apesar de ser uma Ciência, permitiria uma gama quase infinitas de interpretações. Alegam, com base na extrema complexidade da formação e entendimento das normas, que existiram interpretações equivalente ou igualmente pertinentes sobre a mesma matéria, ainda que antagônicas, contudo, isso não é verdade.

E, o que é mais, o conhecimento necessariamente impreciso não é verdadeiro para o Direito como também não é verdadeiro para nenhuma das Ciências Humanas, pois, a incapacidade técnica não se confunde com a limitação científica.

A precisão nas respostas, ao contrário do que comumente se faz pensar na Doutrina, não é um traço da Ciência, mas sim da Razão, é uma exigência da Lógica Formal. De maneira que não existirão jamais duas respostas igualmente corretas para uma mesma questão e, ainda que pudessem existir, haveria uma infinidade de mecanismos que nos permitiriam dizer qual a melhor resposta.

Essa matéria, comumente esquecida, é a maior e mais valiosa herança do Iluminismo, a supremacia da Razão. No Direito, sua implementação se deu por um instituto denominado **Estado de Direito**, assim, à luz do Estado de Direito que a norma que impõe interpretações racionais e razoáveis deverá ser analisa, pois, absolutamente nenhum ato público, seja de que natureza for, pode ser pautado pela irracionalidade.

Os juízos humanos e, principalmente jurídicos, **são sim** passíveis de avaliação acerca de sua correção lógico-formal, que pode ser realizado por qualquer mente racional, sendo este o motivo pelo qual na modernidade é a racionalidade e não a fé, a convicção, a crença, a paixão, etc. o critério de regulação da vida em sociedade.

Perceba-se, nem mesmo a República Federativa do Brasil, o Estado brasileiro, depois de sua instituição, pode atuar de maneira desregrada, pois é o próprio Estado criado e limitado por sua Constituição. Ora, se nem mesmo o Estado goza de uma liberdade plena, nitidamente esta faculdade não terão suas partes, os Entes Políticos, ou suas Funções, quiçá então terá esta liberdade de atuar de forma irracional, não lógica, o indivíduo que atua como órgão de uma Função de um Ente que é parte do Estado.

De outra forma: numa República e num Estado de Direito há a completa impossibilidade de ser válida qualquer atuação pública desarrazoada ou desproporcional.

Cumpre ainda diferençar o teor de Decisões e o teor de Opiniões, enquanto que opiniões podem ser de qualquer natureza, o conteúdo das decisões judiciais somente é aceito se for racional, sendo, inclusive, estabelecido que as decisões judiciais são realizadas por meio de procedimento lógico-dedutivo específico, a saber o Silogismo.

Assim sendo, seja pelo fato de que lógica e filosoficamente mesmo o mais simples juízo, para assim ser considerado, depender de estruturas objetivas, com mais razão se verifica isto no juízo realizado em cumprimento a um dever público.

Sim, o Direito é uma Ciência Humana e como qualquer ciência, possui respostas certas ou finais – *final answers* – porém, ainda que não o fosse e retornássemos ao lugar-comum das ciências humanas como ciências imprecisas, seria impossível de plano supor que a Interpretação Jurídica não fosse uma atividade extremamente restritiva, pois, sendo um conhecimento racional seguirá um caminho de aperfeiçoamento necessário que, a grosso modo, pode ser estabelecido como se fosse realizada uma filtragem argumentativa destilando os conjuntos de ideias aceitáveis e válidas em grupos cada vez menores: possíveis > razoáveis > juridicamente válidos > coerentes com o ordenamento jurídico > aplicáveis ao caso concreto.

Figura 1: A interpretação jurídica esquematizada

Fonte: O autor.

A bem da verdade, tem-se em **todos os campos do conhecimento**, em especial o lógico e o filosófico a conclusão de obviedade desconcertante de que os **juízos são realizados de uma forma específic**a, sob pena de não serem considerados sequer como racionais, conforme as lições mais do que elementares de Keller e Bastos (2002)[19], que um juízo racional, resumidamente, constitui-se do seguinte processo:

19 KELLER, Vicente; BASTOS, Cleverson Leite. **Aprendendo Lógica**. Volta Redonda (RJ): Vozes, 2002, p. 59

1) A inteligência tem diante de si dois conceitos
2) Os conceitos são ordenados e aproximados como sujeito e predicado
3) Os conceitos organizados como sujeito e predicado são comparados com a existência
4) Percebendo que um conceito pode ser atribuído a outro a inteligência os une pela afirmação, caso contrário, separa por negação.
5) A inteligência pronuncia seu julgamento, por meio de um termo, apresentando assim uma proposição que será no silogismo denominada premissa ou conclusão.
6) O produto do juízo será a composição ou separação de dois conceitos entre si, via um verbo, que se denomina de proposição simples ou categórica.

De tal maneira, tem-se que, se nem todos atos racionais, isto é, logicamente válidos, são atos jurídicos, todo e qualquer ato de relevância jurídica será, necessariamente, lógico. Sobre o tema, inclusive a Doutrina processual indica qual é a forma de raciocínio a ser utilizado, a saber, o Silogístico, espécie do gênero dedutivo, veja-se Marcus Gonçalves (2016)[20]:

> Ao proferir a sentença, o juiz desenvolve um raciocínio silogístico, pois parte de uma premissa maior (o que dispõe o ordenamento jurídico) para uma premissa menor (o caso concreto) para poder extrair a conclusão.
> É preciso que a sentença indique com clareza em que medida aquela norma invocada pode funcionar como premissa maior, aplicável ao caso concreto *sub judice*.

E também na lição de Elpídio Donizetti (2016)[21]:

> A motivação (ou fundamentação) é considerada a parte mais importante da decisão. Nela, o juiz subsumirá os fatos em apreço às normas, fixando as bases sobre as quais se assentará o julgamento. É um procedimento silogístico por excelência, no qual o magistrado deve traçar as premissas maior (a norma) e menor (caso concreto) a fim de se chegar à conclusão. Como ato típico da função jurisdicional, o prolator da decisão deve demonstrar lógica, bom senso e cultura jurídica, no intento de convencer as partes e a opinião pública acerca do acerto da decisão.

---

20 GONÇALVES, Marcus Vinicius Rios. **Direito processual civil esquematizado**, 6. ed.São Paulo: Saraiva, 2016, p. 555-556.

21 DONIZETTI, Elpídio. **Curso didático de direito processual civil**, 19. ed. São Paulo: Atlas, 2016, p. 101.

De tal maneira, o juízo – como todo e qualquer dever de juízo num Estado de Direito – deverá, antes de ter sua validade jurídica reconhecida, **consistir de uma estrutura lógica igualmente válida,** sem a qual não se pode aduzir tratar-se de um processo racional.

Assim sendo, com o devido respeito, a correção ou incorreção dos juízos, a racionalidade ou irracionalidade dos argumentos é **verificável apenas desde a idade antiga**[22]**,** tendo sido, obviamente, em muito aperfeiçoada nos últimos milhares de anos nos quais ela é exercida, não havendo, por conseguinte, em se falar em qualquer espécie de argumentação que fuja a isto.

É, inclusive, necessário se destacar que a interpretação silogística ou, sendo mais amplo, o pensamento dedutivo, o indutivo e o dialético possuem **princípios e regras** de validade, sendo estas **objetivas e claras,** e que são aplicáveis não apenas aos pensamentos jurídicos, mas a qualquer espécie de pensamento humano racional.

Por fim, deve-se destacar que o espantalho que tem sido criado por determinadas classes profissionais de que haveria a criação de um **Crime Hermenêutico**, que puniria interpretações, o que, reitera-se, é uma inverdade, é, em si autocontraditório e, por conseguinte, carente de razão, uma vez que a própria Hermenêutica é, conceitualmente, uma técnica de interpretação, de maneira que, assumindo sua existência, ter-se-á a natural divisão entre processos **válidos** e **inválidos.**

De tal maneira, é verdadeiro o fundamento teórico da proposta legislativa, de que a interpretação de dispositivos legais e fatos de qualquer natureza, sem que sejam seguidas regras elementares de racionalidade ou regras racionais de interpretação, constituirá sim um abuso de autoridade e uma violação do Estado de Direito.

6. ULTRAPASSANDO OS PERIGOS E OBSTÁCULOS: O FUTURO DA RESPONSABILIDADE POLÍTICO-ADMINISTRATIVA

Como demonstrado não restam dúvidas da urgente necessidade de desenvolvimento de uma Teoria Científica não apenas da Responsabilidade

22 Aristóteles foi um dos fundadores da Lógica Formal.

Político-Administrativa na Improbidade Administrativa, mas também no próprio Impedimento, todas essas inseridas um campo teórico ainda bastante restrito em seus estudos, o Direito Sancionador, em especial aquele não-penal.

Claro está que os maiores entraves para o desenvolvimento técnico e o alcance de soluções reside no pouco ou nenhum apreço científico que tem tomado conta do Pensamento Jurídico nacional, sendo necessária, ao lado da Doutrina mais superficial, voltada para o mercado dos concursos públicos, a retomada do estudo aprofundado de campos como Teoria Geral do Estado, Teoria Geral do Direito e Lógica-Formal.

Em suma, o desenvolvimento jurídico brasileiro e de suas instituições depende de uma decisão por parte de seus cientistas, filósofos e operadores daquilo que queremos ser. Ou aceitamos de uma vez aquelas premissas do Estado Moderno e do Iluminismo, submetendo-nos à Razão e à Ciência Jurídica e a estes métodos permanecendo fiéis, mesmo quando as respostas e os caminhos não sejam claros e fáceis, ou permitimos que Leviatã tome de nós suas coleiras.

São estes os dois caminhos antagônicos entre os quais deveremos escolher, pois não será possível ao mesmo tempo buscar o **Direito como limitação do poder**, uma característica típica dos ordenamentos jurídicos pautados na Segurança Jurídica – Estado Formal ou Estado Liberal – ou o **Direito como justificação do poder,** característica típica dos ordenamentos jurídicos pautados na concepção de Justiça – Estado Material ou Estado Social – pelo simples fato que não importa o quanto se queira forçar de maneira artificial a razão humana, estes caminhos são antagônicos entre si, sendo qualquer mistura feita pela força bruta fadada em algum momento a ruir, causando ainda mais danos.

Reitera-se o fato de que nenhum dos estudiosos do Direito faz tais comentários por mero fetiche ou exibicionismo, mas pelo fato de que o Direito é, necessariamente, uma Ciência e para que possa alcançar seus fins escolhidos, deve ser realizado de forma lógica e racional.

Assim, cabe a República Federativa do Brasil optar por retomar a dignidade dos institutos constituídos na Constituição da República ou, deixando-os de lado, enveredar por novos caminhos, os quais foram clara e peremptoriamente combatidos pelo Constituinte de 1988, ainda que, à primeira vista, pareçam ser ideias nobres e belas, longe da crueza do pensamento científico que tem sido desenvolvido há milhares de anos e, como todo pensamento racional, não apresenta qualquer solução milagrosa, mas demanda um esforço contínuo para que se possa obter as vantagens por ele prometidas.

Caso escolhamos permanecer com a Ordem Constitucional criada com a carta de 1988, seremos forçados a abandonar os caminhos fáceis e populares, pois, a característica principal de nossa Constituição é seu caráter nitidamente contramajoritário, o qual não apenas autoriza, como muitas vezes força, que o Estado e suas autoridades, em nome do interesse de um único cidadão, combatam as vontades do próprio povo, pois, pela via do formalismo, os fins nunca justificaram os meios.

Se, contudo, optarmos pelo discurso suave e doce do bem comum a qualquer custo e do heroísmo, teremos que ter a plena ciência que estes atalhos nos levarão, necessariamente, ao mesmo ordenamento jurídico que foi característico do Direito Comunista, Nazista e Fascista, onde os Direitos Individuais eram considerados pelas autoridades como empecilhos e obstáculos, que efetivamente são, ao bem-estar social.

Seja como for, seja qual for a opção adotada, algo é certo, não será possível escapar das consequências, pois, ainda que fechemos os olhos para as relações de causa e efeito e torçamos para que elas não ocorram, mais cedo ou mais tarde, elas serão verificadas, como ocorreu em absolutamente todas as épocas da humanidade.

Para o bem ou para o mal, a organização da sociedade e o Direito, não comportam ilusões bem-intencionadas, nem são movidos pela boa vontade dos atos, mas sim pelas consequências reais dos fenômenos jurídicos.

E é nesse cenário, o mundo real, que o conhecimento técnico toma um maior relevo, pois, como dito acima, seja qual forem nossas opções como nação, teremos que sofrer suas consequências e contamos apenas com a Razão e com a Ciência do Direito para poder, ao menos, caminhar para o futuro com alguma ideia do que irá acontecer, nos prevenindo das consequências de nossos atos, quer pelas nossas ações como operadores do direito, quer pelo nosso silêncio, diante do desvirtuamento técnico ou da personalização do Estado.

REFERÊNCIAS

BOBBIO, Noberto. **O Positivismo Jurídico**. São Paulo: Editora Ícone, 2006.

BRASIL. Câmara dos Deputados. **Projeto de Lei nº 4.850, de 29 de março de 2016**. Estabelece medidas contra a corrupção e demais crimes contra o patrimônio público e combate o enriquecimento ilícito de agentes públicos. Disponível em: <https://goo.gl/Xpw7tA>. Acesso em: 19 jul. 2017.

BRASIL. Procuradoria-Geral da República. **10 medidas contra a corrupção**: perguntas frequentes. [201?]. Disponível em: <https://goo.gl/bXTTLT>. Acesso em: 19 jul. 2017.

CHEVALLIER. Jacques. **O Estado de Direito**. Belo Horizonte: Forum, 2013.

DIMOULIS, Dimitri. **Positivismo Jurídico**. São Paulo: Método, 2006.

DOEHRING. Karl. **Teoria do Estado**. Belo Horizonte: Del Rey, 2008.

DONIZETTI, Elpídio. **Curso didático de direito processual civil**, 19. ed. São Paulo: Atlas, 2016.

FERREIRA FILHO, Manoel Gonçalves. **Curso de Direito Constitucional**, 38. ed. São Paulo: Saraiva, 2012.

FLEINER-GERSTER. Thomas. **Teoria Geral do Estado**. São Paulo: WMF Martins Fontes, 2006.

GONÇALVES, Marcus Vinicius Rios. **Direito processual civil esquematizado**, 6. ed. São Paulo: Saraiva, 2016.

KELLER, Vicente; BASTOS, Cleverson Leite. **Aprendendo Lógica**. Volta Redonda (RJ): Vozes, 2002.

KELSEN, Hans. **Teoria Geral do Direito e do Estado**. São Paulo: WMF Martins Fontes, 2005.

MENDES, Gilmar Ferreira; BRANCO, Paulo Gustavo Gonet. **Curso de Direito Constitucional**. São Paulo: Saraiva, 2014.

MORAES, Alexandre de. **Direito constitucional**, 23. ed. São Paulo: Atlas. 2008.

NOGUEIRA, Carlos Frederico Coelho. **Comentários ao Código de Processo Penal**. Bauru (SP): Edipro, 2002, v. 1.

TORRES, Ricardo; GALDINO, Flavio; KATAOKA, Eduardo. **Dicionário de Princípios Jurídicos**. Forense, 2014.

O NOSSO FUTURO

MARCOS DA COSTA

1. INTRODUÇÃO

No clássico O Futuro da Democracia, o filósofo Norberto Bobbio, um dos mais lúcidos estudiosos da ciência política, descreve os percalços da democracia contemporânea. A conclusão é desanimadora: a democracia falha por não cumprir suas promessas, dentre as quais enumera a educação para a cidadania, o combate ao poder invisível, o modelo de uma sociedade centrípeta – o que está à vista é uma sociedade centrífuga –, a eliminação das oligarquias, a expansão do aparato burocrático, a transparência dos atos públicos. Bobbio nos deixou sem ver a construção do edifício democrático sobre bases sólidas.

O fato é que a democracia padece de uma crise crônica. Crise que se fundamenta em desvios de seu ideário. Trata-se da crise da era da sociedade pós-industrial. Essa é, aliás, a hipótese central que embasa a tese do cientista social Maurice Duverger em seu estudo sobre as **Modernas Tecnodemocracias**. A clássica democracia liberal, assentada na competição entre pequenas unidades empresariais, concorrentes e autônomas, cede lugar a vastas organizações, hierárquicas, racionalizadas, amparadas em imensos conjuntos e em sólidas bases empresariais, com ramificações e imbricações entre grupos de interesse.

O resultado desse jogo intrincado é a ressurgência de uma nova oligarquia econômica, que abriga não apenas os proprietários dos meios de produção e seus agentes, mas os técnicos, os administradores, os quadros governamentais e os organizadores. Outro estudioso da matéria, o também francês Roger-Gérard Schwartzenberg, ao alinhavar os componentes da nova composição de forças, sublinha o argumento que a inspira: a administração das coisas materiais passa a substituir o governo dos homens.

2. NOVO TRIÂNGULO DO PODER

Um novo triângulo do poder, reunindo o poder político, a alta administração e os grupos de negócios, estende seus domínios pelo território democrático. Quer dizer, uma tecnoestrutura econômica se integra a uma tecnoestrutura política, gerando uma intersecção de poderes e, consequentemente, de interesses, O Estado, por sua vez, passa a exercer importante influência na produção, nas trocas e no consumo, por meio da planificação, da regulação monetária, do controle dos preços e dos salários, do incentivo aos investimentos, do auxílio às empresas e da segurança social.

Tal simbiose é responsável por um dos paradoxos da sociedade pós-industrial: a alienação se expande com a abundância e a democracia entra em declínio com a expansão dos negócios. E que vetores se apresentam no despenhadeiro em que parece descer a democracia contemporânea? Entre eles, emergem o declínio das ideologias, a pasteurização partidária, o enfraquecimento dos Parlamentos, as tensões entre os Poderes – veja-se o caso brasileiro – a redução do papel do Estado e a força do mercado.

Na frente ideológica, o que ocorre é o enfraquecimento das doutrinas, fenômeno que se espraia a partir da fragmentação do socialismo, após a queda do Muro de Berlim. As velhas clivagens ganham novos paradigmas e a antiga luta de classes perde lugar no novo cenário da sociedade de consumo. Surge uma sociedade tecnetrônica, que une os eixos da tecnologia e da eletrônica – hoje em franco processo de expansão com as redes sociais. Explode a economia de serviços; especialistas e técnicos avançam sobre o terreno dos generalistas. Bobbio explica: "na medida em que as sociedades passaram de uma economia familiar para uma economia de mercado, de uma economia de mercado para uma economia protegida, regulada, planificada, aumentaram os problemas políticos que requerem competências técnicas".

Já os saberes autônomos se multiplicam, enquanto as modalidades de trabalho se diversificam gerando demandas por ajustamentos na legislação trabalhista e grupamentos sociais ganham organicidade e autonomia.

Sob essa teia complexa, decresce a densidade ideológica da competição política e se expande a tecnoburocracia. Os partidos perdem substância doutrinária e se igualam na luta do **poder pelo poder**. O fogo partidário é mais aceso nas extremidades do arco ideológico, conforme se pode ver na extrema direita e na extrema esquerda brasileiras.

3. PARLAMENTO PERDE FORÇA

Núcleos e setores diminuem suas divergências. E os aparelhos do Estado burocrático monopolizam as informações. O interesse e o desempenho das bases políticas diminuem. A falta de credibilidade nos agentes da representação faz com que os eleitores lhes virem as costas. O pragmatismo se instala com foco no atendimento às necessidades imediatas, concretas e palpáveis das comunidades.

A crise solapa os Parlamentos, com sensível redução das funções da representação política. O Legislativo perde força perante o Executivo, bastando anotar que grande parte das pautas do Congresso tem origem no Palácio do Planalto. Acuado, cede ainda lugar ao Poder Judiciário que, para atender as lacunas provocadas por falta de uma legislação infraconstitucional, passou a exercer tarefas legislativas.

O Estado sofre em sua capacidade de exercer sua ação de controle e regulação econômica. A propósito, o historiador José Murilo de Carvalho receia que estejamos diante de um fato: o deslocamento da Nação como principal fonte de identidade coletiva. Quando o Estado tem seu papel diminuído em detrimento de mecanismos de controle, o que se pode esperar é um impacto sobre os direitos políticos dos cidadãos. Na União Européia, os governos nacionais perdem relevância ante os órgãos burocráticos supracionais, a ponto de os cidadãos se distanciarem cada vez mais de seus representantes. Essa tendência gera movimentos de rebeldia. O Brexit (a saída do Reino Unido da EU) não deixa de ser um protesto contra a perda de identidade nacional.

O liberalismo ou, como alguns chamam, o neoliberalismo, avoca a importância do mercado como mecanismo autorregulador da vida econômica e social e, por consequência, impacta o próprio papel tecnoburocrático do Estado. Sob essa leitura, o cidadão encarna o perfil do consumidor intensamente preocupado com questões materiais e pouco afeito a sentimentos cívicos. O interesse ou motivação para tratar das questões do espírito reflui. O mundo das coisas materiais se expande. Os valores humanos – asolidariedade, o companheirismo, a comunhão de interesses – cedemlugar a um duro jogo competitivo.

4. DEMOCRACIA DIRETA

São esses alguns dos vetores que formam o pano de fundo das democracias contemporâneas. Mas há um conjunto de contrapontos, alguns em processo de formação e consolidação, que também podem ser considerados como muito positivos. Um valioso fruto da crise é a consciência que o cidadão passa a desenvolver no sentido de tentar, ele mesmo, traçar os seus rumos e escolher os meios para alcançar seus objetivos. Trata-se de um conceito que os franceses costumam designar de autogestão técnica. A descrença na política tira o cidadão da esfera da representação parlamentar e joga no campo das entidades intermediárias. Ou seja, em decorrência da reversão de expectativas, as comunidades passam a se inspirar pelo atendimento de demandas imediatas e reprimidas. A macropolítica é substituída pela micropolítica, a política das pequenas coisas, das necessidades próximas aos conjuntos sociais: a iluminação do bairro, a escola próxima de casa, o alimento barato, o transporte rápido e acessível a todos.

Para dar cobertura a essas necessidades, ele se organiza em torno de seus grupos de referência: os movimentos de bairros e regiões. Em todas as esferas sociais, formam-se grupos em torno de entidades que passam a intermediar interesses e a fazer pressão. As organizações não governamentais constituem um de seus reflexos. As entidades intermediárias, até para dar respostas ao não atendimento das demandas de natureza política, começam a mobilizar a sociedade, atuando junto aos Poderes, fazendo articulação para escolha de representantes e formando bancadas corporativas.

Nesse ponto, convém extrair uma conclusão. A organicidade social passa a integrar práticas da democracia participativa, de democracia direta. Quer dizer, a sociedade passa a opinar e a clamar por demandas em seus núcleos de base. Movimentos e mobilizações despontam como tendência na direção da democratização do poder, sinaliza um contraponto às políticas tradicionais. É saudável essa movimentação porquanto cristaliza-se maior participação social no processo decisório, fato que merece ser recebido com aplausos. Afinal, nossa democracia participativa se realiza por meio de instrumentos ainda pouco usados como o plebiscito, o referendo e o projeto de lei de iniciativa popular, que exige cerca de 1,5 milhão de assinaturas. As massas nas ruas, fenômeno com o qual passamos a conviver desde os idos de 2013, certamente imprimem um caráter de resolutividade e emergência à nossa democracia direta.

A destacar, ainda na moldura de participação efetiva da sociedade no processo político, temos de registrar a intensificação do uso das redes eletrônicas via internet. A expressão tem nas redes sociais um importante canal para manifestar o pensamento de grupos e setores, a partir dos jovens, que constituem uma esfera muito distante e descrente da política. As redes sociais poderão, no médio prazo, se transformar em base para sustentação do pensamento social, que, no caso brasileiro, não tem encontrado espaço na mídia massiva.

Da parte da sociedade civil organizada, particularmente no que concerne às entidades que estão na vanguarda das defesas da sociedade, como a Ordem dos Advogados do Brasil, cabe importante missão de combater, de um lado, as mazelas que afetam nossa democracia e, de outro, defender os programas e projetos voltados para seu revigoramento.

A sociedade pós-industrial, como se sabe, aprecia a espetacularização da política. No Estado Espetáculo, a glorificação dos perfis é regra, o que contribui para a personalização do poder. Este sai das estruturas clássicas de autoridade e converge para pessoas e grupos. Ressurgem, então, figuras que se destacam a partir de atitudes populistas ou por se projetarem no papel de pretensos heróis da Pátria, ambos representando o grave risco de concentração pessoal de projeto de poder destacados dos controles sociais tradicionais da democracia.

5. REFORMA POLÍTICA

Precisamos fazer urgente a reforma política. Chegamos ao fundo do poço em matéria de credibilidade nos agentes políticos. A degradação é geral. A representação não passa no teste de qualidade. Espraia-se o sentimento de que a política, além de não corresponder aos anseios das sociedades, não é representada pelos melhores cidadãos, como pregava o ideário aristotélico.A imagem dos nossos homens públicos está manchada. Não podemos conviver sob lideranças de pessoas desqualificadas, interesseiras, corruptas. Saint Just, um dos jacobinos da Revolução Francesa, dizia, nos meados do século 18: "Todas as artes produziram maravilhas, menos a arte de governar, que só produziu monstros".

É fato que a despolitização e a desideologização se expandem na sociedade pós-industrial. É fato que os mecanismos tradicionais da democracia liberal estão degradados. É fato que a quebra no mundo inteiro da lei e da ordem, a expansão das ondas de criminalidade, o declínio da confiança na política e na solidariedade social dão o tom das Nações, nos termos do professor Samuel Huntington. É fato que a política parece substituir o conceito de missão pelo de profissão. É fato que o profundo desinteresse das populações pela política se explica pelo desinteresse dos políticos em relação às causas sociais. É fato que o conceito aristotélico de política – missão a serviço do bem comum – passou a abrigar o desentendimento. E a ambição. É fato que o caminho da **Res publica**bifurca-se com a vereda do negócio privado.

Temos de concordar com o diagnóstico de Hannah Arendt: "A sociedade burguesa, baseada na competição, no consumismo, gerou apatia e hostilidade em relação à vida pública, não somente entre os excluídos, mas também entre elementos da própria burguesia".

E onde está a solução, a saída do túnel escuro, a alternativa? Em nós, como cidadãos ativos.[1] A sociedade brasileira tem a solução em seu poder. O poder de ir às ruas, fazer pressão, exigir, cobrar, denunciar desmandos. Precisamos abrir o ciclo da nova política. Não adianta colocar sobre a imagem da política algumas camadas de tinta. Equivaleria a pintar uma parede sem argamassa. A pintura deve ser feita por dentro. A reengenharia voltada para o resgate da moral na vida pública é tarefa que nos cabe.

Essa é a minha crença.

---

1 John Stuart Mill, em seu ensaio *Considerações sobre o Governo Representativo*, divide os cidadãos em ativos e passivos, arrematando: os governantes preferem os segundos, mas a democracia necessita dos primeiros.

ORDEM DOS ADVOGADOS DO BRASIL - INSTRUMENTO SOCIAL DE CONTROLE DO PODER CONSTITUÍDO

FELIPE SANTA CRUZ

THIAGO GOMES MORANI

RESUMO: O presente artigo tem como finalidade investigar a atuação da Ordem dos Advogados do Brasil pelo seu viés de entidade Accountability Vertical não eleitoral, já que, das instituições da sociedade civil, é aquela com maior índice de confiabilidade pela população brasileira.

Palavras-chave: Ordem dos Advogados do Brasil. OAB. *Accountability*. Democracia Representativa. Controle da Administração. Limitação ao Exercício do Poder.

1. INTRODUÇÃO

A partir de 5 de outubro de 1988 uma nova passagem da história brasileira passava a ser escrita. A sétima Carta Magna do país, a Constituição da República Federativa do Brasil, a Constituição cidadã, finalmente era promulgada e, do ponto de vista político, significava a volta do exercício do Poder, da possibilidade de determinar as suas escolhas políticas, para as mãos dos cidadãos brasileiros. A Constituição marcou o fim do processo iniciado na década de 1980 de abertura política do País e paulatina desmilitarização da política nacional. Significou o fim verdadeiro dos anos de chumbo e a perspectiva de um horizonte democrático para os brasileiros. Especialmente para as gerações futuras.

Do ponto de vista histórico, a Constituição fez com que o Brasil passasse a se situar entre as chamadas democracias contemporâneas. Com isso, questões fundamentais para o bom funcionamento de uma república democrática passaram a se tornar pautas prioritárias. As cicatrizes deixadas pelo período ditatorial criaram um senso de urgência para questão do controle do exercício do Poder estatal. O medo de que a história se repetisse numa grande tragédia institucional, impulsionou o debate acerca das formas e das instituições que poderiam cumprir o papel de fiscalizar e controlar o Estado, especialmente o Poder Executivo, num sentido de conter o seu agigantamento e arbítrio. Instituições dotadas de mecanismos de controle, com poder para obrigar os governantes a prestarem contas efetivamente pelas ações cometidas no exercício do poder delegado pelo povo brasileiro.

Contudo, como no caso de qualquer ferida, além das cicatrizes, há traumas. Esses traumas podem gerar uma deturpada interpretação da realidade que leva a condutas igualmente deturpadas. No afã de controlar os Poderes Executivo e Legislativo, mormente uma vez que nas mãos desses Poderes é que se concentravam as atividades políticas, houve um relaxamento no que diz respeito ao Poder Judiciário. Esse relaxamento foi proposital. Durante o período militar não atuação independente do Poder Judiciário. Este estava totalmente submisso ao Poder Executivo e à força das armas. Não havia independência da magistratura e as decisões judiciais, de muitas formas, foram alteradas através do uso do arbítrio.

Fato incontroverso, é que devido aos abusos perpetrados pelo Estado brasileiro durante o regime de exceção, os constituintes, no processo de elaboração da Constituição, blindaram o Poder Judiciário e o protegeram das mais diversas formas no texto constitucional como reação ao que houve nos períodos pretéritos da história brasileira, a fim de resguardar seu verdadeiro propósito de proteger o Estado Democrático de Direito. Diversas foram as formas de proteção e privilégio dados ao Judiciário no decorrer da Constituição. Há, basicamente, dois tipos de garantias dadas aos membros do Judiciário: as garantias institucionais e as garantias funcionais. As garantias institucionais são aquelas ligadas ao Poder Judiciário como integrante dos três Poderes da República (ao lado do Executivo e Legislativo), como órgão institucional que detém o monopólio da jurisdição. Entre as garantias institucionais poder-se-ia enumerar a autonomia financeira, administrativa e a autogestão ou autogoverno; já as garantias funcionais são aquelas concedidas aos integrantes do Poder Judiciário, como forma de instrumentalizar o exercício do Poder e, ao máximo, proteger este exercício de influências externas, garantindo-lhe a imparcialidade necessária para que prática da jurisdição no Brasil seja justa e os direitos defendidos e garantidos não importando a que interesse essa Justiça possa confrontar. Essas garantias são concedidas à pessoa que exerce a jurisdição, no caso ao juiz. Assim, garante-se àquele que exerce o cargo de magistrado a vitaliciedade – forma de garantir que o magistrado não perderá o cargo devido ao conteúdo de suas decisões – a irredutibilidade de vencimentos – garantir que o magistrado não tenha sua vida financeira afetada devido ao conteúdo das decisões por ele proferida e forma de coibir a corrupção e possíveis favorecimentos na sua atuação jurisdicional – e a inamovibilidade – garantia de que o magistrado não será transferido como forma de punição pelo conteúdo de suas decisões. Como perceptível, todas as garantias institucionais foram criadas para que o Judiciário seja independente e não submisso aos demais Poderes, bem como as garantias funcionais só têm por objetivo preservar ao máximo a imparcialidade e a justeza das decisões proferidas no país.

Tais garantias, contudo, fortaleceram demasiadamente o Judiciário. Como dito anteriormente, não houve preocupação durante o processo de elaboração da Constituição de criação de mecanismos que pudessem ser usados para exercer um controle em face desse Poder, o que gerou um grande déficit de legitimidade democrática, justamente devido à falta de instrumentos que permitissem a ingerência ou controle pelos titulares do Poder – o Povo – nas decisões e nos rumos do Poder Judiciário.

O Ministério Público também foi instituição que como fiscal da lei ganhou *status* privilegiado na Constituição. Além de possuir autonomia funcional, administrativa e orçamentaria, nos moldes que também existe no Poder Judiciário, na forma prevista no art. 127, §§ 2° e 3°, CF, os membros da carreira também possuem garantias funcionais que muito se assemelham às da magistratura como: vitaliciedade, inamovibilidade e irredutibilidade dos salários, conforme o art. 128, § 5°, I, Constituição. Soma-se a isto, o fato de que o chefe da instituição em nível nacional, o Procurador-Geral da República, será membro do Ministério Público Federal e terá, necessariamente, acento no Supremo Tribunal Federal, sendo sua indicação realizada pelo Presidente da República com ulterior ratificação pelo Senado Federal, nos moldes do art. 128, § 1°, Constituição.

A exemplo do Ministério Público, também pode ser citado o maior grau de poder e intervenção nos assuntos do Poder Executivo que a Constituição outorgou aos Tribunais de Contas, tanto da União quanto dos Estados e dos Municípios. Só que neste sentido a dialética é implacável. Quanto mais instituições se fortaleceram no processo de criar amarras à atuação estatal, mais fortes e menos passíveis de controle essas instituições controladoras estavam.

Esse fetichismo por controle é perfeitamente compreensível diante de todo o processo de arbítrio e falta de responsabilização política, penal ou administrativa àqueles que no exercício de função pública governaram o país através da força ao invés de fazer cumprir as leis e respeitar a vontade soberana do povo. O que se pode aferir, por conseguinte, é mesmo que embrionária, a vontade popular se dava no sentido de demandar cada vez mais transparência dos atos estatais, cada vez mais responsabilidade política e jurídica dos administradores, cada vez mais necessidade de justificação das escolhas políticas realizadas pelos agentes públicos no exercício de função delegada. Ou seja, ainda que não estabelecido nestes termos, a exigência popular que culminou nesses diversos organismos de controle interligados entre si, era a exigência de *accountability* por parte daqueles que exerçam funções pública, eletivas ou não, mas que o façam em nome da sociedade e dos cidadãos brasileiros.

O Constituinte, de todo modo, já havia enxergado que era necessário que outras instituições da sociedade civil participassem do processo de controle do Estado brasileiro. Não seria suficiente para que os Poderes funcionassem de maneira harmônica e cumprissem seus desígnios constitucionais se o controle fosse realizado apenas por instituições de Estado. A burocracia e o corporativismo podiam servir de entrave ao cumprimento da função institucional de cada um desses órgãos criados ou munidos de novas competências. Havia necessidade de que entes que não fossem ligados diretamente à Administração Pública pudessem também participar da fiscalização do Estado brasileiro e tivessem prerrogativas para que este controle fosse, de fato, efetivo. Dentre tais instituições, que exercem atividade de serviço público essencial, mas não estão diretamente vinculadas administrativa, financeira ou hierarquicamente ao poder público, mereceu destaque e relevância no texto da Constituição a Ordem dos Advogados do Brasil, objeto do presente estudo em sua relação com o controle do Poder Constituído.

O presente artigo se estruturará em duas partes. A primeira apresentará o conceito de *accountability* e os diversos tipos existentes doutrinariamente, especialmente esta faceta trabalhada até agora na introdução, que é justamente a do controle e exigência dos membros do Poder Constituído que prestem contas pelo exercício do mandato e se submetam a um rol de mecanismos de controles existentes nas democracias contemporâneas; a segunda parte apresenta o tratamento dado pelo constituinte a essa instituição, bem como a contribuição da Ordem para o aperfeiçoamento da democracia e das instituições brasileiras, especialmente no que diz respeito à concretização de determinados direitos individuais ,assim como na tarefa de controlar e fazer com que cada vez mais as instituições públicas e os seus representantes prestem contas e respondam pelos seus atos quando no exercício de funções delegadas pelos cidadãos brasileiros.

2. *ACCOUNTABILITY*

Na introdução é trabalhada a ideia de responsabilização e de prestação de contas pelos atos que os agentes públicos produzem no exercício de função pública. A responsabilidade aqui é algo que ultrapassa as barreiras jurídicas, é a responsabilidade em seu sentido etimológico. O conceito está mais ligado ao fato de os agentes que agirem à margem do interesse público tenham que responder pelos seus atos. A principal questão é o dever de os agentes públicos em justificar suas tomadas de decisão. Há, sem sombra de dúvidas, uma necessidade de legitimação de cada uma das posições, de prestação de contas dos atos, que não mais se justificam apenas pelo argumento de autoridade eleitoral. Esse conjunto de ideias entre responsabilidade e prestações de contas. Entre legitimidade política, eleitoral, legal e constitucional e justificação é que se tem como vetores do processo de *accountability*. Como já se pôde ter uma ideia devido à sua utilização no decorrer do presente trabalho, o termo é usado para a definição das relações de controle e responsabilização dos Poderes constituídos, das instituições de um Estado considerado democrático.

Por mais que haja diversas tentativas de aproximação e tradução de significados, como o de responsabilização, de prestação de contas entre outros, o fato é que o termo em si não possui tradução literal para o português. De tal maneira, fica difícil dimensioná-lo apenas através de uma palavra, ou mesmo expressão. Para tanto, é necessário todo um conceito. O mais básico ponto para a definição de *accountability* é pensar na relação entre duas partes, no mínimo. De um lado a pessoa "A" que outorga poderes para o agente "B" tomar em seu lugar decisões importantes acerca do seu viver. Esse agente "B" é pessoa natural ou jurídica que tem de agir de acordo com os interesses da pessoa "A". Em resumo, o agente "B" age em nome da pessoa "A" para o benefício da pessoa "A", pois foi por ela legitimado a exercer o Poder. Em contrapartida, o agente "B" tem que demonstrar à pessoa "A" o porquê de ter agido de determinada forma. Os motivos que o levaram a tomar determinadas decisões, uma vez que não age em nome próprio, mas no interesse da pessoa "A".

Não se pode esquecer, de todo modo, que por mais que o agente "B" tenha alto grau de vinculação aos interesses da pessoa "A", que ele mesmo possui seus próprios interesses e vontades. Nas democracias contemporâneas, como é de se imaginar, a pessoa "A", aquela em cujo nome se age, o principal, é o povo, cuja forma mais conhecida de outorga e escolha de agentes se dá pelo sufrágio universal, normalmente exercido através do voto durante as eleições. Já os agentes "B" são os Poderes instituídos; eleitos ou não, mas que em nome do povo agem, de acordo com as atribuições constitucionais e legais previstas.

Para Celso Antônio Bandeira de Mello (2013),[1] esses agentes seriam:

> Quem quer que desempenhe funções estatais, enquanto as exercita, é um agente público. Por isto, a noção abarca tanto o Chefe do Poder Executivo (em quaisquer esferas) como os senadores, deputados e vereadores, os ocupantes de cargos ou empregos públicos da Administração direta dos três Poderes, os servidores das autarquias, das fundações governamentais, das empresas públicas e sociedades de economia mista nas distintas órbitas de governo, os concessionários e permissionários do serviço público, os delegados de função ou ofício público, os requisitados, os contratados sob locação civil de serviços e gestores de negócios públicos.

O conceito está ligado a práticas de prestação de contas pelo Poder Público e pelos agentes desses Poderes, a fim de se verificar se todo o sistema, em última instância, está agindo de acordo com os interesses dos representados. Essas relações podem ser entre os próprios Poderes, como o controle judicial de políticas públicas, por exemplo; interno aos poderes, o caso das corregedorias e controladorias internas; ou ainda externo aos Poderes, sendo as eleições para o Executivo e Legislativo uma das formas mais claras dessa *accountability*. Em todas essas modalidades apresentadas o que está em jogo é a própria essência da democracia, pois se põe à prova os atos cometidos pelos Poderes e seus agentes, que passam por verificação periódica a fim de evitar abusos e a degeneração. Robl Filho (2013)[2] explica as diferentes formas de *accountability*, demonstrando em sua obra as características principais de cada uma das espécies. Todavia, basicamente três elementos estão contidos em qualquer que seja a modalidade de *accountability*: **informações, justificações e sanções**.

Ou seja, o sistema se baseia no sentido de que a relação entre o principal – aquele que abre mão do exercício do poder de maneira direta – e o agente – quem recebe a delegação para agir em nome de terceiro – se dá pautada na confiança; e para que funcione, exige um processo de responsabilização do agen-

---

1 MELLO, Celso Antônio Bandeira de. **Curso de Direito Administrativo**, 30. ed. São Paulo: Malheiros, 2013, p. 249.

2 ROBL FILHO, Ilton Norberto. **Conselho Nacional de Justiça**: estado democrático de direito e accountability. São Paulo: Saraiva, 2013, p. 97.

te em caso de ação ou omissão deste que se desvirtue do cumprimento dos desígnios do principal, no caso, do povo.[3] Desta forma, nas democracias contemporâneas, há diversas formas de responsabilização, que podem ser de ordem política/eleitoral, legal/constitucional ou social.

Entretanto, não se pode confundir juridicamente *accountability* e responsabilidade, por mais que haja aproximação das duas concepções. Responsabilidade está ligado à ideia de causa e consequência, pois "se faz x, então a consequência é y". A questão central da responsabilidade é responder pelas ações que se toma. Todavia, não acontece o mesmo com a *accountability*. Para que determinado agir possa ser considerado como *accountable* – controlável –, basta que o agente que tivesse liberdade para praticá-lo tenha realizado o ato. Ainda que o ato seja legal, é necessário que se preste contas aos representados dos porquês do ato praticado. Conforme demonstrado no capítulo anterior, os atos administrativos têm que ser motivados – fundamentados –, ainda que visem o bem comum.

3 ROBL FILHO, op. cit., p. 103.

A diferença fundamental – entre *accountability* e responsabilização –, deste modo, está no elemento sanção. A sanção nas práticas accountables é um elemento latente. Os representantes sofrem *accountability* ainda que seus atos sejam perfeitamente constitucionais, legais e estejam de acordo com o interesse público, pois a justificação dos atos é tão importante quanto o próprio ato em si. Existe *accountability* independentemente de responsabilidade.

Neste quadro, a definição mais apurada de *accountability*, tratada de maneira lato senso como aquele atinente aos representantes – *accountability* político – parece ser a trazida por Mota,[4] que define o termo da seguinte forma:

> Assim, o conceito mínimo de *accountability* política a que chegamos é o seguinte: trata-se de um mecanismo de controle do poder com a natureza jurídica de uma relação obrigacional objetiva extracontratual (isto é, legal) que coage os agentes encarregados da administração de interesses

4 MOTA, A. C. Y. H. A. **Accountability no Brasil**: os cidadãos e os meios institucionais de controle dos seus representantes. 2006. Tese (Doutorado em Ciência Política)-Universidade de São Paulo, São Paulo, 2006, f. 58.

públicos (basta que o agente tenha múnus público) a explicar seus atos discricionários, tornando públicas as suas motivações, quando provocados institucionalmente, sob pena de punição legal (previsão de punição = sanção em estado potencial).

Essa definição de *accountability*, todavia, não é suficiente para englobar todos os aspectos e formas em que este pode se dar. Até porque, como descrito no parágrafo anterior, o termo estava sendo usado em sua forma lato senso, para designar a obrigação do agente em prestar contas pelo exercício da parcela de poder a ele outorgado. Em outras palavras, existem o gênero *accountability* e as espécies, as subdivisões de *accountability* para cada agente ou aspecto do poder estatal que esteja sendo tratado.

A subdivisão mais clássica de *accountability* é aquela proposta por Guillermo O'Donnell. Em 1994, no artigo denominado Delegative[5] Democracy[6], O'Donnel em seu pequeno artigo de 16 páginas cunhou duas expressões que são usadas à exaustão – seja em concordância ou crítica – que foram as classificações de *accountability* entre horizontal e vertical. A diferença básica entre ambos os tipos de *accountability* está em quem exerce o controle sobre o agente. Na *accountability* vertical, basicamente, quem toma as rédeas do controle é o povo, a sociedade civil, aprovando ou negando o projeto posto em prática pelo agente eleito por meio do sufrágio, a sua maior característica. Toda forma de pressão política exercida pela sociedade civil pode ser enxergada como uma forma de *accountability* vertical. Considera-se vertical, pois quem tem a soberania para controlar os agentes é o cidadão, a sociedade que conferiu aos agentes o poder de agir em seu nome. Já na *accountability* horizontal, o controle ocorre por uma série de instituições existentes para este fim; ou seja, o próprio sistema cria uma série de instituições que possuem atribuições de controle, de fiscalização e atuação contra abusos cometidos pelos agentes eleitos[7]. Dentre as

5 A partir deste momento, em tradução livre, se usará o termo Democracia Delegada para definir o conceito de Delegative Democracy de O'Donnell.

6 O´DONNELL, Guillermo. Delegative democracy. **Journal of Democracy**, Maryland, v. 5, n. 1, p. 55-69, jan. 1994.

7 Ibid., p. 61.

espécies de *accountability* horizontal se notabilizam as Corregedorias, os Tribunais de Contas e, como não poderia faltar, o objeto deste trabalho, o Conselho Nacional de Justiça. De maneira resumida, a *accountability* horizontal se dá numa relação entre agentes estatais.

Como mencionado anteriormente, não há como se perder a perspectiva de que só se pode falar em *accountability* dentro de um regime eminentemente democrático. É importante que esta ideia seja o fio condutor da discussão sobre *accountability*, pois, por exemplo, no caso da *accountability* vertical, como estão incluídas as lutas e reivindicações dos cidadãos enquanto indivíduos autônomos e da sociedade civil, uma série de direitos básicos são imprescindíveis para que estas categorias possam exercer o controle dos agentes. É impensável a existência de *accountability* vertical num lugar em que não haja liberdade de expressão, de manifestação e de associação. Neste mesmo sentido, não existe também possibilidade de exercício da *accountability* vertical numa sociedade em que a informação é restrita ou privilégio de uma determinada casta. Por fim, outro requisito indispensável ao exercício da *accountability* vertical é a alternância de poder através de eleições periódicas. A necessária avaliação periódica do projeto.

Uma vez que a relação entre **principal/agente**se baseia no controle, pelo **principal**,das informações a que tem acesso sobre a conduta do agentea fim de estabelecer se merecem ser sancionadas ou premiadas, se espera que o agente atue no mais estrito interesse do povo. Przeworski[8] acredita que há um estímulo para que o **agente**paute sua conduta pelo interesse do mandante, visto que a sanção se configura em algo ruim por excelência e, em termos de *accountability*, pode inclusive fazer com que o **agente**perca seu cargo – o caso da não reeleição de determinado membro da classe política é um exemplo disto. Assim, há um desestímulo à atuação eminentemente particular do agente, desencontrada do interesse público, por motivos de foro

8 PRZEWORSKI, A. Sobre o desenho do Estado: uma perspectiva agent x mandante. In: PEREIRA, L. C. B. & SPINK, P. (org.). **Reforma do Estado e administração pública gerencial**, 7. ed. Rio de Janeiro: FGV, 2006, p. 45.

íntimo ou egoisticamente, pois no atual estágio das democracias, e aqui incluída a brasileira, a paulatina participação da sociedade civil organizada nos processos de tomada de decisão e como fiscalizadora da atuação governamental gera um risco aos agentes que não atuem de acordo com o interesse público.

É fundamental que se garanta uma margem razoável de liberdade para o exercício da *accountability* social. Ou seja, não só aos cidadãos que participem ou individualmente se socorram dos órgãos de determinada burocracia tem que ser garantido o controle, mas também àqueles atores externos que tenham algum interesse em atuar para o bom funcionamento do Poder e da burocracia. As diversas parcelas da sociedade civil organizada e a imprensa são os melhores exemplos de atores da *accountability* social que precisam ter espaço e voz na cobrança de uma melhor atuação.

Assim, quanto mais instituições de controle existirem dentro de uma democracia, mais representativa – e consequentemente, *accountable* – ela se torna. O pressuposto para a existência de *accountability* horizontal é a existência e autonomia de diversas instituições que possam realizar controle recíproco. O´ Donnell afirma que este tipo de *accountability* é extremamente incipiente nas novas democracias e, em especial, na América Latina como um todo, justamente por serem democracias que estão se consolidando após um longo período de governos ditatoriais.[9]

2.1. ESPÉCIES DE ACCOUNTABILITY

Em seu estudo sobre *accountability*, Robl Filho[10] identificou algumas espécies que se ligam diretamente aos dois gêneros apresentados, quais sejam: *accountability* vertical e horizontal. A primeira forma apresentada foi a chamada *accountability* eleitoral ou política eleitoral. Nesta modalidade, que está intrinsicamente ligada à *accountability* vertical, sendo, inclusive, o modelo mais usado e comum às democracias tanto representativas quanto delegadas, o agente responsável pelo exercício do Poder tem suas atitudes contro-

9 Ibid., p. 27.

10 Ibid., p. 30-32.

ladas através do voto. A sanção é de natureza política, quando os atos do agente vão de encontro ao interesse – e especialmente à vontade – dos representados. Outra espécie de *accountability* vertical também já explorada, é aquela que diz respeito ao controle social dos atos praticados pelos agentes públicos. Nas democracias contemporâneas, as instituições da sociedade civil organizada, os movimentos sociais, os partidos políticos e a mídia cumprem esse papel de controle social, criticando as ações governamentais e reivindicando suas pautas como forma de exercer pressão e ver os seus anseios atendidos pelos governantes.

No que tange às espécies de *accountability* horizontal, em primeiro lugar, o autor cita a *accountability* horizontal pura ou institucional. Assim como a *accountability* vertical está intrinsecamente ligada à ideia primeira de controle popular através do voto, na *accountability* horizontal ocorre o mesmo fenômeno com o controle institucional. Essa espécie se liga ao controle de um agente *accountable* por outro agente competente, com poderes e prerrogativas para exigir justificações dos operadores do agente *accountable*, bem como aplicar-lhes sanções no caso de não observância a determinados preceitos, especialmente aqueles contidos na Constituição e nas leis.[11] A atuação das Corregedorias, do TCU, do Ministério Público, especialmente no inquérito civil, e do Poder Judiciário podem ser classificados nesta modalidade de *accountability*.

Por mais que pareça estranho, na esfera da *accountability* horizontal ainda há a figura da *accountability* política não eleitoral, que se dá quando há uma relação de controle entre os Poderes. Nesta linha de raciocínio, Robl Filho[12] ainda apresenta duas subespécies de *accountability* horizontal, sendo elas a *accountability* legal e a *accountability* judicial. Sempre que a razão do questionamento, do controle ou da sanção se der com base na Constituição ou na lei, se estará diante de *accountability* legal. Esta espécie está ligada diretamente às restrições impostas ao atuar dos agentes estatais feita pelo direito posto.[13] Esta definição é de suma importância, pois lida

11 Ibid., p. 109-110.

12 ROBL FILHO, op. cit., p. 31.

13 Ibid., p. 67.

diretamente com o princípio da legalidade que, como visto no capítulo anterior, é uma das bases do Estado Democrático de Direito e, no Brasil, impõe ao Administrador Público um dever de agir nos estritos limites da lei.

Das diversas formas de *accountability* apresentadas, percebe-se que a Ordem dos Advogados do Brasil se encontra identificada em pelo menos uma das espécies, a *accountability* vertical social, já que representante da sociedade civil organizada e com função de cobrar do Poder Público a realização de suas missões institucionais inscritas no texto da Constituição. De toda forma, há um forte elemento de *accountability* legal e judicial por suas ações. Além disso, ao ter acento em diversos a órgãos que exercem *accountability* em relação aos outros, a OAB também, por via de sua atuação dentro desses órgãos, exerce, também, uma certa forma de *accountability* horizontal.

3. OAB E *ACCOUNTABILITY*

Um artigo, quiça uma monografia, seriam suficientes para indicar o quão entrelaçadas estão as histórias da OAB e do Brasil. É praticamente impossível se falar na história de um sem ao menos tangenciar parte da história do outro. Para exemplificar a afirmação, é só situar historicamente a Ordem dos Advogados do Brasil como o momento de sua fundação. A OAB foi criada no meio da Revolução de 1930, pelo artigo 17 do Decreto n.º 19.408, de 18 de novembro de 1930, assinado por Getúlio Vargas, chefe do Governo Provisório, e referendado pelo ministro da Justiça Osvaldo Aranha. O artigo dizia que a Ordem dos Advogados do Brasil seria regida pelos Estatutos aprovados pelo Instituto dos Advogados Brasileiro. O Presidente do IOAB, Levi Caneiro, nomeou uma comissão de juristas para elaborarem o projeto. Coube ao próprio Levi Carneiro, agora como Consultor-Geral da República, emitir o parecer que foi aprovado pelo Decreto n.º 20.784, de 14 de dezembro de 1931. O art. 4.º do Regulamento criou o Conselho Federal da OAB e disciplinou a sua competência para regular e representar a advocacia em todo o território nacional.

É evidente, pois, a relação intrínseca entre esse movimento

revolucionário de 1930 e a ressignificação da advocacia no plano nacional. Tanto, que como apresentado, o próprio Consultor-Geral da República, à época presidente do IOAB, veio a se tornar, também, o primeiro presidente da Ordem dos Advogados do Brasil. Este quadro serve apenas para exemplificar como, desde sua origem, a Ordem tem envolvimento com as questões políticas fundamentais que fundaram e determinaram os rumos do Estado brasileiro. Isto não poderia ser diferente, então, num quadro de restabelecimento da democracia e da ordem jurídica democrática do Brasil. Evidente que o papel da OAB, como representante da sociedade civil organizada deveria ser, mais uma vez na história do país, um papel diferenciado em relação às demais entidades.

Assim, reinaugurado o regime democrático, a OAB teve – etem – relevantepapel na construção desta democracia. O reconhecimento da Entidade começa já com o texto da Constituição que previu em oito oportunidades nominalmente a participação da Entidade em assuntos de relevância para o mundo jurídico e para atuações em questões igualmente importantes para a sociedade brasileira. A Ordem, obrigatoriamente, participa dos concursos para o ingresso nas carreiras da Magistratura e do Ministério Público (artigos 93, I e 129, § 3º da CRFB), dos Conselhos Nacionais de Justiça e do Ministério Público (artigos 103-B, XII e 130-A, V da CRFB), além de ser única entidade de classe de âmbito nacional a figurar nominalmente como legitimada à propositura de ações de controle concentrado de constitucionalidade e ter esta legitimidade considerada como universal pelo Supremo Tribunal Federal. Esta talvez a maior conquista dentro da jurisprudência do STF em favor da OAB. A questão ficou pacificada quando do julgamento da ADI nº 3 pelo STF, em que o aresto restou assim decidido:

> Por outro lado, em se tratando de Conselho Federal da Ordem dos Advogados do Brasil, sua colocação no elenco que se encontra no mencionado artigo, e que as distingue das demais entidades de classe de âmbito nacional, deve ser interpretada como feita para lhe permitir, na defesa da ordem jurídica com o primado da Constituição Federal, a propositura de Ação Direta de

Inconstitucionalidade contra qualquer ato normativo que possa ser objeto dessa ação, independe do requisito da pertinência entre o seu conteúdo e o interesse dos advogados como tais que a Ordem é entidade de classe.[14]

Esta vitória não foi pequena, pois reafirmou o status da ordem, de além de Entidade de Classe de Âmbito Nacional, como uma das importantes entidades da sociedade civil a defender a boa aplicação das leis, a Constituição e a ordem jurídica vigente no país. Isto não é pouco para uma entidade da sociedade civil. Somado a isto, tem o fato importante de que a advocacia foi a única profissão liberal retratada no texto da Constituição como sendo indispensável a uma atividade de estado, qual seja à administração da Justiça.

Esse conjunto de previsões constitucionais acerca da advocacia e da OAB, como dito, tem uma razão de ser. A Ordem talvez tenha sido das entidades da sociedade civil organizada aquela que mais participou de todo o processo de democratização do Estado brasileiro, em qualquer uma das ditaduras pelas quais o país passou. O constituinte originário não só declarou, mas também declarou novos poderes para a Ordem, com o intuito de fortalecê-la como instituição independente que tem um caráter de controlar os agentes públicos no exercício de suas funções públicas. Inclusive, é isto que decidiu o STF no julgamento da emblemática ADI nº 3026-DF em que o Ministério Público requeria que a Ordem, como autarquia federal, deveria ser obrigada a realizar concursos públicos de provas e títulos quando quisesse contratar funcionários para a Entidade. Nesta oportunidade, o STF, em decisão inédita, reconheceu aquilo que já estava positivado no artigo 44, caput do Estatuto da Advocacia e da OAB, que a Entidade era um serviço público. E mais. Além de serviço público, por sua função essencial dentro do Estado brasileiro e pelo seu histórico de luta em prol da democracia, dos direitos fundamentais e das garantias individuais, a Ordem se configuraria como verdadeiro órgão

14 BRASIL. Supremo Tribunal Federal. Ação Direta de Inconstitucionalidade nº 3-DF, Tribunal Pleno. Relator:Min. Moreira Alves. Brasília, 7 de setembro de 1992. **Diário da Justiça**: 18 set. 1992. Disponível em:<https://goo.gl/YyATJ2>. Acesso em: 30 jul. 2017.

independente do Estado, sem qualquer grau de vinculação a este, sob pena, justamente, desta vinculação afetar a sua autonomia, que fora, até o momento, essencial para a sua atuação firme e isenta. Assim ficou consignada a ementa daquele voto:

> AÇÃO DIRETA DE INCONSTITUCIONALIDADE. § 1º DO ARTIGO 79 DA LEI N. 8.906, 2ª PARTE. "SERVIDORES" DA ORDEM DOS ADVOGADOS DO BRASIL. PRECEITO QUE POSSIBILITA A OPÇÃO PELO REGIME CELESTISTA. COMPENSAÇÃO PELA ESCOLHA DO REGIME JURÍDICO NO MOMENTO DA APOSENTADORIA. INDENIZAÇÃO. IMPOSIÇÃO DOS DITAMES INERENTES À ADMINISTRAÇÃO PÚBLICA DIRETA E INDIRETA. CONCURSO PÚBLICO (ART. 37, II DA CONSTITUIÇÃO DO BRASIL). INEXIGÊNCIA DE CONCURSO PÚBLICO PARA A ADMISSÃO DOS CONTRATADOS PE-LA OAB. AUTARQUIAS ESPECIAIS E AGÊNCIAS. CARÁTER JURÍDICO DA OAB. ENTIDADE PRESTADORA DE SERVIÇO PÚBLICO INDEPENDENTE. CATEGORIA ÍMPAR NO ELENCO DAS PERSONALIDADES JURÍDICAS EXISTENTES NO DIREITO BRASILEIRO. AUTONOMIA E INDEPENDÊNCIA DA ENTIDADE. PRINCÍPIO DA MORALIDADE. VIOLAÇÃO DO ARTIGO 37, CAPUT, DA CONSTITUIÇÃO DO BRASIL. NÃO OCORRÊNCIA. 1. A Lei n. 8.906, artigo 79, § 1º, possibilitou aos „servidores" da OAB, cujo regime outrora era estatutário, a opção pelo regime celetista. Compensação pela escolha: indenização a ser paga à época da aposentadoria. 2. Não procede a alegação de que a OAB sujeita-se aos ditames impostos à Administração Pública Direta e Indireta. 3. A OAB não é uma entidade da Administração Indireta da União. A Ordem é um serviço público independente, categoria ímpar no elenco das personalidades jurídicas existentes no direito brasileiro. 4. A OAB não está incluída na categoria na qual se inserem essas que se tem referido como „autarquias especiais" para pretender-se afirmar equivocada independência das hoje chamadas „agências". 5. Por não consubstanciar uma entidade da Administração Indireta, a OAB não está sujeita a controle da Administração, nem a qualquer das suas partes está vinculada. Essa não-vinculação é formal e materialmente necessária. 6. A OAB ocupa-se de atividades atinentes aos advogados, que exercem função constitucionalmente privilegiada, na medida em que são indispensáveis à administração da Justiça [artigo 133 da CB/88]. É entidade cuja finalidade é afeita a atribuições, interesses e seleção de advogados. Não há ordem

de relação ou dependência entre a OAB e qualquer órgão público. 7. A Ordem dos Advogados do Brasil, cujas características são autonomia e independência, não pode ser tida como congênere dos demais órgãos de fiscalização profissional. A OAB não está voltada exclusivamente a finalidades corporativas. Possui finalidade institucional. 8. Embora decorra de determinação legal, o regime estatutário imposto aos empregados da OAB não é compatível com a entidade, que é autônoma e independente. 9. Improcede o pedido do requerente no sentido de que se dê interpretação conforme o artigo 37, inciso II, da Constituição do Brasil ao caput do artigo 79 da Lei n. 8.906, que determina a aplicação do regime trabalhista aos servidores da OAB. 10. Incabível a exigência de concurso público para admissão dos contratados sob o regime trabalhista pela OAB. 11. Princípio da moralidade. Ética da legalidade e moralidade. Confinamento do princípio da moralidade ao âmbito da ética da legalidade, que não pode ser ultrapassada, sob pena de dissolução do próprio sistema. Desvio de poder ou de finalidade. 12. Julgo improcedente o pedido.[15]

Esta ação, mais uma vez, reassegurou o caráter fundamental de independência da OAB em relação aos demais órgãos da administração pública para que a sua independência fosse mantida.

Como o objetivo deste trabalho é demonstrar o papel da Ordem como agente política e de controle dos Poderes do Estado, se tomará por base o período de 1988 para cá.

Nesse sentido, a promulgação da Constituição Federal de 1988 foi considerada um marco na história da advocacia e da democracia, já que garantiu à OAB legitimidade ativa para propositua de Ação Direta de Inconstitucionalidade, perante o STF. Além disso, pode-se destacar outra vitória da Ordem, ao serem contemplados os Direitos Humanos e os Direitos Sociais, depois de tantas reivindicações pela entidade.

Importante registrar também que a OAB travou diversas lutas em prol da democracia, ao exigir eleições diretas para o cargo da Presidência da República. Para a entidade, somente através de novas eleições, seria alcançado o pleno estado democrático de direito. Assim, as eleições de 1989 para a Presidência configuraram uma clara restauração do Estado Democrático

15 BRASIL. Supremo Tribunal Federal. Ação Direta de Inconstitucionalidade nº 3.026-DF. Relator: Min. Eros Grau. Brasília, 8 de junho de 2006. **Diário de Justiça**: 29 set. 2006. Disponível em: <https://goo.gl/kcrpD5>. Acesso em: 30 jul. 2017.

de Direito, visto que o funcionamento do poder estava validado pelo sufrágio da cidadania.

Durante a Presidência do Fernando Collor, a OAB foi fundamental para a defesa da sociedade ao defender a ideia de que a população não deveria ter seus direitos e garantias fundamentais violados, em razão da situação caótica em que o país se encontrava. Assim, a entidade repudiava todos os atos promovidos pelo Presidente, que afrontavam a Constituição, como a intervenção do Governo nas contas financeiras e cadernetas de poupança das pessoas. Nessa seara, a OAB encaminhava notas à imprensa, ajuizava Ações Diretas de Inconstitucionalidade etc para proteger os interesses da sociedade.

Outra atuação de suma importância em 1992, foi o início da jornada cívica pela ética, em que buscava unir diversos movimentos contra a corrupção. Assim, OAB se reuniu a outras entidades representativas de sociedade civil, atraindo jornalistas, trabalhadores, estudantes e outros profissionais de diversas áreas, cuja mobilização foi essencial para a criação da CPI PC Farias, por exemplo.

A partir daí, a OAB lutou incansalvelmente visando o *impeachment* do presidente à época, Fernando Collor. Nesse momento, teve início a Campanha pela Ética na Política, por meio da união da OAB com outras entidades e representantes da sociedade civil, havendo forte mobilização de diversos setores, para que houvesse efetiva fiscalização das tarefas de investigação das denúncias em face dos integrantes do Governo Federal, defendendo a ideia de que não havia ninguém acima da lei e deveria ser priorizada a ética na política brasileira.

Pode-se citar ainda a convocação dos cidadãos pelo Conselho Federal da OAB em 1997, para defesa dos interesses do País, quando havia uso exagerado de medidas provisórias, venda irregular da Vale do Rio Doce e concentração do poder pelo Executivo, fazendo com que a OAB proclamasse a imediata mobilização da sociedade visando proteger a Constituição.

Em 2004, a OAB obteve uma nova vitória, com a aprovação pelo Senado Federal do controle externo do Poder Judiciário, exercido pelo Conselho Nacional de Justiça (CNJ) e do Conselho Nacional do Ministério Público (CNMP). A criação desses dois órgãos foi fundamental para eficiência administrativa da máquina judiciária, além de proporcionar aspecto modernizado e celeridade processual.

Outro ponto que merece registrar, foi a decisão do plenário do Conselho Federal da OAB de criar uma comissão para debates sobre as denúncias realizadas contra o Presidente da República à época, Luís Inácio Lula da Silva, durante a crise do mensalão. Em virtude do pedido de *impeachment* realizado pela Conselheira Federal do Mato Grosso, Elenice Carille, a OAB passou a analisar as Comissões Parlamentares de Inquérito (CPIs). Após a análise, a comissão da OAB havia manifestado posicionamento favorável ao pedido de *impeachment*, porém, a proposta não foi levada adiante pela maioria do plenário, por entender que não havia configuração de crime de responsabilidade.

A luta por um Estado Democrático de Direito e pela garantia dos direitos fundamentais não foram as únicas preocupações da OAB. Destacam-se ainda, a defesa das prerrogativas dos advogados e, principalmente, a luta pela inviolabilidade do direito de defesa com a sanção da Lei n. 11.767 de 2008, garantindo aos advogados o direito à inviolabilidade do local e instrumentos de trabalho e de suas correspondências, além da Súmula Vinculante 14 do Supremo Tribunal, conferindo ao advogado acesso amplo aos autos de inquéritos criminais, ainda que sob sigilo.

Outro ponto que merece consideração, foi a implementação da certificação digital, proporcionando aos advogados mais comodidade e menos custos, ao possibilitar que os profissionais realizem seus trabalhos diretamente por meio eletrônico. Além desse, cite-se a unificação do Exame de Ordem, aprovado pelo Conselho Federal da OAB, conforme Provimento 136 de 2009, passando a ser aplicado conteúdo unificado para todo o país.

No ano de2011, o Conselho Federal da OAB ajuizou Ação Direta de Inconstitucionalidade (ADI n. 4650), em que foram questionadas regras relativas a doações privadas para campanhas eleitorais e partidos políticos. Na ação, foram atacados dispositivos da Lei das Eleições (Lei n. 9.504 de 1997) e Lei dos Partidos Políticos (Lei n. 9.096 de 1995), que tratam de contribuições de pessoas jurídicas e pessoas físicas para campanhas. A OAB ajuizou a ação visando aperfeiçoar o funcionamento do regime democrático.

Em 2014, a OAB ajuizou Ação Direta de Inconstitucionalidade objetivando a mudança da forma de correção da tabela de Imposto de Renda para Pessoa Física. A Ordem pleiteava que as pessoas que recebessem até R$ 2,7 mil reais fossem isentas do referido imposto. Além disso, para a Ordem, o método de correção da tabela, sem observância da inflação real seria inconstitucional, bem como a correção da tabela em percentual discrepante, violaria algumas normas constitucionais como a capacidade contributiva e a dignidade da pessoa humana.

No ano de 2015, a OAB ajuizou Ação Direta de Inconstitucionalidade (ADIn. 5.415) contra o artigo 10 da Lei do Direito de Resposta (Lei n. 13.188 de 2015), o qual prevê que os recursos contra o direito de resposta determinados pela Justiça precisam ser concedidos por órgão colegiado. Para a OAB, essa previsão criaria um evidente desequilíbrio entre as partes e comprometeria o princípio da igualdade, na medida em que teriam seus pedidos analisados por um único juiz.

Outro papel de destaque nacional em seu dever estatutário de zelar pela ordem jurídica, foi a formulação dos pedidos de *impeachment* pelo Conselho Federal da OAB nos anos de 2016 e 2017, contra os presidentes da República, Dilma Rousseff e Michel Temer, por supostas práticas de infrações político-administrativas ensejadoras de crimes de responsabilidade, o que demonstra a sua atuação ostensiva na luta pela dignidade política e preservação dos princípios constitucionais.

No corrente ano, a OAB ajuizou uma Ação Civil Pública contra a cobrança excessiva pelas malas despachadas, qua havia sido autorizada pela Agência Nacional de Aviação Civil. Para a entidade, as alterações desiquilibrariam as relações de consumo. Nesse sentido, o juízo da 22ª Vara Cível Federal de São Paulo acolheu os pedidos da OAB e suspendeu o Regulamento da ANAC para impossibilitar as cobranças extras referentes ao despacho de bagagens pelas companhias aéreas, demonstrando o efetivo papel da OAB no interesse na sociedade e no combate à ilegalidade.

Também no ano de 2017, o Conselho Federal da OAB apresentou uma petição no STF requerendo o deferimento para interver no processo como ***amicus curie*** na ação que apurava se o prefeito do Rio de Janeiro, Marcelo Crivella, cometeu nepotismo ao nomear o seu filho como secretário-chefe da Casa Civil da Prefeitura. Nesse sentido, a entidade pediu ao STF regras mais rígidas contra o nepotismo, buscando ampliar o alcance da Súmula n. 13 para incluir no rol, a proibição do nepotismo também aos cargos de indicação política, configurando-se ato claramente atentatório aos princípios do Estado Democrático de Direito como a moralidade administrativa, a impessoalidade e a eficiência.

4. CONCLUSÃO

A conclusão a que se chega é simples. A OAB tem funcionado como verdadeira Entidade paraestatal que auxilia os demais Poderes constituídos a exercerem suas funções sem que estes se rendam às tentações do Poder e se esqueçam dos preceitos fundamentais do Estado brasileiro e da República. Nos grandes momentos da história brasileira, e especialmente durante este processo de amadurecimento de nossa democracia, a Ordem tem agido, pontualmente, nas questões mais sensíveis à sociedade, para apontar o rumo que entende ser aquele de acordo com o ordenamento jurídico e com os objetivos insculpidos na Constituição da República Federativa do Brasil.

Não é à toa que durante o processo, três pedidos de impeachment foram apresentados. Diversas ações de inconstitucionalidade foram ajuizadas, mais de duas dezenas de ações civis públicas para defesa dos interesses da classe e da sociedade foram propostas. A Ordem se utiliza, também, de sua privilegiada atuação nos Conselhos Nacional de Justiça e do Ministério Público para, mesmo sendo minoria, apresentar para a sociedade o caminho que ache mais adequado aos desígnios constitucionais.

Nesta toada, é patente que a Ordem dos Advogados do Brasil é a Entidade da sociedade civil que mais atua em prol do fortalecimento da democracia e das instituições brasileiras, sendo a instituição que mais exerce seu papel de *accountability* vertical não eleitoral e *accountability* legal e judicial quando propõe uma série de medidas, no Poder Judiciário, em face das leis emanadas pelo Poder Público ou em virtude de violações a essas leis que guardarem relação de compatibilidade vertical com a Constituição.

A Ordem exerce seu *munus* sem se submeter a vontades externas ou a qualquer tipo de pressão de quem quer que seja, justamente por estarem à frente dessa Entidade advogados valorosos que não fogem à luta e exercem com retidão e abnegação os mandatos para os quais foram eleitos.

Por fim, é apenas através da manutenção da independência institucional da OAB e do seu fortalecimento - com o consequente fortalecimento das prerrogativas inerentes ao exercício da advocacia - é que a Ordem poderá continuar avançando no sentido de defender o Brasil dos possíveis desvios cometidos por agentes estatais no exercício de suas funções públicas.

REFERÊNCIAS

BRASIL. Constituição (1988). **Diário Oficial [da] República Federativa do Brasil**, Poder Executivo, Brasília, DF, 5 out.1988. Disponível em: <https://goo.gl/7tkzue>. Acesso em: 10 jul. 2015.

________. Supremo Tribunal Federal. Ação Direta de Inconstitucionalidade nº 3-DF, Tribunal Pleno. Relator: Min. Moreira Alves. Brasília, 7 de setembro de 1992. **Diário da Justiça**: 18 set. 1992. Disponível em: <https://goo.gl/YyATJ2>. Acesso em: 30 jul. 2017.

____.____. Ação Direta de Inconstitucionalidade nº 3.026-DF. Relator: Min. Eros Grau. Brasília, 8 de junho de 2006. **Diário de Justiça**: 29 set. 2006. Disponível em: <https://goo.gl/kcrpD5>. Acesso em: 30 jul. 2017.

CONSELHO FEDERAL DA OAB. **A defesa do Estado Democrático de Direito**. [201?]. Disponível em: <https://goo.gl/eeHYCu>. Acesso em: 30 jul. 2017.

MELLO, Celso Antônio Bandeira de. **Curso de Direito Administrativo**, 30. ed. São Paulo: Malheiros 2013.

MOTA, A. C. Y. H. A. **Accountability no Brasil**: os cidadãos e os meios institucionais de controle dos seus representantes. 2006. 250 f. Tese (Doutorado em Ciência Política)-Universidade de São Paulo, São Paulo, 2006.

O'DONNELL, G. Accountability Horizontal e novas poliarquias.**Lua Nova**, n. 44, p. 27-54, 1998. Disponível em: <http://www.scielo.br/pdf/ ln/n44/a03n44>. Acesso em: 10 jul. 2015.

PRZEWORSKI, A. Sobre o desenho do Estado: uma perspectiva agent x mandante. In: PEREIRA, L. C. B. & SPINK, P. (org.). **Reforma do Estado e administração pública gerencial**, 7. ed. Rio de Janeiro: FGV, 2006, p. 45.

ROBL FILHO, Ilton Norberto. **Conselho Nacional de Justiça**: estado democrático de direito e accountability. São Paulo: Saraiva, 2013.

ALISTABILIDADE: A QUALIDADE JURÍDICA DO ALISTÁVEL

LUIZ VIANA QUEIROZ

SUMÁRIO: **1.** Introdução. **2.** Alistabilidade como qualidade jurídica do alistável. **3.** Alistabilidade como qualidade exclusivamente constitucional. **4.** Natureza da alistabilidade como direito político. **5.** Alistabilidade, gozo e exercício dos direitos políticos. **6.** Alistabilidade dos portugueses. **7.** Alistabilidade e conscrição. **8.** Conclusão.

1. INTRODUÇÃO

A Constituição Federal de 1988, ao inovar o sistema jurídico brasileiro, trouxe grandes questões que demandam esforço de interpretação capaz de preservar seus valores, princípios e regras.

Algumas dessas questões estão ligadas à falta de definição normativa no corpo da Constituição de conceitos jurídicos por ela constitucionalizados, como é o caso dos **direitos políticos**, conceito utilizado para denominar o Capítulo IV, do Título II.

A inexistência de definição constitucional para o conceito **direitos políticos** pode gerar situações de aparente conflito normativo, por exemplo, para dar o sentido adequado aos comandos normativos dasregra contidas em II, §2º14CF[1] ou em 16LPP[2]. Enquanto aquela estabelece "pleno exercício de direitos políticos" como condição de elegibilidade, esta fixa "pleno gozo de seus direitos políticos" como requisito de filiação partidária.

O que significa **gozo** dos direitos políticos que é diferente de **exercício** dos direitos políticos, se a Constituição Federal sequer definiu os direitos que se **goza** ou se **exercita**?

---

1 Utilizo a abreviatura da designação do texto legal precedida do número do artigo, como, neste caso, §§1º-2º14CF que significa parágrafos primeiro e segundo do artigo14 da Constituição Federal. Esta será sempre **CF**. A Lei Complementar nº64, de 18 de maio de 1990, será grafada como **LC64/90**. O Código Eleitoral será, simplesmente, **CE**. A Lei das Eleições é a Lei nº9.504, de 30 de setembro de 1997, ou, simplesmente, **LE**.

2 **LPP** - Lei dos Partidos Políticos - Lei nº9.096/95.

Tenho buscado explicar a diferença entre gozo e exercício dos direitos políticos, a partir da doutrina que empresta tratamento jurídico diferenciado entre gozo e exercício de direitos, útil no campo da eficácia dos direitos privados submetidos a termo ou condição, e que foi usada, pela primeira vez, no Brasil, por Ruy Barbosa, para explicar a diferença entre alistável e alistado, quando da impugnação eleitoral à candidatura de Hermes da Fonseca[3].

Neste texto pretendo insistir naquela reflexão teórica, desta feita sistematizando a utilização do conceito jurídico **alistabilidade**, que sequer foi normatizado, mas pode ser útil para responder muitas das questões que envolvem a aplicação das regras constitucionais e legais do alistamento eleitoral, sobretudo os direitos do sujeito alistável ou do sujeito alistado.

3 QUEIROZ, Luiz Viana. Suspensão e perda dos direitos políticos. In: COÊLHO, Marcus Vinícuis Furtado; AGRA, Walber de Moura. (org.). **Direito eleitoral e democracia**: desafios e perspectivas. Brasília: OAB, Conselho Federal, 2010, p. 189-208.

2 .ALISTABILIDADE COMO QUALIDADE JURÍDICA DO ALISTÁVEL

Tomo inicialmente a doutrina que considera que se adquirem os direitos políticos com o alistamento eleitoral, ato administrativo por meio do qual o Estado brasileiro reconhece a satisfação de requisitos jurídicos exigidos pela Constituição Federal e qualifica alguém como seu cidadão[4].

4 SILVA, José Afonso. **Curso de direito constitucional positivo**, 33. ed. São Paulo: Malheiros, 2010, p. 346: "Os direitos de cidadania adquirem-se mediante alistamento eleitoral na forma da lei. O alistamento se faz mediante a qualificação e inscrição da pessoa como eleitor perante a Justiça Eleitoral". NIESS, Peddro Henrique Távora. **Direitos políticos**: elegibilidade, inelegibilidade e ações eleitorais, 2. ed. Bauru (SP): Edipro, 2000, p. 88: "Pelo alistamento, já o dissemos, o indivíduo torna-se cidadão, ainda que no parcial aspecto da cidadania ativa, adquirindo o direito de votar". COÊLHO, Marcus Vinicius Furtado. **Direito eleitoral e processo eleitoral**: direito penal eleitoral e direito político, 3. ed. Renovar: Rio de Janeiro, 2012, p. 134: "O alistamento eleitoral consiste no reconhecimento da condição de eleitor, que por sua vez corresponde à aquisição da cidadania ativa". RAMAYANA, Marcos. **Direito eleitoral**, 12. ed. Rio de Janeiro: Impetus, 2011, p. 195: "É através do alistamento que a pessoa qualifica-se e inscreve-se como eleitor, passando a ter o atributo

O regime jurídico constitucional do alistamento eleitoral encontra-se na conjugação das regras contidas nos §§1º-2º14CF. O alistamento e o voto são obrigatórios para os maiores de dezoito anos (I,§1º14CF) e facultativos para os analfabetos, os maiores de setenta anos e os maiores de dezesseis e menores de dezoito anos (II,§1º14CF). Não podem alistar-se como eleitores os estrangeiros e, durante o período militar obrigatório, os conscritos (§2º14CF).

Disso resulta que o direito de se alistar exige dois requisitos positivos: ser brasileiro e ser maior de 16 anos, e um requisito negativo: não ser conscrito. Aproximando-me da linguagem de Pontes de Miranda (1977)[5] e permitindo diálogo com Adriano Soares da Costa (2008)[6], cabe pontuar que, em verdade, a qualidade jurídica alistabilidade cujo conteúdo é o direito de se alistar eleitor, decorre de fato jurídico complexo consubstanciado na associação da qualidade igualmente jurídica decorrente de ser brasileiro, isto é, a nacionalidade, com um fato da natureza, ter dezesseis anos, e, ainda, com a exigência de ausência de um terceiro requisito que é o fato jurídico da conscrição – alistamento militar.

Decorre daquelas regras constitucionais, que o passar do tempo e a mudança de idade de dezesseis para dezoito anos, transforma o que era simples faculdade – direito de se alistar – em dever – dever de se alistar. Na verdade, entre os dezoito e os setenta anos todo brasileiro, homem ou mulher, que não seja conscrito, está obrigado a se alistar. Entre dezesseis anos e dezoito anos e depois dos setenta anos é um direito. O eventual descumprimento do dever de se alistar gera, além da multa de três a dez por cento sobre

jurígeno constitucional da cidadania, podendo votar e, portanto, exteriorizar sua capacidade eleitoral ativa".

5 PONTES DE MIRANDA, Francisco Cavalcanti. **Tratado de direito privado**, tomos I, II, IV e V, 4. ed. São Paulo: RT, 1977. Para a compreensão da teoria usada por Pontes de Miranda, por todos, MELLO, Marcos Bernardes. **Teoria do fato jurídico**: Plano da Existência, 7. ed. São Paulo: Saraiva, 1995; e MELLO, Marcos Bernardes. **Teoria do Fato Jurídico**: Plano da Validade. São Paulo: Saraiva, 1995.

6 COSTA, Adriano Soares da. **Instituições de direito eleitoral**, 7. ed. Rio de Janeiro: Lumen Juris, 2008.

o salário mínimo, prevista na regra do artigo 8º do Código Eleitoral (CE), a ausência da qualidade de cidadão[7] que impossibilita exercício de qualquer direito político como os de votar e ser votado, participar de plebiscito, referendo ou da iniciativa popular, acesso a cargos e funções públicas, ajuizamento de ação popular, bem assim não poderão praticar nenhum dos atos previstos na regra do I-VII,§1º,7ºCE[8].

O texto constitucionalnão usa o conceito alistabilidade, mas se refere expressamente a "alistamento eleitoral" (III, §3º e §1º,14CF), a "militar alistável" (§8º,14CF) e a "inalistáveis" (§4º, 14CF).

Em interpretação gramatical, pode-se dizer que estão previstos no texto constitucional de forma explícita os **alistáveis** e os **inalistáveis**, ambos conceitos vinculados ao também explícito conceito de **alistamentoeleitoral**.

Alistável ou inalistável é aquele que pode ou aquele que não pode se alistar eleitor, ou seja, aquele que tem ou aquele que não tem direito ao alistamento eleitoral. Do ponto de vista normativo constitucional, podem se alistar eleitores todos os brasileiros com mais de dezesseis anos e que não sejam conscritos. Aqueles que estão entre dezoito anos e setenta anos têm o dever de se alistar.

Considero pertinente admitir que dos conceitos constitucionais explícitos, **alistáveis** e **inalistáveis**, que se referem aos sujeitos de direito

7 Adoto neste texto a concepção restrita de cidadania para fins de interpretação dos direitos políticos - cidadania como a qualidade do sujeito de direitos políticos, sem perder de vista a possibilidade de interpretação mais ampla: o direito de ser sujeito de direitos. Para uma interpretação mais ampla: QUEIROZ, 2010, passim.

8 Os alistáveis maiores de 18 anos que não se alistarem não poderão, em resumo:
I - inscrever-se em concurso público para cargo ou função pública ou tomar posse neles;
II - receber remuneração de qualquer ente da administração pública direta ou indireta ou mesmo entidades delegatárias, mantidas ou subvencionadas pelo governo;
III - participar de concorrência pública;
IV - obter empréstimo de entidade financeira pública ou mantida pelo governo;
V - obter passaporte ou carteira de identidade;
VI - renovar matrícula em estabelecimento de ensino oficial ou fiscalizado pelo governo;
VII - praticar qualquer ato pelo qual se exija quitação do serviço militar ou imposto de renda.

submetidos àquelas regras constitucionais, pode-se extrair o conceito **alistabilidade**, como sendo a qualidade jurídica do sujeito apto a se alistar eleitor, da mesma forma que se pode extrair o conceito **inalistabilidade**, qualidade jurídico do sujeito inapto a se alistar eleitor.

A alistabilidade configura, dessa forma, a qualidade jurídica do brasileiro maior de dezesseis anos não conscrito que já pode se alistar eleitor, mas ainda não se alistou, dela decorrendo o direito subjetivo de exigir do Estado brasileiro que o reconheça como seu cidadão, mediante o ato formal de deferimento do alistamento. A alistabilidade, portanto, configura direito ao alistamento, ou, mais precisamente, a alistabilidade, após pedido formal, configura direito subjetivo cujo conteúdo é o poder de exigir do Estado brasileiro que defira o alistamento.

Ao direito de se alistar, relaciona-se o dever do Estado de proceder ao alistamento. Satisfeitos os requisitos constitucionais e legais não pode o Estado se negar a alistar seu novo cidadão.

A alistabilidade é qualidade jurídica na qual se encontra o direito de se alistar eleitor.

Rápido recenseamento na doutrina encontra a utilização dos conceitos **alistabilidade** e **inalistabilidade** em:

a) José Jairo Gomes utiliza-se do conceito **inalistabilidade** mas não explica como a ele chegou: "a inalistabilidade impede que a cidadania se constitua. O inalistável não pode exercer direito políticos, pois lhe falta capacidade eleitoral ativa e passiva. Não pode votar nem ser votado"[9].

b) Isabel Cristina Silvestre da Mota utiliza o conceito **alistabilidade** e o define: "A alistabilidade é a capacidade de se tornar eleitor, passando a tomar parte do corpo de eleitores"[10].

Acontece que não basta possuir alistabilidade para ser eleitor, pois para isso é necessário o ato administrativo estatal que reconhece aquela qualidade através da inscrição do eleitor na lista de eleitores,

---

9 GOMES, José Jairo. **Direito eleitoral**, 8. ed. São Paulo: Atlas, 2012, p. 128.

10 MOTA, Isabel Cristina Silveira da. Alistabilidade e elegibilidade: condições para o exercício da capacidade eleitoral ativa e passiva. In: MOTA, Isabel Cristina Silveira da. **Aspectos polêmicos atuais no direito eleitoral**.Belo Horizonte: Arraes Editores, 2012, p. 2.

e, em seguida, fornece documento que formaliza esse reconhecimento denominado título de eleitor.

Costuma-se dizer que eleitor é quem possui título de eleitor, mas essa não é uma proposição exata, na medida em que é possível votar mesmo sem título de eleitor no momento da votação, desde que o eleitor esteja na lista de votantes – caderno de votação – e se identifique com outro documento que possua fotografia.

O título de eleitor na verdade não é o fato gerador do direito de votar, mas sim o documento formal que certifica o alistamento, este sim o fato gerador do direito de votar.

Como disse acima, a alistabilidade configura direito cujo conteúdo é o poder de exigir do Estado brasileiro o alistamento eleitoral. O problema jurídico surge porque não basta ter alistabilidade para, *ipso factu*, ser titular de direitos políticos, já que essa titularidade só se adquire com o alistamento. Ao alistável, titular do direito decorrente da alistabilidade, não se reconhece, ainda, titularidade dos demais direitos políticos, sendo necessário que seja alistado. Para que isso ocorra, ou seja, para que o alistável se torne alistado é necessário o ato estatal do alistamento.

E o alistamento para que se torne realidade como ato estatal possui regime jurídico legal e regulamentar. O alistável precisa requerer o alistamento, atendendo, além dos requisitos constitucionais – brasileiro maior de dezesseis anos não conscrito – outrosrequisitos previstos em lei e regulamento.

3. ALISTABILIDADE COMO QUALIDADE EXCLUSIVAMENTE CONSTITUCIONAL

Aqui surge uma questão conceitual relevante: a alistabilidade é qualidade jurídica que resulta da Constituição ou é composta também pelos requisitos legais e regulamentares?

Alguém que atenda os requisitos constitucionais - ser brasileiro maior de dezesseis anos e não conscrito -, já é alistável mesmo se não pedir o alistamento, ou se pedir e não apresentar documentação indispensável, ou se pedir, apresentar documentos, mas não atender os demais requisitos legais, como por exemplo, domicílio eleitoral?

A questão decorre da existência de outras regras legais e regulamentares, estabelecendo outros requisitos materiais e formais que interferem no deferimento ou não do alistamento eleitoral. O Código Eleitoral (CE), por exemplo, possui regras destinadas ao alistamento eleitoral que compõem toda a Parte Terceira, composta por dois Títulos, Título I - Da Qualificação e Do Alistamento e Título II - Do Cancelamento e Da Exclusão.

A Lei nº 7.444, de 20 de dezembro de 1985, por sua vez, implantou o processamento eletrônico de dados para se fazer o alistamento eleitoral e em decorrência dela o Tribunal Superior Eleitoral (TSE) baixou a Resolução nº 21.538, de 14 de outubro de 2003, que dispõe sobre o alistamento e serviços eleitorais mediante processamento eletrônico de dados, a regularização de situação de eleitor, a administração e a manutenção do cadastro eleitoral, o sistema de alistamento eleitoral, a revisão do eleitorado e a fiscalização dos partidos políticos, entre outros.

Existem, dessa maneira, centenas de regras que regulam o alistamento eleitoral, como ato final de um procedimento administrativo, inserido no âmbito da Justiça Eleitoral.

Creio, assim, ser importante destacar que o conceito de alistabilidade é exclusivamente constitucional, ou seja, a qualidade de alistável e dela decorrente o direito de exigir do Estado o alistamento eleitoral, resulta exclusivamente da Constituição Federal, e só possui dois requisitos positivos: ser brasileiro e ser maior de dezesseis anos, e um requisito negativo: não ser conscrito.

Admitir que regras legais ou regulamentares do alistamento eleitoral pudessem requalificar a alistabilidade seria admitir que as regras constitucionais pudessem ser alteradas por regras infraconstitucionais, o que seria um absurdo à luz do princípio da supremacia da Constituição.

Isso não quer dizer que não sejam válidas as regras legais e regulamentares sobre o alistamento eleitoral, mas sim que elas se desenvolvem no campo do direito eleitoral e não no Direito Constitucional e, por isso mesmo, devem sempre ser interpretadas à luz dos valores, princípios e regras constitucionais, e não o inverso.

4. NATUREZA JURÍDICA DA ALISTABILIDADE COMO DIREITO POLÍTICO

Surge outra questão teórica interessante que é saber qual a natureza jurídica do direito ao alistamento, conteúdo da alistabilidade. Isso porque se considerarmos o alistamento o fato gerador da aquisição dos direitos políticos, o direito de se alistar, logicamente anterior ao alistamento, poderia ser considerado direito político?

Considera Costa (1992) a alistabilidade direito pré-eleitoral, porque inerente à pessoa por sua condição de integrante do Poder Constituinte e, neste sentido, prévio a qualquer decisão constitucional[11].

A instigante resposta encontrada por Costa (1992), desde que depurada de sua possível afinidade com o jusnaturalismo, pode ser boa hipótese para reflexão. Essa opinião parece se aproximar das concepções de direito natural, segundo as quais, haveriam direitos inerentes à pessoa humana, prévios ao ordenamento jurídico, o que me parece inaceitável, decorrente de meu pressuposto positivista, segundo o qual, os direitos só existem, têm validade e eficácia integrando ordenamentos jurídicos[12].

Não desconheço essa discussão no campo dos direitos humanos, qual seja, se os direitos humanos são inerentes às pessoas humanas, e, portanto, desconectados de ordenamentos jurídicos próprios, o que possibilitaria enquadrá-los como direitos naturais. Prefiro filiar-me aos que consideram, também em relação aos direitos humanos, que sua existência, validade e eficácia decorre de sua positivação no ordenamento jurídico internacional[13].

11 COSTA, Elcias Ferreira da. **Direito eleitoral**: legislação, doutrina e jurisprudência. Rio de Janeiro: Forense, 1992, p.53.

12 BOBBIO, Norberto. **O positivismo jurídico**: lições de filosofia do direito. São Paulo: Ícone, 1995.

13 "The human rights idea found its contemporary expression in the Universal Declaration of Human Rights adopted by the United Nations General Assembly in 1948, and in the numerous convenants and conventions derived from it". "The idea of human rights that has received currency and universal (if nominal) acceptance in our day owes much to these antecedents but it is discrete and different from them. The contemporary version does not ground or justify itself in natural law, in social contract, or in any other political theory. In international instruments, representatives of states

Nesse sentido, admito, em tese, a existência, validade e eficácia, no Brasil, de direitos fundamentais[14], não elencados na Constituição Federal, que são direitos humanos internacionais, internalizados no direito interno brasileiro, por força da regra constante em §2º,5ºCF. Mas isso não significa admitir a pré-existência de direitos anteriores à Constituição, como parece admitir COSTA.

Considerando as regras expressas, acima citadas, sobretudo, aquelas nos §§1º-2º14CF, o direito ao alistamento é constitucional e é conteúdo da alistabilidade, o direito fundamental de pleitear o exercício dos direitos políticos, mediante reconhecimento estatal formal da qualidade de cidadão.

O direito de pretender o alistamento eleitoral é constitucional e fundamental, não é cronologicamente direito político, na medida em que ainda não houve o alistamento, mas é, ontologicamente, direito político.

A fim de fundamentar a natureza ontológica de direito político

declare and recognize human rights, define their content, and ordain their consequences within political societies and in the system of nation-states. The justification of human rights is rhetorical not philosofical. Human rights are self-evident, implied in other ideas that are commonly intuited and accepted. Human rights are derived from accepted principles, or are required by accepted ends - societal ends such as peace and justice; individual ends such as human dignity, happiness, fulfillment". HENKIN, Louis. The age os rights. In: HENKIN, Louis, NEUMAN, Gerald L., LEEBRON, David W. **Human Rights**. Nova Iorque (EUA): Foudation Press, 1999, p. 2.

14 Adoto a proposta daqueles que usam a expressão "direitos humanos" para os direitos internacionais e a expressão "direitos fundamentais" para os direitos internos. NOGUEIRA, Alberto. **A reconstrução dos direitos humanos da tributação**. Rio de Janeiro: Renovar, 1997, p. 33; RAMOS, André de Carvalho. **Direitos humanos em juízo**: comentários aos casos contenciosos e consultivos da Corte Interamericana de Direitos Humanos. São Paulo: Max Limonad, 2001, p. 29; MACEDO, Ubiratan Borges. **Direitos humanos e sua teoria**. Rio de Janeiro, Renovar, 1999, p. 130; SILVA, José Afonso da. **Curso de direito constitucional positivo**, 20. ed. São Paulo: Malheiros, 2002, p. 178. Este chega a afirmar que "[...] direitos humanos é expressão preferida nos documentos internacionais [...]", e identifica os "[...] direitos fundamentais do homem [...]" como aqueles que, "[...] no nível do direito positivo, resumem a concepção do mundo e informam a ideologia política de cada ordenamento jurídico, reservado para designar aquelas prerrogativas e instituições que ele concretiza em garantias de uma convivência digna, livre e igual de todas as pessoas [...]".

da alistabilidade, adoto como definição de direitos políticos, no ordenamento jurídico brasileiro, aquela que decorre da conjugação do direito interno com o direito internacional dos direitos humanos[15].

Direitos políticos são direitos públicos subjetivos e têm essa denominação em razão do objeto ou do bem tutelado pela ordem jurídica, mantendo estrita correlação lógica e teleológica com o princípio da soberania popular, que concerne ao direito de participação dos cidadãos na formação da vontade política do Estado[16].

O conteúdo dos direitos políticos depende da ordem jurídica positiva, que pode prever diversas maneiras de participação na formação da vontade política do Estado, não só no que tange à própria formação dessa vontade – direito de votar e ser votado, bem assim na fiscalização da legalidade dos atos do poder público – ação popular, direito de petição e de representação[17].

É preciso, assim, examinar qual o conteúdo que o direito positivo brasileiro atribuiu aos direitos políticos.

Denominou a Constituição Federal, de 1988, seu Capítulo IV, do Título II, "Dos Direitos Políticos", mas não definiu o conceito. Tratou 14CF do sufrágio, do plebiscito, do referendo, da iniciativa popular, do alistamento eleitoral, da elegibilidade e das inelegibilidades, e da ação de impugnação de mandato eletivo; aponta 15CF hipóteses de perda ou suspensão dos direitos políticos; fixa 16CF, por sua vez, o princípio da anterioridade anual da legislação eleitoral. Esses são todos direitos políticos, no mínimo por topologia constitucional.

Não obstante, fora do Capítulo IV, do Título II, da atual Constituição brasileira, também é possível encontrar outros direitos

15 Retomo aqui o que já expus em QUEIROZ, Luiz Viana. **Direitos políticos como direitos humanos**: impacto da Convenção Americana de Direitos Humanos no direito eleitoral brasileiro. 2002. 193 f. Dissertação (Mestrado em Direito)-Universidade Federal de Pernambuco, Recife, 2002. Disponível em: <https://goo.gl/gFx1vy>.; ou em QUEIROZ, Luiz Viana. O conceito *direitos políticos* à luz do direito internacional dos direitos humanos. **Semestre eleitoral**, v. 10, n. 1/2, p. 33-78, jan./dez., 2006.

16 MENDES, Antonio Carlos. **Introdução à teoria das inelegibilidades**. São Paulo: Malheiros, 1994, p.73.

17 Ibid., p. 72-73.

políticos, como, por exemplo, a ação popular, prevista entre o rol das garantias individuais (LXXIII,5ºCF), ou a liberdade para criar partidos políticos (17CF).

Na esfera normativa infraconstitucional, igualmente, nosso ordenamento jurídico prevê direitos políticos em normas complementares, como é o caso das inelegibilidades[18] ou da ação de investigação judicial eleitoral, previstas na Lei Complementar nº64, de 1990, ou em leis ordinárias, como é o caso da propaganda eleitoral, disciplinada tanto no Código Eleitoral como na Lei das Eleições.

O problema surge porque as leis brasileiras, assim como a Constituição, não definiram os direitos políticos.

A Lei nº 818, de 18 de setembro de 1949, que dispõe sobre "a aquisição, a perda e a reaquisição da nacionalidade, e a perda dos direitos políticos", e ainda está em vigor na parte relativa à perda dos direitos políticos, usa expressão normativa com o seguinte texto:

> "Art.38 - São direitos políticos aqueles que a Constituição e as Leis atribuem a brasileiros, precipuamente os de votar e ser votado".

Na mesma linha, o Código Eleitoral estabelece: "Art.1º - Este Código contém normas destinadas a assegurar a organização e o exercício de direito políticos, precipuamente os de votar e ser votado".

As normas legais, como se vê, utilizam o conceito **direitos políticos** como gênero, ao qual pertencem os direitos eleitorais de votar e ser votado, mas não facilitam a identificação de outras espécies porque se restringem a fazer aquela inclusão parcial de duas espécies. Disso resulta certa imprecisão no uso daquele conceito, como, por exemplo, quando se inclui (equivocadamente) entre os direitos políticos o de participar de eleições sindicais e o de dirigir ou ser redator-chefe de jornal ou periódico[19].

A falha de definição, no entanto, é meramente aparente, porque é possível encontrá-la na normativa internacional, internalizada no di-

---

18 Adoto a classificação de SILVA, op. cit., p. 346.

19 FERREIRA, Wolgran Junqueira. **Comentários à Constituição de 1988**. São Paulo: Julex, 1989, p. 349, v. 1.

reito positivo brasileiro através da abertura propiciada ao direito internacional dos direitos humanos pela regra de §2º,5ºCF[20].

Nos meus dois textos acima citados, examinei toda a normativa internacional de direitos humanos, o que envolveu análise das regras contidas em:

a) Declaração Universal de Direitos Humanos (1-2-3,XXI);

b) Pacto Internacional dos Direitos Civis e Políticos (a-b-c, 25);

c) Convenção sobre os Direitos Políticos da Mulher;

d) Convenção Contra Toda Forma de Discriminação Contra a Mulher (a-b-c,7º);

e) Convenção Internacional sobre a Eliminação de Todas as Formas de Discriminação Racial (c, 5º);

f) Carta de Direitos Fundamentais da União Européia (2,12; 39-46);

g) Carta Africana dos Direitos Humanos e dos Direitos dos Povos (Carta de Banjul) - (1-2-3, 13º);

h) Declaração Americana dos Direitos e Deveres do Homem (XX e XXXIII);

i) Convenção Americana de Direitos Humanos (Pacto de São José da Costa Rica) (a-b-c, 1 e 2).

Daquele estudo cheguei a conclusão que "[...] são os direitos políticos espécies de direitos humanos, reconhecidos pela normativa internacional, seja no sistema global seja nos sistemas regionais de proteção"[21]. Alguns aspectos da qualificação desses direitos são universais, ao menos no Mundo Ocidental, pois todos os documentos jurídicos, com *status* de tratados internacionais ou não, reconhecem três grupos de direitos políticos:

1 - direito de participar do governo de seu país, que envolve tomar parte em todos os assuntos públicos e da formulação de políticas governamentais, diretamente ou por meio de representantes livremente eleitos;

2 - direito de ter acesso, em condições gerais de igualdade, às funções públicas de seu país;

20 Estudo aprofundado das compatibilidades e incompatibilidades entre a normativa internacional decorrente do art.23 do Pacto de São José da Costa Rica e o direito interno brasileiro em: QUEIROZ, 2002, passim.

21 Lembro que adoto a opção de Jose Afonso da Silva de direitos humanso para direito internaxciobal e direitos fundamentais para direito interno.

3 - direito de sufrágio e direito de ser votado.

Disso resulta que a alistabilidade, o direito de se alistar eleitor, o direito de ser reconhecido cidadão brasileiro, integra o rol dos direitos políticos, ontologicamente, na medida em que compõe o **direito de participar do governo de seu país**, malgrado, seja exceção à regra de que o fato gerador da aquisição dos direitos políticos é o alistamento eleitoral.

5. ALISTABILIDADE, GOZO E EXERCÍCIO DOS DIREITOS POLÍTICOS

Da compreensão do sentido e alcance dessa qualidade jurídica resultam efeitos práticos. O primeiro refere-se à interpretação da regra contida em II,§2º14CF que estabelece "[...] pleno exercício de direitos políticos [...]" como condição de elegibilidade, em contraste com a regra em 16LPP[22] que fixa "[...] pleno gozo de seus direitos políticos [...]" como requisito de filiação partidária.

Aqui tomo emprestada a lição do magistral Ruy Barbosa, quando enfrentou o tema dos direitos políticos, na famosa impugnação à candidatura de Hermes da Fonseca, trazendo página que merece ser relembrada não penas pela erudição, mas sim pelo seu sentido prático para a solução de inúmeras controvérsias sobre temas correlatos. Disse ele no resumo final:

> Eis aí extremadas com a maior lucidez as raias entre o gozo e o exercício nos direitos políticos: o gozo, mera "capacidade potencial da faculdade jurídica; o exercício, "capacidade atual" dessa faculdade.
> No alistável, que se pode alistar, em lhe aprazendo, o direito político de voto está em capacidade potencial. É o gozo. No alistado, que se habilitou a votar atualmente, esse direito está em capacidade atual. É o exercício.

Sempre que a norma exigir como requisito o gozo dos direitos políticos, estará mencionando alistabilidade, enquanto o exercício daqueles direitos exige prévio alistamento. O alistável goza, o alistado exerce direitos políticos. Disso resulta que para ser elegível, satisfazendo à regra de II,§2º14CF, é preciso que seja alistado o cidadão e

22 LPP - Lei dos Partidos Políticos - Lei nº 9.096/95.

não tenha havido perda ou suspensão dos direitos políticos, conforme 15CF, mas para se filiar a partido político basta ser alistável, conforme a regra de 16LPP, ou seja, ser brasileiro maior de dezesseis anos não conscrito.

Se a interpretação das regras contidas em II,§2º14CF e em 16LPP parece ser facilitada com a utilização do conceito alistabilidade vinculada a gozo de direitos políticos, e suficiente para a aplicação de certas normas de direito internacional, internalizadas no Brasil como regras de direito interno, por força de §2º,5ºCF, parece não servir para a interpretação de todas as normas internacionais, em função do uso diferenciado do conceito **gozar** ou **gozo** de direitos políticos.

Traz a Convenção Americana de Direitos Humanos, também conhecida como Pacto de São José da Costa Rica, várias regras sobre direitos políticos, em seu artigo 23, como se segue:

> Artigo 23 – Direitos políticos
> 1. Todos os cidadãos devem gozar dos seguintes direitos e oportunidades:
> a) de participar da condução dos assuntos públicos, diretamente ou por meio de representantes livremente eleitos;
> b) de votar e ser eleitos em eleições periódicas, autênticas, realizadas por sufrágio universal e igualitário e por voto secreto, que garantam a livre expressão da vontade dos eleitores; e
> c) de ter acesso, em condições gerais de igualdade, às funções públicas de seu país.
> 2. A lei pode regular o exercício dos direitos e oportunidades, a que se refere o inciso anterior, exclusivamente por motivo de idade, nacionalidade, residência, idioma, instrução, capacidade civil ou mental, ou condenação, por juiz competente, em processo penal[23].

Nota-se que a Convenção Americana de Direito Humanos – CADH distinguiu perfeitamente **gozo** de **exercício** de direitos humanos, pois no item 1 menciona **gozar** - "todos os cidadãos devem gozar dos seguintes direitos e oportunidades", enquanto que no item dois prefere **exercício**–"a lei pode regular o exercício dos direitos e oportunidades".

Apesar de apontar para a diferença entre gozo e exercício dos direitos políticos, a CADH preferiu usar o conceito **cidadão** quan-

23 MAZZUOLI, Valério de Oliveira. **Coletânea de direito internacional**, 4. ed. São Paulo: RT, 2006,p.743.

do se refere à titularidade do gozo daqueles direitos, tendo em vista que menciona –"todos os cidadãos devem gozar dos seguintes direitos e oportunidades", eliminando, com isso, a necessidade prática de distinguir as situações do alistável e do alistado. No Brasil, no entanto, aquela diferença é sensível, porque só será **cidadão**, em sentido estrito, o alistado eleitor, e, por conseguinte, a incidência da regra contida em 1.23CADH pressupõe o alistamento eleitoral do titular.

6. ALISTABILIDADE DOS PORTUGUESES

A questão conceitual se torna ainda mais problemática no regime jurídico dos portugueses no Brasil. Como se sabe, a Constituição Federal admitiu tratamento diferenciado para os portugueses residentes no Brasil, atribuindo-lhes os direitos inerentes aos brasileiros, salvo os casos constitucionalmente previstos, "se houver reciprocidade em favor de brasileiros" (§1º, 12CF).

Assinaram Brasil e Portugal tratado bilateral para disciplinar, entre outras, a reciprocidade prevista na Constituição Federal, denominado Tratado da Amizade (TA), editado através do Decreto nº 3.927, de 19 de setembro de 2001.

Estabeleceu o Tratado da Amizade como regra geral entre brasileiros e portugueses beneficiários do estatuto da igualdade "os mesmos direitos e estarão sujeitos aos mesmos deveres" (12TA). No Brasil será atribuído o estatuto da igualdade por decisão do Ministério da Justiça, aos portugueses que o requeiram, desde que civilmente capazes e com residência habitual, em nosso país (15TA).

Há tratamento específico para os direitos políticos no artigo 17 do Tratado da Amizade, como se segue:

> **Art. 17**
> **1. O gozo de direitos políticos por brasileiros em Portugal e por portugueses no Brasil só será reconhecido aos que tiverem três anos de residência habitual e depende de requerimento à autoridade competente.**
> **2. A igualdade quanto aos direitos políticos não abrange as pessoas que, no Estado da nacionalidade, houverem sido privadas de direitos equivalentes.**
> **3. O gozo de direitos políticos no Estado de residência importa na suspensão do exercício dos mesmos**

direitos no Estado da nacionalidade. (grifo nosso).

Como se pode ver, o Tratado da Amizade diferencia **gozo** de **exercício** dos direitos políticos, na regra contida no item 3 do artigo 17: "o gozo de direito políticos no Estado de residência importa na suspensão do exercício dos mesmos direitos no Estado da nacionalidade".

Nesse caso, mais uma vez, o sentido e alcance do termo alistabilidade, vinculado a **gozo** dos direitos políticos, nos serve para auxiliar a interpretação e aplicação da regra internacional. É que o brasileiro alistado eleitor, residindo em Portugal e requerendo o estatuto da igualdade para poder usufruir dos mesmos direitos dos portugueses no país de residência, não terá diminuído o gozo daqueles direitos no Brasil, mas tão-somente seu exercício, que ficarão suspensos.

Surge, então, o problema de saber quais os efeitos jurídicos para o cidadão brasileiro que passa a exercer seus direitos políticos em Portugal, ficando com os mesmos suspensos no Brasil, já que o Código Eleitoral não diferencia para fins de cancelamento do título e exclusão do eleitor entre perda e suspensão daqueles direitos (II, 71CE).

Já tive oportunidade de sustentar que deveria haver, *de lege ferenda*, um procedimento eleitoral distinto para a perda ou suspensão dos direitos políticos, já que a perda alcança o gozo, e, portanto a alistabilidade, enquanto a suspensão somente o exercício. Deveria a lei eleitoral apontar para o cancelamento do título apenas para as hipóteses de perda dos direitos políticos, fazendo uma anotação e exigindo a devolução do título eleitoral ao Cartório Eleitoral da Zona respectiva, quando fosse caso de suspensão.

Foi a situação contornada pelo Tribunal Superior Eleitoral, através de seu poder regulamentador, ao baixar a Resolução nº 21.538, de 14 de outubro de 2003.

Nos artigos 51 a 53, aquela Res.-TSE nº21.538/03, consta disciplina para o procedimento para o registro no sistema eletrônico de alistamento eleitoral das restrições aos direitos políticos. Impõe-se que a autoridade judiciária determinará a inclusão dos dados no sistema, mediante comando FASE, de fato ensejador de inelegibilidade ou de suspensão de inscrição por motivo de suspensão de direitos políticos ou de impedimento ao exercício do voto (art.51); se o interessado, através de requerimento próprio, comprovar a cessação do impedimento, será comandado o código FASE próprio e/ou inativado, quando for o caso (art.52, §3º). Quando a restrição alcançar pessoa não inscrita na Justiça Eleitoral ou com inscrição cancelada no cadastro, seu registro será feito diretamente na Base de Perda e Suspensão de Direitos Políticos (art.51,§2º).

Estipula, ainda, a Res.-TSE nº21.538/03, quais os documentos comprobatórios de reaquisição ou restabelecimento de direitos políticos. Nos casos de perda: a) decreto ou portaria, e b) comunicação do Ministério da Justiça; nos casos de suspensão: a) para interditos ou condenados – sentença judicial, certidão do juízo competente ou outro documento; b) para conscritos ou pessoas que se recusaram à prestação do serviço militar obrigatório – certificado de reservista, certificado de isenção, certificado de dispensa de incorporação, certificado do cumprimento de prestação alternativa ao serviço militar obrigatório, certificado de conclusão do curso de formação de sargentos, certificado de conclusão de curso em órgão de formação da reserva ou similar; c) para beneficiários do Estatuto da Igualdade – comunicação do Ministério da Justiça ou de repartição consular ou missão diplomática competente, a respeito da cessação do gozo de direitos políticos em Portugal, na forma da lei; d) nos casos de inelegibilidade – certidão ou outro documento.

Desse conjunto de normas regulamentares, infere-se que o TSE admite que a suspensão ou a perda seja lançada no sistema, através de um comando eletrônico, que pode, posteriormente, ser novamente acionado, quando comprovada a cessação do impedimento. Malgrado não possa revogar a lei, já que a resolução tem natureza de regulamento, parece ter a Justiça Eleitoral encontrado forma indireta de diferenciar efeitos para a suspensão ou a perda dos direitos políticos, através de comandos eletrônicos que alteram as informações constantes no sistema ou no banco de dados.

Não tenho dúvida de que é esta mais uma daquelas situações tão freqüentes na Justiça Eleitoral, em que o regulamento é inconstitucional por transbordamento da competência regulamentar e, por via de conseqüência, por violação ao princípio da legalidade.

7. ALISTABILIDADE E CONSCRIÇÃO

Outra questão que a definição de alistabilidade aqui proposta poderá ajudar a resolver é a aparente antinomia entre a alistabilidade do maior de dezesseis anos, menor de dezoito anos (c, II, §1º, 14CF) e a inalistabilidade do conscrito (§2º, 14CF), que já se alistou.

A Constituição Federal atribui alistabilidade ao maior de dezesseis anos, menor de dezoito anos (c, II, §1º, 14CF), mas, igualmente, impõe a inalistabilidade do conscrito, ao longo da conscrição (§2º, 14CF).

Se ao chegar dezoito anos, o sujeito faz o alistamento militar, torna-se conscrito e não se pode alistar eleitor, ao longo da conscrição por força da regra prevista em §2º, 14CF.

O problema surge quando, antes do alistamento militar, aos dezesseis anos, já tendo adquirido alistabilidade, o alistável se alista e alcança o *status* de cidadão e, em seguida, no ano em que vai completar dezoito anos, faz o alistamento militar obrigatório (143CF).

Não há previsão expressa no texto constitucional para essa situação. Que fazer com o conscrito que já é eleitor?

O TSE resolveu a questão, a meu juízo de forma equivocada, suspendendo os direitos políticos, ao longo da conscrição. Na Resolução nº 20.165, de 07.04.1998, resultante do Processo Administrativo nº 16337/GO, foi respondido que: "[...] uma vez que a Constituição Federal, em seu art. 14, § 2º, estabeleceu vedação aos conscritos para o alistamento eleitoral, pressuposto para o exercício da capacidade eleitoral, entendo cabível a manutenção do impedimento do voto aos conscritos já alistados, na forma da reiterada jurisprudência desta c. Corte".

Manteve o TSE entendimento anteriormente firmado, na Resolução nº 15.850/89, que afastou "[...] a capacidade eleitoral ativa àquele que está no serviço militar obrigatório, entre eles, o aluno de órgão de formação da Reserva (Art. 12 da Lei 4.375, de 17.08.64) e os elencados pela Lei 5.292, de 08.07.67), ainda que tenha se alistado antes da conscrição".

Cabe destacar que no relatório do voto da Res. TSE nº 20.165, consta posição da Procuradoria-Geral Eleitoral, que destaca que impedir o alistado de votar, ao longo da conscrição, configuraria causa de suspensão de direitos políticos não prevista no elenco de 15CF, e conclui citando a doutrina de José Afonso da Silva (1997), segundo a qual:

> [...] o principio que prevalece é o da plenitude do gozo dos direitos políticos positivos, de votar e ser votado. A pertinência desses direitos ao individuo., é que o erige em cidadão. Sua privação ou restrição do seu exercício configura exceção àquele princípio. Por conseguinte, a interpretação das normas constitucionais ou complementares relativas aos direitos políticos deve tender à maior compreensão do princípio, deve dirigir-se ao favorecimento do direito de votar e de ser votado, enquanto as regras de privação e restrição hão de entender-se nos limites mais estreitos de sua expressão verbal, segundo as boas regras de hermenêutica[24].

A extensa fundamentação do parecer ministerial naquela consulta só poderia levar à conclusão oposta àquela que chegou o ilustre Ministro Nilson Naves, porque, em verdade, não é possível pela via da interpretação criar uma nova hipótese de suspensão de direitos políticos, pois como se vê na sempre bela doutrina de José Afonso da Silva, a compreensão do princípio deveria apontar para o favorecimento do direito de votar, nunca para restringí-lo.

O conceito de alistabilidade da maneira como aqui proposto, levaria a conclusão oposta a que chegou o TSE, porque, uma vez alcançada a alistabilidade, ou seja, a qualidade do alistável, em decorrência dos requisitos constitucionais (ser brasileiro, ser maior de dezesseis anos e não ser conscrito), o Estado brasileiro tem o dever de deferir o alistamento.

Tendo o Estado brasileiro deferido o alistamento, somente causa prevista na Constituição poderia gerar a perda daquela qualidade, ou, quando muito, somente outra causa prevista em lei, no sentido estrito, não vinculada à qualidade do alistável, poderia gerar o cancelamento do título.

O Código Eleitoral prevê em seu artigo setenta e um as causas de cancelamento do título, entre as quais, "a suspensão ou perda dos direitos políticos".

Em 15CF estão as causas de perda ou suspensão dos direitos po-

24 SILVA, op. cit., p. 364.

líticos, não se encontrando entre elas a conscrição.

A regra do §2º14CF usada como fundamento da deliberação do TSE para impedir o eleitor conscrito a votar somente traz proibição para o alistamento do conscrito, não para o seu voto se já eleitor. A interpretação restringiu direito fundamental de maneira mais ampla que o texto constitucional, sendo, portanto, inadequada.

A restrição do alistamento do conscrito, resultante daquela regra do §2º14CF, pode legitimamente ser considerada, como fizemos neste texto, parte integrante da composição da alistabilidade, ou seja, como seu requisito negativo: não ser conscrito. Mas nunca como regra capaz de suspender já não a alistabilidade, mas o alistamento, ato jurídico perfeito, do qual resultou direito adquirido a votar.

8. CONCLUSÃO

Apesar de não haver previsão expressa no texto constitucional, é possível dele extrair o conceito jurídico alistabilidade.

Para os fins de analisar a alistabilidade no regime jurídico brasileiro, a que me propus neste texto, parece ser possível admitir que há uma diferença jurídica entre alistabilidade e alistamento eleitoral e uma aproximação conceitual entre alistabilidade e gozo dos direitos políticos.

O alistamento eleitoral é o ato administrativo por meio do qual o Estado brasileiro reconhece ao sujeito pretendente a titularidade de direito políticos, formalizado através da inscrição no cadastro de eleitores e documentado por meio do título eleitoral.

A alistabilidade é a qualidade jurídica do alistável, direito ao alistamento eleitoral, decorrente de situação jurídica complexa que é efeito de fatos jurídicos constitucionalizados: ser brasileiro com mais de dezesseis anos e não ser conscrito, ou ser português que usufrua da reciprocidade Brasil-Portugal. Malgrado possa ser vista a alistabilidade como o gozo dos direitos políticos – direito em potência, como diria Ruy – ela, a alistabilidade, configura o direito subjetivo ao alistamento, sendo, por conseguinte, direito atual cujo conteúdo é o poder de exigir do Estado o reconhecimento de sua qualidade jurídica decorrente dos comandos constitucionais da Constituição Federal de 1988.

A JURIMETRIA COMO ELEMENTO ESSENCIAL NA FORMULAÇÃO DE POLÍTICAS PÚBLICAS PARA TRANSPARÊNCIA NA JUSTIÇA

JOSÉ HORÁCIO HALFELD REZENDE RIBEIRO

RESUMO: Este artigo explica como a jurimetria pode ser usada como um instrumento com grandes dados e internet para formular políticas públicas para a transparência da justiça, portanto, ajudar a alcançar uma sociedade mais fraterna e igual.

Palavras-chave: Jurimetria. Políticas públicas jurídicas. Justiça Transparência. Sociedade Fraterna e Igual.

ABSTRACT: This article explain how the jurimetrics can be used as an instrument with big data and internet to formulate public policies for justice transparency, therefore help achieve a society more fraternal and equal.

Keywords: Jurimetrics. Juridical Public Policies. Justice Transparency. Fraternal and Equal Society.

1. INTRODUÇÃO

Honrado com o convite formulado pelo Eminente Advogado Marcus Vinicius Furtado Coêlho para justa homenagem ao Professor José Afonso da Silva, apresento uma reflexão que venho desenvolvendo sobre o Poder Judiciário, que é um dos pilares da Democracia, tema muito caro ao homenageado que dedicou a vida ao estudo e ao ensino do Direito Constitucional.

Definitivamente o mundo mudou, especialmente pelo registro dos dados, aos bilhões, que circulam diariamente pela rede, e que definem modelos de conduta dos seres humanos, suas preferências, seus traços culturais, sociais, políticos, econômicos, em todas as dimensões da expressão humana.

Infinitamente mais do que rastros ou traços digitais, a rede mundial de computadores apresenta o mosaico da vida humana, na sua essência e na sua completude, totalmente registrada num imenso banco de dados.

E dessa forma, tal qual um diário, o banco de dados passa a acompanhar o ser humano em sua existência, criando novos paradigmas numa sociedade populosa e complexa.

Esse contexto do acesso à informação potencializado pela internet é uma verdadeira revolução[1], impulsionando a democracia. Isso porque a capacidade da internet de produzir eficácia como fato jurídico, confere-lhe o *status* de fenômeno jurídico.

Na qualidade de observadores, agentes e estudiosos dessa nova realidade podemos identificar as exigências da sociedade moderna, e apontar caminhos em consonância com o atendimento das expectativas, dissociados de um plano cerebrino.[2]

O espaço físico do átomo ganha nova dimensão, infinita, com os *bits* que possibilitam armazenar, por exemplo, bibliotecas inteiras num espaço virtual. Livros, músicas, vídeos, informações, todas as formas de expressão ganham um novo espaço, muito mais acessível, pelo menos em tese para todos.

A existência de excluídos digitais, que estão à margem da sociedade da informação[3], revela uma

---

1 Cf.SHAPIRO, Andrew L. **The control revolution**: how the internet is putting individuals in charge and changing the world we know. Nova Iorque (EUA): Century Foundation Book, 1999, p. 9-11;WAISBERG, Ivo. O novo direito e o velho princípio. In: ________.; SILVA JUNIOR, Ronaldo Lemos da. (org.). **Conflitos sobre nomes de domínio**: e outras questões jurídicas da Internet. São Paulo: RT ; FGV, 2003, p. 417-418.

2 Reale (2002) ensina que a finalidade é o objetivo da ação, como valor racionalmente reconhecido: "No caso particular do direito, é a implicação dialética de fôrças efetivas, de natureza fática e axiológica, que engendra a estrutura normativa, como já tive a oportunidade de dizer, mas há uma particularidade digna de nota: *a normatividade jurídica marca sempre um momento de racionalidade volitiva, de equacionamento de fatos segundo valôres, numa necessária conversão do axiológico em teleológico.*" (REALE, Miguel. **O direito como experiência**: introdução à epistemologia jurídica, 2. ed. São Paulo, Saraiva, 2002, p. 164, grifo nosso).

3 A bibliografia sobre a origem e desdobramento da sociedade da informação é vasta: ASCENSÃO, José de Oliveira. Sociedade da informação. In: ________. **Direito da sociedade da informação**. Coimbra (POR): Coimbra Editora, 2011, v. 9; GARCIA MARQUES, J. A.; LOURENÇO MARTINS, A. G. **Direito da informática**.Coimbra (POR): Almedina, 2000; CORDEIRO, Pedro. A gestão colectiva na sociedade da informação. **Direito da sociedade da informação**, Coimbra (POR): Coimbra Editora, 1999, v. 2; GONÇALVES, Maria Eduarda. **Direito da informação**. Coimbra (POR): Almedina, 2003; CASTELLS, Manuel.**A sociedade em rede**. São Paulo: Paz e Terra, 2002; SILVEIRA, Sérgio Amadeu. **Poder no ciberespaço**: o estado-nação, a regulamentação e o controle da

esperança, além da preocupação[4], na medida em que o baixo custo e a possibilidade de transferência de dados de um ponto ao outro do planeta em instantes, realmente indica um horizonte de acesso à informação sequer imaginado por Thomas Jefferson, idealizador das bibliotecas públicas e da consulta gratuita aos livros.[5]

Ressalte-se que a sociedade da informação representa uma grande possibilidade de alcançar o ideal de educação com o avanço, difusão do conhecimento e o acesso para todos os povos, além de viabilizar a livre circulação das ideias como preconiza a UNESCO (Organização das Nações Unidas para a Educação, a Ciência e a Cultura). A Comunicação e Informação é uma das cinco áreas temáticas da UNESCO e, como tal, é parte integrante de seus Programas de Ação desde 1947 quando a Primeira Conferência Geral aprovou as primeiras ações estratégicas da Organização. A área temática de Comunicação e Informação é orientada por três objetivos principais: Promover o livre fluxo de ideias e o acesso universal à informação; Promover a expressão do pluralismo e da diversidade cultural na mídia e nas redes mundiais de informação; Promover o acesso universal às tecnologias de comunicação e informação. No Brasil, as ações da UNESCO em Comunicação e Informação são realizadas por meio de acordos de cooperação técnica com o governo (federal e estadual), em parceria com organizações não governamentais e diretamente, por meio de apoio a projetos-piloto. Essas ações incluem: Apoio à difusão das novas tecnologias de informação e comunicação para o desenvolvimento, particularmente às ações de inclusão digital e de modernização tecnológica da administração pública; Estímulo ao uso das novas mídias para a educação presencial e a distância; Promoção de conteúdos em língua portuguesa na

internet.2000. Dissertação (Mestrado em Ciência Política)-Universidade de São Paulo, São Paulo, 2000; MATTELART, Armand.**História da sociedade da informação**. São Paulo: Edições Loyola, 2002; VICENTE, Dário Moura.**Direito internacional privado problemática internacional da sociedade da informação**. Coimbra (POR): Almedina, 2005.

4 Vide: LÉVY, Pierre. **Cibercultura**, 2. ed. São Paulo, Ed. 34, 2005, p. 235-238.

5 Consulte: NEGROPONTE, Nicholas. **A vida digital**, 2. ed. São Paulo: Companhia das Letras, 2002, p. 10.

internet; Estímulo ao desenvolvimento das comunicações, particularmente pelo apoio ao treinamento de comunicadores comunitários no uso de novas mídias digitais; Apoio às ações que promovam e defendam a liberdade de expressão[6].

É inevitável o paralelo a ser traçado entre a internet (*bits*[7]) e as formas de comunicação anteriores – símbolos, palavras, escrita e impressão – na medida em que ambas têm por base códigos, o que, neste aspecto, demonstra apenas uma sofisticação de forma a partir da mesma base, sendo certo que a internet evoluiu para agregar, também, sons e imagens.

2. A SOCIEDADE DA INFORMAÇÃO

2.1. A RUPTURA DO PARADIGMA

Tomas Kuhn, em 1962, no seu célebre livro ***The Structure of Scientific Revolucions***[8] apresenta sua visão do progresso científico, sustentando que a realidade ou o contexto que se quer pesquisar ou entender, conforme cada momento do tempo, está constituído por um conjunto infinito e caótico de dados que um marco conceitual dominante permite interpretar. Esse marco interpretativo é denominado por **ciência**, e é aceito até que as discrepâncias entre a realidade e os dados tornem-se tão gritante que outro paradigma substitua o anterior. O paradigma dominante determina categorias analíticas, a seleção dos dados e as formas de tratamento dos mesmos, e valores. Como exemplos, temos o sistema solar de Copérnico que substituiu ao de Ptolomeu. O mesmo fez o relativismo de Einstein com respeito à física newtoniana a qual, por sua vez, tinha substituído a aristotélica. Ou seja, a ciência não avança de forma lenta e gradual, com contribuições pequenas. O conhecimento avançaria, segundo Kuhn, mediante revoluções, rupturas de paradigmas.

6 Consulte: <http://www.unesco.org> e <http://www.unesco.org.br>Acesso em: 29 nov. 2016.

7 Interessantíssima a abordagem sob o ângulo da diferença entre bits e átomos como forma de avaliar as conseqüências da *vida digital* feita por: NEGROPONTE, 2002, passim.

8 KUHN, Thomas S.**Estrutura das revoluções científicas**. São Paulo: Perspectiva, 1975.

Assim é a internet, ao romper com o paradigma do acesso à informação, tornando-se uma ferramenta indispensável na busca pela eficiência e transparência em prol do interesse público.

2.2. O PODER JUDICIÁRIO E A SOCIEDADE DA INFORMAÇÃO

Tercio Sampaio Ferraz Junior (2001) destaca que:

> No mundo informático, este paradoxo, situado no terreno da simultaneidade e da rapidez das trocas de informações, provoca uma espécie de curto circuito na noção de liberdade: toda decisão de informar seria, ao mesmo tempo, anárquica e conformada. [...] Portanto, este curto-circuito, pensado nos quadros da antiga posição indivíduo/sociedade, conduz, à primeira vista, ao velho problema do papel do Estado como assegurador da liberdade.[9]

Refletindo sobre o papel do Estado, podemos fazer a primeira distinção do trato jurídico da informação ao dividi-la entre o público e o privado.

Apesar do nosso tema ser a informação pública a ser promovida pelo Estado representado pelo Poder Judiciário, é de se ressaltar a esfera de proteção privada da informação, com todos os difíceis contornos jurídicos que o tema suscita muitas vezes em face da liberdade de expressão.

Portanto, ao tratar do tema da informação pública nada amarra ou impede o seu acesso, devendo mesmo ser amplamente informada, o que é fundamentalmente mais adequado do que apenas estar disponível.

Acessar a informação por intermédio de requerimentos, ou etapas burocráticas, representa, na verdade, um odioso obstáculo para a transparência.

Modernamente aflora em todos os cantos uma necessária informação e transparência de tudo que trafega pela sociedade no âmbito público, possibilitando que o ser humano garanta sua liberdade. A informação é a base do conhecimento que liberta o ser humano dando-lhe condições para refletir e decidir.

---

9 FERRAZ JUNIOR, Tercio Sampaio. A liberdade como antinomia recíproca de acesso à informação. In: GRECO, Marco Aurelio; MARTINS, Ives Gandra da Silva. (coord.). **Direito e Internet**: relações jurídicas na sociedade informatizada. 1. ed. São Paulo:RT, 2001, p. 243-244.

O fenômeno jurídico representado pelo acesso à informação na era digital impõe um novo paradigma para o Estado no trato da coisa pública, e, assim compreendido, o trato dos dados públicos dos processos judiciais, exceções feitas aos processos que justificadamente tenham o acesso restrito por envolver interesse protegidos de uma exposição pública.

O processo de conhecimento da informação é o primeiro passo sem o qual não se atinge uma decisão eficiente em benefício da coletividade. Dessa forma, a transparência possibilita a avaliação e planejamento, o que é essencial para a eficiência, além de evitarem-se riscos que acarretem danos, sendo papel da ciência promover a proteção dos valores fundamentais do ser humano num Estado Democrático de Direito.

Por isso, a transparência da informação pública em sua forma e conteúdo apresenta-se como uma garantia da cidadania, como evolução da democracia, sendo signo de uma sociedade culturalmente avançada, e, portanto um instrumento do humanismo[10].

O conteúdo correto que garante a transparência da informação pública é aquele que permite acesso à informação completa através de banco de dados que possam ser explorados sem limitações.

A forma adequada de transparência da informação pública ocorre quando ela está disponível sem nenhum obstáculo ao cidadão, que seja no acesso, quer seja no uso do banco de dados.

3. A FORMULAÇÃO DE POLÍTICAS PÚBLICAS PARA O PODER JUDICIÁRIO

Somente nesses termos é que se pode iniciar um trabalho de formulação de políticas públicas para que o Poder Judiciário possa ter uma gestão eficiente.

Uma gestão eficiente na qual o processo judicial tenha uma duração razoável, contemporânea às necessidades e urgências dos demandantes, bem como seja confiável ao produzir decisões estáveis,

10 "Não que as Constituições precisem nominar o humanismo. Basta que elas falem da democracia para que ele esteja automaticamente normado". BRITTO, Carlos Ayres. **O humanismo como categoria constitucional**. 1. ed. Belo Horizonte: Fórum, 2016.

prestigiando o princípio da igualdade para as partes com o mesmo direito em discussão. Havendo, portanto, segurança jurídica.

Nesta perspectiva, Canotilho explicita que a ligação entre confiança e segurança jurídica está presente quando o cidadão confia que seus atos têm efeitos jurídicos duradouros pela garantia que a norma lhe confere, e porque praticados respeitando a legalidade, estando neste contexto garantidos o direito adquirido, o ato jurídico perfeito e a coisa julgada.[11]

Portanto, o Poder Judiciário também tem seu paradigma alterado, pois não deve ser somente um aplicador do direito. Tem que prestar contas da aplicação do direito. Não deve apenas contabilizar processos. Tem que formular políticas públicas para solucionar problemas crônicos da Justiça. Tem que conhecer a realidade completa para definir sua estratégia de atuação. Somente dessa forma será uma Justiça Aberta, a nova dimensão do Poder Judiciário que se espera com a evolução do Estado Democrático de Direito.

4. TRANSFORMAÇÃO DO PODER JUDICIÁRIO NUMA JUSTIÇA ABERTA

Atingir o objetivo de transformar o Poder Judiciário numa Justiça Aberta passa por um processo difícil de implementação de uma nova cultura. A cultura de que o Poder Judiciário deve fazer mais do que aplicar o direito e julgar processos. E a verdadeira mudança cultural é assumir que esse fazer mais, não é uma obrigação acessória, não é uma obrigação adicional, mas a parte que faltava para que o trabalho da Justiça pudesse atender a expectativa da sociedade.

Reconhecidamente existe um déficit, uma insegurança, uma desconfiança com o Poder Judiciário que não tem políticas públicas claras, duradouras para a gestão dos processos.

Basta mencionar o problema da autonomia administrativa de cada Tribunal que culturalmente transformou-se numa autonomia funcional que não garante o cumprimento de determinações administrativas para a gestão dos

11 Cf.: CANOTILHO, José Joaquim Gomes. **Direito constitucional**,5. ed. Coimbra (POR):Almedina, 1991, p. 377-378.

processos, além da inexistência de um plano de trabalho com metas a longo prazo, diante da constante alteração dos integrantes dos órgãos de cúpula, com mandatos curtos sem vinculação ou compromisso com resultados futuros.

O primeiro passo é, sem dúvida, garantir o acesso realmente transparente ao banco de dados de todos os processos públicos em tramite em cada Tribunal. Assim, retira-se o véu que cobre o volume dos processos, possibilitando o segundo passo que é conhecer e estudar a realidade dos processos que são as demandas da sociedade, o clamor pela Justiça.

Sem sonegar, sem alterar ou promover restrições na abertura do banco de dados, quer seja por ineficiência, quer seja por uma avaliação errada de restringir a informação pública.

Tal e qual na medicina, onde os surtos são identificados e coletivamente tratados, inclusive com medidas preventivas, assim deve ser compreendida a prestação jurisdicional.

Sem mudar o patamar de transparência, o Poder Judiciário nunca se transformará numa Justiça Aberta.

5. JURIMETRIA COMO INSTRUMENTO DE PRODUÇÃO DE POLÍTICAS PÚBLICAS PARA O PODER JUDICIÁRIO

Em auxílio ao processo de conhecimento da realidade para possibilitar a tomada de decisões e a formulação de políticas públicas surge a Jurimetria, como Ciência, em contraposição às discussões esquizofrênicas calcadas em teses sem conexão com a realidade.

Como destaca Marcelo Guedes Nunes (2016):

> Foi-se o tempo em que pesquisa em Direito era sinônimo de reclusão de um jurista em sua biblioteca, inspecionando alfarrábios em busca de argumentos de autoridades e de origem romana de alguma norma. A sociedade clama por resultados e a pesquisa jurídica moderna, atendendo a este clamor com algum atraso, está se tornando cada vez mais interdisciplinar e, portanto, baseada no trabalho de equipe.[12]

Na verdade, a Jurimetria aproxima o conhecimento jurídi-

---

12 NUNES, Marcelo Guedes. **Jurimetria**: como a estatística pode reinventar o Direito. São Paulo: Editora Revista dos Tribunais, 2016. p. 11.

co e o estatístico auxiliando identificar as normas que devem ser aplicadas para pacificar conflitos, sendo um verdadeiro instrumento da política pública jurídica. Por isso, "[...] a Jurimetria propõe um giro epistemológico,análogo àquele proposto pelos realistas, deslocando o centro de interesse da pesquisa do plano abstrato para o plano concreto".[13]

O objeto da Jurimetria é a investigação do **funcionamento** da ordem jurídica, para fazer o direito voltar a ser uma ciência humana, preocupada com o comportamento das pessoas e com as suas reações diante das normas, porque "[...] ninguém muda aquilo que ignora".[14]

A transparência é a maior arma à disposição da sociedade e maior exemplo de democracia quando há o "[...] governo do poder público em público [...]", na lição de Norberto Bobbio: "Com um aparente jogo de palavras pode-se definir o governo da democracia como o governo do poder público em público. O jogo de palavras é apenas aparente porque **público** tem dois significados diversos, conforme venha contraposto a **privado**, como por exemplo, na clássica distinção entre *ius publicum* e *ius privatum*, a nós, transmitida pelos juristas romanos, ou a **secreto**, em cujo caso tem o significado não de pertencente à **coisa pública** ou ao **estado**, mas de **manifesto**, **evidente**, mais precisamente de **visível**. Exatamente porque os dois significados não coincidem, um espetáculo público pode muito bem ser um negócio privado e uma escola privada – nosentido de que não pertence ao estado – nãopode subtrair-se à publicidade de seus atos. Assim, nada elimina do caráter privado do poder do pai de família, conforme a distinção entre direito privado e direito público, a devida publicidade de muitos atos de sua gestão, e nada elimina do caráter público do poder de um soberano autocrático o fato de que este poder seja exercido, em numerosas circunstâncias, no máximo segredo.[15]

É imperativo que o Poder Judiciário promova a transparência

13 Ibid., p. 112.

14 Ibid., p. 171.

15 BOBBIO, Noberto. **O futuro da democracia**: uma defesa das regras do jogo. Rio de Janeiro: Paz e Terra, 1986, p. 84.

em benefício de uma sociedade aflita, que necessita de pacificação e de segurança jurídica.

A mudança de paradigma do que se entende por transparência no acesso ao banco de dados de processo públicos no Poder Judiciário permitirá a sua transformação para uma Justiça Aberta, que terá condições de produzir politicas públicas com o auxílio da Jurimetria para que se realize a Justiça com eficiência e segurança jurídica, alcançando fraternidade e igualdade, e sendo instrumento do humanismo.

REFERÊNCIAS

BOBBIO, Noberto. **O futuro da democracia**: uma defesa das regras do jogo. Rio de Janeiro: Paz e Terra, 1986.

BRITTO, Carlos Ayres. **O humanismo como categoria constitucional**, 1. ed. Belo Horizonte: Fórum, 2016.

CANOTILHO, José Joaquim Gomes. **Direito constitucional**, 5. ed. Coimbra (POR): Almedina, 1991

FERRAZ JUNIOR, Tercio Sampaio. A liberdade como antinomia recíproca de acesso à informação. In: GRECO, Marco Aurelio; MARTINS, Ives Gandra da Silva. (coord.). **Direito e Internet**: relações jurídicas na sociedade informatizada. 1. ed. São Paulo:RT, 2001.

KUHN, Thomas S.**Estrutura das revoluções científicas**. São Paulo: Perspectiva, 1975.

LÉVY, Pierre. **Cibercultura**, 2. ed. São Paulo, Ed. 34, 2005.

NEGROPONTE, Nicholas. **A vida digital**,2. ed. São Paulo: Companhia das Letras, 2002.

NUNES, Marcelo Guedes. **Jurimetria**: como a estatística pode reinventar o Direito. São Paulo: Editora Revista dos Tribunais, 2016.

REALE, Miguel. **O direito como experiência**: introdução à epistemologia jurídica, 2. ed. São Paulo, Saraiva, 2002.

SHAPIRO, Andrew L. **The control revolution**: how the internet is putting individuals in charge and changing the world we know. Nova Iorque (EUA): Century Foundation Book, 1999.

WAISBERG, Ivo. O novo direito e o velho princípio. In: ________.; SILVA JUNIOR, Ronaldo Lemos da. (org.). **Conflitos sobre nomes de domínio**: e outras questões jurídicas da Internet. São Paulo: RT ; FGV, 2003.

TECNOLOGIA, INOVAÇÃO E O FUTURO DAS INSTITUIÇÕES: A ADVOCACIA

LUIZ CLÁUDIO ALLEMAND

LEONARDO PETER

1. A CIÊNCIA, A TECNOLOGIA E A INOVAÇÃO NA CONSTITUIÇÃO DE 1988

Para qualquer análise que se pretenda fazer sobre aspectos jurídicos no Brasil, o pesquisador deverá iniciar seus estudos pela Constituição Federal, lei fundamental do Estado, firmada através de um pacto com o cidadão, que nas palavras do Professor José Afonso da Silva, representa o modelo jurídico adotado pelo Estado Brasileiro, bem como "[...] a forma de seu governo, o modo de aquisição e o exercício do poder, o estabelecimento de seus órgãos, os limites de sua ação, os direitos fundamentais do homem e as respectivas garantias. Em síntese, a constituição é o conjunto de norma que organiza os elementos constitutivos do Estado"[1]. E justamente porque o modelo brasileiro praticamente apresenta regras constitucionais para todos os temas estratégicos de uma Nação, não poderia ser diferente com a tecnologia.

É importante, desde logo, fazer um pequeno apanhado histórico para que possamos relembrar como a advocacia se adaptou rápido à tecnologia, bastando tomar como referência a Constituição de 1988.

E qual tecnologia existia no final da década de oitenta do século passado, quando promulgado nosso atual texto constitucional? Certamente não é a mesma tecnologia que temos hoje, muito menos a que ainda estamos conhecendo e descobrindo a cada dia.

Os advogados com mais de quarenta anos têm na memória o setor de informática da Mesbla, verdadeiro sonho de consumo dos jovens daquela época, onde era possível ver os computadores pessoais com seus consoles integrados com

1 SILVA, José Afonso da. **Curso de Direito Constitucional Positivo**, 19. ed. São Paulo: Malheiros, 2001, p. 38.

teclados (CP500) e os consoles sem monitores (TK90X) que utilizavam a televisão conectada à saída de vídeo. As inovações chegaram no início da década de 90 com o ITAUTEC e COMPAC 386, este último já com o sistema operacional Windows e monitor colorido, que, à época, custava o preço de um carro popular.

Em 1988, o legislador constituinte originário, atento a este cenário de avanços, inseriu no Capítulo IV o Título "Da Ciência e Tecnologia", cujos artigos 218 e 219, respectivamente, estabeleciam a promoção e o incentivo ao desenvolvimento científico, à pesquisa e à capacitação tecnológica, e asseguravam a integração do mercado interno ao patrimônio nacional, devidamente incentivado de modo a viabilizar o desenvolvimento cultural e socioeconômico, visando o bem-estar da população e a autonomia tecnológica do País, nos termos de lei federal.

Já naquela época, restou expressamente previsto no texto constitucional, que deveria ser assegurado tratamento prioritário à pesquisa básica com vista ao bem público e ao progresso das ciências, bem como apoio à formação de recursos humanos nas áreas da ciência, pesquisa e tecnologia, inclusive com concessão de meios e condições especiais de trabalho aos que ocupem essas áreas estratégicas para Nação brasileira. Além disso, havia a previsão de que a legislação ordinária deveria apoiar e estimular as empresas que investissem em pesquisa, criação de tecnologia adequada ao País, formação e aperfeiçoamento de seus recursos humanos e que praticassem sistemas de remuneração assegurando aos empregados, desvinculada do salário, participação nos ganhos econômicos resultantes da produtividade de seu trabalho.

A preocupação do constituinte ordinário com o desenvolvimento tecnológico da nossa Nação foi inspirada em países com dimensões territoriais menores do que o Brasil e com menos riquezas naturais, mas que alcançaram o desenvolvimento através do incentivo a ciência, tecnologia e inovação.

Parte da regulamentação dos citados dispositivos constitucionais ocorreu com a edição da Lei nº 10.973/2004 que, em seu art. 3º, estabeleceu as diretrizes para a constituição de acordos ou alianças estratégicas entre empresas nacionais, Instituição Científica e Tecnológica e organizações de direito privado sem fins lucrativos.

Vale acrescentar que, apenas em 2015, com o advento da Emenda Constitucional nº 85, houve a atualização de tais regras constitucionais, passando dentre outras alterações, a prever a promoção e o incentivo não só da ciência e de tecnologia, mas também da inovação. O atual texto constitucional, expressamente registra que o Estado deverá estimular "[...] a formação e o fortalecimento da inovação nas empresas, bem como nos demais entes, públicos ou privados, a constituição e a manutenção de parques e polos tecnológicos e de demais ambientes promotores da inovação, a atuação dos inventores independentes e a criação, absorção, difusão e transferência de tecnologia"[2].

2 BRASIL. Constituição (1988). Emenda Constitucional nº 85, de 26 de fevereiro de 2015. Altera e adiciona dispositivos na Constituição Federal para atualizar o tratamento das atividades de ciência, tecnologia e inovação. **Diário Oficial [da] República Federativa do Brasil**, Poder Executivo, Brasília, DF, 27 fev. 2015. Disponível em: <https://goo.gl/Bwr5tS>. Acesso em: 28 jul. 2017.

Oportuno destacar que, embora a Constituição estabeleça tais garantias e incentivos ao desenvolvimento da ciência, da tecnologia e da inovação, o Brasil, salvo a inciativa de abnegados pesquisadores no Serviço Público ou dentro da própria iniciativa privada, é, em regra, exportador de mão de obra qualificada na área tecnológica, não sendo raro encontrar brasileiros, com vasta formação técnica e acadêmica, atuando fora das fronteiras da nossa Nação, dada a insuficiência de vagas atrativas no mercado de trabalho interno.

Na contramão da nossa realidade, os países desenvolvidos, em especial os Estados Unidos da América, no ano de 2016, mantendo sua referência de País mais inovador do mundo, apresentou o Relatório chamado **Preparação para o futuro da Inteligência Artificial**, elaborado pelo Escritório de Política de Ciência e Tecnologia da Casa Branca, onde está detalhado um **Plano estratégico de pesquisa e desenvolvimento de inteligência artificial nacional**, estabelecendo marcos para pesquisa e desenvolvimento financiado pelo governo federal em Inteligência Artificial[3].

3 FELTEN, Ed; LYONS, Terah. The Administration's Report on the Future

As considerações acima têm o intuito de apresentar como, enquanto nação, apesar de alguns avanços isolados ou pontuais, ao mantermos postura extremamente reativa, erramos estrategicamente no passado e continuamos a errar nos mais diversos aspectos relacionados ao desenvolvimento na área de tecnologia da informação, em especial no tocante à inovação, embora sejamos um dos poucos países do mundo em que a Constituição, elaborada em uma época em que o Brasil era fechado para o mercado externo, dedica um capítulo próprio para a matéria.

2. TECNOLOGIA, INOVAÇÃO E INSTITUIÇÕES

A tecnologia é um dos componentes das mudanças da nossa sociedade, seja para o bem ou para o mal, não importando a época em que vivemos. Estamos sempre nos adaptando às inovações tecnológicas e tentando imaginar o futuro.

Como afirmou John Malone, "em qualquer época, as pessoas sempre vão querer saber o que lhes reserva o futuro [...] o progresso é ligeiro, mas a imaginação é maior".[4]

No livro **O futuro ontem e hoje: de Júlio Verne a Bill Gates**, o referido autor apresenta diversas previsões elaboradas por jornalistas, cientistas, políticos, romancistas... E registra: "[...] prever o futuro é um negócio arriscado. Embora uma previsão que venha a ser comprovada possa melhorar a sua fama de maneira considerável, a sua reputação pode ficar obliterada para sempre, bastando um erro".[5]

Dentre as previsões apresentadas no livro, impressiona aquelas feitas pelo autor de ficção científica Julio Verne. Em uma série iniciada em 1869 - **A viagem ao redor da Lua** - consta a história de uma tripulação que, ao conseguir retornar à terra, caiu a apenas quatro km do ponto onde retornou a cápsula da Apollo 9, conforme relato do Astronauta Frank Booman em carta endereçada ao neto de Verne.

of Artificial Intelligence. **The White House**: President Barack Obama, Washington, DC (EUA), 12 out. 2016. Disponível em: <https://goo.gl/vSpuai>. Acesso em: 28 jul. 2017

4 MALONE, John. **O futuro ontem e hoje**: de Júlio Verne a Bill Gates. Rio de Janeiro: Ediouro, 1998, p. 7.

5 Ibid. p. 12.

Além disso, ele também acertou a velocidade de escape de um foguete e o tempo de duração do percurso entre a terra e a lua, que respectivamente são: 12.000 m^2/s e 97 horas[6].

Como Verne conseguiu esta proeza, dentre outras relatadas no livro de Malone? O romancista, que não era um cientista, prestou atenção em tudo que estava em sua volta. E observou o que estava acontecendo, à época, para tentar prever o que viria depois.

Outro visionário que merece destaque ao pensarmos em tecnologia é Walt Disney. Além dos seus personagens famosos e dos parques temáticos criados ao redor do mundo, Disney sempre foi um entusiasta da tecnologia. Hoje uma das atrações do Magic Kingdom, na Flórida, o Carrossel do Progresso é uma demonstração da paixão de seu inventor pela arte da inovação. Criado originalmente para a Feira Mundial de Nova Iorque de 1964, em parceria com a *General Eletric* (GE), a atração é um espetáculo audionimatrônico de seis partes, sobre o progresso da eletricidade e os avanços da tecnologia na vida cotidiana de uma família desde o começo do século XX[7]. Acompanhando a narrativa do patriarca por diversos períodos do século passado, o espectador pode observar como o avanço tecnológico tornou a vida mais conveniente, confortável e divertida - e preparou o caminho para inovações ainda mais excitantes que ainda estão por vir.[8]

Em comum, nota-se que a imaginação e a previsão do que pode vir a acontecer, somadas ao estabelecimento de cenários possíveis, são chaves para o enfrentamento com sucesso das mudanças propiciadas pelos avanços da tecnologia.

E dentro de um mundo hiperconectado, de uma sociedade cada vez mais em rede, não basta que o indivíduo esteja preparado para tais mudanças, mas é necessário que as instituições também estejam aptas a se adequar. E isso vale para empresas privadas que atuam no mercado econômico, mas também atinge os

6 Ibid. p. 24.

7 GABLER, Neal. **Walt Disney**: o triunfo da imaginação americana. Osasco (SP): Novo Século Editora, 2009, p. 648-649.

8 Livremente traduzido de https://disneyworld.disney.go.com/attractions/magic-kingdom/walt-disney-carousel-of-progress/. Acesso em: 28 jul. 2017.

órgãos públicos e os prestadores de todo e qualquer tipo de serviço.

Neste contexto, faz-se cada vez mais necessário que as organizações e as instituições de modo geral sejam capazes de:

> "[...] gerar conhecimentos e processar informações com eficiência [...]; ser flexível o suficiente para transformar seus meios tão rapidamente quanto mudam os objetivos sob o impacto da rápida transformação cultural, tecnológica e institucional; e inovar, já que a inovação torna-se a principal arma competitiva"[9].

3. TECNOLOGIA, INOVAÇÃO E ADVOCACIA

Como visto, a tecnologia e a inovação estão presentes em todos os ramos da nossa sociedade e todas as instituições, mais cedo ou mais tarde, terão que se adaptar aos novos modelos para garantir sua continuidade. E com a advocacia, bem como com o Sistema de Justiça como um todo, não é diferente.

Assim, se observamos a evolução tecnológica, é possível verificar algumas evidências que apontam para o futuro da advocacia. Vale destacar que, em razão do conservadorismo natural da área jurídica, os advogados, em regra, lutam contra a máquina e não com a máquina.

Importa frisar, todavia, que se analisarmos a evolução tecnológica observando o que está acontecendo próximo aos operadores do direito, já podemos prever que, com a Inteligência Artificial[10], associada ao Incidente de Resolução de Demandas Repetitivas (IRDR)[11], aos meios alternativos de solução de conflitos[12] – inclusive extrajudiciais[13] – e diante de um mercado ad-

9 CASTELLS, Manuel. **A Sociedade em Rede**: a Era da Informação: economia, sociedade e cultura. São Paulo: Paz e Terra, 1999, p. 191-192, v. 1.

10 GRUPO propõe centro de inteligência em repetitivos para Justiça Federal. **Conselho Nacional de Justiça**, Brasília, 06 jun. 2015. Judicário - Notícias. Disponível em: <https://goo.gl/Ddi7NQ>. Acesso em: 28 jul. 2017.

11 STJ defere primeiro pedido de suspensão nacional de processos em decorrência de IRDR. **Superior Tribunal de Justiça**, Brasília,27 jun. 2017. Notícias - Decisão. Disponível em: <https://goo.gl/QNhXQf>. Acesso em: 28 jul. 2017.

12 LEI da mediação e novo CPC reforçam acerto da Resolução 125 do CNJ. **Conselho Nacional de Justiça**, Brasília, 27 nov. 2015.CNJ – Notícias. Disponível em: <https://goo.gl/szrkag>. Acesso em: 28 jul. 2017.

13 CNJ premia Mercado Livre por conciliar conflitos antes do processo judicial.

vocatício brasileiro com mais de um milhão de advogados[14], atuando em um Poder Judiciário que conta com um orçamento de setenta e nove bilhões de reais, com um estoque de setenta milhões de processos e mais de dezessete mil magistrados – sendo vinte duas mil vagas criadas por lei[15] – e noventa e uma Cortes de Justiça, não existe conservadorismo que consiga impedir o avanço da tecnologia na área jurídica, com especial atenção para advocacia, que será a primeira a sentir suas consequências.

Os primeiros impactos de tais mudanças foram inicialmente apresentados no ano de 1998, quando o Escocês Richard Susskind publicou **O Futuro do Direito**[16]. Naquele momento, o meio jurídico europeu reagiu com descrença quando o autor buscou demonstrar como e por que a tecnologia da informação mudaria radicalmente a prática jurídica.

Em entrevista à Revista Época, mais de dez anos depois do lançamento da obra, o autor afirmou que no futuro os advogados teriam que se esforçar para sobreviver, pois o mercado jurídico seria guiado por duas forças: a primeira em direção à **commoditização**– ofornecimento cada vez mais barato de serviços padronizados – ea segunda rumo à tecnologia[17].

E, atualmente, somada às chamadas **ações de massa ou demandas repetitivas**, que já estão sendo enfrentadas por regras processuais e por meios alternativos de solução de conflitos extrajudiciais, a tecnologia vem afetando dramaticamente a advocacia.

Quase trinta anos depois da previsão inicial de Susskind, a Tecnologia da Informação, realidade no dia-a-dia da vida moderna, já ocupa espaço de destaque em todo

Conselho Nacional de Justiça, Brasília, 17 mar. 2017. CNJ – Notícias. Disponível em: <https://goo.gl/q713Dk>. Acesso em: 28 jul. 2017.

14 ORDEM DOS ADVOGADOS DO BRASIL (Conselho Federal). **Institucional – quadro de advogados.** Disponível em: <https://goo.gl/diuoSA>. Acesso em: 28 jul. 2017.

15 CONSELHO NACIONAL DE JUSTIÇA. **Justiça em números.** 2016. Disponível em: <https://goo.gl/HPD18b>. Acesso em: 28 jul. 2017.

16 SUSSKIND, Richard. **The Future of Law**: Oxford (ING): Clarendon Press, 1998.

17 AZEVEDO, Solange. "Não precisaremos mais de advogados". **Época**, São Paulo, n. 507, 31 ago. 2008. Disponível em: <https://goo.gl/pNs8AJ>. Acesso em: 28 jul. 2017.

o mundo jurídico, mostrando que as visões pessimistas de então não se concretizaram e que advogados, magistrados e todos os demais atores do sistema de justiça vêm conseguindo, não sem esforços, se adaptar ao mundo das máquinas. O acesso à informação em tempo real, como por exemplo a busca ***on line*** de jurisprudências e o acompanhamento de julgamentos ao vivo por sistemas de transmissão de vídeo disponíveis na rede são práticas tão corriqueiras que deve ser complicado para as novas gerações imaginar como o mundo funcionava diferente no passado.

E com o advento da tecnologia, o processo judicial físico, em papel, foi sendo gradativamente substituído pelo processo eletrônico, em meio virtual. Em artigo publicado em 2014 em coletânea editada pelo Conselho Federal da OAB[18], foi apresentado o processo judicial eletrônico do Conselho Nacional de Justiça (PJe), sistema que pretendia ser o unificador de outros quarenta e seis sistemas existentes e que deveria ser implantado em todos os tribunais, conforme expressa previsão constante da Resolução CNJ nº 185/2013. Também foi apresentado o trabalho desenvolvido pelo Conselho Federal da OAB para treinar os advogados no PJe, bem como as críticas e propostas apresentadas ao sistema, e, por fim, o impacto do projeto na advocacia.

Todavia, naquele ano não se imaginava com que rapidez os sistemas de Inteligência Artificial estavam sendo desenvolvidos na área jurídica, ao contrário do que já se conhecia em outras áreas – tais, como medicina, engenharia, etc – desorte que nenhum artigo da coletânea abordou esta temática. Hoje, passados apenas três anos, a Inteligência Artificial é uma realidade que vem se aproximando efetivamente do mundo jurídico.

O conceito de inteligência artificial foi apresentado por Douglas Ciriaco como "[...] um ramo da ciência da computação que se propõe a elaborar dispositivos que simulem a capacidade humana de raciocinar,

18 ALLEMAND, Luiz Cláudio. O Processo Eletrônico e o futuro da advocacia. In: COÊLHO, Marcus Vinicius Furtado; ALLEMAND, Luiz Cláudio. (coord.) **Processo Judicial Eletrônico**. Brasília: OAB, Conselho Federal, Comissão Especial de Direito da Tecnologia e Informação, 2014, p. 375-393. Disponível em: <https://goo.gl/fRQrLx>. Acesso em: 28 jul. 2017.

perceber, tomar decisões e resolver problemas".[19]

Para B. Jack Copeland, o conceito de Inteligência Artificial pode ser traduzido como a "[...] capacidade de um computador digital ou computador controlado por um robô para executar tarefas comumente associadas a seres inteligentes".[20]

Todavia, a questão não é simples. Em recente artigo, Frank Ned Santa Cruz destaca:"O desafio da IA está em elaborar algoritmos capazes de realizar duas tarefas-chaves que os humanos realizam sem nenhum esforço: reconhecimento de padrões e bom-senso.

E parte deste desafio já foi solucionado através das redes neurais computacionais que são algoritmos matemáticos, que utiliza lógica *fuzzy*, redes *bayesianas* e a partir da leitura de base de dados armazenadas em repositórios como *BigData*, possuem a capacidade de realizar, de forma automática a análise, interpretação e tomada de decisões, podendo ser calibradas por um ser humano e gradualmente adquirem a capacidade de auto aprendizado conseguindo com isso realizar a correção de erros sem a necessidade de interação humana. Tudo isso com grande precisão de acerto, esta técnica é conhecida como aprendizado profundo.

Até o momento, em sua grande maioria, a IA está sendo empregada de forma especializada, sistemas especialistas, para resolver problemas específicos". [21]

Hoje já convivemos com aplicações de Inteligência Artificial, muitas vezes sem nem perceber. Muitos dos aplicativos desenvolvidos para *smarthfones* se valem dessa tecnologia, bem como algoritmos de pesquisa do Google. Vale destacar os avanços atingidos com a plataforma *Watson* da IBM, que já está sendo utilizado em várias áreas do conhecimento humano, dentre elas, a área jurídica.

---

19 CIRIACO, Douglas. O que é a Inteligência Artificial. **Tecmundo**, 25 nov. 2008. Mercado. Disponível em: < https://goo.gl/2JdAsJ>. Acesso em: 28 jul. 2017.

20 COOPLAND, B.J. Artificial Intelligence (AI). **Encyclopaedia Britannica**, 12 jan. 2017. Disponível em: <https://goo.gl/EC4iAf>. Acesso em: 28 jul. 2017.

21 SANTA CRUZ, Frank Ned. Inteligência Artifical no Judiciário. **Migalhas**, 28 abr. 2017. Disponível em: <https://goo.gl/cWnmsm>. Acesso em: 28 jul. 2017.

O mestre Orlando Gomes, nascido em 1909, escreveu em 1988, o artigo **A Degradação do Direito**, onde fez uma previsão da utilização do CTRL+C e CTRL+V, ou seja, sinalizava para uma futura automatização da advocacia, em uma época que os trabalhos jurídicos ainda eram feitos na máquina de escrever:

> A advocacia caminha, por fim, para o automatismo. Os mecanismos da informática, permitindo a elaboração eletrônica de dados utilizáveis com o simples aperto de um botão [...]
> Tudo isso concorre para a degradação do direito, para a quebra da respeitabilidade dos seus profissionais e para o abastardamento do ensino e para agonia de espírito jurídico. Essas distorções marcam, quiçá, o fim de uma época, mas não prenunciam um começo de uma redenção.
> Seja o que for. Os juristas conscientes da responsabilidade de sua missão e da dignidade de sua ciência e de sua arte, não se devem condenar à esterilidade, ao conformismo, ao descrédito e à humilhação. [22]

Se levarmos em consideração a previsão de Richard Susskind, apresentada no início deste trabalho será possível constatar que a Inteligência Artificial é mais um dos avanços tecnológicos a serem empregados no Direito. Em razão de suas características, é possível prever que, em um primeiro momento, essa tecnologia será usada para reduzir a litigiosidade presente nas **ações de massa ou demandas repetitivas**, que garantiu acesso aos advogados em início de carreira ao mercado de trabalho, após o que chamamos de *boom* das escolas jurídicas no Brasil.

Ainda que de forma muito incipiente nos órgãos do Poder Judiciário, a Inteligência Artificial já é uma realidade em outras instituições que compõe o Sistema de Justiça: na Advocacia Geral da União – Sistema *Sapiens*[23] – na Polícia Federal[24]; no Ministério Público[25]; na Receita Federal do

22 GOMES, Orlando. A degradação do direito. **Revista Forense**, n. 29, jan./dez. 1988, p. 14.

23 MACEDO, Rommel. Advocacia-Geral da União na era dos "robos-advogados". **Revista Consultor Jurídico**, São Paulo, 30 jan. 2017. Opinião. Disponível em: <https://goo.gl/LmezoV>. Acesso em: 28 jul. 2017.

24 FALCÃO, Márcio. PF planeja usar inteligência artificial em investigações. **Jota**, São Paulo, 6 abr. 2017. Justiça. Disponível em: <https://goo.gl/iQbQSf>. Acesso em: 28 jul. 2017.

25 MINISTÉRIO Público começa a usar inteligência artificial para acusar. **Revista**

Brasil[26]; na Procuradoria da Fazenda Nacional[27] bem como na advocacia, através de algumas inciativas privadas, tais como o sistema da empresa Finch Soluções[28] que se vale da plataforma *Watson* da IBM[29].

Oportuno ressaltar que o Superior Tribunal de Justiça – STJ, em evento coordenado pelo Ministro Ricardo Villas Bôas Cueva e organizado pela Escola Nacional de Formação e Aperfeiçoamento de Magistrados (ENFAM), no mês de fevereiro de 2017, reuniu instituições públicas do setor jurídico, representantes da iniciativa privada da área de tecnologia e pesquisadores para debater a aplicação da Inteligência Artificial na justiça brasileira[30].

O mercado jurídico brasileiro é vasto e praticamente não está sendo explorado, de sorte que sistemas apoiados em Inteligência Artificial não serão impedidos de chegar, visto que a mão de obra é custo continuado, ao passo que a tecnologia tem seu custo pago no tempo – *payback:* tempo decorrido entre o investimento inicial e o momento no qual o lucro líquido acumulado se iguala ao valor desse investimento.

Diante do cenário que ora se apresenta, já é possível fazer previsões para os próximos cinco a dez anos, sendo que para alguns céticos, os prazos irão se alongar para até vinte anos:

i) No primeiro momento, toda atividade humana caracterizada por

---

Consultor Jurídico, São Paulo, 28 abr. 2017. Tecnologia no parquet. Disponível em: <https://goo.gl/p56EeU>. Acesso em: 28 jul. 2017.

---

26 RECEITA Federal analisa as informações de redes sociais. **Receita Federal**, Brasília, 7 jun. 2017. Notícias. Disponível em: <https://goo.gl/pBTFxU>. Acesso em: 28 jul. 2017.

27 BRASIL. Procuradoria-Geral da Fazenda Nacional. **Parecer nº 609/2016**. Brasília, 20 de abril de 2016. Disponível em: <https://goo.gl/G5FKfS>. Acesso em: 28 jul. 2017.

28 IBM e Finch Soluções estão juntas para oferecer plataforma cognitiva ao setor jurídico. **IBM**, São Paulo, 3 out. 2016. Sala de imprensa. Disponível em: <https://goo.gl/5kQsb8>. Acesso em: 28 jul. 2017.

29 D'EGMONT, Tatiana. O que é Watson? Plataforma cognitiva? Inteligência artificial? Um robô? **IBM**, São Paulo, 16 dez. 2016. Soluções Cogntivas. Disponível em: <https://goo.gl/CNtaoG>. Acesso em: 28 jul. 2017.

30 ENCONTRO debate aplicação da inteligência artificial no judiciário. **Superior Tribunal de Justiça**, Brasília, 21 fev. 2017. Inovação.Disponível em: <https://goo.gl/HxAVV7>. Acesso em: 28 jul. 2017.

tarefas repetitivas e de pouca complexidade estarão passíveis de serem alcançadas pelos sistemas que se utilizam de Inteligência Artificial;

ii) No segundo momento, teremos os algoritmos funcionando com mais detalhamento e trabalhando em dados estruturados na tecnologia *BigData*, permitindo alta velocidade na captura, armazenamento e análise de dados;

iii) Para mais adiante, no terceiro momento, dentro de um padrão cognitivo (IA fraca), poderemos extrair relatórios, produzir documentos, contratos, estudos jurídicos e peças processuais com uma simples e pequena pesquisa, mas sempre tomando como base dados estruturados alimentados pelo ser humano;

iv) Em um último estágio, no quarto momento, o objetivo é chegar à chamada **IA geral ou forte**, pois enquanto a **IA estreita ou fraca**, supera os seres humanos em qualquer tarefa específica, a primeira superaria os humanos em quase todas as tarefas cognitivas.

Diante dos momentos listados, é possível concluir que os três primeiros tópicos já estão acontecendo, mesmo que de forma incipiente, mas é certo que as pesquisas estão a todo vapor para que estas etapas possam alcançar objetivos cada vez mais relevantes, como acontece, por exemplo, na área da medicina[31].

Vale destacar que se Júlio Verne e Walt Disney apontavam a observação, a imaginação e a previsão como chaves para o enfrentamento dos avanços tecnológicos, a Inteligência Artificial já começa a trilhar o caminho por eles indicado.

Notícia recentemente divulgada pela empresa *Google-Deep Mind*, especializada em Inteligência Artificial, registra que já foram desenvolvidas duas máquinas capazes de utilizar a **imaginação** para prever o futuro. Os novos sistemas empregam um **codificador imaginação** interior que ajuda a prever diferentes cenários para uma situação futura e diferenciar entre o mais lógico para agir. É o caminho inicial para que a Inteligência Artificial possa, no futuro, planejar hierarquicamente, ser criativa e fornecer soluções

31 MÜLLER, Leonardo. Software da Google detecta câncer com mais precisão que médicos. **Tecmundo**, 3 mar. 2017. Software. Disponível em: <https://goo.gl/h5kGtr>. Acesso em: 28 jul. 2017.

para os desafios que nem mesmo a mente humana pode resolver.[32]

4. CONSIDERAÇÕES FINAIS

As consequências para advocacia estão apresentadas, restando agora ao advogado manter-se descrente, como fez o mercado jurídico europeu quando Susskind apresentou suas primeiras considerações sobre as mudanças proporcionadas pela tecnologia no mundo jurídico ou começar a se preparar para essa realidade que bate às portas da advocacia para que não seja novamente surpreendida, como ocorreu para muitos com o advento do processo judicial eletrônico.

Dado que, com raras exceções, a advocacia não se interessa pelo assunto, urge abrir o debate, que envolve ética, transparência e sistemas auditáveis[33], bem como é preciso tratar do momento oportuno para regulação dessas novas tecnologias, buscando promover e preservar a inovação, assegurar a livre concorrência, garantir a segurança do usuário e o respeito às liberdades fundamentais[34].

Manter o posicionamento cético quanto às possiblidades da Inteligência Artificial no mundo jurídico faz lembrar a clássica passagem do livro de Louis Pauwels e Jacques Bergier: "Era diretor do *Patent Office* americano e foi ele que deu o sinal de alarme. Em 1875 pediu demissão ao Secretário do Estado do Comércio. 'Ficar para quê? – dizia ele – já não há mais nada para inventar'"[35].

A falta de conhecimento ou o conservadorismo não podem impedir que ao menos seja iniciado o debate sobre a Inteligência Artificial e as consequências para advocacia. Tal medida é essencial para que de-

32 OLMO, Lara. La inteligência artificial de Google ya tiene imaginación. **Ticbeat**, 26 jul. 2017. Tecnología. Disponível em: <https://goo.gl/EAUBR1>. Acesso em: 28 de jul. 2017.

33 BOSTROM, Nick; YUDKOWSKY, Eliezer. A ética da inteligência artificial. **IERFH**, 2011. Disponível em: <http://ierfh.org/br.txt/EticaDaIA2011.pdf>. Acesso em: 28 jul. 2017.

34 BAPTISTA, Patrícia; KELLER, Clara Iglécias. Por que, quando e como regular as novas tecnologias? Os desafios trazidos pelas inovações disruptivas? **Revista de Direito Administrativo**, Rio de Janeiro, v. 273, p. 124-125, set. 2016.

35 PAUWELS, Louis; BERGIER, Jacques. **O Despertar dos Mágicos:** Introdução ao Realismo Fantástico, 27. ed. Rio de Janeiro: Bertrand Brasil, 1998, p. 26.

pois não seja necessário recuperar o terreno perdido, algo muito mais difícil do que conquistar o espaço em uma batalha, tal qual ocorreu com o processo judicial eletrônico, quando a advocacia acordou tarde e as consequências todos nós conhecemos e ainda estamos sentido.

Com o surgimento de novas tecnologias, o advogado deve sempre buscar meios para se adaptar, sendo certo que a advocacia como conhecemos será alterada. Exigir-se-á cada vez mais conhecimento dos operadores jurídicos do que simplesmente saber exercer seu **múnus** em **ações de massa** ou **demandas reconhecidamente repetitivas**, exatamente as primeiras que serão alcançadas pelos avanços tecnológicos em conjunto com os meios alternativos de solução de conflitos, especialmente os extrajudiciais.

O momento é de prestar atenção no que está ocorrendo, para, tal qual Júlio Verne, prevendo o que pode vir, nos anteciparmos, adaptarmos e agirmos. Sem esquecer jamais, como lembra a canção dos irmãos Sherman que embala o Carrosel do Progresso de Walt Disney, que "há um grande e lindo amanhã, brilhando no final de cada dia, há um grande e lindo amanhã... Basta imaginar"[36].

Se não imaginarmos o que está por vir, outros o farão e seremos sempre sujeitos passivos na história. Que saibamos imaginar, prever e debater sobre os avanços da tecnologia e o futuro do Direito - como já estão fazendo alguns administradores da Justiça - e que os advogados e demais operadores jurídicos, observando tais mudanças, busquem hoje garantir o conhecimento jurídico essencial e necessário para que, redefinindo seus papéis e reafirmando sua importância para defesa da cidadania, não venham a ser excluídos do mercado, substituídos facilmente pela máquina.

REFERÊNCIAS

ALLEMAND, Luiz Cláudio. O Processo Eletrônico e o futuro da advocacia. In: COÊLHO, Marcus Vinicius Furtado; ALLEMAND, Luiz Cláudio. (coord.) **Processo Judicial Eletrônico**. Brasília: OAB, Conselho

36 Livre tradução de trecho da canção "*There's a great, big, beautiful tomorrow*", de Richard M. Sherman e Robert B. Sherman: *There's a great, big, beautiful tomorrow. Shining at the end of every day. There's a great, big, beautiful tomorrow... Just a dream away.*

Federal, Comissão Especial de Direito da Tecnologia e Informação, 2014, p. 375-393. Disponível em: <https://goo.gl/fRQrLx>. Acesso em: 28 jul. 2017.

BAPTISTA, Patrícia; KELLER, Clara Iglécias. Por que, quando e como regular as novas tecnologias? Os desafios trazidos pelas inovações disruptivas? **Revista de Direito Administrativo**, Rio de Janeiro, v. 273, p. 124-125, set. 2016.

BRASIL. Constituição (1988). Emenda Constitucional nº 85, de 26 de fevereiro de 2015. Altera e adiciona dispositivos na Constituição Federal para atualizar o tratamento das atividades de ciência, tecnologia e inovação. **Diário Oficial [da] República Federativa do Brasil**, Poder Executivo, Brasília, DF, 27 fev. 2015. Disponível em: <https://goo.gl/Bwr5tS>. Acesso em: 28 jul. 2017.

BRASIL. Procuradoria-Geral da Fazenda Nacional. **Parecer nº 609/2016**. Brasília, 20 de abril de 2016. Disponível em: <https://goo.gl/G5FKfS>. Acesso em: 28 jul. 2017.

CASTELLS, Manuel. **A Sociedade em Rede**: a Era da Informação: economia, sociedade e cultura. São Paulo: Paz e Terra, 1999.

D'EGMONT, Tatiana. O que é Watson? Plataforma cognitiva? Inteligência artificial? Um robô? **IBM**, 16 dez. 2016. Soluções Cogntivas. Disponível em: <https://goo.gl/CNtaoG>. Acesso em: 28 jul. 2017.

ENCONTRO debate aplicação da inteligência artificial no judiciário. **Superior Tribunal de Justiça**, 21 fev. 2017. Inovação. Disponível em: <https://goo.gl/HxAVV7>. Acesso em: 28 jul. 2017.

FALCÃO, Márcio. PF planeja usar inteligência artificial em investigações. **Jota**, 6 abr. 2017. Justiça. Disponível em: <https://goo.gl/iQbQSf>. Acesso em: 28 jul. 2017.

GABLER, Neal. **Walt Disney**: o triunfo da imaginação americana. Osasco, SP: Novo Século Editora, 2009.

GOMES, Orlando. **A degradação do direito**. Revista Forense, n. 29, jan./dez.1988.

IBM e Finch Soluções estão juntas para oferecer plataforma cognitiva ao setor jurídico. **IBM**, 3 out. 2016. Sala de imprensa. Disponível em: <https://goo.gl/5kQsb8>. Acesso em: 28 jul. 2017.

MACEDO, Rommel. Advocacia-Geral da União na era dos "robos-advogados". **Revista Consultor Jurídico**, São Paulo, 30 jan. 2017. Opinião. Disponível em: <https://goo.gl/LmezoV>. Acesso em: 28 jul. 2017.

MALONE, John. **O futuro ontem e hoje**: de Júlio Verne a Bill Gates. Rio de Janeiro, Ediouro, 1998.

MINISTÉRIO Público começa a usar inteligência artificial para acusar. **Revista Consultor Jurídico**, São Paulo, 28 abr. 2017. Tecnologia no parquet. Disponível em: <https://goo.gl/p56EeU>. Acesso em: 28 jul. 2017.

PAUWELS, Louis; BERGIER, Jacques. **O Despertar dos Mágicos**:Introdução ao Realismo Fantástico. 27. ed. Rio de Janeiro: Bertrand Brasil, 1998. p. 26.

RECEITA Federal analisa as informações de redes sociais. **Receita Federal**, Brasília, 7 jun. 2017. Notícias. Disponível em: <https://goo.gl/pB-TFxU>. Acesso em: 28 jul. 2017.

SANTA CRUZ, Frank Ned. Inteligência Artifical no Judiciário. Migalhas, 28 abr. 2017. Disponível em: <https://goo.gl/cWnmsm>. Acesso em: 28 jul. 2017.

SILVA, José Afonso da. **Curso de Direito Constitucional Positivo**,19. ed. São Paulo: Malheiros, 2001. p. 38.

SUSSKIND, Richard. **The Future of Law**. Oxford (ING): Clarendon Press, 1998.

A LIBERDADE COMO FUNDAMENTO DO DIREITO E DA DEMOCRACIA

FLÁVIO PANSIERI

1. INTRODUÇÃO

A liberdade constitui uma das temáticas cuja análise acompanha toda e qualquer discussão política em virtude de estar muito próxima ao mais basilar aspecto da vida em sociedade. Por estar conectada à coletividade, aloca-se em múltiplos domínios, como a própria política, o direito, a teologia a antropologia, a sociologia, a ontologia, a economia, entre muitos outros. Isto permitiu que a liberdade adquirisse múltiplos conceitos ao longo dos milênios, variando, cada qual, de acordo com as perspectivas de seu tempo.

O presente artigo tem por escopo discorrer sobre a liberdade no contexto atual. Ao mencionar as suas infinitas possibilidades conceituais, reconhece-se que o constitucionalismo democrático é o modelo que melhor responde aos anseios do Estado contemporâneo e a salvaguarda da liberdade, constituindo-se um espaço que permite o diálogo entre as diversas ideologias políticas e jurídicas que perpassam a sociedade do século XXI. Por fim, apresenta-se como mote de ação governamental as liberdades instrumentais idealizadas pelo economista Amartya Sen, objetivando, desta maneira, diminuir progressivamente as privações dos indivíduos de modo a lhes transformar em agentes de transformação social.

2. O CONSTITUCIONALISMO DEMOCRÁTICO COMO MEIO PARA A GARANTIA DA LIBERDADE NO SÉCULO XXI

Desde a antiguidade, a liberdade é fonte inesgotável de novas interpretações. Por esta razão, ainda que onipresente, uma de suas características é a sua novidade, isto é, a forma como se renova, desafiando os atributos que lhe foram atribuídos. Em outras palavras, a liberdade não pode ser analisada de um ponto de vista linear. Ao contrário, conjuga profundas, ininterruptas e incessantes indagações em todos os âmbitos a que se destina uma investigação minuciosa.

Apenas como exemplo, a história da filosofia é testemunha de períodos e pensadores que, hora interpretaram que a liberdade só pode ser garantida no meio público, através da custointer-relação entre as pessoas. É o caso de Platão, Aristóteles, dos pensadores da teoria contratual (Thomas Hobbes, John Locke, Jean-Jacques Rousseau, Immanuel Kant), dos liberais, dos socialistas, dos constitucionalistas e dos republicanos. Por outro lado, tanto os estoicos como, de modo geral, os filósofos da patrística e da escolástica, dissertam que é na interioridade que está a verdadeira liberdade, encontrada pela autocontenção ou pela fé.

Em meio a esta miríade, na qual muitos conceitos seriam possíveis, é preciso reconhecer que o direito não possui interesse na esfera interior dos indivíduos, isto é, a liberdade é possível quando se verifica a ascensão do coletivo em detrimento do individual, ou seja, quando se está a falar em uma sociedade, ainda que seus alicerces estejam constituídos do modo mais precário. A liberdade, portanto, sempre é pública, nunca recôndita na esfera privada: na ausência do convívio, na solidão ou no individualismo, não há que se falar em liberdade.

Isto não significa que a compreensão jurídica do tema da liberdade não implique em direitos e obrigações condizentes aos indivíduos em suas vidas privadas. Na tentativa de se compreender a sua extensão, ao longo de milênios, muitos foram os autores que a interpretaram segundo os seus pontos de vista próprios. Seja nas considerações de Platão, na qual livre será aquele que exercer o seu encargo dentro dos limites da casta que foi capaz de atingir com seus próprios esforços, seja no medievo, em que a liberdade se confunde com a interioridade e deixa o campo das relações públicas e políticas[1], seja na filosofia política de Thomas Hobbes, que reconhece ser imprescindível a existência de um aparato estatal para propiciar a condição de liberdade[2], seja no pen-

1 PLATÃO. **A República**, 13. ed. Lisboa (POR): Calouste Gulbenkian, 2012.

2 HOBBES, Thomas. **Leviatã.** São Paulo: Nova Cultural, 1997.

samento de John Rawls, em que a liberdade seria naturalmente um dos princípios eleitos por aqueles que estão por detrás do véu da ignorância, por todos os ângulos é possível observar diferentes posições e medidas que garantem ao debate um nível de imprecisão e sobrevivência[3]. Ao menos, a imprecisão deve ser a diretriz fundamental da discussão que envolve a liberdade enquanto o gênero humano for capaz de manter sua intelectualidade e capacidade para lutar por seus preceitos.

Como sentido da política, enaltecer a liberdade humana, portanto, deve ser corolário da afirmação de sua dignidade. Em seu viés jurídico, é necessário construir um Estado que forneça os meios para a sua salvaguarda, em especial a partir do século XVII quando o assunto se tornou o epicentro das revoluções liberais e fomento ao constitucionalismo. Transcorridos três séculos, a discussão acerca da garantia da liberdade ao lado do desenvolvimento social representa um caminho que a estabelece como uma realidade ou uma possibilidade que deve ser seriamente pensada como fator de existência da ordem jurídica.

Assim, longe de elucubrações teóricas ou do seu simples reconhecimento em legislações, o ideal da liberdade se oferece como um ponto de partida substancial necessário ao atual debate, que pode ser muito bem resumido pelas palavras de Norberto Bobbio (1992), no qual se enunciou a primordial questão da concretização de direitos: a questão de nosso tempo se trata mais de um problema político do que jurídico ou então filosófico. Segundo o autor italiano, em sua célebre lição de **A Era dos Direitos**, "o problema fundamental em relação aos direitos do homem, hoje, não é tanto o de justificá-los, mas o de protegê-los. Trata-se de um problema não filosófico, mas jurídico, e num sentido mais amplo, político"[4].

O mesmo ideal expresso por Bobbio em 1990, ano em que publicou *L'etá dei Diritti*, ainda se reveste de extrema atualidade e se constitui como o grande desafio dos Estados neste século, em especial para o Brasil. Embora seja preciso

3 RAWLS, John. **Uma Teoria da Justiça**, 3. ed. São Paulo: Martins Fontes, 2008.

4 BOBBIO, Norberto. **A Era dos Direitos**. Rio de Janeiro: Campus, 1992, p. 24-25.

constatar um progressivo avanço no reconhecimento dos direitos fundamentais nas últimas décadas e na ampliação de seu debate, graças a consolidação da Constituição de 1988, sua garantia demanda um amplo arcabouço de considerações e nem sempre há recursos – econômicos, institucionais, humanos – ou mesmo vontade política dos governos para propiciar tais prerrogativas.

De toda sorte, a afirmação do constitucionalismo democrático representa o modelo mais adequado para a proteção dos direitos e desenvolvimento social e humano. A este respeito, José Afonso da Silva (2004) lembra que a Constituição representa o "[...] conjunto de normas que organiza os elementos constitutivos do Estado"[5]. Já a democracia, na visão do insigne jurista, é o "[...] regime político em que o poder repousa na vontade do povo"[6]. A conjugação destes dois fatores propicia a durabilidade institucional através das normas constitucionais e a progressiva participação popular nas decisões estatais.

Neste sentido, Luís Roberto Barroso (2016)[7] lembra que o Constitucionalismo democrático nasceu como Estado de Direito no século XVII a partir da monarquia constitucional. O ideal democrático surge no século seguinte, quando se iniciam discussões sobre a legitimidade do poder e a representação política. Somente no século XX é que o Estado democrático de Direito se alia à noção constitucional, constituindo a complexa fórmula atual de congregar quem decide, como decide e o que pode e não pode ser decidido. Em meio a esta complexa gama de fatores, é dever de toda a sociedade e do Estado garantir a liberdade.

Sob o viés político, a partir do século XVIII e, especialmente, no século XIX, a análise política bifurca a sua concepção fundamental em pelo menos dois segmentos preponderantes: a dos autores com tendência liberal e a do outro grupo

5 SILVA, José Afonso. **Curso de Direito Constitucional**, 23. ed. São Paulo: Malheiros, 2004, p. 38.

6 SILVA, José Afonso. **Poder Constituinte e Poder Popular**. São Paulo: Malheiros, 2000, p. 43.

7 BARROSO, Luís Roberto. **Curso de Direito Constitucional Contemporâneo**, 5. ed. São Paulo: Saraiva, 2016, p. 65.

que lança um olhar social para o desenvolvimento da política. Esta separação jamais será resolvida: ainda que o fim da União Soviética tenha solapado a sobrevida dos Estados comunistas, a essência destas teses em muito influenciaram o mundo, inclusive os próprios autores do liberalismo. Houve momentos em que estes dois ideais estiveram completamente distantes e a história do último cento e cinquenta anos apenas registra momentos de aproximação e distanciamentos.

Neste sentido, o constitucionalismo democrático é a ideologia vencedora para o século XXI. O liberalismo e o socialismo tinham como condão enaltecer a liberdade e a igualdade – na forma de justiça social. O problema é que estes dois princípios, via de regra, têm noções antitéticas exatamente em razão de que a ampliação de um limita o campo de atuação do outro. Isto ocorre pelos *locus* de cada um deles, que se manifestam ou na individualidade, caso da liberdade, ou na comunidade, que é o caso daqueles que apregoam a igualdade de direitos. A única conciliação possível é a **igualdade na liberdade**, que significa que **cada um deve gozar de tanta liberdade quanto compatível com a liberdade dos outros, podendo fazer tudo o que não ofenda a liberdade dos outros**[8].

3. AS LIBERDADES INSTRUMENTAIS DE AMARTYA SEN

Como hipótese de ação para afirmação do constitucionalismo democrático no século XXI, evitando-se assim enfeixar oposições ideológicas, além de contornar o problema da relação antitética entre liberdade e igualdade, tem-se as cinco liberdades instrumentais propostas pelo economista Amartya Sen. São elas: i) as liberdades políticas, que se relacionam à possibilidade de controle e escolha do governo; ii) as facilidades econômicas que constituem o auxílio à população em seus negócios, como os financiamentos; iii) a garantia de transparência, que é a clareza com que se desenvolvem as relações entre o público e o privado, aumentando, com isto, a confiança da população em seu governo; iv) oportunidades

8 BOBBIO, Norberto. **Liberalismo e Democracia**, 6. ed. São Paulo: Brasiliense, 2007, p. 39.

sociais são ações que visam o desenvolvimento humano, como investimento em educação e saúde; v) e segurança protetora, cujo objetivo é estabelecer uma rede de proteção para vulnerabilidades sociais, como assistência e previdência social[9].

A hipótese das liberdades instrumentais pensadas por Amartya Sen congrega em si o fortalecimento da posição individual para que cada pessoa seja um agente em âmbito coletivo. Assim, ao fortalecer os seus ideais, os indivíduos podem se tornar protagonistas de suas próprias existências tendo em vista oferecer as condições básicas para que se tornem agentes em nível público e privado. Fornecendo tais elementos, todos se tornam responsáveis a partir de então pela construção de uma sociedade política melhor estruturada. Assim, a garantia e ampliação da liberdade como um fator determinante para o desenvolvimento constituem fundamentos da ordem jurídica, social e política dos Estados e da ordem internacional.

A condição de agente dos indivíduos é um tema relevante na obra de Sen, pois se trata de um ponto de partida e de chegada. Com efeito, parte-se da ideia de cada um pode e deve fazer algo para alterar a sua realidade e, ao mesmo tempo, é importante de que os governos invistam nas liberdades instrumentais de modo que os cidadãos tenham as condições de ação mínimas tornar os cidadãos agentes se constitui em um objetivo. Trata-se, portanto, de uma cadeia em que a ação individual se reflete em um contexto maior, tornando os próprios governos mais fortes e legitimados pela população. O caminho para este processo é o investimento na expansão e garantia das liberdades substantivas dos indivíduos, tomados como agentes ativos de mudança e não como mero recebedores de benefícios. Em outras palavras, Amartya Sen (2000) acredita que, com as oportunidades adequadas, as pessoas assumirão o papel de protagonistas de seus próprios destinos, ao contrário de se manterem como beneficiários passivos de programas governamentais assistencialistas.

No entanto, este edifício formado por teses substancialistas não

---

9 SEN, Amartya. **Desenvolvimento como Liberdade.** São Paulo: Companhia das Letras, 2000, p. 54-57.

se mantém por si sem um firme alicerce procedimentalista. Não se olvida que a busca e ampliação em prol da liberdade demanda o estabelecimento de uma ponte estratégica entre estes dois domínios. No Estado de Direito, a observância das regras é ínsita à validade do edifício normativo como um todo e não se pode prescindir dos procedimentos sob pena de se colocar em risco a segurança jurídica. Acredita-se, deste modo, que o constitucionalismo democrático seja revestido de características que unem estes dois modelos em prol da liberdade: além de um procedimento de tomada de decisões, perfilha-se ainda um catálogo de direitos a serem garantidos.

Nesta esteira, além da garantia da liberdade, qualquer noção democrática precisa partir da criação de um estado mínimo de igualdade material, no qual sejam proporcionadas condições mínimas às pessoas. Muitos são os desafios postos para que este objetivo encontre possibilidade fática. O primeiro deles se volta para a estrutura dos próprios governos contemporâneos. Sem um espaço de diálogo, sem a mínima liberdade de contestação dos atos de autoridade, sem uma imprensa que seja capaz de censurar aquilo que não considere princípio e fundamento do Estado, sem o mínimo de garantias para que a população possa lutar por seus direitos, sem um Judiciário independente que guarneça as minorias inclusive parlamentares, isto é, sem estes ideais elementares que muito se confundem aos fundamentos da democracia, mais árduo será o caminho da sociedade pela afirmação das liberdades individuais singulares e fortalecimento da condição de agente de cada pessoa.

Registrem-se ainda todas as divergências internas que podem surgir dentro das fronteiras soberanas dos Estados. As culturas distintas que se contrapõem aos basilares princípios constitucionais estatuídos, as microesferas de poder que insistentemente entram em conflito com as instituições do Estado de Direito, os déficits civilizatórios e sociais, as limitações de investimento, as forças internacionais que limitam e comprometem a atuação governamental, enfim, são muitas as questões que podem se apresentar como obstáculos consideráveis na consecução da garantia da liberdade em prol do desenvolvimento social e humano, político e econômico.

Desafios de todas as ordens são postos, não somente à manutenção da liberdade, mas da própria sobrevivência do Estado e da política. Avanços e retrocessos, dos pontos de vista axiológico e analítico, são perceptíveis em todos os âmbitos. No entanto, é sempre necessário asseverar que a tensão e o conflito são partes elementares do jogo democrático, desde que se preservem as regras fundamentais pelas quais se desenvolve tal jogo. E, no essencial, tem-se a liberdade como um baluarte para o desenvolvimento e busca de espaços de isonomia, lembrando que a igualdade plena jamais será alcançável entre sujeitos singulares entre si.

Fortalecer as liberdades dos cidadãos implica diretamente no reforço das bases do Estado contemporâneo. É preciso arregimentar forças político-governamentais e individuais na execução de um projeto de Estado que vá além do modelo liberal tradicional que propugna o mínimo de intervenção e também de um socialismo centralizador que demanda a estatização de tudo. Ser livre, na atualidade, significa gozar dos direitos estatuídos na Constituição, integrando ativamente a sociedade e sendo um agente de transformação. Poucos são os países que estão mais próximos deste objetivo, o que denota o grande desafio para o século XXI.

O Brasil, como ressaltado, enquadra-se no grupo daqueles que precisam lutar pela consolidação de um modelo republicano e democrático. Reconhece-se que o país possui eleições livres e periódicas, é garantido o funcionamento das instituições, a mídia tem liberdade e não há perigo de substituição da ordem jurídica estabelecida pela Constituição de 1988. No entanto, é preciso avançar, proporcionando a garantia dos direitos constitucionais que estão previstos, mas ainda aguardam sua implementação.

A luta contra as desigualdades em busca de um modelo de isonomia precisa passar pela aquisição de maior liberdade por parte da população: certamente o modelo democrático e constitucional são os meios hábeis para a consecução deste propósito. Consoante José Afonso da Silva, "quanto mais o processo de democratização avança, mais o homem se vai libertando dos obstáculos que o constrangem, mais liberdade conquista"[10]. Esta é uma opção feita pelos países ocidentais e nada justifica deixar este regime em busca de governos centrais ou autoritários. Se durante séculos – seja com os gregos, estoicos ou durante o medievo – somente alguns conseguiam ser livres, o Estado democrático e constitucional é o vértice da conquista da liberdade, possibilitando o usufruto de direitos a parcelas cada vez mais consideráveis da população.

No entanto, o constitucionalismo democrático, sob esta ótica, não garante que haverá um desenvolvimento social equânime, mas tem se mostrado como o meio mais adequado ao cumprimento deste desiderato. Consoante instado anteriormente, sua estrutura une elementos procedimentais e substancialistas ao estabelecer procedimentos necessários para a tomada de decisões coletivas e também por se indicar os deveres dos agentes públicos para com os direitos mínimos de todos os indivíduos.

O século XXI tem sido um período ambivalente de adequação e renovação das estruturas democrático-liberais, de ampliação do Estado pela busca de novos direitos, ao mesmo tempo, de perda de fôlego estatal ante a internacionalização da economia. A ponte passível de união entre estes dois polos distintos de desenvolvimento tem de ser a busca por liberdade pautada no Estado constitucional e democrático, vista aqui como a igualdade de oportunidades e conquista da condição de agente dos cidadãos.

4. CONCLUSÃO

As Constituições democráticas são uma realidade intangível, pertencente aos Estados e às sociedades. Seu propósito se encontra na busca pelo estabelecimento constante e progressivo de uma ordem jurídica mais igualitária, justa e solidária, de modo a romper com as maiores debilidades que impedem um avanço social e humano. Fortalecer a condição de agente dos cidadãos por meio do desenvolvimento como liberdade é o meio mais seguro para se atender às demandas democráticas.

10 SILVA, José Afonso. **Curso de Direito Constitucional**, 23. ed. São Paulo: Malheiros, 2004, p. 233.

Impossível pensar na garantia de direitos individuais e coletivos sem abordar discussões que perpassam a economia; igualmente, é inviável que o modelo econômico siga na dinâmica de enriquecimento e fortalecimento de grupos determinados, seja pela incúria oportunista de agentes do Estado ou, ainda, seja a partir da apropriação de sua estrutura numa clara indefinição entre esferas público e privada. Reforça-se, assim, a necessidade dos princípios democráticos na condução deste Estado almejado para este século.

Longe de se acreditar em um desenvolvimento meramente normativo, a discussão acerca das liberdades fundamentais efetivamente possíveis de serem fruídas é questão central de nosso tempo. E sempre atual é a temática cujo condão é enaltecer a liberdade do indivíduo, um dos primeiros objetivos de um modelo de Estado constitucional democrático que não pode coadunar com nenhuma forma indevida ou ilegal de controle ou interferência demasiada na esfera de atuação individual de seus cidadãos, com exceção das hipóteses que promovam a sua própria condição de agente.

Entre a garantia de direitos enunciados nos documentos normativos e a realidade daquilo que vai além da teoria, o século XXI deve ser o momento de aproximação destes dois *lócus*, por hora, mais distintos do que se espera. Em síntese, busca-se um modelo de liberdade no Estado contemporâneo que propicie o estabelecimento da *igualdade ao nascer e a liberdade no viver*.

REFERÊNCIAS

BARROSO, Luís Roberto. **Curso de Direito Constitucional Contemporâneo**, 5. ed. São Paulo: Saraiva, 2016.

BOBBIO, Norberto. **A Era dos Direitos**. Rio de Janeiro: Campus, 1992.

________. **Liberalismo e Democracia**, 6. ed. São Paulo: Brasiliense, 2007.

HOBBES, Thomas. **Leviatã**. São Paulo: Nova Cultural, 1997. (Os Pensadores)

PLATÃO. **A República**, 13. ed. Lisboa: Calouste Gulbenkian, 2012.

RAWLS, John. **Uma Teoria da Justiça**, 3. ed. São Paulo: Martins Fontes, 2008.

SEN, Amartya. **Desenvolvimento como Liberdade**. São Paulo: Companhia das Letras, 2000.

SILVA, José Afonso. **Curso de Direito Constitucional**, 23. ed. São Paulo: Malheiros, 2004.

________.**Poder Constituinte e Poder Popular**. São Paulo: Malheiros, 2000.

NOVO CONTROLE DE JURIDICIDADE DAS POLÍTICAS PÚBLICAS[1]

JUAREZ FREITAS

1. INTRODUÇÃO

O controle de juridicidade das políticas públicas, sobremodo após o Acordo de Mudanças Climáticas e a Agenda 2030, da ONU, ampliou-se e intensificou-seconspicuamente. Cabe-lhe agora, escrutinar, sopesar, monitorar e revisar a sustentabilidade dos impactos multidimensionais – "*Sustainability Impact Assessment*[2] – das políticas públicas,de maneira compatível com a teleologia do desenvolvimento duradouro.

De saída, impõe-se esclarecer aspectos primordiais. Em primeiro lugar, não se trata de preconizara reducionista análise econômica de custo-benefício, preponderante no século vinte. Longe disso. A avaliação multidimensional de sustentabilidade, nos moldes aqui cogitados, em nada se confunde com uma avaliação de caráter hiperbolicamente econômico, conquanto ostente traços em comum.É que promove o acréscimo enriquecedor, na equação avaliativa, de indissolúveis componentes sociais e ambientais, em especial osatinentes a valores intrínsecos, não necessariamente monetizáveis.

De fato, em que pese a relevância – nada trivial – de variáveis econômicas, a limitação da abordagem neoclássica é irretorquível, pois negligencia tópicos cruciais como perdas irreversíveis à biodiversidade, cujos reflexos são devastadores para a sobrevivência de gerações presentes e futuras.[3]

---

1 Este artigo é homenagem ao querido amigo e notável jurista Prof. José Afonso da Silva, cuja contribuição ao Direito Público brasileiro merece reiterados louvores.

2 MORRISON-SAUNDERS, Angus; POPE, Jenny; BOND, Alan (coord.). **Handbook of Sustainability Assessment**. Cheltenham (ING): Elgar, 2015.

3 Vide ROSE-ACKERMAN, Susan Putting Cost-Benefit Analysis in its place: Rethinking Regulatory Review. **University of Miami Review**, Miami, v. 65, p. 335: "Policymakers need to reassess the role of cost-benefit analysis (CBA) in regulatory review. Although it remains a valuable tool, a number of pressing current problems do not fit well into the

Em segundo lugar, a avaliação de sustentabilidade das políticas públicas não se presta a privilegiar o crescimento pelo crescimento do PIB, como supunha a associação ingênuaentre avaliação e mensuração do crescimento bruto. O teste de juridicidade dos impactos, em sentido abrangente, descola-se nitidamente das raízes centradas no PIB[4], precário indicador – para não dizer altamente enganoso – do bem-estar, material e imaterial.

Em terceiro lugar, não se postula o alicerce teórico defasado do *new public management*,[5]corrente intoxicada pelas simplificações sobre as motivações humanas, algo que sequer funciona na esfera privada.[6]Incorporam-se, em contraste, aportes consistentes do *new public service*,[7] quedialogam melhor com *insights* das ciências comportamentais.[8]Logo, a ótica esposada não endossa ahipertrofia de pré-compreensões atadas à imaginária eficiência que desconsidera falhas do mercado e de governo.

CBA paradigm. In particular, climate change, nuclear accident risks, and the preservation of biodiversity can have very long-run impacts that may produce catastrophic and irreversible effects". Esclarece, com o exemplo das mudanças climáticas, à p. 354: "It must confront the future of a society over a long time frame. The debate over climate change policy and its intersection with analyses of economic growth has highlighted the necessity of taking this perspective".

4 Vide, sobre o erro de hipervalorizar o crescimento medido em PIB, por exemplo, KOTLER, Philip.**Capitalismo em Confronto**. Rio de Janeiro: Best Business, 2015.

5 Vide, sobre a escola de "new management," na seara administrativa pública, o levantamento das críticas por MONGKOL, Kulachet. The Critical ReviewofNewPublicManagementModel and its Criticisms. **Research Journal of Business Management**,Istambul, n. 5, 2011, p. 35-43.

6 Vide, sobre motivação que foge de padrões clássicos de punição e recompensa, PINK, Daniel H.**Drive**: The Surprising Truth About What Motivates Us. Nova Iorque (EUA): Riverhead Books, 2009.

7 Vide ROBINSON, Mark. **From Old Public Administration to New Public Service**. Singapura: UNDP, 2015. Sobre a concepção de "new public service", em florescimento, vide, por exemplo, DENHARDT, Janet V. e DENHARDT, Robert B. **The New Public Service**: Serving, not Steering,3. ed.Nova Iorque (EUA): Routledge, 2015.

8 Vide, como ilustração desses achados, o documento World Development Report 2015, do Banco Mundial, intitulado "Mind, Society, and Behavior," Washington: World Bank, 2015. Vide, ainda, o documento "Vieses dos Investidor". Série CVM Comportamental. Vol. 1. Rio: CVM, 2015.

Nessa perspectiva, o modelo integrado de avaliação da juridicidade das políticas públicas éferramenta[9] de filtragem qualitativa das deliberações públicas – legislativas, regulatórias, convencionais – fazendo às vezes de sinalizador – preditivo ou ulterior – do atingimento,em tempo útil, de finalidades constitucionais cogentes,[10] conforme os parâmetros estabelecidos na Agenda 2030[11], introjetados pelo nosso sistema.

Em quarto lugar, em que pese a descendência comum com a análise de impacto ambiental, a análise de juridicidade dos impactos das políticas públicas vai além, a ponto de abarcar variáveis sociais e éticas,sem prejuízo da tutela rigorosa do ambiente limpo e das intervenções benfazejas à natureza, acima de pontos cegos.[12]

Em quinto lugar, tal controle, ao contrário do que alardeiam os defensores da precificação indiferente à complexidade de efeitos sistêmicos, não se atém à contabi-

---

9 Vide WAAS, Tom et al. Sustainability Assessment and Indicators: Tools in a Decision-Making Strategy for Sustainable Development. **Sustainability**, Basel, n. 6, ago. 2014, p. 5516: "Sustainability assessment is any process that aims to: Contribute to a better understanding of the meaning of sustainability and its contextual interpretation (interpretation challenge); Integrate sustainability issues into decision-making by identifying and assessing (past and/or future) sustainability impacts (information-structuring challenge); Foster sustainability objectives (influence challenge)."

10 Vide, sobre a avaliação de impactos como instrumento sinalizador de eficácia funcional, ROSE-ACKERMAN, Susan; PERROUDIN, Thomas. Policy Making and Public Law in France: Public participation, Agency independence and Impact Assessment, **Columbia Journal of European Law**, Columbia, v. 19, n. 2, 2013, p. 291: "Impact Assessment signals an interest in the functional efficacy of the law. Under the IA model, the state evaluates statutes and regulations to determine the effects they will have on human behavior and on the achievement of public benefits. That much seems uncontroversial. IA counsels a focus not on the formal properties of the law but on how it operates in the real world."

11 Vide o documento "ORGANIZAÇÃO DAS NAÇÕES UNIDAS. **Transformando o Nosso Mundo**: Agenda 2030 para o Desenvolvimento Sustentável". Nova Iorque (EUA): ONU, 2015.

12 A avaliação de sustentabilidade dos impactos enfrenta pontos cegos. Bem por isso, não dispensa revisões sucessivas. Vide, sobre tais pontos cegos na avaliação de impactos, por exemplo, ISSALYS, Pierre. Impact Assessment as a Means Towards Higher Quality of Legal Norms: Beware of Blind Spots!In: ALMEIDA, Marta Tavares de; MADER, Luzius (org.). **The Quality of Legislation.** Baden-Baden (ALE): Nomos, 2011, p. 208.

lidade dos custos e benefícios diretos. Almeja, plausivelmente, congregar dados e mapearantecipáveis efeitos colaterais e indiretos – externalidades – dos programas interventivos,assim como os custos perversos da captura.[13]Daí segue que não se esposa a tirania da preferência exacerbada pelo presente[14], erro típico da miopia inepta para apurações sagazes e seguras de juridicidade.

Em síntese, o que se prescreve é o controle poliédrico, multidimensional e baseado em evidências, efetuado preferencialmente *ex ante*,que se traduz como "uma estimativa sistemática de consequências, diretas e indiretas, decorrentes da formulação e daimplementação de políticas públicas, no intuito de determinar opções comprovadamente prioritárias e vantajosas para o desenvolvimento sustentável".[15]

Assimilado o conceito, nesses moldes, reexaminar-se-á o tema do controle de juridicidade, em grandes linhas.

2. CONTROLE AMPLIADO DE JURIDICIDADE DAS POLÍTICAS PÚBLICAS

O Direito Público, notadamente o Direito Administrativo, encontra-se desafiado a recalibrar o acervo das categorias, no sentido demelhor sindicar as políticas públicas, assimiladas como **programas de Estado – mais do que de governo – enunciados e implementados em consonância comas prioridades constitucionais cogentes, de ordem a assegurar, mediante hierarquizações baseadas em evidências de benefícios líquidos, a efetividade do plexo de direitos fundamentais das gerações presentes e futuras**.

13 Vide LIVERMORE, Michael A.; REVESZ, Richard. Regulatory Review, Capture, and Agency Inaction. **The Georgetown Law Journal**, Washington, v.101, 2013, p. 1337-1398.

14 Vide, sobre "present-biased preferences", O'DONOGHUE, Ted;RABIN, Matthew. Doing it now or later. **American Economic Review**, Pensilvânia, v. 89, n. 1, mar. 1999, p. 103: "When considering trade-offs between two future moments, present-biased preferences give stronger relative weight to the earlier moment as it gets closer."

15 Vide, para cotejo, a abordagem sobre a avaliação de sustentabilidade de CLAYTON, Barry-Dallal; SADLER,Barry. **Sustainability Appraisal**: a sourcebook and reference guide to international experience. Nova Iorque (EUA): Routledge, 2014, p. 50-60.

Sob esse prisma,a hábil avaliação de juridicidade dos impactos[16] inscreve-se no rol de instrumentos destinados a minimizarosriscos de danos sistêmicos, diretos e indiretos e, ao mesmo tempo, fomentaras intervenções estatais liquidamente benfazejas.

Com efeito,não é suficiente evitar os danos jurídicos, eis que se impõe atuar positivamente, em prol dos líquidos benefícios.Nessa ótica, a avaliação de sustentabilidade serve como lastro para escolhas proativas – com a pertinente extração de metas, sob a forma de regras – concretizadoras de objetivos do desenvolvimento sustentável.[17] Ademais, cumpre escoimar, no nascedouro, as escolhas manifestamente nocivas e incongruentes,como as que conduzem ao agravamento das emissões tóxicas – não raro, letais – ou ao aumento da temperatura global – em forte desalinho com o Acordo das Mudanças Climáticas.

Sem dúvida, o controle multidimensional de impactosdesponta como análide de motivação subjacente das políticas públicas,[18]não mero instrumento *soft* de sugestão política.[19]Enseja o aprofundamento sem precedentes da sindicabilidade intertemporal, já que a justificativa passa a incorporar, desde logo, a projeçãode consequências,acompanhada de explícitos argumentos em prol da superioridade dos ganhos líquidos – monetizáveise não-monetizáveis – nocotejo com a integralidade de custos – diretos e indiretos – sociais, econômicos e ambientais.

Transforma-se, por esse meio, o estilo da formulação de políticas públicas. Significaque a descrição minuciosa de custos relativos de agir e não agirintegra o cerne do

---

16 Vide MEUWESE, Anne C.M.e VAN VOORST, Stijn. Regulatory Impact Assessment in Legal Studies.In: DUNLOP,Claire; RADAELLE, Claudio (coord.). **Handbook of Regulatory Impact Assessment**. Cheltenham (ING): Edwar Elgar Publishing, 2016, p. 22.

17 Vide, sobre o alinhamento com objetivos do desenvolvimento sustentável, previstos na Agenda 2030, com o discurso constitucional brasileiro, FREITAS, Juarez. **Sustentabilidade**: Direito ao Futuro, 3. ed. Belo Horizonte: Fórum, 2016.

18 Trata-se de releitura do art. 50, da Lei 9.784, teleologicamente iluminada pelos arts. 225 e 170, VI, da CF.

19 Vide, no sentido de considerá-la "soft", o documento "OECD. **Guidance on Sustainability Impact Assessment**. Paris (FRA): OECD, 2010.

processo decisório, como requisito de juridicidade das escolhas.

Realizada a contento, a avaliação de juridicidade induz a internalização de externalidades negativas, realça o peso consorciado de justificativas econômicas e não-econômicas,destaca e preserva os valores intrínsecos, desnuda ônus da passividade indevida do governo,torna nítida a conveniência de padronizações positivas,permite o julgamento comlogicidade intertemporal, facilita a rejeição de soluções unidimensionais, favorece a laboriosa gestão de riscos, expande alternativas inovadoras e impede o impulsivismo direcionado a recompensas efêmeras.

Quer dizer, a fundamentação das decisões estatais que afetarem direitos e interesses – individuais, difusos e coletivos – ao lado de incorporar a prova de pertinentes cautelas de responsabilidade fiscal,[20] tem que encapsular, não apenas a formalista enunciação de fundamentos normativos, senão que o conteúdo fático e prospectivo dosresultados pretendidos, à luz das evidências disponíveis. Apenas assim, a legalidade cederá espaço à juridicidade alargada do controle de políticas públicas.

Por mais limitada que se apresente a racionalidade,[21]às voltas com falaciosas narrativas,[22] certo é que o controle de impactos das decisões públicas reduz as chancesde irracionalismos grosseiros.

Caso recente ilustra o fenômeno. Trata-se de decisão, criticável, sob todos os aspectos, da Suprema Corte americana, por maioria,[23]esgrimindo com a ausência de análise economicista de custo-benefício como pretexto para derrubar regulação ambiental, preordenada a restringir emissões.tóxicas que ceifam inúmeras vidas.Ora,

20 Vide FREITAS, Juarez. **Direito Fundamental à Boa Administração Pública**, 3. ed. São Paulo: Malheiros, 2014, p. 70.

21 Vide, sobre a limitação de racionalidade, entre outros, SIMON, Herbert. **Administrative Behavior:** A study of decision-making process in administrative organization. 4. ed. Nova Iorque (EUA): The Free Press, 1997, especialmente p.72-86.

22 Vide TALEB, Nassim Nicholas.**The Black Swan**: The Impact of the Highly Improbable. 2. ed. Nova Iorque (EUA): Random House: 2010, p.62-84.

23 Vide Michigan v. Environmental Protection Agency, julgamento da Suprema Corte dos EUA, em 2015, 5 a 4.

análise desenviesada da juridicidade dos impactos certamente atestaria a higidez da medida.

Ao contrário desse flagrante desvio de racionalidade, o novo controle é instado a desvelar custos diretos e indiretos, clareando, ao máximo, os danos concernentes à omissão específica lesiva.Estima, com relativa precisão, os custos de agir e de não agir, regular e não regular, no enfrentamento de mazelas como a poluição, que dizima milhões de pessoas prematuramente por ano, conforme alerta a OMS.[24]

Nesse quadro, força reconhecer que o novo controle avulta como ponto-chavepara o futuro das instituições e da própria vida humana. Com efeito, o desenviesamento e o progresso da capacidade regulatória[25]são pressupostos para lidar a avaliação de modo menos propenso às falhas cognitivas e não cognitivas[26-27-28] que, no limite, podem ser fatais.

Como sublinhado, não se postula o controle que sirva de ardiloso expediente para procrastinar as providências imprescindíveis à tutela de valores inestimáveis.Ao revés. Defende-se o emprego equilibrado de métricas que vinculem, modelem e condicionem a deliberação, notadamente, quando se tratar de prioridades incontestes.

Ou seja, a sindicabilidade das políticas públicas tem que subir de patamar. Precisa ocorrer *ex ante*, isto é, na fase interna da decisão, sem prejuízo da superveniente revisão crítica. Em sintonia com os achados das ciências comportamentais,[29]detém os rom-

---

24 Vide Relatório da OMS disponível em: <http://www.who.int/phe/health_topics/outdoorair/databases/cities/en/>.

25 Vide, sobre avanço da capacidade regulatória, LODGE, Martin. Trends and Challenges in Regulation and Regulatory Policy. In: ________. **Regulatory Policy in Perspective**: A Reader's Companion to the OECD Regulatory Policy Outlook 2015. Paris (FRA): OECD Publishing, 2015, p. 30.

26 Vide, sobre os vieses, a Série COMISSÃO DE VALORES MOBILIÁRIOS.**Série CVM Comportamental**: Vieses do Investidor. Rio de Janeiro: CVM, 2015, v. 1.

27 Vide SUNSTEIN, Cass. Simpler: the future of government. Nova Iorque (EUA): Simon&Shuster, 2013, p.50-74.

28 Vide LORENTZ, Jan et al. How Social Influence Can Undermine the Wisdom of Corwd Effect.**Proceedings of the National Academy of Sciences of the United States**,Washington, v. 108, n. 22, maio 2011, p. 9020-9025.

29 Vide, sobre técnicas comportamentais no campo regulatório, a norte-americana

pantes decisórios, com a medição preditiva dos riscos sistêmicos. Em paralelo, não se restringe a aumentar a probabilidade de escolhas sensatas, pois aponta caminhos para reduzir custos de transação, facilitando saídas consensuais que não invadam a esfera do **indisponível**, cuja vulneração se mostra ímproba. Por fim,escrutina a omissão como elemento integrante da cadeia causal de danos intra e intergeracionais, resultantes do descumprimento dos deveres de prevenção e precaução.

Assim concebida, transcende a falsa oposição entre **autocontenção** e protagonismo: determina, conforme o peso de circunstâncias geometricamente variáveis,graus variados de intervenção pública, com eficiência, eficácia e qualidade.[30]Nesse diapasão, as políticas públicas são submetidas à checagem de antecipáveis efeitos diretos e colaterais, em termos sociais, ambientais e econômicos,com a observância de riscos ecossistêmicos.[31]

Em síntese, a avaliação de juridicidade dos impactos das políticas públicas, levada a cabo com o foco nos objetivos do desenvolvimento sustentável, promove inovadora gestão de riscos, pautada pelo apreço à eficácia imediata do direito fundamental à boa administração,em lugar de burocratismos parasitários e falsa estabilidade.[32]

Além disso, com testes de limiar[33]e avaliação de custo-efetividade, adicionam-se iluminadores

---

Executive Order "Using Behavioral Science Insights to Better Serve the American People", de 2015.

---

30 Vide, nessa linha, a Medida Provisória nº 727, de 12 de maio de 2016., que declarou obrigatória a avaliação de impactos regulatórios, ao tratar do Programa de Parceria de Investimentos.

31 Vide, bem a calhar, BRASIL. Banco Central do Brasil. Resolução nº 4.327, de 25 de abril de 2014. Dispõe sobre as diretrizes que devem ser observadasno estabelecimento e na implementação da Política de Responsabilidade Socioambiental pelas instituições financeiras e demais instituições autorizadas a funcionar pelo Banco Central do Brasil. **Diário Oficial [da] República Federativa do Brasil**, Poder Executivo, Brasília, DF, 28 abr. 2014.

32 Vide BARROS, Ricardo Paes de; HENRIQUES, Ricardo; MENDONÇA, Rosane. Desigualdade e pobreza no Brasil: retrato de uma estabilidade inaceitável. **Revista Brasileira de Ciências Sociais**, São Paulo, n. 42, fev. 2000, p. 123-142.

33 Vide, sobre o teste de limiar e "cost-effectiveness analysis", SALGADO, Lucia Helena; BORGES, Eduardo Bizzo de Pinho. Análise de Impacto Regulatório: Uma abordagem exploratória. **Texto para discussão**, Brasília, n.1463, 2010, p.15-16.

ângulos ao escrutínio da juridicidade, inclusive concernentes a bens que não se encontram no mercado.[34] Passa-se a contemplarimpactos de longo espectro e em rede, sem extravio nos números frios das trocas materiais.[35]

Tome-se, a propósito, o emblemático saneamento. Até na abordagem econômica estrita, os custos são largamente compensados pelos retornos.[36]No entanto, quando contemplados, como se impõe numa avaliação renovada de juridicidade, os ganhos não-econômicos – relativos a benefícios ambientais e à qualidade global de vida – a omissão beira a improbidade. Para piorar as coisas, os motivos dainoperância prestacional são sobejamente conhecidos, tais como a invisibilidade dos benefícios, o requerido tempo de maturação dos investimentos e a escassa verbalização crítica das camadas mais vulneráveis.

O ponto é que, sofismas à parte, a avaliação idônea de juridicidade, no caso em tela, não deixa lugar para dúvidas.Conduz ao cabal reconhecimento da prioridade do saneamento, sob pena de grave descompasso com diretrizes vinculantes da Carta.

Como se observa, na ilustração em tela, a avaliação de juridicidade, tem o condão de revelar, de maneira límpida, a eventual desdestinação para fins pouco ou nada justificáveis.Traduzindo: em vários casos da vida real, não é difícil detectar, de forma inequívoca, a omissão sistêmica lesiva e mensuraros efeitos nefastos intertemporais. Vale dizer, a omissão antijurídica, em muitos casos, não resiste à avaliação de juridicidade dos impactos, que pode, dessa maneira, desempenharexcelente função de bloqueiocontra decisões atreladasa motivos opacos, quando não escusos.

Em outras palavras, é factível inibir – no nascedouro – as escolhas francamente desarrazoadas e nitidamente desproporcionais – reprováveis, por exemplo, no teste

34 Vide SANDEL, Michael. **What money can't buy**: The moral limits of markets. Nova Iorque (EUA): Farrar, Straus and Giroux, 2012.

35 Vide, sobre como avaliar custo e benefícios quando não há "market value", HM TREASURY. **The Green Book**. London: HM Treasury 2003, p.22.

36 Vide HUTTON, Guy. **Benefits and Costs of the Water and Sanitation.** Targets for the Post-2015 Development Agenda. Working paper. Compenhagen (DIN): Consensus Center, 2015, pp.22-23.

alargado de proporcionalidade, descrito por Mark Elliot –[37]maculadas por estridente antijuridicidade. Portanto, o controle enriquecido e teleológico consequencial de juridicidade das políticas públicas tende a funcionar como autêntico reforço à defesa imunológica do princípio da proporcionalidade, que veda excessos e omissões.[38]

Assume-se, pois, que a deficiência sistêmica de juridicidade é diagnosticável, no mais das vezes, com elevada margem de segurança. Ainda para ilustrar, é o que sucede diante de programas não antecedidos darigorosa projeção doscustos de manutenção[39] ou deplanos energéticos direcionados ao predomínio indefensável da matriz fóssil, mediante alegações pífias e alheias às consequências negativasem profusão. Ou, ainda, em face dematriz de transportes que não oferece a ênfase devida aos modais menos poluentes e onerosos.Por certo, nada disso passa sob o crivo de idônea avaliação de juridicidade dos impactos das políticas públicas.

Em certas ocasiões, a visão prospectiva resulta algo embaçada, em virtude dos vieses cognitivos,[40]explorados à exaustão. Bem observadas as coisas,porém,

---

37 Vide ELLIOT, Mark. **Administrative Law**, 4. ed. Oxford (ING): Oxford University Press, 2011, p. 253. As questões do teste de proporcionalidade são sumariadas: "(I) *Does the measure impinge upon a highly-regarded interest (eg. A human right)? (II) Does the measure pursue a legitimate objective? (III) Is the measure capable of securing that objective: (IV) Is the adoption of the measure necessary in order to secure that objective/ (V) Does the measure strike a fair balance in the sense that the losses inflicted by it (eg in terms of restriction of human rights) are justified, or outweighed, by the gains which it purchases (eg in terms of benefits which flows from securing the legitimate objective)?*"

38 Vide, entre outros, sobre proporcionalidade como vedação de proteção insuficiente, OTERO, Paulo. **Direito do Procedimento Administrativo**. Coimbra (POR): Almedina, 2016, v. 1, p. 177. A propósito, discorre sobre o princípio da sustentabilidade, OTERO, op. cit., p. 260-265.

39 Em aberto conflito com o art. 4º, III, da Lei 12.462/2011: "Nas licitações e contratos de que trata esta Lei serão observadas as seguintes diretrizes: III - busca da maior vantagem para a administração pública, considerando custos e benefícios, diretos e indiretos, de natureza econômica, social ou ambiental, inclusive os relativos à manutenção, ao desfazimento de bens e resíduos, ao índice de depreciação econômica e a outros fatores de igual relevância;"

40 Vide SMITH, Gary. **Standard Deviations:** Flawed Assumptions, Tortured Datas, and Other Ways to Lie With Statistics. Nova Iorque (EUA): Duckworth Overlook, 2014.

avaliações multidimensionais sucessivas experimentam pronunciada chance de êxito,desde que não operem como meras projeções confirmatórias, errostípicos dos que se enredamem fábricas de manipulação, bem descritas por Robert Schiller e George Akerloff.[41]

Certamente, não se menosprezam os riscos e as incertezas no controle de juridicidade. Seria ingênuo e temerário fazê-lo. Nada obstante, o pressuposto teleológico de avaliação integrada[42] e sustentável dos impactos das políticas públicas exigenão aderir ao plano tosco e subserviente de mera harmonização das escolhas públicas com as regras formais, num jogo sórdido de engano e autoengano, no qual se tenta, não raro, justificar o injustificável.

O que se intenta é viabilizar o escrutínio probo e tempestivo de acerto intertemporal da decisão pública, com inclusão fulcral de variáveis não monetizáveis e de longo prazo, no balanceamento das razões e alternativas. A partir disso, torna-se plausível oferecer resposta suficiente a questões que não podem deixar de ser respondidas, a saber:a política pública atende às prioridades constitucionais cogentes? É a mais premente entre as prioridades? Existem alternativas liquidamente mais vantajosas, em termos sociais, ambientais e econômicos?Os efeitos colaterais são aceitáveis ou conduzem ao sumário descarte da medida? Valores intangíveis são preservados? Atores políticos, co-responsáveis pelo sucesso da política, foram consultados e engajados? Quais são os custos de não adotar as medidas, ou seja, os custos da inércia[43]? A médio e longo prazo, a vantagem imediata permanece? A intervenção é suficiente ou demanda planejamento de iniciativas complementares?A política pública está acompanhada de planos para lidar com intercorrências

---

41 Vide SCHILLER, Robert; AKERLOFF, George. **Phishing for Phools**. Nova Jersey (EUA): Princeton University Press, 2015.

42 Vide, sobre a concepção integrada de avaliação de impactos, SMITH, Rex Deighton; ERBACCI, Angelo; KAUFFMANN, Céline. **Promoting inclusive growth through better regulation**: the role of regulatory impact assessment. Paris (FRA): OECD Publishing, 2016, p. 17.

43 Vide, por exemplo, sobre os custos da inação. OECD.**The Economic Consequences of Outdoor Air Pollution**. Paris (FRA): OECD, 2016, especialmente p.18-26.

ou situações de *stress*? O programa está contaminado pelo viés da preferência exacerbada pelo presente?

Eis questões de fundo que não escapam do novo controle de juridicidade das políticas públicas. Com taisquestões em mente, são oportunos modelos preditivos de riscos[44], naturalmente sem descurar de auditorias de governança[45] e de fiscalização contínua.[46] Mais: a avaliação multidimensional de impactos[47] demanda:osenso prospectivo robusto, em contraste aberto com a miopia temporal, associada ao desconto hiperbólico do futuro;o entrelaçamento das dimensões – ética, jurídico-política, ambiental, social e econômica – na compreensão holística do desenvolvimento;o incremento da equidade intra e intergeracional como dever de estatura constitucional;a formação de consensos éticos, às voltas com poderosas dinâmicas psicológicas[48]; o efeito retroalimentador de ações e omissões, para além das abordagens clássicas e lineares de causalidade;a obrigação de universalização concreta do bem-estar – material e imaterial – para alémde abstratos e vagos postulados; a pertinente ponderação e o adequado *trade-off* entre eficiência e equidade, com o sopesamento de benefícios e custos, diretos e indiretos – externalidades – aí inseridos custos da continuidade do *status quo*;a prevenção contra os riscos de captura por interesses especiais;[49]o reconhecimento

44 Vide BRASIL. Tribunal de Contas da União. Acórdão nº 539/2016, Plenário. Relator: Benjamin Zymler. Brasília, 9 de março de 2016. **Plenário TCU**: 23 mar. 2016. que adota modelo preditivo de riscos para examinar transferências voluntárias.

45 Vide, sobre auditoria de governança de Agências Reguladoras, BRASIL. Tribunal de Contas da União. Acórdão nº 240/2015, Plenário. Relator: Raimundo Carreiro. Brasília, 11 de fevereiro de 2015. **Plenário TCU**: 4 mar. 2015.

46 Vide BRASIL. Tribunal de Contas da União. Acórdão nº 718/2016, Plenário. Relator: Vital do Rêgo. Brasília, 30 de março de 2016. **Plenário TCU**: 5 abr. 2016;que adota nova metodologia para a análise continuada de dados.

47 Vide FREITAS, op.cit., p. 59-80, ao tratar da natureza multidimensional do princípio.

48 Vide, para ilustrar esse tipo de preocupação, BOCCARA, Bruno. **Socio-Analyticdialogue**: Incorporating Psychosocial Dynamics into Public Policies. Lanham (ING): Lexington Books, 2014.

49 Vide CARPENTER, Daniel; MOSS, David (coord.). **Preventing Regulatory Capture Special Interest Influence and How Limit It**. Massachusetts (EUA): Cambridge University Press, 2014.

da titularidade do direito das gerações atuais e futuras ao ambiente limpo e à boa administração pública, com o acolhimento da agenda correspondente.[50]

3. CONCLUSÕES

Tudo considerado, o controle de juridicidade das políticas públicas requerversão aprimorada, potente e corrigida de sindicabilidade. Requer avaliação ponderada de consequências intertemporais, diretas e indiretas,com a inserção de variáveis sociais, ambientais e éticas, na sendada densificação tempestiva de objetivos do desenvolvimento sustentável.Nessa ótica, a avaliação de sustentabilidade é mais do que ferramenta útil para o controle das políticas públicas: é mandatória e integra o rol de requisitos essenciais da juridicidade.

Por derradeiro, o controle ampliado de políticas públicas reúne condições eminentesparaincentivar a emergência, com vigor, do Direito Público cuja centralidade reside na simbiótica salvaguarda intra e intergeracional do direito à boa administração pública e na eficácia direta do princípio da sustentabilidade.

50 Vide FREITAS, op. cit., p. 93- 113.

REFERÊNCIAS

ATKINSON, Anthony. **Desigualdade**. O que pode ser feito? São Paulo: Leya, 2015.

BOCCARA, Bruno. **Socio-Analytic Dialogue**: Incorporating Psycho-social Dynamics into Public Policies. Lanham: Lexington Books, 2014.

BOND, Alan; MORRISON-SAUNDERS, Angus. Re-evaluating Sustainability Assessment: Aligning the vision and the practice.**Environmental Impact Assessment Review**, Amsterdã, v. 31, n. 1, p. 1-7.

CARPENTER, Daniel; MOSS, David (coord.). **Preventing Regulatory Capture Special Interest Influence and How Limit It.**Massachusetts (EUA): Cambridge University Press, 2014.

CARVALHO, Flávia Gualtieri de; FERREIRA, Maria Augusta Soares de Oliveira; VILLAC, Teresa. **Guia Nacional de Licitações Sustentáveis**. Brasília: AGU, 2016.

CLAYTON, Barry-Dallal; SADLER, Barry. Sustainability Appraisal. **A sourcebook and reference guide to international experience**. Nova Iorque (EUA): Routledge, 2014.

DENHARDT, Janet V.; DENHARDT, Robert B. **The New Public Service**: Serving, not Steering. 3. ed. Nova Iorque (EUA): Routledge, 2015.

ELLIOT, Mark. **Administrative Law**, 4. ed. Oxford (ING): Oxford University Press, 2011.

FREITAS, Juarez. **Direito Fundamental à Boa Administração Pública**, 3. ed. São Paulo: Malheiros, 2014.

_______. **Sustentabilidade**: Direito ao Futuro, 3. ed. Belo Horizonte: Fórum, 2016.

HM TREASURY. **The Green Book**. Londres (ING): HM Treasury 2003.

HUTTON, Guy. **Benefits and Costs of the Water and Sanitation**. Targets for the Post-2015 Development Agenda. Working paper. Compenhagen (DIN): Consensus Center, 2015.

ISSALYS, Pierre. Impact Assessment as a Means Towards Higher Quality of Legal Norms: Beware of Blind Spots! In: ALMEIDA, Marta Tavares de; MADER, Luzius (org.). **The Quality of Legislation** Baden-Baden (ALE): Nomos, 2011.

KAWASCHI, Ichiro; KENNEDY, Bruce. **The Health of Nations**. Nova Iorque (EUA): The New Press, 2002.

KOTLER, Philip. **Capitalismo em Confronto**. Rio de Janeiro: Best Business, 2015.

LIVERMORE, Michael; REVESZ, Richard. Regulatory Review, Capture, and Agency Inaction. The **Georgetown Law Journal**, Washington, v. 101, p. 1337-1398, 2013.

LODGE, Martin. Trends and Challenges in Regulation and Regulatory Policy. In: ________.**Regulatory Policy in Perspective**: A Reader's Companion to the OECD Regulatory Policy Outlook 2015. Paris (FRA): OECD Publishing, 2015.

LORENZ, Jan et al. How Social Influence Can Undermine the Wisdom of Corwd Effect.**Proceedings of the National Academy of Sciences of the United States**,Washington, v. 108, n. 22, p. 9020-9025,maio 2011.

MEUWESE, Anne C. M.; VAN VOORST, Stijn. Regulatory Impact Assessment in Legal Studies.In:DUNLOP, Claire; RADAELLE, Claudio (coord.).**Handbook of Regulatory Impact Assessment**. Cheltenham (ING): Edwar Elgar Publishing, 2016.

MONGKOL, Kulachet. The Critical Review of New Public Management Model and its Criticisms. **Research Journal of Business Management**, Istambul, n. 5, p. 35-43, 2011.

MORRISON-SAUNDERS, Angus; POPE, Jenny; BOND, Alan (coord.). **Handbook of Sustainability Assessment**. Cheltenham (ING): Elgar, 2015.

OECD.**The Economic Consequences of Outdoor Air Pollution**. Paris (FRA): OECD, 2016.

OECD.**Guidance on Sustainability Impact Assessment**. Paris (FRA): OECD, 2010.

O'DONOGHUE, Ted; RABIN, Matthew. Doing it now or later. **American Economic Review**, Pensilvânia, v. 89, n. 1, p. 103-124, mar. 1999.

OTERO, Paulo. **Direito do Procedimento Administrativo**. Coimbra (POR): Almedina, 2016, v. 1.

BARROS, Ricardo Paes de; HENRIQUES, Ricardo; MENDONÇA, Rosane. Desigualdade e pobreza no Brasil: retrato de uma estabilidade inaceitável. **Revista Brasileira de Ciências Sociais**, São Paulo, n. 42, p. 123-142, fev. 2000.

PINK,Daniel H.**Drive**: The Surprising Truth About What Motivates Us. Nova Iorque (EUA): Riverhead Books, 2009.

RENDA, Andrea. Regulatory Impact Assessment and Regulatory Policy. In: LODGE, Martin. **Regulatory Policy in Perspective**: A Reader's Companion to the OECD Regulatory Policy Outlook 2015. Paris (FRA): OECD Publishing, 2015.

ROBINSON, Mark. **From Old Public Administration to New Public Service**. Singapura: UNDP, 2015.

ROSE-ACKERMAN, Susan. Putting Cost-Benefit Analysis in its place: Rethinking Regulatory Review. **University of Miami Review**, v. 65, p. 335-354.

________; PERROUDIN, Thomas. Policy Making and Public Law in France: Public participation, Agency independence and Impact Assessment, **Columbia Journal of European Law**, Columbia, v. 19, n. 2, 2013.

SALGADO, Lucia Helena; BORGES, Eduardo Bizzo de Pinho. Análise de Impacto Regulatório: Uma abordagem exploratória". **Texto para discussão**, Brasília, n.1463, 2010.

SANDEL, Michael. **What money can't buy**: The moral limits of markets. Nova Iorque (EUA): Farrar, Straus and Giroux, 2012.

COMISSÃO DE VALORES MOBILIÁRIOS. Série CVM Comportamental: **Vieses do Investidor**. Rio de Janeiro: CVM, 2015, v. 1.

SCHILLER, Robert; AKERLOFF, George. **Phishing for Phools**. Nova Jersey (EUA): Princeton University Press, 2015.

SIMON, Herbert. **Administrative Behavior**: A study of decision-making process in administrative organization. 4. ed. Nova Iorque (EUA): The Free Press, 1997.

SMITH, Gary. **Standard Deviations**: Flawed Assumptions, Tortured Datas, and Other Ways to Lie With Statistics. Nova Iorque (EUA): Duckworth Overlook, 2014.

SMITH, Rex Deighton; ERBACCI, Angelo; KAUFFMANN, Céline. **Promoting inclusive growth through better regulation**: the role of regulatory impact assessment. Paris (FRA): OECD Publishing, 2016.

SUNSTEIN, Cass. **Simpler**: the future of government. Nova Iorque (EUA): Simon&Shuster, 2013.

TALEB, Nassim Nicholas. **The Black Swan**: The Impact of the Highly

Improbable. 2. ed., Nova Iorque (EUA): Random House: 2010.

WAAS, Tom et al. Sustainability Assessment and Indicators: Tools in a Decision-Making Strategy for Sustainable Development. **Sustainability**, Basel, n. 6, p. 5512-5534, ago. 2014.

WORLD DEVELOPMENT REPORT 2015. **Mind, Society, and Behavior**. Washington (EUA): World Bank, 2015.

AUTONOMIA MUNICIPAL E CONSTITUCIONALISMO BRASILEIRO

LUCIANO FERRAZ

SUMÁRIO: **1.** Considerações gerais sobre formas de Estado e Federalismo. **1.1.** Estado Unitário. **1.2.** Estado Regional. **1.3.** Estado Autonômico. **1.4.** Estado Federal. **2.** Federação brasileira: evolução. **3.** Município brasileiro: origens e evolução. **4.** Município na Constituição de 1988. **4.1.** Competências Municipais na Constituição de 1988. **5.** O papel do STF na conformação do perfil federativo do Estado brasileiro e perspectivas para a autonomia municipal.

1. CONSIDERAÇÕES GERAIS SOBRE FORMAS DE ESTADO E FEDERALISMO

O estudo dos Municípios – entidades de natureza política ou administrativa que integram a estrutura dos Estados – exige considerações sobre as diferentes formas de organização do poder político, entre as quais o federalismo[1]. O Brasil, desde a Constituição de 1891 – e por influência da organização política dos Estados Unidos da América – pioneira na adoção do modelo – adotou a forma federativa de Estado, substituindo o modelo unitário dos tempos imperiais.

A Federação é tipo de organização estatal que se qualifica pela repartição intrínseca – entre entidades politicamente autônomas – de competências legislativas, com fundamento direto na Constituição[2]: "[...] a Federação, a rigor, é um grande sistema de repartição de competências. E essa repartição de competências é que dá substância à descentralização em unidades autônomas".[3]

1 *"S' il doit y avoir societé et plus encore État, il faut qu'il y ait un règlement obligatoire des relations des hommes ente eux, un pouvoir."*(BURDEAU, Georges. **Traité de science politique**. tome I, Paris (FRA): Librairie Générale de droit et de jurisprudence, 1949. p. 213).

2 HORTA, Raul Machado. **Estudos de Direito Constitucional**. Belo Horizonte: Del Rey, 1995, p. 363.

3 ALMEIDA, Fernanda Dias Meneses Almeida. **Competências na Constituição de 1988**. São Paulo: Atlas. 1991, p. 32.

Conforme o legado de Hans Kelsen, o fator de discriminação entre diferentes formas de Estado é essencialmente o grau de descentralização, cuja máxima expressão reside no modelo de Estado Federal[4]. Tal aspecto é manifestado tanto pela criação de entidades personificadas descentralizadas do ponto de vista político, quanto pela incidência das ordens jurídicas de cada uma delas – nacional e regional – sobre o mesmo território.

Portanto, no federalismo, a "[...] autonomia conferida aos entes federativos significa que cada qual tem poder para se auto-organizar, editar suas próprias leis e executá-las, respeitados os limites impostos pela própria Constituição imediata e mediatamente"[5].

É esta peculiaridade do Estado Federal que permite distingui-lo do Estado Unitário – v.g., França – do Estado Regional – v.g., Itália – e do Estado Autonômico – v.g., Espanha – afinal, a classificação dual das formas de Estado em Estado Unitário e Estado Federal não é mais suficiente para estudar a complexidade da organização política dos países, fundamentalmente porque surgiram novas formas de estruturação territorial descentralizada[6].

1.1. ESTADO UNITÁRIO

O Estado Unitário qualifica-se pela existência de poder único e centralizado – embora repartido em funções – separação dos poderes. A ordem jurídica, política e administrativa conjuga-se em unidade orgânica única, dotada de personalidade jurídica internacional – Estado soberano. O Estado unitário puro é uma concepção ideal, nascida na França e na Inglaterra, desde a época do absolutismo monárquico, com linhas de continuidade e evolução até o presente[7].

A estrutura unitária do Estado pressupõe direito uniforme e cen-

4 KELSEN, Hans. **Teoria Geral do Direito e do Estado**, 3. ed. São Paulo: WMF Martins Fontes, 1998, p. 451.

5 FERRAZ, Luciano. **Controle da Administração Pública**: elementos para a compressão dos Tribunais de Contas. Belo Horizonte: Mandamentos. 1999, p. 39.

6 MAGALHÃES, José Luiz Quadros de.; ROBERT, Cinthia. **Teoria do Estado**: Democracia e Poder Local. Rio de Janeiro: Lumen Juris, 2000, p. 23.

7 QUINTÃO SOARES, Mário Lúcio. **Teoria do Estado**. Belo Horizonte: Del Rey, 2001, p. 400.

tralidade burocrática, vinculada ao Poder central, sem embargo da desconcentração e da descentralização administrativa, as quais se efetivam por intermédio de subdivisões territoriais despersonalizadas – desconcentradas – e personalizadas – descentralizadas.

Com efeito, "[...] a centralização absoluta é impossível nos Estados unitários contemporâneos, dada as suas grandes dimensões territoriais e as diversidades de suas populações, pelo que surgiram corretivos importantes para as distorções: a desconcentração e a descentralização"[8]. E nesse passo, identificam-se, respectivamente, o Estado Unitário Desconcentrado e o Estado Unitário Descentralizado.[9]

A desconcentração administrativa resulta no descongestionamento interno do poder estatal, sem que haja a constituição de nova pessoa jurídica – o exercício do poder é realizado por núcleos despersonalizados de competência, intitulados órgãos, cuja atuação é imputada à entidade central – princípio da imputação: "[...] esta desconcentração pode ocorrer em nível apenas municipal ou também em nível regional e/ou departamental ou qualquer outra esfera de organização territorial que se entenda necessária para criar uma melhor administração do território".[10]

A descentralização administrativa, por sua vez, estabelece-se mediante a constituição de pessoas jurídicas diversas da pessoa central – sem prejuízo da desconcentração desta – que encarnam, em

8 Segundo Pablo Lucas Verdú, "[...] a desconcentração e a descentralização constituem fórmulas técnico-jurídicas de acomodação dos Estados Unitários às múltiplas exigências da vida econômica e social contemporâneas." (VERDÚ, Pablo Lucas apud QUINTÃO SOARES, op. cit., p. 403).

9 A lição de Bandeira de Mello é esclarecedora nesse sentido: "[...] na desconcentração parece que o centro se despoja de poderes, quando, em verdade, retendo-os sempre, exercita-os através de diferentes órgãos que persistem sendo seus, no literal sentido da palavra. Na descentralização, pelo contrário, se despe de poderes em prol de organismos aos quais real e efetivamente os confere, para que os exercitem na conta de titulares deles. Estes, por isso mesmo, possuem vontade própria e certa independência, pois os atos praticados são produzidos em nome próprio, sem adscrição à vontade do centro" (MELLO, Celso Antônio Bandeira de. **Natureza e regime jurídico das autarquias**. São Paulo: Revista dos Tribunais, 1968, p. 27).

10 MAGALHÃES; ROBERT, op.cit., p. 21.

certa medida, o poder estatal, com competências definidas e atuação própria, alinhadas às diretrizes do organismo descentralizador – com atuação territorialmente ou materialmente definida: confere-se aos "[...] entes territoriais descentralizados – regiões, departamentos, comunas, municípios etc – personalidade jurídica própria, transferindo competências administrativas para estas esferas, permitindo, desta forma, que [...] não seja necessário reportar ao Poder central".[11]

No Estado Unitário, a descentralização administrativa "[...] propicia maior liberdade de decisão e administração a diferentes coletividades territoriais, as quais são consideradas pessoas morais de Direito Público, e o Estado lhes delega determinadas competências submetidas à tutela e inspeção estatais, estabelecidas por lei"[12]. Todavia, não vai ao extremo de garantir, com suporte constitucional ou legal, competências legislativas típicas à entidade criada, porque dito fenômeno implica considerar-se o movimento das entidades locais no rumo da autonomia política – descentralização política, a envolver, sucessivamente, os Estados do tipo Regional, Autonômico e Federal[13].

11 MAGALHÃES; ROBERT, 2000, loc. cit.

12 QUINTÃO SOARES, op. cit., p. 403.

1.2. ESTADO REGIONAL

Na linha de seqüência em grau de autonomia ao Estado Unitário Descentralizado, enquadra-se o Estado do tipo Regional. A diferença básica entre ambos reside no aprofundamento da descentralização e na quantidade de competências transferidas. Isto porque, "[...] enquanto no primeiro só há transferência de competências administrativas, no Estado Regional, além

13 Conforme Forsthoff: "Todo Estado posse una determinada arquitectura, una estructura peculiarmente articulada, pues incluso en las colectividades de mínima extensión es imposible que todas sus funciones recaigan sobre un único organismo. [...] La articulación del Estado puede limitarse a la Administración, pero puede afetar tambíen a la Constitución, esto es, a la formación de la voluntad política. En un e outro caso no se trata de la limitación o la ampliación de uno y el mismo principio, sino de dos formas enteramente diversas la una de la outra de articular el Estado."(FORSTHOFF, Ernest. **Tratado de derecho administrativo**. Madrid (ESP): Instituto de Estudos Políticos, 1958, p. 580-581).

destas, as regiões possuem crescentes competências legislativas e jurisdicionais"[14].

A Itália é anotada como exemplo típico de Estado Regional, a despeito da Constituição de 1947 atribuir-lhe forma unitária: a diversidade cultural e o desenvolvimento econômico desequilibrado do Norte – industrializado – em relação ao Sul – pobre – levou ao surgimento de movimentos separatistas como a Liga Lombarda – que defende a independência do Norte – e a região do Alto Adge – de idioma alemão e ascendência austríaca, que pretende **alforria**.

> No Estado Regional, a descentralização ocorre de cima para baixo, sendo que o Poder central transfere, através de lei nacional, competências administrativas e legislativas. Não há que se falar, no Estado Regional (assim como no Estado Autonômico, que estudaremos a seguir), em poder constituinte decorrente. No Estado Regional, o poder concede autonomia, amplia e reduz esta mesma autonomia administrativa e legislativa. As expressões, União, poder constituinte e Estado membro só se aplicam ao Estado Federal. No Regional, as Regiões elaboram seus Estatutos nos limites da lei nacional [15].

Como se vê, o Estado Regional afirma-se como modelo intermediário entre o Estado Unitário e Federal, porém menos autônomo se comparado com o Estado Autonômico que será estudado no próximo tópico.

1.3. ESTADO AUTONÔMICO

A criatividade da Constituição Espanhola de 1978 desenhou o Estado Autonômico. Foi capaz, com isso, de assentar a convivência de idiomas e sentimentos díspares como galego, basco, castelhano, catalão. O Estado Autonômico é similar ao Estado Regional, no que toca ao grau de descentralização, – competências administrativas e legislativas ordinárias – porém, dele se distancia pela criação de um processo constitucional de baixo para cima – uma espécie de referendo afirmativo e estruturador da amplitude da descentralização.

A iniciativa do estabelecimento das regiões autônomas é das

14 MAGALHÃES; ROBERT, op.cit., p. 21.

15 Ibid., p. 23.

próprias comunidades regionais, que possuam identidades culturais, lingüísticas, étnicas. Elas, pelas respectivas assembleias elaboram, por iniciativa própria, o seu estatuto. Este incorpora, no todo ou em parte, as competências deferidas às regiões pela Constituição, remanescendo ao Estado nacional aquelas que, eventualmente, não tenham sido assumidas pelo documento – estatuto.

Na seqüencia, o estatuto deve ser aprovado – referendado – pelo Parlamento Espanhol – Cortes Gerais –, transformando-se então em lei especial, podendo ser revisto de cinco em cinco anos, mediante o mesmo procedimento, ampliando ou reduzindo as competências regionais a cada revisão.

Portanto, embora o procedimento tenha origem na região, o Parlamento Espanhol não deixa de exercer sobre ela uma atividade típica de controle, ao aprovar ou desaprovar as modificações estatutárias: "[...] a criação de um processo constitucional, para onde podem ser levadas estas reivindicações por maior autonomia e estas possam ser solucionadas democraticamente através do debate político, da argumentação séria no parlamento, é hoje a principal responsável pela continuidade da unidade territorial"[16].

Se houver a continuidade nessa amplificação da autonomia das regiões espanholas, provavelmente, o Estado Espanhol tornar-se-á um Estado Federal, a exemplo do que ocorreu com a Bélgica que se transformou, em 1993, em adepto do federalismo.

1.4. ESTADO FEDERAL

Nas formas de organização política, a expressão mais acentuada da autonomia das regiões e das localidades é encontrada na forma federativa de Estado, com as variantes de conformação típicas de cada qual. Trata-se de modelo de descentralização, inspirado nas especulações doutrinárias da Filosofia e da Ciência Política, em especial nos textos de Hamilton, Madison e Jay – Os Federalistas –, adotado pela primeira vez na formação dos Estados Unidos da América, fundamentalmente pela necessidade de união e acomodação dos interesses

16 MAGALHÃES; ROBERT, 2000, loc. cit.

das treze colônias britânicas que o antecederam.

> O Federalismo é um produto histórico da transformação da confederação das ex-colônias inglesas na América do Norte, tornadas soberanas, em novo tipo de Estado denominado Estado federal, através da Convenção de Filadélfia, que elaborou a Constituição de 1787. As formas de organização política até então conhecidas limitavam-se aos Estados unitários e à confederação, que não satisfaziam as exigências dos delegados convencionais de Filadélfia [17].

O federalismo clássico, portanto, apresenta-se como um modelo dual e centrípeto – construído de fora para dentro – constituído para solver querelas de ordem prática, fundamentalmente para eliminar o risco de guerras entre Estados soberanos vizinhos – resultantes da independência das 13 colônias britânicas e da Confederação que formaram – bem como assegurar o livre comércio dos produtos, sem protecionismo – cláusula de comércio.[18]

17 QUINTÃO SOARES, op. cit., p. 403.

18 RABAT, Márcio Nuno. **A Federação**: centralização e descentralização do poder político no Brasil. Brasília: Câmara dos Deputados, Consultoria Legislativa, 2002, p. 5. Disponível em: <https://goo.gl/dMTNzf>. Acesso em: 7 ago. 2015.

Conforme a doutrina de Pritchett é da essência do federalismo americano a bifurcação do poder político em dois níveis de governo, caracterizando relações verticais de poder entre a União e os Estados, com um sistema de repartição que garante três ordens de competência: (a) competências exclusivas do poder central; (b) competências exclusivas dos Estados; (c) competências concorrentes entre a União e os Estados[19].

A agudeza do sistema federal induz, ao contrário dos Estados Unitário, Regional e Autonômico, o fenômeno da descentralização política. É dizer, as entidades regionais são portadoras de poder político autônomo relativamente ao Poder central, poder político este que se traduz na capacidade de auto-organização, mediante elaboração das respectivas Constituições Estaduais ou normas equivalentes (poder constituinte decorrente).

> O federalismo clássico de dois níveis diferencia-se de outros estados descentralizados, com o estado autonômico, regional ou unitário des-

19 PRITCHETT, Herman apud QUINTÃO SOARES, op. cit., p. 410.

centralizados, pelo fato de ser o único cujos entes territoriais autônomos detêm competência legislativa constitucional, ou, em outras palavras, um poder constituinte decorrente [...] no estado federal, os entes descentralizados detêm, além das competências administrativas e legislativas ordinárias, também competências legislativas constitucionais, o que significa que os estados membros elaboram suas constituições e as promulgam, sem que seja possível ou necessária a intervenção do parlamento nacional para aprovar esta constituição estadual (como é necessário em relação aos estatutos das regiões autônomas no estado regional e no autonômico), constituição estadual sofrerá apenas um controle de constitucionalidade a *posteriori*[20].

Como se vê, a descentralização política típica do Estado Federal determina um nível de autonomia mais robusto e perene às entidades regionais do que aquele representado pela descentralização administrativa – Estado Unitário descentralizado – e pela delegação legislativa típica dos Estados Regionalizados – Regional e Autonômico. A descentralização política envolve repartição do poder político, de criação constitucional decorrente, bem como as tarefas de edição do direito positivo e de sua execução por intermédio das entidades regionais – ou locais: "[...] por essa autonomia constitucional dos Estados componentes – mesmo que limitada – o Estado federal diferencia-se de um Estado unitário relativamente descentralizado, organizado em províncias autônomas".[21]

2. FEDERAÇÃO BRASILEIRA: EVOLUÇÃO

O federalismo clássico, norte-americano, é do tipo centrípeto, formado pela união indissolúvel de Estados, os quais, anteriormente soberanos, treze colônias, abriram mão da soberania para a constituição conjunta de um novo e único Estado independente. Além dos Estados Unidos, inúmeros outros países adotam o modelo federal, como a Alemanha, a Suíça, a Rússia,

20 MAGALHÃES; ROBERT, op. cit., p. 28-29.

21 KELSEN, op. cit., p. 453. No mesmo sentido, esclarecer Durverger: "En fait, il n'y a aucune différence de nature mais seulement de degré: la décentralisation est um fedérelisme atténué; le fedéralisme, une décentralisation três poussée". (DURVEGER, Maurice. **Institutions Politiques et Droit Constitutionnel**, 5. ed. Paris (FRA): Press Universitaire de France, 1960. p. 74).

a Índia, o México, a Argentina, Austrália, Nova Zelândia.

A Federação adotada pelo Brasil, ao contrário do modelo clássico dos EUA, teve origem centrífuga, nascida quase como uma 'dádiva'[22], em conseqüência da organização substitutiva do Estado Unitário que vigorava ao tempo doImpério e sob a égide da Constituição de 1824. O Estado Federal surge em *terra brasilis* com a Constituição de 1891, que "[...] construiu um modelo federal altamente descentralizado, mas artificial, pois não houve união de estados soberanos, mas sim uma divisão para se criar uma união artificial, que por este mesmo motivo, recuou nas Constituições brasileiras posteriores"[23].

Com efeito, o grau de descentralização inicial da Federação brasileira restou mitigado na Constituição de 1934, como também pela Constituição de 1946. Na Constituição de 1937, a Federação foi **decorativa**, inexistente sob a perspectiva da autonomia dos Estados. Durante a vigência da Constituição de 1967 e da EC nº 1 de 1969 – período extremamente nebuloso em termos de direitos e liberdades individuais – o federalismo brasileiro foi praticamente anulado, seja pela retirada junto ao povo da prerrogativa de eleição dos Governadores e Senadores, seja pela hipertrofia das competências legislativas e arrecadatórias na esfera da União.

> A autonomia constitucional estadual foi destroçada pela Emenda Constitucional nº 1, de 1969, que, ao dispensar a atividade sucessiva inerente ao poder constituinte estadual, estabeleceu processo mecânico de transplantação para as constituições estaduais do conteúdo normativo da Constituição Federal, i. e., determinou-se, nos termos de seu artigo 200, a incorporação direta das disposições constitucionais federais ao direito legislado dos Estadosmembros[24].

22 Nesse sentido, cf. PONTES DE MIRANDA, Francisco Cavalcanti. **Comentários à Constituição de 1967**. Rio de Janeiro: LTr, 1967, p. 475.

23 MAGALHÃES; ROBERT, op. cit., p. 32-33. A despeito dessa crítica, é certo que esta primeira constituição federativa (1891) foi a que maior autonomia garantiu aos Estados, ao ponto de muitos extrapolarem os limites constitucionais, autodenominando-se Estados "soberanos" (Piauí, Rio de Janeiro, Paraná, Mato Grosso, Bahia, São Paulo e Santa Catarina), alguns com Presidentes na direção do Poder Executivo, ao invés de governadores.

24 QUINTÃO SOARES, op. cit., p. 463.

É com a Constituição de 1988, bem de ver, que a federação brasileira se afirma em plenitude, inaugurando – pela primeira vez na história da organização política dos Estados – um federalismo de três níveis[25]. O constituinte de 1988 intencionalmente elevou os municípios à condição de entidade federativa de terceiro grau, com competências legislativas e administrativas enraizadas no próprio texto constitucional e intocáveis ao talante da União e dos Estados[26].

> A Constituição Federal conferiu ênfase à autonomia municipal ao mencionar os municípios como integrantes do sistema federativo (art. 1º da CF/88) e ao fixá-la junto com os estados e o Distrito Federal (art. 18, CF/88). A essência da autonomia municipal contém primordialmente (i) auto-administração, que implica capacidade decisória quanto aos interesses locais, sem delegação ou aprovação hierárquica; e (ii) autogoverno, que determina a eleição do chefe do Poder Executivo e dos representantes do Legislativo[27].

---

25 "O federalismo brasileiro, ao contrário do norte americano, é um federalismo centrífugo e absolutamente inovador ao estabelecer um federalismo de três níveis, incluindo o município como ente federado, e, portanto, com um poder constituinte decorrente." (MAGALHÃES; ROBERT, op. cit., p. 31). Nos EUA, os Estados membros são politicamente autônomos e se subdividem administrativamente em condados (*counties*), ressalvado os Estados do Alaska: divido em distritos (*boroughs*); Lousiania: divida em paróquias (*parishes*); Virgínia, composta por cidades independentes. Cada Estado organiza seus condados e define a extensão dos respectivos poderes. O condado é comumente subdividido em municipalidades (*municipalities, townships, towns*), cidades (*cities*) ou vilas, existindo, ainda, cidades independentes. Há três sistemas de administração das cidades: (a) *mayor-council*: há um Prefeito e um Conselho (espécie de legislativo). O primeiro exerce funções executivas e o segundo funções deliberativas; (b) *comission*, sistema composto por membros eleitos, que exercem conjuntamente funções executivas e deliberativas; (c) *council-manager*: sistema pelo qual um conselho eleito escolhe um administrador profissional para o desempenho das tarefas executivas da cidade.

26 Há autores que, mesmo após o texto de 1988, continuam a sustentar a exclusão do município do pacto federativo. Posicionam-se nesse sentido, entre outros: CASTRO, José Nilo. **Direito Municipal Positivo**, 3. ed. Belo Horizonte: Del Rey, 1996; e SILVA, José Afonso da Silva. **Curso de Direito Constitucional Positivo**, 36. ed. São Paulo: Malheiros, 2012.

27 BRASIL. Supremo Tribuna Federal. Ação Direta de Inconstitucionalidade nº 1.842-RJ, Tribunal Pleno. Relator: Min. Luiz Fux. Brasília, 6 de março de 2013. **Diário de Justiça**: 13 set. 2013.

3. MUNICÍPIO BRASILEIRO: ORIGENS E EVOLUÇÃO

As discussões em torno do Município – como forma de organização interna de natureza política e administrativa – pressupõem debater o conceito teórico e prático de autonomia municipal: "[...] encontramos esse conceito de autonomia sofrendo inteligências diversas, compreendido com temperamentos diferentes e comportando, por conseguinte, restrições ou extensões de diferentes alcances"[28].

O Município tem origem na República Romana, como forma evolutiva das aldeias, vilas, burgos. O *municipium*, como forma de organização administrativa, foi o *status* garantido às comunidades derrotadas pelas forças de Roma e que se obrigavam à submissão ao seu aparato institucional e legislativo, em troca de determinadas prerrogativas (*jus connubi, jus commerci*), entre elas a de votar suas próprias leis, de eleger seus governantes e dirigir a cidade: "*o governo era eleito pelos homens livres, considerados cidadãos do Município – civis municipes*"[29].

Nos anos 40 a.C., a *Lex Julia Municipalis*, editada por Júlio César, estendeu o regime do *municipium* às Colônias da Itália e às províncias conquistadas pelo Império Romano na Grécia, Gália – França, Península Ibérica – Espanha e Portugal. Este modelo organizacional sobreviveu à dominação gótica – bárbaros e ao tempo dos árabes na Península Ibérica, ressurgindo, posteriormente, nos moldes próprios da origem romana. "Como o Município romano, a comuna portuguesa passou a desempenhar funções políticas e a editar suas próprias leis, de par com as atribuições administrativas e judicantes que lhe eram reconhecidas pelos senhores feudais".[30]

No Brasil, o surgimento do município foi uma imposição da Coroa Portuguesa, que reproduzia na colônia a mesma estrutura política, administrativa e judicial do seu arquétipo português, só que com viés de dominação: "[...] quando os colonos, isolados e perdidos nas

28 CAMPOS, Francisco apud BARACHO, José Alfredo de Oliveira. **Teoria Geral do Federalismo**. Rio de Janeiro: Forense, 1986, p. 92.

29 MEIRELLES, Hely Lopes. **Direito Municipal**, 17. ed. São Paulo: Malheiros, 2013, p. 33.

30 MEIRELLES, op. cit., p. 34.

distâncias, ameaçam ruralizar e extremar-se no localismo, a fundação da vila serve [servia] para lembrar a autoridade da Coroa, empenhada em substituir a força dos patriarcas pela justiça régia".[31] Mesmo assim, as municipalidades exerceram considerável influência na organização política e administrativa do Brasil colonial, desempenhando – muitas vezes com enfrentamentos em face dos representantes da Coroa – relevante papel no exercício de atividades de governo, administração e justiça.[32]

A Constituição de 1824 preservou a organização municipal, determinando a instituição de Câmaras Municipais – espécie de órgão colegiado de deliberação – em todas as cidades e vilas (art. 167 e 168), dotadas de funções administrativas – arrecadação, polícia, aplicação de suas rendas.

A Constituição de 1891, ao instituir o Estado Federal, determinou que os Estados assegurassem a autonomia dos Municípios, observando o critério do peculiar interesse (art. 68). Essa autonomia, conquanto constitucionalmente prevista, era, na prática, uma autonomia fictícia, notadamente em função da centralização do poder, da política dos governadores e do coronelismo.

A Constituição de 1934 (art. 13) estabeleceu que os Municípios gozariam de autonomia e seriam organizados para atender ao seu peculiar interesse. Não deu tempo! A Constituição de 1937, outorgada pelo governo Vargas, fez menção à autonomia municipal (art. 26), porém assegurou aos Governadores dos Estados a prerrogativa de nomeação dos Prefeitos (art. 27), tornando assim os Municípios menos autônomos do que eram no período monárquico.

A Constituição de 1946 almejou revigorar a autonomia local. Assegurou aos Municípios autonomia política, administrativa e financeira, mediante a outorga de competência para: (a) eleição do Prefeito e dos Vereadores, (b) administração própria (de acordo com o seu peculiar interesse), (c) decreta-

31 FAORO, Raymundo. **Os Donos do Poder**, 10. ed. São Paulo: Globo, 2000, p. 168. v. 1.

32 MEIRELLES, op. cit., p. 36. Até a independência do Brasil em 1822, os Municípios brasileiros eram constituídos por um Presidente, três vereadores, dois almotacéis (fiscais) e um escrivão. Além deles, havia um juiz de fora (vitalício) e dois juízes comuns (eleitos junto com os vereadores).

ção e arrecadação dos seus tributos (d) aplicação de suas rendas (incluída a participação em tributos estaduais e federais), (e) organização dos serviços locais (art. 28, I e II). Foi nesta Constituição que a autonomia municipal passou a ser efetivamente exercida, de direito e de fato, pelas Administrações locais[33].

A Constituição de 1967 e sua Emenda nº 1 de 1969 – resultantes do Golpe Militar de 1964 – determinaram novamente uma forte centralização do poder nas mãos do Executivo Federal, com influência significativa na vida política dos Estados e dos Municípios. A autonomia municipal foi contemplada nas Cartas, porém com severas mitigações – as Capitais, Estâncias Hidrominerais e os Municípios declarados de interesse nacional, por exemplo, não elegiam seus Prefeitos, e somente os Municípios com mais de dois milhões de habitantes e mais de 500 milhões de cruzeiros de renda poderiam criar Tribunais de Contas nas suas estruturas, ficando os demais submetidos aos Tribunais ou Corte de Contas Estaduais (art. 16 e 17, CR 67/69).

33 MEIRELLES, op. cit., p. 45.

A partir da Constituição de 1988, os Municípios brasileiros não só mantiveram sua autonomia, como conquistaram a posição de ente federado. Elaboram suas próprias Constituições Municipais (leis orgânicas), disciplinando a organização dos Poderes em Legislativo e Executivo.[34]

4. MUNICÍPIO NA CONSTITUIÇÃO DE 1988

De acordo com o art. 1º da Constituição de 1988, que trata especificamente do pacto federativo – união, grafado em letra minúscula –, a República Federativa do Brasil é formada pela união indissolúvel dos Estados, dos Municípios e do Distrito Federal[35]. E conforme o art. 18,a organização político-ad-

34 MAGALHÃES; ROBERT, op. cit., p. 31.

35 O Distrito Federal é uma entidade federativa de compostura singular, que mais se aproxima dos Estados do que dos Municípios, embora exerça constitucionalmente as competências legislativas e materiais de ambos e as jurisdicionais dos Estados. Sobre o tema, ver: BRASIL. Supremo Tribunal Federal. Embargos Declaratórios na Ação Direta de Inconstitucionalidade nº 3.756-DF, Tribunal Pleno. Relator: Min. Carlos Britto. Brasília, 24 de outubro de 2007. **Diário de Justiça**: 19 out. 2007.

ministrativa da Federação brasileira compreende a União, os Estados, o Distrito Federal e os Municípios, todos autônomos, nos termos desta Constituição.

> A nova Constituição da República, promulgada em 1988, prestigiou os Municípios, reconhecendo-lhes irrecusável capacidade política como pessoas integrantes da própria estrutura do Estado federal brasileiro, atribuindo-lhes esferas mais abrangentes reservadas ao exercício de sua liberdade decisória, notadamente no que concerne à disciplinação de temas de seu peculiar interesse, associados ao exercício de sua autonomia[36].

A característica fundamental da atual Constituição é que, diferente de suas antecessoras, não deixou a definição dos contornos da organização municipal a cargo dos Estados federados – "[...] o poder constituinte dos Estadosmembros está limitado pelos princípios da Constituição da República, que lhes assegura autonomia com condicionantes, entre as quais se tem o respeito à organização autônoma dos Municípios, também assegurada constitucionalmente"[37].

A autonomia municipal, que constitui princípio constitucional dos mais eminentes (art. 34, VII, "c")[38], assenta-se em quatro aspectos: (a) autonomia política – elaboração da lei orgânica; (b) autogoverno – eleição do Prefeito e dos Vereadores; (b) autonomia legislativa – elaboração de suas próprias leis; (d) autoadministração – administração própria, incluída arrecadação dos tributos e aplicação de suas rendas, além da prestação dos serviços de interesse local.[39]

A autonomia política se manifesta pela capacidade garantida ao Município para a elaboração de sua lei orgânica, que, em essência, é a Constituição Municipal. É ela responsável por distribuir as competências legislativas exclusivase suplementares – competência con-

36 BRASIL. Supremo Tribunal Federal. Ag. Reg. no Agravo de Instrumentonº 347.717-RS, Segunda Turma. Relator:Min. Celso de Mello. Brasília, 31 de maio de 2005. **Diário de Justiça**: 5 ago. 2005.

37 BRASIL. Supremo Tribunal Federal. Ação Direta de Inconstitucionalidade nº 3.549-GO, Tribunal Pleno. Relator: Min. Carmem Lúcia. Brasília, 17 de setembro de 2017. **Diário de Justiça**: 31 out. 2007.

38 ATALIBA, Geraldo. **República e Constituição**, 2. ed. São Paulo: Malheiros, 1998.

39 SILVA, op. cit., p. 643.

corrente – do Município, conforme o interesse local(art. 30, I e II CR/88). O conteúdo material básico da Lei Orgânica está disciplinado no art. 29 da Constituição, embora algumas matérias nele presentes sejam apenas formalmente próprias.

4.1. COMPETÊNCIAS MUNICIPAIS NA REPARTIÇÃO CONSTITUCIONAL DE COMPETÊNCIAS

Como se viu, o atual desenho constitucional da Federação brasileira é único, à medida que consagra federalismo tripartite, formado pela união indissolúvel de Estados, Distrito Federal e Municípios, reconhecendo-lhes, ao lado da União, autonomia político-administrativa (artigos 1º e 18) e outorgando a cada um deles competências legislativas próprias.

Os artigos 21, 22, 23, 24 e 30 da Constituição de 1988 – excluídas as competências tributárias (artigos 153 a 156) – estruturam complexo sistema de repartição em que coexistem competências privativas, horizontalmente repartidas, e competências concorrentes, verticalmente repartidas, possibilitando até mesmo a participação dos Estados nas competências federais, mediante delegação.

Nos artigos 22, 24 e 30 (I e II) da Constituição estão previstas as competências legislativas, pois a técnica adotada pelo constituinte foi a de enumeração taxativa das competências legislativas da União e dos Municípios, reservando-se aos Estados competências residuais (art. 25, §1º) e ao Distrito Federal cumulativamente as competências estaduais e municipais (art. 32, §1º).

Já nos artigos 21, 23 e 30, III a IX da Constituição estão versadas, com idêntica técnica, competências materiais ou de execução, as primeiras privativas da União, com nítida convergência com as competências legislativas do art. 22; as segundas comuns a todas as entidades da Federação, com nítida convergência com as competências legislativas do art. 24.

As competências previstas no art. 22 são privativas da União, que, no particular, legisla para todas as esferas da Federação. É dizer: do seu exercício emana legislação de caráter nacional, não apenas federal, cuja plenitude pertence à União, conquanto, mediante lei complementar, se possa permitir aos Estados legislar sobre questões específicas (art. 22, parágrafo único).Existe, portanto, presunção de que as matérias arroladas no art. 22 revelam interesses nacionalmente relevantes, pelo que devem ser versadas pela União.

> Ora, em se tratando de competência privativa da União, e competência essa que não pode ser exercida pelos Estados se não houver lei complementar [...] que o autorize a legislar sobre questões específicas dessa matéria (artigo 22 da Constituição), não há como pretender-se que a competência suplementar dos Municípios prevista no inciso II do art. 30, com base na expressão vaga aí constante 'no que couber', se possa exercitar para a suplementação dessa legislação da competência privativa da União[40].

As competências previstas no art. 24 da Constituição são outorgadas concorrentemente à União, aos Estados e ao Distrito Federal. Também aos Municípios (art. 30, II)[41], embora não haja expressa menção a eles no *caput* do art. 24. Nelas a competência da União restringe-se à edição de normas gerais – de caráter nacional – consoante previsto no §1º do art. 24, garantindo-se âmbito de normatividade própria, suplementar, aos Estados (§2º do art. 24) e aos Municípios (art. 30, II).

Vale observar, no âmbito da competência concorrente, a incidência das normas gerais da União sobre todas as esferas da Federação, o que determina necessária compatibilização da legislação estadual à normatividade legal federal (§4º do art. 24) e da legislação municipal às normatividades estadual e federal concomitantemente (art. 30, II). É que as matérias pertinentes à competência concorrente são de interesses nacionalmente relevantes, mas típicos do federalismo cooperativo, conectadas materialmente com as competências legislativas do

40 BRASIL. Supremo Tribunal Federal. Recurso Extraordinário nº 227.384-SP, Tribunal Pleno. Relator: Min. Moreira Alves. Brasília, 17 de junho de 2002. **Diário de Justiça**: 9 ago. 2002.

41 No passado, já houve orientação do STF no sentido de que a Constituição de 1988 não outorgava aos Municípios competência concorrente (BRASIL. Supremo Tribunal Federal. Medida Cautelar na Ação Direta de Inconstitucionalidade nº 2.142-CE, Tribunal Pleno. Relator: Min. Moreira Alves. Brasília, 9 de novembro de 2000. **Diário de Justiça**: 09 fev. 2001). Atualmente, esta posição não mais é abraçada pela jurisprudência do STF.

art. 24, tal como deixa ver a previsão do art. 23, parágrafo único, da Constituição.

Em outras palavras, acerca das matérias arroladas no art. 24 da Constituição, a União edita normas para todos e para si; os Estados e o Distrito Federal editam normas para si, respeitando as normas gerais federais; e os Municípios editam normas para si respeitando as normas gerais federais e as estaduais.

À guisa de legislação federal que estabeleça normas gerais poderão os Estados – e o Distrito Federal – legislar plenamente sobre as matérias da competência concorrente (§3º do art. 24, CR), até superveniência de normas gerais federais (§4º do art. 24), iniciativa esta que também deve ser reconhecida aos Municípios, mercê da competência suplementar disposta no art. 30, II[42].

O Município, portanto, tem competência para legislar:

a) **Exclusivamente** – nos assuntos de interesse local (art. 30, I), respeitado o âmbito de competência legislativa da União e dos Estados. Assim, são inconstitucionais leis municipais que versem sobre matérias da competência privativa da União, tal como, por exemplo, dispõe a Súmula 722, STF: "[...] são da competência legislativa da União a definição dos crimes de responsabilidade e o estabelecimento das respectivas normas de processo e julgamento".

b) **Suplementarmente**– no âmbito da competência concorrente, respeitados os quadrantes da legislação federal e da legislação estadual, no que couber, revelando-se "[...] inconstitucional lei municipal que, na competência legislativa concorrente, utiliza-se do argumento do interesse local para restringir ou ampliar as determinações contidas em texto normativo de âmbito nacional"[43].

No âmbito da competência exclusiva (art. 30, I, CR/88), o Município é livre para o exercício da competência, desde que res-

42 É de se registrar a existência de doutrina que qualifica como supletiva a competência exercitada por Estados e Municípios na ausência de normas gerais federais. Ver, nesse sentido, AGUIAR, Joaquim Castro. **Direito da Cidade**. Rio de Janeiro: Renovar, 1996.

43 BRASIL. Supremo Tribunal Federal. Ag. Reg. no Recurso Extraordinário nº 596.489-RS, Segunda Turma. Relator: Min. Eros Grau. Brasília, 27 de outubro de 2009. **Diário de Justiça**: 20 nov. 2009.

peitados os limites constitucionais explícitos e implícitos. O Supremo Tribunal Federal, casuisticamente, já reconheceu competência plena aos Municípios para legislarem sobre: (a) horário do comércio local; (b) tempo máximo de cliente em fila de espera; (c) obrigação de instalarequipamentos destinados a proporcionar ao consumidor segurança, tais como portas eletrônicas e câmeras filmadoras, e conforto, oferecimento de instalações sanitárias, fornecimento de cadeiras deespera e colocação de bebedouro.[44]

De igual modo, o STF afirmou a competência exclusiva dos Municípios para disciplinar o regime jurídico dos seus servidores estatutários[45], matérias típicas de sua organização político-administrativa[46], além, é claro, da organização dos serviços públicos locais[47].

No âmbito da competência concorrente, por outro lado, o Município tem o dever de observar as normas federais e estaduais (art. 30, II, CR/88). O Supremo Tribunal Federal, nesse sentido, orienta que a "[...] competência dos Municípios para legislar sobre assuntos de interesse local e promover o ordenamento territorial urbano: necessidade de observância das normas estaduais sobre direito urbanístico, meio

44 Ver julgados do STF – RE 610221, Rel. Min. Ellen Gracie, *DJe*-154 Divulg 19-08-2010 Public 20-08-2010; AI 622.405-AgR, Rel. Min. Eros Grau, Segunda Turma, *DJe* 15.6.2007; AI 347717-AgR, Rel. Min. Celsode Mello, Segunda Turma, DJ 5.8.2005.

45 "A competência legislativa atribuída aos municípios se restringe aos seus servidores estatutários. Não abrange empregados públicos, porque estes estão submetidos às normas de Direito do Trabalho, que, nos termos do inciso I do art. 22 da Constituição, são de competência privativa da União". (BRASIL. Supremo Tribunal Federal. Ag. Reg. no Recurso Extraordinário nº 632.713-MG, Segunda Turma. Relator: Min. Ayres Britto. Brasília, 17 de maio de 2011.**Diário de Justiça**: 26 ago. 2011).

46 "O art. 30, I, da Constituição da República outorga aos Municípios a atribuição de legislar sobre assuntos de interesse local. A vocação sucessória dos cargos de prefeito e vice-prefeito põem-se no âmbito da autonomia política local, em caso de dupla vacância" (BRASIL. Supremo Tribunal Federal. ADI nº 3549-GO, 2007, passim.).

47 "A prestação de transporte urbano, consubstanciando serviço público de interesse local, é matéria albergada pela competência legislativa dos Municípios, não cabendo aos Estados membros dispor a seu respeito" (BRASIL. Supremo Tribunal Federal. Ação Direta de Inconstitucionalidade nº 2.349-ES, Tribunal Pleno. Relator: Min. Eros Grau. Brasília, 31 de agosto de 2005. **Diário de Justiça**: 14 out. 2005).

ambiente e proteção ao patrimônio turístico e paisagístico"[48]. Ou, ainda, que "[...] o Município é competente para legislar sobre meio ambiente com União e Estado, no limite de seu interesse local e desde que tal regramento seja e harmônico com a disciplina estabelecida pelos demais entes federados (art. 24, VI c/c 30, I e II da CRFB). Porém, impossível identificar interesse local que fundamente a permanência da vigência da lei municipal, pois ambos os diplomas legislativos, estadual e municipal, têm o fito de resolver a mesma necessidade social, que é a manutenção de um meio ambiente equilibrado no que tange especificamente a queima da cana-de-açúcar".[49]

Convém ressaltar – e essa posição não é isenta de divergências – a presença de duas particularidades no Texto Constitucional que singularizam tematicamente a competência legislativa municipal. As matérias de: (a) licitações e contratos administrativos (art. 22, XXVII, CR/88); (b) promoção e proteção do patrimônio histórico-cultural local, observada a legislação fiscalizadora federal e estadual (art. 30, inciso IX, CR/88).

No que toca às licitações e aos contratos administrativos, o constituinte adotou fórmula interessante ao arrolar a competência legislativa entre as privativas da União (art. 22, XXVII, CR/88), limitada à edição de normas gerais federais, a exemplo da competência concorrente.

Com efeito, compete à União legislar sobrenormas gerais de licitação e contratação, em todas as modalidades, para as administrações públicas diretas, autárquicas e fundacionais da União, Estados, Distrito Federal e Municípios, obedecido o disposto no art. 37, XXI, e para as empresas públicas e sociedades de economia mista, nos termos do art. 173, §1º, III (redação pós EC 19/98).

E o que isto quer significar é que nessa matéria, diferentemente das demais matérias previstas no art. 22 (à exceção dos incs. IX, XXI e XXIV), a competência legislativa

48 BRASIL. Supremo Tribunal Federal. Segundo Ag. Reg. no Recurso Extraordinário nº 474.922-SC, Segunda Turma. Relator:Min. Carmen Lúcia. Brasília, 27 de novembro de 2012. **Diário de Justiça**: 20 fev. 2013.

49 BRASIL. Supremo Tribunal Federal. Recurso Extraordinário nº 586.224-SP, Tribunal Pleno. Relator:Min. Luiz Fux. Brasília, 5 de março de 2015. **Diário de Justiça**: 8 maio 2015.

é outorgada sem exclusividade à União, porquanto: "[...] não é tudo sobre licitação que jaz sob a competência legislativo-federal-ordinária. A União somente foi autorizada a expedir normas gerais sobre licitação. E, com a locução "normas gerais", a Constituição abriu uma discriminação entre competência legislativa plena e competência legislativa limitada, no círculo das atribuições legiferantes que a União detém a título privativo"[50].

O fato do constituinte ter encartado a competência para legislar sobre normas gerais de licitações e contratos administrativos no art. 22, XXVII não a transforma em matéria típica da competência concorrente[51]. E o deslocamento dessa competência para o art. 22 leva à conclusão de que o Município somente tem sua autonomia limitada pelas normas gerais federais, nacionais, mas não está obrigado à observância das normas editadas pelo Estado federado em que se localiza, podendo, inclusive, ser mais restritivo do que este. Trata-se de competência legislativa compartilhada. Por exemplo, se uma norma estadual reduz o limite de dispensa de licitação em razão do valor, esta norma não se aplicará, automaticamente, aos Municípios situados no Estado.

O Supremo Tribunal Federal – sem dizer categoricamente – agasalhou esse entendimento ao decidir que:

> A Constituição Federal outorga à União a competência para editar normas gerais sobre licitação (art. 22, XXVII) e permite, portanto, que Estados e Municípios legislem para complementar as normas gerais e adaptá-las às suas realidades. [...] A proibição de contratação com o Município dos parentes, afins ou consanguíneos, do prefeito, do vice-prefeito, dos vereadores e dos ocupantes de cargo em comissão ou função de confiança, bem como dos servidores e empregados públicos municipais, até seis meses após o fim do exercício das respectivas funções, é norma que evidentemente homenageia os princípios da impessoalidade e da moralidade administrativa, prevenindo eventuais lesões ao interesse público

---

50 BRITTO, Carlos Ayres. **O perfil constitucional das licitações**. Curitiba: Zênite, 1997, p. 15. Nesse sentido, na jurisprudência do STF ver a decisão da ADI 927-3/RS, Rel. Min. Carlos Velloso, DJ de 11.11.94.

51 Fernanda Dias Meneses Almeida sustenta que a constituinte se equivocou ao prever dita competência no art. 22. Para ela trata-se de competência concorrente (ALMEIDA, Fernanda Dias Meneses. **Competências na Constituição de 1988**. São Paulo: Atlas, 1991, p. 111-112).

e ao patrimônio do Município, sem restringir a competição entre os licitantes. Inexistência de ofensa ao princípio da legalidade ou de invasão da competência da União para legislar sobre normas gerais de licitação[52].

Relativamente à competência – material – para a promoção e a proteção do patrimônio histórico-cultural local (art. 30, IX), vislumbra-se cenário diverso da regra geral de compartilhamento entre as competências legislativas e materiais tradicionais. É que embora haja a competência material comum prevista no art. 23, III e IV, da Constituição, a norma específica, prevista no art. 30, IX, condiciona a atuação administrativa municipal à observância da legislação federal e estadual. E isto "[...] vale dizer que eles não têm competência legislativa nessa matéria, mas devem utilizar os instrumentos de proteção previstos na legislação federal e estadual"[53].

O Tribunal de Justiça de Minas Gerais já compreendeu que "[...] falececompetência ao Município para legislar sobre tombamento, mas não para procedê-lo, dentro dos limites de seu território, na proteção de seu patrimônio cultural"[54]. A razão de ser para essa conclusão está em que:

> [...] a competência legislativa, na espécie, é apenas da União e do Estado, resta aos Municípios exclusivamente a adoção de medidas administrativas visando à proteção do patrimônio histórico, cultural, artístico, turístico e paisagístico, o fazendo, porém, é bom repisar, com suporte na legislação federal e estadual vigente, nos dias atuais, o Decreto-lei nº 25/37 e Lei nº 8.828/85, respectivamente[55].

52 BRASIL. Supremo Tribunal Federal. Recurso Extraordinário nº 423.560-MG, Segunda Turma. Relator: Min. Joaquim Barbosa. Brasília, 29 de maio de 2012. **Diário de Justiça**: 19 jun. 2012.

53 DI PIETRO, Maria Sylvia Zanella. **Direito Administrativo**. São Paulo: Atlas, 2011, p. 125. Registro o entendimento minoritário, em sentido diverso, apontado por, dentre outros, Jair Eduardo Santana e Paulo Affonso Leme Machado.

54 BRASIL. Tribunal de Justiça de Minas Gerais. Ação Direta de Inconstitucionalidade nº 1.0000.00.201041-1/000, Corte Superior. Relator: Des. Garcia Leão. Brasília, 27 de junho de 2001. **Diário do Judiciário Eletrônico do TJMG**: 10 ago. 2001.

55 TJMG – ADI nº 40.647/0.

5. O PAPEL DO STF NA CONFORMAÇÃO DO PERFIL FEDERATIVO DO ESTADO BRASILEIRO E PERSPECTIVAS PARA A AUTONOMIA MUNICIPAL

A história do federalismo mundial tem como marco inicial a independência dos Estados Unidos da América, daí se alastrando para outros cantões do mundo, entre eles o Brasil. A Suprema Corte Americana exerceu importante papel na consolidação do sistema federal estadunidense, e semelhante função restou desempenhada, no Brasil, pelo Supremo Tribunal Federal.[56]

Nos EUA, sem embargo dessa posição de destaque – e da natureza centrípeta do seu federalismo –, a jurisprudência da Suprema Corte Americana de certa maneira prestigiou a limitação do espectro de competência das entidades subnacionais, notadamente pela aplicação pragmática da teoria dos poderes implícitos:

56 A jurisprudência vem se firmando cada vez mais como fonte prioritária do Direito no Brasil. E isso se passe, mercê da facilidade de acesso e comunicação com os bancos de dados de decisões judicias, proporcionados pela internet.

Por decidir dentro de parâmetros criados pela história americana, é natural que aquela Corte tenha tido por principal tarefa limitar a autoridade dos estados. Assim, a Suprema Corte chamou a si a decisão sobre a constitucionalidade das leis estaduais e não permitiu às cortes estaduais a interpretação da constituição federal para os próprios estados. Ao atuar dessa maneira, a Suprema Corte indiretamente reafirmava seu poder de revisão também quanto a atos do Congresso e do executivo federal, implantando, nesse campo, sua supremacia sobre os demais órgãos políticos do próprio nível federal. No entanto, concretamente, agia a favor da União — de que era parte, como expressão máxima do poder judiciário federal — e "contra" os estados. Aliás, com suporte explícito do Congresso dos Estados Unidos.[57].

57 RABAT, op. cit., p. 6. Sobre a aplicação da teoria dos poderes implícitos nos EUA, o autor adverte que: "Quanto a essa questão, voltou a manifestar-se a tendência centralizadora das primeiras decisões da Suprema Corte. Com base na competência do Congresso para elaborar todas as leis necessárias e apropriadas ao exercício dos poderes explicitamente delegados, a Corte estabeleceu a doutrina dos poderes implícitos do governo federal. Como a constituição reconhece supremacia à lei federal em todo o âmbito de competência da União, o alargamento desse âmbito ao exercício de poderes não explicitamente delegados resultou em nítido fortalecimento do poder federal. (Ibid., p. 7).

No Brasil, a rotatividade do regime constitucional, a natureza centrífuga do federalismo e a supremacia do Poder Executivo Federal dificultaram o tratamento adequado da autonomia das entidades subnacionais, especialmente a dos Municípios, em face do Poder Político Federal. Prevaleceu uma visão centralizadora e turva dos limites de competência da esfera federal, afirmando-se, na dúvida, a prevalência da competência legislativa da União sobre a dos Estados e dos Municípios.

Com efeito, a matéria que mais de perto caracteriza a autonomia das entidades federativas – em especial a autonomia municipal, é o espectro de competências legislativas próprias, exclusivas, concorrentes e compartilhadas que o constituinte se lhes reserva. E o que se objetiva com os sistemas federais – a despeito de uma tendência centralizadora – é que haja a valorização das unidades locais, em ordem a buscar unidade na diversidade.

No Brasil, abre-se um novo caminho à afirmação da autonomia das entidades subnacionais em face da União a partir da recente decisão do STF no bojo ADI n. 4060/SC, Rel. Min. Luiz Fux, Tribunal Pleno, DJ de 04.05.2015.

O Supremo Tribunal Federal, fiando-se unanimemente no voto do relator, asseverou que a engenharia constitucional brasileira, ao promover a partilha de competências entre os entes da federação já concentra grande quantidade de matérias sob a autoridade privativa da União, e isso induvidosamente deriva da natureza centrífuga do federalismo brasileiro. Esse cenário, contudo, não é estático e imutável, porquanto a tensão latente entre centralização e descentralização "[...] acaba por gerar uma dinâmica ao longo da existência do regime federativo, que se manifesta por oscilações entre a maior e a menor autonomia em face da unidade nacional."

Bem por isso,

> [...]o princípio federativo brasileiro reclama, na sua ótica contemporânea, o abandono de qualquer leitura excessivamente inflacionada das competências normativas da União (sejam privativas, sejam concorrentes), bem como a descoberta de novas searas normativas que possam ser trilhadas pelos Estados, Municípios e pelo Distrito Federal, tudo isso em conformidade com o pluralis-

mo político, um dos fundamentos da República Federativa do Brasil (CRFB, art. 1º, V).[58]

Descortinou-se, a partir desse julgamento da ADI 4060 – e considerando fundamentalmente o efeito *erga omnes* e vinculativo das decisões tomadas em sede de controle concentrado de constitucionalidade no Brasil – um novo panorama acerca do regime de repartição de competências legislativas municipais na Constituição, panorama este que – aliado à possibilidade de controle concentrado de constitucionalidade das leis municipais em face da Constituição da República – pela via Ação de Descumprimento de Preceito Fundamental – ADPF – espera-se trará reflexos positivos ao reconhecimento e reafirmação da verdadeira autonomia municipal.

58 BRASIL. Supremo Tribunal Federal. Ação Direta de Inconstitucionalidadenº 4.060-SC, Tribunal Pleno. Relator:Min. Luiz Fux. Brasília, 25 de fevereiro de 2015. **Diário de Justiça**: 4 maio 2015.

A ADVOCACIA COMO INSTITUIÇÃO ESSENCIAL À DEMOCRACIA NO BRASIL

MARCELO FONTES

1. CONSIDERAÇÕES INICIAIS

Há um desassossego no ar[1]. Embora grave o momento da história político-institucional em que ainda vive o país, não é incomum ouvir que as instituições continuam funcionando normalmente. O *impeachment* da presidente da República, as repercussões da "Lava Jato" sobre o mundo político nacional e a crescente judicialização da política, de todo modo, criam uma certa expectativa sobre o futuro das instituições da forma como foram concebidas pela Constituição de 1988. Cogitou-se já a ideia, por exemplo, de realizar-se uma **Constituinte exclusiva**,[2] se é que isso é possível, ou até mesmo da necessidade de uma nova ordem, diante da colisão entre Poderes da República quando se trata de interpretar e dar cumprimento à Constituição.[3] A preocupação, no final das contas, recai sobre preservação do Estado Democrático de Direito[4] inaugura-

1 Com essa frase inspirada nos poemas de Fernando Pessoa, Boaventura de Souza Santos inicia o prefácio de seu livro "A crítica à razão indolente", buscando um racionalismo, não indiferente, mas crítico da realidade humana e social (SANTOS, Boaventura de Souza. **Crítica da razão indolente**: contra o desperdício da experiência. 7. ed. São Paulo: Cortez, 2009).

2 A Constituinte exclusiva foi proposta pela ex-presidente Dilma Rousseff, no primeiro pronunciamento que fez à Nação, quando o movimento contra o aumento de 20 centavos no preço das passagens de ônibus de São Paulo extrapolou a Capital paulista e se propagou, com bandeiras distintas, por todo País. Aliás, a heterogeneidade das pautas dos movimentos populares e sua propagação viral, em oposição às ordens dominantes, parecem ser características do nosso tempo como se viu na Primavera Árabe, na África e no Oriente Médio (2010); no *Occupy Wall Street*, nos Estados Unidos (2011); e nos protestos do Parque Taskim, na Turquia (2013).

3 A polêmica em torno do cumprimento e da legalidade da decisão liminar proferida pelo Ministro Marco Aurélio Mello, na ADP nº 402/DF, ao determinar, cautelarmente, o afastamento do Presidente do Senado de seu cargo, reacendeu o tema da crise entre os Poderes.

4 O professor José Afonso da Silva ensina que "[...] a evolução histórica e a superação do liberalismo, a que se

do pela Constituição e mantido e amadurecido nestas três décadas de sua vigência.

Da Comissão Afonso Arinos, que elaborou o anteprojeto de Constituição e influenciou decisivamente os trabalhos da Assembleia Nacional Constituinte, até a **era do pós-positivismo**,[5] foram muitos os momentos pelos quais passou a Constituição, que foi sendo reafirmada, construída e reconstruída a cada experiência. E serão muitas a que ainda estarão por vir, afinal de contas, como já afirmou o professor José Afonso da Silva, **não existe democracia acabada.**[6]

A Democracia, e, por consequência, o Estado Democrático de Direito são uma experiência histórica[7], um espaço em que forças disputam legitimamente o poder político. Mas essa disputa só é tolerável na medida em que esses mesmos grupos estejam subordinados aos procedimentos constitucionais.[8] Fora desses parâmetros, há crise. O funcionamento saudável da democracia exige inevitavelmente o **aceitar as regras do jogo** por aqueles que dela participam.

Nesse contexto, a Constituição atribuiu à advocacia brasileira exatamente a função de servir como instrumento de contenção do arbítrio e de manutenção do equilíbrio político, institucional e também social no país. Com efeito, quando as instituições incumbidas da defesa da ordem jurídica falham ou se voltam contra os cidadãos – afinal, o culto à autoridade e a repressão às liberdades públicas também ocorrem

---

vinculou o conceito de Estado de Direito, colocam em debate a questão da sua sintonia com a sociedade democrática. O reconhecimento da sua insuficiência gerou o conceito de Estado social de Direito, nem sempre de conteúdo democrático. Chega-se agora ao Estado democrático de Direito, que a Constituição acolhe no art. 1º como um conceito-chave do regime adotado". SILVA, José Afonso da. Reforma Constitucional e direito adquirido. **Revista de Direito Administrativo**, Rio de Janeiro, v. 213, p. 121-132, jul./set. 1998.

5 BARROSO, Luís Roberto. **Interpretação e aplicação da Constituição**. 7. ed. São Paulo: Saraiva, 2009, p. 308.

6 LÉLLIS, Leonardo. "Todo conservador quer uma Constituição enxuta". **Revista Consultor Jurídico**, São Paulo, 13 out. 2013. Testemunha da história. Disponível em: <https://goo.gl/eUaCFx>. Acesso em: 27 set. 2017.

7 BOBBIO, Noberto. **O futuro da democracia**: Uma defesa das regras do jogo, 6. ed. São Paulo: Paz e Terra, 2000. (Pensamento Crítico ; 63).

8 SILVA, José Afonso. **Comentário contextual à Constituição**, 9. ed. São Paulo: Malheiros, 2014, p. 631.

fora de época ditatoriais –, somente a advocacia pode lhes garantir seus direitos mais fundamentais.

A advocacia brasileira, em sua história, sempre se notabilizou por garantir aplicabilidade e eficácia a normas constitucionais – um dos temas sobre os quais se debruçou o professor José Afonso. Em 1935, Sobral Pinto assumiu a defesa de Harry Berger, cidadão alemão preso após o levante comunista, e tentou evitar que fosse torturado, mesmo diante da ausência de lei que coibisse e criminalizasse a tortura praticada contra prisioneiros, evocando o art. 14 da Lei de Proteção dos Animais. Em 1978, sob o regime de exceção dos anos de chumbo, o advogado Sergio Bermudes patrocinou a ação declaratória ajuizada pela viúva de Vladmir Herzog em que o governo militar viu, pela primeira vez, reconhecida pelos tribunais pátrios a barbaridade com que os inimigos do regime eram tratados nos porões da ditadura.

A importância da advocacia brasileira para a causa da democracia e da liberdade manifesta-se, com efeito, em duas dimensões principais: i) pelo advogado, por um lado, que é "indispensável à administração da justiça, sendo inviolável por seus atos e manifestações no exercício da profissão", conforme o art. 133 da Constituição Federal; e ii) pela Ordem dos Advogados do Brasil, pelo outro, que exerce um papel singular na ordem constitucional brasileira, distinto daqueles dos conselhos de classe profissionais.

2. A ADVOCACIA COMO MÚNUS PÚBLICO E A DEFESA DA ORDEM CONSTITUCIONAL

O art. 133 da Constituição Federal, em dispositivo de força inédita em nossa tradição constitucional, foi categórico ao definir o advogado como "indispensável à administração da justiça, sendo inviolável por seus atos e manifestações no exercício da profissão, nos limites da lei". O Estatuto da OAB, por seu turno, dá maior concretude a esta norma, ao estatuir não apenas que "o advogado é indispensável à administração da justiça" (art. 2º, *caput*), mas também que "no seu ministério privado, o advogado público presta serviço público e exerce função social" (art. 2º, §1º) e ainda que "no processo judicial, o advogado contribui, na postulação da decisão favorável ao seu constituinte, ao convencimento do julgador, e seus atos constituem múnus público" (art. 2º, §2º). O art. 6º da mesma lei esclarece ainda que "não há hierarquia nem subordinação entre advogados, magistrados e membros do Ministério Público, devendo todos tratar-se com consideração e respeito recíprocos".

O advogado, com efeito, não exerce múnus público porque desempenha uma função essencial à Justiça, mas sim porque serve de guardião, em juízo ou fora dele, da própria ordem constitucional, da democracia e do Estado Democrático de Direito. Nas palavras do professor José Afonso da Silva[9], sempre atuais, a advocacia "está sempre do lado contrário de onde se situa o autoritarismo". Não apenas contra aqueles que lutam para destruir a democracia e as liberdades, mas também contra aqueles outros que o fazem, mesmo que de boa-fé, ao julgarem estar agindo em sua defesa.

A violação das prerrogativas dos advogados equivale à subversão da própria ordem constitucional a que as autoridades públicas servem, nos tribunais, nas delegacias e nas demais repartições públicas. Este problema é particularmente sensível, no momento atual, em relação, por exemplo, "à inviolabilidade de seu escritório [do advogado] ou local de trabalho, bem como dos instrumentos de trabalho, de sua correspondência escrita, eletrônica, telefônica e telemática, desde que relativas ao exercício da advocacia"(art. 7º, II) e ao direito de "comunicar-se com seus clientes, pessoal e reservadamente, mesmo sem procuração, ainda que considerados incomunicáveis" (art. 7º, III). A primeira prerrogativa veda a interceptação de conversas telefônicas entre cliente e seu advogado, enquanto a segunda assegura a eles, em delegacias e presídios, o direito de falarem, reservada e pessoalmente, sem anteparos, vidros ou interfones, com seu constituinte.

As prerrogativas do advogado, portanto, instrumentalizam a efetivação dos direitos fundamentais do homem (art. 5º da CF), cuja eficácia veda o retrocesso (efeito *cliquet*) e interdita o amesquinhamento da advocacia.

9 SILVA, José Afonso. **Curso de direito constitucional positivo**,40. ed. São Paulo: Malheiros, 2017, p. 596.

3. A OAB: UM SERVIÇO PÚBLICO INDEPENDENTE

A Constituição deu à Ordem dos Advogados do Brasil, ao seu Conselho Federal e à advocacia especial atenção. Essa foi uma das conclusões do Ministro Carlos Ayres Britto, no julgamento da ADI 3026-4/DF, que, ao lado do RE nº 603.583/RS, representa uma das decisões paradigmáticas do Supremo Tribunal Federal sobre o papel e a competência da OAB como instituição. A Ordem "não é uma entidade da Administração indireta da União. A Ordem é um serviço público independente, categoria ímpar no elenco das personalidades jurídicas existentes no direito brasileiro"[10]. Ela "não está voltada exclusivamente a finalidades corporativas. Possui finalidade institucional"[11].

De fato, nenhum conselho profissional mereceu menção expressa na Constituição da República. E essa constatação não é à toa, pois a Constituição não contém palavras inúteis e de suas normas deve se extrair a maior efetividade possível. A OAB, para além das atividades corporativas comuns a outros conselhos, se autorregula por normas próprias dotadas de caráter público e de coercibilidade. A entidade é responsável, em caráter exclusivo, pelo cadastramento do segmento profissional dos advogados, por sua fiscalização e até mesmo pela exclusão da capacidade postulatória do advogado expulso dos seus quadros. Destarte, embora ente da sociedade civil, a OAB exerce o poder de polícia tal qual o Estado-Administração; pune e restringe direitos fundamentais, como o Estado-Justiça; interpreta e disciplina, mediante provimentos, a atividade da categoria, como o Estado-Legislador[12].

A Ordem goza de imunidade tributária total em relação a seus bens, rendas e serviços (art. 45,

10 BRASIL. Supremo Tribunal Federal. Ação Direta de Inconstitucionalidade nº 3.026-DF, Tribunal Pleno. Relator: Min. Eros Grau. Brasília, 8 de junho de 2006. **Diário de Justiça**: 8 jun. 2006.

11 BRASIL. Supremo Tribunal Federal. ADI nº 3.026-DF, loc. cit.

12 ALMEIDA, Ricardo Marques de. OAB: um serviço público realmente independente? **Revista Jus Navigandi**, Teresina, ano 18, n. 3514, fev.2013. Disponível em: <https://goo.gl/6Lxs6f>. Acesso em: 10 mar. 2017.

§5º da Lei nº 8.906/94); seus atos conclusivos devem ser publicados na Imprensa Oficial ou afixados no fórum (art. 45, § 6º, da Lei nº 8.906/94); e pode ainda instituir contribuições anuais obrigatórias dos seus membros, preços pelos seus serviços e multas que, uma vez reconhecidas em certidão do conselho competente, tornam-se títulos executivos extrajudiciais (arts. 46 e 47 da Lei nº 8.906/94).

A OAB participa largamente da formação da vontade do Estado: congrega advogados que têm o Direito Constitucional de ingressar nas fileiras do Poder Judiciário em situação díspar daquela prevista para os demais agentes do Estado, cujo ingresso se dá mediante aprovação em concurso público de provas e títulos. Seu Conselho Federal tem legitimidade para ajuizar ações diretas de inconstitucionalidade que podem negar a validade de leis feitas pelos representantes do povo porque incompatíveis com a Constituição. Aos seus membros é garantida a participação nas bancas de concurso público para provimento de cargos das carreiras de Estado em toda Federação e assento permanente nos Conselhos Nacionais que fiscalizam a Justiça e o Ministério Público. Mas essa é só uma faceta do seu papel institucional: a Ordem foi incumbida de defender a Constituição, a ordem jurídica, o Estado democrático de direito, os direitos humanos, a justiça social e pugnar pela boa aplicação das leis, pela rápida administração da justiça e pelo aperfeiçoamento da cultura e das instituições jurídicas, bem como de promover, com exclusividade, a representação, a defesa, a seleção e a disciplina dos advogados em todo Brasil.

A Ordem dos Advogados do Brasil é uma figura singular no cenário jurídico brasileiro, que desempenha um serviço público, embora desvinculada de qualquer tutela ou vinculação hierárquica a qualquer órgão do Estado. O desenho atual da OAB, que é uma instituição da sociedade civil, foi moldado pela história política do País, que a tem como guardiã da liberdade e dos direitos individuais[13], o que transforma a advocacia numa trin-

13 O Ministério Público, por exemplo, somente pode defender direitos individuais indisponíveis, por força do art. 128 da Constituição.

cheira republicana, que submete todos à lei, até mesmo os poderes constituídos.

Não é à toa que, embora tenha poderes que lhes foram conferidos pelo Estado, a Ordem dos Advogados do Brasil guarda uma **suigeneriedade** – com escusa pelo neologismo – que lhe distingue de qualquer órgão público, pois se mostra indispensável para contenção do arbítrio e promover os direitos consagrados na Constituição.

Segundo o Ministro Marco Aurélio, em seu voto proferido no julgamento do RE nº 603.583/RS, "[a] Ordem dos Advogados do Brasil, precisamente em razão das atividades que desempenha, não poderia ficar subordinada à regulamentação presidencial ou a qualquer órgão público, não só quanto ao exame de conhecimentos, mas também no tocante à inteira interpretação da disciplina da Lei nº 8.906/94, consoante se verifica do artigo 78, a determinar que cabe ao Conselho Federal expedir o regulamento geral do estatuto. Nesse campo, a vontade superior do Chefe do Executivo não deve prevalecer, mas sim a dos representantes da própria categoria".

O Ministro Luiz Fux, no mesmo julgamento, ressaltou que, ao desempenhar suas funções,

> [...] remanesce a OAB como entidade de autorregulação profissional, à qual se confia a disciplina infralegal da advocacia. Faz sentido que assim o seja, pois a própria legitimidade democrática da regulação profissional da advocacia também repousará na observância da visão concreta do mercado e de suas práticas usuais (em constante transformação), sem prejuízo das medidas corretivas que se eventualmente fizerem necessárias. Portanto, conferir à entidade de classe a fixação dos marcos regulatórios que orientarão a atividade profissional de seus próprios filiados é, em princípio, consagrar a reflexividade que, segundo Guerra, legitima a atividade regulatória. (GUERRA, Sérgio. **Discricionariedade e reflexividade**: uma nova teoria sobre as escolhas administrativas. Belo Horizonte: Fórum, 2008).

É por isso que o Ministro Carlos Ayres Britto, ainda nesse mesmo julgamento, sustentou que "[...] regime jurídico é tricotômico: começa com a Constituição, passa pela Lei Orgânica da OAB (a Lei nº 8.906) e desemboca nesses provimentos administrativos, endógenos ou próprios da instituição".

Por esses motivos, equivocado o posicionamento da Procuradoria-Geral da República manifestado na ADI nº 3.026/DF, que debate o regime de contratação de pessoal para a entidade. O argumento do Ministério Público, segundo o qual se deveria rediscutir a natureza jurídica da OAB "por destoar radicalmente do regime jurídico dessas entidades, da tradição jurídico-administrativa brasileira e, talvez, com a devida vênia, do arcabouço constitucional", é incompatível com o *status* especial que a Constituição conferiu à OAB e com a própria Democracia.

4. CONCLUSÕES

A democracia brasileira não está em perigo. Os percalços por que ela vem passando não deixam de ser um sinal de sua própria vitalidade. Mas o preço da liberdade é a eterna vigilância. Sem vigilância, nas sempre lembradas palavras de John Curran[14], resta a servidão. Por isso, o papel singular e essencial que a Constituição Federal reservou aos advogados e à própria Ordem, "[...] sempre do lado contrário de onde se situa o autoritarismo".

Está lição sobre a advocacia do professor José Afonso da Silva não deve ser esquecida. A advocacia não é um empecilho ao bom desempenho da Justiça. É uma condição sem a qual toda sentença não passará de puro arbítrio.

14 "The condition upon wich God hath given liberty to man is eternal vigilnce; which condition if he break, servirtude is at once the consequence of his crime and punishment of his guilt"

REFERÊNCIAS

ALMEIDA, Ricardo Marques de. OAB: um serviço público realmente independente? **Revista Jus Navigandi**, Teresina, ano 18, n. 3514, fev. 2013. Disponível em: <https://goo.gl/6Lxs6f>. Acesso em: 10 mar. 2017.

BARROSO, Luís Roberto. **Interpretação e aplicação da Constituição**, 7. ed. São Paulo: Saraiva, 2009.

BOBBIO, Noberto. **O futuro da democracia**: Uma defesa das regras do jogo, 6. ed. São Paulo: Paz e Terra, 2000. (Pensamento Crítico ; 63).

BRASIL. Supremo Tribunal Federal. Ação Direta de Inconstitucionalidade nº 3.026-DF, Tribunal Pleno. Relator: Min. Eros Grau. Brasília, 8 de junho de 2006. **Diário de Justiça**: 8 jun. 2006.

LÉLLIS, Leonardo. "Todo conservador quer uma Constituição enxuta".

Revista Consultor Jurídico, São Paulo, 13 out. 2013. Testemunha da história. Disponível em: <https://goo.gl/eUaCFx>. Acesso em: 27 set. 2017.

SANTOS, Boaventura de Souza. **Crítica da razão indolente**: contra o desperdício da experiência. 7. ed. São Paulo: Cortez, 2009.

SILVA, José Afonso da. Reforma Constitucional e direito adquirido. **Revista de Direito Administrativo**, Rio de Janeiro, v. 213, p. 121-132, jul./set. 1998.

________. **Comentário contextual à Constituição**, 9. ed. São Paulo: Malheiros, 2014.

________. **Curso de direito constitucional positivo**, 40. ed. São Paulo: Malheiros, 2017.

DOUTRINA DO PODER REGULAMENTAR NA CONSTITUIÇÃO DO BRASIL

MANOEL CARLOS DE ALMEIDA NETO

Sob o ângulo formal, os regulamentos são atos administrativos, conforme reconhece a clássica doutrina do Direito Público, consubstanciada, entre outros, em Hauriou[1], Carré de Malberg[2] e Esmein[3]. A principal marca dos regulamentos é que não são baixados pelo Legislativo, mas, por autoridades administrativas do Poder Público. Para Malberg, em linhas gerais, o regulamento não apresenta diferenças materiais com a lei, concluindo que as suas nuanças estão na forma e no autor.

Com efeito, a diferença entre lei e regulamento somente se tornou importante com o advento do Estado constitucional moderno, uma vez que, nas monarquias absolutistas não havia nenhum interesse prático nessa questão, pois o monarca acumulava os Poderes Executivo, Legislativo e Judiciário de forma plena e ilimitada. Portanto, pouco importava se o ato normativo baixado era uma lei ou um regulamento. Sobre o ponto, Duguit observou que a existência de ordens regulamentares é absolutamente contrária a toda teoria jurídica da monarquia limitada[4].

Esmein já observava que o poder regulamentar é totalmente distinto do poder Legislativo, pois regulamento não é lei. O regulamento na execução da lei é completamente subordinado a esta. Assim, para o autor, o regulamento só pode

1 HAURIOU, Maurice. **Précis de Droit administratif et de droit public general**, 4. ed. Paris (FRA): Recueil Sirey, 1900, p. 40 et seq.

2 MALBERG, R. Carré. **Contribution à la theorie générale de l'État**. Tome Premier. Paris (FRA): Recueil Sirey, 1920, p. 548.

3 ESMEIN, Adhémar. **Éléments de Droit Constitutionnel**, 5. ed. Paris (FRA): Recueil Sirey, 1909, p. 475 e 610.

4 "*Il semble done que l'exixtence en fait d'ordonnances réglamentaires soit absolument contraire à toute théorie juridique de la monarchie limitée*" (DUGUIT, Léon. **L'État les gouvernants et les agents**. Paris (FRA): Ancienne Librairie Thorin et Fils, 1903, p. 289. v. 2).

desenvolver e completar os detalhes das normas postas. Ele não pode revogar, nem contrariar, deve, sim, respeitar a sua letra e seu espírito[5].

Segundo Theóphile Ducrocq, *ancien battonier* francês, assegurar a execução das leis é o único objeto dos regulamentos, pois a autoridade regulamentar do Chefe do Executivo é exercida "[...] em virtude do direito inerente ao poder Executivo, que compreende o estabelecimento de regras para a execução das leis"[6].

Assim, para a doutrina tradicional francesa, conforme explica Carré de Malberg, o poder regulamentar é dependente do poder Executivo e decorre da missão que tem o líder do Executivo de assegurar a fiel execução das leis. Desse modo, o seu fundamento deve recair unicamente no conceito de poder Executivo, em seu sentido literal[7].

Na França, entretanto, foi Maurice Hauriou quem primeiro distinguiu a lei do regulamento com maior propriedade, ao assentar que a distinção se faz pelo conteúdo, ou seja, existe ou matéria própria para a lei e outra para o regulamento. Ao teorizar sobre a natureza formal dos regulamentos, Hauriou afirmou que as autoridades administrativas possuem um poder regulamentar diretamente da Constituição, pois, sem tal função, seria impossível governar e administrar. Esse raciocínio permitiu que o grande autor francês chegasse à seguinte conclusão: "[...] *on peut dire qu'en principe chacun des grands pouvoirs publics a le pouvoir de régler*"[8], ou seja, em princípio, cada um dos grandes Poderes Públicos possui o poder de regulamentar. Todos os Poderes, inclusive o Judiciário, claro.

Sobre essa doutrina, Carré de Malberg registrava que "[...] só existe na França um autor que exponhe cla-

---

5 "*le pouvoir réglementaire est pleinement distinct du pouvoir législatif, et le règlement n'est pas la loi. Le règlement fait en exécution de la loi lui est complétement subordonné. Il ne peut que développer et compléter dans le détail les règles qu'elle a posées; il ne peut ni l'abroger, ni la contrarier; il doit la respecter dans sa lettre et dans son esprit*" (ESMEIN, op. cit., p. 610-611).

6 "[...] *en vertu du droit inhérent à la puissance exécutive, comprenant l'établissement des règlements pour l'execution des lois*" (DUCROCQ, Theóphile Gabriel Auguste. **Cours de Droit Administratif**, 6.ed. Tome Premier. Paris (FRA): Ernest Thorin, 1881, p. 57).

7 MALBERG, op. cit., p. 554.

8 HAURIOU, op. cit., p. 42.

ramente a ideia de que existe um domínio próprio da lei e do regulamento: este é Maurice Hauriou, que adota, a respeito desse ponto, um princípio análogo aos conceitos alemães"[9].

A propósito, no direito alemão, naquilo que toca ao fundamento do poder regulamentar, a corrente majoritária, cujo expoente maior foi Paul Laband, estabelece que, no sentido formal e material, a diferença entre a lei e o regulamento é exatamente a mesma existente entre uma disposição jurídica criadora de novos direitos e uma disposição administrativa cuja eficácia permanece no âmbito interno, sem inovar em matéria legislativa[10].

De volta à doutrina de Hauriou, verifica-se que ela não passou incólume à crítica do decano – *doyen* – da Faculdade de Direito de Bordeaux, Léon Duguit, o qual anotou que o regulamento é lei em sentido material, desde que este contenha as características da lei, uma vez que, "[...] sob o ponto de vista material, é lei todo ato que possui em sua caraterística intrínseca de lei, independentemente do indivíduo ou órgão que emane o ato"[11].

Sob o ângulo formal, no entanto, diferencia que o regulamento é ato administrativo subordinado à lei - toda decisão emanada de um órgão ao qual a Constituição do País confiou a atribuição de ser um órgão legislativo[12].

Assentadas suas premissas teóricas, Duguit desfere severas críticas ao colega de Toulouse: "[...] Hauriou diz que a lei deve ser definida do ponto de vista de sua matéria em comparação ao regulamento. Acredito que nesse ponto Hauriou erra e espero mostrar que não há diferença material entre a lei e o regulamento". Na sequência, desqua-

9 "*A l'heure présente, il n'y a en France qu'un seul auteur qui dégage nettement l'idée qu'il existe un domaine propre de la loi et du règlement: c'est* M. *Hauriou, qui adopte sur ce point un principe analogue aux conceptions allemands*" (MALBERG, op. cit., p. 561).

10 LABAND, Paul. **Le Droit Public de L'Empire Allemand**. Tome II, Paris (FRA): V. Giard & E. Brière, 1901, p. 308.

11 "*[...] au point de vue matériel, est loi tout acte que possède en soi le caractère intrinsèque de loi, et cela indépendamment de l'individu ou du corps qui fait l'acte*" (DUGUIT, op. cit., p. 161).

12 "*[...] au point de vue formel, est loi toute décision émanée de l'organe quim d'après la constitution du pays considerá, a le caractère d'organe législatif*" (DUGUIT, op. cit., p. 160).

lifica o conceito de lei de Hauriou ao registrar que "[...] não passa sem alguma obscuridade"[13].

Victor Nunes Leal, ao examinar a posição de Hauriou, compreendeu que

> [...] a distinção entre o critério formal e o critério material é fértil para o jurista, porque a hierarquia existente entre lei e regulamento, assim como entre Constituição e lei, é só de natureza formal. Para que o regulamento seja invalidado é preciso que contrarie disposições de uma lei formal; para que as leis deixem de ser aplicadas é necessário que ofendam disposições do texto constitucional[14].

Trilhando linha parecida, a doutrina italiana de Guido Landi e Giuseppe Potenza registra que o poder Executivo possue, como atribuição própria e ordinária, a potestade de editar normas jurídicas por meio de regulamentos, que, consubstanciam lei apenas em sentido material[15].

A convivência entre as leis e os regulamentos revela uma tensão permanente, pois, é atípico que um Chefe de Estado possa, em paralelo ao parlamento, baixar atos normativos, como decretos, resoluções e medidas provisórias, que mais parecem leis. Quando essas normas regulamentares emanam do Judiciário, a situação se torna ainda mais atípica. Por isso é preciso investigar qual o fundamento, o sentido e o alcance do poder regulamentar, que é ato administrativo sob o ponto de vista formal, mas, sob o ângulo material, pode apresentar a natureza de uma lei abstrata.

Ao examinar o fundamento constitucional do poder regulamentar, J.J. Gomes Canotilho parte da premissa de que os regulamentos são normas emanadas da administração no exercício de uma atividade administrativa, e, em geral, com

13 *"Hauriou dit que la loi doit être définie au point de vue de sa matière en opposition avec le règlement. Je crois que sur ce point Hauriou se trompe, et j'espère montrer qu'il n'y a point de différence matérielle entre la loi et le règlement. (...) qui ne sont pas sans quelque obscurité"* (DUGUIT, 1928, loc. cit.).

14 LEAL, Victor Nunes. Lei e regulamento. **Revista de Direito Administrativo**, Rio de Janeiro, v. 1, n. 1, p. 371-396, jan. 1945.

15 *"Il potere esecutivo ha, come attribuzione propria e ordinaria, la potestà d'emanare norme giuridiche, dette regolamenti. Il regolamento è legge in senso materiale soltanto"* (LANDI, Guido; POTENZA, Giuseppe. **Manuale de Diritto Amministrativo**, 6. ed. Milão (ITA): Giuffrè Ed., 1978, p. 38).

caráter executivo ou complementar à lei. Para o autor, o ato normativo difere do ato administrativo singular e, mesmo sendo normativo, não possui um valor legislativo, uma vez que os regulamentos não constituem uma manifestação da função legislativa, mas revelam expressões normativas da atividade administrativa.

Canotilho considera que o regulamento está submetido ao princípio da legalidade da Administração pelo fato de se tratar de uma norma jurídica secundária, isto é, condicionada por lei. De outro lado, "[...] o poder regulamentar, ou seja, o poder de a administração criar normas jurídicas, deve ter um fundamento jurídico-constitucional". É que, para o constitucionalista português, "[...] o poder regulamentar configura-se, pois, como um poder constitucionalmente fundado e não como poder criado por lei"[16].

Entretanto, quando examina o problema dos regulamentos autônomos, ou seja, aqueles editados à margem de qualquer autorização legislativa, desvinculados de lei prévia para exercer atividade complementar de regulamentação, Canotilho afirma que, se o Governo tiver a necessidade de criar uma disciplina normativa autônoma e originária, dispões do instrumento do decreto-lei. Por isso, conclui que, no Direito luso, "[...] não existe, pois, um poder regulamentar originário e autônomo, constitucionalmente fundado, como existe na Constituição francesa"[17].

Sob uma retrospectiva histórica, as constituições brasileiras sempre cuidaram do poder regulamentar. Na Carta do Império brasileiro, de 1824, previam regulamentos "[...] adequados à boa execução das leis [...]"(art. 102), embora o fato não mereça maior destaque, em razão do poder ilimitado do Imperador.

Na primeira Constituição Republicana de 1891, e na Constituição de 1934, os regulamentos destinavam-se à "[...] fiel execução das leis [...]" (arts. 48 e 56). Já na Carta de 1937, o Presidente da República estava autorizado a "[...] sancionar, promul-

16 CANOTILHO, J. J. Gomes. **Direito Constitucional e Teoria da Constituição**,7. ed. Coimbra (POR): Almedina, 2003, p. 833-834.

17 CANOTILHO, op. cit., p. 839.

gar e fazer publicar as leis e expedir decretos e regulamentos para a sua execução [...]" (art. 74), mas não de forma **fiel**, uma vez que a palavra foi suprimida do Texto Magno, somente retornando com a redemocratização, no art. 87, I, da Constituição de 1946. Essa fórmula foi mantida nas Cartas de 1967 (art. 83, III) e 1969 (art. 81, III) e, finalmente, na Constituição Republicana de 1988, assenta a competência privativa ao Presidente para "[...] sancionar, promulgar e fazer publicar as leis, bem como expedir decretos e regulamentos para a sua fiel execução [...]" (art. 84, IV).

José Afonso da Silva lembra que igual poder costuma ser atribuído aos chefes do Executivo estadual e municipal[18], pelas Constituições locais e leis orgânicas municipais, uma vez que o "[...] poder regulamentar é faculdade constitucionalmente outorgada aos Chefes de Poder Executivo nas três esferas governamentais que convivem no sistema brasileiro de autonomias para fiel execução das leis e para dispor sobre a organização e o funcionamento da administração"[19]

Ruy Barbosa, sempre atento aos problemas aparentemente insolúveis do Direito Público, produziu incomparável reflexão, que, não obstante o tempo, permanece atual:

> A Constituição nitidamente separa da função de legislar e de regular, cometendo cada uma, como primitiva, a um só poder. Mas, as duas, verdade seja, não se podem considerar substancialmente distintas e rigorosamente delimitáveis. Do regular ao legislar, do legislar ao regulamentar, nem sempre são claras as raias. Entre as duas competências medeia uma zona de fronteira, indecisa, mista, porventura comum, em que ora as leis regulamentam, ora os regulamentos legislam"[20].

A Constituição Federal de 1988, quando fixou competências para editar atos normativos primários, delegou algumas funções ao Executivo, como o poder extraordinário para baixar medida provisória (art. 62) ou editar leis delegadas

18 SILVA, José Afonso da. **O Prefeito e o Município**, 3. ed. São Paulo, CEPAM, 1982. p. 183-184.

19 SILVA, José Afonso da. **Curso de Direito Constitucional Positivo**, 16. ed. São Paulo: Malheiros, 1999. p. 426.

20 BARBOSA, Ruy. **Comentários à Constituição Federal brasileira**. São Paulo: Saraiva, 1934, p. 409-410. v. 1.

(art. 68, *caput*). Além dessa função normativa primária, o Constituinte confiou atribuições normativas secundárias ao Executivo, como, por exemplo, baixar decreto autônomo que disponha sobre a organização e o funcionamento da Administração federal, quando não implicar aumento de despesa nem criação ou extinção de órgãos públicos (art. 84, VI, *a*).

Sobre o ponto, aliás, Marcelo Caetano observa que

> [...] os regulamentos do Poder Executivo não dimanam sempre do Presidente da República sob a forma de decreto. Os ministros de Estado, por força do item II do art. 85 da Constituição, também podem expedir instruções para execução das leis, decretos e regulamentos, que em geral tomam a forma de portaria e, em relação às leis e decretos, são muitas vezes, verdadeiros regulamentos[21].

De outro lado, a Lei Maior estabelece competência normativa ao Judiciário para editar os regimentos internos dos tribunais (art. 96, I, *a*) e expedir atos regulamentares, por meio do Conselho Nacional de Justiça (art. 103-B, § 4º, I), com a finalidade específica de zelar pela autonomia do Poder Judiciário e pelo cumprimento do Estatuto da Magistratura.

Portanto, não se tem dúvida do assento constitucional do poder regulamentar, pois, conforme observou Merlin Clève, "[...] em nosso País, a [sua] justificação formal não pode ser outra senão a previsão Constitucional"[22].

No direito brasileiro, segundo Velloso, são atos normativos primários gerais a lei ordinária, a lei complementar, o decreto-lei e a lei delegada; os atos normativos primários particulares: o decreto-legislativo e a resolução legislativa. Em um segundo plano hierárquico, estão os atos normativos secundários, subordinados aos primários, que também podem ser gerais, como os regulamentos, ou particulares, como os atos administrativos e jurisdicionais, *stricto sensu*. Para o jurista, cuja doutrina esteve refletida em seus julgados na Suprema Corte, "[...] por ato normativo, pois, pode-se conceber

---

21 CAETANO, Marcelo. **Direito Constitucional.** Rio de Janeiro: Forense, 1978, p. 340-341. v. 2.

22 CLÈVE, Clèmerson Merlin. **Atividade Legislativa do Poder Executivo**,2. ed. São Paulo: Editora Revista dos Tribunais, 2000, p. 275-276.

o ato legislativo, formalmente e/ou materialmente considerado, ou o ato administrativo com o sentido de lei material, isto é, que enuncia uma norma jurídica – regra jurídica – ou um preceito de direito, ou que explica o sentido do seu conteúdo, marcado de imperatividade e generalidade, assim estabelecendo forma de conduta a pessoas indiscriminadas ou discriminadas"[23].

Ao comentar o sistema jurídico brasileiro, Pimenta Bueno assentou que, via de regra, o regulamento é um ato normativo secundário e, por essa razão, não pode o Executivo, ao exercer a atividade regulamentar, criar novos direitos ou obrigações que inovem na ordem jurídica[24]. Na prática, contudo, da atividade regulamentar tanto do Executivo quanto do Poder Judiciário, por seus regimentos internos e resoluções, pode dimanar atos normativos primários ou secundários, a partir das características que portem.

Desse modo, se as normas estiverem impregnadas de abstratividade, generalidade e impessoalidade, são atos normativos primários, independentemente da roupagem formal com as quais estejam vestidas. De outro lado, se o ato normativo não possuir essas características, será um ato normativo secundário, imune ao controle abstrato de constitucionalidade das leis.[25]

A doutrina do poder regulamentar confere inúmeras classificações aos regulamentos, de modo que, neste tópico, cuidar-se-á das mais importantes classificações, para fins de melhor compreender o cerne da questão das espécies normativas e regulamentares.

Para Recaséns Siches, os regulamentos são disposições gerais baixadas por órgãos do Poder Executivo, por meio do chefe de Estado, com apoio de um ministro ou de um secretário, ministros ou secretários, por si mesmos, diretores e demais autoridades da administração local. E, apesar das diferenças hierárquicas de onde possam ema-

---

23 VELLOSO, Carlos Mário da Silva. Do Poder Regulamentar. **Revista Jurídica LEMI**, Belo Horizonte, ano 15, n. 174, maio 1982. p. 5.

24 BUENO, José Antônio Pimenta. **Direito Público Brasileiro e análise da Constituição do Império**. Brasília: Senado Federal, 1978, p. 236.

25 ALMEIDA NETO. Manoel Carlos de. **O Novo Controle de Constitucionalidade Municipal**. Rio de Janeiro: Forense, 2010, p. 124 et seq.

nar os regulamentos, estes dividem--se em algumas classes.

Segundo o autor, em primeiro lugar, deve-se registrar que os regulamentos, embora ditados pelo poder Executivo, possuem o mesmo valor de uma lei em sentido estrito. Há aqueles que são emitidos em virtude de uma delegação expressa recebida pelo poder Legislativo para regular determinada matéria com força de lei, e há também os chamados **regulamentos de necessidade**, que podem baixar do Executivo, em circunstâncias especialmente graves, com força de lei, mas que em seu momento, devem ser submetidos ao crivo do Legislativo.

Em segundo lugar, existem os **regulamentos propriamente ditos**, que se encontram em uma classificação inferior à das leis na hierarquia normativa. Estes podem ser: i) uma especificação detalhada das matérias tratadas em lei, e ii) normas supletivas das leis, em pontos não regulamentados por estas e que não se oponham a respectiva lei.

Por fim, há os que poderiam ser chamados de **regulamentos de regulamentos**, ou seja, disposiçõe-sesclarecedoras e concretizadoras de outros regulamentos superiores, baixados por autoridades de menor categoria, como, por exemplo, ordens gerais de subsecretários, de diretores-gerais etc[26].

Na Alemanha, Laband classificou o poder regulamentar em duas ordens ou regulamentos. A primeira, as **ordens jurídicas** – *Rechtsverordnungem* ou *ordonnonces juridiques* – com o objeto de criar novos direitos individuais ou modificar os existentes. Já as **ordens administrativas**– *Verwaltungsverordnungen* ou *ordonnonces administratives* – se movem dentro dos limites do Direito vigente, ou seja, não podem modificar a situação jurídica dos particulares, pois a sua eficácia permanece estritamente dentro dos limites do órgão administrativo, somente se dirigindo aos funcionários, com o objetivo de lhes disciplinar regras. Assim, as ordens administrativas podem criar um regulamento novo para a autoridade administrativa, mas não constituem uma ordem jurídica para os administrados[27].

26 SICHES, Luis Recaséns. **Tratado general de filosofia del derecho**, 6. ed. Cidade do México (MEX): Editorial Porrua, 1978, p. 311.

27 LABAND, Paul. **Le Droit Public de L'Empire Allemand.** Tome II, Paris (FRA): V. Giard & E. Brière, 1901, p. 381.

Por fim, o autor lembra que essa distinção foi reconhecida quase que por unanimidade pelos escritores contemporâneos alemães e cita, entre outros, Gneist, Gerber, Pröbst, Meyer, Schule, Ulrich, Löning, Gareis, Gaupp, Stengel, Seydel, Hänel, Rosin, Seligmann e Jellinek[28].

No Brasil, Oswaldo Aranha Bandeira de Mello divide os regulamentos da seguinte forma: i) executivos, ou de execução; ii) autorizados ou delegados; iii) independentes ou autônomos[29].

Os regulamentos de execução são aqueles que desenvolvem os textos legais, constituindo os preceitos para a sua melhor eficácia possível, ou seja, são"[...] regras técnicas de boa execução da lei, para a sua melhor aplicação"[30].

Já os regulamentos autorizados ou delegados são aqueles que o Executivo edita "[...] em razão de habilitação legislativa, que lhe é conferida pelo Legislativo, porém nos termos dessa determinação de competência, para desenvolver os preceitos constantes da lei de habilitação, que delimita o seu âmbito a respeito"[31]. Desse modo, os regulamentos delegados apresentam caráter complementar, sem nenhuma inovação na ordem jurídica, uma vez que apenas completam o texto primário. Nesse sentido, o autor recomenda muita cautela com os regulamentos autorizados e exemplifica a espécie:

> Assim, o Legislativo, ao instituir o tabelamento dos preços de mercadorias, e ao definir as infrações em que incorrem os contraventores, pode incumbir ao Executivo fixar a tabela dos preços máximos das utilidades. Aliás, falta ao legislador elementos para dispor a respeito, pois os preços hão de sofrer as flutuações do mercado e de outros fatores. Demais, o ato de fixar as tabelas nada tem de legislativo. Ao contrário, constitui ato concreto, específico.
> [...]
> Igual consideração cabe com referência à lei de zoneamento urbano. Ela distingue as zonas em residências, de uma só residência, e de prédios de apartamentos, industriais e comerciais, e mistas. Contudo, ao Executivo cabe declarar tal rua como residencial ou industrial, tendo em

28 LABAND, op. cit., p. 382.

29 MELLO, Osvaldo Aranha Bandeira de. **Princípios Gerais do Direito Administrativo**, 2. ed. Rio de Janeiro: Forense, 1969, p. 342 et seq. v. 1.

30 Ibid.,p. 352.

31 Ibid., p. 346.

vista o conceito legal desses tipos de vias públicas"[32].

Por fim, os regulamentos independentes ou autônomos, que têm força de lei, e constituem a "[...] faculdade regulamentar praeter legem e mesmo contra legem para regular qualquer matéria que constitucionalmente não tenha sido reservada aos órgãos legislativos, pertinentes às relações do Estado-poder com terceiros"[33], e subdividem-se em orgânicos e regimentais – como regulamentos internos – além dos policiais – como externos.

O Supremo Tribunal Federal brasileiro tem encontrado dificuldades em processar e julgar representações de inconstitucionalidade contra atos regulamentares, por entender, reiteradamente, que se cuida de conflito entre ato normativo secundário e a lei regulamentada, isto é, um conflito de legalidade imune à jurisdição constitucional da Suprema Corte[34].

32 Ibid., p. 347-348.

33 Ibid.,p. 343.

34 Nesse sentido, entre outros: Rp 1.492/DF, Rel. Min. Octavio Gallotti, de 3/8/1988; ADI 147-MC/DF, Rel. Min. Carlos Madeira, de 24/11/1989; ADI 2.423-MC/DF, Rel. Min. Carlos Velloso, de 6/12/2001; ADI 129/SP, Redator para o acórdão Min. Celso de Mello, de 7/2/1992.

Entretanto, determinados atos regulamentares emanados do Executivo e também do Judiciário, por meio de resoluções baixadas pelo Conselho Nacional de Justiça[35], pela Justiça Eleitoral[36] e por tribunais[37], desbordam do poder meramente regulamentar e ingressam em matéria reservada ao Congresso

35 Cf. BRASIL. Supremo Tribunal Federal. Ação Declaratória de Constitucionalidade nº 12-DF, Tribunal Pleno. Relator: Min. Ayres Britto. Brasília, 20 de agosto de 2008. **Diário de Justiça**: 18 dez. 2009; BRASIL. Supremo Tribunal Federal. Medida Cautelar na Ação Direta de Inconstitucionalidade nº 3.854-DF, Tribunal Pleno. Relator: Min. Cezar Peluso. Brasília, 28 de fevereiro de 2007. **Diário de Justiça**: 29 jun. 2007.

36 Cf. BRASIL. Supremo Tribunal Federal. Medida Cautelar na Ação Direta de Inconstitucionalidade nº 4.018-GO, Tribunal Pleno. Relator: Min. Eros Grau. Brasília, 13 de fevereiro de 2008. **Diário de Justiça**: 16 maio 2008.

37 Cf. BRASIL. Supremo Tribunal Federal. Medida Cautelar na Ação Direta de Inconstitucionalidade nº 3.976-SP, Tribunal Pleno. Relator: Min. Ricardo Lewandowski. Brasília, de 14 de novembro de 2007. **Diário de Justiça**: 15 fev. 2008; BRASIL. Supremo Tribunal Federal. Ação Direta de Inconstitucionalidade nº 3.508-MS, Tribunal Pleno. Relator: Min. Sepúlveda Pertence. Brasília, 27 de junho de 2007. **Diário de Justiça**: 31 ago. 2007.

Nacional, inovando na criação e restrição de direitos e, muitas vezes, violando a Constituição[38].

É que, como ensina José Afonso da Silva,

> [...] o princípio é o de que o poder regulamentar consiste num poder administrativo no exercício de função normativa subordinada, qualquer que seja seu objeto. Significa dizer que se trata de pode limitado. Não é poder legislativo; não pode, pois, criar normatividade que inove a ordem jurídica. Seus limites naturais situam-se no âmbito da competência executiva e administrativa, onde se insere. Ultrapassar esses limites importa em abuso de poder, em usurpação de competência, tornando-se írrito o regulamento dele proveniente[39].

A questão é mais séria e complexa do que essas despretensiosas linhas poderiam demonstrar e, por essa razão, é preciso vigilância permanente da Suprema Corte, inclusive para a maior aplicação de auto-contenção em sua jurisprudência. Na obra **Juízes Legisladores?**, Mauro Cappelletti ressalta a conveniência – em certas Cortes de Justiça – de se tomar "maior dose de'*self-restraint*'" e de "maior cuidado em tornar manifesta essa atitude de reserva e prudente abstenção dos juízes"[40]. A doutrina do poder regulamentar e a sua evolução no Direito Constitucional brasileiro revelam, portanto, a importância desse instituto para assegurar a governabilidade e garantir equilíbrio entre os poderes da República.

REFERÊNCIAS

ALMEIDA NETO. Manoel Carlos de. **O Novo Controle de Constitucionalidade Municipal.** Rio de Janeiro: Forense, 2010.

_______.**Direito Eleitoral Regulador**. São Paulo: RT, 2014.

BARBOSA, Ruy. **Comentários à Constituição Federal brasileira**. São Paulo: Saraiva, 1934. v. 1.

BUENO, José Antônio Pimenta. **Direito Público brasileiro e análise da Constituição do Império**. Brasília: Senado Federal, 1978.

CAETANO, Marcelo. **Direito Constitucional**. Rio de Janeiro: Forense, 1978. v. 2.

38 ALMEIDA NETO, Manoel Carlos de. **Direito Eleitoral Regulador**. São Paulo: RT, 2014.

39 SILVA, op. cit., p. 426-427.

40 CAPPELLETTI, Mauro. **Juízes Legisladores?** Porto Alegre: Fabris Editor, 1999, p. 133.

CANOTILHO, J. J. Gomes. **Direito Constitucional e Teoria da Constituição**,7. ed. Coimbra (POR): Almedina, 2003.

CAPPELLETTI, Mauro. **Juízes Legisladores?** Porto Alegre: Fabris Editor, 1999.

CLÈVE, Clèmerson Merlin. **Atividade Legislativa do Poder Executivo**,2. ed. São Paulo: RT, 2000.

DUCROCQ, Theóphile Gabriel Auguste. **Cours de Droit Administratif**, 6.ed. Tome Premier. Paris (FRA): Ernest Thorin, 1881.

DUGUIT, Léon. **L'État les gouvernants et les agents**. Paris (FRA): Ancienne Librairie Thorin et Fils, 1903. v. 2.

_______. **Traité de Droit Contitutionnel**, 3. ed. Tome Deuxiéme. Paris (FRA): Ancienne Libraire, 1928.

ESMEIN, Adhémar. **Éléments de Droit Constitutionnel**, 5. ed. Paris (FRA): Recueil Sirey, 1909.

HAURIOU, Maurice. **Précis de Droit administratif et de droit public general**, 4. ed. Paris (FRA): Recueil Sirey, 1900.

LABAND, Paul. **Le Droit Public de L'Empire Allemand**. Tome II.Paris (FRA): V. Giard & E. Brière, 1901.

LANDI, Guido; POTENZA, Giuseppe. **Manuale de Diritto Amministrativo**, 6. ed. Milão (ITA): Giuffrè Ed., 1978.

LEAL, Victor Nunes. Lei e regulamento. **Revista de Direito Administrativo**, Rio de Janeiro, v. 1, n. 1, p. 371-396, jan. 1945.

MALBERG, R. Carré. **Contribution à la theorie générale de l'État**. Tome Premier. Paris (FRA): Recueil Sirey, 1920.

MELLO, Osvaldo Aranha Bandeira de. **Princípios Gerais do Direito Administrativo**, 2. ed. Rio de Janeiro: Forense, 1969.v. 1.

SICHES, Luis Recaséns. **Tratado general de filosofia del derecho**, 6. ed. Cidade do México (MEX): Editorial Porrua, 1978.

SILVA, José Afonso da. **Curso de Direito Constitucional Positivo**, 16. ed. São Paulo: Malheiros, 1999.

_______. **O Prefeito e o Município**, 3. ed. São Paulo: CEPAM, 1982.

VELLOSO, Carlos Mário da Silva. Do Poder Regulamentar. **Revista Jurídica LEMI**, Belo Horizonte, ano 15, n. 174,maio 1982.

PODEM OS MUNICÍPIOS PROIBIR A DISCUSSÃO DAS DIVERSIDADES HUMANAS DE GÊNERO E SEXUAL NAS ESCOLAS PÚBLICAS? BREVE ESTUDO DE CASO SOBRE A ADI ESTADUAL Nº 0011990-05.2016.827.0000/16-TJTO, GÊNESE DA ADPF Nº 465/2017

GISELA MARIA BESTER

RESUMO: Este artigo objetiva identificar, sob os enfoques ético, humanístico e inclusivo, recentes violações às diversidades humanas de gênero e sexual, no contexto das previsões contempladas na Constituição da República Federativa do Brasil e no sistema internacional de direitos humanos, por alguns municípios brasileiros. Essas diversidades encontram-se atualmente em risco em dados cenários normativos municipais, como no de Palmas/TO, pela proibição das suas abordagens no cosmos das escolas públicas, considerado o recorte específico das questões de gênero. Como tentativa de superação dessa ameaça à ordem constitucional maior, perpetrada inicialmente por uma medida provisória e depois por sua lei de conversão, o enfrentamento jurídico inicial da questão deu-se no âmbito da instituição Ordem dos Advogados do Brasil/TO, pelo ajuizamento de uma Ação Direta de Inconstitucionalidade, no Tribunal de Justiça/TO, antecedida da realização de uma Audiência Pública para debater a temática com a coletividade afetada. Ao estudo de tais categorias e dos argumentos e contra-argumentos condensados nessa ação do processo constitucional, dedica-se este texto, na modalidade metodológica estudo de caso, ressaltando sua importância de estar na gênese da ADPF 465/17, em tramitação no Supremo Tribunal Federal.

Palavras-chave: ADI 0011990-05.2016.827.0000/16-TJTO. ADPF 465/17. Diversidade de gênero. Medidas provisórias municipais. OAB no controle de constitucionalidade.

1. PRÓLOGO

Quando me chegou o honroso convite para escrever um artigo a fim de compor a obra "O Futuro das Instituições: Direito e Democracia", em homenagem ao ilustre Constitucionalista José Afonso da

Silva, veio-me imediatamente à mente uma lembrança carinhosa que muito marcou meu primeiro dos doze anos em que fui docente na antiga e clássica Faculdade de Direito de Curitiba – saudosa FDC, hoje UNICURITIBA. Era 1998 e eu estava organizando um evento da Faculdade em homenagem aos 10 anos de nossa Constituição Federal. Propus chamar para palestrar uma mulher constitucionalista – Maria Garcia – um parlamentar que fora constituinte dos mais destacados – José Paulo Bisol – e dois dos mais clássicos constitucionalistas de nossa História Constitucional – José Afonso da Silva e Manoel Gonçalves Ferreira Filho. A Instituição prontamente aceitou a proposta e assim realizamos o evento, no qual vi pessoalmente, pela vez primeira, o famoso Professor José Afonso da Silva. JAS, como carinhosamente o chamávamos em aulas, esteve presente com suas obras em meus estudos de graduanda, e depois, mais fortemente ainda, em minhas preparações de aulas para as turmas de Direito Constitucional, já na UNIVALI e na FEBE (1996-1997), mas nunca antes o vira em pessoa. Assim, conheci-o juntamente com meu alunado curitibano. E foi uma experiência marcante, tamanha era a curiosidade de saber como seria, ou que timbre de voz teria, por exemplo, o grande autor, tão lido, tão citado e tanto por nós admirado.

Assim como na minha, paira a certeza de que na vida de mais tantos e tantasestudiosos(as) e praticantes do Direito Constitucional, há sempre, lá no iniciozinho de tudo, alguma obra e o pensamento desse nosso grande mestre, a nos ensinar e a nos inspirar. Afinal, formou e segue formando gerações de constitucionalistas.

Agora, conviver com Ele na Comissão Nacional de Estudos Constitucionais, do CFOAB, onde já esteve por tantas vezes antes, abrindo caminhos, semeando conhecimentos e firmando sabedorias hermenêuticas pioneiras, em seus mais de 100 pareceres e em suas locuções, é presente dos mais caros, que sei reconhecer e agradecer, inicialmente ao nosso bastonário, Dr. Claudio Pacheco Prates Lamachia, e ao nosso Presidente da CNECO, Dr. Marcus Vinicius Furtado Coêlho, e notadamente àquele que, como poucos, merece todas as nossas mais belas e penhoradas homenagens. Hoje, imbuída de seu espírito libertário e democrático, em defesa da força de uma das nossas maiores e mais sólidas instituições essenciais à administração da Justiça e guardiãs do Estado de Direito Constitucional, a OAB, apresento este meu singelo artigo, que, apesar de não estar à altura de José Afonso da Silva, foi pensado para render-lhe sincera homenagem.

2. INTRODUÇÃO

Os caminhos adequados para impulsionar a construção de uma sociedade mais livre, mais justa, e mais solidária, um dos objetivos fundamentais da República Federativa do Brasil, conforme os ditames do texto constitucional de 1988 requerem, com destaque, a também almejada concretização do princípio da igualdade material, com ênfase em suas dimensões ética, humanística e inclusiva, as quais contemplam, em equilibradas posições teleológicas e axiológicas, o integral respeito às diversidades humanas, entre elas as de gênero e sexual.

Tais dimensões são tratadas sob o prisma de valores a serem reforçados, ou até mesmo antes resgatados, e experimentados na vivência prática, eis que genuinamente são também impulsionadoras de ativismos participativos, de modo a possibilitar, assim, o enfrentamento da ampla temática da diversidade, que vem sendo cerceada quanto à sua abordagem mais afunilada nos aspectos de gênero e de sexualidade, no sistema público escolar do Município de Palmas, capital do Estado brasileiro Tocantins.

Um primeiro enfrentamento a tal cerceamento deu-se no âmbito do sistema estadual de controle de constitucionalidade, que foi acionado pela Ordem dos Advogados do Brasil, Seção do Tocantins (OAB/TO), pelo ajuizamento de uma Ação Direita de Inconstitucionalidade (ADI), em 21 de julho de 2016, referente a uma medida provisória e à sua lei de conversão, ambas municipais, promulgadas nos primeiros meses daquele mesmo ano.

Diante desse contexto, idealizou-se este artigo com o objetivo de resgatar e analisar o caminho da construção das ações de ativismo em prol da defesa da efetividade dos vários direitos humanos e fundamentais implicados, com o envolvimento direto de seis Comissões Temáticas da OAB/TO. Isto deu-se desde a tomada de conhecimento das referidas normas, que inovaram o Plano Municipal de Educação para pior e de forma restritiva, passando pela realização de uma Audiência Pública, até o estágio atual da ADI em andamento, visando a enaltecer a luta pelo asseguramento amplo da preservação da dignidade humana em todas as suas esferas e dimensões. Portanto, metodologicamente este capítulo de livro enquadra-se na modalidade estudo de caso, cuja argumentação, em termos de fundamentos teóricos, dá-se em bases crítico-humanistas.

3. OS VALORES SUPREMOS DA SOCIEDADE BRASILEIRA – DA FRATERNIDADE E DA SOLIDARIEDADE À CIDADANIA ATIVA EMDEFESA DO ORDENAMENTO CONSTITUCIONAL IGUALITÁRIO

Da fraternidade diz-se, entre outras acepções quanto à sua gênese teórica, que, em lições aristotélicas, condensava a ideia mais aprimorada da amizade na qualidade de categoria política, direcionada ao agir humano em comunidade. Sobre a solidariedade, diz-se que foi inspirada pela fraternidade, cursando longo caminho até alcançar autonomia principiológica ao entrar para textos jurídicos, como é o caso da Constituição da República brasileira, de 1988. O entrelaçamento entre essas categorias, cuja simbiose fortalece o humanismo jurídico e as ações humanas dirigidas a bem gerir os interesses coletivos, é o tema desta seção.

3.1. FRATERNIDADE E SOLIDARIEDADE NA CONSTITUIÇÃOFEDERAL BRASILEIRA: PRINCÍPIOS INSTRUMENTAIS DIRIGIDOS À AÇÃO HUMANA EM PROL DA EFETIVAÇÃO DE DIREITOS

O conceito de fraternidade encontra os seus primeiros contornos na philia aristotélica (ARISTÓTELES, 1999, p. 153 et seq.; TOSI, 2009, p. 49). Ao ir um pouco mais além da amizade – rara, dirigida a um número menor de pessoas –, a fraternidade deve ser entendida como algo mais amplo, direcionado a um número maior de pessoas, pois o conceito aristotélico de amizade engloba a utilidade, o prazer, o bem e até a própria amizade entre os desiguais, sendo que em todos os tipos de amizade por ele descritos fica clara a exigência da reciprocidade, como componente indissociável. Para fins deste artigo, dentre tantas ideações, importa a amizade como qualidade política, justamente o seu aspecto que mais se aproxima da fraternidade, partindo-se do entendimento de que o ser humano seja um ser político e que o viver em comunidade exatamente assim o torna e a cada vez mais o aprimora. Daí que a amizade enquanto qualidade política deve ser vista como uma forma que possibilita a assunção de novos sujeitos sociais, assim como novos modos de existir, de conviver e de lutar pela conquista de novos e pela efetivação de direitos já positivados, entre tantas outras possibilidades que enseja.

Compreendida como qualidade política, a amizade traz a ideia de que as pessoas precisam criar laços com seus ambientes de vida, praticar convívio mútuo com os seus pares, discutir suas necessidades comunitárias, assim compondo um espaço solidário, visando à consecução do bem comum. O filósofo antigo alertou que nas formas de governo onde as partes nada têm em comum, não há espaço para essa amizade. (ARISTÓTELES, 1999, p. 1161). Já conforme Hannah Arendt (1993, p. 99), o elemento político da amizade é o diálogo entre os amigos e a troca de opiniões, o que possibilita a verdadeira compreensão do mundo comum, que é sempre desigual e diferente, favorecendo também o exercício da alteridade – capacidade de ver o mundo a partir do olhar do outro. Segundo ainda ensinamentos clássicos de Aristóteles a respeito, na convivência humana é necessário o cultivo de sentimentos amistosos, como a concórdia, que se verifica, por exemplo, quando **uma comunidade, que não tem a mesma opinião sobre um determinado assunto, consegue criar vínculos políticos de amizade e, a partir disso, agir visando ao bem coletivo.** Neste sentido, a concórdia é a amizade política, e, sendo um tipo de amizade, ocorre entre pessoas que desejam o que é bom e justo para todos (1999, p. 1167).

A fraternidade como valor foi introduzida na cultura europeia pelo cristianismo (BAGGIO, 2008, p. 40), talvez justamente por ter a antiga ideia de philia sido nele incorporada com grande força, o que se deu "em nome da fraternidade universal, sem distinção entre bárbaros ou gregos, judeus ou romanos, escravos ou livres" (TOSI, 2009, p. 50). Um salto histórico permite lembrar que, na Revolução Francesa, a tríade **liberdade-igualdade-fraternidade** colocou o valor fraternidade no mesmo plano da igualdade e da liberdade, porém, diferentemente dos outros dois termos, isso não foi suficiente para que ocupasse papel importante na cultura política do Ocidente (SAVAGNANO, 2009, p. 195), pois o aspecto ideológico da Revolução Francesa, de secularização, eliminou sua**alma** religiosa, dificultando justamente a concretização da fraternidade, entre os três princípios por ela proclamados. Assim, enquanto a igualdade e a liberdade foram amplamente discutidas e aceitas como categorias políticas, a fraternidade foi silenciada e deslocada para fora do agir político, restando exercida em seus aspectos de caridade e de benemerência. Porém, não se pode atribuirà secularização/perda dos traços religiosos aresponsabilidade exclusiva pelo **esquecimento** da fraternidade, pois, ao longo dos séculos, mesmo onde houvesse raízes teológicas fortes isso não impediu a criação de sociedades altamente individualistas em suas hierarquias – compostas por pessoas com mais deveres do que direitos – permeadas por guerras, escravizações, perseguições e opressões aos diferentes.

Deste modo, apesar de ter origens antigas, a fraternidade deve ser reestruturada no mundo contemporâneo, para ser entendida como um princípio/valor norteador da liberdade e da igualdade, implicando assim um primeiro passo à cidadania, conforme ensina Domingo Ighina (2009, p. 35-36), para quem "a fraternidade leva em seu seio a consciência da liberdade e o direito da igualdade", e o contrário traduz a exclusão e a opressão. Para o autor, o princípio da fraternidade tem o condão de articular o princípio da liberdade, como liberdade política, e o da igualdade, como justiça social.

Os esforços normativos contemporâneos conseguiram fixá-la, em 1948, no Preâmbulo da Declaração Universal dos Direitos Humanos (DUDH), referindo a obrigação que todas as pessoas têm de "agir em relação umas às outras com espírito de fraternidade" (BUONOMO, 2009, p. 169). Muitas Constituições da atualidade também o fazem, como é o caso da brasileira em vigor, que a invoca já no seu Preâmbulo, entrelaçada com tantos outros valores, princípios e postulados de primeira grandeza:

> Nós, representantes do povo brasileiro, reunidos em Assembleia Nacional Constituinte para instituir um Estado Democrático, destinado a assegurar o exercício dos direitos sociais e individuais, **a liberdade**, a segurança, o bem-estar, **o desenvolvimento, a igualdade e a justiça como valores supremos de umasociedade fraterna, pluralista e sem preconceitos, fundada na harmonia social e comprometida, na ordem interna e internacional, com a solução pacífica das controvérsias**, promulgamos, sob a proteção de Deus, a seguinte Constituição [...] (BRASIL, 1988, grifo nosso).

No entanto, ashodiernas sede e corrida humanas pelo progresso econômico a qualquer custo, o consumismo desenfreado de bens materiais e as visões de mundo fechadas em guetos hermenêuticos muito particulares e restritivos, sobretudo de fundo religioso-fundamentalista, acabam acentuando aspectos individualistas e egoístas da humanidade, solapando a solidariedade, a fraternidade, a harmonia convivial, o pluralismo, a diversidade, com o que o tipo de sociedade desenhado já preambularmente pelo constituinte originário brasileiro vai sendo relegado ao esquecimento, quando não chega a ser vivamente combatido nos dias atuais desta segunda década do Século XXI.

Por mais paradoxal que possa parecer, é preciso lembrar que a fraternidade praticada no interior de muitas religiões acaba reforçando desigualizações entre as pessoas, vindo a negá-la em relação àquelas que não pertençam à mesma crença. Esse perigo é tratado por Savagnone (2009), para quem, a partir de sua compreensão como princípio ético, a fraternidade dita **ético-religiosa** traz uma carga de perversidade, uma vez que se fecha dentro de si mesma, contribuindo, assim, a um aumento de conflituosidades em relação às demais irmandades ou grupos. Em tal contexto, uma das piores crises da humanidade é justamente não se conseguir alcançar o que há de unificador em cada ser humano: precisamente a sua humanidade (MORIN, 2011, p. 22

et seq.). E a fraternidade, segundo Patto, "sabe promover a humanidade do outro, gerar círculos virtuosos e novos encontros [...], promover a mais autêntica reciprocidade, numa relação que é, ao mesmo tempo, dar e receber" (2008, p. 52). Um dos caminhos apontados para tal logro, segundo o próprio Morin, é o da conscientização, a conquista de uma consciência comum de humanidade, consagrada, aliás, desde 1948 na Declaração Universal dos Direitos Humanos, em seu artigo XXIX, onde predominaram os interesses gerais da convivência em comunidade sobre os particulares. Veja-se:

> §1. **Toda pessoa tem deveres para com a comunidade, em que o livre e pleno desenvolvimento de sua personalidade é possível.**
> §2. No exercício de seus **direitos e liberdades, toda pessoa estará sujeita apenas às limitações determinadas por lei, exclusivamente com o fim de assegurar o devido reconhecimento e respeito dos direitos e liberdades de outrem e de satisfazer às justas exigências da moral, da ordem pública e do bem-estar de uma sociedade democrática.**
> §3. **Esses direitos e liberdades não podem, em hipótese alguma, ser exercidos contrariamente aos propósitos e princípios das Nações Unidas**. (ONU, [1948], online, grifo nosso).

A construção de uma sociedade democrática, referida nesse art. XXIX da DUDH requer, por óbvio, os elementos da representação e da participação. Baggio, em seu entendimento sobre a fraternidade, explora justamente aquilo que se quer evidenciar neste artigo, qual seja, a sua **ligação com a participação democrática**, a "**conexão da ideia de fraternidade com a de cidadania**" (2009, p. 85, grifo nosso). Para ele, foi a fraternidade a responsável pela efetiva construção histórica de identidades de novos povos, ressaltando assim a sua dimensão política. Por outro lado, frisa que a fraternidade é condição humana, sendo que somente ela é capaz de fomentar a ideia de uma comunidade universal, onde as pessoas, indiferentemente de onde vivam e a que povos pertençam, consigam viver em paz, em harmonia. A igualdade e a liberdade tornam-se vazias sem a fraternidade, pois, se vivenciada fraternalmente, a liberdade não se torna vontade do mais forte, assim como a igualdade não corre o risco de degenerar em igualitarismo impiedoso (BAGGIO, 2008, p. 53-54). Também Aquini enfatiza o aspecto de ação humana em prol da efetivação dos direitos fundamentais que é suscitado pela fraternidade, na qualidade de um dos valores jurídicos fundamentais, a participação democrática:

> A fraternidade **compromete o homem a agir de forma que não haja cisão entre os seus direitos e os seus deveres, capacitando-o a promover soluções de efetivação de Direitos Fundamentais** de forma que, não necessariamente, dependam, todas, da ação da autoridade pública, seja ela local, nacional ou internacional. (BAGGIO, 2008, p. 138-139, grifo nosso).

Há quem diga, inclusive, que se a fraternidade e o Direito não fossem complementares, a adequada implementação da primeira poderia até fazê-la subsistir sem o segundo, e vice-versa. É o que demonstra Goria, pois "[...] muitos acham que a fraternidade só pode ser espontânea [...]", enquanto que seria típica do Direito a coerção, caso em que se acaba afirmando "[...] que o Direito é tanto mais necessário quanto menos a fraternidade age [...]", assim como "[...] que uma sociedade impregnada de fraternidade poderia dispensar o Direito" (2008, p. 25). Certo é quea **fraternidade, como princípio jurídico e condição humana dada, possui um valioso fim instrumental, ao propiciar um olhar horizontalizado aos intérpretes, que impeça a visão egoística e promova a alteridade e a não-discriminação**, em permanente ação proativa compromissada de todos e de todas.

Neste sentindo, retoma-se Morin (2011, p. 43) para reforçar sua concepção de que cabe à arte da política a missão de alcançar esse ideal humano de humanidade e de civilização, construído pela triangulação liberdade-igualdade-fraternidade. O vínculo antropológico comum, que une todos os seres humanos, é sempre ressaltado pela essência da categoria fraternidade, no âmbito religioso e em sua dimensão laico-política, afinal, todos são iguais e livres por serem irmãos, e são irmãos por serem livres e iguais. Portanto, essa retroalimentação e essa fundamentação recíproca são inseparáveis e inescapáveis.

Por isso mesmo, a resposta às desarmonias humanas, às diferenças que desfavorecem uns seres humanos em relação a outros, centra-se no agir político integrado e inclusivo, pelo qual as pessoas participam, com consciência e responsabilidade, das decisões locais e globais. Na busca construtiva de sociedades sustentáveis, em todos os seus aspectos – político, ético, social, econômico, territorial, cultural, ecológico-ambiental etc – a cidadania ativa é componente indispensável, pois o princípio da democracia participativa somente pode ser exercido assim, com a participação cidadã nos mais variados espaços do mundo da vida, por aquelas pessoas que compartilham do mesmo momento histórico. Foi exatamente isso que a OAB/TO procurou realizar, ao chamar uma Audiência Pública, instrumento de democracia participativa, direta, aberta a toda a coletividade, para debater um tema afeto a todos e a todas – objeto central deste artigo –, conforme mais e melhor se informará adiante.

Maria Celina Bodin de Moraes ajudou a pensar-se que, embora não seja possível obrigar alguém a ser solidário para com outrém, na verdade o Direito espera que as pessoas ajam como se sentissem algo de bom pelas outras e, por isso, o ordenamento constitucional brasileiro vigente acolhe o objetivo de construção de uma grande **sociedade** que seja justa, livre e **solidária**. Esta é uma das manifestações do aspecto de norma jurídica, enquanto princípio, que a solidariedade encerra. Ensina a autora, no entanto, que a solidariedade apresenta diversas outras facetas, que não podem ser ignoradas quando se a estuda:

> [...] como um **fato social** do qual não podemos nos desprender, pois é parte intrínseca do nosso ser no mundo; como **virtude ética** de um reconhecer-se no outro (que 'faz do outro um outro eu próprio') ainda mais amplo do que a justa conduta exigiria (dar ao outro o que é seu); como **resultado de uma consciência moral e de boa-fé** ou, ao contrário, de uma **associação para delinquir**; como **comportamento pragmático** para evitar perdas pessoais e/ou institucionais. Fato social, virtude, vício, pragmatismo e **norma jurídica** são os diferentes significados do termo. (MORAES, 2016, grifo nosso).

Entre todos esses diversos significados do termo, **a solidariedade na qualidade de princípio jurídico-constitucional veio para resgatar uma humanidade perdida em**

seus egoísmos, no sentido de enaltecer o próprio humanismo jurídico, eis que ressurgiu na qualidade de norma jurídica para direcionar a atuação do Estado, via políticas públicas inclusivas, sobremaneira, mas também a ação de toda a coletividade, dos particulares, em suas relações interpessoais – eficácia horizontal dos direitos fundamentais.

Historicamente, associa-se o valor fraternidade como o principal elemento inspirador da própria **solidariedade**, havendo essa intrínseca ligação inicial, quando aquele também ainda era muito ligado às ideias de caridade, de assistencialismo e de filantropia, cujo distanciamento deu-se em fins do século XIX (FARIAS, 1998, p. 190). Bodin de Moraes demonstra ainda como, em movimento paulatino, a modernidade foi revelando às pessoas que o conceito liberal-individualista onde o indivíduo era considerado uma pequena **totalidade** em si mesmo, autônomo e autossuficiente, estava fadado ao fracasso, pois todo ser humano, apesar de possuir um destino singular, faz parte de um cosmos maior, a comunidade humana, na qual a sua relação com os semelhantes é parte constitutiva de sua própria existência. E é por isso que **a solidariedade em si passou a ser considerada exatamente como um constructo social**, pois só se concebe o indivíduo inserido em sua comunidade (MORAES, 2016). Os seres humanos são gregários, não vivem isolados, não estão sozinhos em suas vidas, pois a todo instante compartilham suas vivências e suas experiências com os demais, pares da espécie, que integram a mesma família, a mesma escola, o mesmo clube, a mesma igreja, enfim, os mesmos ambientes primários, sem esquecer que tudo isso integra o mesmo ambiente maior, a casa comum de toda a humanidade, que é o planeta Terra, onde todos e todas vivenciam, inescapavelmente, um futuro também comum, que é a subsistência, a permanência e a sobrevivência da humanidade. Esse destino comum, em uma grande casa comum, impele a que todos sejam solidários e fraternos entre si.

As compreensões que estiveram na raiz dos estudos kantianos sobre a dignidade humana incluem a noção de que, apesar de todas as pessoas serem diferentes, plurais, possuem características comuns, sobressaindo-se entre elas a sua humanidade, daí a conclusão de que, justamente pelo fato unificador de serem humanas é que possuem dignidade (KANT, 1997).

O estudo histórico da fraternidade e da solidariedade é importante para compreender-se a situação do binômio no presente, como categorias jurídicas que, por meio dos processos de constitucionalizações, foram sendo internalizadas nos mais diversos ordenamentos jurídicos, mas, acima de tudo, para ressaltar que ainda permanecem como desafios, no presente e para o futuro, no ainda não concluso processo de resgate do vínculo antropológico comum dos seres humanos, o que contribuirá essencialmente para a superação das crises existentes nas sociedades do presente século. Tais crises, geralmente, instalam-se quando não se respeita o aspecto social-coletivo que negou o individualismo jurídico lá no final do século XIX e no início do século XX. Foi nesse período histórico que se reconheceu a superioridade do trabalho sobre o capital, que as questões individuais cederam passagem às sociais, que a concepção individualista dos direitos evoluiu de modo a ampliar a proteção aos direitos humanos de cunho social. As esferas individualistas passaram a ser limitadas, na vida e no Direito, pelas da coletividade. Em tal contexto, segundo lições clássicas de Ruy Barbosa, retrabalhadas por Farias (1998, p. 192), o indivíduo foi cedendo à associação, e o egoísmo à solidariedade humana. Tanto em suas raízes históricas revolucionárias, do século XVIII, na Europa e na América, quanto nos dias atuais – **da era dos direitos** –, **a fraternidade e a solidariedade são molas propulsoras das lutas pela conquista, pela proteção e pelo respeito aos direitos, finalmente considerados universais, atinentes a toda a humanidade** (BOBBIO, 1992), e do combate aos abusos contra eles cometidos, especialmente pelo poder público (Estado em sentido amplo).

Contra as desigualizações práticas que ainda existem entre os seres humanos, **a solidariedade – pressupondo a fraternidade – é apontada como único meio capaz de realizar a dignidade da pessoa humana como gênero e em toda sua plenitude** (CARDOSO, 2010, p. 26-27), merecendo mesmo ser entendida como um princípio norteador da liberdade e da igualdade, que implica um passo primordial para a conquista e o adequado exercício da cidadania (IGHINA, 2009, p. 35). Além de impulsionar a participação das pessoas nas lutas emancipatórias em prol do verdadeiro reconhecimento das diversidades e pela superação das desigualdades materiais, o chamado Direito Fraterno prima pela análise transdisciplinar dos fenômenos sociais e preocupa-se com um novo cosmopolitismo, pautado pelo respeito a todos os direitos humanos (RESTA, 2011), eis que fraternidade e solidariedade apresentam um caráter de complementaridade com o Direito como um todo. Esta concepção, segundo Aquini (2008), veio atravessando os séculos e, possivelmente, se perpetuará no tempo, como forma de realização da vida em comunidade e da harmonização social. Apesar de restarem sempre como desafios a serem concretizados, eis que a vida comunitária e seus conflitos não param de existir, tanto o princípio da solidariedade[1] quanto o da fraternidade[2] já há muito tempo foram reconhecidos pela jurisprudência brasileira, notadamente a do Supremo Tribunal Federal (STF). Para Moraes(2016), a solidariedade constitucional, após a promulgação da Constituição de 1988, foi cedo entendida como o "dever jurídico de respeito, de âmbito coletivo, cujo objetivo visa beneficiar a sociedade como um todo".

Por fim, é muito importante ressaltar que o princípio da fraternidade age como uma força motriz capaz de muito somar para a cooperação, sobretudo quando se relaciona com o princípio da diversidade, eis que tem o condão de não cancelar "[...] as identidades específicas [...]", mas as valorizar (BUONUOMO, 2008, p. 35), evidenciando assim a consciência de que **não se deve confundir a universalidade "[...] com uma igual-**

1 Eis alguns exemplos da já consagrada aplicação do princípio da solidariedade pelo STF: MS nº 22.164-0/SP, Rel. Min. Celso de Mello, j. 20/10/95; ADI nº 240/RJ, Rel. Min. Octavio Gallotti, j. 26/9/96; ADIMC nº 1003/DF, Rel. Min. Celso de Mello, j. 1/8/94; ADI nº 1856/RJ, Rel. Min. Celso de Mello, j. 26/05/11.

2 O princípio da fraternidade também vem sendo aplicado plenamente pelo STF, como, por exemplo, nos seguintes casos: ADPF 101; ADI´s 3105, 3128 e 3510; Pet. 3388.

dade que cancela as diferenças" (SAVAGNONE, 2009, p. 204, grifo nosso).

Nessa perspectiva, caminhos fraternos e solidários de construção do Direito, mas, sobretudo, de sua execução correta e adequada, são os únicos desejáveis e necessários de serem trilhados, no processo de atendimento dos objetivos republicanos postos na Constituição federal brasileira vigente.

A partir de tais pressupostos, passa-se a, na próxima seção, apresentar um caso concreto de violação de diversos direitos humanos e fundamentais, bem como de princípios basilares do ordenamento jurídico brasileiro atual, podendo o seu enfrentamento ser caracterizado, no âmbito da OAB do Estado do Tocantins, como uma ação jurídica impulsionada pelas qualidades políticas da fraternidade e da solidariedade, no sentido de ação em prol da defesa da cidadania ampliada, pautada pelo pluralismo e pela diversidade humana, o que necessariamente implica a renúncia e o combate aos modos exclusivistas, individualistas e restritivos de interpretações dos direitos fundamentais.

4. RECONHECIMENTO E RESPEITO AOS DIVERSOS ENTRE OS SERES HUMANOS – DA AÇÃO POLÍTICA À AÇÃO JURÍDICA PELA CONSTITUCIONALIDADE DAS DIVERSIDADES DE GÊNERO E SEXUAL COMO CONTEÚDOS ESCOLARES ÚTEIS

Ações fraternas e solidárias tomaram corpo em Palmas quando, no caso ora estudado, tornou-se de conhecimento público o teor de normas jurídicas atentatórias contra os princípios e os direitos humanos e fundamentais protetores da diversidade humana, impulsionando uma luta pela defesa do quanto as Constituições federal e estadual estabelecem a respeito. Nesta seção apresenta-se o quadro normativo protetivo, na sequência as afrontas a ele perpetradas por normas municipais, e algumas peculiaridades de seu questionamento quanto às inconstitucionalidades formais e materiais, no âmbito estadual do pleno e legítimo exercício do controle direto de constitucionalidade pela instituição OAB.

4.1. NORMAS INTERNACIONAIS, CONSTITUCIONAIS E INFRACONSTITUCIONAIS SOBRE OS PRINCÍPIOS DA IGUALDADE E DA LIBERDADE E OS DIREITOS HUMANOS E FUNDAMENTAIS À IGUALDADE MATERIAL, À DIVERSIDADE, E À EDUCAÇÃO INCLUSIVA, PLURAL E CIDADÃ QUE LEVE À AUTODETERMINAÇÃO E AO PLENO DESENVOLVIMENTO DAS POTENCIALIDADES HUMANAS

A busca pelo direito à igualdade é uma perseguição histórica e encontra suas raízes na filosofia clássica, principalmente na greco-romana e no pensamento cristão. Aristóteles desenvolveu um conceito de igualdade associada à ideia de justiça, condensada em sua famosa epígrafe "deve-se tratar os iguais de maneira igual e os desiguais de maneira desigual" (2006, p. 109).

As primeiras Declarações de Direitos, a exemplo da Declaração de Virgínia,e da Declaração de Independência dos Estados Unidos, ambas de 1776, e a Declaração francesa dos Direitos do Homem e do Cidadão, de 1789, também buscaram a igualdade, mas, à época, como mera instituição formal da orientação para que todos tivessem tratamento igualitário perante o ordenamento jurídico, o que foi um primeiro e importante passo rumo ao rompimento com as tradições absolutistas estamentais, logo, desiguais por essência.

Já na Idade Contemporânea, os Tratados Internacionais surgidos próximo da segunda metade do Século XX trouxeram o ideal de que os direitos humanos não se restrinjam à competência estrita de cada Estado, mas instituam a proteção das pessoas de formas mais ampliadas, por vias de monitoramento e de responsabilização internacional compartilhada e conjunta, visando ao universalismo. Neste momento histórico avançou-se para além da igualdade formal, em busca também da igualdade material, pela erradicação de qualquer fator de impedimento à plena realização das potencialidades de qualquer pessoa, levando-a à felicidade e pressupondo, sempre, a dignidade humana.

Em tal contexto é que se destacaram e seguem imperando, no que tange ao princípio da igualdade material, à diversidade, ao pluralismo, e a tantos outros princípios e direitos humanos complementares e interdependentes, a Declaração Universal dos Direitos Humanos (de 1948, assinada pelo Brasil na mesma data), no âmbito internacional, e, no continente americano, a Convenção Americana sobre Direitos Humanos (de 1969, com ratificação promulgada no Brasil em 1992).

Neste sentido, a Declaração Universal dos Direitos Humanos, por exemplo, dispõe que todo ser humano tem capacidade para gozar os direitos e as liberdades nela estabelecidos, "[...] sem distinção de qualquer espécie, seja de raça, cor, sexo, idioma, religião, opinião política ou de outra natureza, origem nacional ou social, riqueza, nascimento, ou qualquer outra condição" (art. II). Também em seu artigo VII dispõe que "todos são iguais perante a lei e têm direito, sem qualquer distinção, a igual proteção da lei. Todos têm direito a igual proteção contra qualquer discriminação que viole a presente Declaração e contra qualquer incitamento a tal discriminação". (ONU, [1948]).

Assim, a Declaração repele qualquer ação que possa caracterizar a redução da dignidade de uma pessoa diante de outra, principalmente, o argumento de que discutir em escolas públicas formas de eliminar tipos de discriminação, racial ou de gênero, por exemplo, invade a intimidade e o poder de escolha das pessoas e das famílias sobre quais assuntos afetem ou não suas vidas privadas e os queiram ou não debater. Ao contrário, é pela concretização de seus preceitos que a DUDH autoriza tão importante missão à educação, em todos os níveis, devendo ser voltada ao aprendizado amplo em direitos humanos, para que o referido progresso histórico tido em tal temática não se faça apenas teoricamente, mas redunde efetivamente em formação de cidadãos e cidadãs conscientes de seus direitos e deveres, bem como protagonistas na construção democrática de uma sociedade alicerçada na fraternidade, na solidariedade e no compromisso com todos os povos, em prol do respeito a todas as diferenças e da luta pela erradicação de todas as desigualdades que prejudiquem pessoas.

Pela Constituição Federal brasileira, a educação é dever do Estado e da família, em colaboração com a sociedade, visando ao pleno desenvolvimento da pessoa, com base em diversos princípios, entre os quais o de igualdade de condições, de liberdade de aprender e do pluralismo de ideias (artigos 205 e 206). Esta educação, seja ministrada em iniciativa pública ou privada, deve ser efetivada sempre levando em consideração os teores dos Tratados e das Convenções Internacionais que tratam de Direitos Humanos, já acima citados.

Em complementaridade, o artigo 11, itens 1 a 3, da Convenção Americana sobre Direitos Humanos[3] e, no mesmo sentido, o artigo XII da DUDH, dispõem sobre a inviolabilidade da honra, da dignidade e da vida privada[4], enquanto que o artigo XXVI desta diz que "os pais têm prioridade de direito na **escolha do gênero de instrução que será ministrada aos seus filhos**" (ONU, [1948], grifo nosso). Em tal quadro normativo, a proibição da discussão de qualquer assunto em sala de aula contraria a Declaração, pois, é incompatível com o pluralismo de ideias, um dos princípios reitores da educação no Brasil. A escolha pelos pais é um direito quanto ao gênero de instrução, obviamente quando houver mais de uma opção, e o oferecimento de mais de uma opção é pressuposto de um Estado Democrático como o Brasil, onde de fato há tal oferta, instrução em escola privada, instrução em escola pública, instrução ministrada em escola mantida por dada ordem religiosa, ou em escola militar e.g.. Já a proibição pelo ente público da veiculação de qualquer tipo de instrução a ser ministrada nas escolas, sobretudo as da rede pública de ensino, é autoritarismo reducionista, incompatível com valores, princípios, objetivos, diretrizes e direitos postos na Constituição Federal e pelos tratados internacionais de direitos humanos ratificados pelo País.

3 "Proteção da honra e dignidade. 1) Toda pessoa tem direito ao respeito de sua honra e ao reconhecimento de sua dignidade; 2) Ninguém pode ser objeto de ingerências arbitrárias ou abusivas em sua vida privada, sua família seu domicílio ou em sua correspondência, nem de ofensas ilegais á sua honra ou reputação; 3) Toda pessoa tem direito à proteção da lei contra tais ingerências ou tais ofensas". (OAS, 1969).

4 "Ninguém será sujeito à interferência em sua vida privada, em sua família, em seu lar ou em sua correspondência, nem a ataque à sua honra e reputação. Todo ser humano tem direito à proteção da lei contra tais interferências ou ataques". (ONU, [1948]).

Por outro lado, os defensores do entendimento de que temas relativos a gênero e à diversidade sexual devam ser reservados ao ambiente doméstico das famílias, podem ser lembrados que o âmbito privado, na maioria das vezes, reforça e reproduz desigualdades, sobretudo na estrutura de gênero da família, pois "o público e o privado são vistos como partes interligadas de um ciclo de desigualdades entre os sexos" (BIROLI, 2012, p. 218). Percebe-se isto nas relações de poder que lá são negligenciadas e na subordinação das mulheres no próprio lar, na divisão dos papéis domésticos que as vulnerabilizam e lhes retiram inúmeras oportunidades de se desenvolverem como sujeitos autônomos, livres e autodeterminados. "O lugar social a partir do qual se constituem visões legitimamente tomadas como 'imparciais' pode determinar quem será objeto de empatia, quem será estigmatizado e quem será silenciado" (BIROLI, 2012, p. 239). Aliás, se há um consenso em toda a polissemia própria do conceito de gênero, é a de que seja um constructo social das diferenças não biológicas entre homens e mulheres, naturalizadas como se fossem um padrão fixo, imutável, quando na verdade são apenas e exatamente isso: diferenças socialmente construídas, e que, portanto, também socialmente podem ser destruídas ou ressignificadas (BESTER, 2016).

Assim, **não há fundamento para a argumentação de que tratar sobre gênero e diversidade em locais públicos educativos seja contrário à preservação da intimidade da vida privada**[5], muito ao contrário, pois tais diálogos visam justamente a conscientizar e eliminar quaisquer formas de discriminação, violência e desigualdade no âmbito privado ou público da vida das pessoas, notadamente aquelas que nascem e se naturalizam por construções sociais de gênero oriundas de bases patriarcais machistas, misóginas, homofóbicas etc. A vida privada é inviolável, contudo, quando ocorrem situações de violência doméstica no âmbito pri-

5 O artigo XI da DUDH dispõe: "Proteção da honra e dignidade: [...] 2. Ninguém pode ser objeto de ingerências arbitrárias ou abusivas em sua vida privada, em sua família, em seu domicílio ou em sua correspondência, nem de ofensas ilegais à sua honra e reputação. 3. Toda pessoa tem direito à proteção da lei contra tais ingerências ou tais ofensas". (ONU, [1948]).

vado-familiar, que exponham e evidenciem desigualdades de gêneros, é inevitável e mesmo necessário que o ordenamento adote medidas para assegurar às vítimas proteção e reparação, como o faz aLei nº 11.343/06 (Maria da Penha) já há onze anos. No entanto, não somente o punitivismo estatal, sistema de justiça criminal, é necessário, mas também outros tipos de ações direcionadas a alcançar que as mulheres, principalmente, por serem as vítimas preferenciais, consigam escapar dos ciclos de violências nos quais estejam enredadas. Para tanto, redes de ações e programas de proteção e de prevenção, com perfis multidisciplinares e multisetoriais, sistema de saúde etc, são fundamentais. É o que aponta o Atlas da Violência 2017, publicado em junho pelo Instituto de Pesquisa Econômica Aplicada (IPEA) e pelo Fórum Brasileiro de Segurança Pública, o qual ressaltaque somente com essa abordagem se poderá"**construir políticas públicas capazes de enfrentar a violência contra a mulher e promover uma ampla educação de gênero** para que possamos, de fato, comemorar de forma permanente a redução do feminicídio". (SIQUEIRA et al., 2017, p. 38, grifo nosso).

Neste contexto, a Convenção sobre a Eliminação de todas as Formas de Discriminação contra a Mulher (de 1979, ratificada pelo Brasil em 1984) **estimula os Estados a adotarem medidas apropriadas para assegurar a igualdade de direitos das mulheres com os homens, na esfera da educação** (art. 10), e medidas especiais temporárias para acelerar o caminho à igualdade geral entre ambos os gêneros[6]. Vejam-se objetivos específicos fixados por essa Convenção

6 "Art. 3º - Os Estados-partes tomarão, em todas as esferas e, em particular, nas esferas política, social, econômica e cultural, todas as medidas apropriadas, inclusive de caráter legislativo, para assegurar o pleno desenvolvimento e progresso da mulher, com o objetivo de garantir-lhe o exercício e o gozo dos direitos humanos e liberdades fundamentais em igualdade de condições com o homem. [...]. Art. 4º-1: A adoção pelos Estados-partes de medidas especiais de caráter temporário destinadas a acelerar a igualdade de fato entre o homem e a mulher não se considerará discriminação na forma definida nesta convenção, mas de nenhuma maneira implicará, como consequência, a manutenção de normas desiguais ou separadas; estas medidas cessarão quando os objetivos de igualdade de oportunidade e tratamento houverem sido alcançados". (ONU, [1948]).

no campo da educação igualitária, inclusiva e não discriminatória das mulheres:

> Artigo 10 – **Os Estados-partes adotarão todas as medidas apropriadas para eliminar a discriminação contra a mulher, a fim de assegurar-lhe a igualdade de direitos com o homem na esfera da educação e em particular para assegurar, em condições de igualdade entre homens e mulheres:** Artigo 10.3: **A eliminação de todo conceito estereotipado dos papéis masculino e feminino em todos os níveis e em todas as formas de ensino, mediante o estímulo à educação mista e a outros tipos de educação que contribuam para alcançar este objetivo e, em particular, mediante a modificação dos livros e programas escolares e adaptação dos métodos de ensino.** (BRASIL, 2008, p. 78, grifo nosso).

Essa Convenção foi o primeiro tratado internacional a dispor amplamente sobre os direitos humanos das mulheres. No relatório bienal dos anos em que Sílvia Pimentel participou do seu Comitê de Monitoramento (CEDAW/ONU), pode-se observar a seguinte importante observação:

> Os Estados signatários da Convenção **são responsáveis, por garantir a igualdade de homens e mulheres, através da totalidade de suas instituições e poderes – Executivo, Legislativo e Judiciário – bem como de todas outras autoridades e servidores públicos, nos níveis federal, estadual e municipal. A igualdade de gênero deve ser realizada independentemente do contexto cultural ou religioso.** Alguns Estados apresentam interpretações muito particulares de igualdade, buscando assim, muitas vezes, justificar posicionamentos discriminatórios prejudiciais às mulheres, que ferem seus direitos humanos. (PIMENTEL, 2016, p. 26, grifo nosso).

Há que se considerar também, mesmo que possa causar estranheza, que a análise da violência de gênero feita pelos olhos de outras Ciências, como sob o olhar da Filosofia, por exemplo, ainda pode revelar que, apesar de ser perpetrada contra as mulheres, justamente por ser resultado de uma ideologia de forte dominação masculina, acaba sendo produzida e reproduzida não apenas por homens, mas também por mulheres. É o que a filósofa Marilena Chauí explicou, em importante texto do início da década de 1980, quando se iniciavam no Brasil os debates entre as principais correntes referenciadoras[7] do uso instrumental da categoria gênero nesse âmbito analítico sobre violência contra as mulheres – o sexo, na qualidade de realidade biológica dos seres humanos, não alcança explicar de modo suficiente esses comportamentos de homens e de mulheres em sociedade. A autora então definiu essa violência como uma ação que transforma diferenças em desigualdades hierárquicas com o fim de dominar, explorar e oprimir. Ao tratar o ser dominado como **objeto**, e não como **sujeito**, a ação violenta o silencia, tornando-o dependente e passivo. Nesse sentido, o ser dominado perde sua autonomia, sua liberdade, entendida como "capacidade de autodeterminação para pensar, querer, sentir e agir" (CHAUÍ, 1985, p. 36). Em tal enredo de dominação, patriarcado e violência contra as mulheres, é sempre triste e desolador perceber que também as mulheres cometem violências. Chauí trabalhou com a hipótese de que "as mulheres, tendo sido convertidas heteronomamente em sujeitos, farão de sua ´subjetividade´ um instrumento de violência sobre outras mulheres", argumentando a autora que as mulheres são **cúmplices** da violência que recebem e que praticam, no entanto, essa cumplicidade não se baseia em uma escolha ou em uma vontade, já que, pelo minimamente exposto acima se pode notar, a subjetividade feminina é, em regra, destituída de autonomia. Neste sentido, as mulheres são **cúmplices** da violência e contribuem para a reprodução de sua **dependência** porque são **instrumentos** da dominação masculina (CHAUÍ, 1985, p. 47-48). Por isso mesmo, questões como estas devem ser tratadas no processo de ensino-aprendizagem escolar.

É importante, útil e necessário, por exemplo, explicar ao alunado, que a violência contra as mulheres – da psicológica ao feminicídio –, brotada do ódio baseado no simples fato de que tais seres humanos sejam mulheres, remete a atitudes e atos misóginos e revela fortes aspectos de machismo em um contexto de estrutura socioeconômica e política desigual, ainda determinada pelo patriarcalismo, pois**nas sociedades contemporâneas os traços**

7 Mais correntes teóricas dos estudos sobre violência contra as mulheres podem ser vistas no aprofundado texto das coautoras SANTOS; IZUMINO, 2005.

patriarcais geralmente aparecem mesmo travestidos de misoginia e de heteronormatividade. Assim,é preciso desvelar o quanto os valores que constroem o pensamento misógino e heteronormativo estão assentes em pressupostos do patriarcado, **sobretudo no que diz respeito à subjugação do outro a uma condição não apenas manifesta, mas também latente de inferioridade, desprezo e humilhação.** Por isso a misoginia, enquanto aspecto central da violência contra as mulheres e igualmente da violência homofóbica, manifesta-se "em várias formas diferentes de piadas, pornografia e violência. Até os padrões excessivos e inalcançáveis de beleza podem ser enquadrados como um aspecto da misoginia da nossa cultura ocidental moderna. Em resumo, a misoginia está relacionada à desvalorização do feminino e, em sua versão mais radical, ao ódio ou desprezo ao feminino". (BORGES et al., 2013, p. 66).

Em interpretação sistemática, constitucional e de convencionalidade, é ainda fundamental coadunar a leitura do Tratado-Convenção sobre a Eliminação de todas as Formas de Discriminação contra a Mulhercom outros que, da mesma forma, buscam a igualdade, o respeito à diversidade e a educação inclusiva, como é o caso do documento intitulado Princípios de Yogyakarta, de 2007, ratificado pelo Brasil no mesmo ano. Seu princípio 1 estipula que os Estados signatários devam "implementar programas de educação e conscientização para promover e aprimorar o gozo pleno de todos os direitos humanos por todas as pessoas, não importando sua orientação sexual ou identidade de gênero" (PRINCÍPIOS..., 2016, online).

É nesta orientação que também se posiciona a Constituição Federal brasileira quando, por exemplo, o Estado republicano federativo por ela constituído como Democrático de Direito (art. 1º, caput) assume o dever de concretizar a justiça social, o que só é possível pela igualdade material (art. 3º) entre as pessoas e o comprometimento com a vida digna para todos e todas. Esta orientação principiológica, na perspectiva adotada pela Constituição, requer a análise do princípio e direito à igualdade à luz dos demais valores por ela pregados e que se irradiam para todos os demais dispositivos, como compromissos de união fraterna e solidária entre os diferentes membros da sociedade brasileira.

A busca da igualdade, formal e material, também está no dever de o Estado promover o bem de todos, sem preconceitos de quaisquer naturezas, que possam ensejar discriminações (art. 3º, IV, CF). Como direito fundamental básico, a igualdade (art. 5º, caput) é fixada no texto constitucional pelo reconhecimento dos mesmos direitos e obrigações para homens e mulheres (inciso I), assim como pela posição repreensiva a todo tipo de discriminação atentatória aos direitos e liberdades fundamentais (inciso XLI), assegurando, deste modo e de um lado o amplo direito à diferença, que leva ao reconhecimento de identidades variadas, como corolário do direito à igualdade material, e, de outro, vedando todo o tipo de discriminação negativa (BESTER, 1996)[8].

A educação, sendo dever do Estado, precisa ser proporcionada a todas as pessoas, para o livre e pleno desenvolvimento de todas as suas habilidades e potencialidades, para sua formação cidadã, levando-as à autodeterminação. Para a consecução de tais objetivos, é indissociável que seja voltada àdefesa, à construção e ao exercício da igualdade, para o respeito à diferença e ao pluralismo de ideias, de forma que os partícipes do processo educativo sejam os primeiros afastados da condição de vulnerabilidade que potencialmente os cercam, seja ela em função de raça, de gênero, de condição social, de idade, de orientação sexual, entre outras.

4.2. AFRONTA DO MUNICÍ-

8 As discriminações negativas, ao contrário das positivas (ações afirmativas, por exemplo), não têm objetivos de solidariedade ou de reforço à dignificação humana, pois são realizadas com o intuito de prejudicar pessoas, individualmente consideradas ou em grupos (ditos vulneráveis), por meio da criação e/ou da manutenção de situações injustas. Configuram, assim, os típicos preconceitos com consequências sociais graves para uma sociedade que busca a fraternidade e a igualdade, por deveres constitucionais. Em vez de potencializarem os efeitos positivos das diferenças, buscando superação de desigualdades fáticas e empoderamento de segmentos populacionais em desvantagens históricas, as discriminações ditas negativas têm como resultados não o combate ou a prevenção, mas sim a geração e o recrudescimento dos sofrimentos humanos (BESTER, 1996).

PIO DE PALMAS/TO AO QUADRO NORMATIVO POSTO ENQUANTO POLÍTICAS PÚBLICAS ANTIDISCRIMINATÓRIAS HIERARQUICAMENTE SUPERIORAS

O Programa Nacional de Direitos Humanos, em alusão a políticas compensatórias (discriminações positivas, como acima já se viu), previu como meta o desenvolvimento de ações afirmativas em prol de grupos socialmente vulneráveis, o que foi reafirmado pelo Programa Nacional de Ações Afirmativas, Decreto nº 4.228/2002, o qual também constituiu o Comitê de Avaliação e Acompanhamento do Programa Nacional de Ações Afirmativas, entre cujas finalidades (art. 3º) consta: "IX - promover, no âmbito interno, os instrumentos internacionais de que o Brasil seja parte sobre o combate à discriminação e a promoção da igualdade". (BRASIL, 2002).

Em tal contexto normativo e de políticas públicas, pela Lei nº 9.394/96, à União coube o papel de elaborar o Plano Nacional de Educação (PNE), o que foi feito, primeiramente, em 2001, pela Lei nº 10.172, que vigorou de 2001 a 2010. O segundo Plano Nacional de Educação (Lei nº 13.005/14) foi feito para vigorar a partir de 2014, com metas para os dez anos seguintes. Trata-se, por força normativa, de um plano plurianual, de longa duração e execução. Os Estados, o Distrito Federal e os municípios, observado o art. 211 da CF/88, deveriam também elaborar seus Planos respectivos, com metas para os sistemas de ensino que são de sua responsabilidade[9], sempre com base em alguns princípios, tais como o da gestão democrática da educação (CF/88, art. 206, VI), o da autonomia e o da colaboração de toda a sociedade na formulação de propostas e diretrizes de políticas públicas para a educação, por meio de conferências temáticas (BRASIL, 2005, p. 19), e, sobretudo, nas próprias diretrizes nacionais, cogentes e hierarquicamente superioras.

Especialmente em relação ao

9 "Art. 211. A União, os Estados, o Distrito Federal organizarão em regime de colaboração seus sistemas de ensino. [...] § 2º: os Municípios atuarão prioritariamente no ensino fundamental e na educação infantil. § 3º: os Estados e o Distrito Federal atuarão prioritariamente no ensino fundamental e médio" (BRASIL, 2014a).

princípio da gestão democrática do ensino, deve ele ser interpretado em sentido amplo, como direito à participação na definição de todas as diretrizes do ensino público, sejam administrativas ou pedagógicas, que interfiram no processo educacional. Essa participação popular não é um mero capricho ou uma liberalidade, mas condição fundamental e inarredável de legitimidade para esses Planos todos, como fora fixado no PNE de 2014:

> Art. 8º. [...]. § 2º: **Os processos de elaboração e adequação dos planos de educação dos Estados, do Distrito Federal e dos Municípios,** de que trata o caput deste artigo, **serão realizados com ampla participação de representantes da comunidade educacional e da sociedade civil** (BRASIL, 2014a, grifo nosso).

Oportunizar e efetivar essa participação é também potencializar o princípio da eficiência na Administração Pública. Trata-se não só de descentralizar as decisões, mas também de suscitar a inovação, e possibilitar que inúmeras pessoas afastadas historicamente do processo político decisório possam, enfim, nele participar, consolidando a democracia, já que esta forma de governo é um princípio constitucional a ser perseguido a todo o momento na gestão pública. Este processo é reconhecido pelo Ministério da Educação brasileiro, que assim se manifestou no documento preparatório ao atual PNE:

> Na atual conjuntura brasileira, **os processos de construção de políticas públicas educacionais ganham sentido e importância quando têm por objetivo principal a busca de um padrão de qualidade que seja compreendido como direito de cada cidadão.** Por esta razão, **são processos que se vinculam aos mecanismos de autoconstrução da sociedade, que sintetizam embates, negociações e acordos entre as forças sociais presentes.** (BRASIL, 2014a, grifo nosso).

Foi o que o município de Palmas fez, com a realização de oito prévias reuniões públicas para a elaboração do seu Plano Municipal de Educação (PALMAS, 2016c, online), em processo participativo democrático e dialógico no qual se ouviu a coletividade e com ela se debateu, culminando com a aprovação, pela Câmara Municipal de Vereadores, e a subsequente promulgação, da Lei nº 2.238, em 19 de janeiro de 2016. É de ressaltar-

-se a importância dessas reuniões públicas, pois elas concretizam o princípio da publicidade, viabilizam a participação dos indivíduos ou grupos determinados na exposição das suas ideias, preferências e sugestões, em consequência conduzindo a Administração Pública a decidir com maior probabilidade de acerto, em projetos que serão executados por muitos anos.Contudo, algumas semanas depois foi editada, pelo Chefe do Poder Executivo municipal, a Medida Provisória (MP) nº 06/2016, que alterou o referido Plano de Educação nas metas 5.24 e 5.26, determinando que fossem proibidas as discussões de diversidade de gênero e ligadas à sexualidade nas escolas da rede pública municipal de ensino. Tal MP foi convertida na Lei nº 2.243, de 23 de março de 2016, instituindo então o novo Plano Municipal de Educação, que repetiu o texto original de sua primeira versão, agora tendo alterado apenas as já referidas metas. É importante mencionar que a discussão da diversidade, enquanto conteúdo, ficou preservada em seu aspecto cultural, mas proibida em seus aspectos de gênero e de sexualidade, o que fere o princípio constitucional da igualdade material. Assim ficou a redação final da norma:

> Art. 1º São alteradas no Anexo Único à Lei nº 2.238, [...] de 2016, na Meta 5, as estratégias 5.24 e 5.26, que passam a vigorar com as redações a seguir: Meta 5 [...] 5.24) garantir, na construção dos referenciais curriculares da educação básica, conteúdos sobre a história e as culturas afro-brasileira e indígenas, a educação ambiental e direitos humanos, conforme as diretrizes nacionais e a legislação vigente, assegurando-se a implementação por meio de ações colaborativas com fóruns de educação, conselhos escolares, equipes pedagógicas e outros setores da sociedade civil, **vedada a discussão e a utilização de material didático e paradidático sobre a ideologia ou teoria de gênero, inclusive promoção e condutas, permissão de atos e comportamentos que induzam à referida temática, bem como os assuntos ligados à sexualidade e erotização**; (NR). 5.26) assegurar a oferta de formação continuada específica e a inclusão transversal, para que as formações considerem temáticas relativas à educação ambiental, à diversidade cultural, às relações étnico-raciais, além de direitos humanos e cidadania, **vedada a discussão e a utilização de material didático e paradidático sobre a ideologia ou teoria de gênero, inclusive promoção e condutas, permissão de atos e comportamentos que induzam à referi-**

da temática, bem como os assuntos ligados à sexualidade e erotização; (NR). (PALMAS, 2016b, online, grifo nosso).

Na verdade, a Prefeitura de Palmas e algumas outras, poucas, no País, resolveram, irônica e curiosamente, utilizar-se de uma expressão inadequada, **ideologia de gênero,** para travestir os preconceitos e discriminações que elas próprias provaram destinar aos seus alunados que escapem dos padrões heteroafetivos. Esse disfarce foi um mal escolhido recurso a ser usado pelos legisladores municipais, uma vez que **ideologia de gênero** é expressão que tem pouco ou nenhum reconhecimento ou respeitabilidade científica no orbe dos sérios estudos de gênero ou das teorias feministas. Portanto, os debates a respeito precisam sempre, primeiro, afastar essa inadequada expressão, para depois sim desconstruir categorias que recebem estudos sérios e densos.

Para além disso, em respeito ao princípio do pacto federativo, cláusula pétrea do texto constitucional de 1988 (art. 60, § 4º), os Planos municipais e estaduais de educação devem observar as diretrizes postas no Plano Nacional de Educação (PNE), já que a União detém competência privativa para organizar a educação nacional (art. 22, XXIV, CF). Deste modo, há diretrizes gerais que devem ser seguidas por cada um dos Planos Municipais de Educação (PME´s). Note-se que os Planos Municipais não podem inovar em conteúdos, podendo apenas especificar pontos gerais já previstos pelo PNE. É o que a lei que estabelece o Plano Nacional de Educação, dispõe em seu art. 8º, caput, quando fixou que os Estados, o Distrito Federal e os Municípios deveriam "**elaborar seus correspondentes planos de educação, ou adequar os planos já aprovados em lei, em consonância com as diretrizes, metas e estratégias previstas neste PNE**, no prazo de 1 (um) ano contado da publicação desta Lei". (BRASIL, 2014a, grifo nosso).

E, com efeito, o PNE estabeleceu diretrizes[10] nacionais a serem

---

10 "Art. 2º: São diretrizes do PNE: [...] III – superação das desigualdades educacionais, **com ênfase na promoção da cidadania e na erradicação de todas as formas de discriminação**; [...]. V – **formação para o trabalho e para a cidadania, com ênfase nos valores morais e éticos em que se fundamenta a sociedade**; [...]. VII – **promoção humanística, científica, cultural** e tecnológica do País; [...].

seguidas pelos demais Planos com respeito às diversidades, entre outras, incluídas aí as de gênero, objetivando superá-las. Não citou o termo **gênero**, mas estabeleceu objetivos de respeito à diversidade e estabeleceu como metas a busca pela igualdade e a eliminação de todas as formas de desigualdades, o que se relaciona diretamente às hierárquicas relações de poder de gênero, contempladas, portanto, quanto à necessidade de seu enfrentamento, na busca da igualização material das pessoas. A ampla literatura especializada deixa bem claro que questões de gênero, problemas advindos das relações de poder de gênero, estudos de Gênero e Direito, centram-se sempre no combate a desigualdades, a estigmas e a discriminações, e na promoção da igualdade material, via, inclusive e preferencialmente, pela aceitação das diferenças, em homenagem constitucional ao princípio da diversidade.

Veja-se, a propósito, o que ficou estabelecido sobre a diversidade no documento de referência da Conferência Nacional de Educação, que serviu de base à construção do PNE/2014:

> **A diversidade, como dimensão humana, deve ser entendida como a construção histórica, social, cultural e política das diferenças que se expressa nas complexas relações sociais e de poder.**
> **Uma política educacional pautada na diversidade traz para o exercício da prática democrática a problematização sobre a construção da igualdade social e as desigualdades existentes.** Esta construção pressupõe o reconhecimento da diversidade no desenvolvimento socio-histórico, cultural, econômico e político da sociedade. [...] Assim, **as políticas educacionais voltadas ao direito e ao reconhecimento à diversidade estão interligadas à garantia dos direitos sociais e humanos e à construção de uma educação inclusiva.** Faz-se necessária a **realização de políticas, programas e ações concretas e colaborativas entre os entes federados, garantindo que os currículos, os projetos político-pedagógicos, os planos de desenvolvimento institucional**, dentre outros, **considerem e contemplem a relação entre diversidade, identidade étnico racial, igualdade social, inclusão e direitos**

X –**promoção dos princípios do respeito aos direitos humanos, à diversidade** e à sustentabilidade socioambiental"(BRASIL, 2014a, grifo nosso). Recomenda-se observar também as metas do PNE, na estratégia 7.25; meta 11, estratégia 11.13/ meta 13, estratégia 13.4 e ainda meta 14, estratégia 14.5.

humanos (BRASIL, 2014b, p. 29-30, grifo nosso).

A partir de tais pressupostos, teóricos e normativos, a Ordem dos Advogados do Brasil, Seccional Tocantins, partiu para a ação, como se verá nos itens a seguir.

4.3. A REAÇÃO JURÍDICA A PARTIR DA OAB/TOE O PROCESSO PARTICIPATIVO DA SOCIEDADE PALMENSE NA REDAÇÃO DO PME E NA AUDIÊNCIA PÚBLICA

Aanálise realizada pelas seis Comissões Temáticas da OAB/TO[11] mais diretamente ligadas

aos vários conteúdos tratados pelas normas sob apreciação, concluiu que a Lei nº 2.238/2016, instituidorado Plano Municipal de Educação original, construído em processo democrático participativo direto, guardava conformidade com os ditames constitucionais, de Tratados e Convenções Internacionais e com as políticas públicas positivadas em normas infraconstitucionais(diretrizes do Plano Nacional de Educação).

Diante disso, em 12 de abril de 2016 a OAB/TO realizou uma Audiência Pública para consultar a sociedade civil organizadae a população em geral sobre o conteúdo da MP nº 06/2016, que alterou aquele PME inicialmente construído com a ativa colaboração da própria sociedade. Para tanto, convidou os poderes públicos diretamente implicados, de modo a fundamentar suas subsequentes ações na temática a partirde um espaço democrático de discussões, com ampla participação e representação da coletividade.

Em 24 de abril de 2016 as mesmas seis Comissões Temáticas entregaram ao Conselho Seccional parecer fundamentado, em que analisaram o conteúdo da Medida Provisória e entenderam ser o ato normativo inconstitucional, solicitando-lhe que aprovasse o ingresso, pela OAB/TO, de uma Ação Direta de Inconstitucionalidade perante o Tribunal de Justiça Estadual e, ainda, o acionamento do Conselho Federal da OAB para que ingressasse com uma Ação de Descumprimento

---

11 Comissão de Estudos Constitucionais, Comissão de Direitos Humanos, Comissão OAB Vai à Escola, Comissão da Mulher Advogada, Comissão da Criança e Adolescente, Comissão de Diversidade Sexual.

de Preceito Fundamental em face da referida Medida, àquela data, já convertida na Lei nº 2.243/2016, o que foi aprovado por unanimidade pelo Conselho Seccional. Em 1º de junho de 2016 ofício da OAB/TO, assinado novamente pelas representações das seis Comissões e pelo Presidente da Seccional, foi enviado ao Conselho Federal da OAB, onde o expediente recebeu o número de processo interno 49.0000.2016.005499-0, e ficou aguardando parecer da sua Procuradoria Constitucional, que assessora a Comissão Nacional de Estudos Constitucionais. Ali, preferiu-se não ingressar com uma ADPF junto ao STF, decisão justificada no fato de já estar tramitando uma ADI estadual no TJTO. No entanto, quando, tempos depois, o Ministério Público Federal ingressou com ADPF nesse sentido (ADPF nº 465/17), pediu primazia para questionar as inconstitucionalidades já apontadas na ADI em comento, com solicitação expressa de que fosse suspenso o andamento da ADI em âmbito estadual.Embora como presidente de uma das seis Comissões da OAB/TO que primeiramente fomentaram os debates públicos e suscitaram o pedido de reconhecimento das inconstitucionalidades esta autora sempre entendeu que uma ação não excluía a outra dentro do sistema da OAB, podendo, assim, haver o ingresso tanto da ADI no TJTO quanto da ADPF no STF, o que importa aqui registrar é que o questionamento da inconstitucionalidade foi adiante. Até porque, em âmbito federal, por ora, a resposta do STF tem sido positiva, em caso semelhante (ADPF 461/17).

Assim, a OAB Seccional do Tocantins, sendo agente legitimada ativa no controle de constitucionalidade abstrato e devendo agir tecnicamente, sob argumentos jurídicosem 21/7/2016 pioneiramente levou ao Poder Judiciário tocantinense os anseios da sociedade palmense contrária à edição da referida MP e da sua lei de conversão, considerando, além dos importantíssimos preceitos constitucionais federais e estaduais[12] e de Tratados

12 É importante frisar-se que os municípios, pela CF/88, gozam de ampla autonomia e que, justamente pelo fato de não mais sofrerem ingerências arbitrárias dos Estado-membros da federação brasileira, uma vez que possuem a disciplina jurídico-principiológica quase que totalmente inserta na Constituição da República, há poucas questões suas que, por força desta, foram atribuídas à regulação pelas Constituições Estaduais, e.g., fusão, desmembramento de municípios etc. Por isso mesmo, somente em raras hipóteses estar-se-á diante de inconstitucionalidade de Lei Municipal em face de uma Constituição Estadual,

e Convenções Internacionais, o disposto pela sociedade de Palmas em sua primeira redação do Plano Municipal de Educação (Lei nº 2.238/16).

4.3.1. INCONSTITUCIONALIDADES EVIDENCIADAS NA ADI ESTADUAL Nº 0011990-05.2016.827.0000-2016

A ADI (TOCANTINS, 2016a, online), em sua Petição Inicial[13], de-

---

eis que, conforme foi ressaltado, a Constituição do Estado-Membro pouco ou quase nada tem a ditar, em termos de diretrizes, ao Município. Pode ocorrer, contudo, de as Constituições Estaduais também repetirem norma já constante na Constituição Federal – seja por opção do poder constituinte decorrente, seja por seu dever de repetição –, caso em que uma eventual inconstitucionalidade de Lei Municipal ofenderia tanto a Constituição Federal quanto a Constituição Estadual. Em tais casos, como o sistema de controle de constitucionalidade abstrato adotado no Brasil não admite ação direta de inconstitucionalidade de Lei Municipal em face da Constituição da República Federativa do Brasil, abre-se a possibilidade de controle de constitucionalidade da Lei Municipal por meio de jurisdição constitucional estadual, a ser exercida pelo Tribunal de Justiça do Estado-Membro. Vê-se, pois, que a defesa da Constituição Estadual visa, em última análise, à defesa da própria Constituição Federal, por garantir a melhor interpretação das normas constitucionais em todos os níveis da federação. Ganham, com isso, a unidade e a força normativa da lei maior. Portanto, é previsto o conhecimento de ADI pela Corte Estadual, mesmo que a norma constitucional estadual violada seja repetição de disposição da Constituição Federal, com fulcro no artigo 102, inciso III, da CF/88. A esse propósito, assim dispõe o art. 48, § 1º, I, da Constituição do Estado do Tocantins: "§ 1º. Compete ao Tribunal de Justiça, além de outras atribuições previstas nesta Constituição, processar e julgar, originariamente: I - a ação direta de inconstitucionalidade de lei ou ato normativo estadual ou municipal, em face da Constituição do Estado, legitimados para sua propositura as partes indicadas no artigo 103 da Constituição Federal e seus equivalentes nos municípios, e ações cautelares de qualquer natureza contra atos das autoridades que originariamente são jurisdicionadas ao Tribunal de Justiça; [...]". (TOCANTINS, 2016b).

13 Protocolada no dia 21 de julho de 2016, a Petição Inicial dessa ADI possui 46 páginas e foi acompanhada de 26 anexos, em ordem: 1) Ata de Posse do Conselho da Ordem dos Advogados do Brasil Seccional Tocantins; 2) Procuração ad judicia; 3) Ata da Audiência Pública promovida pela OAB Tocantins; 4) Lista de presença da Audiência Pública; 5) Ata da Sessão do Conselho da OAB Tocantins que discutiu e aprovou o ingresso da ADI; 6) Lei Orgânica do Município de Palmas; 7) Constituição do Estado do Tocantins; 8) Lei nº 2.238/2016 – Plano Municipal Inicial de Educação; 9) Lei nº 2.243/2016 – Plano Municipal de Educação após as reformas trazidas pela MP nº 06/2016; 10) Plano Nacional de Educação (Lei nº 13.005/2014); 11) Resposta da Procuradoria do Município aos questionamentos da OAB Tocantins sobre a MP nº 06/2016; 12) Imagens do material didático vetado nas escolas municipais de Palmas; 13) Documento-referência da Conferência Nacional de

monstrou importantes aspectos que viciam a Lei nº 2.243/16tanto pela forma quanto pelo conteúdo, razões pelas quais, ao final, pede a declaração de sua inconstitucionalidade.

No plano da inconstitucionalidade formal, verificou-se que Lei Municipal nº 2.243/16 ofende, entre outros, os artigos 1º, § 1º (regra da participação popular direta, típica e exigida para a elaboração de planos que tratem de políticas públicas, como é o caso de um PME) e 127, obrigatoriedade de contemplar o conteúdo mínimo para o ensino fundamental, que já foi fixado pela União: na LDB, no PNE, na Constituição federal, da Constituição do Estado do Tocantins[14]. Ademais, entende-se que a referida Lei violou princípios da CF/88 também repetidos na Constituição estadual, como os da participação social, da gestão democrática da educação (art. 206, VI, CF), da autonomia e da colaboração de toda a sociedade, da soberania popular e da cidadania ativa, uma vez que desconsiderou o que a sociedade assim jáhavia construído como planejamento de políticas públicas para os próximos dez anos da educação municipal de Palmas, tudo positivado na Lei nº 2.238/16. Portanto, uma Medida Provisória não é ato normativo legítimo para se sobrepor e anular o ciclo[15] de ela-

Educação para elaboração dos Planos de Educação; 14) Documento-referência para elaboração do Plano Municipal de Educação de Palmas; 15) Relatório final da I Conferência Municipal da Educação de Palmas; 16) Documento "Plano Nacional de Educação – Planejando a próxima Década – alinhando os planos de educação", redigido pelo MEC; 17-26) Sequência de nove notícias sobre o processo de atuação da OAB no assunto da lei ora enfrentada quanto às suas inconstitucionalidades. Agradece-se à advogada Nayara Gallieta, que também assinou essa Petição na qualidade de Presidente da Comissão de Direitos Humanos da OAB/TO, por ter organizado toda esta documentação anexa de forma sistematizada.

14 "Art. 1º: O Estado do Tocantins, formado pela união indissolúvel de seus Municípios, integra, com autonomia político-administrativa, a República Federativa do Brasil. § 1º: **Todo poder emana do povo**, que o exerce por meio de representantes eleitos **ou diretamente, nos termos desta e da Constituição Federal.** [...] Artigo 127: **Respeitado o conteúdo mínimo do ensino fundamental, estabelecido pela União**, o Estado fixar-lhe-á **conteúdo complementar, com o objetivo de assegurar a formação cultural** e regional". (TOCANTINS, 2016b, grifo nosso).

15 Nos primeiros ciclos de elaboração de políticas públicas deve-se ter claro

boração de políticas públicas, basicamente consistente na montagem da agenda, na formulação em si da política, na tomada de decisão, na sua implementação e consequente avaliação, atos sucessivos, que demandam tempo e ampla participação democrática, como estudos específicos a respeito indicam (HOWLETT; RAMESH, 1995), tudo isso pressupondo uma trajetória de crítica e de maturação dos problemas desde a sua formação, o que não se verifica na edição de uma Medida Provisória, instrumento centralizado, de caráter unipessoal e de rapidez extraordinária.

A Medida Provisória nº 06/16 não era dotada de seus pressupostos mínimos, pois, na qualidade de justificativa, o Poder Executivo argumentou que a **relevância** se encontrava em "não trazer ao cenário da educação básica a inclusão da temática relações de gêneros, a fim de resguardar os anseios sociais de manter o tratamento isonômico entre todos os participantes do sistema municipal de ensino"e de aplicar o conceito constitucional de família como cédula da sociedade" (PALMAS, 2016d). Ora, mesmo que fosse plausível a justificativa da relevância pelo valor que defendeu, o da família como **cédula da sociedade**, igualmente a referida norma estaria cometendo inconstitucionalidade,haja vista que a família que a Constituição Federal de 1988 consagra é plural, amparada por – e amparadora de – todas as formas de diversidades

---

o reconhecimento do problema – no presente caso, a superação de diversos problemas na educação –, o que se deu, como já se informou, na realização de oito audiências públicas com a participação da sociedade, processo no qual se formularam os temas que deveriam ganhar a atenção do Poder Público municipal de Palmas, entre eles, a consideração de uma educação baseada no respeito aos direitos humanos e à diversidade. Em um segundo momento deu-se a formulação da minuta do Plano Municipal e o seu encaminhamento à Câmara de Vereadores, destacando-se que aí houve, como sempre deve haver na elaboração de planos deste tipo, um cuidado com as alternativas políticas e com a participação ampla da sociedade no processo de formulação e decisão das políticas públicas, por ser ela a destinatária dessas políticas e que, melhor do que qualquer legislador, conhece bem os problemas dos serviços que lhe são oferecidos a partir dos impostos que paga. É a população de um dado local, portanto, a maior legitimada para levar ao conhecimento do Poder Público quais são os problemas sociais que deseja ver superados, bem como propostas para sua superação, ou pelo menos esboços disso, para os próximos anos. (BRASIL, 2014, p. 75 et seq.).

humanas.

Portanto, a **relevância** alegada não é aquela extraordinária necessária para a edição de uma Medida Provisória, até porque o que o interesse público considerou relevante ficou manifestado antes, na Lei nº 2.238/16, como expressão legítima das propostas da sociedade, condensadas no PME, e lá não havia essa vedação. Já quanto à **urgência**, o Prefeito Municipal justificou-a alegando o início do ano letivo nas escolas do Município, contudo, a minuta da MP nº 06/16 foi encaminhada à apreciação da Câmara de Vereadores em 9 de março de 2016, quando o ano letivo do sistema municipal de ensino já havia iniciado (PALMAS, 2016d), com a lei que veiculava o PME em plena vigência, surtindo todos os seus efeitos.

Estudos específicos e profundosdemonstram que a medida provisória é instrumento atípico de legislar, pelo qual um Poder, Executivo, que não possui essa função como típica exerce uma possibilidade autorizada pela Constituição, porém, por isso mesmo, sendo excepcionalidade, de modo algum é ampla ou discricionária, recebendo fortes controles e limitações (BESTER, 2002). Ainda assim, os exemplos de usos abusivos dessa espécie normativa abundam no ordenamento jurídico brasileiro. Em tese de doutoramento que mapeou minúcias desse uso abusivo, em doze anos de utilização das medidas provisórias no Brasil, conseguiu-se demonstrar inconstitucionalidades de toda a ordem, com violações de todos os princípios constitucionais reitores do Estado Democrático de Direito instituído pela Constituição federal de 1988, bem como de um número imenso de direitos fundamentais. Quanto à forma, geralmente não se observam os requisitos intrínsecos de sua possibilidade de edição, a relevância e a urgência, que devem ser cabalmente demonstradas, com motivos e justificativas densas e realmente convincentes de sua necessidade e da sua constitucionalidade (BESTER, 2002). Quando não existentes, ou não bem demonstradas a urgência e a relevância, a Medida Provisória que assim tenha sido editada,e, por consequência, a lei que a suceda pelo processo de conversão, possuem vícios que não podem ser convalidados, conforme já decidiu reiteradas vezes o STF[16]. É o caso da MP nº 06/16 eda Lei nº 2.243/16, ambas formalmente inconstitucionais, por não terem atendido aos pressupostos constitucionais exigidos.

Pior, há uma vedação específica na Constituição Federal brasileira, em relação à medida provisória, que é a impossibilidade de tal espécie normativa ser editada para versar sobre planos plurianuais (CF/88, art. 62, parágrafo 1º, I, d). Ora, o que são os Planos Nacional e Municipais de Educação se não exatamente planos feitos para vigorarem por longos anos? Portanto, estão plenamente classificados na categoria plurianuais. Assim, jamais um PME poderia ter sido objeto de uma medida provisória.

Por outro lado, as duas normas referidas são também materialmente inconstitucionais, pois, sendo a educação um direito humano e fundamental, deve ser exercido e ministrado com a estrita observância dos preceitos previstos nos textos constitucionais, do Brasil e do Estado do Tocantins, e dos Tratados e Convenções Internacionais que diretamente ao tema se refiram[17], os quais foram desrespeitados pelas proibições inseridas tanto na MP, quanto em sua lei de conversão.

Basicamente, no âmbito da Constituição Federal, prevê-se que o ensino deve ser ministrado com

16 Os pressupostos da urgência e da relevância, embora tidos como conceitos jurídicos relativamente indeterminados e fluidos, mesmo que passem, inicialmente, pela avaliação discricionária do Presidente da República, ou, por derivação, do Governador de Estado ou do Prefeito Municipal, estão sujeitos ao controle do Poder Judiciário, porque compõem a própria estrutura constitucional que disciplina as medidas provisórias, qualificando-se como requisitos legitimadores e juridicamente condicionantes do exercício, pelo chefe do Poder Executivo, da competência normativa primária que lhe foi outorgada, extraordinariamente, pela Constituição. No mesmo sentido: ADI 4.048-MC, rel. min. Gilmar Mendes, julgamento em 14-5-2008; ADI 4.049-MC, rel. min. Ayres Britto, j. em 5-11-2008; ADI 2.527-MC, rel. min. Ellen Gracie, julgamento em 16-8-2007; ADI 2.213-MC, rel. min. Celso de Mello, j. em 4-4-2002; ADI 3.090-MC, rel. min. Gilmar Mendes, j. em 11-10-2006; ADI 3.330, rel. min. Ayres Britto, j. em 3-5-2012 (BRASIL, 2015, online).

17 Como já foi adiantado em outra seção deste artigo, são referenciais normativos internacionais desta análise, principalmente: a Declaração Universal de Direitos Humanos, a Convenção Americana sobre Direitos Humanos, a Convenção sobre a Eliminação de Todas as Formas de Discriminação contra a Mulher e os Princípios de Yogyakarta.

igualdade de condições para acesso e permanência, liberdade de aprender e ensinar; pluralismo de ideias e de concepções pedagógicas, e gestão democrática (art. 206, CF); o ensino também deve ser voltado para o pleno desenvolvimento da pessoa, seu preparo para o exercício da cidadania e sua qualificação para o trabalho (art. 205, CF). Ainda, uma interpretação conjugada destes dispositivos com o art. 5º, XIII, da Constituição, indica que a liberdade profissional é atinente a todas as profissões, principalmente àquelas da educação, que formam quadros de todas as demais profissões, e, justamente por isso aos professores e professoras é permitido lecionar o conteúdo sob sua responsabilidade mediante múltiplos pontos de vista, quando houver vários reconhecidos pela Ciência. Qualquer limitação ao exercício da profissão de professor(a), à sua liberdade de cátedra, é manifestamente inconstitucional, como o faz a Lei em análise, que afronta o labor do corpo docente pelo cerceamento de tratar determinados conteúdos[18].

A partir da dignidade da pessoa humana, fundamento da República, e do princípio da igualdade, impõe-se o respeito amplo à diversidade na escola, devendo, por isso, considerarem-se as mais diversas formas de famílias que se utilizam daquele serviço público educacional, bem como as individualidades dos(as) alunos(as) que convivem em tal *locus*. Aliás, a escola é, por todas as normas que já foram demonstradas aqui,espaço privilegiado para tratar da superação das inúmeras formas de desigualdades existentes no seio da população brasileira (art. 5º, caput, CF), dentre elas a de gênero.

As diretrizes que a Constituição Federal fixou, e que as Constituições Estaduais repetiram, também foram reafirmadas no Plano Nacional de Educação, que estabelece orientações para todos os demais Planos. Nesta perspec-

18 Deve-se observar também o que diz a Lei de Diretrizes Básicas da Educação (LDB), nº 9.394/96, que estabelece no art. 2º ser dever da família e do Estado a educação para o exercício da cidadania, e no art. 3º que o ensino será ministrado com base, entre outros princípios: "I- igualdade de condições para acesso e permanência na escola; II- liberdade de aprender ensinar, pesquisar e divulgar a cultura, o pensamento, a arte e o saber; III- pluralismo de ideias e concepções pedagógicas; IV- respeito à liberdade e apreço à tolerância". (BRASIL, 1996).

tiva, debater gênero e diversidade nas escolas é uma política de direitos humanos voltada à superação das desigualdades não só no âmbito escolar, mas também em todos os demais aspectose locais da vida, compatível com o princípio da vedação ao retrocesso, a cidadania e a democracia.Destaca-se que o Ministério da Educação e Cultura integrou a orientação sexual nos Parâmetros Curriculares Nacionais, por meio da transversalidade, adotando tal conteúdo em diversos temas da educação e do ensino, não só no âmbito da Biologia (BRASIL, 2014, p. 41).

Ademais, no Estado Democrático de Direito brasileiro é objetivo fundamental da República promover o bem de todos, independente de quaisquer características que impeçam o livre exercício das personalidades, por isso mesmo é que o direito à igualdade e o respeito ao ser humano em sua integralidade preponderam em uma ordem constitucional que busque a justiça substancial. Este é mais um feixe de argumentos que demonstram o quanto a Lei 2.243/16 é manifestamente inconstitucional também sob a ótica material.

No quadro normativo universal de direitos humanos, a Organização das Nações Unidas para a Educação, a Ciência e a Cultura (UNESCO), no Brasil, diante dos recentes fatos[19] ligados à violência sexual no País reafirmou, em 7/6/16, seu compromisso com a garantia dos direitos das mulheres e da população de lésbicas, gays, bissexuais, travestis e transexuais(LGBT), posicionando-se de forma contrária a toda forma de discriminação e violação dos diretos humanos **em qualquer circunstância e, em especial, em espaços educativos**. Para a Organização, aprofundar o debate "sobre sexualidade e gênero contribui para uma educação mais inclusiva, equitativa e de qualidade, não restando dúvida sobre a necessidade de a legislação brasileira e os planos de educação incorporarem perspectivas de educação em sexualidade e gênero". Em comunicado oficial, afirmou que "a eliminação das desigualdades de gênero é determinante para a construção de uma sociedade inclusiva e equitativa", assim como que "to-

19 Alguns destes casos foram comentados em outro texto desta autora (BESTER, 2016).

dos os estudantes têm o direito de viver e aprender em um ambiente livre de discriminação e violência. Com educação e diálogo é possível prevenir a violência de gênero". (UNESCO..., 2016).

Neste sentido também seguiu a manifestação do Ministro Luís Roberto Barroso em decisão sobre norma de conteúdo similar, no caso do Município de Guarapuava, Estado do Paraná:

> Por óbvio, tratar de tais temas não implica pretender influenciar os alunos, praticar doutrinação sobre o assunto ou introduzir práticas sexuais. Significa ajudá-los a compreender a sexualidade e protegê-los contra a discriminação e a violência [...]. Impedir a alusão aos termos gênero e orientação sexual na escola significa conferir invisibilidade a tais questões. [...] Significa valer-se do aparato estatal para impedir a superação da exclusão social e, portanto, para perpetuar a discriminação. (apudMARIZ; BRÍGIDO, 2017).

Após o relatado processo democrático participativo na Audiência Pública ocorrida em abril de 2016, a elaboração do Parecer Técnico Conjunto pelas seis Comissões Temáticas e a aprovação pelo Conselho Seccional, a OAB/TO ingressou[20] com a ADI nº 0011990-05.2016.827.0000/16 (TOCANTINS, 2016a, online), em julho, cuja tramitação segue no Tribunal de Justiça do Estado.

O ajuizamento da ADI amparou-se, ainda, no entendimento de que o controle jurisdicional de políticas públicas possa e deva ser exercido pelo Poder Judiciário, não afetando com isso o princípio da separação dos poderes, eis que se o faz objetivando compatibilizar tais políticas com os deveres de concretização dos objetivos fundamentais da República (art. 3º, CF), e de diversos princípios e direitos

---

20 A legitimidade para o ingresso de Ações Diretas de Inconstitucionalidade pela Ordem dos Advogados do Brasil está prevista em dispositivos constitucionais federais: o art. 133 consagra que o advogado é indispensável à administração da Justiça; o art. 103, VII, atribui legitimidade ao Conselho Federal para ingresso de ADI (cuja interpretação, pelo princípio da simetria, contempla, no texto da Constituição do Estado do Tocantins a mesma competência ao Conselho Seccional da OAB/TO, em seu art. 48, parágrafo 1º, I). No plano infraconstitucional, o art. 44, I, do Estatuto da Advocacia (Lei nº 8.096/94) estabelece que este órgão de classe deve defender a Constituição, a ordem jurídica do Estado democrático de direito, os direitos humanos, a justiça social, e pugnar pela boa aplicação das leis, pela rápida administração da Justiça e pelo aperfeiçoamento da cultura e das instituições jurídicas.

fundamentais, como os já elencados acima. O princípio da separação dos poderes implica vedação de interferência recíproca no exercício das funções do Estado, o que não se verificano presente caso, pois, conforme Grinover, os limites a esse tipo de controle devem ser eventuais restrições à garantia do mínimo existencial, no sentido orçamentário-financeiro (com relação ao tempo para planejamento da política pública), a razoabilidade da pretensão individual ou social deduzida, e, o que se vê neste caso, quanto ao aspecto formal da norma, a irrazoabilidade da escolha "da lei" ou do agente público. (2013, p. 149).

Por fim, não como fundamento direto, mas como substrato do fato em si de agir, na proposição da ADI em comento, para além do solidarismo instrumental, paira uma concepção de fraternidade que permite ligar todos os pontos tratados neste artigo, sendo válido ressaltá-la:

> Por fraternidade entende-se o princípio no qual **o ser humano, de forma individual, consciente e livre, é capaz de superar o medo do outro, da convivência e da diferença, e passar a cooperar com o outro, visando de forma espontânea estabelecer relações socioculturais e individuais mais justas, equilibradas e harmônicas.** A fraternidade é um princípio que tem, por diversos motivos [...], sido esquecida e negligenciada pelas reflexões e análises produzidas em vários setores das ciências humanas. No entanto, **num contexto de crescente violência e de desconfiança entre os cidadãos, num ambiente social onde é implantada uma cultura de medo, a fraternidade é um princípio básico e gratuito, que pode ser convocado para de alguma forma, restabelecer os laços de convivência social e, assim, evitar a violência e a barbárie.** (SANTOS, 2015, p. 22, grifo nosso).

O medo e a ojeriza ao outro e à outra, que sejam diferentes, e de com eles e elas conviver, com respeito mútuo, não podem ser maiores do que os objetivos e fundamentos que, em contrato social, fundaram o Estado de Direito Social e Democrático que rege toda a coletividade brasileira. Por isso mesmo, precisam ser vencidos, superados.

4.3.2. ADI Nº 0011990-05.2016.827.0000-2016/TJTO COMO GÊNESE DA ADPF Nº 465-2017/STF

Vários dos argumentos e das teses constantes da ADI nº 0011990-05.2016.827.0000/16-TJTO, pioneiramente ajuizada pelo Conselho Seccional da OAB do

Tocantins no Tribunal de Justiça do seu Estado, foram, quase um ano depois, trabalhados ou retrabalhados, juntamente com algumas novas abordagens argumentativas, pelo Ministério Público Federal, na peça inicial da Arguição de Descumprimento de Preceito Fundamental nº 465, ajuizada pelo Procurador-Geral da República, Rodrigo Janot, no Supremo Tribunal Federal, em 22 de junho de 2017. Assim sendo, não é exagero dizer que a ADI da OAB/TO esteja na gênese dessa ADPF 465.

Quanto a esta temática, de meados de 2017 até agora a Procuradoria-Geral da República já ajuizou no Supremo Tribunal Federal sete ações contra leis municipais que proibiram diretrizes, políticas educacionais ou conteúdos de ensino sobre diversidade de gênero e de orientação sexual, sendo elas as Arguições de Descumprimento de Preceitos Fundamentais (ADPFs) números 457, 460, 461, 462, 465, 466 e 467. Em 19/6/17, decisão liminar do Ministro Luís Roberto Barroso, proferida na ADPF 461, cuja petição inicial deu entrada no STF em 6/6/17, suspendeu os efeitos da Lei Municipal de Guarapuava/PR, similar à norma municipal de Palmas/TO, que deu origem à ADI estadual aqui estudada, e à ADPF nº 465. Em sua decisão o Ministro Barroso frisou que a norma da cidade paranaense "é inconstitucional porque somente a União teria competência para legislar sobre diretrizes educacionais e normas gerais de ensino. Mas também pelo fato de, **ao impedir o acesso a conteúdos sobre uma dimensão fundamental da experiência humana e para a vida em sociedade, viola o princípio constitucional da proteção integral da criança e do adolescente. ´Não tratar de gênero e de orientação sexual no âmbito do ensino não suprime o gênero e a orientação sexual da experiência humana, apenas contribui para a desinformação das crianças e dos jovens a respeito de tais temas, para a perpetuação de estigmas e do sofrimento que deles decorre`**". (apudMARIZ; BRÍGIDO, 2017, grifo nosso).

Em suas petições dessas ADPF´s, Rodrigo Janotafirmou que as normas questionadas, "ao proibirem qualquer abordagem de temas ligados à sexualidade pelas políticas de ensino, reafirmam uma inexistente equivalência entre sexo e gênero e ignoram quaisquer realidades distintas da orientação sexual heteroafetiva" (STF..., 2017), contrariando, pois, dispositivos da Constituição Federal de 1988 e assim devendo ser declaradas inconstitucionais.

5. CONSIDERAÇÕES FINAIS

A cada impedimento da palavra, a cada cerceamento do exercício das liberdades constitucionais responsáveis, a cada proibição de vivência das próprias identidades – diversas e ricas em suas pluralidades –, a cada exclusão social e do sistema formal de ensino, as sociedades contemporâneas vão enfraquecendo os laços de fraternidade e de solidariedade que deveriam, ao contrário, reforçar o humanismo, inclusive o jurídico, pautado primeiramente pelo princípio da dignidade humana, de consolidada riqueza polissêmica.

Sempre que visões de mundo, enquanto ideologias, imperarem com a força de um pensamento único, fundamentalista e arrebatador das demais visões, cresce o individualismo em detrimento do coletivismo e do pluralismo, sendo então também sempre necessário o resgate justamente dos ideais de fraternidade e de solidariedade, na busca de formas mais humanas, inclusivas, coletivas e justas de enfrentamento das desigualdades, sejam elas sociais, regionais, ambientais ou pessoais. A exclusão e a opressão, catapultadas pelos preconceitos, pelas discriminações, pelos estigmas, pelos ódios aos seres humanos diferentes, de que são exemplos misoginias e homofobias, encontram uma possibilidade de serem superadas quando verdadeiramente se experimentarem vínculos fraternos e solidários – lembrando que a amizade enquanto qualidade política é identificada com a fraternidade, aliás, vindo a traduzi-la de forma singular, segundo as lições aristotélicas –, pois as trocas de conhecimentos e as aprendizagens que ali são geradas possuem poder de reumanização das relações interpessoais, ressignificando habilidades, olhares, posturas, visões do outro, de vida e de mundo. As escolas são um espaço privilegiado para que esses círculos transformadores evolutivos aconteçam. Por isso devem seguir sendo lugares plurais, inclusivos, de formação ampliada para a cidadania ativa, para a vivência ética, sustentável, respeitosa, onde a concórdia em prol de uma sociedade mais justa, mais livre e mais solidária possa prevalecer, apesar de, e, sobretudo pelo fato de, existirem diversidades. Sociedades inclusivas, primeiramente, precisam de pessoas conscientes, éticas e imbuídas de valores solidários e fraternos, reconhecedores de si mesmas e das demais como sujeitos dignos, conhecedores de seus direitos e de seus deveres fundamentais, que lutem contra as injustiças e não compactuem com qualquer violação aos direitos humanos, que sejam respeitadoras e valorizadoras das diferenças, tanto de gênero, de raça, de cor, de classe social, de identidade, de culturas, e outras mais, interpretando tudo isso como fonte de enriquecimento humano, e não de seu empobrecimento.

Com estas compreensões entrelaçadas, aplicando interpretação sistemática, constitucional e de convencionalidade, neste artigo fez-se um breve estudo de caso tendo como substrato de análise a espécie normativa editada pelo Prefeito do Município de Palmas, em março deste ano (MP nº 6/16), proibindo a discussão de qualquer temática de gênero, e o uso de material didático correspondente, no sistema público de ensino, alterando, para tanto, por norma de tipo unipessoal e excepcional, o Plano Municipal de Educação, de construção demorada, participativa e dialogada. Com uma Câmara de Vereadores de perfil totalmente masculino – nãohavia, naquela legislatura, uma só mulher edil – conservador e religioso, tal Medida Provisória foi rapidamente convertida em Lei (nº 2.243, de 23/3/16), tornando-se, aos olhos vigilantes dos hermeneutas jurídicos mais atentos, objeto de questionamentos quanto a várias inconstitucionalidades.

A Prefeitura Municipal de Palmas (TO), assim como as dos Municípios de Novo Gama (GO), de Paranaguá (PR), de Cascavel (PR), de Blumenau (SC), de Tubarão (SC) e de Ipatinga (MG), incursionou em um perigoso caminho de ataques à Constituição, via legislações criadas para vetar determinados conteúdos escolares, cujo resultado, facilmente previsível, vem a ser a reprodução de discriminações e, em seu rescaldo, de mais violências contra crianças e jovens homossexuais e transgêneros, além da mais típica violência de gênero, aquela secularmente direcionada contra o universo humano feminino. Neste artigo pretendeu-se mostrar que, para além da gravidade disso ser feito no âmbito do sistema educacional, grave também é usar-se o aparato público para isso.

Finalmente, tanto a ADI em curso, estudada neste texto, como o ato em si da escrita deste artigo, fazem parte de uma postura ativa fraterna e solidária, na perspectiva de qualidades políticas dirigidas à ação, de dentro do Direito em direção à Educação, e desta para um universo de pessoas formado por professores e professoras, por alunos e alunas, e pelos pais e mães destes e destas, no intuito de, sobretudo, guarnecer e defender a efetividade de direitos humanos e fundamentais arduamente conquistados historicamente, mas cujas existências seguem sendo ameaçadas aqui e acolá, de tempos em tempos. Como se demonstrou neste texto, há abundantes argumentos jurídicos e filosóficos, teórico-doutrinários e normativos, assim como jurisprudenciais, a justificar que a afirmação da igualdade material, da identidade e da liberdade das pessoasdeve prevalecer sobre a proibição da discussão da diversidade humana de gênero e da identidade sexual nos sistemas públicos escolares dos municípios brasileiros.

REFERÊNCIAS

AQUINI, Marco. Fraternidade e direitos humanos. In: CASO, Giovanni et al. (org.).**Direito e fraternidade.** São Paulo:LTr, 2008, p. 39-45.

ARENDT, Hannah. **A dignidade da política**: ensaios e conferências. Rio de Janeiro: Relume-Dumará, 1993.

ARISTÓTELES. **Ética a Nicômacos**, 3. ed. Brasília: UnB, 1999.

______. **Ética a Nicômacos**. São Paulo: Martin Claret, 2006.

BAGGIO, Antônio Maria. A ideia de fraternidade em duas Revoluções: Paris 1789 e Haiti 1791. In: ______ (org.). **O princípio esquecido.** Vargem Grande Paulista (SP): Cidade Nova, 2008.v. 1, p. 7-55.

______. A inteligência fraterna. Democracia e participação na era dos fragmentos. In: ______. (org.). **O princípio esquecido.** Vargem Grande Paulista (SP): Cidade Nova, 2009. v. 2, p. 85-130.

BESTER, Gisela Maria. **Gênero, Criminologia Crítica e Vitimologia:** uma tríade privilegiada para olhar a misógina e patriarcal violência contra as mulheres no Brasil a partir do

Direito e da Educação. Disponível em: <https://goo.gl/p4v67M>. Acesso em: 8 set. 2016.

_______. Cultura da paz, justiça restaurativa e humanismo com vistas ao resgate psíquico da vítima e ao não encarceramento: ainda uma ode à busca da paz social com dignidade – cuidando do antes para evitar o durante e o depois tradicional. **Revista do Instituto do Direito Brasileiro**, Lisboa, ano 2, n. 7, p. 6375-6433, 2013. Disponível em: <https://goo.gl/6KypGm>. Acesso em: 8 out. 2013.

_______..**Direitos políticos das mulheres brasileiras**: aspectos históricos da luta sufrágica e algumas conquistas políticas posteriores. 1996. 183f. Dissertação (Mestrado em Direito)-Universidade Federal de Santa Catarina, Florianópolis, 1996.

_______.**O uso das medidas provisórias no Estado Democrático de Direito brasileiro**: análise crítica à luz do Direito Constitucional contemporâneo.2002. 513f. Tese (Doutorado em Direito)- Universidade Federal de Santa Catarina, Florianópolis, 2002.

BIROLI, Flávia. Gênero e família em uma sociedade justa. In: ______; MIGUEL, Luis Felipe (org.). **Teoria política e feminismo**: abordagens brasileiras. Vinhedo (SP): Horizonte, 2012, p. 211-242.

BOBBIO, Norberto. **A era dos direitos**. Rio de Janeiro: Campus, 1992.

BORGES, Zulmira et al. Patriarcado, heteronormatividade e misoginia em debate: pontos e contrapontos para o combate à homofobia nas escolas. **Latitude**, Alagoas, v. 7, n. 1, p. 61-76, 2013.

BRASIL. Comitê Nacional de Educação em Direitos Humanos. **Plano Nacional de Educação em Direitos Humanos.** Brasília: Secretaria Especial dos DireitosHumanos, Ministério da Educação, Ministério da Justiça, UNESCO, 2007. Disponível em: <https://goo.gl/G5i3CW>. Acesso em: 20 ago. 2016.

______. Constituição (1988). **Diário Oficial [da] República Federativa do Brasil**, Poder Executivo, Brasília, DF, 5 out. 1988. Disponível em: <https://goo.gl/7tkzue>. Acesso em: 21 ago. 2016.

______. Decreto nº 4.228, de 13 de maio de 2002. Institui, no âmbito da Administração Pública Federal, o Programa Nacional de Ações Afirmativas e dá outras providências. **Diário Oficial [da] República Federativa do Brasil**, Poder Executivo, Brasília, DF, 14 maio 2002. Disponível em: <https://goo.gl/GXpshk>. Acesso em: 2 ago. 2016.

______. Lei nº 9.394, de 20 de dezembro de 1996.Estabelece as diretrizes e bases da educação nacional. **Diário Oficial [da] República Federativa do Brasil**, Poder Executivo, Brasília, DF, 23 dez. 1996. Disponível em: <https://goo.gl/CNMgeJ>. Acesso em: 21 ago. 2016.

______. Lei nº 13.005, de 25 de junho de 2014a. Aprova o Plano Nacional de Educação – PNE e dá outras providências. **Diário Oficial [da] República Federativa do Brasil**, Poder Executivo, Brasília, DF, 26 jun 2014, edição extra. Disponível em: <https://goo.gl/JdmVe9>. Acesso em: 22 ago. 2016.

______. Ministério da Educação. **Planejando a próxima década**: alinhando os Planos de Educação. [2009]. Disponível em: <https://goo.gl/kDrVUW>. Acesso em: 8 ago. 2016.

______. ______. **Documento norteador para elaboração de Plano Municipal de Educação – PME.** Brasília: Secretaria de Educação Básica, 2005.

______. **O PNE na articulação do Sistema Nacional de Educação**: participação popular, cooperação federativa e regime de colaboração. Brasília: CONAE, 2014b.

______. Secretaria de Educação Fundamental. **Parâmetros curriculares nacionais**: introdução aos parâmetros curriculares nacionais. Brasília: MEC/SEF, 1997.

______. Supremo Tribunal Federal. **A Constituição e o Supremo – Legislação anotada.** Brasília: STF, 2011. Disponível em: <https://goo.gl/BhpS1Q>. Acesso em: 4 abr. 2015.

______. ______. STF recebe mais ações contra leis que proíbem ensino sobre gênero e orientação sexual.**Supremo Tribunal Federal**, Brasília, 22 jun. 2017. Notícias STF. Disponível em: <https://goo.gl/nbJjsZ>. Acesso em: 23 jun. 2017.

______. Tribunal de Justiça do Estado de Tocantins. Ação Direta de Inconstitucionalidadenº 0011990-05.2016.827.0000. Relator: Des. Marco Villas Boas. Palmas, 6 de outubro de 2016. OAB/TO, 21 jul. 2016a. **Diário de Justiça TJTO**: 15 fev. 2017. Disponível em: <https://goo.gl/DHrrA2>. Acesso em: 2 ago. 2016.

BUONOMO, Vincenzo. Vínculos relacionais e modelo de fraternidade no Direito da Comunidade Internacional. In: BAGGIO, Antônio Maria (org.). **O princípio esquecido.** Vargem Grande Paulista (SP): Cidade Nova, 2009. v. 2, p. 151-173.

CARDOSO, Alenilton da Silva. **Princípio da solidariedade**: o paradigma ético do Direito contemporâneo. São Paulo: Juarez de Oliveira, 2010.

CERQUEIRA,Daniel et al.**Atlas da violência 2017**. Rio de Janeiro: IPEA/ Fórum Brasileiro de Segurança Pública, 2017.

CHAUÍ, Marilena. Participando do debate sobre mulher e violência. In: FRANCHETTO, Bruna; CAVALCANTI, Maria Laura V. C.; HEILBORN, Maria Luiza (org.). **Perspectivas Antropológicas da Mulher**. São Paulo: Zahar, 1985. v. 4, p. 25-62.

FARIAS, José Fernando de Castro. **A origem do direito de solidariedade**. Rio de Janeiro: Renovar, 1998.

FERRER, Gabriel Real. Calidad de vida, médio ambiente, sostenibilidad y ciudadanía ¿construimos juntos el futuro? **Novos Estudos Jurídicos**, [S.l.], v. 17, n. 3, dez. 2012. Disponível em: <https://goo.gl/G7zT4r>. Acesso em: 2 ago. 2016.

GLORIA, Fausto. Fraternidade e Direito:algumas reflexões. In: CASO, Giovanni et al. (org.).**Direito e fraternidade.** São Paulo:LTr, 2008.

GRINOVER, Ada Pellegrini. O controle jurisdicional de políticas públicas. In: _____; WATANABE, Kazuo (coord.). **O controle jurisdicional de políticas públicas**,2. ed. Rio de Janeiro: Forense, 2013. p. 125-151.

HOWLETT, M; RAMESH, M. **Studying public policy.**Oxford (ING): Oxford University Press, 1995.

IGHINA, Domingo. "Unidos ou dominados". Sobre uma leitura da fraternidade em função latino-americana. In: BAGGIO, Antônio Maria (org.). **O princípio esquecido.** Vargem Grande Paulista (SP): Cidade Nova, 2009. v. 2, p. 33-42.

KANT, Immanuel. **Fundamentação da metafísica dos costumes**. Lisboa (POR): Edições 70, 1997.

MARIZ, Renata; BRÍGIDO, Carolina. STF suspende lei que proibia ensino sobre gênero nas escolas do Paraná. **O Globo**, Rio de Janeiro, 19 jun. 2017. Disponível em: <https://goo.gl/HDgVmT>. Acesso em: 7 jul. 2017.

MORAES, Maria Celina Bodin de. **O Princípio da Solidariedade**. [2015]. Disponível em: <https://goo.gl/fzkmk1>. Acesso em: 9 ago. 2016.

MORIN, Edgard. **La vía para el futuro de la humanidad**. Barcelona (ESP): Paidós, 2011.

OAS. **Convenção Americana sobre Direitos Humanos**. San José (CRC), 22 nov. 1969.Disponível em: <https://goo.gl/BeZDYg>. Acesso em: 20 ago. 2016.

ONU. **Declaração Universal dos Direitos Humanos**. [10 dez. 1948]. Disponível em:<https://goo.gl/nkgw6n>. Acesso em: 2 ago. 2016.

_____. Discriminação contra as mulheres: a Convenção e o Comitê. **Ficha Informativa**, n. 22, 1995/2004. Disponível em: <https://goo.gl/9EVR4v>. Acesso em: 3 ago. 2016.

PALMAS (Tocantins). Câmara Municipal de Palmas. Lei nº 2.238, de 19 de janeiro de 2016a.Institui o Plano Municipal de Educação de Palmas e dá outras providências. **Diário Oficial do Estado de Tocantins**, Poder Executivo, Palmas, TO: 19 jan. 2016.

_____.Câmara Municipal de Palmas. Lei nº 2.243, de 23 de março de 2016b. Altera o Anexo Único à Lei nº 2.238, de 19 de janeiro de 2016, na Meta 5, as redações das estratégias 5.24 e 5.26. **Diário Oficial do Estado de Tocantins**, Poder Executivo, Palmas, TO:24 mar. 2016.

_____. Prefeitura Municipal.**Plano Municipal de Educação – PME:** documentos relativos à construção do Plano Municipal de Educação.

Disponível em: <https://goo.gl/EgbKnT>. Acesso em: 20 ago. 2016c.

______.Secretaria de Governo e Relações Institucionais. **Justificativa para a Medida Provisória nº 06/2016.** Processo nº 201.017486. Palmas: mimeo, 2016d.

PATTO, Pero Vaz. A execução da pena no horizonte da fraternidade. In: CASO, Giovanni et al. (coord.). **Direito e fraternidade**. São Paulo: LTr, 2008. p. 47-52.

PEZZIMENTI, Rocco. Fraternidade: o porquê de um eclipse. In: BAGGIO, A. M. (org.). **O princípio esquecido.** Vargem Grande Paulista (SP): Cidade Nova, 2008.v. 1, p. 57-76.

PIMENTEL, Sílvia. **Experiências e Desafios**: Comitê sobre a Eliminação de todas as Formas de Discriminação contra a Mulher (CEDAW/ONU) – Relatório de minha participação. Brasília: Secretaria Especial de Políticas para as Mulheres, 2008. Disponível em: <https://goo.gl/tYE6mm>. Acesso em: 20 ago. 2016.

PRINCÍPIOS DE YOGYAKARTA – **Princípios sobre a aplicação da legislação internacional de direitos humanos em relação à orientação sexual e identidade de gênero.** 2007. Disponível em: <https://goo.gl/xCm597>. Acesso em: 2 ago. 2016.

RESTA, Elídio. **Il Diritto Fraterno**. Roma-Bari (ITA): Laterza, 2011.

SANTOS, Cecília MacDowell; IZUMINO, Vânia Pasinato. **Violência contra as mulheres e violência de gênero**: notas sobre estudos feministas no Brasil. [2005]. Disponível em: <https://goo.gl/o37dcd>. Acesso em: 12 jul. 2016.

SANTOS, Ivanaldo. Ensino religioso e educação ambiental: fraternidade em ação. In: MONASSA, Clarissa C. Sanches; POZZOLI, Lafayette; LACERDA, Luana (org.). **Fraternidade e sustentabilidade no Direito**. Curitiba: Instituto Memória, 2015. p. 13-27.

SAVAGNONE, Giuseppe. Fraternidade e comunicação, com especial referência à comunicação jornalística. In: BAGGIO, Antônio Maria (org.). **O princípio esquecido.** Vargem Grande Paulista (SP): Cidade Nova, 2009. v. 2, p. 195-248.

TOCANTINS (Estado).Constituição do Estado do Tocantins. Com as alterações adotadas pelas Emendas Constitucionais de 01/98 a 29/16. **Diário Oficial do Estado de Tocantins,** Poder Executivo, Palmas, TO: 5 out. 1989. Disponível em: <http://www2.sefaz.to.gov.br/servicos/legislacao/const.htm>. Acesso em: 6 ago. 2016b.

TOSI, Giuseppe. A fraternidade é uma categoria política? In: BAGGIO, Antônio Maria (org.). **O princípio esquecido.** Vargem Grande Paulista (SP): Cidade Nova, 2009. v. 2, p. 43-64.

UNESCO. Unescodefende educação sexual e de gênero nas escolas para prevenir violência contra mulheres. **Unesco,** 10 jun. 2016. Direitos Humanos. Disponível em: <https://goo.gl/gbKn7Z>.Acesso em: 8 jun. 2016.

PARTICIPAÇÃO POPULAR E CIDADANIA

PAULO LOPO

SUMÁRIO: **1.** Introdução. **2.** Do sistema Representativo para o sistema Participativo. **3.** O artigo 14 da Constituição federal de 1988 - Breve histórico. **4.** A colaboração do Profº Dr. José Afonso da Silva. **5.** A continuidade da luta pela Democracia Brasileira. 6 Conclusão.

1. INTRODUÇÃO

A complexidade da sociedade moderna exige novas formas de participação política.

As velhas fórmulas liberais-burguesas vão perdendo sua validade, obrigando a que os processos de participação tenham um novo conteúdo político.

O regime democrático caracteriza-se, sobretudo, pela permanente intervenção popular, que se concretiza através dos instrumentos participativos, quer na elaboração da Constituição e das leis, quer na decisão dos magnos problemas nacionais.

A chamada democracia semidireta, em que se alternam a representação congressual e a participação popular, vige nas democracias ocidentais, numa demonstração inequívoca de que é possível conciliar o poder das casas legislativas com a manifestação direta da vontade popular.

Há muito tempo, os países europeus consagram nos seus textos constitucionais, os instrumentos alternativos da representação política; como o plebiscito, o *referendum* popular, o veto popular, a iniciativa, a revogação do mandato do parlamentar inidôneo, além de outros meios mais dinâmicos de aferição da opinião pública.

Na Itália, essa prática já vem sendo feita, com resultados altamente satisfatórios.

Temas polêmicos, para cujo deslinde se torna impotente a decisão do executivo e do legislativo, são levados à apreciação popular, que de modo direto e pessoal, atua, confirmando, assim, a possibilidade de ação representativa do povo mais o Congresso Nacional.

Na França, a Constituição de 1958, que se encontra em plena

vigência, adota esses institutos de participação popular, que se adequam às declarações dos direitos do homem e do cidadão.

O General Charles de Gaulle, inegavelmente, o fundador da nova democracia francesa, submeteu o governo a um referendo popular e por ele foi destituído do cargo de Presidente da República.

A estrutura do poder, na França, compatibiliza o sistema de gabinete com a eleição direta para a Presidência da República.

No mesmo plano, concilia a representação legislativa com a audiência popular, sempre que o julgamento das questões fundamentais extrapole da competência dos órgãos da representação política.

2. DO SISTEMA REPRESENTATIVO PARA O SISTEMA PARTICIPATIVO[1]

A tradição Brasileira e os Meios de Participação Popular.

A representação política, no Brasil, tem passado por algumas reformas, mas nunca realizou o ideal da participação popular, no processo eleitoral.

No Império, tivemos o voto censitário, liberal, que apresentava critérios mais econômicos que políticos.

Houve avanços, como a chamada Lei Saraiva, que instalou o voto direto, retirando das paróquias o integral poder de mando.

Na República Velha, predominou o voto de curral, ou seja, o voto a descoberto, o voto **a bico de pena**, que materializava a vontade dos velhos coronéis e confirmava a conhecida **política dos governadores**.

Com a Revolução de 1930, tivemos o advento do voto secreto, que conferiu autenticidade e lisura à manifestação do povo.

A Constituição de 1934 trouxe um sentido social para o Estado brasileiro, devolvendo ao povo suas prerrogativas eleitorais.

A Carta de 1937, centralizadora e despótica, alijou o povo de qualquer tipo de participação política, embora tivesse, num de seus dispositivos, fixado o plebiscito.

A Constituição de 1946, democrática e consentânea com a re-

1 SARAIVA, Paulo Lopo. A cidadania e os instrumentos alternativos de representação política. In: DINIZ, José Janguiê Bezerra (coord.). **Direito Constitucional**. Brasília: Consulex, 1998, p. 260.

alidade nacional, reabriu o processo de participação, mas o fez nos moldes da democracia indireta.

A Constituição de 1967 e a Emenda nº 01/69, mantiveram os critérios tradicionais de avaliação da vontade do povo.

A Constituição do Brasil, de 1988 consagrou a participação do povo, fora do período eleitoral, através dos institutos da democracia semidireta: Plebiscito, referendo e iniciativa popular.

A representação e o exercício da participação popular, na vida política contemporânea, são elementos indissociáveis.

3. O ARTIGO 14 DA CONSTITUIÇÃO FEDERAL DE 1988 – BREVE HISTÓRICO

O Professor Paulo Bonavides[2] destaca a importância da positivação do artigo 14 da CFB/88:

> O art. 14 da Constituição de 1988 constitui parte da espinha-dorsal de nosso sistema de organização política, que assenta sobre duas dimensões: uma representativa, a única de funcionamento normal desde a promulgação da lei Maior, há cerca de uma década; outra, democrática direta; ambas positivamente previstas e expressas no art. 1º do Estatuto Fundamental da República Federativa do Brasil. A última ficou, conforme já exaustivamente patenteamos, sujeita ao bloqueio da reserva legal do sobredito art. 14, reserva que tem sido o instrumento das elites conservadoras, temerosas do governo popular direto, para refrear a expansão de uma presença mais ativa e imediata do corpo da cidadania na formação da vontade governativa.

Vejamos a seguir as origens dos institutos da democracia semidireta no sistema constitucional brasileiro, excelentemente retratadas pelo constitucionalista Paulo Lopo Saraiva que, tomando parte ativa nos trabalhos de assessoria aos constituintes de 1987-1988, foi testemunha da batalha política ferida nos bastidores do colégio da soberania nacional para aprovar aquele dispositivo:

'O art. 14 da vigente Constituição representa uma grande vitória popular sobre a elite conservadora nacional.

Por esse dispositivo, consagrou-se a soberania popular, através do plebiscito, do referendo e da iniciativa popular, institutos da democracia semidireta, na sábia lição de Paulo Bonavides.

A emenda inicial, por nós elaborada, quando Assessor Parlamentar constituinte, contemplava, de igual modo,

2 BONAVIDES, Paulo. **Teoria Constitucional da Democracia Participativa.** 3. ed. São Paulo: Malheiros, 2003, p. 117.

o veto popular. Mas o então relator-geral houve por bem (ou mal) suprimir o veto popular.

A inserção dos mecanismos de participação popular foi uma vitória das forças progressistas contra o malsinado Centrão.

É Este o comentário de João Gilberto Lucas Coelho, atual vice-Governador do Rio Grande do Sul, e Antonio Carlos Nantes de Oliveira, sobre a votação n. 149, na Assembléia Nacional Constituinte. Dizem eles: 'O Centrão tentou derrubar a soberania popular conquistada na fase das subcomissões. Uma emenda do senador Lavoisier Maia resolveu a questão e permitiu a aprovação da matéria em primeiro turno, nos seguintes termos: 'A soberania popular será exercida pelo plebiscito, pela iniciativa popular, pelo veto popular e pelo referendo, conforme dispuser a lei'. Em Plenário, presentes 461 constituintes, 370 (78%) votaram sim, 89 não e houve 12 abstenções. Fechadas com o sim votaram as bancadas do PC do B, do PCB, do PDT e do PMDB, do PSB e do PT; os dois constituintes sem partido votaram sim; por maioria dos demais partidos, inclusive PSD e PFL, aprovaram a emenda' (in A Nova Constituição, INESC, Ed. Revan, p. 92).

A nossa luta pela aprovação da emenda foi intensa, de vez que o Centrão reunia grande força no seio da Constituinte.

Agora, devemos nos mobilizar para que o povo faça o exercício desses salutares institutos, a fim de que haja participação direta no processo político-eleitoral.

4. A COLABORAÇÃO DO PROFESSOR-DOUTOR JOSÉ AFONSO DA SILVA.

A inserção do artigo 14 da CFB/88 deve-se muito à colaboração do homenageado desta obra.

Tal contribuição foi possível pela sua condição de Assessor Especial da Comissão de Redação da Assembleia Nacional Constituinte.

O Centrão tentou impedir a aprovação da Emenda nº 139, de autoria do Senador Lavoisier Maia, que tratava da soberania popular, mas os progressistas, com o apoio do Profº José Afonso da Silva aprovaram a referida emenda com 370 votos favoráveis.

Mais uma vez o professor José Afonso da Silva merece os nossos encômios pelo seu humanismo em nos legar uma conquista tão grandiosa para a cidadania brasileira.

5. CONCLUSÃO

Como afirmei em texto pretérito: "não basta que o texto constitucional enuncie essas conquistas. É preciso efetivá-las, por meio do seu exercício democrático".

REFERÊNCIAS

BONAVIDES, Paulo. **Teoria Constitucional da Democracia Participativa**. 3. ed. São Paulo: Malheiros, 2003.

SARAIVA, Paulo Lopo. A cidadania e os instrumentos alternativos de representação política. In: DINIZ, José Janguiê Bezerra (coord.).**Direito Constitucional**. Brasília: Consulex, 1998.

A CONSTITUIÇÃO COMO GARANTIA DA DEMOCRACIA[1]

RUY SAMUEL ESPÍNDOLA

A Teoria da Constituição[2], entre outros aportes, tem relacionado **democracia e constituição** em duas importantes perspectivas: a primeira, colocando a democracia como princípio legitimador da Constituição; noutra, abordando a democracia como princípio jurídico integrante da Constituição, ou seja, como princípio constitucional encartado na ordem jurídica.

Avalia-se, pela primeira perspectiva, se a feitura do texto constitucional, o processo constituinte, o texto como resultado deste processo, a **criatura** do **criador** poder constituinte, são ou não democráticos, ou se correspondem a níveis de

1 Este artigo é destinado a homenagear o Medalha Rui Barbosa do Conselho Federal da OAB e seu atual decano da Comissão Nacional de Estudos Constitucionais, o notável constitucionalista Professor Doutor José Afonso da Silva, meu Mestre e de tantas outras gerações de constitucionalistas brasileiros.

2 Estudos sobre Teoria da Constituição entre nós, que estão pressupostos na intertextualidade desse artigo: BRITTO, Carlos Ayres. **Teoria da Constituição**. Rio de Janeiro: Forense, 2003. 225 p; BARACHO, José Alfredo de Oliveira. Teoria da Constituição. In: MARTINS, Ives Gandra da Silva (org.). **As Vertentes do Direito Constitucional Contemporâneo**: Estudos em homenagem a Manoel Gonçalves Ferreira Filho. Rio de Janeiro: América Jurídica, 2002. p. 267 e 305; BERCOVICI, Gilberto. Constituição Dirigente e a Crise da Teoria da Constituição. In:SOUZA NETO, Cláudio Pereira de et al. **Teoria da Constituição**: estudos sobre o lugar da Política no Direito Constitucional. Rio de Janeiro: Lumen Juris, 2003, p. 75-150; SOUZA NETO, Cláudio Pereira de. Teoria da Constituição, Democracia e Igualdade. In:SOUZA NETO, op. cit., p. 1-73; MOREIRA, Vital. O Futuro da Constituição. In: GRAU, Eros Roberto; GUERRA FILHO, Willis Santiago. **Direito Constitucional**: estudos em homenagem a Paulo Bonavides. São Paulo: Malheiros, 2001, p. 313-336; VIEIRA, José Ribas. Construindo a Teoria da Constituição no século XXI: a presença norte-americana e aspectos comparativos. In: ________. (org.). **Temas de Direito Constitucional Norte-Americano**. Rio de Janeiro: Forense, 2002. p. 1-9.; PEÑA, Guilherme. **Direito Constitucional**: Teoria da Constituição. Rio de Janeiro: Lumen Juris, 2003. 356 p. Vale destacar ainda a contribuição de SILVA, José Afonso. **Curso de Direito Constitucional Positivo**. 17. ed., São Paulo, 2000, p. 39-48.

democraticidade esperáveis segundo as circunstâncias de cada jogo político armado pelas comunidades organizadas em Estados.

Pela segunda, tenta-se compreender as conseqüências normativas, teóricas e dogmáticas de se ter a Democracia como norma jurídica ordenadora da vida do Estado, da Sociedade e dos cidadãos; questionam-se as conseqüências práticas de se ter a Democracia como princípio constitucional informando a compreensão, produção e aplicação do Direito Positivo - como princípio normativo heterodeterminante da ordem jurídica globalmente considerada. Exemplo de norma constitucional com tal conteúdo, se deduz da cabeça do artigo 1º de nossa Constituição da República, sendo que ao longo do texto encontraremos os subprincípios e regras densificadores do princípio democrático (*e. g.*, preâmbulo, artigos 1º, V, 5º, VIII, 7º, XI, última parte, 10, 11, 14, 17, 23, I, 27, 29, I, 34, VII, letra "a", 45, 46, 47, 58, § 1º, 77, 81, 90, II. 96, I, letra "a", primeira parte, 103, 127, *caput*, 206, II, III, primeira parte e VI).

Na esteira desta última perspectiva, a teoria do Direito Público também se ocupa da Democracia e com seus enraizamentos constitucionais. A juspublicística preocupa-se em reconhecer na Democracia um princípio reconstrutor do Direito Público; princípio em torno do qual se encabeçam e se estruturam todas as normas atinentes a este grande ramo do Direito Positivo[3].

Essas perspectivas teóricas oferecem interessantes aportes à análise de nossa Lei fundamental.

Todavia, outra é a nossa perspectiva neste trabalho, pois queremos demonstrar que, apartado da idéia de Constituição e da juridicidade superior dos princípios constitucionais, o conceito de democracia e sua práxis é incompleto e inseguro. Nossa tese parte da premissa que a realizabilidade da Democracia tem como exigência necessária e inarredável a efetividade da Constituição, o respeito à Constituição, o acato

3 Postura com este matiz já foi bem exposta entre nós, só que com ênfase no princípio republicano, no livro de ATALIBA, Geraldo. **República e Constituição,**2. ed. São Paulo: Malheiros, 1998. Exemplo das primeiras preocupações, são as expostas na obra de Manuel Aragon, constitucionalista espanhol (ARAGON, Manuel. **Constitucion Y Democracia.** Madri (ESP): Tecnos, 1990).

da força normativa de suas regras e princípios.

Assim, à luz deste foco de análise, queremos desenvolver a seguinte questão: qual a relação necessária entre **Princípios Constitucionais**, **Constituição** e **Democracia**; qual a possível resultante de uma problemização desses conceitos em face de problemas colocados pela realidade institucional e social; realidade composta por diversificados dados, entre os quais avultam os da compreensão e pré-compreensão hermenêuticas que a sociedade civil, os cidadãos e os operadores jurídicos têm a respeito das idéias-conceito **Constituição, Democracia** e **Princípios Constitucionais**, e o que essas idéias tem a ver com a proteção da cidadania e da dignidade da pessoa humana, através de uma postura que preze a força normativa da Constituição.

De outro modo: como a incompreensão, a irrealização desses conceitos no plano da vida, frustrando a força normativa da Constituição, podem fragilizar a defesa dos direitos e interesses das pessoas humanas em face das realidades arredias às normativas principiológicas e regrísticas da ordem constitucional.

A tomada de rumo neste sentido, implica que passemos a discorrer sobre os conceitos chaves que compõem o título de nosso trabalho, ou seja, analisemos a idéia de **Democracia, Constituição** e**Princípios Constitucionais**.

Por necessidade de bom método didático, comecemos pela idéia de democracia, de democracia contemporânea. Dela enfatizaremos o aspecto que mais nos interessa, para os fins deste trabalho.

De há muito a idéia de democracia não é mais tomada somente como a regra da maioria, o governo do maior número. Uma tal idéia, levada a extremos, poderia fazer com que uma maioria circunstancial revogasse a própria regra da maioria, e colocasse o poder decisório na mão de um único homem, ou de um restritíssimo grupo de homens. A história é repleta de tais exemplos, sendo desnecessário aqui retomá-los. Todavia, a proposta esdrúxula da mini-constituinte, tão bem combatida por Paulo Bonavides, consiste em exemplo vivo e ainda atual do problema[4].

4 Para tanto, ver o livro BONAVIDES, Paulo. **Do País Constitucional ao**

Uma concepção mais dilatada que entende a regra da maioria como um elemento importante do conceito de democracia, mas não o preponderante, advoga a tese de que para um adequado conceito de democracia é necessário um mínimo de regras institucionalizadas que estabeleçam **quem**está autorizado a tomar decisões coletivas e com **quais procedimentos**. É a idéia de democracia como um mínimo de regras do jogo político para o exercício do poder. Essa é a concepção profligada por Norberto Bobbio[5]. Todavia, entende esse mesmo autor, que só essa idéia ainda não é capaz de fomentar uma tendencial convivência democrática.

Hoje se firma no pensamento político a idéia de que a democracia pressupõe a crença, a convivência e os costumes sociais e políticos perspectivados sob o apanágio, a inspiração de valores: valores éticos, políticos e jurídicos. Ou seja, a democracia orientada segundo diretivas axiológicas e normativas. A democracia como um conjunto de ideias, de ideais, de princípios –éticos, políticos e jurídicos – ordena a vida do povo e os fins da ação pública do estado.

É a democracia fundada na idéia do consenso estabelecido não só pela confluência do número de decisores, mas também pela eleição e autovinculação do consenso em torno do razoável; do razoável como o racionalmente aceito como bem de todos, em todos os tempos e lugares, para verificação, em cada tempo e lugar, daquilo que pode, concretamente, ser feito a bem do maior número possível.

E essa idéia do razoável fundando o consenso instituinte da democracia, contempla a idéia da democracia justa, da democracia edificada e vivida sob a égide dos direitos humanos; direitos humanos cujo fundamento seria a igualdade absoluta de todos os homens, em sua comum dignidade de pessoas humanas – segundo o pensamento de Fábio Konder Comparato[6].

País Neocolonial: A derrubada da Constituição e a recolonização pelo golpe de Estado Institucional. São Paulo: Malheiros, 1999.

5 Ver seu livro BOBBIO, Noberto. **O Futuro da Democracia**: uma defesa das regras do jogo, 4. ed. São Paulo: Paz e Terra, 1989.

6 Cf. COMPARATO, Fábio Konder. Variações sobre o conceito de povo no

Assim, para a este trabalho, importa afirmar que a democracia, ou o seu aspecto que aqui mais deve grassar, é a de que ela representa uma convivência comunitária fundada à luz dos direitos humanos, na perspectiva de assegurá-los, com real eficácia a todos os homens em suas dignidades de pessoas humanas. Democracia constitucional, que para consecução destes fins, serve-se, sobremaneira, dos princípios jurídicos assentados nas Constituições; dos princípios constitucionais integrantes da ordem jurídica.

Os valores éticos, políticos e jurídicos aludidos, vêm expressos preponderantemente em normas jurídicas, principalmente normas constitucionais; e por esse viés normativo, fartam a democracia de valores e fins éticos, políticos e jurídicos a serem perseguidos por governantes e governados. E o Direito, mormente o Constitucional, tem procurado oferecer instrumentos jurídicos aptos a proteger esses valores.

Assim, basta dizer que a democracia aqui tratada é a democracia que deve ser vivida sob a égide de valores que dirijam o agir concreto dos homens; democracia que preserva a dignidade da pessoa humana, das gerações presentes e vindouras, com absoluta igualdade de consideração dos elementos mínimos asseguradores desta dignidade.

Feito esse exercício sobre o conceito de democracia, analisemos a idéia de Constituição.

A Constituição há muito deixou de ser entendida como mero documento de belas e boas intenções políticas; carta de exortações morais aos poderes públicos; apostila de recomendações aos gestores da coisa pública; epístola de aspirações realizáveis ao sabor das contingências do momento político e do fígado dos ocupantes temporais do poder. Há muito morreu a idéia de carta política sem força de direito.

Também, a idéia da Constituição como um instrumento de governo, insensível às políticas públicas sociais, e só envolvida com a proteção da liberdade individual e as garantias de cada indivíduo, já se tornou opinião da história das idéias político-constitucionais do século XX.

A Constituição não é mais vista apenas como definidora de

---

regime democrático. **Revista Trimestral de Direito Público**, São Paulo, n. 16, p. 05-14, 1996.

competências dos órgãos político-estatais, em consagração ao princípio da separação de poderes, nem só como a declaradora dos núcleos de direitos de defesa inderrogáveis do indivíduo, funcionando somente como Carta alheia aos interesses sociais em evolução e amoldada ao bom trato do *status quo* político e jurídico.

Essa função de garantia da Constituição hoje é ladeada pela função programadora da atividade futura do estado e da sociedade; é acompanhada pela idéia de programação conformadora da ação estatal e social. Assim, a normatividade constitucional não se endereça somente aos órgãos do Estado, exigindo-lhe abstenções, inações e não interferências; ela também vincula os órgãos estatais a ações positivas, à produção de políticas públicas tendentes a realizar os fins constitucionais plasmados na ordem jurídica. Políticas públicas realizáveis por meio de atos, processos e medidas administrativas; de leis e sentenças, através do Judiciário, do Legislativo e do Executivo.

Além do Estado, as Constituições contemporâneas – como as produzidas a partir do terceiro quartel do século XX – também vinculam os particulares, numa normatividade constritora inclusive do Direito Privado, como antes nunca visto[7].

Ao lado desta mudança revolucionária de função do texto constitucional, outra se destaca. A mudança de seu sentido ontológico: de carta política, a norma de direito. Hoje a Constituição é vista como um todo normativo, como um todo legal, como bloco de normas que constituem leis, valem como leis, como lei de todas as leis, hetero determinando a produção, a

7 Ver CANOTILHO, José Joaquim Gomes. Civilização do Direito Constitucional ou Constitucionalização do Direito Civil? A Eficácia dos Direitos Fundamentais na Ordem Jurídico-Civil no contexto do Direito Pós-Moderno.In: GRAU, Eros Roberto; GUERRA FILHO, Willis Santiago. **Direito Constitucional**: estudos em homenagem a Paulo Bonavides. São Paulo: Malheiros, 2001, p. 108-115; MENDES, Gilmar Ferreira. Direitos Fundamentais: eficácia das garantias constitucionais nas relações privadas: análise da jurisprudência da Corte Constitucional Alemã. In: ________. **Direitos Fundamentais e Controle de Constitucionalidade**:estudos de direito constitucional.São Paulo: Celso Bastos Editor, 1998, p. 207-225; LORENZETTI, Ricardo Luis. **Fundamentos do Direito Privado**. São Paulo: Revista dos Tribunais, 1998, 613 p.

interpretação e aplicação de todas as partes da ordem jurídica.

Essas novas concepções potencializam a força normativa da Constituição (Konrad Hesse[8]), e lhe garantem a inescusável qualidade de norma jurídica - é a idéia de Constituição como norma (Garcia de Enterria[9]). A força normativa da Constituição, hoje, indica a força de lei, força de direito, força de norma jurídica. E para esse rico raciocínio, se o todo é lei, suas partes também o são; e se o todo é norma, as regras e princípios que o compõem também o são.

A Constituição, então, como um grande Código da vida comunitária de uma nação, estabelece os principais valores de organização da vida em sociedade; fixa as formas de organização, investidura e exercício do poder; determina as formas e meios de defesa dos direitos e interesses tuteláveis dos cidadãos, dos grupos e movimentos organizados.

8 Ver seu livro HESSE, Konrad. **Força Normativa da Constituição**. Porto Alegre: Sérgio Antonio Fabris Editor, 1991.

9 Ver seu livro GARCIA DE ENTERRIA, Eduardo. **La Constitución como norma y el Tribunal constitucional**.Madri (ESP): Civitas, 1981.

E esses valores éticos, políticos e jurídicos, vem mediados em forma de princípios e regras constitucionais, que são espécies do gênero norma constitucional.

Esses valores são captados pelos três níveis de racionalidade da Constituição – segundo o magistério de Gomes Canotilho[10] – níveisestes componentes do consenso geral da comunidade sobre o que seja razoável em termos de proteção dos direitos humanos: o nível da racionalidade ética; o da racionalidade política; e o da racionalidade jurídica.

O primeiro – da racionalidade ética – consagra os principais valores éticos da convivência humana, como a vida, a dignidade da pessoa humana etc (artigos 1º, III, 5º, *caput*, da Constituição da República).

O segundo nível – o da racionalidade política –, nos revela quem pode exercer o poder, como poderá conquistá-lo, como deverá exercê-lo e que fins deverá prosseguir no desencadear de seus instrumentos e formas (*e. g.*, artigos 14, 37, *caput*, 3º, da CR).

10 Ver seu livro CANOTILHO, José Joaquim Gomes. **Constituição dirigente e vinculação do legislador**. Coimbra (POR): Almedina, 1982.

O terceiro – da racionalidade jurídica –, estabelece os instrumentos de proteção dos direitos e interesses das pessoas humanas, assegurando o acesso à jurisdição, através do processo judicial, e o acesso aos outros direitos, via processo administrativo, ou a realização de atos negociais, pela preservação da autonomia negocial dos indivíduos (*e.g.*, artigos 5º, II, XXXIV, XXXV, LIII, LIV, LV, LXVIII, LXIX, LXX, LXXI, LXXII, LXXIII, 102, I, letra "a", § 1º, 103, § 2º). Estatui, ainda, quais os limites de produção, interpretação e aplicação do Direito Positivo (*e.g.*, artigos 5º, XXXVI, 34, VI, 35, IV, 51, III, 52, XII, 59a 61, 93, IX, primeira parte, 96, I, letra "a", 92, 97), como já salientado.

Esses níveis de racionalidade se revelam através das normas constitucionais, que por sua vez, tanto se manifestam na forma de regras quanto na forma de princípios[11].

Aliás, essa distinção entre regras e princípios é por demais importante no centro da teoria jurídica contemporânea, e muito auxilia na compreensão da Constituição como um sistema jurídico aberto de regras e princípios constitucionais. Sistema jurídico aberto à realidade social e política da comunidade dos cidadãos.

O que realmente vale ficar da idéia da Constituição, para os objetivos deste discurso, é que ela, de certa forma, é documento orientador da ação do Estado e da Sociedade; ela tem algo de utopia positivada; ela tem o que se aposta no futuro através da força revolucionadora das normas constitucionais. Ela é, no dizer de Canotilho, uma Constituição dirigente.

Sublinhados as linhas importantes do atual conceito de Constituição, adentremos, agora, no conceito de Princípios Constitucionais.

Os princípios jurídicos como princípios constitucionais têm a mais alta normatividade do sistema jurídico. Isto fez com que a antiquíssima postura que conferia aos princípios a mera posição subsidiária em face dos atos de integração da ordem jurídica, fosse superada; ou seja, antes, os princípios gerais do direito eram apenas elementos

11 Conforme ESPÍNDOLA, Ruy Samuel. **Conceito de Princípios Constitucionais**. São Paulo: Revista dos Tribunais, 1998, p. 61-64, 219-231, 247 e 249.

de colmatação de lacunas do sistema jurídico, segundo o enunciado do art. 4º, da Lei de Introdução ao Código Civil, e art. 126, do Código de Processo Civil.

Todavia, hoje constituem verdadeiros parâmetros de aferição de constitucionalidade do sistema jurídico; fazem dos princípios normas prenhe de direitos; fazem dos princípios os principais sentidos hermenêuticos da ordem jurídica; sumariam as estruturas básicas de justiça, que estabelecidas na Constituição, pelos princípios constitucionais, ganham vigor e materialidade.

Na antiga e superada postura positivista os princípios só assumiam importância quando houvesse lacunas na ordem jurídica. Hoje esta posição não mais procede. Contemporaneamente, houve uma completa revolução nas concepções principialistas no Direito.

Os princípios jurídicos, como afirma Paulo Bonavides, ao saltarem dos códigos para as constituições, do Direito Privado para o Direito Público, da dogmática civilista para a dogmática constitucional, promoveram uma completa mudança no modo de se compreender, interpretar e aplicar as normas integrantes do sistema jurídico[12].

Através dos princípios constitucionais se positivaram os principais valores éticos, políticos e jurídicos ordenadores da Sociedade e do Estado; dos princípios constitucionais, em termos jurídico-positivos, podemos extrair os grandes sentidos da Democracia Constitucional Contemporânea.

Como exemplo de valores éticos, positivados em princípios constitucionais, que conformam os objetivos a serem realizados pela democracia brasileira, podemos destacar o conhecido princípio constitucional da dignidade da pessoa humana, estabelecido no art. 1º, III; o princípio constitucional garantidor da vida, como valor supremo do homem, estabelecido no *caput*, do artigo 5º; o princípio da cooperação entre os povos para o progresso da humanidade, artigo 4º, IX.

Como exemplo de valor político, positivado em norma constitucional, podemos citar o próprio

12 Cf. BONAVIDES, Paulo. **Curso de Direito Constitucional**, 7. ed. São Paulo: Malheiros, 1997, p. 228-266.

princípio democrático (art. 1º); o princípio do pluralismo político (art. 1º, V); o princípio federativo (art. 1º c/c c18) e princípio presidencialista (art. 75, *caput*).

Por sua vez, como exemplo de valores jurídicos, as normas consagradoras de direitos e garantias fundamentais, em sua quase totalidade, ratificam princípios, como os do devido processo legal, do juiz e do promotor natural, do contraditório e ampla defesa; da motivação dos atos administrativos etc.

É claro que essa classificação não é estanque, cada uma das normas citadas, de *per si*, guardam valores éticos, políticos e jurídicos. Sendo apenas de destacar o caráter axiológico predominante de cada uma delas.

A concepção de Democracia antes enunciada bem se amolda ao atual estágio da Ciência Constitucional, no que tange a sua concepção de Constituição e de Princípios Jurídicos como princípios constitucionais. E aí é que começa a relação mais imediata, em termos constitucionais, da idéia de democracia com a de princípios constitucionais.

Com efeito, não basta a regra da maioria e regras procedimentais para conceituar democracia. Ainda mais: não bastam essas idéias para um povo bem conviver democraticamente. É preciso a ação de valores, de princípios postos como fins a serem perseguidos pelos agentes da democracia, pelos governantes e pelos governados. Mais: é preciso que esses valores possam valer, possam ter eficácia imperativa, possam ter efetividade vinculante; possam ser reclamados frente a órgãos que garantam a sua aplicabilidade e respeitabilidade; possam ser defendidos contra atos que queiram contradizer seus comandos. Mais: é preciso que esses valores tenham dignidade tal, que não lhe resistam negativas de sua autoridade por quem quer que seja, trate-se de autoridades de qualquer nível ou particulares de qualquer condição, intestinos à Nação ou exteriores a ela.

Nessa perspectiva, coloca-se a inegável contribuição do Direito Constitucional[13] para o conceito,

13 Nessa perspectiva do Direito Constitucional, importante salientar os seguintes trabalhos: o organizado por Antonio G. Moreira Maués, que reúne quinze textos de juristas brasileiros e estrangeiros, intitulado: MAUÉS, Antonio G. Moreira. **Constituição e Democracia**. São Paulo: Max

a prática, a crítica e a vivência da idéia de Democracia.

Neste norte, os princípios constitucionais como diretivas normativas e hermenêuticas conferem e dão autoridade aos grandes valores éticos, políticos e jurídicos da democracia contemporânea, da democracia brasileira planejada em termos jurídicos pela nossa vigente Constituição.

Vejamos alguns exemplos concretos da bondade dos princípios constitucionais em prol da democracia brasileira e do reconhecimento da força normativa de nossa Constituição.

Pelos núcleos de princípios constitucionais enunciados nos primeiros artigos da Constituição, como os especificadores da ordem de garantia do desenvolvimento nacional; da construção de uma sociedade livre, justa e solidária; da erradicação da pobreza e da marginalidade e da redução das desigualdades sociais, podemos fazer não só críticas políticas às práticas atuais de nossa atual gestão da República brasileira, mas poderemos, também, inclusive, questionar a constitucionalidade de atos integrantes de políticas públicas ventiladas pelo mandatário maior do Executivo.

Esta idéia mais ousada foi defendida por Fábio Konder Comparato[14], embora afirme que este questionamento seja algo para produzir direito futuro e não tanto para aplicar sob as diretivas da ordem vigente; ou seja, seria um problema mais de *lege ferenda* do que de *lege lata*.

No entanto, embora as políticas constituam conjunto de medidas ventiladas por leis e atos administrativos, não nos esqueçamos que as leis sujeitam-se à perquirição via ação direta de inconstitucionalidade – controleconcentrado de constitucionalidade – bem como à

Limonad, 2001. 290 p.; e os escritos de Paulo Bonavides, reunidos no livro BONAVIDES, Paulo. **Teoria Constitucional da Democracia Participativa**: por um Direito de Constitucional de luta e resistência, por uma Nova Hermenêutica, por uma repolitização da legitimidade. São Paulo: Malheiros, 2001, 280 p.

14 Cf. COMPARATO, Fábio Konder. Ensaio sobre o juízo de inconstitucionalidade de políticas públicas. In: MELLO, Celso Antônio Bandeira de (org.).**Direito Administrativo e Direito Constitucional**. Estudos em homenagem a Geraldo Ataliba. São Paulo: Malheiros, 1997. v. 2, p. 343-359.

argüição incidental nas vias processuais ordinárias – controle difuso – e mais, os atos administrativos, via ação popular, mandado de segurança, ação civil pública e vias processuais comuns (artigo 271 do Código de Processo Civil) , podem ser contrastados com os princípios constitucionais, para análise da validade de suas expedições.

O que queremos dizer é que os princípios constitucionais são paramétricos tanto em relação às leis, quanto aos atos administrativos, e mesmo quanto às sentenças, sujeitando estas últimas a recursos extraordinários, ordinários e comuns, quando violarem seus comandos generalíssimos ou suas densificações regrísticas (*e. g.*, artigos 102, II, III, 121, § 4º, I 5º, LV).

Questionar a validade de atos praticados por maiorias congressuais **oportunisticamente submissas**, ou monocracias executivas **exasperadas**, ou mesmo aristocracias judiciárias **coniventes ou omissas**, é exigência necessária e inarredável da atual democracia constitucional brasileira (luzes nos artigos 2º, 5º, II, XXXV e LIV).

Assim, é fácil concluir, que não é só democrático integrar a vontade da maioria ou submeter-se aos seus efeitos; não é só democrático que governantes decidam de acordo com regras procedimentais de formação da vontade política; é também democrático e democratizante servir-se a cidadania de instrumentos jurídicos hábeis a impugnar atos praticados em ofensa aos princípios e regras constitucionais orientadores da ação de autoridades e poderes instituídos pela ordem jurídica: legisladores, juizes, administradores e particulares produtores de atos negociais.

Para tornar o poder mais diáfano, mais controlável pela cidadania, como exigência dos rumos democráticos contemporâneos, ninguém negará a bondade dos princípios da legalidade da ação administrativa, da moralidade administrativa, da impessoalidade da ação estatal, da legitimidade das despesas públicas, da economicidade nos gastos do erário, princípios assentados nos artigos 37 e 70 da Constituição da República.

Ninguém negará a bondade do princípio da publicidade dos atos públicos (*e.g.*, artigos 31, § 3º, 37, *caput*, 93, IX, segunda parte), da motivação dos atos de decisão, sejam atos judiciais ou atos administrativos (93, IX, primeira parte e X).

Ninguém negará as exigências principiológicas advindas do contraditório e da ampla defesa (5º, LV), do devido processo legal (5º, LIV); ninguém refutará a bondade do princípio da reserva penal (5º, XXXIX c/c XL) e da legalidade tributária (155, I); do princípio da proporcionalidade (implícito no artigo 5º, LIV) e outros mais, garantidores da ação do Estado em prol dos Direitos Fundamentais da pessoa humana (4º, II e 5º, § 2º), ao tutelar não só seus direitos de defesa, mais também seus direitos à prestações.

Nestes termos, democraticidade e legalidade, democraticidade e constitucionalidade, democracia e principiologia, democrático e jurídico quase se confundem de forma indivisível.

E assim se firma a idéia de que a Democracia é impensável sem uma Constituição que a garanta, ordene e estruture seus desenvolvimentos e regule suas realizações presentes e futuras.

Não é possível realizar a Democracia apartada da realização e efetividade dos princípios constitucionais. Não há Democracia sem respeito à Constituição, sem acato a sua principiologia constitucional.

A Democracia brasileira será mera democracia formal, se os valores éticos, políticos e jurídicos mediados pelos princípios constitucionais não obtiverem força de direito.

E para a efetividade dessa força é preciso que a nossa vontade de Constituição, que o nosso sentimento constitucional, que nossa vontade de democracia, que o nosso sentimento democrático, estejam juntos, cultivando esses valores em nossos espíritos, enquanto pessoas que somos e enquanto povo que constituímos.

É preciso que em cada petição, em cada arrazoado, em cada parecer, em cada sentença, em cada discussão parlamentar, em cada conjunto de intenções político-administrativas, em cada aula, em cada discurso público, em cada momento da vida política individual e comunitária, os Princípios Constitucionais e a Constituição sejam compreendidos como as grandes trincheiras – eespadas – históricas construídas para a salvaguarda dos grandes valores éticos, políticos e jurídicos que protegem o Homem e a Sociedade contra a ação antidemocrática e inconstitucional de poderes arbitrários, autoritários e pseudolegitimados pelas circunstâncias e interesses políticos que nem sempre se amoldam aos fins e valores constitucionais.

É preciso eleger a Constituição e seus princípios como grandes defensores dos mais altos valores da civilidade que desejamos e ainda não alcançamos em concretude.

É preciso compreender que tanto quanto a estabilidade de moeda, o pleno emprego e a justa distribuição de renda, precisamos de estabilidade constitucional, de pleno acato e respeito aos comandos constitucionais para um justo governo, e para uma justa distribuição do direito e da justiça de acordo com a **vontade de constituição** – Hesse.

O futuro de nossa Democracia está irremediavelmente ligado ao futuro de nossa Constituição, já que desrespeitar a constituição, é desrespeitar a democracia; ferir a constituição é ferir a democracia, de modo tal, que um ato inconstitucional, emanado do Legislativo, do Judiciário ou do Executivo, é um ato antes de tudo antidemocrático e abreviador de nossa convivência em democracia.

Diante dessas considerações, concluímos que o maior dos deveres cívicos, políticos, profissionais, éticos e humanitários, aplicáveis a todos os operadores do Direito, é o de bem defender a força normativa e o respeito a nossa Constituição do Estado Democrático de Direito; é o de compreender o valor, a importância e a força do Direito Constitucional no cotidiano de nossas vidas, no cotidiano de nosso País, para podermos levar a concretude o sonho de uma verdadeira democracia constitucional.

Urge defendermos nossa Democracia e nossa Constituição com o melhor de nossas forças, seu maior penhor de garantia! O Brasil e os brasileiros de ontem, de hoje e de amanhã precisam desta defesa. Unamo-nos nesta batalha!

REFERÊNCIAS

ARAGON, Manuel. **Constitucion Y Democracia.** Madri (ESP): Tecnos, 1990.

ATALIBA, Geraldo. **República e Constituição**, 2. ed. São Paulo: Malheiros, 1998.

BARACHO, José Alfredo de Oliveira. Teoria da Constituição. In: MARTINS, Ives Gandra da Silva (org.). **As Vertentes do Direito Constitucional Contemporâneo**: Estudos em homenagem a Manoel Gonçalves Ferreira Filho. Rio de Janeiro: América Jurídica, 2002, p. 267-305.

BERCOVICI, Gilberto. Constituição Dirigente e a Crise da Teoria da Constituição. In: SOUZA NETO, Cláudio Pereira de et al.**Teoria da Constituição**: estudos sobre o lugar da Política no Direito Constitucional. Rio de Janeiro: Lumen Juris, 2003, p. 75-150.

BOBBIO, Noberto. **O Futuro da Democracia**: uma defesa das regras do jogo. 4. ed. São Paulo: Paz e Terra, 1989.

BONAVIDES, Paulo. Constituição Aberta: temas políticos e constitucionais da atualidade. Belo Horizonte: Del Rey, 1993.

________. **Curso de Direito Constitucional**, 7. ed. São Paulo: Malheiros, 1997.

________. **Do País Constitucional ao País Neocolonial**: a derrubada da Constituição e a recolonização pelo golpe de Estado Institucional. São Paulo: Malheiros, 1999.

________. **Teoria Constitucional da Democracia Participativa**: por um Direito de Constitucional de luta e resistência, por uma Nova Hermenêutica, por uma repolitização da legitimidade. São Paulo: Malheiros, 2001.

BRITTO, Carlos Ayres. **Teoria da Constituição**. Rio de Janeiro: Forense, 2003. 225 p.

CANOTILHO, José Joaquim Gomes. **Constituição dirigente e vinculação do legislador**. Coimbra: Almedina, 1982.

________. Civilização do Direito Constitucional ou Constitucionalização do Direito Civil? A Eficácia dos Direitos Fundamentais na Ordem Jurídico-Civil no contexto do Direito Pós-Moderno. In: GRAU, Eros Roberto; GUERRA FILHO, Willis Santiago. **Direito Constitucional**: estudos em homenagem a Paulo Bonavides. São Paulo: Malheiros, 2001, p. 108-115.

COMPARATO, Fábio Konder. Variações sobre o conceito de povo no regime democrático. **Revista Trimestral de Direito Público**, São Paulo, n. 16, 1996, p. 5-14.

________. Ensaio sobre o juízo de inconstitucionalidade de políticas públicas. In: MELLO, Celso Antônio Bandeira de (org.). **Direito Administrativo e Direito Constitucional**. Estudos em homenagem a Geraldo Ataliba. São Paulo: Malheiros, 1997,v. 2, p. 343-359.

ENTERRIA, Eduardo Garcia. **La Constitución como norma y el Tribunal constitucional**. Madri (ESP): Civitas, 1981.

ESPÍNDOLA, Ruy Samuel. **Conceito de Princípios Constitucionais**. São Paulo: Revista dos Tribunais, 1998.

HESSE, Konrad. **Força Normativa da Constituição**. Porto Alegre: Sergio Antonio Fabris Ed., 1991.

LORENZETTI, Ricardo Luis. **Fundamentos do Direito Privado**. São Paulo: RT, 1998.

MAUÉS, Antonio G. Moreira (org.). **Constituição e Democracia**. São Paulo: Max Limonad, 2001.

MENDES, Gilmar Ferreira. Direitos Fundamentais: eficácia das garantias constitucionais nas relações privadas – análise da jurisprudência da Corte Constitucional Alemã. In: ________.Direitos Fundamentais e Controle de Constitucionalidade: estudos de direito constitucional. São Paulo: Celso Bastos Editor, 1998, p. 207-225.

MOREIRA, Vital. O Futuro da Constituição.In: GRAU, Eros Roberto; GUERRA FILHO, Willis Santiago. **Direito Constitucional**: estudos em homenagem a Paulo Bonavides. São Paulo: Malheiros, 2001, p. 313-336.

PEÑA, Guilherme. **Direito Constitucional**: Teoria da Constituição. Rio de Janeiro: Lumen Juris, 2003, 356 p.

SILVA, José Afonso.**Curso de Direito Constitucional Positivo**, 17. ed. São Paulo: 2000, 870 p.

SOUZA NETO, Cláudio Pereira de. Teoria da Constituição, Democracia e Igualdade. In: SOUZA NETO, Cláudio Pereira de et al.**Teoria da Constituição**: estudos sobre o lugar da Política no Direito Constitucional. Rio de Janeiro: Lumen Juris, 2003, p. 1-73.

VIEIRA, José Ribas. Construindo a Teoria da Constituição no século XXI: a presença norte-americana e aspectos comparativos. In: ________. (Org.) **Temas de Direito Constitucional Norte-Americano**. Rio de Janeiro: Forense, 2002. p. 1-9. 230 p.

FORO PRIVILEGIADO: TRÊS ARGUMENTOS PARA MANTÊ-LO

JORGE OCTÁVIO LAVOCAT GALVÃO

I.

O foro de prerrogativa está sob ameaça. Na mesma semana em que a imprensa deu amplo destaque à decisão do Ministro Celso de Mello que autorizou a posse de Moreira Franco no cargo de Ministro da Secretaria-Geral da Presidência – os autores da ação argumentavam que a nomeação teria como único escopo a concessão de foro por prerrogativa de função –[1], o Ministro Luís Roberto Barroso anunciou a inclusão em pauta de processo em que pretende rediscutir os contornos constitucionais de tal instituto[2].Tais episódios fomentaram uma nova rodada de debates no Congresso Nacional acerca da extinção do foro privilegiado[3].

O ponto de vista atualmente disseminado é o de que o foro por prerrogativa de função seria um estímulo à impunidade, já que as ações em primeiro grau andariam de maneira muito mais rápida e efetiva, independentemente do *status* do investigado. Não há dúvida de que há boas razões pragmáticas para a extinção do foro privilegiado, notadamente ligadas à celeridade da instrução processual. Na contramão da opinião pública, o presente artigo tem como escopo trazer **três argumentos normativos** –baseados na razão de ser da prerrogativa de foro – pouco explorados pela literatura especializada e que carecem de uma maior reflexão.

1 CANÁRIO, Pedro. Celso de Mello mantém Moreira Franco na Secretaria-Geral da Presidência. **Revista Consultor Jurídico**, São Paulo, 14 fev. 2017. Prerrogativa de Foro. Disponível em: <https://goo.gl/Cc2F2q>. Acesso em: 28 set. 2017.

2 PARA Barroso, STF pode restringir foro especial antes de emenda constitucional. **Revista Consultor Jurídico**, São Paulo, 16 fev. 2017. Limite Rígido. Disponível em: <https://goo.gl/wGz6ey>. Acesso em: 28 set. 2017.

3 RAMALHO, Renan; CALGARO, Fernanda; GARCIA, Gustavo. Debate sobre foro privilegiado deve ganhar força após o carnaval; veja propostas. G1, Rio de Janeiro, 15 mar. 2017. Disponível em: <https://goo.gl/dHmo7y>. Acesso em: 28 set. 2017.

II.

A. **Unificação do foro.** Uma das principais queixas relacionadas ao foro por prerrogativa de função é a de que ele feriria o princípio da isonomia, na medida em que criaria um privilégio odioso a determinadas pessoas, que, diferentemente das demais, respondem suas ações em um tribunal menos propenso a condená-los.

A doutrina pátria, por sua vez, destaca que o foro por prerrogativa de função não fere a igualdade, visto não se tratar de privilégio, mas de garantia inerente ao exercício de determinados cargos, que, por sua relevância, exigem tratamento diferenciado. O argumento normalmente se desenvolve em dois sentidos. Se, por um lado, o exercício de determinadas funções de elevado significado político – que, muitas vezes, exige a tomada de decisões impopulares –demanda que as ações propostas contra seus ocupantes sejam julgadas em colegiados compostos por juízes mais experientes, de Cortes Superiores; por outro lado, lideranças políticas locais teriam maior facilidade para exercer pressão sobre magistrados de 1º grau de sua região do que sobre juízes de instâncias superiores – desvinculados da realidade política regional – o que justificaria o deslocamento de foro[4].

Ambas as perspectivas parecem corretas, mas há uma terceira linha argumentativa que merece, ao menos, o mesmo destaque. A exposição inerente a determinados cargos faz com que seus ocupantes fiquem mais suscetíveis a responderem a ações judiciais movidas por paixões de toda ordem. Apenas

4 Os doutrinadores costumam se ancorar em célebre passagem do voto prolatado por Victor Nunes Leal sobre o tema, que merece ser transcrita: "[...] a jurisdição especial, como prerrogativa de certas funções públicas, é, realmente, instituída, não no interesse pessoal do ocupante do cargo, mas no interesse público do seu bom exercício, isto é, do seu exercício com o alto grau de independência que resulta da certeza de que seus atos venham a ser julgados com plenas garantias e completa imparcialidade. Presume o legislador que os tribunais de maior categoria tenham mais isenção para julgar os ocupantes de determinadas funções públicas, por sua capacidade de resistir, seja a eventual influência do próprio acusado, seja às influências que atuarem contra ele. A presumida independência do tribunal de superior hierarquia é, pois, uma garantia bilateral, garantia contra e a favor do acusado" (BRASIL. Supremo Tribunal Federal. Primeira Reclamação nº 473-GB (RJ), Tribunal Pleno. Relator: Min. Victor Nunes. Brasília, 31 de janeiro de 1962. **Diário de Justiça**: 8 jun. 1962.

para citar como exemplo, à época das privatizações do governo FHC foram propostas várias medidas judiciais contra os membros da cúpula do governo, notadamente contra o Advogado-Geral da União, que, apesar de estar incumbido de dar contorno jurídico à política pública em questão, não possuía foro de prerrogativa de função. Em pouco tempo, inúmeras ações foram ajuizadas em várias comarcas brasileiras contra o AGU, o que, então, levou o Presidente da República a editar, em 2001, uma medida provisória elevando o referido cargo à condição de Ministro de Estado.

Percebe-se, pois, que a principal vantagem adquirida com a extensão do foro privilegiado ao Advogado-Geral da União foi a unificação do foro para julgamento das diversas ações ajuizadas, que passaram a ser de competência do STF. Tal medida apresentou-se essencial para dar tranquilidade ao ocupante do cargo que, caso contrário, teria que passar mais tempo com a contratação de advogados e elaborando sua defesa do que efetivamente se dedicando às importantes tarefas de sua função pública. Sem tal garantia, dificilmente pessoas gabaritadas aceitariam o convite para assumir o cargo de Advogado-Geral da União.

Por razões similares, o presidente Lula concedeu, em 2004, *status* de Ministro de Estado ao cargo de Presidente do Banco Central, blindando-o de inúmeras ações temerárias que poderiam ser propostas em todo o Brasil por aqueles contrários às medidas econômicas por ele adotadas[5]. A unificação do foro, pois, parece ser um fator decisivo para dar autonomia e independência a determinados cargos do alto escalão da Administração Pública.

B. **Foro privilegiado seria uma jabuticaba?**Disseminou-se na imprensa nacionala ideia de que o foro privilegiado brasileiro seria um caso excepcional no direito comparado, já que em nenhum outro país haveria tantas autoridades com tal prerrogativa. O Procurador da República responsável pelas investigações da Lava-Jato chegou a afirmar que há mais de 22 mil auto-

5 AGÊNCIA ESTADO. Presidente do Banco Central ganha status de ministro. **Estadão**, São Paulo, 16 ago. 2004. Política. Disponível em: <https://goo.gl/ZZT88a>. Acesso em: 28 set. 2017.

ridades com foro de prerrogativa no Brasil, o que nos afastaria de qualquer padrão internacional de moralidade política[6].

Tais dados precisam ser compreendidos dentro do contexto. Como se sabe, há mais de dez mil juízes no Brasil – que possuem prerrogativa de foro –, sem contar os milhares de membros do Ministério Público, que compõem outra grande parcela desse grupo. Na verdade, o número de políticos relevantes com foro privilegiado parece ser relativamente pequeno: são quinhentos e treze deputados, oitenta e um senadores e vinte e oito ministros de Estado. Em verdade, o que assombra é a quantidade dessas autoridades investigadas no bojo da Operação Lava-Jato, e não a existência em si do foro privilegiado.

A maioria das matérias jornalísticas que alarmam a excepcionalidade brasileira[7] baseia-se em estudo que pesquisou unicamente nos textos constitucionais de vários países institutos similares ao foro privilegiado brasileiro, sem fazer uma análise crítica sobre a existência de mecanismos que blindam políticos de serem investigados[8]. Ocorre que em vários países que teoricamente não possuem foro privilegiado, há mecanismos que, na prática, inviabilizam a persecução penal de parlamentares. Com efeito, em países como Portugal, Espanha e Itália, as Constituições condicionam a investigação de políticos à autorização de sua Casa Parlamentar[9].

Ou seja, diferentemente do que ocorre no Brasil, em que os parlamentares são naturalmente investigados e processados perante o STF, em países tidos como exemplo

---

6 MACEDO, Fausto. 22 mil pessoas têm foro privilegiado no Brasil, aponta Lava Jato. **Estadão**, São Paulo, 20 maio 2015. Blogs Fausto Macedo Repórter. Disponível em: <https://goo.gl/4vU9e8>. Acesso em: 28 set. 2017.

7 Confira, como exemplo, a seguinte reportagem: ROXO, Sérgio. Foro privilegiado no Brasil é mais amplo comparado a outros 20 países. **O Globo**, Rio de Janeiro, 24 fev. 2017. Disponível em: <>. Acesso em: 28 set. 2017.

8 O estudo está disponível em: TAVARES FILHO, Newton. Foro por prerrogativa de função no Direito Comparado. Brasília: Câmara dos Deputados, out. 2015. Disponível em: <https://goo.gl/VuE5BL>. Acesso em: 28 set. 2017.

9 Nesse sentido, confira o art. 157, inciso 4, da Constituição de Portugal; o art. 71, inciso 2, da Constituição da Espanha; e o art. 68 da Constituição da Itália.

pela imprensa ainda se exige uma autorização quase que inexequível para a instauração de processo-crime contra políticos. Nesse quesito, o modelo brasileiro, em que tal autorização foi abolida pela Emenda Constitucional nº 35, de 20 de dezembro de 2001, parece ser mais civilizado e democrático.

C. **Julgamento por órgão colegiado.** À época da promulgação da Constituição Federal de 1988, ninguém imaginava que tantos políticos com foro privilegiado seriam alvo de investigações criminais. O aumento vertiginoso de processos criminais no STF fez com que críticos rapidamente levantassem a tese de que a instrução criminal não poderia ser feita por órgãos colegiados, pois os tribunais não possuiriam estrutura adequada para lidar com questões desse tipo. A demora do STF no recebimento de denúncias na Operação Lava-Jato tem elevado o tom das críticas, quando comparado com as inúmeras condenações já proferidas em 1º grau[10].

Ao contrário do que possa parecer, contudo, o julgamento proferido diretamente pelo STF traz uma série de benefícios institucionais que merecem ser levados em consideração nesse debate. Em primeiro lugar, o julgamento por órgão colegiado afasta o argumento de que a condenação baseou-se em perseguição política por esse ou por aquele magistrado. Em se tratando de casos envolvendo parlamentares com grandes ambições políticas, não há dúvida de que umacondenação pelo STF pode interromper definitivamente sua carreira, já que votos de reconhecidos magistrados, com distintas visões de mundo, aumentamo grau de segurança jurídica e o sentimento de imparcialidade em tal condenação.

Em segundo lugar, da decisão proferida pelo STF não cabe nenhum recurso, de maneira que, uma vez condenado, o político já passa a cumprir a pena imediatamente, como ocorreu no caso do Mensalão. Essa efetividade da decisão diminui a sensação de impunidade. Nesse quesito, é importante destacar que

10 A título exemplificativo, confira: O ESTADO DE SÃO PAULO. O tempo da Lava Jato no STF. **Estadão**, São Paulo, 2 fev. 2017. Opinião. Disponível em: <https://goo.gl/PxgbhM>. Acesso em: 28 set. 2017.

as sentenças proferidas em 1º grau de jurisdição estão sujeitas a inúmeros recursos, que muitas vezes se quedam represados nos tribunais de 2º grau, sem que o público tenha notícia de seu andamento. Assim, a comparação entre a celeridade da 1ª instância com a lentidão do STF não parece justa, pois desconsidera o tempo de julgamento das apelações e dos demais recursos.

Em terceiro lugar, enquanto a condenação proferida por juízos monocráticos não impede a candidatura de políticos, a Lei da Ficha Limpa preceitua, no art. 1º, inciso I, alínea "e", que aqueles condenados por órgão colegiado tornam-se inelegíveis por oito anos após o cumprimento da pena. Ou seja, eventual decisão proferida pelo STF tem o condão de imediatamente banir o político da vida pública por quase uma década.

Todos esses aspectos nos remetem ao verdadeiro problema relacionado à prerrogativa de foro, que é o da gestão dos processos pelo STF. Com efeito, nossa Corte Suprema sofre, há muito, com o excesso de processos de toda ordem. Basta verificar a quantidade represada de recursos extraordinários com repercussão geral reconhecida[11]. Não obstante isso, várias medidas foram tomadas nos últimos anos para acelerar o julgamento dos processos contra autoridades com foro privilegiado, como, por exemplo, a criação da figura do juiz-instrutor para assessorar os Ministros do STF[12] e a transferência da competência para julgamento das ações penais do plenário para as turmas[13].

Um pouco de imaginação institucional poderia ajudar a desatar os nós do foro privilegiado, como a criação de um órgão no próprio STF, composto de magistrados com vasta experiência em matéria penal, para, sob a supervisão dos relatores, ins-

---

11 Confira as reflexões de Luís Roberto Barroso sobre o tema em: SCOCUGLIA, Lívia. Ministro Barroso propõe limitar reconhecimento de repercussão geral. **Revista Consultor Jurídico**, São Paulo, 26 ago. 2014. Crise de Funcionalidade. Disponível em: <https://goo.gl/jrC572>. Acesso em: 28 set. 2017.

12 Essa permissão foi dada pela Lei nº 12.019, de 21 de junho de 2009.

13 A transferência de competência deu-se em 2014 por emenda regimental. Sobre o tema, veja a seguinte notícia: CANÁRIO, Pedro. Supremo transfere parte de sua competência penal para as turmas. **Revista Consultor Jurídico**, São Paulo, 28 maio 2014. Disponível em: <https://goo.gl/aqxX5y>. Acesso em: 28 set. 2017.

truírem os inquéritos e as ações penais. Outra medida que poderia ser adotada seria a divisão dos ministros em três turmas de três ministros, como de ordinário já ocorre nos tribunais de justiça, o que aumentaria a força de trabalho daCorte. Enfim, os problemas sobre a morosidade do Poder Judiciário já são amplamente conhecidos e demandam soluções criativas, mas condizentes com o texto constitucional.

III.

O debate acerca do foro por prerrogativa de função deve se pautar em argumentos de princípio que justifiquem, ou não, a sua existência. Parece-me equivocado, *a priori*, igualar o tratamento dos políticos e administradores públicos – que se encontram mais expostos a ações de toda ordem – aodos demais cidadãos combase exclusivamente na suposta morosidade do STF. Tal medida seria tapar o sol com a peneira, já que é fato notório que todas as instâncias brasileiras se encontram congestionadas.

Para elevar o debate sobre a extinção do foro privilegiado, é necessárioescapar de argumentos consequencialistas e circunstanciais, e passar a analisar a questão sob o prisma da moralidade política, ou seja, de como as instituições devem ser estruturadas em uma sociedade bem ordenada. Esse parece ser o verdadeiro desafio para o Congresso Nacional.

CONCEITO DE IMPROBIDADE ADMINISTRATIVA E O DIÁLOGO COM JOSÉ AFONSO DA SILVA

WALBER DE MOURA AGRA

1. O ALFAIATE DE IDEIAS

Indubitavelmente, o professor José Afonso da Silva marcou várias gerações de constitucionalistas brasileiros. O seu compromisso com o Estado Democrático Social de Direito está incrustado em cada uma de suas linhas nos vários livros que escreveu, podendo ser-lhe designado a honrosa menção de jurisconsulto, haja vista que suas obras perpassam a dogmática jurídica e defluem para várias searas como epistemologia, história, teatro, ciências sociais etc.

Ao longo de seu itinerário, através de esforço e capacidade intelectual, plasmou-se de um alfaiate manual para um alfaiate de ideias, da mesma forma que, em pouco tempo, de oficial de calças, transformou-se em oficial de paletó e posteriormente em um dos mais renomados professores do Brasil.[1] O professor José Afonso, concordando ou não com suas ideias, configura-se em uma referência obrigatória a todos que cultivam o Direito Público no Brasil.

2. PRINCÍPIO DA MORALIDADE ADMINISTRATIVA

O princípio da moralidade tem origem no direito privado, tendo sido incorporado pelo Direito Administrativo apenas no século XX. Obviamente que a densificação de sua taxionomia principiológica aparece bem depois. Após o amadurecimento da doutrina do abuso de poder, desenvolvida a fim de evitar desvios morais na aplicação das normas, a seara administrativa investiu no mencionado instituto, como meio de assegurar o cumprimento dos fins exigidos pela lei e pelo interesse público, consubstanciando exemplos do reencontro do Direito com a *mores*.[2]

1 SILVA, José Afonso da. **A faculdade e meu itinerário constitucional.** São Paulo: Malheiros, 2007, p. 25.

2 SOUZA, Paulino José Soares de. **Ensaio**

Teorizado, primordialmente, por Maurice Hauriou, o princípio da moralidade administrativa foi desenvolvido graças à jurisprudência do Conselho de Estado Francês, segundo a qual a legalidade dos atos jurídicos administrativos é fiscalizada com base no princípio da legalidade. Outrossim, a conformidade desses atos aos princípios basilares da boa administração, determinante necessária de qualquer decisão administrativa, é fiscalizada para evitar qualquer desvio de poder, cuja zona de policiamento é a zona da moralidade administrativa.[3]

A fiscalização desse bom administrador não poderia se restringir à legalidade e deveria se estender ao exame dos motivos e fins do ato. Nesse sentido, Hauriou buscou suprir esse controle da moralidade administrativa através da teoria do desvio de poder, transformando a moralidade, até então apenas regra de conteúdo moral, em regra jurídica.[4]

No Brasil, o estudo da moralidade administrativa teve o pioneirismo do Professor Manoel de Oliveira Franco Sobrinho em 1974, planteando que a Administração Pública não poderia agir de forma maliciosa ou astuciosa.[5] Em comentário à doutrina francesa retrocitada, Celso Antônio Bandeira de Mello argui que a Administração e seus agentes têm de atuar em conformidade com os princípios éticos, assinalando que violá-los implica transgressão ao próprio direito, configurando verdadeira ilicitude que assujeita a conduta viciada à invalidação, porquanto tal princípio assumiu foros de pauta jurídica, nos termos do art. 37, *caput*, da Constituição Federal

sobre o Direito Administrativo. Rio de Janeiro: Serviço de Documentação do Ministério da Justiça e Negócios Interiores – Departamento de Imprensa Nacional, 1960, p. 68.

3 HAURIOU, Maurice. **Précis de droit administratif et de droit public général**: à l'usage des étudiants en licence et en doctorat ès-sciences politiques,4. ed. Paris (FRA): Larouse, 1900-1901, p. 439.

4 "Le contrôle du détournement de pouvoir peut s'analyser comme un contrôle de la moralité administrative. Quand il est retenu par le juge, le motif d'annulation détournement de pouvoir stigmatise l'administration. Le juge reconnait que l'administration a manqué à son devoir de moralité.". HAURIOU, op. cit., p. 456.

5 FRANCO SOBRINHO, Manoel de Oliveira. **O controle da moralidade Administrativa**. São Paulo: Saraiva, 1974, p. 115.

de 1988.[6]

Resta irrefutável que não há como definir precisamente o conteúdo do princípio da moralidade, em razão de sua fluidez e maleabilidade. A verdade é que se trata de um conceito jurídico indeterminado que exige uma pré-compreensão do operador jurídico, no que, inexoravelmente, sofrerá a injunção de elementos metajurídicos, mas que seus contornos finais apenas serão moldados diante do caso concreto, em que a decisão completará o estipulado pela estrutura normativa.

Um corte epistemológico que pode facilitar o trabalho de definição é ater-se apenas a moralidade administrativa, que é o que interessa ao Direito Público, no que facilita a análise, ainda mais porque ela tem o seu campo de incidência melhor esclarecido em razão da utilização dos cânones da lealdade e da boa-fé, segundo os quais a Administração fica adstrita a proceder perante os administrados com transparência e lisura, sendo-lhes proibida qualquer conduta ardilosa, eivada de malícia, dirigida a confundir, dificultar ou minimizar a densificação dos direitos dos cidadãos.

Nesse diapasão, a moralidade administrativa, a partir da Constituição de 1988, passou a ser princípio jurídico explicitamente positivado com o *status* de supralegalidade, de modo que o preceito moral deixa de ser apenas valor e passa a ser igualmente um princípio jurídico, deixando de ter um caráter teleológico e passando a ter um valor deontológico.[7]

Para Cármen Lúcia, o princípio em análise tem uma primazia sobre os outros princípios constitucionalmente formulados, por constituir imperativo categórico dos entes estatais, configurando-se como elemento interno a fornecer a substância válida do comportamento público. Assim, toda atuação administrativa parte desse princípio e a ele se volta.[8]

Ademais, não faz sentido atentar-se contra as instituições e seus

6 MELLO, Celso Antônio Bandeira de. **Elementos de Direito Administrativo**, 3. ed. São Paulo: Malheiros, 1992, p. 61.

7 GRAU, Eros Roberto. **O Direito posto e o Direito pressuposto**. São Paulo: Malheiros, 1996, p. 78-79.

8 ROCHA, Cármen Lúcia Antunes. **Princípios constitucionais da administração pública**. Belo Horizonte: Del Rey, 1994, p. 213-214.

valores fundamentais, ainda que na vivência de situações excepcionais. É perfeitamente possível zelar pela moralidade administrativa por meio da correta utilização dos instrumentos existentes na ordem jurídica, dentre os quais merece posição de destaque o processo administrativo, pela extrema amplitude de investigação que nele se permite, chegando, inclusive, ao mérito do ato ou da decisão, e ao questionamento de sua oportunidade e conveniência.[9]

A violação à moralidade administrativa pode advir de atos comissivos e omissivos. Segundo Iara Leal, a atitude omissiva do Estado é ato flagrantemente ofensivo, injusto, que deixa o particular ou a coletividade sofrer lesão, ou coloca-os em situação de perigo iminente. Isso configura ato atentatório à moral da sociedade, sendo premente a invocação do princípio da moralidade, que, acobertado pelo manto constitucional, fundamenta a busca em sede jurisdicional pela reparação e implementação dos direitos lesados.[10]

Di Pietro traça parâmetros comparativos entre a moralidade e a probidade, ambas em sentido *lato*, mostrando ampla esfera de conexão entre elas – muito embora algumas leis façam referência às duas separadamente –, pondo a segunda como espécie da primeira. Por outro lado, quando se fala em improbidade como ato ilícito, como infração sancionada pelo ordenamento jurídico, deixa de haver sinonímia entre as expressões **improbidade** e **imoralidade**, haja vista que aquela tem um sentido muito mais específico e delimitado, já que abrange um ato desonesto, imoral, que atinge um parâmetro legal esculpido para a defesa da *res publica*.[11]

Em suma, a violação ao princípio da moralidade, ou a qualquer outro princípio administrativo, constitui, de fato, uma das modalidades de ato de improbidade, desde que amparado legalmente. Da mesma forma, resta indubitável que qualquer ato ímprobo, descrito na Lei de Improbidade Administrativa, em qualquer das suas modalidades, irá

9 FERRAZ, Sérgio; DALLARI, Adilson Abreu. **Processo administrativo.** São Paulo: Malheiros, 2001, p. 70.

10 GASOS, Iara Leal. **A omissão abusiva do poder de polícia.** Rio de Janeiro: Lumen Juris, 1994, p. 91.

11 DI PIETRO, Maria Sylvia Zanella. **Direito Administrativo**, 28. ed. São Paulo: Atlas, 2015, p. 978.

sempre atentar contra a moralidade administrativa, consubstanciando uma relação de estreita simbiose entre os referidos preceitos.

Todavia, o que deve ser evitado é o moralismo jurídico, infelizmente, prática assaz utilizada hodiernamente. Ela consiste na utilização de preceitos morais como supedâneo na punição de agentes administrativos, sem esses parâmetros terem sido agasalhados em mandamentos legais, algumas vezes de forma retroativa e sem respeitar a coisa julgada e a segurança jurídica.

3. DELINEAMENTOS DA PROBIDADE

Originária do latim *probitas* e do radical *probus*, a palavra probidade significa **aquilo que brota bem**, sendo utilizada para denotar o que tem boa qualidade. Passando a ser usada em sentido moral, a probidade constitui ponto essencial para caracterizar o indivíduo honrado, íntegro, possuidor de bons costumes.

Relata Seabra Fagundes que, na experiência brasileira, exemplo de probidade pode ser encontrado desde o Império, não somente como grandeza moral dos estadistas que fizeram a independência e consolidaram o Estado brasileiro, como também pela presença austera do segundo Imperador a impor, mediante atos oficiais, o comportamento probo na gestão da coisa pública, e a oferecer exemplo pessoal de comedimento nas próprias despesas da Coroa.[12] Todavia, infelizmente, desde o Império também podemos notar comportamentos que absolutamente ferem a probidade exigida; comportamentos esses que aumentam consideravelmente nas épocas autoritárias.

De índole constitucional, a probidade vem como tradução do objetivo de tecer uma **sociedade livre, justa e solidária**, consubstanciando o reencontro do Direito com a moral e estando aliada à busca da justiça, propugnando a segurança das relações jurídicas. Uadi Lammêgo Bulos defende que se trata de um preceito cujo valor, em seu aspecto subjetivo, extrai-se da honestidade e da obediência dos parâmetros morais estabelecidos, qualificando a moralidade, a hones-

12 FAGUNDES, Miguel Seabra. **O contrato jurisdicional dos atos administrativos**. São Paulo. Saraiva, 1982, p. 16.

tidade, a lisura dos negócios jurídicos, o desempenho legítimo e reto do comportamento humano.[13]

Defende-se que o princípio da moralidade possui uma maior amplitude se comparado à probidade, mesmo dentro do ordenamento jurídico. A probidade, leia-se probidade administrativa, refere-se apenas as imposições deontológicas exigidas por aqueles cidadãos, servidores ou não servidores, que se relacionam, de alguma forma, com **Administração Pública**.

Já o princípio da moralidade corresponde àquelas condutas alicerçadas em permissivos legais, que amparam a necessidade de imperativos em várias searas do direito, não se restringindo ao trato com a **Administração Pública**. Igualmente tem a função de analisar o aspecto volito dessas condutas, evitando abuso de poder sob a modalidade desvio. Todavia, os influxos morais apenas podem adentrar no universo jurídico se forem agasalhados por parâmetros legais. Se assim não for, são destituídos de toda e qualquer eficácia, pois, facilmente, podem se transformar em arbítrio.

Ao evidenciar a importância da cidadania no controle dos atos da administração, a Constituição Federal de 1988 elegeu valores imateriais como tuteláveis judicialmente, previstos em vários dispositivos constitucionais e infraconstitucionais – estando coadjuvados por uma série de instrumentos processuais atuáveis na defesa dos interesses transindividuais, criando assim um sistema de tutela de interesses difusos referentes à probidade da **Administração Pública**.

Portanto, mesmo sendo um princípio que carrega grande traço de abstração em razão do espaço zetético em que atua, com o fator teleológico de evitar arbitrariedades, pode-se afirmar que um comportamento será considerado como probo, dentro da seara jurídica, quando cumprir com as determinações legais específicas. Dessa forma, fontes de moralidades outras, que não foram agasalhadas normativamente, como a imposição de critérios de eficiência qualitativa previstas apenas volitivamente, não podem servir de parâmetro à constatação – jurídica – deprobidade.

---

13 BULOS, Uadi Lammêgo. **Curso de Direito Constitucional**, 2. ed. São Paulo: Saraiva, 2008, p. 819.

4 TENTATIVA DE CONCEITUAÇÃO DE IMPROBIDADE

Da oitiva do termo **improbidade** sempre adveio a noção de desonestidade. Afinal, se probidade espelha o dever de retidão e honestidade, a improbidade, mediante prefixo negativo, é antônimo e caracteriza a inobservância de um conjunto de valores morais. A improbidade acontece quando os comportamentos deontológicos estabelecidos pela moral e agasalhados em instrumentos normativos são descumpridos.

A vedação à conduta ímproba tem o espeque de fazer perpetuar a confiança que rege as relações humanas, seja entre os iguais ou entre os desiguais. A confiança é elemento integrante e fundamental de todo contrato, inclusive do contrato social nos termos de Locke – para quem, na explicação da criação do Estado, a escolha do representante parte de um pacto de confiança, de modo que a centralização do poder geral atribui ao escolhido o dever de garantir a segurança da comunidade, a prevalência dos direitos individuais, a segurança jurídica e o direito de propriedade.[14]

Segundo Fábio Medina Osório, o dever de probidade administrativa traz consigo deveres públicos cuja concretude é premente e imperiosa, de modo a proteger o setor público e, consequentemente, os valores nele abrigados. Assim, sob o dever de probidade, encontram-se os valores e princípios comuns às administrações públicas democráticas, sendo imperioso o reconhecimento desses valores e princípios no âmbito do Direito Administrativo positivo.[15]

Foi desse cenário que emergiu o denominado direito subjetivo à probidade administrativa, classificado como direito de terceira dimensão, portanto, universal e coletivo em sentido *lato*, e especificamente difu-

14 "Todo o poder conferido com confiança para se atingir um fim, é limitado por aquele fim, sempre que o fim for manifestamente negligenciado ou contrariado, a confiança deve necessariamente ser confiscada e o poder devolvido às mãos daqueles que o conferiram, que podem colocá-lo outra vez onde acharem melhor para sua segurança e garantia". LOCKE, John. **Segundo tratado sobre o governo civil**. São Paulo: Abril Cultural, 1978, p. 182. (Os Pensadores).

15 OSÓRIO, Fábio Medina. **Teoria da improbidade administrativa**: má gestão pública, corrupção e ineficiência. 2. ed. São Paulo: Revista dos Tribunais, 2010, p. 109.

so, haja vista que, embora se configure como direito fundamental a um indivíduo, sua proteção reflete-se por toda a sociedade, destinatária das funções estatais.[16]

Na esfera criminal, a proibição de atos ímprobos pode ser encontrada imiscuída em diversos objetos tutelados nos tipos penais. A título de exemplo, citem-se os crimes contra a Administração Pública e os tipos qualificados e/ou agravados pela violação dolosa da confiança no serviço público. Os objetos jurídicos dos crimes contidos no Título XI do Código Penal Brasileiro são a necessidade de normalidade funcional, a probidade, o prestígio, incolumidade e decoro da Administração Pública, podendo tais objetos ser violados pelos funcionários – hipótese em que são denominados de delitos próprios ou especiais, posto que praticados por pessoas físicas que se entregam à realização das atividades do Estado – ou por particular, nos termos do Capítulo II, conjectura em que são classificados como crimes comuns ou gerais.[17]

No mesmo sentido foi construído o preceito consagrado atualmente no art. 422 do Código Civil vigente, na instituição de que os contratantes são obrigados a guardar a boa-fé e a probidade na conclusão e execução do contrato, tutelando a confiança que perfaz a avença. Esclarece Haroldo Malheiros que a probidade consiste na honestidade, elemento do qual as partes devem revestir-se ao entrar em negociações objetivando contratar, de modo que qualquer ato desonesto praticado nas fases pré-contratual, contratual e pós-contratual é ímprobo. Esse fator limita a liberdade contratual, ensejando a responsabilização civil e o estudo da validade do contrato.[18]

Outrossim, a Consolidação das Leis do Trabalho, em seu art. 482, delimita o que constitui justa causa

16 BERTONCINI, Mateus. Direito fundamental à probidade administrativa. In: OLIVEIRA, Alexandre Albagli et al. **Estudos sobre improbidade administrativa.** Rio de Janeiro: Lumin Juris, 2010, p. 3-15.

17 BITENCOURT, Cezar Roberto. **Código Penal Comentado**, 7. ed. São Paulo: Saraiva, 2012, p. 1149 et seq.

18 VERÇOSA, Haroldo Malheiros Duclerc. **Contratos mercantis e a teoria geral dos contratos**: o Código Civil de 2002 e a crise do contrato.São Paulo: Quartier Latin, 2010, p. 101 et seq.

para a rescisão do contrato de trabalho pelo empregador, tendo sido aposto na alínea "a" o ato de improbidade. A doutrina trabalhista reconhece o campo vasto que consubstancia tal espécie, optando por conceitos amplos e que partem da premissa de que a improbidade deriva do ímprobo e, portanto, trata da negativa do probo, do desonesto.[19]

Suscite-se que a vivência da improbidade, em quaisquer das searas, não impede a sanção simultânea em todas elas, de modo que a independência das esferas afasta a violação ao princípio *non bis in idem* no contexto reverenciado.

19 Majoritariamente, o ato de improbidade é uma justa causa remanescente, reservada à caracterização dos atos dolosos omissivos ou comissivos do empregado que impliquem, geralmente, prejuízo ao patrimônio da empresa, de colegas ou de clientes, não servindo para punir quaisquer vantagens obtidas pelo empregado por sua conduta desonesta. Em Wagner Giglio, no que tange ao elemento subjetivo volitivo, é preciso comprovar a desonestidade do empregado para a caracterização da improbidade. A intenção desonesta só se revela através de manifestações externas concretas e é a interpretação dessas que enseja a configuração da improbidade. GIGLIO, Wagner D. **Justa causa**,7. ed. São Paulo: Saraiva, 2000, p. 330.

5. CONCEITUAÇÃO DE IMPROBIDADE ADMINISTRATIVA

Aimprobidade administrativa é o designativo técnico para a chamada corrupção administrativa, que, sob diversas formas, promove o desvirtuamento da Administração Pública e afronta os princípios nucleares da ordem jurídica, quais sejam, as bases do Estado de Direito: o princípio Democrático e o princípio Republicano, haja vista que uma atuação política virtuosa é essencial à construção de uma sociedade.[20] A improbidade revela-se na obtenção de vantagem patrimonial indevida, no dano ao Erário e na quebra dos princípios da Administração Pública, seja pelo exercício nocivo das funções e empregos públicos, seja pelo "tráfico de influência" nas

20 "Os ideais republicanos são frontalmente contrários a qualquer tipo de tirania em que haja a sujeição de um cidadão à vontade arbitrária de outro. Não uma tirania circunscrita aos cânones liberais, restrita ao arbítrio dos entes estatais, mas englobando também imposições por parte de entes privados, em que a lex mercatória prepondera em relação ao regime democrático e substitui o bem-comum como finalidade dos órgãos estatais". (AGRA, Walber de Moura. **Republicanismo**. Porto Alegre: Livraria do Advogado, 2005, p. 19).

esferas da Administração Pública ou ainda pelo favorecimento de poucos em detrimento dos interesses da sociedade, mediante a concessão de obséquios e privilégios ilícitos.[21]

Aristides Junqueira classifica a improbidade administrativa como espécie do gênero improbidade, definindo-a como desonestidade de conduta do agente público, mediante a qual este se enriquece ilicitamente, obtém vantagem indevida, para si ou para outrem, ou causa dano ao Erário.[22] Nesse sentido, poder-se-ia arriscar que a improbidade administrativa consubstancia ato dirigido ao enriquecimento ilícito, prejuízo ao Erário e aos princípios da Administração Pública, tratando-se de mal a ser combatido através da adoção de um sistema que, mediante meios eficazes, puna aqueles que desrespeitam a *res publica* e os valores consagrados em um Estado Democrático de Direito.

Juarez Freitas delineia que é possível vislumbrar sua concretização em diversos contextos normativos da Lei nº 8.429/92. O referido autor inicia sinalizando que, ainda que de forma não exaustiva, o controle da improbidade, em especial o judicial, deve ser realizado com extrema cautela, avaliando-se a extensão do dano e o proveito patrimonial do agente, situação na qual, em especiais circunstâncias, pode-se e precisa-se determinar a aplicação apenas parcial das penalidades atribuídas, e desde que tal postura brote do intuito fundamentado de robustecer o princípio da moralidade. No mesmo sentido, aduz que a improbidade administrativa ensejadora de enriquecimento ilícito deve estar comprovada por nota de irretorquível e gravíssima hostilidade ao princípio do interesse público, emergindo o dever de controlador aplicar, na íntegra, as sanções cabíveis.[23]

---

21 PAZZAGLINI FILHO, Marino; ROSA, Márcio Fernando Elias; FAZZIO JÚNIOR, Waldo. **Improbidade administrativa**: aspectos jurídicos da defesa do patrimônio público, 2. ed. São Paulo: Atlas, 1997, p. 37-38.

22 ALVARENGA, Aristides Junqueira. Reflexões sobre improbidade administrativa no Direito brasileiro. In: BUENO, Cássio Scarpinella; PORTO FILHO, Pedro Paulo de (coord.). **Improbidade administrativa**. São Paulo: Malheiros, 2001, p. 86 et seq.

23 FREITAS, Juarez. Princípio Constitucional da moralidade e o direito fundamental à boa administração. In: JORGE, Flávio Cheim; RODRIGUES,

Em verdade, a taxionomia dialética entre os conceitos de improbidade e probidade administrativa é *mister* na definição da extensão dos dois termos, haja vista que em seus antagonismos possuem amplo espaço de interconexão. A conceituação de um é resultado da inaplicação do outro, o que configura recurso hermenêutico de grande valia para evitar imprecisões de incidência normativa. O ato de improbidade administrativa pode ser atestado pela negação da probidade administrativa, conclusão que advém também na aplicação dos termos inversos. Dessa forma, o princípio da probidade administrativa tem o condão de canalizar todo o sistema sancionador dos atos violadores do dever de probidade, indicando, quando houver sua negação, a ocorrência de seu instituto jurídico antípoda. A tipificação de um representa a negação do outro.

Nesse diapasão, considerando que o legislador pátrio especificou no *caput* dos arts. 9º, 10 e 11 da Lei nº 8.429/92 os atos ímprobos, resta inegável que o conceito de improbidade administrativa estará sempre articulado nos seus termos, de modo que toda tentativa conceitual deve partir de tais premissas, sem possibilidade para voluntarismos **jurídicos**. No entanto, irrefutável que o conceito de improbidade administrativa advém da afronta ao dever de probidade, que traz como pilares fundamentais da ética pública, na pós-modernidade, as noções de ineficiência funcional e de desonestidade. Todavia, ressalte-se,de forma peremptória, que esses parâmetros devem ser analisados sob a ótica deontológica do princípio da legalidade.

6. PREVISÃO NORMATIVA

A vivência do Estado Democrático de Direito, sob o auspício de um Direito revalorizado, é cenário permissivo a uma maior abertura dialógica entre os textos normativos e os fatos sociais por meio dos princípios, conferindo maior atualidade ao ordenamento jurídico. Nesse contexto, uma vez presente na Constituição o princípio da moralidade administrativa, seu conteúdo tem seus eflúvios irradia-

---

Marcelo Abelha; ALVIM, Eduardo Arruda (coord.). **Temas de improbidade administrativa**. Rio de Janeiro: Lumen Juris, 2010, p. 361.

dos para vários institutos, consubstanciando condição de legitimidade à atividade político-administrativa e parâmetro interpretativo das normas e do desenvolvimento dos atos administrativos.

Apesar da grande imprecisão deontológica que permeia o princípio da moralidade, em razão de seu forte embasamento metajurídico e zetético, o seu conteúdo pode ser vislumbrado em diversos dispositivos legais, no que objetiva conferir certa objetividade à mencionada imprecisão terminológica.

O fato é que, com a constitucionalização da moralidade administrativa, o agir probo deixou de ser ato de bondade do administrador e passou a ser norteado por norma de expressa previsão constitucional. É nesse sentido que o art. 37, §4º, da CRFB/88 autoriza, em face de atos de improbidade administrativa, a suspensão dos direitos políticos, a perda da função pública, a indisponibilidade dos bens e o ressarcimento ao Erário, na forma e gradação previstas em lei, sem prejuízo da ação penal cabível.

Além do art. 37, *caput*, o princípio da moralidade administrativa pode ser aduzido de diversas outras estruturas normativas, constitucionais e infraconstitucionais. Para a proteção do patrimônio público é possível o manejo da ação popular, prevista no art. 5º, LXXIII, da CRFB/88, regulamentada pela Lei nº 4.717/65, tendo como autor da ação o cidadão em sentido estrito, alistado e em pleno gozo de seus direitos políticos, prescindindo, inclusive, do preenchimento do requisito da comprovação da lesão patrimonial.[24] De igual modo, faz-se opção o uso da ação civil pública, prevista no art. 129, III, da CRFB/88 e instrumentalizada pela Lei nº 7.347/85, tendo como legítimos ativos o Ministério Público, a Defensoria Pública, as entidades da Administração direta e indireta de todos os entes e esferas federativas, bem como as associações.

O princípio da moralidade administrativa é mencionado no

24 Em Zavascki, nas hipóteses de lesividade presumida, onde cabe ao réu desfazer a presunção, e de lesão à moralidade administrativa, que dispensa qualquer prova por se configurar no plano estritamente jurídico, o autor da ação não tem que provar a consequência lesiva provocada pelo ato atacado. ZAVASCKI, Teori Albino. **Processo coletivo**:tutela de direitos coletivos e tutela coletiva de direitos, 6. ed. São Paulo: RT, 2014, p. 82.

art. 14, §9º, da CRFB/88, em proteção à moralidade no exercício do mandato e à probidade administrativa, dispondo que lei complementar estabelecerá outros casos de inelegibilidade, para além dos constitucionalmente estabelecidos. No mesmo sentido, o art. 15, V, da CRFB/88, ao vedar a cassação de direitos políticos, permite a suspensão no caso de improbidade administrativa, nos termos do já reverenciado artigo 37, §4º, da CRFB/88. O art. 85, V, da Carta Magna, por sua vez, que imputa a improbidade administrativa como crime de responsabilidade, sujeitando o Presidente da República, uma vez autorizado pela Câmara dos Deputados, ao julgamento pelo Senado Federal, em evidente tutela ao patrimônio moral da sociedade, também consubstancia reflexo da constitucionalização da moralidade.

Enfatize-se que a Lei Complementar nº 135/2010, elaborada sob a égide do já referido art. 14, §9º, da CRFB/88, e em alteração à Lei Complementar nº 64/1990, foi declarada constitucional pelo Supremo Tribunal Federal, tendo sido assinalado no voto da Min. Rosa Weber que o escopo da inelegibilidade não é a punição, não sendo o indivíduo o destinatário primeiro da norma jurídica. O foco, a seu juízo, seria a coletividade, a fim de preservar a legitimidade das eleições, a autenticidade da soberania popular e, em última análise, assegurar o processo de concretização do Estado Democrático de Direito.[25]

No mesmo sentido, a Lei nº 9.784/99, que regula o processo administrativo no âmbito da Administração Pública Federal, também prevê o princípio da moralidade administrativa, impondo uma atuação segundo padrões éticos de probidade, decoro e boa-fé, nos termos do art. 2º, parágrafo único, IV.

Ainda na mesma linha, a Lei nº 12.846/2013, comumente denominada de Lei Anticorrupção, teve sua constitucionalidade amparada no dever de repressão de condutas que fomentam a prática de imoralidades, estabelecendo sanções e instrumentos administrativos para a persecução e ingressando no deno-

25 ADC nº 29; ADC nº 30; ADI nº 4578. Min. Rel.: Luiz Fux. Tribunal Pleno. Julg.: 16.02.2012, *DJ* 27.02.2012.

minado sistema legal de defesa da moralidade, substrato que advém da tutela constitucional da moralidade, tendo instituído em seu art. 30, I, que a aplicação das sanções previstas na lei não afeta os processos de responsabilização e aplicação de penalidades decorrentes de ato de improbidade administrativa. Tal diploma é destinado às pessoas jurídicas que praticam atos lesivos em desfavor da Administração Pública, o que não exclui e independe da responsabilização individual de qualquer pessoa natural autora, coautora ou partícipe do ato ilícito a ser investigado (art. 1º c/c art. 3º, *caput* e §1º, ambos da Lei nº 12.846/2013).

Ante a dificultosa distinção entre moralidade e imoralidade, a lei de improbidade administrativa (Lei nº 8.429/92) estabelece uma classificação dos atos ímprobos que, apesar de sua extensão, também institui clara proteção à moralidade, partindo do contexto normativo de que os agentes públicos, independentemente do nível ou hierarquia, são obrigados a velar pela estrita observância dos princípios da legalidade, impessoalidade, moralidade e publicidade no trato dos assuntos que lhe são afetos. Para tanto, por consubstanciar atos ímprobos, a delimitação da imoralidade foi feita *a priori* e pelo legislador, em exercício de sua função típica legiferante.

Assim, os atos que causam enriquecimento ilícito, prejuízo ao Erário e que atentam contra os princípios da Administração (arts. 9º, 10 e 11, da referida Lei), merecem, havendo seu enquadramento legal, a reprimenda devida, sendo premente em qualquer hipótese o manejo das medidas processuais disponíveis no nosso ordenamento, seja para prevenir ou para reprimir atos que contradigam o seu conteúdo.

O que se combate, nesse e em outros trabalhos, é a interpretação jacobina e despudorosa do conceito de improbidade administrativa, que afrontando diversos postulados do ordenamento jurídico, permite a subsunção e a consequente punição de fatos jurídicos que não foram previstos como ilícitos. Ou seja, o conceito de improbidade administrativa tem que, obrigatoriamente, por imposição legal, cingir-se as *fattispecie* previstas nos arts. 9º, 10 e 11, da Lei nº 8.429/92.

7. A CONTRIBUIÇÃO DO PROFESSOR JOSÉ AFONSO SOBRE A TEMÁTICA

Para José Afonso da Silva, a probidade administrativa consiste no dever do funcionário servir à Administração com honestidade, procedendo no exercício das suas funções sem aproveitar os poderes ou facilidades delas decorrentes, seja para o proveito pessoal ou de outrem a quem queira favorecer. O desrespeito a esse dever é o que caracteriza a improbidade administrativa, tratando-se esta de uma imoralidade administrativa qualificada,[26] haja vista que a probidade, no contexto constitucional, é forma qualificada de moralidade administrativa.[27] Nessa expectativa, tecendo-se a taxinomia dialética retromencionada, a improbidade administrativa é uma imoralidade qualificada pelo acinte ao Erário e pela correspondente vantagem ao ímprobo ou a outrem.[28]

Para o homenageado dessas linhas, o princípio da moralidade tem a função, igualmente significativa, de perscrutar o móvel que levou o agente público a realizar determinada conduta omissiva ou comissiva. Sendo assim, o elemento volitivo é de suma importância para aferir a realização ou não da improbidade administrativa, devendo o julgador indicá-la expressamente todas as vezes que houver sua concretização. [29]

A defesa da probidade administrativa é um direito metaindividual, podendo ser enquadrada na conceituação de José Afonso de direitos difusos e coletivos, que são interesses legítimos que se converteram em direitos difusos e coletivos, recebendo proteção jurídica e alçando-se a categoria de direito fundamental.[30]

Dessa forma, de maneira percussora, o homenageado estabelece as premissas inaugurais de um marco teórico que, ulteriormente, será

26 SILVA, José Afonso da. **Curso de Direito Constitucional Positivo**, 23. ed. São Paulo: Malheiros, 2004, p. 650.

27 FIGUEIREDO, Marcelo. **O controle da moralidade na Constituição**. São Paulo: Malheiros, 1999, p. 47.

28 CAETANO, Marcelo. **Princípios fundamentais do Direito Administrativo.** Rio de Janeiro: Forense, 1997, p. 396.

29 SILVA, 2004, passim.

30 SILVA, José Afonso da. **Teoria do Conhecimento Constitucional**. São Paulo: Malheiros, 2014, p.538.

seguida pelos demais cultores da matéria constitucional, deixando um alicerce para o seu desenvolvimento dentro do fator teleológico de aprofundar a defesa e eficiência da **AdministraçãoPública.**

REFERÊNCIAS

ALVARENGA, Aristides Junqueira. Reflexões sobre improbidade administrativa no Direito brasileiro. In: BUENO, Cássio Scarpinella; PORTO FILHO, Pedro Paulo de (coord.). **Improbidade administrativa**. São Paulo: Malheiros, 2001.

AGRA, Walber de Moura. **Republicanismo**. Porto Alegre: Livraria do Advogado, 2005.

BERTONCINI, Mateus. Direito fundamental à probidade administrativa. In: OLIVEIRA, Alexandre Albagli et al. **Estudos sobre improbidade administrativa**. Rio de Janeiro: Lumin Juris, 2010.

BITENCOURT, Cezar Roberto. **Código Penal Comentado**, 7. ed. São Paulo: Saraiva, 2012.

BULOS, Uadi Lammêgo. **Curso de Direito Constitucional**, 2. ed. São Paulo: Saraiva, 2008.

CAETANO, Marcelo. **Princípios fundamentais do Direito Administrativo**. Rio de Janeiro: Forense, 1997.

DI PIETRO, Maria Sylvia Zanella. **Direito Administrativo**, 28. ed. São Paulo: Atlas, 2015.

FAGUNDES, Miguel Seabra. **O contrato jurisdicional dos atos administrativos**. São Paulo. Saraiva, 1982.

FERRAZ, Sérgio; DALLARI, Adilson Abreu. **Processo administrativo**. São Paulo: Malheiros, 2001.

FIGUEIREDO, Marcelo. **O controle da moralidade na Constituição**. São Paulo: Malheiros, 1999.

FRANCO SOBRINHO, Manoel de Oliveira. **O controle da moralidade Administrativa**. São Paulo: Saraiva, 1974.

FREITAS, Juarez. Princípio Constitucional da moralidade e o direito fundamental à boa administração. In: JORGE, Flávio Cheim; RODRIGUES, Marcelo Abelha; ALVIM, Eduardo Arruda (coord.). **Temas de improbidade administrativa**. Rio de Janeiro: Lumen Juris, 2010.

GASOS, Iara Leal. **A omissão abusiva do poder de polícia**. Rio de Janeiro: Lumen Juris, 1994.

GIGLIO, Wagner D. **Justa causa**, 7. ed. São Paulo: Saraiva, 2000.

GRAU, Eros Roberto. **O Direito posto e o Direito pressuposto**. São Paulo: Malheiros, 1996.

HAURIOU, Maurice. **Précis de droit administratif et de droit public général**: à l'usage des étudiants em licence et en doctorat ès-sciences politiques, 4. ed. Paris (FRA): Larose, 1900-1901.

LOCKE, John. **Segundo tratado sobre o governo civil**. São Paulo: Abril Cultural, 1978. (Os Pensadores).

MELLO, Celso Antônio Bandeira de. **Elementos de Direito Administrativo**, 3. ed. São Paulo: Malheiros, 1992.

OSÓRIO, Fábio Medina. **Teoria da improbidade administrativa**: má gestão pública, corrupção e ineficiência. 2. ed. São Paulo: RT, 2010.

PAZZAGLINI FILHO, Marino; ROSA, Márcio Fernando Elias; FAZZIO JÚNIOR, Waldo. **Improbidade administrativa**: aspectos jurídicos da defesa do patrimônio público, 2. ed. São Paulo: Atlas, 1997.

ROCHA, Cármen Lúcia Antunes. **Princípios constitucionais da administração pública**. Belo Horizonte: Del Rey, 1994.

SILVA, José Afonso da. A faculdade e meu itinerário constitucional. São Paulo: Malheiros, 2007.

______. **Curso de Direito Constitucional Positivo**. 23. ed. São Paulo: Malheiros, 2004.

______. **Teoria do Conhecimento Constitucional**. São Paulo: Malheiros, 2014.

SOUZA, Paulino José Soares de. **Ensaio sobre o Direito Administrativo**. Rio de Janeiro: Serviço de Documentação do Ministério da Justiça e Negócios Interiores – Departamento de Imprensa Nacional, 1960.

VERÇOSA, Haroldo Malheiros Duclerc. **Contratos mercantis e a teoria geral dos contratos**: o Código Civil de 2002 e a crise do contrato. São Paulo: Quartier Latin, 2010.

ZAVASCKI, Teori Albino. **Processo coletivo**: tutela de direitos coletivos e tutela coletiva de direitos, 6. ed. São Paulo: Revista dos Tribunais, 2014.

A SUPREMA CORTE AMERICANA: MARSHALL E SEU PAPEL NA HISTÓRIA DO CONTROLE DE CONSTITUCIONALIDADE NOS ESTADOS UNIDOS DA AMÉRICA

IVO DANTAS

GINA GOUVEIA PIRES DE CASTRO

Alexis de Tocqueville no séc. XIX, foi um dos fundadores dos estudos comparados nos âmbitos político e jurídico, e autor do clássico livro A Democracia na América[1], em capítulo intitulado Do Poder judiciário nos Estados Unidos[2]e de sua ação sobre a sociedade política[3] escreve que:

> Achei que devia consagrar um capítulo à parte ao poder judiciário. Sua importância política é tão grande que me pareceu que seria diminuí-la aos olhos dos leitores falar dele de passagem. Houve confederações em outros países, além da América; vimos repúblicas em outras terras que não as do novo mundo; o sistema representativo é adotado em vários Estados da Europa, mas não creio que, até agora, alguma nação do mundo tenha constituído o poder judiciário da mesma maneira que os americanos. O mais difícil para um estrangeiro compreender nos Estados Unidos é a organização judiciária. Não há, por assim dizer, acontecimento político em que

1 TOCQUEVILLE, Alexis de. **A Democracia na América**. São Paulo: Martins Fontes, 1998. v. 1, p. 111.

2 Não se pode enfrentar o estudo do controle de constitucionalidade incidental sem que seja precedido por uma análise da Suprema Corte dos Estados Unidos da América do Norte, sobre a qual, Miguel Carbonnell escreve: "La Suprema Corte de los Estados Unidos ha desempeñado, historicamente, un papel central en el funcionamiento del sistema político y jurídico de esse país. Lejos de la imagen que Alexander Hamilton describió en el número 78 de *El Federalista*, en donde se presentaba al poder judicial como la rama de gobierno "menos peligrosa" (*the least dangerous branch*") y mucho más alejada todavia de la Idea de Montesquieu según la cual los jueces debian limitarse a ser la boca que pronunciaba lãs palabras de la ley, la Suprema Corte de lós Estados Unidos es un ejemplo quizá único en el mundo sobre la fuerza que puede tener um tribunal y sobre los cámbios sociales que se puede impulsar de la interpretación judicial de la Constitución".

3 TOCQUEVILLE, op. cit., p. 111-119.

não ouça invocar a autoridade do juiz; e daí conclui naturalmente que nos Estados Unidos o juiz é uma das primeiras forças políticas. Quando examina em seguida a constituição dos tribunais, descobre que, à primeira vista, tem apenas atribuições e hábitos judiciários. O magistrado só lhe parece imiscuir-se nos assuntos políticos por acaso; mas esse acaso acontece todos os dias[4].

Apesar desta dificuldade, de modo geral, quando se estuda o **controle de constitucionalidade** nos diversos **modelos europeus**, referências são feitas à composição das cortes, acesso, competências, etc. Em relação ao **modelo americano**, entretanto, já se inicia fazendo referência ao fato de que o controle no modelo americano é **difuso**, sem preocupação em tratar a estrutura e outros aspectos da Suprema Corte. Tentemos cobrir esta lacuna, analisando Marshall e o sistema de controle que teve seu **início** na referida decisão.

Em tradução oficial da Embaixada Americana, textualmente, determina a Constituição dos Estados Unidos da América[5]:

Artigo III

Seção 1

O Poder Judiciário dos Estados Unidos será investido em uma Suprema Corte e nos tribunais inferiores que forem oportunamente estabelecidos por determinações do Congresso. Os juízes, tanto da Suprema Corte como dos tribunais inferiores, conservarão seus cargos enquanto bem servirem, e perceberão por seus serviços uma remuneração que não poderá ser diminuída durante a permanência no cargo.

Seção 2

A competência do Poder Judiciário se estenderá a todos os casos de aplicação da Lei e da Equidade ocorridos sob a presente Constituição, as leis dos Estados Unidos, e os tratados concluídos ou que se concluírem sob sua autoridade; a todos os casos que afetem os embaixadores, outros ministros e cônsules; a todas as questões do almirantado e de jurisdição marítima; às controvérsias em que os Estados Unidos sejam parte; às controvérsias entre dois ou mais Estados, entre um Estado e cidadãos de outro Estado, entre cidadãos de diferentes Estados, entre cidadãos do mesmo Estado reivindicando terras em virtude de concessões feitas por outros Estados, enfim, entre um Estado, ou os seus cidadãos, e potências, cidadãos, ou súditos estrangeiros. Em

4 TOCQUEVILLE, op. cit., p. 111-112.

5 COOLEY, Thomas M. **Princípios Gerais de Direito Constitucional nos Estados Unidos da América**, escrito no final do séc. XIX (1880). Campinas (SP): Russell, 2002, p. 119-148.

todas as questões relativas a embaixadores, outros ministros e cônsules, e naquelas em que se achar envolvido um Estado, a Suprema Corte exercerá jurisdição originária. Nos demais casos supracitados, a Suprema Corte terá jurisdição em grau de recurso, pronunciando-se tanto sobre os fatos como sobre o direito, observando as exceções e normas que o Congresso estabelecer. O julgamento de todos os crimes, exceto em casos de impeachment, será feito por júri, tendo lugar o julgamento no mesmo Estado em que houverem ocorrido os crimes; e, se não houverem ocorrido em nenhum dos Estados, o julgamento terá lugar na localidade que o Congresso designar por lei.[6]

Ana Laura Magaloni Kerpel, em texto intitulado El Poder Judicial[7], depois de fazer interessante análise sobre *El período formativo del Derecho Norteamericano (1800-1850)*, reconhece, descrevendo a *Estructura y Organización Del Poder Judicial*, que"[...] *en los Estados Unidos el organograma judicial es bastante complejo. Actualmente existen 52 sistemas de tribunales distintos: cada uno de los 50 estados, aligual que el distrito de Columbia y el gobierno federal, tienen un Poder Judicial propio e Independiente*"[8].

Em seguida, mesmo que não seja seu **objetivo analisar este vasto sistema de *tribunales***, volta-se para *La jurisdicción federal* e indaga: "*Cómo saber cuáles asuntos deben ser resueltos por un tribunal federal y cuáles por uno local*"?Adiante, ensina que

> La sección 2ª del artículo III de La Constitución estadunidense define el ámbito jurisdiccional de los tribunales federales, y lo hacen con base en elprincipio cardinal de distribución de competencias del federalismo norteamericano: la jurisdicción de los tribunales federales es *limitada*, esto es, circunscrita a determinadas materias de interes nacional. Todas las disputas que se encuentran fuera de los límites que marca La Constitución para el ejercício de la potestad jurisdiccional federal, deben considerarse como parte del âmbito *exclusivo* de la jurisdicción de los tribunales estatales. Ahora bien, de acuerdo con di-

6 Estados Unidos da América. Disponível em: <https://goo.gl/dkoykN>. Acesso em: 1 out. 2010. Consulte-se A. HAMILTON, J. MADISON Y J. Jay.**El federalista**. 4.ed. Cidade do México (MEX): Fondo de Cultura Económica, 1987.

7 KERPEL, Ana Laura Magaloni. El Poder Judicial In: CASTRO, Rafael Fernández de; BLACKMORE, Hazel (coord.). **Que es Estados Unidos?**Cidade do México (MEX): Fondo de Cultura Económica, 2008, p. 240-262.

8 Ibid., p. 247.

cho precepto constitucional, los casos que afecten a embajadores o a cualquiera otro representante de algún país extranjero, así como en los que alguna entidad federativa sea parte, laCorte Suprema debe tener *jurisdicción originaria*, es decir, conocer de los mismos en primera y única instancia. El resto de los asuntos enumerados por el artículo III, *podrán* constituir la *jurisdicción de apelación* del Tribunal Supremo. El Congreso es el que tiene que determinar la extención de dicho ámbito jurisdiccional, dentro de los límites, claro está, que marca el própio concepto constitucional. También le corresponde al Congreso definir el ámbito jurisdiccional de los tribunales federales inferiores. [9]

E vai além Magaloni Kerpel:

Así, del texto del artículo III no se puede concluir que los casos y las controversias enumerados están excluídos de la jurisdicción de todo tribunal estatal. Con excepción de los casos que conformen la jurisdicción originaria del Tribunal Supremo, el artículo III no crea un derecho constitucional a que los litígios que versen sobre las matérias enumeradas deban ser *necesariamente* resueltos por un tribunal federal. Por consiguiente, los tribunales de los estados podrán conocer de tales asuntos, a no ser que el legislador federal disponga lo contrario. En este sentido, el artículo III es ante todo una norma límite para el Congreso, al que se le otorgan poderes plenários para definir la extensión del ámbito jurisdiccional de todos los tribunales federales inferiores, así como la jurisdicción de apelación de la Corte Suprema". [10]

Por fim, ainda preocupada com a Jurisdição Federal, ensina:

El Congreso, al estabelecer por ley dicho âmbito jurisdiccional, ha ido otorgando paulatinamente a los tribunales federales la competéncia para conocer de todos los casos y controversias enumerados en el artículo III, pero solo en algunas matérias les ha concedido dicha jurisdicción en forma *exclusiva*. La regla general ha sido que en el âmbito de lajurisdicción federal exista *concurrencia* entre los tribunales estatales y federales, es decir, que la demanda se puede presentar indistintamente en un tribunal estatal o uno federal, salvo que algún precepto legal federal disponga el contrario. Asimismo, en los casos en que existe concurrencia, la parte que demanda (*the plaintiff*) es la que tiene el derecho de elegir el tribunal (federal o estatal) ante el cual va a presentar su querela – conclui[11].

9 Ibid., p. 248.

10 Ibid., p. 248-249.

11 KERPEL, op. cit., p. 249.

Antonio Carlos Pereira Menaut[12] ao escrever sobre *Los Jueces y la Revisión Judicial de la Constitucionalidad de las Leyes*, mesmo que em texto que se possa considerar longo, mas perfeitamente justificável, após referir-se ao art. III, 1 da Constituição [13], escreve que

> [...] actualmente el poder judicial federal consta de un Tribunal Supremo, once tribunales de apelación, 91 tribunales federales de distrito y tres tribunales de competencia especial. Existen además, los tribunales integrantes de los poderes judiciales de los estados miembros. [...] Este artículo da lugar a unas complejas relaciones entre los tribunales estatales y los federales. Estos últimos, en princípio, no conocen causas entabladas al amparo de las leyes de los distintos estados. En cambio, los tribunales estatales si pueden sentenciar sobre algunos pleitos que competen también a los tribunales federales. Ambas judicaturas tienen pues, jurisdicción exclusiva en algunas áreas y concurrente en otras, como en casi todos los federalismos. El sistema es distinto Del alemán (casi toda la judicatura es de los estados miembros) y del español (las comunidades autônomas no tienen judicatura alguna). Es similar al argentino, que lo imita[14].

Em seguida, já agora se voltando diretamente para *El Tribunal Supremo*, descreve-o assim:

> El Tribunal Supremo es el más alto tribunal de los Estados Unidos y El único expresamente creado por La Constitución (art. III, 1). Está compuesto por 9 miembros que actuan en uma sola sala. El Congreso está facultado para fijar el número de jueces de esta Corte (hoy, un presidente y ocho magisrados; originariamente, un presidente y tres magistrados). La función de nombrar los jueces se reparte entre El gobierno y el Senado: el presidente propone el candidato (*nomination*), el Senado lo confirma (*confirmation*), y el presidente lleva a cabo el nombramiento formal (*appointement*). Aunque no es frecuente que el Senado rechace la propositions presidencial (hasta 1997, solo em 29 ocasiones sobre un total de 138 casos), su participación en el nombramiento supone, sin embargo, un importante contrapeso frente al gobierno (recuérdense los *checks and balances*). Por otra parte, la perdida

---

12 MENAUT, Antonio Carlos Pereira. **Invitación al estudio de la Constitución de los Estados Unidos**. Santiago de Compostela (ESP): Tórculos Edicións, 1998, p. 73-81.

13 "El Poder Judicial de los Estados Unidos será conferido a un Tribunal Supremo y a aquellos tribunales inferiores que el Congreso pueda, de tiempo en tiempo, ordenar y establecer".

14 MENAUT, op. cit., p. 73-74.

de imparcialidad que podría suponer el que los nombre el presidente queda parcialmente contrarrestada porque el presidente que los nombra nunca durará más de ocho años, mientras que los jueces del Supremo ocupan el cargo por la vida. De todas maneras, mejor será un nombramiento más imparcial".[15]

E prossegue Pereira Menaut:

"*La Constitución no dice nada sobre los requisitos de los aspirantes a juez. Al elegirlos, el presidente tiene en cuenta la ideologia, la religión, y al estado de donde proceden los candidatos*".

Em clássicoLawrence Baum[16] escreve que

> [...] em certo sentido, é notável que uma tribuna seja de tal interesse na arena política. Contudo, o interesse despertado ultimamente pela Corte Suprema não é nada novo: através da maior parte da história norte-americana desde a adoção da Constituição, a Corte tem sido importante tópico de preocupação política. Este interesse não deve surpreender, à luz do papel fundamental que a Corte desempenha através de suas decisões. A Corte Suprema ajuda a resolver muitas das questões mais importantes e mais controversas nos Estados Unidos e, ao fazer isto, molda a política do Governo em áreas tão diversas como os direitos civis e a proteção do meio ambiente. O papel que a Corte Suprema desempenha torna importante a compreensão desta instituição. Quem são as pessoas que servem na Corte e como chegam lá? Como é determinado quais os casos e questões que a Corte deve decidir? Na solução dos casos que lhe são apresentados, sobre que bases a Corte escolhe entre decisões alternativas? Em que áreas de políticas ela atua e que espécies de políticas elabora naquelas áreas? Finalmente, que acontece às decisões da Corte depois que elas são formuladas oficialmente e que efeitos tais decisões têm realmente?

Adiante, Baum faz uma análise da **Perspectiva da Corte**, nos seguintes termos:

> *A Corte Suprema como um Órgão Político*. Frequentemente, as pessoas falam dos tribunais como se eles fossem, ou pelo menos devessem ser, 'não políticos'. Num sentido literal, naturalmente, isto é impossível. Os tribunais são parte integrante do Governo e, assim, são instituições políticas por definição. Mas muitas pessoas acreditam que os tribunais não são políticos no sentido em que geral-

15 Ibid., p. 74.

16 BAUM, Lawrence. **A Suprema Corte Americana**: Uma análise da mais notória e respeitada instituição judiciária do mundo contemporâneo. Rio de Janeiro: Forense-Universitária, 1987, p. 11-12.

> mente falamos de política: são afastados da corrente principal do processo político e não são influenciados pelo partidarismo e por outras considerações presumivelmente insignificantes. Por difundida que possa estar esta visão dos tribunais, ela é simplesmente imprecisa. A Corte Suprema é 'política' numa variedade de sentidos. A maior parte das pessoas nomeadas para a Corte foi, antes, participante ativa da política e, frequentemente, as nomeações são objeto de considerável disputa política. Muitas vezes, grupos de interesses ajudam a levar casos para a Corte. As percepções que os juízes têm da opinião pública e da opinião do Congresso afetam as decisões da Corte. As próprias decisões, com frequência, levam a grandes controvérsias no Governo e na Nação em geral, e os juízes podem ser atacados por membros do Congreso e por outros líderes políticos que discordam de suas políticas. Assim, é impossível compreender a Corte Suprema exceto no cotexto do processo político [...].

Vistas algumas considerações sobre a Suprema Corte dos EUA[17], passemos à análise do caso Marbury v. Madson e a atuação que nele teve John Marshall, de logo lembrando o que afirma Gustavo Binenbojm[18]:

> Quando há precisamente dois séculos, John Marshall proferiu a sua célebre decisão no caso *Marbury v. Madison*, havia mais em jogo do que apenas a supremacia da constituição escrita e a autoridade do Poder Judiciário para determinar seu sentido em caráter definitivo. De fato, essa decisão histórica inaugurou uma nova era nas relações entre a política e o direito: um experimento que propôs a combinação da noção liberal de governo limitado com a idéia democrática de soberania popular.

Adhemar Ferreira Maciel[19] depois de escrever que: "[...] há pessoas que se acham no lugar certo, na hora exata. Jamais figurariam nas páginas da História se não estivessem, naquele momento, naquele lugar [...]",acrescenta, em texto bastante oportuno e explicativo, que:

17 Vejam-se sobre o tema os livros de BAUM, Lawrence. **El Tribunal Supremo de los Estados Unidos de Norte América.** Barcelona: Librería Bosh, 1987; SOUTO, João Carlos. **Suprema Corte dos Estados Unidos**: Principais Decisões,2.ed. São Paulo: Editora Atlas, 2015.

18 BINENBOJM, Gustavo. Duzentos anos de jurisdição constitucional: as lições de *Marbury v. Madison*. **Revista Brasileira de Direito Público – RBDP**, Belo Horizonte, ano 5, n. 18, jul./set. 2007, p. 39.

19 MACIEL, Adhemar Ferreira. O caso John Marshall e o controle de constitucionalidade.**Revista de Informação Legislativa**, Brasília, ano 43, n. 172, out./dez. 2006, p. 37-44.

John Marshall (1755-1835) é um desses acasos. De pouca escolaridade em leis, pois havia frequentado ensino formal (*College of Wiliam & Mary*), por apenas 3 meses (CUSHMAN, 1993, p. 62), tornou-se figura central na criação da grande Nação norte-americana. Pode-se afirmar que os Estados Unidos não seriam, hoje, o que são se John Marshall, após a recusa de outros convidados para a presidência da Suprema Corte, não a tivesse ocupado por quase 35 anos. À evidência, não era um desconhecido qualquer quando foi convidado pelo presidente John Adams (1735-1800), federalista como ele. Era *secretary of State*. Não fazia muito, participara de uma missão diplomática na França ao lado de figuras bem mais expressivas do que ele, como Charles Pincknet (1757-1824) e Elbridge Gerry (1744-1813). Fora advogado bem sucedido em Virgínia e, como deputado, ratificara (1788), por seu Estado, a Constituição federal recém-elaborada. Destacara-se, por outro lado, na batalha sangrenta de *Valley Forge* contra as forças inglesas. Mas nada disso bastaria não fosse o acaso. Senão vejamos: John Jay (1745-1829), o primeiro presidente da Suprema Corte, que já havia deixado o cargo para ser governador de Nova York, fora novamente convidado para ocupar sua antiga cadeira na Suprema Cprte, que ficara vaga com a saída, por motivo de doença, do *chief* Oliver Ellsworth (1745-1807). Jay simplesmente recusou. William Cushing (1732-1810), que já era juiz-membro (*associate*), também já havia recusado o convite do presidente John Adams (CUSHMAN, 1993, 0o. 63). Thomas Jefferson (1734-1826), futuro presidente da República, estava de olho na vaga de Ellsworth, pois queria em seu lugar o amigo Spencer Roane (1762-1822), O presidente Adms, por outro lado, estava sofrendo pressão para por no cargo Eilliam Patterson (1745-1806), que também já era membro da Suprema Corte. Foi então que Adams resolveu acabar logo com o assunto, nomeou John Marshall, com 45 anos de idade, para a presidência da Suprema Corte dos Estados Unidos. Ninguém esperava a indicação, nem o próprio Marshall, como relatou mais tarde em suas notas autobiográficas" [20].

Conhecidas estas informações biográficas, vale lembrar que Marshall chega à Suprema Corte Americana e em 1803, decide o caso Marbury v. Madson, que se tornou **paradigma** de muitos modelos constitucionais, inclusive o brasileiro, a partir da Constituição de 1891.

De maneira geral, quando se fala em **constitucionalismo americano** e, mais especificamente, em **controle incidental de constitu-**

20 MACIEL, op. cit., p. 38.

cionalidade – como se viu - o modelo americano paradigma é John Marshall, com o caso *Marbury vs. Madison*, apontado como marco inicial de existência do princípio da **supralegalidade constitucional**.

Neste, contudo, uma questão pode ser discutida: houve ou não precedentes ao controle adotado por Marshall?

Para outra boa parte da Doutrina, a decisão 1803 um momento ímpar, inicial, mas sim, que teria sido marcado por **precedentes na História inglesa**, mesmo se sabendo ser esta caracterizada por um constitucionalismo não escrito, o que poderia ser visto como impossibilidade em falar-se de **Controle de Constitucionalidade**.

Neste sentido, Eduardo Ferrer Mac-Gregor,[21] além de outros, tem observação que merece ser trazida à colação:"costuma-se localizar o ponto de inflexão do fenômeno histórico social, em sua dimensão contemporânea, no paradigmático caso Marbury vs. Madison resolvido pela Suprema Corte dos Estados Unidos em 24 de fevereiro de 1803, pelo *Chief Justice John Mashall* e, especialmente, através da repercussão mundial da *judicial review of legislation*".

Apesar deste entendimento generalizado, lembre-se o que destaca Grant, ou seja, o controle judicial das leis não é propriamente uma invenção norte-americana, mas sim a aplicação, nas constituições escritas, dos princípios e das técnicas desenvolvidas pela *common Law* inglesa, para impedir que as corporações públicas e privadas transpusessem o campo de sua autoridade. Aliás, recorde-se que antes dessa famosa e transcendental sentença de Marshall, o tribunal de New Jersey, no caso Holmes vs. Walton (1780), resolveu um caso de inconstitucionalidade de um estatuto local e provocou, inclusive, que a legislatura aceitasse o critério, procedendo à sua reforma. Essa prática já era realizada nas entidades federativas. O Juiz Wythe, professor de Marshall e que integrava o tribunal de Apelação de Virgínia, entendia esse poder dos juízes sobre a legisla-

21 MAC-GREGOR, Eduardo Ferrer. **Direito Processual Constitucional – 1928-1956**. Curitiba: Editora Juruá, 2009, p. 71. Trata-se de uma tradução da obra Derecho procesal constitucional. MAC-GREGOR, Eduardo Ferrer. **Origen científico (1928-1956)**. Madri (ESP): Marcial Pons, 2008.

tura se ultrapassasse os limites que o povo lhe impôs na constituição (caso *Commonwealth vs. Caton*, de 1782).

Domingo García Belaunde leciona que:

> [...] en cuanto a la *matéria procesal-constitucional*, considerado dentro de ella, como significativa, el control constitucional de las normas de alto nível, es decir, de las leyes o actos com fuerza de ley. Y aqui cabe hacer alusión a hechos históricos que de una u otra manera han comprobado este tópico. Y desde este punto de vista, es difícil decir quién es el fundador, pues el mismo Cappelletti se remonta a la antigua Grecia para demonstrar la existencia de este tipo de controles, que se dan en contextos culturales distintos de los nuestros. Si avanzamos en el tiempo vemos estos elementos protectores en diversos ordenamiemtnso de la Edad Media y más adelante en el siglo XVIII y en especial en el siglo XIX. El hecho culminente que puede considerarse modélico, *aun cuando no exento de precedementes*, es la sentencia 'Marbury v. Madison' de 1803, en el cual el juez Marshall estableció, de manera irrevocable, el princípio práctico y la via adecuada para ejercer un control constitucional de las leyes. Lo de Marshall fue un paso gigante pero el no creó nada, sino que se limito, con la grandeza del genio, a configurarlo que ya existia en forma algo difusa y que sería a partir de entonce algo característico del constitucionalismo contemporaneo, y que en los Estados Unidos se llama *judicial review*, en giro intraducible a una lengua romance. La literatura norteamericana es muy abundante al respecto y ha hecho singulares aportes sobre el tema, pero ello no ha dado pie para el nacimiento de ninguna disciplina independiente, sino más bien al enriquecimiento del derecho constitucional, pues es precisamente en estos textos en donde se estudian los aportes fundamentales de Marshall y del Tribunal Supremo en general[22]. (grifo nosso).

Francisco Fernandez Segado[23],

---

22 BELAUNDE, Domingo García. Dos Cuestiones Disputadas sobre el Derecho Procesal Constitucional. In: VICTOR BAZÁN (coord.).**Derecho Procesal Constitucional Americano y Europeo**. Tomo I. Buenos Aires (ARG): Abeledo Perrot, 2010, p. 3-4.

23 FERNANDEZ SEGADO, Francisco. **La Jurisdicción Constitucional en España**. Madri (ESP): Dykinson, 1984. Dentre outros, consultem-se do mencionado autor, as seguintes obras: **La Justicia Constittucional una visión de Derecho Comparado**. Tomos I, II e III. Madri (ESP): Dykinson, 2009; FERNANDEZ SEGADO, Francisco. La Jurisdicción Constitucional en América Latina. Evolución y Problemática desde la Independência hasta 1979. **Revista do Curso de Direito - SOPECE**. Recife, ano 4, n. 1, p. 33-100, 2002; FERNANDEZ SEGADO, Francisco. La Justicia Constitucional ante el Siglo XXI: La

estudioso do tema do controle de constitucionalidade, aborda aspectos relacionados ao tema, traz à colação ***la constitución* como norma jurídica superior**, afirmando de logo que

> [...] sin embargo, nada autoriza la exclusión *a priori* de las Constituciones flexibles del âmbito del control de la constitucionbalidad, bien que la doctrina no siempre se haya mostrado de acuerdo unánimemente con tal apreciación. Y así, Maurice Duverger estima que la superioridad de la Constitución sobre la ley ordinaria solo puede establecerse si se exige um procedimiento especial, distinto al de votación de las leyes ordinárias, para modificar la Constitución; y tras ello, considera DUVERGER que el princípio de la constitucionalidad de las leyes solo puede aplicarse, en la práctica, si la violación de la Constitución por una disposición legal es constatada oficialmente y si el órgano que la constata tiene poder para sacar de ello las débidas consecuencias. La referida concepción de la Constitución es la más importante creación, con el sistema federal, del constitucionmalismo norte-americano y su gran innovación frente a la tradición inglesa de que surgió. Ello no obstante no implica olvidar que también en la tradición inglesa existia la Idea de un 'fundamental law"; y buena prueba de ello nos la ofrece la evidente influencia del Derecho Natural, que sostiene la creencia de que la conducta humana está guiada por leyes fundamentales e inmutables que tienen origen y sanción natural o divina[24].

E prossegue:

> La concepción de La Constitución como norma jurídica superior va a incorporar a su vez dos técnicas concretas que le van a dar todo su sentido; de una parte, la formalización en un documento escrito y a la vez solemme; de outra, la técnica de la 'judicial review' o 'revisión judicial'. La formalización de ese 'fundamental law' por escrito va a adquirir toda su importância en la práctica de las colonias norteamericanas: el Pacto

Progresiva Convergencia de los Sistemas Americano y Europeo-Kelseniano. **Revista Latino-Americana de Estudos Constitucionais**. Belo Horizonte, n. 4, p. 145-208,jul./dez. 2004.; FERNANDEZ SEGADO, Francisco. La Obsolescencia de la Bipolaridad Tradicional (Modelo Americano - Modelo Europeo-Kelseniano) de los Sistemas de Justicia Constitucional).**Revista Direito Público**, Porto Alegre,ano 1, n. 2, p. 55-82, out./nov./dez. 2003.

24 FERNANDEZ SEGADO, Francisco. **La Jurisdicción Constitucional en España**. Madri (ESP): Dykinson, 1984, p. 15-16. Veja-se WALUCHOW, Wilfrid J. **Una teoria del control judicial de constitucionalidad basada en el *common law*:** Un árbol vivo. Madri (ESP): Marcial Pons, 2009.

de Mayflower de 1620, las Ordenes Fundamentales de Connecticut de 1639, los llamados 'charters' o 'covenants' concedidos a las colonias entre 1620 y 1700, etc., son buenos ejemplos de lo anterior [25].

Apesar de toda esta realidade histórica, que demonstra ter sido a decisão de Marshall um passo a mais, vale lembrar, que o texto da Constituição Americana de 1787 não faz nenhuma referência ao princípio do *judicial review* e mesmo assim, nas duas vezes em que foi ele aplicado, indagava o magistrado americano se as normas constitucionais federais tinham ou não, primazia sobre a lei ordinária, respondendo afirmativamente.

Nas palavras de Marshall,

> Se uma lei está em oposição à Constituição; se ambas, a Lei e a Constituição se aplicam a um caso particular, devendo o tribunal decidir o caso, ou conforme a Lei e deixando de lado a Constituição, ou conforme a Constituição e deixando de lado a Lei, deve determinar qual de ditas regras em conflito rege o caso. Isto é da real essência do dever judicial. Se então os tribunais dão prevalência à Constituição e a Constituição é superior a todo ato ordinário da legislatura, a Constituição e não aquela lei ordinária deve reger o caso no qual ambas se aplicam. Portanto, os que controvertem o princípio de que a Constituição deve ser considerada pelo Tribunal como uma lei suprema, se vêem constrangidos pela necessidade de sustentar que os tribunais devem fechar os olhos à Constituição e ver somente a Lei. Esta doutrina subverteria o real fundamento de todas as constituições escritas.

Com estas palavras do Presidente da Suprema Corte Americana estava alicerçada a **Teoria da Supralegalidsade da Constituição** em seu aspecto jurídico: **materialmente**, nenhum preceito existe que seja superior à norma contida na Constituição; **formalmente**, nenhuma norma seria elaborada sem que preenchesse os requisitos fixados no documento maior. Nas palavras de Allan R. Brewer-Carias[26]:

25 FERNANDEZ SEGADO, op. cit., p. 17. Sobre os documentos citados e outros, veja-se GRAU, Luis. **Origenes del constitucionalismo americano**, edición bilíngue. Madri (ESP): Universidad Carlos III, 2009. 3 v.

26 CARIAS, Allan R. Brewer. **La Jurisdicción Constitucional en América Latina**, publicado na obra coletiva coordenada por GARCIA BELAUNDE, D.; FERNANDEZ SEGADO, F.

El primer aspecto que muestra la racionalidad del método difuso de control de constitucionalidad como garantía objetiva de la Constitución es el princípio de la nulidad de los actos estatales y, particularmente de las leyes que colidan con la Constitución, lo que significa que un acto estatal nulo no puede producir efectos, y no necesitaría de ningún otro acto estatal posterior para quitarle su calidad usurpada de acto estatal. Al contrario, sí otro acto estatal fuera necesario para ello, entonces la garantía no sería de nulidad del acto, sino su anulabilidad. En conclusión, en el método difuso de control de constitucionalidad, el deber de todos los jueces es el de examinar la constitucionalidad de las leyes que deban aplicar en el caso concreto, y declarar, cuando ello sea necesario, que una ley particular no debe ser aplicada a la decisión de un proceso específico que el juez esté conociendo, en razón de que es inconstitucional, la cual, por tanto, debe considerarse nula y sin valor, para la resolución del caso".

Assim, concluímos que, fundamentalmente, duas características podem ser apontadas como marcantes do **sistema americano de controle difuso**, a saber:

La Jurisdicción Constitucional en Iberoamerica.Madri (ESP): Dykinson, 1997, p. 124.

a) O controle de constitucionalidade pertence a qualquer juiz, de qualquer instância e em qualquer momento, desde que lhe pareça haver choque entre a norma a ser aplicada e a Constituição. Não obstante, o ápice do controle pertence à Suprema Corte, cujas decisões têm o caráter vinculante (*stare decisis*)[27];

b) O poder-faculdadedos juízes manifesta-se, exclusivamente, na solução do litígio que lhe é posto à decisão. Em consequência, não existe um procedimento específico de inconstitucionalidade, visto que esta é decidida dentro de um processo civil determinado. A solução é, pois, **no caso concreto**.

REFERÊNCIAS

BAUM, Lawrence. **A Suprema Corte Americana:**Uma análise da mais notória e respeitada instituição judiciária do mundo contemporâneo. Rio de Janeiro: Forense-Universitária, 1987.

BELAUNDE, Domingo García. Dos Cuestiones Disputadas sobre el Derecho Procesal Constitucional. In:

27 SESMA, Victoria Iturralde. **El Precedente en el *Common Law*.** Madri (ESP): Editorial Civitas, 1995, p. 129 et seq.

VICTOR BAZÁN (coord.).**Derecho Procesal Constitucional Americano y Europeo**. Buenos Aires (ARG): Abeledo Perrot, 2010.

BINENBOJM, Gustavo. Duzentos anos de jurisdição constitucional: as lições de *Marbury v. Madison***Revista Brasileira de Direito Público – RBDP**, Belo Horizonte, ano 5, n. 18, jul/set. 2007.

COOLEY, Thomas M. **Princípios Gerais de Direito Constitucional nos Estados Unidos da América.** Campinas: São Paulo: Russell, 2002.

KERPEL, Ana Laura Magaloni. El Poder Judicial In: CASTRO, Rafael Fernández de; BLACKMORE, Hazel (coord.). **Que es Estados Unidos?**Cidade do México (MEX): Fondo de Cultura Económica, 2008.

MAC-GREGOR, Eduardo Ferrer.**Direito Processual Constitucional – 1928-1956**. Curitiba: Editora Juruá, 2009.

MACIEL, Adhemar Ferreira. O caso John Marshall e o controle de constitucionalidade. **Revista de Informação Legislativa**, Brasília, ano 43, n. 172,out./dez., 2006.

MENAUT, Antonio Carlos Pereira. **Invitación al estudio de la Constitución de los Estados Unidos**. Santiago de Compostela (ESP): Tórculos Edicións, 1998.

SEGADO, Francisco Fernandez. **La Jurisdicción Constitucional en España**. Madri (ESP): Dykinson, 1984.

SESMA, Victoria Iturralde. **El Precedente en el *Common Law*.** Madri (ESP): Editorial Civitas, 1995.

TOCQUEVILLE, Alexis de. **A Democracia na América**. São Paulo: Martins Fontes, 1998. v. 1

IMPEACHMENT À LUZ DO CONSTITUCIONALISMO CONTEMPORÂNEO: UM NECESSÁRIO POSFÁCIO

BRUNO GALINDO

1. DAS DIFICULDADES EM ESBOÇAR UM "ESTADO DA ARTE"

Em um momento especialmente difícil para o Direito Constitucional brasileiro, é honroso e alvissareiro o convite que me foi feito pelo Presidente da Comissão Nacional de Estudos Constitucionais do Conselho Federal da Ordem dos Advogados do Brasil, Marcus Vinícius Furtado Coelho, para escrever um breve texto em homenagem a um dos maiores constitucionalistas brasileiros de todos os tempos, o Eminente Professor José Afonso da Silva. Para quem, como eu, deu seus primeiros passos no Direito Constitucional lendo seu clássico "Curso de Direito Constitucional Positivo", para depois adentrar no outro ainda mais clássico "Aplicabilidade das Normas Constitucionais" preparando minhas primeiras aulas sobre normas constitucionais quanto à eficácia, é inegável a importância que sempre teve o homenageado desta coletânea, homenagem, diga-se de passagem, de grande justiça.

Pois bem, passo a homenageá-lo escrevendo mais uma reflexão das que tenho feito desde o ano passado com a publicação do meu livro ***Impeachment* à luz do constitucionalismo contemporâneo**, nesse momento tentando pensar as consequências hermenêuticas do traumático processo ocorrido em 2016.

Como é sabido, em 31 de agosto de 2016,após praticamente nove meses desde o recebimento da Denúncia pelo então Presidente da Câmara dos Deputados Eduardo Cunha, foi concluído no Senado Federal o processo de *impeachment* da Presidente Dilma Rousseff, ocasião em que seu afastamento provisório tornou-se definitivo.

Dentre inúmeras situações inusitadas e controversas ocorridas durante o processo, o seu desfecho produziu mais duas.

A primeira: na Sessão de Julgamento, foi acolhido requerimento para votação em separado quanto à pena a ser aplicada, bifurcando a pena prevista no art. 52, parágrafo único, da Constituição, para considerar a perda do cargo em um escrutínio e a suspensão dos direitos políticos por oito anos em outro. Considerada a divisão, os senadores decidiram pela maioria constitucionalmente exigida a favor da aplicação da primeira pena e da rejeição da segunda, fazendo uma espécie de dosimetria do conteúdo do dispositivo, algo não expressamente previsto em seu texto.

A segunda: no dia 1º de setembro, tão somente um dia após a conclusão do processo, o Presidente da Câmara dos Deputados Rodrigo Maia, no exercício temporário da Presidência da República, sanciona a Lei 13.332/2016, publicada no dia seguinte. Esta lei amplia consideravelmente as possibilidades do Presidente da República editar decretos de suplementação orçamentária sem autorização prévia do Congresso Nacional. Um dia antes, a Presidente Dilma Roussef foi destituída do cargo por ter sido considerada culpada – além das chamadas **pedaladas fiscais** no caso do Plano Safra – pelocrime de responsabilidade de: editar três decretos de suplementação orçamentária, sem autorização prévia do Congresso Nacional.

Muitos dizem que estaríamos diante de um verdadeiro golpe de Estado disfarçado, percepção reforçada pela divulgação dos áudios telefônicos dos diálogos entre o Senador Romero Jucá e Sérgio Machado, assim como a recente entrevista do atual Presidente da República Michel Temer afirmando que o então Presidente da Câmara dos Deputados Eduardo Cunha teria arquivado a Denúncia se tivesse obtido os votos favoráveis do Partido dos Trabalhadores na Comissão de Ética daquela Casa[1]. Outros, que estamos em situação de plena normalidade democrática e que, apesar da crise política, as instituições estão funcionando e há melhorias institucionais, especialmente no combate à corrupção e à impunidade de criminosos.

---

1 ESTADÃO CONTEÚDO. Dilma usará entrevista de Temer como prova contra impeachment. **Exame**, São Paulo, 16 abr. 2017. Brasil. Disponível em: <https://goo.gl/DDU7sR>. Acesso: 17 abr. 2017.

As análises políticas são eivadas de passionalismo e, verdade seja dita, não é simples refletir sobre um fenômeno em meio a ele, quando os acontecimentos estão em curso. As possibilidades de falhas aumentam exponencialmente.

Traçar esse **estado da arte** é decididamente um desafio hercúleo. O único diagnóstico possivelmente consensual é o de que estamos vivendo um momento de profundas incertezas jurídicas e políticas. No campo jurídico, aparentemente a gradativa edificação dogmática e hermenêutica constitucional de mais de duas décadas de vigência da Constituição de 1988 está abalada por casuísmos interpretativos e abruptas rupturas paradigmáticas. E o processo de *impeachment* da Presidente Dilma é provavelmente o epicentro dessas questões, embora elas resvalem em outros campos da interpretação constitucional, a exemplo das mutações constitucionais em torno da presunção de não culpabilidade e das inversões processuais e procedimentais em prejuízo do réu.

Reconhecendo as dificuldades de se estar **no olho do furacão**, mas não me furtando a tentar esboçar algumas reflexões a respeito, penso ser necessária uma leitura hermenêutica e teórica do delineamento constitucional do *impeachment* no Brasil e sua (des)continuidade diante do caso Dilma, tentando, ao final, apontar algumas possibilidades de compreensão fenomênica.

2. *IMPEACHMENT*: SOBRE ANTIGAS E NOVAS POSSIBILIDADES HERMENÊUTICAS

O que comumente tem sido denominado *impeachment* (impedimento, em tradução literal do inglês) a partir da origem anglo-americana do instituto, nada mais é do que uma forma constitucional de destituição de um detentor de poder político através de um procedimento jurídico específico com fundamentos formais e materiais na própria constituição. A princípio, não se trata de golpe de Estado ou ruptura institucional, apesar de, em termos de análise política, ser possível a utilização deste e de outros mecanismos constitucionalmente previstos para disfarçar rupturas materiais e substantivas com a constituição e com o ordenamento jurídico subjacente (cf. MARTINEZ,

2013; PÉREZ-LIÑAN, 2007, p. 49 et seq.; HOLMES, 2016a).

Antes do processo de *impeachment* da Presidente Dilma Roussef, a tendência teórica predominante apontava a uma natureza mista (político-administrativa e criminal) do impedimento constitucional. Agora, a dúvida sobre sua natureza jurídica, bem como se seu caráter é o de um instrumento predominante ou exclusivamente político ou judicial penal, inevitavelmente aumenta, pois os dados da realidade constitucional não podem ser ignorados em sua interpretação, como adverte há certo tempo a metódica estruturante de Friedrich Müller (MÜLLER, 2000, p. 100 et seq.; GALINDO, 2003, p. 152 et seq.). No Brasil, isso se dá, dentre outras coisas, pela denominação e formas estipuladas para tal processo, bastante associadas às formas judiciais e terminologias correlatas[2], e, por outro lado, pelo fato de a competência jurisdicional nesse processo, ser excepcionalmente conferida a colegiados políticos em sentido estrito, já que esses julgamentos são feitos por casas parlamentares investidas de funções jurisdicionais e não por tribunais e juízes regulares.

Fazer uma leitura hermenêutica constitucional do *impeachment* exige uma reflexão sobre como os elementos clássicos e contemporâneos da interpretação jurídica estão presentes nas possibilidades de sua concretização constitucional. Para tal, precisamos de dogmática hermenêutica e de sólida fundamentação em termos de teoria da interpretação jurídica (FERRAZ JR., 2003, p. 255 et seq.). Do contrário, conquistas civilizatórias importantes do constitucionalismo, como a força normativa da constituição, a segurança jurídica, a máxima efetividade dos direitos fundamentais e a supremacia de princípios como o democrático e o republicano sucumbirão ao **canto das sereias** hermenêutico da volatilidade argumentativa da política ou da moral, ao poder momentâneo, ao argumento de autoridade e, no limite, a novas e veladas formas de autocracia. Se não se quer voltar à constituição **folha de papel** e a prevalência pura e simples dos **fatores reais do poder**, tal como já denun-

2 No Brasil, o termo "crimes de responsabilidade", usado para infrações que, em princípio, seriam político-administrativas.

ciara Ferdinand Lassalle no século XIX, ou o retrocesso de uma transformação da Carta de 1988 em uma constituição semântica no sentido *loewensteiniano* (LASSALLE, 1998, p. 51; LOEWENSTEIN, 1964, p. 218-219; GALINDO, 2015, p. 98-99).

Nesse contexto, destaquei em meu estudo que o *impeachment* se afigura como instrumento essencialmente político-criminal no contexto constitucional brasileiro, fazendo-se necessária a demonstração jurídica do cometimento de crime comum ou de responsabilidade como justa causa para o processo. Tal fundamento é imprescindível, pois o *impeachment* não serve para solução de desavenças políticas ou de substituição da disputa eleitoral, bem como não é substitutivo de voto de desconfiança ou de referendo revogatório/*recall*. Do mesmo modo, procedimentalmente, há o exercício do contraditório e da ampla defesa e a realização de juízos de admissibilidade, pronúncia e mérito, tal como em processos penais em geral, seguindo o devido processo legal, não podendo ser esse processo algo meramente ritualístico e amorfo. Em termos substantivos, para que se configure a justa causa, é necessário observar a questão da tipicidade, pois, ao menos em tese, o ato deve ser típico, antijurídico e culpável, ainda que na modalidade de crime de responsabilidade.

Todavia, com o Caso da ex-Presidente Dilma Roussef, é possível que a leitura hermenêutica feita precise sofrer uma revisão analítica.

3. O *IMPEACHMENT* DA PRESIDENTE DILMA ROUSSEF E O "CANTO DAS SEREIAS" HERMENÊUTICO: MUTAÇÃO CONSTITUCIONAL À PARAGUAIA?

Mesmo com a concretização do processo de *impeachment* no Senado com a condenação e destituição da Presidente Dilma, as consequências políticas e jurídicas desse acontecimento seguem sendo uma incógnita. As abruptas e profundas alterações em entendimentos, compreensões e conceituações acerca do fenômeno diante das referências clássicas e contemporâneas do constitucionalismo e da dogmática jurídica em geral trazem desafios enormes a uma teoria constitucional do *impeachment*.

Em termos gerais, não se pode ignorar que o *impeachment* quase sempre surge a partir de componentes políticos de grande insatisfação com o governo de vários setores políticos, econômicos e sociais. Não foi diferente nos casos brasileiros, tanto de Fernando Collor como de Dilma Roussef, coincidindo com a ausência de êxitos econômicos, gestões administrativas problemáticas e denúncias de corrupção no governo. As profundas dificuldades de negociação política com o Congresso Nacional também foram evidenciadas em ambos os casos, o que ocasionou drástica diminuição no apoio do Parlamento aos Presidentes em questão.

As semelhanças, contudo, não vão muito além. Em termos constitucionais, os dois processos foram bem diversos. Enquanto no Caso Collor, as controvérsias foram mais voltadas a questões de fundo e não dividiram significativamente a comunidade jurídica, o Caso Dilma foi extremamente polêmico, causando divisões fractais a partir da própria existência ou não de justa causa ao processo. Em termos: a própria configuração dos atos da Presidente como crimes de responsabilidade segue sendo controversa, dadas as frequentes variações hermenêuticas realizadas pelos apoiadores do *impeachment* para justificá-lo juridicamente, e, de outro lado, a reação de boa parte da comunidade jurídica, que se voltou contra tais justificativas.

Politicamente, desde o início do segundo mandato da Presidente Dilma Roussef, a sua condenação em um processo de *impeachment* foi defendida por setores da oposição (cf. MARTINS, 2015, p. 16-18). A constante deterioração nas relações políticas com o Congresso Nacional, as frequentes avarias à imagem do Governo nas investigações da Operação Lava Jato, aliadas às grandes dificuldades no campo econômico, mantiveram politicamente acesa a chama de um processo de impedimento. E, em termos jurídicos, isso ganhou considerável força com o Parecer Prévio do Tribunal de Contas da União que recomendou ao Congresso Nacional a reprovação das contas do Governo referentes ao exercício de 2014 face às chamadas **pedaladas fiscais**. Tal opinativo, embora até o momento – abrilde 2017 – pendentede aprovação pelo Congresso, foi um dos fundamentos da Denúncia protocolada pelos juristas Hélio Bicudo, Janaína Paschoal e Miguel Reale Jr. (BICUDO; REALE JR.; PASCHOAL, 2015, p. 62). Contudo, o recebimento da Denúncia foi em termos mais restritos, limitando-se às **pedaladas**[3]do ano de 2015[4]e de seis Decretos de suplementação orçamentária sem autorização prévia do Congresso Nacional, em aparente violação à CF, art. 85, V a VII, e à Lei 1079/1950, arts. 4º, V e VI; 9º, 3 e 7; 10, 6 a 9; e 11, 3.

Uma das dificuldades desse processo sempre foi a de realizar a devida filtragem hermenêutica dos dispositivos legais, interpretando-os à luz da Constituição e de seu regime político. E analisar a consistência dos principais argumentos da denúncia recebida implica em contextualizá-los adequadamente, inclusive quanto aos seus elementos interpretativos, destacadamente os elementos histórico, genético, teleológico e sistemático. Ademais, a se considerar a genealogia da Lei 1.079/1950[5], sua consequente textura excessivamente aberta e os aspectos de direito comparado da questão e concluindo pela natureza político-criminal do processo de *impeachment*, em termos constitucionais, impõe-se uma interpretação restritiva da Lei dos crimes de responsabilidade (GALINDO, 2016, p. 81-82).

Contudo, os desdobramentos concretos do processo em relação à ex-Presidente Dilma em quase nada seguiram essa leitura hermenêutica constitucional.

As **pedaladas** de 2015 referentes ao chamado Plano Safra foram um dos fundamentos jurídicos do *impeachment*. É de se registrar que à época da conclusão do processo, em agosto de 2016, sequer havia, sobre as ditas **pedaladas**,parecer prévio opinativo da Corte de Contas, nem análise do Congresso Nacional. Aliás, outro parecer, o do Ministério Público Federal, chega a expressamente afirmar a necessidade de, em relação à Tomada de Contas de 2015, "[...] se aguardar o andamento dos trabalhos do TCU antes de se

3 Prática ilegal de desinformações contábeis e fiscais.

4 Caso específico do Plano Safra.

5 O seu "DNA parlamentarista", em particular, cf. QUEIROZ, 2015.

emitir uma opinião sobre a configuração penal dos fatos e delimitação de responsabilidades"[6].

O Parecer Ministerial indica ainda que no caso dos potenciais crimes tipificados no art. 359-A do Código Penal, de modo bastante assemelhado às regras previstas na Lei de Responsabilidade Fiscal e na Lei 1079/1950, não poderia haver ampliação do conceito de **operação de crédito**, dentre outras coisas, em face do princípio da legalidade estrita e da proibição da analogia *in malam parte*. Assevera, ainda, a ausência de dolo e até mesmo a semelhança entre as **pedaladas** praticadas ao longo dos anos[7].

Em verdade, isso já fora dito por vários respeitadíssimos especialistas do cenário jurídico nacional, como Misabel Machado Derzi, Heleno Torres, Carlos Valder Nascimento, Ricardo Lodi Ribeiro, Geraldo Prado, Juarez Tavares e vários outros (Ribeiro: 2015a; Ribeiro: 2015b; Prado &Tavares: 2015). O próprio Min. Augusto Nardes, Relator do parecer prévio que recomendou a reprovação das Contas de 2014, destacou em entrevista dada ao Jornal **O Estado de São Paulo** que se trata de uma efetiva mudança paradigmática da jurisprudência do TCU[8].

Em casos como esses, em que o crime de responsabilidade é, no mínimo, algo duvidoso, a leitura hermenêutica constitucional exige do julgador a utilização de técnicas jurisprudenciais como o *prospective overruling*, que implica, com a mudança no precedente, uma mudança na solução para os casos futuros, como um alerta de que o TCU não mais toleraria a partir dali as ditas **pedaladas fiscais**, sem, no entanto, retroagir com o novo entendimento, sendo tal técnica perfeitamente aplicável em casos como o das decisões e pareceres da Corte de Contas (GUEDES; PÁDUA, 2015; SOUZA, 2006, p. 160 et seq.).

6 BRASIL. Ministério Público Federal. **Formulário de exame de admissibilidade de recursos**. 2016. Disponível em: <https://goo.gl/Kicbf2>. Acesso em: 10 set. 2016, p. 34.

7 Ibid., p. 29-31.

8 VILLAVERDE, João. 'Será muito difícil justificar distorções', diz ministro do TCU. **Estadão**, São Paulo, 3 jul. 2015. Economia & Negócios. Disponível em: <https://goo.gl/aMbKbn>. Acesso em: 21 dez. 2015.

No caso da abertura de créditos suplementares semautorização legal, parece igualmente desacertado considerá-la como fundamento a um processo de *impeachment*, como é controversa até mesmo a própria ideia de que a abertura no caso tenha sido de fato à revelia da Lei Orçamentária Anual. Por mais que seja uma execução orçamentária problemática, as revisões de metas ocorridas durante a execução do orçamento como fator tacitamente autorizativo de abertura de créditos suplementares por decreto, já que o próprio Congresso Nacional, responsável pela aprovação da lei orçamentária, modifica a meta fiscal *a posteriori*, tendo sido, aliás, o que ocorreu no caso da ex-Presidente, acarretando a convalidação legal dos referidos Decretos (cf. RIBEIRO, 2015a).

Ainda mais grave se afigura considerá-los como crime de responsabilidade se for considerado o fato de que três dos seis Decretos inicialmente em questão foram excluídos do objeto do processo após minuciosa perícia técnica realizada pelo próprio Senado Federal. Foi verificado no laudo pericial que o valor total das suplementações foi de apenas R$ 2,3 bilhões. Assim, da denúncia original, cujos decretos somavam R$ 96 bilhões, apenas R$ 2,3 bilhões permaneceram sob suspeita de terem ofendido a meta fiscal. Os três Decretos remanescentes, portanto, representaram apenas 0,1% da despesa total.

Fazer uma leitura hermenêutica constitucional do *impeachment* implica em considerar alguns imprescindíveis elementos político-constitucionais e de teoria da constituição. A tripla opção histórica do próprio povo pelo sistema presidencialista de governo –plebiscitosem 1963 e 1993 e Assembleia Constituinte em 1988 – exigeao intérprete considerar esse sistema de governo, em que há a responsabilidade presidencial republicana, mas o chefe de Estado, com legitimação popular direta, não pode ficar vulnerável a maiorias parlamentares ocasionais. Igualmente, não há em nosso sistema presidencialista, por opção do constituinte – originário e derivado – mecanismoscomo o referendo revogatório de mandato ou a autorização constitucional do *impeachment* por **mau desempenho,** como em Constituições como a colombiana, a boliviana ou a paraguaia. Em tal perspectiva, não se afigura razoável que a leitura hermenêutica da Carta de 1988 possa admitir que todo e qualquer ato presidencial que, p. ex., atente contra o cumprimento da lei ou o exercício de um direito individual seja automaticamente passível de *impeachment*. Muitas vezes, em torno de uma lei de constitucionalidade discutível o seu descumprimento poderia ser até mesmo uma atitude governamental de preservação da Constituição, o que pode vir a ser confirmado pela Suprema Corte caso, em julgamento definitivo de mérito, reconheça a inconstitucionalidade da lei descumprida.[9]

Em adendo, afirme-se que atos ilegais ou inconstitucionais cotidianamente são editados pelos poderes executivos nos três níveis da Federação. Mas para eles, o sistema normativo possui meios regulares de impugnação das ilegalidades e inconstitucionalidades, como o controle de constitucionalidade, o controle judicial da legalidade e até mesmo a sustação dos atos normativos do poder executivo que exorbitem do poder regulamentar (CF, art. 49, V). Em tais situações, é claro que o presidente da República agiu de modo ilegal ou inconstitucional, mas nem por isso se cogita fundamentar um processo de impedimento contra o chefe do executivo nacional (SANTOS, 2015; ARAÚJO; SANTOS; TEIXEIRA, 2015; NEVES, 2015, p. 31).

Diante do exposto, vê-se que é extremamente controverso caracterizar as **pedaladas fiscais** do Plano Safra e os três Decretos de suplementação orçamentária, ao final convalidados pela Lei 13199/2015, como crimes de responsabilidade (RIBEIRO, 2015b, p. 25-26). A sua reiterada e tolerada prática por governos anteriores e mesmo pelo da ex-Presidente Dilma no primeiro mandato, ainda que com diferenças quanto ao seu aspecto sistemático e quantitativo, não autoriza a sua inclusão no rol dos crimes de responsabilidade por via interpreta-

9 Tal situação ironicamente ocorreu em relação ao primeiro caso de *impeachment* que chegou a ser julgado nos EUA, em que o então Presidente Andrew Johnson escapou da condenação por um voto, em 1867. Posteriormente, lei de conteúdo bastante semelhante à que Johnson fora acusado de descumprir foi declarada inconstitucional pela Suprema Corte daquele país, em 1926, no Caso *Myers x United States* (GALINDO, 2016, p. 30; TRIBE, 2000, p. 176-178; ACKERMAN, 2001, p. 178 et seq.).

tiva em uma espécie de analogia e retroatividade *inmalam partem*. Não condiz com o Estado democrático de direito adotar posições de ampliação hermenêutica de hipóteses criminalizantes.

Apesar disso, as **pedaladas** referentes ao Plano Safra e os três Decretos de suplementação orçamentária legalizados *a posteriori* foram formalmente admitidos e aceitos pelo Senado Federal como crimes de responsabilidade e fundamentaram juridicamente a condenação da ex-Presidente. Sem aplicação de um *prospective overruling*, sem observar a legalidade e a tipicidade estritas e promovendo analogia *in malam parte*, além da retroatividade em prejuízo da ré.

Por tais razões, a ex-Presidente ingressou com mandado de segurança no Supremo Tribunal Federal contra a decisão do Senado em destitui-la do cargo. Ao mesmo tempo, outros atores políticos, especialmente partidos que antes estavam na oposição, ingressaram com outros mandados de segurança contra a aplicação **fatiada** das penas do art. 52, parágrafo único, da CF. Em ambos os casos, os Relatores, Mins. Teori Zavascki e Rosa Weber, negaram as liminares pleiteadas, mantendo, por ora, na íntegra, a decisão do Senado em ambos os aspectos.

Entretanto, a decisão interlocutória do Min. Teori Zavascki gera certa perplexidade, pois não somente exprime uma já esperada posição política de autocontenção do STF,[10] negando-se a interferir na decisão de competência constitucional de outro poder, mas adentra o mérito da questão, estipulando pela via interpretativa, verdadeira mutação constitucional[11] da construção histórica política e jurisprudencial em torno do impedimento no sistema presidencialista de governo, pois no horizonte interpretativo da referida decisão vê-se pouca proximidade a uma hermenêutica jurídica afeita ao Estado democrático de direito preconizado pela Constituição de 1988.

Curiosamente, o Ministro inicia a partir de uma premissa correta: a de que a configuração isolada de uma das condutas da Lei 1079/1950 não seria suficiente à tipificação do crime de responsabilidade, apontando para a gravidade

---

10 Sobre os conceitos de ativismo e autocontenção, cf. LIMA, 2014.

11 Cf. FERRAZ, 1986, p. 56-57; CANOTILHO, 2002, p. 1214-1216.

que teria que resultar da conduta típica. Porém, logo a seguir, afirma que a tipificação não deve se cingir aos tipos mais estritos oriundos do fechamento normativo do direito penal. Ao contrário, deve ter a possibilidade de uma imputação subjetiva alargada o suficiente para alcançar condutas diversas do Presidente da República que possam ferir a Constituição, sem se ater ao que denominou de **transposição acrítica** dos padrões jurídicos do direito penal. Veja-se especialmente essa passagem:

> Ocorre que a configuração, isoladamente, de uma das condutas previstas entre os arts. 5º e 11 da Lei 1.079/50, tampouco haverá de ser necessariamente suficiente para resultar na decretação do impedimento de um Presidente da República. A tipificação de um crime de responsabilidade deve capturar uma realidade que vai muito além da microdelinquência, para ser capaz de indicar um descompromisso grave com as responsabilidades inerentes ao cargo de Presidente da República, refletindo uma aguda perturbação de bens jurídicos cardeais para o funcionamento da República e da Federação. Justamente por isso, ela não deve mimetizar à risca a racionalidade aplicada nos domínios do direito penal, que exige um fechamento normativo mais estrito das condutas hipotetizadas pelos "tipos incriminadores". O "tipo de responsabilidade", diferentemente, deve ser capaz de clinicar uma espécie de realidade aumentada, provendo elementos que permitam uma imputação subjetiva com suficiente clareza da conduta, sem perder a sensibilidade para as consequências que decorreram deste ato para preceitos fundamentais da Constituição Federal, dentre os quais aqueles sediados nos incisos do art. 85 da CF. São estes os bens jurídicos imediatamente tutelados pelas normas que definem os crimes de responsabilidade e o processo de *impeachment*, o que torna inadequada a transposição acrítica, para esses institutos, do estreitamento dogmático que caracteriza os padrões jurídicos do direito penal, voltados à proteção de direitos pessoais fundamentais, notadamente os relacionados à liberdade de ir e vir (BRASIL. Supremo Tribunal Federal.Medida Cautelar de Mandado de Segurançanº 34.371-DF, Tribunal Pleno. Relator: Min. Teori Zavascki. Brasília, 8 de setembro de 2016.**Diário de Justiça**: 8 set. 2016).

Ao privilegiar tais aspectos, parece que estiveram ausentes do horizonte hermenêutico do saudoso Ministro o princípio democrático, a soberania popular e a proteção constitucional ao exercício de determinados cargos contra a ingerência política indevida e sem presença de uma justa causa, incluídas aí garantias relevantes da sociedade em relação a esses cargos, como a vitaliciedade da magistratura, a estabilidade do servidor público efetivo e o mandato dos representantes e governantes eleitos pelo povo. São bens jurídico-constitucionais tão relevantes quanto todos aqueles elencados no art. 85 da CF e não podem ser tão solenemente ignorados na interpretação de um mecanismo como o *impeachment*.

Na esteira da lição de Ingo Sarlet, faz sentido admitir conceitos constitucionais materialmente abertos quando tratamos de direitos fundamentais, especialmente a abertura preconizada por um dispositivo como o art. 5º, § 2º, da Carta de 1988, considerando direitos fundamentais implícitos e decorrentes do regime e dos princípios constitucionais, exatamente para incluir o que não foi expressamente previsto nos textos constitucionais, mas que se compatibilizam com suas diretrizes normativas (SARLET, 2006, p. 92 et seq.). Contudo, permitir essa **abertura material** no sentido inverso, parece demasiado perigoso para bens jurídico-constitucionais tão relevantes como os referidos.

Sendo a Lei 1.079/1950 tão lacônica, o intérprete que tenha no horizonte hermenêutico o Estado democrático de direito preconizado pela Carta de 1988 precisaria adotar exatamente o oposto do que fez o Ministro: primar pelo respeito às garantias, à presunção constitucional de inocência – *indubio pro reo* – eà soberania popular expressa nas eleições periódicas, pois pelo demonstrado, o *impeachment* presidencialista não se desenvolveu com a ideia de deixar o presidente vulnerável a maiorias parlamentares de ocasião, mas de possibilitar sua responsabilização em graves situações de convergência política e jurídica pela sua destituição, não se admitindo que apenas um desses dois aspectos esteja presente para que ocorra uma condenação.

Desse modo, a tendência demonstrada pela decisão interlocutória do Min. Teori Zavascki é a de uma mutação constitucional à paraguaia inspirada no precedente do ex-Presidente Fernando Lugo naquele país. Porém, com um agravante: diferentemente da Constituição do Paraguai que prevê expressamente o *mal desempeño de sus funciones* como justa causa ao seu*juicio politico* (art. 225), não há essa mesma previsão constitucional em nossa Carta, o que deixa ainda mais frágeis os fundamentos especificamente jurídicos do *impeachment* da ex-Presidente Dilma Roussef (cf. GALINDO, 2016, p. 35 et seq.; BALBUENA PÉREZ, 2013, p. 380 et seq.; LEZCANE CLAUDE, 2012).

4. INDAGAÇÃO FINAL: HERMES CONTROLARÁ ULISSES DESAMARRADO?

Imaginando que o Deus grego Hermes chegasse do Olimpo em plena travessia da nau grega pelo golfo das sereias descrita na Odisseia de Homero e, confiante na força da virtude do herói Ulisses, aceitasse seu pedido e o desamarrasse, permitindo-lhe plena liberdade ao ouvir o canto delas, o que aconteceria? Como seria a substituição da inteligibilidade e racionalidade da *hermeneia* pela sedução avassaladora do canto mágico letal das fadas marinhas?

Alegoricamente, é essa a encruzilhada em que se encontra o Direito Constitucional brasileiro após o *impeachment* e todo o recrudescimento teórico a uma hermenêutica constitucional de cariz autoritário e baseada em argumentos de moral e de política *stricto sensu*, cada vez mais distante do modelo republicano, democrático e humanista preconizado pelo *rule of law* da Carta de 1988. A elasticização das possibilidades de interpretação punitivista com base em uma confiança irrestrita nos agentes **da lei e da ordem** pode solapar o pouco que consolidamos em termos de hermenêutica constitucional do Estado democrático de direito e conduzir os direitos fundamentais e a democracia, binômio civilizatório constitucional essencial, a uma situação de significativa constitucionalização simbólica ou de efeitos **hipertroficamente simbólicos** das normas constitucionais em detrimento das "[...] expectativas normativas congruentemente generalizadas" (NEVES, 2007, p. 95 et seq.; GALINDO, 2006, p. 144-145). Ou ainda, de uma guinada paradigmática no caminho de uma semantização *loewensteiniana* da Constituição de 1988.

E o STF, tal como ocorre com os tribunais de democracias não consolidadas e intérpretes de constituições nominalistas ou semânticas, comportou-se na maior parte do tempo de modo omissivo ou mesmo colaborativo com esse **estado da arte**, com a exceção, talvez, de sua decisão na Arguição de Descumprimento de Preceito Fundamental 378 sobre parte dos procedimentos (GALINDO, 2016, p. 96 et seq.). Assim também ocorreu em recentes crises políticas de idêntica controvérsia, como as de Honduras e do Paraguai, nos episódios da deposição de Manuel Zelaya e do *juicio politico* de Fernando Lugo. Não à toa, também nesses países se desenvolveu uma **narrativa de golpe de Estado**, tal como vem ocorrendo também no Brasil, com sérios questionamentos acerca da legitimidade do processo (PRONER, 2016, p. 69-72).

Em minha modesta percepção, o STF permitiu, conscientemente ou não, a abertura de uma **Caixa de Pandora** que pode consolidar essa mutação constitucional à paraguaia, sob a qual a decisão jurídica torna-se mera questão competencial e pode ser feita de acordo com argumentos de política e de moral *stricto sensu*, com cada vez menos espaço à leitura hermenêutica constitucional do Estado Democrático de Direito, tal como destacou Lenio Streck:

> Assim eu pergunto: qual a diferença da postura daquele que defende ser o ato de decisão do Congresso – no caso de *impeachment* – puramente político-ideológico, de um jurista que admite raciocínios puramente consequencialistas no ato de uma decisão judicial qualquer? Um parlamentar pode decidir o futuro da nação "conforme a sua consciência individual", ou melhor, "mera conveniência político-eleitoral"? Ele pode ignorar "o jurídico"? O político se basta? O discurso moral supera o direito?
> A partir da tese (aceita por considerável parcela dos juristas) de que o *impeachment* é um instituto político (e não jurídico), não há diferença alguma para o decisionismo historicamente praticado pelas cortes brasileiras, e aquilo que é sustentado por muitos doutrinadores. Tudo se transforma em raciocínios consequencialistas, do tipo "decido e depois busco o fundamento para justificar a escolha (arbitrária) (STRECK, 2016, p. 228).

Quiçá possamos ainda contar com Hermes para controlar Ulisses desamarrado e inebriado com o sedutor e mortífero canto das sereias de um constitucionalismo potencialmente semântico.

REFERÊNCIAS

ACKERMAN, Bruce. **We the people 2**: transformations. Massachusetts

(EUA): Belknap Press of Harvard University Press, 2001.

ANASTASIA, Antonio. **Relatório Final no Processo de *Impeachment* da Presidente Dilma Rousseff**, 2016.

ARAÚJO, Marcelo Labanca; SANTOS, Gustavo Ferreira; TEIXEIRA, João Paulo Allain. **Sobre o impeachment**. 7 dez. 2015. Disponível em: <https://goo.gl/w7DFQg>. Acesso em: 16 dez. 2015.

BALBUENA PÉREZ, David-Eleuterio. El juicio político en la Constitución paraguaya y la destitución del Presidente Fernando Lugo. **Revista de Derecho Político**, Madri, n. 87, p. 355-398, 2013.

BICUDO, Hélio Pereira; REALE JR., Miguel; PASCHOAL, Janaína Conceição. **Denúncia contra a Presidente da República Dilma Vana Rousseff**, 2015.

BRASIL. Ministério Público Federal. **Formulário de exame de admissibilidade de recursos**. 2016. Disponível em: <https://goo.gl/Kicbf2>. Acesso em: 10 set. 2016.

BROSSARD, Paulo. **O impeachment**, 3. ed. São Paulo: Saraiva, 1992.

CANOTILHO, José Joaquim Gomes. **Direito Constitucional e Teoria da Constituição**,6. ed. Coimbra (POR): Almedina, 2002.

ESTADÃO CONTEÚDO. Dilma usará entrevista de Temer como prova contra impeachment. **Exame**, São Paulo, 16 abr. 2017. Brasil. Disponível em: <https://goo.gl/DDU7sR>. Acesso: 17 abr. 2017.

FERRAZ, Anna Candida da Cunha. **Processos informais de mudança da Constituição**. São Paulo: Max Limonad, 1986.

FERRAZ JR., Tércio Sampaio. **Introdução ao Estudo do Direito**: Técnica, Decisão, Dominação. 4. ed. São Paulo: Atlas, 2003.

GALINDO, Bruno. ***Impeachment* à luz do constitucionalismo contemporâneo**. Curitiba: Juruá, 2016.

________. Constitucionalismo e justiça de transição: em busca de uma metodologia de análise a partir dos conceitos de autoritarismo e democracia. **Revista da Faculdade de Direito da Universidade Federal de Minas Gerais**, Belo Horizonte, n. 67, p. 75-104, 2015.

________.**Direitos fundamentais**: análise de sua concretização constitucional. Curitiba: Juruá, 2003.

GUEDES, Jefferson Gadús; PÁDUA, Thiago Aguiar de. Pedaladas jurisprudenciais do TCU ou prospective overruling? **Revista Consultor Jurídico**, São Paulo, 16 ago. 2015. Opinião. Disponível em: <https://goo.gl/DJYDi8>. Acesso em: 11 dez. 2015.

HOLMES, Pablo. Por que foi um golpe. **Crítica Constitucional**, [s. l.], [2016]. Blog. Disponível em: <https://goo.gl/yCz7ZD>. Acesso em: 04 set. 2016.

HOMERO. **Odisséia**,3.ed. [S. l.]: eBooks-Brasil, 2009.

LASSALLE, Ferdinand. **A essência da constituição**, 4. ed. Rio de Janeiro: Lumen Juris, 1998.

LEZCANO CLAUDE, Luis. Sobre el "juicio político" al Pdte. Fernando Lugo Méndez. **Luislezcanoclaude**, [Assunção], 27 jun. 2012. Blog. Disponível em: <https://goo.gl/XaD9tB>. Acesso: 4 set. 2016.

LIMA, Flávia Santiago. **Jurisdição constitucional e política**: ativismo e autocontenção no STF. Curitiba: Juruá, 2014.

LOEWENSTEIN, Karl. **Teoría de la Constitución**. Barcelona (ESP): Ariel, 1964.

MARTINEZ, Rafael. El juicio político en América Latina: un golpe de estado encubierto. **Condistintosacentos**: investigación y reflexión sobre América Latina, Salamanca, 10 jul. 2013. Ciencia Política. Disponível em: <https://goo.gl/UPq4A7>. Acesso em: 22 dez. 2015.

MARTINS, Ives Gandra da Silva. **Responsabilidade dos agentes públicos por atos de lesão à sociedade** – inteligência dos §§ 5º e 6º do artigo 37 da CF – improbidade administrativa por culpa ou dolo – disciplina jurídica do 'impeachment' presidencial (artigo 85 inciso V da CF) – Parecer, 2015.

MÜLLER, Friedrich. **Métodos de trabalho do direito constitucional**, 2. ed. São Paulo: Max Limonad, 2000.

NEVES, Marcelo. **Parecer sobre *impeachment***, 2015.

________.**A constitucionalização simbólica**, 2. ed. São Paulo: WMF Martins Fontes, 2007.

PÉREZ-LIÑAN, Aníbal. Presidential impeachment and the new political instability in Latin America. Cambridge (ING): Cambridge University Press, 2007.

PRADO, Geraldo; TAVARES, Juarez. **Parecer sobre *impeachment***, 2015.

PRONER, Carol. Golpe branco no Brasil: Dilma alerta na ONU. In: ________. et al. (org.). **A resistência ao golpe de 2016**. Bauru: Canal 6, p. 69-73, 2016.

QUEIROZ, Rafael Mafei Rabelo. Impeachment e Lei de Crimes de Responsabilidade: o cavalo de Troia parlamentarista. **Estadão**, São Paulo, 16 dez. 2015. Disponível em: <https://goo.gl/Z6tRVX>. Acesso: 17 dez. 2015.

RIBEIRO, Ricardo Lodi. Pedaladas hermenêuticas no pedido de impeachment de Dilma Rousseff.**Revista Consultor Jurídico**, São Paulo, 4 dez. 2015. Opinião. Disponível em: <https://goo.gl/W7bAPP>. Acesso em: 11 dez. 2015.

________.**Parecer sobre o Pedido de *Impeachment* da Presidente Dilma Rousseff**, 2015.

SANTOS, Gustavo Ferreira. Processo de impeachment é político? **Diário de Pernambuco**, Recife, 19 dez. 2015.

Opinião. Disponível em: <https://goo.gl/E9NXo1>. Acesso: 20 dez. 2015.

SARLET, Ingo Wolfgang. **A eficácia dos direitos fundamentais**, 6. ed. Porto Alegre: Livraria do Advogado, 2006.

SOUZA, Marcelo Alves Dias de. **Do precedente judicial à súmula vinculante**. Curitiba: Juruá, 2006.

STRECK, Lenio Luiz. A questão de teorias jurídicas meramente descritivas ou de como o positivismo jurídico influencia na crise política brasileira. In: PRONER, Carol et al. (org.). **A resistência ao golpe de 2016**. Bauru: Canal 6, p. 221-228, 2016.

TRIBE, Laurence. **American constitutional law**, 3. ed. Nova Iorque (EUA): New York Foundation Press, 2000. v. 1.

VILLAVERDE, João. 'Será muito difícil justificar distorções', diz ministro do TCU. **Estadão**, São Paulo, 3 jul. 2015. Economia & Negócios. Disponível em: <https://goo.gl/aMbKbn>. Acesso em: 21 dez. 2015.

O IMPACTO DOS PERFIS INSTITUCIONAIS NA INTERPRETAÇÃO JURÍDICA

CARLOS BOLONHA
NURIA LÓPEZ
IGOR DE LAZARI

Dentre seus muitos trabalhos de relevo, José Afonso da Silva reconhece em **Aplicabilidade das Normas Constitucionais** um papel ímpar para o desenvolvimento da teoria constitucional brasileira.[1] Neste livro, lançado em 1968, o jurista brasileiro defendia que a interpretação jurídica é "[...] problema que envolve vigência e eficácia jurídica das normas constitucionais, seu valor jurídico, seu significado na ordem jurídica presente".[2]O cerne de sua tese era precisamente o reconhecimento de que"[...] não há norma constitucional alguma destituída de eficácia. Todas elas irradiam efeitos jurídicos, importando sempre uma inovação da ordem jurídica preexistente à entrada em vigor da constituição a que aderem e a nova ordenação instaurada".[3]O tempo soube reconhecer a ousadia e a importância da mensagem trazida por sua tese naquele contexto político especial no plano constitucional. Com a redemocratização e a Constituição de 1988, o tema da aplicabilidade das normas constitucionais ganhou ainda mais força.

Com efeito, se todas as normas têm *alguma* eficácia e irradiam seus efeitos por todo o ordenamento jurídico, com a nova Constituição restava saber em que medida se dava as eficácias de tais normas e como elas deveriam ser aplicadas na resolução de conflitos concretos. De fato, o debate sobre a interpretação constitucional, isto é, a discussão sobre o sentido e o al-

1 SILVA, José Afonso da. **História Oral do Campo Jurídico em São Paulo**, Entrevista: 12 de junho 2012, 12º Bloco, FGV-CPDOC. Disponível em< https://goo.gl/Mro2jE>. Acesso em: 4abr. 2017.

2 SILVA, José Afonso da. **Aplicabilidade das normas constitucionais**. São Paulo: Malheiros, 2003, p.36

3 Ibid., p.81

cance das normas constitucionais, protagonizou o estudo do Direito Constitucional brasileiro. Propostas neoconstitucionalistas como as de Luís Roberto Barroso[4];o reconhecimento da eficácia horizontal dos direitos fundamentais e a preocupação metodológica presente na aplicação da otimização dos princípios, em Virgílio Afonso da Silva[5] e noentendimento de Humberto Ávila[6], avançaram, mas também encontraram fortes dissonâncias em trabalhos relevantes como os de LênioStreck[7], que apontavam os excessos na utilização dos **princípios** ou **panprincipiologismo**e a necessidade de parâmetros positivos na interpretação jurídica.Mais ainda, a discussão deMarcelo Neves[8], que, sob uma perspectiva sistêmica Luhmaniana, concluía que esses excessos esvaziariam o conteúdo semântico dos princípios, que já não seriam referências (internas ou externas ao sistema), tornando-os meros *topoi*, valores simbólicos zero. Assim, quase cinquenta anos depois da obra precursora de José Afonso da Silva – equase trinta anos após a promulgação da Constituição de 1988 – opanorama da interpretação jurídica no Brasil alcançou um enorme espectro hermenêutico e não

---

4 BARROSO, Luís Roberto. **Curso de DireitoConstitucionalContemporâneo**. São Paulo: Saraiva, 2011.; BARROSO, Luís Roberto. Neoconstitucionalismo e o constitucionalização do Direito - o triunfo tardio do direito constitucional no Brasil. In: QUARESMA,Regina; OLIVEIRA, Maria Lúcia de Paula; OLIVEIRA, Farlei Martins Riccio de. **Neoconstitucionalismo**. Rio de Janeiro: Forense, 2009.

5 SILVA, Luís Virgílio Afonso da. **Interpretação Constitucional**. São Paulo: Malheiros, 2007; e SILVA, Luís Virgílio Afonso da. **Direitos fundamentais**: conteúdo essencial, restrições e eficácia. São Paulo: Malheiros, 2009.

6 ÁVILA, Humberto. **Teoria dos Princípios**: da definição à aplicação dos princípios jurídicos. 10. ed. São Paulo: Malheiros, 2009.

7 STRECK, Lenio Luiz. As recepções teóricas inadequadas em "terrae brasilis". **Revista de Direitos Fundamentais e Democracia**,Curitiba, v. 10, p. 2-37, 2011; STRECK, Lenio Luiz.**Hermenêutica Jurídica e(m) crise**: uma exploração hermenêutica da construção do direito. Porto Alegre: Livraria do Advogado, 2011; STRECK, Lenio Luiz.**Jurisdição constitucional e hermenêutica**: uma nova crítica do direito. Rio de Janeiro: Forense, 2003; e STRECK, Lenio Luiz. **Verdade e consenso**: Constituição, hermenêutica e teorias discursivas. São Paulo: Saraiva, 2011.

8 NEVES, Marcelo. **Entre Hidra e Hércules**: princípios e regras constitucionais. São Paulo: WMF Martins Fontes, 2013.

deixou calar a questão sobre **como aplicar as normas constitucionais**.

Este breve artigo traça uma construção sistêmica e descritiva da aplicação das normas constitucionais e pretende contribuir para a compreensão do tema – desde o sujeito até as instituições.

Antes de tudo, faz-se necessário um passo atrás para reconhecer que a interpretação de normas jurídicas, e, em última instância, do Direito, tem sua razão de ser na resolução de conflitos sociais que "[...] ocorrem em situação de comunicação de agentes que, por pressuposto, são simultaneamente emissores e receptores de mensagens; conflitos aparecem então como interrupções na interação, [...] criando expectativas desiludidas"[9]. Os sujeitos então podem utilizar as normas jurídicas para ter atendidas suas expectativas desiludidas. Dado o imenso espectro de possibilidades hermenêuticas em cada caso concreto não é possível apontar *a priori* quais**regras de calibração**[10] serão utilizadas na resolução do conflito em questão. Este parece ser, porém, o desafio a que se dedica a doutrina brasileira, que, apesar de reconhecer a impossibilidade de prévia definição das ideais regras interpretativas, busca na prática, ainda que pontualmente, apontar antecipadamente os **melhores procedimentos interpretativos**possíveis, isto é, a melhor interpretação abstratamente alcançável – a interpretação **primeiro-melhor** *(first-best)*[11].

9 FERRAZ JR., Tercio Sampaio. **Introdução ao estudo do Direito**: técnica, decisão, dominação. São Paulo: Atlas, 2013, p. 288-289.

10 FERRAZ Jr. Tercio Sampaio. **Teoria da Norma Jurídica**. Rio de Janeiro: Forense, 2003.

11 De acordo com Adrian Vermeule, podem ser identificados dois estilos de teoria interpretativa, *first-best* e *second-best*. A teoria first-best, ou primeiro-melhor, se preocupa com os objetivos últimos da interpretação jurídica: o intérprete ideal deveria tentar realizar a leitura de normas constitucionais e infraconstitucionais de modo que atribuam o melhor sentido aos preceitos jurídicos, que estejam de acordo com as melhores teorias teóricas e semânticas, que se adéquem à lógica estrutural da Constituição. Por outro lado, a teoria second-best, ou segundo-melhor, pergunta como intérpretes não ideais do Direito poderiam proceder à luz de profundos desacordos sobre teorias primeiro-melhor concorrentes e dos constrangimentos institucionais e condições políticas reais existentes no sistema jurídicos. VERMEULE, Adrian. **Judging under Uncertainty**: an Institutional Theory of Legal Interpretation. Nova Jersey (EUA): Harvard University Press, 2006, p. 147.

Todavia, cada um dos sujeitos envolvidos, a partir de suas próprias experiências, enxergará diversas possibilidades de **significados pragmáticos** para as normas jurídicas em questão – e elegerá o que for mais útil às suas expectativas, pois a atividade hermenêutica, enquanto atividade humana "[...] é orientada pelo objetivo e é instrumental e que os atores individuais e institucionais tentam promover ao máximo a realização de seus objetivos"[12].Assim, ao decidir por um significado pragmático realiza-se uma "[...] performance interpretável como um lance em um jogo discursivamente estruturado, governado por regras que definem obrigações, proibições e autorizações, em que a cada lance se associa, em função das regras do jogo e dos lances passados, uma certa constelação de qualificações normativas"[13].Isso já demonstra que a interpretação não será, de regra, a primeira-melhor (*first-best*), mas, ao revés, a segunda-melhor (*second-best*), isto porque, minimamente, será afetada pelas preferências individuais do intérprete e pelos seus subjetivismos.

Se pudermos imaginar uma multiplicidade desses sujeitos interagindo, teremos um sistema complexo e dinâmico de interações sociais, que pode inclusive ser descrito muito abstratamente. Reconhecendo-se a relevância histórica da inauguração do debate sobre a interpretação, José Afonso da Silva não pôde antecipar as dinâmicas atuais dos processos intepretativos e decisionais vinculados a uma nova perspectiva institucional. Esta percepção atrai a necessidade de realização de abordagem institucionalista, que realmente leve a sério as particularidades reais da decisão, notadamente aquelas relacionadas às preferências do hermeneuta e às suas **capacidades institucionais**.

A análise institucional passa a ser relevante porque "[...] pode permitir que intérpretes que possuem diferentes compromissos interpretativos convirjam para regras interpretativas determinadas, afastando-sede desacordos sobre suas preferências primeiro-

12 TSEBELIS, George. **Jogos Ocultos**: escolha racional no campo da política comparada. São Paulo: Editora da USP, 1998, p. 21.

13 PUGLIESI, Márcio. **Teoria do direito**. 2. ed. São Paulo: Saraiva, 2009.

melhores"[14].Este parece ser o desafio maior da doutrina interpretativa atual: definir regras e normas de interpretação que, baseadas nas limitações institucionais dos intérpretes, possam servir de orientação ampla e irrestrita para o hermeneuta. Determinar que o julgador deveatribuir à norma sua **máxima efetividade**não parece significar muito se o julgador não puder identificar, ao menos, a pretensão do ditame normativo ou seuslimites interpretativos. Na sua limitação, o julgador poderá, inclusive, desvirtuar o preceito. Portanto, a análise institucional sugere que os intérpretes deverão alcançar algum acordo, ainda que incompleto, sobre determinada doutrina interpretativa pertinente, ainda que da sua aplicação não resulte a interpretação primeiro-melhor: é preferível que se alcancem níveis não máximos de efetividade da norma a partir da adoção de alguma doutrina interpretativa sobre a qual se possui amplo consenso e que leve a sério as capacidades institucionais dos agentes à mínima efetividade da norma, oriunda da adoção de alguma doutrina reputada, individualmente, a melhor doutrina, ou, ainda, a doutrina primeiro-melhor.

Reafirma-se a necessidade desta análise pelo fato de que cada instituição é constituída por um conjunto de sujeitos, de forma que cada instituição terá uma agenda própria, um papel constitucional, mas tudo isso influencia e é influenciado pelos sujeitos que a compõe e suas próprias opções. Dupuy alerta que esse **passo adiante**, da construção do modelo de um sujeito para a construção de um sistema coletivo institucionalizado,é uma **especularidade infinita**[15] em que os sujeitos planejam suas estratégias individuais, limitados pelo que podem compreender, objetivando situações que eles entendem como mais úteis às suas expectativas. Isto porque o sistema constitucional se compõe de diferentes níveis de agregação: indivíduo-in-

14 VERMEULE, Adrian; SUNSTEIN, Cass. Interpretation and Institutions. **John M. Olin Law & Economics Working Paper**, California, n. 156, 2002, p. 4.

15 DUPUY, Jean-Pierre. **Introdução às Ciências Sociais**: Lógica dos Fenómenos Colectivos.Lisboa (POR): Editora Piaget, 2001, p.131.

divíduo, indivídio-instituição ou instituição-instituição.[16]

Sempre que uma expectativa é desiludida[17], mesmo em um nível institucional, pode-se dar esse passo adiante para enxergar a instituição constituída por sujeitos específicos, individualizados, em cada determinado momento do tempo ocupando uma posição específica, optando por um dos muitos significados pragmáticos que as diversas teses hermenêuticas têm oferecido, ao passo que, idealmente, deveriam buscar consensos interpretativos mínimos.

Na prática institucional atual, sobretudo no âmbito judicial, cada um desses sujeitos dá os lances que puder para atingir o significado pragmático da norma jurídica que lhe for mais útil, é dizer, que lhe oferecer uma melhor posição no *design* institucional[18]. O tema ganha ainda mais relevância em uma jovem democracia como a brasileira, na qual essas posições e papeis de poder ainda estão sendo avidamente disputados. Isto é, em um contexto de tamanho espectro hermenêutico para a interpretação constitucional permitindo **n**opções de significados pragmáticos para um caso específico, é grande a oferta de possibilidades de escolha para cada um dos sujeitos –individuaisou institucionais, coletivos – envolvidos.

Tudo isso revela a absoluta ausência de parâmetros ou referenciais interpretativos *a priori* na práxis hermenêutica brasileira. Não é de se negar que distintas doutrinas poderão ser adotadas para diferentes hipóteses. Isso decorre, além das **particularidadesfactuais**, das **capacidadesinstitucionais** dos decisores[19]. Falta, porém, a superação da supresa e imprevisibilidade interpretativas. **Do postulado não decorrem naturalmente as premissas**: definir os princípios - incluindo-se o da **máxima efetividade das normas constitucionais** – nãoé

16 VERMEULE, Adrian. **The System of the Constitution.** Oxford (ING): Oxford University Press, 2012.

17 FERRAZ JR., Tercio Sampaio. **Introdução ao estudo do Direito:** técnica, decisão, dominação. São Paulo: Atlas, 2013, p. 288-289.

18 PUGLIESI, Márcio; MONACO, Luciano del.; CABALEIRO SUÁREZ, Nuria López. A conjectura sistêmica: os jogos de poder na federação resiliente. **Revista ABRASD**, Recife, v. 1, p. 133-147, 2014

19 VERMEULE, Adrian. Three Strategies of Interpretation. **San Diego Law Review**, San Diego, n. 42, n. 607, 2005.

bastante para realizá-los. Isto depende de amplo consenso acerca de inexistentes **parâmetros** e **cláusulas**, que orientem e preordenem a prática interpretativa, de forma a traçar um espaço de mobilidade para a dinâmica institucional. Nota-se, portanto, que o debate inaugurado por José Afonso da Silva preserva sua pertinência e relevância, assumindo, porém, novos perfis instritucionais na atualidade, que merecem aprofundadas e inéditas discussões.

REFERÊNCIAS

ÁVILA, Humberto. **Teoria dos Princípios**: da definição à aplicação dos princípios jurídicos. 10. ed. São Paulo: Malheiros, 2009.

BARROSO, Luís Roberto. **Curso de Direito Constitucional Contemporâneo**. São Paulo: Saraiva, 2011.

________. Neoconstitucionalismo e o constitucionalização do Direito - o triunfo tardio do direito constitucional no Brasil. In: QUARESMA, Regina; OLIVEIRA, Maria Lúcia de Paula; OLIVEIRA, Farlei Martins Riccio de. **Neoconstitucionalismo.** Rio de Janeiro: Forense, 2009.

BEDNAR, Jenna. **The Robust Federation**: principles of design.Cambridge (ING): Cambridge University Press, 2009.

FERRAZ Júnior, Tercio Sampaio. **Estudos de Filosofia do Direito**: reflexões sobre a poder, a liberdade, a justiça e o direito. São Paulo: Atlas, 2009.

________.**Introdução ao estudo do Direito**: técnica, decisão, dominação. São Paulo: Atlas, 2013.

________.**Teoria da Norma Jurídica**. Rio de Janeiro: Forense, 2003.

LIPSEY, Richard G.; LANCASTER, Kelvin. The General Theory of Second Best. **ReviewofEconomicStudies**, Estocolmo, v. 24, n. 11, 1956.

PUGLIESI, Márcio. **Filosofia Geral e do Direito**.São Paulo: Ícone, 2013 (prelo).

________.Hermenêutica e Questões de Método em Direito. **Revista Sapere Aude**, Belo Horizonte, p. 1-23, maio 2013.

________.**Sujeito**: traços de um projeto burguês.2008. 476 f. Tese (Doutorado em Filosofia)-Pontifícia Universidade Católica de São Paulo, São Paulo, 2008.

________.**Teoria do direito**. 2. ed. São Paulo: Saraiva, 2009.

________.; MONACO, Luciano del.; CABALEIRO SUÁREZ, Nuria López. A conjectura sistêmica: os jogos de poder na federação resiliente. **Revista ABRASD**, Recife, v. 1, p. 133-147, 2014.

SCHUARTZ, Luis Fernando. Norma,

contingência e racionalidade - estudos preparatórios para uma Teoria da Decisão Jurídica. Rio de Janeiro: Renovar, 2005.

SILVA, José Afonso da. Aplicabilidade das normas constitucionais. São Paulo: Malheiros, 2003.

________.**História Oral do Campo Jurídico em São Paulo**, Entrevista: 12 de junho 2012, 12º Bloco, FGV-CPDOC. Disponível em: <https://goo.gl/Mro2jE>. Acesso em: 4 abr. 2017.

SILVA, Virgílio Afonso da. **Interpretação Constitucional**. São Paulo: Malheiros, 2007, p. 139.

STRECK, Lenio Luiz. As recepções teóricas inadequadas em "terrae brasilis". **Revista de Direitos Fundamentais e Democracia**, Curitiba, v. 10, p. 2-37, 2011.

________.**Hermenêutica Jurídica e(m) crise**: uma exploração hermenêutica da construção do direito. Porto Alegre: Livraria do Advogado, 2011.

________.**Jurisdição constitucional e hermenêutica**: uma nova crítica do direito. Rio de Janeiro: Forense, 2003.

________.**Verdade e consenso**: Constituição, hermenêutica e teorias discursivas.São Paulo: Saraiva, 2011.

VERMEULE, Adrian. **The System of the Constitution**. Oxford (ING): Oxford University Press, 2012.

________.Three Strategies of Interpretation. **San Diego Law Review**, San Diego, v. 42, p. 607, 2005.

________.**Judging under Uncertainty**: an Institutional Theory of Legal Interpretation.Nova Jersey (EUA): Harvard University Press, 2006, p. 147.

VERMEULE, Adrian; SUNSTEIN, Cass. Interpretation and Institutions. **John M. Olin Law & Economics Working Paper**, Estocolmo, n. 156, 2002.

GRAVAÇÃO AMBIENTAL: A (IN) CONSTITUCIONALIDADE DO USO COMO MEIO DE PROVA NO DIREITO PROCESSUAL ELEITORAL

MATHEUS PIMENTA DE FREITAS CARDOSO

SUMÁRIO: 1 Introdução. 2 Gravação ambiental: exposições iniciais e conceituação. 3 A utilização das gravações ambientais clandestinas como meio de prova nos processos judiciais.4 Particularidades entre a utilização das gravações ambientais no Processo Civil e o uso de tais instrumentos probatórios no Processo Penal. 5 A utilização das gravações ambientais no Processo Eleitoral. 5.1 A evolução jurisprudencial no Tribunal Superior Eleitoral. 5.2 Teste de admissibilidade da prova - definição de critérios para que o uso da gravação ambiental como meio de prova no Processo Eleitoral não viole a Constituição Federal. 6 Conclusão.

1. INTRODUÇÃO

Um dos traços mais marcantes da Constituição Federal de 1988 é o longo rol de direitos e garantias fundamentais previstos expressamente em seu texto. Símbolo da redemocratização implantada após anos ditatoriais no Brasil, a amplitude da relação de direitos fundamentais assegurados na Carta Constitucional representa a vitória democrática do povo em face da opressão autoritária do aparato estatal.

Nesse contexto, a proteção às garantias processuais configura um dos pontos de maior destaque no texto constitucional, e representa o cerne do que J.J. Canotilho intitulou Direito Constitucional Processual[1]. A importância conferida às garantias processuais na Constituição Federal de 1988 pode ser demonstrada, por exemplo, pelo fato de que, dos 78 (setenta e oito) incisos que compõem o art. 5º da Carta, mais de 40 (quarenta) se destinam a prever direitos processuais, ora relacionadas ao processo civil, ora ao processo penal, ora ao processo administrativo e, também, ao processo eleitoral.

---

1 CANOTILHO, J.J. Gomes. **Direito Constitucional e Teoria da Constituição**, 7. ed. Coimbra (POR): Edições Almedina, 2003, p. 966.

Entre as garantias processuais positivadas na Constituição Federal, realça-se o princípio da proibição da prova ilícita, previsto no art. 5º, LVI da Carta. Consectário do devido processo legal, o referido princípio representa clara e acertada opção do constituinte, tomada no sentido de privilegiar a proteção de direitos materiais em detrimento da busca ilimitada pela verdade nos processos.[2]

Coube, então, à legislação infraconstitucional, à doutrina e à jurisprudência brasileira o papel de definir, objetivamente, quais instrumentos probatórios configurariam meio ilícito de prova, sendo, portanto, inadmissíveis nos processos judiciais.

Além de ser empregado tanto no processo civil, quanto no processo penal, o princípio da proibição da prova ilícita tem aplicação direta e impositiva no Direito Processual Eleitoral. Em virtude da alta relevância dos objetos tutelados nos processos judiciais eleitorais – soberania popular, validação da ocupação de cargos eletivos, legitimação do exercício do poder estatal – mostra-se absolutamente necessária a observância das normas constitucionais processuais para a proteção e segurança dos processos eleitorais, bem como para a concretização dos elementos configuradores do Estado Democrático de Direito.

Especialmente no que diz respeito ao princípio da proibição da prova ilícita, o Tribunal Superior Eleitoral possui algumas posições pacíficas em sua jurisprudência. Nesse sentido, é remansoso o entendimento da Corte que reputa ilícita a prova produzida mediante infiltração de agente policial que participa ativamente no desenrolar de eventos que culminam na prática de ilícito eleitoral, de modo a ficar caracterizado o flagrante preparado.[3] Também de forma uníssona, o Tribunal considera ilícita "a prova colhida mediante quebra do sigilo fiscal de doador sem prévia auto-

2 MARINONI, Luiz Guiherme; ARENHART, Sérgio Cruz. **Prova e convicção**: de acordo com o CPC de 2015. 3. ed. São Paulo: Editora Revista dos Tribunais, 2015, p. 302.

3 Nesse sentido, vide: BRASIL. Tribunal Superior Eleitoral. Recurso Especial Eleitoral nº 67.604-RO. Relator: Min. Henrique Neves Da Silva. Brasília, 13 de novembro de 2014. **Diário de Justiça**, tomo 218, p. 25-26, 19 nov. 2014.

rização judicial" inadmitindo a sua utilização nos processos judiciais.[4]

No que concerne ao objeto de estudo do presente artigo, da mesma forma, desde o ano de 2012, o TSE vem se posicionando no sentido de declarar ilícita, em regra, prova consistente em gravação ambiental com a finalidade acusatória, inadmitindo-a nos processos judiciais de natureza eleitoral.

Todavia, alguns julgamentos recentes da Corte Superior Eleitoral colocam em xeque a solidez do referido posicionamento, e apontam possível mudança vindoura na jurisprudência do TSE no que tange à admissibilidade das gravações ambientais como meio de prova no processo eleitoral.

Diante do cenário de incerteza quanto ao futuro entendimento do Tribunal Superior Eleitoral em relação à utilização da gravação ambiental como meio de prova nos processos judiciais eleitorais, evidencia-se a importância de se pensar e de se debater o tema de forma acadêmica, com vistas a prestar contribuição, em algum grau, ao estudo do Direito Processual Eleitoral.

Com esse objetivo, o presente artigo buscará examinar a questão sob as lentes do Direito Constitucional, por meio do estudo dos principais tópicos doutrinários e históricos que circundam o tema, bem como da análise da jurisprudência do Supremo Tribunal Federal, do Superior Tribunal de Justiça e do Tribunal Superior Eleitoral.

2. GRAVAÇÃO AMBIENTAL: EXPOSIÇÕES INICIAIS E CONCEITUAÇÃO

Um dos produtos mais palpáveis do desenvolvimento das sociedades contemporâneas corresponde à evolução da tecnologia, experimentada a nível mundial.

É incontroverso, por um lado, que os avanços tecnológicos trazem consigo ilimitadas vantagens para a sociedade, nos mais diversos campos da existência. No que diz respeito à evolução dos meios de comunicação, por exemplo, os avanços tecnológicos trouxeram

4 Nesse sentido, vide: BRASIL. Tribunal Superior Eleitoral. Recurso Especial Eleitoral nº 104.683-Santa Bárbara de Goiás-GO. Relator: Min. Marco Aurélio Mendes De Farias Mello. Brasília, 14 de abril de 2015. **Diário de Justiça**, tomo 94, p. 152, 20 maio 2015.

melhorias desmedidas aos indivíduos. O grau de desenvolvimento em que os meios de comunicação se encontram, atualmente, permite que a propagação de informação ocorra a ritmo altamente acelerado, inclusive a nível internacional.

As formas de produção de informação também foram fortemente incrementadas. Os atuais aparatos eletrônicos, nesse contexto, permitem a captação e o armazenamento de informação em variados formatos de mídia – textual, imagético, audiovisual, entre outros. Ademais, com a mesma praticidade e velocidade que a informação pode ser captada e armazenada, pode ela ser divulgada a número incalculável de pessoas, por meio de diversos canais de comunicação e nos mais variados formatos de mídia.

Efetivamente, a facilidade de se produzir, armazenar e difundir informação representa formidável avanço para a sociedade, na medida em que, por via de regra, a troca de conhecimento mostra-se benéfica à sociedade e estimula o desenvolvimento social.

A própria Justiça Eleitoral é expressivamente beneficiada com a evolução tecnológica. O desenvolvimento da urna eletrônica e a expansão da biometria, a título de exemplificação, mostram que a tecnologia, em regra, representa vantagem inclusive no campo do Direito Eleitoral.

Sob outra perspectiva, todavia, a evolução da tecnologia por vezes pode representar séria ameaça à sociedade. Nesse sentido, alerta Luiz Francisco Avolio (2015):

> O risco que a difusão indiscriminada desses recursos acarreta já se torna preocupante em nosso país. São frequentes, nos classificados dos jornais e revistas, anúncios de serviços de detetives particulares especializados em instalar ou detectar aparatos de escutas eletrônicas, em residências (casos de "infidelidade conjugal") e empresas ("espionagem industrial"), e até mesmo propaganda de lojas de telefonia oferecendo, por exemplo, "relé automático para gravações telefônicas", próprio para ser adaptado em gravadores comuns, que começam a gravar quando o telefone é retirado do gancho. Há, hoje, sítios eletrônicos na Internet oferecendo *software* ou aparelhos celulares que permitem escutar a conversa telefônica ou ambiental de quem os utiliza. Esses anúncios, *de per se*, podem constituir infringência à lei penal, a exemplo da conduta de incitação ao crime

prevista no art. 286 do CP quando dirigida à prática de interceptação telefônica, ou seja, a violação da comunicação entre duas pessoas, tipificada no art. 151, §1º, II, do CP, semelhante à disposição contida no art. 56 da Lei 4.117/1962 (Código Brasileiro de Telecomunicações). Atualmente, os aparelhos de telefonia celular (*smartphones*), contam, em sua maioria, com recursos para gravação de imagem e de som, tornando obsoletos os minigravadores, ora substituídos por micro aparatos de registro de som e imagem, embutidos em canetas e outros objetos. Subsistem, ainda, as "secretarias eletrônicas", convencionais ou acopladas em aparelhos de *fac símile*, também dotadas de dispositivos que permitem a gravação durante a conversa telefônica a um simples toque de uma tecla. A variedade de formas de instalação e meios de transmissão de escutas, das mais simples às dotadas de raios infravermelhos, é impressionante.[5]

É possível perceber, com efeito, que o uso da tecnologia, em determinadas circunstâncias, pode representar graves riscos aos direitos fundamentais à intimidade e à privacidade, constitucionalmente assegurados no art. 5º, X, da Constituição Federal.[6]

As consequências do avanço da tecnologia em sociedade também repercutem significativamente na esfera dos processos judiciais. Com o acesso mais facilitado aos mais diversos meios eletrônicos, tanto as autoridades públicas – policiais, judiciais e políticas – quanto os cidadãos comuns passaram a utilizá-los frequentemente como instrumento de produção probatória.[7]

No entanto, apesar de a tecnologia parecer não encontrar fronteiras para o seu acelerado desenvolvimento, são rígidos, no campo do Direito, os limites impostos à sua utilização nos processos judicias. Esses limites, com vistas à proteção dos direitos fundamentais à intimidade e à privacidade, "[...] assumem, nas vedações probató-

5 AVOLIO, Luiz Francisco Torquato. **Provas ilícitas**: Interceptações telefônicas, ambientais e gravações clandestinas. 6. ed. São Paulo: Editora Revistas dos Tribunais, 2015, p. 103.

6 BRASIL. Constituição (1988). Art. 5º, inciso X. São invioláveis a intimidade, a vida privada, a honra e a imagem das pessoas, assegurado o direito a indenização pelo dano material ou moral decorrente de sua violação. **Diário Oficial [da] República Federativa do Brasil**, Poder Executivo, Brasília, DF, 5 out. 1988. Disponível em: <https://goo.gl/tSmCxE> Acesso em: 24 abr. 2017.

7 AVOLIO, 2015, loc. cit.

rias, um conjunto publicístico, sob a ótica do devido processo legal, de garantias em nome da jurisdição".[8]

Assim sendo, as provas produzidas por meio eletrônico por muitas vezes são consideradas ilícitas e imprestáveis no bojo de processos judiciais, especialmente se a forma com que forem produzidas representar violação ao direito fundamental à intimidade e à privacidade de outrem.

Uma das técnicas que passaram a ser utilizadas como instrumento probatório, fruto do acelerado desenvolvimento tecnológico, corresponde à gravação ambiental. Essa técnica consiste na captação eletrônica de conversa presencial, realizada por um dos próprios interlocutores.

A gravação ambiental, portanto, difere-se a) da interceptação ambiental – situação em que há captação de conversa presencial realizada por terceiro, não participante da conversa; b) da interceptação telefônica – hipótese em que há captação por terceiro de conversa ocorrida por meio telefônico; c) da escuta telefônica – em que terceiro capta conversa realizada por telefone com o consentimento de apenas algum(uns) dos interlocutores; d) da escuta ambiental – em que terceiro capta conversa presencial com o consentimento de apenas algum(uns) dos interlocutores.[9]

3. A UTILIZAÇÃO DAS GRAVAÇÕES AMBIENTAIS CLANDESTINAS COMO MEIO DE PROVA NOS PROCESSOS JUDICIAIS

A controvérsia mais relevante a respeito da gravação ambiental diz respeito à sua admissibilidade como meio de prova processual, nas hipóteses em que houver sido realizada de forma clandestina, ou seja, sem o conhecimento do interlocutor cuja fala é captada.

A partir de 2001, com a modificação da Lei. n. 9.034/95 pela Lei n. 10.217/2001, passou-se a admitir como meio de prova, em persecução criminal, "a interceptação ambiental de sinais eletromagnéticos, óticos ou acústicos, e o seu registro e análise, median-

8 Ibid., p. 104.

9 AVOLIO, op. cit., p. 106-113.

te circunstanciada autorização judicial".[10]

Com o advento da Lei n. 12.850/2013, que define organização criminosa e dispõe sobre a investigação criminal e os meios de obtenção da prova, revogou-se a Lei n. 9.034/95. No que diz respeito à admissibilidade das interceptações ambientais, todavia, mantiveram-se praticamente inalteradas as disposições já previstas pelo diploma legislativo anterior. *In verbis*:

> Art. 3º Em qualquer fase da persecução penal, serão permitidos, sem prejuízo de outros já previstos em lei, os seguintes meios de obtenção da prova:
> [...]
> II - captação ambiental de sinais eletromagnéticos, ópticos ou acústicos;[11]

É possível perceber que, diferentemente da previsão da Lei n. 9.034/95, a Lei n. 12.850/2013 silenciou-se quanto à necessidade de autorização judicial para a realização das interceptações ambientais. Entretanto, conforme leciona Gilmar Mendes, "[...] não parece concebível afirmar que, com a nova lei, a autorização judicial passou a ser dispensável. Interpretação nesse sentido não se mostraria condizente com as garantias constitucionais inerentes à privacidade, cujo alcance há de ser aquilatado em consonância com os riscos decorrentes do indiscriminado uso de novas tecnologias invasivas".[12]

Sob essa perspectiva, afirma o doutrinador que "[...] não seria possível admitir como lícitas, portanto, sem prévia autorização judicial, captações ambientais que configurem, claramente, invasão de privacidade".[13]

---

10 BRASIL. Lei nº 9.034, de 3 de maio de 1995. **Diário Oficial [da] República Federativa do Brasil**, Poder Executivo, Brasília, DF, 4 de maio de 1995. Disponível em: <https://goo.gl/Fji499>. Acesso em: 18 jun. 2017. "Art. 2º – Em qualquer fase de persecução criminal são permitidos, sem prejuízo dos já previstos em lei, os seguintes procedimentos de investigação e formação de provas: [...] IV – A captação e a interceptação ambiental de sinais eletromagnéticos, óticos ou acústicos, e o seu registro e análise, mediante circunstanciada autorização judicial". Acesso em: 15 jun 2017.

11 BRASIL. Lei nº 12.850, de 2 de agosto de 2013. **Diário Oficial [da] República Federativa do Brasil**, Poder Executivo, Brasília, DF, 5 ago. 2013. Disponível em: <https://goo.gl/hUaRPZ>. Acesso em: 15 jun. 2017.

12 MENDES, Gilmar Ferreira; BRANCO, Paulo Gustavo Gonet.**Curso de Direito Constitucional**, 10. ed. São Paulo: Saraiva, 2015, p. 562. (Série IDP).

13 MENDES; BRANCO, 2015, loc. cit.

Na mesma orientação, em ocasião do julgamento de Questão de Ordem no Inquérito n. 2.424/RJ, o Supremo Tribunal Federal reconheceu a constitucionalidade do uso das interceptações ambientais – realizadas por terceiros, portanto – como meio probatório, fixando, no entanto, a necessidade de circunstanciada autorização judicial para a admissibilidade da prova.[14]

No que diz respeito especificamente às gravações ambientais clandestinas – ou seja, às captações realizadas por um dos interlocutores sem a ciência do(s) outro(s) participante(s) do diálogo gravado – também são consideradas meio de prova admissível nos processos judiciais pela Corte Constitucional brasileira, sobretudo para a defesa de direito do próprio indivíduo que realizou a gravação. Nesse sentido, merece destaque o seguinte precedente, julgado sob o rito de repercussão geral:

> AÇÃO PENAL. Prova. Gravação ambiental. Realização por um dos interlocutores sem conhecimento do outro. Validade. Jurisprudência reafirmada. Repercussão geral reconhecida. Recurso extraordinário provido. Aplicação do art. 543-B, § 3º, do CPC. É lícita a prova consistente em gravação ambiental realizada por um dos interlocutores sem conhecimento do outro[15].

Importante salientar, no entanto, que o Supremo Tribunal Federal possui entendimento distinto quanto à admissibilidade das interceptações ambientais e à admissibilidade das gravações ambientais. Entende a Corte Constitucional que, caso não haja autorização judicial prévia, o uso da interceptação ambiental como prova é inconstitucional por violar os incisos X, XII e LVI da Carta. Todavia, entende o Tribunal que tal proteção não se estende às gravações ambientais, porquanto realizadas pelos próprios interlocutores. É no seguinte sentido a atual jurisprudência da Corte:

---

14 BRASIL. Supremo Tribunal Federal. Seg. Quest. Ordem em Inquérito nº 2.424-RJ, Tribunal Pleno. Relator: Min. Cezar Peluso. Brasília, 20 de junho de 2007. **Diário de Justiça**: 24 ago. 2007. Disponível em: <https://goo.gl/XF6yC7>. Acesso em: 18 jun. 2017.

15 BRASIL. Supremo Tribunal Federal. Repercussão Geral na Questão de Ordem no Recurso Extraordinário nº 583.937-RJ, Tribunal Pleno. Relator: Min. Cezar Peluso. Brasília, 19 de novembro de 2009. **Diário de Justiça**: 18 dez. 2009. Disponível em: <https://goo.gl/gRxTzx>. Acesso em: 18 jun. 2017.

PROVA. Criminal. Conversa telefônica. Gravação clandestina, feita por um dos interlocutores, sem conhecimento do outro. Juntada da transcrição em inquérito policial, onde o interlocutor requerente era investigado ou tido por suspeito. Admissibilidade. Fonte lícita de prova. Inexistência de interceptação, objeto de vedação constitucional. Ausência de causa legal de sigilo ou de reserva da conversação. Meio, ademais, de prova da alegada inocência de quem a gravou. Improvimento ao recurso. Inexistência de ofensa ao art. 5º, incs. X, XII e LVI, da CF. Precedentes. Como gravação meramente clandestina, que se não confunde com interceptação, objeto de vedação constitucional, é lícita a prova consistente no teor de gravação de conversa telefônica realizada por um dos interlocutores, sem conhecimento do outro, se não há causa legal específica de sigilo nem de reserva da conversação, sobretudo quando se predestine a fazer prova, em juízo ou inquérito, a favor de quem a gravou. (BRASIL. Supremo Tribunal Federal. Recurso Extraordinário nº 402.717-PR, Segunda Turma. Relator: Min. Cezar Peluso. Brasília, 2 de dezembro de 2008. **Diário de Justiça**: 13 fev. 2009).

Com efeito, ao adotar o referido posicionamento de diferenciação entre a admissibilidade da interceptação e da gravação ambiental, o Supremo Tribunal Federal traçou paralelo com a jurisprudência da Suprema Corte dos Estados Unidos. Como demonstra o julgamento de "*On Lee v. U.S.*", de 1952, *leading case* a respeito do tema, o Tribunal entendeu que "[...] *the party being recorded was speaking voluntarily and directly to the person doing the recording and thereby the ran the risk that what he was saying would be repeat, or testified to in court*". [16]

Contudo, embora o Supremo Tribunal Federal tenha firmado jurisprudência no sentido de ser admissível a prova consubstanciada em gravação ambiental, é importante destacar que a Corte Constitucional reputa ilícita a gravação clandestina ambiental que tenha por finalidade a obtenção de confissão de crime, no bojo de conversa mantida entre presos e agentes policiais. Nessas situações, entendeu a Corte Constitucional que a utilização das gravações ambientais como meio probatório violaria o

16 AVOLIO, op. cit., p. 111. Em tradução livre: "O interlocutor que foi gravado falava voluntariamente e diretamente para a pessoa que realizava a gravação e, assim, corria o risco de ter a sua fala reproduzida em eventual prova testemunhal perante a Corte".

direito ao silêncio, garantia fundamental prevista no art. 5º, LXIII da Constituição Federal. Veja-se, a seguir, precedente nesse sentido:

> PROVA OBTIDA POR MEIOS ILICITOS: INVOCAÇÃO DO ARTIGO 5, LVI DA CONSTITUIÇÃO: IMPROCEDENCIA: PRECEDENTES INAPLICAVEIS. 1. A ESPÉCIE - GRAVAÇÃO DE CONVERSA PESSOAL ENTRE INDICIADOS PRESOS E AUTORIDADES POLICIAIS, QUE OS PRIMEIROS DESCONHECERIAM - NÃO SE PODERIA OPOR O PRINCÍPIO DO SIGILO DAS COMUNICAÇÕES TELEFONICAS - BASE DOS PRECEDENTES RECORDADOS - MAS, EM TESE, O DIREITO AO SILENCIO (CF, ARTIGO 5., LXIII), COROLARIO DO PRINCÍPIO "NEMO TENETUR SE DETEGERE", O QUAL ENTRETANTO, NÃO APROVEITA A TERCEIROS, OBJETO DA DELAÇÃO DE CO-REUS; ACRESCE QUE, NO CASO, A LUZ DA PROVA, A SENTENÇA CONCLUIU QUE OS INDICIADOS ESTAVAM CIENTES DA GRAVAÇÃO E AFASTOU A HIPÓTESE DE COAÇÃO PSICOLOGICA. II - PRISÃO PARA APELAR DE RÉU CONDENADO POR TRAFICO DE ENTORPECENTES: LEI 6.368/76, ARTIGO 35, E LEI 8.072/90, ARTIGO 2., PAR. 2., INTERPRETAÇÃO CONFORME A CONSTITUIÇÃO: EXIGÊNCIA DE NECESSIDADE CAUTELAR SATISFEITA NA ESPÉCIE. A PRISÃO PARA APELAR SÓ SE LEGITIMA QUANDO SE EVIDENCIA A SUA NECESSIDADE CAUTELAR, NÃO CABENDO INFERI-LA EXCLUSIVAMENTE DA GRAVIDADE EM ABSTRATO DO DELITO IMPUTADO; E POSSIVEL, CONTUDO, EXTRAIR DO CONTEXTO DO FATO CONCRETO - QUE REVELA A EXISTÊNCIA DE COMPLEXA ORGANIZAÇÃO CRIMINOSA DE DIMENSÕES INTERNACIONAIS - BASE EMPIRICA PARA A AFIRMAÇÃO DO RISCO DE FUGA DOS CONDENADOS, FUNDAMENTO IDONEO PARA A CAUTELA DA PRISÃO PROVISORIA IMPOSTA. (BRASIL. Supremo Tribunal Federal. *Habeas Corpus* nº 69.818-SP, Primeira Turma. Relator: Min. Sepúlveda Pertence. Brasília, 3 de novembro de 1992. **Diário de Justiça**: 27 nov. 1992)

4. PARTICULARIDADES ENTRE A UTILIZAÇÃO DAS GRAVAÇÕES AMBIENTAIS NO PROCESSO CIVIL E O USO DE TAIS INSTRUMENTOS PROBATÓRIOS NO PROCESSO PENAL

A doutrina e a jurisprudência brasileiras apresentam contornos diferenciados quanto à utilização da gravação ambiental nos processos penais e nos processos cíveis, que merecem destaque.

Em relação à utilização do mencionado meio de prova nos processos de natureza cível, o Direito brasileiro costuma entender, de maneira geral, que a gravação ambiental configura prova lícita, sendo perfeitamente admissível no processo. Nesse sentido, veja-se o seguinte precedente:

> CIVIL E PROCESSUAL. AGRAVO REGIMENTAL NO AGRAVO DE INSTRUMENTO. GRAVAÇÃO DE CONVERSA POR UM DOS INTERLOCUTORES. PROVA LÍCITA. DESNECESSIDADE DE O JULGADOR DEBATER TODOS OS ARGUMENTOS LEVANTADOS PELA PARTE. ANÁLISE DE MATÉRIA FÁTICO-PROBATÓRIA. IMPOSSIBILIDADE. APLICAÇÃO DA SÚMULA 7 DO STJ. AGRAVO NÃO PROVIDO.
>
> I. A gravação de conversa realizada por um dos interlocutores que se vê envolvido nos fatos é prova lícita e pode servir de elemento probatório. Precedentes.
>
> II. O Poder Judiciário, para expressar sua convicção, não está obrigado a pronunciar-se sobre todos os argumentos suscitados pelas partes, senão sobre os necessários ao deslinde da controvérsia.
>
> III. Nos termos da Súmula n. 7 desta Corte, a pretensão de simples reexame de prova não enseja recurso especial.
>
> IV. Agravo regimental improvido.
>
> (BRASIL. Superior Tribunal de Justiça. Agravo Regimental no Agravo de Instrumento nº 962.257-MG, Quarta Turma. Relator: Min. Aldir Passarinho. Brasília, 10 de junho de 2008. **Diário de Justiça**: 30 jun. 2008)

Como já afirmado, o raciocínio desenvolvido para se admitir tal meio probatório é o de que nas gravações ambientais, diferentemente do que ocorre nas interceptações, a captação da conversa é realizada por um dos próprios interlocutores, ao passo que, nas interceptações, o agente que grava o diálogo é pessoa terceira, não participante. Desse modo, a ilicitude probatória derivaria do fato de a captação ter sido feita por terceiro, tanto nas interceptações ambientais, quanto nas telefônicas. Em relação a estas últimas, assim se manifestou o STJ:

> PROCESSO CIVIL. PROVA. GRAVAÇÃO DE CONVERSA TELEFONICA FEITA PELA AUTORA DA AÇÃO DE INVESTIGAÇÃO DE PATERNIDADE COM TESTEMUNHA DO PROCESSO. REQUERIMENTO DE JUNTADA DA FITA, APOS A AUDIENCIA

DA TESTEMUNHA, QUE FOI DEFERIDO PELO JUIZ. TAL NÃO REPRESENTA PROCEDIMENTO EM OFENSA AO DISPOSTO NO ART. 332 DO CPC, POIS AQUI O MEIO DE PRODUÇÃO DA PROVA NÃO E ILEGAL, NEM MORALMENTE ILEGITIMO. ILEGAL E A INTERCEPTAÇÃO, OU A ESCUTA DE CONVERSA TELEFONICA ALHEIA. OBJETIVO DO PROCESSO, EM TERMOS DE APURAÇÃO DA VERDADE MATERIAL ("A VERDADE DOS FATOS EM QUE SE FUNDA A AÇÃO OU A DEFESA"). RECURSO ESPECIAL NÃO CONHECIDO. VOTOS VENCIDOS.
(BRASIL. Superior Tribunal de Justiça. Recurso Especial nº 9.012-RJ, Terceira Turma. Relator: Min. Claudio Santos. Brasília, 24 de fevereiro de 1997. **Diário de Justiça**: 14 abr. 1997).

Portanto, uma vez que é realizada por um dos próprios interlocutores, a gravação ambiental, em regra, constitui meio probatório lícito e, por consequência, perfeitamente admissível no processo civil.

No que diz respeito à admissibilidade da gravação ambiental clandestina como meio de prova no processo penal, a matéria instiga divergência doutrinária mais acentuada.

Para parcela da doutrina – da qual é adepto Luiz Flavio Gomes – a gravação ambiental configura meio probatório ilícito também no processo penal. Isso porque, segundo essa corrente doutrinária, não haveria qualquer previsão legal que afirmasse a admissibilidade do referido meio de prova nos processos criminais. Portanto, diante da ausência de lei que permita a utilização da gravação ambiental clandestina, não seria possível mitigar os direitos fundamentais à intimidade e à privacidade, constitucionalmente previstos, em homenagem ao princípio da legalidade.[17]

Não se pode olvidar, por outro lado, a ausência de qualquer vedação legal à utilização da gravação clandestina nos processos penais. Em verdade, tem-se que é da natureza do processo penal que o juiz forme a sua convicção pela livre apreciação da prova. Com efeito, além de fazer alusão ao princípio do contraditório – sempre considerado condição de validade da prova – é nesse sentido a previsão do art. 155 do Código de Processo Penal[18]. *In verbis*:

17 AVOLIO, op. cit., p. 230.

18 Ibid., p. 231.

Art. 155. O juiz formará sua convicção pela livre apreciação da prova produzida em contraditório judicial, não podendo fundamentar sua decisão exclusivamente nos elementos informativos colhidos na investigação, ressalvadas as provas cautelares, não repetíveis e antecipadas.

A par dessas considerações, o STF fixou, com o reconhecimento de repercussão geral, a tese de que é admissível o uso da gravação ambiental clandestina como meio de prova nos processos judiciais criminais, *verbis*:

EMENTA: AÇÃO PENAL. Prova. Gravação ambiental. Realização por um dos interlocutores sem conhecimento do outro. Validade. Jurisprudência reafirmada. Repercussão geral reconhecida. Recurso extraordinário provido. Aplicação do art. 543-B, § 3º, do CPC. É lícita a prova consistente em gravação ambiental realizada por um dos interlocutores sem conhecimento do outro. (BRASIL. Supremo Tribunal Federal. Repercussão Geral na Questão de Ordem no Recurso Extraordinário nº 583.937-RJ, Tribunal Pleno. Relator: Min. Cezar Peluso. Brasília, 19 de novembro de 2009. **Diário de Justiça**: 18 dez. 2009. Disponível em: <https://goo.gl/gRxTzx>. Acesso em: 18 jun. 2017).

Assim, o Supremo Tribunal Federal passou a entender que a gravação ambiental clandestina, diferentemente da interceptação – realizada por terceiro – constitui meio lícito de prova desde que não haja causa legal específica de sigilo e nem reserva de conversação. Nesse sentido, merecem destaque os seguintes precedentes:

AGRAVO REGIMENTAL. PROCESSUAL PENAL. INÉPCIA DA DENÚNCIA. NÃO OCORRÊNCIA. INVIABILIDADE DE REVOLVIMENTO DE FATOS E PROVAS NA VIA DO HABEAS CORPUS. ESCUTA AMBIENTAL REALIZADA SEM O CONHECIMENTO DO INTERLOCUTOR. LICITUDE. AGRAVO IMPROVIDO.

[...]

3. O Plenário do Supremo Tribunal Federal, no julgamento do RE 583.937 QO-RG, Rel. Min. CEZAR PELUSO, DJe de 18/12/2009, cuja repercussão geral foi reconhecida (Tema 237), decidiu pela validade da prova produzida por meio de gravação ambiental realizada por um dos interlocutores. 4. Agravo regimental a que se nega provimento.

(BRASIL. Supremo Tribunal Federal. Ag. Reg. no Recurso Ordinário em *Habeas Corpus* nº 125.319-CE, Segunda Turma. Relator: Min. Teori Zavascki. **Diário de Justiça**: 2 mar. 2015).

AGRAVO REGIMENTAL NO RECURSO EXTRAORDINÁRIO COM AGRAVO. PENAL. CRIME DE CORRUPÇÃO ATIVA DE TESTEMUNHA. GRAVAÇÃO AMBIENTAL REALIZADA POR UM DOS INTERLOCUTORES. POSSIBILIDADE. REPERCUSSÃO GERAL RECONHECIDA PELO PLENÁRIO NO RE 583.937-QO-RG. REAFIRMAÇÃO DE JURISPRUDÊNCIA. FLAGRANTE PREPARADO. REEXAME DO CONJUNTO FÁTICO-PROBATÓRIO. SÚMULA 279/STF. INCIDÊNCIA. AUSÊNCIA DE PREQUESTIONAMENTO. SÚMULAS 282 E 356/STF.
[...]
2. É lícita a gravação ambiental realizada por um dos interlocutores sem o conhecimento do outro, podendo ela ser utilizada como prova em processo judicial, conforme reafirmação da jurisprudência desta Corte feita pelo Plenário nos autos do RE nº 583.937-QO-RG, Rel. Min. Cezar Peluso, DJe de 18/12/2009. [...] (BRASIL. Supremo Tribunal Federal. Ag. Reg. no Recurso Extraordinário com Agravo nº 742.192-SC, Primeira Turma. Relator: Min. Luiz Fux. Brasília, 15 de outubro de 2013. **Diário de Justiça**: 29 out. 2013).

A jurisprudência predominante do Superior Tribunal de Justiça, por sua vez, também segue no mesmo sentido, conforme demonstram os precedentes colacionados a seguir:

PENAL E PROCESSUAL PENAL. AGRAVO REGIMENTAL NO RECURSO ESPECIAL. CRIME DE CONCUSSÃO. DOSIMETRIA DA PENA. REVISÃO. MATÉRIA JÁ ANALISADA EM HABEAS CORPUS. PRINCÍPIO DO LIVRE CONVENCIMENTO MOTIVADO. VIOLAÇÃO AO ART. 155 DO CPP. NÃO OCORRÊNCIA. FRAGILIDADE DA CONDENAÇÃO. REEXAME DO CONJUNTO FÁTICO-PROBATÓRIO. NÃO CABIMENTO. GRAVAÇÃO AMBIENTAL. CAPTAÇÃO POR UM DOS INTERLOCUTORES. POSSIBILIDADE. PRECEDENTES DO STF E DO STJ. AGRAVO IMPROVIDO.
[...]
4. É pacífico, neste Superior Tribunal e no Pretório Excelso, que a gravação ambiental, realizada por um dos interlocutores, com o objetivo de preservar-se diante de atuação desvirtuada da legalidade, prescinde de autorização judicial (RHC 31.356/PI, Rel. Ministra MARIA THEREZA DE ASSIS MOURA, SEXTA TURMA, julgado em 11/3/2014, DJe 24/3/2014).
5. Agravo regimental improvido. (BRASIL. Supremo Tribunal Federal. Agravo Regimental no Recurso Especial. 1.205.036-MS, Sexta Turma. Relator: Min. Nefi Cordeiro. Brasília, 1 de dezembro de 2015. **Diário de Justiça**: 11 dez. 2015).

PENAL E PROCESSUAL. HABEAS CORPUS SUBSTITUTIVO DE RECURSO PRÓPRIO.
OPERAÇÃO "URAGANO". CORRUPÇÃO ATIVA. GRAVAÇÃO AMBIENTAL. CAPTAÇÃO DE ÁUDIO E IMAGEM REALIZADA POR UM DOS INTERLOCUTORES. DESCONHECIMENTO DO OUTRO (ORA PACIENTE). CONVERSA GRAVADA NA RESIDÊNCIA DO ACUSADO.
LICITUDE DA PROVA. TRANCAMENTO DA AÇÃO PENAL. IMPOSSIBILIDADE. CONSTRANGIMENTO ILEGAL NÃO EVIDENCIADO.
[...]
2. O acórdão hostilizado encontra-se em harmonia com a jurisprudência do Superior Tribunal de Justiça no sentido de que a gravação ambiental realizada por um dos interlocutores, sem o consentimento do outro, é lícita, ainda que obtida sem autorização judicial, podendo ser validamente utilizada como elemento de prova, uma vez que a proteção conferida pela Lei n. 9.296/1996 se restringe às interceptações de comunicações telefônicas.
3. No caso, a gravação ambiental ocorreu no domicílio do paciente, com o conhecimento de um dos interlocutores, ex-secretário de governo que agiu na condição de informante e colaborador, sendo realizada com a devida autorização judicial. Na ocasião, o acusado convidou o servidor público municipal a entrar e permanecer na sua residência, não restando evidenciado na hipótese o caráter secreto da conversa captada, tampouco a obrigação jurídica de sigilo.
4. As garantias previstas no art. 5º, XII, da Constituição Federal têm por objetivo preservar a dignidade da pessoa humana e o direito à intimidade da vida privada. Tal restrição, contudo, não deve prevalecer sobre o interesse público, tendo em vista que as garantias constitucionais não podem servir para proteger atividades ilícitas ou criminosas, sob pena de inversão de valores jurídicos. [...]
(BRASIL. Superior Tribunal de Justiça. *Habeas Corpus* nº 222.818-MS, Quinta Turma. Rel. Min. Gurgel de Faria. Brasília, 18 de novembro de 2014. **Diário de Justiça**: 25 nov. 2014).

Portanto, é possível perceber que os tribunais brasileiros entendem de maneira geral que, ainda que seja feita sem autorização judicial prévia, a gravação ambiental constituiu meio lícito de prova tanto nos processos penais quanto nos processos de natureza cível, desde que não haja causa legal específica de sigilo ou reserva de conversação.

5. A UTILIZAÇÃO DAS GRAVAÇÕES AMBIENTAIS NO PROCESSO ELEITORAL

Enfim, adentra-se ao objeto central de análise do presente

artigo, qual seja a verificação de constitucionalidade da utilização da gravação ambiental como meio de prova nos processos judiciais eleitorais.

No que tange à possibilidade ou impossibilidade de se utilizar a gravação ambiental no processo eleitoral, muito embora a jurisprudência do Tribunal Superior Eleitoral tenha apresentado progresso significativo até o presente momento, o tema ainda enseja, atualmente, relevantes debates na Corte. Com efeito, a frequência com que se discute a questão, somada ao não raro proferimento, pelo TSE, de decisões judiciais conflitantes entre si refletem certo grau de instabilidade na posição adotada pelo Tribunal, a respeito desse assunto.

5.1. A EVOLUÇÃO JURISPRUDENCIAL NO TRIBUNAL SUPERIOR ELEITORAL

Para melhor análise da questão, serão apresentados, doravante, os aspectos da evolução jurisprudencial do TSE a respeito do uso da gravação ambiental como meio de prova nos processos eleitorais.

O primeiro momento que merece ser examinado refere-se ao ano de 2006. Em sessão de julgamento realizada em 7 de março daquele ano, o Tribunal Superior Eleitoral, acompanhando a orientação do Superior Tribunal de Justiça quanto ao tema[19], fixou entendimento no sentido de ser lícita e admissível, no processo eleitoral, prova consubstanciada em gravação ambiental realizada por um dos interlocutores de diálogo, ainda que sem o consentimento do(s) outro(s). Assim restou ementado o acórdão:

> AGRAVO REGIMENTAL. RECURSO ESPECIAL. INCONSTITUCIONALIDADE DO ART. 41-A DA LEI Nº 9.504/97. OFENSA A LEI E À CONSTITUIÇÃO FEDERAL. DISSÍDIO JURISPRUDENCIAL. AFASTADOS. NEGADO PROVIMENTO AO AGRAVO.
>
> [...]
>
> III - A gravação efetuada por um dos interlocutores que se vê envolvido nos fatos que, em tese, são tidos como criminosos é prova lícita e pode servir de elemento probatório para a *notitia criminis* e para a persecução criminal.

19 BRASIL. Superior Tribunal de Justiça. *Habeas Corpus* nº 36.545-SP, Quinta Turma. Relator: Min. Laurita Vaz. Brasília, 2 de agosto de 2005. **Diário de Justiça**: 29 ago. 2005.

[...]
V - Agravo regimental a que se nega provimento.
(BRASIL. Tribunal Superior Eleitoral. Agravo Regimental em Recurso Especial Eleitoral nº 25214-Bento de Abreu-SP. Rel. Min. Cesar Asfor Rocha, Brasília, 7 de março de 2006. **Diário de Justiça**, p. 129, 11 set. 2006)

A partir do referido julgamento, pacificou-se no TSE entendimento no sentido de que a gravação ambiental clandestina constitui meio probatório lícito no processo eleitoral. Nessa esteira foram decididos: RESPE n. 25883, Rel. Min. Cesar Asfor Rocha, DJ de 20/04/2007; RESPE n. 25258, Rel. Min. Carlos Eduardo Caputo Bastos, DJ de 06/03/2007; RESPE n. 4198880, Rel. Min. Ricardo Lewandowski, DJE de 10/05/2010; RESPE n. 36992, Rel. Min. Cármen Lúcia, DJE de 28/09/2010; RESPE n. 49928, Rel. Min. Nancy Andrighi, RJTSE de 01/12/2011.

O referido posicionamento jurisprudencial perdurou até o ano de 2012. Em sessão realizada no dia 14/08/2012, foi iniciado o julgamento do RESPE n. 36359, originário do município de Coronel Sapucaia, em que se discutia a licitude da utilização de gravação ambiental como meio de prova de suposta captação ilegal de sufrágio.

Naquela ocasião, foi o Ministro Gilson Dipp, relator do processo, quem inaugurou posicionamento distinto da jurisprudência então majoritária do Tribunal. Em seu voto, o magistrado apontou os principais aspectos necessários ao devido exame do assunto no âmbito do Direito Eleitoral.

Asseverou o Relator que, sobretudo nos municípios do interior do Brasil, as disputas eleitorais normalmente envolvem conveniências reprováveis e interesses espúrios entre candidatos e eleitores, que devem ser, a todo custo, dificultados.

Segundo o Ministro, é justamente em prol desses interesses, que as gravações ambientais são normalmente arquitetadas e realizadas, seja pelos candidatos adversários daquele que era gravado, seja pelos seus correligionários. Nessas situações, as gravações ambientais clandestinas não teriam o propósito de proteger o interesse público, ou a lisura do pleito, mas, sim, o de "[...] vulnerar ou abater o adversário com revelações possivelmente constrangedoras em momento crucial da campanha e tudo agravado pela dificuldade ulterior de apurar quando já perdido ou desaparecido o interesse eleitoral".[20]

Tais abusos, no entendimento do Relator, poderiam ter o condão de conceber

> [...] costumes eleitorais que direta e indiretamente vulneram concomitantemente o interesse da legislação e a liberdade do eleitor: aquele, porque pode vir a ser diminuído ou esvaziado o rigor do controle por manobras oblíquas das partes mascarando ou exagerando fatos; e esta, porque o eleitor pode vir a ser sugestionado ou enganado por revelações nem sempre verdadeiras ou, quando verdadeiras, nem sempre completas. [21]

Assim, entendeu o Ministro Gilson Dipp que, conquanto fosse justificada como providência para combater ilícitos ou, inclusive, crimes eleitorais eventualmente cometidos por candidatos, a utilização da gravação ambiental clandestina não deveria ser, em regra, admissível no processo eleitoral. Isso porque, "[...] de algum modo, denunciar possíveis práticas ilícitas do adversário para denegri-lo [seria], reversamente, a afirmação de propaganda favorável do denunciante".[22]

Com apoio nesses fundamentos, o Relator concluiu que, sobretudo, quando for realizada mediante câmera escondida, ou por qualquer outro meio ardiloso, a gravação ambiental clandestina, em regra, deve ser considerada prova ilícita e, portanto, imprestável nos processos eleitorais, para evitar que tal meio probatório "[...] desborde dos limites estritos do propósito eleitoral e passe a servir como instrumento indireto e ilegal de contrapropaganda eleitoral".[23]

Após o voto do Ministro Gilson Dipp, a Ministra Cármen Lúcia antecipou pedido de vista dos autos, suspendendo o julgamento do referido Recurso Especial.

Naquela mesma semana, em sessão plenária realizada no dia 16/08/2012 – dois dias após o julgamento do processo de relatoria do

---

20 BRASIL. Tribunal Superior Eleitoral. Agravo Regimental em Recurso Especial Eleitoral nº 36.359-Coronel Sapucaia-MS. Relator: Min. Gilson Langaro Dipp. Brasília, 1 de julho de 2011. **Diário de Justiça**, p. 32-33, 18 out. 2011.

21 Ibid., 2015.

22 Ibid., 2015.

23 BRASIL, Tribunal Superior Eleitoral, RESPE nº 36359, loc. cit.

Ministro Gilson Dipp, portanto – a discussão sobre a licitude das gravações ambientais como meio de prova no direito eleitoral voltou ao Plenário do TSE.

No RESPE n. 34426, de relatoria do Ministro Marco Aurélio, era requerida a cassação de mandato do recorrido, candidato eleito ao cargo de Vereador do município de Santo Antônio de Jesus/BA, com fundamento em gravação ambiental clandestina.

Por maioria de quatro votos a três e nos termos do voto do Relator, o Tribunal Superior Eleitoral desproveu o Recurso Especial, fazendo prevalecer os argumentos lançados pelo Ministro Tarcísio Vieira de Carvalho Neto (2012), que à época atuava como advogado do Recorrido.[24] O acórdão restou assim ementado:

> RECURSO ESPECIAL - PREQUESTIONAMENTO. A matéria versada no recurso especial há de ter sido objeto de debate e decisão prévios na origem, ante a necessidade de prequestionamento.
> PRIVACIDADE - DADOS - GRAVAÇÃO AMBIENTE. A regra é a proteção à privacidade. Viabiliza-se a gravação quando, em investigação criminal ou processo penal, há a ordem judicial. (BRASIL. Tribunal Superior Eleitoral. Recurso Especial Eleitoral nº 34.426-Santo Antônio de Jesus–BA. Relator: Min. Marco Aurélio Mendes de Farias Mello. Brasília, 16 de agosto de 2012. **Diário de Justiça**, p. 13.14, 28 nov. 2012).

Invocando o postulado da inviolabilidade de dados, o Ministro Marco Aurélio afirmou que admitir como prova lícita a gravação ambiental realizada sem o conhecimento dos interlocutores só seria possível quando houvesse autorização judicial. A seguir, veja-se trecho do voto do Ministro Relator, *verbis*:

> A gravação ambiente submete-se à regra segundo a qual são invioláveis os dados, sendo que o afastamento da proteção não pressupõe gravação sub-reptícia, escondida, dissimulada, por um dos interlocutores, mas sim decorrente de ordem judicial, sempre vinculada à investigação criminal ou à instrução processual penal. Constitui verdadeiro paradoxo reconhecer-se como válida gravação ambiente sem o conhecimento dos

24 CARVALHO NETO, Tarcísio Vieira de. A invalidade da gravação ambiental em matéria eleitoral. **Revista Consultor Jurídico**, São Paulo, 26 ago. 2012. Risco de Disseminação. Disponível em: <https://goo.gl/XdFaLb>. Acesso em: 22 jun. 2017.

> interlocutores, tendo em conta admitir-se tal prova, observada a previsão constitucional, somente quando autorizada pelo Poder Judiciário para instruir investigação criminal ou processo penal. A questão ganha relevo maior em se tratando do processo eleitoral, em que as disputas são acirradas, prevalecendo, muitas vezes, paixões condenáveis.[25]

Acompanhando o Relator, a Ministra Luciana Lóssio fez constar de seu voto que permitir a utilização da gravação ambiental clandestina como meio de prova para acusação no processo eleitoral daria ensejo a armadilhas no processo eleitoral que deveriam ser rechaçadas. Para a julgadora, tal meio probatório poderia ser utilizado nos processos eleitorais como fundamento para sua defesa, mas nunca como instrumento de acusação. Assim votou a Ministra:

> Senhora Presidente, estou plenamente de acordo com o relator, Ministro Marco Aurélio. Não tenho a menor dúvida de que esse tipo de gravação clandestina, não deve jamais ser usada para acusação. A gravação clandestina é legítima para ser usada na defesa do cidadão; jamais para acusação. Podemos imaginar a que tipo de trocas, num processo eleitoral, esse tipo de gravação pode levar. Um correligionário ou um apoiador que passa a fazer gravações clandestinas, em jogo político, é muito perigoso.[26]

Naquela ocasião, também acompanharam o relator o Ministro Gilson Dipp e o Ministro Dias Toffoli, que votaram no sentido ser inviável, nos processos judiciais eleitorais, a utilização de gravação ambiental clandestina como meio de prova.

Esse julgamento, dessa forma, representou a mudança de entendimento do Tribunal Superior Eleitoral, que deixou de admitir como lícita a prova consistente em gravação ambiental clandestina, e passou a reputá-la ilícita e inadmissível no processo eleitoral.

A partir daí, foram inúmeros os julgados no Tribunal Superior Eleitoral que debateram a questão da licitude da gravação ambiental sob perspectivas distintas.

Em 2014, ao examinar a matéria sob a ótica das garantias

25 BRASIL. Tribunal Superior Eleitoral. Agravo Regimental em Recurso Especial Eleitoral nº 34.426-Pirambu-SE. Relator: Min. Gilmar Ferreira Mendes. Brasília, 3 de agosto de 2015. **Diário de Justiça**, 29 out. 2015.

26 Ibid., 2015.

constitucionais individuais, no julgamento do RESPE n. 16.748/TO, o TSE concluiu que admitir a utilização de gravação ambiental como meio de prova sem prévia autorização judicial viola tanto o princípio da boa-fé, quanto o direito fundamental à privacidade, previsto no art. 5º, X, da Constituição Federal.

Quando do julgamento do RESPE n. 637-61, no ano subsequente, a Corte Superior Eleitoral tomou importante posicionamento sobre o âmbito de proteção do direito fundamental à privacidade e à intimidade, no que corresponde a questão da (i)licitude da prova consistente em gravação ambiental. A conclusão a que chegou o Tribunal foi no sentido de que só é ilícita a gravação ambiental clandestina – ou seja, sem o consentimento da pessoa que é gravada – quando realizada em local privado, em que haja expectativa de privacidade. Significa dizer, às avessas, que, se a gravação for colhida em local público ou em evento aberto à comunidade, reputar-se-á lícita a sua utilização como meio de prova nos processos eleitorais. Veja-se, a seguir, trecho do voto condutor do acórdão, proferido pelo relator, Ministro Henrique Neves:

> A exigência de decisão judicial prévia que autorize a captação de sons e imagens diz respeito à preservação da intimidade nas conversas em que há direcionamento direto e expectativa de privacidade entre os interlocutores, o que não se confunde com a situação em que o candidato profere discurso para determinado grupo de pessoas, em reunião pública, com a utilização ou não de equipamento de sonorização.
> É que em tais espaços não há privacidade a ser preservada, porquanto a esfera privada se refere apenas àqueles fatos que o indivíduo não deseja que sejam de domínio público e cujo conhecimento é restrito a poucas pessoas, nas quais se deposita alguma confiança.
> Assim, se o próprio indivíduo vai a público e externa manifestação perante grupo indistinto de pessoas, sem a necessária relação de confiança e sem expressar o caráter reservado da mensagem, não há segredo a ser preservado, não há proteção contra a divulgação do conteúdo, não há, enfim, privacidade na manifestação.
> Dessa forma, caso alguém consiga filmar ou gravar a cena de um fato, uma captação ilícita de sufrágio ocorrida em local aberto ao público ou sem nenhum controle de acesso, o documento resultante da gravação deve ser considerado prova lícita.
> (BRASIL. Tribunal Superior Eleitoral.

> Recurso Especial Eleitoral nº 63761-São Lourenço-MG. Relator: Min. Henrique Neves. Brasília, 16 de abril de 2015. **Diário de Justiça**, tomo 95, p. 65-66, 21 maio 2015)[27]

Naquela ocasião, ficou vencida a Ministra Luciana Lóssio, ao entender que a ilicitude da prova se faria presente ainda que a gravação ambiental fosse realizada em locais públicos. Em seu voto, asseverou:

> [...] entendo que pouco importa se a gravação ocorreu em local público ou privado, sendo qualquer uma delas prova ilícita, já que só admito prova de gravação ambiental quando realizada com autorização judicial e para fins criminais, na linha da Lei n. 9.296/96. E quando clandestina for, como no caso dos autos, apenas se for usada na defesa do jurisdicionado. E mais, a meu ver o direito fundamental à intimidade e à privacidade subsiste, ainda que o cidadão esteja em ambiente público, pois a intimidade é inerente ao ser humano, e o acompanha onde quer que ele esteja. Nessa linha, não é porque algo foi dito ou alguma confidência feita em ambiente público, que tal confidência se tornará pública (fls. 41-42 do acórdão).

No entanto, o entendimento que se cristalizou no Tribunal Superior Eleitoral caminha no sentido de que se configuram provas ilícitas apenas as gravações ambientais colhidas em ambiente particular, quando houver expectativa de privacidade, proteção essa que não se estende às gravações realizadas em ambientes públicos ou acessíveis à coletividade. Nesse sentido, também foram julgados os seguintes precedentes: RESPE n. 12854, Rel. Min. Herman Benjamin, DJE de 26/10/2016; RESPE n. 8547, Rel. Min. Herman Benjamin, DJE de 19/12/2016; HC n. 21460, Rel. Min. Herman Benjamin, DJE de 03/10/2016; HC n. 30808, Rel. Min. Maria Thereza, DJE de 28/04/2016.

Importante destacar que no julgamento do RESPE n. 640-36, de relatoria do Ministro Gilmar Mendes, o TSE decidiu unanimemente no sentido de permitir o uso da gravação ambiental como prova no processo eleitoral, inclusive quando realizada em ambien-

---

27 BRASIL. Tribunal Superior Eleitoral. Agravo Regimental em Agravo de Instrumento nº 65.576-Água Boa-MG. Relator: Min. Maria Thereza Rocha de Assis Moura. Brasília, 9 de junho de 2015. **Diário de Justiça**, tomo 187, p. 95-96, 1 out. 2015.

te particular, nas hipóteses em que o acesso ao local da gravação seja franqueado ao público. Assim ficou ementado o acórdão:

> ELEIÇÕES 2012. RECURSO ESPECIAL ELEITORAL. REPRESENTAÇÃO DO ART. 41-A DA LEI Nº 9.504/1997. CANDIDATOS A PREFEITO E VICE-PREFEITO ELEITOS. DESPROVIMENTO DOS RECURSOS.
> [...]
> 3. Gravação ambiental realizada por um dos participantes. Licitude da prova. 3.1. Primeira gravação realizada no comitê eleitoral dos investigados, local de aproximação dos candidatos com os cidadãos do município, local público. Segunda gravação realizada em uma residência particular, mas com destinação pública, para fins de exposição das ideias do candidato aos cidadãos presentes naquele evento, sem limitação de acesso, nos termos da prova pericial indicada pelo acórdão regional. Os lugares franqueados a qualquer um do povo para fins eleitorais qualificam-se como lugares destinados ao público, onde o candidato buscava divulgar sua candidatura perante os cidadãos, sendo lícito, a qualquer do povo participante, registrar aquele evento, pois o referido evento não envolve a privacidade do candidato, mas justamente o contrário, buscava-se a ampla exposição da imagem e das ideias do candidato junto ao público em geral. Precedente do TSE. 3.2. As demais provas dos autos não derivam das referidas gravações clandestinas, tampouco as partes recorrentes alegaram esse tema, muito menos tentaram demonstrar quais as provas poderiam decorrer daquelas. [...]
> 6. Recursos desprovidos. Liminar revogada. Cautelares prejudicadas. (BRASIL. Tribunal Superior Eleitoral. Recurso Especial Eleitoal nº 64.036-Piumhi-MG. Relator: Min. Gilmar Mendes. Brasília, 1 de julho de 2016.**Diário de Justiça**, tomo 160, p. 122-124, 19 ago. 2016)

Outra importante conclusão afeta à matéria da gravação ambiental foi adotada no julgamento conjunto do RESPE n. 56876, do RESPE n. 57046 e da AC n. 92888, ocorrido em 2015. Naquela ocasião, o Tribunal reafirmou o entendimento de que a gravação ambiental de diálogo travado em ambiente particular com expectativa de privacidade só poderia ser utilizada como meio de prova no processo eleitoral se fosse precedida de autorização judicial. Ademais, o Tribunal afirmou que se a gravação fosse realizada após o prazo previsto na autorização judicial, o seu teor e as provas dela decorrentes não poderiam ser aceitos como meio probatório.[28]

De todos os casos acima trazidos, pode-se depreender que o entendimento majoritário no Tribunal Superior Eleitoral caminha no sentido de tratar como prova ilícita a gravação ambiental realizada sem autorização judicial e sem o consentimento do interlocutor gravado, em ambientes particulares, com expectativa de privacidade.

Todavia, alguns precedentes da Corte demonstram que o referido posicionamento não é uníssono e inspira certa instabilidade. No julgamento do HC n. 30.990, de relatoria do Ministro João Otávio de Noronha, por exemplo, o TSE entendeu à unanimidade que não seria correto inadmitir, como meio de prova, toda e qualquer gravação ambiental realizada sem autorização judicial ou sem o consentimento do interceptado. De outra forma, dever-se-ia analisar com cautela o conjunto fático posto em torno da situação examinada. Em seu voto, afirmou o relator:

> O mais correto, a meu sentir, não é excluir, a priori, sempre, a gravação ambiental e a telefônica, e sim valorar este tipo de prova com muito cuidado.
> Ou seja, se a prova tiver sido obtida por adversários políticos, com provocação ou induzimento de modo a se retirar da conversa o que se quer obter de declaracão da outra parte, por exemplo, é claro que ela será muito frágil e poderá ser declarada imprestável, no caso concreto, diante do livre convencimento do magistrado.
> Por outro lado, ao se declarar ilícita toda e qualquer gravação clandestina abrir-se-á espaço, por exemplo, a que gravações feitas por cidadãos interessados tão somente na lisura do pleito e do processo eleitoral (e que poderiam contribuir para tanto) sejam eliminadas como provas (com o consequente descarte das provas delas decorrentes). Isso acarreta duas consequências nefastas.
> A primeira é o engessamento do sistema probatório processual, o que

---

28 Ver: BRASIL. Tribunal Superior Eleitoral. Recurso Especial Eleitoral nº 57.046-Córrego Fundo-MG. Relator: Min. Henrique Neves Da Silva. Brasília, 5 de novembro de 2015. **Diário de Justiça**, tomo 233, p. 127-128, 10 dez. 2015.; BRASIL. Tribunal Superior Eleitoral. Recurso Especial Eleitoral nº 56.876-Córrego Fundo-MG. Relator: Min. Henrique Neves Da Silva. Brasília, 5 de novembro de 2015. **Diário de Justiça**, tomo 233, p. 127-128, 10 dez. 2015.; BRASIL. Tribunal Superior Eleitoral. Ação Cautelar nº 92.888-Córrego Fundo-MG. Relator: Min. Henrique Neves Da Silva. Brasília, 5 de novembro de 2015. **Diário de Justiça**, tomo 233, p. 127-128, 10 dez. 2015.

acabou ocorrendo, com a devida vênia dos que pensam de forma diversa, por argumentos equivocados quanto à natureza jurídica da ilicitude da prova.

A segunda é a impunidade que a adoção da premissa (de que toda e qualquer gravação clandestina seria ilícita) acaba acarretando. Isso porque, na espécie, não se está apenas a observar o sistema de garantias constitucionais aos investigados, mas sim indo-se além na seara eleitoral ao se assentar que nenhuma gravação telefônica feita por um dos interlocutores (ou ambiental, por uma pessoa presente) pode ser usada como prova se não tiver sido previamente autorizada judicialmente.[29]

Já no julgamento do RESPE n. 100327, originário do município de Serra Negra/SP, a questão relativa à (i)licitude da gravação ambiental como meio de prova no processo eleitoral também gera debate. Em sessão plenária realizada em 27/09/2016, o Ministro Herman Benjamin, relator do processo, votou no sentido de admitir a utilização de gravação ambiental de conversa realizada sem o consentimento do interlocutor e sem autorização judicial como meio lícito de prova. Após o voto do Relator, pediu vista dos autos a Ministra Luciana Lóssio.

Com efeito, a situação do Município de Serra Negra/SP se mostra inusitada. Isso porque, simultaneamente, tramitam perante o TSE dois processos que versam sobre os mesmos fatos, supostamente ocorridos naquela comuna, relativos às eleições do ano de 2012.

Um deles se trata do RESPE n. 100327, já referido acima, derivado de ação penal eleitoral que investiga suposta prática do crime eleitoral de captação ilícita de sufrágio pelo candidato ao cargo de vereador de Serra Negra/SP. O outro processo é o RESPE n. 83877, decorrente de ação de investigação judicial eleitoral, no qual se apura suposto abuso de poder político/econômico, também por suposta captação ilegal de sufrágio pelo referido candidato.

Ambos os processos foram originados a partir das mesmas provas, que consistem em gravações ambientais, ocorridas em ambientes privados, sem o consentimento do então candidato a vereador – que

---

29 BRASIL. Tribunal Superior Eleitoral. *Habeas Corpus* nº 30.990. Relator: Min. João Otávio De Noronha. Brasília, 1 de setembro de 2015. **Diário de Justiça**, tomo 209, p. 63-64, 5 nov. 2015.

fora gravado, na ocasião – e sem qualquer autorização judicial para tanto.

No julgamento do RESPE 83877 – originário da AIJE –, de relatoria da Ministra Luciana Lóssio, o Tribunal Superior Eleitoral, por unanimidade, julgou imprestável a prova consubstanciada em gravação ambiental, afirmando que tal meio probatório, em regra, é considerado ilícito no processo eleitoral, salvo quando concebida "[...] mediante autorização judicial e quando utilizada como prova em investigação criminal ou processo penal, sendo a proteção à privacidade direito fundamental estabelecido na Constituição Federal".[30]

Sucede que, como mencionado acima, quando do julgamento monocrático do RESPE n. 100327 – originário da ação penal eleitoral –, realizado após o julgamento do RESPE n. 83877, o Relator entendeu que as gravações eram lícitas e que, portanto, poderiam ser aproveitadas como meio de prova naquele processo. Importante salientar que, mesmo quando levado a julgamento colegiado, o Ministro Herman Benjamin, em seu voto, manteve o posicionamento de conferir validade às gravações ambientais clandestinas.

O fato de haver interpretações diferentes quanto à admissibilidade das mesmas provas, em processos eleitorais que apreciam exatamente os mesmos fatos, demonstra certa variabilidade no entendimento do Tribunal Superior Eleitoral quanto ao tema.

Recentemente, alguns ministros da Corte Superior Eleitoral vêm, inclusive, sinalizando uma possível mudança vindoura no sentido da jurisprudência do Tribunal, no que diz respeito à admissibilidade da gravação ambiental como meio de prova no processo eleitoral.

A esse respeito, na sessão plenária ocorrida em 09/02/2017, ao apreciar o RESPE n. 235, originário do município de Serrinha dos Pintos/RN, o Ministro Herman Benjamin, relator do processo, propôs fixação de tese, para as eleições de 2016 e para as seguintes, no sentido de que seja "[...] lícita, como regra, a gravação ambiental realizada por um dos

---

30 BRASIL. Tribunal Superior Eleitoral. Embargos de Declaração em Agravo Regimental em Recurso Especial Eleitoral nº 83.877-SP. Relator: Min. Luciana Christina Guimarães Lóssio. Brasília, 1 de agosto de 2016. **Diário de Justiça**, tomo 157, p. 90-91, 16 ago. 2016.

interlocutores sem conhecimento dos demais e sem autorização judicial, mesmo que se trate de espaço estritamente particular". [31]

Sobretudo em vista desse cenário de incerteza quanto ao futuro entendimento do TSE a respeito da (i)licitude da gravação ambiental como meio de prova nos processos eleitorais, é que se evidencia a importância de se pensar e de se debater o tema de forma acadêmica, com vistas a prestar contribuição, em algum grau, ao estudo do Direito Processual Eleitoral.

5.2. TESTE DE ADMISSIBILIDADE DA PROVA: DEFINIÇÃO DE CRITÉRIOS PARA QUE O USO DA GRAVAÇÃO AMBIENTAL COMO MEIO DE PROVA NO PROCESSO ELEITORAL NÃO VIOLE A CONSTITUIÇÃO FEDERAL

Diante de todo o exposto, acredita-se que o entendimento que melhor se coaduna com os princípios constitucionais e com os próprios princípios do Direito Eleitoral caminha no sentido de se reputar ilícita, via de regra, a prova consubstanciada em gravação ambiental clandestina, tanto nos processos de natureza cível-eleitoral, quanto nos processos criminais-eleitorais.

A regra insculpida no art. 5º, LVI da Constituição Federal[32] tem como finalidade precípua conferir a proteção mais efetiva possível a direitos materiais, de forma a evitar a obtenção da verdade às custas de eventuais violações de direitos subjetivos. Com efeito, não haverá interesse na produção de determinado meio de prova, caso a sua utilização seja inadmissível nos processos judiciais. Por via de consequência, ao se refrear a produção das provas ilícitas, evitar-se-á a violação de direitos materiais que seria dela decorrente. [33]

31 BRASIL. Tribunal Superior Eleitoral. **Recurso Especial nº 235**-Serrinha dos Pintos-RN. Relator: Min. Herman Benjamin. Brasília, 9 de fevereiro de 2017. Disponível em: <https://goo.gl/vgfy64>. Acesso em: 15 jun. 2017.

32 BRASIL. Constituição (1988), Art. 5º, inciso LVI. São inadmissíveis, no processo, as provas obtidas por meios ilícitos. **Diário Oficial [da] República Federativa do Brasil**, Poder Executivo, Brasília, DF, 5 out. 1988. Disponível em: <https://goo.gl/tSmCxE>. Acesso em: 24 abr. 2017.

33 MARINONI; ARENHART, op. cit., p. 301-302.

É justamente esse fim que deve ser prestigiado no âmbito processual-eleitoral. Como foi afirmado em uma série de julgados apontados anteriormente, é comum, na seara eleitoral, que prevaleçam interesses e paixões condenáveis. Em cenário de acirrada disputa – como é, usualmente, o cenário das eleições –, são inimagináveis as situações que poderiam eventualmente ocorrer, caso fosse autorizada a utilização de todo e qualquer meio probatório, sem qualquer imposição de limites.

Com vistas a esse cenário, entende-se que devem ser impostos firmes limites ao uso da gravação ambiental como meio de prova no processo eleitoral, a fim de que sejam protegidos os direitos materiais – inclusive aqueles com envergadura constitucional – ali envolvidos.

Não significa dizer, contudo, que tais meios de prova sempre deverão ser reputados ilícitos e imprestáveis nos processos judiciais eleitorais. Com efeito, pensa-se que, sob determinadas circunstâncias, as gravações ambientais devem ser admitidas como meio lícito de prova nesses processos.

Em primeiro lugar, tem-se que, caso a gravação ambiental sirva à defesa do jurisdicionado, tal meio de prova deveria ser considerado lícito e plenamente admissível no processo eleitoral, ainda que realizado sem autorização judicial e sem o consentimento da pessoa gravada. Nesse ponto, portanto, é seguida a posição praticamente unânime dos tribunais brasileiros, tanto na seara dos processos eleitorais, quanto no âmbito dos processos cíveis e criminais.

Isso porque não se mostra razoável, por exemplo, impedir que determinado acusado se valha de prova formalmente ilícita para demonstrar a sua inocência. Nessa hipótese, ao ser realizado juízo de proporcionalidade entre o direito do acusado de provar a sua inocência e resguardar a sua liberdade, e o direito de não se utilizarem provas ilícitas, a que faz jus a acusação, certamente deve prevalecer o primeiro em detrimento do último.

Em segundo lugar, entende-se que não se pode negar validade às gravações ambientais clandestinas quando forem realizadas mediante autorização judicial. Ainda que a gravação seja realizada sem o consentimento da pessoa gravada e possua a finalidade acusatória, tem-

-se que a prévia autorização judicial para a sua produção faz desaparecer qualquer traço de ilicitude da prova.

As mais relevantes controvérsias no que diz respeito à utilização da gravação ambiental como meio de prova no processo eleitoral surgem quando tais instrumentos probatórios, além de serem produzidos sem qualquer autorização judicial prévia, se prestam à função acusatória, e não defensória.

Em conformidade com a jurisprudência predominante do Tribunal Superior Eleitoral, pensa-se que a posição mais acertada quanto ao tema caminha no sentido de se reputar inconstitucional, em regra, a utilização das gravações ambientais como meio de prova nos processos eleitorais, quando realizadas sem autorização judicial, sem o consentimento da pessoa gravada, e com finalidade acusatória.

Repetem-se, em todos os pleitos eleitorais, atuações por parte dos candidatos a cargos eletivos, no sentido de desestabilizar as candidaturas adversárias. Tais condutas são corriqueiras em face do caráter acirrado das disputas eleitorais, e naturais à competitividade inerente às eleições.

Nesse sentido, são comuns e inclusive legítimos os ataques a candidatos adversários, desde que realizados nos limites da razoabilidade e da proporcionalidade, sem ataque direto à sua honra e integridade pessoal. Assim entende a jurisprudência do TSE, conforme demonstra o precedente colacionado abaixo:

> Eleições 2010. Representação. Propaganda eleitoral veiculada em rádio. Alegação de danos à imagem de adversária política e intenção de confundir o eleitorado.
> Não se podem considerar referências interpretativas como degradante e infamante. Não ultrapassado o limite de preservação da dignidade da pessoa, é de se ter essa margem de liberdade como atitude normal na campanha política.
> Se houver exacerbação do limite da legalidade, o Poder Judiciário deve intervir. Não compete ao Tribunal Superior Eleitoral atuar em representações para determinar como se faz propaganda política.
> Representação julgada improcedente. (BRASIL. Tribunal Superior Eleitoral. Representação nº 240.991-DF. Relator: Min. Cármen Lúcia. Brasília, 25 de agosto de 2010. **PSESS**: 25 ago. 2010)

Em vista do alto grau de judicialização das disputas eleitorais no

Brasil – com a previsão de diversos meios processuais para se impugnar candidaturas e de se cassar diplomas eletivos – é natural que a competição eleitoral se expanda para o campo dos processos judiciais. Com efeito, assim que se inicia o período de registro de candidaturas, inicia-se também a mobilização dos candidatos para ver prejudicadas, nos tribunais eleitorais, as candidaturas adversárias.

Geralmente é esse o cenário que se afigura por trás da produção das gravações ambientais incriminatórias. Candidatos ou seus correligionários preparam e montam situação enganosa, invadem a privacidade e a intimidade do candidato adversário e, portando gravadores escondidos, os induzem a oferecer valores pecuniários ou outros tipos de favores em troca de voto.

Munidos da gravação sub-reptícia, os indivíduos propõem ações na Justiça Eleitoral intentando a cassação do registro/diploma do candidato adversário e a decretação de sua inelegibilidade, nos termos do art. 41-A da Lei n. 9.504/97 e do art. 1º, I, alínea *j* da Lei Complementar n. 64/90, respectivamente. Por muitas vezes, inclusive, pode-se tentar utilizar a gravação clandestina como meio de prova em processo para apuração de eventual crime de captação ilícita de sufrágio, com a real possibilidade de prisão do candidato gravado, nos termos do art. 299 do Código Eleitoral.

É essa a situação fática que geralmente se erige por trás da produção desse tipo de prova, nos processos judiciais eleitorais. Sabedor dessa realidade, ao julgar o RESPE n. 63.761/MG, afirmou o Ministro Henrique Neves que, "[...] no âmbito das lides eleitorais, a real motivação para a captação de imagens e sons está diretamente relacionada com a produção de prova acusatória utilizada em processos que visam à cassação de registros ou diplomas" (RESPE n. 63761, Rel. Min. Henrique Neves, DJE de 21/05/2015, fl. 12 do acórdão).

Portanto, a partir de armadilhas e de flagrantes preparados, indivíduos simulam conversa particular, transmitindo expectativa de privacidade ao candidato interlocutor, os induzem a cometer o ilícito e gravam o diálogo, com o propósito de utilizar a gravação não como meio de proteção do interesse público ou da lisura do pleito, mas como reprovável técnica eleitoreira, com o nítido propósito de vulnerar o candidato adversário.

Acredita-se que, nesses casos, a gravação não poderia ser admitida como prova lícita no processo eleitoral, uma vez que não operaria como meio de demonstração de direito subjetivo e nem como instrumento de proteção das eleições. O referido instrumento, por outro lado, funcionaria como espécie de propaganda eleitoral negativa em desfavor do candidato gravado, de modo a favorecer injustamente, a **contrário *sensu***, os candidatos que realizaram/organizaram a gravação clandestina.

Além da patente violação do direito à intimidade e privacidade dos candidatos – garantias fundamentais asseguradas constitucionalmente a todos os cidadãos, nos termos do artigo 5º, X da Constituição Federal – essas situações configuram preocupante ameaça a diversos outros princípios constitucionais eleitorais.

Isso porque, ao funcionar como propaganda eleitoral negativa contra os candidatos que foram gravados, as referidas gravações ambientais acabam por servir como vantagem – indevida, vale dizer – aos candidatos adversários. Ao haver benefício imerecido a determinados candidatos em desfavor de outros, configurado está o desequilíbrio do pleito, em afronta direta ao princípio da igualdade de chances entre os candidatos concorrentes.

Além das violações acima apontadas, permitir a utilização da gravação ambiental como meio de prova no processo eleitoral faz surgir risco real de violação à liberdade do eleitor, uma vez que esse tipo de prova pode ser utilizado de maneira maliciosa e enganosa. Nesse sentido, ao julgar o RESPE n. 36.359/MS, o Ministro Gilson Dipp afirmou que ao admitir, em regra, o uso da gravação ambiental nos processos eleitorais "pode permitir-se engendrar costumes eleitorais que direta e indiretamente vulneram [...] a liberdade do eleitor, [...] porque o eleitor pode vir a ser sugestionado ou enganado por revelações nem sempre verdadeiras, ou, quando verdadeiras, nem sempre completas". [34]

A necessidade de haver tal preocupação salta ainda mais aos

34 BRASIL, Tribunal Superior Eleitoral, RESPE nº 36359, loc. cit.

olhos, ao se considerar a evolução diuturna da tecnologia, que permite o fácil manuseio e modificação das mídias digitais. Na mesma oportunidade, o Ministro Gilson Dipp também externou essa inquietude:

> Aliás, convém não perder de vista que facilidades tecnológicas têm tornado muito comum efeitos artificiais capazes de enganar as pessoas e dificilmente se saberá com a necessária presteza quando se está diante de um desses casos ou não, seja pela exiguidade de tempo seja pela escassez de instrumentos para apurá-los (fl. 12 do acórdão).

Em verdade, a doutrina jurídica processualista, de maneira geral, perturba-se seriamente com a ausência de confiabilidade inerente às provas documentais produzidas em meio digital. Nesse sentido, ensinam Marinoni e Arenhart (2015) que:

> Uma prova documental registrada em papel tem valor probante alto porque seria difícil alterar o conteúdo do documento sem deixar vestígio da falsificação. Por outro lado, uma prova documental registrada na areia da praia seria de pouca prestabilidade precisamente porque o suporte do documento (areia) é muito vulnerável, apagando-se com facilidade, sem deixar vestígio. É nesse meio que está o problema dos documentos informáticos: como o suporte em que a informação é registrada é um suporte lógico (por assim dizer, virtual), será fácil, a quem tenha um mínimo conhecimento de informática, adulterar a informação de que essa prova deva ter o mesmo valor probante do documento tradicional, valor que se pode dar havido, pelo sistema de informação, sem deixar vestígio do que foi feito.[35]

Ao colocar em risco a isonomia do pleito e a liberdade do eleitor, a utilização das gravações ambientais como meio de prova no processo eleitoral, em regra, ameaça também o princípio republicano, a democracia representativa e o fundamento constitucional da soberania popular, previstos na Constituição Federal, uma vez que todos eles dependem de que o resultado das eleições reflita a vontade livre da população, que não deve ser viciada por qualquer artifício ilegítimo.

É importante reiterar, no entanto, que defender a referida posição não significa defender a inconstitucionalidade do uso de gravação ambiental clandestina em toda e qualquer situação acusatória.

---

35 MARINONI; ARENHART, op. cit., p. 621.

Com efeito, examinar a forma com que a gravação ambiental é realizada mostra-se essencial para avaliar a prestabilidade desse instrumento como meio probatório nos processos judiciais eleitorais.

Nesse ponto, entende-se que a utilização da gravação ambiental no processo eleitoral, quando essa for realizada em situação sem expectativa de privacidade não configura, por si só, violação aos direitos e princípios constitucionais.

É nesse sentido, inclusive, que se pauta a jurisprudência dominante do TSE em relação ao tema, conforme demonstram os precedentes a seguir:

> AGRAVO REGIMENTAL EM AGRAVO DE INSTRUMENTO EM RECURSO ESPECIAL. AÇÃO DE INVESTIGAÇÃO JUDICIAL ELEITORAL. ABUSO DE PODER ECONÔMICO. CAPTAÇÃO ILÍCITA DE SUFRÁGIO. GRAVAÇÃO AMBIENTAL REALIZADA EM LOCAL ABERTO AO PÚBLICO. ADMISSIBILIDADE. FUNDAMENTAÇÃO IDÔNEA DO ACÓRDÃO RECORRIDO. IMPOSSIBILIDADE DE REEXAME DE FATOS E PROVAS. SÚMULAS 7 DO STJ E 279 DO STF. AGRAVO REGIMENTAL DESPROVIDO.
>
> 1. O TSE reconhece como ilícitas as gravações ambientais, se realizadas clandestinamente, em ambientes fechados, notadamente quando possam ser utilizadas para criar uma "armadilha" para os candidatos e demais envolvidos em eleições.
>
> 2. Situação diversa se caracteriza, contudo, quando a gravação é feita em local aberto ao público, com o objetivo de captar, sem ofensa à privacidade, imagens e sons que demonstrem a prática de ilícitos eleitorais. Admissibilidade da gravação ambiental nessa hipótese.
>
> [...]
>
> 4. Agravo regimental desprovido.
>
> (BRASIL. Tribunal Superior Eleitoral. Agravo Regimental em Agravo de Instrumento nº 65.576-Água Boa-MG. Relator: Min. Maria Thereza Rocha de Assis Moura. Brasília, 9 de junho de 2015. **Diário de Justiça**, tomo 187, p. 95-96, 1 out. 2015).
>
> RECURSOS ESPECIAIS. DIVULGAÇÃO DE PESQUISA ELEITORAL SEM REGISTRO. CAPTAÇÃO ILÍCITA DE SUFRÁGIO. ELEIÇÕES 2012.
>
> Recurso especial de Napolião Ferreira Freire
>
> 1. Na linha da jurisprudência do Tribunal Superior Eleitoral, o juiz pode indeferir provas inúteis ou meramente protelatórias.
>
> 2. É lícita a gravação ambiental realizada em espaço aberto ao público, sem controle de acesso, de evento não acobertado pela perspectiva de intimidade. Precedentes: RESPE nº 637-61, da minha relatoria, DJE de

21.5.2015; RESPE nº 197-70, rel. Min. Laurita Vaz, redator designado para o acórdão Ministro João Otávio de Noronha, DJE de 20.5.2015; e RESPE nº 1660-34, da minha relatoria, DJE de 14.5.2015.

[...]

Recursos especiais desprovidos.

(BRASIL. Tribunal Superior Eleitoral. Recurso Especial Eleitoral nº 20.289-Arês-RN. Relator: Min. Maria Thereza. Brasília, 12 de novembro de 2015. **Diário de Justiça**: 15 dez. 2015).

Assim, caso a conversa gravada se dê em local aberto ao público, em que não haja expectativa de sigilo, entende-se plenamente lícita a sua utilização em processo judicial eleitoral, uma vez que não haveria, nessa hipótese, violação ao direito fundamental à privacidade e à intimidade do candidato clandestinamente gravado.

Portanto, não se defende, no presente artigo, a inconstitucionalidade da utilização de toda e qualquer gravação ambiental nos processos judiciais eleitorais. O que se propõe é a submissão das gravações a determinados testes de admissibilidade, a fim de se examinar a constitucionalidade de sua utilização nos processos judiciais de natureza eleitoral.

A fim de sintetizar a referida proposta, pode-se traçar o seguinte organograma:

1. A gravação ambiental foi produzida com finalidade acusatória?

2. A gravação ambiental foi realizada sem autorização judicial prévia?

3. A gravação ambiental foi realizada em situação com expectativa de privacidade?

Assim, defende-se que, para que se avalie a constitucionalidade da utilização de determinada gravação ambiental em um processo eleitoral, é necessário a aplicação do teste de admissibilidade apontado acima.

Caso todas as perguntas do organograma sejam respondidas afirmativamente, a utilização da gravação ambiental como prova no processo eleitoral significará violação ao texto constitucional e não deverá ser permitida. Caso alguma das perguntas seja respondida negativamente, a prova será lícita e, portanto, admissível no processo eleitoral.

Muito embora essa lógica possa levar a crer que as gravações ambientais geralmente deveriam ser admissíveis no processo eleitoral – haja vista que bastaria apenas uma resposta afirmativa para se permitir a sua utilização como meio de prova – tal conclusão não seria compatível à realidade.

Isso porque, conforme anteriormente explanado, a maior parte das gravações ambientais utilizadas nos processos eleitorais possui finalidade acusatória, são produzidas sem prévia autorização judicial, e são realizadas em ambiente com expectativa de privacidade. Ou seja, a maioria das gravações ambientais utilizadas nos processos eleitorais, caso fosse submetida ao teste de admissibilidade, não produziria nenhuma resposta negativa, motivo pelo qual a sua utilização nesses processos seria inconstitucional.

Sendo assim, apesar de não constituir premissa absoluta que não comporte exceções, pode-se afirmar que, em regra, a utilização das gravações ambientais nos processos judiciais eleitorais é inconstitucional e não deve ser permitida. Nesse ponto, acredita-se ser preciso enaltecer a proteção aos direitos fundamentais dos jurisdicionados, a liberdade do eleitor e o equilíbrio das eleições, em detrimento da busca ilimitada pela verdade nos processos judiciais.

Essa parece ser a posição que mais se coaduna com o princípio republicano, com o bom funcionamento do sistema democrático-representativo e com a concretização da soberania popular, todos fundamentais à efetivação do Estado Democrático de Direito.

6. CONCLUSÃO

As disputas eleitorais no Brasil são marcadas por forte rivalidade entre candidatos e adversários, sendo sempre acirrada a competição pelos mandatos eletivos na esfera municipal, na esfera estadual, bem como na esfera federal.

Também é característico, no país, o alto grau de judicialização das disputas eleitorais, com a previsão de diversos meios processuais para se impugnar candidaturas e de se cassar diplomas eletivos.

Por tal sorte, torna-se inevitável que a competição eleitoral se expanda para o campo dos processos judiciais eleitorais, que passam a funcionar, por muitas vezes, como espécie de terceiro turno das eleições.

Imersos nesse cenário, os candidatos se preocupam em produzir e em se abastecer com provas contra os candidatos adversários, a fim de prejudicá-los em eventual processo judicial posterior e, inclusive, de mudar o resultado das eleições, caso sejam derrotados nas urnas.

Por via de regra, é essa a conjuntura fática que se afigura por trás da produção das gravações ambientais nos processos judiciais eleitorais. Candidatos preparam e montam situação enganosa, invadem a privacidade e a intimidade do adversário e, portando gravadores escondidos, o induzem a oferecer valores pecuniários ou outros tipos de favores em troca de voto.

Em posse da gravação sub-reptícia, os indivíduos propõem ações na Justiça Eleitoral intentando a cassação do registro/diploma do candidato adversário e a decretação de sua inelegibilidade, nos termos da legislação eleitoral.

Ou seja, a partir de armadilhas e de flagrantes preparados, indivíduos simulam conversa particular, transmitindo expectativa de privacidade ao candidato interlocutor, o induzem a cometer o ilícito e gravam a conversa, com o propósito de utilizar a gravação não como meio de proteção do interesse público ou da lisura do pleito, mas como reprovável técnica eleitoreira, com o nítido propósito de vulnerar o candidato adversário.

Em se tratando desse tipo de situação, acredita-se que a gravação ambiental não pode ser admitida como prova nos processos eleitorais, uma vez que, além de violar o direito à intimidade e privacidade dos candidatos – garantias fundamentais asseguradas constitucionalmente a todos os cidadãos, nos termos do artigo 5º, X da Constituição Federal – essas situações configuram preocupante ameaça a diversos outros princípios constitucionais eleitorais, como o equilíbrio do pleito e a liberdade do eleitor.

Ao colocar em risco os referidos valores, a utilização das gravações ambientais como meio de prova no processo eleitoral, em regra, ameaça também o princípio republicano, a democracia representativa e o fundamento constitucional da soberania popular, previstos na Constituição Federal, uma vez que todos eles dependem de que o resultado das eleições reflita a vontade livre da população, que não deve ser viciada por qualquer artifício ilegítimo.

No entanto, defender o posicionamento acima mencionado não significa defender a inconstitucionalidade do uso de gravação ambiental clandestina em toda e qualquer situação acusatória. Com efeito, examinar a forma com que a gravação ambiental é realizada mostra-se essencial para avaliar a prestabilidade desse instrumento como meio probatório nos processos judiciais eleitorais.

Para tal fim, propõe-se que a gravação seja submetida aos seguintes questionamentos:

1. A gravação ambiental foi produzida com finalidade acusatória?;
2. A gravação ambiental foi realizada sem autorização judicial prévia?;
3. A gravação ambiental foi realizada em situação com expectativa de privacidade?

Caso todas as referidas perguntas sejam respondidas afirmativamente, a utilização da gravação ambiental como prova no processo eleitoral significará violação ao texto constitucional e não deverá ser permitida. Caso alguma das perguntas seja respondida negativamente, a prova será lícita e, portanto, admissível no processo eleitoral.

Tendo em vista que a maior parte das gravações ambientais utilizadas nos processos eleitorais possui finalidade acusatória, é produzida sem prévia autorização judicial, e é realizada em ambiente com expectativa de privacidade, pode-se afirmar que, em regra, a utilização das gravações ambientais nos processos judiciais eleitorais seria inconstitucional e não deveria ser permitida.

Na verdade, o que se pretende com a implantação do referido posicionamento é aplicar também ao processo eleitoral a opção de valorizar a proteção a direitos e valores fundamentais em detrimento da busca ilimitada pela verdade, opção essa que a Constituição Federal já prestigiou em seu art. 5º, LVI.

Não parece prudente colocar em risco o princípio republicano, a democracia representativa e a soberania popular, em troca de se permitir a comprovação de fatos por instrumentos traiçoeiros que configuram patente violação a direitos fundamentais, como o direito à intimidade e à privacidade, por exemplo.

Sobretudo em tempos de instabilidade política, em que os pilares da democracia tendem a fraquejar, mostra-se preciso enaltecer a proteção aos direitos fundamentais dos jurisdicionados, a liberdade do eleitor e o equilíbrio das eleições.

O controle da probidade e da lisura dos pleitos eleitorais deve ocorrer de forma rigorosa e contundente. Com efeito, é imperativo que o Poder Público exerça fiscalização efetiva sobre os candidatos e apure devidamente os indícios de cometimento de ilícitos eleitorais.

No entanto, é igualmente imperioso que tal controle se realize sob a luz dos princípios e regras constitucionais, sob pena de se ameaçarem os direitos fundamentais duramente conquistados e positivados na Constituição de 1988, a soberania popular, o princípio republicano e, por conseguinte, o próprio Estado Democrático de Direito.

Portanto, parece importante que a atividade probatória seja limitada nos termos acima indicados, realizando-se em conformidade com a Constituição Federal brasileira, porquanto é somente com respeito aos ditames constitucionais que uma nação pode se desenvolver e progredir harmoniosamente.

REFERÊNCIAS

AVOLIO, Luiz Francisco Torquato.**Provas ilícitas**: Interceptações telefônicas, ambientais e gravações clandestinas. 6. ed. São Paulo: Editora Revistas dos Tribunais, 2015.

BONAVIDES, Paulo. Curso de Direito Constitucional, 23. ed. São Paulo: Malheiros, 2008.

BONAVIDES, Paulo. **Política e Constituição**: os caminhos da democracia. Rio de Janeiro: Forense, 1985

BRASIL. Constituição (1988).**Diário Oficial [da] República Federativa do Brasil**, Poder Executivo, Brasília, DF, 5 out. 1988. Disponível em: <https://goo.gl/tSmCxE> Acesso em: 24 abr. 2017.

BRASIL. Lei nº 12.850, de 2 de agosto de 2013. **Diário Oficial [da] República Federativa do Brasil**, Poder Executivo, Brasília, DF, 5 ago. 2013. Disponível em: <https://goo.gl/hUaRPZ>. Acesso em: 15 jun. 2017.

BRASIL. Lei nº 9.034, de 3 de maio de 1995.**Diário Oficial [da] República**

Federativa do Brasil, Poder Executivo, Brasília, DF, 4 de maio de 1995. Disponível em: <https://goo.gl/Fji499>. Acesso em: 18 jun. 2017.

BRASIL. Supremo Tribunal Federal. Repercussão Geral na Questão de Ordem no Recurso Extraordinário nº 583.937-RJ, Tribunal Pleno. Relator: Min. Cezar Peluso. Brasília, 19 de novembro de 2009. **Diário de Justiça**: 18 dez. 2009. Disponível em: <https://goo.gl/gRxTzx>. Acesso em: 18 jun. 2017.

BRASIL. Supremo Tribunal Federal. Seg. Quest. Ordem em Inquérito nº 2.424-RJ, Tribunal Pleno. Relator: Min. Cezar Peluso. Brasília, 20 de junho de 2007. **Diário de Justiça**: 24 ago. 2007. Disponível em:<https://goo.gl/XF6yC7>. Acesso em: 18 jun. 2017.

BRASIL. Tribunal Superior Eleitoral. Ação Cautelar nº 92.888-Córrego Fundo-MG. Relator: Min. Henrique Neves Da Silva. Brasília, 5 de novembro de 2015. **Diário de Justiça**, tomo 233, p. 127-128, 10 dez. 2015.

BRASIL. Tribunal Superior Eleitoral. Agravo Regimental em Agravo de Instrumento nº 65.576-Água Boa-MG. Relator: Min. Maria Thereza Rocha de Assis Moura. Brasília, 9 de junho de 2015. **Diário de Justiça**, tomo 187, p. 95-96, 1 out. 2015.

BRASIL. Tribunal Superior Eleitoral. Agravo Regimental em Recurso Especial Eleitoral nº 36.359-Coronel Sapucaia-MS. Relator: Min. Gilson Langaro Dipp. Brasília, 1 de julho de 2011. **Diário de Justiça**, p. 32-33, 18 out. 2011.

BRASIL. Tribunal Superior Eleitoral. Agravo Regimental em Recurso Especial Eleitoral nº 34.426-Pirambu-SE. Relator: Min. Gilmar Ferreira Mendes. Brasília, 3 de agosto de 2015. **Diário de Justiça**, 29 out. 2015.

BRASIL. Tribunal Superior Eleitoral. Embargos de Declaração em Agravo Regimental em Recurso Especial Eleitoral nº 83.877-SP. Relator: Min. Luciana Christina Guimarães Lóssio. Brasília, 1 de agosto de 2016. **Diário de Justiça**, tomo 157, p. 90-91, 16 ago. 2016.

BRASIL. Tribunal Superior Eleitoral. *Habeas Corpus* nº 30.990-Lagoa Real-MG. Relator: Min. João Otávio de Noronha. Brasília, 1 de setembro de 2015. **Diário de Justiça**, tomo 209, p. 63-64, 5 nov. 2015.

BRASIL. Tribunal Superior Eleitoral. Recurso Especial Eleitoral nº 57.046-Córrego Fundo-MG. Relator: Min. Henrique Neves Da Silva. Brasília, 5 de novembro de 2015. **Diário de Justiça**, tomo 233, p. 127-128, 10 dez. 2015.

BRASIL. Tribunal Superior Eleitoral. Recurso Especial Eleitoral nº 56.876-Córrego Fundo-MG. Relator: Min. Henrique Neves Da Silva. Brasília, 5 de novembro de 2015. **Diário de Justiça**, tomo 233, p. 127-128, 10 dez. 2015.

BRASIL. Tribunal Superior Eleitoral. Recurso Especial Eleitoral nº 67.604-RO. Relator: Min. Henrique Neves Da Silva. Brasília, 13 de novembro de 2014. **Diário de Justiça**, tomo 218, p. 25-26, 19 nov. 2014.

BRASIL. Tribunal Superior Eleitoral. Recurso Especial Eleitoral nº 104.683-Santa Bárbara de Goiás-GO. Relator: Min. Marco Aurélio Mendes De Farias Mello. Brasília, 14 de abril de 2015. **Diário de Justiça**, tomo 94, p. 152, 20 maio 2015.

BRASIL. Tribunal Superior Eleitoral. **Recurso Especial nº 235**-Serrinha dos Pintos-RN. Relator: Min. Herman Benjamin. Brasília, 9 de fevereiro de 2017. Disponível em: <https://goo.gl/vgfy64>. Acesso em: 15 jun. 2017.

CANOTILHO, J.J. Gomes. **Direito Constitucional e Teoria da Constituição**, 7. ed. Coimbra (POR): Edições Almedina, 2003.

CINTRA, Antônio Carlos de Araújo; GRINOVER, Ada Pellegrini; DINAMARCO, Cândido Rangel. **Teoria Geral do Processo**, 29. ed. São Paulo: Malheiros, 2012.

CARVALHO NETO, Tarcísio Vieira de.A invalidade da gravação ambiental em matéria eleitoral. **Revista Consultor Jurídico**, São Paulo, 26 ago. 2012. Risco de Disseminação. Disponível em: <https://goo.gl/XdFaLb>. Acesso em: 22 jun. 2017.

MARINONI, Luiz Guiherme; ARENHART, Sérgio Cruz. **Prova e convicção**: de acordo com o CPC de 2015, 3. ed. São Paulo: Editora Revista dos Tribunais, 2015.

MENDES, Gilmar Ferreira; BRANCO, Paulo Gustavo Gonet.**Curso de Direito Constitucional**. 10. ed. São Paulo: Saraiva, 2015. (Série IDP).

MIRANDA, Jorge. **Manual de Direito Constitucional**: Preliminares, o Estado e os sistemas constitucionais, tomo I, 4. ed. Coimbra (POR): Coimbra Editora Ltda., 1990.

NERY JUNIOR, Nelson. **Princípios do processo na Constituição Federal**, 12. ed. São Paulo: Editora Revista dos Tribunais, 2016.

SILVA, Ovídio A. Baptista da. **Curso de Processo Civil**: Processo de conhecimento. 7. ed. Rio de Janeiro: Editora Forense, 2005. v. 1.

NOVOS RUMOS PARA O CONTROLE PREVENTIVO DE CONSTITUCIONALIDADE

EDUARDO BORGES ESPÍNOLA ARAÚJO

Nos idos de 2016, a crise política bateu às portas do Supremo Tribunal Federal em inúmeras ocasiões. Seus Ministros foram provocados a decidir desde o rito do *impeachment* da Presidente da República a nomeação de Ministro-Chefe da Casa Civil. Bastava um novo conflito entre os Poderes Executivo e Legislativo para que os insatisfeitos recorressem ao Supremo Tribunal Federal afim de conquistar na esfera jurídica o que lhes fora negado na arena política. Com a mudança de governo e da nova coalizão, o Poder Judiciário continua a ser chamado para arbitrar as disputas, que passaram a ser travadascom ênfase na constitucionalidade das atividades legislativas.

A judicialização da disputa entre governo e oposição está longe de ser um fenômeno inédito no Brasil. No regime militar, o Movimento Democrático Brasileiro por vezes tentou impugnar junto ao Supremo Tribunal Federal iniciativas do Poder Executivo que considerava contrárias ao texto da Constituição de 1969, a exemplo do Decreto-Lei nº 1.077/70, que permitia a censura a publicações e outras exteriorizações contrárias à moral e aos bons costumes, autorizando o Ministério da Justiça a aferir previamente a adequação de livros e periódicos[1]. No mais das vezes, a oposição não lograva judicializar suas críticas devido ao monopólio do Procurador-Geral da República, que atuava como advogado da União, no acesso ao controle concentrado de constitucionalidade. Ao ampliar o rol de legitimados e instituir novas ações, a Constituição Federal de 1988 providenciou os meios para que o Poder Judiciário fosse incluído no processo legislativo pelo próprio Poder Legislativo.

---

1 Sobre o episódio, cf. CARVALHO, Lucas Borges. **Censura e liberdade de expressão no Brasil.** Rio de Janeiro: Lúmen Juris, 2016, p. 35-38.

O avanço da jurisdição constitucional sobre as políticas majoritárias resultou da habilidade e da disposição dos atores políticos que perderam no processo legislativo para a maioria parlamentar, buscando fazer da Corte *veto point* para retardar, obstaculizar, criticar ou declarar posição contrária a determinada política pública, a partir de fundamentos legais ou estratégicos[2]. Mesmo com chances ínfimas de sucesso na demanda, os políticos buscam ostribunaisnãosópor interesse nos resultados judiciais, mas também nos benefícios políticos. Em outros termos, **pode-se fazer possível assegurar uma vitória sem alcançar propriamente a uma vitória judicial**[3] na medida em que levantam dúvida sobre a efetividade da política e suscitar eventuais ilegalidades.

Aliado a outros elementos culturais e institucionais, a exemplo das instituições democráticas incapazes de definir a vontade majoritária e da percepção negativa sobre as entidades responsáveis por compor políticas públicas, a utilização de tribunais por oposições políticas seria condicionante à judicialização da política[4]. Característico das democracias contemporâneas, o fenômeno consistiria a um só tempo, no processo em que o Poder Judiciário conduz ou tende a conduzir a formulação de políticas públicas até então sob responsabilidade de agências governamentais e no processo em que as esferas não-judiciais de deliberação e de decisão passam a ser disciplinados por procedimentos e regras de natureza quase judiciária.

O estudo da judicialização pela doutrina brasileira, que cada vez mais transita entre o campo do direito e o da ciência política, dar-se-ia na conjuntura de fortalecimento do controle concentrado. Luís Roberto Barroso[5] e Cláudio Pereira de Souza Neto[6], só para fi-

2 TAYLOR, Matthew M. **Judging Policy**: Courts and Policy Reform in Democratic Brazil. Stanford (EUA): Stanford University Press, 2008, p. 10.

3 TAYLOR, 2008, loc. cit.

4 TATE, C. Neal; VALLINDER, Tobjorn (coord.). **The global expansion of the judicial power.** Nova Iorque (EUA): New York University, 1995, p. 13.

5 Cf. BARROSO, Luís Roberto. Judicialização, Ativismo Judicial e Legitimidade Democrática, **[Syn]Thesis,** Rio de Janeiro, v. 5, n. 1, p. 23-32, 2012.

6 Cf. SOUZA NETO, Cláudio Pereira. Fundamentação e normatividade dos direitos fundamentais: uma reconstrução

car em dois exemplos, enfrentam a questão a partir da tensão existente entre constitucionalismo e democracia, entre governo da lei e governo da maioria. O paradoxo, aparente ou não conforme o leitor, viria à superfície com o veto do Poder Judiciário, cujos membros não são sujeitos à *accountability* eleitoral, aos atos normativos dos Poderes Executivo e Legislativo, *lócus* tradicional da soberania. A ciência política analisou os usos pelos legitimados e das decisões do Supremo em sede de ação direta de constitucionalidade a fim de abordar empiricamente a interação entre os Poderes Legislativo e Judiciário, como feito por Rogério Bastos Arantes[7] e Thamy Pogrebinschi[8].

teórica à luz do princípio democrático. In: BARROSO, Luís Roberto (org.). **A nova interpretação constitucional:** ponderação, direitos fundamentais e relações privadas. Rio de Janeiro: Renovar, 2003.

7 Cf. ARANTES, Rogério Bastos. **Judiciário e política no Brasil.** São Paulo: IDESP, 1997.

8 Cf. POGREBINSCHI, Thamy. **Judicialização ou representação?** Política, direito e democracia no Brasil. Rio de Janeiro, Elsevier, 2011.

Em razão da centralidade conferida às ações diretas no modelo brasileiro de *judicial review*, deixou-se em segundo plano a relevância do controle preventivo de constitucionalidade na dinâmica da judicialização da política. Somado ao entusiasmo em torno do controle repressivo, contribuiu ao esquecimento do seu congênere a circunstância do Supremo Tribunal Federal nunca ter intervindo sobre as atividades do Congresso Nacional para determinar a suspensão da tramitação de propostas de emenda à Constituição e de projetos de lei cuja deliberação seja vedada de antemão pelo próprio texto constitucional, em que pese a jurisprudência aceite sem divergência a impetração de mandado de segurança por parlamentar para proteger o direito líquido e certo em não tomar parte de processo legislativo inconstitucional nos termos do artigo 60, §4º, da Constituição[9].

9 § 4º Não será objeto de deliberação a proposta de emenda tendente a abolir:
I - a forma federativa de Estado;
II - o voto direto, secreto, universal e periódico;
III - a separação dos Poderes;
IV - os direitos e garantias individuais.

Desde o julgamento do MS nº 20.257/DF, é entendimento pacífico ser o *writ*apto a provocar o controle judicial preventivo do processo legislativo. O exercício do mandato parlamentar é livre, desde que respeitados os preceitos constitucionais[10]. No parlamento plural e deliberativo construído pela Constituição Federal de 1988, há limites formais, materiais e circunstanciais que condicionam a atividade do Poder Legislativo, com o fito de **orientar a negociação em torno da condição das políticas públicas e realizar, enfim, a interseção entre os planos do ser e do dever-ser, concretizando os ideais e aspirações que dão ensejo à formação do Estado**[11], pelo que sua observância constitui direito líquido e certo do parlamentar a ser tutelado pelo Poder Judiciário.

Ainda por ocasião do julgamento do MS nº 20.257/DF, o Ministro Moreira Alves discorreu em voto vista que, tipicamente, o trâmite de projeto de lei ou de proposta de emenda à Constituição não pode ser suspenso ao fundamento de que seu conteúdo viola uma norma constitucional. Apenas haveria violação na hipótese da posterior aprovação da proposta ou do projeto. Antes disso, o Poder Legislativo estaria no exercício legítimo das atribuições constitucionais referentes ao processamento da lei no geral. Porém, a interdição prevista pelo parágrafo primeiro do artigo 47 da Constituição de 1969[12] dirigia-se à própria apresentação e deliberação da proposta que abolisse ou ameaçasse abolir a Federação e a República – como seria o caso, segundo os impetrantes, de ambas as Propostas cujo tramite foi impugnado. No caso de propostas ou de projetos que contrariassem cláusulas pétreas, as quais estão fora do alcance até do poder constituinte de reforma, haveria a inconstitucionalidade em tese **porque o próprio processamento**

---

10 SALGADO, Eneida Desiree. **Princípios constitucionais eleitorais**,2. ed. Belo Horizonte: Fórum, 2015, p. 74.

11 CARVALHO, Cristiano Viveiros de. **Controle judicial e processo legislativo:** a observância dos regimentos internos das Casas Legislativas como garantia do Estado Democrático de Direito. Porto Alegre: Sergio Antonio Fabris, 2002, p. 64.

12 § 1º Não será objeto de deliberação a proposta de emenda tendente a abolir a Federação ou a República.

já desrespeita, frontalmente, a Constituição.

O entendimento do Supremo Tribunal Federal acerca da extensão do controle preventivo de constitucionalidade foi mais bem definido no julgamento do MS nº 32.033/DF, em que o Plenário derrubou a liminar concedida pelo Ministro Gilmar Mendes para suspender a tramitação da PLC nº 14/13 sob as alegações de que restringia os direitos fundamentais dos grupos políticos minoritários e estabelecia desigualdades entre os partidos e os parlamentares ao vedar a transferência de horário de propaganda e recursos do fundo partidários se houvesse migração partidária durante a legislatura.

Nessa ocasião, prevaleceu acorrente de que o controle preventivo faz-se legítimo quando "[...] o vício de inconstitucionalidade está diretamente relacionado a aspectos formais e procedimentais da atuação legislativa [...]", porque "[...] vista a corrigir vício já efetivamente concretizado no próprio curso do processo de formação da norma, antes mesmo e independentemente de sua final aprovação ou não". Ao tempo em que reconheceu a possibilidade de um controle preventivo formal, o Supremo rejeitou a possibilidade de uma fiscalização material, atenta ao conteúdo da proposta da emenda ou do projeto de lei[13]. No caso do MS nº 32.033, entendeu-se que inexistiu afronta do Poder Legislativo ao rito legislativo constitucional, mas só o desacordo do impetrante para com o mérito da proposta.

Muito embora haja determinado consenso sobre os parâmetros do controle preventivo, não há qualquer precedente do Plenário do Tribunal em que suspenso o trâmite de PEC, PLC ou PL. Em todas as ocasiões em que chamado a analisar a compatibilidade de propostas ou projetos à luz das cláusulas pétreas, e quanto mais de outras normas da lei fundamental, o Supremo Tribunal Federal não exerceu o controle preventivo[14]. Nesse senti-

13 Este precedente foi trazido na decisão monocrática do Ministro Dias Toffoli no MS nº 33.866/DF, impetrada contra a PEC nº 471/05. Embora reconhecesse que o conteúdo da proposta contrariasse jurisprudência mais do que pacífica do Supremo Tribunal Federal, indeferiu a liminar por não vislumbrar vícios procedimentais em sua tramitação.

14 Não está compreendida aqui a decisão liminar proferida pelo Ministro Roberto

do, o Plenário derrubou a medida liminar concedida pelo Ministro Gilmar Mendes nos autos do MS nº 32.033/DF, que impugnava o trâmite do PLC nº 14/13 sob as alegações de que restringia os direitos fundamentais dos grupos políticos minoritários e estabelecia desigualdades entre os partidos e os parlamentares ao vedar a transferência de horário de propaganda e recursos do fundo partidários se houvesse migração partidária durante a legislatura. Nessa oportunidade, prevaleceu o entendimento de que não houvera violação à cláusula pétrea, mas somente o desacordo do impetrante com o mérito da proposta.

Não obstante a resistência na *práxis* jurisprudencial do Supremo, que pode ser explicada não só pela separação dos poderes, mas também pelo natural desacordo em torno do real significado das cláusulas pétreas e pela priorização do controle repressivo, duas circunstâncias sugerem um futuro promissor ao controle preventivo dentro da lógica da judicialização da política – aqui compreendida como a judicialização do exercício do direito de oposição política[15].

Em primeiro lugar, a ineficácia da ação direta de inconstitucionalidade na tutela de interesse político-partidário. De acordo com levantamento promovido por Alexandre Araújo Costa e Juliano Zaiden Benvindo sobre todas as decisões do Supremo em sede de ações diretas até 2012, o sucesso das ADI's ajuizadas por partidos contra atos federais não supera a faixa de 6%[16]. Por ano, não mais de seis leis federais foram invalidadas pelo Tribunal a pedido das agremiações políticas. Dados bem semelhantes foram trazidos por Thamy Pogrebinschi, cujo estudo aponta

Barroso no MS nº 33.889/DF, uma vez que a controvérsia nesses autos não gira em torno de projeto de lei ou proposta de emenda à constituição contrário a cláusula pétrea, mas de contrabando legislativo. Cuidou-se de preservar a autoridade da decisão na ADI nº 5.125/DF.

15 SUNDFELD, Carlos Ari et al. **Controle de constitucionalidade e judicialização:** o STF frente à sociedade e aos Poderes. Belo Horizonte: Faculdade de Filosofia e Ciências Humanas, 2010, p. 31.

16 COSTA, Alexandre; BENVINDO, Juliano Zaiden.**A Quem Interessa o Controle Concentrado De Constitucionalidade?** O Descompasso entre Teoria e Prática na Defesa dos Direitos Fundamentais. Abr. 1, 2014.Disponível em: <http://bit.ly/1C90p46>. Acesso em: 10 abr. 2017.

que a litigância partidária possui uma taxa de sucesso na faixa de 8,6% – das 168 demandas ajuizadas de 1988 a 2005, apenas quatorze foram julgadas procedentes integral ou parcialmente até 2009[17]. Das quatorze, cinco só foram julgadas quando seus proponentes já haviam ido da oposição para a situação, o que pode implicar a inversão do sentido da vitória judicial. Não obstante sejam responsáveis pelo maior número de ações diretas, os partidos políticos não estão em primeiro lugar no **quesito** decisões favoráveis, ficando atrás das associações e entidades de classe e do Procurador-Geral da República.

Conquanto se cogite do ajuizamento para fins de medida liminar, os números são igualmente desanimadores. A partir da promulgação da Lei nº 9.868/99, cujo artigo 12 permite o julgamento do mérito sem análise prévia da medida liminar[18], a taxa de concessão despencou de 13,95% e 18,09% na época **Fernando Henrique Cardoso** para 7,69%, 5,19% e 4,55% nos três governos seguintes. A contração no deferimento de medidas liminares não é particularidade das demandas promovidas por partidos políticos, mas tendência presente no quadro maior do controle concentrado: a concessão de liminar variava de 30% a 50% até o ano de 2.000[19]. Desde então, a percentagem caiu para 21%, mal chegando a 10% na primeira década. O artigo 12 da Lei nº 9.868/99 provocou em idêntica medida a redução nas liminares indeferidas, que deixaram de ser apreciada antes do julgamento do mérito, e o aumento de liminares prejudicadas, vez que o processo passou a ser julgado diretamente no mérito.

Tanto na apreciação célere da liminar quanto na apreciação definitiva do mérito, o controle repres-

17 POGREBINSCHI, Thamy. **Judicialização ou representação?** Política, direito e democracia no Brasil. Campinas (SP): Campus, p. 85.

18 Art. 12. Havendo pedido de medida cautelar, o relator, em face da relevância da matéria e de seu especial significado para a ordem social e a segurança jurídica, poderá, após a prestação das informações, no prazo de dez dias, e a manifestação do Advogado-Geral da União e do Procurador-Geral da República, sucessivamente, no prazo de cinco dias, submeter o processo diretamente ao Tribunal, que terá a faculdade de julgar definitivamente a ação.

19 COSTA; BENVINDO, op. cit., p. 32.

sivo de constitucionalidade oferece aos partidos políticos reduzidas chances de sucesso, o que já se refletiu na queda da intensidade da litigância partidária. De outubro de 1988 até julho de 2010, as agremiações foram responsáveis por 469 ações diretas contra atos federais, com a alternância das demandantes ao sabor dos governos a indicar um paralelo entre a tematização no Supremo Tribunal Federal e a composição da situação e oposição[20]. O volume de demandas contra lei federal chegou a seu ápice no primeiro governo de Fernando Henrique Cardoso, devido à intensa atuação do Partido dos Trabalhadores. Com a eleição desta legenda ao governo, a ação dos Democratas e do Partido da Social Democracia Brasileira não foi suficiente para manter o patamar de judicialização, que sofreu queda razoável. A partir do primeiro mandato de Dilma Rousseff, já há uma drástica redução, com somente onze ações diretas ajuizadas ao todo[21].

A manutenção dos baixos índices de sucesso, no tocante a concessão de liminar e decisão de mérito, bem como o descompasso entre os tempos da política e do direito, encorajaas agremiações a recorrerem a outros instrumentos que o ajuizamento de ação direta de inconstitucionalidade como meio de judicializar a política, em que pesem a facilidade no acesso ao Supremo Tribunal Federal e a visibilidade que possa ganhar junto aos meios de comunicação.

Em segundo lugar, os ventos parecem favoráveis ao controle repressivo em razão da **nova** interpretação que o Supremo Tribunal Federal vem realizando sobre a categoria do devido processo legislativo. Apesar defazê-loem ações diretas de inconstitucionalidade, o Plenário da Corte adotou duas interessantes decisões que sugerem possível ruptura com a jurisprudência tradicional, firmada a partir de mandados de segurança impetrados antes mesmo da vigência da Constituição Federal de 1988. Não obstante os Ministros que **apresentaram uma compreensão de um Direito Democrático de forma que a decisão *interna corporis* fosse desafiada**[22], continua

20 SUNDFELD, op. cit., p. 31.

21 COSTA; BENVINDO, 2014, loc. cit.

22 NEGRI, André Del. **Processo constitucional e decisão *interna***

majoritária a compreensão de que o eventual desrespeito pelo Poder Legislativo de dispositivo constitucional, legal ou regimental que discipline as atividades legiferantes estaria limitado à arena legislativa por ser matéria *interna corporis* do Congresso Nacional.

Na ADI nº 4.029/DF, o Plenário decidiu por maioria ser inconstitucional a Lei nº 11.516/07 sob o argumento de que fora descumprido o parágrafo nono do artigo 62 da Constituição Federal de 1988, que prevê a formação de comissão mista de Deputados e Senadores para a análise e a emissão de parecer sobre as medidas provisórias[23]. Entendeu-se que tais comissões decorreriam da opção do legislador constituinte em desenhar, no intuito de permitir a fiscalização detida do Poder Legislativo em cima do exercício da função atípica do Poder Executivo, um rito mais cuidadoso. Para o Relator, Ministro Luiz Fux[24] "O Pretório Excelso não pode ser conivente com o desrespeito à Constituição, quanto mais quando a práxis vetusta se revela tão nociva à democracia e ao correto funcionamento do sistema de equilíbrio entre os Poderes da República". Entendeu-se que, em atenção à democracia e ao equilíbrio dos Poderes, o Congresso Nacional não poderia fugir dos procedimentos legislativos que a Constituição Federal impõe à conversão de medidas provisórias. Estava em questão, portanto, o respeito do próprio Poder Legislativo ao devido processo legislativo.

No julgamento da ADI nº 5.127/DF, em referência taxativa ao devido processo legislativo, o Tribunal rechaçou de vez a prática do contrabando legislativo. Em seu voto, a Ministra Rosa Weber caracterizou o poder de emenda conferido ao Congresso Nacional no rito de conversão de MP para ressalvar que "a alteração da pro-

corporis. Belo Horizonte: Fórum, 2011, p. 96.

23 § 9º Caberá à comissão mista de Deputados e Senadores examinar as medidas provisórias e sobre elas emitir parecer, antes de serem apreciadas, em sessão separada, pelo plenário de cada uma das Casas do Congresso Nacional.

24 O Ministro Luiz Fux, acompanhado pelo Ministro Marco Aurélio, é certamente um dos principais defensores de um controle preventivo que abarque os regimentos internos das Casas Legislativos.

posta legislativa sujeita à cláusula de reserva de iniciativa somente se legitima quando a modificação proposta – seja para ampliar, restringir, adequar e adaptar o alcance do texto original – guarda com ele estrita relação de afinidade temática". O controle judicial da atividade parlamentar encontraria razão uma vez que a controvérsia fosse enquadrada como questão de direitos fundamentais. Sendo o devido processo legislativo **o direito que têm todos os cidadãos de não sofrer interferência, na sua esfera privada de interesses, senão mediante normas jurídicas produzidas em conformidade com o procedimento constitucionalmente determinado**, a fiscalização teria o condão de fortalecer a deliberação pública, de garantir as condições de participação social e de preservar a legitimidade democrática e o equilíbrio entre os Poderes – tal como fizera na ADI nº 4.019 e viria a fazer na ADI nº 5.012, em que o contrabando legislativo foi novamente rechaçado.

A fiscalização judicial do cumprimento pelo Poder Legislativo do regramento constitucional atinente às atividades típicas está longe de ser novidade. Nos paradigmáticos MS nº 24.831/DF e nº 26.441/DF, aCorte afastou o fundamento de que a instalação de Comissão Parlamentar de Inquérito seria simples controvérsia *interna corporis* para, reputando atendidas as condições do artigo 58, §3º, da Lei[25], determinar ao Presidente do Senado Federal que suprisse a omissão dos líderes dos blocos governistas para indicar os membros cuja falta inviabiliza a instalação da Comissão. Para oMinistro Celso de Mello,"a estrita observância dos direitos e garantias, notadamente quando se alegar, como se sustenta na espécie, transgressão ao estatuto constitucional das minorias parlamentares, traduz fato de legitimação da atividade estatal".Dessa forma, o Supremo estaria legitimado a intervir por ser de competência do Poder Judiciário,

25 § 3º As comissões parlamentares de inquérito, que terão poderes de investigação próprios das autoridades judiciais, além de outros previstos nos regimentos das respectivas Casas, serão criadas pela Câmara dos Deputados e pelo Senado Federal, em conjunto ou separadamente, mediante requerimento de um terço de seus membros, para a apuração de fato determinado e por prazo certo, sendo suas conclusões, se for o caso, encaminhadas ao Ministério Público, para que promova a responsabilidade civil ou criminal dos infratores.

no desempenho da *judicial review*, fiscalizar as condutas do Estado quando forem desrespeitadas a Constituição Federal e a legislação.

A fiscalização é atividade tão inerente do Poder Legislativo quanto a própria legislação, não havendo razão para distinções na atuação do Poder Judiciário. Em ambos os casos, o acatamento à Constituição Federal de 1988 e à lei viabiliza o exercício da oposição política, que é pressuposto do regular funcionamento do regime democrático. Tal foi o entendimento do Ministro Roberto Barroso ao conceder a medida liminar no MS nº 34.562/DF. Ao dar prosseguimento ao processo legislativo, encaminhando Projeto de Lei aprovado por Comissão à sanção da Presidência sem antes apreciar os recursos interpostos pela oposição para levar a matéria ao Plenário, teria a Mesa do Senado Federal atropelado prerrogativa da minoria parlamentar cristalizada no do artigo 58, §2º, inciso I, da CF[26].

26 § 2º Às comissões, em razão da matéria de sua competência, cabe:
I - discutir e votar projeto de lei que dispensar, na forma do regimento, a competência do Plenário, salvo se houver recurso de um décimo dos membros da Casa;

A concessão definitiva da segurança no MS nº 34.562/DF, cuja controvérsia diz respeito à atividade típica do Congresso Nacional tal qual no MS nº 24.831/DF marcaria em definitivo não só umaguinada na jurisprudência do Supremo, que deixaria de admitir para efetivamente promover o controle preventivo com fulcro na integralidade dasnormas constitucionais que regram o processo legislativo. Mais além, a decisão do Plenário alçaria o controle preventivo de constitucionalidade a um novo e importante papel dentro da lógica da judicialização da política ao abrir aos partidos e aos parlamentares canal de oposição política provavelmente mais efetivo e certamente mais interessante do que as ações diretas, na medida em que não existe no controle repressivo o risco do Supremo ir além dos pedidos formulados pelos autores, inviabilizando assim outras estratégias de mudança[27].

REFERÊNCIAS

ARANTES, Rogério Bastos. **Judiciário e política no Brasil.** São Paulo: IDESP, 1997.

27 SUNDFELD, op. cit., p. 60.

BARROSO, Luís Roberto. Judicialização, Ativismo Judicial e Legitimidade Democrática, **[Syn]Thesis,** Rio de Janeiro, v. 5, n. 1, p. 23-32, 2012.

CARVALHO, Cristiano Viveiros de. **Controle judicial e processo legislativo:** a observância dos regimentos internos das Casas Legislativas como garantia do Estado Democrático de Direito. Porto Alegre: Sergio Antonio Fabris Editor, 2002.

CARVALHO, Lucas Borges. **Censura e liberdade de expressão no Brasil.** Rio de Janeiro: Lumen Juris, 2016.

COSTA, Alexandre; BENVINDO, Juliano Zaiden. **A Quem Interessa o Controle Concentrado De Constitucionalidade?** O Descompasso entre Teoria e Prática na Defesa dos Direitos Fundamentais. Abr. 1, 2014. Disponível em: <http://bit.ly/1C90p46>. Acesso em: 10 abr. 2017.

NEGRI, André Del. **Processo constitucional e decisão *interna corporis*.** Belo Horizonte: Fórum, 2011.

POGREBINSCHI, Thamy. **Judicialização ou representação?** Política, direito e democracia no Brasil. Rio de Janeiro, Elsevier, 2011.

SALGADO, Eneida Desiree. **Princípios constitucionais eleitorais**,2. ed. Belo Horizonte: Fórum, 2015.

SOUZA NETO, Cláudio Pereira. Fundamentação e normatividade dos direitos fundamentais: uma reconstrução teórica à luz do princípio democrático. In: BARROSO, Luís Roberto (org.). **A nova interpretação constitucional:** ponderação, direitos fundamentais e relações privadas. Rio de Janeiro: Renovar, 2003.

SUNDFELD, Carlos Ari et al.**Controle de constitucionalidade e judicialização:** o STF frente à sociedade e aos Poderes. Belo Horizonte: Faculdade de Filosofia e Ciências Humanas, 2010. p. 31.

TATE, C. Neal; VALLINDER, Tobjorn (coord.). **The global expansion of the judicial power**. Nova Iorque (EUA): New York University, 1995.

TAYLOR, Matthew M. **Judging Policy**: Courts and Policy Reform in Democratic Brazil. Stanford (EUA): Stanford University Press, 2008.

LEGISLATIVO E JUDICIÁRIO: UMA ANÁLISE DO FUTURO DAS INSTITUIÇÕES SOB O PARADIGMA DO DIREITO À VIDA E O TEMA DO ABORTO

BRUNA DE FREITAS DO AMARAL

1. INTRODUÇÃO

No Brasil, o aborto é criminalizado por meio dos artigos 124 a 126 do Código Penal, admitindo-se a sua ocorrência apenas nos casos em que a gravidez seja resultante de estupro ou exista riscos para a vida dagestante. Há, contudo, um questionamento, que provém especialmente de núcleos feministas, quanto à permanência da criminalização dessa conduta.

Os dados médicos relacionados ao aborto apontam que o tema não é pacífico entre as mulheres, merecendo essa questão uma minuciosa reanálise. A curetagem pós-aborto já se apresenta como o segundo procedimento obstétrico mais realizado nos hospitais públicos do país (VILLELA; BARBOSA, 2011, p. 37), o que deixa transparecer que muitas gestantes são adeptas à prática abortiva.

Segundo pesquisa realizada pela Universidade de Brasília, uma em cada cinco mulheres no Brasil com quarenta anos de idade já realizaram ao menos um aborto (VILLELA; BARBOSA, 2011, p. 62). Trata-se de um expressivo número de casos, o que demonstra a relevância e interferência do tema diretamente na vida de milhares de mulheres todos os anos.

Nesse contexto, a importância da decisão proferida pela Arguição de Descumprimento de Preceito Fundamental nº 54/DF e no *Habeas Corpus* nº 124.306restam ressaltadas. Tais ações tratam da questão da interrupção da gravidez.

Na ADPF nº 54, o ponto a ser levantado a respeito de tal decisão é a forma como ela se furta à argumentação ponderativa, recurso tão comumente utilizado pelo Supremo Tribunal Federal (NEVES, 2013, p. 201), promovendo a criação de uma regra: não há vida no anencéfalo, portanto, a interrupção da gravidez é legal.

Na referida decisão, havia o combate entre duas linhas de argumentação: a científica e a religiosa. A argumentação de cunho científico demonstrava que não existia vida no feto anencéfalo, pois se tratava de um ser desprovido de racionalidade e, adotando-se a tradição kantiana de que o ser humano é um ser racional, não havia vida humana no feto anencéfalo, sendo admitida a interrupção da gravidez. Quanto ao viés religioso[1], este centrou-se na afirmação de que o feto anencéfalo é vida, a qual, por ser sagrada, torna o procedimento da interrupção da gravidez inaceitável.

Recentemente, a 1ª Turma do STF no julgamento do *Habeas Corpus* n. 124.306, de Relatoria do Ministro Marco Aurélio, cujo redator do acórdão foi o Ministro Roberto Barroso, decidiu por afastar a prisão preventiva de acusados pelo crime de aborto com o consentimento da gestante, justificando que a criminalização do aborto é incompatível com diversos direitos fundamentais, dentre eles: (i) os direitos sexuais e reprodutivos; (ii) o direito de autonomia da mulher, (iii) da sua integridade física e psíquica e o (iv) princípio da igualdade.

Não é o objetivo deste artigo investigar se a assunção, por parte desses magistrados, de que é possível a realização do aborto em determinados casos é melhor acertada ou não. A análise objetiva evidenciar a preocupante tendência à inovação normativa por parte do STF.

A controvérsia que recai sobre o aborto evidencia tanto o papel fundamental que o Supremo Tribunal Federal representa enquanto garantidor dos direitos das minorias, quanto ao risco dessas suas decisões inovadoras, que criam regras não previstas no ordenamento jurídico. Diante da inovação normativa pelo Judiciário, ocupando uma atividade tipicamente relegada

1 Tal argumentação foi levantada em audiências públicas realizadas durante o processo, em que membros de diversas religiões afirmavam que a vida é sagrada e não cabe ao homem ceifá-la.

ao Legislativo, observa-se que esses dois poderes entram em rota de colisão. As implicações desse conflito é objeto de análise deste trabalho.

2. A ATUAÇÃO DO PODER LEGISLATIVO E AS INTERFERÊNCIAS DO PODER EXECUTIVO QUANTO AO TEMA DO ABORTO

Durante as eleições de 2010, discutia-se o 3º Programa Nacional de Direitos Humanos - PNDH-3, em que diversos temas polêmicos, incluindo o casamento gay e a descriminalização do aborto, eram objeto de discussão. Objetivava-se, por meio de tal plano, criar políticas públicas na área de Direitos Humanos. No entanto, o governo Lula recuou, retirando de pauta os temas mais polêmicos, inclusive o aborto, pelo receio de que a aprovação desse projeto refletisse de forma prejudicial na imagem da candidata do Partido dos Trabalhadores (PT) à Presidência, em especial, pelas fortes críticas que o programa sofreu por parte dos militares, ruralistas, católicos e a grande mídia (VITAL; LOPES, 2012, p. 79).

Além do PNDH-3, o qual foi lançado pelo governo em 21 de dezembro de 2009, houve outras tentativas de debate sobre a temática do aborto. Em 2005, um Projeto de Lei, substitutivo ao PL n. 1135/91, criado pela Secretaria Especial de Políticas para as Mulheres, pretendia retirar do Código Penal a criminalizaçãoda conduta abortiva provocada pela própria gestante ou com o seu consentimento (VITAL; LOPES, 2012, p. 66). A proposta, contudo, foi recusada pela Câmara dos Deputados nas três vezes em que foi colocada em pauta, culminando em seu arquivamento.

Recentemente, tramita o Projeto de Lei n. 478/2007, denominado Estatuto do Nascituro, que garante ao embrião todos os direitos da personalidade que são atribuídos a uma pessoa. Trata-se de uma resposta dos setores religiosos às tentativas de legalização da prática do aborto. O projeto conta com tópicos polêmicos, como a proibição do aborto em qualquer situação e a atribuição de um auxílio financeiro para a mãe cuja gravidez seja resultante de estupro, uma espécie de contribuição governamental para as despesas da criança.

O referido projeto de lei foi rechaçado por estudiosos da saúde e da temática de gênero (MOURA; BRAGA, 2010), que o acusaram de suprimir direitos reprodutivos da mulher já defendidos na legislação vigente – como o aborto em caso de estupro ou risco de vida para a gestante.

O projeto, sob este viés, estaria de acordo com o processo de "[...] recrudescimento de posturas fundamentalistas, tanto políticas quanto religiosas, no sentido de fazer retroceder direitos já conquistados pelas mulheres em termos sexuais e reprodutivos"(VITAL; LOPES, 2012, p. 53). A proposta, ainda que polêmica, conta com o apoio de grande parcela da sociedade civil, chegando a reunir cerca de quinze mil pessoas em uma marcha a favor da aprovação do Estatuto do Nascituro em São Paulo-SP (CNBB, 2011).

A argumentação utilizada, veiculada principalmente por setores religiosos, postula que a campanha contra o aborto representa, na verdade, uma campanha a favor da vida (BRASIL, 2012, p. 24). Contudo, essa afirmação é incongruente com os dados estatísticos da taxa de óbito de mulheres que passaram pelo procedimento do aborto de forma ilegal. Na verdade, conforme defendem Villela e Barbosa, a única vida que é defendida é a vida do feto, como se esse fosse independente do corpo materno, enquanto a taxa de óbito de milhares de gestantes, que se submetem a abortos irregulares, é ignorada (VILLELA; BARBOSA, 2011, p. 58).

Apesar do Estatuto do Nascituro enrijecer o tratamento dispensado ao aborto, o Legislativo demonstra que o movimento de recrudescimento na punição desse crime não é pacífico entre os parlamentares. O projeto de Reforma do Código Penal (PLS n. 236/2012) prevê a ampliação das hipóteses de exclusão da punibilidade desse delito, postulando a possibilidade de aborto para, além das situações legais já permitidas, em casos de: emprego não consentido de técnica de reprodução assistida; anencefalia comprovada, assim como outras deficiências que inviabilizem vida extrauterina do feto e, por fim, em caso de constatação, por médico ou psicólogo, de ausência de condições psicológicas da grávida em arcar com a maternidade, desde que haja seu consentimento e a prática abortiva for praticada até a décima segunda semana de gestação.

A Reforma do Código Penal prevê, ainda, penas mais brandas do que as vigentes para a gestante que pratica esse crime, reduzindo-a de um a três anos para seis meses a dois anos. O novo projeto, portanto, flexibiliza o aborto, mas não exclui esse tipo penal.

Cabe, nesse ponto, a ressalva de que tal ordenamento configura apenas uma proposta de modificação, dependendo a sua implementação da anuência dos parlamentares ao projeto. No entanto, o mais relevante na discussão da Reforma do Código Penal em face do Estatuto do Nascituro é a contraposição, que pode ser facilmente verificada, entre os dois projetos. As propostas legislativas adotam posturas antagônicas, o que obstaculiza a tomada de uma posição contundente por parte dessa esfera de poder. As diversidades de opiniões, que são características de uma discussão democrática, dificultam o consenso, o qual é altamente penoso no processo legislativo de um Estado Democrático.

Enquanto o Legislativo não se define por uma postura mais rigorosa (Estatuto do Nascituro) ou pouco mais flexível (Reforma do Código Penal) quanto ao aborto, a análise dos eventos transcritos demonstra que o tema está em plena efervescência na sociedade brasileira. A questão, que tem sido levantada perante diversos casos, demonstra os divergentes posicionamentos ideológicos que permeiam o aborto (VITAL; LOPES, 2012, p. 68).

3. POSICIONAMENTOS DO PODER JUDICIÁRIO QUANTO AO ABORTO

Nos últimos anos, o Supremo Tribunal Federal tem sido chamado a apreciar o tema do aborto. Trata-se das decisões proferidas na Arguição de Descumprimento de Preceito Fundamentalnº 54 e no *Habeas Corpus* n. 124.306. A abordagem será feita sobre cada uma dessas ações separadamente.

3.1. ARGUIÇÃO DE DESCUMPRIMENTO DE PRECEITO FUNDAMENTAL Nº 54

Em 12/04/2012, houve o julgamento da ADPF nº 54, que apreciou a possibilidade de interrupção de gestação de feto anencéfalo e foi decidida por oito votos pela procedência do pedido contra dois votos dissidentes. A ADPF foi proposta pela Confederação Nacional dos Trabalhadores na Saúde – CNTS e pretendia dar uma interpretação conforme à Constituição para os artigos 124 e 126 do Código Penal, pleiteando a descriminalização do crime de aborto no caso de comprovado diagnóstico de anencefalia, o que, de fato, foi concedido.

A principal argumentação seguida pela maioria dos ministros é de que não havia vida no feto anencéfalo e, por isso, o crime de aborto não estaria tipificado.

O voto do relator, Ministro Marco Aurélio, inicia com a afirmação de que "o tema envolve a dignidade humana, o usufruto da vida, a liberdade, a autodeterminação, a saúde e o reconhecimento pleno de direitos individuais, especificamente, os direitos sexuais e reprodutivos de milhares de mulheres" (BRASIL, 2012, p. 49).

Durante sustentação de seu voto, o Ministro argumenta, ostensivamente, que não há vida no feto anencéfalo, constatação que ele faz a todo o momento, baseando-se para isso em dois fatores: o feto anencéfalo não tem vida porque ele não tem cérebro e, o feto anencéfalo não tem vida porque não há expectativa de vida extrauterina[2] (BRASIL, 2012, p. 49). Ambos argumentos são aplicados de forma a se sustentar mutuamente, fazendo com que uma constatação seja amparada pela outra.

Cumpre frisar, também, que logo nos primeiros parágrafos de seu voto, o Ministro já explicita a sua estratégia argumentativa: "No caso, não há colisão real entre direitos fundamentais, apenas conflito aparente"(BRASIL, 2012, p. 33). Isto posto, o relator já declara que não há bens jurídicos a serem ponderados, já que eles não estão em colisão. Neste ponto, vislumbra-se que o STF rompe com a sua usual prática de ponderação entre princípios.

Na ADPF nº 54/ DF, a técnica ponderativa foi utilizada na fundamentação da Ministra Rosa Weber.

2 A segunda afirmação pode ser constatada na seguinte passagem: "O anencéfalo é um natimorto. Não há vida em potencial. Logo não se pode cogitar de aborto eugênico, o qual pressupõe a vida extrauterina de seres que discrepem de padrões imoralmente eleitos. [...] De fato, a anencefalia mostra-se incompatível com a vida extrauterina, ao passo que a deficiência não" (BRASIL, 2012, p. 49).

Em sua argumentação, a Ministra sopesou entre (i) o direito à vida do feto, que para ela não se tratava de caso de inexistência de vida humana, e (ii) a autonomia da mulher sobre seu corpo. Segundo o seu voto, não se sabia ao certo qual direito estava em discussão quando se tratava da defesa do feto anencéfalo, e, diante da falta de expectativa de vida extrauterina e ausência de pronunciamento do legislativo sobre a matéria, o direito da mulher, que se apresentava em clarividência, deveria ser protegido (BRASIL, 2012, p. 124-433).

Ressalta-se que a argumentação, assim estruturada, atribui força para o discurso do empoderamento da mulher sobre o seu corpo, o que atinge diretamente a questão do aborto. Admitir a existência de vida no feto anencéfalo e ponderar esse direito com a autonomia da mulher, faz reacender o debate sobre a legalização dessa conduta. A utilização da ponderação para o caso dos anencéfalos, portanto, tocaria diretamente na temática do aborto, o que faria dessa decisão uma abertura normativa para o questionamento de novas hipóteses permissivas.

Apesar do voto da Ministra estar em consenso com a decisão final (procedência do pedido), sua linha argumentativa não foi seguida pelos demais Ministros que, não recorrendo ao sopesamento, optaram pela criação de uma nova regra normativa: o feto anencéfalo não tem vida.

Contudo, assim como o abuso na utilização dos princípios, a criação de regras pelo STF causa, igualmente, inconsistência das suas decisões.

A determinação de inexistência de vida no feto anencéfalo é uma criação de cunho ideológico-político. Da mesma forma em que o abuso na utilização de princípios e a ponderação extremada "[...] atuam como um estímulo de um 'casuísmo' descomprometido com a força normativa da constituição e da autoconsistência constitucional do sistema jurídico"(NEVES, 2013, p. 201), a criação de novas regras que não estavam presentes no jogo contribui para a formação de decisões inesperadas, reduzindo as expectativas sobre o resultado, o qual passa a ser imprevisível.

A análise dos argumentos levantados no caso dos anencéfalos mostra que a discussão política protagonizou o debate, promovendo um conflito, basicamente, de dois polos: o científico – representado especialmente pela classe médica – eo religioso – defendidopelas entidades religiosas. O argumento científico defendia que o ato não poderia ser caracterizado como aborto, sendo simplesmente um fato atípico e o argumento religioso afirmava que havia vida no feto anencéfalo e, consequentemente, havia a ocorrência da conduta típica de aborto com a interrupção da gravidez. A construção da discussão dessa forma favoreceu a politização do discurso, proporcionando uma autuação do Supremo para além de legislador negativo.

Adotando-se exclusivamente o critério da racionalidade (LUNA, 2009)[3] como indicador determinante de vida humana, seguindo clara influência kantiana, foi declarada a não existência de vida humana do feto na decisão da ADPF nº 54/DF. Trata-se de uma escolha que se aproxima da argumentação científica levantada por médicos em audiências públicas realizadas durante o processo. Segundo essa linha argumentativa, a atividade cerebral é o critério médico para determinar se há vida em uma pessoa ou se ela está morta. Assim, representando a morte cerebral o fim da vida, a inexistência de cérebro faz do feto anencéfalo um natimorto.

A decisão faz a opção clara pelo argumento científico em detrimento do argumento religioso, defendido por diversas entidades nas audiências públicas.No entanto, ambos os posicionamentos se aproximam quanto a um elemento: a vida é imponderável face ao direito de autodeterminação da mulher sobre o seu próprio corpo.

Nota-se que, entre as duas linhas defendidas, resta um vazio argumentativo, o que torna incogitável a hipótese de ponderação entre uma suposta vida do feto anencéfalo e a autonomia do corpo pela mulher. Sem o objetivo de levantar o questionamento se a interpretação dada pelo STF, que inadmitiu a existência de vida humana no feto anencéfalo, foi adequada ou não, o importante é ressaltarque tal escolha inviabiliza a discussão sobre a prática do aborto.

Durante seu voto, Cezar Peluso atenta-se para essa questão. O seu

3 "O feto anencéfalo define-se pela ausência do que seria a propriedade essencial da espécie humana: a racionalidade." (LUNA, 2009)

voto, posicionado pela improcedência do pedido, aponta, explicitamente, para a sua preocupação de que, caso a demanda fosse julgada procedente, isso significaria a abertura para novas ações questionando a permissibilidade do aborto para as mais diversas situações(BRASIL, 2012, p. 396)[4].

O ministro indica que existem outras debilidades em que, assim como na anencefalia, não há expectativa de vida extrauterina para o feto, as quais poderiam ser objeto de novas demandas para a prática do aborto perante o Poder Judiciário.

Entre as doenças que são incompatíveis com a vida extraurerina, a múltipla má formação congênita e anomalias no sistema urinário são os pleitos mais frequentes para a realização do aborto perante o judiciário[5] (COSTA et al., 2005, p. 139-146).

Apesar da inexistência de expectativa de sobrevida para o feto nesses casos, uma ação que visasse à permissibilidade da prática do aborto, para além dos casos de anencefalia comprovada, correria maior risco de insatisfação de sua pretendida procedência. Uma demanda que visasse à interrupção da gravidez para todos os casos em que não há existência de chance de sobrevida para o feto, poderia reforçar o argumento, que foi levantado pelos setores religiosos na ADPF nº 54, de que se trataria da legitimação do aborto eugênico.

O contra-argumento, que prevaleceu, é que no caso do anencéfalo não se tratava de aborto eugênico, pois não era caso de vida humana, diante da comprovada ausência de cérebro. Quanto às demais referidas anomalias graves, estas terão de continuar a ser decididas caso a

4 "É possível imaginar o ponderável risco de que, julgada procedente esta ADPF, mulheres entrem a pleitear igual tratamento jurídico a hipóteses de outras anomalias não menos graves, ou porque a gravidez seja indesejada em si mesma, ou porque, à conta de fatores econômicos, sociais, familiares etc..., seria insuportável ou insustentável ter um filho". (BRASIL, 2012, p. 396)

5 "The most common abnormalities incompatible with life for which women request court authorisation to terminate a pregnancy are neural tube defects, including anencephaly, multiple congenital mal- formations and abnormality of the urinary system. In these cases there are only two options open to the woman, termination of the pregnancy or allowing the baby to be born, after which it will die within a short space of time". (COSTA et al., 2005, p. 139-146)

caso pelos juízes até que o STF se manifeste a respeito da questão ou o legislativo se posicione.

Cabe ressaltar que assiste certa razão os pontos levantados pelo Ministro Cezar Peluso. Ao evitar a ponderação entre a vida do feto – que, para ele, diferentemente do que prevaleceu na decisão, tratava-se de vida humana – e a autonomia da vontade da mulher, continua a ser intocável a questão do aborto, evitando-se uma interpretação que trouxesse uma ressignificação mais flexível a essa prática.

Segundo ele, a ponderação seria impossível, por se tratar de "[...] bens tão manifestamente desproporcionais [...]"(BRASIL, 2012, p. 407)[6]. Afirma, ainda, que admitir a ponderação no presente caso seria colocar como possível a ponderação da autonomia da vontade da mulher em detrimento da vida do feto, atribuindo mais credibilidade aos discursos pró-aborto, que colocam como ponto central a necessidade da prevalência da livre escolha da gestante.

Apesar do Ministro colocar como imponderável o sofrimento da gestante face ao direito à vida do feto, há no nosso ordenamento jurídico permissibilidade, ainda de forma restrita, à supressão da vida do nascituro.

Segundo decisão proferida pela ADI nº 3510, o embrião humano produzido artificialmente pode ser descartado. A título de exemplificação, cita-se, ainda, a possibilidade de condenação à pena de morte em caso de guerra e as duas causas de exclusão da punibilidade do aborto: a gravidez decorrente de estupro e a existência de risco de vida para a gestante.

Infere-se, portanto, que a vida não é um bem jurídico absoluto. Nesse ponto, destaca-se que a problemática reside no não reconhecimento dos direitos reprodutivos da mulher, ao suscitar incongruência em se admitir a eliminação de um embrião que é gerado *in vitro*, mas não permitir a eliminação do mesmo quando ele se encontra inserido dentro

---

6 "Não há, nesse esquema de ponderação de bens tão manifestamente desproporcionais, critério algum capaz de equilibrar ou compensar valores jurídicos díspares, nem de justificar, isto é, tornar justo o sacrifício desnecessário da vida em nome da tutela de sentimento cujo objeto é apenas livrar-se de uma dor sem culpa, que não é justa nem injusta, mas apenas humana" (BRASIL, 2012, p. 407)

do corpo da mulher (VILLELA; BARBOSA, 2011, p. 31)[7].

Na ADPF nº 54, o objeto do pleito restringia-se ao caso do feto anencéfalo, mas a observação dos argumentos trazidos é relevante para a compreensão da forma como o aborto, *lato sensu*, é interpretado pelo STF.

Contudo, frisa-se que a decisão apresenta a temática, sob a ótica da gestante, de forma pouco aprofundada, recorrendo retoricamente à argumentação da dignidade da mulher, mas não articula esse fundamento com o objeto da causa(LEAL, 2008, p. 529-547)[8].

O que foi decido é que o feto não é vida, não é nada, e por isso pouco importa a destinação que é dada a ele. Trata-se de uma estratégia de dar o direito de escolha à mulher de manutenção ou não da gravidez, que foi o resultado substancial da decisão, sem representar um avanço no seu direito de se autodeterminar. A questão do aborto, pano de fundo da discussão da ADPF n. 54/DF, permaneceu inalterada naquele debate.

3.2. HABEAS CORPUS *Nº124.306*

Mais recentemente, a 1ª Turma da Suprema Corte no *Habeas Corpus* n. 124.306 decidiu pela descriminalização ampla e genérica do crime de aborto até o terceiro mês de gestação, pela incompatibilidade do tipo com diversos direitos fundamentais.

O relator do HC foi o Ministro Marco Aurélio, contudo, a tese vencedora foi a defendida pelo Ministro Roberto Barroso, sendo ele o redator do Acórdão.

7 "Essas argumentações contrárias ao direito ao aborto, que partem da ampliação do conceito de pessoa para definir o embrião e restringem o sentido ético e jurídico do direito à vida a seus aspectos biológicos, são bastante incongruentes com outros aspectos da realidade atual. Por exemplo, a mulher pode ser punida por se desfazer de um embrião que cresce em seu corpo, mas as clínicas de reprodução assistida estocam ou descartam embriões não utilizados". (VILLELA; BARBOSA, 2011, p. 31).

8 "Pode-se perceber, neste sentido, uma ausência de diálogo dos fatos com o direito, pois a questão acabou por ser resolvida, notadamente, com base em conceitos e em uma apreciação de cunho essencialmente político, onde a discussão ficou adstrita a conveniência ou não de uma decisão do Supremo Tribunal Federal sobre a matéria." (LEAL, 2008, p. 529-547)

A argumentação nessa decisão, diferentemente do julgamento da ADPF nº 54, é construída usando a técnica da ponderação. O Ministro Barroso esmiúça o princípio da proporcionalidade a fim de traçar os motivos que o conduziram às suas conclusões.

Primeiramente, cumpre ressaltar que ficou assentado no *Habeas Corpus* nº 124.306 que o crime de aborto não foi recepcionado pela Constituição Federal de 1988 nos moldes em que ele se encontra descrito no Código Penal. Nos termos da decisão, não há crime de aborto se a interrupção da gravidez é realizada nos três primeiros meses de gestação.

O estabelecimento do marco dos três meses foi justificado pelos fundamentos de que durante esse período: (i) o córtex cerebral (que permite que o feto desenvolva sentimentos e racionalidade) ainda não foi formado e também (ii) não há qualquer potencialidade de vida fora do útero materno.

Trata-se de raciocínio já utilizado no direito comparado. Países como Estados Unidos, Alemanha, Reino Unido, Canadá, França, Itália, Espanha, Portugal, Holanda e Austrália permitem a interrupção da gestação no primeiro trimestre.

Dessa forma, por meio do sopesamento dos valores envolvidos, o Ministro afirma que a tipificação penal do aborto viola o princípio da proporcionalidade, isso porque:

> (i) ela constitui medida de duvidosa adequação para proteger o bem jurídico que pretende tutelar (vida do nascituro), por não produzir impacto relevante sobre o número de abortos praticados no país, apenas impedindo que sejam feitos de modo seguro; (ii) é possível que o Estado evite a ocorrência de abortos por meios mais eficazes e menos lesivos do que a criminalização, tais como educação sexual, distribuição de contraceptivos e amparo à mulher que deseja ter o filho, mas se encontra em condições adversas; (iii) a medida é desproporcional em sentido estrito, por gerar custos sociais (problemas de saúde pública e mortes) superiores aos seus benefícios. (BRASIL, 2016, p. 2)

Ao realizar a ponderação entre a autonomia da mulher, incluindo seus direitos sexuais e reprodutivos, e o direito à vida do feto, a decisão traz uma inovação sem precedentes. Diferentemente do que foi decidido no caso do feto anencéfalo, em que se frisou que não havia bens jurídicos a serem ponderados, pois não existia vida no feto; no julgamento do HC foi reconhecido que havia bens jurídicos a serem balanceados. E, face a esse reconhecimento, optou-se pela permissão do aborto no primeiro trimestre de gravidez.

Contudo, há uma questão que permaneceu inalterada. Ainda que a decisão do *writ* tenha utilizado uma técnica diferente da que foi utilizada na ADPF nº 54, há um ponto que assemelham as duas: em ambas, o julgamento utiliza como fundamento para permitir a interrupção da gravidez a ausência de racionalidade do feto. No caso do feto anencéfalo, admite-se a interrupção por razões de má formação e, no caso do aborto até os três meses, em razão do tempo de gestação não ter sido suficiente para o desenvolvimento do córtex cerebral.

Nesse ponto, o que se verifica não é a sobreposição do direito de escolha da mulher em detrimento da vida do feto. O que se nota é que o direito à autonomia da gestante está condicionado à ausência de atividade cerebral, caminhando a jurisprudência a se firmar cada vez mais nesse sentido.

À luz dessa verificação, extrai-se que a questão da autodeterminação da mulher sobre o seu corpo deu passos pouco significativos, mesmo na seara do Poder Judiciário. Isso porque, a análise do que é permitido ou proibido em termos de aborto condiciona-se à analise exclusiva das peculiaridades do desenvolvimento da saúde cerebral do feto.

Ademais, afirmou o acórdão que "[...] o grau de proteção ao feto é, assim, ampliado na medida em que a gestação avança e que o feto adquire viabilidade extrauterina, adquirindo progressivamente maior peso concreto". Nesses termos, a medida em que o feto se desenvolve, o direito de escolha da mulher deve ser restringido, sendo de três meses o prazo limite para a realização da interrupção.

É sabido que a decisão ora debatida não retrata uma jurisprudência consolidada do Supremo Tribunal Federal, tampouco possui efeito vinculante, sendo apenas um julgamento pontual proferido pela 1ª Turma. Contudo, tal decisão traz contornos importantes quanto ao entendimento de parte dos Ministros quanto ao tema, apontando um possível entendimento da atual composição do Supremo sobre a matéria.

Atualmente, tramita no STF uma Arguição de Descumprimento de Preceito Fundamental nº 442, ajuizada pelo Partido Socialismo e Liberdade, em que se pede a descriminalização da interrupção da gravidez até o terceiro mês de gestação. A descriminalização até o primeiro trimestre será, portanto, matéria sobre a qual a Suprema Corte deverá enfrentar em breve, o que, a depender do resultado do julgamento, alterará substancialmente o tratamento jurídico dispensado ao aborto.

4. CONFLITO LEGISLATIVO *VERSUS* JUDICIÁRIO

Na decisão da ADPF nº 54, foi levantada a questão de que caberia ao Legislativo decidir quanto à possibilidade ou não da interrupção da gravidez em caso de feto anencéfalo, sob pena de que, nesse caso, o Judiciário ultrapassaria a alçada de sua competência, criando mais uma hipótese de exclusão da punibilidade para o crime de aborto.

Cezar Peluso levanta essa questão em seu voto e afirma que a decisão pela procedência da demanda causaria invasão na competência do Congresso Nacional, pois corresponderia a uma inovação normativa,o que é incompatível com a prerrogativa de legislador negativo que dispõe este órgão(BRASIL, 2012, p. 413)[9].

Além de Cezar Peluso, a fundamentação de que a decisão pela procedência do pedido extrapolaria a competência do STF foi a argumentação central do voto de Ricardo Lewandowski (BRASIL, 2012, p. 245).

Conforme já debatido, o aborto é uma temática que já permeou a área dos três poderes, o que demonstra que há uma parcela significativa da população que discorda com a legislação em vigor de que o

---

9 "Não temos, deveras, legitimidade para criar, judicialmente, essa hipótese legal. A ADPF não pode ser transformada em remédio absoluto que franqueie ao STF a prerrogativa de resolver todas as questões cruciais da vida nacional, responsabilizando-se por *inovação normativa* que a arguente e os adeptos de sua tese sabem muito bem que, na própria produção de lei, talvez não fosse adotada pelo Congresso Nacional, como intérprete autorizado dos interesses e das aspirações da maioria silenciosa do povo, que representa"! (BRASIL, 2012, p. 413).

aborto deve ser criminalizado. No entanto, apesar das tentativas de modificação da legislação vigente, como exemploa proposta do PL nº 1135/91 – afavor do aborto – ouo Estatuto do Nascituro – contrao aborto – nenhumadelas, até o presente momento, obteve êxito em promover qualquer modificação na questão do aborto no Brasil.

Trata-se de circunstância que ressalta a importância da ADPF nº 54 e do *Habeas Corpus* nº n. 124.306para a questão. Tais decisões evidenciam o conflito de competência entre Judiciário e Legislativo. Segundo é defendido por uma linha de estudiosos, a expansão do Judiciário seria resultado de uma crise do sistema representativo dentro da democracia brasileira (VIEIRA, 2008, p. 457), ocupando um espaço que, tradicionalmente, pertencia ao Poder Legislativo.

O órgão máximo do Poder Judiciário no Brasil é provocado com cada vez mais frequência a decidir sobre temas de grande relevância (VIEIRA, 2008, p. 451)[10].

O deslocamento das grandes decisões do Poder Legislativo para o Poder Judiciário acarretou ganho de poder para o Supremo. Com isso, houve uma politização das decisões, cujo discurso aproxima-se cada vez mais de fatores politicamente relevantes do que debates quanto às problemáticas jurídicas que o caso sob análise invoca (VIEIRA, 2008, p. 453).

Essa discussão é relevante quando se trata do aborto. Enquanto a temática é debatida de forma controversa por diferentes setores da sociedade, verifica-se que o Legislativo, diante dos divergentes projetos de lei propostos,sem êxito em sua aprovação, mostra-se pouco eficiente em dar uma resposta à questão.

No Brasil, a participação política das mulheres ainda está muito abaixo do satisfatório. A Lei n. 9504 de 2007 determina em seu art. 10, §3º que cada partido ou coligação deve reservar ao menos trinta por cento de suas vagas legais para cada sexo. Contudo, na composição política do Congresso Nacional, a participação de mulheres não alcança

10 "Muitos poderiam ser os exemplos da expansão da autoridade do Supremo nestes últimos vinte anos. Afinal, é difícil pensar em um tema relevante da vida política contemporânea que não tenha reclamado ou venha a exigir a intervenção do Supremo Tribunal Federal". (VIEIRA, 2008, p. 451).

os dez por cento, contando com quarenta e cinco deputadas federais e cento e trinta e quatro deputadas estaduais eleitas nas eleições de 2010 e 2012, respectivamente (SOARES, 2014).

A subrepresentação da classe feminina torna-se mais evidente quando se verifica que as mulheres compõem a maioria do eleitorado brasileiro, atingindo a cifra de cinqüenta e um e noventa e cinco por cento do total (SOARES, 2014).

Esse déficit representativo acarreta situação extremamente danosa para as mulheres. Diante da ausência de políticos que defendam seus interesses – resguardadas as devidas proporções e exceções – as eleitoras são obrigadas a tolerar que homens decidam sobre temas de maior interesse para o público feminino, como o aborto.

Diante desse cenário, os programas políticos voltados atransformação da condição das mulheres devem, primeiramente, considerar a situação de opressão inerente a esse gênero:

> one ought to consider the futility of a political program which seeks radically to transform the social situation of women without first determining whether the category of woman is socially constructed in such a way that to be woman is, by definition, to be in an oppressed situation(BUTLER, 1988).

Essareflexão é essencial, especialmente porque os congressistas, que irão votar os projetos, são majoritariamente homens e nunca experimentaram os tipos de sujeições sofridos pela classe feminina.

Quando se trata da questão do aborto, nota-se que, mesmo entre as mulheres, ele é um tema controverso. Devido a criminalização da prática, os dados que envolvem essa atividade são obscuros e difíceis de serem mapeados.

Segundo pesquisa realizada por Debora Diniz e Marcelo Medeiros, abrangendo somente as mulheres entre dezoito e trinta e nove anos em todo o Brasil urbano, constatou-se que quinze por cento de todas as mulheres entrevistadas afirmaram ter realizado ao menos um aborto (DINIZ; MEDEIROS, 2010, p. 963). É um contingente expressivo e sua ocorrência varia: (i) de acordo com o grau de instrução da mulher – aquelas com menos instrução realizam mais abortos – e, também, (ii) em razão de suas convicções religiosas, sendo que as católicas praticam mais abortos do que as evangélicas e protestantes.

Ainda que o aborto configure um tema nada pacífico entre as mulheres, essa classe tem o direito a uma real representação parlamentar com possibilidade de debater sobre a temática em paridade com a classe masculina, seja para contestar a prática abortiva ou para defendê-la. Dentro de um Estado Democrático de Direito, o Legislativo é a única esfera de poder que pode, e deve proporcionar tal feito.

Ana Maria D'Ávila Lopes (2006, p. 59) enfatiza que: "As mulheres, tradicionalmente excluídas da participação política, precisam do estabelecimento de ações afirmativas que visem a reverter essa situação de desigualdade e exclusão". A implementação de tais ações evitaria que as mulheres continuassem a serem subrepresentadas e seus direitos decididos pelo sexo masculino, sem a possibilidade de participação efetiva no debate.

A manutenção da legislação da forma em que se encontra, em negligência às pressões sociais emergentes, rompe com o caráter democrático que o poder legislativo se reveste. Atentando-se às tensões advindas da esfera pública, Marcelo Neves afirma que "é imprescindível que os procedimentos políticos estejam de tal maneira estruturados para absorver o dissenso da esfera pública, sem eliminá-lo, antes possibilitando-lhe e promovendo-lhe a emergência" (NEVES, 2009, p. 72).

Nesse sentido, o autor afirma, ainda, que o povo desempenha grande influência seletiva dos interesses que serão representados, mas"os procedimentos políticos-constitucionais só encontram sua heterolegitimação se permanecem abertos ao dissenso presente na esfera pública" (NEVES, 2009, p. 72).

Seguindo esse raciocínio, a política deve atender aos chamados dos grupos que divergem da ordem estabelecida. Ao tratar do aborto, temática que abarca preceitos morais, religiosos e científicos, o legislativo não pode se furtar a análise detalhada da questão, simplesmente ausentando-se. A pluralidade deve ser respeitada, o que implica que grupos dissidentes não sejam oprimidos, mas incluídos no debate democrático.

Faz-se oportuno esclarecer que não é o objetivo desse artigo promover a defesa ou o combate à prática do aborto. O objetivo é levantar o debate sobre o aborto, face aos divergentes posicionamentos existentes e recentes enfrentamentos da questão em espaços públicos.

A problemática que se coloca, ao se tratar especificamente da atuação do Poder Judiciário, é que a invasão e conflito entre direito e política é prejudicial à estrutura democrática. Marcelo Neves esclarece que "o efeito destrutivo da política sobre o direito afeta não apenas a racionalidade jurídica, mas também produz consequências autodestrutivas para a própria racionalidade política democrática" (NEVES, 2009, p. 81).

Nesse contexto, cabe o debate sobre a competência institucional desses dois órgãos. Neil Komesar ao tratar sobre a questão discute a respeito da necessidade de uma análise que privilegie uma visão bilateral entre os dois poderes (KOMESAR, 1994, p. 212). O autor argumenta que o papel do Judiciário enquanto revisor constitucional deve ser atentamente estudado e delimitado. De acordo com o estudioso, as decisões judiciais de revisão legislativa, promovidas em sede de verificação da constitucionalidade, devem abarcar o estudo de impacto da política pública que seja consequente a decisão tomada, além de prestar a devida justificativa que fundamente a alteração engendrada: "*The courts must take tough institucional choices. But, when the courts decide to decide and offer serious judicial review, the courts must do substance. If they decide that they are better decision-makers, they must then decide the underlying public policy*" (KOMESAR, 1994, p. 213).

Acompanhando o posicionamento de Komesar, Jeremy Waldron também se debruça sobre as fragilidades do poder de "*judicial review*" exercido pela Suprema Corte, alegando que esse instrumentário não favorece o debate democrático, desviando o foco da matéria sob apreciação. Segundo ele:

> Ele [judicial review] não fornece, como frequentemente se alega, uma maneira pela qual uma sociedade possa claramente enfocar as questões reais em jogo quando cidadãos discordam sobre direitos; pelo contrário, ele os distrai com questões secundárias sobre precedentes, textos e interpretação. E ele é politicamente ilegítimo, naquilo que diz respeito aos valores democráticos: ao privilegiar a maioria dos votos entre um

> pequeno número de juízes não eleitos e não responsabilizáveis, ele priva os cidadãos comuns de seus direitos e rejeita estimados princípios de representação e igualdade política na resolução final de questões de direitos (WALDRON, 2010, p. 98).

À luz das explanações de Komesar e Waldron, conclui-se que a tomada de decisão pela alteração do predisposto pelo legislador deve ser extremamente cautelosa. Oscar Vilhena Vieira alerta para os riscos que as decisões políticas tomadas pela Suprema Corte podem acarretar, frisando que, em virtude da invasão do campo político, o Supremo terá o encargo de responder por essas decisões, no entanto, a instrumentalidade da cobrança é inexistente (VIEIRA, 2008, p. 453).

A legislação vigente que criminaliza o aborto data de 1940 (Decreto-Lei nº 2.848 de 07 dezembro de 1940). Desde então, houve alterações significativas na sociedade brasileira. Duas das mais significativas é entrada em vigor da Constituição de 1988, que trouxe importantes inovações normativas (e ideológicas) e as conquistas de direitos pelas mulheres. O lapso temporal de setenta e dois anos, associado aos questionamentos em âmbito público, quanto à legitimidade da manutenção do ordenamento pátrio sobre o aborto na forma como ele está estabelecido, são indicadores que o tema deve, seriamente, ser colocado em discussão pelas autoridades democráticas.

5. CONSIDERAÇÕES FINAIS

O aborto é tema controvertido dentro da pluralidade de posições que são defendidas hoje no Brasil. Diante dos diversos questionamentos sobre a matéria, a questão demonstra suscitar fôlego para mais longos debates.

Ressaltando que o objeto do artigo não é a defesa nem o combate ao aborto, o risco elucidado é a expressiva contaminação política das decisões proferidas pela Suprema Corte, com destaque à decisão da ADPF n. 54/DF e do *Habeas Corpus* n. 124.306. A ausência de atuação do Legislativo e a subrepresentação feminina promovem o desequilíbrio democrático, propiciando que a inovação normativa – quecontextualiza a legislação com as modificações sociais – provenhado Poder Judiciário, o qual não pode se furtar à apreciação das demandas que lhe são apresentadas.

O alerta que se faz é que a ocupação política do Judiciário é atividade democraticamente arriscada, especialmente quando se trata de assunto complexo, envolvendo posicionamentos dos mais plurais, como é a questão do aborto.

A inflação do Judiciário, com a consequente retração do Legislativo, não garante que a decisão será tomada de forma que tanto o posicionamento majoritário quanto os posicionamentos minoritários sejam representados, o que é um preceito elementar do Estado Democrático.

Em meio à crise das instituições, estima-se que há no Brasil cerca de 5,3 milhões de mulheres que já praticaram ao menos um aborto ilegal (MOURA; BRAGA, 2010). Diante desse número expressivo de mulheres, o debate deve ser convocado. O legislativo não deve permanecer inerte, deixando espaço para a politização crescente do Judiciário.

REFERÊNCIAS

ALEINIKOFF, T. Alexander. Constitucional Law in the Age of Balancing. **The Yale Law Journal**, Massachusetts, v. 96, n. 5, p. 943-1005, abr. 1987.

ALEXY, Robert. **Teoria dos Direitos Fundamentais**. São Paulo: Editora Malheiros, 2008.

BRASIL. Supremo Tribunal Federal. Medida Cautelar na Ação Direta de Inconstitucionalidade nº 54-DF, Tribunal Pleno. Relator: Min. Carlos Madeira. Brasília, 14 de junho de 1989. **Diário de Justiça**: 4 ago. 1989.

_______. _______. Arguição de Descumprimento de Preceito Fundamental nº 54-DF, Tribunal Pleno. Relator: Min. Marco Aurélio. Brasília, 12 de abril de 2012. **Diário de Justiça**: 30 abr. 2013.

_______. _______.*Habeas Corpus* nº 124.306-RJ, Primeira Turma. Relator: Min. Marco Aurélio. Brasília, 9 de agosto de 2016. **Diário de Justiça**: 17 mar. 2017.

BUTLER, Judith. Performative acts and gender constitution: an essay in phenomenology and feminist theory. **Theatre Journal**, Londres, v.40, n. 4, p. 519-531, dez. 1988.

CNBB – Confederação Nacional dos Bispos do Brasil. **Manifestação em Brasília pede a aprovação do estatuto do nascituro**.2011.Disponível em: <https://goo.gl/w27CbJ>. Acesso em: 1 jul. 2013.

COSTA, Lucia de Lourdes Ferreira da et al.Termination of Pregnancy for Fetal Abnormality Incompatible with Life: Women's Experiences in Brazil.

Reproductive Health Matters, Londres, v. 13, n. 26, p. 139-146, nov. 2005.

DINIZ, Debora; MEDEIROS, Marcelo. Aborto no Brasil: uma pesquisa domiciliar com técnica de urna. **Ciência & Saúde Coletiva**, Rio de Janeiro, v. 15, supl. 1, p. 959-966, 2010.

KOMESAR, Neil K. **Imperfect alternatives**: choosing institutions in Law, Economics, and Public Policy. Chicago (EUA): The University of Chicago Press, 1994.

LEAL, Mônia Clarissa Hennig. Considerações acerca da decisão do Supremo Tribunal Federal Brasileiro sobre a interrupção da gravidez em casos de anencefalia (ADPF 54). **Estudios Constitucionales**,Santiago, v. 6, n. 2, p. 529–547, 2008.

LOPES, Ana Maria D'Ávila. Multiculturalismo,minorias e ações afirmativas: promovendo a participação política das mulheres. **Pensar**, Fortaleza, v. 11, p. 54-59, fev. 2006.

LUNA, Naara. Fetos anencéfalos e embriões para pesquisa: sujeitos de direitos? **Rev. Estud. Fem.** Florianópolis, v. 17, n. 2, maio/ago. 2009.

NEVES, Marcelo. **Transconstitucionalismo**. São Paulo: Editora WMF Martins Fontes, 2009.

________. **Entre Hidra e Hércules**: princípios e regras constitucionais como diferença paradoxal do sistema jurídico. São Paulo: Editora WMF Martins Fontes, 2013.

MOURA, Ana Lúcia; BRAGA, Juliana. Pesquisa reacende debate sobre descriminalização do aborto. 2010. Disponível em: <https://goo.gl/pHqd2q>. Acesso em: 25 jul. 2013.

SOARES, Danyle. Participação das mulheres na política ainda é desafio. **Ebc Agência Brasil**, Brasília, 8 mar. 2014. Geral. Disponível em: <https://goo.gl/gjC5DA>. Acesso em: 7 jul. 2014.

TUSHNET, Mark. Taking the constitution away from the Courts. Nova Jersey (EUA):Princeton University Press, 1999.

VIEIRA, Oscar Vilhena. Supremocracia. **Revista Direito GV**, São Paulo, v.4, n.2, p. 441-462, jul./dez. 2008.

VILLELA, Wilza Vieira; BARBOSA, Regina Maria. **Aborto, saúde e cidadania**. São Paulo: Editora Unesp, 2011.

VITAL, Christina; LOPES, Paulo Victor Leite. **Religião e Política**: uma análise da atuação de parlamentares evangélicos sobre direitos das mulheres e de LGBTs no Brasil. Rio de Janeiro: Fundação Heinrich Böll, 2012.

WALDRON, Jeremy. A essência da oposição ao judial review. In: BIGONHA, Antônio Carlos Alpino; MOREIRA, Luiz. (Org.). **Legitimidade da jurisdição constitucional**. Rio de Janeiro: Editora Lumen Juris, 2010.

A IMPORTÂNCIA DO CONSELHO FEDERAL DA ORDEM DOS ADVOGADOS DO BRASIL NO ESTADO DEMOCRÁTICO DE DIREITO

LIZANDRA NASCIMENTO VICENTE

KAMYLA SILVA TEIXEIRA

SUMÁRIO: 1. Introdução. 2. Contribuição do Conselho Federal da Ordem dos Advogados do Brasil para a defesa da Constituição Federal e da ordem jurídica democrática. 3. Considerações Finais.

1. INTRODUÇÃO

No discurso de Gettysbug, Abraham Lincoln asseverou a necessidade de que os poderes dos estados não se sobrepusessem ao "governo do povo, pelo povo, para o Povo"[1] ressaltando os princípios da liberdade e igualdade entre todos os homens. A Constituição Federal de 1988, por sua vez, ao constituir-se em Estado Democrático de Direito elevou o povo a verdadeiro destinatário e precursor da norma. Dessa forma, preconizou que "todo o poder emana do povo, que o exerce por meio de representantes eleitos ou diretamente, nos termos desta Constituição"[2].

Para dar efetividade aos fundamentos e objetivos preconizados pela Carta Cidadã, os poderes Legislativo, Executivo e Judiciário desempenham de forma harmônica e independente, as funções típicas previstas. Todavia, podem cometer excessos quando da elaboração, execução ou fiscalização da lei. Sendo assim, o constituinte originário conferiu ao Conselho Federal da Ordem dos Advogados do Brasil e outras entidades, a legitimidade para a defesa da ordem constitucional, consoante disposto no art. 103 da Carta da República.

---

1 ALTMAN, Max. Hoje na História: Abraham Lincoln pronuncia o discurso de Gettysburg. **Operamundi**, São Paulo, 19 nov. 2009. Disponível em: <https://goo.gl/amS98Y>. Acesso em: 26/06/2017.

2 Trecho extraído do parágrafo único do art. 1º da Constituição Federal.

Nesse contexto, assinala-se que a atuação da Ordem dos Advogados do Brasil não se restringe à representação dos interesses coletivos ou individuais dos advogados e a fiscalização da atividade profissional. Ao contrário, a OAB desempenha papel fundamental na representação da sociedade civil, conforme bem pontuado pelo Ministro Ayres Brito quando do julgamento da ADI 3026:

> A OAB desempenha um papel de representação da sociedade civil, histórica e culturalmente, que pode se assemelhar àquele papel típico da imprensa. É bom que a Ordem dos Advogados Brasil permaneça absolutamente desatrelada do Poder Público. Longe de ser fiscalizada pelo Poder Público, ela deve fiscalizar com toda autonomia, com toda independência, o Poder Público, tal como faz a imprensa. (BRASIL. Supremo Tribunal Federal. Ação Direta de Inconstitucionalidadenº 3026-DF, Tribunal Pleno. Relator: Min. Eros Grau.Brasília, 8 de junho de 2006. **Diário de Justiça**: 29 set. 2006)

Na ocasião, a Corte Suprema reconheceu que a OAB é um serviço independente, categoria distinta no rol de personalidades jurídicas existentes no ordenamento pátrio, não havendo relação ou dependência com os órgãos públicos e cujas características são a autonomia e independência.

Tais características são essenciais para a consecução das finalidades da OAB, constantes do art. 44, I, da Lei n. 8.906/94, denominada Estatuto da Advocacia, as quais se destacam a defesa da Constituição, da ordem jurídica do Estado democrático de direito, dos direitos humanos, da justiça social, bem como lhe é possibilitada o combate pela boa aplicação das leis, pela rápida administração da justiça e pelo aperfeiçoamento da cultura e das instituições jurídicas.

Observa-se, portanto, o papel sobrelevado desempenhado pela OAB na construção da sociedade democrática e na preservação do Estado de Direito, tendo o ordenamento jurídico constitucional (art. 133) reconhecido a atividade do advogado como indispensável à administração da justiça. Nesse sentido, afirma Campos (2010):

> [...] para o legislador ordinário, a função mais importante da OAB não está em seu papel corporativo, mas sim, em seu papel de instituição-guardiã da ordem constitucional e democrática, em seu papel de porta-voz da sociedade civil brasileira e de defensora da cidadania e dos direitos humanos.

Em outras palavras, a OAB, que não guarda relação com qualquer fim partidário, atua diretamente na defesa dos interesses da sociedade e na fiscalização dos atos do Poder Público e não mantém com órgão da Administração Pública qualquer vínculo funcional ou hierárquico (art. 44, §1°, da Lei n. 8.906/94), o que lhe confere autonomia para atuar na defesa da cidadania e dos direitos inerentes a pessoa humana.

À luz dessas considerações, diante da legitimidade dispensada ao Conselho Federal para a defesa da Carta Republicana, notadamente para a propositura de ações de controle concentrado de constitucionalidade, convém analisar a atuação da Entidade para a concretude do dever constitucional.

2. CONTRIBUIÇÃO DO CONSELHO FEDERAL DA ORDEM DOS ADVOGADOS DO BRASIL PARA A DEFESA DA CONSTITUIÇÃO FEDERAL E ORDEM JURÍDICA DEMOCRÁTICA

Em seus mais de 85 anos de história, a OAB teve um papel importante na defesa dos advogados e da sociedade. É protagonista da consolidação da democracia em nosso país. Desde a década de 1930 atua na defesa das liberdades democráticas e dos direitos humanos. Nesse contexto, combateu o autoritarismo no movimento que culminou com a Constituição de 1934, enfrentou a ditadura de Getúlio Vargas, as ameaças de perda da sua autonomia institucional, participou dos movimentos de redemocratização da década de 1980, da mobilização das "Diretas Já" e do *impeachment* que destituiu da Presidência da República, Fernando Collor, em 1992.

Teve participação na Lei Anticorrupção, iniciou o processo que deu ensejo à Emenda Constitucional 76 que acabou com o voto secreto em processos de cassações de parlamentares e conseguiu o fim do financiamento privado empresarial de campanhas, que foi considerado inconstitucional pelo Supremo Tribunal Federal na Ação Direta de Inconstitucionalidade n. 4650. Além disso, participa de campanha pela criminalização do caixa 2 de campanhas eleitorais e trabalha para a valorização dos advogados como porta-voz do cidadão.

Desenvolveu um papel de destaque na luta pelos direitos das minorias, sendo importante ressaltar que em 2015, reconheceu como advogado Luiz Gama, por seus relevantes serviços prestados. Luiz Gama não pôde cursar direito por ser negro, mas frequentou como ouvinte as aulas do curso da Faculdade de Direito do Largo do São Francisco, hoje da Universidade de São Paulo (USP) e o conhecimento adquirido permitiu que atuasse na defesa jurídica e libertação de mais de quinhentos escravos.

Foi na luta para acabar com o preconceito racial e promover a inclusão social, que a OAB teve uma de suas mais importantes conquistas recentemente na Ação Direta de Constitucionalidade n. 41, que teve por objeto a Lei n. 12.990/2014 que trata da reserva aos negros de vinte por cento das vagas nos concursos públicos no âmbito da administração pública federal, das autarquias, das fundações públicas, das empresas públicas, das sociedades de economia mista controladas pela União. Para concorrer à reserva das vagas a norma estabelece o procedimento da autodeclaração, consoante o quesito de cor ou raça utilizado pela Fundação Instituto Brasileiro de Geografia e Estatística-IBGE.

A Lei em comento, sobretudo, a autodeclaração, estava sendo alvo de constantes questionamentos judiciais que colocavam em xeque sua constitucionalidade. Nesse contexto, cumpre registrar a decisão proferida na Reclamação Trabalhista n. 0131622-23.2015.5.13.0025, da lavra do juiz Adriano Mesquita Dantas da 8ª Vara do Trabalho de João Pessoa, que declarou incidentalmente a inconstitucionalidade da lei sob o fundamento de violação aos arts. 3º, IV, 5º, caput, 37, caput e II, todos da CF, além de contrariar os dispositivos da razoabilidade e proporcionalidade.

Na oportunidade, o magistrado assentou inexistir direito humano ou fundamental a garantir aos cidadãos um cargo ou emprego público, haja vista que a Constituição apregoa o livre exercício de qualquer trabalho, ofício ou profissão, bem como a livre iniciativa, a livre concorrência e o livre exercício de qualquer atividade econômica.

Contudo, o posicionamento externado ignora a existência das ações afirmativas imprescindíveis para a eliminação das discriminações e consecução da igualdade material. Ao relacionar as políticas afirmativas com as especificidades do Brasil, cujo contingente afrodescendente representa quarenta e cinco por cento da população brasileira, Flavia Piovesan assinala a urgência na aplicação de medidas "eficazes para romper com o legado histórico de exclusão étnico-racial e com as desigualdades estruturantes que compõem a realidade brasileira"[3].

Diante desse contexto, a OAB reconhecendo a Lei 12.990/2014 como um eficiente instrumento para a redução da desigualdade racial e inclusão social, mormente no que se refere a representatividade dos negros no serviço público federal, que totalizam apenas trinta por cento, conforme levantamento realizado pela Secretaria de Políticas de Promoção da Igualdade Racial (Seppir)[4], mostrou-se efetiva na defesa da ordem constitucional, sobretudo no que tange à concretização da igualdade material.

Ao constatar a relevância da matéria submetida à apreciação do Supremo Tribunal Federal, o Relator da ação, Ministro Roberto Barroso, adotou o rito abreviado do art. 12, da Lei 9.868/99, o que implicou na celeridade do julgamento.

A Advocacia Geral da União, em parecer, ao defender a constitucionalidade da Lei ressaltou a sua compatibilidade com os princípios da isonomia e da proporcionalidade e com o postulado do Estado Democrático de Direito, posto que representa um mecanismo de inclusão de grupos sociais faticamente excluídos do serviço público cuja adoção não é apenas permitida, mas exigida pelo princípio da isonomia.

A Procuradoria Geral da República, por sua vez, ao opinar pela procedência do pedido, frisou a necessidade da adoção de políticas no auxílio da promoção da igualdade material, já que a previsão de igualdade formal assegurada pelo ordenamento jurídico foi insuficiente para que o Brasil se libertasse "dos pesados ônus que sofrem as pessoas de cor negra".

---

3 PIOVESAN, Flávia. Ações afirmativas no Brasil: desafios e perspectivas. **Rev. Estud. Fem.**, Florianópolis, v.16, n. 3,set./dez. 2008. Disponível em <https://goo.gl/VFmB3N>. Acesso em: 27 jun. 2017.

4 PORTAL BRASIL. Funcionalismo público não reflete diversidade do povo brasileiro. Portal Brasil, Brasília, 30 jul. 2014. Governo – Igualdade Racial. Disponível em: <https://goo.gl/p3F6at>. Acesso em: 27 jun. 2017

No julgamento da ação, o Plenário do Supremo Tribunal Federal, por unanimidade, reconheceu a constitucionalidade da norma, em acórdão ainda pendente de publicação.

Na ocasião, o Min. Relator considerou que a lei é fruto de um dever de reparação histórica decorrente da escravidão e de um racismo estrutural existente na sociedade[5]. O Min. Dias Toffoli ressaltou a compatibilidade de ações afirmativas com o princípio da igualdade e com a jurisprudência daquela Corte, oportunidade em que relembrou duas conquistas para a cidadania, quando da declaração da constitucionalidade da reserva de vaga para os portadores de deficiência física e a constitucionalidade das cotas no ensino superior público - esta última proferida no julgamento da ADPF 186.

Observa-se que a histórica decisão proferida pelo Supremo Tribunal Federal pôs fim a insegurança jurídica quanto à aplicabilidade da Lei de Cotas e se mostrou verdadeiro instrumento de combate às desigualdades sociais e concretização da igualdade material, o que evidencia a efetividade da missão institucional da OAB como protagonista da ordem jurídica democrática.

Ainda sobre a atuação da OAB na defesa dos grupos historicamente excluídos, cita-se ainda a Ação Direta de Inconstitucionalidade n. 5583, na qual a Entidade pretende que seja conferida interpretação conforme a Constituição Federal ao artigo 35, incisos III e V da Lei 9.250/1995 para o fim de que os filhos, enteados, irmãos, netos ou bisnetos deficientes, maiores de 21 anos, sejam considerados dependentes, para os fins de dedução do imposto renda, independentemente de possuírem ou não incapacidade física ou mental para o trabalho.

Pretende-se que o portador de deficiência mantenha sua qualidade de dependente, para fins tributários, independentemente de sua capacidade laborativa, ante as suas limitações, as quais exigem uma ampla proteção da família e do Estado. Trata-se de medida que prestigia a

5 SUPREMO TRIBUNAL FEDERAL. Plenário declara constitucionalidade da lei de cotas no serviço público federal. **Supremo Tribunal Federal**, Brasília, 8 jun. 2017. Notícias STF. Disponível em: <https://goo.gl/LsC71T>.Acesso em: 27 jun. 2017.

dignidade da pessoa humana, a inclusão dos deficientes em sociedade e o alcance da igualdade material. A ação encontra-se pendente de julgamento.

Outro grupo que carece de uma maior proteção são os presos custodiados nas penitenciárias brasileiras. Segundo dados do Ministério da Justiça, o Brasil conta com a quarta maior população penitenciária do mundo[6]. Pesquisa do Ministério da Saúde aponta que as pessoas privadas de liberdade, têm chance, em média, vinte e oito vezes maior de contrair tuberculose e a taxa de prevalência de HIV/Aids entre a população prisional era de 1,3% em 2014, enquanto entre a população em geral era de 0,4%[7]. Tais dados são dotados de uma maior preocupação quando contextualizados à situação das unidades prisionais do país, caracterizadas pela falta de higiene, superlotação e insalubridade, as quais impossibilitam a vida condigna dos aprisionados, em evidente violação à dignidade da pessoa humana e ao dever de ressocialização dos presos.

Diante desse cenário, a OAB comunicou o fato à Comissão Interamericana de Direitos Humanos da Organização dos Estados Americanos (OEA), demonstrando a deficiência do Estado brasileiro na administração dos presídios e as graves violações aos direitos humanos dos aprisionados.

Recentemente, em decorrência dos massacres de janeiro de 2017, ocorridos no Complexo Penitenciário Anísio Jobim, no Amazonas e na Penitenciária Agrícola de Monte Cristo, em Roraima, que resultaram na morte aproximada de noventa e três presos – não se sabe o número exato devido à mutilação dos corpos –, a OAB provocou a OEA no intuito de que a Corte pressione o governo brasileiro para apuração célere da chacina e para que implemente políticas públicas que impliquem na melhoria da estrutura dos estabelecimentos prisionais, garantindo-se o cumprimento das normas constitucionais, internacionais e legais.

Os pedidos realizados perante à OEA não foram apreciados, o

6 MINISTÉRIO DA JUSTIÇA. MJ divulga novo relatório sobre população carcerária brasileira. **Ministério da Justiça**, Brasília, 26 abr. 2016. Disponível em: <https://goo.gl/QjEgzN>. Acesso em: 26 jun. 2017.

7 Ibid., 2016.

que implica na ausência de decisão sobre o assunto. No entanto, evidencia-se a postura da OAB na defesa dos grupos segregacionados para o restabelecimento do Estado Democrático de Direito.

Dentre os esforços institucionais depreendidos para a construção de uma sociedade inclusiva, onde haja uma convivência pacífica, justa, fraterna e solidária, com observância dos direitos e garantias fundamentais preconizados na Carta Magna, destaca-se ainda a participação da Entidade, como *amicus curiae*, na Ação Direta de Inconstitucionalidade, sob o número 5543, na construção de uma sociedade esvaziada de preconceitos, sejam eles de origem, raça, sexo, cor, idade ou quaisquer outras formas manifestadas de discriminação.

Na referida ação pretende-se ver declarada a inconstitucionalidade do inciso IV, da Portaria n. 158/2016 do Ministério da Saúde, e do art. 25, inciso XXX, alínea d, da Resolução da Diretoria Colegiada – RDC n. 34/2014 da Agência Nacional de Vigilância Sanitária – ANVISA, que proíbem a doação de sangue por homens que tenham tido relações sexuais com outros homens nos últimos doze meses a pretexto de reduzir o risco de transmissão de HIV pela transfusão sanguínea.

A norma proibitiva representa um retrocesso social, na medida em que não há razão jurídica e científica para a discriminação por orientação sexual.

Conforme sabido, uma das principais formas de contágio do HIV é por meio de relações sexuais sem preservativo e tal prática independe da orientação sexual, de acordo com o estudo realizado nos Estados Unidos em que se verificou a similaridade entre o número de mulheres e homens heterossexuais soropositivos que praticam sexo desprotegido com o número de gays, bissexuais e mulheres também portadores do vírus HIV que não usavam preservativo[8]. Observa-se a inconsistência da previsão questionada e a ausência de plausibilidade a subsidiar a adoção de tratamentos desiguais haja vista a equivalência

8 Informação retirada da ADI 5543. WIDMAN, L. et al. Do Safer Sex Self-Efficacy, Attitudes toward Condoms, and HIV Transmission Risk Beliefs Differ among Men who Have Sex with Men, Heterosexual Men, and Women Living with HIV. **AIDS and Behavior**, Amsterdã, v. 17, n. 5, p. 1873–1882, 2013.

entre os padrões comportamentais e, por conseguinte, o mesmo risco quanto à disseminação de doenças.

Ademais, o sangue coletado é submetido a uma triagem rigorosa, a fim de verificar a presença de doenças, tais como hepatite B, C, doença de chagas, sífilis, AIDS e outras, o que corrobora a tese de que a restrição de doadores se baseando na orientação sexual não é dotada de argumentos subsistentes. A regra, além de violar os preceitos da dignidade da pessoa humana e da igualdade, mostra-se como elemento agravante para os estoques dos bancos de sangue das unidades hospitalares.

De acordo com o Ministério da Saúde apenas 1,8% da população doa sangue com regularidade. Trata-se de percentual abaixo do ideal estimado pela Organização Pan-Americana de Saúde (OPAS) para atender a demanda de um país[9], o que reforça que a população não pode ser prejudicada por políticas que disseminam o preconceito em detrimento da vida. Nesse aspecto, convém transcrever excerto da lavra do Min. Relator Edson Fachin, que, ao apreciar o pedido cautelar da referida ação, assim consignou:

> Anoto, desde logo e por oportuno, que aqui se está diante de regulamentação que toca direto ao núcleo mais íntimo do que se pode considerar a dignidade da pessoa humana, fundamento maior de nossa República e do Estado Constitucional que ela vivifica.
>
> Não me afigura correto ou salutar que se coadune com um modo de agir que evidencie constante apequenar desse princípio maior, tolhendo parcela da população de sua intrínseca humanidade ao negar-lhe a possibilidade de exercício de empatia e da alteridade como elementos constitutivos da própria personalidade.
>
> Sob qualquer ângulo que se olhe para a questão, o correr do tempo mostra-se como um inexorável inimigo. Quer para quem luta por vivificar e vivenciar a promessa constitucional da igualdade, quer por quem luta viver e tanto precisa do olhar solidário do outro.
>
> Muito sangue tem sido derramado em nosso país em nome de preconceitos que não se sustentam, a impor a célere e definitiva análise da questão por esta Suprema Corte.[10]

---

9 VERDÉLIO, Andreia. Doação de sangue: 1,8% da população brasileira doa sangue; meta da OMS é 3%.**Ebc Agência Brasil**, Brasília, 14 jun. 2017. Geral. Disponível em: <https://goo.gl/HpJCQK>. Acesso em: 28 jun. 2017.

10 BRASIL. Supremo Tribunal Federal. Ação Direta de Inconstitucionalidadenº 5.543-DF. Relator: Min. Edson Fachin. Brasília, 8 de junho de 2016. **Diário de Justiça**: 10 jun. 2016.

A ação, que ainda não possui manifestação do colegiado, encontra-se liberada para a inclusão na pauta de julgamento da Corte Suprema.

De outra sorte, cumpre apontar ainda os esforços envidados pelo Conselho Federal para o restabelecimento dos princípios da imparcialidade, do direito ao silêncio, do sistema penal acusatório, do devido processo legal, da paridade de armas e da ampla defesa, aos quais se mostram mitigados pelo uso das conduções coercitivas na fase investigativa. Nesse sentido, destaca-se a propositura da Arguição de Descumprimento de Preceito Fundamental, autuada sob o n. 444, com o objetivo de que seja reconhecida a não recepção parcial do art. 260 do Código de Processo Penal pela Constituição Federal.

Argumenta-se a impossibilidade da condução na fase investigativa, posto que macula o juízo de parcialidade. Ao mesmo tempo em que o juiz se cientifica quanto aos termos e elementos investigativos necessários ao deferimento da medida coercitiva ele pode, posteriormente, prolatar a sentença judicial contaminado pela sua análise prévia das provas coletadas sem o resguardo da ampla defesa e contraditório. Essa participação ativa do juiz como produtor de provas, sobretudo na fase inicial, não se coaduna com o sistema penal acusatório em que a figura do juiz deve ser imparcial e equidistante das partes, a fim de prestigiar a devida paridade de armas.

Ademais, em atenção ao princípio da presunção da inocência e do direito ao silêncio, o acusado não deve ser compelido a produzir provas contra si mesmo, sobretudo no procedimento investigativo em que não lhe é oportunizado o exercício dos direitos fundamentais. Ressalta-se ainda que eventual recusa no cumprimento da intimação de comparecimento deve ser interpretada como manifestação tácita do direito ao silêncio garantido constitucionalmente.

Convém mencionar que a prática da condução coercitiva representa um verdadeiro constrangimento indevido ao acusado, que na maioria das vezes não foi intimado previamente quanto à ordem de comparecimento. Trata-se de modalidade vexatória e atentatória a dignidade da pessoa humana, a qual, nas palavras do jurista José Afonso da Silva constitui "um valor supremo que atrai o conteúdo de todos os direitos fundamentais do homem".[11]

A referida arguição estava pautada para ser julgada no dia 11 de maio de 2017, entretanto, seu julgamento não foi iniciado, de modo que a matéria urge de apreciação da Suprema Corte.

Ainda no que concerne ao empenho da OAB na defesa da ordem constitucional, convém citar as ADI's 5612 e 5688. Tratam-se de ações nas quais a Entidade busca a declaração da inconstitucionalidade de normas dos Estados de São Paulo e Paraíba, respectivamente, que elevaram os valores de custas e taxas judiciais a patamares que representam uma manifesta afronta ao princípio do acesso à justiça, da ampla defesa, da proporcionalidade e razoabilidade, da capacidade contributiva e da proibição do não confisco tributário. Tais ações também estão pendentes de apreciação da Corte.

Por fim, cumpre mencionar a Ação Declaratória de Constitucionalidade n. 45, proposta pela Entidade com escopo de ver declarada a constitucionalidade dos artigos 13, inciso V e 25, inciso II, da Lei n. 8.666/93, que permitem a contratação de advogados por ente público pela modalidade de inexigibilidade de licitação.

A controvérsia em torno da matéria se assenta na discussão se a contratação de serviços de advocacia por entes públicos, por inexigibilidade de licitação, configura improbidade administrativa à luz do art. 37, § 4º da Constituição Federal. Apesar de a Suprema Corte já ter se posicionado pela legitimidade desse tipo de contratação, os advogados que o fazem com a Administração estão sofrendo condenações.

O Professor José Afonso da Silva, em seu brilhante parecer, que inclusive fortalece a tese debatida, defende a inexigibilidade do processo licitatório para contratação de advogado em razão da singularidade da atividade e da inviabilização de competição, conforme se evidencia:

> [...] pois é inexigível procedimento licitatório para contratação de servi-

11 SILVA, José Afonso da. **Curso de direito constitucional positivo**, 36. ed. São Paulo: Malheiros, 2013.

> ços advocatícios pela Administração Pública, dada a singularidade da atividade e a inviabilização objetiva de competição. Fundamento esta resposta na decisão do Min. Eros Grau e no voto da Min. Cármen Lúcia, transcritos acima, respectivamente: a) "Entendo, não obstante, que 'serviços técnicos profissionais especializados' são serviços que a Administração deve contratar sem licitação, escolhendo o contratado de acordo, em última instância, com o grau de confiança que ela própria, Administração, deposite na especialização desse contratado"; b) "Não há como dar julgamento objetivo entre dois ou mais advogados. De toda sorte, como verificar se um é melhor do que o outro? Cada pessoa advoga de um jeito. Não há como objetivar isso. Esse é o típico caso, como mencionou o Ministro Eros Grau, de inexigibilidade de licitação.

Trata-se de parecer contemplado ainda no julgamento do Recurso Extraordinário n. 656.558/SP, o qual foi suspenso, após leitura do voto do Relator, Ministro Dias Toffoli que lhe dava provimento, para o fim de ser julgado conjuntamente com a ADC 45 diante da correlação entre as matérias.

Cumpre destacar que o citado constitucionalista José Afonso da Silva exerce papel efetivo no desempenho do *munus público* pela OAB. Ele é membro da Comissão Nacional de Estudos Constitucionais responsável por dar suporte à diretoria e ao Conselho Pleno em matérias que envolvem a Carta Cidadã.

O renomado jurista confeccionou mais de cento e trinta pareceres jurídicos a pedido da Entidade, na qualidade de membro da Comissão, a qual faz parte há mais de vinte e cinco anos. Contribui desde a década de 80 e diante do seu incontestável auxílio foi agraciado, em 2011, com a Medalha Rui Barbosa, a mais alta condecoração da Ordem dos Advogados do Brasil.

3. CONSIDERAÇÕES FINAIS

É notável a importância do Conselho Federal da Ordem dos Advogados do Brasil para a sociedade. São mais de oitenta e cinco anos de história marcados pela luta na defesa dos interesses da advocacia, da cidadania, da justiça social e das liberdades públicas democráticas.

A Ordem dos Advogados do Brasil é uma das instituições mais respeitadas pela sociedade brasileira, por exercer papel fundamental no Estado Democrático de Direito, quando da defesa da Constituição e dos direitos fundamentais, além é claro, da busca incessante pela valorização do advogado, sendo estes, deveres constitucionalmente atribuídos a ela e que vem fielmente sendo cumpridos.

REFERÊNCIAS

ALTMAN, Max. Hoje na História: Abraham Lincoln pronuncia o discurso de Gettysburg. **Operamundi**, São Paulo, 19 nov. 2009. Disponível em: <https://goo.gl/amS98Y>. Acesso em: 26/06/2017.

BOEHM, Camila. Após 133 anos de sua morte, Luiz Gama recebe título de advogado. Ebc Agência Brasil, Brasília, 4 nov. 2015. Disponível em: <http://bit.ly/2woBlKy>. Acesso em: 28 jun. 2017.

BRASIL. Supremo Tribunal Federal. Ação Direta de Inconstitucionalidade nº 5.543-DF. Relator: Min. Edson Fachin. Brasília, 8 de junho de 2016. **Diário de Justiça**: 10 jun. 2016.

CAMPOS, Carlos Alexandre de Azevedo. O papel da OAB na construção da sociedade democrática brasileira.**OAB RJ Digital**, Rio de Janeiro, 4 dez. 2007. Artigos. Disponível em: <https://goo.gl/kCqcS9>. Acesso em: 26 jun. 2017.

CONSELHO FEDERAL DA ORDEM DOS ADVOGADOS DO BRASIL. Comissão Nacional De Estudos Constitucionais realiza reunião em Brasília. **JusBrasil**, [S. l.], 6 [nov.] 2016. Disponível em: < https://goo.gl/AmM5Yn>. Acesso em: 30 jun. 2017.

________. OAB completa 85 anos de conquistas para advogados e sociedade. **CFOAB**, Brasília, 18 nov. 2015. Notícias. Disponível em: <https://goo.gl/1BRfoJ>. Acesso em: 27/06/2017.

COSTA, Marcos da. Os 25 anos da Constituição e o Artigo 133. **OAB SP**, São Paulo, 2013. Palavra do Presidente. Disponível em: <https://goo.gl/pjdqcV>. Acesso em: 4 jul. 2017.

MINISTÉRIO DA JUSTIÇA. MJ divulga novo relatório sobre população carcerária brasileira. **Ministério da Justiça**, Brasília, 26 abr. 2016. Disponível em: <https://goo.gl/QjEgzN>. Acesso em: 26 jun. 2017.

PIOVESAN, Flávia. Ações afirmativas no Brasil: desafios e perspectivas. **Rev. Estud. Fem.**, Florianópolis, v. 16, n. 3, set./dez. 2008. Disponível em <https://goo.gl/VFmB3N>. Acesso em: 27 jun. 2017.

PORTAL BRASIL. Funcionalismo público não reflete diversidade do povo brasileiro. **Portal Brasil**, Brasília, 30 jul. 2014. Governo – Igualdade Racial. Disponível em: <https://goo.gl/p3F6at>. Acesso em: 27 jun. 2017.

SILVA, José Afonso da. **Curso de direito constitucional positivo**, 36. ed. São Paulo: Malheiros, 2013.

SUPREMO TRIBUNAL FEDERAL. Plenário declara constitucionalidade da lei de cotas no serviço público federal. **Supremo Tribunal Federal**, Brasília, 8 jun. 2017. Notícias STF. Disponível em: <https://goo.gl/LsC71T>. Acesso em: 27 jun. 2017.

VERDÉLIO, Andreia. Doação de sangue: 1,8% da população brasileira doa sangue; meta da OMS é 3%. **Ebc Agência Brasil**, Brasília, 14 jun. 2017. Geral. Disponível em: <https://goo.gl/HpJCQK>. Acesso em: 28 jun. 2017.

WIDMAN, L. et al. Do Safer Sex Self-Efficacy, Attitudes toward Condoms, and HIV Transmission Risk Beliefs Differ among Men who Have Sex with Men, Heterosexual Men, and Women Living with HIV. **AIDS and Behavior**, Amsterdã, v. 17, n. 5, p. 1873–1882, 2013.

O MESTRE JOSÉ AFONSO DA SILVA

MICHEL TEMER

O Professor José Afonso da Silva tem seu nome inserido dentre os grandes mestres do Direito em nosso País. Titular da Universidade de São Paulo e da Universidade Federal de Minas Gerais, o ilustre professor galgou os degraus da notoriedade por sua atuação acadêmica, sobretudo por ter contribuído decisivamente para aprofundar o estudo do Direito Constitucional entre nós.

O advento de sua obra **Aplicabilidade das Normas Constitucionais** (1968) firmou-lhe a trajetória de intérprete da Constituição e lançou as bases para o aperfeiçoamento da doutrina e dos elementos próprios da hermenêutica constitucional, tema central para a incessante busca do bom entendimento e da devida aplicação das normas, não só no âmbito dos tribunais mas em todos os segmentos da sociedade nacional, destinatários de suas prescrições, sejam elas de eficácia plena, contida ou limitada, especialmente as de índole programática.

Até a década dos anos sessenta, poucos foram os autores que se haviam dedicado ao tema no Brasil. Essa obra inovadora, calcada nos estudos que fez do direito europeu, notadamente do italiano, conferiu-lhe merecida notoriedade e iluminou os estudos que então passaram a ser levados a efeito nas universidades brasileiras, alargando-se as perspectivas do ensino do Direito Constitucional e colaborando para a formação de centros de estudo da matéria, até então tratada por um círculo diminuto de acadêmicos e juristas de escol, com fundamento nos conceitos advindos sobretudo do direito norte americano.

Seu **Curso de Direito Constitucional Positivo** (1976) é obra de fôlego que veio coroar-lhe a trajetória de grande doutrinador. Sempre atualizada – encontra-se em sua 40ª edição – tevecomo lastro inicial o texto constitucional de 1967/69. Nela se encontram descritos e analisados de forma objetiva e clara os principais institutos do Direito Constitucional pátrio, sendo elemento indispensável em nossas universidades. É fonte de consulta para todos o que se dedicam a estudar e pesquisar os aspectos inerentes ao sistema constitucional e aos institutos mais caros albergados no texto maior, agora sob o influxo da Constituição de 1988, que os ampliou consideravelmente, em especial aqueles dedicados a disciplinar a presença do Estado na formulação de políticas sociais e no campo dedicado aos direitos e garantias fundamentais.

Como se sabe, o Professor José Afonso da Silva contribuiu fortemente para que tais elementos fossem hospedados no atual texto com a proeminência que lhes foi conferida, eis que, ao lado das inúmeras questões de que se ocupa o texto magno, dedicou-se à sua concepção e explanação teórica durante a Assembleia Nacional Constituinte de 1987/88, da qual foi assessor eminente.

Como constituinte, fui testemunha de sua presença durante aquele período de grande agitação de ideias, quando as forças políticas da nação procuravam dar nova configuração ao ordenamento jurídico pátrio. Com sua experiência e profundo conhecimento das matérias então debatidas, pode ele conduzir a bom termo muitas das propostas então veiculadas, cuja inserção no texto muito se deve à sua permanente atuação junto aos líderes da Assembleia.

O aprofundamento dos estudos e do desenvolvimento da reflexão e pesquisa acadêmicas entre nós se deve, pois, em larga medida, à inestimável contribuição do ilustre homenageado e lhe assegura lugar de destaque entre seus pares.

Por sua longa trajetória de mestre ilustre do Direito Público, com ênfase, como disse, no Direito Constitucional brasileiro, é merecidíssimo o tributo que ora lhe é prestado, por todos quantos, como eu, se abeberaram em seus ensinamentos e passaram a admirar-lhe a notável carreira universitária, marco indelével na história da academia brasileira.

Parabenizo, pois, aos idealizadores desta manifestação de apreço, a eles me associando pela justeza da iniciativa.

"José Afonso da Silva nasceu em uma pequena fazenda no Distrito de Buritizal (hoje Silva Campos), no Município de Pompéu, no estado de Minas Gerais, em 30 de abril de 1925, tendo sido o segundo filho de 13 irmãos. Após seu nascimento, sua família mudou-se para um povoado vizinho, na época, chamado Buritizal. Seu pai foi um pequeno comerciante, que chegou a ser dono de uma venda de secos e molhados, uma padaria, arrendou terras e criou animais para comercialização. Antes de fazer cinco anos sua família se mudou para um lugarejo chamado Queima Fogo, local em que veio a ser alfabetizado, entre seus 6 e 7 anos, inicialmente, por um primo de seu pai e, em continuação, pela irmã de sua mãe.

Aos 10 anos, sua família retorna à Buritizal, e ele se matricula no grupo escolar local, cujos estudos foram interrompidos no segundo ano devido ao falecimento da única professora da localidade. Mais tarde, aproximando-se dos seus 14 anos, reaberta a escola de Buritizal, ingressou nela e finalizou o terceiro ano. Ao longo de sua juventude, exerceu os ofícios de padeiro, mecânico, garimpeiro e alfaiate.

Aos 22 anos, em 1947, mudou-se para a cidade de São Paulo com o objetivo dar continuidade aos estudos. Para obter o diploma do ginásio obteve êxito no curso Madureza (atual Supletivo).

Entre 1950 e 1952, frequentou o colegial clássico. Em 1952, aos 28 anos, foi aprovado no vestibular e ingressou no curso de Ciências Jurídicas e Sociais na Faculdade de Direito do Largo do São Francisco, na qual se formou aos 32 anos.

Trabalhou como advogado, oficial de justiça, procurador do Estado de São Paulo (em ingressou por concurso em 1961), chefe de gabinete na Secretaria do Interior (1967), assessor da Secretaria de Segurança (1968), chefe da Secretaria de Justiça (1969 a 1971), secretário dos Negócios Jurídicos do Município de São Paulo (1983-1985) e secretário de Segurança Pública de São Paulo (1995 a 1999).

Participou como assessor convidado na Assembleia Constituinte de 1987-1988. É livre-docente em Direito Constitucional pela Universidade de São Paulo (1969) e livre docente pela Universidade Federal de Minas Gerais. Foi professor titular do Departamento de Direito Econômico e Financeiro da Faculdade de Direito da Universidade de São Paulo entre os anos de 1975 e 1995. Foi professor de Direito Constitucional na Faculdade de Direito do Centro Universitário Padre Anchieta, em Jundiaí.

Escreveu muitas obras jurídicas de relevância consagrada, dentre elas: Curso de direito constitucional positivo, Aplicabilidade das normas constitucionais, Processo constitucional de formação das leis e Poder constituinte e poder popular: estudos sobre a constituição; além dos romances Buritizal - A história de Miguelão Capaégua e Dondé.

É membro de muitos institutos, dentre os quais do Instituto dos Advogados do Brasil e da Associação Brasileira de Constitucionalistas Democráticos. Integra também a Orquestra Paulistana de Viola Caipira.

É pai de Luís Virgílio Afonso da Silva, professor titular do Departamento de Direito do Estado da Faculdade de Direito da Universidade de São Paulo".